Georg Solmssen – ein deutscher Bankier
Briefe aus einem halben Jahrhundert 1900–1956

Schriftenreihe zur
Zeitschrift für Unternehmensgeschichte
Band 25

In Verbindung mit Hartmut Berghoff, Lothar Gall,
Carl-Ludwig Holtfrerich, Thomas Welskopp

Herausgegeben im Auftrag
der Gesellschaft für Unternehmensgeschichte
von Christian Kleinschmidt, Werner Plumpe und Raymond Stokes

Georg Solmssen – ein deutscher Bankier

Briefe aus einem halben Jahrhundert 1900–1956

Herausgegeben im Auftrag
der Historischen Gesellschaft der Deutschen Bank e.V.
von Harold James und Martin L. Müller

Verlag C. H. Beck

Umschlagentwurf der broschierten Ausgabe der Schriftenreihe zur Zeitschrift
für Unternehmensgeschichte: Uwe Göbel, München
©Verlag C. H. Beck oHG, München 2012
Satz: a.visus, München
Druck und Bindung: CPI – Ebner & Spiegel, Ulm
Gedruckt auf säurefreiem, alterungsbeständigem Papier
(hergestellt aus chlorfrei gebleichtem Zellstoff)

ISBN 978 3 406 62795 8

Printed in Germany

www.beck.de

Inhalt

Vorwort 7

I. Einführung 9

Harold James
Georg Solmssen – eine biographische Annäherung 11

Martin L. Müller
Anmerkungen zur Edition 53

II. Die Edition 71

Verzeichnis der edierten Briefe und Vermerke 73

Briefe und Vermerke 1900–1956 85

III. Anhang 555

Vita Georg Solmssens 557

Verzeichnis der Aufsichtsratsmandate Georg Solmssens
in deutschen Aktiengesellschaften 559

Verzeichnis der Schriften Georg Solmssens 562

Literaturverzeichnis 566

Verzeichnis der Archive 573

Abkürzungsverzeichnis 574

Personenverzeichnis 575

Verzeichnis der Firmen und Institutionen 629

Bildnachweis 643

Danksagung 644

Vorwort

Die Geschichte der Deutschen Bank ist reich an bedeutenden Persönlichkeiten. Auch heute noch ein Begriff sind Männer wie Georg von Siemens, der erste Vorstandssprecher, Arthur von Gwinner, der «Außenminister» der Bank in den Jahren vor dem Ersten Weltkrieg, Hermann J. Abs, der Architekt des Wiederaufbaus nach dem Zweiten Weltkrieg, und Alfred Herrhausen, der Visionär der Entschuldung der «Dritten Welt».

Geprägt wurde das deutsche Bankwesen aber auch durch Akteure, die in der Wahrnehmung ihrer Zeit kaum hinter den Genannten zurückstanden, ihnen häufig ebenbürtig waren, heute aber vergessen sind. Es ist eine wichtige Aufgabe der Geschichtswissenschaft, Verzerrungen des kollektiven Gedächtnisses zu relativieren und zu korrigieren. Dies ist beispielsweise Avraham Barkai mit seiner 2005 erschienenen Biographie über Oscar Wassermann, der von 1923 bis 1933 an der Spitze der Deutschen Bank stand, aber längst nur noch Fachleuten ein Begriff war, in vorbildlicher Weise gelungen.

Eine weitere Persönlichkeit, die Wassermanns Schicksal des Vergessenwerdens teilte, ist Georg Solmssen. Dies ist erstaunlich, denn Solmssen zählte in einer der entscheidenden Phasen der jüngeren deutschen Geschichte, den Jahren des Beginns der Weltwirtschaftskrise bis zur Machtübernahme der Nationalsozialisten, zu den einflussreichsten deutschen Bankiers und stand ihrer wichtigsten Interessenvertretung, dem Centralverband des Deutschen Bank- und Bankiergewerbes, vor.

Georg Solmssen stammte aus einer jüdischen Familie, die seit 1863 über drei Generationen an der Entwicklung der deutschen Wirtschaft beteiligt war. Sein Vater und sein Cousin hatten an führender Stelle der Disconto-Gesellschaft gestanden. Er selbst war 1911 in den Kreis der Geschäftsinhaber, wie das oberste Führungsgremium der angesehensten der Berliner Großbanken bezeichnet wurde, eingetreten. Schon ein Jahrzehnt zuvor hatte er sich entschlossen, seinen Geburtsnamen «Salomonsohn» abzulegen und zum Protestantismus überzutreten. Als Bankier wollte Solmssen einen wichtigen Beitrag zur Entwicklung der deutschen Wirtschaft leisten. Dies galt insbesondere nach der Niederlage des Ersten Weltkrieges, deren Folgen er im Rheinland, wo er zwischen 1914 und 1924 hauptsächlich wirkte, besonders schmerzlich erfuhr. Er war Sachverständiger bei den Waffenstillstandsverhandlungen in Spa und kämpfte auf wirtschaftlichem Gebiet gegen die Abspaltung des Rheinlands vom Reich. Das Angebot Walther Rathenaus, das Reichsfinanzministerium zu übernehmen, lehnte Solmssen indes ab. Er zweifelte vor allem an der politischen Durchsetzbarkeit seiner Vorstellungen und glaubte, auf dem Feld der Wirtschaft mehr erreichen zu können. Zu seinen größten Erfolgen in der Stabilisierungsphase der Weimarer Republik gehörten der Wiederanschluss Deutschlands an die telegraphischen Fernverbindungen und die Fusion zwischen seiner Disconto-Gesellschaft und der Deutschen Bank, die er mitverhandelt hatte.

In den frühen 1930er Jahren stand Solmssen auf dem Höhepunkt seiner Karriere. Die Weltwirtschaftskrise und die sich anschließende Bankenkrise, die den Aufstieg der NSDAP begünstigten, gefährdeten allerdings seine eigene und die Lebensleistung seiner Familie. Vehement wandte er sich gegen den Vorwurf, dass die «Deutsche Bank und Disconto-Gesellschaft» die Bankenkrise verschärft habe, weil sie der angeschlagenen Danatbank die Unterstützung verweigert habe. Vielmehr sah er in deren aggressivem Expansionskurs eine der wesentlichen Krisenursachen. Nicht weniger energisch warnte er vor den Nationalsozialisten, deren größte Gefahr er jedoch irrtümlicherweise in ihrem Wirtschaftsprogramm zu erkennen glaubte. Seine Bemühungen um eine wirtschaftsfreundliche konservative Bewegung, die – im Unterschied zu Hugenbergs DNVP – die Weimarer Verfassung akzeptierte, blieben allerdings ohne Erfolg.

Klarer als viele andere erkannte Solmssen bereits im Frühjahr 1933, wohin die antisemitische Politik der nationalsozialistischen Machthaber führen sollte. Dennoch war für ihn die Erfahrung, dass er trotz seines vorbehaltlosen Bekenntnisses zu Deutschland und trotz seiner Konvertierung zum Protestantismus von der systematischen Ausgrenzung der Juden betroffen war, schmerzhaft. Jahrelang rang er um seine Position in seiner Bank und in der deutschen Wirtschaft, bevor er sich 1938 entschloss, in die Schweiz zu emigrieren. Dort verlebte er noch fast zwei Jahrzehnte in seinem Haus am Zürcher See. Wenn ihn auch Deutschlands Schicksal noch immer stark beschäftigte, deutschen Boden betrat er nie mehr.

Der mit dieser Edition vorgelegte Briefwechsel erlaubt unmittelbare Einsichten in ein halbes Jahrhundert deutscher Finanz-, Wirtschafts- und Gesellschaftsgeschichte. Wichtige und bislang verstreute Quellen werden hiermit für die weitere wissenschaftliche Auseinandersetzung leicht zugänglich. Die Historische Gesellschaft der Deutschen Bank freut sich, mit dieser von ihr in Auftrag gegebenen Sammlung das Leben und Wirken eines bedeutenden Bankiers und einer herausragenden Persönlichkeit aus der Geschichte der Deutschen Bank wieder in das Bewusstsein einer breiteren Öffentlichkeit zu bringen.

Clemens Börsig

Erster Vorsitzender der Historischen Gesellschaft
der Deutschen Bank e.V.
und Vorsitzender des Aufsichtsrats
der Deutschen Bank

I. Einführung

Georg Solmssen, Porträt aus den 1920er Jahren

Harold James

Georg Solmssen – eine biographische Annäherung[*]

Georg Solmssen war ein sehr einflussreicher Bankier der Weimarer Republik. Er verkörperte das typischste oder charakteristischste Geschäftsfeld der Universalbank deutscher Tradition: die Industriefinanzierung durch Bankkredite und Emission von Aktien und Anleihen. Im Jahr 1933 wurde er für kurze Zeit Vorstandssprecher der damals mit Abstand größten deutschen Bank, der Deutschen Bank und Disconto-Gesellschaft. Aber das ist nicht der Hauptgrund, dass er zu den herausragenden Persönlichkeiten in der Geschichte Deutschlands zwischen den Weltkriegen gehört. Heute ist er vielleicht am bekanntesten als Verfasser eines bewegenden, prophetischen Briefes, in dem er am 9. April 1933 nicht nur die Endziele Hitlers, sondern auch die Eigenart der Unterstützung der Nazis durch die Deutschen mit geradezu unheimlich sicherem Gespür beschrieb. In diesem Brief an den Aufsichtsratsvorsitzenden der Deutschen Bank und Disconto-Gesellschaft, Franz Urbig, hieß es unter anderem: «Die Ausstoßung der Juden aus dem Staatsdienst, die nunmehr durch Gesetz vollzogen ist, drängt die Frage auf, welche weiteren Folgen sich an diese, auch von dem gebildeten Teile des Volkes gleichsam als selbstverständlich hingenommenen Maßnahmen für die private Wirtschaft knüpfen werden. Ich fürchte, wir stehen erst am Anfange einer Entwicklung, welche zielbewußt, nach wohlangelegtem Plane auf wirtschaftliche und moralische Vernichtung aller in Deutschland lebenden Angehörigen der jüdischen Rasse, und zwar völlig unterschiedslos, gerichtet ist. Die völlige Passivität der nicht zur nationalsozialistischen Partei gehörigen Klassen, der Mangel jeden Solidaritätsgefühls, der auf Seite [!] aller derer zu Tage tritt, die bisher in den fraglichen Berufen mit jüdischen Kollegen Schulter an Schulter gearbeitet haben, der immer deutlicher werdende Drang, aus dem Freiwerden von Posten selbst Nutzen zu ziehen und das Totschweigen der Schmach und des Schadens, die unheilbar allen denen zugefügt werden, die, obgleich schuldlos, von heute auf morgen die Grundlagen ihrer Ehre und Existenz vernichtet sehen – alles dieses zeigt eine so hoffnungslose Lage, daß es verfehlt wäre, den Dingen nicht ohne jeden Beschönigungs-Versuch in's Gesicht zu sehen.»[1]

---

[*] Übersetzt aus dem Englischen von Thorsten Schmidt.
[1] Solmssen an Urbig 9.4.1933, in: HADB, P1/14; hier abgedruckt; zitiert in Harold James, Die Deutsche Bank und die Diktatur 1933–1945, in: Lothar Gall u. a., Die Deutsche Bank 1870–1995, München 1995, S. 337–338; Saul Friedländer, Das Dritte Reich und die Juden. Bd. 1, Die Jahre der Verfolgung 1933–1939, München 1998, S. 46; Lothar Gall, Der Bankier Hermann Josef Abs. Eine Biographie, München 2004, S. 38; Martin Münzel, Die jüdischen Mitglieder der deutschen Wirtschaftselite 1927–1955. Verdrängung – Emigration – Rückkehr, Paderborn 2006, S. 439f.

Dieser Brief ist deshalb so aufschlussreich und ein Zeugnis der Ironie des Schicksals, weil er von jemandem geschrieben wurde, der nicht nur zutiefst patriotisch, sondern gelegentlich auch ganz unverhohlen nationalistisch war. Tatsächlich wird Solmssen in der allgemeinen deutschen Geschichtsschreibung weniger als typischer Repräsentant der Gattung Bankier gesehen, sondern als Musterbeispiel eines Vertreters der assimilierten und integrierten deutsch-jüdischen Elite – jenes Typus, den Chaim Waizmann abfällig als «Kaiserjuden» bezeichnete.[2] Solmssen war vor allem deshalb stolz darauf, Deutscher zu sein, weil er an eine einzigartige deutsche Tradition der Toleranz und Assimilation glaubte.

Georg Solmssen (1869–1957)

Georg Solmssen entstammte einer berühmten deutsch-jüdischen Bankiersdynastie. Am 7. August 1869 in Berlin geboren, war er der Sohn einer der Pioniere des modernen deutschen Bankwesens. Sein Vater, Adolph Salomonsohn, stammte aus einer alteingesessenen Rabbiner-Familie. Adolph kam 1831 als Abraham Salomonsohn in Inowrocław (Hohensalza) in der Provinz Posen zur Welt, wo sein Vater Kaufmann war. Statt einer Talmudschule besuchte er jedoch eine der neuen preußischen Reformschulen (Gymnasium), und statt in die Wirtschaft ging er ins staatliche Justizwesen. David Hansemann, der 1851 die Disconto-Gesellschaft gründete, die zum Prototyp einer neuen – auf Industriefinanzierung spezialisier-

[2] Peter Pulzer, Jews and the German state. The political history of a minority, 1848–1933, Oxford 1992, S. 201.

ten – Spielart der deutschen Universalbank werden sollte, versuchte mehrfach, Salomonsohn als Mitarbeiter für die neue Bank zu gewinnen. Doch erst 1863, nachdem Salomonsohn die Ernennung zum Notar in Cosel angenommen hatte und anschließend vom preußischen Justizminister mit einer abfälligen Bemerkung über seine Familie gedemütigt worden war, erklärte er sich einverstanden und wurde Syndikus der Bank. Hansemann bemerkte dazu: «Die staatliche Zwangsjacke ist für Sie zu eng».[3] Drei Jahre später erhielt er Prokura, und 1869, am Vorabend des Krieges zwischen Frankreich und Preußen und der staatlichen Einigung Deutschlands, wurde er in den Kreis der Geschäftsinhaber der Bank aufgenommen.

Adolph Salomonsohn (1831–1919)

Die Disconto-Gesellschaft war ein konservativeres Institut als die in den 1870er Jahren gegründeten großen Universalbanken, die Deutsche und die Dresdner. Sie glich mehr einer *banque d'affaires* französischer Prägung, die eher auf Teilhaberschaft (direkter persönlicher Führungsverantwortung) als auf einem angestellten geschäftsführenden Vorstand basierte, und sie wies darüber hinaus ein starkes familiäres Element auf (wie die traditionsreichen Privatbanken der Rothschilds und Bleichröders). Das in dieser Tradition geführte Bankgeschäft war eine sehr persönliche Angelegenheit. Adolph Salomonsohn engagierte sich stark in dem neuen Geschäftsfeld der Industriefinanzierung, und er spielte eine entscheidende Rolle

---

3 Georg Solmssen, Beiträge zur Deutschen Politik und Wirtschaft 1930–1933. Gesammelte Aufsätze und Vorträge, München, Leipzig 1934, S. XLVIII.

bei der Finanzierung der Gotthard-Bahn und der Bereitstellung von Krediten für die Gelsenkirchener Bergwerks-AG. Auch wenn er 1888 als Geschäftsinhaber der Bank ausschied, stand er dem Generaldirektor der Gelsenkirchener Bergwerks-AG, Emil Kirdorf, weiterhin sehr nahe, und sein Sohn Georg führte diese Beziehung fort. Außerdem blieb Adolph im Aufsichtsrat der Disconto-Gesellschaft. Georg Solmssen rühmte später die Verbindung der «Schriftlichkeit» mit dem Kollegialitätsprinzip, und er sah darin den Ausdruck einer «aristokratischen Geschäftsauffassung».[4] Adolphs Neffe Arthur Salomonsohn (1859–1930) stammte ebenfalls aus Inowrocław und wurde 1895 Geschäftsinhaber der Disconto-Gesellschaft. Wie sein Onkel unterhielt er enge Geschäftsbeziehungen zur Schwerindustrie an Rhein und Ruhr.

Arthur Salomonsohn (1859–1930)

Georg Adolf Salomonsohn (Solmssen) folgte dem Beispiel seines Vaters. Er sog die Traditionen des Bankgeschäfts gleichsam mit der Muttermilch ein, da er die ersten Lebensjahre in der Wohnung seines Vaters im Gebäude der Disconto-Gesellschaft verbrachte (bis Umbauten zum Auszug der Geschäftsinhaber aus der Bankzentrale führten). Schließlich studierte Georg Jura und trat in den preußischen Staatsdienst ein, der am ehesten seiner Lebensauffassung entsprach, die auf Ordnung und Disziplin beruhte. Für den preußischen Staat verfasste er eine Studie über die gesetzlichen Regelungen über Baudarlehen in den USA (und insbesondere über den Schutz der Interessen der Arbeiter im Fall des Konkurses eines Bauunternehmens),

---

4 Solmssen, Beiträge, S. XXI.

Disconto-Gesellschaft in Berlin, Unter den Linden 35, um 1900

und zu diesem Zweck hielt er sich 18 Monate in den Vereinigten Staaten auf. Das Projekt bildete auch die Grundlage für seine juristische Dissertation; Salomonsohns Arbeit beeinflusste die preußische und deutsche Gesetzgebung zur Baufinanzierung.[5]

Salomonsohn ging auf dem Weg zur Assimilation weiter als sein Vater, der zwar Jude blieb, aber seinen Vornamen so änderte, dass er deutscher und protestantischer klang und an den protestantischen Helden Gustavus Adolphus aus dem 17. Jahrhundert erinnerte (Adolphs Förderer, David Hansemann, nannte seinen Sohn, vielleicht zufälligerweise, ebenfalls Adolph). Am 2. April 1900 wurde Georg protestantisch getauft, und am 10. August desselben Jahres änderte er seinen Familiennamen von Salomonsohn zu Solmssen. Da er zur gleichen Zeit aus dem Staatsdienst ausschied und in die Disconto-Gesellschaft, in der seine Familie tätig war, eintrat, steht zu vermuten, dass es wegen seines Konfessionswechsels zu keinen größeren Reibungen mit seinem Vater oder seinem Cousin gekommen ist.

Im Jahr 1907 heiratete er Giulietta («Etta») Aselmeyer, die Tochter eines wohlhabenden protestantischen deutschen Baumwollfabrikanten und Bankiers, Karl

Etta und Georg Solmssen um 1907

---

5 Siehe Georg Salomonsohn, Der gesetzliche Schutz der Baugläubiger in den Vereinigten Staaten von Nordamerika. Ein Beitrag zu den Entwürfen eines Reichsgesetzes betreffend die Sicherung der Bauforderungen und eines Preußischen Ausführungsgesetzes, Berlin 1900.

oder Carlo Aselmeyer. Diese deutsche Familie war seit der napoleonischen Zeit in Neapel ansässig, wo Friedrich Julius Aselmeyer eine Baumwollspinnerei gegründet hatte. Als seine Tochter heiratete, hatte Karl gerade das prachtvolle Castello Aselmeyer bezogen, einen Palast im Neo-Tudor-Stil, der von dem Architekten Lamont Young entworfen worden war. Durch Aselmeyer erhielt sein Schwiegersohn Zugang zu einem weltweiten Netz von Kontakten: So pflegte er insbesondere enge geschäftliche Beziehungen zur britischen Kap-Kolonie in Südafrika.[6] Der erste Sohn, Harald, kam 1908 zur Welt, und der zweite, Ulrich, folgte 1909.

Georg Solmssen war ein höchst korrekter Mensch, der «frisch und modern»[7] aber auch sehr verschlossen wirkte. Zumindest in seinen erhalten gebliebenen Briefen (die nicht sehr persönlich sind) und in seinen zahlreichen öffentlichen Vorträgen und Reden sprach er nie über das Thema Glauben. Dies bedeutet selbstverständlich nicht unbedingt, dass er ungläubig gewesen wäre, aber weder das Judentum noch der Protestantismus scheinen tiefere Spuren bei ihm hinterlassen zu haben. Sofern ihn überhaupt irgendein Aspekt des preußischen Protestantismus beeinflusste, war dies die Idee, die Religion in den Dienst des Staates zu stellen. Sein tief verwurzeltes Arbeitsethos war im Grunde ein säkularer Ausdruck religiösen Tatendrangs. Das einzige Bibelzitat, das in seinen Veröffentlichungen – und auch in seiner erhaltenen Korrespondenz – auftaucht, findet sich in der Einleitung zu seiner zweibändigen Aufsatzsammlung, die 1934, während der Nazi-Diktatur, unter sehr schwierigen Umständen veröffentlicht wurde. Es ist ein Vers aus dem Buch Genesis (der von Johann Christian und Johann Sebastian Bach auf sehr berührende Weise vertont wurde und auch das Sujet eines bewegenden Rembrandt-Gemäldes ist, das in der Berliner Staatsgalerie hängt); dort sagt Jakob zu dem geheimnisvollen, starken Wesen, das mit ihm gerungen hat und das sich als ein Engel des Herrn erweist: «Ich lasse dich nicht, du segnest mich denn.»[8] Daraufhin antwortete der Engel: «Du sollst nicht mehr Jakob heißen, sondern Israel; denn du hast mit Gott und mit Menschen gekämpft und gewonnen.» Solmssen interpretierte diese biblische Forderung nach einem göttlichen Segen als eine Aussage über die Beziehung des Einzelnen nicht zu Gott, sondern zum Vaterland. «Nur Befolgung des Grundsatzes unverbrüchlicher Treue zum Vaterlande kann ihm [dem Deutschen] die Kraft geben, der Bedrängnisse Herr zu werden, mit denen er und die Seinen zu kämpfen haben.» Solmssen wollte von Deutschland, nicht von Gott, gesegnet werden, und Deutschland wies ihn letztlich zurück.

---

6 Ernst Schubert, Aus der Geschichte der evangelischen Gemeinde deutscher Sprache in Neapel. Zu ihrem 100jährigen Jubiläum 1926, Neapel 1926. Daniela Luigia Caglioti, Vite parallele: una minoranza protestante nell'Italia dell'Ottocento, Bologna 2006, S. 187.

7 Vgl. Felix Pinner, Deutsche Wirtschaftsführer, Berlin 1925, S. 188.

8 Solmssen, Beiträge, S. XV; 1. Buch Mose, Kapitel 32, Vers 27; vgl. auch Solmssen an Dreyse 9.6.1938, in: HADB, P1/14; hier abgedruckt.

Rembrandt,
Jakob ringt mit dem Engel,
Gemäldegalerie der
Staatlichen Museen, Berlin

Während des Ersten Weltkrieges kristallisierte sich Solmssens politische Einstellung heraus. Wie viele konservative deutsche Wirtschaftsführer sah er im Krieg zunächst eine Chance, Deutschland in den Rang einer Weltmacht zu heben. Insbesondere bei der Ausdehnung der deutschen Macht- und Einflusssphäre in Belgien sowie in Südosteuropa spielten er und seine Bank eine Rolle. Belgien hatte einen großen Stellenwert für den deutschen Außenhandel. Vor 1914 hatten sich viele Deutsche (und Amerikaner) darüber geärgert, dass sich Großbritannien durch den Aufbau eines Akzeptmarktes in der Londoner City eine Vormachtstellung auf dem globalen Markt für Finanztransaktionen gesichert hatte. Einer der Hauptgründe dafür, dass sich New Yorker Banken für die Gründung einer neuen Zentralbank (aus der das Federal Reserve System hervorgehen sollte) stark machten, war die Hoffnung, New York könne den Akzeptmarkt übernehmen.[9] Paul Warburg, der jüngere Bruder des Inhabers von M. M. Warburg in Hamburg, spielte nicht nur bei der Planung der Federal Reserve, sondern auch bei der Gründung einer neuen International Acceptance Bank (im Jahr 1921), die New York zu *dem* Weltfinanzzentrum machen sollte, eine entscheidende Rolle. Die gleichen Chancen versprach sich Solmssen vom Aufbau eines geschäftlichen Standbeins in Belgien, das im Zentrum

---

9 Lawrence Broz, International Origins of the Federal Reserve System, Ithaca, New York 1997.

der wirtschaftlichen Entwicklung Kontinentaleuropas stehen sollte, da belgische Häfen (insbesondere Antwerpen) aufgrund ihrer Lage besser geeignet wären als Hamburg oder Bremen, den europäischen Markt zu erschließen; und Brüssel war bereits ein bedeutendes Finanzzentrum. Die Verbindung der Finanzkraft Deutschlands mit der belgischen Expertise im Bereich Handelsfinanzierung sollte die Basis für eine neue Mobilisierung ökonomischer Ressourcen in Kontinentaleuropa schaffen. «Fasst man den Krieg als die Auseinandersetzung zwischen uns und England um die paritätische Stellung im Welthandel auf, so ergibt sich die zwingende Notwendigkeit, die in Belgien gewonnene Basis der Kanalküste wenn möglich bis Calais zu erweitern, sie zum Ausgangspunkte des freien Weges zum Ocean zu machen und Antwerpen zu dem uns von London emancipierenden Remboursplatze auszugestalten.»[10]

Obgleich er in dem militärischen Konflikt hauptsächlich ein Ringen um ökonomische Ressourcen sah, wollte er keine Annektierung Belgiens, wie es einige der deutschen Ultra-Imperialisten in Betracht zogen. Dies würde nur in größerem Maßstab die Probleme reproduzieren, auf die Deutschland bei den französischsprachigen und katholischen (und daher ultramontanen) Bevölkerungsgruppen im Elsaß und in Lothringen gestoßen war. Stattdessen wollte er, dass Belgien, unter seinem eigenen Herrscher, zwar vollständig autonom bleibe, aber in den Rahmen einer Zoll- und Währungsunion eingebunden werde, die eine Annäherung der Sozialsysteme und Sozialleistungen mit sich bringen solle, sodass die Arbeitskosten in Belgien auf das deutsche Niveau steigen würden. Dies hört sich eher nach einer Vorwegnahme von Ideen an, die der Europäischen Union zugrunde liegen, als nach einem militaristischen deutschen Imperialismus.

Die Ansichten, die Solmssen damals zum Ausdruck brachte, waren auch nuancierter als die «Gott strafe Engeland»-Rhetorik der Nationalisten. In den Reden, die er während des Krieges hielt, stellte er die beiden Länder vielmehr in differenzierter Weise einander gegenüber: Die Macht Englands basiere auf seiner politischen Zentralisierung, während die Stärke Deutschlands in seiner Vielfalt und seinen föderalen Traditionen liege. «Was in der Vergangenheit Deutschlands Unglück gewesen war, das wurde ihm jetzt zum Segen.» Deutschland sei «kosmopolitisch» und offen.[11]

Im Hinblick auf Südosteuropa war die entscheidende Zukunftsfrage – aber auch der wesentliche Punkt für die Umsetzung der deutschen Kriegspläne – der Zugriff auf Energieressourcen, insbesondere die Kontrolle über die rumänischen Erdölfelder. Die rivalisierenden Großmächte lieferten sich hier einen Wettstreit, der auch zu Konflikten zwischen den Unternehmen führte, die sich um die geschäftliche

---

10 Solmssen an Direktion der Disconto-Gesellschaft 2.12.1914, in: HADB, NL3/69; hier abgedruckt. Siehe auch Georg Solmssen, England und wir! Vortrag, gehalten im Verein der Industriellen des Regierungsbezirks Köln a. Rhein am 13. November 1916, Köln 1916; wieder abgedruckt in Solmssen, Beiträge, S. 3–30.

11 Solmssen, Beiträge, S. 6f.

Seite kümmerten. Die Disconto-Gesellschaft hatte vor dem Ersten Weltkrieg eng mit Rumänien zusammengearbeitet und im ersten Jahrzehnt des 20. Jahrhunderts vergeblich versucht, mit Standard Oil die weltweit führende Mineralölgesellschaft ins Boot zu holen, um die rumänischen Förderkapazitäten deutlich auszuweiten. Vor allem ab 1916, als Deutschland auf eine dauerhaft mobilisierte Kriegswirtschaft umstellte, kam es zu einem heftigen Konkurrenzkampf zwischen den deutschen Banken, der Disconto-Gesellschaft, die sich dabei der Deutschen Erdöl-Aktiengesellschaft (DEA) bediente, und der Deutschen Bank, die sich über die Deutsche Petroleum-Aktiengesellschaft (DPAG) engagierte. Im Jahr 1916 befürchtete die wichtigste Führungsfigur der DEA, der brillante, autodidaktisch geschulte Ingenieur Rudolf Nöllenburg, kurzzeitig, die Disconto-Gesellschaft besitze nicht genug Finanzkraft, um eine komplexe neue Raffinerie in Rumänien zu errichten, und flirtete daher mit der Deutschen Bank. Infolgedessen begann die DPAG im Jahr 1916 eine Kapitalbeteiligung an der DEA zu erwerben; und im Jahr 1917 eröffnete die Deutsche Bank Geschäftsstellen in Sofia und Bukarest. Daraufhin mobilisierte die Disconto-Gesellschaft ihr eigenes Netzwerk an Banken, um die Herausforderung durch die Deutsche Bank abzuwehren. Die Disconto-Gesellschaft hielt einen Teil ihrer Beteiligungen an der DEA nicht direkt, sondern über den alteingesessenen Kölner A. Schaaffhausen'schen Bankverein; doch wurde eine größere Zahl an Regionalbanken eingebunden, um ein Gegengewicht gegen die Deutsche Bank zu bilden.[12] Solmssen argwöhnte, dass die deutsche Regierung die Deutsche Bank bevorzuge, die viel enger mit der politischen Welt verbunden war, vor allem über ihren tatkräftigen jungen Vorstand Emil Georg von Stauß, der mit der Tochter des Admirals von Müller verheiratet war. Nöllenburg begann jetzt, sich von dem rumänischen Projekt zu verabschieden und der Frage nachzugehen, ob sich deutsche Braunkohle als Ausgangsstoff für die Herstellung von Mineralöl eigne.

Unmittelbar nach dem Zusammenbruch des deutschen Kaiserreichs und dem Ende des Kriegs exponierte sich Solmssen sehr viel stärker als bisher in der Öffentlichkeit. In einer glühenden Rede im Januar 1919 gab er, in Übereinstimmung mit den Überzeugungen der politischen Rechten, der Sozialdemokratie die Schuld an der deutschen Niederlage.[13] Schon im Dezember 1918 war er in die deutsche Waffenstillstandskommission berufen worden, die in Spa unter Leitung des Zentrumspolitikers Matthias Erzberger verhandelte, und er erlebte aus eigener Anschauung die Ohnmacht und die Demütigung des republikanischen Deutschlands: eine Erfahrung, die seine politische Einstellung dauerhaft prägte.

In einer militant nationalistischen Rede vor dem Deutschen Bankiertag im Oktober 1920 über den Zustand des deutschen Finanzwesens nach dem Krieg skizzierte Solmssen die Gefahr eines vollständigen wirtschaftlichen Zusammenbruchs

---

12 Aktenvermerk Solmssens 28.4.1917, in: HADB, K2/1336; hier abgedruckt.

13 Solmssen, Beiträge, S. 31–56.

mit einer gewaltigen Hungersnot und Lebensverhältnissen, die schlimmer wären als in Russland. Er unterstützte uneingeschränkt Keynes' Kritik am Versailler Vertrag und an der Heuchelei von Präsident Woodrow Wilson. Er griff die «Kriegsschuldklausel» von Artikel 231 an und forderte eine Konzertierung der nationalen Anstrengungen zur Bewältigung der Finanzkrise.[14] Er war zutiefst konservativ und verkündete nach der Auflösung des Kaiserreichs, die Farben Schwarz-Weiß-Rot (das heißt die Flagge des kaiserlichen, nicht des republikanischen Deutschlands) seien das Symbol der Zukunft. Aber er riet auch zu Nüchternheit und kritisierte den wilhelminischen Byzantinismus. In einer Gedenkbroschüre für seinen Vater unterstrich er, Titel und Orden hätten dem großen Bankier nichts bedeutet, sie seien bloß «Schall und Rauch» gewesen.[15]

In einem 1920 erschienenen Zeitungsartikel, in dem er die Korruption in Deutschland gnadenlos anprangerte, sah er deren Ursachen in der politischen Kultur Deutschlands nach Bismarck. «Verzweifelt müssen wir die unbegreiflich erscheinende Tatsache feststellen, daß im deutschen Reiche für Geld heute alles zu haben ist und die korrumpierende Lasterhaftigkeit sich öffentlich mit ihren Erfolgen bläht. Wir haben das Schämen verlernt.» Die Ursachen der tiefen moralischen Krise lagen seines Erachtens in der Führung des wilhelminischen Deutschlands und im «Untertanengeist»: «Knechtisches Lakaientum, in unteroffiziermäßiger Strammheit erstarrtes Denken, geistige Charakterlosigkeit ärgster Art, das waren die Merkmale der Umgebung der Spitzen des Staates in allen Sektionen seiner behördlichen Teilung und über diese hinaus in dem gesamten gesellschaftlichen Aufbau, der durch die allerhöchste Spitze gekrönt war.»[16] Wilhelm II. hatte seines Erachtens die althergebrachten preußischen Tugenden – Genügsamkeit und Fleiß – untergraben.

Solmssen sah in der Genügsamkeit den einzigen Weg aus dem Sumpf, und er identifizierte sich rückhaltlos mit preußischen Tugenden statt mit der katholischen Bequemlichkeit des Rheinlandes. So schrieb er an den Kölner Bankier Johann Heinrich von Stein: «Wir werden uns hoch hungern müssen und, wie schon so manches Mal in der Vergangenheit, werden die zähen Märker und Ostpreussen wieder diejenigen sein, denen die Ausbildung von Persönlichkeiten und Charakteren zufällt, denen die Sache alles und das eigne Wohl nichts ist. Bis jetzt hat in der Geschichte immer nur die Idee gesiegt, die aber noch nie dort emporgesprosst ist, wo es allen wohl erging.»[17]

Solmssens Groll gegen die Alliierten wurde zweifellos durch seine persönlichen Erfahrungen verstärkt. Ein Teil seines Kölner Hauses wurde für die Einquartierung britischer Offiziere requiriert; und Solmssen musste mit einer Gruppe von Dozen-

---

14 Das deutsche Finanzwesen nach Beendigung des Weltkrieges, Berlin: Engelmann, 1921. Sonderdruck aus dem Protokoll der Verhandlung der V. Allgemeinen Deutschen Bankiertages zu Berlin am 25., 26. und 27. Oktober 1920.
15 Georg Solmssen, *Gedenkblatt für Adolf und Sara Salomonsohn zum 19. März 1931*, Berlin 1931, S. 20. Auch abgedruckt in Solmssen, Beiträge, S. LI.
16 Georg Solmssen, Korruption, in: Vossische Zeitung 6.2.1920.
17 Solmssen an von Stein 5.2.1920, in: HADB, K2/1607; hier abgedruckt.

ten zusammenleben, die die Deutschen dadurch umerziehen wollten, dass sie den deutschen Imperialismus und Militarismus als die Ursachen des Krieges hinstellten.

In der Anfangszeit des Krieges konzentrierte Solmssen seine Energie auf die westdeutsche Schwerindustrie, vor allem bei der Führung des A. Schaaffhausen'schen Bankvereins, den die Disconto-Gesellschaft 1914 übernommen hatte und dessen lockerere Unternehmenskultur Solmssen an die strengeren Maßstäbe der Disconto-Gesellschaft anpassen wollte. Schaaffhausen wurde unter dem alten Namen weitergeführt, um die Stammkundschaft aus der Schwerindustrie zu halten, aber Solmssen hielt die Bank für schlecht geleitet und griff daher auch dann noch ins Tagesgeschäft ein, als er aus dem Vorstand ausgeschieden und in den Aufsichtsrat gewechselt war. Infolgedessen kam es zu erheblichen Reibungen mit der neuen Geschäftsführung, insbesondere mit Robert Pferdmenges. Die beiden Banken schienen Geschäftsbeziehungen zu denselben Kunden zu unterhalten, und Pferd-

A. Schaaffhausen'scher Bankverein in Köln

menges klagte, die Disconto-Gesellschaft biete wichtigen Industriekunden Kredite zu günstigeren Konditionen an.

Mitte der 1920er Jahre war Solmssen Aufsichtsratsvorsitzender folgender Unternehmen: Deutsch-Atlantische Telegraphengesellschaft, Deutsche Erdöl-AG, Revision Treuhand AG und Zugtelefonie AG. Er war stellvertretender Aufsichtsratsvorsitzender der Bergwerksgesellschaft Trier mbH (Hamm), der Braunkohlen-Industrie AG Zukunft (Weisweiler), der Norddeutschen Seekabelwerke (Nordenham) und der Gebrüder Stollwerck AG (Köln). Außerdem war er einfaches Mitglied von 19 Aufsichtsräten: Nordstern-Lebensversicherungsbank AG, Bergwerks-Gesellschaft Dahlbusch, Berlin-Karlsruher Industrie-Werke AG, Bergmann-Elektricitäts-Werke AG, Deutsche Libbey-Owens Gesellschaft für maschinelle Glasherstellung DELOG, Deutsche Luft Hansa AG, Deutsche Luftschiffahrts-AG, Deutsche Petroleum-AG, Felten & Guilleaume Carlswerk AG, Gesellschaft für elektrische Unternehmungen AG, Kaliwerke Aschersleben, Köln-Neuessener Bergwerksverein, Ludwig Loewe AG & Co., Luftschiffbau Zeppelin GmbH, Magdeburger Bergwerks AG, Orenstein & Koppel AG, Phoenix AG für Bergbau und Hüttenbetrieb, Preußische Central-Bodenkredit-AG, Rheinisch-Westfälische Revision-Treuhand AG, Rheinisch-Westfälische Boden-Credit-Bank; außerdem war er stellvertretendes Mitglied des Verwaltungsrats der Reichspost.[18]

Solmssen war zu dieser Zeit nicht nur eine zentrale Figur des Bankgewerbes im Rheinland; er spielte dort jetzt auch eine direktere politische Rolle. Im Jahr 1920 wurde er Vorsitzender des Vorstands der Vereinigung von Banken und Bankiers in Rheinland und Westfalen. Die Vereinigung spielte eine herausragende Rolle bei den Debatten über die Fortsetzung der Bargeldversorgung des Rheinlandes im Anschluss an die französische Okkupation des Ruhrgebietes im Januar 1923. Solmssen sah in ihr auch ein Instrument, um den starken Kräften, die auf eine Abspaltung des Rheinlandes drängten und die Lage im Rheinland mit einer eigenen Goldwährung stabilisieren wollten, entgegenzuwirken.

Aber Solmssen wandte der Kölner Bankenlandschaft schon bald den Rücken zu und kehrte zurück nach Berlin, wo er in der Inselstraße 24 auf Schwanenwerder am Wannsee eine schöne Villa kaufte, direkt neben dem Haus seines Cousins Arthur Salomonsohn und unweit der prachtvollen Residenzen von Eduard Mosler von der Disconto-Gesellschaft sowie von Oscar Schlitter und Oscar Wassermann von der Deutschen Bank.

Anfang 1922 bot Außenminister Walther Rathenau Solmssen das Amt des Finanzministers in der Reichsregierung an. Solmssen lehnte ab. Zwar war er der Ansicht, dass die Spitzen der Wirtschaft grundsätzlich eine größere Rolle bei der politischen Führung des Landes spielen sollten, aber er habe nicht genug Zeit gehabt,

---

18 Siehe auch die vollständige Aufstellung von Solmssens Aufsichtsratsmandaten in deutschen Aktiengesellschaften, hier S. 559ff.

Wintergarten und Garten von Solmssens Villa auf Schwanenwerder

um sich mit der Vielzahl der einzelnen Probleme vertraut zu machen, und «eine fortlaufende Beschäftigung mit den politischen Tagesangelegenheiten liegt für uns ausserhalb des Bereichs, weil die Erledigung eigener Aufgaben keine Zeit und Kraft hierfür übrig lässt». Außerdem wies er darauf hin, dass jeder, der dieses Amt übernehme, wegen der nötigen harten Maßnahmen zwangsläufig mit massiven Anfeindungen rechnen müsse. Insbesondere behauptete er, es sei notwendig, die indirekte Besteuerung zu erweitern und die Besitz- und die Einkommensteuer zu senken, um die «Kapitalflucht» einzudämmen. Gleichzeitig betonte er die Notwendigkeit nationaler Solidarität: »Nach meiner Ueberzeugung kann eine Gesundung unserer ganzen Situation auch nach außen sich auf die Dauer nur durchsetzen, wenn, ohne in die alldeutschen Uebertreibungen zu verfallen, zielbewusst das Nationalgefühl geweckt und die Masse dazu gebracht wird, sich der Kraft bewusst zu werden, die in einem einheitlich geschlossenen Volkskörper liegt.»[19] An keiner Stelle erwähnte er die Schwierigkeiten, denen eine Person jüdischer Abstammung ausgesetzt sein könnte, wenn sie ein öffentliches Amt übernahm. Dagegen lehnten sowohl Max Warburg als auch sein Mitinhaber Carl Melchior genau mit diesem Argument die Übernahme ihnen angetragener öffentlicher Ämter ab, da sie befürchteten, die Ernennung eines prominenten Juden werde neue Wellen des Antisemitismus hervorrufen.[20] Bemerkenswert ist auch, dass Solmssen die Vorbehalte, die er später im

---

19 Solmssen an Rathenau 19.1.1922, in: HADB, NL3/52; hier abgedruckt.

20 Eduard Rosenbaum / A. J. Sherman, M. M. Warburg & Co., 1798–1938, merchant bankers of

Kontext des aggressiven Nationalismus und Rassismus der frühen 1930er Jahre in Bezug auf Rathenau äußerte, damals mit keinem Wort erwähnte. Im Jahr 1934 behauptete Solmssen, er habe Rathenaus Angebot im Jahr 1922 aufgrund der Überzeugung [abgelehnt], «daß Rathenau dem urwüchsigen Volkstum fern stand, das der Träger des nationalen Schwunges ist und außerstande war, mit seiner kühlen Skepsis die Herzen der Massen zu gewinnen».[21]

Solmssen interessierte sich für sehr praktische Fragen, etwa dafür, wie sich die Produktivität der deutschen Landwirtschaft steigern ließe. Er war maßgeblich daran beteiligt, im Jahr 1928 die Arbeit einer Kommission amerikanischer Ökonomen unter Leitung von George Warren von der Cornell University (der später einer der wichtigsten Berater von Präsident Roosevelt wurde) zu organisieren, die Empfehlungen zur Vereinheitlichung von Vermarktungsprozessen formulierte, um die Standardisierung voranzutreiben (und auch um die Kreditaufnahme für Landwirte zu erleichtern).[22] Solmssen war überzeugt davon, dass landwirtschaftliche Produktivitätsfortschritte die Abhängigkeit Deutschlands von Lebensmitteleinfuhren verringern und damit das heikle Zahlungsbilanzdefizit Deutschlands abmildern würden.

Seit seiner Dissertation interessierte sich Solmssen für Entwicklungen in den USA. Anfang der 1920er Jahre unternahm er mehrere Reisen dorthin, die dem Ziel dienten, Deutschland wieder an die transatlantischen Kabel- und Telefonnetze anzuschließen. Sein Handeln war ein weiteres Mal zutiefst patriotisch motiviert. Im Krieg hatten die Alliierten die deutschen Kabel beschlagnahmt, und die Beschlagnahme wurde von Artikel 244 des Versailler Vertrags bestätigt. Jetzt ging es darum, Verhandlungen zu führen und mit Hilfe amerikanischer Gelder – insbesondere aus dem Harriman Trust – eine neue Kabelgesellschaft, die Deutsch-Atlantische Telegraphengesellschaft, aufzubauen, die aus der Fusion von vier deutschen Telegrafengesellschaften der Vorkriegszeit hervorging. Als Deutschland im Januar 1923, nach der französischen Okkupation des Ruhrgebiets, kurz vor dem Staatsbankrott stand, schloss die neue Gesellschaft, deren Aufsichtsratsvorsitzender Solmssen war, mit William Averell Harriman eine Vereinbarung über einen Kredit in Höhe von 5 Millionen Dollar zur Finanzierung eines Kabels zwischen Deutschland und den Azoren, das dort an ein amerikanisches Kabel zur weiteren Verbindung nach New York angeschlossen werden sollte. Später verlegte die Western Union Telegraph Company ein Hochgeschwindigkeitskabel und außerdem leistungsfähigere Kabel in Deutschland; dieses Überseekabel wurde im März 1927 in Betrieb genommen.

Hamburg, London 1979, S. 128; Niall Ferguson, Paper and iron. Hamburg business and German politics in the era of inflation, 1897–1927, Cambridge, England, New York 1995, S. 351.

21 Solmssen, Beiträge, S. XXXIV.
22 Vgl. Bernard Stanton, George F. Warren. Farm Economist, Ithaca 2008.

Broschüre zur Eröffnung
der Kabellinie
Emden-Azoren-New York

Solmssen beteiligte sich auch an Diskussionen über die allgemeinen Probleme bezüglich der Zukunft des deutschen Bankwesens. Die Banken waren erheblich unterkapitalisiert aus der Hyperinflation hervorgegangen und sahen sich gleichzeitig mit dem enormen Kreditbedarf der Industrie konfrontiert. Im Jahr 1925 diskutierte Arthur Salomonsohn, der seit 1912 an der Spitze der Geschäftsinhaber der Disconto-Gesellschaft stand, mit Oscar Schlitter von der Deutschen Bank über die Notwendigkeit, einen Krieg aller gegen alle im deutschen Bankensektor zu verhindern. Im Sommer 1926 begannen Vorgespräche über eine Fusion der Deutschen Bank mit der Disconto-Gesellschaft. Bei einem Ferienaufenthalt in Pontresina sprach Pferdmenges vom A. Schaaffhausen'schen Bankverein, einer Tochter der Disconto-Gesellschaft, wiederum mit Schlitter, der ihn erstmals über «ernsthafte» Gespräche zwischen der Deutschen Bank und der Darmstädter Bank über eine mögliche Fusion in Kenntnis setzte. Laut Solmssens Aktennotiz über Pferdmenges' mündlichen Bericht habe Schlitter erklärt: «Die Zusammenballung der Kapitalien in der Industrie habe solche Dimensionen angenommen und werde sich noch weiter derart fortsetzen, daß die Thätigkeit der Banken immer mehr zurückgedrängt werden müsse und es ihnen unmöglich gemacht würde, sich dieser Unterdrückung zu widersetzen. Um der Industrie das Paroli bieten zu können, sei es erforderlich, einen Banken-Block von solcher Größe zu schaffen, daß seine Placierungs-Kraft den Inlands-Markt beherrsche und über das Maß des Vernünftigen hinausgehende Unterbietungen von Gegengruppen zwecklos wären.» Sowohl die Deutsche Bank als auch die Disconto-Gesellschaft waren im Grunde finanziell gesund. Aber Solmssen befürchtete, das Geschäft der Deutschen Bank im Westen des Reiches sei unrentabel und ihr Interesse an einer Fusion erkläre sich aus hohen Verlusten in Düsseldorf und dem Umstand, dass durch die leichtfertige Kreditpolitik von Emil Georg von Stauß hohe Risiken entstanden seien. Tatsächlich hatte Schlitter gegenüber Pferdmenges eingeräumt: «Die Deutsche Bank sei in der Kreditgewährung bewusst etwas laxer, als die Disconto-Gesellschaft.»[23]

Solmssen war besorgt über das nachlässige Geschäftsgebaren der Deutschen Bank, und der erbitterte Konkurrenzkampf während des Ersten Weltkriegs hatte ihn vermutlich regelrecht traumatisiert. Als die Fusion schließlich auf einer außerordentlichen Hauptversammlung der Deutschen Bank am 29. Oktober 1929 – zufälligerweise das Datum des «Schwarzen Dienstags» an der New Yorker Börse – gebilligt wurde, blieb Solmssen skeptisch gegenüber dem Geschäftsmodell der Deutschen Bank. Die Depression und die Bankenkrise von 1931 enthüllten das ganze Ausmaß der Probleme im Rheinland, insbesondere in Köln, wo der Filialleiter, Anton Paul Brüning, seine Bekanntschaft (und die zufällige Namensgleichheit) mit Reichskanzler Heinrich Brüning für betrügerische Machenschaften ausgenutzt hatte. Da Solmssen auf der Überlegenheit der Unternehmenskultur der Disconto-Gesellschaft bestand und sich bei der Beseitigung der Probleme in dem neuen «Bankenkoloss» auf Führungskräfte der Disconto-Gesellschaft wie Oswald Rösler und Karl Kimmich verließ, stieß er einige aus dem Führungskreis der früheren Deutschen Bank vor den Kopf. Als Solmssen in der für ihn höchst angespannten politischen Situation des Jahres 1933 den altgedienten Stahlindustriellen Emil Kirdorf um Hilfe ersuchte, benutzte er abermals das Wort «lax», um die Unternehmenskultur der alten Deutschen Bank zu charakterisieren. «Ich weiß aber, daß ich für die DD Bank ein Aktivum darstelle u[nd] daß noch viel zu thun ist, um die klassische Disciplin der Disconto-Gesellschaft gegenüber den laxeren Methoden, wie wir sie bei der Leitung der Deutschen Bank vorgefunden haben, mit Erfolg durchzusetzen. Wir sind bemüht, den Nachwuchs für den Vorstand heranzubilden, benötigen aber hierfür Zeit u[nd] müssen bis dahin auf dem Posten bleiben.» Als dieser Brief die Runde machte, waren Solmssens Kollegen erwartungsgemäß verärgert.[24]

---

23 Aktenvermerk Solmssens 16.9.1926, in: HADB, NL3/79; hier abgedruckt.

24 Solmssen an Kirdorf 20.7.1933, in: HADB, B200, Nr. 67; hier abgedruckt.

Zentrale der fusionierten Deutschen Bank und Disconto-Gesellschaft in Berlin, Mauerstraße

Was die Disconto-Gesellschaft schließlich dazu veranlasste, sich mit der Deutschen Bank zusammenzuschließen, war nicht nur die Suche nach einem besseren Geschäftsmodell auf breiterer Basis, sondern auch die Furcht vor dem Geschäftsgebaren der Darmstädter und Nationalbank (Danatbank) und ihres Direktors, Jakob Goldschmidt. So schrieb Solmssen in einem Brief an Oscar Schlitter von der Deutschen Bank: «Wir werden mit Herrn Goldschmidt nicht eher zu einem vernünftigen Verhältnis kommen, als bis wir zum Angriff übergehen. Er hat jegliches Augenmaß verloren und kann nur durch das Gegentheil von Freundlichkeit von seinem Größenwahn kuriert werden.»[25] Die fusionierte neue Megabank war nicht nur der Versuch, durch Rationalisierung der Geschäftsprozesse Kosten zu senken; sie war auch das Ergebnis eines erbitterten Wettstreits zwischen zwei verschiedenen Konzeptionen des Bankgeschäfts.

Ende der 1920er Jahre und zum Zeitpunkt der Fusion der Disconto-Gesellschaft und der Deutschen Bank war Solmssen einer der beiden wichtigsten Meinungsführer in der Auseinandersetzung über die Frage geworden, wie Banken arbeiten und wie sich Bankiers verhalten sollten. In der polarisierten Debatte über die Banken-

---

25 Solmssen an Schlitter 20.1.1930 in: HADB, P24362, Bl. 1–2; hier abgedruckt.

praktiken waren zwei gegensätzliche Persönlichkeiten hervorgetreten, die unterschiedliche «Bankiers-Philosophien» verkörperten. Jakob Goldschmidt war die vorwärtsdrängende und unternehmerisch denkende Kraft hinter der spektakulären Expansion der Danatbank. Er war ein Meister des Börsengeschäfts. In Eldagsen bei Hannover geboren, Sohn eines bescheidenen Ladenbesitzers, war er durch und durch ein «Selfmademan». 1910 hatte er eine Bank eröffnet und sich schon gleich dadurch ausgezeichnet, dass er hervorragende Börsenberichte für seine Kunden schrieb und damit schnell viele weitere Kunden anzog. 1918 wurde ihm angeboten, in die damalige Nationalbank für Deutschland einzutreten. Auf dem Höhepunkt seiner Karriere, kurz vor dem Sturz im Jahr 1931, gehörte er 123 Aufsichtsräten deutscher Firmen an. Zum Vergleich: Goldschmidt stärkster Konkurrent in dieser Hinsicht war der Kölner Bankier Louis Hagen, ebenfalls ein «Selfmademan», der aber lediglich 64 Aufsichtsgremien angehörte. Selbst das aktivste Vorstandsmitglied der Deutschen Bank brachte es nur auf 50 Mandate. Goldschmidts wichtigste Fähigkeit lag im Management groß angelegter Fusionen, wie etwa die Errichtung des Stahlkonzerns Vereinigte Stahlwerke, die Rationalisierung der Kali-Industrie und die Zusammenarbeit der rivalisierenden Schifffahrtsgesellschaften Hapag und Norddeutscher Lloyd. Ein zeitgenössischer Kommentar beschrieb ihn schmeichelnd: «Wenn er als Bankier auch zum Finanzier wird, dann nicht als Spekulant, sondern als der berufene Vermittler für den Ausgleich der Kapitalien.»[26]

Goldschmidt war jedoch weit davon entfernt, nur hinter den Kulissen zu agieren, und glaubte vermutlich, dass seine enthusiastischen öffentlichen Stellungnahmen zu zentralen politischen Fragen seine berufliche Reputation steigerten. Seinen größten Auftritt hatte er bei dem Allgemeinen Deutschen Bankiertag in Köln 1928, wo er den Kapitalismus als System in einer flammenden und überzeugend wirkenden Rede verteidigte. Er strich nicht nur die Vorzüge von horizontalen Fusionen heraus, die er ja in brillanter Weise betrieben hatte, sondern er behauptete auch, dass eine «rücksichtslose Intensivierung der Betriebe» der richtige Weg in die Zukunft sei. Der Sozialismus sei gescheitert – nur Privatinitiative ließe den Wohlstand gedeihen. «Dieses private Ertragsstreben ist die Triebfeder unseres wirtschaftlichen Handelns, die den Arbeitnehmer nicht weniger als den Arbeitgeber beherrscht, und die durchaus geeignet ist, mit dem Aufstieg des Individuums auch eine höhere Entwicklungsform der Zusammenarbeit zu zeitigen.» Er erklärte: «Es ist für mich immer eine unverständliche Tatsache, wie es möglich ist, dass der privatwirtschaftliche Gedanke, die privatwirtschaftliche Wirtschaftsführung im Gegensatz zur Staatswirtschaft so unpopulär ist.» Das Vertrauen in die Privatwirtschaft müsse in Deutschland wiederhergestellt werden, um ausländische Geldgeber zu höheren

---

26 Vgl. Gerald D. Feldman, Jakob Goldschmidt, the History of the Banking Crisis of 1931, and the Problem of Freedom of Manoeuvre in the Weimar Economy, in: Christoph Buchheim / Michael Hutter / Harold James (Hrsg.), Zerrissene Zwischenkriegszeit. Wirtschaftshistorische Beiträge, Baden-Baden 1994, S. 307–28; Kurt Zielenziger, Juden in der Wirtschaft, Berlin 1930, S. 265.

Krediten zu bewegen. Die internationale Wirtschaft betrachtete Goldschmidt als Werkzeug, das die Deutschen nutzen konnten, um selbst wieder zu Reichtum zu gelangen. «Wir sind angewiesen auf den Kredit der Welt, und dieser muss im System, in der Methode, eine Vertrauensbasis finden. Die Welt muss offen und klar die Strömungen und Entwicklungen zu übersehen vermögen, die die Wirtschaft des Einzelnen und der Gesamtheit beeinflussen.»[27]

Goldschmidt und Solmssen repräsentieren an und für sich zwei Geschäftsauffassungen, die auch Anfang des 21. Jahrhunderts vertraut erscheinen. Goldschmidt, der Advokat des freien Marktes, der unbestechlichen Logik der Börse und der globalen Integration; Solmssen, der Verteidiger unterschiedlicher nationaler Traditionen des Kapitalismus oder dessen, was man heute als Modell des «rheinischen Kapitalismus» bezeichnen könnte.

Solmssen machte keinen Hehl daraus, dass er Goldschmidt und seine Methoden als neumodisch verachtete. Er hielt es für unmöglich, die Entwicklung des Marktes seriös vorherzusagen. Gerne wurde über ihn die Anekdote erzählt, dass er einst in seinem Park eine gute Fee getroffen habe, die sich beklagte, nichts für ihn tun zu können, da er schon alles habe, was die Welt bieten könne: Reichtum, eine reizende Frau, liebenswürdige Kinder. Aber nach kurzem Zögern habe Solmssen geantwortet, dass er gerne einmal die Aktiennotierung von übermorgen wüsste.[28]

Auch Solmssen hatte 1928 auf dem Kölner Bankiertag eine lange politische Rede gehalten. Doch er beschäftigte sich darin mit den Möglichkeiten, wie das Kreditangebot für die Landwirtschaft verbessert werden könne. Bei seinem Vortrag in Zürich 1930 gab er einen philosophisch angehauchten Überblick über die Zukunft der Globalisierung: «Die Weltwirtschaft wird, wenn sie überhaupt weiterbestehen will, zwangsläufig in eine neue Ära der gegenseitigen Rücksichtnahme treten und zur Verständigung über die verschiedenen Interessengebiete treten müssen. Dieses Dogma bedeutet keine Negierung des Rechts jeder Nation auf Erhaltung ihrer Eigenart und Sonderstellung; es will nicht besagen, daß die Zukunft einem politischen Volapük gehöre, und daß die durch geographische Gestaltung, durch geschichtliche Entwicklung und durch Rassenunterschiede gezogene Grenzen zum Verschwinden verurteilt seien.»[29]

Der Centralverband des Deutschen Bank- und Bankiergewerbes wurde zur Bühne, auf der Solmssens Kampf gegen die «neumodische» Auffassung von der Funktion der Banken im Wirtschaftsgefüge ausgetragen wurde. Solange die patriarchalische Gestalt Jacob Riessers, ein ehemaliges Vorstandsmitglied der Darmstädter Bank, Reichstagsabgeordneter und Autor des Standardwerks zur deutschen Bankenkonzentration, den Centralverband lenkte, konnte eine Konfrontation der

---

27 Verhandlungen des VII. Allgemeinen Deutschen Bankiertages zu Köln am Rhein am 9., 10. und 11. September 1928, Berlin, Leipzig 1928, S. 135, 141, 146, 149f.

28 Solmssen, Beiträge, S. XXXII. Hans Luther, Vor dem Abgrund 1930–1933: Reichsbankpräsident in Krisenzeiten, Berlin 1964, S. 51f.

29 Solmssen, Beiträge, Bd. 2, S. 520.

beiden Persönlichkeiten vermieden werden. Und als Riesser schließlich seinen Rückzug vorbereitete, löste der Centralverband die Frage der Nachfolge zunächst durch einen merkwürdigen Kompromiss. Im Juni 1930 wurden Goldschmidt und Solmssen zunächst beide zu Vorstandsmitgliedern und stellvertretenden Vorsitzenden des Centralverbandes ernannt.[30] Sechs Monate später wurde Riesser zum Immerwährenden Ehrenpräsidenten gewählt und Solmssen wurde Vorsitzender. Solmssen begann seine Ansprache, indem er die Persönlichkeiten würdigte, die den Verband aufgebaut hatten – Riesser und den kurz zuvor verstorbenen Arthur Salomonsohn (typischerweise erwähnte er kein einziges Mal, dass es sich um seinen Cousin handelte) –, und ging anschließend dazu über, einige eher spitze Bemerkungen über Charaktere und das Bankwesen zu machen. «Die Eigenschaften der Männer, die unseren Verband bisher geführt haben, sind die Morgengabe, welche uns die Vergangenheit für die Zukunft auf den Weg gibt. Mehr denn je bedarf es in der gärenden Gegenwart fester Grundsätze und klaren Wollens, mehr denn je muß insbesondere das deutsche Bankgewerbe seinen Pflichten gegen sich selbst und gegen die Allgemeinheit gerecht werden und mit Einheit und Mut versuchen, der gewaltigen, sich immer höher auftürmenden Schwierigkeiten, die unser wirtschaftliches Leben bedrohen, Herr zu werden. Noch immer hat sich in Perioden wirtschaftlichen Abstiegs, deren Entwicklung nicht auf vorübergehenden Konjunkturschwankungen beruhte, sondern in tiefer greifenden politischen und wirtschaftlichen Wirrnissen ihren Grund hatte, das Volksempfinden gegen die den Verkehr mit Geld und Geldeswert regelnden Berufe gewandt.»[31]

Die wichtigste Aufgabe des Verbandes war, sich mit der im Verlauf der Depression schärfer werdenden Kritik am Bankwesen zu befassen, denn diese Kritik ging mit einer politischen Radikalisierung einher, die vor Gewalt und Zerstörung nicht zurückschreckte. Als mit fallenden Preisen die Rückzahlung der Schulden noch schwerer wurde, machten viele Kreditnehmer die Banken für ihre Schwierigkeiten verantwortlich. Solmssen war maßgeblich an einigen der schmerzlichen industriellen Restrukturierungen während der Depression beteiligt. Die hier edierten Briefe vermitteln einen Eindruck von den damit einhergehenden Spannungen und Feindseligkeiten, etwa im Fall des Süßwaren- und Schokoladeherstellers Stollwerck, wo sich Solmssen und sein Protegé Karl Kimmich darum bemühten, den unfähigen Finanzvorstand Heinrich Trimborn loszuwerden.[32]

Hauptnutznießer der antikapitalistischen Stimmung während der Weltwirtschaftskrise und insbesondere der weitverbreiteten Feindseligkeit gegen die Banken im Gefolge der schweren Kreditklemme war Adolf Hitlers NSDAP.

---

30 Centralverband an die Mitglieder des Vorstands und Ausschusses 21.6.1930, in: HADB, P413.
31 Bank-Archiv, 30. Jg., H.6, 16.12.1930, S. 105.
32 Solmssen an Trimborn 12.9.1931, in: HADB, P4785, Bl. 122–125; hier abgedruckt. Vgl. auch Gerald D. Feldman, Thunder from Arosa: Karl Kimmich and the Reconstruction of the Stollwerck Company 1930–1932, in: Business and Economic History, Bd. 26, Nr. 2, 1997, S. 686–695.

Seit 1930 warnte Solmssen vor den radikalen Tönen, die die Nationalsozialisten in ihrem Programm anschlugen. Er erklärte dem Agrarpolitiker Adolf von Batocki-Friebe, der in einer für die rechte Mitte typischen Weise argumentiert hatte, es werde erzieherisch auf Hitler und seine Partei wirken, sie mit Regierungsverantwortung zu betrauen: «Ich darf darüber hinaus auf die Notwendigkeit hinweisen, gegen die Gefahren Front zu machen, welche das national-sozialistische Programm in sich birgt. Dasselbe ist in den wirtschaftlichen, besonders in den Finanz-Fragen, derart überspannt, weltfremd und agitatorisch wirkend, dass meines Erachtens unbedingt etwas geschehen muss, um seinen Inhalt zu beleuchten und darauf hinzuwirken, dass die durch den nationalen Gedanken der Partei angezogenen Kreise, sie sich gegen die mangelnde Vertretung der nationalen Bedürfnisse durch die Regierung wenden, von den Extremisten der verschiedenen Richtungen fort, in eine auf die konservative Volkspartei aufzupfropfende wirklich konservative Partei überführt werden.»

Mit diesem Ziel trat Solmssen an Reichsbankpräsident Hans Luther heran – der ganz hinter dem Gedanken stand – und bat anschließend einige prominente Wirtschaftswissenschaftler, «die wirtschaftlichen Punkte des national-sozialistischen Programms zu zerpflücken und ihren wahren Sinn darzulegen.»

Wie Solmssen einem der führenden deutschen Ökonomen, Bernhard Harms vom Kieler Institut für Weltwirtschaft, schrieb, hatte ihm Luther dahingehend zugestimmt, dass «das Bürgertum alle Kräfte anspannen muß, um der Aussaat unsinniger Ideen, wie sie in dem Programm der Nationalsozialisten enthalten sind, energisch entgegenzutreten.» Solmssen bat Harms, das Programm der nationalsozialistischen Partei sorgfältig zu lesen. Offensichtlich war er sich vor der großen Bankenkrise der Verwundbarkeit der Banken in der öffentlichen Diskussion bewusst: «Ich bin mit Herrn Dr. Luther darin einig, daß sowohl der Centralverband wie die Reichsbank einen Fehler begehen würden, wenn die sich in irgendwelcher Weise gegen die Verstaatlichungsanträge des Bankgewerbes und den damit zusammenhängenden Forderungen der Aufhebung der Schuldknechtschaft usw. in der Oeffentlichkeit wendeten. Herr Dr. Luther hält es aber für notwendig, daß die deutsche Wissenschaft in einer groß angelegten Erklärung sich zum Protest gegen eine weitere Propagierung dieser Ideen erhebt […].»

Was war mit dem nationalsozialistischen Antisemitismus? Solmssen nahm dieses Thema 1930 in keiner Weise ernst: «Ich sehe vollkommen ab von den antisemitischen Aeußerungen der Partei, weil sie sich selbst totlaufen müssen, sondern betrachte es als ausreichend, aber auch als notwendig, daß der Widerstand gegen die wirtschaftlichen Erklärungen erfolgt.»[33] Noch Anfang 1932 betrachtete er die wirtschaftspolitischen Doktrinen der Nazis als etwas, worüber man allenfalls böse Witze

---

33 Solmssen an von Batocki 29.10.1930, in: HADB, B198, Nr. 27; hier abgedruckt; Solmssen an Harms 17.10.1930, in: HADB, B198, Nr. 27; hier abgedruckt.

reißen konnte. Er erklärte vor dem Club von Berlin, einer Vereinigung von Bankiers und Industriellen, dass Georg Escherich (ein früherer Freikorpsführer, der die berüchtigte «Orgesch» gegründet hatte) Leute befragt habe, weshalb sie für Hitler gestimmt hätten, und als Antwort bekommen habe: «Ich muß Alimente zahlen. Hitler wird aber alle Schulden streichen!»[34]

Solmssen sah in Hitler eine Bedrohung für den Kapitalismus im Allgemeinen, und er sah keinen Anlass, wegen der Sonderstellung der Juden besorgt zu sein.

Andere deutsch-jüdische Bankiers begeisterten sich stärker für die Nazis als Solmssen. Im August 1932 schrieb der bedeutende Hamburger Bankier Max Warburg in einem Brief: «Entweder wir gehen resigniert unter oder trotzen allen uns zugefügten Gemeinheiten durch eine kräftige Renaissance. Insofern begrüße ich die Nazi-Bewegung, so traurig die vielen Ausschreitungen besonders für unser einen sind.»[35] Max Warburgs Cousin Siegmund reagierte in ähnlicher Weise. In einem Brief von 1930 hatte er geschrieben: «Die Nazis sind zweifellos zum Teil furchtbar primitiv, sowohl menschlich wie politisch. Andererseits befinden sich unter einem großen Teil von ihnen sehr wertvolle, typisch deutsche Kräfte, die zwar in politischer Beziehung etwas phantastisch sind, aber ein sehr starkes Gefühl für soziale und nationale Pflichten haben.»[36]

Solmssens Einstellung zum Antisemitismus in Deutschland dürfte recht gut eingefangen sein in einem Roman über das Berlin der 1920er Jahre, den sein Neffe Arthur R. G. Solmssen (ein Enkel von Arthur Salomonsohn) im Jahr 1980 veröffentlichte. Eine zentrale Rolle spielt dabei eine zum Christentum konvertierte jüdische Bankierdynastie, die von Waldsteins, deren Patriarch einem jungen amerikanischen Maler, der seine Tochter heiraten will, erklärt, dass er nicht will, dass seine Tochter für immer nach Amerika geht: «Ja, hier in Deutschland gibt es Antisemitismus, es hat ihn immer gegeben, ich versichere Ihnen, wir sind uns dessen bewußt, aber zum Großteil sind wir […] damit zu Rande gekommen. Jüdische Menschen – religiöse Juden und Christen jüdischer Abstammung – haben hier eine Stellung erlangt – besonders im ehemaligen Königreich Preußen –, die in der Welt unerreicht ist. Ich beziehe England in diese Aussage mit ein, ich beziehe Frankreich mit ein und, ich beziehe ganz gewiß Ihr Land mit ein, obwohl es, soweit ich weiß, auf der Theorie gegründet wurde, daß alle Menschen gleich sind!»[37]

Solmssen und der Centralverband hielten es angesichts der Angriffe auf das Bankwesen für das Beste, deutlich zu machen, dass es sich um eine weltweite Krise handelte, die Auswirkungen eines internationalen Kräftespiels und der irrationalen Reparationspolitik. Weder läge die Krise im Kapitalismus selbst begründet noch in den jeweiligen Entscheidungen, die deutsche Finanzinstitutionen gefällt hätten.

---

34 Club von Berlin 4.2.1932, in: BA, NL Luther, 340.
35 Max Warburg an Hans-Henning von Holtzendorff 26.8.1932, in: Warburg Archiv.
36 Zitiert in Ron Chernow, Die Warburgs. Odyssee einer Familie, Berlin 1994, S. 446.
37 Arthur R. G. Solmssen, Berliner Reigen, Frankfurt am Main 1986, S. 423f.

Diese Position nach außen zu vertreten, war das Ziel der letzten gemeinsamen Aktion des Centralverbandes in der Weimarer Republik.

Am 27. Juni 1931 organisierte der Centralverband eine «Erweiterte Ausschusssitzung». Sie fand mitten in der sich rasch verschärfenden wirtschaftlichen und politischen Krise statt. Im Mai war die Österreichische Creditanstalt in Konkurs gegangen und hatte nahezu schlagartig eine allgemeine Krise in Mitteleuropa ausgelöst, die in neuer und bedrohlicher Weise die Weltwirtschaftskrise verschärfte. Fremdwährungskredite wurden gekündigt. Die Reichsbank befürchtete, dass ihre Golddeckung abfließen könnte, und verknappte die Kredite, um ihre Reserven zu schützen. Die Banken mussten wiederum, als sie die ausländischen Darlehen verloren, auch ihre Inlandskredite kündigen, was zu einer weiteren Verschlechterung ihres Rufes beitrug. In dieser Situation konnte der Centralverband den Kapitalismus in Deutschland nur aus der Defensive heraus verteidigen. Die Ausschusssitzung vom Juni 1931, die im ehemaligen Herrenhaus des Preußischen Landtages stattfand, war ausgesprochen gut besucht. Sowohl Reichskanzler Heinrich Brüning als auch Reichsbankpräsident Hans Luther nahmen daran teil und hielten Reden. Brüning, mit «stürmischem Applaus» begrüßt, verlieh der Hoffnung Ausdruck, dass das gerade von Hoover verkündete Moratorium eine neue Ära der internationalen Kooperation auf wirtschaftlichem Gebiet einläuten würde. Daneben sprach er das Problem der hohen Löhne an und warnte vor einfachen Lösungen: »Die einfache Formel, die Produktivität unserer Wirtschaft nur durch Lohnsenkung und immer durch Lohnsenkung zu heben, bringt keine Rettung.»[38]

Ein Foto von dieser Sitzung (siehe Seite 35), auf der Max Warburg den Vorsitz führt, während Solmssen seine Rede hält, verwendeten die Nationalsozialisten in Lichtbildvorträgen, um die angebliche «jüdische Macht» im deutschen Bankwesen zu belegen.

Solmssen begann seine Ausführungen mit einer progammatischen Erklärung: «Weder darf die Wirtschaft Politik treiben noch die Politik Wirtschaft. Wohin erstes führt, lehren uns der Weltkrieg und die nach dem Kriege verfügte Ordnung der Dinge auf politischem und wirtschaftlichem Gebiet; wohin letzteres führt, lehrt uns die Gegenwart unserer eigenen Wirtschaft.» Voller Schwermut blickte er in seiner bedeutenden Rede in die Zukunft: «Hinter diesem Massenelend steigt immer drohender das Gespenst eines Zusammenbruchs des Walls auf, den das mitteleuropäische Wirtschaftssystem jetzt noch zwischen der sich entpersönlichenden und der auf der Grundlage der Persönlichkeit, des höchsten Gutes der Erdenkinder, beruhenden Kulturwelt bildet. Bricht dieser Wall, so beginnt eine neue Periode der Menschheitsgeschichte, deren Verlauf Blut und Tränen kennzeichnen werden. Die Ethik des Daseins, die auf Jahrtausende alten Moral- und Religionsbegriffen fußende Gedankenwelt der Menschheit sind in Gefahr, einer den

---

38 Frankfurter Zeitung, Nr. 472/74, 28.6.1931.

Erweiterte Ausschusssitzung des Centralverbands am 27.6.1931.
Am Rednerpult Georg Solmssen, dahinter am Vorstandstisch von links:
Walther Frisch, Max M. Warburg, Otto Bernstein und Eduard von Eichborn

Das gleiche Foto als NS-Propagandamittel in dem Lichtbildvortrag
«Deutschland überwindet das Judentum»

Menschen zur Maschine machenden, neuen Lehre zum Opfer zu fallen. Diese Lehre liegt, weil ihr alle Zwischenstufen der eigenen Entwicklung fehlen, vor der überschätzten Technik anbetend auf den Knien.»

Einen möglichen Ausweg skizzierte Solmssen in seinem ausführlichen Vortrag über die Reorganisation des nationalen Geldmarkts in Deutschland – wobei er sich unter anderem für eine größere Flexibilität bei Lohnzahlungen aussprach. Dies war eine Position, die quer zu den gerade gemachten Äußerungen Brünings lag, aber im Einklang mit der aktuellen Regierungspolitik stand.[39]

Hinzu kam, dass der verbissene Kampf zwischen den deutschen Banken letztlich bedeutete, dass wenig Bereitschaft bestand, sich im internationalen Wettbewerb gegenseitig zu unterstützen. Ganz im Gegenteil: Es gab sogar eine – gerade von Vertretern der gescheiterten Banken – erbittert geführte Debatte um die Frage, ob die Deutsche Bank und Disconto-Gesellschaft die Krise bewusst geschürt habe, um die Konkurrenz zu schwächen. Diese Version, die vor allem Jakob Goldschmidt verbreitete, wurde später von Reichskanzler Heinrich Brüning in seinen posthum veröffentlichten Memoiren wiederholt. Offensichtlich hatte Brüning Schwierigkeiten, den Teil über die Bankenkrise zu schreiben. Während er das Manuskript zum Großteil bereits in den 1930er Jahren fertiggestellt hatte, schrieb er den Bankenteil erst in den 1950er Jahren. Er zog Goldschmidt zu Rate, der vor den Nazis nach New York geflohen war.[40] Solmssen hingegen war zutiefst davon überzeugt, dass Goldschmidt und seine Methoden die hauptsächliche Verantwortung für die Krise trugen.

Am 8. Juli 1931, als die Bankenkrise bereits kurz bevorstand, hatte Goldschmidt die Fusion der Danatbank mit der Deutschen Bank und Disconto-Gesellschaft vorgeschlagen. Deren Vorstandssprecher Oscar Wassermann hatte wohlweislich abgelehnt, weil der Umfang der Verluste der Danatbank nicht abzuschätzen war – und weil schließlich die alles in allem vergleichbare Übernahme der angeschlagenen Bodenkreditanstalt die Verluste und schließlich das Scheitern der größten Wiener Bank, der Creditanstalt, heraufbeschworen hatte. Einige Tage zuvor hatte Wassermann auf einer Sitzung von Industriellen und Bankiers wiederholt von einem «Danat-Problem» gesprochen, obwohl in Wirklichkeit aufgrund von Geldentnahmen und der Weigerung der Reichsbank, die Geschäftsbanken mit Diskontwechseln zu unterstützen, alle Banken geschwächt waren. Später erklärte Wassermann der Regierung, dass die Danatbank nicht habe gerettet werden können, gab aber noch am 10. Juli Reichskanzler Brüning die Information, dass die anderen Banken nicht

---

39 Bericht über die erweiterte Ausschußsitzung des Centralverbands des Deutschen Bank- und Bankiergewerbes zu Berlin am 27. Juni 1931 im Plenarsaale des ehemaligen Herrenhauses zu Berlin, Berlin 1931, Solmssen-Zitate auf S. 3, 17.

40 Heinrich Brüning, Memoiren 1918–1934, Stuttgart 1970. Zur Entstehung der Memoiren vgl. Rudolf Morsey, Zur Entstehung, Authentizität und Kritik von Brünings Memoiren 1918–1934, Opladen 1975 (nur teilweise zutreffend); Feldman, Jakob Goldschmidt, S. 307–328; William L. Patch Jr., Heinrich Brüning and the Dissolution of the Weimar Republic, Cambridge 1998.

bedroht seien. Als sich der Vorstand der Deutschen Bank und Disconto-Gesellschaft am 11. Juli weigerte, sich an einem Kredit für die Danatbank zu beteiligen, behauptete Wassermann plötzlich, dass auch die Dresdner Bank angeschlagen sei.[41]

Hatte die Deutsche Bank und Disconto-Gesellschaft auf diese Weise eine allgemeine Krise verursacht? Viele andere Bankiers konnten ihre Position nachvollziehen und vermuteten, dass die primäre Schuld für die ausgelöste Panik bei Goldschmidt und der Danatbank lag. Nach dem Krieg schrieb Carl Goetz von der Dresdner Bank an den früheren Reichskanzler Brüning, der seine Rechnung mit Goldschmidt in sehr wohlwollender Weise beglich, dass Goldschmidt, obwohl er «größeres Format» habe, «nie mehr war als ein Geschäftchen-Vermittler und nie verantwortlicher Direktor einer Grossbank hätte werden sollen. [...] Der Run auf die Danatbank ist – nachträglich gesehen – aus der inneren Verfassung nur zu verständlich und wenn Wassermann hierzu aus bedauerlichen Konkurrenzeinstellungen noch etwas beigetragen hat, so ist das meiner Ansicht nur das Tröpfchen, das das Glas zum Überlaufen brachte.»[42]

Nach der Bankenkrise, im Oktober 1931, verfassten Solmssen und die Deutsche Bank und Disconto-Gesellschaft eine ausführliche Denkschrift, in der sie sich gegen den Vorwurf wehrten, dass ihre mangelnde Solidarität mit den anderen Großbanken die allgemeine Krise heraufbeschworen habe. In der Denkschrift wurde die Verantwortung für die Bankenkrise vielmehr dem internationalen Umfeld zugeschrieben und außerdem die Politik der Reichsbank scharf kritisiert, den Geschäftsbanken nur bedingt die Möglichkeit zur Rediskontierung zu gewähren. In der Tat stand die Handlungsweise der Reichsbank nicht im Einklang mit den klassischen Empfehlungen für das Zentralbankwesen eines Walter Bagehot (der glaubte, dass die Zentralbank bei einer drohenden Panik freigiebig Darlehen gewähren sollte, allerdings mit einer Gefahrenzulage). Aber die Denkschrift der Deutschen Bank und Disconto-Gesellschaft trug in keiner Weise der Tatsache Rechnung, dass die Reichsbank von den anderen Zentralbanken zu ihrem Kurs gezwungen worden war. Insbesondere die Federal Reserve Bank in New York und die Bank von England hatten Kreditrestriktionen zur Voraussetzung für jegliche internationale Hilfe gemacht.[43]

In den nächsten Monaten standen sowohl der Centralverband unter der Führung Solmssens als auch die Deutsche Bank und Disconto-Gesellschaft zu ihrer kritischen Haltung gegenüber der Reichsbank und deren Präsidenten Hans Luther. Das Thema blieb auch nach dem Krieg heikel, als ehemalige Vorstandsmitglieder der Deutschen Bank mit Bangen der Veröffentlichung von Brünings Erinnerungen

---

41 Gerald D. Feldman, Die Deutsche Bank 1914–1933, in: Lothar Gall u. a., Die Deutsche Bank 1870–1995, München 1995, S. 299–303.
42 Goetz an Brüning 21.11.1952, Harvard University, Brüning papers.

43 Vgl. hierzu Harold James, Deutschland in der Weltwirtschaftskrise 1924–1936, Stuttgart 1988, S. 293–303.

entgegensahen und Hermann Josef Abs ein Dossier der Bank zur Krise von 1931 zu seinen persönlichen Unterlagen nahm. Es lag auf der Hand, welche Tragweite eine Schuldzuweisung hatte: Wer auch immer für die Bankenkrise verantwortlich war, hatte entscheidend zu dem Ausmaß der wirtschaftlichen Depression in Deutschland beigetragen; und – auch das war naheliegend – hätte sie nicht dieses Ausmaß angenommen, hätte Brüning eventuell das Heft länger in der Hand behalten und Hitlers Bewegung wäre möglicherweise dem »vollständigen Vergessen» anheim gefallen (wie ein früherer britischer Botschafter in Deutschland vorschnell in seinen 1929 veröffentlichten Tagebüchern formulierte).[44]

In den ersten Monaten nach der Bankenkrise verharrten die Banken in einer verängstigten, verletzlichen Stellung gegenüber Angriffen und Denunziationen; noch dazu waren sie ökonomisch geschwächt. Die meisten Bankiers machten die Reichsbank dafür verantwortlich und betrachteten deren Politik der Kreditrestriktion als Ursache für den Ausbruch der Krise.

Der Centralverband vertrat ganz und gar die Position der Banken, und sein Vorsitzender organisierte eine Kampagne gegen die Reichsbank. Am 15. Juli sprach Solmssen in der Reichskanzlei vor und erklärte Staatssekretär Hermann Pünder, der Centralverband wie auch der Reichsverband der Deutschen Industrie seien davon überzeugt, dass Luther entlassen werden müsse. Dies war eine recht unziemliche Forderung, wie Solmssen – nicht nur aufgrund seiner früheren engen Kontakte zu Luther – hätte wissen müssen. Denn die Regierung konnte den Reichsbankpräsidenten nach dem Gesetz nicht entlassen. Seine Position war durch das Autonomiegesetz von 1922 und das neue Reichsbankgesetz von 1924 geschützt. Solmssen war auch ein Mitglied des Generalrates der Reichsbank, in dem er und andere Mitglieder des Centralverbandes und des Reichsverbandes der Deutschen Industrie insgesamt sieben von zehn Sitzen innehatten. Der Generalrat hatte das Recht, «aus wichtigem Grunde» Luthers Entlassung zu fordern, aber ein solcher Grund war die Vernachlässigung der Pflichten oder schwere Krankheit und auf keinen Fall Meinungsverschiedenheiten politischer Natur. Mit der rechtlichen Garantie der Unabhängigkeit der Zentralbank verband man sogar die Absicht, genau diese Möglichkeit auszuschließen.[45] Luther führte Solmssens Handeln auf «Panik» zurück und meinte, bei Solmssen eine ähnlich panische Reaktion bereits 1923 beobachtet zu haben.[46] Fest steht, dass Solmssens Handeln im direkten Widerspruch zu seinen einen Monat zuvor gemachten Erklärungen stand, dass die Wirtschaft keine Politik machen solle.

Am 25. Juli 1931 verfasste der Centralverband gemeinsam mit dem Reichsverband der Deutschen Industrie, dem Deutschen Industrie- und Handelstag und der

---

44 Viscount d'Abernon, Ein Botschafter der Zeitwende, 3 Bde. Leipzig o. J.
45 Karl Erich Born, Die deutsche Bankenkrise 1931.
Finanzen und Politik, München 1967, S. 11 f., eine umfassende und sehr genaue Darstellung.
46 Luther, Abgrund, S. 198.

Hauptgemeinschaft des Deutschen Einzelhandels einen Brief an Reichskanzler Brüning, der eine Reihe von Forderungen enthielt, darunter die schnelle Rückkehr zum normalen Zahlungsverkehr im Inland, verbunden mit einem beschränkten Zahlungsverbot gegenüber dem Ausland, sowie präventive Maßnahmen zur Devisenkontrolle, um Spekulationen gegen die Mark zu unterbinden. «Nur wenn die Reichsbank auf diesem Gebiet die zielbewusste Führung übernimmt, kann die Wirtschaft wieder zum Funktionieren gebracht werden. Wird dagegen der Versuch fortgesetzt, durch Restriktionen die gehorteten Umlaufmittel wieder in den Verkehr zu ziehen, so ist mit Sicherheit vorauszusehen, dass das erstrebte Ziel nicht erreicht und die wirtschaftliche Bedrängnis sich in politischen Unruhen auswirken wird, weil die Zahl der Arbeitslosen durch Erliegen der Betriebe rapide vermehrt und der Grund für das Ansteigen dieser Ziffer in verfehlten wirtschaftlichen Maßnahmen der Regierung gesucht wird.»[47]

Auf einer gemeinsamen Sitzung mit dem Reichsverband der Deutschen Industrie am 1. September bemerkten die Banken befriedigt, dass die Reichsbank ihre Kreditrestriktionen aufgegeben hatte. Solmssen konnte nicht der Versuchung widerstehen, die Gelegenheit zu nutzen, die verfehlte Kreditpolitik einiger Banken zu tadeln (und es war deutlich, welche er meinte): «Es sei nicht zu bestreiten, dass in der Vergangenheit zu viel Kredit gegeben worden sei und dass in Zukunft in jedem einzelnen Falle eine genaue Prüfung der Verhältnisse des einzelnen Kreditnehmers erfolgen müsse.»[48]

Im Gefolge der Bankenkrise und des anschließenden Zusammenbruchs der Kreditvergabe verschlechterte sich die wirtschaftliche Lage Deutschlands weiter. Die politische Radikalisierung von 1932, einem Jahr voller Wahlen (zwei Reichstagswahlen, zwei Wahlgänge bei den Präsidentschaftswahlen sowie die Wahlen in Preußen), war eine unmittelbare Folge der sich verschlechternden Wirtschaftslage und der weitverbreiteten Überzeugung, die politischen, finanziellen und wirtschaftlichen Institutionen der Weimarer Republik seien gescheitert. Politische Desillusionierung, verbunden mit politischen Intrigen im Umfeld des senilen Reichspräsidenten Paul von Hindenburg brachten Hitler im Januar 1933 an die Macht. Plötzlich wurde die Frage nach dem Antisemitismus der NSDAP in erschreckender Weise akut.

Banken wurden als «jüdisch» angefeindet. Eine vom Verein zur Wahrung der Interessen der Chemischen Industrie herausgegebene Liste mit Banken, die «in ihrer Leitung jüdisch bzw. verjudet» sind, schloss auch die Disconto-Gesellschaft ein (nicht aber die Deutsche Bank: offenbar hielt man die beiden Banken noch immer für separate Institute); während bei einem Lichtbildvortrag in Hirschberg in Niederschlesien die Vorstandsmitglieder der Deutschen Bank und Disconto-Gesell-

---

[47] Verbände an Brüning 25.7.1931, in: HADB, P414.

[48] Sitzung 1.9.1931, in: HADB, P414.

schaft gezeigt wurden, darunter Solmssen und Wassermann, aber auch Stauß, der kein Jude war – und zwar versehen mit dem Kommentar: «Wie sie schieben, wie sie schwindeln.»[49]

Viele Banken reagierten auf den Januar 1933, indem sie Maßnahmen der Partei und der Regierung vorgriffen und damit begannen, in «vorauseilendem Gehorsam» jüdische Mitarbeiter und Vorstandsmitglieder zu entlassen. Am 1. April 1933 stieg der politische Druck auf jüdische Bankiers und auf Banken im Allgemeinen, als ein von der SA organisierter Boykott gegen Geschäfte und Firmen mit jüdischen Inhabern begann. An diesem Tag schrieb das hochangesehene Geschäftsführende Vorstandsmitglied des Centralverbandes, der jüdische Jurist Otto Bernstein, der seit 1905 für den Centralverband gearbeitet hatte, an Solmssen, um seinen Rücktritt zu erklären.

Solmssen versuchte alles, um Bernstein von seinem Entschluss abzubringen. Auch scheint er deutlich gemacht zu haben, dass seine Auffassung vom Vorstand des Verbands mitgetragen werde, obwohl dieser zunächst sogar Bernsteins Rücktritt akzeptiert hatte. Solmssen schrieb einen entsprechenden Brief an den Vizepräsidenten der Reichsbank, Friedrich Dreyse. Darin machte er einen Kompromissvorschlag, mit dem er den Anschein vermeiden wollte, dem Druck der Straße vollständig nachgegeben zu haben. Bernstein solle bleiben, und gleichzeitig solle der Verband einen «Verbindungsmann» zur NSDAP ernennen. Otto Wagener, der Leiter der Wirtschaftspolitischen Abteilung der NSDAP, und einer der beiden neu berufenen «Kommissare des Reichs für den Reichsverband der Deutschen Industrie und für die übrige Wirtschaft (mit Ausnahme der Landwirtschaft)» hatten bereits einen Namen genannt, der für die Partei akzeptabel gewesen wäre. Aber Solmssen glaubte, dass «es gelingen wird, einen anderen, den Anforderungen entsprechenden Herrn zu finden, der genügend Kenntnis des Bankgeschäfts besitzt und daher in der Lage ist, Herrn Bernstein hilfreich zur Hand zu gehen, um eine Brücke zwischen Vergangenheit und Zukunft zu schlagen. Ich selbst stehe auf dem Standpunkt, daß dies geschehen muß, daß diese Lösung aber außerordentlich erschwert wird, wenn grade jetzt diejenigen Sachverständigen ausgeschaltet werden, welche alle Einzelheiten der Materie beherrschen.» Für diesen Fall, so glaubte Solmssen, könne er ein einmütiges Votum des Präsidiums des Centralverbandes zur Unterstützung von Bernstein erreichen: «Ich bin überzeugt, daß es mir gelingen wird, den gesamten Vorstand, der nur mit großem Widerstreben den Gedankengängen des Herrn Bernstein gefolgt ist, sich aber durch seine sehr dezidierte Begründung der Motive, die sein Ausscheiden erforderlich machten, zu einer etwas schwankenden Haltung bestimmen ließ, einmütig dazu der Entschließung zu bringen, Herrn Bernstein zu ersuchen sein Amt fortzuführen.» Aber Bernstein bestand in einem weiteren Schreiben auf seinem Rücktritt, zumal der neue Reichsbank-

---

[49] Werner E. Mosse, Jews in the German economy. The German-Jewish economic élite 1820–1935, Oxford 1987, S. 331.

präsident Hjalmar Schacht mit einer weitreichenden Umgestaltung des wirtschaftlichen Verbandswesens beauftragt worden war.[50]

Tatsächlich stellte sich bald heraus, dass Solmssen noch angreifbarer war als Bernstein. Am 6. April traf er mit Schacht zu einem Gespräch zusammen, dass offensichtlich enttäuschend verlief. Nur wenige Tage nach Solmssens Briefwechsel mit Bernstein versuchten ihn seine Kollegen von der Deutschen Bank und Disconto-Gesellschaft – vielleicht sensibilisiert (oder besser: desensibilisiert) durch die Debatten im Centralverband und das Verhalten Schachts – aus dem Amt des Vorstandssprechers zu drängen. Dies war der Hintergrund des bemerkenswerten eingangs zitierten Briefes vom 9. April.

Wenig später machte Solmssen mit der gleichen Mischung aus Würde und Verzweiflung einen ungewöhnlichen Vorschlag gegenüber dem Leiter der Pressestelle Hermann Görings. Auf einer Veranstaltung in seinem Privathaus in Berlin Schwanenwerder trat er dafür ein, daß sich die deutschen Juden gegen die von der Partei erhobenen Vorwürfe mit der Gründung eines eigenen deutsch-jüdischen Nationalrats verteidigen sollten, «der alle Beschwerden und Vorwürfe gegen das Judentum prüft und die Auswanderung jener organisiert, die sich als Schädlinge erweisen oder unerwünscht sind. […] Aber wir wollen nicht, daß man uns behandelt, als wären wir Menschen zweiter oder dritter Klasse, wir wollen gehört werden, wenn man uns anklagt. Das ist einfaches menschliches Recht und Pflicht eines jeden Kulturstaates.»

Etwas von Solmssens alter Feindseligkeit gegen Goldschmidt schwang in dieser Wortwahl mit, denn selbst 1931 hatte er keinerlei Zweifel daran gehegt, dass von Goldschmidt ein schädlicher Einfluss ausgehe. Solmssen bemühte sich auch um eine persönliche Unterredung mit Göring, die sich jedoch im letzten Moment zerschlug.[51]

Sogar nach den außergewöhnlichen Ereignissen der ersten Aprilwoche zögerte Solmssen anscheinend noch, die volle Konsequenz aus der Kritik an der Feigheit seiner Kollegen in der Deutschen Bank und Disconto-Gesellschaft zu ziehen und eine öffentliche Erklärung abzugeben. Im Gegenteil, bei einer Ausschusssitzung des Centralverbandes am 8. April verkündete Solmssen eher lakonisch: «Das Bankgewerbe kann und darf nicht tatenlos den Umwälzungen gegenüberstehen, welche sich in Deutschland vollzogen haben. Es stellt sich der Regierung vorbehaltlos zur Verfügung […].»[52]

---

50 Bernstein an Solmssen 1.4.1933, in: HADB, B199, Nr. 48; hier abgedruckt. Solmssen an Dreyse 5.4.1933, in: HADB, B199, Nr. 48; hier abgedruckt. Bernstein an Solmssen 5.4.1933, in: HADB, B199, Nr. 48; hier abgedruckt.
51 Martin H. Sommerfeldt, Ich war dabei. Die Verschwörung der Dämonen 1933–1939, Darmstadt 1949, S. 41.

52 Ausschuß-Sitzung des Centralverbands des Bank- und Bankiergewerbes, in: Bank-Archiv 32. Jg., H. 13, S. 251. Vgl. auch Keith Ulrich, Aufstieg und Fall der Privatbankiers: Die wirtschaftliche Bedeutung von 1918 bis 1938, Frankfurt 1998, S. 256.

Vermutlich war Solmssen davon überzeugt, jede öffentliche Kontroverse mit der Partei oder der Regierung sei kontraproduktiv und würde nur neue Wellen antisemitischer Ausschreitungen auslösen.

Das Problem lag zum einen Teil darin begründet, dass Solmssen annahm, er genieße selbst den vollen Rückhalt der mächtigen Persönlichkeit Schacht. Da er an ein aristokratisches Geschäftsgebaren glaubte, verließ er sich allzu sehr auf den Einfluss einer mächtigen Wirtschaftselite hinter den Kulissen. Er notierte damals: «Herr Dr. Schacht erwiderte, ich brauche mir nicht die geringsten Sorgen zu machen. Meine Stellung sei A1 und ich solle keinem Angriffe weichen. Dementsprechend bin ich verfahren und damit bis jetzt, wenn auch nicht immer ohne Kampf, gut durchgekommen. Die Reichsbank hat jedesmal außerordentlich wirksam bekundet, mußte aber hie und da erhebliche Schwierigkeiten überwinden.»

Zum anderen Teil glaubte er auch fest, an eine idealistische «bessere Seite» der Nationalsozialisten appellieren zu können. Als er aus dem Aufsichtsrat der Hapag gedrängt wurde, machte er einen ungewöhnlichen Schritt. Er wandte sich an zwei der prominentesten Stützen der Nationalsozialisten unter den deutschen Industriekapitänen, an Emil Kirdorf und Fritz Thyssen. In einem Brief an Kirdorf bat er dringend um die Hilfe Thyssens: «Es nimmt doch mit, wahrzunehmen, daß jeder Lump, in diesem Falle sogar ein Mitglied der Familie Poensgen, es unternehmen darf, den vogelfreien Nichtarier in der Öffentlichkeit zu diffamieren.»

Den Brief ergänzte er mit Sätzen, in denen sein Ressentiment gegen den spekulativen Umgang mit Geld aufflammte: «Und noch eins! Ich lehne ab, mich mit dem Judentum als solchem in einen Topf werfen zu lassen. Wenn Herr Thyssen meine Veröffentlichungen kennt, die er meines Wissens regelmäßig erhalten hat, so weiß er, daß ich für das von Herrn Hitler in so großartiger [Weise] verwirklichte Ziel der nationalen Erhebung seit Jahrzehnten in Wort und Schrift ohne Rücksicht auf den Tadel oder Beifall der Machthaber und der Menge eingetreten bin und der einzige Bankier war, der, leider vergeblich, neue Wege für die Erhaltung der deutschen Landwirtschaft und den Wiederaufbau des deutschen Bauerntums gezeigt hat.»[53] Thyssen verweigerte jegliche Unterstützung, weil er glaubte, in der Vergangenheit von Solmssen schlecht behandelt worden zu sein. Soweit der Centralverband betroffen war, ging Solmssen aus dem Konflikt mit den Kräften des Populismus eindeutig als Verlierer hervor.

Auf einer außerordentlichen Generalversammlung am 2. Mai 1933 ersetzte der Centralverband Bernstein durch Carl Tewaag; und in der gleichen Sitzung löste Otto Christian Fischer von der staatlichen Reichs-Kredit-Gesellschaft Solmssen ab.

Ein anderer Teil von Solmssens außerordentlichem Bemühen, sich gegen die Angriffe der Nazis zu verteidigen, war die Veröffentlichung einer Sammlung seiner

---

53 Alle Zitate auf dieser Seite aus: Solmssen an Kirdorf 20.7.1933, in: HADB, B200, Nr. 67; hier abgedruckt.

Aufsätze und Reden mit dem Titel «Politik und Wirtschaft». Verlegt wurde der Band von dem angesehenen Wissenschaftsverlag Duncker & Humblot. Solmssen wollte diese Sammlung seiner politischen Reden sowie seiner Wortmeldungen zugunsten einer Modernisierung der Landwirtschaft dazu benutzen, um seinen uneingeschränkten Einsatz für die nationale Sache zu beweisen. In einem Brief an Franz Urbig legte er seine Absicht in aller Deutlichkeit dar: «Mein Ziel ist erreicht, wenn die Öffentlichkeit sich bewußt wird, daß es auch Nichtarier giebt, die Tag und Nacht keinen anderen Gedanken kannten, als Deutschland und versucht haben diesem Gedanken zu dienen und ihm dienen wollen, obgleich man ihnen täglich, ohne daß irgendwelcher Widerspruch laut wird, das primitiveste Daseinsrecht zertrümmert.»[54]

Solmssen verdeutlichte seine politischen Ziele in einem Vorwort, das der neuen nationalen Gesinnung weit entgegenkam. Er begann mit einer Schilderung der Zersplitterung und der Schwächen der politischen Landschaft der Weimarer Republik. «Alle Versuche, das Bürgertum zum nationalen Zusammenschluß zu bringen, scheiterten, weil niemand in seinen Reihen die Autorität besaß, um diktatorisch zu Werke zu gehen und die Parteien zu Paaren zu treiben.»

Das Bürgertum habe versagt, und «der Gegenstoß mußte aus den werdenden Kräften der Nation kommen.» Dann folgte ein Loblied auf den Nationalsozialismus. «Die nationalsozialistische Revolution kam und durchbrauste mit gewaltigem Schwunge das Land. Mochte ihr Ungestüm auch vieles zertrümmern, von dem sich zu trennen schwer fiel – das endliche Wiedererwachen nationaler Selbstbesinnung und die Zusammenfassung des Volkes zu einer großen machtvollen Einheit mußte immer wieder als der schwerer ins Gewicht fallende Gewinn erkannt werden, für dessen Erzielung jeder an seiner Stelle Opfer zu bringen hatte.» Doch die folgenden Zeilen greifen einige der Themen von Solmssens privatem Brief an Urbig vom 9. April 1933 auf und üben unverhohlene Kritik an der Verallgemeinerung des «Rassenprinzips»: «Unvorhersehbar und unfaßbar war, daß für viele dieses Opfer so weit gehen sollte, sie ihres bisherigen Anteils an dem Vaterlande und damit an dem zu berauben, was ihnen vor allem teuer und heilig war, und dessen Wiederaufstieg sie mit allen Fasern des Herzens herbeigesehnt hatten. Die Verallgemeinerung des Rassenprinzips zerstörte mit einem Schlage für alle durch Gesetzesspruch als nichtarisch Charakterisierte die seelischen Grundlagen ihres Daseins.» Worauf Solmssen jedoch sofort diesen Einwand mit dem Hinweis relativierte, ein gewisses Maß an Gewaltanwendung sei notwendig. «Das Überwuchern wesensfremder Methoden in Politik, Wirtschaft, Kunst und Literatur war zu stark geworden, als daß die für den Wiederaufbau der Nation unumgängliche Zerschlagung der Parteien und die dadurch vorbereitete Zusammenfassung aller Kräfte ohne

---

54 Solmssen an Urbig 29.12.1933, in: HADB, P1/14; hier abgedruckt.

revolutionäres Vorgehen möglich gewesen wäre.» Solmssen gelangte zu dem Schluss: «Die Revolution ist kein Dauerzustand.»[55] Mit seinen Schriften wollte er die nationalsozialistische Revolution zurückdrängen, indem er die hohe Integrationsfähigkeit betonte, die er für ein zentrales Merkmal der historischen Entwicklung Deutschlands und als eine Quelle seiner nationalen Stärke ansah.

Die Bände sollten auch ein Denkmal für den Geschäftsstil der Disconto-Gesellschaft sein, deren Grundlage «strenge Dienstauffassung und peinliche Ordnung, Wahrheit, Klarheit und unbedingte Redlichkeit nach innen und außen [ist]».[56]

Franz Urbig (1864–1944)

Wie wirkte sich die Veröffentlichung auf Solmssens Beziehungen zur Deutschen Bank und Disconto-Gesellschaft aus? In seiner Antwort auf Solmssens Äußerung über seine Publikationspläne sagte Urbig, ein mündlicher Gedankenaustausch wäre ihm lieber als ein schriftlicher. Es ist unwahrscheinlich, dass Urbig Solmssens Idee einer öffentlichen Diskussion über den Charakter der Nazi-Revolution etwas abgewinnen konnte. Nur ein paar Tage später fragte Solmssen, ob er auf der Hauptversammlung im Anschluss an seinen 65. Geburtstag (7. August 1934) aus dem Vorstand der Deutschen Bank und Disconto-Gesellschaft ausscheiden solle.[57] Doch im März gelangte Solmssen zu dem Schluss, dass man ihm erlauben würde, die Bank Ende 1934 zu verlassen, und dass sein Ausscheiden, wie das von Alfred

---

55 Solmssen, Beiträge, S. XIII–XV.
56 Solmssen, Beiträge, S. XVIII.

57 Solmssen an Urbig 10.1.1934, in: HADB, P1/14; hier abgedruckt.

Blinzig (eines Nicht-Juden), ausschließlich als altersbedingt hingestellt würde.[58] Aber Solmssen hatte zweifellos das Gefühl, starkem Druck ausgesetzt zu sein. Am 22. Mai bat er Urbig in einem leidenschaftlichen und erschütternden Brief, mit Wirkung vom Monatsende zurücktreten zu dürfen. »Die neuerdings immer stärker hervortretende, keinerlei Widerspruch findende Tendenz unterschiedsloser bürgerlicher Diffamierung und wirtschaftlicher Vernichtung aller sogenannten Nichtarier verwundet mich seelisch zu tief, als daß ich noch die innere Ruhe aufzubringen vermöchte, um der einem Mitgliede des Vorstandes der Bank obliegenden Verantwortung freudig und in dem für eine gedeihliche Thätigkeit erforderlichen Umfange gerecht werden zu können.«[59] So verließ Solmssen den Vorstand der Deutschen Bank und Disconto-Gesellschaft.

Zur gleichen Zeit, als Solmssen über die Konditionen seines Ausscheidens aus dem Vorstand verhandelte, versuchte er Oscar Wassermann, seinen Vorgänger im Amt des Vorstandssprechers der Deutschen Bank und Disconto-Gesellschaft, zu besänftigen. Wassermann hatte den Vorstand schon 1933 verlassen, zum Teil weil er für einige Fehler vor der Bankenkrise verantwortlich gemacht wurde. Aber er war in einigen Aufsichtsräten geblieben, darunter dem der Hypothekenbank Deutsche Centralbodenkredit-AG, die unter starkem politischen Einfluss stand. Im April 1934 versuchte nun der Aufsichtsrat von Centralboden ihn auszuschließen. Wassermann war genauso empört über seine Behandlung, wie es Solmssen im April 1933 gewesen war, aber seltsamerweise versuchte ihn Solmssen jetzt zu beschwichtigen.[60]

Seit seinem Abschied im Mai 1934 verbrachte Solmssen viel Zeit in der Schweiz, sowohl im Engadin, wo er immer gern Urlaub gemacht hatte, als auch in Zürich. Schließlich erwarb er ein landwirtschaftliches Anwesen in Horgen bei Zürich, auf dem er einige seiner agrarwirtschaftlichen Verbesserungsvorschläge erprobte. Am 7. August 1934 genehmigte die Reichsstelle für Devisenbewirtschaftung Solmssen einen doppelten Wohnsitz in Berlin und in der Schweiz.

Als ihn Urbig 1935 fragte, weshalb er Deutschland nicht verlasse, antwortete Solmssen mit einem weiteren zornigen und zugleich leidenschaftlichen Brief: »So zu handeln, hieße das Feld räumen zu Gefallen derer, gegenüber deren tätigem oder tatenlosem Verhalten unsere Gegenwart zum lebenden Vorwurf wird. Meine Frau, unsere Kinder und ich sind deutsch. Unser in Generationen erworbenes und bewahrtes Deutschtum kann und darf uns Niemand nehmen. Es persönlich aufgeben zu müssen, würde mein Herz vollends zerreißen. Habe ich doch erfahren, was es bedeutet entwurzelt zu werden, als ich meiner und damit der Fortsetzung der

---

58 Solmssen an Urbig 21.3.1934, in: HADB, P1/14; hier abgedruckt.
59 Solmssen an Urbig 22.5.1934, in: HADB, P1/14; hier abgedruckt.
60 Wassermann an Solmssen 7.4.1934, in: HADB, K5/3224, Bl. 109; hier abgedruckt. Solmssen an Wassermann 9.4.1934, in: HADB, K5/3224, Bl. 113f.; hier abgedruckt.
61 Solmssen an Urbig 17.9.1935, in: HADB, NL3/53; hier abgedruckt.

Arbeit meiner Familie entsagen mußte und mit Mühe erreicht wurde, mir einen gewissen, meiner Vergangenheit nicht entsprechenden Zusammenhang mit meinem Lebenswerk zu erhalten.»[61]

Aber selbst als er bereits überwiegend in der Schweiz lebte, setzte er sich bemerkenswerterweise weiterhin zum Nutzen Deutschlands ein. Während eines Besuchs in Südafrika Anfang 1936 führte er Verhandlungen auf hoher Ebene, unter anderem mit General Smuts sowie mit Montanunternehmern, bei denen er für eine Ausweitung des bilateralen Handels plädierte, der Deutschland Zugang zu Rohstoffen sichern würde. Von der positiven Aufnahme seiner Ideen durch Deutsche in Südafrika, darunter der deutsche Gesandte Emil Wiehl, war er sehr angetan.

Im Dezember 1936 hielt Solmssen einen Vortrag vor dem angesehenen Royal Institute of International Affairs (Chatham House) in London, in dem er die legitimen Ansprüche Deutschlands auf den Besitz von Kolonien hervorhob und Einzelheiten seines Plans zur Ausweitung des britischen und deutschen Handels mit Südafrika darlegte.[62] Es war ein höchst patriotischer Vortrag, in dem er die ungerechten Bedingungen des Friedensvertrags von 1919 für die schwierige Lage Deutschlands verantwortlich machte. Adolf Hitler oder die NSDAP erwähnte er allerdings mit keinem Wort.

Während Solmssen in Südafrika verhandelte, nahm die Entwicklung ihren Lauf, ihn aus immer mehr Positionen im deutschen Wirtschaftsleben, die ihm so viel bedeuteten, auszuschließen. Der Vorstandschef des Elektrokonzerns AEG, Hermann Bücher, ließ ihn wissen, dass der ehemalige deutsche Wirtschaftsminister Kurt Schmitt, der den Vorsitz des AEG-Aufsichtsrats übernehmen sollte, Solmssens Ausschluss aus dem Aufsichtsrat eines Unternehmens mit einem ehemaligen jüdischen Inhaber, Ludwig Loewe, forderte, das jetzt unter dem Namen «Gesellschaft für elektrische Unternehmungen – Ludwig Loewe & Co. AG» firmierte, von der AEG übernommen worden war, und in dessen Aufsichtsrat sowohl der frühere Inhaber als auch Solmssen saßen. Die Unterstützung Schachts scheint zunächst nichts bewirkt zu haben,[63] aber letztlich gehörte Solmssen bis 1938 diesem Gremium an.[64]

Bis März 1939 blieb er auch im Verwaltungsrat einer Basler Bank, der Internationalen Bodenkreditbank, die 1931 unter der Führung des Schweizerischen Bankvereins als eine Zweckgesellschaft für Beteiligungen an deutschen Gewerbeimmobilien gegründet worden war. Dann wurde er von Alfred Kurzmeyer abgelöst, einem für die Deutsche Bank arbeitenden Schweizer Staatsbürger, der versuchte,

---

62 Georg Solmssen, A Plan for German Industrial Expansion. Address delivered at the Royal Institute of International Affairs on the 17th December, 1936, in: International Affairs, 16. Jg., Nr. 2, 1937, S. 221–239.

63 Aktenvermerk Solmssens 21.7.1936, in: HADB, P3455, Bl. 133–137; hier abgedruckt.

64 Peter Hayes, State Involvement and Corporate Responsibility in the Holocaust, in: Michael Berenbaum / Abraham J. Peck (Hrsg.), The Holocaust and history. The known, the unknown, the disputed and the reexamined, Bloomington 1998, S. 201.

die schweizerischen Kanäle der Deutschen Bank offen zu halten und zu dessen Klienten sinistre Gestalten gehörten, die wenig mit den kultivierten Wirtschaftskreisen von Solmssen gemeinsam hatten: insbesondere die SS.

Solmssen fand die Entwicklungen in Deutschland, aber auch in seiner früheren Bank zutiefst abstoßend. Aber der Schritt, der ihn inmitten der wachsenden politischen Radikalisierung am heftigsten empörte, war der Entschluss der Deutschen Bank im Jahr 1937, den Namen Disconto-Gesellschaft fallenzulassen und zu einem einfachen (und «deutscheren») Namen zurückzukehren. Solmssen empfand diesen Schritt als «Beerdigung» seiner alten Bank und des anspruchsvollen Geschäftsgebarens, für das sie gestanden hatte. Ein weiteres Mal bekundete er gegenüber Urbig seine tiefe Enttäuschung: «Ihre Mitteilung, Sie hätten von vornherein nur mit etwa zehnjähriger Dauer des Doppelnamens gerechnet, zeigt mir, dass ich mich bei meiner Forderung seiner Festsetzung als Vorbedingung der Fusion in einer Illusion bewegt habe.»[65]

Bald nachdem die Deutsche Bank die Disconto-Gesellschaft förmlich ad acta gelegt hatte, wurde Solmssens Position innerhalb der Bank problematisch. Die Schwierigkeiten waren weitgehend die Folge neuer gesetzlicher Maßnahmen der Regierung, die mit der Intensivierung der Juden-Verfolgung durch die Nazis einhergingen. Am 4. Januar 1938 wurde der Begriff «jüdischer Gewerbebetrieb» (zum ersten Mal) durch Erlass definiert: ein Betrieb galt dann als ein «jüdischer Gewerbebetrieb», wenn er einen jüdischen Inhaber hatte, wenn er von einem jüdischen Teilhaber oder jüdischen Vorstandsmitglied «beherrscht» wurde oder wenn ein Viertel der Mitglieder des Aufsichtsrates Juden waren. Die Berliner Handelskammer und die Wirtschaftsgruppe Privates Bankgewerbe schickten daraufhin (am 24. Januar 1938) eine Anfrage an die Bank, in der sie Auskunft verlangten, ob die Deutsche Bank ein «jüdischer Gewerbebetrieb» sei. Das Problem war, dass Georg Solmssen am Stichtag – dem 1. Januar 1938 – dem Aufsichtsrat angehörte. Daher kam es zu ausführlichen Gesprächen mit der Berliner Industrie- und Handelskammer. Die Deutsche Bank wies darauf hin, dass Solmssen 1937 ins Ausland gezogen sei und daher praktisch keine Rolle im Aufsichtsrat spielte; außerdem hätte es unverhältnismäßig hohe Kosten verursacht, eine außerordentliche Hauptversammlung einzuberufen, um ihn auszuschließen. Diese Kontroverse sorgte für den endgültigen Bruch zwischen der Deutschen Bank und Solmssen.

Am 21. Februar 1938 teilte Urbig Solmssen mit, der Vorstand der Deutschen Bank werde die Erneuerung seines Aufsichtsratsmandates nicht befürworten. Solmssen protestierte erneut: «Mir hat sein Inhalt sehr weh getan; setzt er doch den unrühmlichen Schlussstrich unter die eigene und die 75jährige Lebensarbeit meiner Familie, deren Repräsentanten in drei Generationen ihre ganze Kraft und ihr

---

65 Solmssen an Urbig 2.10.1937, in: HADB, NL3/53; hier abgedruckt.

volles Herz dem Werk gewidmet haben, das jetzt den letzten Zusammenhang mit ihnen tilgt, als wären sie nie gewesen. Die Wahrung des Andenkens an Adolf und Arthur Salomonsohn und der eigenen Würde verbieten mir, Ihrer Anregung zu entsprechen, ‹einen eigenen, den Ereignissen vorgreifenden Entschluss zu fassen›. Sie gleicht dem Revolver, der dem unter Anklage stehenden Offizier gereicht wird, weil sein Prozess das Regiment kompromittieren würde.»[66]

Urbigs Antwort ist faszinierend. Sie belegt die von beiden Männern geteilte Auffassung, dass alle Entwicklungen seit der Abdankung des Kaisers – die Revolution, die Gründung der Weimarer Republik und die Machtergreifung durch die Nazis – den Untergang der alten Welt der «Geschäfts-Aristokratie» herbeigeführt haben: «Die von Ihnen hervorgehobene Geschäfts-Aristokratie hat vom Jahre 1918 ab auch in unseren Kreisen manches verlieren müssen, und wir waren oftmals gezwungen, etwas zu tun, was nach Ansicht Anderer dem Staate frommte, unserer persönlichen Auffassung aber widersprach.»[67] Am 15. August 1938 stellte die Berliner Industrie- und Handelskammer schließlich die entsprechende Bescheinigung aus, wonach die Deutsche Bank «als nichtjüdischer Betrieb im Sinne der dritten Verordnung zum Reichsbürgergesetz anzusehen» sei.[68]

Aus denselben Gründen wie im Fall der Deutschen Bank wurde Solmssen jetzt aus den Aufsichtsräten der Gesfürel und der Deutschen Erdöl AG ausgeschlossen, mit denen er seit dem Ersten Weltkrieg verbunden gewesen war. Nur wenn Solmssen keinem Organ dieser Unternehmen mehr angehöre, könnten sie eine Bescheinigung erhalten, der ihre Legitimität als «arisches» Unternehmen nachwies.

Anfang 1938 übersiedelte Solmssens zweiter Sohn Ulrich, der schon 1932 am Massachusetts Institute of Technology (MIT) Chemie studiert, promoviert und dann an der Universität Zürich gearbeitet hatte, in die USA, wo er für das schweizerische Unternehmen Hoffmann-LaRoche arbeitete. Die Verbindungen nach Deutschland rissen ab: Georg Solmssens älterer Sohn Harald (Harold), der eine Zeitlang für die Deutsche Bank tätig gewesen war, ging ebenfalls in die Vereinigten Staaten. Ebenfalls Anfang 1938 wurde Georg Solmssens Berliner Wohnung in der Alsenstraße zwangsenteignet, um Platz zu machen für die von Albert Speer entworfene «Große Halle»: Die Behörden verlangten ihre Räumung bis Oktober 1938. Ende Mai weigerte sich die Polizeibehörde in Berlin-Steglitz, Solmssen ein Visum auszustellen, sodass ihm jetzt nichts anderes mehr übrig blieb, als auszuwandern und den Anspruch auf einen doppelten Wohnsitz aufzugeben. Ende 1938 war dies zu einem extrem kostspieligen Unterfangen geworden, da die deutschen Behörden die ökonomische Verfolgung der Juden als ein Instrument zur Erzielung

---

66 Solmssen an Urbig 7.3.1938, in: HADB, P1/14; hier abgedruckt.
67 Urbig an Solmssen 11.3.1938, in: HADB, P1/14; hier abgedruckt. Siehe auch Gerald D. Feldman, Politische Kultur und Wirtschaft in der Weimarer Zeit. Unternehmer auf dem Weg in die Katastrophe, in: Zeitschrift für Unternehmensgeschichte, 43. Jg., 1998, H. 1, S. 17.
68 Industrie- und Handelskammer zu Berlin Bescheinigung 15.8.1938, in: HADB, P24021.

von Staatseinnahmen benutzten. Solmssen musste für die Freigabe seines Vermögens in Deutschland 300.000 RM bezahlen (zusätzlich zu den 730.000 RM Reichsfluchtsteuer und 70.000 RM Judenvermögensabgabe).[69] Er bat die Deutsche Bank, einen Teil davon durch einen Vorschuss auf seine Pension zu begleichen. Im Jahr 1939 wurde Arthur Salomonsohns ehemalige Liegenschaft in der Inselstraße 20/22, die seine Söhne geerbt hatten, die in die USA ausgewandert waren, vom Finanzamt Zehlendorf zum Zweck der Begleichung der Juden auferlegten Reichsfluchtsteuer enteignet und in der Absicht von der Reichskanzlei übernommen, dort eine Residenz für Hitler einzurichten. Hitlers Leibarzt, Theodor Morell, kaufte Georg Solmssens Haus in der Inselstraße 24, nachdem die Deutsche Bank keinen Industriellen gefunden hatte, der am Erwerb der Villa interessiert gewesen wäre. Er sicherte sich mit einer eidesstattlichen Erklärung ab, wonach er das Objekt nicht von einem Juden erstanden hatte, da es von Solmssens nicht-jüdischer Frau verkauft worden sei. Schon 1936 hatte Reichspropagandaminister Goebbels Oscar Schlitters Haus in derselben Straße erworben.[70]

Seit Anfang 1940 wurde die Überweisung von Solmssens Pension durch die deutschen Devisenstellen blockiert. Solmssen protestierte immer wieder und fügte einem seiner Briefe ein Zitat von Schachts Nachfolger als Wirtschaftsminister, Walther Funk, aus dem Jahr 1930 bei, in dem dieser sich lobend über eine Rede Solmssens geäußert hatte. Die deutschen Behörden lavierten bis zum 23. Februar 1942, als ein Schlichtungsausschuss den Beschluss, die Pensionszahlungen auszusetzen, endgültig bestätigte. Solmssen lebte zurückgezogen auf seinem Hof in Horgen, und im August 1944 stimmte der Gemeinderat dafür, ihm und Giulietta die schweizerische Staatsbürgerschaft zu verleihen. Schon 1939 war ihm die Staatsbürgerschaft von Liechtenstein zuerkannt worden.[71]

Nach dem Krieg nahm Solmssen den Kontakt mit einigen ehemaligen Kollegen bei der Deutschen Bank wieder auf, insbesondere mit Oswald Rösler, den er schon in der Disconto-Gesellschaft gefördert hatte. Weiterhin beschäftigte ihn beim Austausch mit den früheren Kollegen der schädliche Einfluss von Jakob Goldschmidt im Vorfeld der Bankenkrise: «[...] dass er wohl ein geschickter Börsen-Spekulant, aber alles andere, als Jemand war, der die Qualitäten besass, die für den Leiter einer öffentlichen Bank unerlässlich sind. Auch Wassermann liess sich durch die Primadonnen-Allüren von Goldschmidt blenden [...] Ich habe Goldschmidt stets als einen, sich dessen gar nicht bewussten Repräsentanten der Dekadenz der wirtschaftlichen Moral betrachtet, welche den Boden für die politische Dekadenz des dritten Reiches ebnete und Korruptions-Erscheinungen zeitigte, wie sie mir schließlich

---

69 Vgl. Hanspeter Lussy / Rodrigo López, Liechtensteinische Finanzbeziehungen zur Zeit des Nationalsozialismus, Vaduz, Zürich 2005, Bd.1, S. 188.
70 Christine Fischer-Defoy, Schwanenwerder im Nationalsozialismus. Ein Inselrundgang, in: Aktives Museum, Mitgliederrundbrief Nr. 62, Januar 2010, S. 4–11.
71 Lussy/López, Liechtensteinische Finanzbeziehungen, S. 188.

bei der Gemeinschafts-Gruppe deutscher Hypotheken Banken entgegentraten.»[72] Das Beharren auf einer wahrheitsgetreuen Darstellung der Ereignisse vom Juli 1931 war Teil eines umfassenderen Anliegens: «Die Wirtschafts-Geschichte der Zeit vom ersten Weltkri[e]ge bis zum Zusammenbruche Hitlers muss noch geschrieben werden, um zu verhüten, dass das damalige Absinken der geschäftlichen Moral sich ungehindert wiederhole. Was ich selbst bei Uebernahme des Scha[a]ffhausenschen Bankvereins an Unmoralitäten dieser Art aufdecken musste und später im Zuge der Entwicklung der Inflation im Rheinlande erlebte, bewies, dass grosse industrielle Tüchtigkeit Hand in Hand mit merkwürdigen Auffassungen über die der Allgemeinheit gegenüber geschuldete Beachtung der in deren Interesse erlassenen Vorschriften gehen könne. Der sich in diesem Verhalten offenbarenden wirtschaftlichen Charakterlosigkeit entsprach die politische, die unter Führung von Fritz Thyssen Hitler im Industrieclub zujubelte.»[73]

Oswald Rösler (1887–1961)

Er plädierte auch – vergeblich und vermutlich auch in vollem Bewusstsein der Hoffnungslosigkeit des Ansinnens – für die Wiedereinfügung des Namens der Disconto-Gesellschaft in den der Deutschen Bank. Dieser Name war für ihn ebenso sachdienlich wie symbolisch. «Disconto-Gesellschaft» stand für die Erinnerung an eine bessere Unternehmenskultur. In ähnlicher Weise hatte Solmssens Ringen mit den Behörden im Deutschland der Nachkriegszeit um die Anerkennung seiner

---

72 Solmssen an Rösler 4.3.1954, in: HADB, ZA47/27; hier abgedruckt.

73 Solmssen an Rösler 24.11.1954, in: HADB, ZA47/27; hier abgedruckt.

finanziellen Forderungen weit mehr als nur eine wirtschaftliche Bedeutung. Er sah es als eine moralische Verpflichtung Nachkriegsdeutschlands an, seine Schuld zuzugeben, um eine Welt zu erneuern, in der bürgerliche Tugenden wieder möglich waren.

Solmssens Bemühungen um Wiedergutmachung seiner in den späten 1930er Jahren erlittenen Verluste hatten ein seltsames Nachspiel. Eine der Nachfolgebanken der Deutschen Bank zahlte die Pension, die sie seit 1940 nicht auszahlen durfte, umgehend nach; und als sich die wirtschaftliche Lage Deutschlands in den 1950er Jahren verbesserte, erhöhte sie die Pension sogar. Schwieriger verhielt es sich mit den amtlichen Stellen. Nach Solmssens Tod im Januar 1957 wurde der Rückerstattungsantrag seiner Witwe mit der Begründung abgelehnt, er habe mit seinen Schriften aus den 1930er Jahren das Nazi-Regime unterstützt.[74] Was war passiert?

Georg Solmssen, um 1950

Ein junger Beamter im Berliner Entschädigungsamt, der für die Personennamen mit den Anfangsbuchstaben «S» bis «W» zuständig war, musste Solmssens Antrag auf Rückerstattung der Reichsfluchtsteuer bearbeiten. Nachdem er das Vorwort der zweibändigen Aufsatzsammlung gelesen hatte, gelangte er zu der Überzeugung, dass Solmssen ein reicher Finanzmagnat gewesen sei, der zusammen mit anderen deutschen Kapitalisten Hitler an die Macht gebracht hatte. Seiner Meinung

---

74 Rösler an O. Eisner 25.11.1957, in: HADB, V1/2075; Rösler an Etta Solmssen 25.11.1957, in: HADB, V1/2075.

nach sollten Mittellose und Waisen von der Entschädigung profitieren, nicht aber reiche Bankiers, die die Schreckensherrschaft sorgenfrei überlebt hatten. Eigentumsrechte hätten zurückzustehen gegenüber gesellschaftlicher Umverteilung. Nachdem dieser ehemalige Beamte im Jahr 2010 einen Artikel gelesen hatte, worin aus dem bewegenden Brief Solmssens vom 9. April 1933 zitiert worden war, erklärte er (in einem Beitrag in der *Zeit*) öffentlich, er bereue seine damalige Entscheidung und bat Solmssens Nachfahren um Verzeihung.[75]

Georg Solmssen richtete sich in seiner Lebensführung nach einigen altüberlieferten Prinzipien, die der europäischen Tradition des klassischen Liberalismus entstammten. Er wirkte wie ein Relikt des 19. Jahrhunderts – ein Fremdkörper sowohl in der skrupellosen Wirtschaftskultur der 1920er Jahre als auch in der heftigen Politisierung des öffentlichen Lebens in den 1930er Jahren. Eigentum war für ihn ein wesentliches Element der menschlichen Würde. Und das Eigentum wurde nicht nur durch staatliches Handeln bedroht, sondern auch durch Spekulation, Korruption, Betrug und schädliches Geschäftsgebaren. Er war der festen Überzeugung, dass die politische Katastrophe in Deutschland auf äußere Umstände, insbesondere den Versailler Vertrag, aber auch auf Auswüchse einer immoralischen Geschäftskultur zurückzuführen sei. Seine Enkelkinder erinnerten sich in den 1950er Jahren noch immer an seine leidenschaftlichen Warnungen. Seine Sensibilität für das Problem der inneren Korruption in modernen Großunternehmen ließ ihn daher schnell erkennen, was auf dem Spiel stand und was das voraussichtliche Ergebnis sein würde, als die Nazis mit ihrer antisemitischen Offensive gegen die deutsche Wirtschaft begonnen hatten. Er wusste nur zu gut, was das Verhalten des Einzelnen in der Geschäftswelt motivierte, und er zog daraus realistische und ernüchternde Schlussfolgerungen. Er verstand sie als eine Warnung an die Nachwelt und wollte einen dritten Band mit Reflexionen über die Beziehungen zwischen Wirtschaft und Politik veröffentlichen. Dieser Band ist nie erschienen: Doch vielleicht werden die Überlegungen, die er in seinen Briefen anstellt, den gleichen Zweck erfüllen und sowohl ein Denkmal einer untergegangenen Geschäftskultur als auch eine Warnung für das 21. Jahrhundert sein.

---

[75] *Fritjof Meyer,* Mein Fall Georg Solmssen: Warum ich dem Bankier nach dem Krieg eine Entschädigung verweigerte – und es heute bereue, in: Die Zeit, 20.11.2010.

Martin L. Müller

Anmerkungen zur Edition

Am Anfang dieser Edition stand ein einzelner Brief. Georg Solmssen, Vorstandsmitglied der Deutschen Bank und Disconto-Gesellschaft, hatte ihn am 9. April 1933, nur wenige Tage nach dem Boykott jüdischer Geschäfte, Ärzte und Rechtsanwälte und nur wenige Stunden nach der Verabschiedung des Gesetzes zur Wiederherstellung des Berufsbeamtentums, an Franz Urbig, den Aufsichtsratsvorsitzenden seiner Bank, gerichtet.[76] Harold James, Mitautor des 1995 erschienenen Buches zum 125-jährigen Jubiläum der Deutschen Bank,[77] fand ihn bei seinen Recherchen in Solmssens Personalakte. Diese war erst kurz zuvor, im Sommer 1992, vom Generalsekretariat der Bank an ihr Historisches Archiv abgegeben worden. Die Bedeutung, die James diesem Schreiben beimaß, ist schon daran erkennbar, dass es als einzige Quelle in dieser rund 1000 Seiten umfassenden Unternehmensdarstellung fast vollständig zitiert wurde.[78]

Es ist die Kenntnis der nach 1933 geschehenen Verbrechen, welche besonders einen Satz dieses Briefes wie eine Prophezeiung erscheinen lässt: «Ich fürchte, wir stehen erst am Anfange einer Entwicklung, welche zielbewußt, nach wohlangelegtem Plane auf wirtschaftliche und moralische Vernichtung aller in Deutschland lebenden Angehörigen der jüdischen Rasse, und zwar völlig unterschiedslos, gerichtet ist.» Dass dieser Brief mittlerweile in weiteren wichtigen Publikationen zur Geschichte des Bankwesens und des Judentums in voller Länge und in Auszügen zitiert wurde,[79] unterstreicht seine Bedeutung. Der Brief dokumentiert eine außergewöhnliche Reaktion eines führenden Vertreters der deutschen Wirtschaftselite auf die von den Nationalsozialisten im Frühjahr 1933 begonnene systematische Stigmatisierung der jüdischen Bevölkerung. Solmssen erkannte nicht nur klarer als andere, welche Entwicklung die eingeleitete Ausgrenzung und Entrechtung nehmen sollte, er verstand es auch, diese Erkenntnis ausdrucksstark zu formulieren.

Die erwähnte Personalakte enthält weitere bemerkenswerte Schreiben, die das Ringen um seine Stellung in der Bank und in der deutschen Wirtschaft in den Jahren von 1933 bis 1938 deutlich machen. Insbesondere der Austausch mit dem – wie Solmssen in der Disconto-Gesellschaft verwurzelten – Franz Urbig zeigt die

---

76 Solmssen an Urbig 9.4.1933, in: HADB, P1/14; hier abgedruckt.
77 James, Die Deutsche Bank 1933–1945, S. 315–408.
78 Ebd., S. 337f.; mit geringen Korrekturen in Harold James, Die Deutsche Bank im Dritten Reich, 2. Aufl., München 2009, S. 48f.

79 Vollständig zitiert in Münzel, Die jüdischen Mitglieder der deutschen Wirtschaftselite, S. 439f.; in Auszügen z. B. Friedländer, Das Dritte Reich und die Juden. Bd. 1, S. 46, und sogar im Wikipedia-Beitrag zur Deutschen Bank: http://de.wikipedia.org/wiki/Deutsche_Bank (letzter Aufruf: 6.1.2011).

schrittweise Abnabelung von dem Unternehmen, dem Solmssens Familie seit 1863 verbunden war.

Aus dem Sichten und zunächst noch unsystematischen Sammeln der Briefe Solmssens reifte allmählich der Plan, gezielt weiter zu suchen und eine Auswahl seiner Korrespondenz zu edieren. Für dieses Buch wurden 381 Schreiben ausgewählt. Davon hat Solmssen 250 selbst verfasst, 131 sind an ihn gerichtet.

Es ging nicht darum, alle erhaltenen Briefe wiederzugeben. Nur dort, wo sie um gesellschafts- und wirtschaftspolitische Fragen sowie um Solmssens Haltung um das Jahr 1933 kreisen, wurde Vollständigkeit angestrebt. Für eine umfassende Edition wäre aber die erhaltene Korrespondenz – trotz großer Verluste, über die noch zu sprechen sein wird – zu umfangreich. Noch stärker als der Umfang spricht für eine Auswahl jedoch, dass viele Schreiben ausschließlich der Übermittlung geschäftlicher Details dienten, die selbst für spezialisierte Wirtschafts- und Unternehmenshistoriker kaum von Interesse sind. Hinzu kommt, dass der individuelle Beitrag Solmssens an einem reinen Geschäftsbrief kaum bestimmbar ist. Verzichtet wurde daher, bis auf sehr wenige Ausnahmen, auf Schreiben, die neben Solmssen von einem weiteren Mitarbeiter der Bank unterschrieben wurden, wie es die Richtlinien der Disconto-Gesellschaft und auch der fusionierten Deutschen Bank und Disconto-Gesellschaft verlangten, um rechtsverbindlich für die Firma zu zeichnen. In der Regel wurden diese Schreiben von der Fachabteilung formuliert und dann von dem für das jeweilige Geschäft zuständigen Geschäftsinhaber mitunterzeichnet. Bei der allein von Solmssen unterschriebenen Korrespondenz kann seine Autorschaft meist als sicher gelten, vor allem bei Briefen von eigener Hand. Hier kommt nicht nur eine sachliche, geschäftliche Position zum Durchscheinen, hier äußert er sich direkt, mit eigenen Formulierungen und erkennbaren Motiven. Bei der Auswahl haben sich die Bearbeiter darüber hinaus auf jene geschäftlichen Engagements konzentriert, denen Solmssen selbst große Bedeutung beimaß, wie beispielsweise die Erdölinteressen der Disconto-Gesellschaft und die transatlantischen Kabelverbindungen.[80]

Bei der Bearbeitung der Briefe wurde dem Original nahezu vollständig gefolgt. Sie sind stets ungekürzt. Die zeitgenössische Orthographie wurde beibehalten und nur offensichtliche Schreibfehler wurden korrigiert. Dies gilt auch für die Grammatik und Interpunktion. Alle Ergänzungen wurden mit eckigen Klammern gekennzeichnet. Hervorhebungen, Unterstreichungen, nachträgliche Einfügungen und Verbesserungen, die vom Verfasser oder Empfänger der Briefe stammen, sind kenntlich gemacht. Paraphen und Marginalien sind in den Anmerkungen entschlüsselt und wiedergegeben. Personen und Firmen, sofern sie nicht vollständig in Briefen genannt werden, sind in den Fußnoten identifiziert. Alle genannten Perso-

---

80 Solmssen, Beiträge, S. XXV–XXVIII und XXXV–XXXVII.

nen und Institutionen wurden darüber hinaus im Anhang mit biographischen und unternehmensgeschichtlichen Hinweisen weiter erschlossen. Außerdem wurden der Edition ein Verzeichnis der Veröffentlichungen und der bei deutschen Aktiengesellschaften ausgeübten Aufsichtsratsmandate Solmssens hinzugefügt.

Ohne die Mitarbeit vieler Helferinnen und Helfer wäre ein solches Projekt undenkbar. Ihnen gebührt großer Dank. An erster Stelle steht hier die Kärrnerarbeit des Transkribierens vieler Hundert Schreiben, darunter auch zahlreiche, teilweise nur schwer lesbare handschriftliche Briefe. Hier bewiesen vor allem Melanie List und Astrid Wolff die notwendige Ausdauer, Geduld und Sorgfalt. In manchen Fällen war es erforderlich, kaum zu entziffernde Schreiben immer wieder zur Hand zu nehmen. Nur an ganz wenigen Stellen ist die Entschlüsselung nicht gelungen. Astrid Wolff hat auch einen Großteil der personen- und firmenbezogenen Recherche und Kommentierung vorgenommen, die dann von Reinhard Frost, Silke Wapenhensch und Matthias Richter ergänzt, überarbeitet und vereinheitlicht wurden.

Die Motive für diese Edition sind vielschichtig. Neben den bereits erwähnten Briefen, die längst von der Forschung als außergewöhnliche Quellen erkannt wurden und ahnen lassen, dass sich ein tieferer Blick in die Gedankenwelt ihres Autors lohnt, ist es vor allem auch Solmssens Lebensweg, der eine intensive Beschäftigung mit seinem Wirken anregt. Sein Schicksal kann als exemplarisch für weite Teile des deutsch-jüdischen Bürgertums gelten. Im Mittelpunkt des politischen und sozialen Denkens dieses aus jüdischer Familie stammenden, vollständig assimilierten, nationaldenkenden Großbürgers stand – selbst unter dem Eindruck von Ächtung und Vertreibung – sein Bekenntnis der «Zusammengehörigkeit mit dem Vaterlande».[81]

Vier Deutschland hat er in seinem langen, 87 Jahre währenden Leben erfahren. Die erste Hälfte war geprägt durch das Kaiserreich, die zweite durch die Jahre der Weimarer Republik, der NS-Zeit und der frühen Nachkriegszeit. Die Edition kann diese Zeitspanne nur begrenzt abdecken. Zwar umfasst sie die Jahre von 1900 bis 1956, doch liegt der Schwerpunkt der erhaltenen Korrespondenz in den 1920er und 1930er Jahren, als Solmssen eine Spitzenposition in der deutschen Wirtschaft einnahm. In der ersten Hälfte der 1940er Jahre verebbte der Kontakt zwischen den in Deutschland verbliebenen Weggefährten und dem im Schweizer Exil lebenden Solmssen, um dann in seinem letzten Lebensjahrzehnt nochmals intensiver zu werden.

Neben Solmssens Lebensweg liegt ein weiterer Anreiz zu dieser Edition in der Führungsrolle, die er lange in der deutschen Wirtschaft einnahm. Briefe waren in der gesamten Zeit seines Wirkens wichtigstes Kommunikationsinstrument zur Unternehmensführung. Bereits edierte Schriftwechsel von Wirtschaftsführern machen deutlich,[82] welche Bedeutung der persönliche schriftliche Austausch im gesamten

---

81 Solmssen, Beiträge, S. XV.

19. Jahrhundert und in den ersten Jahrzehnten des 20. Jahrhunderts bei der Lösung wirtschaftlicher Fragen und bei der Pflege des sozialen Netzwerkes zukam. Dies galt insbesondere auch für das Spitzenpersonal der Großbanken, das von zentraler Stelle – meist in Berlin – die Geschicke einer Vielzahl von Industriekunden mitgestaltete. Zwar spielten zweifellos Gespräche, etwa am Rande der vielen Aufsichtsratssitzungen, bei denen Industrie- und Finanzspitzen zusammentrafen, und zunehmend auch Telefonate eine nicht unerhebliche Rolle, doch gerade die konservative Disconto-Gesellschaft war geprägt durch einen starken Hang zur Schriftlichkeit, den Solmssen unermüdlich lobend hervorhob: «An der Spitze dieser Verwaltungsmaximen stehen das Gebot der Schriftlichkeit und die auf seiner Beachtung fußende kollegiale Behandlung der Geschäfte. [...]. Die Durchführung des Prinzips der Schriftlichkeit, verbunden mit dem kollegialer Zusammenarbeit, erheischt, daß das Original jedes eingehenden und die Kopie jedes ausgehenden Schriftstücks automatisch innerhalb eines bestimmten Kreises verantwortlicher Personen umläuft, daß jeder geschäftliche Vorfall, der auf mündlichen Verhandlungen beruht, seinen Niederschlag in ebenfalls zirkulierenden Aktenvermerken findet, und daß die Kenntnisnahme und Nicht-Kenntnisnahme der schriftlichen Unterlagen durch ihre Abzeichnung festgelegt wird. Werden die Grundsätze der Schriftlichkeit und Kollegialität befolgt, so ist die selbstherrliche Verwaltung fremden Vermögens unmöglich, weil verhindert wird, daß ein Einzelner die verantwortlichen Mitleiter vor ohne ihre Mitwirkung geschaffene Tatsachen stellt.»[83] Zwar wurde der Disconto-Gesellschaft von Wettbewerbern eine gewisse Neigung zum Bürokratismus unterstellt, die in der spöttischen Bemerkung Carl Fürstenbergs gipfelte: «Die Disconto-Gesellschaft? Das ist keine Bank, das ist ein Ministerium»,[84] doch Solmssen verwahrte sich energisch gegen diesen Vorwurf: «Es trifft nicht zu, wenn behauptet wird, die Innehaltung dieser Vorschriften bürokratisiere das Unternehmen und lähme die freie Initiative. Das Gegenteil ist der Fall. Nur die Gewißheit, daß die Eingehung und Abwicklung der Geschäfte ineinandergreifenden, automatisch funktionierenden Kontrolleinrichtungen unterliegen, gibt die Möglichkeit, fortschreitender Dezentralisation der einzelnen Arbeitsstellen.»[85]

Auch wenn die vorliegende Edition Solmssens Geschäftskorrespondenz nur ausschnittweise wiedergeben kann, so wird dennoch deutlich, wie stark Solmssen die von der Disconto-Gesellschaft unter Adolph von Hansemann aufgestellten

---

82 Vgl. u. a. Conrad Matschoß (Hrsg.), Werner Siemens. Ein kurzgefaßtes Lebensbild nebst einer Auswahl seiner Briefe, 2 Bde., Berlin 1916; Wilhelm Berdrow (Hrsg.), Alfred Krupps Briefe 1826–1887. Im Auftrage der Familie und der Firma Krupp, Berlin 1928; Hartmut Pogge von Strandmann, Unternehmenspolitik und Unternehmensführung. Der Dialog zwischen Aufsichtsrat und Vorstand bei Mannesmann 1900 – 1919, Düsseldorf, Wien 1978; Manfred Rasch / Gerald D. Feldman (Hrsg.), August Thyssen und Hugo Stinnes. Ein Briefwechsel 1898–1922 (= Schriftenreihe zur Zeitschrift für Unternehmensgeschichte, Bd. 10), München 2003.

83 Solmssen, Beiträge, S. XIX.

84 Zitiert nach den unveröffentlichten Lebenserinnerungen von Peter Brunswig, Wie ich zur Deutschen Bank kam, S. 94, in: HADB, SG1/18.

85 Solmssen, Beiträge, S. XX.

Prinzipien der Geschäftsführung verinnerlicht hatte: Kein Brief, der nicht den Kollegen zur Kenntnis gebracht wurde, kein Gespräch, das er nicht in einem Aktenvermerk festhielt, den er im Geschäftsinhaberkreis verbreitete. Auch wenn andere zögerten, Vertrauliches dem Papier anzuvertrauen, hielt Solmssen an den Prinzipien der Schriftlichkeit und der Kollegialität fest. Als Robert Pferdmenges im September 1926 aus einem Urlaub in der Schweiz zurückkehrte, wo er sich mit Oscar Schlitter über ein Zusammengehen der Disconto-Gesellschaft mit der Deutschen Bank ausgetauscht hatte, wollte er «über die Angelegenheit weder schreiben, noch telephonieren». Stattdessen informierte er Solmssen mündlich «im Einzelnen über den Inhalt der Unterhaltungen», den dieser dann in einem sechsseitigen eigenhändigen Aktenvermerk niederschrieb, der unter den Geschäftsinhabern zirkulierte.[86]

Geprägt durch das gediegene Geschäftsgebaren der Disconto-Gesellschaft und sicher auch durch seine juristische Ausbildung neigte Solmssen zur bis ins Detail gehenden Genauigkeit, aber auch zur Langatmigkeit. Geschäftsbriefe konnten mehrere Seiten und seine an Wirtschaftskreise und Politik gerichteten Denkschriften gar 20 oder 30 Seiten umfassen.[87] Trotz dieser Neigung zur ausführlichen Darlegung der Dinge, die mit einem Hang zu komplizierten Satzkonstruktionen einherging, war das sprachliche Niveau seiner schriftlichen Äußerungen hoch. Dieses Urteil gilt auch dann, wenn man in Betracht zieht, dass die bürgerliche Briefkultur in seiner Lebensspanne noch in voller Blüte stand. Solmssens Schreibstil ist fast immer formvollendet, nur gelegentlich wirkt er gedrechselt und (auch für seine Zeit) antiquiert, nie jedoch wird er salopp, immer wahrt er Form und Haltung.

Zugleich war Solmssen immens produktiv. Unzählige Briefe, Aktenvermerke, Denkschriften, Reden und Beiträge hat er verfasst. Sein Arbeitstag war ausgefüllt mit Schreiben; dazwischen fanden Sitzungen statt oder er reiste zur nächsten Sitzung. Es lässt sich kaum abschätzen, wie viele Briefe täglich sein Büro verließen.[88] Es müssen viele Dutzend gewesen sein. Einige wenige davon wurden mit eigener Hand geschrieben, die meisten diktiert. Nicht nur die Arbeitsbelastung, die er sich selbst abverlangte, auch die seines Büros war enorm. Seine langjährige Sekretärin beim A. Schaaffhausen'schen Bankverein in Köln, Elisabeth Nörenberg, klagte schon 1920 über das hohe «Maass an Kenntnissen, rascher Auffassungsgabe, eminenter Arbeitskraft und ein so völliges Aufgeben der eignen Persönlichkeit und aller aussergeschäftlichen Interessen[, welche] die Stellung als Sekretärin des Herrn Dr. Solmssen» erfordere.[89] Und fünf Jahre später fügte sie hinzu: «Bei der ungeheu-

---

86 Aktenvermerk Solmssens 16.9.1926, in: HADB, NL3/79; hier abgedruckt.

87 Siehe beispielsweise seine als Aufsichtsratsvorsitzender der Deutsch-Atlantischen Telegraphengesellschaft verfasste Denkschrift gegen den geplanten Erwerb der Transradio AG für drahtlosen Ueberseeverkehr durch das Reichspostministerium 19.12.1930, in: BA, R4701/10971.

88 Tageskopien ausgehender Briefe, die nicht thematisch, sondern chronologisch abgelegt wurden, sind nicht erhalten.

89 Nörenberg an Robert Bürgers 5.12.1920, in: HADB, K2/P/721.

ren Arbeitslast, die auf Herrn Dr. Solmssen liegt und die in den heutigen aufregenden und schwierigen Zeiten ins ungemessene gewachsen ist, ist auch meine Tätigkeit viel umfangreicher und verantwortungsvoller geworden. Die Arbeit geht hier in einem rasenden Tempo von statten und erfordert die schärfste Anspannung aller Kräfte vom Morgen bis zum späten Abend, ohne jede Rücksicht auf Sonn- und Feiertage.»[90]

Elisabeth Nörenberg (1924)
arbeitete von 1916 bis 1934 als Solmssens Sekretärin in Köln und Berlin

Elisabeth Zingler (1928)
war von 1928 bis 1939 für Solmssen tätig

Nörenberg wechselte mit Solmssen von Köln nach Berlin und blieb in seinem Büro bis zu ihrer Pensionierung 1934. Seit 1928 wurde sie von Elisabeth Zingler als zweiter Sekretärin unterstützt, die noch bis Anfang 1939 für Solmssen tätig war und ihm auch nach seiner Auswanderung bei der Abwicklung seiner Angelegenheiten in Deutschland half.[91] Von 1930 bis 1934, als er durch den Vorsitz im Centralverband und die kurzzeitige Sprecherfunktion im Vorstand der Deutschen Bank und Disconto-Gesellschaft besonders in Anspruch genommen war, arbeitete Käthe

---

[90] Nörenberg an Robert Bürgers 13.5.1925, in: HADB, K2/P/721.

[91] Solmssen an Vorstand Deutsche Bank 9.2.1939, in: HADB, P2/Z97; hier abgedruckt.

Preuß als dritte Sekretärin in seinem Büro.[92] Auch im Exil war sein Elan ungebrochen. Die langen Schriftsätze, die sein Schweizer Anwalt gegen die Aussetzung seiner Pensionszahlungen bei der Schiedsstelle beim Reichsverwaltungsgericht einreichte und die ausführlich Solmssens Wirken für die nationalen deutschen Interessen betonen, können nur durch seine intensive Mitarbeit entstanden sein; wahrscheinlich ist sogar, dass er sie ganz oder zu weiten Teilen selbst verfasste.[93] Außerdem publizierte er weiterhin vorrangig zu landwirtschaftlichen Fragen und korrespondierte mit einem Gelehrtenzirkel innerhalb der Schweiz.

Wäre Solmssens Korrespondenz in Gänze oder zu weiten Teilen erhalten geblieben, hätten die Bearbeiter dieser Edition wahrscheinlich vor der Herkules-Aufgabe gestanden, eine Unmenge an Briefen zu sichten und auf ihre Relevanz für eine Auswahl zu bewerten. Tatsächlich ist jedoch eher das Gegenteil der Fall, weshalb die Hauptschwierigkeit darin bestand, die erhaltenen Schreiben zu finden und Verluste auf der einen Seite der Überlieferung soweit wie möglich durch die Gegenüberlieferung zu kompensieren.

Als bedeutendster Verlust ist anzusehen, dass sowohl das Archiv der Disconto-Gesellschaft[94] als auch die eigentlichen Korrespondenzakten Solmssens nicht erhalten sind. Seine sogenannten Privatakten wurden 1941 mit anderen Unterlagen wie den Privatakten seines Cousins Arthur Salomonsohn vernichtet. Karl Günkel, Direktor der Berliner Zentrale der Deutschen Bank, hatte dies veranlasst.[95] Man konnte sich damals offenbar nicht vorstellen, dass die Akten des schon 1930 verstorbenen Salomonsohn und des im Schweizer Exil lebenden Solmssen noch einmal von Interesse sein würden. Umfang und Inhalt dieser vernichteten Akten sind zwar nicht bekannt, doch lassen die erhaltenen «Privatakten» anderer Vorstandsmitglieder auf den Charakter der darin gesammelten Korrespondenz schließen. «Privat» im eigentlichen Sinne ist darin kaum etwas. Selbst die im Generalsekretariat geführten Mandatsakten der Vorstandsmitglieder fallen unter diese Kategorie. Hinzukommen all jene Vorgänge, die sich bestehenden Sachakten nicht zuordnen ließen oder die nicht zugeordnet werden sollten. Sie geben allerdings Auskunft über die Interessen, Mitgliedschaften und sozialen Netzwerke der einzelnen Vorstandsmitglieder.

---

92 in: HADB, P2/P381.
93 Siehe den 14-seitigen Schriftsatz 29.9.1941, ergänzt durch zahlreiche Dokumente, und die 22-seitige Begründung, in: HADB, P1/15.
94 Der genaue Verbleib der Akten der Berliner Zentrale der Disconto-Gesellschaft ist unklar. Nachdem sie im Frühjahr 1941 in ein Aktenlager am Warschauer Platz (Berlin-Friedrichshain) transportiert worden waren, wo die Deutsche Bank schon Mitte der 1930er Jahre Räume in zehn Hochbahnbögen und drei große Keller unterhielt, verliert sich ihre Spur. Er ist zu vermuten, dass die Akten durch Kriegseinwirkungen zerstört wurden. Siehe den ungezeichneten Vermerk 5.5.1941, in: HADB, P23989, Bl. 91. Die sogenannten Geheimakten des Chefkabinetts der Disconto-Gesellschaft (Nr. 1–72), die wegen ihrer Bedeutung weiterhin in der Zentrale der Deutschen Bank aufbewahrt wurden, sind seit 1945 verschollen. Siehe Aktenverzeichnis Handexemplar Pehlemann o. D., in: HADB, ZA47/401.
95 Vermerk 5.5.1941, in: HADB, P23989, Bl. 91.

Da in Solmssens Fall diese Akten unwiederbringlich verloren sind, galt es nach Parallelüberlieferungen zu suchen. In Frage kam hierfür in erster Linie der Teilnachlass,[96] der zwischen 1962 und 1988 von seinem Sohn Harold K. Solmssen dem Historischen Archiv der Deutschen Bank übergeben wurde.[97] Bei den darin enthaltenen Unterlagen handelt es sich größtenteils um gedruckte Vorträge und Beiträge Solmssens.[98] Diese werden ergänzt durch Pressesammlungen, beispielsweise zu den Bankiertagen, und Urkunden zu Dienstjubiläen von Adolph und Arthur Salomonsohn sowie von Georg Solmssen. Hinzu kommen wichtige Aufzeichnungen, die als Manuskripte oder Typoskripte erhalten sind. Dazu gehört der Aktenvermerk über eine mögliche Fusion zwischen der Disconto-Gesellschaft und Deutschen Bank von 1926[99] oder die gutachterliche Stellungnahme über Hjalmar Schacht aus dem Jahr 1952.[100] Die im Nachlass überlieferte Korrespondenz besteht nur aus Einzelstücken, wie dem Bericht an die Leitung der Disconto-Gesellschaft über die Reise in das besetzte Belgien im November 1914,[101] der Absage an Walther Rathenau, das Reichsfinanzministerium zu übernehmen,[102] und wenigen Schreiben zwischen Solmssen und Urbig aus den Jahren 1935 bis 1938,[103] die sich teilweise auch in Solmssens Personalakte finden. Diese im Nachlass überlieferten Beiträge, Notizen und Schreiben müssen für Solmssen so wichtig gewesen sein, dass er sie aus Berlin in sein Schweizer Exil mitnahm.

Ein weiterer erhaltener Teilnachlass befindet sich seit 1961 im Rheinisch-Westfälischen Wirtschaftsarchiv in Köln.[104] Nach Solmssens Tod hatte sich seine Witwe an seinen früheren engen Mitarbeiter Robert Pferdmenges gewandt, um dessen Rat einzuholen, was mit dem das Rheinland betreffenden Teil der Akten ihres Mannes geschehen solle. Pferdmenges verwies Etta Solmssen an das Rheinisch-Westfälische Wirtschaftsarchiv in Köln, das die Akten übernahm.[105] Sie stammen aus der Provenienz des A. Schaaffhausen'schen Bankvereins in Köln, dessen Vorstandsvorsitzender Solmssen nach der Übernahme durch die Disconto-Gesellschaft von 1914 bis 1924 war. Anschließend gehörte er bis 1929 dem Aufsichtsrat des A. Schaaffhausen'schen Bankvereins an. Die Akten enthalten im Wesentlichen Solmssens

---

96 HADB, NL3.
97 Dankschreiben Fritz Seidenzahls an Harold K. Solmssen 19.11.1962, in: HADB, ZA17/1, für die bei dessen Besuch im Historischen Archiv der Deutschen Bank am 17.11.1962 übergebenen Dokumente; Schreiben von Harold K. Solmssen an Deutsche Bank, Historisches Archiv 22.2.1968, 8.9.1968 und 16.12.1968, in: HADB, ZA17/2; 11.7.1981 und 29.7.1981, in: HADB, ZA17/11; 26.6.1982, in: HADB, ZA17/381; 13.5.1988, in: HADB, ZA17/386.
98 Darunter befinden sich aber auch unveröffentlichte Vorträge wie seine Rede beim Festbankett am Tag der Fusion der Deutschen Bank und der Disconto-Gesellschaft am 29.10.1929, in: HADB, NL3/48.

99 Aktenvermerk Solmssens 16.9.1926, in: HADB, NL3/79; hier abgedruckt.
100 Aktenvermerk Solmssens 7.10.1952, in: HADB, NL3/47; hier abgedruckt.
101 Solmssen an die Direktion der Disconto-Gesellschaft 2.12.1914, in: HADB, NL3/69; hier abgedruckt.
102 Solmssen an Rathenau 19.1.1922, in: HADB, NL3/52; hier abgedruckt.
103 Solmssen an Urbig 17.9.1935, Urbig an Solmssen 13.9.1937, Solmssen an Urbig 7.3.1938, in: HADB, NL3/53; alle hier abgedruckt.
104 RWWA, Abt. 39, Nr. 1, Fasz. 1–10.
105 Privatsekretär von Robert Pferdmenges an Bernhard Hilgermann 14.7.1961, in: RWWA, 212 – Solmssen.

Beitrag zu den Waffenstillstandsverhandlungen nach dem Ersten Weltkrieg und sein Engagement zur Verbesserung der wirtschaftlichen Lage im besetzten Rheinland. Hervorzuheben ist eine Akte mit dem Titel «Politische Betätigung», die im Unterschied zu den übrigen Akten im Rheinisch-Westfälischen Wirtschaftsarchiv, deren Laufzeit mit Solmssens Ausscheiden aus dem Kölner Vorstand endet, bis 1931 in Berlin fortgeführt wurde. Einschließlich der aus dieser Akte stammenden Schreiben wurden 43 Briefe aus dem Kölner Teilnachlass für die Edition ausgewählt.

Es liegen zwar Indizien vor, dass es einen weiteren schriftlichen Nachlass gegeben haben muss, wie umfangreich dieser war und was letztlich damit geschehen ist, konnte nicht geklärt werden.[106] Die Generation der Enkel besitzt keine weitere Korrespondenz Georg Solmssens mehr.[107]

Zwei weitere Akten aus Solmssens Kölner Zeit fanden sich nur wenige Meter vom Rheinisch-Westfälischen Wirtschaftsarchiv entfernt im Hausarchiv des Bankhauses Sal. Oppenheim jr. & Cie.[108] Sie spiegeln seine Vorstandstätigkeit in der Vereinigung von Banken und Bankiers in Rheinland und Westfalen von Mitte 1920 bis Anfang 1923 wider. Als Robert Pferdmenges die Nachfolge Solmssens in diesem regionalen Bankenverband antrat, waren ihm die Akten übergeben worden. Er nahm sie mit ins Bankhaus Oppenheim, als er 1931 dessen Teilhaber wurde. Da Solmssens Engagement in der Vereinigung von Banken und Bankiers in Rheinland und Westfalen ein wichtiges Scharnier zwischen seiner wirtschaftlichen und seiner in dieser Zeit einsetzenden politischen Tätigkeit bildete, wurden 14 Briefe aus diesem überschaubaren Bestand ausgewählt.

Akten des A. Schaaffhausen'schen Bankvereins, woraus Solmssens dortige Tätigkeit hervorgeht, befinden sich darüber hinaus im Historischen Archiv der Deutschen Bank, das über einen umfangreichen Bestand des Kölner Instituts verfügt. Er besteht aus rund 2400 Sachakten, die größtenteils das Firmenkundengeschäft betreffen und überwiegend aus dem Zeitraum von 1880 bis 1929 stammen. Hinzu kommen rund 3100 Personalakten des A. Schaaffhausen'schen Bankvereins aus der Zeit vom Beginn des Ersten Weltkriegs bis zum Aufgehen der Bank in der großen Fusion zwischen Deutscher Bank und Disconto-Gesellschaft.

In den genannten Sachakten ist Solmssens Aufgabengebiet im Vorstand des A. Schaaffhausen'schen Bankvereins gut dokumentiert. Zu den wichtigen Firmen-

---

106 Harold Solmssen verfasste im August 1994 eine 24-seitige biographische Skizze über seinen Vater, in: HADB, SG1/77. Darin zitiert er in englischer Übersetzung einige Schreiben und Aufzeichnungen, deren Originale für die vorliegende Edition nicht mehr aufgefunden werden konnten. Dazu zählen etwa eine rückschauende Notiz Solmssens über sein Leben, die er am 19. Juni 1937 in New York aufgezeichnet haben soll, ein Schreiben an seinen Schwiegersohn Fritz Pfister aus dem Jahr 1955 und ein Brief Solmssens an seinen Sohn Harold während dessen Internatszeit in Zuoz (Kanton Graubünden). Möglicherweise existieren diese Briefe heute nicht mehr, da Harold Solmssen vor seinem Tod im Jahr 2006 viele deutschsprachige Schreiben vernichtet hat. Mitteilung seiner Tochter Catherine Tenney an Martin Müller 2.3.2011, in: HADB, SG1/77.
107 Lily Solmssen Moureaux an Martin Müller 30.3.2009, in: HADB, SG1/77.
108 HBO, P,R/38 und P,R/39.

verbindungen, die schon bei der Disconto-Gesellschaft in seine Zuständigkeit gefallen waren, gehörte die Deutsche Erdöl-AG und ihr nahestehende Unternehmen wie die Deutsche Mineralöl-Industrie AG und die Astra Romana. Während des Ersten Weltkrieges hatte er die Interessen des Disconto-Konzerns in Belgien wahrzunehmen. Der A. Schaaffhausen'sche Bankverein war dort insbesondere durch die Internationale Bohrgesellschaft, die ihm gehörte, engagiert. Die Neuordnung der Eigentumsverhältnisse der Kohlengesellschaften im Nordosten Belgiens spielte dabei eine wichtige Rolle.[109]

In den Akten des A. Schaaffhausen'schen Bankvereins fand sich auch Solmssens Korrespondenz zu seinem vielbeachteten Vortrag im Industrie-Club Düsseldorf im November 1919[110], dessen gedruckte Fassung[111] er breit im Rheinland streute und für den er regen Zuspruch aus Wirtschaft und Politik erhielt.

Ein weiterer Glücksfall ist die im Schaaffhausen-Bestand überlieferte Korrespondenz zwischen Solmssen – inzwischen im Aufsichtsrat des Kölner Instituts – und dessen Vorstand mit Robert Pferdmenges an der Spitze.[112] Der auf Augenhöhe geführte Schriftwechsel zu wichtigen Fragen der Geschäftsführung der Bank zeigt nicht nur einen bis ins Detail informierten und interessierten Solmssen, er offenbart auch die Probleme und Schwächen im Konzern der Disconto-Gesellschaft. Ein A. Schaaffhausen'scher Bankverein mit eigener Rechtsperson und eigenem Vorstand neigte eben stärker dazu ein Eigenleben zu führen als Filialen der Deutschen Bank in Köln, Hannover und Essen. Auch deren Vorläufer waren traditionsreiche Regionalbanken, doch wurden sie nach der Übernahme durch die Deutsche Bank sofort in Niederlassungen umgewandelt, deren Direktoren Anweisungen direkt aus dem Filialbüro der Berliner Zentrale erhielten. Die Disconto-Gesellschaft musste diese Führungsfunktion über den Aufsichtsrat ausüben – ein für den verantwortlichen Geschäftsinhaber, in diesem Fall Solmssen, zeitraubendes und arbeitsintensives Verfahren. Auseinandersetzungen über Bilanzierungs- und kreditpolitische Fragen waren an der Tagesordnung. Hinzu kamen Interessenkonflikte, wenn es darum ging, welche der beiden Banken bei welchem Industriekunden den Konzern vertreten sollte.

Ein vielleicht unbeabsichtigter Vorteil der Struktur der Disconto-Gruppe lag darin, dass in einem selbstständig arbeitenden Institut Nachwuchskräfte reifen konnten, die strategischer und unternehmerischer dachten als Filialdirektoren. Die von Solmssen geförderten Mitarbeiter Robert Pferdmenges und Karl Kimmich, die an ihre Vorstandsjahre bei Schaaffhausen große Karrieren anknüpfen konnten, belegen dies. Die Nachteile der Disconto-Organisation scheinen jedoch stärker ins

---

109 Siehe dazu den von der Deutschen Bank im Juli 1940 zusammengestellten Bericht «Interessen in Belgien vor 1914», S. 93–96, in: HADB, B271.
110 HADB, K2/1607.
111 Georg Solmssen, Deutschlands Lage im Rückblick und Ausblick. Ein Mahnruf an das deutsche Bürgertum. Gehalten am 22. November 1919 im Industrie-Club Düsseldorf, Berlin 1920.
112 HADB, K2/13.

Gewicht gefallen zu sein. Die älteste der Berliner Großbanken war hier Gefangene ihrer eigenen Traditionspflege. Auf den angesehenen Namen des A. Schaaffhausen'schen Bankvereins, der ersten Aktienbank in Preußen und zugleich erster deutscher Industriefinanzierer, wollten Solmssen und seine Kollegen nicht verzichten und nahmen dafür manche Ineffizienz in Kauf. Erst beim Zusammenschluss mit der Deutschen Bank nutzte man die Gunst der Stunde, um alle Disconto-Töchter in der neuen Großbank aufgehen zu lassen.

Wie aus einem Aktenregister hervorgeht, waren einige seiner Kölner Akten für Solmssen so wichtig, dass er sie in sein Berliner Büro in die Disconto-Gesellschaft schicken ließ.[113] Es handelte sich um 67 Akten vor allem zu Belgien während des Krieges und zur Deutschen Erdöl-AG, aber auch um einzelne Bände zu Rumänien, zur Stempelvereinigung und eine als «Persönliche Geheim Correspondenz» betitelte Akte. Nichts davon existiert mehr. Es ist nicht auszuschließen, dass sie zu den «Privatakten» zählten, die 1941 vernichtet wurden.

Trotz der Vernichtung der Akten Solmssens blieb bis Kriegsende 1945 in der Registratur der Deutschen Bank in Berlin eine kleine Zahl von Akten erhalten, in denen sich Korrespondenz Solmssens fand. Es handelt sich dabei hauptsächlich um Sachakten des sogenannten Sekretariats wie beispielsweise zur Gewerkschaft Ewald[114], zur Schokoladenfabrik Gebrüder Stollwerck[115], zu Petroleumvorkommen in Deutschland[116] und zu Solmssens Lieblingsprojekt, dem Wiederaufbau der Deutsch-Atlantischen Telegraphengesellschaft, wozu allerdings nur kleine Reste erhalten sind[117]. Hinzu kommen Reste seiner Mandatsakten zur Deutschen Erdöl-AG[118], zur Deutschen Centralbodenkredit-AG[119], zur Gesellschaft für elektrische Unternehmungen AG[120], zu Hoesch[121] und Dahlbusch[122], die an seine Nachfolger übergeben wurden und dadurch erhalten blieben. Weitere Schriftwechsel Solmssens fanden sich in Akten des Generalsekretariats der Bank wie etwa zu Quotenfragen[123], zu geheimen Vorstandsangelegenheiten[124], zu politischen Zahlungen[125], zum Kloster Maria Laach[126] und in der Korrespondenz von Vorstandskollegen und Aufsichtsratsmitgliedern[127], darunter Karl Kimmich[128] und Oscar Schlitter[129].

Ende 1941 riss der Kontakt zwischen der Deutschen Bank und Solmssen mitten in der Auseinandersetzung um seine auf staatliche Weisung hin eingestellten Pensionszahlungen ab. Erst im Oktober 1945 kam er wieder in Gang, als Solmssen mit

---

113 HADB, P11445.
114 HADB, S313 - S320 und P677.
115 HADB, P4784 - P4788.
116 HADB, S1627.
117 HADB, P6241 und P6256, letztere Akte stammt aus der Provenienz des A. Schaaffhausen'schen Bankvereins.
118 HADB, P1665, P1667, P1883, P1685 - P1687 und P1696a.
119 HADB, P5458a.
120 HADB, P3468.
121 HADB, P1219.
122 HADB, P732.
123 HADB, P141.
124 HADB, B198 - B202, B204.
125 HADB, B207.
126 HADB, B221.
127 HADB, P24012.
128 HADB, P24238.
129 HADB, P24362.

Hermann J. Abs Verbindung aufnahm, um sich nach dem Stand seiner Pensionsansprüche und nach seinen «früheren Socien in der Geschäftsinhaberschaft der Disconto[-]Gesellschaft und Genossen im Vorstande der Deutschen Bank» zu erkundigen.[130] Abs informierte Solmssen zwar ausführlich über das Schicksal der früheren Kollegen und versicherte, dass die Deutsche Bank alles tun werde, um ihm zu seinem «Recht und Geld zu verhelfen»,[131] doch entwickelte sich daraus keine Korrespondenz. Die jeweiligen Erfahrungen, die der Vertriebene und Exilant und die in Deutschland lebenden Vorstandsmitglieder in den unmittelbar zurückliegenden Jahren gemacht hatten, waren wohl zu unterschiedlich, um einen intensiveren Austausch in Gang kommen zu lassen. Einem der früheren Weggefährten aus der Disconto-Gesellschaft erwies Solmssen dennoch einen Freundschaftsdienst. Als die Alliierten das Vermögen seines alten Freundes Ernst Enno Russell sperrten, stellte ihm Solmssen den wohl erbetenen «Persilschein» aus.[132] Obwohl es sich um ein typisches Dokument seiner Zeit handelt, spricht daraus die enge Verbundenheit früherer Tage, die Solmssen auch vor Verbitterung bewahrte.

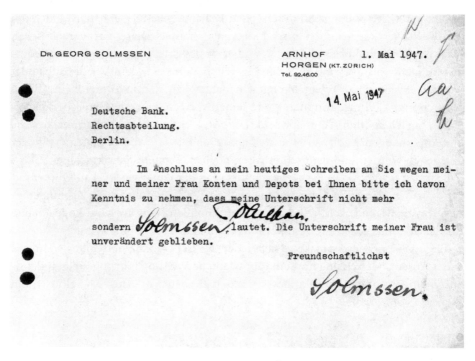

Mitteilung Solmssens an die Deutsche Bank über die Änderung seiner Unterschrift

130 Solmssen an Abs 12.10.1945, in: HADB, P1/15; hier abgedruckt.
131 Abs an Solmssen 13.11.1945, in: HADB, P1/15; hier abgedruckt.
132 Aktenvermerk Solmssens 5.10.1946, Familienarchiv Russell, Hohenborn; hier abgedruckt.

Ansonsten beschränkte sich der Briefwechsel mit den Vertretern der früheren Deutschen Bank in den ersten Nachkriegsjahren auf die Klärung von Solmssens Vermögenssituation in Deutschland. Er stand deshalb vor allem mit der «ruhenden» sogenannten Altbank in Berlin in Kontakt.[133] In diesem Zusammenhang ließ Solmssen die Bank 1947 auch wissen, dass sich seine Unterschrift geändert habe.[134] Diese Änderung, die sich in seiner innerschweizer Korrespondenz seit 1942 nachweisen lässt, ging mit einer Umstellung seiner Handschrift von der deutschen Schreibschrift, die er zeitlebens benutzt hatte, auf die lateinische Schreibschrift einher. Für einen über Siebzigjährigen war dies keineswegs ein selbstverständlicher Schritt; er zeugt sowohl von Pragmatismus – für Schweizer war die deutsche Schrift kaum lesbar – als auch von einer gewissen Distanzierung von einem deutschen «Sonderweg».

Der Kontakt zur Deutschen Bank intensivierte sich nochmals in Solmssens letzten Lebensjahren. Ausschlaggebend dafür war, dass die Bank befürchtete, bei der Schilderung der Bankenkrise in den angekündigten Memoiren des früheren Reichskanzlers Heinrich Brüning in einem schlechten Licht zu erscheinen. Daher bemühte man sich, Solmssens Einschätzung über die Ursachen und die Verantwortlichen der Krise in Erfahrung zu bringen. Von der Führungsspitze der Bank im Jahr 1931 war Solmssen einer der wenigen noch Lebenden. Diese Aufgabe übernahm Oswald Rösler, letzter Vorstandssprecher der Deutschen Bank vor dem Kriegsende. Rösler war Solmssen durch die gemeinsame Zeit in der Disconto-Gesellschaft gut bekannt. 1933/34 waren sie auch kurzzeitig Vorstandskollegen der Deutschen Bank und Disconto-Gesellschaft gewesen. Nach fünfjähriger sowjetischer Lagerhaft war Rösler 1950 in Düsseldorf bei der Rheinisch-Westfälischen Bank, dem Nachfolgeinstitut der Deutschen Bank in Nordrhein-Westfalen, wieder tätig geworden. Seine Korrespondenz mit Solmssen ist – allerdings nicht vollständig – in den Akten des Vorstandssekretariats Düsseldorf überliefert.[135] Nicht im Original erhalten ist das letzte Schreiben Solmssens an Rösler, das er am 30. Dezember 1956, nur wenige Tage vor seinem Tod verfasste. Es wurde jedoch in dem Gedenkband «Die Männer der Deutschen Bank und der Disconto-Gesellschaft», der zur «Wiedervereinigung» der Deutschen Bank 1957 erschien, abgedruckt.[136]

Die zwischen 1953 und 1956 geführte Korrespondenz mit Rösler ist – neben Solmssens Auseinandersetzung mit dem Nationalsozialismus in den Jahren ab 1930 – ein zweiter inhaltlicher Höhepunkt der Edition. Sie berührt so zentrale Fragen wie Ursachen und Auswirkungen der Bankenkrise von 1931, die fehlende Solidarität der Wirtschaftselite mit den verdrängten und entrechteten Kollegen sowie

---

133 HADB, DB(alt)/580.
134 Solmssen an Deutsche Bank 1.5.1950, in: HADB, DB(alt)/580, hier abgedruckt.
135 HADB, ZA47/27 und ZA47/329.

136 Ernst Wilhelm Schmidt, Männer der Deutschen Bank und der Disconto-Gesellschaft, Düsseldorf 1957, S. 144, hier abgedruckt.

deren moralisches Versagen gegenüber dem Nationalsozialismus. Ein weiteres Thema, das anklingt, ist Solmssens Enttäuschung über das endgültige Verschwinden des Namens «Disconto-Gesellschaft» bei der Zusammenführung der Nachkriegsteilinstitute zur neuen Deutschen Bank.

Neben dem verstreuten Nachlass Solmssens und dem bei der Deutschen Bank in diversen Beständen überlieferten Schriftwechsel bietet natürlich die Gegenüberlieferung seiner Korrespondenzpartner die Chance, Briefe zu finden, die in seinen eigenen Unterlagen und in den Akten der Banken, für die er tätig war, nicht erhalten sind. Dieser Möglichkeit sind die Bearbeiter nachgegangen, wo immer sich plausible Anhaltspunkte boten. Ein großer Dank gilt daher den Mitarbeiterinnen und Mitarbeitern einer großen Zahl von öffentlichen und privaten Archiven und Bibliotheken, die uns mit Auskünften, Hinweisen und Kopien unterstützt haben. An erster Stelle ist hier das Bundesarchiv zu nennen, das auch seine internen Findmittel nach Solmssen-Korrespondenz durchsuchte. Neben den bereits bekannten Eingaben an Reichskanzler Brüning in den Akten der Reichskanzlei wurden dabei einzelne Schreiben in den Beständen der Waffenstillstandskommission[137] und des Reichspostministeriums[138] entdeckt. Hinzu kommen Schreiben in den Nachlässen des Geschäftsführers des Reichsverbandes der Deutschen Industrie, Ludwig Kastl,[139] und des Nationalökonomen Gustav Stolper[140]. In weiteren im Bundesarchiv liegenden Nachlässen wie etwa des Industriellen Paul Silverberg[141] und des Politikers Otto Schmidt-Hannover konnte keine Korrespondenz mit Solmssen nachgewiesen werden, obwohl außer Zweifel steht, dass er mit beiden in Verbindung stand. Gemeinsam mit Silverberg saß Solmssen in mehreren Aufsichtsräten wie bei Felten & Guilleaume, den Vereinigten Stahlwerken sowie bei der Hapag und dem Norddeutschen Lloyd in deren Krisenjahren 1931 und 1932. Darüber hinaus verbanden Silverberg zur Deutschen Bank und Disconto-Gesellschaft nicht nur geschäftliche Beziehungen, sondern er gehörte seit 1929 auch ihrem Aufsichtsrat an. Sein vorrangiger Gesprächspartner war jedoch Vorstandssprecher Oscar Wassermann.[142]

Was für den Austausch mit Silverberg zutrifft, gilt in noch viel stärkerem Maße für den Kontakt zu Emil Kirdorf. Freundschaftliche Beziehungen zu Kirdorf – neben den ohnehin intensiven geschäftlichen – pflegte bereits Adolph Salomonsohn. Sein Sohn setzte diese fort. Dennoch enthält der kleine Nachlass Kirdorfs, der sich im Montanhistorischen Dokumentationszentrum des Deutschen Bergbau-Muse-

---

137 BA, R904/663.
138 BA, R4701/10971.
139 BA, N1138/34.
140 BA, N1186/33.
141 Es ist erkennbar, dass Silverbergs Korrespondenz mit Solmssen bei der Sichtung durch Silverbergs Sekretär ebenso vernichtet wurde wie ausgewählte Schriftwechsel mit anderen hochrangigen Akteuren (z. B. Reichsbehörden), was Silverbergs Biograph Boris Gehlen als «Indiz für eine intensive und in Teilen auch – über das Tagesgeschäft hinaus – bedeutsame Korrespondenz der beiden» deutet. Boris Gehlen an Martin Müller 12.6.2009, in: HADB, ZA17/549.
142 Vgl. Boris Gehlen, Paul Silverberg (1876–1959). Ein Unternehmer (= Vierteljahrschrift für Sozial- und Wirtschaftsgeschichte Beiheft 194), Stuttgart 2007, S. 318–341.

ums in Bochum befindet, keine Korrespondenz mit Solmssen.[143] Nur die wenigen Schreiben aus dem Frühjahr und Sommer 1933, worin Solmssen um Kirdorfs politische Unterstützung bittet, haben sich im Historischen Archiv der Deutschen Bank erhalten.[144]

Solmssens Tätigkeit als Aufsichtsratsvorsitzender der Deutschen Centralbodenkredit-AG ist in deren Aktenbestand überliefert, der sich im Historischen Archiv der Deutschen Bank befindet.[145] Einzelne Korrespondenz fand sich in anderen Unternehmensarchiven, so etwa in der im Archiv der Bayer AG aufbewahrten Autographensammlung von Carl Duisberg und den im Historischen Archiv Krupp lagernden Sekretariatsakten von Gustav Krupp von Bohlen und Halbach. Mit beiden Industriellen korrespondierte Solmssen in ihrer Eigenschaft als Präsidenten des Reichsverbandes der Deutschen Industrie, ein Amt, das die Adressaten in direkter Folge von 1925 bis 1934 ausübten. Ihr Pendant als oberster Repräsentant des Centralverbands des Deutschen Bank- und Bankiergewerbes war von 1930 bis 1933 Georg Solmssen.

Da das Schriftgut der Berliner Geschäftsstelle des Centralverbands nicht erhalten ist, konnte Solmssens Wirken an der Spitze des Interessenverbandes der privaten Banken nur anhand der fragmentarischen Überlieferung in den Akten der Deutschen Bank, der Reichsregierung und des Bankhauses M. M. Warburg[146] rekonstruiert werden. Da seine Amtszeit in die Zeit der Weltwirtschafts- und Bankenkrise sowie der nationalsozialistischen Machtübernahme fiel, muss dieser Quellenverlust als besonders gravierend gelten. Überliefert ist jedoch sein beeindruckender, wenn auch letztlich erfolgloser Einsatz für den langjährigen Geschäftsführer des Verbands Otto Bernstein, der schon 1933 aus seiner Funktion ausschied, 1942 nach Theresienstadt deportiert wurde, wo er 1943 verstarb.

Nach dem Krieg nahm Solmssen nachweislich Kontakt zur Nachfolgeorganisation des Centralverbands, dem Bundesverband des privaten Bankgewerbes, auf.[147] Diese Korrespondenz existiert ebenfalls nicht mehr.[148] Darin soll Solmssen in Aussicht gestellt worden sein, «auf dem ersten wieder abzuhaltenden Bankiertag vor der Öffentlichkeit über die Tätigkeit des alten Centralverbandes und die um seine Entwicklung verdienten Persönlichkeiten» zu berichten.[149] Diesen ersten Bankiertag der Nachkriegszeit, der am 9. und 10. Oktober 1958 in Köln stattfand, erlebte Solmssen allerdings nicht mehr. Sein langjähriger Weggefährte, Robert Pferdmen-

---

143 Auskunft von Gudrun Neumann, Montanhistorisches Dokumentationszentrum, an Martin Müller 9.3.2009, in: HADB, ZA17/549.
144 Kirdorf an Solmssen 8.5.1933, Solmssen an Kirdorf 14.5.1933, in: HADB, P1/14; Solmssen an Kirdorf 20.7.1933, Kirdorf an Solmssen 24.7.1933, Solmssen an Kirdorf 27.7.1933, in: HADB, B200, Nr. 67; alle hier abgedruckt.
145 HADB, K5/3137 und K5/3224.
146 Warburg-Archiv, Centralverband des Deutschen Bank- und Bankiergewerbes, Laufende Nrn. 7330, 9913, 10125.
147 Solmssen an Rösler 17.9.1955, in: HADB, ZA4/204; hier abgedruckt.
148 Lars Köhler an Martin Müller 21.12.2010, in: HADB, SG1/77.
149 Rösler an Solmssen 9.12.1954, in: HADB, ZA47/27; hier abgedruckt.

ges, der als Vorsitzender des Vorstandes des Bundesverbandes den Bankiertag leitete, ließ die Gelegenheit ungenutzt, Solmssen und seine Rolle als letzter freigewählter Vorsitzender des Centralverbands vor dem versammelten Publikum aus Wirtschaft und Politik zu würdigen.[150]

Solmssens Leben in der Schweiz in den 1940er und 1950er Jahren, das sowohl in seinen nachgelassenen Papieren als auch in der Überlieferung der Deutschen Bank kaum eine Rolle spielt, konnte anhand einiger Briefe, die sich in Schweizer Gelehrtennachlässen[151] fanden, ausschnittweise beleuchtet werden. Diese Korrespondenz ermöglicht Rückschlüsse auf seine damalige Lektüre und Interessen, die um Fragen der jüngeren deutschen Geschichte, der Kunstgeschichte, der volkswirtschaftlichen Theorie und der Landwirtschaft kreisten. Zugleich belegt sie an vielen Stellen die tiefe Dankbarkeit Solmssens gegenüber dem Land, in dem er und seine Familie Zuflucht gefunden hatten und das ihm zur zweiten Heimat wurde.

Steht am Anfang dieser Edition ein mittlerweile viel zitierter Brief aus den ersten Monaten der nationalsozialistischen Herrschaft, die Solmssens großbürgerliche Welt unwiederbringlich auslöschte, so soll als Abschluss dieser kurzen Einführung an einen Brief erinnert werden, der nie geschrieben wurde. Erdacht hat ihn der amerikanische Historiker Gerald D. Feldman. In einer der letzten Veröffentlichungen dieses wohl besten Kenners der deutschen Wirtschaftsgeschichte in den Weimarer Jahren ließ er Jakob Goldschmidt 1955 aus seinem amerikanischen Exil an Georg Solmssen schreiben.[152] Wie Feldman mit gutem Recht annimmt, waren sich beide wahrscheinlich zuletzt bei den Beratungen des Reichskabinetts am 11. und 12. Juli 1931 begegnet, die der Zahlungseinstellung der Danatbank und der Verhängung von zwei Bankfeiertagen unmittelbar vorausgingen. Nach diesen Ereignissen war Goldschmidt Persona non grata. Solmssens Ressentiment gegenüber Goldschmidt bestand allerdings bereits vor der Bankenkrise. Darin war die Kritik an der riskanten, auf rasche Expansion angelegten Geschäftspolitik der Danatbank mit Vorbehalten gegenüber dem jüdischen Aufsteiger und der öffentlichen Reizfigur eng verwoben. Solmssen sah die eigene, auf Assimilation beruhende etablierte Stellung durch Goldschmidt bedroht, der seines Erachtens antisemitische Stereotype bediente. Am Ende saßen beide, wie Feldman Goldschmidt in den Mund legt, «irgendwie im gleichen Boot». Dennoch hätte Solmssen den zweifachen Solidarisierungsversuch wahrscheinlich weit von sich gewiesen, den der fiktive Goldschmidt am Ende seines Briefes formuliert, indem er die Hoffnung ausdrückt, dass Solmssen die Bankenkrise als «eine der unglückseligen Erfahrungen erkennen [werde], die wir als Bankiers sowie als Juden miteinander gemein haben».

150 Siehe Verhandlungen des IX. Deutschen Bankiertages zu Köln am Rhein am 9. und 10. Oktober 1958, Frankfurt am Main 1959, S. 7–22.
151 Es handelt sich um die Nachlässe von Robert Faesi, Eduard Fueter, Jakob Job und Hans Nabholz.

152 Gerald D. Feldman, Jakob Goldschmidt an Georg Solmssen [1955], in: Michael Brenner (Hrsg.), Wenn Du geschrieben hättest, Josephus. Ungeschriebene Briefe der jüdischen Geschichte, München 2005, S. 144–149.

Georg Solmssen in seinem Arbeitszimmer auf dem Arnhof bei Zürich

II. Die Edition

Verzeichnis der edierten Briefe und Vermerke

85	10.08.1900	Ludwig von Windheim an Georg Salomonsohn
85	22.11.1912	Georg Solmssen an Arthur Salomonsohn
87	22.11.1912	Georg Solmssen an Max Schinckel
88	02.12.1914	Georg Solmssen an Direktion der Disconto-Gesellschaft
94	20.06.1915	Georg Solmssen an Direktion des A. Schaaffhausen'schen Bankvereins
95	15.04.1916	Georg Solmssen an Curt Sobernheim
96	17.04.1916	Georg Solmssen an Otto Strack
97	18.04.1916	Martin Schiff an Georg Solmssen
97	19.05.1916	Aktenvermerk Georg Solmssens
98	29.09.1916	Georg Solmssen an H. Albert von Bary
98	09.12.1916	Aktenvermerk Georg Solmssens
99	29.12.1916	Direktion der Disconto-Gesellschaft (Eduard Mosler und Erich Heinrich von Berger) an Georg Solmssen
100	30.12.1916	Georg Solmssen an Direktion der Disconto-Gesellschaft
102	12.04.1917	Georg Solmssen an Direktion der Disconto-Gesellschaft
103	28.04.1917	Aktenvermerk Georg Solmssens
104	02.05.1917	Georg Solmssen an Direktion der Disconto-Gesellschaft
105	17.08.1917	Georg Solmssen an Ernst Goldschmidt
106	11.10.1917	Georg Solmssen an Ernst Jacob
107	01.11.1917	Ernst Jacob an Georg Solmssen
108	02.11.1917	Aktenvermerk Georg Solmssens
109	06.11.1917	Ernst Jacob an Georg Solmssen
110	09.11.1917	Georg Solmssen an Ernst Jacob
111	09.11.1917	Direktion der Disconto-Gesellschaft (Arthur Salomonsohn und Erich Heinrich von Berger) an Georg Solmssen
111	01.12.1917	Georg Solmssen an Sekretariat des A. Schaaffhausen'schen Bankvereins
112	17.01.1918	Direktion der Disconto-Gesellschaft (Eduard Mosler und Erich Heinrich von Berger) an Georg Solmssen
113	11.05.1918	Aktenvermerk Georg Solmssens
114	03.10.1918	Georg Solmssen an Hermann Zeitz
115	05.10.1918	Hermann Zeitz an Georg Solmssen

117	10.12.1918	Franz von Stockhammern an Georg Solmssen
117	10.12.1918	Georg Solmssen an Franz von Stockhammern
117	11.12.1918	Franz von Stockhammern an Georg Solmssen
118	12.12.1918	Georg Solmssen an Konrad Adenauer
119	16.12.1918	Georg Solmssen an Louis Hagen
121	17.12.1918	Georg Solmssen an Karl Aselmeyer
122	18.12.1918	Georg Solmssen an Paul Clemen
122	27.12.1918	Georg Solmssen an Matthias Erzberger
124	10.01.1919	Georg Solmssen an Matthias Erzberger
126	28.01.1919	Carl Bosch an Georg Solmssen
127	30.01.1919	Georg Solmssen an Carl Bosch
128	13.02.1919	Georg Solmssen an Louis Hagen
128	15.02.1919	Georg Solmssen an Matthias Erzberger
129	27.02.1919	Georg Solmssen an Edgar Haniel von Heimhausen
130	04.03.1919	Georg Solmssen an Carl Melchior
131	27.03.1919	Vorstand des A. Schaaffhausen'schen Bankvereins (Georg Solmssen und Karl Kimmich) an Direktion der Disconto-Gesellschaft
133	10.04.1919	Johann Heinrich Graf von Bernstorff an Georg Solmssen
133	28.04.1919	Georg Solmssen an Johann Heinrich Graf von Bernstorff
134	21.05.1919	Hans Büsing an Georg Solmssen
135	22.05.1919	Georg Solmssen an Geschäftsstelle für die Friedensverhandlungen
135	20.06.1919	Georg Solmssen an Karl von Starck
136	02.02.1920	Johann Heinrich von Stein an Georg Solmssen
140	05.02.1920	Georg Solmssen an Johann Heinrich von Stein
141	06.02.1920	Max Heimann an Georg Solmssen
142	09.02.1920	Georg Solmssen an Max Heimann
143	10.02.1920	Ludwig Stollwerck an Georg Solmssen
144	21.02.1920	Bela Szilasi an Georg Solmssen
145	01.03.1920	Georg Solmssen an Bela Szilasi
145	06.03.1920	Wilhelm Marx an Georg Solmssen
146	15.03.1920	Georg Solmssen an Wilhelm Marx
147	04.08.1920	Georg Solmssen an Arthur Salomonsohn
149	04.08.1920	Georg Solmssen an Franz Urbig
151	05.08.1920	Georg Solmssen an Ernst Bail
151	12.08.1920	Georg Solmssen an Karl von Starck
152	13.11.1920	Georg Solmssen an Konrad Adenauer
153	20.11.1920	Georg Solmssen an Hermann Oppenheim
154	29.11.1920	Hermann Oppenheim an Georg Solmssen
156	01.12.1920	Georg Solmssen an Johann Heinrich von Stein

158	03.12.1920	Johann Heinrich von Stein an Georg Solmssen
159	24.12.1920	Emil Georg von Stauß an Georg Solmssen
160	28.12.1920	Georg Solmssen an Emil Georg von Stauß
161	28.12.1920	Georg Solmssen an Emil Georg von Stauß
161	29.12.1920	Georg Solmssen an Theodor von Liebieg
162	06.01.1921	Georg Solmssen an Vorstand der Vereinigung von Banken und Bankiers in Rheinland und Westfalen
163	03.05.1921	Georg Solmssen an Direktion der Disconto-Gesellschaft
165	23.05.1921	Elisabeth Nörenberg an Georg Solmssen
166	16.12.1921	Aktenvermerk Georg Solmssens
167	19.01.1922	Georg Solmssen an Walther Rathenau
171	11.02.1922	Georg Solmssen an Karl Kimmich
173	08.03.1922	Hermann Gahlen an Georg Solmssen
174	23.05.1922	Karl Kimmich an Georg Solmssen
176	09.06.1922	Karl Kimmich an Georg Solmssen
176	10.06.1922	Georg Solmssen an Albert Bendix
177	16.06.1922	Georg Solmssen an Karl Kimmich
179	11.10.1922	Georg Solmssen an Sekretariat des A. Schaaffhausen'schen Bankvereins
179	30.10.1922	Sekretariat des A. Schaaffhausen'schen Bankvereins (Karl Kimmich und Arnold Frese) an Georg Solmssen
180	02.11.1922	Georg Solmssen an Karl Kimmich
183	14.11.1922	Karl Kimmich an Georg Solmssen
186	06.01.1923	Aktenvermerk Georg Solmssens
190	13.01.1923	Georg Solmssen an Oscar Schlitter
192	27.01.1923	Georg Solmssen an Robert Pferdmenges
195	02.02.1923	Georg Solmssen an Rudolf Havenstein
197	23.02.1923	Georg Zapf an Georg Solmssen
198	16.08.1923	Georg Solmssen an Vorstand des A. Schaaffhausen'schen Bankvereins
199	16.08.1923	Georg Solmssen an William P. Sidley
200	30.08.1923	Robert Bürgers an Georg Solmssen
201	07.11.1923	Georg Solmssen an Carl von Schubert
202	10.11.1923	Georg Solmssen an Robert Pferdmenges
203	30.11.1923	Paul M. Warburg an Georg Solmssen
204	04.02.1924	Georg Solmssen an Paul M. Warburg
204	31.03.1924	Georg Solmssen an Robert Pferdmenges
206	01.04.1924	Robert Pferdmenges an Georg Solmssen
209	02.04.1924	Georg Solmssen an Robert Pferdmenges
209	14.08.1924	Georg Solmssen an Direktion der Disconto-Gesellschaft
210	25.10.1924	Georg Solmssen an Karl Kimmich

210	04.12.1924	Georg Solmssen an Kurt Weigelt
211	11.02.1925	Georg Solmssen an Robert Pferdmenges
212	24.03.1925	Robert Pferdmenges an Georg Solmssen
214	30.03.1925	Georg Solmssen an Robert Pferdmenges
216	15.05.1925	Georg Solmssen an Sekretariat des A. Schaaffhausen'schen Bankvereins
217	03.06.1925	Georg Solmssen an Directionsbureau des A. Schaaffhausen'schen Bankvereins
218	10.06.1925	Aktenvermerk Georg Solmssens
220	10.06.1925	Robert Pferdmenges an Georg Solmssen
221	11.06.1925	Georg Solmssen an Robert Pferdmenges
223	02.09.1925	Georg Solmssen an Robert Pferdmenges
224	17.10.1925	Robert Pferdmenges an Georg Solmssen
226	16.11.1925	Robert Pferdmenges an Georg Solmssen
227	21.11.1925	Georg Solmssen an Robert Pferdmenges
228	25.11.1925	Robert Pferdmenges an Georg Solmssen
230	07.12.1925	Aktenvermerk Georg Solmssens
231	21.04.1926	Georg Solmssen an Robert Pferdmenges
234	29.05.1926	Georg Solmssen an Hermann Willink
235	16.09.1926	Aktenvermerk Georg Solmssens
238	27.11.1926	Georg Solmssen an Robert Pferdmenges
239	02.12.1926	Robert Pferdmenges an Georg Solmssen
239	06.03.1927	Max M. Warburg an Georg Solmssen
240	08.03.1927	Georg Solmssen an Norddeutsche Bank
241	10.03.1927	Norddeutsche Bank (Fritz Jessen und Hermann Willink) an Georg Solmssen
242	29.07.1927	Sekretariat des A. Schaaffhausen'schen Bankvereins (Karl Kimmich und Erhard Schmidt) an Georg Solmssen
243	02.08.1927	Georg Solmssen an Sekretariat des A. Schaaffhausen'schen Bankvereins
244	23.08.1927	Robert Pferdmenges an Georg Solmssen
244	22.09.1927	Georg Solmssen an Robert Pferdmenges
246	29.11.1927	Georg Solmssen an Robert Pferdmenges
247	12.12.1927	Georg Solmssen an Vorstand des A. Schaaffhausen'schen Bankvereins
249	02.04.1928	Georg Solmssen an Direktion des A. Schaaffhausen'schen Bankvereins
250	03.04.1928	Georg Solmssen an Preußische Akademie der Wissenschaften
250	25.04.1928	Max Planck an Georg Solmssen

251	16.05.1928	Georg Solmssen an Vorstand des A. Schaaffhausen'schen Bankvereins
252	31.05.1928	Vorstand des A. Schaaffhausen'schen Bankvereins (Robert Pferdmenges und Robert Bürgers) an Georg Solmssen
253	02.06.1928	Georg Solmssen an Emil Georg von Stauß
254	08.08.1928	Georg Solmssen an Robert Pferdmenges
255	11.10.1928	Ludwig Kastl an Georg Solmssen
256	13.10.1928	Aktenvermerk Georg Solmssens
257	02.12.1928	Aktenvermerk Georg Solmssens
258	19.03.1929	Georg Solmssen an Direktion des A. Schaaffhausen'schen Bankvereins
258	20.03.1929	Direktion des A. Schaaffhausen'schen Bankvereins (Max Dörner und Erhard Schmidt) an Georg Solmssen
259	09.04.1929	Georg Solmssen an William Averell Harriman
260	25.04.1929	William Averell Harriman an Georg Solmssen
261	02.05.1929	Hans von Seeckt an Georg Solmssen
262	11.05.1929	Georg Solmssen an Karl Kimmich
263	11.05.1929	Georg Solmssen an William Averell Harriman
264	22.06.1929	Georg Solmssen an William Averell Harriman
265	01.08.1929	Georg Solmssen an William Averell Harriman
266	06.08.1929	William Averell Harriman an Georg Solmssen
267	29.08.1929	Georg Solmssen an William Averell Harriman
268	10.10.1929	Georg Escherich an Georg Solmssen
269	14.10.1929	Georg Solmssen an Max M. Warburg
271	23.10.1929	Georg Solmssen an Hermann Bücher
271	26.10.1929	Georg Escherich an Georg Solmssen
272	31.10.1929	Max M. Warburg an Georg Solmssen
273	25.11.1929	Wilhelm Momm an Georg Solmssen
274	28.11.1929	Georg Solmssen an Wilhelm Momm
274	06.12.1929	Georg Solmssen an Hjalmar Schacht
276	20.01.1930	Georg Solmssen an Oscar Schlitter
277	31.01.1930	Oscar Schlitter an Georg Solmssen
278	24.02.1930	Aktenvermerk Georg Solmssens
280	05.03.1930	Aktenvermerk Georg Solmssens
281	29.04.1930	Ernst Bail an Georg Solmssen
282	03.05.1930	Georg Solmssen an Ernst Bail
283	05.05.1930	Aktenvermerk Georg Solmssens
283	09.05.1930	Aktenvermerk Georg Solmssens
286	04.06.1930	Aktenvermerk Georg Solmssens
287	04.07.1930	Georg Solmssen an Ernst Feyerabend

288	07.08.1930	Karl Pfeiffer an Georg Solmssen
290	09.08.1930	Georg Solmssen an Karl Pfeiffer
290	12.08.1930	Georg Solmssen an Hans Bielschowsky
291	09.09.1930	Aktenvermerk Elisabeth Zinglers an Georg Solmssen
292	17.10.1930	Georg Solmssen an Bernhard Harms
293	27.10.1930	Adolf von Batocki-Friebe an Georg Solmssen
295	29.10.1930	Georg Solmssen an Adolf von Batocki-Friebe
296	01.11.1930	Adolf von Batocki-Friebe an Georg Solmssen
298	05.11.1930	Georg Solmssen an Adolf von Batocki-Friebe
299	17.12.1930	Georg Solmssen an Carl Duisberg
299	22.12.1930	Carl Duisberg an Georg Solmssen
300	06.01.1931	Georg Solmssen an Emil Schniewind
302	18.03.1931	Centralverband des Deutschen Bank- und Bankiergewerbes (Georg Solmssen und Otto Bernstein) an Heinrich Brüning
305	30.03.1931	Georg Solmssen an Robert Pferdmenges
306	30.03.1931	Arthur von Gwinner an Georg Solmssen
307	07.05.1931	Georg Solmssen an Dietrich Becker
308	05.06.1931	Hermann Pünder an Georg Solmssen
309	10.06.1931	Georg Solmssen an Karl Kimmich
310	11.06.1931	Georg Solmssen an Konrad Adenauer
311	27.06.1931	Georg Solmssen an Paul von Hindenburg
311	01.08.1931	Vorstand der Deutschen Bank und Disconto-Gesellschaft (Georg Solmssen und Theodor Frank) an Heinrich Brüning
314	22.08.1931	Georg Solmssen an Dietrich Becker
316	12.09.1931	Georg Solmssen an Heinrich Trimborn
318	03.10.1931	Georg Solmssen an Karl Kimmich
321	08.10.1931	Vorstand der Deutschen Bank und Disconto-Gesellschaft (Georg Solmssen und Eduard Mosler) an Heinrich Brüning
321	03.12.1931	Karl Kimmich an Georg Solmssen
322	02.03.1932	Georg Solmssen an Emil Schniewind
325	07.03.1932	Georg Solmssen an Oscar Schlitter
327	07.04.1932	Georg Solmssen an Fritz Thyssen
327	28.07.1932	Franz von Papen an Georg Solmssen
328	29.07.1932	Georg Solmssen an Paul Mojert
329	01.08.1932	Paul Mojert an Georg Solmssen
330	02.08.1932	Karl Kimmich an Georg Solmssen
332	23.08.1932	Georg Solmssen an Ewald Hilger
333	17.09.1932	Georg Solmssen an Robert Pferdmenges

333	11.10.1932	Aktenvermerk Georg Solmssens
336	31.10.1932	Karl Schwarzkopf an Georg Solmssen
337	03.11.1932	Georg Solmssen an Karl Schwarzkopf
339	04.11.1932	Georg Solmssen an Siegfried von Roedern
340	28.11.1932	Georg Solmssen an Ludwig Kastl
342	29.11.1932	Ludwig Kastl an Georg Solmssen
342	23.12.1932	Gustav Krupp von Bohlen und Halbach an Georg Solmssen
343	17.01.1933	Georg Solmssen an Arthur Zarden
348	25.01.1933	Geschäftsinhaber der Berliner Handels-Gesellschaft (Hans Fürstenberg und Wilhelm Koeppel) an Georg Solmssen
349	09.02.1933	Karl Kimmich an Georg Solmssen
350	13.02.1933	Georg Solmssen an Karl Kimmich
351	21.03.1933	Georg Solmssen an Direktion der Gebrüder Stollwerck AG
353	01.04.1933	Otto Bernstein an Georg Solmssen
354	05.04.1933	Otto Bernstein an Georg Solmssen
354	05.04.1933	Georg Solmssen an Friedrich Dreyse
356	06.04.1933	Georg Solmssen an Max M. Warburg
356	09.04.1933	Georg Solmssen an Franz Urbig
358	29.04.1933	Georg Solmssen an Emil Georg von Stauß
359	08.05.1933	Emil Kirdorf an Georg Solmssen
361	14.05.1933	Georg Solmssen an Emil Kirdorf
362	16.05.1933	Georg Solmssen an Paul von Schwabach
366	19.06.1933	Georg Solmssen an Gustav Stolper
367	28.06.1933	Georg Solmssen an Emil Georg von Stauß
368	16.07.1933	Georg Solmssen an Karl Kimmich
368	18.07.1933	Karl Kimmich an Georg Solmssen
369	20.07.1933	Johannes Kiehl an Georg Solmssen
370	20.07.1933	Georg Solmssen an Emil Kirdorf
374	20.07.1933	Georg Solmssen an Gustaf Schlieper
375	22.07.1933	Georg Solmssen an Gustaf Schlieper
376	23.07.1933	Georg Solmssen an Johannes Kiehl
376	23.07.1933	Fritz Thyssen an Emil Kirdorf, mit Weiterleitung Emil Kirdorfs an Georg Solmssen
377	25.07.1933	Gustaf Schlieper an Friedrich Ernst
378	25.07.1933	Gustaf Schlieper an Georg Solmssen
379	26.07.1933	Georg Solmssen an Fritz Hartmann
380	27.07.1933	Gustaf Schlieper an Georg Solmssen
380	27.07.1933	Georg Solmssen an Gustaf Schlieper

381	27.07.1933	Georg Solmssen an Emil Kirdorf
383	31.07.1933	Alfred Blinzig an Georg Solmssen
384	31.07.1933	Johannes Kiehl an Georg Solmssen
385	01.08.1933	Fritz Hartmann an Georg Solmssen
388	14.08.1933	Georg Solmssen an Hans Ferdinand Heye
389	21.10.1933	Aktenvermerk Georg Solmssens
390	28.10.1933	Georg Solmssen an Eduard Mosler
391	20.12.1933	Henry Oswalt an Georg Solmssen
391	23.12.1933	Georg Solmssen an Henry Oswalt
392	29.12.1933	Georg Solmssen an Franz Urbig
393	02.01.1934	Franz Urbig an Georg Solmssen
394	10.01.1934	Georg Solmssen an Franz Urbig
395	20.01.1934	Ernst Enno Russell an Georg Solmssen
397	24.01.1934	Aktenvermerk Georg Solmssens
398	29.01.1934	Georg Solmssen an Rudolf Bindschedler
399	31.01.1934	Georg Solmssen an Carl Härle
400	05.02.1934	Carl Härle an Georg Solmssen
401	21.02.1934	Georg Solmssen an Carl Härle
402	22.02.1934	Karl Kimmich an Georg Solmssen
403	01.03.1934	Georg Solmssen an Franz Urbig
403	21.03.1934	Georg Solmssen an Franz Urbig
405	06.04.1934	Georg Solmssen an Oscar Wassermann
406	07.04.1934	Oscar Wassermann an Georg Solmssen
407	09.04.1934	Georg Solmssen an Oscar Wassermann
408	09.04.1934	Georg Solmssen an Hans Oesterlink
409	17.04.1934	Aktenvermerk Ernst Kardings
409	22.05.1934	Georg Solmssen an Franz Urbig
410	24.05.1934	Franz Urbig an Georg Solmssen
411	08.08.1934	Georg Solmssen an Franz Urbig
412	17.09.1934	Georg Solmssen an Franz Urbig
413	19.12.1934	Oscar Schlitter an Georg Solmssen
413	31.12.1934	Georg Solmssen an Oscar Schlitter
414	22.03.1935	Georg Solmssen an Johanna Duisberg
414	21.04.1935	Georg Solmssen an Karl Kimmich
415	23.04.1935	Karl Kimmich an Georg Solmssen
416	26.04.1935	Georg Solmssen an Karl Kimmich
417	31.04.1935	Georg Solmssen an Karl Kimmich
417	06.06.1935	Georg Solmssen an Karl Kimmich
419	17.08.1935	Georg Solmssen an Otto Abshagen
419	20.08.1935	Otto Abshagen an Georg Solmssen
420	17.09.1935	Georg Solmssen an Franz Urbig

421	14.10.1935	Vorstand der Deutschen Bank und Disconto-Gesellschaft (Eduard Mosler und Hans Rummel) an Georg Solmssen
422	27.10.1935	Hans von Seeckt an Georg Solmssen
422	11.02.1936	Georg Solmssen an Carl Goetz
423	15.02.1936	Georg Solmssen an Otto Abshagen
424	22.03.1936	Georg Solmssen an Franz Urbig
425	21.07.1936	Aktenvermerk Georg Solmssens
428	17.08.1936	Georg Solmssen an Aufsichtsratsausschuss der Gesellschaft für elektrische Unternehmungen – Ludwig Loewe & Co. AG
429	16.11.1936	David H. Loch an Georg Solmssen
430	02.01.1937	Hjalmar Schacht an Georg Solmssen
431	14.01.1937	Aktenvermerk Georg Solmssens
434	13.03.1937	Max M. Warburg an Georg Solmssen
435	15.03.1937	Georg Solmssen an Max M. Warburg
436	29.08.1937	Georg Solmssen an Otto Abshagen
438	09.09.1937	Georg Solmssen an Hermann J. Abs
439	11.09.1937	Otto Abshagen an Georg Solmssen
440	13.09.1937	Georg Solmssen an Otto Abshagen
441	13.09.1937	Franz Urbig an Georg Solmssen
442	27.09.1937	Hermann J. Abs an Georg Solmssen
443	02.10.1937	Georg Solmssen an Franz Urbig
444	19.02.1938	Georg Solmssen an Franz Urbig
446	21.02.1938	Franz Urbig an Georg Solmssen
447	07.03.1938	Georg Solmssen an Franz Urbig
448	11.03.1938	Franz Urbig an Georg Solmssen
449	06.05.1938	Karl Kimmich an Georg Solmssen
450	11.05.1938	Georg Solmssen an Karl Kimmich
451	12.05.1938	Georg Solmssen an Hermann J. Abs
452	09.06.1938	Georg Solmssen an Vorstand der Deutschen Bank
452	09.06.1938	Georg Solmssen an Friedrich Dreyse
455	15.06.1938	Vorstand der Deutschen Bank (Eduard Mosler und Karl Ernst Sippell) an Georg Solmssen
456	17.08.1938	Deutsche Bank, Berlin, Generalsekretariat (Eduard Mosler und Otto Abshagen) an Georg Solmssen
457	05.10.1938	Georg Solmssen an Vorstand der Deutschen Bank
459	10.10.1938	Vorstand der Deutschen Bank (Eduard Mosler und Karl Ritter von Halt) an Georg Solmssen
460	17.11.1938	Georg Solmssen an Vorstand der Deutschen Bank

460	21.11.1938	Vorstand der Deutschen Bank (Hans Rummel und Eduard Mosler) an Georg Solmssen
461	23.11.1938	Georg Solmssen an Vorstand der Deutschen Bank
462	07.02.1939	Hermann J. Abs an Georg Solmssen
462	09.02.1939	Georg Solmssen an Vorstand der Deutschen Bank
463	21.03.1939	Vorstand der Deutschen Bank (Karl Kimmich und Eduard Mosler) an Georg Solmssen
464	25.03.1939	Vorstand der Deutschen Bank (Karl Kimmich und Eduard Mosler) an Georg Solmssen
465	07.08.1939	Karl Kimmich an Georg Solmssen
466	11.08.1939	Georg Solmssen an Karl Kimmich
466	09.01.1940	Georg Solmssen an Hermann J. Abs
467	17.01.1940	Hermann J. Abs an Georg Solmssen
467	23.01.1940	Georg Solmssen an Hermann J. Abs
468	28.02.1940	Georg Solmssen an Hermann J. Abs
469	21.03.1940	Hermann J. Abs an Georg Solmssen
470	29.03.1940	Georg Solmssen an Hermann J. Abs
471	22.04.1940	Deutsche Bank, Berlin, Oberbuchhalterei (Hermann J. Abs und Theodor Arnold) an Georg Solmssen
471	19.07.1941	Georg Solmssen an Vorstand der Deutschen Bank
474	05.08.1941	Deutsche Bank, Berlin, Rechtsabteilung (Karl Ernst Sippell und Erich Kraetke) an Georg Solmssen
475	11.08.1941	Georg Solmssen an Max Brehm
476	02.10.1941	Georg Solmssen an Vorstand der Deutschen Bank
476	28.01.1942	Georg Solmssen an Wilhelm Röpke
490	05.02.1942	Georg Solmssen an Eduard Fueter
490	07.05.1942	Georg Solmssen an Eduard Fueter
492	20.05.1942	Eduard Fueter an Georg Solmssen
494	10.08.1944	Georg Solmssen an Eduard Fueter
494	01.01.1945	Georg Solmssen an Robert Faesi
495	12.10.1945	Georg Solmssen an Hermann J. Abs
497	13.11.1945	Hermann J. Abs an Georg Solmssen
499	25.02.1946	Georg Solmssen an Jakob Job
499	05.10.1946	Aktenvermerk Georg Solmssens
501	02.03.1947	Georg Solmssen an Hans Nabholz
501	10.03.1947	Georg Solmssen an Hans Nabholz
502	18.04.1947	Deutsche Bank, Berlin, Rechtsabteilung (Hermann Kaiser und Hermann Herold) an Georg Solmssen

503	01.05.1947	Georg Solmssen an Deutsche Bank, Berlin, Rechtsabteilung
504	01.05.1947	Georg Solmssen an Deutsche Bank, Berlin, Rechtsabteilung
504	14.01.1950	Georg Solmssen an Joachim Kessler
506	24.01.1950	Direktion der Rheinisch-Westfälischen Bank (Clemens Plassmann und Fritz Wintermantel) an Georg Solmssen
507	14.03.1952	Georg Solmssen an Eduard Fueter
508	07.10.1952	Aktenvermerk Georg Solmssens
515	19.12.1953	Georg Solmssen an Oswald Rösler
516	19.12.1953	Georg Solmssen an Oswald Rösler
517	28.12.1953	Oswald Rösler an Georg Solmssen
518	07.01.1954	Georg Solmssen an Oswald Rösler
519	25.01.1954	Oswald Rösler an Georg Solmssen
520	29.01.1954	Georg Solmssen an Oswald Rösler
522	16.02.1954	Oswald Rösler an Georg Solmssen
523	04.03.1954	Georg Solmssen an Oswald Rösler
524	29.04.1954	Georg Solmssen an Oswald Rösler
526	11.08.1954	Georg Solmssen an Erich Bechtolf
526	06.11.1954	Georg Solmssen an Oswald Rösler
528	22.11.1954	Oswald Rösler an Georg Solmssen
529	24.11.1954	Georg Solmssen an Oswald Rösler
531	09.12.1954	Oswald Rösler an Georg Solmssen
532	08.01.1955	Georg Solmssen an Oswald Rösler
534	25.05.1955	Otto Schmidt-Hannover an Georg Solmssen
535	31.05.1955	Georg Solmssen an Oswald Rösler
536	27.06.1955	Oswald Rösler an Georg Solmssen
537	17.09.1955	Georg Solmssen an Oswald Rösler
543	28.11.1955	Georg Solmssen an Robert Faesi
543	30.11.1955	Oswald Rösler an Georg Solmssen
546	23.12.1955	Robert Faesi an Georg Solmssen
547	18.06.1956	Vorstand der Deutschen Bank AG West (Clemens Plassmann und Oswald Rösler) an Georg Solmssen
547	23.06.1956	Georg Solmssen an Vorstand der Deutschen Bank AG West
548	03.09.1956	Georg Solmssen an Hans Nabholz
549	09.11.1956	Georg Solmssen an Oswald Rösler
551	20.11.1956	Oswald Rösler an Georg Solmssen
553	30.12.1956	Georg Solmssen an Oswald Rösler

Briefe und Vermerke 1900–1956

Ludwig von Windheim an Georg Salomonsohn, 10.08.1900[153]

10ten August 1900
Alexanderstraße 3/6

In Folge Ihres Gesuches vom 31. Mai 1900 erhalten Sie anliegend die Ausfertigung einer Bescheinigung darüber, daß Ihnen gestattet worden, den Familiennamen «Solmssen» anzunehmen und zu führen.
Der eingereichte Taufschein folgt anliegend zurück. Bezüglich Ergänzung desselben wollen Sie das Weitere selbst veranlassen.
[gez.] von Windheim

An
den Gerichtsassessor
Herrn Dr. jur. Salomonsohn
hier.

Georg Solmssen an Arthur Salomonsohn, 22.11.1912[154]

Berlin, 22. Nov[ember]. 1912.
Lieber Arthur,
Herr Mosler[155] kommt soeben von einer Sitzung, die er bei Bleichröder[156] hatte, zurück und berichtet über ihn bei dieser Gelegenheit von Schwabach[157] in Sachen Petroleum gemachte Mittheilungen so interessant, daß ich Dich bereits heute abend informieren möchte, auf die Gefahr hin, meine Mittheilungen auf Grund des für morgen bei mir angesagten Schwabach'schen Besuches ergänzen zu müssen.
Also: die von Zimmermann[158] am Mittwoch angekündigte Petroleum-Friedenstaube ist heute in Gestalt von Helfferich[159] bei Schwabach in ganz offizieller Form

---

153 Kopie, Verbleib des Originals unbekannt. Briefpapier «Der Polizei-Präsident / Berlin, den», 1 Blatt, Vorderseite handschriftlich beschrieben, in: HADB, SG1/77.
154 Presskopie, 3 Blätter in der Mitte gefalzt, 11 Seiten eigenhändig beschrieben, in: HADB, K1/782.
155 Gemeint ist Eduard Mosler.
156 Gemeint ist das Bankhaus S. Bleichröder, Berlin.
157 Gemeint ist Paul von Schwabach.
158 Gemeint ist Arthur Zimmermann.
159 Gemeint ist Karl Helfferich.

erschienen, um ihm zu sagen, die Deutsche Bank sei bereit, alle unsere formalen Forderungen zu konzedieren und auch darüber hinaus entgegen zu kommen, wenn die Disconto[-]Gesellschaft darüber hinaus besonders Wünsche zur Unterstreichung ihrer Stellung äußern sollte. Hiernach würde die Deutsche Bank die von uns zur Wahrung der Parität und Neutralität der Monopolgesellschaft verlangten und etwa noch zu verlangenden Garantien schaffen wollen. Die Frage der materiellen Gestaltung des Gesetzes-Inhalts ist bei dieser Besprechung nicht berührt worden. Wir würden also mit gleichen Rechten und Pflichten wie die Deutsche Bank das Gesetz in seiner gegenwärtigen Form zu indossieren haben.

Für die Entscheidung darüber, was wir antworten sollen, sind folgende Gesichtspunkte zu berücksichtigen.

Lehnen wir ab, so wird uns der Vorwurf gemacht werden, uns der durch diese Erklärung eingegangenen Verpflichtung, das Gesetz in der mit uns berathenen Gestalt zu finanzieren, ausweichen zu wollen.

Nehmen wir an, so geben wir unseren Namen mit für ein Projekt her, das wir nunmehr als verfehlt erkannt haben und das zur Zeit von fast der gesamten Presse mit diesen Adjektiv belegt wird. Daß wir die Regierung in letzter Stunde gewarnt haben, fällt demgegenüber nicht in's Gewicht, weil man sich darauf beruft, daß wir in Kenntnis der Nöllenburg'schen[160] Bedenken noch in der Konsortialsitzung vom 3. Oktober für das Geschäft eingetreten sind.

Wäge ich eines gegen das andere ab, so gelange ich dazu, mich der Ansicht der Kollegen anzuschließen, die einstimmig dahin geht, das Friedensanerbieten der Deutschen Bank anzunehmen. Wir erreichen damit einmal, bei der Deutschen Bank unseren Willen durchgesetzt zu haben. Ferner sichern wir uns aber auch den Rücken für den Fall, daß wider Erwarten das Gesetz vom Reichstag in seiner jetzigen oder einer anderen Form angenommen werden sollte.

Endlich schaffen wir uns die Möglichkeit mitzuwirken, wenn es gelingen sollte, das Gesetz lebensfähig zu machen.

Weiter ist aber auch zu bedenken, daß sich eine vielleicht nicht wieder kommende Gelegenheit bietet, uns mit der Deutschen Bank auf der ganzen Linie (Bulgarien, Rumänien, Türkei) zu arrangieren und dabei die gegenwärtig schwache Position des Gegners auszunutzen.

Schwabach schien es sehr eilig zu haben. Wir sind aber darin einig, daß die Angelegenheit bis zu Deiner Rückkehr am 3. Dezember vertagt werden muß und daß gar kein Anlaß vorliegt, sich zu einer früheren Entschließung drängen zu lassen. Immerhin ist die Frage wichtig genug, um sich baldmöglichst über den einzuschlagenden Weg klar zu werden. Die Erwägung hierfür vorzubereiten, ist der Zweck

---

160 Gemeint ist Rudolf Nöllenburg.

dieser Zeilen, denen ich weitere Mittheilungen auf Grund der morgigen Besprechung folgen lassen werde.
Herzlichen Gruß
An Dich und Alma[161]
Dein
[gez.] Georg.

Herrn
Dr. Arthur Salomonsohn
St. Moritz Dorf.

Georg Solmssen an Max Schinckel, 22.11.1912[162]

22. November 1912.
Sehr geehrter Herr Schinckel,
beiliegend sende ich Ihnen Copie eines von mir heute in Petroleum an meinen Vetter[163] gerichteten Briefes[164] und wäre Ihnen für die Bekanntgabe Ihrer Meinung sehr verbunden. Zimmermann[165] ist der Unterstaatssekretär des Auswärtigen Amtes, der meinem Vetter und mir vorgestern in längerer Besprechung das Ersuchen seiner Behörde bekannt gegeben hat, einem etwaigen Annäherungsversuch der Deutschen Bank williges Gehör zu schenken.
Freundschaftlichst in Eile
der Ihrige
[gez.] Solmssen.

Herrn
Max Schinckel
Hamburg.

---

161 Gemeint ist Alma Salomonsohn.
162 Briefpapier «BERLIN W.8, / UNTER DEN LINDEN 35», 1 Blatt in der Mitte gefalzt, Vorder- und Rückseite eigenhändig beschrieben, handschriftlicher Vermerk «b[eantwortet] 24/11 [1912]», Paraphe von Max Schinckel, in: HADB, K1/782.

163 Gemeint ist Arthur Salomonsohn.
164 Solmssen an Salomonsohn 22.11.1912, in: HADB, K1/782; hier abgedruckt.
165 Gemeint ist Arthur Zimmermann.

Georg Solmssen an Direktion der Disconto-Gesellschaft, 02.12.1914[166]

Cöln, den 2. Dezember 1914

Sehr geehrte Herren!

Ich habe die Generalversammlung Aumetz-Friede[167] zu einem kurzen Besuch von Belgien benutzt, der allerdings in grosser Eile ausgeführt werden musste, weil ich auf das Auto der mitreisenden Herren Klöckner[168] und Heimann[169] angewiesen war und bei dem Stillstand fast aller Verkehrsmittel in Belgien ein längeres Verweilen, das allerdings im Interesse der Sache gelegen hätte, zu grosser Erschwerung der Rückkehr geführt haben würde. Die Reise hat mich durch Lüttich, Tirlemont, Löwen zunächst nach Brüssel geführt, von wo ich mit einem, durch Herrn Stumpf[170] mir besorgten Militärauto allein nach Antwerpen fuhr, um dann mit meinen genannten Reisebegleitern von Brüssel aus über Namur, Lüttich, Verviers zurückzukehren. Alles in Allem standen nur 3 Tage zur Verfügung, sodass ich nur ganz allgemeine Eindrücke gewinnen konnte, die aber doch besonders zusammengehalten mit dem, was ich bereits früher von anderer Seite erfahren hatte, Einblick in die sich dort abspielenden interessanten Entwicklungsvorgänge geben können.

Ueber die Zerstörungen, die der Krieg über Belgien gebracht hat, ist ja bereits viel geschrieben worden und ich kann mich daher auf die Bemerkung beschränken, dass das Gesamtbild, dass sich beim Durchfahren der von Kämpfen heimgesuchten Plätze entrollt, nicht die Empfindung hinterlässt, sich in einem mutwillig verheerten Gebiet zu befinden. Man gewinnt vielmehr den Eindruck, dass zwar furchtbare Kämpfe stattgefunden haben, dass aber im Grossen und Ganzen was geschehen ist, geschehen musste und jedenfalls versucht worden ist, unnützes Verwüsten zu vermeiden. So finden sich in Ortschaften, in denen Strassenkämpfe stattgefunden haben, zwischen den Trümmerhaufen zerstörter Gebäude immer wieder Häuser, die vollkommen unversehrt sind und durch irgend ein Zeichen, wie durch hinausgesteckte weisse Fähnchen oder Aufschriften, sich als Eigentum von Leuten kennzeichnen, welche dem deutschen Militär keinen Anlass zum Einschreiten gegeben haben. Wichtige Uebergangspunkte, um die heiss gefochten wurde, wie z. B. der Uebergang über die Nethe oder das Schussfeld um die Forts von Antwerpen, zeigen die Wucht des Kampfes in vollem Umfange und führen die Schrecken des Krieges, abgesehen von den Spuren, die die grossen Geschosse im Erdboden hinterlassen haben, in der traurigen Kette der Soldaten und Offiziersgräber vor Augen.

---

166 Briefpapier «A. Schaaffhausen'scher Bankverein A.G. / Cöln, den», 8 Blätter, 8 Vorderseiten maschinenschriftlich beschrieben, ohne Unterschrift, in: HADB, NL3/69.
167 Gemeint ist der Lothringer Hüttenverein Aumetz-Friede, Kneuttingen.
168 Gemeint ist Peter Klöckner, Vorsitzender des Aufsichtsrats des Lothringer Hüttenverein Aumetz-Friede.
169 Gemeint ist Albert Heimann, Mitglied des Aufsichtsrats des Lothringer Hüttenverein Aumetz-Friede.
170 Gemeint ist Hans Stumpf.

Die radikalsten Zerstörungen rühren von den Belgiern selbst her. So sind die verschiedenen grossen Brücken über die Maas zwecklos gesprengt worden, weil sie durch Notbrücken, die bereits für Automobile fahrbar sind, sofort wieder ersetzt worden sind. Wo die Belgier, wie vor Antwerpen, zur Herstellung freien Schussfeldes aufgeräumt haben, haben sie dies in einer Weise getan, wie dies gründlicher nicht gedacht werden kann. So ist z. B. die Besitzung des Herrn Rieth[171] bei Antwerpen, die aus grossem Wohnhaus und Park bestand, buchstäblich dem Erdboden gleichgemacht worden und wenn nicht noch einige Torpfeiler ständen, würde man beim Anblick der mit Baumstümpfen bestandenen und Mauersteinen bestreuten weiten Fläche nicht glauben, dass sie je etwas anderes als ein planierter Schuttabladeplatz gewesen sei. Angenehm berührt das beginnende Bestreben, die Trümmerhaufen wenigstens soweit in Ordnung zu bringen, dass weitere Einstürze stehen gebliebener Mauern verhindert und das Herabrutschen von Balken und Steinen auf die Fahrwege verhütet und sogar begonnen wird, Arbeiten einzuleiten, die dem Zweck dienen, die Ziegelsteine zu behauen und zu schichten und einige Ordnung in das Chaos zu bringen. Die Bevölkerung verhält sich ruhig und im wesentlichen vernünftig und wenn auch kein Zweifel bestehen kann, dass jede Schlappe, die wir an der belgischen Grenze erleiden würden zu unabsehbaren Consequenzen führen kann, ist doch von offener Widersetzlichkeit nichts zu spüren. Bei Berührung mit dem niederen Volk bekommt man auf seine Frage höfliche Auskunft und das Verhältnis zwischen unseren, über das Land zerstreuten Landsturmleuten und den Einwohnern scheint erträglich zu sein. In Brüssel ist auf den Strassen sehr starkes Leben. Die Polizei hält zusammen mit der aus deutschen Soldaten gebildeten Polizeitruppe, die Ordnung aufrecht. Aber selbst Vorfälle, wie der, den ich persönlich wahrnehmen konnte, nämlich dass ein Angehöriger dieser Polizeitruppe mit aufgepflanztem Bajonett schwer betrunken von mehreren Kameraden nach Hause gebracht werden musste, gab zwar zu grösseren Menschenansammlungen, nicht aber zu irgend welchen, von mir eigentlich erwarteten feindlichen Kundgebungen Anlass. Antwerpen macht, im Gegensatz zu Brüssel, den Eindruck einer toten Stadt, weil alle Leute, die es irgendwie erschwingen konnten, vor dem Bombardement geflohen sind. Die belgischen Polizisten grüssen dort bereits jeden deutschen Offizier militärisch. Was die gebildete Klasse betrifft, so haben dieselben Belgier, die noch vor einigen Wochen in der Aufsichtsratssitzung von Aumetz-Friede die Erklärung abgaben, dass sie jede persönliche Unterhaltung mit ihren deutschen Collegen ablehnen müssten und ihnen nicht die Hand geben wollten, in der Sitzung des Aufsichtsrates, der ich beiwohnte, sich sehr höflich und manierlich benommen und auch bei den Beratungen keinerlei Schwierigkeiten gemacht. Auch die Generalversammlung ist friedlich verlaufen und die belgischen Redner, die verschiedene Punkte zu bemängeln hatten, haben, als es zur Abstim-

---

171 Gemeint ist Kurt Rieth.

mung kam, erklärt, von der Stimmabgabe absehen zu wollen, da sie Wert darauf legten, dass die gefassten Beschlüsse einstimmig seien.

Von einschneidenster Wirkung ist naturgemäss die bereits erwähnte Stockung sämtlicher Verkehrsmittel. Man braucht mit der Eisenbahn von Antwerpen nach Brüssel 8 Stunden, was der Unmöglichkeit, die Eisenbahn zu benutzen, gleichkommt, und so sind die Landstrassen voll von sich hin und herbewegenden Menschen, die ihr Gepäck von Ort zu Ort schleppen und Gefährten aller Art, die mit Personen und Waren besetzt sind, Briefe und Telegramme brauchen unberechenbare Zeit, selbst wenn sie durch Vermittelung der amtlichen Stellen weitergegeben werden. Das Telefon ist ausschliesslich dem Dienst der deutschen Behörden vorbehalten. Auf den Bahnen bewegen sich lange Truppen-, Verwundeten und Bagage-Züge nach beiden Richtungen, kurz, die gesamte Transportmaschinerie arbeitet unter den grössten Hemmungen, sodass, selbst wenn die Belgier wollten, an die Wiederaufnahme geregelter Geschäfte nicht zu denken ist. Trotzdem sind einzelne grosse Fabriken, insbesondere in der Nähe von Verviers, wieder in Betrieb gesetzt. So arbeiten bei Cockerill[172] von 6000 Mann etwa 2000 und auch verschiedene chemische Fabriken im Maas- und Weseltal sah ich wieder in Gang gesetzt. Die Felder sind allenthalben bestellt; die Weiden voller Vieh; auf den Koppeln viele Pferde und man fährt, wie zwischen Brüssel und Namur, stundenlang durch Distrikte, die weit und breit nicht die geringsten Spuren des Krieges aufweisen.

Unsere Verwaltung scheint trotz des passiven Widerstandes, den die Belgier nach vielen Richtungen leisten, wenn auch nur ausserordentlich langsam, vorwärts zu kommen. Man hofft, falls die militärische Lage keine Wendung zum Schlechteren erfährt, weitere Fortschritte zu machen, vorausgesetzt, dass die Zügel von fester, aber zugleich biegsamer Hand geführt werden. Die Frage, ob man nach dieser Richtung bisher immer glücklich vorgegangen ist, wird verschieden beantwortet. Bis jetzt scheint bei den obersten, im Hauptquartier und in Berlin weilenden Reichsbehörden noch einige Verworrenheit über unsere Zukunftspläne betreffs Belgiens zu herrschen, während die örtlichen Stellen sowohl der Civil- wie der Militärverwaltung in der Mehrzahl den Grundsatz befolgen, alle Einrichtungen so zu treffen, als ob die dauernde Verbindung zwischen dem Lande und Deutschland als Axiom zu betrachten sei. Darüber, wie dieses Problem durchzuführen ist, bestehen die divergierensten Auffassungen. Zwischen völliger Annektierung und Staatenbund werden alle Möglichkeiten der Stufenleiter engeren und loseren Zusammenhalts erwogen und mit mehr oder weniger Sachkenntnis diskutiert.

Als Ergebnis des Gedankenaustausches mit den verschiedenen Herren, die ich in Brüssel und Antwerpen zu sprechen Gelegenheit hatte, möchte ich Folgendes niederlegen:

---

172 Gemeint ist die Société Cockerill, Sering.

Fasst man den Krieg als die Auseinandersetzung zwischen uns und England um die paritätische Stellung im Welthandel auf, so ergibt sich die zwingende Notwendigkeit, die in Belgien gewonnene Basis der Kanalküste wenn möglich bis Calais zu erweitern, sie zum Ausgangspunkte des freien Weges zum Ocean zu machen und Antwerpen zu dem uns von London emancipierenden Remboursplatze auszugestalten. Diese Küsten zu halten, ohne gleichzeitig das Hinterland zu beherrschen, erscheint ausgeschlossen. Insbesondere wäre Antwerpen ohne Brüssel von dem finanziellen Centrum des Landes abgeschnitten. Daraus folgt der Zwang, Formen zu finden, um uns den wirtschaftlichen und militärischen Einfluss über ein eventuell durch die Küste bis Calais vergrössertes Belgien zu sichern. Die radikalste Ansicht, dass dieses Ziel im Wege der Annexion zu erreichen sei, findet wohl nur wenig Verfechter, jedenfalls Keinen in den Kreisen, welche die Konsequenzen eines solchen Schritts für unser eigenes politisches Leben nach allen Richtungen durchdenken. Die Vorstellung, ein zweites Reichsland mit so stark überwiegender französisch ultramontan gesinnter Bevölkerung eines Tages, wenn auch erst nach Jahren, zum aktiven und passiven deutschen Wahlrecht zulassen zu müssen, wirkt naturgemäss abschreckend. Ansprechender scheint daher der Gedanke, das Land durch militärische Besetzung, Zoll- und Währungs-Einheit politisch und wirtschaftlich an das Reich zu ketten, ihm im übrigen aber volle Selbstverwaltung, eventuell unter eigenem Herrscher, zu lassen. Man hofft auf diesem Wege zu einer allmählichen Durchdringung zu gelangen, die den Besonderheiten Belgiens gerecht wird. Natürlich fehlt es nicht an Stimmen, die von solchem Zusammenschluss eine schwere Schädigung für unseren Handel und unsere Industrie befürchten und getrennte Zollgebiete fordern. Der Einwand, dass die vorübergehende Schädigung, die entstehen würde, gegenüber der dauernden Machterweiterung des deutschen Wirtschaftslebens nicht ins Gewicht fallen dürfe, ist aber zu durchschlagend, als dass die Aufrechterhaltung getrennter Wirtschaftsgebiete ernstliche Aussicht auf Annahme zu haben scheint, und zwar um so weniger, als auf allmählichen Ausgleich sowohl auf dem Wege deutscher Kapitalbeteiligung an belgischen Unternehmungen, wie durch die zwecks Hebung von Volksbildung und Arbeiterwohlfahrt erforderliche Steigerung der dortigen Selbstkosten zu rechnen ist.
Vorausgesetzt, dass die militärischen Erfolge die Durchführung so weitgehender Pläne gestatten, ergeben sich also grosse Entwickelungsmöglichkeiten, denen bei Zeiten näherzutreten für die Disconto-Gesellschaft, wie für Schaaffhausen, eventuell auch für die Norddeutsche Bank von grossem Interesse ist. Es ist für uns um so erforderlicher wachsam zu sein, als die Deutsche Bank sowohl, wie die Dresdner Bank offenbar mit gespannter Aufmerksamkeit auf dem Platze sind, erstere vertreten durch ihre Brüsseler Filiale und durch den grade dieser Tage wieder nach dem Hauptquartier berufen gewesenen Herrn Helfferich[173], der auch wieder einige

---

173 Gemeint ist Karl Helfferich.

Tage in Belgien war, letztere durch Herrn Dr. Schacht[174], der sich zu einem massgebenden Mitgliede der Bankabteilung der deutschen Verwaltung zu entwickeln scheint und das Zeug dazu mitbringt, die monatelange Mitarbeit an dem dort Geschaffenen für sein Institut gründlich auszunutzen. Seine stark ausgeprägte Gegnerschaft gegen die Deutsche Bank hat mich über deren Einflussnahme mehr erfahren lassen, als sonst vielleicht möglich gewesen wäre. Jedenfalls müssen wir mit der Möglichkeit rechnen, dass beide Konkurrenzbanken in Belgien in Verbindung mit einem der dort bestehenden Institute auf breiter Basis Fuss zu fassen beabsichtigen. Unsere eigene Rüstung, solchem Vorgehen eventuell das Paroli zu bieten, ist zur Zeit recht schwach. Die Herren Stumpf und Pferdmenges[175] sitzen in Antwerpen, das zur Zeit von Brüssel so gut wie abgeschnitten ist, sind dort, ersterer bei dem Gouvernement, letzterer bei der Civilverwaltung mit Arbeit überladen und daher für weiterreichende Fragen nicht verfügbar. Ich bin aber auch zweifelhaft, ob sie beide über genügend weiten geschäftlichen und wirtschaftlichen Ueberblick verfügen, um unsere Interessen in dieser wichtigen Angelegenheit vertreten zu können. Die Leitung der Antwerpener Civilverwaltung, zu der, wie ich wahrnehmen konnte, Herr Pferdmenges in guten Beziehungen steht, ist weit vom Schuss und kann nach Brüssel hin wenig Einfluss ausüben. Die Herren Cribben[176] und Kramm[177] kommen für Aufgaben, wie die hier zu lösenden, nicht in Frage. Unter diesen Umständen erscheint es mir dringend geboten, dass wir uns bei Zeiten schlüssig werden, in welcher Weise wir für uns sorgen wollen, um nicht durch die Entwickelung überrascht zu werden. Wir dürfen uns allerdings nicht verhehlen, dass uns die sich für die Deutsche Bank und Dresdner Bank zwanglos ergebende Möglichkeit, sich für alle Eventualitäten vorzubereiten, nicht zur Verfügung steht. Selbst wenn wir Herrn Schroeder[178] für einige Zeit nach Belgien delegieren, wird er dort kaum etwas ausrichten können, weil alles, was vorgeht, sich innerhalb des Kreises der deutschen Verwaltungsorgane abspielt. Ausserhalb dieses Kreises geht nichts von Belang vor und die Mission würde daher voraussichtlich keine greifbaren Resultate zeitigen. Solche kann ich mir nur denken, wenn es gelingt, in irgend einer Form nähere Fühlung mit deutsch-belgischen Kreisen zu gewinnen, die Neigung zu solcher Anlehnung haben. Unsere Konkurrenz scheint in gleicher Richtung tätig zu sein. So wurde in Antwerpen davon gesprochen, dass die Deutsche Bank sich sehr stark für die Banque Centrale Anversoise (Buxweiler) interessiere. Die Herren der Filiale[179] erblicken in dieser Möglichkeit eine grosse Gefahr für uns, weil das genannte Institut den grössten deutschen Kundenkreis in

---

174 Gemeint ist Hjalmar Schacht.
175 Gemeint ist Robert Pferdmenges, Direktor der Disconto-Gesellschaft Filiale Antwerpen.
176 Gemeint ist Wilhelm Kribben.
177 Angestellter der Disconto-Gesellschaft Filiale Antwerpen, der genaue Name ist nicht ermittelbar.
178 Gemeint ist wahrscheinlich Johan B. Schroeder.
179 Gemeint ist die Disconto-Gesellschaft Filiale Antwerpen, rue Oudaen 26, gegründet am 28.5.1914.

Antwerpen habe; sie rieten, eventuell durch Herrn Hardt[180] bei Fuhrmanns[181], die einen grossen Aktienbesitz hätten, vorsichtig Erkundigung einzuziehen. Da Herr von Mallinckrodt[182] dem Aufsichtsrat angehört, besteht auch die Möglichkeit, dass er als Bindeglied mit der Dresdner Bank zu wirken versucht. Der Schaaffhausen'sche Bankverein hat gute, langjährige Beziehungen zu Herrn Hegener[183], der kürzlich Direktor des Crédit Anversois geworden ist, früher Rechtsanwalt war und trotz seiner deutschen Verwandtschaft auch jetzt noch seitens der Belgier als Belgier betrachtet werden soll. Ob und wieweit er für eine Vertretung unserer Interessen in Frage kommt, wäre eventuell zu prüfen. Erschwerend wird wirken, dass seine Bank die besondere Vertretung der Darmstädter Bank[184] zu sein scheint, deren Herr Parcus[185] im Aufsichtsrat sitzt.

Unsere Filiale fand ich, soweit bei flüchtiger Besichtigung feststellbar war, in Ordnung. Die Effekten liegen noch bei Barys[186], wo sie zu lassen eigentlich kein Anlass vorliegt. Wenn sich die Verhältnisse wieder zuspitzen sollten, sind die Effekten weder dort, noch in der Filiale sicher. Wenn sie in der Filiale sind, besteht aber die Möglichkeit, sie durch die Beamten rascher nach Holland schaffen zu lassen, als solches geschehen kann, wenn die Herren erst bei Barys Zutritt zu deren Tresor erbitten müssen.

Das Leben der Herren Cribben und Kramm, sowie ihrer Beamten ist natürlich recht trübselig. Wer nicht Uniform trägt, muss sich besonderer Begünstigung erfreuen, um kleine Annehmlichkeiten zu erlangen. Die Stadt ist wie ausgestorben und ausser den in sich geschlossenen Militär- und Verwaltungskreisen existiert Niemand, mit dem die Herren ein Wort wechseln könnten. Sie sind dadurch natürlich gedrückt, zumal Briefe und Zeitungen nur unregelmässig ankommen und es ist nur zu bedauern, dass die beiden Leiter sich nicht mehr Geltung zu verschaffen vermögen. Sie würden dann wahrscheinlich mit Hilfe der [!] sehr liebenswürdigen Chefs der Civilverwaltung, Herrn Strandes[187], weniger abseits stehen, als das zur Zeit der Fall ist.

Freundschaftlichst

Direction der Disconto-Gesellschaft
Chef-Cabinet
Berlin. W.8.

---

180 Gemeint ist wahrscheinlich Engelbert Hardt.
181 Gemeint sind die Inhaber der Firma Fuhrmann & Co., Antwerpen, Peter, Heinrich und Richard Fuhrmann als Teilhaber, und Laura Fuhrmann (geb. Hardt), die Witwe von Daniel Fuhrmann, als Kommanditistin.
182 Gemeint ist Wilhelm von Mallinckrodt, Antwerpen.
183 Gemeint ist Theodor M. Hegener, Brüssel.
184 Gemeint ist die Bank für Handel und Industrie, Berlin.
185 Gemeint ist Carl Parcus, Darmstadt.
186 Gemeint ist Compagnie Commerciale Belge anciennement H. Albert de Bary & Co. Société Anonyme, Antwerpen.
187 Gemeint ist Justus Strandes.

Georg Solmssen an Direktion des A. Schaaffhausen'schen Bankvereins, 20.06.1915[188]

Oberhof i[n]/Thüringen, den 20. Juni 1915.

Sehr geehrte Herren!

Beiliegend sende ich Ihnen zur streng vertraulichen Benutzung Kopie des Briefes[189], den ich an Herrn Jutzi[190] über die Vorgänge bei der Generalversammlung der Deutschen Erdöl-Aktiengesellschaft gerichtet habe, und ersuche Sie, die darin enthaltenen Ausführungen zu benutzen und mit Hilfe derselben in möglichst weiten Kreisen Rheinland-Westfalens weitere Anhänger für uns zu werben. Wie dies im einzelnen am besten geschieht, vermag ich von hier aus nicht anzugeben, bitte Sie aber, alles in Ihren Kräften stehende zu tun, um unserer Sache endgiltig [!] zum Siege zu verhelfen. Sie können sich mit ziemlicher Schärfe dahin auslassen, dass die Deutsche Bank, wie schon früher wiederholt, wieder den Versuch gemacht habe, in einen Interessenkreis, der sie nichts angeht, einzudringen, und dass es im Interesse unserer beruflichen Sitten dringend geboten sei, gegen solche amerikanischen Allüren Front zu machen.

Herr vom Rath[191] hat keine seiner Zusagen gehalten; weder hat er die der Essener Creditanstalt gegebene Vollmacht zurückgerufen, noch ist er überhaupt zur Aufsichtsrats-Sitzung erschienen. Es wäre vielleicht gut, wenn ihm von Kölner Seite gesagt würde, dass seine schwächliche Haltung sehr verstimme, und dass es doch wohl angebracht sei, den schlechten Eindruck, den dieselbe hinterlassen habe, auszugleichen. Wie diese Mitteilung an ihn zu geschehen hat, möchte ich auch Ihrem Ermessen überlassen, da ich nicht weiss, ob wir in der Lage sind, Druck auf Herrn vom Rath auszuüben.

Freundschaftlichst
gez. Solmssen

A. Schaaffhausen'scher Bankverein A.-G.
Direktion
Köln

---

188 Presskopie, 2 Blätter, 2 Vorderseiten maschinenschriftlich beschrieben, Paraphe von Georg Solmssen, ohne eigenhändige Unterschrift, in: HADB, K2/1054.

189 Original und Kopie dieses Briefes sind nicht überliefert.
190 Gemeint ist wahrscheinlich Wilhelm Jutzi.
191 Gemeint ist Paul vom Rath.

Georg Solmssen an Curt Sobernheim, 15.04.1916[192]

4/Et.   15. April 1916

Sehr geehrter Herr Sobernheim!
Die Deutsche Petroleum-Aktien-Gesellschaft hat der Deutschen Mineral-Industrie-Aktiengesellschaft eine Montag, den 17. d[ieses]. M[onats]., ablaufende Offerte gemacht, laut der sie ihr während des Krieges einen Preis von M[ark] 45 pro 100 Kilo, während der Zeit von einem Jahre nach Kriegsbeendigung von M[ark] 16 pro 100 Kilo und für die restliche bis 1. Juli 1919 laufende Vertragsdauer von M[ark] 14 pro 100 Kilo offeriert. Die Deutsche Erdöl-Aktiengesellschaft hält diese Offerte für erheblich zu hoch und hat sich dahin schlüssig gemacht, von der ihr zustehenden Option nur dann Gebrauch zu machen, wenn es ihr gelingt, ausser den in ihrem Besitz befindlichen 51,6 % D.M.I.[193] Aktien grössere, weitere Aktienbeträge an sich zu bringen. Die Dea errechnet das Agio, das sie für die Aktien zahlen kann, laut Anlage, mit 17 ¾ % und erklärt sich bereit, dasselbe auf 20 % zu erhöhen, wenn ihr nennenswerte, grössere Beträge der Aktien zum Kurse von 120 % überlassen werden. Herr Nöllenburg[194] glaubt nicht, dass die Deutsche Petroleum-Aktien-Gesellschaft bereit sein werden [!], diesen Preis zu bewilligen, da sie, wie ihr Preisgebot für das Oel zeigt, die allgemeine Situation zu optimistisch beurteilt. Die Dea ist daher bereit, denjenigen Aktionären, die die Aktien jetzt verkaufen, die Meistbegünstigungsklausel für die Zeit von drei Jahren, laufend vom Abschluss, in der Weise einzuräumen, dass sie den etwa von ihr anderen Parteien während jener Zeit eingeräumten Mehrpreis über 20 % hinaus nachträglich an die jetzigen Verkäufer zahlt. Das Gleiche gilt, wenn die Dea während der genannten drei Jahre die jetzt zu erwerbenden D.M.I. Aktien zu einem höheren Kurse als 120 % verkaufen sollte.

Die Dea muss sich, wie bereits erwähnt, am Montag auf die Offerte der Deutschen Petroleum-Aktien-Gesellschaft erklären. Die Dea muss daher am Montag vormittag wissen, ob und in welchem Umfange die in dem Aufsichtsrat der D.M.I. vertretenen Grossaktionäre bereit sind, die Offerte von 120 % anzunehmen.

Ich werde die Berechnung der Dea prüfen lassen und die Disconto-Gesellschaft von Cöln aus, wohin ich heute abend zurückreise, benachrichtigen, ob der A. Schaaffhausen'sche Bankverein die Offerte annimmt, bezw. in welchem Punkte er die Rechnung der Dea bemängelt. Ich bitte Sie, die Rechnung ebenfalls zu prüfen und Herrn Ullner[195] von der Disconto-Gesellschaft von ihrer Entschließung zu

---

192 Presskopie, 3 Blätter, 3 Vorderseiten maschinenschriftlich beschrieben, nummeriert ab der zweiten Seite, Paraphen u. a. von Wilhelm Weißel und Karl Kimmich, in: HADB, K2/1192. Gleichlautende Briefe sind jeweils adressiert an «Herrn Henry Nathan, Direktor der Dresdner Bank, Berlin NW.23, Brückenallee 34» und «Herrn Martin Schiff, Direktor der Nationalbank für Deutschland, Berlin W.15, Kurfürstendamm 53», a.a.O.
193 Gemeint ist die Deutsche Mineralöl-Industrie AG.
194 Gemeint ist Rudolf Nöllenburg.
195 Gemeint ist Richard F. Ullner.

benachrichtigen. Die Disconto-Gesellschaft wird alsdann die Dea entsprechend verständigen.
Ich gestatte mir, dieses Schreiben nach Ihrer Wohnung zu senden, weil sonst möglicherweise am Montag nicht genügend Zeit zu rechtzeitiger Beschlussfassung bleibt.
Mit vorzüglicher Hochachtung
Ihr sehr ergebener
[gez.] Solmssen.

Herrn Curt Sobernheim,
Direktor der Commerz- und Disconto-Bank
Berlin W.50.
Augsburgerstr. 2

Georg Solmssen an Otto Strack, 17.04.1916[196]

11/S. 17. April 1916.

Lieber Herr Strack!
Es wird Sie interessieren, zu hören, dass ich bei meiner letzten Anwesenheit in Berlin die Verhandlungen mit der Deutschen Erdoel-Aktiengesellschaft wegen Abstossung unserer D.M.I.[197] Aktien soweit gebracht habe, dass wir heute unsere M[ark] 1.439.000.– Aktien zu 120% verkaufen konnten. Den diesjährigen Kupon behalten wir; ausserdem haben wir eine Gewinnbeteiligung derart, dass wir für jeden Monat, den der Krieg über den 1. Oktober 1916 hinaus dauert, nachträglich einen 2%igen Kursaufschlag erhalten bis zur Höchstgrenze von 150%. Wir sind berechtigt, innerhalb vier Wochen, vorausgesetzt dass der Krieg während dieser Zeit nicht zum Ende kommt, beliebige Beträge zu den gleichen Bedingungen nachzuliefern. Endlich haben wir die Meistbegünstigungsklausel des Inhalts, dass wir, wenn die Dea von anderer Seite Aktien zu besseren Bedingungen erwirbt oder die erworbenen Aktien zu besseren Bedingungen veräussert, nachträglich auf die von uns gelieferten Stücke diese besseren Bedingungen zugebilligt erhalten. Mit allem Drum und Dran bedeutet das Geschäft einen Buchgewinn von rund M[ark] 390.000.–.
Besten Gruss und weiter gute Erholung.
Ihr sehr ergebener
[gez.] Solmssen.

Herrn Bankdirektor Dr. Otto Strack,
Baden-Baden
Kurhaus Schirmhof.

196 Presskopie, Briefpapier «A. SCHAAFFHAUSEN'SCHER BANKVEREIN A.-G. / CÖLN», 1 Blatt, Vorderseite maschinenschriftlich beschrieben, Paraphen u. a. von Georg Solmssen, Karl Kimmich und Wilhelm Weißel, in: HADB, K2/ 1192.
197 Gemeint ist die Deutsche Mineralöl-Industrie AG.

Martin Schiff an Georg Solmssen, 18.04.1916[198]

18. April 1916

Sehr geehrter Herr Doktor!
Ich bestätige höflichst den Empfang Ihres gefälligen Schreibens vom 15. d[es]. M[onats]. Wie Herr Ullner[199] bereits mitgeteilt, waren wir leider nicht in der Lage, das Angebot der Deutschen Erdöl-Aktiengesellschaft auf unseren Besitz an Deutsche Mineralöl-Aktien[200] zu akzeptieren, nachdem uns der gebotene Kurs wesentlich zu niedrig erscheint.
Mit besten Empfehlungen
Ihr sehr ergebener
[gez.] M[artin] Schiff

Herrn Dr. Solmssen
Direktor des A. Schaaffhausen'schen Bankvereins A.-G.
Cöln.

Aktenvermerk Georg Solmssens, 19.05.1916[201]

11z.
Aktennotiz.

Nach Mitteilung des Herrn Geheimrat Hagen[202], der die Nachricht Herrn Koenigs[203] verdankt, wird die Astra Romana 25% Dividende verteilen und auf acht Aktien eine neue umsonst geben, was einer Dividende von 27½% gleich käme. In der Aufsichtsratssitzung vom 6. Juni soll versucht werden, einen Weg zu finden, um den Bezug der neuen Aktien auch auf die in Paris liegenden Aktien zu ermöglichen.
Cöln, den 19. Mai 1916.
[gez.] Solmssen.

---

198 Briefpapier «NATIONALBANK FÜR DEUTSCHLAND / DIRECTION / BERLIN W.8», 1 Blatt, Vorderseite maschinenschriftlich beschrieben, Paraphen von Georg Solmssen, Karl Kimmich und Wilhelm Weißel, in: HADB, K2/1192.
199 Gemeint ist Richard F. Ullner.
200 Gemeint sind die Aktien der Deutschen Mineralöl-Industrie AG.
201 Hektographie, 1 Blatt, Vorderseite maschinenschriftlich beschrieben, Stempel «Sekretariat», Eingangsstempel «20. Mai [1916], 7:15», Paraphen u. a. von Georg Solmssen, Wilhelm Weißel, Wilhelm Farwick und Karl Kimmich, in: HADB, K2/1335.
202 Gemeint ist Louis Hagen.
203 Gemeint ist Franz Koenigs.

Georg Solmssen an H. Albert von Bary, 29.09.1916[204]

N   29. September 1916

Sehr geehrter Herr von Bary,
Hierdurch erlaube ich mir, Ihre Gefälligkeit in Anspruch zu nehmen und Sie um eine möglichst eingehende Auskunft über den Titan Anversois Société Anonyme, Hoboken lez-Anvers, an dem der A. Schaaffhausen'sche Bankverein A.-G. mit Kapital beteiligt ist, zu bitten.
Es interessiert mich besonders, zu erfahren, wie das Unternehmen gegenwärtig beurteilt wird, welchen Wert man den Aktien zumisst und welche Erzeugnisse hergestellt werden. Es wäre mir ferner angenehm, Ihre Ansicht darüber kennen zu lernen, ob für den Fall, dass die politischen Pläne, die man in Deutschland bezüglich Antwerpens hat, sich verwirklichen, damit zu rechnen ist, dass der Titan, dessen bisherige Geschichte nicht grade rühmlich war, die Möglichkeit hat, sich zu einem grösseren und bedeutenderen Unternehmen zu entwickeln, oder ob er von vornherein so verfehlt angelegt worden ist, dass auf seine Umgestaltung zu einem wichtigeren Unternehmen nicht zu rechnen ist.
Ich danke Ihnen im voraus verbindlichst für Ihre gefälligen Bemühungen und bin mit freundlichen Grüssen
Ihr sehr ergebener
[gez.] Solmssen.

Herrn H. Albert von Bary,
z[ur]z[ei]t. Berlin
Hotel Esplanade

Aktenvermerk Georg Solmssens, 09.12.1916[205]

11z.
Betrifft Philipp Elimeyer.[206]

Herr Paderstein[207] rief mich heute an, um mich zu fragen, ob er eine ihm angebotene Beteiligung[208] an einer von der Allgemeinen Deutschen Credit-Anstalt nach dem Muster der Berliner «Revision» Treuhand-Aktien-Gesellschaft[209] ins Leben

---

204 Presskopie, 1 Blatt, Vorderseite maschinenschriftlich beschrieben, Paraphen u. a. von Georg Solmssen, in: HADB, K2/1495.
205 Presskopie, 1 Blatt, Vorderseite maschinenschriftlich beschrieben, handschriftlicher Zusatz «Original in Akten Elimeyer. Diverse Geschäfte.», in: HADB, K2/697, Bl. 146.
206 Gemeint ist das Bankhaus Philipp Elimeyer, Dresden.
207 Gemeint ist Adolf Paderstein, persönlich haftender Gesellschafter des Bankhauses Philipp Elimeyer.
208 Eigenhändige Einfügung von Georg Solmssen «von 3% an M 1000000 Kapital».
209 Gemeint ist die Revision Treuhand-AG, Berlin.

gerufenen sächsischen Revisions-Treuhand-Gesellschaft[210] annehmen könne. Er lege Wert darauf, dies zu tun, da ein Sitz im Aufsichtsrat mit der Beteiligung verbunden sei und er bei den zahlreichen industriellen Beziehungen seiner Firma Interesse daran habe, für diese Unternehmungen eine geeignete Revisionsinstanz zur Verfügung zu haben. Ich habe Herrn Paderstein erwidert, dass ich keine Bedenken hege, eine Beteiligung anzunehmen.[211]

Bei dieser Gelegenheit wies Herr Paderstein darauf hin[,] dass er sich freuen würde, vom Bankverein[212] mit Unterbeteiligungen begrüsst zu werden. Er habe eine solche eigentlich bei der Kapitalerhöhung des Pulverconzerns[213] erwartet. Ich habe Herrn Paderstein erwidert, dass ich von seinem Wunsche Vormerkung nehmen würde.

Cöln, den 9. Dezember 1916.
[gez.] Solmssen.

Direktion der Disconto-Gesellschaft (Eduard Mosler und Erich Heinrich von Berger) an Georg Solmssen, 29.12.1916[214]

19/St.   29. Dezember 1916

Dea[215] Konsortium

Sehr geehrter Herr Doktor!
Wir übermitteln Ihnen einliegend den Originalvertrag vom 29. Dezember 1911[216]. Gemäss § 6 dieses Vertrages läuft das Konsortium bis zum 31. Dezember 1916. Es verlängert sich jeweils stillschweigend um ein weiteres Jahr, wenn es nicht 6 Monate vor Ablauf von einem der Konsorten gekündigt wird. Eine Prüfung, ob die Kündigung ausgesprochen werden soll, ist vor dem 1. Juli d[ieses]. J[ahres]. nicht erfolgt, da die rechtzeitige Vorlage des Vertrages verabsäumt wurde.
Der Konsortialvertrag an sich ist inzwischen seinem Inhalt nach hinfällig geworden, da im Juli d[ieses]. J[ahres]. der neue Konsortialvertrag geschlossen wurde. Unter diesen Umständen dürfte es empfehlenswert sein, an die verschiedenen Konsorten mit dem Vorschlage heranzutreten, den Konsortialvertrag vom 29. Dezember 1911 ausser Kraft zu setzen.

---

210 Gemeint ist die Sächsische Revisions- und Treuhandgesellschaft AG, Leipzig.
211 Eigenhändige Einfügung von Georg Solmssen «(Es wurde 25% ausgezahlt.)».
212 Gemeint ist der A. Schaaffhausen'sche Bankverein.
213 Gemeint sind die Vereinigten Köln-Rottweiler Pulverfabriken.
214 Briefpapier «DIRECTION DER DISCONTO-GESELLSCHAFT / BERLIN W. 8», 2 Blätter, 2 Vorderseiten maschinenschriftlich beschrieben, auf der ersten Seite handschriftlicher Vermerk «be[antworte]t 30/12 [1916]», Paraphen u. a. von Georg Solmssen, Karl Kimmich und Robert Pferdmenges, in: HADB, K2/1355.
215 Gemeint ist die Deutsche Erdöl-AG.
216 Der Vertrag befindet sich in: HADB, K2/1355.

Die Deutsche Bank und die Bergisch-Märkische Bank sowie die Firma Laupenmühlen & Co. sind inzwischen ausgeschieden, die Rheinische Bank kommt als Konsorte nicht mehr in Betracht. Die Essener Credit-Anstalt gehört dem Aufnahmekonsortium nicht an, dagegen dem Konsortium für die bankgeschäftlichen Transaktionen der Dea.

Zu ihrer Information fügen wir Abschrift des Schreibens der Deutschen Bank vom 22. Oktober 1912 und Auszug eines Schreibens der Disconto-Gesellschaft an Sie vom 31. Mai 1913 bei.

Falls Sie mit unserem Vorgehen einverstanden sind, werden wir alsdann an die nach Vorstehendem noch zu befragenden Konsorten herantreten.

Mit freundschaftlicher Hochachtung
Direction der Disconto-Gesellschaft
[gez.] Mosler   [gez.] Berger

[handschriftliche Nachschrift]
Wegen der noch nicht erledigten Börseneinführung könnte ein entsprechender Vorbehalt gemacht werden. Den Originalvertrag erbitten wir zurück.
d[er]. o[bige].
B[erger]

Herrn Dr. Georg Solmssen
A. Schaaffhausen'scher Bankverein A.-G.
Cöln

Georg Solmssen an Direktion der Disconto-Gesellschaft, 30.12.1916[217]

11/z.   30. Dezember 1916
Einschreiben!
Consortium Deutsche Erdöl-Aktien.

Im Besitze Ihres Schreibens vom 29. d[es]. M[onat]ts.[218] sende ich Ihnen beiliegend den Konsortialvertrag vom 29. Dezember 1911[219] wieder zurück. Ich halte es für misslich, an die Konsorten mit der Mitteilung heranzutreten, dass dieser Konsortialvertrag erledigt sei, da möglicherweise alsdann die Frage ins Rollen käme, wie die Bestimmung des § 3 betreffs der wechselnden Führung des Konsortiums auszulegen sei. Wenn mich meine Erinnerung nicht täuscht, befindet sich bei den Akten

---

217 Presskopie, Briefpapier «A. SCHAAFFHAUSEN'SCHER BANKVEREIN A. G. / CÖLN», 3 Blätter, 3 Vorderseiten maschinenschriftlich beschrieben, nummeriert ab der zweiten Seite, auf der ersten Seite Paraphen u. a. von Georg Solmssen, Karl Kimmich und Max Worch, in: HADB, K2/1355.
218 Mosler und Berger an Solmssen 29.12.1916, in: HADB, K2/1355; hier abgedruckt.
219 Der Vertrag befindet sich in: HADB, K2/1355.

eine Korrespondenz, wonach die Rheinische Bank seiner Zeit ihr Vorrecht der Dresdner Bank abgetreten hat. Wenn man auch dieser Korrespondenz gegenüber wahrscheinlich geltend machen kann, dass die wechselnde Führung durch die inzwischen erfolgte Uebernahme der Rheinischen Bank durch die Disconto-Gesellschaft erledigt sei, empfiehlt es sich doch, alles zu vermeiden, um eine Diskussion über diesen Punkt hervorzurufen. Man lässt es daher besser bei der Tatsache des Ablaufs des Konsortiums bewenden, ohne diesen Ablauf besonders zu unterstreichen. Im Uebrigen sind ja die Konsortialverhältnisse, soweit sie zur Zeit aktuell sind, durch den Konsortialvertrag, der durch den Briefwechsel mit der Deutschen Erdoel-Aktiengesellschaft vom 2. und 11. September 1915 zu Stande gekommen ist, geregelt. Zu untersuchen wäre, wieweit es erforderlich ist, zwischen den einzelnen Konsortialmitgliedern eine Verständigung herbeizuführen, welche die Dauer dieser Abmachungen mit den Konsorten fixiert. Ich besitze das Material über diese Abmachungen bei den hiesigen Akten nicht vollständig und bitte, diese Frage dort nachzuprüfen.
Auf die Frage der Regelung der bei der Einführung eintretenden Verhältnisse jetzt bereits einzugehen, halte ich nicht für erforderlich, da diese sich gegebenenfalls von selbst im Anschluss an die Konsortialabmachungen regeln werden.
Bei dieser Gelegenheit möchte ich in Anregung bringen, zu überlegen, ob es sich nicht empfiehlt, sich bereits jetzt unter der Hand Beteiligte für das Aufnahmekonsortium Deutsche Erdoel-Aktien zu suchen. Es ist nicht ausgeschlossen, dass die Dresdner Bank, unter Ausübung des durch § 4 des Aufnahme-Konsortialvertrages gegebenen Rechts, das Aufnahme-Konsortium am 1. April 1917 kündigt und uns dadurch in die Unbequemlichkeit versetzt, den gesamten aufgenommenen Betrag mit S. Bleichröder & Co. und Hardy & Co. teilen zu müssen, die voraussichtlich gegenüber dieser neuen Belastung sehr ablehnend sein werden. Anderseits halte ich es nicht für ausgeschlossen, dass man jetzt, bei dem günstigen Stande des Kurses der DEA-Aktien, der sich noch weiter aufbessern wird, wenn bekannt wird, dass die Dividende mit 25% in Aussicht zu nehmen ist, in unserem Konzern Freunde findet, denen man wohl auch in Aussicht stellen kann, spätere Gelegenheiten zu benutzen, um Vakanzen im Aufsichtsrat der DEA durch ihre Vertreter zu besetzen.
Ich bitte Sie, diese Fragen sich durch den Kopf gehen zu lassen und begrüsse Sie freundschaftlichst
[gez.] Solmssen.

Direction der Disconto-Gesellschaft
Chef-Cabinet.
<u>Berlin W.8.</u>

Georg Solmssen an Direktion der Disconto-Gesellschaft, 12.04.1917[220]

12. April 1917.

11/L

Sehr geehrte Herren!

Ich möchte zur Erwägung stellen, die günstige Bilanz der Deutschen Erdoel-Aktiengesellschaft dazu zu benutzen, um die bereits verschiedentlich besprochene Anregung, Konsortialbeteiligungen aus unseren Beständen abzugeben, zur Tat werden zu lassen. Ich glaube, dass der Moment für solche Abgaben, die wohl zweckmässig 10 bis 15 % unter Kurs erfolgen müssten, günstig ist, da man Beteiligte durch den Hinweis gewinnen könnte, dass das jetzige Mitgehen zur Wahrung des Besitzstandes des bestehenden Konsortiums Anwartschaft auf Gewährung von Unterbeteiligungen bei künftigen Geschäften gäbe. Dass solche Geschäfte in Zukunft entstehen werden, halte ich für sicher, da die Entwicklung der DEA rasch vorwärts drängt und die Aufgaben, die an sie im öffentlichen Interesse herantreten, in Zukunft besonders gross sein werden. Vielleicht überlegen Sie sich die Frage, damit wir sie bei meiner Anwesenheit am 14. d[es]. M[ona]ts. in Berlin besprechen können.

Falls Sie meinen Vorschlag annehmen, rege ich an, dass die Disconto-Gesellschaft und der A. Schaaffhausen'sche Bankverein A.G. auf Grund eines identischen Schreibens Unterbeteiligungen abgeben.

Selbstverständlich kann man nur an solche Freunde herantreten, deren bereitwilliges Mitgehen wir vorher durch mündliche Rücksprache festgestellt haben. Den übrigen Mitgliedern des Konsortiums von unserem Vorgehen Kenntnis zu geben, müsste selbstverständlich vermieden werden.

Freundschaftlichst

[gez.] Solmssen.

Direction der Disconto-Gesellschaft
Chef-Cabinet,
Berlin W.8.

---

220 Presskopie, Briefpapier «A. SCHAAFFHAUSEN'SCHER BANKVEREIN A. G. / CÖLN, DEN», 2 Blätter, 2 Vorderseiten maschinenschriftlich beschrieben, zweite Seite nummeriert, handschriftlicher Vermerk «be[antworte]t», Paraphen u. a. von Georg Solmssen und Karl Kimmich, in: HADB, K2/1336.

Aktenvermerk Georg Solmssens, 28.04.1917[221]

11/z.
Betrifft Konsortium Deutsche Erdöl-Aktien.

Im Anschluss an mein beiliegendes Schreiben an die Direction der Disconto-Gesellschaft vom 12. April 1917 ist die Disconto-Gesellschaft an die Konzern-Banken herangetreten und wird voraussichtlich einen grösseren Betrag ihrer Dea-Beteiligung placieren können. Ich habe besprochen[222], dass wir von hier aus an nächste Freunde herantreten werden, aber noch offen gelassen, ob wir nur an Sal. Oppenheim jr. & Cie. und *eventuell*[223] A. Levy herantreten oder auch noch ferner stehende Firmen begrüssen werden. Die Gesamtheit der abgegebenen Beteiligungen soll alsdann zwischen der Disconto-Gesellschaft und uns nach einem noch zu bestimmenden Schlüssel aufgeteilt werden. Die Disconto-Gesellschaft beabsichtigt, ihren Freunden folgende Beteiligungen anzubieten:

Bayerische Hypotheken- und Wechselbank	*M[ark]*.	200 00,--
Bayerische Disconto- und Wechselbank	"	~~200 00,--~~[224]
Süddeutsche Disconto-Gesellschaft	"	200 00,--
E. Ladenburg	"	~~200 00,--~~[225]
Bank für Thüringen	"	100 00,--
Allgemeine Deutsche Credit-Anstalt	"	150 00,--
Barmer Bank-Verein	"	150 00,--
Vereinsbank, Hamburg	"	100 00,--
Magdeburger Bankverein	"	100 00,--
Stahl & Federer A.G.	"	100 00,--

Die Bedingungen stehen noch nicht fest; wahrscheinlich werden die Beteiligungen 15% unter Kurs angeboten werden.
Cöln, den 28. April 1917.
[gez.] Solmssen.

---

221 Hektographie, 1 Blatt, Vorderseite maschinenschriftlich beschrieben, handschriftlicher Weiterleitungsvermerk «H[er]r Kimmich», Paraphen u.a. von Georg Solmssen, Karl Kimmich und Eduard Mosler, in: HADB, K2/1336.
222 Ursprünglich «versprochen», von Solmssen handschriftlich geändert in «besprochen».
223 Von Solmssen handschriftlich eingefügt.
224 Betrag handschriftlich durchgestrichen.
225 Betrag handschriftlich durchgestrichen.

Georg Solmssen an Direktion der Disconto-Gesellschaft, 02.05.1917[226]

2. Mai 1917.

11/z.
<u>Streng vertraulich.</u>
<u>Deutsche Erdöl-Aktien-Konsortium.</u>

Sehr geehrte Herren!
Ich bestätige mein heutiges Telegramm laut Anlage und sende Ihnen beiliegend einen Gegenentwurf für das an die Unterbeteiligten abzusendende Schreiben. Ich habe erhebliche Bedenken, sich gegenüber dem grossen Kreise der nunmehr Beteiligten, dessen Erweiterung unter Umständen doch für die Zukunft in Aussicht zu nehmen ist, darauf festzulegen, den jeweiligen Betrag des Gesamtbesitzes bekannt geben zu müssen. Ich fürchte, dass Indiskretionen nicht ausbleiben werden und die Deutsche Bank auf diesem Wege über eine Ziffer unterrichtet werden würde, die unbedingt vor ihr geheim gehalten werden muss. Ich hatte mir das Vorgehen in folgender Weise gedacht.
Disconto-Gesellschaft und Schaaffhausen bilden für ihre Beteiligungen am Konsortium ein Unterkonsortium und rechnen die Abgaben, die an dieses Konsortium erfolgen, unter sich ab. Die Quoten der Unterbeteiligten werden für die Verrechnung von künftigen Aufnahmen und Ausschüttungen gegenüber dem jetzigen Gesamtbestande für die interne Verrechnung festgestellt, den Konsorten aber nicht bekannt gegeben. An diesem, sonst nicht üblichen Verfahren werden die Konsorten im vorliegenden Falle keinen Anstoss nehmen, wenn ihnen mitgeteilt wird, dass die Konsortialbildung zu dem Zwecke erfolgt ist, um die Majorität bei der Dea zu erhalten und weitere Aufnahmen in grösserem Umfange nicht nötig sein werden. Der sich auf der Konsortialrechnung per 30. April 1917 ergebende Debetsaldo von ℳ 39 812,55 müsste bei den Hauptbeteiligten verbleiben. Um den definitiven Gewinn und Verlust für die Unterbeteiligten zu errechnen, müsste auf Grund der für jeden nunmehr festzustellenden internen Quote bei Abwicklung des Konsortiums eine fictive Rechnung aufgemacht und das etwaige Guthaben auf dem Einzahlungskonto alsdann zurückgezahlt werden.
Alles weitere ergiebt [!] sich aus dem anliegenden Entwurf[227]. Ich bitte, mir zu depeschieren, ob Sie mit demselben einverstanden sind beziehungsweise welche

---

226 Presskopie, Briefpapier «A. SCHAAFFHAUSEN'SCHER BANKVEREIN A. G. / CÖLN, DEN», 2 Blätter, 2 Vorderseiten maschinenschriftlich beschrieben, zweite Seite nummeriert, Paraphen u. a. von Georg Solmssen, Karl Kimmich und Max Worch, in: HADB, K2/1336.
227 Entwurf in: HADB, K2/1336.

Aenderungen Sie noch vorschlagen. Die Einzahlungen haben wir heute, unter Vorbehalt weiterer Mitteilungen, eingefordert.
Bemerken möchte ich noch, dass ich den Herren Sal. Oppenheim jr. & Cie. und A. Levy bei den Verhandlungen über die Abgabe der Unterbeteiligungen gesagt habe, dass die Uebernahme derselben eine Anwartschaft für sie auf die Beteiligung an den sonstigen Konsortialgeschäften mit der Dea begründe. Ich nehme an, dass auch die Firmen, mit denen Sie verhandelt haben, von Ihnen entsprechend unterrichtet worden sind.
Freundschaftlichst
[gez.] Solmssen.

Direction der Disconto-Gesellschaft, Chef-Cabinet,
Berlin W.8.

Georg Solmssen an Ernst Goldschmidt, 17.08.1917[228]

40/N.
Feldpost!   den 17. August 1917.
Belgische Kohlengesellschaften.

Sehr geehrter Herr Doktor!
Ich danke Ihnen für die Uebersendung der interessanten Aufstellung über den heutigen Stand der Arbeiten bei den verschiedenen Kohlengesellschaften der Campine[229] und nahm von Ihren zusätzlichen Mitteilungen bestens Kenntnis.
Gleichzeitig teile ich Ihnen mit, dass ich zufällig Gelegenheit hatte, durch Herrn Dr. Max Dörner in Huy[230] – einen früheren Beamten meines Instituts, der aber heute von uns vollkommen unabhängig ist – die Adresse eines dortigen Börsenagenten, des Herrn Vincent[231], zu erfahren, der sich für einen Posten Eelen-Asch[232]-Aktien interessiert, die wir eventuell abstossen möchten, da unser Besitz zu gering ist, um uns einen massgeblichen Einfluss auf die Gesellschaft zu sichern.
Seitens meiner Bank ist dem Herrn Vincent eine Anstellung auf diese Aktien erteilt worden, die ich Ihnen anbei mit der Bitte überreiche, sie nach Kenntnisnahme an die angegebene Adresse weiterzuleiten. Herr Vincent ist uns bekannt aus einem

---

228 Presskopie, 1 Blatt, Vorderseite maschinenschriftlich beschrieben, Paraphen u. a. von Georg Solmssen, Max Worch und Wilhelm Weißel, in: HADB, K2/1495.
229 Landschaft im Nordosten Belgiens.
230 Belgische Stadt in der Provinz Lüttich.

231 Gemeint ist Maurice Vincent.
232 Gemeint ist die Société de Recherches et d'Exploitation Eelen-Asch.

bereits im vorigen Jahre mit uns abgeschlossenen Geschäft über Hensies-Pommereul[233]-Aktien.
Mit bestem Dank für Ihre Bemühungen, verbleibe ich
mit verbindlichen Grüssen
Ihr sehr ergebener
[gez.] Solmssen.

Herrn Leutnant Dr. Goldschmidt,
Kaiserlicher Bankkommissar für
die deutschen Banken in Belgien,
<u>Brüssel</u>
24 rue de la loi.

Georg Solmssen an Ernst Jacob, 11.10.1917[234]

10/Br.   den 11. Oktober 1917.
<u>Charbonnages André-Dumont sous Asch</u>   Feldpost!

Sehr geehrter Herr Jacob!
Ich erhielt Ihre Briefe vom 6. und 8. d[e]s. M[ona]ts. und habe von Ihren Mitteilungen über die Absicht der Banque Populaire de Louvain[235], einem Erwerb von Aktien der obigen Gesellschaft näher zu treten, mit Interesse Kenntnis genommen. Mein Institut[236] ist bereit, grössere Posten vollgezahlter und mit 80% eingezahlter Aktien von André-Dumont[237] bei befriedigenden Kursen abzugeben und steht dieserhalb auch nach anderer Seite zur Zeit in Verhandlungen, ohne jedoch bisher gebunden zu sein.
Ich halte es für das Richtigste, wenn Sie der Banque Populaire anheim geben, meinem Institut ein festes Angebot zu machen. Falls sich eine beiderseits genehme Basis findet, würde ich alsdann einen der Herren der Banque Populaire oder ihrer Commandite Jenni & Co. in Brüssel nach hier bitten.
Den mir übersandten, an Sie gerichteten Brief des Direktors der Banque Populaire gebe ich Ihnen anbei zurück. Da ich den Namen des Absenders nicht kenne und das Datum des in dem Schreiben erwähnten Briefes meines Instituts nicht angegeben ist, kann ich zur Zeit leider nicht feststellen, was im einzelnen unsererseits mit-

---

233 Gemeint ist die S.A. des Charbonnages d'Hensies-Pommeroeul.
234 Presskopie, 2 Blätter, 2 Vorderseiten maschinenschriftlich beschrieben, zweite Seite nummeriert, Paraphen u. a. von Georg Solmssen, Max Worch und Wilhelm Weißel, in: HADB, K2/1495.
235 Bekannter unter dem flämischen Namen «Volksbank van Leuven».
236 Gemeint ist der A. Schaaffhausen'sche Bankverein.
237 Gemeint ist die Charbonnages André-Dumont sous Asch.

geteilt ist. Sie haben vielleicht die Freundlichkeit, mir hierüber ergänzende Nachrichten zugehen zu lassen.

An der Société de Recherches et d'Exploitation Eelen-Asch, die Sie ebenfalls erwähnen, ist mein Institut bezw. die Internationale Bohrgesellschaft, nachdem kürzlich der Besitz an Aktien und Gründeranteilen verkauft ist, nicht mehr beteiligt.

Es würde mich interessieren, von Ihnen näheres darüber zu hören, welche Kurse für André-Dumont-Aktien – bei Verkauf grösserer Posten – zuletzt gezahlt sind.

Hochachtungsvoll
Ihr ergebener
[gez.] Solmssen.

Herrn Bankkommissar Jacob
Bank-Abteilung beim General-Gouvernement
Brüssel.

Ernst Jacob an Georg Solmssen, 01.11.1917[238]

Brüssel 1. Nov[ember]. 1917

Sehr geehrter Herr Dr. Solmssen!
Es war mir gestern leider nicht mehr möglich, zur Société Générale[239] zu gehen, da ich die Bescheinigung für Aumetz-Friede[240] in Ordnung bringen musste. Heute und morgen ist hier Bankfeiertag, Sonnabend besonders nach zwei Feiertagen sind die Herren von der Société Générale schwer zu sprechen, sodaß ich erst in der nächsten Woche wieder mit der Generale Fühlung nehmen kann. Der Direktor der Banque Populaire[241] war gestern nochmals bei mir, er hat für die nächste Woche seinen Verwaltungsrat einberufen, ich nehme an, daß die Bank in ihrem Gebot bis pari der Einzahlungen für André Dumont[242] Aktien gehen wird.

Für Hechteren et Zolder[243] hat die Banque Populaire kein Interesse, da ihre geschäftlichen Beziehungen nicht in diesen Bezirk reichen.

Wegen Aumetz Aktien hat Ihnen gestern die Firma Jenni & Co. ausführlich geschrieben. Mit anderen agents de change sowie mit der Générale spreche ich in der nächsten Woche, da Sonnabend keine Börse ist.

Sollte die Placierung von «Cajas di Hipotecario»[244] in Belgien für Sie Interesse

---

238 2 Blätter, 2 Vorder- und Rückseiten eigenhändig beschrieben, handschriftlicher Vermerk «b[eantwortet] 3/11 [1917]», Paraphen u. a. von Georg Solmssen, Wilhelm Weißel und Max Worch, in: HADB, K2/1495.
239 Gemeint ist Société Générale de Belgique.
240 Gemeint ist Lothringer Hüttenverein Aumetz-Friede, handschriftlich unterstrichen.
241 Gemeint ist die Banque Populaire de Louvain, bekannter unter dem flämischen Namen «Volksbank van Leuven».
242 Gemeint ist Charbonnages André-Dumont sous Asch, handschriftlich unterstrichen.
243 Gemeint ist die S.A. Charbonnage d'Helchteren-Zolder.
244 Gemeint ist wahrscheinlich die Caja de Credito Hipotecario in Santiago di Chile.

haben, so bitte ich mir einige Angaben w. Prospekte zugehen zu lassen, damit ich mit hiesigen agents de change Fühlung nehmen kann, ob und unter welchen Bedingungen einige Millionen unterzubringen sind.
Der hiesige Markt hat mit seiner übergroßen Kapitalflüssigkeit ein ständiges Interesse für alle nicht deutschen Werte, Rumänen, Serben, Russen, Exoten die finden mit Leichtigkeit Abnehmer, sodaß ein Versuch mit Cajas lohnend scheint.
Ich empfehle mich Ihnen hochachtungsvoll
Ihr sehr ergebener
[gez.] Jacob.

Astra Romana Aktien wurden mit 1500–1600 frcs. per Stück umgesetzt.[245]

Aktenvermerk Georg Solmssens, 02.11.1917[246]

11/L
Notiz.

Ich habe Herrn Jacob[247] die Liste unserer Beteiligungen an belgischen Unternehmungen – laut Anlage[248] – ohne unsere Buchwerte übergeben und ihn ermächtigt, bei der Société Générale[249] anzufragen, ob dieselbe für den ganzen Block Interesse hätte, wobei ich ihn beauftragte, hinzuzufügen, dass von anderer Seite Gebote vorlägen, wir aber eventuell mit Rücksicht auf die Beziehungen der Disconto-Gesellschaft zur Société Générale, Letzterer den Vorzug geben würden. Voraussetzung sei allerdings, dass sie uns auch die weniger gängigen Werte gleichzeitig mit den übrigen abnähme. Herr Jacob wird über das Ergebnis seiner Anfrage bei der Société Générale in diesen Tagen Mitteilung machen. Die Angelegenheit braucht nicht überstürzt zu werden, da auch[250] zwischenzeitlich die Kurse dieser Werte in Brüssel im Steigen begriffen sind. Herrn Hegener[251] habe ich gesagt, dass der von ihm auf André Dumont[252]-Aktien gebotene Kurs weit unterhalb der Notierung bleibe und daher nicht in Frage komme.
Cöln, den 2. November 1917.
[gez.] Solmssen

---

245 Handschriftliche Nachschrift von Jacob.
246 Hektographie, 1 Blatt, Vorderseite maschinenschriftlich beschrieben, Paraphen u. a. von Wilhelm Weißel, Max Worch und Karl Kimmich, in: HADB, K2/1495.
247 Gemeint ist Ernst Jacob.
248 Anlage «Belgische Kohlengesellschaften», in: HADB, K2/1495.
249 Gemeint ist die Société Générale de Belgique.
250 Handschriftlich durchgestrichen.
251 Gemeint ist Theodor M. Hegener.
252 Gemeint sind die Charbonnages André-Dumont sous Asch.

Ernst Jacob an Georg Solmssen, 06.11.1917[253]

Brüssel, 6. Nov[ember]. 1917.

Sehr geehrter Herr Dr. Solmssen!

Infolge der Bankfeiertage konnte ich erst gestern die Herren von der Société Générale[254] sprechen. Jadot[255] lässt Sie bitten, es ihn wissen zu lassen, wenn Sie wieder in Brüssel sind, da er Sie gern sprechen möchte. Eine Offerte für die Campine Werte[256] will die Société Générale nicht geben, sondern möchte mit Ihnen bei Ihrem w[eiteren]. Hiersein über das Geschäft sprechen. Nach meinem Empfinden würde die Générale es gern sehen, wenn Schaaffhausen[257] an André Dumont[258] beteiligt bleibt, um Differenzen mit der deutschen Verwaltung durch eine deutsche Großbank zu regeln. Ich glaube nicht, dass die Société Générale als ernsthafter Reflectant in Frage kommt.

Die Banque Populaire[259] resp[ektive]. Jenni & Co. erwarten eine Antwort wegen Beeringen[260], für André Dumont Aktien dürfte die Bank bis pari der Einzahlung gehen. Umsätze in Campine-Werten haben in den letzen Tagen nicht stattgefunden.

Wegen Aumetz[261] Aktien beziehe ich mich auf mein gestriges Schreiben und unseren Telegrammwechsel. Die Ausführungen von Jenni, der unter meiner Aufsicht steht, wird Herr Dr. Goldschmidt[262] in meiner Abwesenheit überwachen.

Ich empfehle mich Ihnen
hochachtungsvoll
[gez.] Jacob.

---

253 2 Blätter, 3 Seiten eigenhändig beschrieben, handschriftliche Vermerke «Copien in den betreffenden Akten», «b[eantwortet] 9/11 [1917]», «H[er]r. Schmidt», mit Paraphen u. a. von Georg Solmssen, Wilhelm Weißel und Wilhelm Farwick, in: HADB, K2/1495. Maschinenschriftliche Abschrift in der gleichen Akte.
254 Gemeint ist die Société Générale de Belgique.
255 Gemeint ist Jean Jadot.
256 Gemeint sind Aktien der Bergbauunternehmen im Nordosten Belgiens.
257 Gemeint ist der A. Schaaffhausen'sche Bankverein.
258 Gemeint sind die Charbonnages André-Dumont sous Asch.
259 Gemeint ist die Volksbank van Leuven.
260 Gemeint ist die Société anonyme Charbonnages de Beeringen.
261 Gemeint ist der Lothringer Hüttenverein Aumetz-Friede.
262 Gemeint ist Ernst Goldschmidt.

Georg Solmssen an Ernst Jacob, 09.11.1917[263]

10/Br. 9. November 1917.
Feldpost!

Société Générale
Beeringen
André Dumont

Sehr geehrter Herr Jacob!
Ich ersah aus Ihrem Briefe vom 6. d[es]. M[ona]ts.[264] den ich bei meiner Rückkehr nach Cöln vorfand, daß die Société Générale[265] nicht ernstlich als Käufer für André Dumont[266] oder die anderen im Besitze der Internationalen Bohrgesellschaft befindlichen Werte von Kohlengesellschaften der Campine[267] in Betracht kommt. Gleichwohl werde ich selbstverständlich Herrn Jadot[268] bei meiner nächsten Anwesenheit in Brüssel, deren Termin ich allerdings heute selbst noch nicht weiß, gern aufsuchen.
Auf das Gebot von Jenni & Cie. von pari auf Stück 250 Beeringen[269]-Aktien wird sich mein Institut[270] vermutlich in den nächsten Tagen entscheiden.
Für André Dumont haben Jenni & Cie. zuletzt 97 ½% geboten, Ihrem Briefe zufolge nehme ich an, daß eine Aufbesserung des Gebots auf pari zu erreichen sein wird und glaube, daß man zu diesem Kurse zu einem Geschäft kommen kann, sofern Jenni & Cie. bereit sind, neben den André Dumont-Aktien St. 183 vollgezahlte und Stück 732 40% Helchteren et Zolder[271] Aktien zu einem konvenablen Kurs gleichzeitig abzunehmen.
Kopie des heutigen Schreibens meiner Bank an Jenni & Cie.[272] überreiche ich Ihnen anbei.
In bekannter Hochachtung
Ihr ergebener
[gez.] Solmssen.

Herrn Bankkommissar Jacob
Bank-Abteilung des General-Gouvernements
Brüssel
28 rue de la loi

263 Presskopie, 1 Blatt, Vorderseite maschinenschriftlich beschrieben, handschriftlicher Vermerk «Copie in Andre Dumont», Paraphen u. a. von Georg Solmssen, Max Worch und Wilhelm Weißel, in: HADB, K2/1495.
264 Jacob an Solmssen 6.11.1917, in: HADB, K2/1495; hier abgedruckt.
265 Gemeint ist die Société Générale de Belgique.
266 Gemeint sind die Charbonnages André-Dumont sous Asch.
267 Landschaft im Nordosten Belgiens.
268 Gemeint ist Jean Jadot.
269 Gemeint ist die Société anonyme Charbonnages de Beeringen.
270 Gemeint ist der A. Schaaffhausen'sche Bankverein.
271 Gemeint ist die S.A. Charbonnage d'Helchteren-Zolder.
272 Dieses Schreiben ist in der Akte nicht enthalten.

Direktion der Disconto-Gesellschaft (Arthur Salomonsohn und Erich Heinrich von Berger) an Georg Solmssen, 09.11.1917[273]

19/Bm. 9. November 1917
Astra Romana.

Sehr geehrter Herr Doktor!
Wie Herr Geheimrat Hagen[274] dem Linksunterzeichneten mitteilte, hat die Deutsche Bank in letzter Zeit weitere Aktien der Astra Romana angekauft. Nachdem sie anfänglich grössere Posten zu 1400 aufgenommen hatte, hat Herr Geheimrat Hagen ihr jetzt einen Posten zu 1500 angestellt. Nach den bestimmten Mitteilungen, die Herr Geheimrat Hagen erhalten hat, ist weder die Deutsche Bank noch die Steaua Romana oder die Deutsche Petroleum-A.-G. Käufer der Aktien. Vielleicht ist der Gedanke nicht ganz von der Hand zu weisen, dass hinter der Deutschen Bank die Regierung steht.
Wir haben auch die Deutsche Erdöl-Aktiengesellschaft über die Ankäufe unterrichtet.
In freundschaftlicher Hochachtung
Direction der Disconto-Gesellschaft
[gez.] Dr. Salomonsohn [gez.] Berger

Herrn
Dr. Georg Solmssen
A. Schaaffhausen'scher Bankverein A.G.
Cöln

Georg Solmssen an Sekretariat des A. Schaaffhausen'schen Bankvereins, 01.12.1917[275]

4/Bm. 1. Dezember 1917
André Dumont[276] / Helchteren & Zolder[277]

Sehr geehrte Herren!
Auf Ihre gefällige Zuschrift vom 30. v[origen]. M[onats].[278] möchte ich folgendes erwidern:

273 Briefpapier «DIRECTION DER DISCONTO-GESELLSCHAFT / Chef-Cabinett. / BERLIN W. 8», 1 Blatt, Vorderseite maschinenschriftlich beschrieben, handschriftlicher Vermerk «b[eantworte]t 13/11 [1917]», Paraphen u. a. von Georg Solmssen, Karl Kimmich, Wilhelm Weißel und Wilhelm Löhmer, in: HADB, K2/1335.
274 Gemeint ist Louis Hagen.
275 Briefpapier «Berlin W.8, den / Unter den Linden 35.», 2 Blätter, 2 Vorderseiten maschinenschriftlich beschrieben, zweite Seite nummeriert, Eingangsstempel «N°0015665/3.XII.[19]17.11¾ V[ormittag].», und Stempel «Sekretariat», handschriftliche Vermerke «Copie in Helchteren & Zolders» und «ad Acta», Paraphen u. a. von Wilhelm Weißel, Max Worch und Karl Kimmich, in: HADB, K2/1495.
276 Gemeint sind die Charbonnages André-Dumont sous Asch.
277 Gemeint ist die S.A. Charbonnage d'Helchteren-Zolder.
278 Dieses Schreiben ist nicht überliefert.

Ich habe eine gewisse Befürchtung, dass wir vielleicht Schwierigkeiten finden werden, die übrigen Campine-Werte[279] abzustossen, nachdem wir den grossen Block André Dumont-Aktien aus der Hand gegeben haben. Ich würde es daher für richtiger halten, wenn wir die steigende Bewegung zunächst benutzten, um uns sämtlicher übrigen Beteiligungen zu entledigen, insbesondere derjenigen, die schwer veräusserbar sind. Wenn wir auf diese Weise vorgehen, bleibt uns immer die Chance, für den Fall, dass der Verkauf der unabgängigeren Papiere nicht so, wie wir erwarten, von statten gehen sollte, diese mit dem Block André Dumont-Aktien zusammenzukoppeln und von diesen mitziehen zu lassen. Ich halte es daher nicht für richtig, jetzt diesen Block vorweg zu verkaufen, sondern bitte, Herrn Vincent[280] bezw. andere Verbindungen aufzufordern, Gebote auf die übrigen Beteiligungen zu machen, indem man durchblicken lässt, dass, wenn dieselben sich glatt erledigen, man auch dem André Dumont-Aktien Verkauf näher treten würde. Die Gegenpartei hat dann Anlass, sich um den Verkauf der übrigen *Papiere*[281] zu bemühen und kann dann darauf rechnen, wenn ihr dieser Verkauf besonders gut gelingt, dass sie eine gewisse Anwartschaft erwirbt, als Käufer der André Dumont-Aktien herangezogen zu werden.

Mit freundschaftlicher Hochachtung
[gez.] Solmssen.

A. Schaaffhausen'scher Bankverein A.G.,
Sekretariat
Cöln

Direktion der Disconto-Gesellschaft (Eduard Mosler und Erich Heinrich von Berger) an Georg Solmssen, 17.01.1918[282]

19/D. 17. Januar 1918

Sehr geehrter Herr Doktor!
Wir empfingen Ihr heutiges Telegramm:
«Erbitte Dringdraht Stand Verhandlung Internationale Rumänische[283], beabsichtige weil sehr erholungsbedürftig alsbald nach Sonnabend stattfindender Hönningen-Sitzung[284] für eine Woche hierher[285] zurückzukehren, stände Sonntag dort zur

---

279 Gemeint sind Aktien der Bergbauunternehmen im Nordosten Belgiens.
280 Gemeint ist Maurice Vincent.
281 «Parteien» handschriftlich in «Papiere» geändert.
282 Briefpapier «DIRECTION DER DISCONTO-GESELLSCHAFT / Chef-Cabinett. / BERLIN W. 8», 1 Blatt, Vorderseite maschinenschriftlich beschrieben, handschriftlicher Vermerk «Beste Grüße!», Paragraphen u. a. von Georg Solmssen, Wilhelm Weißel und Karl Kimmich, in: HADB, K2/1054.
283 Gemeint ist die Internationale Rumeensche Petroleum Maatschappij.
284 Gemeint ist die Aufsichtsratssitzung der Rheinischen Kohlensäure-Industrie in Hönningen.
285 Gemeint ist Freudenstadt im Schwarzwald.

Besprechung Nöllenburg[286] zur Verfügung, erbitte eventuelle Deasitzung[287] nicht vor Monatsende»
und drahteten Ihnen darauf laut Anlage[288].
Freundschaftlichst
Direktion der Disconto-Gesellschaft
[gez.] Mosler   [gez.] Berger

Herrn
Dr. G[eorg]. Solmssen
z[ur]. Z[ei]t. Freudenstadt
Hotel Waldlust

Aktenvermerk Georg Solmssens, 11.05.1918[289]

11z.
Aktennotiz.

Ich habe in Sachen RWE[290] mit Herrn Schlitter[291] telefonisch gesprochen und ihm gesagt, dass unbedingt die selbständige Quote des A. Schaaffhausen'schen Bankvereins A.G. erhalten werden müsste. Herr Schlitter erkannte zwar an, dass bei Fusionen die Quote des fusionierten Instituts auf das fusionierende Institut übergehe, machte aber geltend, dass hierdurch das fusionierende Institut keine höhere Quote bekommen könnte, als der Konsortialführer, und dass der Grundsatz der Quotennachfolge auf den Bankverein überhaupt keine Anwendung finden könne.
Ich habe mich gegen letztere Auffassung nachdrücklich gewandt und verlangt, dass unter allen Umständen die selbständige Quotenstellung des A. Schaaffhausen'schen Bankvereins A.G. anerkannt werden müsse. Den Hinweis des Herrn Schlitter, dass die Disconto-Gesellschaft selbst beim Buderus[292]-Geschäft die Gemeinschaft Disconto-Schaaffhausen als Quotenträger anerkannt hätte, habe ich dadurch zu beseitigen gesucht, dass ich anführte, dass es sich hierbei nur um eine ungenaue Bezeichnung gehandelt hätte, die rectificiert worden sei, sobald sie zur Kenntnis des Bankvereins gekommen wäre.

---

286 Gemeint ist Rudolf Nöllenburg.
287 Gemeint ist Aufsichtsratssitzung der Deutschen Erdöl-AG.
288 Telegramm Disconto-Gesellschaft an Solmssen, Hotel Waldlust, Freudenstadt, 17.1.1918, in: HADB, K2/1054. «Nach Mitteilung Dea liegen Nachrichten über Stand Verhandlungen Internationale Rumänische nicht vor. Herr Nöllenburg wird zu Sonntag aus Holland zurückerwartet. Bisher Besprechung für Sonntag nicht in Aussicht genommen. Deasitzung mit Rücksicht auf Euch zwischen 27. und 31. Januar [1918] geplant.»
289 Presskopie, 2 Blätter, 2 Vorderseiten maschinenschriftlich beschrieben, Stempel «Sekretariat», handschriftlicher Vermerk «Original in Rheinisch-Westfälisches]. Elektr[izitäts]. Werk Diverse Geschäfte», in: HADB, K2/697, Bl. 172f.
290 Gemeint ist die Rheinisch-Westfälische Elektrizitätswerk AG.
291 Gemeint ist Oscar Schlitter.
292 Gemeint sind die Buderus'schen Eisenwerke.

Ich habe Herrn Schlitter zu erkennen gegeben, dass wir bereit seien, ein gewisses Opfer zu bringen und zwar eventuell auf der Basis, dass der Bankverein, der seine Quote mit der Rheinischen Bank gemeinsam gehabt hätte, den Anteil der Rheinischen Bank abgebe. Herr Schlitter bezeichnete den Anteil der Rheinischen Bank als sich auf 3 % belaufend und machte geltend, dass, wenn diese 3 % der Führung zufliessen, sie sich im vorliegenden Falle, auf die vier führenden Banken verteilen müssten.

Die Unterhaltung hat zu keinem Resultat geführt, da Herr Schlitter betonte, er könne persönlich keine definitiven Erklärungen abgeben, sondern müsse sich über die Angelegenheit mit seinen Kollegen beraten.

Ich denke mir die Sache so, dass wir versuchen, die Quote der Essener Credit-Anstalt auch für uns aufrecht zu erhalten. Herr Jötten[293], den ich wegen der gleichen Angelegenheit ansprach, sagte nicht ja und nicht nein, wies aber darauf hin, dass die Erhaltung der Fusionsquoten gerade ihm gegenüber nicht anerkannt und bei der Vereinigung des Essener Bankvereins mit der Essener Credit-Anstalt die Quote des ersteren seinem Institut verloren gegangen sei.

Wir werden wohl unter Umständen noch unter die 10 % der Essener-Credit-Anstalt gehen müssen.

Cöln, den 11. Mai 1918.

[gez.] Solmssen.

Georg Solmssen an Hermann Zeitz, 03.10.1918[294]

11/R.   3. Oktober 1918

Sehr geehrter Herr Zeitz!

Ich würde es sehr gerne sehen, wenn gerade jetzt in der Zeit der starken Kursrückgänge, die insbesondere auch die Dea[295]-Aktien betroffen haben, unsere Unterbeteiligten die Mitteilung der Ausschüttung aus dem Verkaufe der M[ark] 1.500.000.– an den Baron von Li[e]bieg[296] erhielten. Wie mir bei meinem letzten Dortsein[297] Herr Waller[298] sagte, hat Baron von Li[e]bieg inzwischen sein Einverständnis mit unseren Vorschlägen erklärt. Ich verstehe daher nicht recht, warum die Ausschüttung bisher noch nicht erfolgt ist. Ich würde Ihnen dankbar sein, wenn Sie mich darüber informieren würden.

Die Ausschüttung selbst wird zweckmässig von der Disconto-Gesellschaft und dem A. Schaaffhausen'schen Bankverein am gleichen Tage bewirkt, weil sonst die Be-

---

293 Gemeint ist Wilhelm Jötten.
294 Presskopie, 1 Blatt, Vorderseite maschinenschriftlich beschrieben, Paraphen u. a. von Georg Solmssen, Max Worch und Karl Kimmich, in: HADB, K2/1355.

295 Gemeint ist die Deutsche Erdöl-AG.
296 Gemeint ist Theodor von Liebieg.
297 Gemeint ist Berlin.
298 Gemeint ist Hermann Waller.

teiligten untereinander Gedanken austauschen, wenn ein Teil die Ausschüttung vor dem anderen bekommt. Ich bitte es daher so einzurichten, dass die Disconto-Gesellschaft und der A. Schaaffhausen'sche Bankverein das Ausschüttungsschreiben, so wie Sie es zu versenden gedenken, so rechtzeitig erhalten, dass der Bankverein seine Berechnung am gleichen Tage wie die Disconto-Gesellschaft zur Versendung bringen kann.
In bekannter Hochachtung
Ihr ergebener
[gez.] Solmssen

Herrn Direktor Zeitz,
m. Br. Direction der Disconto-Gesellschaft,
Chef-Cabinet,
Berlin – W.8.

Hermann Zeitz an Georg Solmssen, 05.10.1918[299]

11/Z.   5. Oktober 1918

Sehr verehrter Herr Doktor!
Ihre geschätzten Zeilen vom 3. d[es]. M[onats].[300] sind mir zugegangen. Es ist zutreffend, dass Herr Baron von Liebieg[301] sein Einverständnis mit dem ihm unter dem 27. August übersandten Entwurf des Abkommens[302] erklärt hat. Dagegen liegt eine formelle Gegenbestätigung unseres Schreibens vom 12. September[303], mit dem wir die Vereinbarungen endgiltig [!] formuliert hatten, noch nicht vor. Wie Herr Direktor Ullner[304] durch Rückfrage bei der Dea[305] festgestellt hat, geht die Angelegenheit soweit in Ordnung, indessen hat Herr von Liebieg die Genehmigung der österreichischen Devisen-Zentrale noch nicht erhalten, und darauf dürfte es zurückzuführen sein, dass eine endgiltige [!] Bestätigung noch nicht eingegangen ist. Die Frage, ob man den Gegenwert der verkauften Dea-Aktien bereits zur Ausschüttung bringen soll, ist hier mehrfach Gegenstand der Besprechung gewesen, indessen hat man es bisher für angezeigt gehalten, damit bis zum Eingange der Bestätigung zu warten.

---

299 Briefpapier «DIRECTION DER DISCONTO-GESELLSCHAFT / Chef-Cabinett. / BERLIN W. 8.», 2 Blätter, 2 Vorderseiten maschinenschriftlich beschrieben, zweite Seite nummeriert, handschriftlicher Vermerk «b[antwortet] 7/ X. [19]18 R», Paraphen u. a. von Georg Solmssen, Karl Kimmich und Wilhelm Weißel, in: HADB, K2/1355.

300 Solmssen an Zeitz 3.10.1918, in: HADB, K2/1355; hier abgedruckt.
301 Gemeint ist Theodor von Liebieg.
302 Dieser Entwurf ist nicht in der Akte enthalten.
303 Dieses Schreiben ist in der Akte nicht enthalten.
304 Gemeint ist Richard F. Ullner.
305 Gemeint ist die Deutsche Erdöl-AG.

Herr Direktor Ullner wird im übrigen am Montag Anlass nehmen, sich wegen dieser Frage nochmals telephonisch mit Ihnen ins Benehmen zu setzen.

Sollte in den nächsten Tagen die Ausschüttung vorgenommen werden, so wird zu erwägen sein, ob wir bei den Unterbeteiligten in diesem Falle nicht eine kurze erläuternde Bemerkung anfügen, da anderenfalls die Unterbeteiligten, mit Rücksicht auf die Kursgestaltung, eventuell beunruhigt werden dürften, und wir möglicherweise mit einer Reihe von Rückfragen zu rechnen haben, denen wir auf diese Weise vorbeugen könnten. Einen Entwurf für ein derartiges Schreiben gestatte ich mir, hier beizufügen.[306]

Vielleicht haben Sie die Güte und lassen uns gelegentlich telephonisch wissen, ob Sie mit der Fassung einverstanden sind bezw. welche Aenderungen Sie vorschlagen.–

Es wird Sie vielleicht interessieren zu hören, dass, wie ich vertraulich erfahre, Herrn Le Roy[307] (Direktor der Deutsch-Niederländischen Telegraphen-Gesellschaft) der Posten eines Generaldirektors der Niederländischen Posten und Telegraphen angeboten worden ist. Herr Le Roy soll sich wegen einer eventuellen Annahme Bedenkzeit ausgebeten haben. Für Herrn Le Roy würde die Annahme des Antrages der Weg zum Ministerposten bedeuten. Ich kann mir aber nicht denken, dass Herr Le Roy wird annehmen können, da er meines Wissens eigenes Vermögen nicht besitzt und der Posten selbstverständlich nur mit einem verhältnismässig geringen Einkommen ausgestattet ist.

Mit vorzüglicher Hochachtung
Ihr sehr ergebener
[gez.] Zeitz

Die Briefe an die Unterbeteiligten werden wir zu gegebener Zeit gleichzeitig mit Ihren absenden.[308]

Herrn Dr. Georg Solmssen
<u>Cöln</u>

---

306 Entwurf 5.10.1918, in: HADB, K2/1355.
307 Gemeint ist Jakob Johan Le Roy.
308 Handschriftliche Nachschrift von Hermann Zeitz.

Briefe und Vermerke 1918   117

Franz von Stockhammern an Georg Solmssen, 10.12.1918[309]

Telegrammabschrift.   Berlin, 10.12.[19]18.

Es ist erforderlich, dass Vertreter der wirtschaftlichen Interessen Deutschlands sich zur Teilnahme an den Waffenstillstandsverhandlungen nach Spa begeben. Ich bitte Sie dringend, schleunigst dorthin abzureisen, wo Ihnen das Nähere mitgeteilt wird. Dieses Telegramm gilt auch zugleich als Ausweis bei dem Ueberschreiten der Grenze. Drahtantwort erbeten.
Waffenstillstandskommission und Auswärtiges Amt
von Stockhammern.

Herrn Bankdirektor Dr. Solmssen, Cöln, Unter Sachsenhausen 4.

Georg Solmssen an Franz von Stockhammern, 10.12.1918[310]

Telegramm erhalten. Werde zur Teilnahme an Waffenstillstandsverhandlungen Donnerstag von Cöln nach Spa reisen. Rechne darauf, dass für ungehinderte Reise von dort nach Berlin und Cöln trotz linksrheinischer Besatzung unbedingt Vorsorge getroffen wird. Erbitte Drahtantwort, auf wie langen Aufenthalt ich mich einzurichten habe.
Dr. Solmssen

D. Auswärtiges Amt für Ministerialdirektor von Stockhammern
Berlin. W.

Franz von Stockhammern an Georg Solmssen, 11.12.1918[311]

Telegrammabschrift!   Berlin, 11.12.1918

Waffenstillstandsverhandlungen stattfinden, wie durch Presse bereits bekannt gegeben, Trier. Anrege daher, sich direkt nach Trier zu begeben, wo Herr Staatssekretär

---

309 Abschrift, 1 Blatt, Vorderseite maschinenschriftlich beschrieben, ohne eigenhändige Unterschrift, in: RWWA, Abt. 39, Nr. 1, Fasz. 1, Bl. 29. Original des Telegramms mit durchgängiger Kleinschreibung und ohne Interpunktion in der gleichen Akte, Bl. 1.
310 Telegramm, 1 Blatt, Vorderseite maschinenschriftlich beschrieben, handschriftlicher Vermerk «Dr. Solmssen Cöln U[nter]. Sachsenhausen 4.» und handschriftlicher Absendevermerk «10/12/[19]18 3.45 Uhr», Paraphen u. a. von Georg Solmssen, Robert Pferdmenges und Arnold Frese, ohne eigenhändige Unterschrift, in: RWWA Abt. 39, Nr. 1, Fasz.1, Bl. 34. Identisches Telegramm sandte Solmssen am gleichen Tag an die Deutsche Waffenstillstands-Kommission, Budapesterstrasse 14, Berlin W.9.
311 Abschrift, 1 Blatt, Vorderseite maschinenschriftlich beschrieben, ohne eigenhändige Unterschrift, in: RWWA, Abt. 39, Nr. 1, Fasz. 1, Bl. 30.

Erzberger[312] bereits eingetroffen ist. Für Sicherheit der Rückreise wird von Trier aus Vorsorge getroffen werden.
Im Auftrage Ministerialdirektor
von Stockhammern.

Georg Solmssen an Konrad Adenauer, 12.12.1918[313]

11s[attler]. 12. Dezember 1918

Sehr geehrter Herr Oberbürgermeister!
Ich beehre mich beiliegend Abschrift eines mir vorgestern zugegangenen Telegramms[314] der Deutschen Waffenstillstands-Kommission und des Auswärtigen Amts gezeichnet Ministerialdirektor von Stockhammern[315] und eines soeben erhaltenen ergänzenden Telegrammes[316] zu überreichen.
Ausweislich dieser Telegramme bin ich aufgefordert, mich baldmöglichst zur Teilnahme an den Waffenstillstandsverhandlungen nach Spa beziehungsweise Trier zu begeben.
Meine Versuche, gestern die durch die Anordnungen des englischen Kommandanten vorgeschriebene Ausreiseerlaubnis durch Vermittlung des Herrn Polizei-Präsidenten zu erhalten, sind gescheitert, weil die Behörde, die den Verkehr mit der englischen Kommandantur aufrecht zu erhalten hat, noch nicht bestimmt ist.
Angesichts der Wichtigkeit der Angelegenheit und der Notwendigkeit, dieselbe schnell zu erledigen, wäre ich Ihnen ausserordentlich dankbar, wenn Sie helfend eingreifen und mir die Reiseerlaubnis seitens der englischen Behörde verschaffen könnten.
Da laut einer weiteren, ebenfalls abschriftlich beiliegenden Mitteilung des Herrn Ministerialdirektor von Stockhammern[317] die Dauer meines Aufenthaltes bei den Waffenstillstandsverhandlungen unbestimmt ist, und es sich voraussichtlich um Beratung der deutschen Unterhändler bei allen Fragen wirtschaftlichen Inhalts für längere Zeit handelt, bitte ich zu veranlassen, dass mir die Reiseerlaubnis nicht nur von Cöln nach Trier beziehungsweise Spa und von dort hierhin zurück, sondern auch von Trier beziehungsweise Spa nach Berlin und von Berlin nach Cöln erteilt wird. Ich werde voraussichtlich den gesamten, mir bei der Disconto-Gesellschaft und

---

312 Gemeint ist Matthias Erzberger.
313 Briefpapier «D^R. GEORG SOLMSSEN / CÖLN / UNTER SACHSENHAUSEN 4», 3 Blätter, 3 Vorderseiten maschinenschriftlich beschrieben, handschriftliche Vermerke «<u>Sofort.</u>» und «Die Sache ist erledigt.», in: RWWA, Abt. 39, Nr. 1, Fasz. 1, Bl. 26–28.
314 Telegramm von Stockhammern an Solmssen 10.12.1918, in: RWWA, Abt. 39, Nr. 1, Fasz. 1, Bl. 29; hier abgedruckt.
315 Gemeint ist Franz von Stockhammern.
316 Telegramm von Stockhammern an Solmssen 11.12.1918, in: RWWA, Abt. 39, Nr. 1, Fasz. 1, Bl. 30 (oben); hier abgedruckt.
317 Telegramm von Stockhammern an Solmssen 11.12.1918, in: RWWA, Abt. 39, Nr. 1, Fasz. 1, Bl. 30 (unten). Darin teilt Stockhammern lediglich mit, dass «Aufenthaltsdauer in Spa unbestimmt» sei.

beim A. Schaaffhausen'schen Bankverein A.G. zur Verfügung stehenden Apparat benötigen, um schnell und zuverlässig Auskunft heranschaffen zu können und ebenso auch mich mit allen in Frage kommenden wirtschaftlichen Stellen der Rheinprovinz rasch in Verbindung setzen müssen. Bei der Behinderung des Schriftverkehrs und bei der Unmöglichkeit, die zu stellenden Fragen durch die Zensur passieren zu lassen, werde ich nur durch persönliches Hin- und Herreisen die Aufgabe bewältigen können. Es dürfte sich daher empfehlen, dass die Gelegenheit, dass jetzt bei der englischen Kommandantur das Gesuch gestellt wird, um mir die Reiseerlaubnis zu verschaffen, dazu benutzt wird, um diese Reiseerlaubnis im weitesten Umfange herbeizuführen, sodass ich wirklich im Stande bin, nützliche Arbeit zum Besten des Ganzen zu leisten.

Schon jetzt möchte ich bemerken, dass ich glaube, in Kürze genötigt zu werden, mir Hilfskräfte noch beizugesellen und dass ich eventuell auch für diese, deren Bezeichnung ich mir vorbehalte, später ähnliche Gesuche zu stellen haben werde.

Im Voraus für jede im Interesse der Sache erfolgende Bemühung verbindlichst dankend, zeichne

mit vorzüglicher Hochachtung

[gez.] Solmssen.

PS. Die Originaldepeschen legt der Ueberbringer dieses Briefes vor. Ich bitte durch Ihr Büro die Uebereinstimmung mit den Abschriften bestätigen zu lassen.
W[ie]. o[ben].
[gez.] S[olmssen].

Herrn Oberbürgermeister Dr. Adenauer,
<u>Cöln.</u>

Georg Solmssen an Louis Hagen, 16.12.1918[318]

Durch Eilboten.   z[ur].Z[ei]t. Spa 16. Dez[em]b[er]. [19]18.
Deutsche Waffenstillstands-Kommission

Sehr geehrter Herr Geheimrat!
Ich habe Sie leider heute nicht mehr vor meiner Abreise telefonisch erreichen können und mich darauf beschränken müssen, Herrn von Guilleaume[319] zu ersuchen, darauf hinzuweisen, dass es mir nicht zweckentsprechend erscheint, neben der

---

318 Presskopie, 3 Blätter, 3 Vorderseiten maschinenschriftlich beschrieben, nicht eigenhändig gezeichnet, in: RWWA, Abt. 39, Nr. 1, Fasz. 1, Bl. 56ff.

319 Gemeint ist einer der drei Brüder Theodor, Max oder Arnold von Guilleaume.

durch mich hier[320] einzuleitenden Aktion eine Parallelaktion durch Herrn Otto Wolff zu beginnen. Wenn ich Herrn Dr. Wiedenfeld[321] am Sonnabend recht verstanden habe, beabsichtigt die Handelskammer ihre Eingabe durch Herrn Otto Wolff hier überreichen zu lassen. Dies erscheint mir nicht erforderlich und auch nicht zweckdienlich: nicht erforderlich, weil es genügt, wenn die Handelskammer die Eingabe brieflich an Herrn Generalmajor von Winterfeldt[322] als Leiter der hiesigen Verhandlungen sendet; nicht zweckdienlich, weil, wie ich hier festgestellt habe und Ihnen streng vertraulich und nicht zur Weitergabe an Andere mitteile, Herr Otto Wolff «lediglich zur Information des Vorsitzenden der Deutschen Waffenstillstands-Kommission, Herrn Staatssekretär Erzberger[323], bestimmt ist, um diesen über die Lage in den besetzten Gebieten zu unterrichten, dagegen mit der hiesigen Deutschen Waffenstillstands-Kommission keinerlei Verbindung hat, nicht zu der hiesigen Deutschen Waffenstillstands-Kommission gehört und von Herrn Erzberger mit einer besonderen Spezialvollmacht für jeden Fall versehen werden wird, in dem er ihm besondere Aufträge erfüllen soll.» Sie würden daher durch Weitergabe der Eingabe an Herrn Otto Wolff die Weiterleitung derselben an Herrn Erzberger nach Berlin bewirken, während wir doch alle darin einig sind, dass es darauf ankommt, den hiesigen[324] Instanzen die Unterlagen für die Verhandlungen zu liefern. Um hierbei mitzuwirken, bin ich «als Vertreter der wirtschaftlichen Interessen Deutschlands aufgefordert worden, mich zur Teilnahme an den Deutschen Waffenstillstands-Verhandlungen nach Spa zu begeben und bei Herrn Generalmajor von Winterfeldt zu melden und gehöre nunmehr der Deutschen Waffenstillstands-Kommission an.» Ich glaube also in vollem Umfange die Kompetenz dafür zu besitzen, in nachdrücklicher Weise unter anderem hier für die Interessen der Rheinlande einzutreten und dafür zu sorgen, dass die richtigen Leute im richtigen Augenblick gehört werden.

Es wird nunmehr versucht werden, in umfassender Weise die wirtschaftlichen Schädigungen darzustellen, welche durch die Absperrungsmassnahmen für das abgesperrte linksrheinische Gebiet und die abgesperrten rechtsrheinischen Teile eintreten, um der Entente die Konsequenzen ihres Vorgehens vor Augen zu führen und vielleicht damit an die Hilfe der Amerikaner zu appellieren. Diese sehr umfassende Arbeit, die in kurzer Zeit durchgeführt und wenn auch auf breitem Material fussend in kurzen Darlegungen zusammengefasst werden muss, wird auf eine Reihe der wirtschaftlichen Kommissionsmitglieder verteilt, die nach einem gemeinsam aufgestellten Plane zu Werke gehen. Das von Cöln gelieferte Material wird hierbei volle Verwendung finden.

Ich hoffe morgen von hier nach Berlin und von dort in den nächsten Tagen nach Cöln reisen zu können und beabsichtige mich so einzurichten, dass ich hier nur er-

320 Gemeint ist Spa.
321 Gemeint ist Kurt Wiedenfeld.
322 Gemeint ist Detlof von Winterfeldt.

323 Gemeint ist Matthias Erzberger.
324 Maschinenschriftlich unterstrichen.

scheine, wenn meine Anwesenheit absolut nötig ist. Dies ist zur Zeit nicht der Fall, da mit den wirtschaftlichen Sachverständigen der Entente bis jetzt nicht weiterzukommen war und dieselben mangels einer Verständigung wieder abgereist sind.
Mit freundlichen Grüßen
Ihr ganz ergebener
gez. Dr. Solmssen

Herrn Geheimer Kommerzienrat Dr. Louis Hagen
per Adresse: Firma A. Levy
Cöln.

Georg Solmssen an Karl Aselmeyer, 17.12.1918[325]

Zur Zeit Spa, 17.12.[19]18.

Deutsche Waffenstillstands-Kommission

Lieber Vater!
Ich bin als Mitglied der Deutschen Waffenstillstands-Kommission gestern zu den hiesigen Verhandlungen hier eingetroffen und habe die Freude gehabt, dass in der ersten der sonst sehr traurigen Sitzungen mit den Entente Vertretern der amerikanische General eine Erklärung seiner Regierung abgab, wonach eine vor Kurzem von ihm erhobene Klage wegen schlechter Behandlung der amerikanischen Kriegsgefangenen in Karlsruhe sich bei näherer Prüfung als völlig ungerechtfertigt erwiesen habe, sodass er diese Klage zurücknehmen und um Entschuldigung dafür bitten könne, dass sie überhaupt erhoben worden sei.
Ich konnte also einer auch Dich betreffenden Ehrenerklärung der Karlsruher Kriegsgefangenen-Verwaltung beiwohnen und nehme an, dass es Dich freuen wird, von mir dieses zu hören.
Ich bin hier nur in Intervallen tätig, sodass Briefe mich nach wie vor am besten in Cöln treffen.
Viele Grüsse an Dich und Mutter Anna[326]
Dein
gez. Georg Solmssen

Herrn Karl Aselmeyer
Karlsruhe i. B.
Richard-Wagner-Strasse 15.

---

325 Presskopie, 1 Blatt, Vorderseiten maschinenschriftlich beschrieben, nicht eigenhändig gezeichnet, in: RWWA, Abt. 39, Nr. 1, Fasz. 1, Bl. 64.

326 Gemeint ist Anna Aselmeyer.

Georg Solmssen an Paul Clemen, 18.12.1918[327]

Zur Zeit Spa, 18.12.[19]18.

Lieber Herr Clemen!
Wie ich Ihnen am Telefon bereits sagte, habe ich beantragt, dass Sie schleunigst hierher gebeten werden, um den Vertretern des Auswärtigen Amtes in der Waffenstillstands-Kommission mit aller Schnelligkeit einen kurzen Bericht zu liefern, der geeignet ist, Herrn Wilson[328] in die Hände gespielt zu werden, bevor er seine Rundreise über die Kampfstätten antritt, da diese Reise seitens der Gegner dazu benutzt werden wird, bei Herrn Wilson die ihnen nützliche Stimmung zu verstärken, ist es von grosser Bedeutung, alles, was in unseren Kräften steht, zu tun, der Darstellung der Dinge, die serviert werden wird, entgegenzuarbeiten. Viel zu machen wird natürlich nicht sein. Immerhin schien es möglich, Ihre genaue Kenntnis der Relation der Zerstörung durch uns und die Feinde dazu zu benutzen, um an prägnanten Beispielen zu zeigen, wie die Dinge sich wirklich abgespielt haben.
Ich konnte mich am Telefon, bei dem die Belgier wahrscheinlich mithören, nicht auf nähere Angaben einlassen, hoffe aber, dass Sie den Sinn meiner Mitteilungen richtig verstanden haben und das erforderliche Material zur Ausarbeitung eines kurzen Berichts hierher mitbringen werden. Der Zweck des Berichts kann nur erreicht werden, wenn derselbe sofort den Amerikanern übergeben werden kann. Herr Gesandter von Haniel[329], der die Initiative zu Ihrer Herberufung ergriffen hat, wird Sie über alles Nähere informieren.
Ich selbst muss heute Abend nach Berlin reisen und werde von dort nach Cöln gehen. Ich bedaure sehr, dass wir nicht gleichzeitig hier sein können und bin mit freundlichen Grüssen
der Ihrige

Herrn Geheimrat Paul Clemen

Georg Solmssen an Matthias Erzberger, 27.12.1918[330]

27. Dezemb[er]. 1918.

Eure Excellenz
beehre ich mich darauf hinzuweisen, dass, wie ich höre, es in den Kreisen der rheinisch-westfälischen Industrie ausserordentliches Unbehagen erregt hat, dass

---

327 Presskopie, 2 Blätter, 2 Vorderseiten maschinenschriftlich beschrieben, zweite Seite nummeriert, ohne Unterschrift, in: RWWA, Abt. 39, Nr. 1, Fasz. 1, Bl. 68.
328 Gemeint ist Woodrow Wilson.
329 Gemeint ist Edgar Haniel von Haimhausen.

330 Presskopie, 2 Blätter, 2 Vorderseiten maschinenschriftlich beschrieben, zweite Seite nummeriert, Paraphen u.a. von Georg Solmssen, Robert Pferdmenges und Arnold Frese, in: RWWA, Abt. 39, Nr. 1, Fasz. 1, Bl. 78.

keine Vertreter der grossen Werke an den Sachverständigen-Verhandlungen in Spa und den sich daran anknüpfenden Besprechungen teilzunehmen in der Lage sind. Ich gestatte mir, Sie hiervon in Kenntnis zu setzen und darauf hinzuweisen, dass die Berufung von Herren, wie Herrn Geheimen Baurat, Generaldirektor Dr. Beukenberg[331], Herrn Generaldirektor Vögler[332], Herrn Generaldirektor Dr. Hasslacher[333] und anderen für die einzelnen Branchen in Frage kommenden hervorragenden Vertretern der rheinisch-westfälischen Industrie den zur Behandlung der auftauchenden Fragen berufenen Sachverständigen deren Aufgabe ausserordentlich erleichtern würde, weil es unumgänglich erforderlich ist, die massgebenden Führer der grossen Gruppen selbst zu Wort kommen zu lassen. Ich glaube, dass den von mir genannten Herren schwerlich der Vorwurf gemacht werden könnte, in der Vergangenheit auf politischem Gebiete zu einseitige Auffassung vertreten zu haben. Jedenfalls geniessen dieselben das Vertrauen weitester wirtschaftlicher Kreise, sodass die Stellung der Deutschen Waffenstillstands-Kommission selbst erheblich erleichtert würde, wenn die Allgemeinheit die Beruhigung hätte, dass sich trotz Berufung dieser Kräfte nicht mehr als der Fall sein wird erreichen liess.
Die von mir eingeleiteten Ermittlungen für die Wirkung der Abschnürung der besetzten Gebiete auf deren wirtschaftliches Leben sind in vollem Gange und ich hoffe mit den Arbeiten so schnell voranzukommen, um in Kürze der unter dem Vorsitz des Herrn Geheimen Regierungsrat Flach[334] stehenden Kommission das erforderliche Material zustellen zu können.
In vorzüglicher Hochachtung
Euer Excellenz
ganz ergebener
[gez.] Solmssen.

Excellenz
Staatssekretär Erzberger
Vorsitzender der Deutschen Waffenstillstands-Kommission
Berlin.W.9.
Budapesterstrasse 14.

---

331 Gemeint ist Heinrich Wilhelm Beukenberg.
332 Gemeint ist Albert Vögler.
333 Gemeint ist Johann Jakob Hasslacher.
334 Gemeint ist Hans Flach.

Georg Solmssen an Matthias Erzberger, 10.01.1919[335]

10. Januar 1919

Euer Excellenz
geehrtes Schreiben vom 4. d[es]. M[onats].[336] kann ich infolge des Umstandes, dass ich während meiner hiesigen Anwesenheit den Tod meines Vaters[337] zu beklagen hatte, erst heute beantworten. Ich glaube, dass die Ausführungen meines Schreibens vom 3.d[es]. M[onats].[338] eine missverständliche Auffassung gefunden haben. Ich stimme durchaus darin überein, dass nicht die gesamte Schar der Sachverständigen an Ort und Stelle der Friedensverhandlungen tätig sein kann. Ich stehe aber auf dem Standpunkte, dass es erforderlich ist, die Verhandlungen in so umfassender Weise wie möglich vorzubereiten, um bei allen auftauchenden Fragen über das beste sachverständige Urteil aus Interessenkreisen jederzeit verfügen zu können. Da der Westen zurzeit so gut wie ganz abgeschnitten ist, würde es ohne besondere Vorkehrungen ausgeschlossen sein, für die Vorbereitungen der Friedensverhandlungen überhaupt die Mitarbeit der im besetzten Gebiete ansässigen Sachverständigen nutzbar zu machen. Dieser Erwägung entspringt auch mein Vorschlag, für die einzelnen Branche-Gruppen mindestens je einen der in den besetzten Gebieten ansässigen Sachverständigen für die Friedensverhandlungen zu ernennen, und die Parallel-Arbeit dieser westlichen Sachverständigen mit den im unbesetzten Deutschland tätigen Sachverständigen sicherzustellen. Dieser Sicherstellung soll die von mir vorgeschlagene ständige Kommission dienen, die in Köln domiziliert und bestimmt ist, das gesamte die besetzten Gebiete betreffende Material für die Friedens-Vorbereitungen zu sammeln, und den Kontakt mit der Zentrale in Berlin aufrecht zu erhalten. Die Dauer-Kommission, deren Einsetzung für Berlin beschlossen ist, ist meines Erachtens, wie die Dinge heute liegen, gänzlich ausser stande, die Interessen der besetzten Lande überhaupt wahrzunehmen, weil nach meinen täglichen Erfahrungen der Konnex mit ihnen so gut wie ganz abgeschnitten ist.
Andererseits sehe ich in dieser, von den besetzten Gebieten dringend gewünschten Herbeiführung ihrer Mitwirkung bei den Friedensvorbereitungen eines der wenigen uns gebliebenen letzten Mittel, um dem im besetzten Gebiete bereits sehr stark propagierten Gedanken entgegenzutreten, dass in der Zentral-Leitung des Reichs die Gefahr, in der das besetzte Gebiet schwebt, nicht genügend gewürdigt wird. Diese Auffassung ist der Grund dafür, dass die verhältnismässig kleine Schar

---

335 Presskopie, 4 Blätter, 4 Vorderseiten maschinenschriftlich beschrieben, Paraphe von Georg Solmssen, ohne Unterschrift, in: RWWA, Abt. 39, Nr. 1, Fasz.1, Bl. 96–99.
336 Dieses Schreiben ist in RWWA, Abt. 39, Nr. 1, Fasz.1, nicht enthalten.
337 Adolph Salomonsohn starb am 4.1.1919 in Berlin.
338 Dieses Schreiben ist in RWWA, Abt. 39, Nr. 1, Fasz.1, nicht enthalten.

massgebender Leute, die mit Aufbietung aller Kraft dem Loslösungsgedanken entgegenzutreten versucht, gegenüber der separatistischen Strömung einen so ausserordentlich schwierigen Stand hat. Wird die Stellung dieser Vertreter der gemeinschaftlichen deutschen Interessen nicht schnell durch Massnahmen, die von der Zentralleitung des Reichs ausgehen, nachdrücklichst unterstützt, so sehe ich die Abkehrung der besetzten Gebiete vom übrigen Deutschland sich in rascher Folge vollenden.

Ich bitte daher nochmals dringend, meiner Anregung näherzutreten und dieselbe nicht als durch die in Ihrem Briefe vom 4. d[es]. M[onats]. erwähnte Massnahme erledigt zu betrachten. Ich darf hinzufügen, dass der Herr Staatssekretär des Auswärtigen Amts, Excellenz Graf Brockdorff-Rantzau[339], dem ich die Angelegenheit eingehend mündlich vorgetragen habe, sowie Herr Ministerialdirektor von Stockhammern[340], mit dem ich sie ebenfalls besprochen habe, meiner Auffassung durchaus beipflichten und deren Unterstützung für erforderlich erklärten. Durch den bereits erwähnten Trauerfall ist es mir leider unmöglich geworden, vor meiner heute Abend erfolgenden Abreise nach Köln Euer Excellenz nochmals meine Aufwartung zu machen, um, wie ich es lieber gewollt hätte, die vorstehenden Gedanken mündlich zu erläutern. Ich hoffe aber, dass auch die schriftliche Darlegung meiner Gründe das Vertrauen finden wird, das [!] ich als genauer Kenner der westlichen Verhältnisse und der dort herrschenden Stimmung den vorstehenden Rat nicht ohne sehr wichtigen Anlass gebe. Jedenfalls möchte ich mich nicht der Verantwortung aussetzen, nicht zur rechten Zeit auf die Notwendigkeit hingewiesen zu haben, der Stimmung der wirtschaftlichen Führer des besetzten Gebietes Rechnung zu tragen.

Herr Professor Jungk[341] telegraphierte mir, dass er bereit sei, sich dem Pressedienst in Spaa zu widmen, bittet mich aber, zunächst das weitere mit ihm in Köln zu besprechen. Ich werde mir erlauben, nach meiner Rückkehr nach Köln Euer Excellenz über das Ergebnis der Besprechung zu berichten.

Mit vorzüglicher Hochachtung
Euer Excellenz
ganz ergebener

Seiner Excellenz
Staatssekretär Erzberger
Vorsitzender der Deutschen Waffenstillstands-Kommission
<u>Berlin W.9.</u> Budapesterstrasse 14.

---

339 Gemeint ist Ulrich Graf Brockdorff-Rantzau.
340 Gemeint ist Franz von Stockhammern.
341 Gemeint ist möglicherweise Arthur Jung.

Carl Bosch an Georg Solmssen, 28.01.1919[342]

28. Jan[uar]. 1919. W/T.

Sehr geehrter Herr Doktor!
Die Denkschriften über die Absperrung der Pfalz vom rechten Rheinufer[343] und über die Verhältnisse der chemischen Industrie im besetzten Gebiet[344] sind seit längerem fertiggestellt, ohne dass sich trotz vieler Bemühungen eine Möglichkeit gefunden hätte, sie den Stellen, für welche sie vor allem bestimmt sind, nämlich der deutschen Waffenstillstandskommmission und Geheimrat Flach[345] vom Reichswirtschaftsamt zuzustellen. Obwohl der Inhalt der Denkschrift und der Anlagen keine Geheimnisse enthält, habe ich doch Bedenken getragen, sie in offenem Brief der Prüfung der französischen Behörden zu unterwerfen.
Ich wende mich deshalb an Sie mit der Bitte, sie einem in Köln durchkommenden Kurier der Waffenstillstandskommission mitzugeben und zwar 4 Abdrücke mit sämtlichen Anlagen und dem Begleitschreiben für die Herren in Spaa, 3 Abdrücke mit denselben Anlagen für Geheimrat Flach in Berlin.
Ich füge einen Abdruck beider Denkschriften für Ihren eigenen Gebrauch bei; weitere Abdrücke der Anlagen habe ich nicht mehr zur Verfügung.
Ich selbst sitze leider immer noch hier[346] fest, da ich von Berlin die von der Besatzung für die Ausstellung eines Reisepasses geforderte schriftliche Bestätigung, dass ich Mitglied der wirtschaftlichen Kommission bin, noch nicht erhalten habe. Zwar habe ich sofort alle Schritte getan, um in den Besitz dieser Bestätigung zu gelangen, konnte aber bisher trotz wiederholter Briefe und dringender Telegramme von Berlin keinerlei Nachricht erhalten.
Für Ihre freundliche Bemühung verbindlichst dankend,
bin ich
Ihr sehr ergebener
[gez.] C[arl]. Bosch

Herrn
Dr. jur. Georg Solmssen,
<u>Köln</u>
A. Schaaffhausen'scher Bankverein.

---

342 Briefpapier «DR. CARL BOSCH / BADISCHE ANILIN- & SODA-FABRIK / LUDWIGSHAFEN AM RHEIN; / Wöhlerstraße 16b.», 2 Blätter, 2 Vorderseiten maschinenschriftlich beschrieben, Paraphen von Georg Solmssen, Karl Kimmich und Robert Pferdmenges, in: RWWA, Abt. 39, Nr. 1, Fasz.1, Bl. 121f.
343 Denkschrift über die Folgen der Absperrung des linken Rheinufers auf die Rheinpfalz, in: RWWA, Abt. 39, Nr. 1, Fasz.1, Bl. 123–133.
344 Die deutsche Chemische Industrie im besetzten Gebiet, in: RWWA, Abt. 39, Nr. 1, Fasz.1, Bl.134–142.
345 Gemeint ist Hans Flach.
346 Gemeint ist Ludwigshafen.

Georg Solmssen an Carl Bosch, 30.01.1919[347]

11z.   30. Januar 1919.

Sehr geehrter Herr Bosch!
Ich bestätige dankend den Empfang Ihres Briefes vom 28. d[es]. M[ona]ts. nebst den für mich bestimmten Anlagen[348] und habe die übrigen Anlagen wunschgemäss weitergegeben[349].
Ich habe mit grossem Interesse von Ihrer Arbeit Kenntnis genommen und freue mich, zu sehen, dass wir bei Führung der von uns übernommenen Arbeit von einander berührenden Methoden ausgegangen sind. Auch ich habe die Güterbewegung als Grundlage der Betrachtung gewählt und alsdann an Hand der seitens der Handelskammer zur Verfügung gestellten Ziffern nachzuweisen versucht, dass rechtsrheinische und linksrheinische Industrie und Handel in unmittelbarem Zusammenhang miteinander stehen und Konsequenzen von unabsehbarer Tragweite eintreten müssen, wenn dieselben willkürlich auseinandergerissen werden. Das mir zur Verfügung gestellte Material ist tabellarisch zusammengestellt worden. Die Arbeit krankt daran, dass ich, genau so wie Sie, infolge der Verkehrshindernisse auf grosse Schwierigkeiten gestossen bin, exakte Daten zusammenzubringen, dadurch nur sehr langsam vorankam und teilweise auch kein lückenloses Material zu beschaffen vermochte.
Herr Geheimrat Flach[350] ist zur Zeit in Spa, um die Verhandlungen wegen der landwirtschaftlichen Maschinen zu führen. Ich erwarte demnächst von ihm zu hören, wann unsere Arbeiten Fortsetzung finden sollen, werde allerdings zunächst nach Berlin gehen müssen, wo ich die nächste und einen Teil der übernächsten Woche zu tun haben werde.
Ich gestatte mir die Gelegenheit zu benutzen, Ihnen beiliegend ein Exemplar meiner am 14. d[es]. M[ona]ts. gehaltenen Wahlrede[351] zu halten [!] und bin
mit freundlichen Grüssen
Ihr sehr ergebener
[gez.] Solmssen.

Dr. phil. Carl Bosch,
<u>Ludwigshafen a[m]/Rh[ein]</u>
Wöhlertstrasse [!] 16 b.

---

347 Presskopie, 2 Blätter, 2 Vorderseiten maschinenschriftlich beschrieben, Paraphen u. a. von Georg Solmssen, Robert Pferdmenges und Arnold Frese, in: RWWA, Abt. 39, Nr. 1, Fasz. 1, Bl. 145f.
348 Gemeint sind die Ausarbeitungen «Denkschrift über die Folgen der Absperrung des linken Rheinufers auf die Rheinpfalz» und «Die deutsche Chemische Industrie im besetzten Gebiet», in: RWWA, Abt. 39, Nr. 1, Fasz. 1, Bl. 123–142.
349 Solmssen an Regierungsrat Flach, Deutsche Waffenstillstands-Kommission Spa, 30.1.1919, in: RWWA, Abt. 39, Nr. 1, Fasz. 1, Bl. 143f.
350 Gemeint ist Hans Flach.
351 Georg Solmssen, Zusammenbruch und Wiederaufbau der deutschen Volkswirtschaft. Auszug aus einer Wahlrede, gehalten in der Versammlung von Anhängern sämtlicher bürgerlichen Parteien Kölns am 14. Januar 1919, in: ders., Beiträge zur

Georg Solmssen an Louis Hagen, 13.02.1919[352]

11z.   13. Februar 1919.

Sehr geehrter Herr Geheimrat!
Ich beehre mich, Ihnen beiliegend ein Exemplar des von mir der Deutschen Waffenstillstands-Kommission erstatteten Berichtes[353], der auf dem mir von der Handelskammer Köln gelieferten Material fusst, zu überreichen, indem ich gleichzeitig für die seitens der Handelskammer bei meiner Arbeit gewährte Unterstützung verbindlichst danke.
Sollten Sie für die Zwecke der Handelskammer weitere Exemplare des Berichtes benötigen, so stehen dieselben gerne zur Verfügung und bitte ich gegebenenfalls die Zahl der benötigten Exemplare meinem Büro aufzugeben.
In vorzüglicher Hochachtung
Ihr sehr ergebener
[gez.] Solmssen.

An den Vorsitzenden der Handelskammer Köln
Herrn Geheimer Kommerzienrat Dr. phil. Louis Hagen,
<u>Köln.</u>

Georg Solmssen an Matthias Erzberger, 15.02.1919[354]

4/Bm.   15. Februar 1919.

Eurer Exzellenz
übersende ich beiliegend ein Exemplar einer von mir gefertigten Zusammenstellung von Material zur Beurteilung der Wirkung der wirtschaftlichen Absperrung des linken Rheinufers.[355] Die Fertigstellung der Arbeit hat sich verzögert, weil die Erhebungen der zum Bericht aufgeforderten Handelskammern infolge der erschwerten Verkehrsverhältnisse nur sehr langsam von statten gingen.
Die gelieferten Ziffern sind selbstverständlich nach keiner Richtung erschöpfend,

---

     Deutschen Politik und Wirtschaft 1900–1933, Bd. 1, S. 31–56.
352 Presskopie, 1 Blatt, Vorderseite maschinenschriftlich beschrieben, Paraphen u. a. von Karl Kimmich, Robert Pferdmenges, Arnold Frese und Max Worch, in: RWWA, Abt. 39, Nr. 1, Fasz. 1, Bl. 213.
353 Gemeint ist das als Manuskript bei M. Dumont Schauberg in Köln gedruckte «Material zur Beurteilung der wirtschaftlichen Wirkungen der Absperrung des linken Rheinufers» in: BA, R901, 80913, Bl. 32–41.

354 Presskopie, 1 Blatt, Vorderseite maschinenschriftlich beschrieben, Paraphen u. a. von Georg Solmssen, Robert Pferdmenges, Arnold Frese, Karl Kimmich und Max Worch, in: RWWA, Abt. 39, Nr. 1, Fasz. 1, Bl. 229. Ein fast identisches Schreiben Solmssens an Graf von Brockdorff-Rantzau mit gleicher Anlage, 17.2.1919, in: BA, R901, 80913, Bl. 31.
355 «Material zur Beurteilung der wirtschaftlichen Wirkungen der Absperrung des linken Rheinufers», in: BA, R901, 80913, Bl. 32–41.

sondern können nur als Beispiele für die durch die Absperrung bereits eingetretenen und noch zu erwartenden Wirkungen benutzt werden.
Mit vorzüglicher Hochachtung
[gez.] Solmssen.

Seiner Exzellenz
Herrn Reichsminister Dr. Erzberger
Vorsitzender der Deutschen Waffenstillstands-Kommission
Trier

Georg Solmssen an Edgar Haniel von Heimhausen, 27.02.1919[356]

27. Februar 1919.

Sehr verehrter Herr Minister!
Bezugnehmend auf unsere heutige telefonische Unterhaltung beehre ich mich Ihnen beiliegend Ausschnitt aus der Nummer 42032 der Times vom 24. Februar 1919 betreffend das Rencontre zwischen Marschall Foch[357] und Generalmajor von Winterfeldt[358] zu überreichen.[359] Die aus dem Figaro übernommene Notiz hat die Runde durch die französische und englische Presse gemacht und findet nunmehr in der ebenfalls beiliegenden Erklärung des Generalmajors von Winterfeldt, die in Nummer 104 vom 26. d[es]. M[onats]. in der Vossischen Zeitung enthalten ist, ihr Dementi.[360] Mit Rücksicht auf die Schwere des Angriffes, welche die Mitteilung des Figaro gegen den früheren Vorsitzenden der Deutschen Waffenstillstands-Kommission enthält und die unglaubliche Leichtfertigkeit, mit der diese Mitteilung von der Times verbreitet worden ist, gestatte ich mir die dringende Anregung, namens der Deutschen Waffenstillstands-Kommission in einer besonderen Note dagegen zu protestieren, dass der Ruf des früheren Vorsitzenden der Deutschen Waffenstillstands-Kommission in dieser unglaublichen Weise verunglimpft wird. Bis jetzt habe ich nicht gesehen, dass die französischen und englischen Zeitungen ein Dementi dieses Angriffes gebracht hätten und es wäre daher berechtigt, zu verlangen, dass ein solches Dementi von offizieller Seite erfolgt.

---

356 Presskopie, 2 Blätter, 2 Vorderseiten maschinenschriftlich beschrieben, Paraphen u. a. von Georg Solmssen und Robert Pferdmenges, in: RWWA, Abt. 39, Nr. 1, Fasz.1, Bl. 252f.
357 Gemeint ist Ferdinand Foch.
358 Gemeint ist Detlof von Winterfeldt.
359 Abschrift des Artikels «A German's French Honour», in: The Times 24.2.1919, in: RWWA, Abt. 39, Nr. 1, Fasz.1, Bl. 254. Die kurze Notiz erwähnt die Begegnung von Winterfeldts mit Foch am 11.11.1918, bei der von Winterfeldt das Kreuz der französischen Ehrenlegion getragen habe, das ihm vor dem Krieg verliehen worden sei. Foch habe darauf mit der Bemerkung reagiert: «I authorize you, Sire, to remove it.»
360 Abschrift des Dementis unter der Überschrift «Protest General Winterfeldt», in: Vossische Zeitung 26.2.1919, in: RWWA, Abt. 39, Nr. 1, Fasz.1, Bl. 254.

Ich glaube, es wird einen sehr guten Eindruck machen, wenn, nachdem das Dementi des Herrn Generalmajor von Winterfeldt ergangen ist, auch in der Oeffentlichkeit bekannt wird, dass ohne Verzug die Deutsche Waffenstillstands-Kommission ihrerseits den in dem Dementi liegenden Protest aufgenommen und die perfide Beschuldigung der französischen und englischen Presse niedriger gehängt hat.
In vorzüglicher Hochachtung
Ihr sehr ergebener
[gez.] Solmssen.

An den Gesandten,
Legationsrat Dr. von Haniel,
Deutsche Waffenstillstands-Kommission,
Spa.

Georg Solmssen an Carl Melchior, 04.03.1919[361]

4. März 1919.

Sehr geehrter Herr Doktor!
Bezugnehmend auf unsere heutige Unterhaltung übersende ich Ihnen beiliegend drei Eingaben[362] betreffend zur Zeit hier schwebende Angelegenheiten, deren Kenntnis für Ihre dortigen Verhandlungen für Sie von Interesse sein könnte. Dieselben beziehen sich:
1.) auf die Lebensmittel-Beschaffung durch die britische Behörde für das britisch besetzte Gebiet,
2.) auf die Frage der eventuellen Beschlagnahme der deutschen Kabeldampfer,
3.) auf die Zwangseintragung von Hypotheken auf deutschem Privateigentum für den belgischen Staat.[363]
Wenn erforderlich, bin ich bereit, alsbald nach Spa zu kommen, müsste aber bitten, mich spätestens bis zum Abend des meiner Abreise vorhergehenden Tages telefonisch, sei es bis sieben Uhr abends unter der Nummer des A. Schaaffhausen'schen Bankvereins A.G., A 7048, und von da an unter der Nummer meiner Privatwohnung, A 4042, zu benachrichtigen. Ich könnte dann am nächsten Morgen hier abreisen.
Im besetzten Gebiet ist es unangenehm empfunden und zum Gegenstand öffentli-

---

361 Presskopie, 2 Blätter, 2 Vorderseiten maschinenschriftlich beschrieben, Paraphen u. a. von Georg Solmssen, Karl Kimmich und Arnold Frese, in: RWWA, Abt. 39, Nr. 1, Fasz.1, Bl. 265.

362 Diese Eingaben sind in der Akte nicht enthalten.

363 Handschriftliche, teilweise nicht entzifferbare Randnotiz «Copien bei d[en]. entsprechenden [...] Akten».

cher Erörterung gemacht worden, dass kein Vertreter des besetzten Gebiets den gegenwärtigen Verhandlungen beiwohnt³⁶⁴. Ich wollte Sie dieserhalb gelegentlich meiner letzten Anwesenheit in Berlin ansprechen, konnte Sie aber leider nicht telefonisch erreichen. Sollten sich bei den dortigen Verhandlungen Fragen ergeben, die das besetzte Gebiet betreffen, so möchte ich dringend bitten, mich alsbald in Kenntnis zu setzen.
In steter Wertschätzung
Ihr ergebener
[gez.] Solmssen.

Dr. Melchior
Deutsche Waffenstillstandskommission
Spa.

Vorstand des A. Schaaffhausen'schen Bankvereins (Georg Solmssen und Karl Kimmich) an Direktion der Disconto-Gesellschaft, 27.03.1919³⁶⁵

Cöln, den 27. März 1919.

Deutsch-Atlantische Telegraphen-Gesellschaft
Deutsch-Südamerikanische Telegraphen-Ges[ellschaft].

Wir nehmen Bezug auf Ihre uns durch unseren Herrn Direktor Weißel³⁶⁶ übermittelte Anregung, mit Rücksicht auf den möglichen Besitzübergang der deutschen Kabel auf die Alliierten auf eine Hebung des Kurses der Aktien obiger Gesellschaften durch Aufnahmen hinzuwirken. Wir danken Ihnen für Ihre freundliche Anregung und möchten zur Sache selbst folgendes ausführen:
Wir vor einiger Zeit in den feindlichen Zeitungen zu lesen war, beschäftigt sich eine besondere Kommission der alliierten Regierungen mit der Frage der Wegnahme sämtlicher deutschen Kabel sowie der Verteilung dieser unter die einzelnen feindlichen Mächte. In Verfolg dieser Meldungen hat der Linksunterzeichnete³⁶⁷ sich mit dem Reichspostamt in Verbindung gesetzt und erreicht, daß auch deutscherseits eine solche Kommission gebildet wird, der Gelegenheit gegeben werden

---

364 Handschriftliche Korrektur von «beiwohne» zu «beiwohnt».
365 Presskopie, Briefpapier «A. Schaaffhausen'scher Bankverein A.G. / Cöln, den», 3 Blätter, 3 Vorderseiten maschinenschriftlich beschrieben, nummeriert ab der zweiten Seite, handschriftlicher Vermerk «Kopie in Deutsch-Südamerik[anische].

Telegrafen-Ges[ellschaft]. Sekretariat & Aufsichtsrats-Akten», Paraphen u. a. von Georg Solmssen, Karl Kimmich, Max Worch und Arnold Frese, in: HADB, K2/1356.
366 Gemeint ist Wilhelm Weißel.
367 Gemeint ist Georg Solmssen.

soll, mit den Vertretern der alliierten Mächte in Gedankenaustausch einzutreten. Der Linksunterzeichnete soll dieser Kommission angehören.

Selbst wenn auch die Feinde ihr Vorhaben ausführen würden, so glauben wir nicht, dass die zu erwartende Entschädigung sich nach dem doch rein zufälligen Kurse der Aktien richten wird, sondern nach den Werten der in den feindlichen Besitz übergehenden Vermögensanteile der betreffenden Gesellschaften. Dies ist umsomehr anzunehmen, als die deutschen Kabelgesellschaften ausser den Kabeln noch andere Vermögenswerte besitzen, deren Besitzübergang nicht in Frage kommen würde, sodaß auch aus diesem Grunde die Höhe der Entschädigung sich nicht nach dem Kurswert der Aktien richten wird. Abgesehen hiervon würden wir Gefahr laufen, bei den beunruhigenden Meldungen über das künftige Schicksal der deutschen Kabelunternehmungen erhebliche Posten an Aktien aufnehmen zu müssen, was bei der zu erwartenden niedrigen Dividende sowohl der Deutsch-Südamerikanischen Telegraphen-Gesellschaft wie auch der Deutsch-Atlantischen Telegraphen-Gesellschaft ein immerhin erhebliches Risiko in sich birgt.

Schließlich würden wir, wenn der Aktienkurs nennenswert erhöht würde, unter Umständen die im Gange befindliche Ihnen bekannte Hilfsaktion seitens des Reichsschatzamtes zu Gunsten der Deutsch-Atlantischen Telegraphen-Gesellschaft gefährden, da dann seitens der Reichsbehörde mit einiger Berechtigung darauf hingewiesen werden könnte, dass die relativ günstige Kursentwickelung der Aktien eine finanzielle Beihilfe des Reiches nicht erforderlich mache.

Wir möchten daher aus den vorliegenden Gründen davon absehen, Ihrer freundlichen Anregung näherzutreten.

Selbstverständlich bleiben hierdurch die kleinen Kursregulierungen, die Sie im Interesse des Konsortiums für die Deutsch-Südamerikanische Telegraphen-Gesellschaft Aktien zur Zeit vornehmen, unberührt.

A. Schaaffhausen'scher Bankverein A.-G.
[gez.] Solmssen   [gez.] Kimmich

Direction der Disconto-Gesellschaft
Chef-Cabinet
Berlin W.8.

Johann Heinrich Graf von Bernstorff an Georg Solmssen, 10.04.1919[368]

Abschrift.

Auswärtiges Amt. Berlin, den 10. April 1919.
Geschäftsstelle für die W.8. Behrenstr. 21.
Friedensverhandlungen.

Euer Hochwohlgeboren
gestatte ich mir davon Kenntnis zu geben, dass Sie als Sachverständiger für die Fragen des linksrheinischen Gebietes auf Liste B. der Sachverständigen vermerkt worden sind.
gez. Bernstorff

Herrn Dr. Solmssen,
Köln.
Unter Sachsenhausen 4.

Georg Solmssen an Johann Heinrich Graf von Bernstorff, 28.04.1919[369]

28. April 1919.

Euer Excellenz
bestätige ich dankend den Empfang der mir durch Herrn Geheimrat Mathies[370] überbrachten Zuschrift vom 10. d[e]s. M[ona]ts.,[371] durch welche mir meine Ernennung als Sachverständiger für die Fragen des linksrheinischen Gebietes der Liste B) der Sachverständigen der Friedens-Kommission mitgeteilt wird.
Ich stelle mich für alle in Betracht kommenden Angelegenheiten zur Verfügung und wäre dankbar, wenn mir in möglichst grossem Umfange Gelegenheit gegeben würde, bei den Arbeiten der Kommission mitzuwirken.
Sehr erleichtert würde mir meine Funktion, wenn ich eine amtliche Bestätigung der Bestellung in einer Form erhielte, welche seitens der Passbehörde der alliierten

---

368 Abschrift, Presskopie, 1 Blatt, Vorderseite maschinenschriftlich beschrieben, handschriftlicher Vermerk «b[antworte[t] 22/4 [1919]», Paraphen u. a. von Karl Kimmich, Robert Pferdmenges, Arnold Frese und Max Worch, in: RWWA, Abt. 39, Nr. 1, Fasz. 5.
369 Presskopie, 1 Blatt, Vorderseite maschinenschriftlich beschrieben, Paraphen u. a. von Georg Solmssen, Karl Kimmich, Arnold Frese und Max Worch, in: RWWA, Abt. 39, Nr. 1, Fasz. 5.
370 Gemeint ist wahrscheinlich Hermann Mathies.
371 Graf von Bernsdorff an Solmssen 10.4.1919, in: RWWA, Abt. 39, Nr. 1, Fasz. 5; hier abgedruckt.

Regierungen abgestempelt werden kann, weil ich dadurch voraussichtlich erleichterte Passfacilitäten erhalten würde.
Mit vorzüglicher Hochachtung
Euer Excellenz
sehr ergebener
[gez.] Solmssen.

Seiner Excellenz,
dem Grafen Bernstorff,
Berlin.W.
Behrenstrasse 23.

Hans Büsing an Georg Solmssen, 21.05.1919[372]

Spa, 21. Mai 1919

Sehr geehrter Herr Dr. Solmssen!
Ich habe Ihnen noch für Ihre freundlichen Zeilen vom 10. Mai[373] zu danken. – Inzwischen haben wir ja nun alle die furchtbaren Bedingungen des Friedensvertragsentwurfes kennengelernt, die meines Erachtens unannehmbar sind und auch, wenn ihre Grundprinzipien nicht geändert werden, durch Verhandlungen schwerlich soweit modifiziert werden können, dass sie acceptabel werden.
Vor 3 Tagen fand hier eine grosse Besprechung statt, vor allem zwischen Rantzau[374], Dernburg[375], Wissel[376], und Südekum[377]. Es waren aber auch viel andere Sachverständige dabei, aus Ihrem Konzern Herr Urbig[378], im übrigen Warburg[379], Wassermann[380] (welcher von hier mit nach Versailles gereist ist), Töpffer[381], Beukenberg[382], Bosch[383], Lübsen[384], Arnhold[385], etc. Wir Spa-Leute haben uns an den Verhandlungen nicht beteiligt. Soviel ich weiss, hatten sie auch im wesentlichen informatorischen Charakter für die Versailler-Delegierten. Ich hoffe sehr, dass Delegierte, Volk und Regierung bei uns den Mut zur Verantwortung finden.
Ich habe übrigens vergessen, Ihnen mitzuteilen, dass ich Sie meinem Bruder in Japan gegenüber als meine Adresse angegeben habe. Ich habe ihm aus Cöln, von

---

372 Presskopie, 1 Blatt, Vorder- und Rückseite maschinenschriftlich beschrieben, handschriftlicher Vermerk «b[eantwortet] 22/5 [1919] S», Paraphen von Karl Kimmich, Robert Pferdmenges und Arnold Frese, in: RWWA, Abt. 39, Nr. 1, Fasz. 1, Bl. 357.
373 Solmssen an Büsing 10.5.1919, in: RWWA, Abt. 39, Nr. 1, Fasz. 1, Bl. 352.
374 Gemeint ist Ulrich Graf von Brockdorff-Rantzau.
375 Gemeint ist Bernhard Dernburg.
376 Gemeint ist Rudolf Wissell.
377 Gemeint ist Albert Südekum.
378 Gemeint ist Franz Urbig.
379 Gemeint ist Max M. Warburg.
380 Gemeint ist Oscar Wassermann.
381 Gemeint ist Hellmut Toepffer.
382 Gemeint ist Heinrich Wilhelm Beukenberg.
383 Gemeint ist Carl Bosch.
384 Gemeint ist Georg Lübsen.
385 Gemeint ist Eduard Arnhold.

wo man mit den alliierten Ländern korrespondieren kann, mehrfach geschrieben und hielt es für praktisch, eine Adresse zu nehmen, die gleichfalls im besetzten Gebiete liegt. Sie sind vielleicht so freundlich, auch den anliegenden Brief zur Post bringen zu lassen und etwaige Antworten, die von meinem Bruder kommen sollten, in irgend einer Weise mir gelegentlich zuzustellen.
Mit verbindlichsten Grüßen
Bin ich Ihr sehr ergebener
[gez.] H[ans]. Büsing.

Georg Solmssen an Geschäftsstelle für die Friedensverhandlungen, 22.05.1919[386]

Durch Kurier. [22. Mai 1919]

Der Text der Friedensbedingungen ist im besetzten Gebiet nicht erhältlich. Seitens der Besatzungsbehörde wird auch Verkauf des bei Reimar Hobbing erschienenen Abdruckes[387] nicht gestattet. Da eine grosse Zahl Interessenten den dringenden Wunsch hat, den Wortlaut der Bedingungen kennen zu lernen, bitte ich, mir durch Kurier, durch Vermittlung des deutschen Generalstabs-Offiziers im Brückenkopf Köln, noch weitere zehn Exemplare der Friedensbedingungen schnellstens zugehen zu lassen.
In vorzüglicher Hochachtung
[gez.] Solmssen.

An die Geschäftsstelle für die Friedensverhandlungen,
Berlin.W.8.

Georg Solmssen an Karl von Starck, 20.06.1919[388]

11z. 20. Juni 1919.

Sehr verehrter Herr Regierungspräsident!
Ich habe verschiedentlich vergeblich versucht, Sie zu erreichen, weil mir persönlich daran lag, Ihnen zu sagen, mit welch' grossem Bedauern ich die Nachricht von

---

386 Presskopie, 1 Blatt, 1 Vorderseite maschinenschriftlich beschrieben, Paraphen u. a. von Georg Solmssen, Karl Kimmich, Arnold Frese und Max Worch, in: RWWA, Abt. 39, Nr. 1, Fasz. 1, Bl. 358.
387 Die Friedensbedingungen der Alliierten und Assoziierten Regierungen mit Einleitung, Anhang und Sachregister, Berlin: Verlag von Reimar Hobbing, 1919.
388 Presskopie, 2 Blätter, 2 Vorderseite maschinenschriftlich beschrieben, zweite Seite nummeriert, auf der ersten Seite Paraphen u. a. von Georg Solmssen, Arnold Frese und Robert Pferdmenges, in: RWWA, Abt. 39, Nr. 1, Fasz. 5.

Ihrem Scheiden aus dem Regierungs-Präsidium in Köln erfahren habe. Zu meiner Freude hörte ich später, dass Sie voraussichtlich das Staatskommissariat für die westlichen besetzten Gebiete übernehmen werden und damit endlich eine Stelle geschaffen wird, deren Fehlen während der ganzen Dauer der Besatzungszeit auf's Schmerzlichste gefühlt wurde. Für alle Kreise des Wirtschaftslebens, welche die Schwierigkeiten erfahren haben, die sich aus der Durchführung eines für Deutschland gedeihlichen Zusammenarbeitens mit den Besatzungsbehörden ergeben können, ist es eine grosse Beruhigung, dieses Amt von Ihnen verwaltet und damit die weitreichenden Erfahrungen gesichert zu wissen, die Sie während der Besetzungszeit [!] sammeln und in erfolgreichen Verhandlungen mit den britischen Behörden betätigen konnten.

Es würde mir eine ganz besondere Freude sein, wenn Sie mir Gelegenheit bieten würden, Ihnen meine Kräfte bei Durchführung des Ihnen gewordenen Mandates zur Verfügung stellen zu dürfen. Ich werde jederzeit gerne mein Bestes tun, um mich Ihnen nützlich zu erweisen. Sehr dankbar wäre ich Ihnen, wenn Sie die Liebenswürdigkeit hätten, mir nach Ihrer Rückkehr nach Köln Gelegenheit zur mündlichen Besprechung zu geben.

In vorzüglicher Hochachtung
Ihr sehr ergebener
[gez.] Solmssen.

Herrn Regierungspräsident Dr. von Starck
Köln.

Johann Heinrich von Stein an Georg Solmssen, 02.02.1920[389]

Nr. 333   2. Februar 1920.

Lieber Herr Solmssen!
Den von Ihnen am 22. pto.[390] im Industrie-Club gehaltenen Vortrag «Deutschlands Lage im Rückblick und Ausblick»[391] habe ich mit grossem Interesse gelesen und aus demselben ersehen, dass wir, trotzdem wir in manchen Einzelheiten nicht einig sind, doch in wesentlichen Dingen übereinstimmen.

---

389 Briefpapier «Köln, den / Laurenzplatz 3.», 3 Blätter, jeweils in der Mitte gefalzt, 3 Vorder- und 2 Rückseiten maschinenschriftlich beschrieben, nummeriert ab der zweiten Seite, handschriftlicher Vermerk «b[eantworte]t 4/2 [1920]», angehefteter handschriftlicher Vermerk »zirkuliert nicht», Paraphen von Georg Solmssen und Elisabeth Nörenberg, in: HADB, K2/1607.

390 Gemeint ist der 22.11.1919.
391 Georg Solmssen, Deutschlands Lage im Rückblick und Ausblick. Ein Mahnruf an das deutsche Bürgertum. Gehalten am 22. November 1919 im Industrie-Club Düsseldorf, Berlin 1920.

Um dies festzustellen und um Ihnen vielleicht die eine oder andere Anregung, zu deren weiteren Besprechung oder Ausbau ich mich jederzeit zu Ihrer Verfügung stelle, zu geben, richte ich diese Zeilen an Sie und bitte um freundliche Aufnahme derselben, auch wenn ich zunächst einmal den Hauptpunkt feststelle, in dem wir nicht einig sind.

Sie glauben, dass es notwendig ist, Deutschland von Berlin oder Preussen aus wieder aufzubauen, ich dagegen habe die Ueberzeugung, dass dieser Wiederaufbau viel besser hier von [!] Rheinland vor sich gehen kann.

An den Gedanken des Einheitsstaates vermag ich noch nicht zu glauben, da Stämme wie Bayern, Ostpreussen und Rheinländer hierfür viel zu verschieden sind. An und für sich würde er allerdings den Idealzustand darstellen, nur fürchte ich, dass der rote Lack, der augenblicklich über die ganze Gründung ausgegossen werden soll, nicht lange halten wird, sondern sehr bald springen, und wir dann viel trostlosere Zustände haben werden als jetzt.

Auch vermag ich nicht einzusehen, dass die Berliner Regierung bis jetzt, selbst wenn man ihr ihren guten Willen nicht absprechen will, – und der ist unbedingt bei vielen Mitgliedern derselben vorhanden – irgend etwas durchgreifend Heilbringendes für den Staat geleistet hat.

Dass die Aufgabe der Herren riesengross und schwer war und ist, ist sicher. Ich halte es daher auch für nicht richtig, wenn immer nur über diese Leute hergefallen wird; dadurch wird nichts gebessert, im Gegenteil, ich könnte mir denken, dass man den strebenden Leuten nur die Arbeitsfreudigkeit und Arbeitslust nimmt und ihre schwere Stellung verekelt. Das Resultat daraus würde sein, dass nur die ganz dickfälligen und wahrscheinlich ungeeignetsten Elemente in der Regierung verbleiben, und so die Katastrophe nur beschleunigt wird.

Das war ein Grund, weswegen ich mich nicht für die Berliner Richtung aussprechen kann. Ein anderer ist der, dass unsere Unbeliebtheit, die wir im Ausland geniessen, – um keinen schärferen Ausdruck zu gebrauchen – nicht zum wenigsten durch die ungeschickte Art der Berliner hervorgerufen worden ist, und dass wir auch heute noch als Volk mit deren Unwahrheit auf das engste verbunden gelten.

Dass wir Rheinländer auch noch immer nicht von Berlin richtig behandelt werden, ist wohl auch nicht zu leugnen. Wer versteht in Berlin oder bemüht sich auch nur Verständnis dafür zu haben, was für uns alle, reich oder arm, in der Stadt oder auf dem Lande, die neuen Verhältnisse bedeuten?

Diese Gründe veranlassen mich, die Ihnen bekannte Stellung einzunehmen, und haben zu den mannigfachen Auseinandersetzungen zwischen uns schon geführt. Aber da ich gerade in dem oben erwähnten Vortrag so viel Schönes gefunden habe, drängt es mich, Ihnen die vorstehenden Ausführungen zu machen, im Vertrauen auf Ihre Diskretion und mit der Bitte, als nur für Sie bestimmt, dieselben streng vertraulich gebrauchen zu wollen.

Die gleiche Bitte richte ich an Sie wegen meiner folgenden Ausführungen.

Einig bin ich mit Ihnen darin, dass wir uns als Bürgerpartei und Besitzende ganz anders als bisher um Regierungs-Angelegenheiten der inneren und äusseren Politik bekümmern müssen, und ich habe die Ueberzeugung, dass in diesen Kreisen fähige Köpfe genug vorhanden sind, um das zu leisten, was auf diesem Gebiete verlangt wird; ja ich glaube sogar, dass die von uns auszusuchenden Leute alles das viel besser machen werden als die jetzigen Herrschaften, denen doch Besitz mehr oder weniger fremd ist und die eine, wenn Sie wollen, natürliche Abneigung gegen alles das haben, was damit zusammenhängt.

Da nun im Ausland fast nur Besitzende oder wenigstens keine Gegner des Besitzes regieren, so ist es klar, dass unserer Regierung allseits mit grossem und vielleicht berechtigtem Misstrauen begegnet wird. Dieses Misstrauen würde bei unseren Leuten wegfallen, also müssen wir diese Leute nicht nur aus Selbsterhaltungsgründen sondern auch aus Gründen der Staatserhaltung suchen und ausbilden.

Wie kann das geschehen?

Kann es nicht so geschehen, dass wir von den anderen Parteien, Zentrum und Sozialdemokratie lernen? Diese haben sich, – und ich schreibe die Erfolge dieser Partei diesem Verhalten am meisten zu – schon längst zu Vereinen, oder wie man diese Gruppierung immerhin nennen mag, zusammengeschlossen, in denen sie gegenseitig diskutieren und die verschiedenen Probleme durchdenken und durchsprechen. Sie schleifen sich so ihre Redner ab und bilden Männer heran, die gewandt in der Diskussion sind und Freude am politischen Leben und den Erfolgen, die damit verbunden sind, haben. Auch lernt man so in gewissen Fällen in Kleinigkeiten nachzugeben, um grössere Ziele zu erreichen. Man lernt vielleicht auch die eine Meinung gegen die andere auszuspielen und zu benutzen, um das durchzudrücken, was man für richtig hält.

Nun werden mir manche Leute hierbei gewiss vorhalten, dass sie das alles schon längst wüssten und gar nicht nötig hätten so etwas zu lernen. Was ist die Folge davon? Hat man sich dann das eine oder andere Mal als unwissend oder unerfahren blamiert, dann verliert man die Lust und gibt die Sache auf und das Feld bleibt leer von unseren Leuten.

Es muss also gelernt werden!

Ich würde mir daher denken können, dass man derartige Besprechungen zunächst in kleineren Kreisen vor sich gehen lässt unter Leuten, die sich gegenseitig kennen und schätzen. Gelingt es, dieses zunächst in kleinem Kreise durchzusetzen, dann werden sich schnell grössere Kreise dafür interessieren, und man wird so nach und nach dazu kommen, Männer herauszustellen, die geschult sind und etwas gelernt haben, und die mit den Rednern der anderen Parteien sich messen können.

Zu besprechen und diskutieren wäre z. B.

<u>Der Friedensvertrag,</u> dessen furchtbare Bestimmungen auch noch nicht in das Bewusstsein dieser von mir gedachten Kreise übergegangen sind.

Vielleicht auch: <u>Die Reichsverfassung, Die Steuergesetze, die Wahlgesetze, Wie kann auch der Handarbeiter die Ueberzeugung erhalten, dass auch er arbeiten muss?</u>[392]

Wir haben schon einmal wie Sie wissen, hier in Köln im Kölner Klub derartige Diskussions-Abende versucht einzuführen. Eine Zeit lang ging das auch ganz gut, dann aber erlahmte das Interesse, und ich fürchte, dass wir uns heute auf diese Kreise bei diesen Bestrebungen nur verschwindend stützen können.

Auch hat ein Teil unserer Jugend leider immer noch nicht den Ernst unserer Lage erkannt und glaubt immer noch Söhne reicher Väter zu sein. Ich glaube daher, dass es nicht richtig ist, hier den Hebel anzusetzen.

Hingegen tut man gut, die Kräfte des schaffenden Bürgertums in diese Richtung zu lenken und sie mit uns zu verbinden. Vielleicht besteht so die Möglichkeit, die Kräfte, die auch bei uns in der Beziehung bestimmt noch schlummern, zu wecken und neu zu gestalten. Wer nicht mit uns arbeiten will, ist wert zu Grunde zu gehen und muss zu Grunde gehen; für Schmarotzer und Drohnen können wir leider nicht mehr sorgen, dazu sind wir zu arm in jeder Beziehung geworden.

Ueber diesen Gegenstand lässt sich noch viel schreiben, doch glaube ich, dass diese Skizze Ihnen, bei Ihrem Verständnis für diese Fragen, genügt, um mich zu verstehen. Ich kann nur nochmals betonen, nehmen wir uns ein Beispiel an den großen Parteien, Zentrum und Sozialdemokratie.

Der Verlauf der Diskussion am 31. Jan[uar]. hat mich in meiner Ansicht, die ich wie vorstehend niedergelegt habe, nur bestärkt.

Noch ein Punkt scheint mir Erwähnung zu verdienen: Es ist eine schlechte deutsche Angewohnheit schon seit Alters her, sich mit dem Spruch des h[ei]l[igen]. Fridolin zu begnügen und nur für sein Haus zu sorgen und nichts dagegen zu haben, wenn anderer Leute Häuser in Brand gesteckt werden; das war stets falsch und ist heutzutage geradezu ein Verbrechen.

Ich will nun nicht untersuchen, ob durch die Blutmischungen, die im deutschen Volke seit Generationen vor sich gegangen sind, diese schlechte Charakter-Eigenschaft noch vertieft wurde. Soweit wie ich es überschauen kann, ist aber jetzt gerade diese Richtung noch viel grösser als früher, und ich meine, auch hier könnte man aufklärend und erzieherisch wirken, wenn man auf die Erfolge hinweist, die Rot und Schwarz erzielt haben dadurch, dass da in der Tat einer für den anderen und alle für einen bei jeder Gelegenheit aufgetreten sind und auftreten, während bei uns das Gegenteil der Fall ist.

Auch Neid und Missgunst spielen gerade in unserem Kreise eine traurige Hauptrolle.

Nie hat man es so leicht gehabt, den einen mit dem anderen abzuschlachten, und

---

392 Maschinenschriftliche Unterstreichungen.

das uralte Beispiel des römischen Stab-Bündels ist, wie es scheint, in unseren Kreisen vollständig in Vergessenheit geraten.
In bekannter Wertschätzung bin ich
Ihr aufrichtig ergebener
H[einrich] v[on] Stein

Georg Solmssen an Johann Heinrich von Stein, 05.02.1920[393]

5. Februar 1920.

Lieber Herr von Stein,
Ich danke Ihnen bestens für Ihren ausführlichen Brief vom 2. d[es]. M[ona]ts. und das darin zu Tage tretende freundliche Interesse an meinen Bestrebungen.
Was zunächst den ersten Punkt Ihrer Darlegungen betrifft, so glaube ich grade aus meiner Beobachtung der hiesigen Verhältnisse heraus allerdings mehr denn je, dass die Wiedergeburt Deutschlands nicht auf dem üppigen Boden des Südens und der Rheinlande, sondern aus der Armut heraus erfolgen wird, die Mitteldeutschland beschieden ist. Wir werden uns hoch hungern müssen und, wie schon so manches Mal in der Vergangenheit, werden die zähen Märker und Ostpreussen wieder diejenigen sein, denen die Ausbildung von Persönlichkeiten und Charakteren zufällt, denen die Sache alles und das eigne Wohl nichts ist. Bis jetzt hat in der Geschichte immer nur die Idee gesiegt, die aber noch nie dort emporgesprosst ist, wo es allen wohl erging. Ich sehe für das Rheinland gute Zeiten kommen und nehme es auch nicht tragisch, wenn die Leutchen sich hier derselben freuen, weil ich sicher bin, dass, wenn einmal der Ruf zur Sammlung Deutschlands ergeht, sie die ersten sein werden, die fühlen, dass sie im innersten Herzen doch rein deutsch sind.
Ihre Anregung, für politische Bildung zu sorgen, ist durchaus richtig. Ich persönlich empfinde es als Pflicht gegen mich selbst, jede Gelegenheit zu benutzen, um mich in die auftauchenden Fragen so weit zu vertiefen, dass ich mir eine Meinung zu bilden vermag. Das Ergebnis dieser Beschäftigung sind die mannigfachen Publikationen, mit denen ich die Welt beglücke. Ob sich in Cöln ein Kreis bilden lässt, der diese Methode auf das Gegenseitigkeitsprinzip überträgt, vermag ich nicht zu übersehen, da ich zu schwer zu arbeiten habe, um viel unter die Leute zu kommen. Ich war seinerzeit bei den Veranstaltungen im Kölner Klub erfreut zu sehen, wieviele verständige Ansichten und selbständige Meinungen laut wurden und glaube, dass der Kölner Klub als solcher nach wie vor das geeigneste Milieu wäre, um solche Bestrebungen zu fördern. Zumal jetzt, wo die Universität eine Reihe von geis-

---

393 Presskopie, 2 Blätter, 2 Vorderseiten maschinenschriftlich beschrieben, zweite Seite nummeriert, Paraphen von Georg Solmssen und Elisabeth Nörenberg, in: HADB, K2/1607.

tig führenden Leuten nach Cöln gebracht hat, sollte es eigentlich nicht schwer fallen, solche Aussprachen fruchtbar zu gestalten.
Mir selbst schwebt in Anlehnung an den Düsseldorfer Vortrag vor, die Inangriffnahme einer umfangreichen Propagandatätigkeit zu fördern. Ich habe in Aussicht genommen, sobald diese Dinge greifbare Gestalt zu nehmen beginnen, auch Cölner Herren, die sich für die Angelegenheit interessieren, zuzuziehen und rechne also bereits jetzt auf Ihre Mitarbeit.
Mit freundlichen Grüßen an Sie und Ihre Gattin
Ihr ganz ergebener
[gez.] Solmssen.

Herrn Konsul Heinrich von Stein
<u>Cöln.</u>

Max Heimann an Georg Solmssen, 06.02.1920[394]

6.2.[19]20.

Sehr geehrter Herr Dr. Solmssen
Verbindlichen Dank möchte ich Ihnen sagen für die durch den A. Schaaffh[ausen-'schen]. B[ank].V[erein]. vermittelte Zusendung ihres Vortrages über ‹Deutschlands Lage im Rückblick und Ausblick› im Industrie Club Düsseldorf 22/11.[19]19.[395] Darf ich statt jedes überflüssigen Beifallswortes die Bitte aussprechen, der Ortsgruppe Köln der Deutschen Volkspartei noch einige Exemplare zustellen lassen zu wollen? Sie würden die Partei und mich dadurch sehr zu Dank verpflichten. –
Sodann noch eine persönliche Bemerkung: Besonders wohltuend und befriedigend hat mich die Anerkennung berührt, die Sie in Ihrem Vortrag den Tirpitz'schen ‹Erinnerungen›[396] gezollt haben. Ich hatte unbewußt Ihre Auffassung über den Wert und die Höhe dieses Buches, namentlich in politischer Beziehung, geteilt und freute mich um so mehr aus anderm, mir kompetent erscheinendem Munde das gleiche Urteil zu vernehmen, als ich einmal der eigenen Entscheidung wegen persönlicher Beziehungen zu dem Autor nicht völlig zu vertrauen wagte, anderseits vielfach auf – allerdings nicht fest begründeten – Widerspruch stieß, wenn ich meine Auffassung geltend machte. Ich hege – ohne positive Unterlagen zu besitzen

---

394 Briefpapier «Dr. iur. MAX HEIMANN / RECHTSANWALT / BEIM OBERLANDESGERICHT KÖLN / Schreibstube: Sedanstrasse 20. / Wohnung: Deutscher Ring 55 / KÖLN, den», 3 Blätter, 3 Vorderseiten eigenhändig beschrieben, nummeriert ab der zweiten Seite, handschriftlicher Vermerk, «b[antworte]t 9/2 [1920] N[örenberg]», Paraphen von Georg Solmssen, Robert Pferdmenges und Max Worch, in: HADB, K2/1607.

395 Solmssen, Deutschlands Lage im Rückblick und Ausblick. Ein Mahnruf an das deutsche Bürgertum.

396 Alfred von Tirpitz, Erinnerungen, 1. Aufl., Leipzig 1919.

– das Gefühl, als ob dem Werk von Tirpitz, namentlich im westlichen Binnenland, allgemein und sehr zu Unrecht viel weniger Beachtung geschenkt worden sei als den sonstigen ‹Erinnerungen u[nd]. Enthüllungen›. Halten Sie es nicht für möglich und wünschenswert, dem Publikum darüber besser die Augen zu öffnen? M[eines]. E[rachtens]. müßte T[irpitz]. wegen seiner staatsmännischen Klugheit, seines politischen Weitblicks und seiner Welterfahrenheit – vorausgesetzt, dass er selbst bereit ist – mehr für den Posten des Reichspraesidenten in Frage kommen als der auch von mir auf das Höchste verehrte G[eneral]F[eld]M[arschall]. v[on]. H[indenburg]. Ich betrachte es jedenfalls als das erste Erfordernis, über T[irpitz]. und seine ‹Erinnerungen› in der Allgemeinheit größere Klarheit zu verschaffen, und stehe Ihnen, falls Sie diese Meinung teilen, jederzeit zwecks Rücksprache gern zur Verfügung.
Mit vorzüglicher Hochachtung
[gez.] Dr. iur. Max Heimann

Georg Solmssen an Max Heimann, 09.02.1920[397]

11/n[örenberg]   9. Februar 1920
Durch Boten.

Sehr geehrter Herr Doktor,
Ich danke Ihnen für Ihre freundlichen Zeilen vom 6.2.[1920][398] und stelle mich zu der gewünschten Aussprache über eine grössere Verbreitung des Inhaltes der Tirpitz'schen Erinnerungen[399] gern zur Verfügung.
Beiliegend sende ich Ihnen einen von mir vor einigen Tagen in der Vossischen Zeitung veröffentlichten Artikel[400], der sich in gleichen Gedankengängen wie mein Vortrag bewegt. Ich wäre Ihnen verbunden, wenn Sie die Freundlichkeit hätten, sich mit mir telephonisch wegen Vereinbarung von Tag und Stunde für die Aussprache in Verbindung zu setzen.
Mit vorzüglicher Hochachtung
[gez.] Solmssen.

Beiliegend überreiche ich Ihnen noch 10 Exemplare meines Vortrages zur gefälligen Bedienung.

Herrn Dr. Max Heimann,
Cöln,
Sedanstrasse 20.

---

397 Presskopie, 1 Blatt, Vorderseite maschinenschriftlich beschrieben, Paraphen u. a. von Georg Solmssen, Robert Pferdmenges und Elisabeth Nörenberg, in: HADB, K2/1607.
398 Heimann an Solmssen 6.2.1920, in: HADB, K2/1607; hier abgedruckt.
399 Tirpitz, Erinnerungen, 1919.
400 Georg Solmssen, Korruption, in: Vossische Zeitung 6.2.1920.

Ludwig Stollwerck an Georg Solmssen, 10.02.1920[401]

den 10./2.1920.

Mein sehr verehrter Herr Doktor!
Leider recht verspätet erhielt ich vorgestern eine Niederschrift Ihres Vortrages, gehalten am 22. November 1919 im Industrie-Club in Düsseldorf.[402]
Mit grossem Interesse habe ich diese höchst beachtenswerten Gedanken gelesen und bin überrascht, wie bei der Bürde der auf Ihnen ruhenden Arbeit, Sie doch Zeit finden, Ihre scharfe und gründliche Beobachtungsgabe in diesem ausserordentlich wichtigen Vortrage zusammenzutragen.
Es verpaart sich hier aufrichtige, oft scharfe Selbstkritik deutscher Begebenheiten mit dem herzlichen Wunsche, für Deutschlands Wiedergeburt ein gutes Scherflein beizutragen. Nach dieser Richtung hin, ist mir das Nachlesen des Vortrages mit den vielen so lehrreich statistischen Zahlen ein ausserordentlicher geistiger Genuss gewesen und muss ich Ihnen dafür meinen verbindlichsten Dank zum Ausdruck bringen.
Ich möchte nicht nur inländischen, sondern besonders ausländischen Freunden den Vortrag zur Kenntnis bringen und würde ich Ihnen dankbar sein, wenn Sie mir für den Zweck unter Berechnung 15 Exemplare zugehen lassen möchten.
Gerade diese vorurteilsfreie, aber gerechte Selbstkritik sollte auch im Auslande Anerkennung finden, denn m[eines].E[rachtens]. kann nur durch aufrichtige Darlegung der tatsächlichen Verhältnisse das vielfach verlorene Vertrauen zur Wiederaufrichtung des Vaterlandes ermöglicht werden.
Mit dem Ausdrucke meiner steten Hochachtung grüssend
Ihr sehr ergebener:
[gez.] Ludwig Stollwerck

Herrn Bankdirektor Dr. Georg Solmssen,
<u>KOELN</u>

---

401 Briefpapier «Ludwig Stollwerck / Königl[ich]. Preuss[ischer]. Kommerzienrat / Cöln, den,», 1 Blatt, Vorderseite maschinenschriftlich beschrieben, handschriftlicher Vermerk «b[antwortet] 11/2 [1920]», Paraphen von Georg Solmssen und Elisabeth Nörenberg, in: HADB, K2/1607.

402 Solmssen, Deutschlands Lage im Rückblick und Ausblick. Ein Mahnruf an das deutsche Bürgertum.

Bela Szilasi an Georg Solmssen, 21.02.1920[403]

71/H   21. Februar [19]20

Sehr geehrter Herr Doktor!

Ich erhielt von der Dea[404] den mir freundlichst übersandten Text Ihres Vortrags im Düsseldorfer Industrieverein[405], den ich mit grossem Interesse gelesen habe und für dessen Uebersendung ich Ihnen verbindlichst danke. Sie werden zweifellos das Keynes'sche Buch: «The Economic Consequences of the Peace»[406] gelesen und daraus entnommen haben, dass die Engländer – nachdem sie ihren Kriegszweck erreicht haben – eine Schwenkung vorbereiten.

Ganz besonders verworren ist die Lage hier in unseren Gegenden. Diese kleinen Staaten, von denen die sogenannten Sieger noch immer glauben, sie hätten den Krieg wirklich gewonnen, während Oesterreich und Ungarn noch nicht wissen, dass sie ihn verloren haben, werden solange nicht zur Ruhe kommen, als sie nicht von einem starken Deutschland und von einem geeinigten Russland umgeben sein werden, gleichsam wie die Eruptionen des Erdinnern erst nach Erstarrung der sie umgebenden Erdrinde zu einer festen Masse aufgehört haben. Die Engländer scheinen sich nach alter Sitte der Donau bemächtigen zu wollen, die Amerikaner haben sich auf Jugoslavien verlegt, während das Vergnügen, Polen in Ordnung zu bringen, anscheinend den Franzosen reserviert worden ist. Vorerst herrscht aber ein allgemeiner [!] Chaos, aus dem diese Staaten nur durch eine starke Hand von aussen her herausgeführt werden können.

Mit vorzüglicher Hochachtung
Ihr stets sehr ergebener
[gez.] B[ela]. Szilasi

Herrn Dr. Georg Solmssen
Geschäftsinhaber der Disconto-Gesellschaft
Berlin.
Unter den Linden 35.

---

403 Briefpapier «‹AUSTRIA› PETROLEUMINDUSTRIE A.G. / DIREKTION / WIEN I., / Renngasse 6», 2 Blätter, 2 Vorderseiten maschinenschriftlich beschrieben, zweite Seite nummeriert, handschriftlicher Vermerk, «b[eantworte]t 1/3 [1920]», Paraphen von Georg Solmssen und Elisabeth Nörenberg, in: HADB, K2/1607.

404 Gemeint ist die Deutsche Erdöl-AG.
405 Solmssen, Deutschlands Lage im Rückblick und Ausblick. Ein Mahnruf an das deutsche Bürgertum.
406 John Maynard Keynes, The Economic Consequences of the Peace, London 1919.

Georg Solmssen an Bela Szilasi, 01.03.1920[407]

1. März 1920.

Sehr geehrter Herr Szilasi!
Ich danke Ihnen für Ihre freundlichen Zeilen vom 21. v[origen]. M[ona]ts.[408] und habe mit Interesse von Ihren Mitteilungen Kenntnis genommen.
Das Keyne[s]'sche Buch über die wirtschaftlichen Folgen des Krieges[409] kenne ich und freue mich, feststellen zu können, dass es ausserordentlich starke Verbreitung im Ausland findet. Auch in Deutschland wird demnächst eine Uebersetzung erscheinen.[410]
In steter Wertschätzung
Ihr sehr ergebener
gez. Dr. Solmssen

Herrn Direktor B. Szilasi,
«Austria» Petroleumindustrie A.-G.
<u>Wien. I.</u>
Renngasse 6.

Wilhelm Marx an Georg Solmssen, 06.03.1920[411]

Persönlich!   Düsseldorf, den 6. März 1920
Durch Eilboten.

Sehr verehrter Herr Doktor!
Die Lage, die durch das Angebot des Barmer Bank-Vereins und Ihr Gegenbemühen besteht, ist mir in hohem Maße peinlich. Ich möchte sie daher sobald wie möglich beseitigt sehen. Gleichwohl habe ich Ihrem Wunsche entsprechend dahin gewirkt, dass mein Sohn[412] seine endgültige Entschliessung um eine Woche hinausschiebt, und dass während dieser Zeit kein Ultimatum seitens des Barmer Bank-Vereins erfolgt. Auf die Entschliessung selbst einzuwirken, scheidet für mich aber selbstverständlich gänzlich aus. Dazu kann mich auch nicht der Hinweis

---

407 Presskopie, 1 Blatt, Vorderseite maschinenschriftlich beschrieben, nicht eigenhändig gezeichnet, in: HADB, K 2/1607.
408 Szilasi an Solmssen 21.2.1920, in: HADB, K2/1607; hier abgedruckt.
409 Keynes, Economic Consequences of the Peace.
410 John Maynard Keynes, Die wirtschaftlichen Folgen des Friedensvertrages, München, Leipzig 1920.
411 1 Blatt, Vorder- und Rückseite maschinenschriftlich beschrieben, handschriftlicher Vermerk «b[eantworte]t. 15/3.[1920] [Elisabeth] N[örenberg]», Paraphen u. a. von Georg Solmssen, Robert Pferdmenges und Karl Kimmich, in: HADB, K2/P/1900.
412 Gemeint ist Paul Marx.

führen, dass ich dem Aufsichtsrat des A. Schaaffhausen'schen Bankvereins angehöre.
Wie Sie selbst hervorheben, haben Sie und ich beim Eintritt meines Sohnes in den A. Schaaffhausen'schen Bankverein uns gegenseitig volle Freiheit zugesichert. Das entsprach ganz der Anschauung und dem Willen meines Sohnes. Er will und wird ausschliesslich seinem eigenen Empfinden folgen. Ich möchte Sie daher bitten, zu erwägen, ob es nicht richtiger ist, von weiterer Einwirkung auf ihn durch ein günstigeres Angebot abzusehen. Es scheint mir dies im Hinblick auf alle Verhältnisse wünschenswert.
Mag die Entschliessung meines Sohnes ausfallen wie sie will, Sie dürfen versichert sein, dass er und ich nicht vergessen werden, dass der A. Schaaffhausen'sche Bankverein es gewesen ist, der ihn ins Bankgeschäft eingeführt hat. Dafür werden wir beide Ihnen stets dankbar bleiben.
Mit bestem Grusse
Ihr sehr ergebener
[gez.] Wilh[elm]. Marx

S[eine]. H[ochehrwürden]. Herrn
Dr. Georg Solmssen
<u>Cöln a[m]./Rhein</u>
Unter Sachsenhausen 4.

Georg Solmssen an Wilhelm Marx, 15.03.1920[413]

11n[örenberg]   15. März 1920

Sehr geehrter Herr Oberbürgermeister,
Ich danke Ihnen herzlich für Ihre freundlichen Zeilen vom 6. d[e]s. M[ona]ts.[414], die ich, von Berlin zurückgekehrt, erst heute beantworten kann. Ich habe Ihrem Herrn Sohn[415] bereits mitgeteilt, dass mein Versuch, ihm eine adäquate Stellung bei uns zu verschaffen, sich in der erforderlichen Zeitspanne nicht verwirklichen lasse und habe auch den Eindruck, als ob Ihr Herr Sohn sich bereits so stark mit dem Gedanken befreundet hat, das ihm unerwarteterweise in den Schooss [!] fallende Angebot anzunehmen, dass es nicht richtig wäre, auf ihn nach der Richtung einzuwirken, um eine anderweitige Entschliessung herbeizuführen.
Ich hoffe gern, dass Ihr Herr Sohn sich der bei uns verlebten Zeit erinnern und mit

---

413 Presskopie, 1 Blatt, Vorderseite maschinenschriftlich beschrieben, Paraphen u. a. von Georg Solmssen, Robert Pferdmenges und Karl Kimmich, in: HADB, K2/P/1900.

414 Marx an Solmssen 6.3.1920, in: HADB, K2/P/1900; hier abgedruckt.
415 Gemeint ist Paul Marx.

dazu beitragen wird, dass die Beziehungen zwischen den beiden Instituten stets dem Charakter ihrer traditionellen Freundschaft entsprechen werden.
Mit vielen Grüssen
Ihr sehr ergebener
[gez.] Solmssen.

Herrn Oberbürgermeister Marx,
<u>Düsseldorf,</u>
Inselstrasse 8.

Georg Solmssen an Arthur Salomonsohn, 04.08.1920[416]

4. August 1920.

Lieber Arthur!
Zurückkommend auf Deine Bemerkungen wegen des Vorsitzes in der Bankenvereinigung[417] habe ich Folgendes zu erwidern:
Worauf es mir bei meinem Vorgehen ankam, war, zu erreichen, dass der A. Schaaffhausen'sche Bankverein A.G., entsprechend seiner Stellung, den ihm gebührenden Vorsitz bei der Vereinigung von Banken und Bankiers in Rheinland und Westfalen erhielt. Darüber, dass dieses Ziel erstrebenswert sei, waren wir bei unserer Unterhaltung auch vollkommen einig. Die mir genehmste Lösung, nämlich dass Herr Pferdmenges[418] den Vorsitz übertragen erhielt, war unter keinen Umständen zu erreichen, weil mit Recht dagegen Opposition erhoben wurde, dass ein erst vor kurzem hierhergezogener Herr, der den hiesigen Verhältnissen noch fremd sein muss, von den übrigen Banken als Vorsitzender der Vereinigung anerkannt wird. Auch Herr Pferdmenges erklärte diesen Standpunkt als durchaus berechtigt. Ich habe deshalb, um zu verhüten, dass der auch von den übrigen Beteiligten nicht angenehm empfundene stellvertretende Vorsitz des Herrn Philips[419] sich zum leitenden Vorsitz umgestaltet, den Plan propagiert, dass die Bankenvereinigung, mit Rücksicht auf die sich aus der feindlichen Besetzung ergebenen zahlreichen wirtschaftlichen Fragen ihre Konstruktion erweitern und auch die Behandlung wirtschaftlicher Angelegenheiten in ihren Aufgabenkreis einbeziehen solle. Dieser Gedanke, den ich zuerst vor etwa einem halben Jahre aussprach, hat nicht nur in Köln, sondern auch bei den übrigen Beteiligten – so Essen und Düsseldorf – lebhaften Anklang gefunden und auch die Deutsche Bank, vertreten durch

---

416 Presskopie, 4 Blätter, 4 Vorderseiten maschinenschriftlich beschrieben, nummeriert ab der zweiten Seite, Paraphen von Georg Solmssen, Robert Pferdmenges, Robert Bürgers, Karl Kimmich und Arnold Frese, in: HBO, P,R/38.

417 Gemeint ist die Vereinigung von Banken und Bankiers in Rheinland und Westfalen E.V.
418 Gemeint ist Robert Pferdmenges.
419 Gemeint ist Bruno Philips.

Herrn Schlitter[420], und der Barmer Bank-Verein, vertreten durch Herrn Hinsberg[421], erklärten, einer derartigen Neuregelung unbedingt beistimmen zu wollen. Mein Vorschlag, die Durchführung dieses Planes in der Weise zu verwirklichen, dass zwei nebeneinander marschierende Vorstandsvertretungen gebildet würden, von denen die eine für die wirtschaftlichen und die andere für die banktechnischen Fragen zuständig sei und diese beiden Abteilungen eine gemeinsame Spitze erhielten, stiess auf Widerstand und wurde als zu kompliziert verworfen. Ich habe mich infolgedessen seit Monaten um die Angelegenheit nicht mehr gekümmert, sondern den Dingen ihren Lauf gelassen. Die von mir hingeworfene Anregung hat sich aber inzwischen selbst weiter entwickelt mit dem Ergebnis, dass von den verschiedensten Seiten nachdrücklich gefordert wurde, es müsse etwas geschehen, um der Bankenvereinigung in den wirtschaftlichen Fragen für das besetzte Gebiet eine Stellung zu geben. Das Ende vom Liede war, dass in der letzten Generalversammlung der bisherige Vorstand als eine provisorische Einrichtung wieder gewählt wurde mit der ausdrücklichen Aufgabe, dass alsbald eine definitive Regelung erfolgen müsse. Diese ist dadurch herbeigeführt, dass die Essener Credit-Anstalt in ziemlich brüsker Weise an Herrn Philips einen Brief richtete, in dem sie energisch eine Aenderung der Zusammensetzung des Vorstandes forderte und mich als diejenige Persönlichkeit bezeichnete, welche die von den Mitgliedern der Bankenvereinigung verfolgten Interessen verwirklichen könne. Ich habe mich dagegen gesträubt, auf meinen unbefriedigenden Gesundheitszustand und die ausserordentliche Arbeitsüberhäufung hingewiesen und durchblicken lassen, dass ich möglicherweise in Zukunft in grösserem Umfange in Berlin als hier tätig sein würde. Man hat mir hierauf erwidert, dass alle diese Gründe kein Anlass seien, um die Führung abzulehnen und sich bereit erklärt, mir die Arbeit dadurch zu erleichtern, dass man den allen Beteiligten als objektiv und sachlich sehr erfahren bekannten Herrn Bendix[422] zum stellvertretenden Vorsitzenden erwählte, um mir die Detailarbeiten abzunehmen. Unter diesen Umständen konnte ich nicht nein sagen, wenn ich nicht dem Bankverein seine Stellung als Führer der Bankenvereinigung nehmen wollte.

Das Statut der Bankenvereinigung hat eine kleine Aenderung erfahren, indem ein Paragraph eingefügt wurde, der auch die Behandlung wirtschaftlicher Fragen als Aufgabe der Vereinigung bezeichnet.

Der Centralverband[423], mit dem die Kölner Vereinigung von sich aus Fühlung aufgenommen hatte, hat mich ebenfalls aus eigener Initiative gebeten, das Amt anzunehmen, weil man darin die beste Gewähr sehe, dass etwa auftauchende s[e]paratistische Bestrebungen unterbunden würden.

Dass Herrn Hagen[424] diese Regelung nicht passt, ist möglich, obgleich kein Grund

---

420 Gemeint ist Oscar Schlitter.
421 Gemeint ist Theodor Hinsberg.
422 Gemeint ist Albert Bendix.

423 Gemeint ist der Centralverband des Deutschen Bank- und Bankiergewerbes.
424 Gemeint ist Louis Hagen.

zu Rivalitätssorgen vorliegt. Ich denke nicht daran, irgend etwas zu unternehmen, was über den Rahmen der Vereinigung hinausgeht und etwa den Versuch zu machen, mit der Handelskammer zu konkurrieren. Es wird in der Folge nur eintreten, dass ich, wenn ich in öffentlichen Angelegenheiten seitens der Interessenten zugezogen werde, als Vorsitzender der Bankenvereinigung mit grösserer Resonanz auftreten kann, als es in der Vergangenheit möglich war. Wenn ich das mir angetragene Amt abgelehnt hätte, würde der Bankverein den Vorsitz verloren haben ohne Gewähr, ihn je wieder zu bekommen, weil alsdann Herr Bendix erster Vorsitzender geworden wäre, ohne dass ein sachlicher Grund bestanden hätte, einen Wechsel zu unseren Gunsten herbeizuführen. Nunmehr hoffe ich es so einzurichten, dass, wenn ich den Vorsitz niederlege, aus dem gesamten Aufbau des Büros – wie ich es zu schaffen gedenke – die Notwendigkeit erwächst, wiederum einen Vertreter des Bankvereins an meiner Stelle zu wählen. Ich habe auch aus der Absicht, in dieser Weise vorzugehen, keinen Hehl gemacht.

Interessant war, dass von sämtlichen Beteiligten lediglich Herr Rinkel[425] als Vertreter des Hauses Sal. Oppenheim jr. & Cie. sich gegen meine Wahl aussprach, seinen Widerspruch aber, angesichts der übereinstimmenden Erklärung aller übrigen Beteiligten, zurückziehen musste.

Mit freundlichem Grusse
Dein
[gez.] Solmssen.

Herrn Dr. Arthur Salomonsohn,
Geschäftsinhaber der Disconto-Gesellschaft,
<u>Berlin W.8.</u>

Georg Solmssen an Franz Urbig, 04.08.1920[426]

11n[örenberg] 4. August 1920.

Lieber Herr Urbig,

Ich bestätige den Empfang Ihres Briefes vom 2. d[e]s. M[ona]ts.[427] wegen meines Briefes an Herrn von Langen[428] und kann mich auf meinen ausführlichen Brief an Herrn Dr. Salomonsohn[429] beziehen. Herr von Langen musste informiert werden, weil ich damit rechnen musste, dass er mit Herrn Hagen[430] zusammentreffen würde

---

425 Gemeint ist Ferdinand Rinkel.
426 Presskopie, 2 Blätter, 2 Vorderseiten maschinenschriftlich beschrieben, zweite Seite nummeriert, Paraphen von Georg Solmssen und Elisabeth Nörenberg, in: HBO, P,R/38.
427 Das Schreiben Urbigs an Solmssen 2.8.1920 ist nicht überliefert.

428 Das Schreiben Solmssens an Gottlieb von Langen ist nicht überliefert.
429 Gemeint ist Solmssens Schreiben an Salomonsohn 4.8.1920, in, HBO, P,R/38; hier abgedruckt.
430 Gemeint ist Louis Hagen.

und nicht sicher war, wie er die Angelegenheit behandeln würde. Dass er zu derselben Stellung nehmen würde, war sicher, weil er dem Aufsichtsrat von Köln-Neuessen[431] seit langem angehört und an allen maassgebenden Beratungen der Ausschussmitglieder des Aufsichtsrats teilgenommen hat. Es war deshalb zu erwarten, dass er sich mit der Angelegenheit, die ihm aus den Zeitungen bekannt sein musste, beschäftigen würde, zumal er wiederholt zum Ausdruck gebracht hat, dass die Auffassung, welche die Herren Hagen und von Oppenheim[432] von ihren Pflichten als Mitglieder unseres Aufsichtsrats haben, sich durchaus nicht mit seiner Auffassung decke. Tatsächlich ist es nur einem Zufall zu verdanken gewesen, dass ich Herrn von Langen bei seiner vorübergehenden Anwesenheit hier gesprochen habe, bevor er mit Herrn Hagen, der ebenfalls hier war, zusammengekommen war. Es hätte sehr leicht der umgekehrte Fall eintreten können und hierfür musste – angesichts des leicht beeinflussbaren Charakters des Herrn von Langen – beizeiten Vorsorge getroffen werden. Im übrigen habe ich Herrn Hagen schon viel ärgere Dinge gesagt, als in dem Briefe an Herrn von Langen stehen, ohne dabei zu schaden [!] gekommen zu sein. Im Gegenteil, ich habe immer gefunden, dass es durchaus falsch ist, Konflikten mit Herrn Hagen aus dem Wege zu gehen und man viel besser auf die Dauer mit ihm steht, wenn er weiss, dass man sich nichts gefallen lässt und den Mut hat, ihm ins Gesicht seine Meinung zu sagen.

Inzwischen hat eine eingehende Aussprache über den Fall zwischen Herrn Hagen und mir stattgefunden und er weiss, wie ich über sein Vorgehen denke. Er verschanzte sich hinter allen möglichen Ausflüchten, die im wesentlichen darin gipfelten, dass sein Aktionär ein völlig friedlicher Mann sei und niemals die Kreise der Verwaltung stören wolle. Die Antwort auf die Frage, ob ihm schon jemand vorgekommen sei, der 60 Millionen in ein Unternehmen stecke ohne weitergehende Absichten zu hegen und welche Gewähr dafür bestehe, dass dieser Aktionär seinen gesamten Block nicht mit gutem Gewinn an einen weniger harmlosen Interessenten abgebe, musste er schuldig bleiben.

Freundschaftlichst
der Ihrige
[gez.] Solmssen.

Herrn Franz Urbig,
Geschäftsinhaber der Disconto-Gesellschaft,
<u>Berlin W.35.</u>

---

431 Gemeint ist der Köln-Neuessener Bergwerksverein.
432 Gemeint ist Simon Alfred Freiherr von Oppenheim.

Georg Solmssen an Ernst Bail, 05.08.1920[433]

5. August 1920.

Lieber Herr Bail!
Ich möchte nicht unterlassen Ihnen mitzuteilen, dass ich den Vorsitz der «Vereinigung von Banken und Bankiers in Rheinland und Westfalen E.V.» übernommen habe. Es ist dies im Einverständnis mit dem Centralverband deutscher Banken und Bankiers[434] erfolgt, um eine Mitarb eit mit der hiesigen Bankenvereinigung auch in wirtschaftlichen Fragen zu ermöglichen, deren besondere Betrachtung vom Standpunkte des besetzten Gebietes aus erwünscht erscheint.
Ich wäre Ihnen dankbar, wenn Sie die Liebenswürdigkeit hätten dafür zu sorgen, dass die «Vereinigung von Banken und Bankiers in Rheinland und Westfalen E.V.» dementsprechend in Zukunft auch zum Gehör gelangt, wenn es sich um regierungsseitige Massnahmen handelt, die in das wirtschaftliche Leben des Westens, insbesondere des besetzten Gebietes, eingreifen.
Mit freundlichem Grusse und in steter Wertschätzung
Ihr sehr ergebener
[gez.] Solmssen.

Geheimer Regierungsrat Bail,
<u>Berlin.</u>
Handels-Ministerium.

Georg Solmssen an Karl von Starck, 12.08.1920[435]

12. August 1920.

Sehr geehrter Herr Präsident!
Es dürfte Sie interessieren zu erfahren, dass die Vereinigung von Banken und Bankiers in Rheinland und Westfalen E.V., deren Sitz in Cöln ist, beschlossen hat, ihren Wirkungskreis dahin zu erweitern, dass sie nicht nur wie bisher sich auf die Bearbeitung der technischen, das Bankgewerbe behandelnden Fragen beschränkt, sondern auch die Erörterung wirtschaftlicher Probleme vom banklichen Standpunkt aus in den Kreis ihrer Arbeiten zieht. Als derzeitiger Vorsitzender dieser Vereinigung stelle ich deren Mitarbeit für alle Rheinland und Westfalen betreffen-

---

433 Presskopie, 1 Blatt, Vorderseite maschinenschriftlich beschrieben, Paraphen von Robert Pferdmenges, Robert Bürgers, Max Worch und Arnold Frese, in: HBO, P,R/38.

434 Gemeint ist der Centralverband des Deutschen Bank- und Bankiergewerbes.

435 Presskopie, 1 Blatt, Vorderseite maschinenschriftlich beschrieben, Paraphen von Georg Solmssen, Robert Pferdmenges und Arnold Frese, in: HBO, P,R/38.

den wirtschaftlichen Fragen zur Verfügung und bitte, bei sich bietender Gelegenheit von dieser Mitarbeit Gebrauch zu machen.
Die Vereinigung rangiert ihrer Grösse nach an zweiter Stelle aller Bank- und Bankiervereinigungen Deutschlands und umfasst in den Provinzen Rheinland und Westfalen eines der für das deutsche Wirtschaftsleben wichtigsten Gebiete. Ich glaube daher zusagen zu können, dass die Vereinigung in der Lage sein wird, bei der Betrachtung wirtschaftlicher Fragen vom banklichen Standpunkt aus auf besonders breiter Grundlage mitzuwirken.
Mit vorzüglicher Hochachtung
[gez.] Solmssen.
1. Vorsitzender.

Herrn Regierungspräsident
Dr. von Starck
Reichs- und Staatskommissar für die besetzten Gebiete,
Coblenz,
Kaiserhof.

Georg Solmssen an Konrad Adenauer, 13.11.1920[436]

13. November 1920.

Sehr geehrter Herr Oberbürgermeister!
Die ausserordentliche Bedeutung, welche die allgemeinen wirtschaftlichen Fragen für alle Berufsstände erlangt haben, ist für die Vereinigung von Banken und Bankiers in Rheinland und Westfalen E.V. Anlass geworden, ihre statutarischen Zwecke über die bisher allein gepflegte Bearbeitung der technischen, das Bankgewerbe berührenden Angelegenheiten hinaus zu erweitern und die Erörterung der wirtschaftlichen Probleme von nun an ebenfalls in den Kreis ihrer Tätigkeit zu ziehen.
Die Vereinigung steht nach Mitgliederzahl an zweiter Stelle aller Banken- und Bankiervereinigungen Deutschlands und umschliesst fast alle massgebenden Banken und Bankfirmen der Provinzen Rheinland und Westfalen. Der der Vereinigung angeschlossene Bezirk erstreckt sich somit über das ganze Industriegebiet des Westens. Die Fülle der sich daraus ergebenden Beziehungen zu allen Erwerbskreisen der beiden Provinzen berechtigt die Vereinigung zu der Annahme, dass sie bei Behandlung der diesen Bezirk betreffenden und damit ganz Deutschland auf's Tiefste berührenden wirtschaftlichen Fragen fruchtbringende Mitarbeit für die All-

---

436 Presskopie, 2 Blätter, 2 Vorderseiten maschinenschriftlich beschrieben, zweite Seite nummeriert, handschriftlicher Vermerk «Duplikat», Paraphen von Georg Solmssen und Elisabeth Nörenberg, in: HBO, P,R/38.

gemeinheit leisten könne. Die Vereinigung richtet deshalb an Sie und die Ihnen nachgeordneten Stellen das ergebene Ersuchen, ihr in Zukunft durch rechtzeitige Zuziehung zu den einschlägigen Beratungen die Möglichkeit zu solcher Mitarbeit in recht grossem Umfange zu gewähren.
Eine Liste der Vorstands- und Ausschussmitglieder der Vereinigung liegt bei;[437] desgleichen das Referat, das der Vorsitzende unserer Vereinigung als solcher über «Das deutsche Finanzwesen nach Beendigung des Weltkrieges» auf dem 5. Allgemeinen Bankiertag in Berlin am 26. Oktober d[e]s. J[ahre]s. erstattet hat und in dem besonders auf die Verhältnisse des besetzten Gebietes Bezug genommen worden ist.[438]
Mit vorzüglicher Hochachtung
Vereinigung von Banken und Bankiers in Rheinland und Westfalen E.V.
Der Vorsitzende
[gez.] Solmssen.

Herrn Oberbürgermeister Dr. Adenauer,
Köln.

Georg Solmssen an Hermann Oppenheim, 20.11.1920[439]

11/L   20. November 1920

Sehr geehrter Herr Oppenheim!
Es ist dringend erforderlich, dass die Einladungen für den Vortragsabend der Bankenvereinigung[440] am 14. Dezember mit möglichster Beschleunigung herausgehen. Ich konnte nichts veranlassen, weil die Adressen-Zusammenstellung des Herrn Geheimrat Eckert[441] von Ihnen an Ihre persönliche Adresse beordert ist und mir daher nicht zugänglich war. Senden Sie mir bitte sofort den Entwurf der Einladung und das Verzeichnis sämtlicher in Frage kommender Adressen auf schnellstem Wege an die Direction der Disconto-Gesellschaft nach Berlin, damit ich von dort aus entscheide, was noch veranlasst werden soll.
Andere Vereinigungen fangen bereits an, Termine um den 14. Dezember herum zu belegen und ich fürchte, wir kommen zu spät, wenn wir noch länger warten.

---

437 Liste der Mitglieder des Vorstands und Ausschusses der Vereinigung von Banken und Bankiers in Rheinland und Westfalen E.V., in: HBO, P,R/39.
438 Georg Solmssen, Das deutsche Finanzwesen nach Beendigung des Weltkrieges, Berlin: Engelmann, 1921. Sonderdruck aus dem Protokoll der Verhandlung der V. Allgemeinen Deutschen Bankiertages zu Berlin am 25., 26. und 27. Oktober 1920.
439 Presskopie, 2 Blätter, 2 Vorderseiten maschinenschriftlich beschrieben, zweite Seite nummeriert, Paraphen von Elisabeth Nörenberg, Robert Bürgers, Hermann Oppenheim und Arnold Frese, in: HBO, P,R/38.
440 Gemeint ist die Vereinigung von Banken und Bankiers in Rheinland und Westfalen E.V.
441 Gemeint ist Christian Eckert.

Ich habe mit Herrn Pferdmenges[442] besprochen, eventuell auf den 14. auch den Aufsichtsrat von Schaaffhausen zu berufen. Ich will dies aber nur tun, nachdem ich die übrigen Vorstandsmitglieder der Vereinigung von der Absicht in Kenntnis gesetzt und ihnen anheimgegeben habe, eventuell auch ihrerseits weitere Kreise zu dem Vortragsabende einzuladen. Ich bitte Herrn Pferdmenges, seinerseits das Erforderliche mit den übrigen Vorstandsmitgliedern *der Vereinigung*[443] zu besprechen. Die Frage der Verlegung unserer Aufsichtsratssitzung auf den 14. Dezember wird dann zur Folge haben, dass wir unsere Aufsichtsratsmitglieder auch an dem Essen der Vereinigung teilnehmen lassen müssten, was selbstverständlich nur geschehen kann, wenn den übrigen Mitgliedern der Vereinigung das Recht auf Gästeeinführung in ähnlichem Umfange zugebilligt wird.
Die Idee, die mich bei meinem Vorschlage leitet, ist, der ersten Vortragssitzung ein besonders feierliches Gepräge und die Möglichkeit zu geben, Mitglieder unseres Aufsichtsrats, die besonders auf den in Frage kommenden Gebieten beschlagen sind, wie die Herren Urbig[444] und von Schinckel[445], bei dieser Gelegenheit an unserer Vortragssitzung teilnehmen zu lassen.
In bekannter Wertschätzung
Ihr sehr ergebener
[gez.] Solmssen.

Herrn Direktor Hermann Oppenheim,
im Hause.

Hermann Oppenheim an Georg Solmssen, 29.11.1920[446]

n[örenberg]
Hermann Oppenheim   29. November 1920.

Sehr geehrter Herr Doktor,
Herr Direktor Pferdmenges[447] hat mir heute früh erzählt, dass Herr von Stein[448] sehr aufgeregt am Sonntag bei ihm angerufen habe und sich über die Wahl des 10. Dezember als Vortragstag beschwert habe. Herr von Stein könne an diesem Tage nicht der Veranstaltung beiwohnen, da er in wichtiger geschäftlicher Angelegenheit im Anschluss an die Aumetz[449]-Sitzung nach Berlin reisen müsse und er fasse

---

442 Gemeint ist Robert Pferdmenges.
443 Von Solmssen handschriftlich eingefügt.
444 Gemeint ist Franz Urbig.
445 Gemeint ist Max von Schinckel.
446 Briefpapier «Cöln, / Unter Sachsenhausen 4», 3 Blätter, 3 Vorderseiten maschinenschriftlich beschrieben, nummeriert ab der zweiten Seite,

handschriftlicher Vermerk «erl[edigt] 1/12 [1920]», Paraphen von Georg Solmssen und Ernst Enno Russell, in: HBO, P,R/38.
447 Gemeint ist Robert Pferdmenges.
448 Gemeint ist Konsul Heinrich von Stein.
449 Gemeint ist der Lothringer Hütten- und Bergwerks-Verein AG, Rauxel in Westfalen.

daher die Wahl grade dieses Tages als eine sichtliche Unfreundlichkeit gegen ihn auf. Er begründe dies damit, dass er mir bei meinem Besuch am letzten Donnerstag davon Kenntnis gegeben habe, dass er am 10. Dezember nicht in Cöln sei und er sei der Ansicht, dass seine Person zugunsten des Herrn Geheimrat Hagen[450] geopfert worden sei. Dementsprechend ziehe er auch seine Konsequenzen. Er persönlich trete aus dem Vorstand der Bankenvereinigung[451] aus und auch seine Firma[452] werde möglicherweise ihren Austritt vollziehen.

Auf Grund dieser Darstellung des Herrn Pferdmenges habe ich auf dessen Rat hin Herrn Konsul von Stein persönlich aufgesucht und ihm gesagt, dass wenn er mir tatsächlich mitgeteilt habe, dass der 10. Dezember für ihn indiskutabel sei, ein bedauerliches Missverständnis meinerseits vorliegen müsse. Ich könne mich indessen nicht entsinnen, dass der 10. Dezember überhaupt genannt worden sei, da ich Ihrerseits nur den Auftrag gehabt hätte, bezüglich des 11. oder 13. Dezember mit ihm zu verhandeln, und ich doch alles, was er mir gesagt hätte, Ihnen, sehr geehrter Herr Doktor, wortgetreu ausgerichtet hätte. Herr von Stein wurde in seiner Herrn Pferdmenges gegenüber aufgestellten Behauptung, mir den 10. Dezember als für ihn nicht passenden Tag genannt zu haben, schon weniger fest und meinte, mich könne in keiner Weise ein Verschulden treffen, da ich ja nur bezüglich der Tage 11. und 13. Dezember mit ihm verhandelt hätte und er wohl hierbei gesprächsweise hätte einfliessen lassen, dass er die vorhergehenden Tage nicht in Cöln sei. Jedenfalls sei dies seinerseits nur so gesprächsweise hingeworfen worden, so dass eine Berichterstattung meinerseits an Sie hierüber nicht hätte stattfinden können.

Im übrigen bleibe er aber bei seinen Herrn Pferdmenges gegenüber gemachten Aeusserungen. Herr Hagen möge an seiner Stelle doch das Schatzmeisteramt übernehmen. Er habe überhaupt das Gefühl, dass man auf die Mitarbeit des Herrn Hagen, der sich bisher kein Jota um die Bankenvereinigung gekümmert habe, mehr Wert lege, als auf die seinige.

Was sonst noch alles gesagt wurde, eignet sich mehr zur mündlichen Berichterstattung. Jedenfalls spielt er den Tiefgekränkten und hat, wie er mir sagte, von der ihm zugefügten Beleidigung auch bereits Herrn Geheimrat Eckert[453] und dem Regierungspräsidenten[454] Kenntnis gegeben (was die beiden Herren damit zu tun haben, war mir nicht ganz erfindlich). Auf alle Fälle werde er sich aber gegen dieses Verfahren, an seine Stelle Herrn Hagen zu setzen, kräftig wehren und er werde die Angelegenheit von dem Vorstand der Bankenvereinigung entscheiden lassen.

Ich versuchte, Herrn von Stein so gut es ging zu besänftigen; insbesondere legte ich ihm dar, dass die Wahl des 10. Dezember erst auf allgemeines Einverständnis der Cölner Mitglieder in der Sitzung am Samstag morgen erfolgt sei und dass doch

---

450 Gemeint ist Louis Hagen.
451 Gemeint ist die Vereinigung von Banken und Bankiers in Rheinland und Westfalen E.V.
452 Gemeint ist das Bankhaus J. H. Stein, Köln.
453 Gemeint ist Christian Eckert.
454 Gemeint ist Philipp Brugger.

durch die Wahl des 10. Dezember es möglich sei, durch Hinzuziehung unseres Aufsichtsrats etc. die ganz Veranstaltung zu einer glanzvollen zu machen.
In seinem Aerger sagte mir Herr von Stein, dass er diese Abstimmung vom Samstag früh nicht anerkennen werde, da sie nicht auf der Tagesordnung gestanden habe.
Ich hoffe, dass sich die Erregung des Herrn von Stein in der Zwischenzeit in der üblichen Weise wieder gelegt hat. Ich habe übrigens Herrn von Stein gesagt, dass ich selbstverständlich Ihnen von dem Vorfall Kenntnis geben werde.
Ergebenst
[gez.] Oppenheim

Ich muß Mittwoch Abend auf 2 Tage nach Berlin fahren, bin aber spätestens Sonntag wieder hier.[455]

Herrn Dr. Georg Solmssen,
Geschäftsinhaber der Disconto-Gesellschaft,
Berlin W.8.

Georg Solmssen an Johann Heinrich von Stein, 01.12.1920[456]

1. Dezember 1920

Lieber Herr von Stein!
Ich höre von Herrn Oppenheim[457] zu meinem Bedauern, dass Sie nun gerade am 10. Dezember nicht frei sind. Dies ist im höchsten Masse [!] ärgerlich, und ich kann nur sagen, wie man es macht, macht man es falsch. Uns allen wäre der 11. Dezember viel bequemer gewesen und lediglich deshalb, weil Sie[458] sich gegen Herrn Oppenheim gerade gegen einen Sonnabend ausgesprochen haben, ist der 10. d[es]. M[onats]. gewählt und von mir dem Vorstande der Bankenvereinigung[459] in der Sitzung vom 27. v[origen]. M[onats]. vorgeschlagen worden. Nachdem der Plan aufgetaucht war, den Mitgliedern der Bankenvereinigung die Möglichkeit zu geben, Angehörige ihrer Verwaltung an der Sitzung teilnehmen zu lassen und der Vorstand sich schlüssig gemacht hatte, dementsprechend zu verfahren, hatte ich den ursprünglich in Aussicht genommen gewesenen 13. oder 14. Dezember wieder fallen lassen müssen, weil Herr Gottlieb von Langen ausserstande war, auf diesen Tag den Aufsichtsrat des A. Schaaffhausen'schen Bankvereins zu berufen. Dies

---

455 Handschriftlicher Zusatz von Hermann Oppenheim.
456 Presskopie, 3 Blätter, 3 Vorderseiten maschinenschriftlich beschrieben, nummeriert ab der zweiten Seite, Paraphen von Georg Solmssen, Elisabeth Nörenberg, Robert Bürgers und Arnold Frese, in: HBO, P,R/38.
457 Gemeint ist Hermann Oppenheim.
458 Handschriftliche Unterstreichung im Original.
459 Gemeint ist die Vereinigung von Banken und Bankiers in Rheinland und Westfalen E.V.

war der Anlass, eine Verschiebung der ursprünglich gewählten Termine vorzunehmen.
Ihre Vermutung, dass wir uns hier von der Handelskammer hätten bestimmen lassen, trifft nicht zu. Herr Hagen[460] sagte mir, dass grade die zweite Dezember-Woche für ihn persönlich sehr wenig passend sei, weil während dieser Zeit der Provinziallandtag in Düsseldorf tage und er garnicht [!] wisse, zu welcher Zeit er sich dort freimachen könne. Es liegt deshalb wirklich kein Grund vor, missgestimmt zu sein, zumal ich mich allerdings leider vergeblich bemüht habe, Sie an einem der Tage der vergangenen Woche telefonisch zu erreichen, Sie waren an demselben nach Siegen gefahren. Dem an meine Telefon-Zentrale gegebenen Auftrag, bei Ihnen die Bitte zu hinterlassen, mich an diesem Tage anzurufen, scheint durch einen Irrtum nicht entsprochen worden zu sein. Im übrigen glaubte ich, dass Sie durch Herrn Oppenheim vollkommen informiert seien. Er selbst schreibt mir, dass Sie ihm nichts davon gesagt hatten, dass Sie am 10. d[es]. M[onats]. nicht könnten, und dass er daher guten Glaubens gewesen sei, als er mir mit Rücksicht auf Ihre Bemerkung, wenn wir auf den 11. d[es]. M[onats]. einlüden, würde jeder sagen «dem Berliner sei die Kölner Sitte nicht bekannt», Freitag den 10. d[es]. M[onats]. vorgeschlagen habe. Ich bin mir bewusst, mir in dieser Angelegenheit die erdenklichste Mühe gegeben zu haben, glaubte aber im Interesse der Gesamtheit zu handeln, wenn ich gerade bei dem ersten Vortrag Vorsorge träfe, dass Mitglieder unseres Standes, wie die Herren Urbig[461] und von Schinkel[462], die sich gerade in der von Herrn Eckert[463] zu behandelnden internationalen Frage eines besonderen Namens erfreuen, an unserer Tagung teilnehmen könnten. Es ist mir deshalb im höchsten Grade peinlich, dass nunmehr die Angelegenheit zum Gegenstand persönlicher Verstimmung gemacht wird, und dass aus der Wahl des Termines Folgerungen gezogen werden, die völlig abwegig sind. Da andererseits auf Ihre Anwesenheit selbstverständlich grössten Wert gelegt wird, und es merkwürdig aussehen würde, wenn Sie gerade bei dieser Sitzung fehlten, wäre ich Ihnen sehr dankbar, wenn Sie es doch möglich machen könnten, dass Sie Ihre Berliner Engagements anders legten, um am Freitag nicht zu fehlen.
Mit freundlichen Grüssen
Ihr ganz ergebener
[gez.] Solmssen.

Herrn Konsul Heinrich von Stein
I[n]. F[irma]. J. H. Stein
<u>Köln</u>
Laurenzplatz 3

460 Gemeint ist Louis Hagen.
461 Gemeint ist Franz Urbig.
462 Gemeint ist Max von Schinckel.
463 Gemeint ist Christian Eckert, handschriftlich verbessert von «Eckers» zu «Eckert».

Johann Heinrich von Stein an Georg Solmssen, 03.12.1920[464]

3. Dezember 1920.

Lieber Herr Solmssen!

Für Ihren Brief vom 1. d[e]s. [Monats] danke ich Ihnen verbindlichst, glaube aber, dass eine mündliche Klarstellung sich für den vorliegenden Fall besser eignet, und da ich höre, dass Sie übermorgen schon zurück sind, möchte ich mich für eine solche zur Verfügung stellen.

Auf eine Tatsache möchte ich Sie allerdings jetzt schon aufmerksam machen. Mir ist für den 27. November keine Einladung zu einer Sitzung des Vorstandes der Bankenvereinigung[465] zugegangen. Es ist vielmehr nur eine Einladung an meine Firma[466] ergangen, worin zu einer kurzen Besprechung über die Wahl zur Kölner Handelskammer von Ihnen eingeladen wurde.

Auch habe ich mich nicht nur gegen den 11. als Samstag ausgesprochen, sondern auch deswegen, weil an diesem Tage nur der Saal des Panoptikums frei war; ich glaubte nicht, dass es Geheimrat Eckert[467] lieb gewesen wäre, gerade diesen Vortrag dort zu halten, aber auch für uns erschien mir das Lokal nicht geeignet.

Soviel ich mich erinnere, habe ich ausserdem Herrn Oppenheim[468] gesagt, dass ich eine Sitzung in Berlin am 10. Dez[ember]. gerade mit Rücksicht auf unsere Verabredung, wonach der Vortrag am 14. sein soll, festgelegt hätte.

Da ich genau unserer Verabredung entsprechend gehandelt habe und die Sitzungen, zu denen auch eine Reihe auswärtiger Kollegen eingeladen sind, gerade auf meine Veranlassung mit Rücksicht auf unseren Vortrag, am 10. d[e]s. [Monats] in Berlin stattfinden sollen, bedauere ich Ihrer Anregung, diese Sitzung in Berlin zu vertagen, nicht entsprechen zu können.

Alles weitere der vorerwähnten mündlichen Unterredung vorbehaltend, bin ich mit vielen Grüssen
Ihr ganz ergebener
[gez.] H[einrich] v[on] Stein

---

464 Briefpapier «Nr. *3281/* Köln, den / Laurenzplatz 3», 1 Blatt in der Mitte gefalzt, Vorderseite maschinenschriftlich beschrieben, handschriftlicher Vermerk «m[ün]dl[ich]. erl[edigt]. [Paraphe nicht zuordenbar]», Paraphen von Georg Solmssen und Elisabeth Nörenberg, in: HBO, P,R/38.

465 Gemeint ist die Vereinigung von Banken und Bankiers in Rheinland und Westfalen E.V.
466 Gemeint ist das Bankhaus J. H. Stein.
467 Gemeint ist Christian Eckert.
468 Gemeint ist Hermann Oppenheim.

Emil Georg von Stauß an Georg Solmssen, 24.12.1920[469]

134.   den 24. Dezember 1920.

Sehr geehrter Herr Doktor!

Ihr Schreiben vom 13. Dezember[470] erreichte mich im Augenblick meiner Abreise nach Brüssel. Da ich aus Ihren Darlegungen ersehen habe, daß Sie den Geist der protokollarischen Vereinbarung[471] ganz anders auffassten, als sowohl die Liebieg. Gruppe[472] wie wir[473] es getan haben, so habe ich nur die Möglichkeit gesehen, die durch Ihre Auffassung entstandene Sachlage neuerdings dadurch zu überbrücken, daß die dem Vorsitzenden des Executiv-Comitees[474] zustehenden Rechte einwandsfrei dadurch festgelegt werden, daß ihm die Befugnis zugesprochen wird, die Protokolle[475] aller Sitzungen, auch derjenigen des Aufsichtsrates, gegenzuzeichnen. Dadurch würde allerdings ein gewisses Vetorecht zu Stande kommen; aber über diese vorerwähnte Formulierung hinaus zu gehen, war von mir nicht beabsichtigt. Wenn aber von allen Parteien anerkannt war, daß die Deutsche Bank die Führung nach innen haben sollte, so ist offenbar ein solches Vetorecht das mindeste, was der landläufigen Auffassung von Führung entspricht. Daß allen Anregungen und Stimmen von Aufsichtsratsmitgliedern beachtet und jedem vernünftigen Rat Folge geleistet werde, ist so selbstverständlich, wie bei jedem anderen Unternehmen. Bekanntlich kommt es ja zu Abstimmungen überhaupt nie, wenn die Führungsfrage einwandsfrei klargestellt ist.

Ich habe übrigens, nachdem ich den Inhalt Ihres Briefes auf der Reise weiter überdacht habe, von Brüssel aus an die Deutsche Bank telegraphiert, daß ich aus Ihren Angriffen auf die uns zugesicherte und verbriefte interne Führung die Überzeugung schöpfen muß, daß wir besser uns auf das Formular einer formellen Fusion verständigen, statt den mit so viel Mühe angelegten Weg, der offenbar doch nicht zum Frieden führt, fortzusetzen.

Der Ordnung halber darf ich noch bemerken, daß entgegen Ihren Mitteilungen

---

469 Presskopie, 2 Blätter, 2 Vorderseiten maschinenschriftlich beschrieben, Umlaufstempel mit Paraphen der Vorstandsmitglieder der Deutschen Bank, zweite Seite nummeriert, in: HADB, S1620.
470 Der Brief vom 13.12.1920 ist nicht überliefert.
471 Im November 1920 hatten Deutsche Bank, Disconto-Gesellschaft und die Liebieg-Gruppe eine Vereinbarung und einen Vertrag zur Gründung einer niederländischen Aktiengesellschaft unter dem Namen «Union» Internationale Petroleum-Maatschappij geschlossen, um gemeinsame Erdölinteressen in Europa und Übersee zu verfolgen, in: HADB, S1620.
472 Gemeint ist die aus dem Baron Theodor von Liebieg, Reichenberg/Böhmen, und den Firmen Bauer, Marchal & Co., Paris, und Georges Clairin & Co. KGaA, Lille, bestehende Gruppe. Vgl. Grundlinien zu dem Vertrag, 6.8.1920, in: HADB, S1620.
473 Gemeint ist die Deutsche Bank.
474 Laut Vertrag vom November 1920 wurde aus dem Aufsichtsrat ein Arbeitsausschuss, genannt Exekutiv-Komitee gebildet, dessen Vorsitz Emil Georg von Stauß übernahm, Solmssen war einer seiner beiden Stellvertreter.
475 «Protokoller» handschriftlich verbessert zu «Protokolle».

uns seitens der Liebig-Gruppe [!] dauernd versichert wurde, daß sie[476] <u>allein</u>[477] die Majorität in der Deutschen Erdöl-Aktien-Gesellschaft besitzt[478].
Mit hochachtungsvoller Begrüßung
Ihr ergebener
[gez.] Stauß

Herrn Dr. Georg Solmssen,
<u>Köln a/Rh.</u>
Unter Sachsenhausen 4.

Georg Solmssen an Emil Georg von Stauß, 28.12.1920[479]

Ri 28. Dezember 1920

Sehr geehrter Herr von Stauss!
In Beantwortung Ihres Briefes vom 24. d[es]. M[onats]. vermag ich dessen Ausführungen über das Vorrecht[480] des Vorsitzenden des Deutschen Exekutiv-Komitees[481] nicht zu folgen. Ein solches Vorrecht würde keine interne Führung, sondern eine, zudem den Vorschriften des deutschen Handelsgesetzbuches widersprechende Bevormundung bedeuten. Auch die unterschriebenen Abmachungen lassen keinen Raum für eine solche Regelung.
Ihre Annahme betreffend die Majoritäts-Verteilung bei der Deutschen Erdöl-Aktiengesellschaft ist irrig. Die Liebieg-Gruppe[482] besitzt die Majorität zusammen mit der Disconto-Gesellschaft, ist vertraglich an diese gebunden und hat diese Bindung und die Notwendigkeit der Verständigung mit uns stets in vollem Umfange anerkannt.
Ich begrüße Sie
hochachtungsvoll
als Ihr ergebener
[gez.] Solmssen.

[Herrn D]r.[483] Ing. E.h. von Stauss
Deutsche Bank
<u>Berlin W 8</u>

476 «Sie» handschriftlich verbessert zu «sie».
477 Handschriftlich unterstrichen.
478 «besitzen» handschriftlich verbessert zu «besitzt».
479 Briefpapier «DIRECTION DER DISCONTO-GESELLSCHAFT / Berlin W. 8», 1 Blatt, Vorderseite maschinenschriftlich beschrieben, Umlaufstempel des Vorstands der Deutschen Bank, Paraphen u.a. von Emil Georg von Stauß und Arthur von Gwinner, in: HADB, S1620.
480 Handschriftliche Einfügung «Veto»[recht], vgl.

Brief von Georg Solmssen an Emil Georg von Stauß vom gleichen Tag.
481 Gemeint ist das Exekutiv-Komitee der «Union» Internationale Petroleum-Maatschappij.
482 Gemeint ist die aus dem Baron Theodor von Liebieg, Reichenberg/Böhmen, und den Firmen Bauer, Marchal & Co., Paris, und Georges Clairin & Co. KGaA, Lille, bestehende Gruppe.
483 Linker Seitenrand ist abgeschnitten.

Georg Solmssen an Emil Georg von Stauß, 28.12.1920[484]

4/Pl   28. Dezember 1920
        Sofort abtragen!

Sehr geehrter Herr von Stauss!
Um kein Missverständnis aufkommen zu lassen, möchte ich einen Schreibfehler meines heutigen Briefes an Sie berichtigen. Es sollte nicht von dem «Vorrecht» des Vorsitzenden des Deutschen Exekutivkomitees[485], sondern von dessen «Vetorecht», wie es in Ihrem Brief vom 24. Dezember skizziert worden ist, gesprochen sein. Ich bitte Sie daher meinen Brief in diesem Sinne zu verstehen.
Ich begrüße Sie hochachtungsvoll
als Ihr ergebener
[gez.] Solmssen.

[H]errn[486] Dr. ing. E.h. von Stauss
Deutsche Bank
Berlin

Georg Solmssen an Theodor von Liebieg, 29.12.1920[487]

z[ur].Z[ei]t. Berlin, den 29. Dezember 1920
Sehr geehrter Herr Baron!
Ihre Anfrage wegen der zwischen Herrn v. Stauss und mir am 3., 13.,[488] 24. und 28. d[es]. M[onats]. gewechselten Briefe beehre ich mich dahin zu beantworten, dass die Disconto-Gesellschaft unbedingt an der durch das Protokoll vom 3. November 1920[489] geschaffenen Basis festhält. Durch den Vorsitz im Exekutiv-Komitee ist der Deutschen Bank die Führung der Geschäfte des Exekutiv-Komitees[490] nach Massgabe der Bestimmungen des vorerwähnten Protokolles und des Interessengemeinschaftsvertrages übertragen. Letzterer sieht vor, dass die wichtigen Geschäfte der vereinigten Unternehmungen der Entscheidung des Exekutiv-Komitees unterstehen.

---

484 Briefpapier «DIRECTION DER DISCONTO-GESELLSCHAFT / Berlin W. 8», 1 Blatt, Vorderseite maschinenschriftlich beschrieben, Umlaufstempel der Direktion, Paraphen u.a. von Emil Georg von Stauß, in: HADB, S1620.
485 Gemeint ist das Exekutiv-Komitee der «Union» Internationale Petroleum-Maatschappij.
486 Linker Seitenrand ist abgeschnitten.
487 Hektographie, Briefpapier «DR GEORG SOLMSSEN / CÖLN / Unter Sachsenhausen 4», 1 Blatt, Vorderseite maschinenschriftlich beschrieben, in: HADB, S1620.
488 Die Briefe vom 3.12.1920 und 13.12.1920 sind nicht überliefert.
489 HADB, S1620.
490 Gemeint ist das Exekutiv-Komitee der «Union» Internationale Petroleum-Maatschappij.

Ich ermächtige Sie gern, von Vorstehendem den Ihnen gut scheinenden Gebrauch zu machen.
In vorzüglicher Hochachtung
Ihr sehr ergebener
[gez.] Solmssen.

[Herr]n[491] Freiherrn Theodor von Liebieg
Hotel Bristol
Berlin

Georg Solmssen an Vorstand der Vereinigung von Banken und Bankiers in Rheinland und Westfalen, 06.01.1921[492]

11/z. 6. Januar 1921.
Durch Eilboten!

Sehr geehrte Herren!
Da andere Beratungsgegenstände zur Zeit noch nicht vorliegen, glaube ich eine alsbaldige Entscheidung erforderlich machende Frage im Schriftwechsel erledigen zu können.
Ich beabsichtige, im Einverständnis mit dem Herrn stellvertretenden Vorsitzenden[493] und dem Herrn Schatzmeister[494] die nächste Vortragssitzung der Vereinigung in Düsseldorf im dortigen Industrie-Club abzuhalten und habe in Vorschlag gebracht, als Thema «Die Entwicklung der modernen Forschung auf dem Gebiete der Kohlenchemie» zu wählen, weil die Frage der besseren Ausnutzung unserer Brennstoffe im Vordergrunde der wirtschaftlichen Entwicklung steht. Als V[or]tragenden bringe ich den Leiter des Friedländer'schen Kohlenforschungs-Instituts in Breslau[495], Herrn Professor Dr. Fritz Hoffmann[496], in Vorschlag, dessen Beziehungen zum Westen in seiner langjährigen Zugehörigkeit zu den Farbenfabriken vorm[als]. Friedr[ich]. Bayer & Co. in Leverkusen und Elberfeld beruhen. Herr Prof. Dr. Hoffmann wird mir seitens der chemischen Kreise als besonders geeignet für die Behandlung des Themas geschildert, weil er mit der vollen Beherrschung der Materie eine gewandte und auch für Laienkreise verständliche Art der Darstellung verbinde. Mein Eindruck deckt sich auf Grund der Veröffentlichung eines von Herrn Professor Dr. Hoffmann kürzlich vor einem chemischen Publikum gehaltenen Vortrages mit der Auffassung meiner Auskunftsstelle.

---

491 Linker Seitenrand ist abgeschnitten.
492 Briefpapier «Vereinigung von Banken und Bankiers in Rheinland und Westfalen E.V.», 2 Blätter, 2 Vorderseiten maschinenschriftlich beschrieben, handschriftlicher Vermerk «Zirkularbeschluß», in: HBO, P,R/38.
493 Gemeint ist Albert Bendix.
494 Gemeint ist Heinrich von Stein.
495 Gemeint ist das Fritz von Friedländer-Fuld-Kohlenforschungsinstitut der Kaiser-Wilhelm Gesellschaft, Breslau.
496 Gemeint ist Fritz Hofmann.

Ich beabsichtige morgen – Freitag – Nachmittag in Düsseldorf die Frage des Termins und des sonstigen Arrangements mit der Leitung des Industrie-Clubs zu besprechen und würde, wenn die übrigen Mitglieder des Vorstandes meinem Vorschlage beipflichten, alsbald feststellen, ob Herr Hoffmann bereit ist, die ihm zugedachte Aufgabe zu übernehmen. Der Herr stellvertretende Vorsitzende und der Herr Schatzmeister haben mir bereits ihr Einverständnis mit meinem Vorschlage erklärt. Ich werde dasselbe auch seitens der übrigen Herren Mitglieder des Vorstandes annehmen, wenn ich nicht bis morgen Mittag etwas Gegenteiliges höre.[497]

Hochachtungsvoll
[gez.] Solmssen
Vorsitzender.

An die Herren Mitglieder des Vorstandes
der Vereinigung von Banken und Bankiers in Rheinland
und Westfalen e.V.

Georg Solmssen an Direktion der Disconto-Gesellschaft, 03.05.1921[498]

[…]s. 3. Mai 1921.

Sehr geehrte Herren!
Es wird Sie interessieren, dass der Wirtschaftsausschuss für das besetzte Gebiet, der sich vor einiger Zeit zwecks einheitlicher Vertretung der Interessen des Handels und der Industrie des gesamten besetzten Gebiets mit dem Sitze in Köln unter Führung der Handelskammer Köln gebildet hat und bisher aus 15 Personen bestand, gestern einstimmig beschlossen hat, anlässlich der Erhöhung der Mitgliederzahl auf 22 mich als Vorsitzenden der Vereinigung von Banken und Bankiers in Rheinland und Westfalen E.V. hinzuzuwählen. Gleichzeitig mit mir wurden unter anderem die Herren Stinnes[499] und Dr. Silverberg[500] gewählt.
Von sonstigeren bekannteren Persönlichkeiten gehören dem Ausschuss an die Geheimräte Deussen[501], Talbot[502], Duisberg[503], Bamberger[504].

---

497 Der Vortrag von Professor Hofmann mit dem Titel «Die moderne Entwicklung auf dem Gebiete der Kohlenchemie» fand am 24.2.1921 im Industrie-Club e.V. in Düsseldorf statt.
498 Presskopie, 2 Blätter, 2 Vorderseiten maschinenschriftlich beschrieben, zweite Seite nummeriert, Paraphen u. a. von Georg Solmssen, Arnold Frese, Robert Pferdmenges und Robert Bürgers, in: RWWA, Abt. 39, Nr. 1, Fasz. 6.

499 Gemeint ist Hugo Stinnes.
500 Gemeint ist Paul Silverberg.
501 Gemeint ist Friedrich Wilhelm Deussen.
502 Gemeint ist Georg Talbot.
503 Gemeint ist Carl Duisberg.
504 Gemeint ist Franz Bamberger.

Der Wirtschaftsausschuss setzt sich in bewussten Gegensatz zu dem vor einiger Zeit auf Betreiben der Parteien gebildeten parlamentarischen Beirat, der nichts geleistet hat, als oede Parteipolitik zu treiben, und verfolgt das Ziel, über die Parlamente hinweg, die erforderliche Fühlung mit den in Betracht kommenden Behörden zu halten. Es wird also ein Gedanke wieder aufgenommen, den ich seiner Zeit, wie ich Ihnen am 3.4.1919 schrieb[505], zu verwirklichen suchte, der aber an dem Passverbot des Marschall Foch[506] für die ausserhalb des besetzten Gebiets wohnenden Industriellen scheiterte. Für uns ist die Mitwirkung bei dieser Institution sehr wichtig, weil sie tatsächlich die einzige Stelle bildet, bei der praktische Arbeit geleistet wird und bei der alles Material zusammenströmt, das auf die mit der Besetzung verbundenen wirtschaftlichen Fragen Bezug hat. Dementsprechend haben auch die in Frage kommenden massgebenden Berliner behördlichen Stellen, insbesondere der Reichskommissar und der Staatssekretär für das besetzte Gebiet, sich auf den Standpunkt gestellt, unbedingt mit dem Ausschuss zusammenzuarbeiten und sich über den alles lähmenden Berliner Ressort-Partikularismus hinwegzusetzen. Wieweit dieses Bestreben auf die Dauer von Erfolg begleitet sein wird, muss die Zukunft lehren. Nach allem, was ich neulich wieder in einer von Herrn Minister Scholz[507] des Reichs-Wirtschafts-Ministeriums eröffneten, nach 10 Minuten von ihm verlassenen Sitzung aus dem Verhalten der Ministerialvertreter entnehmen konnte, herrscht bei diesen Stellen eine merkwürdige Unkenntnis des wahren Standes der Dinge.[!] im besetzten Gebiet.

Angenehm war es mir zu hören, dass meine Zuwahl auf einstimmigen Beschluss der Industrie-Vertreter erfolgt ist.
Freundschaftlichst
[gez.] Solmssen.

Direction der Disconto-Gesellschaft,
Chef-Cabinet,
Berlin.W.8.

---

505 Dieser Brief ist nicht überliefert.
506 Gemeint ist Ferdinand Foch.
507 Gemeint ist Ernst Scholz.

Elisabeth Nörenberg an Georg Solmssen, 23.05.1921[508]

23. Mai 1921

Sehr geehrter Herr Doktor,
Ich erhielt Ihre Depesche vom 21.[509] und drahtete Ihnen darauf laut Anlage. Ich hatte Herrn Gahlen[510] bereits am 17. mitgeteilt, dass Sie bis auf weiteres nach Oberstdorf, Hubertushaus in Urlaub gegangen wären und musste daher annehmen, dass er mit Herrn Bendix[511] die Angelegenheit besprechen und erledigen würde. Ich hatte Ihnen nicht telegraphiert, weil ich Sie während Ihres Ihnen so dringend nötigen Erholungsurlaubs nur mit den allerdringendsten Sachen behelligen wollte und bedauere sehr, dass ich Ihnen im Gegenteil in bester Absicht nun Unannehmlichkeiten bereitet habe.
Ich habe mich nach dem Ergebnis der Besprechung erkundigt und von Herrn Rechtsanwalt Schütz[512], der von den hiesigen Herren an der Besprechung teilgenommen hat, erfahren, dass es nur eine Vorbesprechung war. Herr Schütz konnte mir leider nicht sagen, ob und durch wen die Kölner Bankenvereinigung[513] vertreten war, glaubte dies aber nicht, da von auswärtigen Bankenvereinigungen sehr wenig Beteiligung gewesen sei. Es sei nichts von Bedeutung verhandelt worden.
Das Protokoll der Sitzung[514] habe ich mir hier beschafft und füge es bei.
Soeben erhalte ich Ihren Brief vom 21.[515], dessen erster Teil sich durch Vorstehendes erledigt.
Zu den Sitzungen Lothringer Hüttenverein[516], Felten & Guillaume[517] und Elektrobank[518] habe ich Sie rechtzeitig entschuldigt. Für die Rhenaniasitzung[519] waren Sie ja eigentlich schon entschuldigt, ich habe aber der Sicherheit halber nochmals von mir aus geschrieben, dass Sie nicht kommen könnten.
Den Brief des Herrn Weissel[520] an Herrn Waller[521] habe ich Fräulein Luchmann[522] zur Weiterbeförderung an Herrn Waller gegeben. Die Aktennotiz Pfeiffer[523] von Herrn Urbig[524] war nur eine Kopie; ich habe aber nochmals bei Herrn Knoll[525] angefragt, ob das Original zirkuliert habe, was er mir bestätigte.

---

508 Briefpapier «Berlin W 8, den / Behrenstr. 43/44», 2 Blätter, 2 Vorderseiten maschinenschriftlich beschrieben, zweite Seite nummeriert, in: HBO, P,R/38.
509 Telegramm Solmssens an Nörenberg 21.5.1921, in: HBO, P,R/38. Darin erkundigte sich Solmssen, ob ein Vertreter der Vereinigung von Banken und Bankiers in Rheinland und Westfalen E.V. in Köln für die Ministerialsitzung ernannt worden war.
510 Gemeint ist Hermann Gahlen.
511 Gemeint ist Albert Bendix.
512 Gemeint ist Wilhelm Schütz.
513 Gemeint ist die Vereinigung von Banken und Bankiers in Rheinland und Westfalen E.V.
514 Protokoll ist nicht in der Akte vorhanden.
515 Schreiben Solmssens an Nörenberg 21.5.1921 ist nicht überliefert.
516 Gemeint ist der Lothringer Hütten- und Bergwerks-Verein AG.
517 Gemeint ist Felten & Guillaume Carlswerk AG.
518 Gemeint ist die Gesellschaft für elektrische Unternehmungen.
519 Gemeint ist Rhenania, Verein Chemischer Fabriken.
520 Gemeint ist Wilhelm Weißel.
521 Gemeint ist Hermann Waller.
522 Gemeint ist Käthe Luchmann.
523 Vollständiger Name nicht ermittelbar.
524 Gemeint ist Franz Urbig.
525 Vollständiger Name nicht ermittelbar.

Ihr Telegramm vom 21. betreffes meines Urlaubs habe ich erhalten und danke Ihnen bestens dafür. Ich werde morgen, Dienstag und Mittwoch im Büro fehlen und am Donnerstag früh wieder hier sein. Heute musste ich hier sein, da Verschiedenes zu erledigen war. Ich habe Frl. Behr[526] gebeten, Ihnen aus Ihrer Post die dringenden Angelegenheiten nachzutelegraphieren und das Andere hier zu behalten.

Herrn von Berger[527] habe ich mitgeteilt, dass Sie am Donnerstag nach Schwanenwerder zurückkehren.

Ich erfahre soeben von Appel[528], dass ich die unerledigt gebliebene Post am Donnerstag früh nach Schwanenwerder mitschicken soll und werde dementsprechend verfahren.

Mit besten Grüssen auch an Frau Solmssen[529] und die Kinder
Ihre sehr ergebene
[gez.] E[lisabeth]. Nörenberg

Herrn Dr. Solmssen,
Oberstdorf i/Allgäu,
Hubertushaus.

Aktenvermerk Georg Solmssens, 16.12.1921[530]

Notiz.

Herr Justizrat Abs[531] war als Vorsitzender des Aufsichtsrates der Deutsch-Holländischen Bank heute bei mir, um Aufklärung wegen des Ausschlusses der Bank aus der Bankenvereinigung[532] zu erbitten. Ich habe ihm den Inhalt der Unterhaltung mitgeteilt, welche Herr Hammerschlag[533] mit Herrn Bendix[534] gehabt hat und welche die Gründe des Ausscheidens des Herrn Hammerschlag aus der Direktion wegen Kapitalschiebungsmachenschaften bei der Bank angaben[535]. Ich habe Herrn Abs gesagt, dass seinerzeit die Aufnahme der Bank in die Bankenvereinigung unter dem ausdrücklichen Hinweis erfolgt sei, dass wir fordern müssten, dass die Bank sich in ihrer Geschäftsführung den seitens der deutschen Institute befolgten Grundsätzen hinsichtlich der Beachtung der gesetzlichen Vorschriften unterwerfe. Herr Hammerschlag erklärte, dass er persönlich hierfür eintrete[536]. Da er nunmehr mitteile,

---

526 Vollständiger Name nicht ermittelbar.
527 Gemeint ist Erich Heinrich von Berger.
528 Vollständiger Name nicht ermittelbar.
529 Gemeint ist Etta Solmssen.
530 Presskopie, 1 Blatt, Vorderseite maschinenschriftlich beschrieben, in: HBO, P,R/38.
531 Gemeint ist Josef Abs.
532 Gemeint ist die Vereinigung von Banken und Bankiers in Rheinland und Westfalen E.V.
533 Gemeint ist wahrscheinlich Max Hammerschlag.
534 Gemeint ist Albert Bendix.
535 Handschriftliche Streichungen von Solmssen.
536 Ursprünglich «eintritt»; von Solmssen handschriftlich geändert.

dass er die*se*[537] Erklärung nicht mehr aufrecht erhalten könne, müssten wir ohne Verzug unsere Konsequenzen ziehen. Wir müssten es der Bank überlassen, die Streitigkeiten innerhalb ihrer Organe zu erledigen und könnten der Wiederaufnahme der Bank nur näher treten, wenn die Mitteilungen des Herrn Hammerschlag nicht den Tatsachen entsprächen bzw. Herr Hammerschlag seine Erklärung zurücknehme.

Ich habe Herrn Bendix gebeten, über die seinerzeit mit Herrn Hammerschlag gehabte Unterredung eine Aktennotiz anzufertigen.

Köln, den 16. Dezember 1921.
[gez.] Solmssen.

Georg Solmssen an Walther Rathenau, 19.01.1922[538]

11/S.   Durch Eilboten!   19. Januar 1922.
Persönlich!

Sehr geehrter Herr Dr. Rathenau!
Ich bin Ihnen noch die Antwort auf Ihre neuliche Anfrage wegen eventueller Uebernahme des Reichsfinanz-Ministeriums schuldig und muss dieselbe, da eine dienstliche Reise, die ich gestern anzutreten hatte, mich einige Tage länger, als ich voraussah, von Berlin fernhalten wird, schriftlich erteilen. Um nicht zu weitschweifig zu werden, will ich mich hierbei auf die Hervorhebung der hauptsächlichsten, meine ablehnende Haltung begründenden Punkte beschränken. Nachdem ich selbst seit Jahr und Tag in Wort und Schrift den Standpunkt vertreten habe, dass die Träger unseres Wirtschaftslebens sich in viel stärkerem Umfange, als solches in der Vergangenheit geschehen ist, mit der Lösung der politischen Aufgaben beschäftigen müssten, habe ich mich angesichts Ihrer Anfrage insofern befangen gefühlt, als ich die Pflicht empfand, unabhängig von allen Erwägungen persönlicher Natur, eingehend zu prüfen, ob ich es verantworten dürfe, der Uebernahme der schweren Opfer auszuweichen, welche der Eintritt in die Politik und die Aufgabe eines gesicherten, nach jeder Richtung befriedigenden grossen Wirkungskreises mit sich bringt. Wenn ich nunmehr nach reiflicher Ueberlegung zu dem Ergebnis komme, Ihnen einen ablehnenden Bescheid zu geben, halte ich mich für gebunden, in Kürze die Gründe, die mich hierzu veranlassen, auseinanderzusetzen.

---

537 Handschriftliche Änderung von Solmssen.
538 Presskopie, 7 Blätter, 7 Vorderseiten maschinenschriftlich beschrieben, nummeriert ab der zweiten Seite, in: HADB, NL3/52.

Diese Gründe liegen zunächst auf dem Gebiete der persönlichen Eignung. Die volle Anspannung, welche die Leitung von Riesenbetrieben mit sich bringt, macht es unmöglich, sich mit politischen Fragen anders als in der Form zu beschäftigen, dass man, wenn besonderer Anlass vorliegt, sich in die einzelnen Probleme vertieft und sich auf Grund näheren Studiums eine eigene Meinung über dieselben bildet. Eine fortlaufende Beschäftigung mit den politischen Tagesangelegenheiten liegt für uns ausserhalb des Bereichs, weil die Erledigung eigener Aufgaben keine Zeit und Kraft hierfür übrig lässt. Ich wäre daher nicht in der Lage, bei Uebernahme des fraglichen Postens ein nach jeder Richtung durchgearbeitetes, sorgfältig abgewogenes Programm für die Lösung der zahllosen äusseren und inneren Schwierigkeiten vorzulegen. Gerade der jetzige Moment erfordert aber, dass der Mann, welcher es unternimmt, seinen Namen für die Anbahnung einer neuen Zukunft einzusetzen, von vornherein genau weiss, was er will und den Beweis für die Richtigkeit seines Wollens, allen Angriffen zum Trotz, bis ins Einzelne alsbald erbringen kann. Es genügt in der gegenwärtigen Zeit nicht, Titelüberschriften aufzustellen und die Ausfüllung derselben der Zukunft zu überlassen. Der Erfolg kann sich nur einstellen, wenn der Führer nach kurzer Zeit der Allgemeinheit die Ueberzeugung abringt, dass die Forderungen, deren Erfüllung er als notwendig hinstellt, auch wirklich erfüllbar sind. Der Misserfolg, der sich sonst unweigerlich einstellt, würde nicht nur den Mann, der seine Thesen nicht durchzudrücken vermag, über Bord fegen, sondern auch auf lange Zeit den guten Absichten schaden, die in seinem Wollen verkörpert gewesen sein mögen. Ich halte es für ausgeschlossen, dass Jemand, der sich nicht eingehend mit der Lösung der Frage beschäftigt hat, welche Massnahmen nunmehr auf finanziellem Gebiete zu ergreifen sind und hierbei in der Praxis zu prüfen in der Lage war, wieweit sich die Theorie in die Praxis umsetzen lässt, vor die Oeffentlichkeit tritt und von ihr verlangt, dass sie ihm Gefolgschaft leistet. Wenn ich mich der Aufgabe widmen wollte, welche die gedachte Stellung in sich schliesst, müsste ich daher genügend Zeit haben, um mir ein Urteil über das, was wirklich erreichbar ist, zu bilden.
Ebenso schwerwiegend fallen als Gründe für die Negation die sachlichen Umstände ins Gewicht. Ich sagte Ihnen bei unserem neulichen Gespräch, dass ein Amt, wie das in Rede stehende, den Träger desselben, wenn er wirklich etwas durchsetzen wolle, zunächst allgemeiner Feindschaft aussetzen werde, weil er der Gesamtheit schwere Opfer auferlegen müsse, die zu erzwingen nicht möglich sei, wenn nicht die grossen politischen Parteien geschlossen für diese Forderungen eintreten. Aus der Haltung der politischen Parteien, insbesondere der Stellungnahme der diese Parteien in der Regierung vertretenden Männer, vermag ich, trotz des von Ihnen geäusserten gegenteiligen Optimismus, nicht den Schluss zu ziehen, dass einem Reichsfinanzminister heute bereits die Macht in die Hand gegeben werden würde, die erforderlich ist, um das zur Gesundung Nötige unerbittlich zu erzwingen. Ich habe nicht den Eindruck, dass die Führer der massgebenden Parteien den

Massen derart selbständig, zielbewusst und mutig gegenübertreten, wie solches es nötig ist, wenn man den Massen imponieren will. Sonst wäre es unerklärlich, weshalb jeder Massen-Forderung immer wieder nachgegeben und den Kämpfen ausgewichen wird, ohne welche Konflikte nicht ausgefochten werden können. Ich kann mich deshalb nicht davon überzeugen, dass eine Steuerpolitik, welche in breitem Umfange die indirekte Besteuerung einführen und die Besitz- und Einkommensteuer auf ein erträgliches Mass beschränken würde, welches die weitere Kapitalbildung ermöglicht und sich der notorischen Kapitalflucht hemmend in den Weg stellen kann, seitens der massgebenden Parteien mit der erforderlichen Entschlossenheit verteidigt werden würde.
Ebensowenig habe ich den Glauben, dass mit dem nötigen Nachdruck an die Erhöhung der Arbeitszeit herangegangen und ohne Rücksicht auf die Meinung der Strasse die Steigerung der Leistungen erzwungen werden würde, ohne welche alle Sanierungsversuche vergeblich bleiben müssen.
Kurzum, mein Eindruck ist, dass die politischen Führer, mit ganz wenigen Ausnahmen, nicht in dem Umfange frei von der Sorge sind, sich ihr Amt zu erhalten, wie solches erforderlich ist, wenn allein das sachlich Richtige geschehen soll. Ich sehe daher voraus, dass Derjenige, der die Aufgabe übernimmt, rücksichtslos die Dinge zu zeigen, wie sie sind und den Leuten die unangenehmen finanziellen Wahrheiten zu sagen, die sie bisher nicht hören wollten, in ganz kurzer Zeit abgewirtschaftet haben wird, um auf Nimmerwiedersehen zu verschwinden.
Noch ein drittes Moment kommt hinzu. Nach meiner Ueberzeugung kann eine Gesundung unserer ganzen Situation auch nach aussen sich auf die Dauer nur durchsetzen, wenn, ohne in die alldeutschen Uebertreibungen zu verfallen, zielbewusst das Nationalgefühl geweckt und die Masse dazu gebracht wird, sich der Kraft bewusst zu werden, die in einem einheitlich geschlossenen Volkskörper liegt. Auch nach dieser Richtung vermisse ich bei den heutigen Führern diejenige Energie und Aktivität, die bereits hätte angewandt werden müssen, um das schlummernde Nationalbewusstsein zu beleben. So ist es mir unbegreiflich, weshalb die Reichsleitung bisher alle die zahllosen Angriffe unserer ehemaligen Gegner in derart nachgiebiger Weise behandelt, wie solches zum Beispiel in der Frage der alleinigen Schuld Deutschlands am Kriege und der Kriegsgreuel geschehen ist. Anstatt aus der Tatsache, dass der einmütige Widerstand, der in dem einzigen Punkte der Auslieferung seitens des Volkes laut geworden ist, genügt hat, die phantastischen Forderungen der Gegner zu vereiteln, die Lehre zu ziehen, dass ein entschlossenes Nein im richtigen Augenblick ausgesprochen, volle Resonanz im Volksempfinden findet und dass dieses nationale Volksempfinden deshalb sorgsam und pfleglich wieder herangezogen werden muss, ist unsere Reichsleitung dauernd ängstlich besorgt, nur ja nicht den Anschein zu erwecken, als ob sie die Führung auf diesem Gebiete übernehmen wolle. Sonst würden zum Beispiel die Leiden des besetzten Gebietes, um die sich unsere deutsche Oeffentlichkeit so gut wie gar nicht kümmert, weil die

Zeitungen keine Absatzschwierigkeiten infolge von Entente-Verboten erleiden möchten, von Regierungsseite ganz anders ausgenutzt werden, um den Lug und Trug, mit dem gegen uns vorgegangen wird, an den Pranger zu stellen. Ebenso würde sonst der Weltöffentlichkeit dargelegt werden, in welchem Umfange über den Friedensvertrag hinaus uns auf Schritt und Tritt Leistungen abgepresst werden, die ihre Begründung nur in willkürlicher Auslegung der getroffenen Abmachungen finden.

Alle diese Hinweise, die ich noch erheblich vermehren könnte, erfüllen mich mit der traurigen Resignation, dass es noch schlechter werden muss, damit es besser werden kann und dass, da die Führung auf ausser- und innerpolitischem Gebiet seit Jahren fehlt, eine so hochgradige Erschlaffung der natürlichen Volkskräfte eingetreten ist, dass eine Regeneration erst möglich sein wird, wenn auf der ganzen Linie frische Kräfte zum Durchbruch gelangt sind. Ich würde keinen Augenblick zögern, meine Dienste zur Verfügung zu stellen, wenn ich mir davon einen wirklichen Nutzen für die Gesamtheit versprechen könnte. Da ich solches nach Erwägung aller in Frage kommenden Umstände zur Zeit nicht vermag, halte ich es gegenwärtig für meine erste Pflicht, auf dem Platze, auf den ich gestellt bin, das Meinige zu leisten, damit unser Wirtschaftskörper wenigstens von innen gesund bleibt.

Ihnen selbst spreche ich für das mir durch Ihre Anfrage bezeugte Vertrauen meinen verbindlichen Dank aus und begrüsse Sie
in steter Wertschätzung
als
Ihr sehr ergebener
[gez.] Solmssen.

Herrn Dr. Walther Rathenau,
m[it]. Briefen der Allgemeinen Elektrizitäts-Gesellschaft,
Berlin.

Georg Solmssen an Karl Kimmich, 11.02.1922[539]

11n[örenberg]/S[attle]r
393/22   Berlin, den 11. Februar 1922.

An die
Herren Mitglieder des Aufsichtsrats
der Deutsch-Atlantischen Telegraphengesellschaft
Deutsch-Südamerikanischen Telegraphengesellschaft
Osteuropäischen Telegraphengesellschaft.

Herr Staatssekretär Bredow[540] als Vertreter des Reichspostministeriums hat sich an mich mit dem Ersuchen gewandt, Stellung zu einer Anregung des Inhalts zu nehmen, dass die alte Kabelgruppe im Verein mit der Commercial Cable Co. mit möglichster Beschleunigung einen technischen Sachverständigen nach den Vereinigten Staaten sende, um an Ort und Stelle alle für die Konstruktion eines modernen high speed Kabels in Betracht kommenden technischen Fragen zu studieren. Herr Staatssekretär Bredow bezeichnete als die ihm geeignetst erscheinende Persönlichkeit für die Lösung einer solchen Aufgabe Herrn Professor Wagner[541] von der Telegraphisch-Technischen Reichsanstalt und sagte zu, den genannten Herrn eventuell sofort für die Mission frei zu machen.

Ich halte diese Anregung von Herrn Staatssekretär Bredow für befolgenswert, weil es für die alte deutsche Kabelgruppe und die Commercial Cable Co. misslich wäre, die Entscheidung über die Konstruktion des zu legenden Kabels fällen zu müssen, ohne sich hierbei auf lediglich in ihrem Auftrage erfolgte Feststellungen stützen zu können. Wie den Mitgliedern der Aufsichtsräte der Deutsch-Atlantischen Telegraphengesellschaft, Deutsch-Südamerikanischen Telegraphengesellschaft und Osteuropäischen Telegraphengesellschaft, welche in den Aufsichtsrat der Neuen Deutschen Kabelgesellschaft eingetreten sind, bekannt ist, hat letzteres Unternehmen sich mit der Western Union Telegraph Co. dahin verständigt, die einschlägigen Fragen an Ort und Stelle durch Herrn Ober-Postrat Ahrend[542] prüfen zu lassen, der dieserhalb von dem Reichspostministerium beurlaubt worden ist. Es liegt auf der Hand, dass die Feststellungen, die Herr Ober-Postrat Ahrend treffen wird, Eigentum der Neuen Deutschen Kabelgesellschaft und der Western Union Telegraph Co. sind und weder seitens des Reichspostministeriums noch seitens der Mitglieder

---

539 Hektographie, 2 Blätter, 2 Vorder- und 1 Rückseite maschinenschriftlich beschrieben, nummeriert ab der zweiten Seite, handschriftlicher Vermerk «E.[ingang] 13.2.[19]22», Paraphen u. a. von Karl Kimmich, Robert Bürgers und Robert Pferdmenges, in: HADB, P6256, Bl. 10–11.
540 Gemeint ist Hans Bredow.
541 Gemeint ist Karl Willy Wagner.
542 Gemeint ist wahrscheinlich Otto Arendt.

des Aufsichtsrats der alten deutschen Kabelgruppe darüber ohne weiteres zu Gunsten der mit der Neuen Deutschen Kabelgesellschaft und der Western Union Telegraph Co. in schärfster Konkurrenz stehenden Commercial Cable Co. verfügt werden kann. Es ist daher vorauszusehen, dass unsere Kabelgruppe hinsichtlich der Entscheidung betreffs der Konstruktion ins Hintertreffen geraten müsste, wenn sie abwarten sollte, ob und in welchem Umfange die Ergebnisse der im Auftrage der Neuen Deutschen Kabelgesellschaft und Western Union Telegraph Co. nach den Vereinigten Staaten gesandten Expedition ihr zur Verfügung gestellt werden. Hinzu kommt, dass die Commercial Cable Co. in Herrn Proffesor [!] Pupin[543] über einen Spezialisten verfügt, dessen Ermittlungen sie selbst wiederum nicht ohne weiteres einem Sachverständigen zur Verfügung stellen wird, der im Auftrage der Western Union Telegraph Co. tätig ist.

Unter diesen Umständen habe ich es für geboten gehalten, mich mit der Commercial Cable Co. in Verbindung zu setzen, um festzustellen, ob sie in der Lage sei, dem diesseits zu entsendenden Sachverständigen vollen Einblick in die in den Vereinigten Staaten gefundenen Ergebnisse auf dem Gebiete der Kabelherstellung zu vermitteln und ihm insbesondere den Zutritt zu der Western Electric Co., welche Besitzerin der Verfahren für die Herstellung der high speed Kabel ist, zu gewähren. Die Commercial Cable Co. hat durch Vermittlung ihres deutschen Vertreters, Herrn Staatssekretär z[ur].D[isposition]. Albert[544], diese Frage bejahend beantwortet und sich gleichzeitig bereit erklärt, die Hälfte der auf die deutsche Kabelgruppe anfallenden Kosten zu tragen, wenn der oben genannte Herr Professor Wagner nach den Vereinigten Staaten entsendet würde.

Ich werde die Zustimmung der Kollegien der Aufsichtsräte der drei alten Kabelgesellschaften zu dem Engagement des Herrn Professor Wagner und zu seiner Entsendung nach den Vereinigten Staaten annehmen, wenn ich nicht bis zum 15. Februar im Besitz eines gegenteiligen Bescheides bin.

Hochachtungsvoll
[gez.] Solmssen.

Herrn
Dr. Kimmich,
Köln,
Unter Sachsenhausen 4.

---

543 Gemeint ist Mihajlo Idvorski Pupin.
544 Gemeint ist Heinrich Albert.

Hermann Gahlen an Georg Solmssen, 08.03.1922[545]

8. März 1922.

Sehr geehrter Herr Doktor!

Gelegentlich einer Besprechung mit Herrn Bendix[546] erwähnte dieser heute mir gegenüber, dass Herr Konsul von Stein[547] ihn angerufen habe, um ihn zu fragen, ob er etwas von einer Einladung des Oberbürgermeisters[548] zu einer Besprechung über die Kölner Hafenpläne wisse. Herr Bendix habe diese Frage verneint, woraufhin Herr Konsul von Stein etwa folgendes erklärt habe: «Herr Dr. Solmssen weilt stets in Berlin und kann sich um die Angelegenheit nicht kümmern, darunter leidet die Stosskraft der Banken-Vereinigung[549]. Es kann so nicht weitergehen, Sie müssen diese Sachen mehr wie bisher an sich ziehen. Ich werde die Angelegenheit in der nächsten Vorstandssitzung zur Sprache bringen.»

Ich möchte nicht verfehlen, Ihnen von dieser Mitteilung sofort Kenntnis zu geben, wobei ich ausdrücklich bemerke, dass mir dies natürlich nur möglich ist relata referre, ohne dafür einstehen zu können, ob die Aeusserung des Herrn von Stein so, wie sie Herr Bendix mir weitergab, gefallen ist.

Zur Sache bemerke ich, dass der Banken-Vereinigung eine derartige Einladung überhaupt nicht zugegangen ist, was ich auch sofort Herrn Bendix erklärte.

Ich habe Herrn Bendix weiterhin gefragt, ob Herr Konsul von Stein sich noch in anderer Beziehung über die Leitung der Vereinigung beschwerdeführend geäussert habe, was dieser verneinte.

Sollte Herr von Stein wirklich die Angelegenheit in der nächsten Vorstandssitzung zur Sprache bringen und eine Aenderung der bisherigen Regelung bezüglich der Leitung der Banken-Vereinigung erwogen werden, so darf ich darauf hinweisen, dass meines Wissens bei nahezu allen Banken-Vereinigungen, so z[um]. B[eispiel]. bei der Berliner und bei den örtlichen Vereinigungen unseres Bezirks, z[um]. B[eispiel]. in Düsseldorf, Crefeld, Aachen, das Präsidium nicht einer bestimmtem Person, sondern einer Bank übertragen ist, die ihrerseits die für die Geschäftsführung in Frage kommenden Personen bestimmt. So hat in Berlin die Disconto-Gesellschaft den Vorsitz; wenn Herr Dr. Mosler[550] verhindert ist, unterzeichnet nicht etwa Herr Wassermann[551] von der Deutschen Bank oder ein Mitglied einer anderen Bank für die Vereinigung, sondern ein anderer Geschäftsinhaber der Disconto-Gesellschaft. Auch werden infolgedessen die Briefe dort nicht nur von einem Herrn, sondern stets von zwei Herren unterschrieben. Falls es erreichbar wäre, dass in der Rheinisch-Westfälischen Vereinigung eine analoge Regelung getroffen und

---

545 Presskopie, 2 Blätter, 2 Vorderseiten und Rückseite des zweiten Blatts maschinenschriftlich beschrieben, in: HBO, P,R/38.
546 Gemeint ist Albert Bendix.
547 Gemeint ist Heinrich von Stein.
548 Gemeint ist Konrad Adenauer.
549 Gemeint ist die Vereinigung von Banken und Bankiers in Rheinland und Westfalen E.V.
550 Gemeint ist Eduard Mosler.
551 Gemeint ist Oscar Wassermann.

die Geschäftsführung grundsätzlich dem A. Schaaffhausen'schen Bankverein A.G. übertragen würde, so dürften damit endgültig ein für allemal alle Schwierigkeiten beseitigt sein. Es würde Ihnen möglich sein, in den Sitzungen, in denen es Ihrem Wunsche entspricht, jederzeit das Präsidium zu übernehmen, während bei Ihrer Abwesenheit ein anderes Vorstandsmitglied des Bankvereins die Geschäfte führen könnte.

Ich darf schließlich noch darauf hinweisen, dass die nächste Vorstandssitzung der Vereinigung am Dienstag, den 14. März, vormittags 11 Uhr, stattfindet.
Sehr ergeben
[gez.] Gahlen

PS. Soeben rief Herr Bendix an und teilte mir mit, dass er heute Nachmittag gelegentlich einer Sitzung der Arbeitgeber-Verbände den Herrn Oberbürgermeister getroffen und ihn darauf hingewiesen habe, dass es von der Banken-Vereinigung als eine Zurücksetzung empfunden werde, wenn der Verband Kölner Grossfirmen[552] zu der in Rede stehenden Sitzung eingeladen worden sei, die Banken-Vereinigung dagegen nicht. Der Herr Oberbürgermeister habe daraufhin sofort veranlasst, dass die Banken-Vereinigung noch eine Einladung erhalte. Herr Bendix bat mich, die voraussichtlich morgen früh eingehende Einladung ihm sofort zu übersenden; er wolle die Sitzung, die nachmittags 5 Uhr stattfindet, wahrnehmen.
D[er]. U[nterzeichnete].[553]

Herrn Dr. Georg Solmssen,
Berlin. W.8.
Behrenstr. 43/44.

Karl Kimmich an Georg Solmssen, 23.05.1922[554]

12/L   den 23. Mai 1922.

Sehr geehrter Herr Doktor!
Wie ich höre, werden die Herren Dreisbach[555] und Stöcker[556] dieser Tage bei Ihnen sein. Ich möchte anregen, die Angelegenheit le Roy[557] mit den Herren zu regeln, damit die Banken die Beträge, welche sie im Laufe der Jahre bereits gezahlt und künftig noch zu zahlen haben, zurückvergütet erhalten bezw. später zu Lasten der Gesellschaften[558] verrechnen können. Nachdem die Entschädigungen des

---

552 Gemeint ist vermutlich der Verein der Industriellen des Regierungsbezirks Köln.
553 Unterhalb des Postskriptums Stempelaufdruck «Telegramm-Bestätigung».
554 Presskopie, 2 Blätter, 2 Vorderseiten maschinenschriftlich beschrieben, zweite Seite nummeriert, Paraphen u.a. von Georg Solmssen, Robert Pferdmenges, Robert Bürgers, Max Worch und Arnold Frese, in: HADB, P6256, Bl. 71–72.
555 Gemeint ist Heinrich Dreisbach.
556 Gemeint ist Otto Stoecker.
557 Gemeint ist Jakob Johan le Roy.
558 Gemeint sind die Deutsch-Atlantische Telegraphengesellschaft, Deutsch-Südamerikanische Te-

Reichs gesichert sind, muss wohl auch diese Frage nunmehr definitiv erledigt werden. Die Zusammensetzung des Aufsichtsrats wird wesentliche Veränderungen gegen bisher zeigen, sodass es meines Erachtens zweckmässig sein dürfte, die Angelegenheit bereits vor der Sitzung mit den einzelnen Banken zu regeln; als Unterlage für die Veränderungen im Aufsichtsrat habe ich Ihnen bereits vor einiger Zeit eine Aktennotiz zugehen lassen. Es fragt sich auch, ob nicht mit Rücksicht schon auf die abzugebende Bankenofferte eine Konsortialsitzung stattfinden muss, bei der die Frage des Eintritts von Warburg[559] und Seligmann[560] sowie auch der Berliner Handels-Gesellschaft in das Konsortium Deutsch-Atlantische[561] sowie die neue Quotenverteilung zu regeln wäre. Die Quoten für die einzelnen Konsortien sind ebenfalls bei den dortigen Akten.

Auf der Tagesordnung steht ferner der Beschluss über Ausgabe einer Obligationenanleihe. Es ist zu überlegen, ob man bei diesem sehr wichtigen Punkte sich auf einen allgemeinen Generalversammlungsbeschluss beschränken und sich im übrigen als Aufsichtsrat ermächtigen lassen kann, die Einzelheiten festzusetzen. Ich habe gegen eine solche Handhabung in diesem Falle Bedenken, da die Art der auszugebenden Obligationenanleihe (wahlweise Rückforderung des Kapitals in Dollar oder Mark seitens der Obligationäre) die Interessen der Aktionäre besonders berührt, weil bei einem erheblichen Steigen de*n*s[562] Dollarkurse*s*[563] die Goldeinnahmen der Deutsch-Atlantischen in erhöhtem Maasse – weit mehr als dies bei einer Obligationenanleihe sonst der Fall ist – absorbiert werden können. Falls Sie ebenfalls dieser Ansicht sein sollten, so müsste wohl auch der für Beratung dieser Anleihe bestimmte Ausschuss schon vorher zusammentreten und sich über die Relation schlüssig machen. Eine andere Frage ist, ob man die Anleihe überhaupt abschliessen kann, bevor die portugiesische Landungskonzession erteilt ist.

Anbei überreiche ich Ihnen noch Kopie der gestrigen Schreiben[564] des Bankvereins[565] an die Disconto-Gesellschaft wegen Vorbereitung der Generalversammlung und Verrechnung der Gewinne aus Devisenkäufen.
Mit bestem Grusse
Ihr sehr ergebener
[gez.] Kimmich

Herrn Dr. Georg Solmssen,
<u>Berlin W.8.</u>

---

legraphengesellschaft und Osteuropäische Telegraphengesellschaft.
559 Gemeint ist das Bankhaus M. M. Warburg & Co.
560 Gemeint ist das Bankhaus Leopold Seligmann, Köln.
561 Gemeint ist das Konsortium der Deutsch-Atlantischen Telegraphengesellschaft.
562 Handschriftlich gestrichen und eingefügt.
563 Handschriftlich eingefügt.
564 In: HADB, P6256, Bl. 73–74.
565 Gemeint ist der A. Schaaffhausen'sche Bankverein.

Karl Kimmich an Georg Solmssen, 09.06.1922[566]

11/S. 9. Juni 1922.

Sehr geehrter Herr Doktor!
Ich habe in der letzten Woche schriftlich und mündlich bereits angeregt, die Frage der Rückvergütung der von den Banken für Herrn le Roy[567] vorgelegten Beträge mit den Herren Postrat Stoecker[568] und Dreisbach[569], die in dieser Angelegenheit eine passive Haltung einnehmen, definitiv zu regeln. Die Dresdner Bank hat anlässlich einer neuerdings vorgenommenen Belastung der Herrn le Roy gezahlten Monatsrate dieselbe Frage aufgeworfen und erwartet von uns einen Bescheid.[570]
Ich wäre Ihnen sehr verbunden, wenn Sie mich möglichst bald benachrichtigen würden, was der Dresdner Bank beziehungsweise den übrigen Konsorten in der Angelegenheit zu antworten ist.
Heute schrieb uns die Disconto-Gesellschaft wegen Teilung der Gewinne aus den künftigen Devisengeschäften, die mit den Kabelgesellschaften getätigt werden, ohne dabei zu erwähnen, dass auch, wie Sie bereits mündlich in Aussicht gestellt haben, die Führungsprovision bei den [!] vorliegenden Aktien und Obligationen-Geschäft ebenfalls hälftig mit uns geteilt werden soll. Ich nehme nach der mit Ihnen in dieser Angelegenheit gehabten Besprechung an, dass hier nur ein Versehen vorliegt, da der Wunsch des Bankvereins[571] bei diesem Geschäft, bei dem er doch wesentlich mitgewirkt hat, nicht unberechtigt ist. Vielleicht haben Sie die Güte und geben Anweisung, dass wir noch eine entsprechende offizielle Bestätigung erhalten.[572]
Mit freundlichen Grüßen
Ihr sehr ergebener
[gez.] Kimmich

Herrn Dr. Georg Solmssen,
Berlin.W.8.

Georg Solmssen an Albert Bendix, 10.06.1922[573]

11n[örenberg]/S[attle]r 10. Juni 1922.

Sehr geehrter Herr Bendix!
Es ist mir leider unmöglich am 13. Juni zur Abhaltung der Vorstandssitzung der

---

566 Presskopie, 1 Blatt, Vorderseite maschinenschriftlich beschrieben, Paraphen u.a. von Georg Solmssen, Robert Bürgers und Max Worch, in: HADB, P6256, Bl. 88.
567 Gemeint ist Jakob Johan le Roy.
568 Gemeint ist Otto Stoecker.
569 Gemeint ist Heinrich Dreisbach.

570 Handschriftliche Marginalie am ersten Absatz «Kopie im Finanzkonsortium».
571 Gemeint ist der A. Schaaffhausen'sche Bankverein.
572 Handschriftlicher Vermerk am dritten Absatz «Kopie in Deutsch.[-] Atlant[ische Telegraphengesellschaft]. etc. Verschmelzung».
573 Presskopie, 1 Blatt, 1 Vorderseite maschinen-

Bankenvereinigung⁵⁷⁴ in Köln zu sein. Ich bitte Sie, freundlichst den Vorsitz zu führen.
Um der Generalversammlung am 21. Juni einen gewissen Hintergrund zu geben, habe ich mich entschlossen, persönlich den Vortrag über das Thema «Finanzfragen der Gegenwart» zu übernehmen.⁵⁷⁵ Ich weiss allerdings nicht, wann ich die Zeit finden soll, meine Gedanken über diese Materie zusammenzustellen, muss also auf das Wohlwollen der Zuhörer rechnen. Wegen des Einladungskreises setze ich mich mit Herrn Dr. Gahlen direkt in Verbindung.
Mit freundlichem Gruss
Ihr sehr ergebener
[gez.] Solmssen

Direktor Albert Bendix,
Barmer Bankverein Hinsberg, Fischer & Comp.,
Köln.

Georg Solmssen an Karl Kimmich, 16.06.1922⁵⁷⁶

4/W   den 16. Juni 1922.

Sehr geehrter Herr Doktor!
In Beantwortung Ihres Briefes vom 9. d[es]s. M[ona]ts. teile ich Ihnen mit, dass ich mit Herrn Le Roy⁵⁷⁷ eingehend verhandelt habe, mit dem Ergebnis, dass ich Herrn Le Roy erklärt und von ihm eine dahingehende Zusage erhalten habe, dass ich auf seine ständige Mitarbeit bei der Entwicklung unserer Kabelunternehmungen sehr grosses Gewicht lege. Ich bot Herrn Le Roy den Eintritt in den Aufsichtsrat der Deutsch-Atlantischen Telegraphengesellschaft an, den er jedoch mit dem berechtigten Hinweis ablehnte, dass dadurch seine internationale Tätigkeit gegenwärtig gehemmt werden würde, weil er zu sehr als Vertreter der deutschen Interessen erscheinen würde. Herr Le Roy meinte darauf, dass jedoch in einem späteren Zeitpunkt, etwa nach Jahresfrist, es vielleicht möglich sein würde, ihn auch äusserlich der Deutsch-Atlantischen Telegraphengesellschaft zu attachieren.

---

schriftlich beschrieben, Paraphen u. a. von Georg Solmssen, Elisabeth Nörenberg, Robert Bürgers und Karl Kimmich, in: HBO, P,R/38.
574 Gemeint ist die Vereinigung von Banken und Bankiers in Rheinland und Westfalen E.V.
575 Ob Solmssen den Vortrag tatsächlich gehalten hat, ist nicht feststellbar; ein Beitrag mit diesem Titel wurde nicht veröffentlicht.
576 Hektographie, Briefpapier «DR GEORG SOLMSSEN / BERLIN W.8 / Unter den Linden 35», 3 Blätter, 3 Vorderseiten maschinenschriftlich beschrieben, nummeriert ab der zweiten Seite, handschriftliche Vermerke «b.[antwortet] 26/6.[19]22» und E.[ingang] 19.6.[19]22», Paraphen u. a. von Karl Kimmich, Robert Bürgers und Robert Pferdmenges, in: HADB, P6256, Bl. 89–91.
577 Gemeint ist Jakob Johan le Roy.

Ich habe Herrn Le Roy des weiteren gesagt, dass ich mich jedoch nicht mit der bisherigen Art des Verhältnisses zufrieden geben könne, das darauf hinauslaufe, dass die Konsortialfirmen und die Deutsch-Atlantische Telegraphengesellschaft die Kosten seines Gehaltes tragen und die gesamte Berichterstattung an das Reichspostministerium gehe. Herr Le Roy erklärte, dass er dieses Missverhältnis durchaus anerkenne, dass er jedoch Rücksicht darauf nehmen müsse, nicht in eine Beziehung zur Deutsch-Atlantischen Telegraphengesellschaft zu kommen, welche ihn in Abhängigkeit von dem gegenwärtigen Vorstand derselben bringe, dessen persönliche Initiative nicht ausreiche. Er befürchte, es würde darauf hinauslaufen, dass Projekte, die er einreiche, dort nur kritisiert und zerpflückt würden, und im Kampfe der Meinungen keine Einigung zustande käme. Ich habe Herrn Le Roy erwidert, dass ich bereit sei, auf diese Auffassung Rücksicht zu nehmen und eine Umgestaltung seines Vertrages in der Weise zu bewirken, dass er der Deutsch-Atlantischen Telegraphengesellschaft in einer Form attachiert werde, welche ihn mehr zu mir, als dem Vorsitzenden des Aufsichtsrats, als zu der Direktion in Beziehung bringe.

Ich könne mir deshalb die Regelung des Verhältnisses in der Weise denken, dass er seine Berichte an mich direkt sende, und ich die Weitergabe an die Direktion und die Bearbeitung derselben durch diese veranlasse. Ich habe ausserdem Herrn Le Roy angedeutet, dass über kurz oder lang eine Ergänzung des Vorstandes der Deutsch-Atlantischen Telegraphengesellschaft in einer Weise erfolgen werde, welche einen Gegenspieler für ihn bei uns schaffe. Ich bitte Sie, mir nunmehr die Akten, in welchen sich der Vertrag des Herrn Le Roy befindet, zu übersenden und gleichzeitig zu prüfen, inwieweit jetzt zu der Rückzahlung der Vorschüsse, welche die Konsortialbanken für das Gehalt des Herrn Le Roy gegeben haben, geschritten werden kann. Ich bin der Ansicht, dass eigentlich kein Grund mehr vorliegt, dass die Konsortialbanken an der Gehaltszahlung des Herrn Le Roy teilnehmen, dass vielmehr jetzt das ganze Gehalt von der Deutsch-Atlantischen Telegraphengesellschaft übernommen werden kann, worüber ich einen Aufsichtsratsbeschluss eventuell herbeiführen würde. Meines Erinnerns ist bei der Vereinbarung der ganzen Regelung mit dem Reichspostministerium abgesprochen worden, dass die Kosten, welche den Banken durch das Gehalt des Herrn Le Roy erwüchsen, bei der Regelung der Liquiditätsansprüche der Gesellschaft vorweg zu befriedigen seien. Ich bitte Sie freundlichst, auch das dortige Material auf diese Frage zu prüfen.

Nachdem nunmehr die Leitung der Geschäfte von der Disconto-Gesellschaft übernommen worden ist, wird es sich empfehlen, dass die gesamten Aufsichtsratsakten der Kabelgesellschaften und die sonstigen Aktenstücke, die zur Bearbeitung der Angelegenheit hier benötigt werden, vom A. Schaaffhausen'schen Bankverein A.-G. auf die Disconto-Gesellschaft übergehen. Ich bitte Sie, zu veranlassen, dass eine Durchsicht der Akten nach dieser Richtung erfolgt, und die Versendung der

Akten hierher in die Wege zu leiten. Am praktischsten wird es wohl sein, wenn die gesamten Akten von einem Boten als Reisegepäck hierher gebracht werden.
Mit freundlichem Grusse
Ihr ergebener
[gez.] Solmssen.

Herrn Direktor Dr. Kimmich
m[it]. Br[ief]. A. Schaaffhausen'scher Bankverein A.-G.
Köln

Georg Solmssen an Sekretariat des A. Schaaffhausen'schen Bankvereins, 11.10.1922[578]

11. Oktober 1922.
Streng Vertraulich!

Sehr geehrte Herren,
Auf Grund der von mir während der Überfahrt[579] geführten Verhandlungen sandte ich Ihnen die beiden aus der Anlage ersichtlichen Radio-Telegramme[580], die mit dem DG[581] Code chiffriert waren und hoffentlich unverstümmelt angelangt sind. Welchen Gang meine Verhandlungen nehmen werden, läßt sich noch nicht übersehen. Die Überfahrt war gut, aber sehr neblig.
Freundlichst
[gez.] Solmssen.

A. Schaaffhausen'scher Bankverein AG.
Secretariat

Sekretariat des Schaaffhausen'schen Bankvereins (Karl Kimmich und Arnold Frese) an Georg Solmssen, 30.10.1922[582]

12/S. Köln, den 30. Oktober 1922.

Sehr geehrter Herr Doktor!
Ihr gefälliges Schreiben vom 11. Oktober d[es]. J[ahres]. haben wir erhalten und bestätigen den Eingang Ihrer Depesche[583] folgenden Inhalts:

---

578 Briefpapier «UNITED AMERICAN LINES INC.», 1 Blatt, Vorderseite eigenhändig beschrieben, Eingangsstempel «No 0053946 * 26.X.[19]22 4 ½ N», Paraphen u. a. von Karl Kimmich, Robert Bürgers und Robert Pferdmenges, in: HADB, P6256, Bl. 115.
579 Überfahrt von Hamburg nach New York, wo Solmssen am 12.10.1922 eintraf.
580 Telegramme vom 6.10.1922 und vom 9.10.1922, in: HADB, P6256, Bl. 116.
581 Gemeint ist Disconto-Gesellschaft.
582 Presskopie, 1 Blatt, Vorderseite maschinenschriftlich beschrieben, Paraphen u. a. von Robert Pferdmenges, Robert Bürgers und Max Worch, in: HADB, P6256, Bl. 126.
583 HADB, P6256, Bl. 118.

«Es ist mir von Wichtigkeit zu wissen, genaueste Auskunft, Deutsch-Atlantische Telegraphengesellschaft, Felten & Guilleaume Carlswerk, Reichspost, bis wann kann Fertigstellung erfolgen, Experiment, neues Kabel Termin Bestellung Spezifikation, Schätzung Gesamtkosten aller geplanter Kabel. Grund Mehrwert Kabelreste in Vermögensaufstellung gegenüber Gebot Commercial Cable Company Kabel Newyork Halifax. Erbitte telegraphische Antwort spätestens dreissigsten Oktober. Bitte streng geheim zu halten Verhandlungen, besonders gegenüber Louis Hagen Warburg[584] Dr. Solmssen»
Mit Herrn Postrat Stoecker[585] haben wir eingehend Rücksprache genommen und in Gemeinschaft mit diesem Ihnen laut Anlage[586] am Sonnabend telegraphiert.
Heute erhielten wir Ihr weiteres Telegramm[587]:
«Deutsch-Atlantische Telegraphengesellschaft. Telegraphiertet [!] sofort ob Commercial Cable Company Vigo Abkommen[588] mit Eastern[589] kennen darf Dr. Solmssen»,
worauf wir Ihnen sofort laut weiterer Anlage[590] antworteten.
Freundschaftlichst
A. Schaaffhausen'scher Bankverein A.G.
[gez.] Kimmich [gez.] Frese

Dr. Georg Solmssen,
Adresse: Herrn Adolf Koehn,
New-York,
25 Broad Street.

Georg Solmssen an Karl Kimmich, 02.11.1922[591]

2. November 1922.

Sehr geehrter Herr Doktor,
Meine Verhandlungen wegen der Finanzierung der Deutsch Atlantischen Telegraphen-Gesellschaft haben zu einem gewissen Abschluss gefuehrt. Die Finanzierung

---

584 Gemeint ist Max M. Warburg.
585 Gemeint ist Otto Stoecker.
586 HADB, P6256, Bl. 127–128.
587 HADB, P6256, Bl. 122.
588 Das Abkommen zwischen der Deutsch-Atlantischen Telegraphengesellschaft und der Eastern Telegraph Company betrifft wahrscheinlich die Wiederherstellung des Kabels zwischen Emden und Vigo, welches bereits vor dem Ersten Weltkrieg den Telegrammverkehr zwischen Deutschland, Südamerika, Afrika und dem Fernen Osten ermöglichte.

589 Gemeint ist die Eastern Telegraph Company.
590 HADB, P6256, Bl. 124–125.
591 Briefpapier «(maschinenschriftlich vorangestellt: Dr. Georg Solmssen, / c/o) Adolf Koehn / 25 Broad Street / New York», 4 Blätter, 4 Vorderseiten maschinenschriftlich beschrieben, nummeriert ab der zweiten Seite, handschriftliche Vermerke auf der ersten Seite «Geheim!» von Georg Solmssen und «E[ingang] 15.11.[1922]» von Elisabeth Nörenberg, Paraphen u.a. von Max Worch, Robert Pferdmenges und Karl Kimmich, in: HADB, P6256, Bl. 188–191.

des Kabels ist von der Harriman-Gruppe[592] unter der Bedingung zugesagt worden, dass die nach meiner Rueckkehr vorzunehmende Pruefung der Detail-Rechnungen die auf Grund der bisher vorliegenden Ziffern mit Sicherheit anzunehmende Bestätigung ergibt, dass die Annuitaet einer 8 – 9% Anleihe in den Einnahmen der Kabel eine genuegende Marge findet, welche auch die Verteilung einer angemessenen Dividende ermoeglicht. Definitive Entschluesse koennen natuerlich erst gefasst werden, wenn die Versuche des «high speed cable» endlich zu einem Abschluss gelangt sind und dadurch die Aufmachung einer Selbstkostenrechnung moeglich wird.

Gleichzeitig habe ich mit der Harriman Gruppe die Grundlagen eines Gemeinschaftsvertrages gezeichnet, durch welchen ein dauerndes Zusammengehen zwischen Disconto-Gesellschaft und Harriman auf paritaetischer Grundlage fuer internationale Kabel- und Radio-Geschaefte sichergestellt und die gegenseitige Konkurrenz auf diesem Gebiet ausgeschlossen wird. Dieser Gemeinschaftsvertrag tritt in Kraft, sobald die Finanzierung der Deutsch Atlantischen Telegraphen-Gesellschaft definitiv geregelt ist. Die DATG[593] soll alsdann Traegerin der gemeinsamen Plaene werden.

Hiernach ist also die Grundlage fuer die fernere Arbeit gegeben, und es kommt nun alles darauf an, dass mit moeglichster Beschleunigung die technischen Arbeiten bezueglich des «high speed cable» durchgefuehrt werden. Unbedingt erforderlich ist, dass die getroffenen Abmachungen <u>streng geheim</u>[594] gehalten werden, und insbesondere nicht etwa auf Umwegen ueber Herrn Hagen[595] oder andere Herrn Warburg[596] nahestehenden Herren etwas darueber zur Kenntnis der Western Union Telegraph Co. gelangt*, auch darf die CCC*[597] *nichts von dem Gemeinschaftsvertrag erfahren.*[598]

Meine Bemuehungen, das Guttapercha-Geschäft zu finanzieren, sind bisher nicht von Erfolg begleitet gewesen. Ich musste zunaechst die vorbeschriebenen Abmachungen unter Dach bringen, deren Abschluss sehr viel Arbeit und Ueberwindung grosser Schwierigkeiten gekostet hat. Nunmehr sind verschiedene massgebende Mitglieder der Harriman-Gruppe verreist, und ich weiss nicht, wann ich sie wieder wegen des Guttapercha-Geschaeftes sprechen kann.

Meine Absicht war, dieses Geschaeft, ueber dessen zahlenmaessige Einzelheiten mir zu wenig bekannt ist, in der Weise zu konstruieren, dass die Disconto-Gesellschaft oder der A. Schaaffhausen'sche Bankverein, oder beide zusammen, den erforderlichen Valuta-Kredit geben und dagegen die Valutadeckung von hier aus gewaehrt wird. Die Durchfuehrung dieser Idee stoesst aber auf Schwierig-

---

592 Gemeint ist W. A. Harriman and Company.
593 Gemeint ist die Deutsch Atlantische Telegraphen-Gesellschaft.
594 Von Solmssen handschriftlich unterstrichen.
595 Gemeint ist Louis Hagen.
596 Gemeint ist Max M. Warburg.
597 Gemeint ist die Commercial Cable Company.
598 Von Solmssen handschriftlich eingefügt.

keiten, einmal, weil die zu verpfaendende Ware nicht in Europa liegt und des weiteren, weil es sich nicht um einen Import von Guetern handelt, der sich in absehbarer Zeit abwickelt, sodass mittels der ueblichen Dauer des Akzeptkredites die gewaehrten Fonds binnen kurzem wieder einfliessen, sondern eine Festlegung von Mitteln damit verbunden ist, deren Dauer zur Zeit nicht uebersehen werden kann.

Ich werde nach Rueckkunft der massgebenden Herren der Harriman-Gruppe nochmals versuchen, insbesondere in Verbindung mit den getroffenen Vereinbarungen ueber das Zusammengehen im Kabel-Geschaeft, deren Interesse fuer die Durchführung dieser Transaktion zu wecken, gab Ihnen aber durch mein gestriges Kabel, das Ihnen anriet, Fuehlung mit de Bary[599] zu nehmen, bereits anheim, den Versuch zu machen, unter Benutzung hollaendischer Kredite das Geschaeft zu finanzieren. Ich koennte mir denken, dass solches viel leichter sein wuerde, weil einmal groessere hollaendische Valuta-Kredite zur Verfuegung stehen, insbesondere der Regierungs-Kredit, des weiteren weil die hollaendischen Teilnehmer an dem Geschaeft viel leichter als jeder andere in der Lage sind, die bankmaessige Sicherung des Geschaefts mit Hilfe ihrer niederlaendisch-indischen Niederlassungen zu kontrollieren. Ich sehe Ihren telegraphischen Nachrichten ueber die Durchfuehrbarkeit dieses Gedankens entgegen.

Der Direction der Deutsch Atlantischen Telegraphen-Gesellschaft bitte ich mitzuteilen, dass die Anleihe zugesagt ist und ein auf meine Vorschlaege vom 27. September beruhender Gemeinschaftsvertrag paragraphiert wurde, dass aber unbedingt erforderlich ist, diese Ergebnisse bis auf weiteres voellig[600] geheimzuhalten. Auch die Commercial Cable Co. bittet nach dieser Richtung die groesste Vorsicht an den Tag zu legen, da ihre eigenen Landungsverhandlungen sonst gefaehrdet werden koennten.

Mit freundlichen Gruessen an Sie und die dortigen Kollegen,
Ihr sehr ergebener
[gez.] Solmssen.

P.S. Ich lege grosses Gewicht darauf, dass nicht etwa auf dem Wege ueber Felten Guilleaume Carlswerk A.G. Herr Hagen von dem Inhalt dieser Verhandlungen erfaehrt und dadurch die Moeglichkeit geschaffen wird, dass Herr Max Warburg davon Kenntnis erhaelt. Herr Max Warburg, der sich ebenfalls hier aufhaelt, gibt sich die groesste Muehe, ueber meine Verhandlungen irgend etwas zu ermitteln; ebenso weiss ich, dass die Western Union Telegraph Co. festzustellen sucht, ob ich etwa in Kabel-Angelegenheiten hier bin.

Ich bitte daher, Felten Guilleaume Carlswerke A.G. nicht zu informieren, sondern

---

599 Gemeint ist das Bankhaus H. Albert de Bary & Co.

600 Von Solmssen handschriftlich unterstrichen.

nur darauf zu druecken, dass die technischen Arbeiten wegen Feststellung des «high speed cable» mit groesster Beschleunigung vorwaerts gebracht werden.
D[er]. O[bige].
[gez.] S[olmssen].

A. Schaaffhausen'scher Bankverein
fuer Herrn Dr. Kimmich,
Köln

Karl Kimmich an Georg Solmssen, 14.11.1922[601]

12/S.   14. November 1922.

Sehr geehrter Herr Doktor!
Wie Ihnen durch die Depesche vom 9. November[602] mitgeteilt, hat eine gemeinsame Aussprache mit den Herrn Generaldirektoren van der Herberg[603] und Zapf[604] von Felten & Gulleaume-Carlswerk[605] [!], Herrn Direktor Diederichs[606] von den Norddeutschen Seekabelwerken, den Herren Posträten Stoecker[607] und Dreisbach[608] und mir stattgefunden. In dieser stellten sich die Herren von Felten & Guilleaume zugleich für die Norddeutschen Seekabelwerke auf den Standpunkt, dass es nicht ihre Sache sei, Gelder für Guttapercha-Einkäufe zur Verfügung zu stellen, sie seien überhaupt der Ansicht, dass die ins Leben gerufene An- und Verkaufs-Gesellschaft (Herr Brandler[609]) nicht richtig operiert habe, da bisher nur Guttapercha gekauft, dagegen noch nicht ein Kilo wieder verkauft worden sei. Es sei nicht der Zweck der Gesellschaft, Guttapercha zu konservieren, sondern An- und Verkäufe zu tätigen; durch die Verkäufe käme Geld herein, um weiteres Guttapercha von den Eingeborenen zu kaufen. Es wäre sehr zu wünschen, wenn die Commercial Cable Company ebenfalls sich an den Guttaperchakäufen beteiligen würde, entweder durch Teilnahme am Gewinn oder Verlust des Geschäftes oder aber durch Zuführung von Kabel-Aufträgen für die Norddeutsche Seekabelwerke. Wenn wir nicht derartig grosse Abnehmer bekämen, hätte das ganze von uns ins Leben gerufene Guttapercha-Geschäft seinen eigentlichen Zweck verfehlt.
Die Herren Stoecker und Dreisbach stellten sich energisch auf den Standpunkt, dass sie weitere Guttapercha-Einkäufe nicht riskieren könnten, da, im Falle [dass] das Kabel nicht zu Stande kommen sollte, es unter Umständen sehr schwer halten [!]

---

601 Presskopie, 6 Blätter, 6 Vorderseiten maschinenschriftlich beschrieben, nummeriert ab der zweiten Seite, Paraphen u. a. von Robert Pferdmenges, Robert Bürgers und Max Worch, in: HADB, P6256, Bl. 182–187.
602 HADB, P6256, Bl. 169–174.
603 Gemeint ist Carl von der Herberg.
604 Gemeint ist Georg Zapf.
605 Gemeint ist Felten & Guilleaume Carlswerk AG.
606 Gemeint ist Ernst Diederichs.
607 Gemeint ist Otto Stoecker.
608 Gemeint ist Heinrich Dreisbach.
609 Die genaue Bezeichnung der Gesellschaft und der vollständige Name sind nicht ermittelbar.

könnte, so grosse Bestände Guttapercha plötzlich oder auch nur successive zum Verkauf zu bringen; die Engländer würden bei dem beschränkten Markte sofort aller Voraussicht nach Schwierigkeiten machen und unter Umständen die Deutschen auf ihren Guttapercha-Beständen sitzen lassen beziehungsweise sie nur zu sehr ungünstigen Preisen abnehmen.

Dafür könne der Vorstand der Kabelgesellschaften die Verantwortung nicht tragen. Hinzukomme, dass, was Herr Zapf neuerdings wieder betonte, die Patentangelegenheit sehr fraglich sei. Tatsächlich lauten die von den Amerikanern angemeldeten Patente so, dass man ernstlich im Zweifel sein könne, ob nicht das geistige Eigentum doch noch den Amerikanern zugesprochen werde. Andererseits hat das Reichspostamt sich auf den Standpunkt gestellt, dass mit den Guttapercha-Einkäufen unter allen Umständen fortgefahren werden sollte. Man kam daher auf den Ausweg, dass man einen kleineren Kredit zur langsamen Fortführung der Käufe durch Sie nachsuchen solle: dabei wurde ein Betrag von etwa fl. 300.000.–[610] genannt. Die Sachverständigen meinten, dass, wenn in dem bisherigen Umfange weiter Guttapercha gekauft würde, man in Kürze wiederum vor der Frage der Beschaffung neuer Geldmittel stünde. Herr Brandler müsse seine Politik ganz erheblich ändern und zu diesem Zweck wäre es erwünscht, wenn man Amerikaner als Associes hätte.

Die Unterhaltung über die Sicherstellung des Guttapercha-Kredits ergab, dass eine formell einwandfreie Verpfändung der bereits in Nordenham lagernden Bestände nicht möglich sei, da sie technisch andauernd bearbeitet werden müssten, um sie vor Verschlechterung zu schützen. Es wurde daher für richtig befunden, die Guttapercha-Bestände eventuell unter ständige Kontrolle eines den amerikanischen Kreditgebern genehmen Treuhänders zu stellen und die erforderlichen Sicherheiten *schriftlich*[611] zu geben. Indessen ergab die Besprechung, dass die Verpfändungsangelegenheit eine Vertrauenssache sei und bleibe. Ausser den bereits lagernden fl. 2.400.000.– Beständen könnten ja auch noch die weiter einzukaufenden Guttapercha-Mengen als Sicherheit dienen, sodass eine sehr reichliche Ueberdeckung vorhanden wäre. Ich denke mir den weiteren Hergang so, dass der Kredit in eine Obligationen-Anleihe später übergehen würde, sodass nicht etwa durch Befristung des Kredits die Gesellschaft vor der Zeit in die Zwangslage versetzt würde, den Guttapercha-Kredit zurückzuzahlen.

Ueber das Verhältnis von Weltmarkt-Konsum zur Produktion wusste keiner der anwesenden Herren nähere Angaben zu machen; auch ein Weltmarktpreis sei nicht vorhanden und lasse sich nicht ermitteln. Anzunehmen sei allerdings, dass, wenn, was zur Zeit nicht der Fall ist, wieder grössere Aufträge auf Kabelfabrikation eingingen, bei der beschränkten Produktion die Guttapercha-Preise steigende Tendenz annehmen würden. Die Ansicht indessen, dass die Guttapercha-Bestände der

---

610 Gemeint sind niederländische Gulden.   611 Handschriftlich eingefügt.

Welt überhaupt zur Neige gingen, sei sehr mit Reserve aufzufassen; man habe jetzt wieder aus dem Innern von Borneo grössere Mengen *bisher*[612] unbekannter Guttapercha gewonnen.

Die Ihnen unverständlichen Mitteilungen wegen der Western Union[613] beziehungsweise der Anfrage des Herrn Carlton[614] bei Herrn Postrat Dreisbach sollten lediglich zu Ihrer Information dienen. Herr Dreisbach war von S̶i̶r̶e̶[615] George Pender[616] bei den Londoner Verhandlungen, die übrigens zu einer Wiederaufnahme des London-Kabels Ende des Jahres voraussichtlich mit ziemlicher Sicherheit führen werden, wegen eines Zusammengehens mit der Western Union angesprochen worden. Herr Dreisbach hat erwidert, dass, nachdem Herr Carlton die Verhandlungen abgebrochen habe, von seiten der Deutsch-Atlantischen Telegraphengesellschaft keine Veranlassung vorliege, sie wieder aufzunehmen. Daraufhin w̶i̶l̶l̶ *soll*[617] Herr Pender gesagt haben, dass er privatim versuchen wolle, mit Herrn Carlton in Beziehung zu treten wegen eines gemeinsamen Zusammengehens. Da Herr Dreisbach den übrigens von mir in keiner Weise geteilten Standpunkt vertritt, dass man jedes Zusammengehen mit der Western Union nicht absolut von der Hand weisen dürfe, so habe ich es doch für nützlich befunden, Ihnen von dem Geschehenen Kenntnis zu geben. Jedenfalls habe ich Herrn Dreisbach gesagt, dass er unter keinen Umständen irgend etwas unternehmen oder sagen dürfe, was als Möglichkeit zu einem solchen Zusammengehen aufgefasst werden könnte.

Soeben erhalte ich von Berlin die Nachricht, dass dort eine Besprechung mit Herrn Bredow[618] stattgefunden hat, wonach Sie seiner Zeit, was mir allerdings bis heute nicht bekannt war, sich mit Herrn le Roy[619] und Herrn Bredow wegen grösserer Guttapercha-Einkäufe unter Beitritt des Banken-Konsortiums bereits verständigt hatten.

Wie ich ferner höre, hat Herr Professor Wagner[620] vom Telegraphentechnischen Reichsamt mitgeteilt, dass nach Berichten, die er von Felten & Guilleaume und von der Firma Heriäus[621] erhalten hat, inzwischen sehr wesentliche Fortschritte in der Konstruktion der Litze des highspeed Kabels gemacht worden seien. Herr Wagner wird sich im Laufe dieser Woche nach Mühlheim[622] und Hanau[623] begeben, um sich an Ort und Stelle über den Stand der Angelegenheit zu unterrichten und wird alsdann einen schriftlichen Bericht erstatten. Herr Dreisbach allerdings schreibt mir heute aus Berlin, dass er sich zwar über diese Fortschritte freue, aber dem Urteil, wonach das jetzt vorhandene Material für unsere Kabellitze demjeni-

---

612 Handschriftlich eingefügt.
613 Gemeint ist die Western Union Telegraph Company.
614 Gemeint ist Newcomb Carlton.
615 Handschriftlich gestrichen.
616 Gemeint ist Sir John Denison-Pender.
617 Handschriftlich gestrichen und eingefügt.
618 Gemeint ist Hans Bredow.
619 Gemeint ist Jakob Johan le Roy.
620 Gemeint ist Karl Willy Wagner.
621 «i» handschriftlich gestrichen, «ä» eingefügt, gemeint ist W. C. Heraeus GmbH.
622 «h» handschriftlich eingefügt, gemeint ist Köln-Mülheim, Sitz von Felten & Guilleaume Carlswerk.
623 Sitz der W. C. Heraeus GmbH.

gen der Western Electric Company überlegen sei, sich nicht anschliessen könne, da die Rechnungen von Felten & Guilleaume auf veralteten Annahmen über die Western Electric-Ader beruhen. Herr Dreisbach will mit Herrn Wagner über die Angelegenheit demnächst sprechen und hofft in Kürze nähere Aufklärungen über den Stand der Angelegenheit machen zu können.
Mit freundlichen Grüßen bin ich
Ihr sehr ergebener
[gez.] Kimmich

Herrn Dr. Georg Solmssen,
per Adresse: Herrn Adolf Koehn,
New-York.

Aktenvermerk Georg Solmssens, 06.01.1923[624]

4n[örenberg]   6.1.[19]23.
Geheim.
Aktenvermerk.
Kabel.

Ich habe heute eine eingehende Aussprache über die seitens der Reichspostverwaltung hinsichtlich der elektrischen internationalen Verbindung und des Ausbaus des internationalen Durchgangsverkehrs durch Deutschland diesseits zu befolgende Politik mit dem Reichspostminister Stingle[625] und dem Staatssekretär des Reichspostamtes Dr. Bredow[626] gehabt, um eine generelle Stellungnahme der maassgebenden Instanzen zu den von mir verfolgten Plänen der Zusammenarbeit auf diesem Gebiet mit amerikanischem Kapital herbeizuführen und festzustellen, ob die nach dieser Richtung eingeleiteten Schritte auf die Unterstützung der Reichsbehörden rechnen können. Ich habe den Reichspostminister darauf hingewiesen, dass es für die zukünftige Stellung Deutschlands im Weltpostverkehr von ausschlaggebender Bedeutung sein werde, ob das deutsche Telegraphen-, Fernsprech- und Radionetz mit der internationalen Entwicklung Schritt halten und die technisch vervollkommneten Einrichtungen zur Verfügung stellen könne, welche erforderlich seien, um eine ausreichende Schnelligkeit des Verkehrs zu gewährleisten und die Kapazität der Uebertragungseinrichtungen im Einklang mit den Weltverkehrsbedürfnissen zu halten. Der von mir in Amerika gewonnene Eindruck sei, dass

---

624 Presskopie, 6 Blätter, 6 Vorderseiten maschinenschriftlich beschrieben, nummeriert ab der zweiten Seite, Paraphen u. a. von Max Worch, Robert Pferdmenges und Arnold Frese, ohne Unterschrift, in: HADB, P6256, Bl. 227–232.

625 Gemeint ist Karl Stingl.
626 Gemeint ist Hans Bredow.

Deutschland technisch in der Lage ist, das auf diesem Gebiet während des Krieges versäumte nachzuholen, dass aber die zur Verfügung stehenden finanziellen Mittel bei weitem nicht ausreichen, um eine für die Erreichung der angedeuteten Ziele genügende aktive Verkehrspolitik zu führen. Es müsse daher nach neuen Wegen gesucht werden, um den sich aus der Umgestaltung der Verhältnisse ergebenden Notwendigkeiten gerecht zu werden.

Herr Bredow erklärte, dass er prinzipiell meine Hinweise für durchaus zutreffend halte. Die zentrale Lage Deutschlands innerhalb der europäischen Staaten ermögliche es, den Löwenanteil des internationalen Durchgangsverkehrs auf dem Gebiet der Nachrichtenübertragung über Deutschland zu leiten. Die Reichspostverwaltung habe daher auch einen ins einzelne gehenden Plan aufgestellt, um die erforderlichen Verbindungsstrecken zu schaffen und den Versuch gemacht, sich mit den Anliegestaaten für das Zusammengehen auf diesem Gebiet zu verständigen. Es sei gelungen, auf gewissen Strecken die technische Vervollkommnung so weit zu bringen, dass tatsächlich eine Ueberlegenheit Deutschlands bestehe. So habe sich z. B. ergeben, dass während der Genuaer Konferenz[627] der gesamte Telegraphendienst, welcher der sofortigen Uebermittlung der grossen dort gehaltenen Reden diente, auf ausdrückliches Verlangen der Engländer über Berlin nach London geleitet wurde, weil sich herausgestellt hatte, dass der französische Telegraphendienst technisch bei weitem nicht dasselbe zu leisten vermöge, wie der deutsche. Die französische Regierung sei sich über die möglichen Folgen des Zurückbleibens ihrer technischen Verwaltung gegenüber der deutschen durchaus klar. Während es in der Vergangenheit noch niemals vorgekommen sei, dass eine der Postverwaltungen der europäischen Länder andere als reine Verkehrsrücksichten bei ihren Maassnahmen in den Vordergrund gestellt habe, habe sich gezeigt, dass nunmehr die französische Postverwaltung versuche, auch den internationalen Verkehr in den Dienst ihrer ag[g]ressiven Tendenzen zu stellen. Die französische Postverwaltung habe sich mit sämtlichen europäischen Ländern mit Ausnahme von Deutschland in Verbindung gesetzt und darauf hingewiesen, dass die zu beobachtende Tendenz Deutschlands, den internationalen Durchgangsverkehr nach Deutschland zu ziehen, nicht geduldet werden könne und dass deshalb in Paris eine Konferenz ohne Zuziehung Deutschlands abgehalten werden solle, um Maassnahmen zu erwägen, wie den internationalen Verkehrsbedürfnissen unter Umgehung von Deutschland genügt werden könne. Wenn auch nicht zu erwarten sei, dass ohne weiteres die übrigen europäischen Staaten auf diesen Vorschlag eingehen würden, liege doch auf der Hand, dass Frankreich im Einklang mit seinen sonstigen politischen Absichten auf dem Wege über die Reparationskommission sicherlich alles in seinen

---

627 An der Konferenz von Genua (10.4.–19.5.1922) nahmen außer den USA sämtliche Teilnehmerstaaten des Ersten Weltkriegs teil. Ziel war die Wiederherstellung des internationalen Finanz- und Wirtschaftssystems.

Kräften stehende tun werde, um den Ausbau der in Frage stehenden technischen Einrichtungen durch Einspruch gegen die damit verknüpften Geldaufwendungen zu unterbinden. Es werde mithin dahin kommen, dass die an sich schon völlig unzureichenden Mittel, welche das Reich der Reichspostverwaltung für ihre Zwecke zur Verfügung stellen könne, nicht mehr diesem Zwecke nutzbar gemacht werden dürften und es müsse deshalb schleunigst erwogen werden, wie die sich daraus ergebende Erdrosselung Deutschlands als einer der früher wichtigsten Faktoren im internationalen Weltverkehr verhindert werden könne.

Ich habe dem Minister im Anschluss an diese meine Auffassung in unerwarteter Weise bestätigende Mitteilung erklärt, dass ich die einzige Möglichkeit, dieser Schwierigkeiten Herr zu werden darin sehe, dass der von der Disconto-Gesellschaft mit der Harriman-Gruppe[628] zu tätigende Gemeinschaftsvertrag über das Zusammengehen auf dem Gebiete der elektrischen Nachrichtenübermittlung in den Dienst des Reiches gestellt werde. Ich sei überzeugt, dass dieser Vertrag sehr bald in Kraft gesetzt werden könnte, weil der seine Perfektion bedingende Abschluss einer der Deutsch-Atlantischen Telegraphengesellschaft zu gewährenden Anleihe nach dem Fortgang, den die Verhandlungen inzwischen genommen hätten, in greifbarer Nähe stände und damit die Vorbedingung für das weitere Zusammengehen geschaffen sei. Allerdings müsse die Reichspostverwaltung sich mit dem Gedanken befreunden, dass ein Weg gefunden werden müsse, das Privatkapital für den technischen Reichsdienst nutzbar zu machen. Ich könne mir z.B. vorstellen, dass die Deutsch-Atlantische Telegraphengesellschaft als Trägerin der deutschamerikanischen Kooperation die Gelder aufbringe um die inländischen Fernkabelleitungen für den internationalen Telephon- und Telegraphen-Durchgangsverkehr zu bauen und dass die Verzinsung der hierfür mit Hilfe des amerikanischen Kapitals aufzunehmenden Anleihen durch Verträge mit dem Reich sichergestellt werde, welche die Einkommen aus diesen Linien für die Annuität dieser Anleihen reservierten. Wie dieser Gedanke im einzelnen durchzuführen sei, bedürfe noch weiterer Ueberlegung. Jedenfalls scheine mir dieses der einzige Weg zu sein, um in einer für die Entente unangreifbaren Weise die Mittel aufzubringen, welche für den Ausbau dieser Linien nötig sein würden. Ich könnte mir sogar denken, dass es erforderlich sein würde, diese Linien als Eigentum der Deutsch-Atlantischen Telegraphengesellschaft in Erscheinung treten zu lassen und durch besondere Abmachungen mit dem Reich dessen Hoheitsrechte zu sichern, weil nur auf diese Weise verhindert werden könne, dass die Entente sich in diese Angelegenheiten einmische. Ich hielte im Zusammenhange hiermit die Kombination von Deutschlands und Amerikas Zusammenarbeit für besonders glücklich, weil, wenn amerikanisches Geld hinter diesen Plänen stecke, es der Entente ausserordentlich schwer fallen würde, ihre Machtmittel gegen uns zur Anwendung zu bringen. Ich sei des weiteren der

---

628 Gemeint ist W. A. Harriman & Co.

Ansicht, dass die Durchführung dieses Gedanken auch den grossen Vorteil in sich schliesse, durch Anwendung der privatwirtschaftlichen Methoden auf den Betrieb dieser Linien in die überspannten sozialistischen Einrichtungen Bresche zu legen, an denen unsere Staatsbetriebe zu grunde gingen. Der Staat werde angesichts unserer Parteizerrüttung in absehbarer Zeit ausserstande sein, in sich die Kraft zu finden, den Achtstundentag in seinen Betrieben zu beseitigen und eine intensive Arbeitsleistung herbeizuführen. Die Deutsch-Atlantische Telegraphengesellschaft werde als Privatbetrieb ganz andere Möglichkeiten besitzen, eine Steigerung der betrieblichen Ergebnisse herbeizuführen und auf Rentabilität zu arbeiten, genau so wie solches der Lübeck-Büchener Eisenbahn im Vergleich mit den Staatsbahnen gelungen sei.

Der Minister erwiderte, dass er prinzipiell den von mir entwickelten Plänen mit grossem Interesse gegenüber stehe und dahin zustimme, dass der angedeutete Weg der einzige sei, um die Abschneidung Deutschlands vom internationalen Verkehr zu verhüten. Was die Ausführung angeht, so äusserten er sowohl wie Herr Bredow Bedenken über das Ausmaass, in welchem von mir die Beteiligung des Privatunternehmens im Staatsbetriebe gefordert wurde und erklärten, dass sie sich diese Beteiligung nur in der Weise denken könnten, dass die Deutsch-Atlantische Telegraphengesellschaft die Linien finanziere und die daraus fliessenden Erträgnisse durch feste Abmachungen dem Annuitätsdienst der aufzunehmenden Anleihen vorbehalten blieben. Indessen wäre die Materie noch zu wenig überdacht, um nach dieser Richtung irgendwelche definitiven Aeusserungen zu machen. Insbesondere wies der Minister darauf hin, dass es einer sehr sorgfältigen Vorbereitung der öffentlichen Meinung und des Parlaments bedürfen würde, um diesen Weg mit Erfolg betreten zu können. Jedenfalls werde er sich aber mit aller Kraft für die Entwicklung desselben einsetzen und sofort dessen Durcharbeitung in grossem Stile durch die Reichspostverwaltung veranlassen.

Es wurde sodann auf die Frage der Ausgestaltung des internationalen Radioverkehrs übergegangen. Der Minister und der Staatssekretär erklärten übereinstimmend, dass die sehr wertvollen internationalen Verträge, über welche die deutschen Radiogesellschaften verfügten, angesichts der finanziellen Schwäche der deutschen Gesellschaften zu einer leeren Form zu werden drohten, weil der den deutschen Gesellschaften zur Ausnutzung vorbehaltene Anteil am internationalen Netz die Ausführung von Anlagen erfordere, welche deutscherseits nicht mehr bestritten werden könnten.

Es wurde Einigkeit aller Beteiligten nach der Richtung festgestellt, dass darauf ausgegangen werden solle, im geeigneten Moment auf die deutschen Radiogesellschaften den entsprechenden Druck auszuüben, um sie zum Hand in Hand gehen mit der Deutsch-Atlantischen Telegraphengesellschaft zu veranlassen und auch für diese Kombination die Assoziation der Disconto-Gesellschaft – Harriman nutzbar zu machen. Vor der Hand soll über diese Absicht noch nichts nach aussen verlau-

ten, weil der Zeitpunkt, in der angedeuteten Richtung vorzugehen, erst gekommen sein werde, wenn die Finanzierung der Deutsch-Atlantischen Telegraphengesellschaft unter Dach sei.
Berlin, den 6. Januar 1923

Georg Solmssen an Oscar Schlitter, 13.01.1923[629]

Abschrift
Nu.
A. Schaaffhausen'scher Bankverein A.-G. Köln, den 13. Januar 1923.
Sekretariat
11/S.
Lothringer Hütten- und Bergwerksverein A.-G.: Quotenfrage

Sehr geehrter Herr Schlitter!
Im Hinblick auf Ihre neuerliche Anregung, eine Aenderung der Quoten im Konsortium des Lothringer Hüttenvereins eintreten zu lassen, habe ich inzwischen die historische Entwicklung der Beziehungen des A. Scha[a]ffhausen'schen Bankvereins A.-G. zum Lothringer Hüttenverein und der jetzigen Zusammensetzung des Konsortiums der Gesellschaft[630] aktenmässig geprüft. Diese Prüfung hat ergeben, dass für den A. Schaaffhausen'schen Bankverein A.-G. kein Anlass vorliegt, einer Aenderung der Quoten zu Lasten seiner Beteiligung zuzustimmen. Der A. Schaaffhausen'sche Bankverein A.-G. hat Herrn Geheimrat Klöckner[631], als dieser vor mehr als 20 Jahren die Reorganisation von Aumetz[632] in die Hand nahm und die Lage der Gesellschaft ausserordentlich schwierig war, ganz allein zur Seite standen. Der Eintritt Ihres Instituts[633] in das Konsortium ist erst bei Gelegenheit der Kapitalerhöhung im Jahre 1910 anlässlich der Aufnahme der Zeche Victer[634] mit einer Quote von 20% erfolgt, gegenüber der 34% betragenden Quote meines Kölner Instituts[635].
Als im Jahre 1915, infolge der Kriegsereignisse der Kreditbedarf der Gesellschaft ein für damalige Verhältnisse recht bedeutender wurde, hat Ihr Institut, trotz der Schwere der Zeiten abgelehnt, sich an dem von Herrn Geheimrat Klöckner für die Gesellschaft beantragten Kredit von M. 4.000.000,– zu beteiligen. Wiederum war

---

629 Hektographie, 1 Blatt, 1 Vorderseite maschinenschriftlich beschrieben, handschriftlicher Vermerk «Or[i]g[inal]. & weitere Correspondenz in Loth-r[in]g[er]. Hütten. V[erein]. Kap[ital]. 1923.», ohne eigenhändige Unterschrift, in: HADB, K2/697, Bl. 269.
630 Gemeint ist die Lothringer Hütten- und Bergwerksverein AG.
631 Gemeint ist Peter Klöckner.
632 Gemeint ist der Vorläufer der Lothringer Hütten- und Bergwerksverein AG., die Lothringer Hüttenverein Aumetz-Friede AG.
633 Gemeint ist die Deutsche Bank.
634 «c» handschriftlich eingefügt, gemeint ist die Gewerkschaft Victor zu Rauxel.
635 Gemeint ist der A. Schaaffhausen'sche Bankverein.

es der A. Schaaffhausen'sche Bankverein A.-G., der gemeinsam mit der Direction der Disconto-Gesellschaft in die Bresche sprang. Bei dder[636] im Jahre 1917 anlässlich der Umwandlung der Gesellschaft ein [!] eine deutsche Gesellschaft erfolgten Neubildung des Konsortiums trat die Deutsche Bank von neuem in dasselbe ein [und] zwar mit einer Quote von 16 %. Da die Quote des A. Schaaffhausen'schen Bankvereins A.-G. sich inzwischen von 34 % auf 20,5 % ermässigt hat, gegenüber einer Quote der Deutschen Bank von jetzt $13^2/_3$ % und gegenüber einer vor ihrem Austritt aus dem Konsortium betragenden Quote von 20 %, erhellt, dass mein Kölner Institut trotz seines engen langbegründeten Zusammenhanges mit dem Unternehmen aus seinem Anteil erheblich mehr für die Quotenbildung hergegeben hat, als Ihr Institut. Ihrer Forderung, dass mit Rücksicht auf die Auflösung des [!] Georgs-Marien-[637] und Hasper Eisen-[638]Konsortien infolge der Fusion mit dem Lothringer Hüttenverein die Konsortialbeteiligung Ihrer Bank am Lothringer Konsortium entsprechend Ihren Interessen an den vorgenannten Gesellschaften erhöht werden müsse, könnte der A. Schaaffhausen'sche Bankverein A.-G. mit gleichem Recht die Forderung gegenüberstellen, dass er, der an dem Konsortium der Düsseldorfer Eisen- und Drahtwerke[639], führend mit 60 %, an dem Mannstaedt[640]–Konsortium führend mit 32 ½ %, und bei Hasper Eisen, gleich Ihnen, aber führend mit 22 ½ % beteiligt war, für den Wegfall dieser Quoten eine entsprechende Gegenleistung durch Erhöhung seiner Aumetz Quote erhalte. Da ich, wie ich Ihnen sagte, prinzipell [!] aller aggressiven Tendenzen bei Behandlung von Konsortialquotenfragen abhold bin, verzichte ich darauf, diese Position meiner Kölner Bank dafür ins Feld zu führen, dass sie eine Aufbesserung ihrer Quote erhalten müsse. Jedenfalls müsste ich aber auch nach dem vorstehenden Verlaufe der Dinge ablehnen, anderen Konsorten eine Erhöhung ihrer Quote zuzubilligen.
Mit vorzüglicher Hochachtung
Ihr sehr ergebener
gez. Solmssen.

Herrn Oskar Schlitter,
Direktor der Deutschen Bank,
<u>Berlin W.</u>

---

636 «d» handschriftlich gestrichen.
637 Gemeint ist die Georgs-Marien-Bergwerks- und Hütten-Verein AG.
638 Gemeint ist die Hasper Eisen- und Stahlwerk AG.
639 Gemeint ist die Düsseldorfer Eisen- und Draht-Industrie AG.
640 Gemeint ist die Façoneisen-Walzwerk L. Mannstaedt & Co. AG.

Georg Solmssen an Robert Pferdmenges, 27.01.1923[641]

11n[örenberg] 27. Januar 1923.

Lieber Herr Pfer[d]menges,
Wie ich Ihnen bereits telephonierte, habe ich die Frage der Versorgung des besetzten Gebietes mit deutschen Zahlungsmitteln mit der Reichsbank, und zwar mit Exzellenz Havenstein[642], Herrn von Glasenapp[643] und Reichsbankdirektor Schott[644] eingehend besprochen und dieselben darauf hingewiesen, dass es erforderlich sei, ohne jede Verzögerung die grösstmöglichen Mengen von deutschen Geldzeichen in das besetzte Gebiet zu werfen und hiermit für die nächste Zeit fortzufahren, damit für den Fall der Einführung einer rheinischen Währung der Annahme derselben nicht durch den Mangel an deutschen Zahlungsmitteln Vorschub geleistet wird. Die Herren haben die Berechtigung meiner Gründe anerkannt und versprochen, alles in ihren Kräften stehende zu tun, damit das besetzte Gebiet entsprechend versorgt wird. Es werden bereits heute und morgen 3.000.000.000 bis 5.000 000 000 Mark nach Köln gesandt werden, um in erster Linie für die Versorgung von Aachen zu dienen, da diese als kritisch anerkannt wird. Ich habe den Herren des weiteren vorgeschlagen, dass die fernerhin in das besetzte Gebiet von der Reichsbank zu bringenden Geldzeichenmengen, die als Reserve für den künftigen Bedarf dienen sollen, nicht bei den Reichsbankstellen hinterlegt werden, wo sie einem eventuellen Zugriff der Besatzungsbehörde leicht unterliegen könnten, sondern innerhalb der Besatzungszone in zuverlässigen Niederlagestellen in der Weise zur Verteilung gelangen, dass sie als Depot der Reichsbank unter doppeltem Verschluss des Depothalters und der Reichsbank thesauriert werden. Ich habe vorgeschlagen, dass Ihnen überlassen wird, sich diesbezüglich mit der Vereinigung der Industriellen der Rheinprovinz[645] in Verbindung zu setzen und mit ihrer Hülfe eine Liste derartiger Verteilungsstellen auszuarbeiten. Es wird, abgesehen von dem persönlichen Vertrauen, das den als Depotstellen ausersehenen Firmen entgegengebracht wird, naturgemäss auch darauf gesehen werden müssen, dass die erforderlichen Räumlichkeiten verfügbar sind. Da es gefährlich sein würde, diese Liste der Post anzuvertrauen, würde ich für richtig halten, dass Sie sich zur definitiven Besprechung der Angelegenheit für einen Tag hierherbegeben, damit Sie alles weitere mit der Reichsbank persönlich ordnen können.
Die heute hier erschienene Aachener Deputation hat die Aachener Verhältnisse eingehend geschildert und den Antrag gestellt, dass der Stadtverwaltung die Erlaubnis erteilt werde, für den Fall, dass die Reichsgeldzeichen doch nicht ausrei-

---

641 Presskopie, 5 Blätter, 5 Vorderseiten maschinenschriftlich beschrieben, nummeriert ab der zweiten Seite, Paraphen u. a. von Georg Solmssen, Ernst Enno Russell, Franz Urbig, Eduard Mosler, Gustaf Schlieper und Franz Boner, in: HBO, P,R/39.

642 Gemeint ist Rudolf Havenstein.
643 Gemeint ist Otto von Glasenapp.
644 Gemeint ist Stefan Schott.
645 Gemeint ist wahrscheinlich der Verband Rheinischer Industrieller.

chen sollten, eigene Geldzeichen in Verkehr zu setzen. Die Herren erklärten sich bereit, die Inverkehrsetzung erst vorzunehmen, wenn sie nach vorheriger Anfrage eine ausdrückliche Ermächtigung der Reichsregierung erhalten hätten, wollen aber, um keine Zeit zu verlieren, sofort mit dem Druck der Wertzeichen beginnen. Ich halte diesen Plan für richtig und rege an, ihn auch für Köln zu erwägen. Je mehr derartige lokale Wertzeichen, welche nur einen beschränkten geographischen Umlaufkreis haben, in Betrieb gesetzt werden, desto schwieriger wird es sein, eine etwaige Frankenwährung einzubürgern, vorausgesetzt, dass die Bevölkerung dieser Einbürgerung einmütigen Widerstand entgegensetzt.

Im übrigen wurde mit der Reichsbank und Vertretern des Finanzministeriums erörtert, wie im Falle der Einführung der Frankenwährung allgemein vorgegangen werden soll. Es ist zu erwarten, dass die Reichsregierung, wenn die Besatzungsbehörde eine rheinische Währung proklamiert, sofort mit einem Gesetz oder einer Verordnung antwortet, welche jedem Deutschen die Annahme und Ausgabe dieser Währung verbietet. Dadurch würde die Grundlage für die Banken gegeben werden, sich als ausserstande zu erklären, diese Währungszeichen in Zahlung zu nehmen. Eine als Protestkundgebung gegen die Schaffung der rheinischen Währung gedachte Schliessung der Banken scheint keinen Zweck zu haben. Eine solche Schliessung würde nur dann den gewünschten Erfolg haben, wenn sie so lange aufrecht erhalten werden könnte, wie erforderlich wäre, um die neue Währung unmöglich zu machen. Da es sich hierbei um einen längeren Zeitraum handeln würde, ist nicht zu erwarten, dass eine solche Schliessung genügend lange möglich sein würde, vielmehr ist zu befürchten, dass der Verkehr, welcher das Instrument der Banken für seine Bedürfnisse dringend gebraucht, die ihm angelegten Fesseln sprengen und unter Umgehung der deutschen Banken, eventuell unter Benutzung der ausländischen Firmen, seine Bedürfnisse zu befriedigen versuchen würde. Es erscheint richtiger, die Banken ruhig offen zu halten, aber innerhalb der Banken den Verkehr mit ungesetzlichen Zahlungsmitteln abzuweisen. Wenn man sich vergegenwärtigt, welche Konsequenzen die eine oder die andere Haltung nach sich zieht, so muss man sich sagen, dass, wenn die Banken geschlossen werden und der Verkehr seinerseits nach banklicher Betätigung ruft, die Gefahr entsteht, dass die Schäden und die Unbequemlichkeiten, welche der Ausfall der Banktätigkeit mit sich bringt, den Banken zur Last gelegt werden wird, welche ihre Schalter geschlossen haben und unter Umständen grade den Kreisen, welche die rheinische Währung einzuführen versuchen, Hülfe geleistet wird. Ist es dagegen möglich, durch Offenhalten der Banken den Verkehr in deutschen Geldzeichen zu befriedigen, so wird den Kreisen der Bevölkerung, welche das neue Geldzahlungsmittel abweisen und treu an der deutschen Währung festhalten, die Durchführung dieses Standpunktes erleichtert. Ich habe in der Besprechung, welche mit Herrn Wassermann[646] stattfand, erklärt,

---

646 Gemeint ist Oscar Wassermann.

dass ich diese Auffassung für berechtigt hielte und sie auch bei Ihnen zur Geltung bringen wollte, ohne Ihrer und der Entschliessung der Bankenvereinigung[647] vorgreifen zu können. Herr Direktor Jürres[648] wird sich bei Ihnen morgen in Ihrer Privatwohnung einfinden, um die Angelegenheit nochmals mit Ihnen zu besprechen. Was die Oeffnung der Banken in Aachen betrifft, so erklärte Exzellenz Havenstein, dass die Reichsbank nicht eher wieder öffnen könne, als bis die geraubten M[ark] 6.000.200.000 wieder erstattet wären.[649] Was die Privatinstitute betrifft, so wurde als richtig bezeichnet, dass diese die Wiedereröffnung der Schalter von der Erfüllung zweier Bedingungen abhängig machen sollten, nämlich, dass ihnen die bindende Zusage gegeben werde, dass Eingriffe in das Privateigentum nicht wieder vorgenommen und die weggenommenen Gelder wieder zurückerstattet würden. Ich glaube, dass Sie keine Bedenken sehen werden, bei Einhaltung dieser Bedingungen unsere Filiale Aachen[650] wieder auf zu machen. Eine Frage, in die ich mich nicht einmischen möchte, weil sie von der dortigen Bankenvereinigung entschieden werden muss, ist, wie vorgegangen werden soll, wenn die belgische Behörde auf die Erfüllung dieser Bedingungen nicht eingeht. Herr Jürres vertrat den Standpunkt, dass, wenn die Banken alsdann weiter völlig geschlossen blieben, eine allgemeine Kalamität in der Industrie Platz greifen müsse, wenn dieselbe nicht in der Lage sei, ihre Lohngelder zu beziehen. Die Folge könne sein, dass die Arbeiterschaft, wenn sie jetzt mit für die Interessen der Banken streike, sich gegen diese wende, indem sie sich darauf berufe, dass die wohlhabenden Leute genügend mit Geldmitteln und Lebensmitteln versehen seien, um auszuhalten, während der Arbeiter, der von der Hand in den Mund lebe, Not leide, wenn Lohnzahlungen ausbleiben. Herr Jürres befürwortete, dass den Banken deshalb gestattet werden sollte, die Lohnkundschaft bei geschlossenen Türen zu befriedigen, damit die einheitliche Front aufrecht erhalten werden könne und die Finanzierung des Streiks sichergestellt würde. Ich bitte Sie, diese Frage doch zu überlegen und dieselbe nach Ihrem Gutdünken zu entscheiden.
Ich schicke diesen Brief durch einen Kurier der Deutschen Bank, welcher heute abend nach Köln reist.
Mit freundlichen Grüssen
Ihr ergebener
[gez.] Solmssen.

Herrn Direktor Pferdmenges,
<u>Köln.</u>
Robert Heuserstrasse 28.

---

647 Gemeint ist die Vereinigung von Banken und Bankiers in Rheinland und Westfalen E.V.
648 Vollständiger Name nicht ermittelbar.
649 Am 18.1.1923 hatten französische Behörden Reichsbankstellen besetzt und Lohngelder beschlagnahmt.
650 Gemeint ist der A. Schaaffhausen'sche Bankverein Filiale Aachen.

Georg Solmssen an Rudolf Havenstein, 02.02.1923[651]

<u>Sofort abtragen!</u> 2. Februar 1923
.ch.

Euer Exzellenz
beehre ich mich beiliegend Abschrift eines Briefwechsels zu überreichen, der mir gestern in Köln gelegentlich einer Sitzung des Wirtschaftsausschusses für die besetzten Gebiete, dessen Vorstand ich angehöre, von der Bankenvereinigung von Rheinland und Westfalen[652] vorgelegt wurde[653]. Es handelt sich um eine Vereinbarung, welche zwischen der belgischen Besatzungsbehörde in Aachen und den Aachener Banken getroffen werden soll, damit die Wiedereröffnung der Aachener Privatbanken, unter deren Schliessung der Bezirk ausserordentlich leidet, baldmöglichst erfolgen kann. Rücksprache mit dem Kommissar der Reichsregierung bei der Rheinland-Kommission, Prinz Hatzfeld[654], ergab, dass er in dem Abschluss dieser Vereinbarung keine Bedenken sieht. Der Vorsitzende des Wirtschaftsausschusses, Herr Geheimrat Hagen[655], teilt diese Auffassung. Der gegenwärtige Vorsitzende der Bankenvereinigung von Rheinland und Westfalen, mein Kollege im Direktorium des A. Schaaffhausen'schen Bankverein's A.-G., Herr Pferdmenges[656] ebenso wie ich selbst, schliessen sich dieser Meinung an. Die belgische Behörde sucht offenbar nach einem Ausweg aus der auch für sie sehr schwierig gewordenen Situation. Von grosser Bedeutung scheint allen Beteiligten der Hinweis, dass das von der belgischen Behörde behauptete, ihr deutscherseits abgestrittene Recht des Eingriffs in das Privateigentum der Banken auch dann wieder aufleben soll, wenn die weitere Andauer des Fehlens genügender Geldzeichen in Mark fortfahren sollte, die wirtschaftliche Lage in den besetzten Gebieten in einem Umfange zu erschweren, dass zu Maassregeln finanzieller Natur gegriffen werden müsste. In der gestrigen Sitzung des Wirtschaftsausschusses für die besetzten Gebiete hörte man aus allen Teilen des Bezirks Klagen über nicht genügende Versorgung desselben mit Geldzeichen. Es wurde darauf hingewiesen, welche ausserordentliche Gefahren dadurch entständen, dass den durch die Abwehrstreiks in grosse Notlage versetzten Arbeitern und Beamten nicht rechtzeitig genügend Zahlungsmittel zur Verfügung gestellt werden könnten. Insbesondere machten die Vertreter der Gewerkschaften, welche in geschlossener Einheitsfront mit den Arbeitgebern im Kampfe gegen die

---

651 Presskopie, 4 Blätter, 4 Vorderseiten maschinenschriftlich beschrieben, nummeriert ab der zweiten Seite, in: RWWA Abt. 39, Nr. 1, Fasz. 9.
652 Gemeint ist die Vereinigung von Banken und Bankiers in Rheinland und Westfalen E.V.
653 Gemeint sind die Schreiben von Baron Rolin-Jacquemyns, Haute Commission Interalliée des Territoires Rhénans Haut Commissariat Belge, Cabinet Coblence, an Aachener Banken Januar 1923 und der Aachener Banken an Baron Rolin-Jacquemyns, Haut Commissaire de Belgique, 1.2.1923, in: RWWA Abt. 39, Nr. 1, Fasz. 9.
654 Gemeint ist Hermann Fürst von Hatzfeldt-Wildenburg.
655 Gemeint ist Louis Hagen.
656 Gemeint ist Robert Pferdmenges.

Besatzungstruppen stehen, geltend, dass die Arbeiterschaft die Hauptlast des Abwehrkampfes zu tragen habe und mangels genügender geldlicher Reserven durch das Ausbleiben der Löhnung in eine Notlage gerate, welche für die finanziell stärker gerüsteten Kreise lange nicht in dem Umfange, wie bei ihnen fühlbar werde. Seitens aller Beteiligten, ohne Unterschied der Parteien, wurde die dringende Bitte ausgesprochen, dass das Reichsbankdirektorium ersucht werde, in grosszügigster Weise den ausserordentlichen Verhältnissen durch ausserordentliche Maassnahmen gerecht zu werden, und nichts zu versäumen, was die schwer kämpfende Bevölkerung zu unterstützen geeignet sei. Insbesondere wurde der Befürchtung Ausdruck gegeben, dass bei weiterer Verschlechterung der Mark die im besetzten Gebiet umlaufenden Geldzeichen erheblich hinter den Anforderungen zurückbleiben müssten, zumal damit zu rechnen sei, dass die Abschnürung des besetzten Gebietes, das jetzt nur noch über die englische Zone einen freien Zu- und Ausgang besitze, der aber ebenfalls jeden Tag abgeschnitten werden könne, die Versendung von Geldzeichen in das besetzte Gebiet in ausreichender Weise unmöglich machen werde. Euer Exzellenz werden sich erinnern, dass ich bei den Mitteilungen, die ich am vergangenen Sonnabend Ihnen machen durfte, bereits auf diese Gefahr als unmittelbar bevorstehend hingewiesen habe. Tatsächlich ist, wie ich mich aus eigner Anschauung überzeugen konnte, der Zustand eingetreten, dass grosse Strecken des besetzten Gebietes überhaupt nicht miteinander verkehren können. So war z.B. der Verkehr zwischen Aachen, Düren und Köln während der letzten Tage vollkommen gesperrt und konnte auch nicht mit Autos aufrecht erhalten werden, weil die Besatzungsbehörde mit der Konfiskation jeden Privatautos drohte. Ebenso ist der Verkehr zwischen Essen und Köln ausserordentlich lückenhaft. Eine planmässige Verteilung der Geldzeichen hat bisher nur in sehr beschränktem Umfange stattfinden können und es wird dringend ersucht, alles was irgend an Geldzeichen in das besetzte Gebiet geschafft werden kann, ohne jeden Verzug nach Köln zu dirigieren, weil dort so lange die englischen Truppen anwesend sind, wenigstens die Sicherheit besteht, dass kein Eingriff der fremden Macht erfolgt.
Im Zusammenhange hiermit wurde der Wunsch geäussert, da offenbar die Möglichkeit des Druckes von Geldzeichen und der rechtzeitigen Versendung derselben in das besetzte Gebiet trotz aller Anstrengungen der zuständigen Behörden auf grössere Schwierigkeiten stösst, als erwartet worden war, den lokalen Behörden, insbesondere den Gemeindeverwaltungen die Ausgabe eigener Geldzeichen ohne jeden Verzug freizugeben. Es wurde darauf hingewiesen, dass die Verhandlungen, welche diesbezüglich zwischen den Vertretern des Aachener Stadt- und Landkreises und der Reichsbank am 27. Januar in Berlin geführt worden seien, zu dem Schluss berechtigt hätten, dass die Freigabe des Gelddruckes an die Stadt Aachen erfolgen werde. Desto grösser sei die Enttäuschung gewesen als die unter gewissen Vorbehalten gegebene Zusage noch am gleichen Tage abends seitens des Reichsfinanzministeriums telegraphisch widerrufen worden sei.

Ich halte mich für verpflichtet, Euer Exzellenz ungesäumt diese Mitteilungen zu machen, weil ich mir nicht verhehle, dass die sonderbündlerischen Bestrebungen, insbesondere im Rheinland, alsbald unerwünschte Nahrung erhalten würden, wenn diejenigen Kreise, welch[e] auf Loslösung des Rheinlandes drängen, auf unzulängliche Maassnahmen der deutschen Behörden, insbesondere hinsichtlich des Geldumlaufes, hinzuweisen in der Lage wären. Dass nach dieser Richtung ein harter Kampf zu erwarten ist, steht ausser Zweifel. Die in die heutige Morgennummer des Berliner Börsen-Couriers übernommene Mitteilung des Oeuvre, wonach die Alliierten eine selbständige Finanzorganisation für die besetzen Gebiete vorbereiten und den örtlichen Verwaltungen der Finanzorganisation die Mittel liefern wollen, ein «gesundes»[657] Geld auszugeben, zeigen [!], dass diese Ideen nach wie vor von den Besatzungsbehörden ventiliert werden. Umso wichtiger ist es, ohne Verzug diesen Plänen den Böden zu entziehen und die deutsche Reichs- oder Gemeindewährung in solchem Umfange insbesondere im besetzten Gebiet in Umlauf zu bringen, dass jeder Versuch, den Mangel an Zahlungsmitteln für die Einführung einer fremden Währung auszunutzen, von vornherein zum Scheitern gebracht wird.
In vorzüglicher Hochachtung
[gez.] Solmssen.

An den Herrn Präsidenten des Reichsbankdirektoriums
Exzellenz Havenstein,
<u>Berlin.</u>
Reichsbank.

2 Anlagen n 24.

Georg Zapf an Georg Solmssen, 23.02.1923[658]

23. Februar.[19]23.

Sehr geehrter Herr Doktor!
Anbei sende ich Ihnen Kopie des Dürener Abkommens[659], sowie der Richtlinien der «Kredithilfe» für die besetzten Gebiete[660]. Letztere haben in ihrer Fassung hier

---

657 Anführungszeichen handschriftlich eingefügt.
658 Briefpapier «Felten & Guilleaume Carlswerk / Actien-Gesellschaft / Generaldirektion / Köln-Mülheim, den», 1 Blatt, Vorder- und Rückseite maschinenschriftlich beschrieben, handschriftlicher Vermerk auf der Vorderseite «b[eantworte]t. 26/2 [1923] N[örenberg]», Paraphen u.a. von Georg Solmssen, Max Doerner, Ernst Enno Russell und Eduard Mosler, in: RWWA, Abt. 39, Nr. 1, Fasz. 9.

659 Gemeint ist die Vereinbarung zwischen der Interessengemeinschaft rheinischer Arbeitgeberverbände sowie der beteiligten Gewerkschaften in der Frage der Lohnsicherung, 10.2.1923, in: RWWA, Abt. 39, Nr. 1, Fasz. 9.
660 Gemeint sind die Richtlinien für die besetzten Gebiete bei der Hilfskasse für gewerbliche Unternehmungen, in: RWWA, Abt. 39, Nr. 1, Fasz. 9.

noch keinen Anklang gefunden. Neben dem Dürener Abkommen gehen mündliche Erklärungen der Regierung, dass an ein Weissbluten des Unternehmertums nicht gedacht werden könne, dass man aber selbstverständlich von jedem Opfer verlange. Diese sind in ihrem Umfange leider nicht zu definieren und auch nicht zu limitieren.

Was man aber in dieser Richtung bisher erfahren hat, namentlich aber auch über die Stimmung beim Reichsarbeitsministerium weiss, gibt zu den schlimmsten Besorgnissen Anlass. –

Mit freundlichem Gruss
Ihr sehr ergebener
[gez.] G[eorg]. Zapf

Herrn
Dr. Solmssen
Köln

Georg Solmssen an Vorstand des A. Schaaffhausen'schen Bankvereins, 16.08.1923[661]

4/S[attle]r   16. August 1923.

Sehr geehrte Herren!
Beiliegend überreiche ich Ihnen Kopie eines an Sie gerichteten Einführungsschreibens, das ich Herrn William P. Sidley, Vice-President and General-Counsel of the Western Electric Company Inc., Chicago, übergeben habe.

Herr Sidley, der eine sehr massgebliche Stellung in den Vereinigten Staaten bekleidet und sich zum Studium der europäischen Verhältnisse hierher begeben hat, legt Wert darauf, ein objektives Urteil über die Lage der Dinge im besetzten Gebiet zu gewinnen. Ich bitte, ihn bei diesem Bemühen nach jeder Richtung hin zu unterstützen.

Freundschaftlichst
[gez.] Solmssen.

A. Schaaffhausen'scher Bankverein A.-G.,
Vorstand,
Köln.

---

661 Presskopie, 1 Blatt, Vorderseite maschinenschriftlich beschrieben, Paraphen von Georg Solmssen und Elisabeth Nörenberg, in: RWWA, Abt. 39, Nr. 1, Fasz. 8.

Georg Solmssen an William P. Sidley, 16.08.1923[662]

4/S[attle]r   August 16, 1923.

Dear Sir:-

Referring to our yesterday's talk I would recommend you to arrange your visit of the occupied territory, so[663] that you travel from Paris to Cologne. In this city, as I told you, the Disconto-Gesellschaft is represented by the A. Schaaffhausen'scher Bankverein A.-G., Unter Sachsenhausen 4. I enclose a letter of introduction to the managers of this institute. I am sure, they will be pleased to help you in any way.
The best thing to do would be, if you visit the different regions of the occupied zone by motor-car or railway, making Cologne your head-quarters. The cities in question would be: Trier, Aachen, Koblenz, Düsseldorf, Duisburg, Essen, Mainz. All particulars of this journey will be best arranged during your staying in Cologne, as the traffic-situation changes every day.
I enclose letters of introduction to the managers of the A. Schaaffhausen'scher Bankverein A.-G. in Aachen, Düsseldorf, Duisburg, and of the Disconto-Gesellschaft in Trier, Koblenz, Mainz and Essen.
I enclose also copy of the documents regarding the Krupp-Process[664] and a pamphlet written in English, which give you some dates about the occupation. I think, the contents of these booklets will be of interest to you.[665]
Hoping that your journey may give you all the information you want, I am,
Very truly yours,
[gez.] Solmssen.

Mr. William P. Sidley,
Hotel Adlon,
Berlin.

encl[osures].
r.56.

---

662 Presskopie, 2 Blätter, 2 Vorderseiten maschinenschriftlich beschrieben, zweite Seite nummeriert, Paraphen u. a. von Georg Solmssen, Ernst Enno Russell, Eduard Mosler, Max Dörner, Franz Urbig und Gustaf Schlieper, in: RWWA, Abt. 39, Nr. 1, Fasz. 8.
663 Handschriftliche Einfügung.
664 Am 8.5.1923 hatte ein französisches Kriegsgericht Gustav Krupp von Bohlen und Halbach, Chef des Krupp-Unternehmens, zu 15 Jahren Gefängnis verurteilt. Acht Direktoren und Werksleiter erhielten ebenfalls Gefängnisstrafen. Die Verurteilten wurden an den blutigen Demonstrationen vom 31.3.1923 in den Essener Krupp-Werken für schuldig befunden, bei denen 13 Arbeiter erschossen worden waren.
665 Die im Schreiben erwähnten Anlagen sind in RWWA, Abt. 39, Nr. 1, Fasz. 8 nicht enthalten.

Robert Bürgers an Georg Solmssen, 30.08.1923[666]

30. August 1923.

Sehr verehrter Herr Dr. Solmssen!
Der von Ihnen bei uns eingeführte Mr. William P. Sidley hat am Montag, den 27. d[es]. M[ona]ts. hier vorgesprochen. Da Herr Pferdmenges[667] selbst verhindert war, hat er mich gebeten, mich Herrn Sidley zu widmen. Wir haben ihm zunächst hier, soweit es uns möglich war, die nötigen Aufklärungen über die Lage im besetzten Gebiet gegeben. Ich habe dann nachmittags ihm zunächst eine längere Besprechung beim Verein der Industriellen[668] vermittelt und sodann hat ihn Herr Präsident v. Guerard[669] von der Eisenbahn-Direktion[670] persönlich empfangen und ihm sehr eingehende Darlegungen über die Lage des Eisenbahnwesens gemacht.
Herr S[idley]. zeigte ein sehr ernstes Bestreben, sich ein objektives Urteil über die hiesigen Verhältnisse zu bilden. Er ging in vielen Kreuz- und Querfragen den Sachen auf den Grund – aber es war erschreckend, zu sehen, welche Unkenntnis im Auslande über unsere Lage herrscht. Der Unterschied zwischen altbesetztem Gebiet und Einbruchsgebiet war ihm gänzlich fremd. Von dem grossen Umschlagshafen Duisburg-Ruhrort und seiner Bedeutung für das Industriegebiet hatte er nie etwas gehört. Was das Wort «Ruhr» bedeutete, ob es eine Stadt, ein Bezirk etc. war, wusste er nicht. Dass im Ruhrgebiet keine Erzbergwerke sind, war ihm überraschend, dass über 50.000 Eisenbahner mit ihren Angehörigen ausgewiesen sind, erschien ihm zunächst gänzlich märchenhaft. Da er mit dem durchgehenden Zug von Paris gekommen war und ihm die französischen Kondukteure unterwegs allerhand von dem schönen Funktionieren der Regiebahnen[671] erzählt hatten, glaubte er, das Eisenbah[n]netz wäre hier in bester Ordnung und erst bei der Eisenbahn-Direktion hat er sich wohl an Hand der Karten und des statistischen Materials von dem Gegenteil überzeugt. Ein besonderer Beweis über die Tüchtigkeit der Regiebahnen wurde ihm ad oculus geführt, als er von Herrn v. Guerard herunterkam und im Erdgeschoss des Eisenbahn-Direktions-Gebäudes im Büro der Regiebahnen vorsprach, um sich nach den Fahrgelegenheiten und Fahrplänen nach Neuss und Düsseldorf zu erkundigen. Nach längerem Hin- und Herparlamentieren und Nachsuchen in allen möglichen Plänen wurde ihm dort schließlich der Rat erteilt, er «möge nach dem Hauptbahnhof» gehen, dort würde er in der Auskunftsstelle die zuverlässigste Auskunft bekommen.

666 Briefpapier «Geheimer Finanzrat Bürgers / […]s / A. Schaaffhausen'scher Bankvereins A.-G. / Köln, / Unter Sachsenhausen 4.», 2 Blätter, 2 Vorderseiten maschinenschriftlich beschrieben, zweite Seite nummeriert, handschriftlicher Vermerk «erl[edigt] 3/9 [1923]», Paraphen u. a. von Georg Solmssen, Max Dörner, Ernst Enno Russell und Eduard Mosler, in: RWWA, Abt. 39, Nr. 1, Fasz. 9.

667 Gemeint ist Robert Pferdmenges.
668 Gemeint ist der Verein der Industriellen des Regierungsbezirks Köln.
669 Gemeint ist Franz von Guérard.
670 Gemeint ist die Reichsbahndirektion Köln.
671 Bezeichnung für die Eisenbahnen, die unter der französisch-belgischen Regieverwaltung standen.

Von hier aus ist Herr S[idley]. nach Düsseldorf gefahren; er will auch weiter in die einzelnen kleinen Orte des Industriebezirks. Ich habe ihm nach dorthin noch einige Einführungen mitgegeben.

Alles in allem glaube ich, dass Herr S[idley]. über die hier erhaltenen Informationen zufrieden ist.

Mit besten Grüßen und dem Wunsche, dass Sie sich dort gut erholen mögen, bin ich
Ihr ganz ergebener
[gez.] Bürgers

Dr. Georg Solmssen,
<u>Schuls-Tarasp.</u>
V

Georg Solmssen an Carl von Schubert, 07.11.1923[672]

11n[örenberg].   7. November 1923.
<u>Durch Boten.</u>

Sehr geehrter Herr Staatssekretär,
Bezugnehmend auf unsere heutige telephonische Unterhaltung beehre ich mich, Ihnen beiliegend das mir von den Vertretern der Währungskommission für die rheinische Notenbank[673], nämlich den Herr[e]n Pferdmenges[674] (Direktor des A. Schaaffhausen'schen Bankvereins A.-G., Köln,), Wuppermann[675] (Direktor der Filiale der Deutschen Bank, Düsseldorf) und Dr. Hammerschmidt[676] (Inhaber der Firma B. Simons & Co., Düsseldorf) übergebene Material betreffend die geplante Währungsbank zu übersenden[677]. Dasselbe besteht aus einer Niederschrift, die von französischer Seite den Herren gegeben worden ist und dem Entwurf des Statuts, das diese darauf gefertigt haben und das bestimmt ist in der Weise verwirklicht zu werden, dass die Majorität der Bank in nichtfranzösische Hände gelangt. Ich selbst fahre heute abend nach Köln, um mich noch näher mit den dortigen Kreisen über

---

672 Presskopie, 1 Blatt, Vorderseite maschinenschriftlich beschrieben, handschriftlicher Vermerk «Währung», Paraphen u. a. von Georg Solmssen, Elisabeth Nörenberg, Eduard Mosler und Ernst Enno Russell, in: RWWA, Abt. 39, Nr. 1, Fasz. 9.

673 Zum Versuch der Gründung einer Notenbank für die besetzten Gebiete am Jahreswechsel 1923/24 siehe: Hans-Otto Schötz, Der Kampf um die Mark 1923/24. Die deutsche Währungsstabilisierung unter dem Einfluß der nationalen Interessen Frankreichs, Großbritanniens und der USA (= Veröffentlichungen der Historischen Kommission zu Berlin. Bd. 68), Berlin, New York 1987.

674 Gemeint ist Robert Pferdmenges.

675 Gemeint ist Carl Wuppermann.

676 Gemeint ist Wilhelm Hammerschmidt.

677 Es handelt sich um die Constitution d'un Etablissement Privé d'Emission en Rhenanie und ein ausführliches Statut für eine Währungsbank, in: RWWA, Abt. 39, Nr. 1, Fasz. 9.

die Angelegenheit zu benehmen und werde mir gestatten, Sie nach meiner Rückkehr weiter zu informieren.
Es scheint die Absicht zu bestehen, die Entscheidung in die Hände des rheinischen Provinziallandtages zu legen. Die Franzosen haben den Herren als Frist Sonnabend, den 10. November gesetzt, bis zu welchem Tage spätestens eine Formulierung der deutschen Pläne in ihren Händen sein müsse. Die Kommission reist heute abend nach Köln zurück, um die weiteren Verhandlungen dort zu führen.
In vorzüglicher Hochachtung
Ihr sehr ergebener
[gez.] Solmssen.

Herrn Staatssekretär von Schubert
Auswärtiges Amt,
Berlin.

Anlagen 26.

Georg Solmssen an Robert Pferdmenges, 10.11.1923[678]

11n[örenberg]   10. November 1923

Lieber Herr Pferdmenges,
Beiliegend sende ich Ihnen Kopie der Eingabe[679] die nach den Beratungen der in ihr genannten Mitglieder der Währungskommission des Centralverbandes[680] an den Reichsfinanzminister Herrn Dr. Luther[681] gerichtet worden ist und deren Inhalt bereits in den Tageszeitungen veröffentlicht wurde. Die Währungskommission ist bestimmt, die in Frage kommenden Stellen der Reichsregierung vom banklichen Gesichtspunkt aus dauernd zu beraten, damit versucht wird, auf diesem Wege einen einheitlichen Aufbau der in betracht kommenden Maassnahmen durchzuführen. Ich selbst bin in die Währungskommission als Vorstandsmitglied des Schaaffhausen'schen Bankvereins eingetreten und es ist deshalb für mich von grösster Wichtigkeit, dauernd und regelmässig über den Fortgang der das besetzte Gebiet betreffenden Währungsfragen informiert zu bleiben. Ich bitte Sie, mich nach dieser Richtung mit den erforderlichen Nachrichten stets möglichst umge-

---

678 Presskopie, 1 Blatt, Vorderseite maschinenschriftlich beschrieben, handschriftlicher Vermerk «prov[isorische]. Akte, Währung», Paraphen u. a. von Georg Solmssen, Ernst Enno Russell und Eduard Mosler, in: RWWA Abt. 39, Nr. 1, Fasz. 9.

679 Entwurf der Eingabe an Hans Luther 7.11.1923, in: RWWA Abt. 39, Nr. 1, Fasz. 9.

680 Gemeint ist der Centralverband des Deutschen Bank- und Bankiergewerbes.

681 Gemeint ist Hans Luther.

hend zu versorgen und werde Sie ebenso von hier aus, soweit das besetzte Gebiet dadurch berührt wird, auf dem laufenden halten.
Mit freundlichen Grüssen
stets der Ihrige
[gez.] Solmssen.

Herrn Direktor Pferdmenges,
A. Schaaffhausen'scher Bankverein A.-G.,
Köln.

Anlage n 28.

Paul M. Warburg an Georg Solmssen, 30.11.1923[682]

November 30, 1923.

Dear Doctor Solmssen:
Permit me to introduce the bearer of these lines, Dr. Ernest O. Holland, who is spending three or four months in Europe for the purpose of studying economic affairs. Doctor Holland is President of Washington State College, Pullman, Washington, and has come to me with warm letters of recommendation from my intimate friend, Professor William T. Foster, Director of the Pollak Foundation for Economic Research, and I bespeak for him your courteous reception. Any information or assistance that you might give him would be greatly appreciated by me.
Sincerely yours,
[gez.] Paul M Warburg

Dr. Georg Solmssen,
Direction der Disconto-Gesellschaft,
Berlin, Germany.

PMW.N

---

[682] Briefpapier «31 PINE STREET / NEW YORK», 1 Blatt, Vorder- und Rückseite maschinenschriftlich beschrieben, handschriftlicher Vermerk «erl[edigt] 4/2 [1924]», Paraphen u.a. von Georg Solmssen, Elisabeth Nörenberg, Ernst Enno Russell und Eduard Mosler, in: RWWA, Abt. 39, Nr. 1, Fasz. 8.

Georg Solmssen an Paul M. Warburg, 04.02.1924[683]

4/S[attle]r 4. Februar 1924.

Lieber Herr Warburg!
Durch Herrn Dr. Ernst Holland[684] wurden mir dieser Tage Ihre freundlichen Zeilen vom 30. November v[origen]. J[ahres]. überbracht. Ich habe, soweit ich konnte, mich bemüht, Herrn Dr. Holland über die Interna der gegenwärtigen Lage zu informieren und mich gefreut, in ihm eine gerecht und vorurteilslos urteilende Persönlichkeit kennen zu lernen. Wenn nicht alles trügt, scheint doch jetzt auch drüben eine etwas objektivere Auffassung der wahren Ursachen des ganzen Unglücks Platz zu greifen. Wenigstens lassen die Darlegungen von Senator Robert L. Owen und Roland W. Boyden den Schluss zu, dass allmählich die Erkenntnis der Zusammenhänge auch jenseits des Ozeans zunimmt. Hoffen wir, dass diese Bewegung anhält und dadurch endlich der Wahrheit zum Siege verholfen wird.
Darf ich die Gelegenheit benutzen, um Sie zu bitten, mir, wenn möglich, den Bericht der Senatoren King[685] und Ladd[686], sowie des Abgeordneten Frear[687] über die auf ihrer Reise in Russland gemachten Beobachtungen zugehen zu lassen. Das, was hierher über den günstigen Inhalt des Berichtes gemeldet wird, steht im Widerspruch zu Veröffentlichungen, die von anderer Seite erfolgt sind. Hoffentlich verursache ich Ihnen mit dieser Bitte keine zu grosse Bemühung.
Mit freundlichen Grüssen
Ihr sehr ergebener
[gez.] Solmssen.

Paul M. Warburg,
International Acceptance Bank,
31 Pine Street,
NEW YORK.

Georg Solmssen an Robert Pferdmenges, 31.03.1924[688]

11n[örenberg] 31. März 1924

Lieber Herr Pferdmenges,
Bezugnehmend auf unsere telephonische Unterhaltung teile ich Ihnen mit, daß das Kollegium der Geschäftsinhaber der Discronto-Gesellschaft sich damit einverstan-

---

683 Presskopie, 1 Blatt, Vorderseite maschinenschriftlich beschrieben, Stempelaufdruck «C», Paraphen u. a. von Georg Solmssen, Ernst Enno Russell, Franz Urbig und Franz Boner, in: RWWA Abt. 39, Nr. 1, Fasz. 8.

684 Gemeint ist Ernest O. Holland.
685 Gemeint ist William H. King.
686 Gemeint ist Edwin F. Ladd.
687 Gemeint ist James A. Frear.
688 Briefpapier «DR GEORG SOLMSSEN / BER-

den erklärt hat, daß Herr Geheimrat Bürgers[689] sich als Kandidat für die Reichstagswahl aufstellen läßt. Wie ich Herrn Bürgers bereits gesagt habe, ist man sich bei Abwägung des Für und Wider darüber klar geworden, daß die Vorteile der Zugehörigkeit eines Mannes allseitigen und unseres Vertrauens wie des Herrn Bürgers zu den gesetzgebenden Körperschaften die Nachteile überwiegen, welche für den Konzern daraus entstehen, daß seine Arbeitskraft nicht mehr ausschließlich dem Konzern zur Verfügung stehen kann. Wir glauben im Interesse der Allgemeinheit und des Wiederaufbaus des Vaterlandes dieses Opfer bringen zu müssen, so daß Herr Bürgers sich keine Sorgen darüber zu machen braucht, daß ihm aus der Minderung seiner Arbeitskraft bei dem A. Schaaffhausen'schen Bankverein A.-G. von dessen Seite Unzuträglichkeiten erwachsen werden. Naturgemäß rechnen wir darauf, daß wir von Herrn Bürgers eingehend und rechtzeitig über alle sich bei den gesetzgebenden Körperschaften abspielenden Angelegenheiten informiert werden können, sodaß wir bei zeiten [!] die uns richtig scheinenden Schritte zu ergreifen vermögen. Andererseits werden wir gern das unsrige tun, um Herrn Bürgers die Informationen zur Verfügung zu stellen, um die Ansichten, welche wir für richtig halten, mit Fug und Recht vertreten zu können.

Für den Fall, daß Herr Bürgers sich entschließen sollte, einen etwa an ihn ergehenden Ruf zur Uebernahme eines Staatsamtes anzunehmen und dadurch gezwungen sein sollte, aus dem Schaaffhausen'schen Bankverein auszutreten, würden wir allerdings Zusicherungen für seinen Wiedereintritt nicht geben können. Auf der anderen Seite hat Herr Bürgers es ja in der Hand, ob er einem solchen Ruf folgen, oder ihn ablehnen will. Die Kosten des Büros, das Herr Bürgers sich hier einzurichten hätte, können wir nicht übernehmen und halten es auch im Interesse des Herrn Bürgers selbst nicht für richtig, daß seine Tätigkeit in direkte Beziehung zur Disconto-Gesellschaft gebracht würde.

Das ist der Niederschlag dessen, was ich Herrn Bürgers bei seinem Hiersein gesagt habe. Eine andere Frage, die sich mir aufdrängt und die ich mit Ihnen zu besprechen vorhabe, ist, welche Rückwirkung der Eintritt des Herrn Bürgers in die gesetzgebenden Körperschaften für die Geschäftsführung des Schaaffhausen'schen Bankvereins haben wird. Sie wissen, daß von meiner und meiner Kollegen Seite der größte Wert darauf gelegt wird, daß die organisatorischen Fragen auch in Köln mit aller Intensität behandelt werden. In der Vergangenheit haben diese Fragen etwas darunter gelitten, daß kein Mitglied des Vorstandes recht daran wollte, sich mit voller Kraft auf dieses Gebiet zu werfen, weil man irriger Weise der Ansicht war, daß die Beschäftigung mit diesen Dingen nicht gleichwertig mit der des laufenden Geschäftes oder des Konsortialgeschäftes sei. Ich habe immer den Stand-

---

LIN W.8, den / Unter den Linden 35», 3 Blätter, 3 Vorderseiten maschinenschriftlich beschrieben, nummeriert ab der zweiten Seite, Paraphe von Karl Kimmich, in: HADB, K2/58.

689 Gemeint ist Robert Bürgers.

punkt vertreten, daß das Geldsparen jetzt mehr denn je wenigstens ebenso wichtig sei, wie das Geldverdienen und daß deshalb niemand sich zu gut dafür halten dürfte, für die Organisation seine Arbeitskraft einzusetzen und alles zu tun, damit die Selbstkosten des Geschäftes auf das kleinste Maß reduziert werden. Um diese Arbeit zu erledigen, bedarf es sowohl genauer Kenntnis der Geschäftsführung wie auch der Uebersicht über die Personalzusammensetzung. Wenn Herr Bürgers durch seine Tätigkeit auf öffentlichem Gebiet gezwungen wird, den Geschäften des Institutes ferner zu bleiben, muß unbedingt eine Neuregelung der Dezernatsverteilung erfolgen nach der Richtung, daß Gewähr dafür gegeben wird[,] daß die organisatorischen Fragen mit vollem Sachverständnis und voller Energie gefördert werden.
Ich nehme an, daß Sie sich auch bereits mit dieser Frage beschäftigt haben und wäre Ihnen dankbar, wenn Sie mich wissen ließen, wie Sie sich die Regelung dieser Frage in Zukunft denken.
Mit freundlichen Grüßen
der Ihrige
[gez.] Solmssen.

Herrn Pferdmenges,
A. Schaaffhausen'scher Bankvereins A.-G.,
Köln

Robert Pferdmenges an Georg Solmssen, 01.04.1924[690]

31/S. 1. April 1924.

Lieber Herr Doktor!
Ich bestätige den Empfang Ihrer gefälligen Zeilen vom gestrigen Tage. Herr Bürgers[691] wird Ihnen in der Angelegenheit noch direkt schreiben. Er macht seine Kandidatur von der Erfüllung folgender Bedingungen abhängig:
1.) dass sein seinerzeit auf fünf Jahre abgeschlossener Vertrag um weitere fünf Jahre verlängert wird,
2.) dass seine Bezüge die gleiche Höhe aufweisen wie desjenigen Herrn, der nach mir das höchstbesoldete Vorstandsmitglied des Bankvereins ist,
3.) dass er für die Mandatszeit einen Dispositionsfonds von jährlich M[ark] 10.000.– erhält, um ein von der Parteiorganisation gänzlich getrenntes Büro unterhalten zu können.

---

690 Presskopie, 4 Blätter, 4 Vorderseiten maschinenschriftlich beschrieben, nummeriert ab der zweiten Seite, Paraphe von Karl Kimmich, in: HADB, K2/58.

691 Gemeint ist Robert Bürgers.

Die Punkte 1 und 2 sind Ihnen bekannt. Herr Bürgers möchte unter keinen Umständen während der Dauer der Reichstagsperiode, die in normalen Zeiten vier Jahre läuft, die Gefahr laufen, während dieser Zeit aus seinem Vertragsverhältnis entlassen werden zu können.
Zu Punkt 2.): Er möchte nicht, dass durch seinen Eintritt ins parlamentarische Leben seine Bezüge eine Schmälerung erfahren können.
Zu Punkt 3.) möchte ich ausführen, dass Herr Bürgers sich sagt, dass er zwar jederzeit über die Parteiorganisation verfügen kann, dass er aber gerade für den Fall, dass er die ihm wirtschaftlich nahestehenden Kreise und vor allen Dingen auch Sie und uns über gewisse wichtige Dinge, die während seiner parlamentarischen Tätigkeit ihm bekannt werden, rechtzeitig ins Bild setzen kann, ein Büro benötige, welches absolut vertraulich arbeiten und von der Parteiorganisation, in die ja auch wirtschaftlich ganz anders orientierte Kreise Einblick haben, unabhängig sein müsste. Ich muss Herrn Bürgers darin recht geben und sagen, dass wenn wir uns einmal zu dem Gedanken durchgerungen haben, dass wir die Förderung unserer Interessen durch Herrn B[ürgers]. im Parlament wahrnehmen und dafür aus eigennützigen und vaterländischen Interessen ein so grosses Opfer bringen, dass wir Herrn B[ürgers]. für die Zeit seiner Tätigkeit im Parlament volle Bezüge garantieren, wir auch die relativ nicht ins Gewicht fallende Auslage der Haltung eines Büros auf uns nehmen sollten. Ich möchte nochmals betonen, was uns von unserem hiesigen Standpunkte aus dazu geführt hat, die Kandidatur des Herrn B[ürgers]. zu unterstützen. Voraussichtlich wird in jedem Reichstag die Stimme des Zentrums eine massgebende Rolle spielen. Das Zentrum ist parteidisciplinarisch von allen die festgeschlossendste Partei. Wenn es gelingt, die innere Zusammensetzung dieser Partei so zu gestalten, dass darin nicht die gefährliche, absolut nach links tendierende Stimme der Gewerkschaftsführer Gladbacher Richtung[692] (aus deren Kreisen Herr Minister Brauns[693] stammt), sondern die unserem wirtschaftlichen Denken nahestehenden Kreise den Ausschlag geben, so wäre das schon erhebliche Opfer wert. Herr ten Hompel[694] war bisher neben Herrn Florian Klöckner, dessen Persönlichkeit aber zu den verschiedensten Malen zu Anstoss in der Partei Veranlassung gegeben hat, die einzige Persönlichkeit gewesen, welche in der Zentrumspartei unsere wirtschaftlichen Ideen vertrat. Nun ist es gerade Herr ten Hompel, der den allergrössten Wert auf die Mitarbeit des Herrn B[ürgers]. legt, weil er ihn einmal für durchaus zuverlässig und auch in den Gewerkschaftskreisen, die Herrn B[ürgers]. noch aus seiner Verwaltungstätigkeit kennen, als geachtet ansieht. Auch die rheinische Industrie und die rheinische Zentrums-Fraktion unterstützen die Wahl auf das wärmste. Persönlich möchte ich noch hinzufügen, dass auch uns Herrn Bürgers Eintritt in den

---

692 In Mönchengladbach befand sich die Zentralstelle des Volksvereins für das katholische Deutschland, in der zahlreiche christliche Gewerkschaftsführer ausgebildet wurden.

693 Gemeint ist Heinrich Brauns.

694 Gemeint ist Rudolf ten Hompel.

Reichstag als Vertreter des rheinischen Zentrums deshalb erstrebenswert erscheint, weil Herr B[ürgers]., wie Ihnen bekannt ist, im Gegensatz zu manchen Strömungen in der Partei, durchaus preussisch denkt. Ich möchte Sie deshalb bitten, über die einzelnen Punkte nochmals mit Ihren Kollegen zu sprechen und uns dann morgen telefonisch oder telegrafisch Ihre endgültige Entscheidung mitzuteilen, damit Herr B[ürgers]., der bis morgen, Mittwoch, Abend Ausstand zur Beantwortung seiner endgültigen Entscheidung erhalten hat, seine Zustimmung oder seine Absage der Parteiführung zur Kenntnis bringen kann.

Was den zweiten Teil Ihres Briefes an mich anlangt, so müsste selbstverständlich bei dem teilweisen Ausscheiden des Herrn B[ürgers]. aus unserem Kreise eine andere Einteilung der Dezernate platzgreifen. Sie gehen aber fehl, wenn Sie annehmen, dass wir hier der Organisationsfrage, trotzdem bei den Ihnen bekannten Verhältnissen das Organisations-Dezernat nicht fest in einer Hand liegt, nicht die nötige Aufmerksamkeit schenkten[695]. Es vergeht wohl kaum eine Direktionssitzung, in der nicht gerade zu dieser Frage eingehend Stellung genommen wird. Der notwendige Abbau unserer Bank ist, so viel ich das zu übersehen vermag, weiter vorgeschritten, als bei den meisten mir bekannten Firmen. Wir haben vor ca. 10 Tagen unserem Herrn Fedde[696], der ja speciell die Frage des Abbaues im einzelnen bearbeitet, die Aufgabe gestellt, der Direktion bis zum 10. April einen ausgearbeiteten Plan vorzulegen, der eine Reduktion unseres im laufenden Betriebe verwandten Personals bei der Zentrale auf 520 Köpfe auf weisen[697] und 80 Köpfe für die Zentralverwaltung übrig lassen soll[698]. Wir würden dann hier bei der Zentrale schon am 1. Juli auf 50% unseres Angestellten-Bestandes vom 1. Januar 1923 (nicht 1924) herunter sein. Darüber hinaus stehen wir dauernd mit unseren sämtlichen Filialleitungen in Verbindung und haben auch dort bis auf sehr vereinzelte Plätze durchgesetzt, dass jetzt schon der Abbau sehr erheblich vorgeschritten ist. Bei der Düsseldorfer Stelle hapert's noch, bei den meisten anderen aber werden die Verhältnisse am 1. Juli so liegen, dass ein überflüssiges Personal nicht vorhanden ist und aus den Erträgnissen der Stellen, soweit sich das jetzt und überhaupt übersehen lässt, die Bezahlung des Apparats durchaus möglich sein wird.

Ich habe am nächsten Dienstag eine Besprechung in Bremen und beabsichtige von Bremen für einen Tag nach Berlin zu kommen, also nächsten Mittwoch dort zu sein.
Mit freundlichen Grüssen
stets Ihr
Rob[ert]. Pferdmenges

Herrn Dr. Georg Solmssen,
Berlin.W.8.

---

695 Handschriftlich geändert von «schenken» zu «schenkten».
696 Gemeint ist Paul Fedde.
697 Handschriftlich geändert von «weist» zu «weisen».
698 Handschriftlich geändert von «lässt» zu «lassen soll».

Georg Solmssen an Robert Pferdmenges, 02.04.1924[699]

2. April 1924.

Lieber Herr Pferdmenges,
In Bestätigung unserer heutigen telephonischen Unterhaltung wiederhole ich das Ihnen als Antwort auf Ihren gestrigen Brief Gesagte hiermit wie folgt:
1. Wir sind bereit, den Vertrag des Herrn B[ürgers].[700] von jetzt ab auf 5 Jahre zu verlängern und zwar auf der jetzigen Basis, aber ohne Verpflichtung, diese Basis stets auf die Höhe so abzuändern, daß sie den Bezügen des hinter Ihnen gehaltlich rangierenden Herren entspricht.
2. Wir gewähren einen Dispositionsfonds von jährlich M[ark] 10 000.
Alles weitere mündlich!
In Eile
Ihr freundschaftlich ergebener
[gez.] Solmssen

Georg Solmssen an Direktion der Disconto-Gesellschaft, 14.08.1924[701]

14. August 1924.

Sehr geehrte Herren,
Fräulein Nörenberg[702] hat mich hier auf der Durchreise aufgesucht und war so freundlich, meine Post hier zu erledigen.
Mit Rücksicht auf die Amtsniederlegung des Herrn Präsident Ernst[703] und die dadurch eingetretene Wendung bei der Ipu[704] werde ich möglicherweise in Kürze hier Konferenzen haben, welche Schreibarbeit benötigen. Ich habe daher Fräulein Nörenberg gebeten, sich bevor sie auf der Rückreise von ihrem Urlaub die Schweiz verlässt, mit mir in Verbindung zu setzen, um entscheiden zu können, ob ich sie alsdann nochmals hierherkommen lasse. Gegebenenfalls würde sich Fräulein Nörenbergs Rückkehr vom Urlaub, der am 23. August abläuft, verzögern.
Freundschaftlichst
[gez.] Solmssen.

Direction der Disconto-Gesellschaft,
Chef-Cabinet,
Berlin W. 8.

---

699 Briefpapier «BERLIN W.8, / UNTER DEN LINDEN 35», 1 Blatt, Vorder- und Rückseite eigenhändig beschrieben, in: HADB, K2/58.
700 Gemeint ist Robert Bürgers.
701 Briefpapier «KURHAUS CASTELL / ZUOZ / OBER-ENGADIN / BESITZER: FAMILIE GILLI», 1 Blatt, Vorderseite maschinenschriftlich beschrieben, Eingangsstempel «[...] * 18.VIII.[19] 24 6 N», handschriftlicher Vermerk «zurück / z. K. / Personalabt[ei]l[un]g. / A[d] A[cta]», in: HADB, P2/N124.
702 Gemeint ist Elisabeth Nörenberg.
703 Gemeint ist Rudolf Ernst.
704 Gemeint ist die Internationale Petroleum-Union.

Georg Solmssen an Karl Kimmich, 25.10.1924[705]

1238/24
4n[örenberg]   Berlin, den 25. Oktober 1924
<u>Streng vertraulich.</u>

An die Herren Mitglieder des Aufsichtsrats der Deutsch-Atlantischen Telegraphengesellschaft.

Ich beehre mich, Ihnen beiliegend eine Reihe von Schriftstücken[706] zu übersenden, welche Aufschluß über das Ergebnis der von mir wegen einer Verständigung zwischen der Deutsch-Atlantischen Telegraphengesellschaft, der Western Union Telegraph Company und der Commercial Cable Company geführten Verhandlungen enthalten.
Danach ist nunmehr der Weg offen, um das Emden-Azoren Kabel der Deutsch-Atlantischen Telegraphengesellschaft auf den Azoren sowohl an das New York-Azoren Kabel der Commercial Cable Company wie an das gleiche Kabel der Western Union Telegraph Company anzuschließen.
Hochachtungsvoll
Der Vorsitzende des Aufsichtsrats
[gez.] Solmssen

Herrn Dr. Karl Kimmich,
A. Schaaffhausen'scher Bankverein A.-G.,
<u>Köln.</u>

Georg Solmssen an Kurt Weigelt, 04.12.1924[707]

4n[örenberg]   4. Dezember 1924

Sehr geehrter Herr Doktor,
Ich bestätige den Empfang Ihres gefälligen Schreibens vom 27. v[origen]. M[onats].[708]

---

705 Hektographie, 1 Blatt, 1 Vorderseite maschinenschriftlich beschrieben, handschriftlicher Vermerk «E[ingang]» 27.10.[1924]», Paraphen u. a. von Robert Pferdmenges, Max Worch und Karl Kimmich, in: HADB, P6256, Bl. 322.
706 HADB, P6256, Bl. 323–324.
707 Briefpapier «Direction der Disconto-Gesellschaft / BERLIN W8», 1 Blatt, Vorderseite maschinenschriftlich beschrieben, Eingangsstempel «Eingegangen 4. DEZ[EMBER]. 1924, Beantw[ortet]. o[hne]. A[ntwort]. z[u] d[en] A[kten]», handschriftliche Vermerke «z[u] d[en] A[kten] I[nternationale] P[etroleum-]U[nion]», «Herrn Dr. von Stauß» mit Paraphe von Kurt Weigelt und «am 13/12 [1924] vorgelegen», in: HADB, S1614.
708 HADB, S1614. Ebd. weitere Schreiben zum Streit zwischen Deutscher Bank und Disconto-Gesellschaft über den Tausch von IPU-Zertifikaten in Deutsche Erdöl-AG-Aktien, Weigelt an Solmssen 4.10.1924 und Solmssen an Weigelt 15.10.1924.

Ich glaube nicht, daß es Zweck hat, die Diskussion fortzusetzen, da sich grundsätzlich verschiedene Auffassungen gegenüber stehen und Sie mich ebensowenig überzeugen werden, wie mir dies Ihnen gegenüber gelungen ist.
Die Disconto-Gesellschaft hat keinen Anlaß, die Angelegenheit einem Schiedsgericht zu unterbreiten und muß es Ihnen überlassen, diejenigen Schritte zu ergreifen, die Sie für zweckdienlich erachten.
In vorzüglicher Hochachtung
Ihr ergebener
[gez.] Solmssen.

Herrn Dr. Kurt Weigelt,
Deutsche Bank,
<u>Berlin W.</u>

Georg Solmssen an Robert Pferdmenges, 11.02.1925[709]

4n[örenberg]   11. Februar 1925

Lieber Herr Pferdmenges,
Ich trete heute meine Urlaubsreise nach Zuoz[710] an, wo ich im Kurhaus Castell wohne. Seien Sie so freundlich und schicken Sie mir dorthin Ihre Vorschläge für die <u>Bilanz</u>[711] des Schaaffhausen'schen Bankvereins, damit ich die Ziffern in Ruhe durchsehen kann und wir, wennmöglich [!], auf dem Schriftwege zu einer Verständigung über die Aufmachung der Bilanz in der Form gelangen, in der sie der Disconto-Gesellschaft vorgelegt werden soll. Diese Vorlage könnte alsdann in meiner Abwesenheit erfolgen und wir würden die Aufsichtsratsitzung des Bankvereins am 28. d[es]. M[onats]. in Köln abhalten können. Ich schlage diesen Termin vor, weil die Aufsichtsratsitzung der Disconto-Gesellschaft voraussichtlich in den ersten Märztagen stattfinden wird. Ich habe Herrn Dr. Salomonsohn[712] gebeten, Sie zu benachrichtigen, sobald der Termin feststeht. Wenn irgend möglich, habe ich gebeten, den 3. März für die Disconto-Sitzung nicht in Frage zu ziehen, weil ich an diesem Tage die Generalversammlung der Rhenania[713] in Aachen habe, bei der ich ungern fehlen würde.

---

709 Briefpapier «D^R. GEORG SOLMSSEN / BERLIN W.8, den / Unter den Linden 35», 1 Blatt, Vorderseite maschinenschriftlich beschrieben, Paraphe von Robert Pferdmenges, in: HADB, K2/13, Bl. 6.
710 Gemeinde im Oberengadin/Schweiz.
711 Handschriftlich unterstrichen.
712 Gemeint ist Arthur Salomonsohn.
713 Gemeint ist Rhenania, Verein Chemischer Fabriken in Aachen.

Ich selbst würde mich so einrichten, daß ich am 27. d[es]. M[onats]. abends oder 28. morgens in Köln eintreffe und am 28. abends von dort nach Berlin weiterreise.
Mit besten Grüßen
der Ihrige
[gez.] Solmssen.

Herrn Direktor Pferdmenges,
A. Schaaffhausen'scher Bankverein A.-G.,
Köln.

Robert Pferdmenges an Georg Solmssen, 24.03.1925[714]

31/S.   24. März 1925.
Lieber Herr Solmssen!
Zu unserer Korrespondenz in Angelegenheiten unserer Beteiligung bei Philipp Elimeyer[715] möchte ich Ihnen noch einige private Zeilen schreiben.
Es hat hier im Hause eine gewisse Verstimmung verursacht, dass die Firma Elimeyer auf unsere Aufforderung hin, uns ihre Bilanz einzusenden und uns für die Bilanzierung und Gewinnverteilung ihre Vorschläge zu machen, antworten konnte, dass «die Unterlagen bereits Herrn Dr. Solmssen vorgelegen hätten und von diesem in allen Teilen genehmigt seien.» Man sieht in dieser Bearbeitung von Geschäften des A. Schaaffhausen'schen Bankvereins A.G. eine Verschiebung des Schwerpunktes von Köln nach Berlin und befürchtet mit Recht oder mit Unrecht, dass ein Weiterschreiten auf diesem Wege eine Ausschaltung des Vorstandes bedeutet, an welcher dieser in pflichtgemässer Erledigung der ihm anvertrauten Obliegenheiten nicht vorbeigehen kann. Gerade weil es sich bei Elimeyer um ein relativ unbedeutendes Objekt handelt, glaube ich Sie auf diese hier gehegte Befürchtung aufmerksam machen zu müssen. Nur wenn dem hiesigen Vorstand das unbedingte Gefühl der selbständigen Arbeit gelassen wird, kann ihm die Freude an der Arbeit erhalten werden, die für ein Weiterblühen des Unternehmens letzten Endes ausschlaggebend ist.
Ich weiss aus vielen Unterhaltungen mit Ihnen, dass Sie es jedesmal auf das peinlichste empfinden, wenn Jemand in die Dinge handelnd und bestimmend eingreift, die nach Ihrer Auffassung Ihrer Verantwortlichkeit unterstehen und ich habe für diese Ihre Auffassung auch stets vollstes Verständnis gehabt. Es ist m[eines].

---

714 Presskopie, 3 Blätter, 3 Vorderseiten maschinenschriftlich beschrieben, nummeriert ab der zweiten Seite, Paraphen von Robert Pferdmenges, Karl Kimmich, Max Dörner, Max Hoepe und Robert Bürgers, in: HADB, K2/13, Bl. 11–13.

715 Handschriftlich unterstrichen, gemeint ist das Bankhaus Philipp Elimeyer in Dresden.

E[rachtens]. das Haupterfordernis eines Führers, seinen Mitarbeitern in weitgehendstem Maasse die selbständige Führung der Geschäfte zu überlassen, ohne dass dadurch das Aufsichtsrecht und das Mitbestimmungsrecht in irgend einer Weise zu leiden braucht. In diesem vorliegenden Falle wäre es hier im Hause angenehmer empfunden worden, wenn Elimeyer über die Bilanz mit uns als dem Vorstand des Instituts, das 50% seines Kommanditkapitals besitzt, sich unterhalten hätte, oder aber, falls Elimeyer aus geographischen Gründen mit Ihnen die Bilanz in Berlin direkt zu besprechen wünschte, Sie uns die Vorschläge von Elimeyer hierher übersandt hätten. So kann und muss hier der Eindruck entstehen, den Sie, wie ich weiss, durchaus nicht beabsichtigen, dass die Führung des Bankvereins nicht in den Händen des Vorstandes, sondern in den Händen des ersten Vertreters der Disconto-Gesellschaft im Aufsichtsrat liegt. Darüber hinaus ist aber auch der Eindruck, den die Firma Elimeyer von der Leitung des A. Schaaffhausen'schen Bankvereins A.G. bekommen muss, ein eigenartiger, wenn die Inhaber ihre wichtigsten Besprechungen, das sind die Besprechungen über die Bilanz der Firma, nicht mit dem Vorstand des Bankvereins, sondern mit dem stellvertretenden Vorsitzenden des Aufsichtsrates bezw. mit dem Vertreter der Disconto-Gesellschaft führen.

Ich weiss nur zu gut, dass Ihnen bewusst nichts ferner liegt, als den Vorstand des A. Schaaffhausen'schen Bankvereins A.G. bei Geschäften seines Instituts auszuschliesen [!], halte es aber im persönlichen und geschäftlichen Interesse für richtig, Ihnen Kenntnis von Vorfällen zu geben, die geeignet sind, die Obliegenheiten von Vorstand, Aufsichtsrat und Aktionär zu verwischen und, ohne dass Vorteile herausspringen, neben der Schaffung von Unklarheiten auch persönliche Unstimmigkeiten hervorrufen.

Ich verbleibe mit freundlichen Grüßen wie stets
Ihr sehr ergebener
[gez.] Rob[ert]. Pferdmenges

Herrn Dr. Georg Solmssen,
Geschäftsinhaber der Disconto-Gesellschaft,
Berlin.W.8.

Georg Solmssen an Robert Pferdmenges, 30.03.1925[716]

4/S[attle]r   30. März 1925.

Lieber Herr Pferdmenges!
Ich habe Ihren Brief vom 24. d[es]. M[onats]. erhalten und gebe Ihnen vollkommen Recht bezüglich der darin ausgesprochenen Auffassung, daß über die <u>Elimeyer</u>[717]-<u>Bilanz</u>[718] nicht ohne Stellungnahme des A. Schaaffhausen'schen Bankvereins A.-G. entschieden werden kann. Es lag aber auch gar nicht die Absicht vor, dies zu tun. Die Dinge haben sich vielmehr so abgespielt, daß Herr Heinsch[719] von der Firma Elimeyer mir seit langer Zeit in den Ohren lag, ich sollte ihn empfangen, damit er mir die Bilanz vorlegen könne und ich, weil ich seit Wochen außerordentlich besetzt bin, keine rechte Zeit fand, mich der Angelegenheit zu widmen. Schließlich mußte ich doch dem Drängen des Herrn Heinsch nachgeben und ihn bei mir sehen. Ich war aber dann infolge außerordentlich starker Arbeitsbedrängung außerstande, eine Aktennotiz über diese Besprechung zu fertigen und sie dem Bankverein zugehen zu lassen. Der Grund für diese[s] Versäumnis war, daß gleichzeitig eine Reihe großer Verhandlungen liefen, die mich über Gebühr in Anspruch nahmen, wie sehr, können Sie daraus ersehen, daß es mir seit Wochen nicht möglich gewesen ist, mittags das Haus zu verlassen, um meinen auch sonst zeitlich recht kurz bemessenen Lunch einzunehmen.
Es liegt mithin wirklich kein Grund vor, empfindlich zu sein, und ich glaube, alle die Folgerungen, die im dortigen Hause betreffs der Stellung des Vorstandes an die Behandlung dieser Angelegenheit geknüpft worden sind, schießen weit über das Ziel hinaus. Dies ist umso mehr der Fall, als die Dinge bei Elimeyer m[eines]. E[rachtens]. so liegen, daß die Beteiligung des A. Schaaffhausen'schen Bankvereins A.-G. an diesem Geschäft <u>sich doch überlebt hat</u>[720]. Wie Sie wissen, verfolge ich seit Jahr und Tag das Ziel, die Firma für die Übernahme auf unseren Konzern reif zu machen, und es ist klar, daß, wenn dieselbe kommt, es das Gegebene ist, die Firma auf die Disconto-Gesellschaft zu übernehmen. Es liegt mir daher daran, mit den Firmeninhabern gute Beziehungen aufrecht zu erhalten, die auch von diesen erwidert werden, und so bin ich von meiner Schaaffhausen-Tätigkeit her die gegebene Stelle, an die sich die Herren wenden, wenn sie irgend etwas besprechen wollen. Andererseits muß ich naturgemäß mich bemühen, mir die gute Stimmung der Inhaber zu erhalten, weil es von dieser abhängt, ob wir eine Konkurrenz betreffs des Erwerbes des Geschäftes eventuell zu befürchten haben. Ich habe daher keine Be-

---

716 Briefpapier «DR GEORG SOLMSSEN / BERLIN W.8, den / Unter den Linden 35», 5 Blätter, 5 Vorderseiten maschinenschriftlich beschrieben, nummeriert ab der zweiten Seite, Paraphen von Robert Pferdmenges, Karl Kimmich, Robert Bürgers und Max Hoepe, in: HADB, K2/13, Bl. 14–18.
717 Gemeint ist das Bankhaus Philipp Elimeyer.
718 Handschriftlich unterstrichen.
719 Gemeint ist Alfred Heinsch.
720 Handschriftlich unterstrichen.

denken gesehen, mich dahin zu äußern, daß ich die Wünsche des Herrn Heinsch, die er mir bezüglich seines und Herrn Hellers[721] Einkommen vortrug, für nicht ungerechtfertigt hielte, weil ich mir sagte, daß auch Sie es nicht darauf ankommen lassen würden, durch eine bei den Firmeninhabern entstehende Mißstimmung deren Vorliebe für den Übergang ihrer Firma auf unseren Konzern zu beeinträchtigen. Mein Entgegenkommen war umso verständlicher, als die Wünsche von Herrn Heinsch, der Hauptstütze des Gedankens des Überganges der Firma auf unseren Konzern, vorgetragen wurden und die vorgelegte Bilanz zeigt, daß die Firma verstanden hat, sich trotz des Ablebens des Herrn Paderstein[722] ihre Stellung zu erhalten. Es sind keine Kunden verloren gegangen, und es ist bei einem Kapital von M[ark] 700.000,– ein Reingewinn von M[ark] 256.000,– erzielt worden.

Was die Frage betrifft, welche Politik man bei der Reserveabteilung befolgen muß, so stehe ich auf dem Standpunkt, daß es unseren Interessen nicht entsprechen würde, die offene Reserve stark zu dotieren, weil wir beim Übergang des Geschäftes auf den Konzern das sich aus der offenen Reserve ergebende Agio zu bezahlen hätten und wir daher mehr davon haben, wenn die Dividenden reichlich gegriffen sind, so lange die vorhandenen stillen Reserven eine derartige Politik rechtfertigen. Diese Reserven stecken in den Effektenbeständen und ergeben zu den Kursen vom 25. Februar, verglichen mit denen des 31. Dezember rund M[ark] 387.000,–, sodaß also mehr als die Hälfte des Kapitals in stiller Reserve vorhanden war. Da die Geschäftsführung der Firma Elimeyer stets außerordentlich zuverlässig und vorsichtig gewesen ist und wir niemals in den langen Jahren des Kommanditverhältnisses irgend einen Verlust der Firma zu registrieren hatten, noch auch wahrgenommen haben, daß die Firma irgendwelche unzulässigen Risiken läuft, glaube ich, daß man bei dieser Sachlage richtiger tut, ruhig die von den Geschäftsinhabern vorgeschlagene Dividende zur Verteilung zu bringen und ihnen die von ihnen verlangte Remuneration zu gewähren. Was letztere betrifft, so beträgt die festgesetzte Vergütung der Geschäftsinhaber für das vergangene Jahr monatlich je M[ark] 1.000,–. Die Herren beantragen, daß ihnen für das Jahr 1924 pro Kopf M[ark] 6.000,– zusätzlich gewährt werden, sodaß sie jeder auf M[ark] 18.000,– kämen. Für das laufende Jahr beantragen die Herren für jeden von sich M[ark] 2.000,– monatlich, sodaß sie zusammen auf M[ark] 48.000,– feste Vergütung kämen. Wenn Sie und Ihre dortigen Kollegen diese Vergütung für zu hoch halten, bin ich bereit, mich nochmals mit Herrn Heinsch in Verbindung zu setzen und warte Ihre weiteren Nachrichten ab. Das mir von Herrn Heinsch übergebene Material[723] sende ich Ihnen beiliegend mit der Bitte um Rückgabe zu und füge den mir eingesandten Briefwechsel zwischen Ihnen und der Firma Elimeyer[724] bei.

---

721 Gemeint ist Julius Heller.
722 Gemeint ist Adolf Paderstein.
723 Nicht in HADB, K2/13, enthalten.
724 Es handelt sich hierbei um Fragen zur Bilanz für das Geschäftsjahr 1924, zu der Gewinn- und Verlustrechnung und zu dem Gewinnverteilungsplan der Firma Elimeyer, in: HADB, K2/13.

Sie werden mir zugeben, daß nach Vorstehendem wirklich kein Anlaß vorlag, diese Angelegenheit derart tragisch zu nehmen, wie das in Köln der Fall gewesen zu sein scheint; insbesondere kann ich nicht recht verstehen, wie geglaubt werden kann, daß der Stellung der Mitglieder des Vorstandes des A. Schaaffhausen'schen Bankvereins A.-G. irgendwelcher Abbruch dadurch geschehen sein könne, daß Herr Heinsch, der sich regelmäßig mit mir über alle möglichen Fragen unterhält, mit seiner Bilanz auch zuerst zu mir gekommen ist, anstatt eine Reise nach Köln zu machen, wohin er gar keine Beziehungen unterhält. Wenn darauf bestanden wird, daß dieses geschieht, so fürchte ich, wird das Ergebnis sein, daß die Firma uns schließlich doch nicht zufällt, und das liegt sicherlich nicht in der Absicht der Kölner Herren. Das Richtigste scheint mir zu sein, daß Disconto-Gesellschaft und A. Schaaffhausen'scher Bankverein A.-G. sich alsbald über diese kommanditarische Beteiligung verständigen. Es dürfte nicht schwer sein, hierfür einen Weg zu finden. Mit freundlichen Grüßen
der Ihrige
[gez.] Solmssen.

Herrn Robert Pferdmenges,
m[it]. Br[iefen]. A. Schaaffhausen'scher Bankvereins A.-G.,
Köln.

Anlagen!

Georg Solmssen an Sekretariat des A. Schaaffhausen'schen Bankvereins, 15.05.1925[725]

11/S. 15. Mai 1925.

Sehr geehrte Herren!
Beiliegend übersende ich Ihnen Kopie einer Aktennotiz[726] über eine Besprechung mit der Deutschen Bank wegen Einführung von Aktien an Börsenplätzen ausserhalb Berlins.
Die in der Aktennotiz wiedergegebene Auffassung der Deutschen Bank wird von der Disconto-Gesellschaft geteilt. Ich nehme an, dass auch Sie sich dieser Auffassung anschliessen werden. Die Disconto-Gesellschaft steht auf dem Standpunkte, dass die Banken das lebhafteste Interesse daran haben, das in der Prospekthaftung liegende Engagement sich entsprechend bezahlen zu lassen und dass wir uns darü-

---

725 Hektographie, Briefpapier «DR GEORG SOLMSSEN / CÖLN / UNTER SACHSENHAUSEN 4», 1 Blatt, Vorderseite maschinenschriftlich beschrieben, Paraphen u. a. von Robert Bürgers und Robert Pferdmenges, in: HADB, K2/1302.
726 HADB, K2/1302.

ber verständigen müssen, welche Sätze wir für angemessen erachten, um zu verhüten, dass Unterbietungen stattfinden.
Ich bitte Sie daher, sich bei Fällen dieser Art, die sich in der nächsten Zukunft ergeben könnten, mit der Disconto-Gesellschaft in Verbindung zu setzen, damit innerhalb des Konzerns konform vorgegangen werden kann.
Freundschaftlichst
[gez.] Solmssen.

A. Schaaffhausen'scher Bankverein A.G.
Sekretariat,
Köln.

Georg Solmssen an Directionsbureau des A. Schaaffhausen'schen Bankvereins, 03.06.1925[727]

S[attle]r 3. Juni 1925
Streng vertraulich!
Regelmäßige Berichterstattung.

Unter Bezugnahme auf Ihr Schreiben vom 5. v[origen]. M[onats].[728] muß ich Ihnen mitteilen, dass das hier vorliegende Material an Kreditkarten und Monatssammelprotokollen doch nicht ausreicht, um sich auf Grund der Directions-Tagesprotokolle ein klares Bild von den jeweils laufenden Krediten zu machen. Die letzten Kreditkarten, die uns von Ihnen zugegangen sind, reichen bis September 1924 einschließlich, während die letzten Monatssammelprotokolle für die Zentrale Köln vom Februar 1925 und für Ihre Filialen vom November 1924 datieren. Die Tagesprotokolle enthalten keine Angaben über den Ablauf oder die Streichung früherer Kredite und lassen auch nicht immer klar erkennen, ob es sich bei den Neubewilligungen um Zusatz- oder Ersatz-Kredite handelt. Um eine möglichst klare und à jour gehaltene Übersicht über den Stand Ihrer Kredite zu besitzen, schlage ich vor, wie folgt vorzugehen:
Die bisherigen Monatssammelprotokolle können in Fortfall bleiben, wenn Sie – nach Ihrer Wahl – entweder das Kredit-Kartenmaterial unter Berücksichtigung auch der gestrichenen Kredite zum Beispiel bis zum 31. Mai vervollständigen oder

---

727 Briefpapier «DR GEORG SOLMSSEN / BERLIN W.8 / Unter den Linden 35», 2 Blätter, 2 Vorderseiten maschinenschriftlich beschrieben, zweite Seite nummeriert, Stempel «38949*4–VI.[19]25.11–V.», «Directionsbureau» und «Creditbureau» mit Paraphe, handschriftlicher Vermerk «ad acta», Paraphen u. a. von Robert Bürgers und Robert Pferdmenges, in: HADB, K2/648.

728 Directionsbureau des A. Schaaffhausen'schen Bankvereins an Solmssen 5.5.1925, in: HADB, K2/648.

mir eine auf diesen Tag aufgemachte Zusammenstellung sämtlicher bei Ihnen und Ihren Filialen laufenden Kredite zustellen.

Wenn unsere Konzern-Abteilung, sei es diese neue Sammelliste oder das vervollständigte Kartenmaterial per 31. Mai in Händen hat, würden wir uns für die Zukunft mit den regelmäßig eingehenden Tagesprotokollen begnügen und Ihnen auch, wenn Ihnen damit gedient ist, das weitere Ausschreiben von Kreditkarten ersparen können. Dann müßte ich Sie aber bitten, mir als Ergänzung zu den Tagesprotokollen regelmäßig – etwa ein Mal im Monat – eine Liste der in dem jeweils voraufgegangenen Monat gestrichenen oder abgelaufenen Kredite einzusenden.

Augenblicklich bereitet die Durchsicht Ihrer Debitorenlisten noch erhebliche Schwierigkeiten, die aber sofort behoben sein würden, sobald das Kreditmaterial hier einmal vollkommen à jour gebracht ist.

Es würde mir übrigens auch genügen, wenn Sie mir die Debitorenlisten der Zentrale und der Filialen nicht jeden Monat, sondern alle zwei Monate zukommen lassen[729].

Ich bitte mich zu benachrichtigen, welchen dieser Vorschläge Sie für die weitere Behandlung Ihres Kreditmaterials akzeptieren, und begrüße Sie
mit freundschaftlicher Hochachtung
Der stellvertretende Vorsitzende des Aufsichtsrats
[gez.] Solmssen.

A. Schaaffhausen'scher Bankverein A.-G.,
Directions-Bureau,
Köln.

Aktenvermerk Georg Solmssens, 10.06.1925[730]

4n[örenberg]   10.6.[19]25.
Geheim.
Aktenvermerk.
Otto Wolff.

Gelegentlich des gemeinschaftlichen Abendessens der Mitglieder der Betriebskommission des Phönix[731] habe ich Herrn Wolff in geeigneter Form gesagt, daß ich mich eigentlich durch sein Verhalten uns gegenüber auch persönlich verletzt

---

729 Handschriftlich unterstrichen, «zwei» ist zudem maschinenschriftlich unterstrichen.
730 Original, 2 Blätter, 2 Vorderseiten maschinenschriftlich beschrieben, zweite Seite nummeriert, Paraphen u. a. von Franz Urbig, Georg Solmssen, Eduard Mosler, Ernst Enno Russell und Gustaf Schlieper, in: HADB, B199, Nr. 45.
731 Gemeint ist die Phönix AG für Bergbau und Hüttenbetrieb.

fühlen müsse, denn nachdem ich derjenige gewesen sei, der ihm als erster durch den A. Schaaffhausen'schen Bankverein A.-G. in Köln seinerzeit große Kredite zur Verfügung gestellt und ihm durch den Verkauf der Fabriken der Internationalen Bohrgesellschaft und de Fries[732] den Weg zum Großindustriellen gebahnt habe, hätte ich nach meinem Rücktritt in die Disconto-Gesellschaft eigentlich von Geschäften von ihm überhaupt nichts mehr gesehen. Ich erkenne gern an, daß er große Umsätze mit Schaaffhausen mache, hätte aber doch geglaubt darauf zählen zu können, daß er solche Geschäfte auch mit der Disconto-Gesellschaft tätigen werde.

Herr Wolff erwiderte, daß er gern und dankbar sich der Zeiten unserer gemeinsamen Arbeit in Köln erinnere und daß er auch einen Teil seiner Beziehungen auf uns nach Berlin übertragen haben würde, wenn wir nicht durch unsere intime Verbindung mit Stinnes[733] für ihn vollkommen blockiert gewesen wären. Sein Eindruck sei der gewesen, daß wir derart stark in der Gefolgschaft von Stinnes marschierten, daß Pläne weiteren Umfanges, die er verfolgte, von ihm uns gegenüber nicht aus der Hand gegeben werden könnten, zumal er sich von vornherein in diametralem Gegensatz bezüglich der gesamten Geschäftspolitik zu Stinnes befunden hätte und klar vorausgesehen habe, wie die Dinge laufen würden. Er habe sich zur Regel gemacht, keine Schulden zu haben, nie mit Schulden zu kaufen und sich streng auf das Geschäft zu konzentrieren, aus dem er hervorgegangen sei und nur allmählich dieser Basis so viel anzugliedern, wie sich folgerichtig gedanklich meistern lasse. Er hätte deshalb stets als einen Unfug angesehen, daß sich Stinnes vermessen habe, alles zu verstehen und von der Kohle und Schwerindustrie beginnend, sich in Geschäfte wie Hotelbetrieb, Zigarrenkauf, Schiffahrt, Wolle und wer weiß was noch alles eingelassen habe mit dem Ergebnis, daß nach seinem Gefühl heute in dem Konzern eine maßlose Unordnung herrsche.

Was Herrn Vögler[734] betreffe, so hätte er sich immer über die Ueberschätzung gewundert, die ihm bei uns zu teil werde. Er halte ihn für einen Phantasten und könne mit Leuten seines Schlages nicht arbeiten. Die Zeche werde eines Tages von Rhein-Elbe-Union bezahlt werden.

Ich habe Herrn Wolff erwidert, daß es keinen Zweck habe, über vergangene Dinge zu reden, ich aber nicht einzusehen vermöge, daß Beziehungen nach der einen Seite die Aufrechterhaltung sonstiger Beziehungen irgendwie beeinträchtigten, da doch die verschiedenen inbetracht kommenden Angelegenheiten vollkommen getrennt von einander behandelt würden und die Objektivität nach dieser Richtung erster Grundsatz jeder Großbank sein müsse.

Die Unterhaltung endete damit, daß Herr Wolff mir sagte, nachdem Stinnes erledigt sei und die von ihm befolgten und seine Söhne gelehrten Geschäftsprinzipien

---

732 Gemeint ist die de Fries und Cie. AG.   734 Gemeint ist Albert Vögler.
733 Gemeint ist Hugo Stinnes.

sich als gänzlich unhaltbar erwiesen hätten, brauche man sich über die Vergangenheit ja nicht mehr zu streiten. Er hoffe auf gegenseitige gute Freundschaft.
Berlin, den 10. Juni 1925
[gez.] Solmssen.

Robert Pferdmenges an Georg Solmssen, 10.06.1925[735]

31/S.   10. Juni 1925.

Lieber Herr Solmssen!
Heute geht uns[736] eine Reihe von Aktennotizen zu, die geeignet sind, im Vorstande grösste Missstimmung hervorzurufen. Es wird uns mitgeteilt, dass wir aus dem Ilse[737]-Konsortium[738] auszuscheiden hätten und an unserer Stelle die Disconto-Gesellschaft träte. Es wird uns ferner mitgeteilt, dass Sie als Vertreter des Bankvereins[739] neu in den Aufsichtsrat des Eschweiler Bergwerks-Vereins[740] eintreten würden und dass Sie dieserhalb bereits mit Herrn Zapf[741] und Herrn Geheimrat Hagen[742] gesprochen hätten. Der Vorstand des A. Schaaffhausen'schen Bankvereins A.G. ist in diesen ganzen Angelegenheiten weder befragt worden, noch ist ihm irgendwelche Kenntnis von Ihren Verhandlungen gegeben worden, ehe z.B. Herr Geheimrat Hagen in dieser Angelegenheit zugezogen wurde.
Abgesehen davon, dass es für mich nicht gerade schmeichelhaft ist, wenn jetzt noch neue[743] Aufsichtsratsstellen[744] des A. Schaaffhausen'schen Bankvereins A.G durch Sie besetzt werden, so bin ich auch der Ansicht, dass das Verfügen über den Bankverein seitens des stellvertretenden Vorsitzenden des Aufsichtsrates und zugleich des Grossaktionärs die Rechte des verantwortlichen Vorstandes in einer Weise ausseracht lässt, die auf die Dauer mit seinen Pflichten unerträglich ist.
Ich habe Ihnen gegenüber schon oft betont, dass ich hier unter meinen Kollegen offene und verhüllte Bemerkungen höre über den Mangel an Rückgrat, den ich in diesen Fragen der Disconto-Gesellschaft gegenüber zeige. Ich habe immer wieder auf die schwierigen Verhältnisse hingewiesen, die durch die Sonderkonstellation zwischen der Disconto-Gesellschaft und Schaaffhausen gegeben sind und betont, dass man mit äusserster Vorsicht und Nachsicht zu Werke gehen müsse. Aber jetzt bin ich auch der Ansicht, dass den Verhältnissen, wie sie sich in den letzten Monaten herausgebildet haben, dergestalt, dass Berlin uns Auflagen macht, die wir nicht für gerechtfertigt halten, dass Berlin unsere Unselbständigkeit nach aussen hin der-

---

735 Presskopie, 3 Blätter, 3 Vorderseiten maschinenschriftlich beschrieben, nummeriert ab der zweiten Seite, Paraphe von Robert Pferdmenges, in: HADB, K2/13, Bl. 31–33.
736 Gemeint ist der A. Schaaffhausen'sche Bankverein.
737 Gemeint ist die Ilse Bergbau-AG.
738 Handschriftlich unterstrichen.
739 Handschriftlich unterstrichen.
740 Handschriftlich unterstrichen.
741 Gemeint ist Georg Zapf.
742 Gemeint ist Louis Hagen.
743 Maschinenschriftlich unterstrichen.
744 Handschriftlich unterstrichen.

artig in die Erscheinung treten lässt wie jetzt, dass über wichtige Aufsichtsratsposten des Bankvereins ohne unser Zutun verfügt wird, und dass Berlin – ohne uns zu fragen – Konten nach Berlin nimmt, die zum Bankverein gehören, unbedingt Einhalt getan werden muss. Wenn die Disconto-Gesellschaft der Meinung ist, dass die Vertretung des Bankvereins nach aussen hin richtiger von der Disconto-Gesellschaft aus übernommen wird, so hat sie dazu die Mittel in der Hand, indem sie aus dem A. Schaaffhausen'schen Bankverein A.G. eine Filiale macht. Letzten Endes ist sie die einzige Aktionärin; sie muss sich selbst darüber klar werden, ob sie das im Geschäftsinteresse für richtig hält. Jedenfalls ist eine solche klare[745] Sachlage für die alsdann mit der Führung der hiesigen Interessen beauftragten Persönlichkeiten angenehmer, als die Zwitterstellung, in welche der jetzige Vorstand durch das dortige Vorgehen hineinmanövriert wird.
Wie ich höre, sind Sie am Freitag hier in Köln. Ich bin nachmittags auswärts zu einer Sitzung, aber am Vormittag im Hause, um mit Ihnen über die Angelegenheit zu sprechen.
Mit freundlichen Grüssen
der Ihrige
Rob[ert]. Pferdmenges

Herrn Dr. Georg Solmssen,
Geschäftsinhaber der Disconto-Gesellschaft,
Berlin.W.8.

Georg Solmssen an Robert Pferdmenges, 11.06.1925[746]

4n[örenberg]   11. Juni 1925
Persönlich.

Lieber Herr Pferdmenges,
Ich erhielt soeben Ihren gestrigen Brief, der aber, in einem Anfall übler Laune geschrieben, die Dinge doch wohl so sieht, wie sie nicht sind.
Was zunächst Ilse[747] betrifft, so verstehe ich nicht, wie Sie sagen können, es werde Ihnen mitgeteilt, daß Sie aus dem Ilse-Konsortium auszuscheiden hätten. Wenn Sie meine Aktennotiz vom 3. Juni[748] durchlesen, werden Sie finden, daß ich eben-

---

745 «e» handschriftlich eingefügt.
746 Briefpapier «Dr. GEORG SOLMSSEN / BERLIN W.8, / Unter den Linden 33», 3 Blätter, 3 Vorderseiten maschinenschriftlich beschrieben, nummeriert ab der zweiten Seite, Paraphen von Robert Pferdmenges und Karl Kimmich, in: HADB, K2/13, Bl. 34–36.
747 Handschriftlich unterstrichen, gemeint ist die Ilse Bergbau-AG.
748 Eine Aktennotiz vom 3.6.1925 ist nicht überliefert.

so wie zuvor meine Unterhaltung lediglich vom Standpunkt des A. Schaaffhausen'schen Bankvereins aus geführt habe. Wenn Herr Dr. Kühnemann[749] die Ansicht äußerte, es scheine ihm richtig, wenn anstelle des Schaaffhausen'schen Bankvereins die Disconto-Gesellschaft trete und, <u>mit Rücksicht auf die gemeinsame Tätigkeit, die ich mit Vertretern von Kunheim/Rhenania[750] ausübe, ich die Vertretung des Konzerns bei Ilse übernehme, so verstehe ich nicht recht, wie Sie für eine derartige Ansichtsäußerung von Dritten mir</u>[751] Vorwürfe machen können. Ich habe diese Ansicht weder produziert noch unterstützt, sondern schweigend angehört, ohne irgendwie dazu Stellung zu nehmen. Daß die Ansicht verständlich ist, muß sich jeder sagen, der sich die Frage vorlegt, ob es möglich sein wird, ein im Osten des Reiches gelegenes Unternehmen[752] dazu zu bringen, seine finanzielle Beratung von Köln aus erfolgen zu lassen, mit dem es keine Beziehungen irgendwelcher Art verbinden. Die Konsortialquote des Schaaffhausen'schen Bankvereins bei der Ilse stammt aus der Zeit, als das Institut noch in Berlin vertreten war und gerade der Umstand, daß es nicht möglich war, in irgendeiner Weise von Köln aus die Beziehungen aufrecht zu erhalten, hat meines Erachtens schon in der Vergangenheit dazu geführt, daß der Schaaffhausen'sche Bankverein eine sehr wenig angenehme Rolle im Konsortium spielte. Daß diese Rolle noch schlechter werden wird, muß, nachdem nunmehr neben die Mitteldeutsche Creditbank die Deutsche Bank und die Darmstädter und Nationalbank getreten sind, sicher eintreten und ich glaube, daß man bei ruhigem Ueberlegen ohne weiteres zu dem Ergebnis kommen würde, zur Wahrung der Stellung des Konzerns dazu zu raten, daß das Angebot, die Disconto-Gesellschaft anstelle des A. Schaaffhausen'schen Bankvereins treten zu lassen, angenommen wird, zumal, wenn es darauf gestützt wird, daß gesagt wird, es beständen keinerlei sonstige Beziehungen zwischen der Ilse und der Deutschen Bank und der Darmstädter und Nationalbank, und ferner darauf hingewiesen wird, daß man Wert darauf legt, die bereits bestehenden Beziehungen ~~zum~~ des[753] Kunheim-Konzerns[754] auszubauen, indem man sich einen Vertreter für Ilse sucht, mit dem diese Kunheim-Interessenten gern Hand in Hand arbeiten.

Wir werden uns also in Ruhe zu überlegen haben, was im Interesse des Gesamtkonzerns das richtige sein wird. Jedenfalls ist bisher nichts geschehen, was den Interessen des Schaaffhausen'schen Bankvereins präjudizierlich vorgreift.

Was <u>Eschweiler Bergwerksverein</u>[755] betrifft, so sollen Mitglieder des Aufsichtsrats von Felten & Guilleaume[756] beim Austausch der Aktien in den Eschweiler Bergwerksverein gewählt werden, dessen Majorität Felten & Guilleaume besitzen wer-

---

749 Gemeint ist Curt Kühnemann.
750 Gemeint ist der Rhenania-Kunheim Verein chemischer Fabriken in Berlin.
751 Handschriftlich unterstrichen, «Dritten mir» zweifach unterstrichen.
752 Gemeint ist die Ilse Bergbau-AG bei Senftenberg in der Lausitz.

753 «zum» handschriftlich gestrichen, «des» handschriftlich eingefügt.
754 «s» handschriftlich eingefügt.
755 Handschriftlich unterstrichen.
756 Gemeint ist die Felten & Guilleaume Carlswerk AG.

den. Auch da kann doch gar nicht anders gehandelt werden, als daß das den Schaaffhausen'schen Bankverein bei Felten & Guilleaume vertretende Mitglied hierfür in Frage kommt und es kann nicht verlangt werden, dass ein nicht zur Verwaltung von Felten & Guilleaume gehörendes Mitglied in den Aufsichtsrat von dem Eschweiler Bergwerksverein gewählt wird. Man könnte natürlich die Frage erwägen, ob es richtiger ist, dass ich bei Felten & Guilleaume austrete. Ich bin aber nicht der Ansicht, dass dies zuträglich wäre, weil ich auf grund [!] des Kabelgeschäftes eine besonders starke Stellung bei Felten & Guilleaume zu haben glaube und die Beziehungen, die ich nach dieser Richtung geschaffen habe, sich ohne Schaden nicht auf einen anderen Herrn übertragen lassen.

Ich bin selbstverständlich gern bereit, über die Angelegenheit mit Ihnen zu sprechen, kann aber wirklich nicht glauben, dass ein Grund zu Zornesausbrüchen, wie der, mit dem Sie mich bedacht haben, vorliegt.

Mit freundlichen Grüßen
der Ihrige
[gez.] Solmssen.

Herrn Direktor Pferdmenges,
m[it]. Br[iefen]. A. Schaaffhausen'scher Bankverein A.-G.
<u>Köln.</u>

Georg Solmssen an Robert Pferdmenges, 02.09.1925[757]

4n[örenberg]   2. September 1925

Lieber Herr Pferdmenges,
Die Frage der Behandlung des <u>Akzeptbetrages</u>[758], der unserem gesamten Konzern zur Verfügung steht, war während meiner Abwesenheit Gegenstand näherer Beratung im hiesigen Kollegium, weil sich herausgestellt hat, daß die Anforderungen, welche an die Disconto-Gesellschaft selbst von allen Seiten gestellt werden, so groß sind, daß sie auf dem bisherigen Wege nicht befriedigt werden können. Herr Dr. Salomonsohn[759] hatte sich gerade über diesen Punkt mit der Norddeutschen Bank ins Benehmen gesetzt und schreibt Ihnen heute ausführlich darüber. Die Gründe, welche es erforderlich machen, in der hier für richtig gehaltenen Weise vorzugehen, sind derart zwingend, daß es nicht schwer sein wird, zu einer Verständigung über diese Frage zu kommen, die um so eher der Regelung bedarf, als die Reichsbank sehr genau die Gesamtengagements jedes Konzerns verfolgt.

---

757 Briefpapier «D̲R̲ GEORG SOLMSSEN / BERLIN W.8, den / Unter den Linden 35», 1 Blatt, Vorderseite maschinenschriftlich beschrieben, in: HADB, K2/13, Bl. 64a.

758 Handschriftlich unterstrichen.

759 Gemeint ist Arthur Salomonsohn.

In der Vergangenheit war es immer sehr interessant, die Clearingziffern der einzelnen Kölner Firmen bei der Reichsbank miteinander zu vergleichen. Sind Sie im Besitz der letzten Angaben, welche die Reichsbank hierüber den örtlichen Ausschußmitgliedern gemacht hat? Gegebenenfalls wäre ich Ihnen dankbar, wenn Sie mir eine Abschrift dieser Ziffern zugehen lassen würden. Die Kenntnis derselben kann unter Umständen für die Verhandlungen mit der Reichsbank nützlich sein. Selbstverständlich wird in keiner Weise zu erkennen gegeben werden, dass wir im Besitz dieser Ziffern sind.

Mit freundlichen Grüßen
der Ihrige
[gez.] Solmssen.

Herrn Pferdmenges,
A. Schaaffhausen'scher Bankvereins A.-G.,
Köln.

Robert Pferdmenges an Georg Solmssen, 17.10.1925[760]

31/S.   17. Oktober 1925.
Streng vertraulich!

Lieber Herr Solmssen!
Ihre Zeilen vom 19. Oktober[761] [!] liegen vor mir.
Wir sind hier ganz mit Ihnen der Auffassung, dass die Diskontierungen des Bankvereins[762] bei dritten Stellen der schwächste Punkt unserer Finanzpolitik sind und wir haben deshalb auch, namentlich auf Grund der Unterhaltung, die ich kürzlich mit Herrn Dr. Boner[763] in Berlin gehabt habe, beschlossen, unsere bisher befolgte Politik zu ändern.

Wir waren, wie Sie wissen, bisher bestrebt, unsere Reserven soweit als irgendmöglich in ausländischer Währung zu halten. Wir sahen und sehen darin auch heute noch die beste und liquideste Reserve. Wir waren uns bewusst, dass die Befolgung dieser Politik Mindereinnahmen im Gefolge hat, haben sie aber doch getrieben, weil wir glaubten, dass auch die Disconto-Gesellschaft ein vitales Interesse daran

---

760 Presskopie, 3 Blätter, 3 Vorderseiten maschinenschriftlich beschrieben, nummeriert ab der zweiten Seite, Paraphen u. a. von Robert Pferdmenges, Karl Kimmich, Robert Bürgers und Max Dörner, in: HADB, K2/13, Bl. 69–71.
761 Gemeint ist wahrscheinlich das Schreiben Solmssens an Pferdmenges 15.10.1925, in: HADB K2/13, in dem Solmssen Pferdmenges verschiedene Fragen zur Diskontierung stellt.
762 Handschriftlich unterstrichen, gemeint ist der A. Schaaffhausen'sche Bankverein.
763 Gemeint ist Franz Boner.

hat, dass ihr rheinisches Tochterinstitut den weitaus grössten Teil seines Aktienkapitals in reiner Goldwährung flüssig zur Verfügung hat.

Nachdem Herr Dr. Boner mir in der neulichen Unterhaltung in Berlin dargelegt hatte, dass die Disconto-Gesellschaft an und für sich naturgemäss eine derartig liquide Anlage begrüsse, dass sie aber aus auch uns durchaus verständlichen Gründen es für richtiger halte, dass wir diese Goldpolitik nicht soweit trieben, dass wir dadurch gezwungen wären, von uns girierte Wechsel in erheblichem Umfange an dritte Stellen zu begeben, haben wir hier die Angelegenheit nochmals durchberaten und sind zu dem Entschluss gekommen, einen Teil unserer Goldbestände allmählich zu verkaufen und in deutschen Wechseln anzulegen. Dadurch wird naturgemäss ein erheblicher Teil von dem Wechselmaterial, welches wir bisher gezwungen waren abzugeben, in unserem Portefeuille verbleiben. Auf diese Weise wird unser Diskontgeschäft mit dritten Stellen an und für sich ganz erheblich eingeschränkt werden. Wir haben aber darüber hinaus auch nochmals festgelegt, dass wir im deutschen Markt überhaupt nicht mehr als Verkäufer von Diskonten auftreten und unser gesamtes Material nur der Disconto-Gesellschaft bestimmen wollen. Diese Politik wird nicht ausschliessen, dass wir, wenn andere Stellen, wie die Seehandlung[764], hier und da auch Mendelsohn[765] und ausländische Häuser, wegen Ueberlassens von Diskonten an uns herantreten, also in Fällen, bei denen die Initiative auf der anderen Seite liegt, auch Diskonten in mässigem Umfange an andere Stellen, wie die Disconto-Gesellschaft, leiten werden.

Was die laufenden Accepte von £ 11.000,– anbelangt, so handelt es sich nicht um Giroverpflichtungen der Golddiskontbank gegenüber, sondern um unser Pfund-Accept auf Golddiskontbank-Wechseln. Wir stehen mit Ihnen grundsätzlich auf dem Standpunkt, dass wir in fremder Währung nicht acceptieren wollen und haben auch Forderungen, die an uns herantreten, für die Golddiskontbank unser Accept in Pfundsterling herzugeben, strikte abgelehnt. Wir haben nur einen einzigen Fall, den wir allmählich abbauen und der deshalb über kurz oder lang aus unserer Bilanz verschwinden wird, für den wir mit Rücksicht darauf, dass wir die alte, sehr erstklassige Verbindung sonst an die Dresdner Bank verloren hätten, noch unter £-Accept getreten sind.

Mit freundlichen Grüssen
der Ihrige
[gez.] Rob[ert]. Pferdmenges

Herrn Dr. Georg Solmssen,
Geschäftsinhaber der Disconto-Gesellschaft,
Berlin.W.8.

---

764 Gemeint ist die Preußische Staatsbank (Seehandlung).

765 Gemeint ist das Bankhaus Mendelssohn & Co.

Robert Pferdmenges an Georg Solmssen, 16.11.1925[766]

31/S.   16. November 1925.

Lieber Herr Solmssen!

Unterm 13. November schreibt die Disconto-Gesellschaft, Fili[ial]abteilung I, einen Brief an den A. Schaaffhausen'schen Bankverein A.G.[767], worin gebeten wird, der Disconto-Gesellschaft Filiale Wiesbaden bei einer Einführung an die Firma Henkell & Co., Sektkellerei, behilflich zu sein, insonderheit durchzusetzen, dass die Firma Henkell & Co. bei der Disconto-Gesellschaft in Wiesbaden Umsätze tätigt.

Die Bitte hat ihre Begründung in der Tatsache, dass der Bankverein[768] der Firma Henkell & Co. gemeinsam mit dem Bankhaus A. Levy einen Trattenkredit eingeräumt hat.

Bei meinem letzten Dortsein habe ich Ihnen auf Ihre Anfrage ausgeführt, dass uns die Firma A. Levy einen Anteil an dem Geschäft der Firma Henkell & Co. aus Reciprozität zugeführt habe. Unser Einfluss ist somit noch sehr jung und gering. Wir selbst erhalten auch noch keine grossen Umsätze zugewiesen, hoffen aber auf die Dauer auf eine Vertiefung unserer Beziehungen.

Ich benutze diese Gelegenheit, um auf eine Mitteilung zurückzugreifen, die uns vor einigen Tagen unsere Crefelder Filiale gemacht hat. In dieser Mitteilung steht wörtlich:

«Wir hörten von Herrn Direktor Pobell[769], dass die Direction der Disconto-Gesellschaft in Berlin nach Verhandlungen mit Herrn Dr. Bohner[770] dem Krefelder Stahlwerk einen Remburskredit von engl. £ 30.000.–.– zusagte.»

Bei der letzten mit Ihnen wegen Henkell & Co. geführten Unterhaltung sagten Sie mir, dass die Disconto-Gesellschaft es nicht angängig halte, dass der Bankverein sich in das Geschäftsgebiet der Disconto-Gesellschaft begäbe und dort Kunden würbe, die sonst an die Disconto-Gesellschaft fallen würden. Ich konnte Ihnen erwidern, dass dies im Falle Henkell nicht zutreffend sei und dass wir, wie schon oben geschildert, die Firma Henkell & Co. nur dadurch als Kunden erhalten hätten, dass die Firma A. Levy uns einen Gegendienst für manche ihr hier angebotene Geschäfte leisten wollte, die wir aus Gründen der Risikoteilung dem Bankhause A. Levy angeboten hatten.

Beim Krefelder Stahlwerk liegen die Verhältnisse grundlegend anders.

Der Bankverein ist etwas erstaunt, dass die Disconto-Gesellschaft mit einem ihrer alten und treuen Kunden ein grosses Kreditgeschäft macht, ohne vorher mit ihm in Verbindung getreten zu sein. Der Kredit ist auch uns angeboten worden; wir haben

---

766 Presskopie, 3 Blätter, 3 Vorderseiten maschinenschriftlich beschrieben, nummeriert ab der zweiten Seite, Paraphen u. a. von Robert Pferdmenges, Karl Kimmich, Max Dörner und Robert Bürgers, in: HADB, K2/648. Presskopie des Briefes auch in: HADB, K2/13.

767 Nicht in HADB, K2/648, enthalten.
768 Gemeint ist der A. Schaaffhausen'sche Bankverein.
769 Gemeint ist Alexander Pobell.
770 Gemeint ist Franz Boner.

aber geglaubt, dem Geschäft nicht nähertreten zu sollen, weil der Status des Stahlwerks recht angespannt ist und weil die Kredite, die wir der Schwerindustrie, insonderheit an den Klöckner-Konzern gegeben haben, recht beträchtliche sind. Es scheint zwar, dass das Krefelder Stahlwerk gut eingerichtet ist, es hat aber auch vor dem Kriege niemals recht floriert. Im vorliegenden Falle hat die Disconto-Gesellschaft uns ohne unser Wissen einen Kunden ausgespannt und dazu noch einen, dem wir hier aus wohl erwogenen Gründen einen so hohen Kredit unter den jetzigen Verhältnissen nicht bewilligen wollten.

Die Leitung des Krefelder Stahlwerks muss aus diesen Vorgängen heraus zu der Ansicht kommen, dass entweder die Disconto-Gesellschaft bei der Beurteilung der Kreditverhältnisse grosszügiger ist als der Bankverein oder aber dass der A. Schaaffhausen'sche Bankverein A.G. aus sich heraus nicht in der Lage ist, einen derartigen Kredit zu geben. Die Kreditgewährung verstösst auch gegen den von Ihnen immer mit Recht betonten Grundsatz, dass sich Mutter- und Tochterinstitut in den Gebieten, in denen sie selbst durch eigene Stellen vertreten sind, keine Konkurrenz machen sollen.

Ich habe geglaubt, Ihnen von diesen Dingen Kenntnis geben und Sie bitten zu sollen, die Angelegenheit in geeigneter Form zur Sprache zu bringen, anstatt sie in einer offiziellen Korrespondenz zwischen dem Bankverein und der Disconto-Gesellschaft auszutragen; ich gehe auch in dieser Beziehung mit den von Ihnen häufiger geäusserten Wünschen konform.
Mit freundlichen Grüssen
der Ihrige
[gez.] Rob[ert]. Pferdmenges

Herrn Dr. Georg Solmssen,
Berlin.W.8.

Georg Solmssen an Robert Pferdmenges, 21.11.1925[771]

4n[örenberg] 21. November 1925

Lieber Herr Pferdmenges,
Die Disconto-Gesellschaft Coblenz berichtet, daß das Bankhaus <u>Leopold Seligmann in Coblenz</u>[772] seiner alten Stammkundschaft nahe legt, durch Eingehung einer neuen Bankverbindung die bei ihr stehenden Engagements zu lösen. Dieses

---

771 Briefpapier «DR GEORG SOLMSSEN / BERLIN W.8, den / Unter den Linden 35», 1 Blatt, Vorderseite maschinenschriftlich beschrieben, handschriftlicher Vermerk «b[eantwortet] 25/11 [1925] S», Paraphen von Robert Pferdmenges, Karl Kimmich, Max Hoepe und Max Dörner, in: HADB, K2/13, Bl. 82.
772 Handschriftlich unterstrichen.

Verfahren entspricht ja vollkommen dem Entschluß der Firma zu liquidieren. Nicht verständlich ist aber, daß, wie die Filiale Coblenz weiter berichtet, die Herren der Firma Leopold Seligmann ihren Freunden nahelegen, die neue Verbindung bei der Filiale der Deutschen Bank in Coblenz zu suchen. Unsere Filiale Coblenz hat zum Glück hiervon beizeiten Kenntnis erhalten und dementsprechend sich mit den ihr gut scheinenden Kunden alsbald in Verbindung gesetzt. Es scheint mir aber doch erforderlich, daß auch Sie Herrn Dr. Paul Seligmann zu verstehen geben, daß das Verhalten seines Coblenzer Hauses hier sehr eigentümlich berührt hat, denn soweit ich die Dinge übersehe, wäre die Stützungsaktion ohne die Führung des Schaaffhausen'schen Bankvereins doch wohl nicht zustande gekommen.
Sehr dankbar wäre ich Ihnen, wenn Sie mich wissen ließen, wie die Coblenzer Kundschaft von Leopold Seligmann beurteilt wird.
Ich denke gern an den gestrigen Tag und Abend zurück und habe mich außerordentlich gefreut, persönlich einen Einblick in die Umgebung nehmen zu können, in der Sie groß geworden sind.
Mit freundlichen Grüßen
der Ihrige
[gez.] Solmssen.

Herrn Pferdmenges,
A. Schaaffhausen'scher Bankverein A.-G.,
Köln.

Robert Pferdmenges an Georg Solmssen, 25.11.1925[773]

31/S.   25. November 1925.

Lieber Herr Solmssen!
In Beantwortung Ihrer gef[äl]l[ligen]. Zeilen vom 21. November in Sachen Uebertrag von Konten der Firma Leopold Seligmann[774] in Coblenz und Köln auf die Coblenzer Banken teile ich Ihnen das Folgende mit:
Bei den Verhandlungen über die Liquidation des in den Debitoren steckenden Vermögens der Firma Leopold Seligmann war ein Hauptpunkt, ob und wie es gelänge, diese Debitoren flüssig zu machen. Man war sich von vornherein darüber im klaren, dass es bei der derzeitigen Wirtschaftslage den meisten der Firma Leopold Seligmann Geld schuldenden Kunden schwer sein würde, das Geld zurückzuzahlen und dass es deshalb geboten sei, den Versuch zu machen, einen Teil der an und

---

[773] Presskopie, 3 Blätter, 3 Vorderseiten maschinenschriftlich beschrieben, nummeriert ab der zweiten Seite, Paraphen u.a. von Robert Pferdmenges, Karl Kimmich und Max Dörner, in: HADB, K2/13, Bl. 83–85.
[774] Handschriftlich unterstrichen.

für sich gesunden, wenn auch vielfach zweitklassigen Kundschaft von Leopold Seligmann unter die dem Stützungs-Konsortium angehörenden Banken aufzuteilen. Für Coblenz war in erster Linie die Deutsche Bank und in zweiter Linie die Dresdner Bank in Aussicht genommen. Die Deutsche Bank kam deshalb für eine Uebernahme hauptsächlich in Betracht, weil einige Wochen vorher, ehe die Stützungsaktion wirksam wurde, die Firma Leopold Seligmann durch Vermittlung des Herrn Dr. Silverberg[775] und der Deutschen Bank in Köln den Versuch gemacht hatte, die gesamten Aktiven und Passiven des Coblenzer Hauses auf die Deutsche Bank zu übertragen. Die Deutsche Bank hatte das mit Rücksicht auf die derzeitige schwierige Wirtschaftslage abgelehnt, aber zugesagt, einen Teil der Debitoren zu übernehmen. Wir[776] hier, die wir das Konsortium zustande gebracht und die Führung übernommen haben, haben zur Unterstützung der Aktion ebenfalls einen Teil der gesunden Kölner Kundschaft des Bankhauses übernommen, weniger um neue Kundschaft zu bekommen, als die Liquidation zu erleichtern und eine Beunruhigung des Platzes zu vermeiden. Wir waren der Ansicht, dass die Disconto-Gesellschaft, Coblenz, die Verhältnisse ähnlich einschätzen würde, wie wir, nämlich in der jet[z]igen Zeit nach Möglichkeit eine Ausdehnung des Geschäftes zu vermeiden. Wir haben auch deshalb die Coblenzer Stelle auf die Möglichkeit, Kunden zu übernehmen, nicht hingewiesen und waren offen gestanden etwas überrascht, als sich der Leiter der Coblenzer Stelle, Herr Sommerlatte[777], am Telefon darüber beschwerte, dass wir ihn nicht auf die Möglichkeit der Ausdehnung seines Geschäfts aufmerksam gemacht hätten.
Wie wir von der Firma Leopold Seligmann heute erfahren, hat die Disconto-Gesellschaft einen ziemlich erheblichen Teil der guten Debitoren in Coblenz übernommen.
Im übrigen trifft die Firma Leopold Seligmann bezw. Herrn Dr. Paul Seligmann in dieser Angelegenheit keine Schuld, weil alle in Betracht kommenden Banken nur ungern an eine Uebernahme neuer Debitoren herangingen und im übrigen unter sich die feste Absprache getroffen hatten, dass über die Art der Liquidierung des Unternehmens nach aussen hin nichts laut werden sollte.
Ich verbleibe mit freundlichen Grüssen
der Ihrige
[gez.] Rob[ert]. Pferdmenges

Herrn Dr. Georg Solmssen,
Geschäftsinhaber der Disconto-Gesellschaft,
<u>Berlin.W.8.</u>

---

775 Gemeint ist Paul Silverberg.
776 Gemeint ist der A. Schaaffhausen'sche Bankverein.
777 Gemeint ist Walter Sommerlatte.

Aktenvermerk Georg Solmssens, 07.12.1925[778]

4n[örenberg] 7.12.[19]25.
Aktenvermerk.
Schaaffhausen.

Ich habe Herrn Schlitter[779] am 4. d[es]. M[onats]. die Frage vorgelegt, ob es richtig sei, daß er sich dahin geäußert hätte, daß das Geschäft der Deutschen Bank[780] in Köln größer sei als das des A. Schaaffhausen'schen Bankvereins A.-G.. Herr Schlitter erwiderte, daß ihm nie in den Sinn gekommen sei, etwas derartiges zu behaupten. Er habe lediglich in einer Spaziergangsunterhaltung, die er mit Herrn Frank[781] geführt hätte, zu diesem gesagt, daß, wenn er sämtliche Filialen zusammen nehme, welche die Bergisch-Märkische Bank früher gehabt hätte, die Gesamtheit des Geschäftes dieser Filialen größer sei, als dasjenige des Schaaffhausen'schen Bankvereins, und daß die Ueberführung der Geschäfte der Bergisch-Märkischen Bank auf die Deutsche Bank der Weiterentwicklung dieses Geschäftes mittelbar keinen Eintrag getan habe. Dasselbe habe sich vielmehr durchaus im Rahmen der Entwicklung des Geschäftes der Deutschen Bank selbst weitergehoben. Dieses Geschäft in seinem heutigen Umfange weise größere Ziffern auf, als das des Schaaffhausen'schen Bankvereins.

Ich habe Herrn Schlitter erwidert, daß mir diese Erklärung durchaus plausibel erscheine und mir einen Stein vom Herzen nähme, weil ich mir den Kopf zerbrochen hätte, wie es möglich sei, daß der Schaaffhausen'sche Bankverein *in Köln*[782] von der Deutschen Bank überflügelt worden sei.

Tatsächlich liegt es so, daß die alte Bergisch-Märkische Bank 39 Filialen gehabt hat, gegenüber 29, welche der Schaaffhausen'sche Bankverein hat. Während aber der Schaaffhausen'sche Bankverein nur an folgenden Plätzen vertreten ist, die früher *auch*[783] zum Rayon der Bergisch-Märkischen Bank gehörten, nämlich Köln, Aachen, Bonn, Krefeld, Düsseldorf, München-Gladbach [!], Neuß, Rheydt, hat die alte Bergisch-Märkische Bank noch an folgenden großen Plätzen ihren Sitz gehabt: Elberfeld, Barmen, Coblenz, Hagen, Haspe, Hamm, Paderborn, Mülheim, Remscheidt, Saarbrücken, Solingen, Trier. Sie hat also einen viel größeren Rayon des industriereichsten Reviers zu ihrer Domäne gezählt und neben dem Kölner, Aachener, Krefelder und Düsseldorfer Geschäft und dem Geschäft in den Spinnerstädten München-Gladbach und Rheydt, auch das gesamte Bergisch-Märkische

---

778 Presskopie, 2 Blätter, 2 Vorderseiten maschinenschriftlich beschrieben, zweite Seite nummeriert, Stempel «Kopie an Schaaffhausen gesandt», handschriftlicher Vermerk «H. Pferdmenges», Paraphen von Robert Pferdmenges, Karl Kimmich, Max Dörner, Robert Bürgers und Max Hoepe, in: HADB, K2/13, Bl. 87–88.
779 Gemeint ist Oscar Schlitter.
780 Handschriftlich unterstrichen.
781 Gemeint ist Theodor Frank.
782 «in Köln» handschriftlich eingefügt.
783 «auch» handschriftlich eingefügt.

Industriegebiet bestrichen. Die kleinen Orte um Köln herum und am Niederrhein können selbstverständlich nicht das gleiche Geschäft aufbringen, wie das Zentrum der Bergisch-Märkischen Industrie es vermag, und es ist deshalb nur selbstverständlich, daß die Bergisch-Märkische Bank als solche, wenn man die Filialen der Deutschen Bank betrachtet, welche früher zu ihr gehört haben, heute ein größeres Geschäft habe als dasjenige, über welches der A. Schaaffhausen'sche Bankverein A.-G. heute verfügt.
Berlin, den 7. Dezember 1925
[gez.] Solmssen.

Georg Solmssen an Robert Pferdmenges, 21.04.1926[784]

4n[örenberg]   21. April 1926

Lieber Herr Pferdmenges,
<u>Klöckneranleihe.</u>
Ich muß noch einmal auf den Verlauf der gestrigen Konsortialsitzung der Klöcknerwerke zurückkommen, weil ich, je mehr ich das Ergebnis derselben überdenke, desto weniger zufrieden mit demselben bin.
Ich befand mich in einer sehr wenig angenehmen Situation, weil bei meinem Eintreffen alles abgemacht war, und ich in meiner Eigenschaft als stellvertretender Vorsitzender des Aufsichtsrats der Klöcknerwerke A.-G. bis zum gestrigen Tage vollkommen ausgeschaltet gewesen war, sodaß Herr Klöckner[785], der wie ich erst jetzt erfahren habe, am 15. d[es]. M[onats]. in Berlin war, nicht einmal für nötig befunden hat, sich mit einem Wort wegen der Anleihe mit mir in Verbindung zu setzen. Andererseits war ich infolge der mannigfachen Verhandlungen, die wir grade in letzter Zeit mit Herrn Hagen[786] zu führen gehabt hatten, um seine Hilfe für die Quotenfrage zu gewinnen, bei der gestrigen Aussprache im größeren Kreise sehr behindert, weil ich nicht ohne ernstliche Verstimmung zu erzeugen, gegen Dinge angehen konnte, die bereits zwischen ihm und Ihnen abgemacht waren.
Nunmehr besteht das unangenehme Resultat, daß unser Konzern[787] bei der neuen Zusammensetzung des Konsortiums das größte Opfer bringt, denn er wird in Zukunft anstatt wie bisher 32,4% nur 22% haben. Er hat mithin 10,4% verloren, also erheblich mehr als alle anderen Konsorten, auch als die Deutsche Bank, die bisher mit der Essener Credit-Anstalt[788] zusammen 17,7% hatte und nunmehr auf 10%

---

[784] Briefpapier «DR GEORG SOLMSSEN / BERLIN W.8., den / Unter den Linden 35.», 5 Blätter, 5 Vorderseiten maschinenschriftlich beschrieben, nummeriert ab der zweiten Seite, Paraphe von Robert Pferdmenges, in: HADB, K2/13.
[785] Gemeint ist Peter Klöckner.
[786] Gemeint ist Louis Hagen.
[787] Gemeint ist der Konzern der Disconto-Gesellschaft.
[788] Handschriftliche Marginalie «Procentual!».

kommt, also im ganzen 7,7% einbüßt. Der Tertius gaudens ist auf der ganzen Linie Herr Hagen mit seinen Verbündeten, denn er rückt von 10,92% auf 12% für sich[789], auf je 6% für Oppenheim[790] und Hirschland[791], auf 9% für Warburg[792] und auf je 3% für die Reichs-Kredit-Gesellschaft und die Bayerische Vereinsbank, sodaß diese Gruppe im ganzen in Zukunft auf eine Quote von 39% kommt.

Wenn ich früher über diesen Plan unterrichtet gewesen wäre, bevor Bindungen zwischen Herrn Hagen, Herrn Klöckner und Ihnen eingegangen wurden, so hätte ich gegen die Einbeziehung der Bayerischen Vereinsbank, die doch im Konsortium garnichts zu suchen hat, ganz besonders aber gegen die Aufnahme der Reichs-Kredit-Gesellschaft, Front gemacht, denn wir streben im Verein mit den übrigen Großbanken dahin, die Reichs-Kredit-Gesellschaft nicht in die Konsortien für Privatunternehmen eindringen zu lassen. Wir können leider nicht verhindern, daß sie an Konsortien für öffentliche Anleihen teilnimmt, fürchten aber jeden Präzedenzfall, der sie in Stellung bei Privatunternehmen bringt, weil dadurch ihre an sich schon sehr unangenehme Konkurrenz gegenüber den Aktienbanken nur verstärkt wird. Gestern im Kreise der anderen Konsorten über diese Dinge zu sprechen, war auch nicht gut möglich, weil wir vermeiden müssen, als diejenigen bezeichnet zu werden, die der Reichs-Kredit-Gesellschaft Opposition machen, da diese Firma als starker Geldgeber auftritt und man es deshalb als einzelner nicht mit ihr verderben darf.

Ganz unerhört ist und bleibt die Bevorzugung, die Warburg empfangen hat und die sich wohl auch hätte abschwächen lassen, wenn Zeit gewesen wäre, in Ruhe vorher mit Herrn Klöckner Fühlung zu nehmen. Ich habe erst nach und nach allerlei über die Anleiheverhandlungen, die Herr Warburg[793] inszeniert hatte, erfahren. Diese Details beweisen auf das deutlichste, daß Herr Warburg dem Klöcknerkonzern durch diese Verhandlungen einen außerordentlich schlechten Dienst erwiesen hat, denn die amerikanischen Geldgeber haben einen derartig eingehende technische Untersuchung des Unternehmens vorgenommen, wie sie mir bisher noch nirgends bekannt geworden ist. Herr Klöckner war offenbar auch etwas perplex, als ich ihm sagte, daß wir in allen Fällen, in denen wir amerikanische Anleihen verhandelt haben, unsere Freunde dahin beraten haben, daß sie sich die untersuchende Firma aussuchten und die Grenzen der Berichterstattung festsetzten und stets dem Geldgeber gegenüber die Bedingung aufgestellt hätten, daß die Prüfung sich nur auf die Bücher des Geldnehmers erstrecken dürfe und keine technische Untersuchung, sondern nur eine Besichtigung des Unternehmens in ganz genereller Weise zulässig sei. Wir hätten niemals Schwierigkeiten gehabt, diese Forderungen durchzudrücken. Wenn Herr Hagen gestern behauptete, die Stel-

---

789 Gemeint ist das Bankhaus A. Levy.
790 Gemeint ist Sal. Oppenheim jr. & Cie.
791 Gemeint ist das Bankhaus Simon Hirschland.
792 Gemeint ist das Bankhaus M. M. Warburg & Co.
793 Gemeint ist Max M. Warburg.

lung von Warburg im Geschäft sei so stark gewesen, daß er die größte Mühe gehabt hätte zu verhindern, daß die amerikanische Anleihe binnen 24 Stunden abgeschlossen wurde, so steht dies in vollkommenem Widerspruch zu dem, was ich inzwischen erfahren habe. Es hat nämlich so gelegen, daß im letzten Stadium der Verhandlungen plötzlich die amerikanischen Unterhändler eine Liquiditätsüberdeckung gefordert haben, welche die Klöcknerwerke niemals in der Lage gewesen wären aufzubringen.

Kurz, ich kann mich eines recht katzenjämmerlichen Gefühls über das gestrige Ergebnis nicht erwehren. Ich habe den Eindruck, dass wir Herrn Hagen Konzessionen gemacht haben, die in diesem Umfange nicht nötig gewesen wären. Die Lehre, die ich aus der Situation, die sich gestern ergab, ziehe, ist, dass in zukünftigen Fällen über die Regelung von Konsortien, an denen unsere beiden Banken[794] beteiligt sind, vor Verabredung wesentlicher Aenderungen eine Fühlungnahme stattfinden muß, die uns ermöglicht, die inbetracht kommenden Punkte in Ruhe durchzudenken. Auch Sie werden mir zugeben, dass es richtiger gewesen wäre, mir, als dem bisherigen Aufsichtsratsvertreter von Schaaffhausen bei den Klöcknerwerken die Möglichkeit zu geben, rechtzeitig bei den Verhandlungen mitzuwirken, als daß ich vollkommen übergangen worden bin und gestern eine wenig angenehme Rolle zu spielen hatte. Ebensowenig wie über die Schaaffhausen betreffenden Fragen ohne dessen Zuziehung entschieden werden soll, darf der Vertreter von Schaaffhausen bei Entscheidungen, welche für das Unternehmen, bei dem er Schaaffhausen vertritt, von vitaler Bedeutung sind, übergangen werden, und auch nicht der Disconto-Gesellschaft, wenn sie dem gleichen Konsortium angehört, in wichtigen Fällen die Möglichkeit genommen werden, ihre Auffassung mit derjenigen des Kölner Instituts[795] abzustimmen, bevor eine bindende Festlegung desselben erfolgt ist. Ich spreche dies als Facit meiner gestrigen Beobachtungen Ihnen gegenüber um so ruhiger aus, weil ich weiß, dass Sie mich richtig verstehen und das Gesagte nicht als persönliche Kritik, sondern als Ergebnis des Strebens ansehen werden, die gegenseitige Zusammenarbeit so reibungslos wie möglich zu gestalten und der beiderseitigen Stellung weitgehendste Rücksicht zu teil werden zu lassen.

Mit freundlichen Grüßen
der Ihrige
[gez.] Solmssen.

Ich habe die Quotenfragen mit Herrn Dr. S[olmssen]. am Telephon vorher eingehend besprochen und ihm ferner mitgeteilt, daß in der G[eneral]V[ersammlung]. ich als Schaaffh[ausen]. Vertreter neu gewählt werden würde, er als <u>Disconto</u> *drinbleibe, also damit die D[is-*

---

794 Gemeint sind die Disconto-Gesellschaft, Berlin und der A. Schaaffhausen'scher Bankverein.

795 Gemeint ist der A. Schaaffhausen'scher Bankverein.

conto]. G[esellschaft]. den gewünschten Platz erhalte. Dr. S[olmssen]. quittirte darüber anscheinend recht befriedigt – Mir ist deshalb dieser Brief, aus dem starke Verärgerung spricht, unerklärlich. K[immich] 23/4.[1926][796]

Herrn Direktor Pferdmenges,
A. Schaaffhausen'scher Bankvereins A.-G.,
Köln.

Georg Solmssen an Hermann Willink, 29.05.1926[797]

4n[örenberg] Berlin W.8, den 29. Mai 1926.
Deutsch-Atlantische Telegraphengesellschaft.
Aufsichtsrat.
657/26

Herr Staatssekretär Dr. Bredow[798] wird demnächst aus dem Reichspostministerium ausscheiden, um die Stellung als Rundfunkkommissar des Reichspostministeriums zu übernehmen, die bestimmt ist, die gesamte Entwicklung des Funkwesens zu dirigieren und hierbei die Reichsinteressen wahrzunehmen. Herr Dr. Bredow wird hierdurch in die Lage gesetzt, sich auch sonst privatwirtschaftlich zu betätigen. Angesichts der weitreichenden Beziehungen, die Herr Dr. Bredow in allen die Kabelangelegenheiten betreffenden Fragen besitzt, und der umfassenden Kenntnisse und Erfahrungen, die er sich auf diesem Gebiet erworben hat, habe ich den grössten Wert darauf gelegt, seine Mitarbeit für die Deutsch-Atlantische Telegraphengesellschaft in möglichst nachdrücklicher Weise zu sichern und habe im Einvernehmen mit den Mitgliedern des Präsidiums des Aufsichtsrates Verhandlungen zu dem Zwecke eingeleitet, um eine dauernde Verbindung zwischen der Deutsch-Atlantischen Telegraphengesellschaft und Herrn Dr. Bredow zu schaffen. Das Ergebnis dieser Verhandlungen ersehen Sie aus dem beiliegenden Vorschlage[799], den ich zum Beschluss des Aufsichtsrats zu erheben bitte und dessen Durchführung dadurch ermöglicht worden ist, dass Herr Dr. Bredow in der am 7. Mai 1926 abgehaltenen Generalversammlung der Deutsch-Atlantischen Telegraphengesellschaft in deren Aufsichtsrat gewählt worden ist.

Ich bitte mich zu ermächtigen, die sonstigen Einzelheiten des Vertrages mit Herrn Dr. Bredow zu verhandeln und bemerke noch, dass ein gleichlautender Vertrag

---

796 Handschriftlicher Zusatz von Karl Kimmich mit Paraphe von Robert Pferdmenges.
797 Hektographie, 1 Blatt, Vorder- und Rückseite maschinenschriftlich beschrieben, Rückseite nummeriert, handschriftlicher Vermerk «b[eantwortet]. 6/6.[19]26», in: HADB, K1/1050.
798 Gemeint ist Hans Bredow.
799 Beschluss des Aufsichtsrats der Deutsch-Atlantischen Telegraphengesellschaft, in: HADB, K1/1050.

seitens des Herrn Dr. Bredow und der Telefunken Gesellschaft für drahtlose Telegraphie G.m.b.H. zum Abschluss kommt.
Ich bitte Sie, mir Ihr Einvernehmen durch Rücksendung der weiteren Anlage[800] zu erklären.
Hochachtungsvoll
Der Vorsitzende des Aufsichtsrates
[gez.] Solmssen.

Herrn Hermann Willink
m[it]. Br[iefen]. Norddeutsche Bank in Hamburg
<u>Hamburg 11</u>
Adolphsbrücke 10

Aktenvermerk Georg Solmssens, 16.09.1926[801]

Herr Pferdmenges[802] ist während seines kürzlich beendeten Urlaubes in Pontresina sehr häufig mit Herrn Schlitter[803] zusammen gewesen. Letzterer hat hierbei von sich aus wiederholt die Rede auf die Frage eines Zusammenschlusses Deutsche Bank – Disconto[-]Gesellschaft gebracht und Herrn Pferdmenges gebeten, seine Darlegungen an das Geschäfts-Inhaber-Kollegium der D[isconto-]G[esellschaft] weiter zu geben, damit auch in diesem Kreise das Für und Wider erneut erwogen werde. Herr Pferdmenges, der über die Angelegenheit weder schreiben, noch telephonieren wollte, hat mir im Einzelnen über den Inhalt der Unterhaltungen folgendes berichtet.
Es haben, und zwar, wie es scheint, auf Veranlassung von Herrn Geheimrath Hagen[804], sehr ernsthafte Verhandlungen zwischen dem Vorstand der Deutschen Bank und Herrn Jacob[805] Goldschmidt wegen einer Fusion Deutsche Bank – Danat-

---

800 Diese Anlagen sind in HADB, K1/1050, nicht enthalten.
801 2 Blätter in der Mitte gefalzt, 6 Seiten eigenhändig beschrieben, nummeriert ab der ersten Seite, Paraphen von Arthur Salomonsohn, Eduard Mosler, Franz Urbig, Ernst Enno Russell, Gustaf Schlieper, Theodor Frank und Franz A. Boner, in: HADB, NL3/79. Teilweise zitiert bei Fritz Seidenzahl, 100 Jahre Deutsche Bank 1870–1970. Im Auftrag des Vorstandes der Deutschen Bank Aktiengesellschaft, Frankfurt am Main 1970, S. 312f., dort auch nach S. 340 Faksimile der ersten Seite des handschriftlichen Vermerks; vollständig zitiert bei Manfred Pohl, Konzentration im deutschen Bankwesen (1848–1980) (= Schriftenreihe des Instituts für bankhistorische Forschung Bd. 4), Frankfurt am Main 1982, S. 351–353.
802 Gemeint ist Robert Pferdmenges.
803 Gemeint ist Oscar Schlitter.
804 Gemeint ist Louis Hagen.
805 Goldschmidts Vorname wird in der zeitgenössischen Korrespondenz und in der Literatur sowohl «Jacob» als auch «Jakob» geschrieben. Auf seinem Briefkopf bei der Darmstädter und Nationalbank und in seiner Unterschrift benutzte er die Schreibweise «Jakob», die daher als die verbindliche angesehen wird. Vgl. Goldschmidt an Heinrich Brüning 26.3.1931, in: BA, R43I/646, Bl. 94.

bank⁸⁰⁶ statt gefunden. Herr Schlitter ließ durchblicken, daß ein Zusammenarbeiten mit Herrn Goldschmidt von vornherein aus persönlichen Gründen auf Bedenken gestoßen sei; die Angelegenheit sei aber durch die maßlosen Forderungen desselben bald nach Beginn der Verhandlungen überhaupt zum Stillstand gekommen, worüber man eigentlich nicht traurig sei.

Um so bereiter sei man, den Gedanken eines Zusammengehens mit der Disconto[-]Gesellschaft aufzunehmen, obgleich diese bisher auf die dahingehenden Anregungen der Deutschen Bank nur negativ reagiert habe. Ausgangspunkt der Erwägungen, welche immer wieder dazu führten, das Fusions-Projekt von Neuem zu ventilieren, sei die Überzeugung, daß wenn nichts in diesem Sinne geschehe, die Stellung der Deutschen Bank sowohl, wie der Disconto[-]Gesellschaft in einer der Bedeutung der beiden Institute für das Wirtschaftsleben nicht entsprechenden Weise zurückgehen müsse. Die Zusammenballung der Kapitalien in der Industrie habe solche Dimensionen angenommen und werde sich noch weiter derart fortsetzen, daß die Thätigkeit der Banken immer mehr zurückgedrängt werden müsse und es ihnen unmöglich gemacht würde, sich dieser Unterdrückung zu widersetzen. Um der Industrie das Paroli bieten zu können, sei es erforderlich, einen Banken-Block von solcher Größe zu schaffen, daß seine Placierungs-Kraft den Inlands-Markt beherrsche und über das Maß des Vernünftigen hinausgehende Unterbietungen von Gegengruppen zwecklos wären.

Deutsche Bank und Disconto[-]Gesellschaft eignen sich nach Herrn Schlitters' Ansicht besonders für eine derartige Blockbildung, weil beide innerlich gesund und im Wesentlichen nach gleichen Prinzipien geleitet würden. Die Deutsche Bank sei in der Kreditgewährung bewußt etwas laxer, als die Disconto-Gesellschaft, es sei aber in der Kreditpolitik und der Behandlung der Filialen kein so wesentlicher Unterschied vorhanden, daß man Schwierigkeiten begegnen würde, die beiderseitigen Geschäftsmethoden zu vereinen.

Abgesehen von der Notwendigkeit, dem Industrie-Kapital gegenüber wieder zur Stellung zu gelangen, was im Wege von Kapitals-Erhöhungen zu erreichen, unmöglich sei, zwinge die Sorge um die Rentabilität, einen Zusammenschluss herbeizuführen. Die Höhe der Unkosten, deren weitere Herabdrückung noch begrenzt sei, mache es unmöglich, Verdienste zu erzielen, welche gestatteten, jährlich die der Größe des Geschäftes entsprechenden stillen Reserven zu erübrigen. Nach Schätzung der Deutschen Bank werde der Block D[eutsche]B[ank] – D[isconto-]G[esellschaft] in kurzer Zeit einen jährlichen Mehrgewinn von M[ark] 20,000,000 erzielen und damit in der Lage sein, solche Kraft zu entwickeln, daß er für das Emissions-Geschäft und den Wiederaufbau der deutschen Wirtschaft im In- und Ausland eine unumgehbare Größe darstelle.

---

806 Gemeint ist die Darmstädter und Nationalbank.

Die Personen-Frage würde nach Herrn Schlitters Ansicht keine Schwierigkeit bieten. Er selbst wolle in c[a.] 2 Jahren, die Herren Michalowski[807], Blinzig[808] und Millington-Herrmann[809] würden im nächsten Jahr ausscheiden. Man könne, ebenso wie man solches mit Herrn v. Gwinner[810] und Steinthal[811] gethan habe, aus den ausscheidenden Herren ein der Direktion zur Seite stehendes beratendes Kollegium bilden und beim Übertritt in dasselbe pro Kopf M[ark] 1 000 000 gewähren. Auf den Einwurf des Herrn Pferdmenges, ob Herr Schlitter glaube, daß man sich dazu drängen werde, mit Herrn von Stauss[812] zusammen zu arbeiten, habe Herr Schlitter dem Sinne nach geantwortet, man sei sich dieser Schwierigkeit durchaus bewußt. Der Nachwuchs der Deutschen Bank, insbesondere Herr Dr. Kehl[813] sei gut. Auf die Frage, ob dieses gute Urtheil sich etwa auch auf Herrn Wuppermann[814] beziehen solle, lautete die Antwort ausweichend.

Herr Schlitter hat, als er sich von Herrn Pferdmenges verabschiedete, diesem gesagt, er hoffe zuversichtlich, daß das von ihm durch diese Unterhaltungen gelegte Samenkorn aufgehen werde.

In gleichem Sinne hat er sich Baron A. v. Oppenheim[815] gegenüber geäußert. Dieser kam mir gegenüber auf das Thema zu sprechen und erzählte, Herr Schlitter habe ihm gesagt, wenn die Angelegenheit durch unsere Zurückhaltung jetzt auch vertagt sei, würde sie doch nicht mehr von der Bildfläche verschwinden, weil das Interesse beider Institute eine Verständigung des angedeuteten Inhalts gebieterisch fordere. Baron Oppenheim bestätigte, daß Herr Hagen der Spiritus rector der Verhandlungen Deutsche Bank – Danat gewesen sei, die ja Gott sei Dank gescheitert wären; «denn was hätte die Disconto[-]Gesellschaft im entgegengesetzten Falle thun wollen; sich dann mit der Dresdner-Bank verständigen zu müssen, um nicht ganz ins Hintertreffen zu geraten, würde doch sehr unangenehm gewesen sein.»

Zu erwähnen ist noch, daß Herr Schlitter die Gebäude-Frage nicht als schwerwiegend bezeichnet hat. Nach den Erfahrungen der Deutschen Bank ließen sich derartige Häuser in bester Lage und bester Bauart bei einigem Zuwarten immer verwerten.

Man gewinnt aus Vorstehendem den Eindruck, daß die Deutsche Bank uns durch Drohen mit anderen Verhandlungen und Erörterung der Angelegenheit in einem immer größer werdenden Kreise – Baron Oppenheim spricht überhaupt von nichts anderem und zwar coram publico – zwingen will, in eine Erörterung der Fusion mit ihr einzutreten. Der Grund hierfür werden, wie die Fehlgriffe mit Herrn Blinzig u[nd]. wie es scheint, auch mit Herrn Wuppermann, der in Düsseldorf viel Geld verloren haben soll, zeigen, Personal-Schwierigkeiten für die weitere Zukunft,

---

807 Gemeint ist Carl Michalowsky.
808 Gemeint ist Alfred Blinzig.
809 Gemeint ist Paul Millington-Herrmann.
810 Gemeint ist Arthur von Gwinner.
811 Gemeint ist Max Steinthal.

812 Gemeint ist Emil Georg von Stauß.
813 Gemeint ist Werner Kehl.
814 Gemeint ist Carl Wuppermann.
815 Gemeint ist Simon Alfred Freiherr von Oppenheim.

möglicher Weise auch Besorgnisse wegen der großen Stauss-Kredite sein[816] und wegen der sehr hohen Unkosten sein. Daß die Ansicht der Deutschen Bank wegen des Abgleitens der Banken von der Öffentlichkeit, insbesondere im Westen getheilt wird, zeigt der beiliegende Artikel der Kölnischen Zeitung «vertauschte Führer-Rollen».[817] (hat bereits cirkuliert)
Berlin, 16. Sept[ember]. 1926.
[gez.] Solmssen.

Georg Solmssen an Robert Pferdmenges, 27.11.1926[818]

4/S[attle]r   27. November 1926.

Lieber Herr Pferdmenges,
Darf ich Sie an die mir zugesagte Aktennotiz in Sachen Pfeifer & Langen[819] erinnern? Ich bin Herrn von Schinckel[820] noch nähere Mitteilung hierüber schuldig und komme allmählich in Verlegenheit wegen der Verzögerung der Angelegenheit.[821]
Gleichzeitig erinnere ich an die Frage des besonderen Telefondrahtes[822] zwischen Berlin und Köln. Sie sagten mir, dass Herr Fedde[823] sich mit dieser Angelegenheit beschäftigt habe und alle Daten besitze. Es liegt uns daran, dass der Schaaffhausen'sche Bankverein zu dieser Angelegenheit bald Stellung nimmt. Wir selbst stehen auf dem Standpunkt, dass sehr zu erwägen ist, ob die eventuellen Grundausgaben nicht durch die Möglichkeit wettgemacht werden, sich jederzeit ohne Aufenthalt geschäftlich unterhalten zu können.[824]
Endlich komme ich noch einmal auf die Frage der Vergütungen an die Ortsausschussmitglieder[825] zurück. Sie haben mir durch Herrn Sattler[826] sagen lassen, dass die Mitglieder der Deutschen Bank M[ark] 750,-- per Quartal erhalten. Ich nehme an, dass die Spesen ausserdem vergütet werden, bin mir aber nicht klar darüber, ob ausserdem noch für die einzelnen Revisionen eine Vergütung erfolgt.

---

816 Handschriftlich durchgestrichen.
817 Der Artikel ist in der Akte nicht enthalten.
818 Briefpapier «Dr. GEORG SOLMSSEN / BERLIN W.8 / Unter den Linden 33», 2 Blätter, 2 Vorderseiten maschinenschriftlich beschrieben, zweite Seite nummeriert, handschriftlicher Vermerk «b[eantwortet] 2/12 [1926] S.», Paraphen von Robert Pferdmenges, Karl Kimmich, Robert Bürgers, Max Dörner und Max Hoepe, in: HADB, K2/13, Bl. 129–130.
819 Handschriftlich unterstrichen, gemeint ist die Pfeifer & Langen KG.

820 Gemeint ist Max von Schinckel.
821 Handschriftliche Marginalie «erl[edigt] in Sekretariat».
822 Handschriftlich unterstrichen.
823 Gemeint ist Paul Fedde.
824 Handschriftliche Marginalie «erl[edigt]».
825 Handschriftlich unterstrichen.
826 Gemeint ist Friedrich Sattler.

Es hat mir leid getan, Sie gestern abend nicht mehr zu sprechen. Ich bin aber sehr spät erst wieder aus der Stollwerck[827]-Sitzung ins Büro gekommen.
Mit freundlichen Grüßen
der Ihrige
Solmssen.

Herrn Robert Pferdmenges,
m[it]. Br[iefen]. A. Schaaffhausen'scher Bankvereins A.-G.,
Köln.

Robert Pferdmenges an Georg Solmssen, 02.12.1926[828]

31/S.   2. Dezember 1926.

Lieber Herr Solmssen!
In Sachen Vergütung an die Ortsausschuss-Mitglieder[829] der Deutschen Bank[830] teile ich Ihnen noch mit, dass nach den mir gewordenen Mitteilungen die Deutsche Bank R[eichs]M[ark] 3000.– pro anno, bezw. R[eichs]M[ark] 750.– pro Vierteljahr, als Fixum vergütet; darüber hinaus werden für alle Revisionen R[eichs]M[ark] 100.– pro Tag bezahlt.
Mit besten Grüssen
der Ihrige
[gez.] Rob[ert]. Pferdmenges

Herrn Dr. Georg Solmssen,
Geschäftsinhaber dxr [!] Disconto-Gesellschaft
Berlin.W.8.

Max M. Warburg an Georg Solmssen, 06.03.1927[831]

M/Wi.13.   Hamburg, den 6. März 1927.

Lieber Dr. Solmssen,
Ich hoffe, das Fest der Deutsch-Atlantischen Telegraphen-Gesellschaft[832] ist Ihnen gut bekommen. Ich fand alles sehr würdig und vorzüglich vorbereitet und beglückwünsche Sie zu dem guten Erfolg.

---

827 Gemeint ist die Gebrüder Stollwerck AG.
828 Presskopie, 1 Blatt, Vorderseite maschinenschriftlich beschrieben, Paraphen u.a. von Robert Pferdmenges und Robert Bürgers, in: HADB, K2/13, Bl. 131.
829 Handschriftlich unterstrichen.

830 Handschriftlich unterstrichen.
831 Abschrift des Originals als Presskopie, 1 Blatt, Vorderseite maschinenschriftlich beschrieben, Stempel «C», Briefanlagemarke «DG 13980», in: HADB, K1/1051.
832 Gemeint ist die Feier zur Eröffnung der Telegra-

Ich war in einer derartig gehobenen Stimmung, dass ich ganz den irdischen Zweck meiner Anwesenheit vergessen habe, nämlich mit Ihnen darüber zu sprechen, die Notiz der Deutsch-Atlantischen Telegraphen-Aktien auch in Hamburg zu beantragen. Es ist doch ausgeschlossen, dass an dem Platz, an dem ein so hervorragendes Aufsichtsratsmitglied – wie ich – wohnt, die Aktien nicht notiert werden sollten. Die sehr lebhaften Umsätze in Aktien der Neuen Deutschen Kabelgesellschaft, die mit der Deutsch Atlantischen fusionierte[833], wurden ja ausschließlich an der Hamburger Börse gemacht. Es ist daher ausgeschlossen, dass die Aktien, die wir im Tausch erhalten haben, nicht auch hier notiert werden sollten, um so mehr, als wir nicht wissen, wie lange noch bei den preussisch-hamburgischen Beziehungen die Verbindung zwischen der Berliner und Hamburger Börse aufrecht erhalten werden kann.

Die Kosten, die durch die Einführung in Hamburg entstehen, sind minimal, und ich hoffe daher, dass die Einführung zu gegebener Zeit auch hier erfolgen wird.
Mit verbindlichem Gruss
ganz der Ihre
gez. Max M. Warburg

Herrn Dr. G. Solmssen,
Direction der Disconto-Gesellschaft
Berlin

Georg Solmssen an Norddeutsche Bank, 08.03.1927[834]

4/S[attle]r   8. März 1927.

Sehr geehrte Herren,
Ich erhalte von Herrn Warburg[835] den in Kopie beiliegenden Brief vom 6. d[es]. M[onats]., in dem er von neuem insistiert, daß die Aktien der DAT[836] in Hamburg eingeführt werden müßten. Herr Warburg hatte bereits früher ein dahingehendes

---

phenverbindung Emden-Azoren-New York am 4.3.1927. Siehe dazu: Deutsch-Atlantische Telegraphengesellschaft (Hrsg.), Ansprachen, Tischreden und Telegrammwechsel bei der Eröffnung der direkten Kabellinie Emden-Azoren-New York am 4. März 1927, 1927, o.O.

833 Die Übernahme der in Liquidation getretenen Gesellschaft durch die Deutsch-Atlantische Telegraphengesellschaft erfolgte 1925.

834 Briefpapier «Dr. GEORG SOLMSSEN / BERLIN W.8 / Unter den Linden 33», 1 Blatt, Vorderseite maschinenschriftlich beschrieben, Eingangsstempel «668 S10.M[Ä]RZ.1927», Stempel «Tgb.Nr.:» dahinter handschriftlich «A 591», handschriftlicher Vermerk «b[eantwortet] 10/3. [19]27», Briefanlagemarke «DG 13980», Paraphen von Ernst Enno Russell, Fritz Jessen, Arthur Salomonsohn, Edmund von Oesterreich und Hermann Willink, in: HADB, K1/1051.

835 Gemeint ist Max M. Warburg.

836 Gemeint ist die Deutsch-Atlantische Telegraphengesellschaft.

Verlangen erhoben, daß wir hier aus prinzipiellen Gründen ablehnend beschieden haben, weil wir es nicht für richtig halten, daß Aktien, deren Hauptmarkt in Berlin ist, in ihrem Kurse auch noch an anderen Plätzen überwacht werden müssen. Ich wäre Ihnen sehr dankbar, wenn Sie die Liebenswürdigkeit hätten, mir Ihre Ansicht über diese Angelegenheit mitzuteilen.
Der Satz in dem Briefe des Herrn Warburg, daß die Aktien der Neuen Deutschen Kabelgesellschaft in Hamburg stark gehandelt worden seien, soll wohl ein Witz sein, da mir hier nichts davon bekannt ist, daß diese Aktien jemals emittiert worden sind, geschweige, daß ein Handel in ihnen stattgefunden hat.
Freundschaftlichst
Solmssen.

Norddeutsche Bank in Hamburg,
Sekretariat,
Hamburg.

Anlage.

Norddeutsche Bank (Fritz Jessen und Hermann Willink) an Georg Solmssen, 10.03.1927[837]

Kredit-Abteilung
17/S   10. März 1927.

Sehr geehrter Herr Doktor,
Wir empfingen Ihr Schreiben vom 8. d[e]s. M[ona]ts. und haben von dessen Inhalt sowie von dem Inhalt des uns in Kopie übersandten Schreibens von Herrn Warburg[838] an Sie mit Interesse Kenntnis genommen. So sehr wir es natürlich begrüßen würden, wenn die Anzahl der an der hiesigen Börse notierten Wertpapiere vermehrt würde, so vermögen wir einen besonderen Grund für die Einführung der Aktien der Deutsch-Atlantischen Telegraphen-Gesellschaft[839] nicht zu sehen. Die von Herrn Warburg vorgebrachten Argumente sind auf alle Fälle nicht ernst zu nehmen, im besonderen ist auch uns von einem Handel der Aktien der ehemaligen Neuen Deutschen Kabelgesellschaft an der hiesigen Börse nichts bekannt. Das Kapital dieser Gesellschaft betrug R[eichs]M[ark] 2.000.000.– und war mit 25% eingezahlt. Die Aktien sind unseres Wissens während der Dauer ihres Bestehens, das

---

837 Presskopie, 1 Blatt, Vorderseite maschinenschriftlich beschrieben, Stempel «Tgb.Nr.:» dahinter handschriftlich «A 591», handschriftlicher Vermerk «Persönlich», in: HADB, K1/1051.

838 Gemeint ist Max M. Warburg.
839 Handschriftlich unterstrichen.

ist vom Januar 1922 bis zum April 1925, stets im Konsortium gebunden gewesen.
Freundschaftlichst
NORDDEUTSCHE BANK IN HAMBURG
[gez.] Dr. Jessen [gez.] Willink

Herrn
Dr. Georg Solmssen,
Geschäftsinhaber der Direction der Disconto-Gesellschaft,
BERLIN

Sekretariat des A. Schaaffhausen'schen Bankvereins (Karl Kimmich und Erhard Schmidt) an Georg Solmssen, 29.07.1927[840]

Bl. 10 29. Juli 1927.
Dürener Metallwerke A.-G.

Sehr geehrter Herr Doktor!
Von dem hiesigen Börsenvorstand sind wir erneut gebeten worden, uns dafür einzusetzen, daß in stärkerem Maße als bisher die Einführung von Aktien rheinisch-westfälischer Gesellschaften zur amtlichen Notiz an der Kölner Börse beantragt wird. Die Einführungsgebühr wird auf einen geringen Anerkenntnisbetrag beschränkt. Eine Einführungsprovision wird unsererseits nicht erhoben. Daher sind im wesentlichen nur die Veröffentlichungs- und Druckkosten seitens der Gesellschaften zu entrichten. Unter den neuerdings genannten Aktien befinden sich die der[841] Dürener Metallwerke. Soviel uns bekannt, gehört die Mehrheit der Aktien den Berlin-Karlsruher Industriewerken bzw. Herrn von Gontard[842], sodaß die Entscheidung des genannten Herrn wohl maßgeblich sein dürfte. Wir wären Ihnen dankbar, wenn Sie die Freundlichkeit haben würden, dieserhalb mit Herrn von Gontard Fühlung zu nehmen.
Ihren Nachrichten hierüber sehen wir gern entgegen.
Freundschaftlichst
A. Schaaffhausen'scher Bankverein A.-G.
[gez.] Kimmich [gez.] Schmidt

Herrn Dr. jur. Georg Solmssen,
Geschäftsinhaber der Disconto-Gesellschaft
Berlin W8

---

840 Presskopie, Briefpapier «A. SCHAAFFHAUSEN'SCHER BANKVEREIN A.-G. / KÖLN», 1 Blatt, Vorderseite maschinenschriftlich beschrieben, Paraphen u. a. von Robert Bürgers,
Karl Kimmich, Max Dörner und Erhard Schmidt, in: HADB, K2/1302.
841 «der» handschriftlich eingefügt.
842 Gemeint ist Paul von Gontard.

Georg Solmssen an Sekretariat des A. Schaaffhausen'schen Bankvereins, 02.08.1927[843]

74/Ks
4
2. August 1927

Sehr geehrte Herren!
Ihren geschätzten Zeilen vom 29. v[origen]. M[ona]ts. habe ich entnommen, dass Sie von dem dortigen Börsenvorstand gebeten worden sind, sich dafür einzusetzen, dass in stärkerem Masse als bisher die Einführung von Aktien rheinisch-westfälischer Gesellschaften zur amtlichen Notiz an der Börse beantragt wird, und dass die Einführungsgebühr auf einen geringen Anerkenntnisbetrag beschränkt werden soll.
Gegen Ihre Absicht, eine Einführungsprovision nicht zu erheben, habe ich allerdings erhebliche grundsätzliche Bedenken. Denn es kann einer Bank nicht zugemutet werden, die Prospekthaftung zu übernehmen, ohne dass sie hierfür eine Gebühr erhält. Im vorliegenden Fall, bei dem es sich um die Einführung der Aktien der Dürener Metallwerke handelt, kommt hinzu, dass die Mehrheit der Aktien den Berlin-Karlsruher Industriewerken, also dem Ludwig Loewe Konzern[844], gehört. Nachdem es uns der D[isconto-].G[esellschaft].[845] erst vor einigen Tagen gelungen ist, bei der Gesellschaft für elektrische Unternehmungen für die Einführung ihrer Aktien in Frankfurt a.M. eine Provision von R[eichs]M[ark] 7.500,– neben dem Ersatz aller Auslagen durchzuholen, kann ich jetzt nicht gut an Herrn Gontard[846] schreiben, dass Sie auf eine Einführungsprovision verzichten. Ich habe ihm Ihren Wunsch unterbreitet und dazu nur bemerkt, dass Sie bereit seien, sich mit einer geringen Einführungsprovision zu begnügen.
In freundschaftlicher Hochachtung
Ihr[847]
[gez.] Solmssen.

A. Schaaffhausen'scher Bankverein A.-G.
Sekretariat
Köln.

---

843 Hektographie, Briefpapier «BERLIN W 8, den / Unter den Linden 35», 2 Blätter, 2 Vorderseiten maschinenschriftlich beschrieben, zweite Seite nummeriert, handschriftliche Vermerke «b[eantworte]t 3/8 [1927] Bt.» und «Sekretariat Sch», Eingangsstempel «97766*3–.VIII.[19]27.9–V.», Paraphen u.a. von Robert Pferdmenges, Max Dörner, Karl Kimmich und Erhard Schmidt, in: HADB, K2/1302.
844 Gemeint ist die Ludwig Loewe & Co. AG.
845 «uns» handschriftlich gestrichen und «der D.G.» handschriftlich eingefügt.
846 Gemeint ist Paul von Gontard.
847 «Ihr» handschriftlich eingefügt.

Robert Pferdmenges an Georg Solmssen, 23.08.1927[848]

31/S. 23. August 1927.

Lieber Herr Solmssen!

Ich überweise Ihnen einliegend Kopie eines Briefes[849], den wir heute in Ihrer Abwesenheit an das zweite Disconto-Mitglied unseres Aufsichtsrates, Herrn Urbig[850], in eigener Angelegenheit gerichtet haben.

Sie ersehen aus unserem Schreiben, dass unsere Geldverhältnisse[851] angespannte sind und dass wir mit der Disconto-Gesellschaft wegen zur Verfügungstellung eines Kapitals verhandeln müssen.

Ich schicke Ihnen diese Zeilen in Ihren Urlaub, obschon ich Ihnen dort jegliche Arbeit ersparen möchte. Ich tue dies aber wegen der Wichtigkeit der Angelegenheit und insonderheit auch deshalb, weil wir wissen, wie wertvoll für uns auch in diesem Falle Ihre uns stets gewährte Unterstützung sein wird.

Indem ich Ihnen weiter recht gute Erholung wünsche und mit den besten Empfehlungen, auch an Ihre verehrte Gattin, die ich in Ihrer Umgebung vermute, bin ich mit freundlichen Grüssen wie stets
ganz der Ihrige
Rob[ert]. Pferdmenges

Herrn Dr. Georg Solmssen,
Marienbad.
Hotel Esplanade.

Georg Solmssen an Robert Pferdmenges, 22.09.1927[852]

4n[örenberg] 22. September 1927

Lieber Herr Pferdmenges,
Ich habe noch den Empfang Ihres Briefes vom 23. August zu bestätigen, der mich in Marienbad erreichte, wo ich durch meine Kur so in Anspruch genommen war, daß ich mich auf geschäftliche Briefe nicht einlassen konnte. Ich hatte gehofft, Sie am 15. d[es]. M[onats]. in Köln zu sehen, vernahm aber zu meinem Bedauern, daß

---

848 Presskopie, 1 Blatt, Vorderseite maschinenschriftlich beschrieben, Paraphen von Robert Pferdmenges, Karl Kimmich, Max Dörner, Robert Bürgers und Max Hoepe, in: HADB, K2/13, Bl. 182.
849 Kopie dieses Briefes ist nicht überliefert.
850 Gemeint ist Franz Urbig.
851 Handschriftlich unterstrichen.
852 Briefpapier «Dr. GEORG SOLMSSEN / BER-LIN W.8 / Unter den Linden 33», 3 Blätter, 3 Vorderseiten maschinenschriftlich beschrieben, nummeriert ab der zweiten Seite, handschriftlicher Vermerk «B.M.», Paraphen u. a. von Robert Pferdmenges, Karl Kimmich, Robert Bürgers, in: HADB, K2/13, Bl. 188–190.

Sie sich nicht ganz wohl gefühlt haben und das Sanatorium von Dr. Dapper[853] in Kissingen aufsuchen mußten. Ich hoffe bestimmt, daß der dortige Aufenthalt Sie wiederum voll befriedigt hat und Ihnen die gewohnte Frische zurückgeben konnte. Die in Ihrem Brief behandelte Frage ist ja inzwischen Gegenstand einer Korrespondenz[854] mit Herrn Urbig[855] und Herrn Dr. Salomonsohn[856] gewesen, und wir können die weitere Erörterung bis zu Ihrem mit Herrn Dr. Salomonsohn verabredeten demnächstigen Hiersein vertagen. Ich möchte aber bereits jetzt darauf hinweisen, daß Ihre Berufung auf meine seinerzeitigen Aeusserungen insofern dem Inhalt unserer Unterhaltung nicht ganz gerecht wird, als Sie nicht erwähnen, daß ich bei Erörterung der Frage, was geschehen könne, um angesichts der Unmöglichkeit eine Kapitalerhöhung durchzuführen, doch das Geschäft des Bankvereins[857] im erforderlichen Umfang zu erhalten, als Ausweg aus den sich aus der Geldknappheit ergebenden Schwierigkeiten vorgeschlagen habe, zur rechten Zeit an die Disconto-Gesellschaft wegen Beteiligung an Meta[858]-Krediten[859] heranzutreten, damit die Disconto-Gesellschaft ihrerseits wiederum in die Lage gebracht würde, die ihr zur Verfügung stehenden Geldquellen auf diesem Wege auch dem Schaaffhausen'schen Bankverein zugänglich zu machen. So weit ich aus der nach Rückkehr von meinem Urlaub begonnenen Durchsicht des in der Zwischenzeit angehäuften Aktenmaterials ersehe, hat der Bankverein von diesem Ausweg keinen Gebrauch gemacht. Im übrigen sind naturgemäß alle Erörterungen über die einzuschlagende Politik stets nur auf Grundlage der grade bestehenden Verhältnisse möglich, und was vor 6 Monaten gültig war, braucht darum heute nicht mehr richtig zu sein. Wir sehen hier nach wie vor die Situation geldlich als außerordentlich schwierig an und versuchen, unser Geschäft der zurzeit bestehenden und für die nächste Zukunft zu erwartenden Lage anzupassen. Daß wir hierbei von der Auffassung der Deutschen Bank, welche in deren Dollaranleihe zu Tage tritt[860], vollkommen abweichen, wird Sie nicht Wunder nehmen. Wir haben uns nicht durch das große Tamtam, mit dem diese Transaktion der Welt verkündet wurde, beirren lassen und können feststellen, daß auch die maßgebenden Persönlichkeiten des Auslandes unsere Auffassung vollkommen teilen.

---

853 Gemeint ist Carl von Dapper.
854 Gemeint sind die Schreiben Urbig an Pferdmenges 24.8.1927, in: HADB, K2/13, Bl. 183–186 und Pferdmenges an Urbig 25.8.1927, in: HADB, K2/13, Bl. 187. Wie aus einem handschriftlichen Vermerk Urbigs hervorgeht, fand der Austausch zwischen Salomonsohn und Pferdmenges mündlich statt.
855 Gemeint ist Franz Urbig.
856 Gemeint ist Arthur Salomonsohn.
857 Gemeint ist der A. Schaaffhausen'sche Bankverein.
858 Handschriftlich unterstrichen.
859 Gemeint sind Konsortialkredite, die von zwei oder mehr Kreditinstituten (Metisten) gemeinsam vergeben werden.
860 Gemeint ist der 25 Millionen US-Dollar-Kredit, den die Deutsche Bank im September 1927 bei Dillon, Read & Co. aufnahm und in kleiner Stückelung an ihre Industriekundschaft als Investitionskredite weiterreichte. Siehe dazu: Gerald D. Feldman, Die Deutsche Bank vom Ersten Weltkrieg bis zur Weltwirtschaftskrise 1914–1933, in: Die Deutsche Bank 1870–1995, München 1995, S. 254–258 und Christopher Kobrak, Die Deutsche Bank und die USA. Geschäft und Politik von 1870 bis heute, München 2008, S. 317–322.

Lassen Sie mich bitte wissen, wann Sie hierher kommen werden und wie lange Sie hierbleiben wollen, weil ich mich entsprechend freihalten möchte.

Ich habe mir die Ziffern der Halbjahresbilanz in Köln bei meinem Dortsein geben lassen und werde sie bis zu Ihrem Kommen so weit durcharbeiten, daß wir darüber sprechen können.

Mit freundschaftlichen Grüßen
der Ihrige
[gez.] Solmssen.

Herrn Direktor Pferdmenges,
A. Schaaffhausen'scher Bankvereins A.-G.,
Köln.

Georg Solmssen an Robert Pferdmenges, 29.11.1927[861]

4n[örenberg]   29. November 1927

Lieber Herr Pferdmenges,

Zurückkommend auf unsere Besprechung am 25. d[es]. M[onats]. sende ich Ihnen beiliegend ein Exemplar der «Allgemeinen Dienstanweisung» für die Behandlung der Geschäfte des A. Schaaffhausen'schen Bankvereins A.-G.[862], deren Grundsätze auf meinen Vortrag in der Aufsichtsratssitzung des Instituts vom 21. Januar <u>1925</u>[863] seitens des Aufsichtsrats genehmigt worden sind, und die alsdann unter Beteiligung des Revisionsausschusses <u>unter Mitarbeit der damaligen Mitglieder des Vorstandes</u>[864] des Bankvereins die beiliegende Fassung erhalten hat. Es müssen außerdem noch eine Reihe von Sonderanweisungen für die einzelnen Büros bestehen. Ich habe z.B. bei den hiesigen Akten eine Geschäftsanweisung für das Personalbüro des Bankvereins gefunden, kann aber nicht sagen, ob dies die definitive Form ist, in welche letztere Anweisung gekleidet wurde. Jedenfalls ist die Angelegenheit eingehend behandelt und im Anschluß an die bei der Disconto-Gesellschaft in Kraft befindlichen Einrichtungen erledigt worden.

Selbstverständlich ist der Inhalt derartiger Anweisungen nichts Dauerndes, sondern dieselben müssen mit dem Wechsel der Verhältnisse fortgebildet werden. Ich habe die beiliegende Anweisung nochmals durchgesehen und glaube, daß die Grundsätze, welche in ihr niedergelegt sind, nach wie vor ihre Bedeutung behalten haben.

---

861 Briefpapier «Dr. GEORG SOLMSSEN / BERLIN W.8 / Unter den Linden 33», 2 Blätter, 2 Vorderseiten maschinenschriftlich beschrieben, zweite Seite nummeriert, Stempelaufdruck «C», Paraphen u.a. von Robert Pferdmenges, Karl Kimmich und Robert Bürgers, in: HADB, K2/13, Bl. 195a.

862 HADB, K2/13, Bl. 195a.

863 Handschriftlich unterstrichen, handschriftlicher Vermerk am Rand: «? ist mir unbekannt! muß ergo 1915 lauten!» mit Paraphe von Pferdmenges.

864 Handschriftlich unterstrichen.

Jedenfalls unterwerfen wir selbst uns hier ohne Ausnahme ihrer Durchführung und fordern das gleiche von allen nachgeordneten Stellen.
Ich bitte Sie die Freundlichkeit zu haben, die Anweisung auch Ihrerseits durchzusehen und Veranlassung zu nehmen, daß auch die übrigen Herren des Vorstandes sich mit deren Inhalt beschäftigen, damit wir bei unserem nächsten Zusammensein auf die Angelegenheit zurückkommen können.
Mit freundlichen Grüßen
der Ihrige
[gez.] Solmssen.

Herrn Direktor Robert Pferdmenges,
A. Schaaffhausen'scher Bankvereins A.-G.,
Köln.

Georg Solmssen an Vorstand des A. Schaaffhausen'schen Bankvereins, 12.12.1927[865]

4/Di. 12. Dez[ember]. 1927

Sehr geehrte Herren!
Die verschiedenen Rundschreiben, die von hier aus an die Filialen der Disconto-Gesellschaft ergangen und den Konzernbanken zur Kenntnis übermittelt worden sind, werden Ihnen gezeigt haben, dass wir die weitere Entwickelung der Wirtschaftsverhältnisse nicht ohne Besorgnis betrachten, und es für erforderlich erachten, mit allen Mitteln einer Verbesserung der Liquidität[866] zuzustreben. Ich weiss Sie mit mir in dieser Auffassung einig, möchte aber doch auf verschiedene einschlägige Gesichtspunkte hinweisen, die mir bei Durcharbeitung Ihrer Berichte aufgefallen sind.
Verglichen mit dem Juni 1926 steht einer Zunahme Ihrer Debitoren um r[un]d. R[eichs]M[ark] 53.000.000.– ein Kreditorenzuwachs von r[un]d. R[eichs]M[ark] 43.000.000.– gegenüber. Während aber die Kreditorensumme im Juni 1926 nur R[eichs]M[ark] 170.000.– hereingenommene Gelder aufwies, ist dieser Posten bis Ende November dieses Jahres auf R[eichs]M[ark] 38.800.000.– gestiegen, wovon r[un]d. R[eichs]M[ark] 21.000.000.– Verpflichtungen dem Ausland gegenüber darstellen. Die Befriedigung des Debitorenzuwachses ist also zu etwa ²/₅ durch Auslandsgeld erfolgt. Damit ist die Gefahr geschaffen, dass, wenn diese Gelder aus

---

865 Briefpapier «BERLIN W 8, DEN / Unter den Linden 33», 3 Blätter, 3 Vorderseiten maschinenschriftlich beschrieben, nummeriert ab der zweiten Sei-te, Eingangsstempel «110540*14.XII.[19]27.9 –V[ormittag].», Stempel «Directionsbureau» und «C», handschriftliche Vermerke «b[eantwortet] 16/12/[1927] S.» (durchgestrichen) und «a a S.», Paraphen von Robert Pferdmenges, Robert Bürgers, Max Dörner, Karl Kimmich und Max Hoepe, in: HADB, K2/13, Bl. 234–236.
866 Handschriftlich unterstrichen.

irgendwelchen Gründen in grösserem Umfange zurückgefordert werden sollten, Schwierigkeiten entstehen könnten. Es erscheint mir daher geboten, dass auch Ihrerseits Ihre Filialen auf Sichtung der Debitoren gedrängt werden und die in dem beiliegenden Rundschreiben der Disconto-Gesellschaft vom 6. d[es]. M[onats].[867] hervorgehobenen Gesichtspunkte seitens dieser Stellen Beachtung finden.

Ich fühle mich verpflichtet, diesen Hinweis besonders deshalb zu machen, weil mir aufgefallen ist, dass bereits seit einiger Zeit in den Debitorenlisten Ihres Instituts bei einer Reihe von Filialen erhebliche Überziehungen erscheinen, die, wie aus Ihren Bemerkungen auf den Debitorenlisten hervorgeht, zum Teil wiederholt vergeblich moniert worden sind, sodass es den Anschein erweckt, als ob einzelne Filialleiter sich über die Vorschriften der Zentrale nach dieser Richtung sehr leicht hinwegsetzen. Wir selbst sind streng darauf bedacht, derartige Übergriffe der Filialleiter nicht zuzulassen und wiederholte Verstösse gegen unsere Vorschriften entsprechend zu ahnden, weil wir sonst die Herrschaft über den Umfang der Kredite, die wir gewähren wollen und für die wir verantwortlich sind, verlieren würden.

In diesem Zusammenhange möchte ich auch auf die in meinem Briefe vom 6. d[es]. M[onats].[868] bereits erwähnten Effektenbeleihungen der Filiale Viersen aufmerksam machen, bei der am 31. Oktober d[es]. J[ahres]. 12 Kunden, unter denen sich der Filialleiter Herr Direktor Piel[869] selber befindet, zusammen R[eichs]M[ark] 1.243.000.– gegen Effekten im Werte von R[eichs]M[ark] 1.088.000.– schuldeten. Derartige Festlegungen können nicht als zulässig angesehen werden.

Die Parallelität des Vorgehens innerhalb des Konzerns wird am besten dadurch gesichert, dass die Rundschreiben, welche seitens unserer Zentrale an die ihr unterstellten Filialen herausgehen, und welche regelmässig auch den Konzernbanken zugestell[t] werden, seitens der letzteren in der für ihren Rayon in Betracht kommenden Form an ihre Filialleiter weitergegeben werden, damit auch diese systematisch zur Verfolgung der Grundsätze angehalten werden, welche die hiesige Zentrale als massgebend für den Gesamt-Konzern aufstellt.

Ich wäre Ihnen dankbar, wenn Sie mich wissen liessen, ob dort in dieser Weise verfahren wird.

Freundschaftlichst
Der stellvertretende Vorsitzende des Aufsichtsrats:
[gez.] Solmssen.

A. Schaaffhausen'scher Bankverein A.-G.,
Vorstand,
Köln.

---

867 Siehe in: HADB, K2/13, Bl. 237–238.
868 Dieses Schreiben ist nicht überliefert.
869 Gemeint ist Jean Piel.

Georg Solmssen an Direktion des A. Schaaffhausen'schen Bankvereins, 02.04.1928[870]

4n[örenberg]   2. April 1928

Noch ohne Bescheid auf meinen Brief vom 14. v[origen]. M[onats].[871] wäre ich Ihnen dankbar, wenn Sie zu den darin aufgeworfenen prinzipiellen Fragen Stellung nehmen würden. Die Nachrichten über die Textilbranche lassen erkennen, daß ein erhebliches Abflauen der Konjunktur eingetreten ist. Ich glaube daher, daß man nicht zögern sollte, die erforderlichen Schritte zu unternehmen, um die bereits in mehreren Fällen zu Tage tretenden Mängel zu beseitigen, welche daraus resultieren, daß, so viel ich weiß auch unter Ihrer Mitwirkung, Betriebsgesellschaften[872] konstruiert worden sind, für welche die Muttergesellschaften nicht haftbar sind, obgleich ihr Name durch Konkurs dieser Betriebsgesellschaften in Mitleidenschaft gezogen würde. Man kann sich doch des Eindrucks nicht erwehren, daß diese Konstruktion sich die Identität der Firmennamen der verschiedenen Gesellschaften zu Nutze macht und die Kundschaft der wirtschaftlich maßgebenden Firma irre führt, indem diese in den Glauben versetzt wird, die den Firmennamen tragende Betriebsgesellschaft sei den Engagements des Firmenträgers gewachsen.

Ich fürchte, daß uns ein Vorwurf gemacht werden könnte, wenn nicht von uns aus, so weit wir Einfluß besitzen, gegen diese Konstruktion Front gemacht wird, zumal es uns doch nicht angenehm sein kann, wenn unser Name in Verbindung mit Konkursen dieser Betriebsgesellschaften genannt wird.

Die Angelegenheit ist meines Erachtens von solcher Wichtigkeit, daß sie auch nicht durch zeitweise Abwesenheit des, so viel ich weiß, dieses Dezernat bearbeitenden Herrn Dr. Dörner[873] in ihrer Erledigung aufgehalten werden sollte.

Freundschaftlichst
der Stellvertretende Vorsitzende des Aufsichtsrats
[gez.] Solmssen.

A. Schaaffhausen'scher Bankverein A.-G.,
Direktion,
Köln.

---

870 Briefpapier «BERLIN W 8 / Unter den Linden 33», 2 Blätter, 2 Vorderseiten maschinenschriftlich beschrieben, zweite Seite nummeriert, Eingangsstempel «125008 ★ 3 –IV.[19]28.5 –N[achmittag].», handschriftlicher Vermerk «b[eantwortet] 4/4 [.1928] S.», Paraphen u. a. von Robert Pferdmenges, Karl Kimmich und Max Dörner, in: HADB, K2/13, Bl. 249–250.

871 Handschriftliche Marginalie: «fehlt S.».

872 Handschriftlich unterstrichen.

873 Gemeint ist Max Dörner.

Georg Solmssen an Preußische Akademie der Wissenschaften, 03.04.1928[874]

4n[örenberg]   3. April 1928

Laut § 4 des Statuts der Adolf Salomonsohn-Stiftung ist ein Mitglied des dreiköpfigen Kuratoriums der Stiftung von der Preußischen Akademie der Wissenschaften zu ernennen. Das demzufolge ernannte Mitglied des Kuratoriums, Herr Geh[eimer]. Medizinalrat Professor Dr. Orth[875] ist im Jahre 1924 gestorben. Da das Stiftungsvermögen durch die Inflation verloren gegangen war, habe ich das Stiftungskapital in seiner früheren Höhe von M[ark] 25.000,– wieder hergestellt und gleichzeitig mit Genehmigung des Herrn Minister für Wissenschaft, Kunst und Volksbildung[876] den Namen der Stiftung dahin ändern lassen, daß dieselbe nunmehr «Adolf und Sara Salomonsohn – Georg Solmssen-Stiftung[»] heißt.
Ich bitte die Preußische Akademie der Wissenschaften, von dem ihr zustehenden Recht für die Besetzung der Stelle im Kuratorium Gebrauch zu machen und mir den Namen desjenigen Herrn aufzugeben, den Sie für die Besetzung dieses Postens in Vorschlag bringen.
In vorzüglicher Hochachtung
[gez.] Solmssen.
Geschäftsinhaber der Disconto-Gesellschaft.

Preußische Akademie der Wissenschaften,
<u>Berlin NW 7,</u>
Unter den Linden 38.

Max Planck an Georg Solmssen, 25.04.1928[877]

                                                25. April [19]28.[878]
599.28.

Die physikalisch-mathematische Klasse der Preußischen Akademie der Wissenschaften hat Ihr Schreiben vom 4. April d[es]. J[ahres]. 4n mit lebhafter Genugtuung zur Kenntnis genommen, und mich beauftragt, Ihnen auch seitens der Akade-

---

874 Briefpapier «Dr. GEORG SOLMSSEN / BERLIN W. 8, / UNTER DEN LINDEN 33», 1 Blatt, Vorderseite maschinenschriftlich beschrieben, handschriftlicher Vermerk «4.4.[19]28» mit unleserlicher Paraphe und handschriftlicher Aktenvermerk «599.28», in: Berlin-Brandenburgische Akademie der Wissenschaften/PAW/II-XI-114, Bl. 18.
875 Gemeint ist Johannes Orth.
876 Gemeint ist Carl Heinrich Becker.
877 Kopie, 1 Blatt, Vorderseite maschinenschriftlich beschrieben, handschriftlicher Vermerk «am 25. April [1928] abg[esandt]. Fi.», in: Berlin-Brandenburgische Akademie der Wissenschaften / PAW/II–XI–114, Bl. 19.
878 «25.» handschriftlich eingefügt.

mie deren Dank auszusprechen für die hochherzige Aufwertung des Stiftungskapitals der Adolf[-]Salomonsohn-Stiftung.
Zugleich hat die physikalisch-mathematische Klasse an Stelle des verstorbenen Herrn Orth[879] ihren beständigen Sekretar Herrn Geh[eimen]. Obermedizinalrat Prof. Dr. Max Rubner zum Vertreter der Akademie im Kuratorium der «Adolf- und Sara-Salomonsohn-Georg-Solmssen-Stiftung» ernannt.
Der Vorsitzende Sekretar
[gez.] P[lanck].

Herrn
Dr. Georg Solmssen
Berlin W 8.
U[nter] d[en]. Linden 33.

Georg Solmssen an Vorstand des A. Schaaffhausen'schen Bankvereins, 16.05.1928[880]

4/S[attle]r   16. Mai 1928.

Sehr geehrte Herren,
Bei verschiedenen meiner Kollegen, nicht bisher bei mir, ist die Denkschrift[881] des A. Schaaffhausen'schen Bankvereins A.-G.[882] eingegangen, welche dieser für die Ausstellung der «Pressa»[883] gefertigt hat. Ich kann Ihnen nicht verhehlen, daß es hier merkwürdig berührt hat, daß in dem Ueberblick über die Geschichte des Bankvereins der Zugehörigkeit des Instituts zum Konzern der Disconto-Gesellschaft und der Tatsache, daß sämtliche Aktien der Disconto-Gesellschaft gehören, nur mit den Worten «seit Herstellung naher Beziehungen zu der Direction der Disconto-Gesellschaft»[884] Erwähnung getan ist. Die Disconto-Gesellschaft hat, glaube ich, Anspruch darauf, daß, wenn eines ihrer Konzernmitglieder eine Ausstellung beschickt, diese Beschickung auch der Förderung ihres eigenen Namens

---

879 Gemeint ist Johannes Orth.
880 Briefpapier «Dr. GEORG SOLMSSEN/BERLIN W. 8 / Unter den Linden 33», 1 Blatt, Vorderseite maschinenschriftlich beschrieben, Eingangsstempel «128240 * 18.V.[19] 28.9 – V[ormittag].», handschriftlicher Vermerk «b[eantwortet] 31/5 [1928] S», Paraphen u.a. von Robert Pferdmenges, Max Dörner und Robert Bürgers, in: HADB, K2/13, Bl. 253.
881 A. Schaaffhausen'scher Bankverein A.-G. (Hrsg.), A. Schaaffhausen'scher Bankverein A.-G. Köln 1848–1928. Den Freunden unseres Instituts anlässlich der Internationalen Presseausstellung Köln 1928 überreicht, Köln 1928.
882 Handschriftlich unterstrichen.
883 Pressa, Internationale Presse-Ausstellung in Köln, Mai–Oktober 1928; handschriftlich unterstrichen.
884 A. Schaaffhausen'scher Bankverein A.-G. Köln 1848–1928, S. 7.

dienstbar gemacht wird, zumal wenn es sich, wie bei der «Pressa», nicht um ein lokales Unternehmen, sondern um eine internationale Ausstellung handelt.
Freundschaftlichst
Der stellvertretende Vorsitzende des Aufsichtsrats
[gez.] Solmssen.

A. Schaaffhausen'scher Bankverein A.-G.,
Vorstand,
Köln.

**Vorstand des A. Schaaffhausen'schen Bankvereins
(Robert Pferdmenges und Robert Bürgers)
an Georg Solmssen, 31.05.1928**[885]

31/S.   31. Mai 1928.

Sehr geehrter Herr Doktor!
Wir haben noch Ihren Brief vom 16. Mai zu beantworten, der liegen geblieben ist, weil einige Herren, die speciell mit der Angelegenheit beschäftigt waren, zur Zeit nicht anwesend sind.[886]
Wir bedauern selbst, dass die nahen Beziehungen unseres Instituts[887] zur Disconto-Gesellschaft in der «Festschrift»[888] nicht genügend berücksichtigt worden sind. Wir möchten in diesem Zusammenhang aber erwähnen, dass es sich nicht um eine «Denkschrift» handelt, die hier neu angefertigt worden ist, sondern dass einzelne Artikel zusammengestellt worden sind, die in den letzten Jahren geschrieben wurden und die zusammengefasst für eine derartige Festschrift nach unserer Ansicht sich[889] geeignet haben waren[890]. Die ganze Arbeit musste an einem Abend in wenigen Stunden erledigt werden. Sie weist deshalb manche Mängel auf, vor allen Dingen auch den Mangel, der Ihnen mit Recht aufgefallen ist.

---

885 Presskopie, Briefpapier «A. Schaaffhausen'scher Bankverein A.-G. / Köln, den», 1 Blatt, Vorderseite maschinenschriftlich beschrieben, Paraphen u. a. von Robert Pferdmenges, Robert Bürgers und Max Hoepe, in: HADB, K2/13, Bl. 255.
886 Dem Antwortschreiben geht am 22.5.1928 eine interne Anfrage Pferdmenges' an Kimmich voraus: «Lieber Herr Kimmich! Mit Bezugnahme auf den Brief des Herrn Dr. Solmssen bezüglich der Festschrift dachten wir hier die Angelegenheit derart aus der Welt zu schaffen, dass wir hier kurz schreiben, dass die Festschrift in wenigen Tagen angefertigt werden musste, weil uns die Aufforderung, uns an der Presse [!] zu beteiligen, erst wenige Tage vor der Eröffnung der Ausstellung zuging. Bei dieser Gelegenheit wäre dann in der Eile übersehen worden, auf die nahen Beziehungen unseres Instituts zu der Disconto-Gesellschaft das Gewicht zu legen, was ihnen zukäme. Wir hätten selbst dieses Manko schon empfunden und bedauerten, dass die an und für sich gut gelungene Festschrift im Interesse des Konzerns unter diesem Fehler leide. Was halten Sie davon?», in: HADB, K2/13, Bl. 254.
887 Gemeint ist der A. Schaaffhausen'sche Bankverein.
888 Handschriftlich unterstrichen.
889 Handschriftlich gestrichen.
890 «haben» handschriftlich gestrichen, «waren» handschriftlich eingefügt.

Die kleine «Festschrift» hat im übrigen Anklang gefunden und wir glauben deshalb, dass die Arbeit trotzdem nicht vergeblich gewesen ist und den Interessen unseres Gesamtkonzerns gedient hat.
Freundschaftlichst
A. Schaaffhausen'scher Bankverein A.G.
[gez.] Pferdmenges [gez.] Bürgers

Herrn Dr. Georg Solmssen,
Stellv. Vorsitzender des Aufsichtsrates des
A. Schaaffhausen'schen Bankvereins A.G.,
Berlin.W.8.
Unter den Linden 33.

Georg Solmssen an Emil Georg von Stauß, 02.06.1928[891]

4n[örenberg] 2. Juni 1928

Sehr geehrter Herr von Stauss,
Ich danke Ihrer Frau Gemahlin und Ihnen verbindlichst für die liebenswürdige Einladung zur Fahrt auf der Motoryacht «Ulf» für heute nachmittag zu Ehren der Nordpolflieger Wilkins[892] und Eielson[893] und bedaure außerordentlich an derselben nicht teilnehmen zu können, weil ich selbst Gäste habe.
Mit der Bitte Ihrer Frau Gemahlin angelegentlichst empfohlen zu werden, bin ich
mit freundlichen Grüßen
in steter Wertschätzung
Ihr sehr ergebener
[gez.] Solmssen.

Herrn Dr. von Stauss,
Berlin-Dahlem,
Cecilien-Allee 14.

---

[891] Briefpapier «Dr. GEORG SOLMSSEN / BERLIN W.8 / Unter den Linden 33», 1 Blatt, Vorderseite maschinenschriftlich beschrieben, Eingangsstempel vom 2.6.1928, Paraphe von Emil Georg von Stauß, in: HADB, P5081, Bl. 380.

[892] Gemeint ist Sir George Hubert Wilkins.
[893] Gemeint ist Carl Ben Eielson.

Georg Solmssen an Robert Pferdmenges, 08.08.1928[894]

4n[örenberg] 08. August 1928

Lieber Herr Pferdmenges,
Wie ich Ihnen bereits gestern am Telephon sagte, bin ich durch die hier anstehenden Arbeiten außerstande gewesen, meinen für heute beabsichtigten Besuch in Köln auszuführen, obgleich ich Sie sehr gern wegen einer ganzen Reihe von Fragen in Ruhe gesprochen hätte. Wir müssen also sehen, dass wir uns in nächster Zeit hier oder in Köln sprechen. Alles in allem komme ich lieber nach Köln, weil wir dort mehr Ruhe haben, vorausgesetzt, dass Sie sich entsprechend freimachen können, während ich hier immer wieder gestört werde.
Zunächst muß noch mein Brief an Sie vom 23. Juni[895] erledigt werden, in dem ich Ihnen den Wortlaut für die Verbriefung der zwischen uns getroffenen Abrede schickte. Ich habe hierauf noch keinen Bescheid erhalten und wäre Ihnen dankbar, wenn Sie die Stellungnahme des dortigen Kollegiums baldmöglichst herbeiführen würden, damit diese Angelegenheit definitiv geregelt werden kann.
Ich möchte noch darauf hinweisen, dass in meinem Briefentwurf vom 23. Juni mir insofern ein Irrtum unterlaufen ist, als es in der vorletzten Zeile heißen muß «vom 1. Januar 1931 ab»[896] und nicht «vom 31. Dezember 1930 ab».
Auf die Halbjahresbilanz kommt [!] ich gesondert zurück.
Mit freundschaftlichen Grüßen
der Ihrige
[gez.] Solmssen.

Herrn Dr. h.c. Robert Pferdmenges,
A. Schaaffhausen'scher Bankverein A.-G.,
<u>Köln.</u>

---

894 Briefpapier «Dr. GEORG SOLMSSEN / BERLIN W.8 / Unter den Linden 33», 1 Blatt, Vorderseite maschinenschriftlich beschrieben, Paraphen von Robert Pferdmenges, Max Dörner und Karl Kimmich, in: HADB, K2/13, Bl. 262a.
895 HADB, K2/13, Bl. 256a-b.
896 Maschinenschriftlich unterstrichen.

Ludwig Kastl an Georg Solmssen, 11.10.1928[897]

11. Okt[ober]. 1928.

Sehr verehrter Herr Dr. Solmssen!
Auf Grund von längeren Verhandlungen, die ich gemeinsam mit Geheimrat Bücher[898] und Geheimrat Schlüpmann[899] von der Osram A.G.[900] mit Herrn Dr. Paul Rohrbach geführt habe, ist der Gedanke herangereift, ein Organ zu schaffen, das eine öffentliche Erziehungsarbeit nach der Seite hin übernimmt, die deutsche Wirtschaft als den entscheidenden Faktor für unseren nationalen Wiederaufbau im Rahmen der Weltwirtschaft und der Weltpolitik zu erweisen. Es ist beabsichtigt, im Anschluss an umfangreiche Vorarbeiten, die Herr Dr. Rohrbach geleistet hat, schon in der allernächsten Zeit mit einer alle 14 Tage erscheinenden Zeitschrift unter dem Titel «Deutschland und die Welt»[901] an die Oeffentlichkeit zu treten. Es kommt dabei darauf an, dass eine Anzahl führender Herren aus dem deutschen Wirtschaftsleben ihre Zustimmung dazu erteilen, unter den Mitarbeitern dieser Zeitschrift genannt zu werden.
Finanzielle Leistungen oder Unterstützungen oder eine finanzielle Verantwortlichkeit für die geschäftliche Abwicklung des Unternehmens sind nicht erforderlich. Die finanzielle Grundlage ist gesichert.
Herr Dr. Rohrbach wird sich erlauben, Sie im Laufe des morgigen oder des folgenden Tages aufzusuchen, um Ihnen die Einzelheiten auseinanderzusetzen und Ihre Zustimmung zu erbitten. Ich habe meinerseits eine derartige Zustimmung bereits erteilt. Ich wäre dankbar, wenn Sie Herrn Rohrbach empfangen wollten und bin mit vorzüglicher Hochachtung
Ihr
ergebenster
[gez.] Kastl

Herrn Dr. Solmssen,
Geschäftsinhaber der Disconto-Ges[ellschaft].

---

897 Briefpapier «DAS GESCHÄFTSFÜHRENDE PRÄSIDIALMITGLIED DES REICHSVERBANDS DER DEUTSCHEN INDUSTRIE / KASTL / GEHEIMER REGIERUNGSRAT / BERLIN W10, DEN / KÖNIGIN-AUGUSTA-STRASSE 28», 1 Blatt, Vorderseite maschinenschriftlich beschrieben, Eingangsstempel «Ch.C. N°34381★15.X.[19]28.10½ V[ormittag].», handschriftlicher Vermerk «b[eantworte]t 12/10 [1928] S[attle]r.», Paraphen u.a. von Georg Solmssen, Ernst Enno Russell, Eduard Mosler und Franz Urbig, in: RWWA, Abt. 39, Nr. 1, Fasz. 8.
898 Gemeint ist Hermann Bücher.
899 Gemeint ist Hermann Schlüpmann.
900 Gemeint ist die Osram GmbH, KG.
901 Maschinenschriftlich unterstrichen.

Aktenvermerk Georg Solmssens, 13.10.1928[902]

4/S[attle]r.   13.10.[19]28.
Aktenvermerk

Auf Veranlassung von Herrn Geheimrat Kastl[903] (s[iehe]. dessen Brief an mich vom 11. d[es]. M[onats].) erschien gestern Herr Dr. Paul Rohrbach, um um meine Mitarbeit für die geplante Zeitschrift zu werben. Herr Dr. Rohrbach teilte mit, daß als Mitarbeiter außer mir aufgefordert werden sollten die Herren: Kastl, Bücher[904], Hamm[905], Bergmann[906], Koettgen[907], Kutscher[908], Schlüpmann[909], Kiskal[910] (Münchener Rück[911]), Silverberg[912], Hummel[913].
Die finanzielle Basis sei gesichert durch den Verlag Polthier der Rostocker Zeitung.
Ich habe Herrn Dr. Rohrbach erwidert, daß ich mir meine Stellungnahme vorbehalten müsse und zunächst die Angelegenheit mit Herrn Geheimrat Kastl besprechen wolle, ihm aber nicht verhehlen könne, daß ich erhebliche Bedenken gegen die Gründung einer Zeitschrift mit einem nach außen hervortretenden Mitarbeiterkreise hege. Zunächst bezweifelte ich, daß überhaupt bei dem Ueberfluß an bereits existierenden Zeitschriften eine neue Veröffentlichung dieser Art erheblichen Eindruck machen werde, weil das lesende Publikum gar nicht mehr in der Lage sei, alles gedruckte Papier zu bewältigen, das ihm täglich auf den Tisch gelegt werde. Hiervon abgesehen drängen derartige Darlegungen aber auch gar nicht in die Kreise, welche beeinflußt werden sollten, weil dieselben von der Tagespresse parteipolitisch bearbeitet würden und daher alle nicht in die Parteischablone fallenden Ansichten negierten.
Berlin, den 13. Oktober 1928.
[gez.] Solmssen.

---

902 Presskopie, 1 Blatt, Vorderseite maschinenschriftlich beschrieben, Paraphen u. a. von Franz Urbig, Ernst Enno Russell, Eduard Mosler und Arthur Salomonsohn, in: RWWA, Abt. 39, Nr. 1, Fasz. 8.
903 Gemeint ist Ludwig Kastl.
904 Gemeint ist Hermann Bücher.
905 Gemeint ist Eduard Hamm.
906 Gemeint ist Carl Bergmann.
907 Gemeint ist Carl Köttgen.
908 Gemeint ist Wilhelm Kutscher.
909 Gemeint ist Hermann Schlüpmann.
910 Gemeint ist Wilhelm Kisskalt.
911 Gemeint ist die Münchener Rückversicherungs-Gesellschaft AG.
912 Gemeint ist Paul Silverberg.
913 Gemeint ist Hermann Hummel.

Aktenvermerk Georg Solmssens, 02.12.1928[914]

4n[örenberg]. 2.12.[19]28
Aktenvermerk.
Petroleum.

Mr. Averell Harriman übergab mir am 30. November den an ihn gerichteten beiliegenden Brief[915] der Petroleum Bond and Share Corporation mit dem Ersuchen, seinen Inhalt daraufhin zu prüfen, ob eventuell eine Zusammenarbeit mit der Dea[916] möglich sei. Der Schreiber des Briefes, Mr. John M[.] Lovejoy sei ein allererster Experte auf dem Gebiet der Petroleumbohrung, die mit Hilfe der modernen Seismographie arbeite und verfüge über ein erhebliches Material betreffend die deutschen Verhältnisse. Mr. Lovejoy sei der Ueberzeugung, daß es sich lohne, die deutschen Salzdome auf Vorhandensein von Petroleum zu untersuchen, und daß unter Umständen erhebliche Petroleummengen in Deutschland gefunden werden könnten. Mr. Harriman schwebt vor, daß ein derartiges Vorgehen gemeinsam mit der Dea in die Wege geleitet werden solle. Er ist überzeugt, daß wenn wissenschaftlich und technisch die Möglichkeit des Vorhandenseins größerer Petroleummengen in diesen Domen bejaht wird, in den Vereinigten Staaten erhebliche Beträge zur Verfügung stehen würden, um die Durchführung der Arbeiten und die Ausbeutung sicherzustellen.
Ich habe Mr. Harriman erwidert, daß ich auf dem Sprunge sei, meinen Urlaub anzutreten und die Angelegenheit erst nach meiner Rückkehr in die Hände nehmen könne. Er antwortete, daß dies nicht schade und das Geschäft so lange Zeit hätte. Er bat mich, ihm die Antwort nach New York zu schicken, wo er Weihnachten eintrifft.
Berlin, den 2. Dezember 1928
[gez.] Solmssen.

---

914 Hektographie, 1 Blatt, Vorderseite maschinenschriftlich beschrieben, Eingangsstempel «Ch.C. N°40315*-4.XII.[19]28.8 N[achmittag].», Stempel «Vorlage» und «Kartothek», handschriftliche Wiedervorlagedaten 15.1., 17.1., 1.3., 15.3., 25.3., 8.4.[1929], Paraphen u.a. von Georg Solmssen, Arthur Salomonsohn, Franz Urbig, Ernst Enno Russell, Eduard Mosler, Gustaf Schlieper und Paul Mojert, in: HADB, S1627.

915 Lovejoy an Harriman 29.10.1928, in: HADB, S1627.

916 Handschriftlich unterstrichen, gemeint ist die Deutsche Erdöl-AG.

Georg Solmssen an Direktion des A. Schaaffhausen'schen Bankvereins, 19.03.1929[917]

4n[örenberg] 19. März 1929

Sehr geehrte Herren,
Es ist hier aufgefallen, daß Sie mit Laufzeit vom 17.12.1928 bis 18.3.1929 $ 250.000 an die Darmstädter und Nationalbank, Bremen, gegeben haben. Ich bin der Ansicht, daß wir kein Interesse daran haben, unsere Konkurrenz durch Hergabe von Geld zu unterstützen und wäre Ihnen dankbar, wenn Sie mich wissen ließen, ob diese Leihe erneuert worden ist.
Freundschaftlichst
Der stellvertretende Vorsitzende des Aufsichtsrats
[gez.] Solmssen.

A. Schaaffhausen'scher Bankverein A.-G.,
Direktion,
Köln.

Direktion des A. Schaaffhausen'schen Bankvereins (Max Dörner und Erhard Schmidt) an Georg Solmssen, 20.03.1929[918]

43/R 20. März 1929

Sehr geehrter Herr Doktor!
In Beantwortung Ihres Schreibens vom 19. d[e]s. M[ona]ts. teilen wir Ihnen hierdurch mit, dass wir s[einer]. Z[eit]. in Devisen ~~ausserordentlich~~[919] flüssig waren und aus diesem Grunde der Darmstädter und Nationalbank, Bremen, einen Betrag von $ 250.000.– auf 3 Monate zu einem für damals günstigen Satz abgegeben haben. Da wir auch sonst sehr häufig mit dieser Bank Devisengeschäfte tätigen, glaubten wir

---

917 Briefpapier «Dr. GEORG SOLMSSEN / BERLIN W.8 / UNTER DEN LINDEN 33», 1 Blatt, Vorderseite maschinenschriftlich beschrieben, Eingangsstempel «05753 ★ 20.III.[19]29.9–V[ormittag]», Stempel «Directionsbureau.», handschriftlicher Vermerk «b[eantwortet] 20.3.[19]29R» und handschriftliche Notiz mit nicht entzifferbarer Paraphe: «Wir hatten für dieselbe Zeit den gleichen Betrag von der Banque de l'Union Parisienne zu 6⁷/₈% hereingenommen & an die Darmstadtb[an]k zu 7% weitergegeben. Betrag ist jetzt zurückgez[ahlt].», Paraphen u. a. von Robert Pferdmenges, Max Dörner und Robert Bürgers, in: HADB, K2/648.

918 Presskopie, Briefpapier «A. Schaaffhausen'scher Bankverein A.-G. / Köln, den», 1 Blatt, Vorderseite maschinenschriftlich beschrieben, Paraphen u. a. von Robert Pferdmenges und Karl Kimmich, in: HADB, K2/648.

919 Handschriftlich durchgestrichen.

dies ausnahmsweise einmal machen zu sollen. Der Betrag ist inzwischen zurückgezahlt.
Freundschaftlichst!
A. Schaaffhausen'scher Bankverein A.-G
[gez.] Dörner   [gez.] Schmidt

Herrn Dr. Georg Solmssen,
stellvertretender Vorsitzender des Aufsichtsrates
des A. Schaaffhausen'schen Bankvereins A.G.
Berlin W.8.

Georg Solmssen an William Averell Harriman, 09.04.1929[920]

4n[örenberg]   April 9th 1929
Salt domes.

Dear Mr. Harriman,
Referring to our exchange of telegrams of April 4th and 5th[921], I beg to excuse that I came not back upon the question dealt with in the letter of Mr. John M. Lovejoy dated October 29, 1928[922] which you left with me last November. The reason for the delay has been that I left Berlin for a long vacation shortly after I saw you here last time, and that I came back when Mr. Middendorf[923], whith [!] whom I wanted to confer in this matter, was not here.
I have now received his reply by which he expresses the following opinion:
The Deutsche Erdöl-Aktiengesellschaft is quite familiar with the different salt domes mentioned by Mr. Lovejoy in his letter, but believes that their acquisition with regard to the very complicated property conditions could only be arrived to, if at all, by the work of several years. Also the Deutsche Erdöl-Aktiengesellschaft does not believe, that all the salt domes mentioned by Mr. Lovejoy will be so interesting and have so many chances that the work and the cost which are to be spent for acquiring them, would be profitable business. The Deutsche Erdöl-Aktiengesellschaft ownes [!] already various oil lands connected with different salt domes, which accoording to its knowledge and studies give hope to contain rather large quantities of oil. The Deutsche Erdöl-Aktiengesellschaft would be ready to consider a cooperation of its group in the way that a new company will be formed in which the rights

---

920 Presskopie, 3 Blätter, 3 Vorderseiten maschinenschriftlich beschrieben, nummeriert ab der zweiten Seite, Paraphen von Georg Solmssen, Arthur Salomonsohn, Franz Urbig, Gustav Schlieper, Paul Mojert und Richard Ullner, in: HADB, S1627.

921 Harriman an Solmssen 4.4.1929 und Solmssen an Harriman 5.4.1929, in: HADB, S1627.
922 Lovejoy an Harriman 29.10.1928, in: HADB, S1627.
923 Gemeint ist Ernst Middendorf.

belonging to the Deutsche Erdöl-Aktiengesellschaft will be brought in, while your group[924] would afford the capital necessary to explore and to exploit in a speedy way those territories.

I would be thankful for your letting me know whether such a scheme would be of interest to you in principle and am quite ready in the affirmative case, to undertake the necessary steps in order to complete something in this direction. At any rate you may be sure, that the Deutsche Er[d]öl-Aktiengesellschaft disposing of a large staff of technical engineers and very able oil men thoroughly knowing the part of Germany in question, will be the best partner for you in this business all the more as it disposes of very well conducted boring companies, so that all unnecessary costs could be avoided which would result from employing people who would yet have to gain special experiences as to the fields in question.

With kind regards
yours very truly
[gez.] Solmssen.

Mr. Averell Harriman,
c/o W. A. Harriman & Co.,
39 Broadway,
New York.

William Averell Harriman an Georg Solmssen, 25.04.1929[925]

April 25th, 1929.

Dear Dr. Solmssen: —

In reply to your letter of April ~~19~~ 9th[926], regarding the possibilities of developing a joint business with the Deutsche Erdol[927] [!] for the purpose of salt dome prospecting for oil in Germany:

As set out in Mr. Lovejoy's memorandum of October 29th[928], which I left with you, we feel that it would be necessary to develop a very strong leasehold position before any drilling might be undertaken.

---

924 Gemeint ist die Petroleum Bond and Share Corporation.
925 Briefpapier «W.A. HARRIMAN & Co. / INCORPORATED / 39 BROADWAY / NEW YORK», 1 Blatt, Vorderseite maschinenschriftlich beschrieben, Eingangstempel «Ch.C.N° 18178*13.V.[19]29.10¾ V[ormittag]», Stempel «Kopie gesandt an» mit handschriftlichem Zusatz «Dea Vorstand 11/5 [1929] Z[ingle]r.», handschriftliche Vermerke «Abschrift angef[ertigt]. 6/5.[1929] Z[ingle]r.» und «b[eantworte]t. 11/5 [1929]», Paraphen u. a. von Georg Solmssen, Arthur Salomonsohn, Franz Urbig, Gustaf Schlieper, Paul Mojert und Richard Ullner, in: HADB, S1627.
926 «19» handschriftlich gestrichen, «9» handschriftlich eingefügt. Solmssen an Harriman 9.4.1929, in: HADB, S1627; hier abgedruckt.
927 Gemeint ist die Deutsche Erdöl-AG.
928 Lovejoy an Harriman 29.10.1928, in: HADB, S1627.

We agree in principle that a new company be formed in which the undeveloped leasehold rights of the Deutsche Erdol [!] will be brought in, and furthermore, that the new company acquire additional leasehold on salt domes to be selected after a further review of existing information. In this connection we would appreciate your advising us as to the approximate number of domes under lease to the Deutsche Erdol [!], either partially or solidly blocked.

We have reason to believe that if we can jointly develop the situation, including leasehold on many domes and perhaps certain State concessions covering areas we know to be underlain by domes, we can interest one of the larger American oil companies in an extensive drilling campaign. We believe this would be one of the most important steps that Germany could take towards development of her natural resources.

We have heard a rumor that the Anglo Persian[929] has purchased a half interest in the Deutsche Erdol [!]. I would appreciate any information you care to give me in regard to this.

Hoping to hear from you further, and assuring you that we shall welcome any suggestions towards the furtherance of the formation of this company, I am,
Very truly yours,
[gez.] W. A. Harriman

Dr. Georg Solmssen,
Disconto-Gesellschaft,
Unter Den Linden 33,
Berlin W. 8,
Germany.

Hans von Seeckt an Georg Solmssen, 02.05.1929[930]

N.W. Brückenallee 35
den 2.5.[19]29

Sehr verehrter Herr Dr. Solmssen,
Sie hatten die Güte, mir den Bericht der amerikanischen Studien-Kommission über unsere landwirtschaftlichen Verhältnisse[931] zugehen zu lassen. Ich habe mit

---

929 Gemeint ist die Anglo-Persian Oil Company.
930 Fotokopie, 1 Blatt, Vorder- und Rückseite eigenhändig beschrieben, handschriftliche Vermerke «b[eantworte]t. 4/5 [1929] N[örenberg]» und «In G[eneral].S[ekretariat]. 1.8.[19]41.», in: HADB, P1/14. Diese Fotokopie sandte Solmssen gemeinsam mit anderen Dokumenten am 19.7.1941 zur Unterstützung seiner Pensionsansprüche gegenüber der Schiedsstelle beim Reichsverwaltungsgericht an den Vorstand der Deutschen Bank, in: HADB, P1/15; hier abgedruckt.
931 Gemeint ist: Georg Solmssen, Die Erzeugungs- und Absatzverhältnisse der deutschen Vieh- und Milchwirtschaft. Bericht einer amerikanischen Studien-Kommission, erstattet auf Veranlassung deutscher Landwirte, Industrieller und Banken, Berlin 1929.

großem und steigendem Interesse von ihm Kenntnis genommen und bitte Ihnen meinen besten Dank für die Zusendung aussprechen zu dürfen. Ihr persönlicher Verdienst, diese Untersuchung ins Leben gerufen zu haben ist zu groß, als daß es eines Wortes von mir darüber bedürfte. Von größter Wichtigkeit scheint mir, daß es Ihrer Initiative zu verdanken ist, die maßgebenden wirtschaftlichen Kräfte und Personen an der Frage der Erhaltung und, wenn es noch möglich, der Hebung unserer Landwirtschaft zu interessieren. Meine Überzeugung von der Notwendigkeit der Erhaltung ist so groß und fest, daß ich von ihr unsere nationale Entwicklung abhängig mache; aber zu einer Hebung gehört viel. Dazu gehört vor allem auch, daß sich die Landwirtschaft selbst klar wird, daß sie in vielem rückständig geworden ist, und daß nicht das Auge des Regierungsamtes sondern das Heuen die Kühe fett macht. Andererseits ist das Beispiel der staatlichen Fürsorge Amerikas außerordentlich lehrreich. So sollte der Inhalt der Schrift auch von dem genannten Regierungsamt durchdacht werden; ob mit Erfolg, steht dahin. Von besonderem Interesse war mir der kurze Abschnitt über Bodenpolitik (XI). Vor Jahren, in Zeiten meiner alten Tätigkeit habe ich einmal versucht, mich mit dieser Frage zu beschäftigen; der Versuch scheiterte an meiner Unzulänglichkeit und an der Mitarbeit von acht[932] Ministerien. Wir leiden an der falschen Auffassung von der Aufgabe des Staates.

Verzeihen Sie diese Auslassung einer Abendstunde, dem Interesse an der Sache und meiner Verehrung Ihrer Person, mit der ich bin
Ihr
Ihnen ergebener
[gez.]Seeckt

Georg Solmssen an Karl Kimmich, 11.05.1929[933]

S1 den 11. Mai 1929.

Sehr geehrter Herr Doktor!
Ich habe bei meiner letzten Anwesenheit in Köln am vergangenen Dienstag mit den Herren Generalkonsul Stolberg[934] und Trimborn[935] eine eingehende Aussprache über den Stand *ihres*[936] Unternehmens[937] gehabt und hierbei festgestellt, dass zwar die Umsätze sich weiter gesteigert haben, und zwar für die Zeit vom 1. Juli bis 29. Februar von R[eichs]M[ark] 23,9 Millionen im Vorjahre auf R[eichs]

---

932 Handschriftlich unterstrichen.
933 Briefpapier «Dr. GEORG SOLMSSEN / BERLIN W8, / Unter den Linden 33», 1 Blatt, Vorderseite maschinenschriftlich beschrieben, handschriftlicher Vermerk «an H[errn] Frank b[eantwortet] 15/5 [1929]», Paraphen von Robert Pferdmenges, Max Dörner und Karl Kimmich, in: HADB, P4784, Bl. 67.
934 Gemeint ist Karl Stollwerck.
935 Gemeint ist Heinrich Trimborn.
936 «Ihres» handschriftlich verbessert zu «ihres».
937 Gemeint ist die Gebrüder Stollwerck AG.

M[ark] 25,424 in diesem Jahre, die Erlöse haben aber mit dieser Umsatzsteigerung nicht Schritt gehalten, weil die Unkostensteigerung zugenommen hat. Ich empfehle Ihnen unter diesen Umständen sich mit den Herren Stolberg [!] und Trimborn in Verbindung zu setzen und zu beraten, was geschehen soll, um zu verhüten, dass Enttäuschungen, welche die Bilanz bringen könnte, einen Kurseinbruch verursachen, der für die Teilnehmer an dem Aktienkonsortium recht verlustbringend werden könnte.
In steter Wertschätzung
Ihr sehr ergebener
[gez.] Solmssen.

Herrn Direktor Dr. Karl Kimmich,
m[it]. Br[iefen]. A. Schaaffhausen'scher Bankverein A.G.
Köln.

Georg Solmssen an William Averell Harriman, 11.05.1929[938]

4 n[örenberg] May 11th 1929

Dear Mr. Harriman,
I duly received your favour of April 25th[939] and was glad to see that you agree in principle with the plan laid out in my letter to you of April 19th[940] with regard to the possibilities of developing a joint business with the Deutsche Erdöl-Aktiengesellschaft for the purpose of salt dome prospecting for oil in Germany. I have requested the DEA[941] to compose the data at their disposal in order to decide about the extension of the cooperative work, and shall come back upon the subject in due time. As I am just about to go for three weeks on vacation and put great weight upon to handle the matter personally, I hope you will excuse a short delay.
The rumors that the Anglo Persian Oil Co. have purchased a half interest in the DEA, are absolutely wrong. They may have come up by the fact, that in consequence of negotiations conducted by the DEA, shares of the Olex[942] which belonged to the Deutsche Petroleum Aktien-Gesellschaft of which the majority is in the

---

938 Presskopie, 1 Blatt, Vorderseite maschinenschriftlich beschrieben, Paraphen u.a. von Gustaf Schlieper, Paul Mojert und Richard Ullner, in: HADB, S1627.
939 Harriman an Solmssen 25.4.1929, in: HADB, S1627; hier abgedruckt.
940 Solmssen an Harriman 9.4.1929, in: HADB, S1627; hier abgedruckt.
941 Gemeint ist die Deutsche Erdöl-AG.
942 Gemeint ist die OLEX Deutsche Petroleum-Verkaufsgesellschaft mbH.

hands of the DEA, have been bought by the Anglo Persian Oil Co. The DEA themselves are quite independent and will remain so.
With kind regards
yours very truly
[gez.] Solmssen

Mr. W. A. Harriman
39, Broadway,
New – York
U.S.A.

Georg Solmssen an William Averell Harriman, 22.06.1929[943]

4/Pr[euß] 22nd June, 1929.

Dear Mr. Harriman,
Referring to our correspondence of April 25th and May 11th[944] about the question of salt dome prospecting for oil in Germany, I regret that with regard to my long absence from Berlin this matter has been postponed for some time. I am now pleased to tell you that the Deutsche Petroleum A.G. are ready to enter into a combination with you in order to exploit their oil territories in Germany together with you. Those oil territories comprise about 6000 hectares and are regarded by the Deutsche Petroleum A.G. as large enough and as so prepared by geological and by geo-physical exploration that they can serve as good basis for a large boring enterprise. Under these circumstances the Deutsche Petroleum A.G. does not regard it advisible [!] for them to acquire new oil properties, also for the reason that it would take very much time to realize this project and would be very costly, while on the other side, if the cooperation is based on the lands which are now already owned by the Deutsche Petroleum A.G. it would be possible to proceed without much delay. The Deutsche Erdöl A.G. which, as you know, own the majority of the Deutsche Petroleum A.G. dispose of various very good boring enterprises which could be put at work at once.
I enclose a map on which the oil lands owned by the Deutsche Petroleum A.G. are laid out in red colour so that you can form an idea about their situation. Besides

---

943 Presskopie, 2 Blätter, 2 Vorderseiten maschinenschriftlich beschrieben, zweite Seite nummeriert, Paraphen u. a. von Gustaf Schlieper, Franz Urbig, Georg Solmssen, Ernst Enno Russell, Richard Ullner, Paul Mojert und Franz Boner, in: HADB S1627.

944 Harriman an Solmssen 25.4.1929, in: HADB, S1627; und Solmssen an Harriman 11.5.1929, in: HADB, S1627; beide Briefe hier abgedruckt.

those oil lands the Deutsche Petroleum A.G. are proprietors of the oil territory in Wietze[945] which is exploited by shafts.
Hoping that those data may enable you to make a proposition about the contemplated cooperation, I am with kind regards
Yours very truly,
[gez.] Solmssen.

Mr. W. A. Harriman
c/o W. A. Harriman & Co., Inc.
39 Broadway,
New York.

Georg Solmssen an William Averell Harriman, 01.08.1929[946]

4/Pr[euß] August 1st, 1929.

Dear Mr. Harriman,
Referring to my letter of 22nd June[947] re oil prospecting in Germany I have the pleasure to tell you that now also a prospecting company in which the Gelsenkirchener Bergwerks-Aktien-Gesellschaft, Essen, Phoenix A.G. für Bergbau und Hüttenbetrieb, Düsseldorf, Rheinische Stahlwerke, Essen, and Eisen- und Stahlwerk Hoesch A.G., Dortmund, are interested has approached me in order to foster a cooperation with the Deutsche Petroleum-Aktien-Gesellschaft in this respect with regard to about 3000 hectares of oil land acquired by them. In this area such salt domes have been ascertained as they are characteristic for the occurence [!] of oil. As the above named steel companies tell me that they have been also approached by other people, I believe it would be good that you let me know your answer upon my letter of 22nd June.
With kind regards
yours very truly,
[gez.] Solmssen

Mr. W. A. Harriman
c/o W. A. Harriman & Co., Inc.,
39 Broadway,
New York.

---

945 Gemeinde im heutigen Niedersachsen, Landkreis Celle.
946 Presskopie, 1 Blatt, Vorderseite maschinenschriftlich beschrieben, Paraphen u. a. von Georg Solmssen, Franz Urbig, Ernst Enno Russell und Gustaf Schlieper, in: HADB, S1627.
947 Solmssen an Harriman 22.6.1929, in: HADB, S1627; hier abgedruckt.

William Averell Harriman an Georg Solmssen, 06.08.1929[948]

August 6th, 1929.

Dear Dr. Solmssen: –

I am very glad to acknowledge your letter of June 22nd[949], regarding the matter of salt dome prospecting for oil in Germany, together with a map showing certain territory comprising approximately 6,000 hectares now owned by Deutsche Petroleum A.G.

We have set out in all of our correspondence regarding this matter that it would be necessary to develop a very strong leasehold position before it would be possible to interest American capital in this undertaking. It is quite obvious that no capital would be risked in this venture unless the capital is protected firstly by huge land holdings, and secondly, by controlled expenditure of the money which they will provide. If these two considerations are impossible, it is useless to attempt to carry these negotiations any further.

A large development program involving several millions of dollars (and which program should to some extent at least prove or condemn the possibilities of large quantities of oil in Germany) would be necessary to make this business attractive to us or to any large American oil company. We would definitely not be interested in attempting to develop production on any small amount of land, such as suggested in your letter.

If it is possible to obtain the necessary leasehold and concessions so as to attract capital to this venture, it would be essential that the project be directed and carried out by an American staff which would represent the capital. Although great progress has been made by German engineers in certain methods of geophysical exploration, we feel that American engineers and operating men have had more experience in the practical exploration for oil and the development of same.

In taking this matter up with you we have apparently been under a misapprehension regarding the amount of domes now under lease to the Deutsche Petroleum A.G. If we are mistaken however, or if the Deutsche Petroleum A.G. would be interested in jointly acquiring large land holdings to be explored primarily by American capital and under American direction, we shall be glad to go into the matter further with you. If capital can be found that is willing to take the huge business risk involved, it should, in our opinion, be of great interest to the Deutsche Petroleum

---

948 Briefpapier «W.A. HARRIMAN & Co. / INCORPORATED / 39 BROADWAY / NEW YORK», 2 Blätter, 2 Vorderseiten maschinenschriftlich beschrieben, zweite Seite nummeriert, Eingangsstempel «Ch.C.N°33099*30.VIII.[19]29. 11¾ V[ormittag].», Stempel «Kopie gesandt an» mit handschriftlichem Zusatz «H[er]r. Ullner 24/8.[19]29. Z[ingle]r.», handschriftliche Vermerke «abgeschr[ie]b[en]. 24.8.[19]29. Z[ingle]r.» und «b[eantworte]t. 29/8 [1929]», Paraphen u. a. von Georg Solmssen, Arthur Salomonsohn, Ernst Enno Russell, Gustaf Schlieper, Paul Mojert und Richard Ullner, in: HADB, S1627.

949 Solmssen an Harriman 22.6.1929, in: HADB, S1627; hier abgedruckt.

A.G., and, of course, if oil were discovered in large quantities the Deutsche Petroleum A.G. would benefit greatly thereby.
Very truly yours,
[gez.] W. A. Harriman

Dr. Georg Solmssen,
Unter Den Linden 33,
Berlin W. 8,
Germany.

Georg Solmssen an William Averell Harriman, 29.08.1929[950]

4n[örenberg] August 29th 1929.

Dear Mr. Harriman,
Your favour of August 6th[951] to hand, I have conferred anew with the Deutsche Petroleum Aktien-Gesellschaft with the following result.
The experts of the DPAG estimate the area of the territories enumerated in the letter of Mr. Lovejoy[952] of October 29th 1928[953] at 60.000 hectares. They do not know for sure whether it may be possible to secure this whole territory, but believe, that concessions for the larger part of it may be acquired if much caution is applied. At any rate, if one will not pay unnecessary amounts for these concessions, it must be proceeded slowly as otherwise their price would rise rapidly. However, the amount of $ 100.000 to 200.000 mentioned in the letter of Mr. Lovejoy is regarded as unsufficient [!]. Mr. Lovejoy and Mr. Barton[954] seem not to take into consideration that for concessions which are not yet exploited in Germany a yearly fee for attendance must be paid, which now varies between R[eichs]M[ark] 8 to R[eichs]M[ark] 12 per hectare, so that the 60.000 hectares would cost R[eichs]M[ark] 480.000 to R[eichs]M[ark] 720.000 per year. As the concessions of the DPAG and of the other companies, about which I wrote you on August 1st, have been acquired long time ago, when the proprietors of the land did not ask the amounts paid to them now, the attendance fee for those concessions is only R[eichs]M[ark] 6,– per hectare, so that the 10.000 hectares combined in this concessions cost yearly only R[eichs]M[ark] 60.000.

---

950 Presskopie, 3 Blätter, 3 Vorderseiten maschinenschriftlich beschrieben, nummeriert ab der zweiten Seite, Paraphen u.a. von Gustaf Schlieper, Georg Solmssen, Ernst Enno Russell, Paul Mojert, Richard Ullner und Elisabeth Nörenberg, in: HADB, S1627.

951 Harriman an Solmssen 6.8.1929, in: HADB, S1627; hier abgedruckt.
952 Gemeint ist John M. Lovejoy.
953 Lovejoy an Harriman 29.10.1928, in: HADB, S1627.
954 Gemeint ist Thomas Barton.

It would be possible to reduce this attendance fee by paying it in advance for a longer time, f[or].i[nstance]. 4 to 5 years, but it is doubtful, whether for such a time it would be possible to reduce this attendance fee below R[eichs]M[ark] 1.200.000 to R[eichs]M[ark] 1.440.000. If only half of the concessions mentioned would be acquired, the amount of $ 200.000, named by Mr. Lovejoy, would be sufficient for 4 to 5 years, during which the geophysical exploration and the exploring borings could be executed on a rather large scale. After these explorations have been made, it could be possible to secure these concessions which could be retained against a yearly fee of R[eichs]M[ark] 8 to R[eichs]M[ark] 12 per hectare.

The DPAG cannot take the responsibility that they will succeed to get those 30.000 hectares under control, but as I understand, they would be quite ready to put their whole apparatus and experience at the disposal of the American company wanting to secure those lands, albeit they are not ready to participate in the amounts necessary in order to secure concessions outside of those already owned by them and our industrial friends. By consequence the American group would have to put at the disposal of the DPAG the sum of $ 200.000 to be spent according the lines to be fixed between the American group and the DPAG, in order to buy so many concessions as the American group wants to acquire additionally.

If you see the possibility to proceed according these lines, I am quite ready to foster this project as much as possible.

With kind regards,
Yours very truly
[gez.] Solmssen.

Mr. W. A. Harriman,
c/o W. A. Harriman & Co., Inc.
39 Broadway,
New York.

Georg Escherich an Georg Solmssen, 10.10.1929[955]

Dr. G[eor]g. Escherich   Isen, den 10. Oktober 1929

Sehr verehrter Herr Dr. Solmssen,
Sie hatten letztlich die Güte mir Ihre Hilfe in dem politischen Kampfe, den ich gegenwärtig ebenso gegen die radikale Linke, wie gegen die radikale Rechte zu führen habe, anzubieten.

---

955 Abschrift, Presskopie, 1 Blatt, Vorderseite maschinenschriftlich beschrieben, Paraphen von Eduard Mosler, Gustaf Schlieper und Elisabeth Nörenberg, in: RWWA, Abt. 39, Nr. 1, Fasz. 8.

Wie ich Ihnen schon sagte, hat man von der einen Seite den Kampf gegen mich eröffnet, daß man die seit mehr als 8 Jahren laufenden bescheidenen Mittel für mein politisches Büro in München, dessen Hauptaufgabe war, die Verbindung zwischen Nord und Süd zu halten und ausgleichend zu wirken, abgegraben hat. Verschiedene meiner Freunde sind bereits eingesprungen, um den Ausfall zu decken, doch fehlen mir, wenn ich auf ein volles Jahr disponiere, noch rund 3000.– R[eichs]M[ark]. Sollte es Ihnen und Ihren Freunden möglich sein, für diese Summe aufzukommen, so wäre ich im Interesse der Sache sehr dankbar. Da ich selbst mit der Verwaltung des Geldes nichts zu tun haben will, hat mein Vertrauensmann und Freund, Bankdirektor Carl Ulrich, die Güte, die mir zur Verfügung gestellten Beträge zu verwalten und Ihre Verteilung zu kontrollieren. Sein in Frage kommendes Konto lautet: Carl Heinrich Ulrich, Konto «Forst» No. 4421 an der Darmstädter & Nationalbank, München, Ottostr. 4.
Mit den besten Grüßen
Ihr sehr ergebener
gez. Escherich

Georg Solmssen an Max M. Warburg, 14.10.1929[956]

4/Z[ingle]r. 14. Oktober 1929

Lieber Herr Warburg,
Ich habe Ihnen noch für Ihre freundlichen Zeilen vom 26. v[origen]. M[onats].[957] wegen der von mir auf der Tagung des Deutschen Landwirtschaftsrates in Münster gehaltenen Rede zu danken und bitte um Entschuldigung, dass dies erst jetzt geschieht. Es war hier aber etwas viel los, ich auch häufig unterwegs und ausserdem steht die Fassung meiner Rede im Druck noch nicht definitiv fest.
Dieselbe ist vorläufig im »Ring« erschienen[958], um diese Schrift zu fördern. Ich lege das betreffende Exemplar und eine andere Nummer derselben Zeitschrift bei und wäre Ihnen sehr dankbar, wenn Sie auch Ihrerseits derselben Interesse zuwenden würden. Sie wird herausgegeben von der Vereinigung der sogenannten Herrenclubs[959], die sich seit Jahren mit steigendem Erfolge bemühen, die rechtsstehenden Klassen der Bevölkerung über die Bedürfnisse des modernen Staates aufzuklären

---

956 Briefpapier «Dr. GEORG SOLMSSEN / BERLIN W8 / Unter den Linden 33», 3 Blätter, 3 Vorderseiten maschinenschriftlich beschrieben, nummeriert ab der zweiten Seite, Stempel «Privat Archiv» und «15. OKT[OBER] 1929 21333 / Beant[wortet] 31./10./]», in: Warburg-Archiv, Max M. Warburg 1929, Jahrgangs-Mappe 46.
957 Dieses Schreiben ist nicht überliefert.

958 Georg Solmssen, Young-Plan und Agrarpolitik. Referat auf der Tagung des Deutschen Landwirtschaftsrates in Münster in Westfalen am 18. September 1929, in: Der Ring, 29. September 1929, H. 39, S. 743–755. Ein weiterer Druck der Rede erschien unter dem Titel «Youngplan und Agrarpolitik», Berlin 1929.
959 Gemeint ist der Deutsche Herrenklub.

und sie zur Mitarbeit an seinem Wiederaufbau unter Abwendung von den extremen Uebertreibungen des Herrn Hugenberg[960] zu gewinnen.[961] Ich selbst habe mich den Herren seit längerer Zeit für diesen Zweck zur Verfügung gestellt und kann aus meiner eigenen Beobachtung und den Erfahrungen, die ich durch infolge meiner landwirtschaftlichen Studien herbeigeführte Zusammentreffen mit den auf dem Lande sitzenden konservativen Kreisen gewonnen habe, bestätigen, dass diese Arbeit gut vorangeht und vertrauensvolles Verständnis bei allen Beteiligten findet. Soweit ich unterrichtet bin, liegen in Hamburg die Dinge infofern [!] schwierig, als der ehemalige nationale Club[962], in den Herr Cuno[963] vor einiger Zeit eintrat und der bestimmt ist, sich der Herrenclub-Bewegung anzuschliessen, noch stark im reaktionären Fahrwasser schwimmt[964] und nur mühsam auf die neue Richtung umgestellt werden kann. Jedenfalls wäre es aber ein verdienstliches Werk, wenn auch die Ihnen nahestehenden Kreise der Ringbewegung ein Interesse entgegenbrächten und dieselbe auch pekuniär zu dem Zwecke unterstützten, um den Ring, dessen verlagsmässige Behandlung nunmehr durch die Deutsche Allgemeine Zeitung erfolgt, in seiner Existenz zu fördern. An der Spitze des hierfür tätigen Komitees steht Graf Alvensleben, Neugattersleben[965], desgleichen haben sich die Herren Freiherr von Wilmowsky[966] und die Vertreter der Gutenhoffnungshütte[967] massgeblich hierfür interessiert.

Ich würde es ausserordentlich begrüssen, wenn auch aus Hamburg Mittel hierfür zu haben sein würden.

Sobald meine Münster Rede in definitiver Form vorliegt, werde ich sie Ihnen zugehen lassen und dafür Sorge tragen, dass an Herrn Direktor Frahm[968] vom Bankverein für Schleswig-Holstein AG, Altona, herangetreten wird zwecks Verbreitung der Schrift.

Mit freundschaftlichen Grüssen und in der Hoffnung, Sie bald einmal hier zu sehen,

Ihr

[gez.] Solmssen

Herrn Dr. h.c. M. M. Warburg
i[n]/F[irm]a. M. M. Warburg & Co.
Hamburg

---

960 Gemeint ist Alfred Hugenberg.
961 Siehe dazu Manfred Schoeps, Der Deutsche Herrenklub. Ein Beitrag zur Geschichte des Jungkonservativismus in der Weimarer Republik, Diss. phil. Erlangen-Nürnberg 1974.
962 Gemeint ist der Hamburger Nationalclub von 1919.
963 Gemeint ist Wilhelm Cuno.
964 Handschriftlich unterstrichen.
965 Gemeint ist Hans Bodo von Alvensleben-Neugattersleben.
966 Gemeint ist Tilo von Wilmowsky.
967 Gemeint sind wahrscheinlich die im Aufsichtsrat der Gutehoffnungshütte vertretenen Mitglieder der Familie Haniel und ihr Vorstandsvorsitzender Paul Reusch.
968 Gemeint ist Karl Frahm.

Georg Solmssen an Hermann Bücher, 23.10.1929[969]

4n[örenberg] 23. Oktober 1929

Sehr geehrter Herr Geheimrat,
Bezugnehmend auf unsere heutige telephonische Unterhaltung sende ich Ihnen beiliegend Abschrift des Briefes unseres Freundes[970] und meiner Antwort[971] und bitte Sie freundlichst, das Erforderliche veranlassen zu wollen.
Mit verbindlichen Grüßen
Ihr sehr ergebener
[gez.] Solmssen

Herrn Geh. Dr. Bücher
Allgemeine Elektrizitäts-Gesellschaft,
Berlin NW7.

Georg Escherich an Georg Solmssen, 26.10.1929[972]

Abschrift/Sl.
Dr. G[eor]g. Escherich Isen, den 26. Oktober 1929

Sehr verehrter Herr Dr. Solmssen,
Haben Sie herzlichen Dank für Ihre freundlichen Zeilen vom 23.10.[19]29[973] und Ihre Bereitwilligkeit zu helfen. Bitte einstweilen auch Herrn Dr. Bücher[974] in meinem Namen zu danken, ich werde dies demnächst auch persönlich in Berlin nachholen.
Die übermittelten 3000.– R[eichs]M[ark] werden als Gehaltszahlung auf 5 Monate à 600.– R[eichs]M[ark] an den Leiter des Münchner Büro, Oberstleutnant a.D. von Reichert[975], verwendet werden, sodass das Büro nunmehr auf ein volles Jahr gesichert ist. Nachweis über die Verwendung der Mittel wird von Herrn Direktor Ulrich[976] an Sie erstattet werden.
Mit nochmaligem aufrichtigen Danke und den besten Grüssen
Ihr sehr ergebener
gez. Escherich

---

969 Presskopie, 1 Blatt, Vorderseite maschinenschriftlich beschrieben, Paraphen von Ernst Enno Russell, Eduard Mosler, Gustaf Schlieper, Georg Solmssen und Elisabeth Nörenberg, in: RWWA, Abt. 39, Nr. 1, Fasz. 8.
970 Escherich an Solmssen 10.10.1929, in: RWWA, Abt. 39, Nr. 1, Fasz. 8; hier abgedruckt.
971 Solmssen an Escherich, 23.10.1929, ist in RWWA, Abt. 39, Nr. 1, Fasz. 8, nicht enthalten.
972 Abschrift, Presskopie, 1 Blatt, Vorderseite maschinenschriftlich beschrieben, in: RWWA, Abt. 39, Nr. 1, Fasz. 8.
973 Dieses Schreiben ist in RWWA, Abt. 39, Nr. 1, Fasz. 8, nicht enthalten.
974 Gemeint ist Hermann Bücher.
975 Gemeint ist wahrscheinlich Julius Heinrich («Hans») von Reichert.
976 Gemeint ist Carl Ulrich.

Max M. Warburg an Georg Solmssen, 31.10.1929[977]

den 31. Oktober 1929

Lieber Doktor,

Ich komme erst heute dazu, Ihr Schreiben vom 14. d[e]s. M[ona]ts.[978] zu beantworten, da ich von Hamburg abwesend war und erst gestern Geheimrat Cuno[979] vor seiner Abreise nach Amerika gesprochen habe.

Der Schwerpunkt der reaktionären Haltung des hiesigen Nationalen Clubs[980] liegt nicht bei Herrn Cuno, sondern bei Herrn von Schinckel[981]. Herr Cuno hat zwar den Vorsitz des Clubs, aber der Drahtzieher für alle derartigen Bestrebungen ist unser gemeinsam[er][982] Freund Herr von Schinckel. Ich glaube auch nicht und darin werden Sie mir beistimmen, dass Herr von Schinckel noch seine Ansichten ändern wird. Ich bedauere es aufrichtig; es kann natürlich jeder denken, wie er will, aber sein überragender Einfluss macht es uns hier in Hamburg sehr schwer, in gewissen Kreisen Verständnis für die neue Zeit zu erwecken. Was wir wollen, Sie sowohl wie Cuno, ist eine freikonservative Partei, die verfassungstreu ist, Änderungen natürlich nur auf gesetzgeberischem Wege, soweit sie mit der jetzigen Verfassung nicht zufrieden ist, erstrebt, nicht Veraltetes wieder herbeiholen, sondern unter Berücksichtigung der wirtschaftlichen und agrarischen Notwendigkeiten eine individualistische Betätigung fördert, ohne zu bestreiten, dass auf gewissen Gebieten auch der Staat berufen ist, Zusammenfassungen zu leiten.[983] In diesem Kampfe, der sich selbstverständlich auch gegen Corruption jeder Art zu richten hat, müssen wir zusammenstehen und unnötige Verletzungen alter Traditionen vermeiden, aber auch offen sein für die neuen Sitten, die wir nicht mehr werden abschaffen können, die wir aber zu veredeln in der Lage sind. Das will Cuno und er behauptet, dass er auch gewisse Abmachungen mit dem Herrenclub hat, in dem namentlich gleiche Vorträge gehalten werden. Ich selbst gehöre dem Nationalen Club nicht an, und es wird gut sein, wenn Sie mit Herrn Cuno gelegentlich selbst sprechen. Sie wissen, dass ich nicht leicht resigniere, aber ~~nachdem~~ da[984] Herr von Schinckel jetzt sogar für das Volksbegehren[985] mit seiner Unterschrift eingetreten ist

---

977 Presskopie, 2 Blätter, 2 Seiten maschinenschriftlich beschrieben, zweite Seite nummeriert, Stempel «Privat Archiv», in: Warburg-Archiv, Max M. Warburg 1929, Jahrgangs-Mappe 46.
978 Solmssen an Warburg 14.10.1929, in: Warburg-Archiv, Max M. Warburg 1929, Jahrgangs-Mappe 46; hier abgedruckt.
979 Gemeint ist Wilhelm Cuno.
980 Gemeint ist der Hamburger Nationalclub von 1919.
981 Gemeint ist Max von Schinckel.
982 Wort nicht vollständig lesbar, da der rechte Seitenrand an dieser Stelle eingerissen ist.
983 Handschriftlich unterstrichen.
984 Handschriftlich durchgestrichen und ergänzt.
985 Gemeint ist der vom «Reichsausschuß für das Volksbegehren gegen den Young-Plan» initiierte Volksentscheid, der nicht nur die Reparationen, sondern sämtliche Verpflichtungen des Versailler Vertrags revidieren sollte. Der Zulassungsantrag für das Volksbegehren war am 28.9.1929 beim Reichsinnenministerium eingereicht worden und wurde von 10,02 % aller Wahlberechtigten unterstützt, womit die erforderliche Mindestzahl von Eintragungen zur Durchführung des Volksbegehrens knapp überschritten war. In der Volksabstimmung vom 22.12.1929 votierten jedoch nur 13,8 % aller Wahlberechtigten für den Ge-

und ohne es zu wollen, Kreise unterstützt, die unglückbringend für Deutschland sind und sein werden, glaube ich, dass wir wenig Hoffnung haben, diese Ecke – solange Herrn [!] von Schinckel sich politisch betätigt, – zu bekehren.
Mit verbindlichem Gruss
ganz der Ihre
[gez.] Max M. Warburg

Dr. Georg Solmssen,
Berlin W 8
Unter den Linden 33.

Wilhelm Momm an Georg Solmssen, 25.11.1929[986]

Potsdam, den 25. November 1929.

Sehr verehrter Herr Dr. Solmssen!
Ich bin gebeten worden, die beiliegende Sendung[987] mit einem empfehlenden Wort zu begleiten. Da ich eine weitgehende Aufklärung über die in nächster Zukunft zu lösenden Fragen westdeutscher politischer Entwicklung und tatkräftiger Werbung für sie für eine wichtige Aufgabe halte, erscheint mir das dahingehende Bestreben der Zeitschrift «Volk und Reich»[988] verdienstlich. Es würde mich daher freuen, wenn Sie im Hinblick auf Ihre nahen Beziehungen zum Rheinland die Möglichkeit fänden zu einer Einsicht in die Ihnen unterbreiteten Publikationen und daraus die Geneigtheit zu ihrer Förderung gewönnen.
In vorzüglicher Hochachtung
Ihr sehr ergebener
[gez.] Momm
Regierungspräsident.

An
Herrn Generaldirektor Dr. Solmssen
in Berlin N.W.40
Alsenstrasse 9.

---

setzentwurf gegen den Young-Plan. Vgl. u. a. Heinrich August Winkler, Weimar 1918–1933. Die Geschichte der ersten deutschen Demokratie, München 1933, S. 354ff.

986 1 Blatt, Vorderseite maschinenschriftlich beschrieben, handschriftlicher Vermerk «b[eantworte]t. 28/11 [1930] N[örenberg]», Paraphen von Georg Solmssen und Elisabeth Nörenberg, in: RWWA, Abt. 39, Nr. 1, Fasz. 8.

987 Die Anlage ist in RWWA, Abt. 39, Nr. 1, Fasz. 8, nicht enthalten.

988 Die Zeitschrift «Volk und Reich» wurde seit 1925 von der Mittelstelle für Jugendgrenzlandarbeit in Berlin herausgegeben, die satzungsgemäß der «zielbewußten und planmäßigen Förderung der Grenzlandarbeit und aussenpolitischen Bildung der jungen Generation in Zusammenfassung der grenz- und auslandsdeutschen Arbeit der Jugend-

Georg Solmssen an Wilhelm Momm, 28.11.1929[989]

4n[örenberg]   28. November 1929

Sehr verehrter Herr Präsident,
Ich bestätige den Empfang Ihrer freundlichen Zeilen vom 25. d[es]. M[onats].[990] betreffend die Zeitschrift «Volk und Reich» und werde mich über die von Ihnen berührte Angelegenheit informieren. Ich muß allerdings sagen, daß die Forderung des Verlages[991], einen Zuschuß von R[eichs]M[ark] 2.000 zu gewähren, weit über das hinausgeht, was in solchen Fällen von mir geleistet werden kann.
In vorzüglicher Hochachtung
Ihr sehr ergebener
[gez.] Solmssen.

Herrn Regierungspräsident Momm,
Potsdam,
Regierungsgebäude.

Georg Solmssen an Hjalmar Schacht, 06.12.1929[992]

4n[örenberg]   6. Dezember 1929
                                                                                              Mauerstr. 35

Sehr verehrter Herr Präsident,
Sie forderten mich gestern abend auf, Ihnen nach Lektüre Ihrer heute erschienen Kundgebung[993] meine Ansicht über deren Inhalt zukommen zu lassen. Gestatten Sie mir, meiner Freude Ausdruck zu geben, daß Sie durch Ihre mutige Tat Ausland und Inland gezwungen haben, Farbe zu bekennen, und daß Sie insbesondere

---

bünde und studentischen Verbände sowie ähnlicher Vereinigungen» dienen sollte. Da die Zeitschrift auf Subventionen angewiesen war, wurde 1929 die Stiftung «Volk und Reich» gegründet, der es gelang, erhebliche Mittel aus der Wirtschaft für die Zeitschrift einzuwerben. Siehe dazu: Berthold Petzinna, Erziehung zum deutschen Lebensstil. Ursprung und Entwicklung des jungkonservativen «Ring»-Kreises 1918–1933, Berlin 2000, S. 190–204.
989 Presskopie, 1 Blatt, Vorderseite maschinenschriftlich beschrieben, Paraphen von Georg Solmssen und Elisabeth Nörenberg, in: RWWA, Abt. 39, Nr. 1, Fasz. 8.
990 Momm an Solmssen 25.11.1929, in: RWWA, Abt. 39, Nr. 1, Fasz. 8; hier abgedruckt.
991 Gemeint ist der Verlag «Volk und Reich GmbH».
992 Presskopie, 2 Blätter, 2 Vorderseiten maschinenschriftlich beschrieben, zweite Seite nummeriert, Paraphen von Georg Solmssen und Elisabeth Nörenberg, in: HADB, NL3/47.
993 Gemeint ist Hjalmar Schachts Memorandum zum Youngplan, Berlin 1929. Schacht, der darin die ausländischen Gläubiger-Staaten, aber auch die Reichsregierung scharf angriff, hatte bereits am 5.12.1929 die Presse informiert, bevor Reichskanzler Hermann Müller das Memorandum am 6.12.1929 erhielt. Siehe dazu Christopher Kopper, Hjalmar Schacht. Aufstieg und Fall von Hitlers mächtigstem Bankier, München 2006, S. 163–166.

die maßgebenden deutschen Stellen vor die Notwendigkeit stellen, der Lethargie und dem Handel der Parteien, in dem alles zu versinken droht, ein Ende zu machen.
Grade heute werden mir die ersten Abzüge des dieser Tage zur Veröffentlichung kommenden Referates, das ich in Münster auf der Tagung des Deutschen Landwirtschaftsrats gehalten habe[994], vorgelegt. Wenn Sie der Vorrede, mit der ich diese Veröffentlichung begleite, einige Augenblicke widmen, werden Sie daraus ersehen, wie sehnsüchtig ich nach der Tat rufe, die endlich Ziele setzt und geeignet ist, die Kräfte des ganzen Volkes zusammenzufassen. Leider sind ja unsere inneren Verhältnisse so maßlos zerfahren, daß die Kräfte der an der Spitze stehenden Männer sich im gegenseitigen Ausbalanzieren [!] der Parteien erschöpfen, anstatt sich auf das einzige Ziel, Deutschland, zu konzentrieren. Andernfalls wäre der Young-Plan sofort als die geeignete Basis erkannt worden, um auf ihm den inneren Aufbau zu vollziehen und durch Aufstellung eines Finanz-, Steuer- und Agrarprogramms den Boden zu schaffen, auf dem sich ein den zu weitgehenden Forderungen des Auslandes gegenüber widerstandsfähiger Staatskörper hätte errichten lassen. Allerdings hätte man, um dieses zu erreichen, auch nicht davor zurückschrecken dürfen, die Gefahren unserer Lage rücksichtslos darzulegen, anstatt sich gegenseitig zwecks Erhaltung der inneren Parteistellung Lorbeeren zu flechten.
Sie werden bei allen, die Verständnis für die internationale Situation Deutschlands besitzen und die noch fähig sind, sich über den Parteiwirrwarr zu erheben, wärmsten Dank für Ihr Vorgehen finden. Hoffentlich trägt es dazu bei, daß der Reichspräsident[995] endlich die Zügel aufnimmt und von den ihm zustehenden Machtbefugnissen Gebrauch macht.
Mit verbindlichen Grüßen
In vorzüglicher Hochachtung
Ihr Ihnen sehr ergebener
[gez.] Solmssen.

Herrn Reichsbankpräsident Dr. Schacht,
<u>Berlin C.</u>
Oberwallstraße.

---

994 Solmssen, Young-Plan und Agrarpolitik, in: Der Ring, 1929, S. 743–755.
995 Gemeint ist Paul von Hindenburg.

Georg Solmssen an Oscar Schlitter, 20.01.1930[996]

20. Januar 1930.

Lieber Herr Schlitter,
Ich habe mir auf den Tagesbericht vom 16. hin die Deutschland-Nummer des Journal of Commerce kommen lassen, um dort die Lobeshymnen auf Jacob Goldschmidt zu lesen.[997] Ich finde dieselben so plump und die Zusammenhänge so durchsichtig, daß wir uns freuen können, Gelegenheit zu haben, seine uns längst bekannten, aber in der Regel schwer feststellbaren Methoden an den Pranger zu stellen. Er wird natürlich bestreiten, irgend welchen Einfluß auf Mr. Greenwood[998] ausgeübt zu haben, oder ausüben zu können, was uns aber nicht hindern darf, ihn fühlen zu lassen, daß wir sein Spiel durchschauen. Ich nehme an, dass unsererseits Herr Goldschmidt auf die Angelegenheit gestellt worden ist und wäre für eine Mittheilung dankbar, ob dem so ist und was er geantwortet hat.

Unter dem Eindruck des Vorkommnißes, das angesichts des internationalen Forums, vor dem es sich abgespielt hat, nicht ernst genug genommen werden kann, habe ich mich entschlossen, auf die ursprünglich abgelehnte Aufforderung, jetzt im Anschluß an meinen Urlaub in Zürich vor der dortigen Handelskammer und dem Verein für Sozial-Politik[999] zu sprechen, zurückzukommen und stehe mit Herrn Loeb[1000] in Verhandlung darüber, ob sich das für den 5. Februar einrichten läßt.[1001] Ein anderer Tag käme nicht in Frage, da die Vorträge immer Mittwochs statt finden. Ich müßte dann einige Tage länger fortbleiben, als ich beabsichtigt und mit Ihnen verabredet hatte u[nd]. auch die Beschattung des Urlaubs durch die Vorbereitung des Vortrages in Kauf nehmen. Herr Wassermann[1002] war mit mir der Ansicht, daß dessen Abhaltung nützlich wäre. Ich würde über die Fusion unserer Banken, ihren Anlaß, ihre Auswirkung und damit zusammenhängende allgemeine wirtschaftliche Fragen sprechen und dabei reichlich und zwanglos Gelegenheit haben der inkriminierenden Artikel des Journal of Commerce zu gedenken.

Wir werden mit Herrn Goldschmidt nicht eher zu einem vernünftigen Verhältnis kommen, als bis wir zum Angriff übergehen. Er hat jegliches Augenmaß verloren

---

996 Briefpapier «Suvretta House St. Moritz», 2 Blätter in der Mitte gefalzt, vierseitig eigenhändig beschrieben, Paraphe von Oscar Schlitter mit Datierung vom «31/1.[19]30.» und Registraturvermerk «abg.[elegt] 11/2.[19]30.», in: HADB, P24362, Bl. 1–2.
997 In dem Artikel spekulierte der Autor, die im Oktober 1929 fusionierte Deutsche Bank und Disconto-Gesellschaft sei möglicherweise zu groß und zu bürokratisch, um wirtschaftlich arbeiten zu können, und werde möglicherweise aus 2 plus 2 nicht 4, sondern 3 machen. Zugleich lobte der Artikel Jakob Goldschmidt in den höchsten Tönen. Siehe dazu: Feldman, Die Deutsche Bank vom Ersten Weltkrieg bis zur Weltwirtschaftskrise, in: Deutsche Bank 1870–1995, S. 271.
998 Gemeint ist Powys Greenwood.
999 Gemeint ist der Verein für Socialpolitik.
1000 Gemeint ist Gustav R. Loeb.
1001 Solmssen hielt zum vorgesehenen Termin den Vortrag: Entwicklungstendenzen und weltwirtschaftliche Aufgaben der deutschen Großbanken. Vortrag, gehalten in Zürich am 5. Februar 1930 auf Einladung der Deutschen Handelskammer in der Schweiz, Berlin 1930.
1002 Gemeint ist Oscar Wassermann.

und kann nur durch das Gegentheil von Freundlichkeit von seinem Größenwahn kuriert werden.
Hier ist seit einigen Tagen herrliches Wetter, so herrlich, dass ich mir auch wieder die Skis angeschnallt habe. Meine Frau wird hoffentlich in dieser Woche zu uns stoßen und unseren Rekonvaleszenten mitbringen.
Mit vielen Grüßen an Sie und die Kollegen und der Bitte, Ihrer verehrten Gattin empfohlen zu werden
Freundschaftlichst der Ihrige
[gez.] Georg Solmssen.

Oscar Schlitter an Georg Solmssen, 31.01.1930[1003]

31. Januar 1930.

Lieber Herr Solmssen!
Ihr geschätzter Brief vom 20. d[es]. M[onats].[1004] war während meiner Abwesenheit hier eingetroffen und infolgedessen vom Kollegen Wassermann[1005] beantwortet worden.
Ich war in den letzten 10 Tagen in furchtbarer Hetze, fühle mich sehr abgespannt und sehne mich nach Erholung und nach der Sonne des Engadins. Morgen 4,20 Uhr fahre ich hier ab und treffe mit meiner Frau Sonntag mittag 12,25 Uhr in Pontresina ein, wo wir im Schlosshotel wohnen. Da Sie am 5. Februar Ihren Vortrag in Zürich halten, werden Sie wohl schon am 3. oder 4. Februar dorthin abreisen. Ich werde vom Schlosshotel bei Ihnen im Suvretta House jedenfalls einmal anrufen.
Ich hoffe, dass Sie und die Ihrigen weiterhin gutes Wetter hatten und Sie sich recht erholt haben.
Anbei sende ich Ihnen Abdruck eines Rundschreibens[1006], das ich heute früh in meiner Eigenschaft als Aufsichtsratsmitglied von S. & H.[1007] erhalten habe. Der Inhalt dürfte Sie sehr interessieren. Sie werden ihm entnehmen, dass ein auch von Ihnen als erstrebenswert angesehenes besseres Verhältnis zwischen S. & H. und A.E.G.[1008] jetzt angebahnt ist, allerdings auf einem anderen Wege als wir dachten. Wir können aber sehr zufrieden mit der Entwicklung der Angelegenheit sein.
Mit vielen Grüssen, auch von meiner Frau und an Ihre verehrte Frau Gemahlin, verbleibe ich freundschaftlichst
der Ihrige

1003 1 Blatt, Vorderseite maschinenschriftlich beschrieben, ohne Unterschrift, in: HADB, P24362, Bl. 3.
1004 Solmssen an Schlitter 20.1.1930, in: HADB, P24362; hier abgedruckt.
1005 Gemeint ist Oscar Wassermann.
1006 Anlage ist nicht vorhanden.
1007 Gemeint ist Siemens & Halske.
1008 Gemeint ist die Allgemeine Electricitäts-Gesellschaft.

Aktenvermerk Georg Solmssens, 24.02.1930[1009]

4n[örenberg] 24.2.[19]30.
Aktenvermerk.
Aufsichtsrat Gesfürel.[1010]
Elektricitätswerk Südwest A.G.

Im Anschluß an die Konsortialbesprechung, die Herr Oliven[1011] zur Erörterung des aus der Anlage ersichtlichen Geschäftes[1012] für den 22. Februar einberufen hatte, fand eine Besprechung der Quotenfrage statt, an der außer mir selbst die Herren Herbert Gutmann, Bodenheimer[1013], Sintenis[1014] in Vertretung von Herrn Jeidels[1015], und Kritzler[1016] teilnahmen.
Ich habe den Herren erklärt, daß ich nicht mein Einverständnis dazu geben könne, daß eine Diskussion über die Frage stattfinde, ob die Schaaffhausen-Quote in Höhe von 1/6 uns zufalle, da dies eine Selbstverständlichkeit wäre. Es sei anerkanntes Prinzip, daß die Quoten dem übernehmenden Institut zuwachsen, vorausgesetzt, daß dadurch nicht seine Quote höher als die der Führung werde. Da wir Führer des Konsortiums seien, läge also nicht der geringste Anlaß vor, die Frage, wem die Schaaffhausen-Quote gebühre, zu erörtern; ebenso wenig könne unseres Erachtens unser Vorsitz im Aufsichtsrat der Gesfürel Gegenstand von Diskussionen sein. Wir seien durchaus bereit, alle durch die Fusion Deutsche Bank und Disconto-Gesellschaft entstandenen Quotenfragen in loyaler Weise zu erörtern und dächten nicht daran, Ansprüche zu stellen, welche sich nicht rechtfertigen ließen; wir müßten uns aber ebenso entschieden dagegen verwahren, daß sich gleichsam eine Phalanx gegen uns bilde, welche bei jeder Gelegenheit versuche, uns Schwierigkeiten zu bereiten. Wenn in dieser Weise fortgefahren werde, sei das notwendige Ergebnis, daß es zu einem Kampf kommen müsse, bei dem beide Teile schlechte Geschäfte machen würden, weil wir alsdann dazu übergehen würden, eine Neuregelung der Quoten auf grund der Leistungsfähigkeit der Beteiligten anzustreben.
Herr Herbert Gutmann erwiderte, daß man durchaus nicht die Absicht habe, uns Schwierigkeiten zu machen, daß aber in dem vorliegenden Falle jedenfalls seine Bank[1017] den Anspruch stellen müsse, den Wechsel im Aufsichtsratsvorsitz und die

---

1009 Presskopie, 4 Blätter, 4 Vorderseiten maschinenschriftlich beschrieben, nummeriert ab der zweiten Seite, handschriftlicher Vermerk «Orig[inal]. Elektr[icitäts]. Werk Südwest im Sekretariat», in: HADB, P141, Bl. 13–16.
1010 Gemeint ist die Gesellschaft für elektrische Unternehmungen – Ludwig Loewe & Co. AG.
1011 Gemeint ist Oskar Oliven.
1012 Anlage: Vorstand der Deutschen Bank und Disconto-Gesellschaft (Solmssen, Frank) an den Vorstand der Gesellschaft für elektrische Unternehmungen – Ludwig Loewe & Co., 24.2.1930, in: HADB, P141, Bl. 17–21. Bei dem erwähnten Geschäft handelte es sich um einen Vorschuss für die Stadt Berlin gegen Verpfändung von Aktien der Elektricitätswerk Südwest AG.
1013 Gemeint ist Siegmund Bodenheimer.
1014 Gemeint ist Gustav Sintenis.
1015 Gemeint ist Otto Jeidels.
1016 Gemeint ist Ernst Kritzler.
1017 Gemeint ist die Dresdner Bank.

wechselnde Konsortialführung mit uns zu vereinbaren. Die Disconto-Gesellschaft sei durch die Fusion untergegangen und ihre Quote falle dementsprechend ins Freie. Er verhehle nicht, daß er selbst, weil er seine Auffassung von anfang an vertreten habe, mit die treibende Kraft gewesen sei, um bei dem in Verbindung mit der Beleihung der Elektricitätswerk Südwest AG. mit der Stadt Berlin abgeschlossenen Vorschußgeschäft, die Gesfürel zu veranlassen, sich an die Spitze zu stellen, weil er damals bereits Herrn Oliven erklärt habe, daß er sich unserer Führung nicht mehr unterwerfen wolle.

Was den Aufsichtsratsvorsitz betreffe, so würde, so lange Herr Dr. Salomonsohn[1018] diesen Posten wahrnehme, in anbetracht der Vergangenheit kein Anspruch auf einen Wechsel im Vorsitz gestellt werden, mit seinem Austritt würde dieser Anspruch aber erhoben werden.

Herr Bodenheimer schloß sich mehr oder weniger, aber nicht allzu energisch diesen Ausführungen an, während die Herren Sintenis und Kritzler sich mehr passiv verhielten. Die Unterhaltung, die in durchaus freundschaftlicher Weise geführt wurde, endete damit, daß ich erklärte, es habe keinen Zweck weiter zu diskutieren, da jeder Teil unvereinbare Ansichten vertrete; es wäre daher wohl besser, diese Unterhaltung abzubrechen.

Zu dieser Haltung veranlaßte mich auch insbesondere der Umstand, daß die im Gange befindlichen Verhandlungen Gesfürel – Licht & Kraft[1019] in den nächsten Tagen weiter gehen und ich für angebracht halte, diese Gelegenheit zu benutzen, um die Frage durchzuhauen.

Auch Herr Dr. Salomonsohn, mit dem ich die Frage gestern besprochen habe, teilt durchaus meinen Standpunkt, daß wir unbedingt fest bleiben und Herrn Oliven sagen müssen, er habe zu erklären, mit wem er gehen wolle. Die Deutsche Bank und Disconto-Gesellschaft müsse unter Umständen das Licht und Kraft-Geschäft scheitern lassen, um zu zeigen, daß sie sich nicht derart majorisieren lasse.

Eine Lösung könnte vielleicht in der Weise gefunden werden, daß wir der Dresdner Bank erklären, wir seien in diesem Falle bereit, wenn eine völlige Neuregelung der Quoten erfolge, die der Placementskraft der einzelnen Beteiligten entspräche, und in Anerkennung ihrer Mitgründerstellung bei Gesfürel, uns dazu zu verstehen, ihr die gleiche Quote wie wir sie selbst fordern, zuzubilligen und ihr auch zuzusagen, daß wir ihr Recht auf den ersten stellvertretenden Vorsitz für die weitere Zukunft anerkennen. Die Folge würde sein, daß die Berliner Handels-Gesellschaft und S. Bleichröder erheblich herabgesetzt werden müßten, was an sich durchaus gerecht wäre. Der Danatbank[1020] müsste bei dieser Gelegenheit natürlich auch eine etwas höhere Quote gegeben werden.

Berlin, den 24. Februar 1930.
[gez.] Solmssen.

1018 Gemeint ist Arthur Salomonsohn.
1019 Gemeint ist die Berliner Kraft- und Licht-AG.
1020 Gemeint ist die Darmstädter und Nationalbank.

Aktenvermerk Georg Solmssens, 05.03.1930[1021]

4n[örenberg]/Z[ingle]r.   5.3.[19]30.
Aktenvermerk.
Gesfürel[1022]. Elektricitätswerk Südwest

Ich erhielt am 3. d[es]. M[onats]. den Besuch von Herrn Herbert Gutmann zur Besprechung der Regelung des Verhältnisses unserer beiden Banken[1023] zur Gesfürel. Ich habe Herrn Gutmann angeboten, dass wir die Dresdner Bank zur gemeinschaftlichen Führung zulassen wollten, für uns aber die dauernde Federführung in Anspruch nehmen müssten. Herr Gutmann blieb dabei, diese Regelung nicht anerkennen zu können, und forderte abwechselnde Federführung, erklärte sich aber damit einverstanden, dass wir anträten. Die Federführung des Geschäftes, welches eine der beiden Banken bringt, soll ihr obliegen.

Ich habe in Verfolg dieser Unterhaltung gestern mit Herrn Oliven[1024] Rücksprache genommen, der bereits sehr unruhig war, weil, obgleich sich inzwischen der Magistrat der Stadt Berlin zum Verkauf der Aktien der Elektricitätswerk Südwest A.G. entschlossen hat, noch keine Konsortialbindung unsererseits vorliege. Herr Oliven drang dementsprechend darauf, dass die Angelegenheit ungesäumt erledigt werde, und wies immer wieder darauf hin, dass, wenn die beiden Banken sich nicht verständigen könnten, die Gesfürel das Konsortium selbständig weiterführen und diejenigen Banken zuziehen würde, welche sich bereit erklärten, die von Gesfürel angebotene Stellung im Konsortium anzunehmen. Andererseits sei er, wenn eine Verständigung zwischen uns und der Dresdner Bank stattfinde, durchaus bereit, uns die Führung auch des Südwest[1025]-Konsortiums zu übertragen.

Es lag mir sehr daran, die Führung der Gesfürel zu beseitigen, weil durch dieselbe ein Präzedenzfall geschaffen wurde, der in anderen Fällen sehr unbequem hätte werden können. Nach langem Hin und Her und verschiedenen Telephongesprächen mit der Dresdner Bank, bei denen Herr Oliven sich auf den Standpunkt stellte, dass die Forderung der Dresdner Bank auf abwechselnde Federführung kein Hindernis für die Verständigung bieten dürfe, während die Dresdner Bank ihrerseits darauf hinwies, dass sie selbst zu uns bereits ein analoges Verhältnis bei dem Konsortium Orenstein & Koppel habe, habe ich schliesslich, da nicht weiter zu kommen war und die Verhandlungen nicht zum Scheitern kommen durften, mich damit einverstanden erklärt, dass abwechselnde Federführung einträte, aber

---

1021 Presskopie, 2 Blätter, 2 Vorderseiten maschinenschriftlich beschrieben, zweite Seite nummeriert, handschriftlicher Vermerk «Original im Sekretariat», Stempel «Duplikat» und «Kartothek», in: HADB, P141, Bl. 27f.
1022 Gemeint ist die Gesellschaft für elektrische Unternehmungen – Ludwig Loewe & Co. AG.
1023 Gemeint sind die Deutsche Bank und Disconto-Gesellschaft und die Dresdner Bank.
1024 Gemeint ist Oskar Oliven.
1025 Gemeint ist die Elektricitätswerk Südwest AG.

die ausdrückliche Bestätigung des Herrn Oliven verlangt, dass, wenn das Licht & Kraft[1026]-Geschäft zustandekäme, dieses und die damit zusammenhängenden Transaktionen nicht unter diese Abmachung fielen. Herr Oliven hat in Abwesenheit des verreisten Herrn Herbert Gutmann in meiner Gegenwart Herrn Nathan[1027] telephonisch erklärt, dass die Gesfürel diese unsere Forderung als durchaus berechtigt ansähe und er verlangen müsse, dass die Dresdner Bank dieselbe akzeptiere. Dementsprechend habe ich Herrn Oliven unsere Beteiligung an dem Elektricitätswerk Südwest-Konsortium bestätigt.
Berlin, den 5. März 1930.
[gez.] Solmssen.

Ernst Bail an Georg Solmssen, 29.04.1930[1028]

29.4.[19]30.

Lieber Herr Solmssen!
Unter Bezugnahme auf meine wiederholten Besprechungen mit Ihnen wegen des «Volkswirtschaftlichen Aufklärungsdienstes», der von namhaften Industrieverbänden und dem Deutschen Landwirtschaftsrat gegründet, sich zum Ziele gesetzt hat, die Einfuhr entbehrlicher Auslandswaren zu bekämpfen, gestatte ich mir ergebenst, Ihnen Folgendes mitzuteilen:
Der «Volkswirtschaftliche Aufklärungsdienst» beabsichtigt, in aller Kürze mit einem Aufruf zum Beitritt an 5 – 6000 Persönlichkeiten der Wirtschaft heranzutreten. Der Aufruf wird unterzeichnet werden von etwa 50 – 60 namhaften Persönlichkeiten, die im einzelnen in Zusammenarbeit mit dem Reichsverband der Deutschen Industrie, dem Industrie- und Handelstag, dem Deutschen Landwirtschaftsrat und anderen Spitzenverbänden festgestellt wurden. Von Mitgliedern des Reichsverbandes der Deutschen Industrie haben bereits folgende Herren ihre Unterschrift geg[e]ben:
Geheimrat Prof. Dr. Duisberg[1029], M[itglied].d[es].R[eichs].W[irtschafts].R[ats]., Leverkusen
Abraham Frowein, M[itglied].d[es].R[eichs].W[irtschafts].R[ats]., Elberfeld
Fabrikbesitzer Heinz Rosenberger, Langenbielau / Schles[ien].
Cl. Lammers[1030], Berlin
Dr. Franz Kantorowicz, Charlottenburg

1026 Gemeint ist die Berliner Kraft- und Licht-AG.
1027 Gemeint ist Henry Nathan.
1028 Briefpapier «Geheimer Oberregierungsrat Bail / Berlin-Nikolassee, den / Gerkrathstr. 7», 1 Blatt, Vorder- und Rückseite maschinenschriftlich beschrieben, handschriftlicher Vermerk «b[eantwor-
te]t. 3/5.[1930]», Paraphen von Georg Solmssen und Elisabeth Nörenberg, in: RWWA, Abt. 39, Nr. 1, Fasz. 8.
1029 Gemeint ist Carl Duisberg.
1030 Gemeint ist Clemens Lammers.

Generaldirektor Kommerzienrat W. Sobernheim[1031], Berlin.
Geheimer Kommerzienrat Carl Jordan, Kolbermoor / Oberbayern.
Von Seiten der Landwirtschaft werden voraussichtlich die Führer der «Grünen Front»[1032] unterzeichnen.
Auch die Führer der Christlichen Gewerkschaften[1033] haben ihre Unterschrift zugesagt; mit führenden Persönlichkeiten aus anderen Gewerkschaftskreisen stehen wir noch in Verhandlungen. Die Christlichen Gewerkschaften haben vor einigen Tagen beschlossen, dem «VA»[1034] beizutreten und den Kampf gegen die Einfuhr entbehrlicher Auslandswaren nachdrücklich zu unterstützen.
Wir würden es besonders begrüssen, wenn Sie, der Sie seit langer Zeit als Bahnbrecher für die Aufgaben sich eingesetzt haben, denen unsere Arbeit dienen soll, den beiliegenden Aufruf mit unterzeichnen würden.
Mit besten Grüssen
Ihr Ihnen sehr ergebener
[gez.] Bail

Georg Solmssen an Ernst Bail, 03.05.1930[1035]

Lieber Herr Bail,
Nach einer kurzen Reise zurückgekehrt, finde ich Ihren Brief vom 29. April. Ich bin gern damit einverstanden, dass Sie meinen Namen unter den geplanten Aufruf des «Volkswirtschaftlichen Aufklärungsdienstes» setzen.
Wir ziehen heute wieder nach Schwanenwerder, und ich hoffe, Sie dort zu begrüssen, um in Ruhe diese Angelegenheit mit Ihnen zu besprechen. Mit der Bitte, Ihrer werten Gattin bestens empfohlen zu werden, und mit freundlichem Gruss bin ich
Ihr stets sehr ergebener
[gez.] Solmssen.

Herrn Geheimer Oberregierungsrat Bail,
Berlin-Nikolassee
Gerkrathstr. 7.

1031 Gemeint ist Walter Sobernheim.
1032 Die «Grüne Front» hatte sich im Februar 1929 als eine parteiübergreifende Interessenvertretung der Bauern gebildet, um u. a. handelspolitische Ziele und Preiserhöhungen landwirtschaftlicher Produkte zu erreichen. Siehe Stephanie Merkenich, Grüne Front gegen Weimar. Reichs-Landbund und agrarischer Lobbyismus 1918–1933, Düsseldorf 1998, S. 256–266.
1033 Gemeint ist der Gesamtverband der christlichen Gewerkschaften Deutschlands.
1034 Gemeint ist der Volkswirtschaftliche Aufklärungsdienst.
1035 Presskopie, 1 Blatt, Vorderseite maschinenschriftlich beschrieben, Paraphen von Georg Solmssen und Elisabeth Nörenberg, in: RWWA, Abt. 39, Nr. 1, Fasz. 8.

Aktenvermerk Georg Solmssens, 05.05.1930[1036]

4/Sl
Aktenvermerk.

Mr. Sterling McKittrick, Mr. John M. Lovejoy und Herr Edgar Sommer kamen am 3. d[es]. M[ona]ts., um in Fortsetzung der mit Harriman[1037] am 5. April geführten Unterhaltung über das Ergebnis der inzwischen von Mr. Lovejoy vorgenommenen Untersuchungen zu sprechen. Mr. Lovejoy teilte mit, dass er sich davon überzeugt habe, dass die von uns von Anfang an vertretene Auffassung, dass es zwecklos sei, weitere Petroleum-Terrains in Hannover zu erwerben, durchaus zutreffe. Er habe entsprechend Mr. Harriman telegrafiert und werde nunmehr einen neuen Plan ausarbeiten, den er mit uns und Herrn Middendorf[1038] nach dessen Rückkehr besprechen werde.
Berlin, den 5. Mai 1930.
[gez.] Solmssen.

Aktenvermerk Georg Solmssens, 09.05.1930[1039]

4/Z[ingle]r.
Aktennotiz.
Deutsche Grundcredit-Bank, Gotha.

In einer heute auf Veranlassung der Dresdner Bank unter Vorsitz des Herrn Reichsbankpräsidenten Luther[1040] in der Reichsbank abgehaltenen Sitzung, an der ausser Herrn Vizepräsident Dreyse[1041] teilnahmen von unserer Seite der Unterzeichnete und Herr Dr. Kessler[1042] und von der Dresdner Bank die Herren Nathan[1043] und Dr. Israel[1044], wurde die Angelegenheit Deutsche Grundcredit-Bank, Gotha, eingehend erörtert.
Ich habe aus unseren sämtlichen Beschwerden, die wir aus Anlass dieser Angelegenheit gegen die Dresdner Bank vorbringen mussten, kein Hehl gemacht und die

---

1036 Hektographie, 1 Blatt, Vorderseite maschinenschriftlich beschrieben, Stempel «Generalsekretariat», «Vorlage», «Kop[ie].» und «Kartothek», handschriftliche Vermerke «88», «Herrn Dr. Mojert», «Petroleumvorkommen Deutschland / Harriman Projekt / Sekr[etariat].» und Wiedervorlagedaten «10.5., 20.5., 30.5., 15.6, 30.6.[1930]», Paraphe von Paul Mojert, in: HADB, S1627.
1037 Gemeint ist William Averell Harriman.
1038 Gemeint ist Ernst Middendorf.

1039 Presskopie, 3 Blätter, 3 Vorderseiten maschinenschriftlich beschrieben, nummeriert ab der zweiten Seite, handschriftlicher Vermerk «Original an Sekr[etariat]. abgegeben», in: HADB, P141, Bl. 52–55.
1040 Gemeint ist Hans Luther.
1041 Gemeint ist Friedrich Dreyse.
1042 Gemeint ist Joachim Kessler.
1043 Gemeint ist Henry Nathan.
1044 Gemeint ist Hugo Israel.

Entwicklungsgeschichte des Zusammenbruches der Bank mit allen Einzelheiten dargelegt. Ich habe ferner darauf hingewiesen, dass der Quotenstreit, den die Dresdner Bank gegen uns in schärfster Weise seit unserer Fusion führe, die Atmosphäre vergiftet und bewirkt habe, dass meine Bank unter keinen Umständen dazu bereit zu finden sei, in dem Falle Gotha ihre Beteiligung an den Garantien und Verlusten über das zugebilligte Pauschale von R[eichs]M[ark] 1 500 000 hinaus erhöhen zu lassen.

Die Quotenfrage war Gegenstand eingehender Diskussion, wobei die Dresdner Bank von der irrigen Auffassung ausging, unser ihr gestern geschriebener, in Kopie beiliegender Brief[1045] fordere von ihr eine Neuregelung der strittigen Konsortialquoten,[1046] bevor wir uns zur Leistung unseres Anteil bei Gotha verpflichten wollten.

Herr Luther stellte sich vollkommen auf unsere Seite und explizierte, dass der Wortlaut unseres Briefes keinen Anlass zu diesem Missverständnis gäbe, dass andererseits aber durchaus verständlich wäre, dass wir die Anerkennung der Dresdner Bank, dass der Quotenkampf aufhören müsse, schriftlich fixiert sehen wollten und uns nicht mit Erklärungen des Herrn Dr. Israel an Herrn Dr. Kessler zufriedengeben könnten. Es wurde vereinbart, dass wir und die Dresdner Bank die gestrigen Briefe zurückziehen, dass die Dresdner Bank aber uns einen Brief schreibt, in welchem sie feststellt, dass sie dafür eintreten und sich voll dafür einsetzen werde, eine vernünftige Regelung der Quoten der Konsortialgeschäfte herbeizuführen, wobei dem Umfange des Geschäftes der Deutschen Bank und Disconto-Gesellschaft Rechnung zu tragen sei.

Ich habe mich mit dieser Fassung, welche im wesentlichen der Forderung unseres gestrigen Briefes entspricht, einverstanden erklärt. Damit ist in den Ring der Quotengegner Bresche gelegt.

Versuche der Dresdner Bank, den Betrag unserer Leistungen zu erhöhen, habe ich abgelehnt und nur zugegeben, dass die R[eichs]M[ark] 250 000 beliebig verwandt werden könnten, eventuell, wenn nötig, auch zur Abfindung der Direktoren, dass wir aber mit diesem Verwendungszweck nichts zu tun hätten. Die einzige Konzession, die ich gemacht habe, war, dass, wenn es, um den Zweck der abzuhaltenden Fusions-Generalversamlung der Gothaer Grundcredit-Bank zu erreichen, erforderlich werden sollte, einen Bonus an die Aktionäre auszuschütten, wir an diesem Bonus, vorausgesetzt, dass er nicht mehr als 4% betrage, bis zu R[eichs]M[ark] 100 000 teilnehmen wollen, dass aber die Dresdner Bank alles tun werde, um die Ausschüttung eines solchen Bonus zu vermeiden, und dass insbesondere der Kurs der Aktien heruntergesetzt werde. Auch Herr Luther erklärte den jetzt von der Dresdner Bank mit 120% aufrechterhaltenen Kurs für viel zu hoch.

1045 Vorstand der Deutschen Bank und Disconto-Gesellschaft an den Vorstand der Dresdner Bank, 8.5.1930, in: HADB, P141, Bl. 50f.

1046 Handschriftliche Randnotiz: [Acta]«D[eu]t[sche]. Grundkred[it]. Vorverh[an]dl[ung]. z[ur]. Fusion».

Ich bin endlich bei der strikten Ablehnung verblieben, dass wir die Initiative zu ergreifen hätten, um das Konsortium Deutsche Wolle[1047] zu veranlassen, an der Bürgschaft der Hypothek der Gothaer Grundcredit-Bank teilzunehmen. Auch hierin trat mir Herr Luther bei und teilte meine Auffassung, dass die Pflicht, dies zu tun, der Dresdner Bank als Führerin des Konsortiums zur Sanierung der Gothaer Grundcredit-Bank oder allenfalls der Pfandbrief-Bank[1048] obliege. Man einigte sich schliesslich dahin, dass die Dresdner Bank die Pfandbrief-Bank veranlassen werde, das Erforderliche zu tun, und dass sie auch dafür sorgen werde, dass die Pfandbrief-Bank die Zinsen ihrer Hypothek bei Deutsche Wolle, die jetzt 11% betragen, auf ein vernünftiges Mass herabsetzt. Es scheint, dass die Hypothekenbanken jetzt infolge Ausscheidens der Meininger Hypothekenbank aus dem Sanierungs-Konsortium die Garantie vom R[eichs]M[ark] 8 000 000 nicht nur auf die Industrie-Hypotheken, sondern auf die gesamten Hypotheken erstreckt sehen wollen, dafür aber die Höchstsumme der Haftung vom R[eichs]M[ark] 8 000 000 auf R[eichs]M[ark] 7 000 000 reduzieren. Ich habe erklärt, dass ich, wenn diese Modifikation erfolge, unsere Zusage nicht ändern werde.

Am Schluss der Unterhaltung habe ich darauf hingewiesen, dass ich mich freue, dass jetzt endlich zwischen der Dresdner Bank und uns eine Aussprache über die Quotenfrage mit einem vernünftigen Ergebnis stattgefunden habe und nunmehr die vielen Hemmnisse der letzten Vergangenheit für ein friedliches Zusammenarbeiten in Ruhe beseitigt werden könnten.

Ich halte es für sehr günstig, dass diese Aussprache in Gegenwart der Herren Luther und Dreyse erfolgt ist, weil damit zugleich für die bei der Young-Anleihe zu erwartende Auseinandersetzung über die Höhe unserer Quote vorgebaut worden ist. Aus den Aeusserungen des Herrn Luther ist hervorzuheben, dass er den Wortlaut der Erklärung des Herrn Nathan, die Dresdner Bank wolle für eine «vernünftige» Quotenregelung eintreten, zu dem Hinweis benutzte, diese Zusage enthalte also das Zugeständnis, dass die bis jetzt von uns verlangte Quotenregelung nicht vernünftig sei. Als ich Herrn Nathan die Frage vorlegte, was er denn unter «vernünftiger Quotenregelung» verstehe, antwortete er z.B. nicht eine solche nach Kopfteilen, *worauf ich sagte: also nicht wie sie die Dresdner Bank bei Gesfürel[1049] forderte*[1050].

Ich habe nachdrücklich betont, dass wir jede Diskussion darüber, ob durch unsere Fusion eine Rechtsnachfolge eingetreten sei, ablehnen müssten, weil wir unter

---

1047 Gemeint ist wahrscheinlich das Konsortium der Deutschen Wollenwaren-Manufaktur AG.
1048 Gemeint ist die im März 1930 aus dem Zusammenschluss der Preussischen Centralbodenkredit-AG und der Preußischen Pfandbrief-Bank hervorgegangene Preussische Central-Bodenkredit- und Pfandbriefbank, die bereits im Dezember 1930, nach inzwischen erfolgter Übernahme der Deutsche Grundcredit-Bank, in Deutsche Centralbodenkredit-AG umbenannt wurde. Vgl. Bernd Baehring, Hundert Jahre Centralboden. Eine Hypothekenbank im Wandel der Zeiten 1870–1970, Frankfurt am Main 1970, S. 102–106.
1049 Gemeint ist die Gesellschaft für elektrische Unternehmungen – Ludwig Loewe & Co. AG.
1050 Handschriftlich eingefügt von Georg Solmssen.

keinen Umständen anerkennen könnten, dass diese Rechtsnachfolge nicht bestehe. Eine andere Frage sei es, ob wir die sich aus der Rechtsnachfolge ergebenden Quoten in voller Höhe beanspruchen wollten. Wir wären durchaus bereit, hierüber von Fall zu Fall mit uns reden zu lassen, weil auch wir das Risiko zu hoher Quoten in Betracht ziehen müssten und durchaus nicht darauf ausgingen, die übrigen Institute in die Zwangslage zu bringen, sich verglichen mit uns mit lächerlich geringen Quoten begnügen zu müssen. Das Prinzip der Rechtsnachfolge dürfe aber nicht bestritten werden.
Berlin, den 9. Mai 1930
[gez.] Solmssen.

Aktenvermerk Georg Solmssens, 04.06.1930[1051]

4n[örenberg] 4.6.[19]30.
Aktenvermerk.
Young-Anleihe.

Herr Präsident Dreyse[1052] rief mich an, um mir zu sagen, daß wir eine Einladung bekommen würden, am Donnerstag, dem 5. d[es]. M[onats]. um 4 Uhr nachmittags an einer Sitzung des engeren Ausschusses des Reichsanleihe-Konsortiums teilzunehmen. Die Sitzung werde einberufen obgleich über die Details der Anleihe noch sehr wenig bekannt sei. Eigentlich wisse man nur, daß es sich um die Uebernahme von $7.500.000 5½%iger Anleihe handele, welche den Namen tragen soll «Internationale Anleihe des Deutschen Reichs», ohne aber bereits über die näheren Modalitäten der Anleihe im Bilde zu sein. Es sei auch fraglich, ob die Details morgen schon bekannt sein würden, man halte aber eine Aussprache für erforderlich und werde auch voraussichtlich dazu schreiten müssen, morgen abend das Gesamtkonsortium zu informieren, weil der Abschluß der Anleihe am 10. d[es]. M[onats]. in Paris zu erwarten sei und die Auflegung zur öffentlichen Zeichnung für den 12. d[es]. M[onats]. geplant sei.
Herr Dreyse sagte weiter, daß er bei der Aussprache, die zwischen den Herren Luther[1053], Dreyse, Nathan[1054] und mir am 9. Mai d[es]. J[ahres]. wegen der Deutschen Grundcredit-Bank stattfand[1055], gemerkt habe, daß meine Ausführungen mit darauf zielten, unsere Quotenstellung auch für die Reichsgeschäfte vorzubereiten, und

---

1051 Presskopie, 2 Blätter, 2 Vorderseiten maschinenschriftlich beschrieben, zweite Seite nummeriert, Stempel «Kartothek», handschriftliche Vermerke «erl[edigt].» und «Orig[inal]. an Sekr[etariat].», Paraphe von Georg Solmssen, in: HADB, P141, Bl. 67f.
1052 Gemeint ist Friedrich Dreyse.
1053 Gemeint ist Hans Luther.
1054 Gemeint ist Henry Nathan.
1055 Aktenvermerk Solmssens 9.5.1930 in: HADB, P141, Bl. 52–55; hier abgedruckt.

daß er nach den Aeußerungen, die Herr Nathan in der damaligen Aussprache getan habe, annehme, daß kein Widerstand erfolgen werde, wenn sich die Reichsbank auf den Standpunkt stelle, daß die Deutsche Bank und Disconto-Gesellschaft, ebenso wie bei dem Ueberbrückungskredit, der im Dezember 1929 abgeschlossen wurde, auch jetzt die addierten Quoten der fusionierten Banken, nämlich Deutsche Bank und Disconto-Gesellschaft je 5%, Rheinische Credit-Bank und Süddeutsche Disconto-Gesellschaft A.G. je 1½%, Schaaffhausen[1056] und Nordbank[1057] je ½%, zusammen 14% zugewiesen erhielte. Diese Quote habe sich bei dem Ueberbrückungskredit um einige Prozent erhöht, weil damals einige andere Quoten ausgefallen seien und wir eingesprungen wären. Er beabsichtige, sich über dieses Thema nicht im einzelnen zu verbreiten, sondern sich darauf zu beschränken zu sagen, daß jetzt die gleiche Quotenregelung wie damals erfolgen solle.
Berlin, den 4. Juni 1930
[gez.] Solmssen.

Georg Solmssen an Ernst Feyerabend, 04.07.1930[1058]

Abschrift!
Dr. Georg Solmssen   Berlin W8, den 4. Juli 1930.
                                                Mauerstr. 35.

Sehr geehrter Herr Staatssekretär!
Ich bestätige dankend den Eingang Ihres Schreibens vom 2. Juli 1930[1059] mit dem neuen Vorschlag des Vorstandes der Transradio A.G. für drahtlosen Überseeverkehr für eine Fusion dieser Gesellschaft mit der Deutsch-Atlantischen Telegraphengesellschaft. Dieser Vorschlag läuft letzten Endes auf eine <u>gleiche Belastung des RPM</u>[1060] <u>heraus</u>[1061], wie sie der hier im Hause entwickelte Gedanke mit sich bringt, dass die DAT[1062] ¾ des Aktienkapitals von Transradio erwerben und dann mit Transradio fusionieren sollte. Doch habe ich gegen den neuen Vorschlag folgende Bedenken:
Die neue Gesellschaft würde bis zum Jahre 1952 eine Forderung an das RPM von R[eichs]M[ark] 13 000 000.–[1063] herumschleppen, die völlig unproduktiv wäre, da sie nicht verzinst werden soll. Bilanzmässig würde sich diese Forderung in einer zu

---

1056 Gemeint ist der A. Schaaffhausen'scher Bankverein.
1057 Gemeint ist die Norddeutsche Bank.
1058 Abschrift, 1 Blatt, Vorderseite maschinenschriftlich beschrieben, ohne eigenhändige Unterschrift, in: BA, R4701/10971.
1059 Dieses Schreiben ist in den Akten des Reichspostministeriums nicht vorhanden.
1060 Gemeint ist das Reichspostministerium.
1061 Handschriftliche Unterstreichung im Reichspostministerium mit Bleistift und handschriftliche Randnotiz «? falsch»
1062 Gemeint ist die Deutsch-Atlantische Telegraphengesellschaft.
1063 Handschriftliche Randnotiz im RPM mit Rotstift: «wenn R.P.M. bereit wäre, bei der neuen Gesellschaft Tilgungsfonds zu machen, wäre Verzinsung das Fragliche nur, wem die Zinsen zuwachsen, dem Fonds oder der Gesellschaft.»

hohen Bewertung der Aktiven – wie schon jetzt bei Transradio – darstellen, und Sie werden mir zugeben, dass dies ein höchst ungesunder Zustand ist.

Wie seinerzeit von den Vorständen der beiden Gesellschaften ausgerechnet wurde, besitzen die neuen Anlagen von Transradio einen Wert von R[eichs]M[ark] 11 000 000.–[1064], wenn man ein Einkommen von 9% hieraus erzielen will. Die Berechtigung zur vollen Einsetzung des Aktienkapitals bei der Fusion wird in dem Vorschlag von Transradio daraus entnommen, dass man nur geringe Abschreibungen vornehmen will, welche genügen, die Funkanlagen in 20 Jahren zu amortisieren. Dies dürfte bei der schnellen Entwicklung der Radio-Technik aber nicht genügen, und man muss meines Erachtens eine viel kürzere Amortisation[1065] der Anlagen vorsehen. Das aber wiederum führt dazu, dass die Funkanlagen den vorgesehenen Dividendenüberschuss nicht erbringen können.

Ich glaube, es ist besser, wir unterhalten uns über diese Punkte einmal mündlich im Beisein der Vorstände beider Gesellschaften, um eine Klärung herbeizuführen.

Mit verbindlichen Empfehlungen
Ihr sehr ergebener
gez. Solmssen.

Karl Pfeiffer an Georg Solmssen, 07.08.1930[1066]

Kassel, den 7. August 1930 A/S

Lieber Herr Doktor!

Heute waren die zwei Herren bei mir, die hier in Kassel eine Ortsgruppe der konservativen Volkspartei[1067] ins Leben gerufen haben, Herr Direktor v. Gündell[1068] vom Elektro-Zweckverband Mitteldeutschland und Herren Regierungsrat Heinrichs[1069] von der hiesigen Regierung[1070].

Die Herren haben in unserem Bezirk zweifellos einen sehr schwierigen Stand, da die

---

1064 Handschriftliche Randnotiz im RPM mit Rotstift: «Ertragswert!»

1065 Handschriftliche Unterstreichung im RPM mit Rotstift und handschriftliche Randnotiz, kursiv gesetzte Wörter sind unleserlich: «ich trenne zwischen ‹Amortisation› wegen Erneuerungs- und Neuanlagenbedürfnissen und Amortisation wegen Vertragsende. Ersterer muss schneller geschehen, letzterer nicht. Ersterer wird aber besorgt durch 950 000 alte Rest. *Bestände* + 529 500 neue Zuweisungen = 1.479 500.– wovon 5 –600 000 auf Instandhalt[un]g und r[un]d. 900 000 auf ‹Amortisation› verwandt werden können. Radio Austria – südamerikanische Gesellschaften nehmen ihnen 10% der Anlagewerte, d. h. Tilgung in 8–10 Jahren. – siehe beigehefteten Streifen über eigne Instandhaltung und Erneuerung *bisher […]*.»

1066 Briefpapier «KARL L. PFEIFFER / DR. PHIL. H.C. / KASSEL / SPOHRSTRASSE 1/4», 1 Blatt, Vorder- und Rückseite maschinenschriftlich beschrieben, zweite Seite nummeriert, handschriftlicher Vermerk «b[eantworte]t. 9/8 [1930] Z[ingle]r.», Paraphe von Georg Solmssen, in: RWWA, Abt. 39, Nr. 1, Fasz. 8.

1067 Gemeint ist die Konservative Volkspartei, eine von 1930 bis 1933 bestehende Absplitterung der Deutschnationalen Volkspartei.

1068 Gemeint ist Günther von Gündell.

1069 Gemeint ist Kurt Heinrichs.

1070 Gemeint ist die Bezirksregierung Kassel.

deutschnationale Volkspartei[1071] an ihrer Spitze hier einen ausserordentlich gewandten und rührigen bezahlten Geschäftsführer hat, den Ihnen durch die Parlamentsberichte wahrscheinlich schon bekannten Abgeordneten Steuer[1072]. Dieser, von Hugenberg[1073] abhängig, hat sich selbstverständlich mit dem ganzen Apparat der Partei für Hugenberg ins Zeug geworfen, sodass der Apparat restlos für diesen arbeitet. So müssen die beiden oben genannten Herren hier eine Organisation jetzt in wenigen Tagen aus dem Boden stampfen, was umso schwerer ist, als sie auch über keine Mittel verfügen.

Ich habe sie mit verschiedenen Industriellen hier in Verbindung gebracht, konnte ihnen aber begreiflicherweise als Deutsche Bank und Disconto-Gesellschaft keinerlei Zahlung in Aussicht stellen, da ich aus der letzten Sitzung des Centralverbandes[1074] über die Aufbringung des Wahlfonds und aus einer anschliessenden Besprechung mit Herrn Dr. Mosler[1075] sah, dass Sie alle Gelder zentral vergeben wollen. Die Provinz kommt dadurch in eine immer schwierigere Lage, je mehr angesehene Einzelfirmen wie die unsrige[1076], die früher nicht unerhebliche Beträge gegeben haben, verschwinden und die zentralisierten grossen Unternehmungen an ihre Stelle treten.

Ich habe mir deshalb auch Herrn Dr. Mosler gegenüber vorbehalten, auf die Frage der Bewilligung von Beiträgen seitens unseres Instituts zurückzukommen, wenn hier eine zentrale Sammlung von Industrie, Handel und Banken zustande kommen sollte. Das [...][1077] nun nicht der Fall zu sein. Da ich aber von den obigen Herren hörte, dass Sie selbst der konservativen Volkspartei beigetreten wären, schien es mir richtig, Ihnen den hiesigen Fall vorzustellen, damit Sie gegebenenfalls veranlassen könnten, dass wir zur Bewilligung eines besonderen Beitrags an die konservative Volkspartei [er]mächtigt[1078] würden, wenn nicht eine Sonderzuweisung aus dem Zentralfonds der Banken möglich ist.

Allerdings würde ich es in beiden Fällen sehr begrüssen, wenn wir die Möglichkeit bekämen, auch der hiesigen deutschen Volkspartei[1079], deren Geldlage eine schwierige ist, einen Beitrag zu geben.

Mit bestem Gruss bin ich, wie immer,
Ihr ergebener
[gez.] Karl Pfeiffer

Herrn Dr. Solmssen
Adr[essat]. Deutsche Bank und Disconto-Gesellschaft
<u>Berlin W.8</u>

1071 Gemeint ist die Deutschnationale Volkspartei (DNVP).
1072 Gemeint ist Lothar Steuer.
1073 Gemeint ist Alfred Hugenberg.
1074 Gemeint ist der Centralverband des Deutschen Bank- und Bankiergewerbes.
1075 Gemeint ist Eduard Mosler.
1076 Gemeint ist das Bankhaus L. Pfeiffer.
1077 Textverlust durch Überklebungen.
1078 Textverlust durch Überklebungen.
1079 Gemeint ist die Deutsche Volkspartei (DVP).

Georg Solmssen an Karl Pfeiffer, 09.08.1930[1080]

Lieber Herr Pfeiffer,
Ich bestätige den Empfang Ihres Briefes vom 7. d[es]. M[onat]s.[1081], bitte Sie aber, wegen der in Frage stehenden Angelegenheiten mit Herrn Rechtsanwalt Bernstein[1082] direkt zu verhandeln, der die hierfür massgebende Stelle ist.
Die Ansicht, dass ich der konservativen Volkspartei beigetreten sei, beruht auf einem Irrtum. Ich habe in dieser Beziehung noch keine Entscheidung getroffen.
Mit freundlichen Grüssen
der Ihrige
[gez.] Solmssen.

Herrn Dr. phil. h.c. Karl L. Pfeiffer,
Kassel,
Spohrstr. 1/4.

Georg Solmssen an Hans Bielschowsky, 12.08.1930[1083]

4n[örenberg]   12. August 1930.

Sehr geehrter Herr Bielschowsky,
Ich beehre mich, Ihnen mitzuteilen, dass Herr Staatssekretär Feyerabend[1084] mir auf mein ihm nach Nauheim gesandtes Ersuchen heute schreibt, dass er Herrn Ministerialdirektor Dr. Kruckow[1085] gebeten habe, in der Transradio[1086] und Deutsch-Atlantische Telegraphengesellschaft betreffenden Angelegenheit vorläufig keine entscheidenden Schritte zu tun. Herr Feyerabend ist bereit, die Angelegenheit nochmals zu erörtern. Er schreibt:
«... Ich kann Ihnen freilich nicht verhehlen, dass die ausserordentliche Ueberspannung der Forderungen für die neue DAT[1087] in dem ersten Vorschlage der beiden Gesellschaften, an denen Ihr eigener Verbesserungsvorschlag nichts Grundsätzliches ändert, bei den massgebenden Stellen der DRP[1088] von vornherein jede Hoffnung auf eine befriedigende Regelung der Fusion der beiden Gesellschaften zer-

---

1080 Presskopie, 1 Blatt, Vorderseite maschinenschriftlich beschrieben, Paraphe von Georg Solmssen, in: RWWA, Abt. 39, Nr. 1, Fasz. 8.
1081 Pfeiffer an Solmssen 7.8.1930, in: RWWA, Abt. 39, Nr. 1, Fasz. 8; hier abgedruckt.
1082 Gemeint ist Otto Bernstein.
1083 Briefkopf «Dr. GEORG SOLMSSEN / BERLIN W8 / Mauerstraße 35», 2 Blätter, 2 Vorderseiten maschinenschriftlich beschrieben, zweite Seite nummeriert, Stempel «Kop[iert].», in: BA, R4701/10971. Wie dieses Originalschreiben in die Beiakten von Staatssekretär Bredow vom Reichspostministerium gelangte, geht aus den Akten nicht hervor.
1084 Gemeint ist Ernst Feyerabend.
1085 Gemeint ist August Kruckow.
1086 Gemeint ist die Transradio AG für drahtlosen Überseeverkehr.
1087 Gemeint ist die Deutsch-Atlantische Telegraphengesellschaft.
1088 Gemeint ist die Deutsche Reichspost.

stört hat und dadurch den einzig noch möglichen Gedanken der Uebernahme von Transradio durch die DRP stark in den Vordergrund gedrängt hat. ...»
Ich hoffe, dass es mir gelingen wird, Herrn Feyerabend von dieser Auffassung abzubringen. Es wird aber erforderlich sein, mit grösster Vorsicht zu Werke zu gehen, um die sozialisierenden Ideen des Reichspostministeriums zum Stillstand zu bringen. Ich bitte Sie, mich hierbei freundlichst zu unterstützen.
Indem ich mir vorbehalte, nach meiner Rückkehr von meinem Urlaub auf die Angelegenheit zurückzukommen, verbleibe ich
in vorzüglicher Hochachtung
Ihr sehr ergebener
[gez.] Solmssen.

Herrn Direktor Bielschowsky,
Mitglied des Vorstandes der
Transradio A.G. für drahtlosen
Uebersee-Verkehr,
<u>Berlin SW 11.</u>
Hallesches Ufer 12/13.

Aktenvermerk Elisabeth Zinglers an Georg Solmssen, 09.09.1930[1089]

<u>Herrn Dr. Solmssen.</u>
Auf Veranlassung von Herrn Minister Hamm[1090] rief heute Herr Dr. Kempner[1091] (Mendelssohn & Co.) wegen des geplanten Wahlaufrufs an, unter den man auch Ihren Namen hat setzen wollen (das betr[effende]. Schreiben[1092] sandte ich Ihnen am letzten Freitag ein). Herr Dr. K[empner]. sagte mir, dass von den befragten 170 Persönlichkeiten alle Antworten bis auf Ihre und die Herrn Wassermanns[1093] eingegangen wären, und bat mich, Ihren Entscheid eventuell telegraphisch einzuholen. Als ich ihm dann aber auf seine Frage, ob ich dieses Schreiben gesehen hätte, erwiderte, dass ich Ihnen den Brief umgehend nachgesandt hätte, meinte er, dann wohl mit einer Absage rechnen zu können.[1094]
Berlin, den 9.9.[19]30
[gez.] Z[ingle]r.

1089 1 Blatt, Vorderseite maschinenschriftlich beschrieben, Paraphe von Elisabeth Nörenberg, handschriftliche Vermerke «a[d] a[cta]» und «Anf[rage] erl[edigt] 15/9 [1930] Z[ingle]r.», in: RWWA, Abt. 39, Nr. 1, Fasz. 8.
1090 Gemeint ist Eduard Hamm.
1091 Gemeint ist Paul Kempner.
1092 Dieses Schreiben ist nicht überliefert.

1093 Gemeint ist Oscar Wassermann.
1094 Handschriftliche Randnotiz Solmssens: «Ich bitte, Herrn Dr. Kempner ferner mitzuteilen, daß ich auf einer Reise war als der Brief eintraf, sodaß meine Antwort zu dem vorgeschriebenen Termin nicht mehr eintreffen konnte. Ich habe deshalb eine Äußerung, die sonst zustimmend gelautet haben würde, unterlassen. S[olmssen].»

Georg Solmssen an Bernhard Harms, 17.10.1930[1095]

4n[örenberg]   17. Oktober 1930

Sehr geehrter Herr Professor,
Mein heutiger Anruf erfolgte, um mit Ihnen eine mündliche Aussprache zu folgendem Zweck zu verabreden:
Die National-Sozialistische Partei des Reichstages hat in den letzten Tagen dem Reichstag Anträge überreicht, welche wesentliche Teile des Wirtschaftsprogramms dieser Partei, insbesondere auf dem Gebiet des Bank- und Kreditwesens zu verwirklichen suchen. So lange die Partei nur aus einer geringen Mitgliederzahl bestand, konnte und durfte die Oeffentlichkeit achtlos an ihr vorübergehen. Nachdem die Partei nunmehr zu einem Faktor im politischen Leben geworden ist, dessen Betätigung sich bereits in schädlichster Weise als beunruhigendes Element in der gesamten Kapitalwirtschaft des Inlandes wie in dem Vertrauen, das das Ausland uns entgegenbringt, zu äußern beginnt, geht es nicht länger an, daß die für die Wirtschaft verantwortlichen Teile des Volkes diesem Treiben mit gefalteten Händen zusehen.
Ich habe in meiner Eigenschaft als Mitglied des Präsidiums des Centralverbandes des Deutschen Bank- und Bankiergewerbes die Angelegenheit mit dem Reichsbankpräsidenten, Herrn Dr. Luther[1096], besprochen und festgestellt, daß Herr Dr. Luther meine Auffassung vollkommen teilt und dringend warnt, etwa zu glauben, daß diese Dinge sich von selbst zurecht ziehen werden, wenn man nichts tut. Herr Dr. Luther ist gleich mir der Auffassung, daß das Bürgertum alle Kräfte anspannen muß, um der Aussaat unsinniger Ideen, wie sie in dem Programm der Nationalsozialisten enthalten sind, energisch entgegenzutreten. Die Partei selbst ist offenbar bestrebt, ihr als unabänderlich bezeichnetes Programm möglichst geheim zu halten und es ist gegenwärtig tatsächlich schwer, Abdrucke dieses Programms zu erhalten.[1097] Ich weiß nicht, ob Sie selbst das Programm bereits gelesen haben. Wenn nicht, würde ich Sie bitten, solches zu tun, insbesondere die Erläuterungen des Programms durch Herrn Feder[1098] einer Durchsicht zu unterziehen.
Ich sehe vollkommen ab von den antisemitischen Aeußerungen der Partei, weil sie sich selbst totlaufen müssen, sondern betrachte es als ausreichend, aber auch als notwendig, daß der Widerstand gegen die wirtschaftlichen Erklärungen erfolgt, damit die Oeffentlichkeit, die zum Teil aus ganz anderen Motiven der Partei nachläuft, den Unsinn, dessen Verwirklichung erstrebt wird, in vollem Umfange erkennt. Ich bin mit Herrn Dr. Luther darin einig, daß sowohl der Centralverband wie die Reichsbank einen Fehler begehen würden, wenn sie sich in irgendwelcher Weise

---

1095 Presskopie, 3 Blätter, 3 Vorderseiten maschinenschriftlich beschrieben, nummeriert ab der zweiten Seite, handschriftlicher Vermerk Solmssens «Streng Vertraulich!», in: HADB, B198, Nr. 27. Siehe dazu Münzel, Die jüdischen Mitglieder der deutschen Wirtschaftselite, S. 206.

1096 Gemeint ist Hans Luther.
1097 Gemeint ist das 25−Punkte-Programm der NSDAP vom 24.2.1920.
1098 Gemeint ist Gottfried Feder.

gegen die Verstaatlichungsanträge des Bankgewerbes und den damit zusammenhängenden Forderungen der Aufhebung der Schuldknechtschaft usw. in der Oeffentlichkeit wendeten. Herr Dr. Luther hält es aber für notwendig, daß die deutsche Wissenschaft in einer groß angelegten Erklärung sich zum Protest gegen eine weitere Propagierung dieser Ideen erhebt und die nachteiligen Folgen, welche die Pläne der Nationalsozialisten auf das Vertrauen zur deutschen Geldwirtschaft ausüben müssen, darlegt. Herr Dr. Luther denkt dabei an eine Aeußerung ähnlicher, aber intensiverer Art, wie sie grade jetzt seitens der deutschen Wissenschaftler zu den Hinrichtungen von russischen Wissenschaftlern erfolgt ist.

Wir sind übereingekommen, daß ich an Sie mit dem Ersuchen herantrete, sich an die Spitze einer solchen Bewegung zu stellen und sie organisatorisch aufzuziehen. Wir würden Ihnen hierbei nach jeder Richtung zur Seite stehen.

Herr Dr. Luther entwickelte des weiteren die Idee, daß die Friedrich List Gesellschaft eventuell eine öffentliche Diskussion dieser Fragen veranlassen sollte, um dadurch die sogenannten Köpfe der Nationalsozialisten zu zwingen, Farbe zu bekennen und ihre Thesen vor einem sachverständigen Forum zu verfechten. Er wollte diese Frage mit Ihnen in seiner Eigenschaft als Mitglied des Vorstandes der Friedrich List Gesellschaft noch erörtern und ich bitte Sie daher, sich dieserhalb mit ihm in Verbindung zu setzen.

Ihren Nachrichten entgegensehend, verbleibe ich mit verbindlichen Grüßen
in steter Wertschätzung
Ihr sehr ergebener
[gez.] Solmssen.

Herrn Professor Dr. Harms,
Universität,
<u>Kiel.</u>

Adolf von Batocki-Friebe an Georg Solmssen, 27.10.1930[1099]

Wosegau b[ei]. Cranz (Ostpr[eußen].) den 27. Oktober 1930

Sehr verehrter Herr Dr. Solmssen.
Ich bitte Ihre Aufmerksamkeit auf beiliegenden Aufsatz[1100] lenken zu dürfen. Ich erhielt nach meiner Beobachtung im Lande die Auffassung, dass ein feindseliges

---

1099 Original, 1 Blatt, Vorder- und Rückseite maschinenschriftlich beschrieben, Stempel: «Kopie gesandt an» mit handschriftlichem Vermerk: «H[errn]. Bernstein / 29/10.[1930] Z[ingle]r.», handschriftliche Vermerke «Anl[age].: «Ring» Heft 43 / 3. Jahrg[ang]. S. 741 / a. / H[errn]. Bernstein ges[andt]. / 29/10.[1930] Z[ingle]r.» und «b[eantworte]t. 29/10 [1930] Z[ingle]r.», Paraphe von Elisabeth Nörenberg, in: HADB, B198, Nr. 27, Presskopie der maschinenschriftlichen Abschrift in der gleichen Akte.

1100 Gemeint ist: Das verfemte Finanzkapital, in: Der Ring, 3. Jg., 1930, H. 43, S. 741f.

Gefühl gegen das «Finanzkapital» und seine Hauptexponenten die Banken und Bankiers im Bürgertum in Stadt und Land tatsächlich in bedrohender Weise zunimmt, weil man gefühlsmässig nach einem Sündenbock für die Not der Wirtschaft sucht. Andererseits halte ich ein planmässiges Vorgehen der sachkundigen Stellen gegen diese Verirrung der öffentlichen Meinung bei geschickter Durchführung für keineswegs aussichtslos. Es wäre vielleicht die Aufgabe des Reichsbankpräsidenten[1101] in dieser Hinsicht die ~~Durchf~~Führung[1102] zu übernehmen. Ich glaube aber, dass auch die privaten beteiligten Kreise die Aufgabe der Aufklärung intensiv in die Hand nehmen müssten.

Da der Neid in solchen Fällen hauptsächlich bestimmend ist, müsste nachgewiesen werden, einen wie kleinen Teil des Volkseinkommens die offenen Gewinne und Rücklagen auf Reserven, sowie die Spitzengehälter beim gesamten deutschen Bankwesen ausmachen, wobei sich ohne Indiskretion wohl allgemeine Zahlen angeben lassen. Ferner wird klarzumachen sein, dass sich der Dividendenbezug auf sehr viele, zum grossen Teil aus dem Mittelstand stammenden [!] Aktienbesitzer verteilt.

Daneben müsste die volkswirtschaftliche Notwendigkeit eines freien Bankwesens betont werden.

Es ist klar, dass eine solche Aufgabe heute besonders widerwärtig und undankbar ist. Man darf nach meiner Ueberzeugung trotzdem die Dinge weder laufen lassen, noch sich[1103] mit den üblichen ungeschickt aufgemachten und auf die Psychologie der in Betracht kommenden Kreise nicht eingestellten Aufsätze von Sy[n]dici oder Presseleuten begnügen, sondern die Aufgabe mit richtiger Einfühlung in die Hand nehmen.

Das ist der Grund, weswegen ich meine Anregung gerade an Sie richte, da Sie bei der[1104] gleichfalls schwierigen Aufgabe der Werbung der Oeffentlichkeit für die Belänge [!] der Landwirtschaft so erfolgreich tätig sind.

In bekannter Hochschätzung
Ihr ergebenster
[gez.] Batocki

1101 Gemeint ist Hans Luther.
1102 «Durchf» handschriftlich gestrichen, «F» handschriftlich eingefügt.
1103 Handschriftlich eingefügt.
1104 Maschinenschriftlich eingefügt.

Georg Solmssen an Adolf von Batocki-Friebe, 29.10.1930[1105]

4/Z[ingle]r.   29. Oktober 1930.

Sehr verehrte Exzellenz,
Ich bestätige dankend den Empfang Ihrer freundlichen Zeilen vom 27. d[es]. M[ona]ts.[1106] nebst Anlage und bin Ihnen für die von Ihnen gegebene Anregung sehr verbunden. Ich habe dieselbe sofort an den Centralverband des deutschen Bank- und Bankiergewerbes, dessen Präsidium ich angehöre, weitergegeben und werde nicht unterlassen, derselben meine besondere Aufmerksamkeit zu widmen. Ich darf darüber hinaus auf die Notwendigkeit hinweisen, gegen die Gefahren Front zu machen, welche das national-sozialistische Programm in sich birgt. Dasselbe ist in den wirtschaftlichen, besonders in den Finanz-Fragen, derart überspannt, weltfremd und agitatorisch wirkend, dass meines Erachtens unbedingt etwas geschehen muss, um seinen Inhalt zu beleuchten und darauf hinzuwirken, dass die durch den nationalen Gedanken der Partei angezogenen Kreise, die sich gegen die mangelnde Vertretung der nationalen Bedürfnisse durch die Regierung wenden, von den Extremisten der verschiedenen Richtungen fort, in eine auf die konservative Volkspartei aufzupfropfende wirklich konservative Partei überführt werden. Ich habe diese Angelegenheit auch mit Herrn Reichsbankpräsident Dr. Luther[1107] besprochen, der gleich mir der Auffassung ist, dass wir unmöglich diese Dinge einfach laufen lassen und zusehen dürfen, wie die Nationalsozialisten ihre Wahlpropaganda auch nach der Wahl[1108] mit bestem Erfolge fortsetzen, während die bürgerlichen Parteien glauben, ihre Pflicht erfüllt zu haben, wenn sie nach der Wahlniederlage ihre Hände in den Schoss legen und sich in das scheinbar Unabänderliche fügen. Wenn wir weiter so fortfahren, werden wir erleben, dass die radikalen Stimmen sich beim nächsten Wahlgang erheblich erhöht haben, dies umsomehr, als die Regierung ja leider, wie dies während des Krieges und nach dem Kriege der Fall war, vollkommen versäumt, sich Gelegenheiten zu schaffen, um die weiterliegenden Ziele der Regierungspolitik mit vernehmbarer und für den gewöhnlichen Mann verständlicher Stimme zu verkünden. Wir hatten daran gedacht, eine Bewegung in Gang zu bringen, welche die deutsche Wirtschaftswissenschaft auf den Plan ruft, um die wirtschaftlichen Punkte des national-sozialistischen Programms zu zerpflücken und ihren wahren Sinn darzulegen. Leider bin ich aber mit meinen Bemühungen, massgebliche Wissenschaftler zu diesem Zwecke zu vereinen, noch nicht vorangekommen und suche immer noch nach einer Form, in die sich ein energischer, auf-

---

1105 Presskopie, 3 Blätter, 3 Vorderseiten maschinenschriftlich beschrieben, nummeriert ab der zweiten Seite, Paraphe von Elisabeth Nörenberg, in: HADB, B198, Nr. 27.
1106 Batocki an Solmssen 27.10.1930, in: HADB, B198, Nr. 27; hier abgedruckt.
1107 Gemeint ist Hans Luther.
1108 Gemeint ist die Reichstagswahl vom 14.9.1930, bei der die NSDAP mit 18,2% zweitstärkste Fraktion wurde.

rüttelnder Protest des Bürgertums aller Parteien gegen die national-sozialistischen Uebertreibungen kleiden liesse.

Ich schreibe Ihnen dieses, weil ich Sie bitten möchte, auch Ihrerseits darüber nachzudenken. Jede Anregung, die Sie in dieser Richtung zu geben hätten, würde hier dankbar aufgenommen werden.

Die Verhandlungen im Reichswirtschaftsrat über das Güteklassen-Gesetz schreiten, wie ich in meiner Eigenschaft als Berichterstatter des hierfür eingesetzten Ausschusses feststellen kann, sehr energisch fort, und es ist eine Freude zu sehen, mit welcher Begeisterung sich eigentlich alle Teile der Wirtschaft für die Durchbringung dieses grossen Planes einsetzen.

Mit verbindlichen Grüssen
in steter Wertschatzung
Ihr sehr ergebener
[gez.] Solmssen.

S[eine]r. Exzellenz
Herrn Wirkl[icher]. Geheimer Rat v[on]. Batocki,
Wosegau b[ei]/Cranz
(Ostpr[eußen].)

Adolf von Batocki-Friebe an Georg Solmssen, 01.11.1930[1109]

Wosegau b[ei]. Cranz (Ostpr[eußen]). den 1. November 1930

Sehr verehrter Herr Solmssen.

Ich glaube, dass eine «Besserung» der Nazi am wirksamsten durch ihre Heranziehung zur Verantwortung zu erreichen wäre, die sich freilich für absehbare Zeit im Reiche und in Preussen schwer wird durchführen lassen. Das Programm der S.P.D. ist vom Standpunkt unserer wirtschaftlichen Auffassung ziemlich ebenso verheerend[1110], wie das Wirtschaftsprogramm der Nazi. Im «Vorwärts» und erst recht in den Provinzblättern der S.P.D. stehen ständig mindestens ebenso wüste Hetzartikel wie in den Naziblättern. Die langjährige verantwortliche Mitarbeit der S.P.D.-Bonzen im Staat haben[1111] sie selbst grössten teils [!] zu Klein- oder Mittelbürgern, vielfach sogar zu grossbürgerlichen Lebemännern und ihre Politik zu einer entgegen aller nach aussen weiter getriebenen Hetze zu einer[1112] recht kapitalfreundli-

---

1109 Original, 2 Blätter, 2 Vorder- und 1 Rückseite maschinenschriftlich beschrieben, handschriftlicher Vermerk «b[eantworte]t. 5/11.[1930] Z[ingle]r.», Paraphen von Georg Solmssen und Elisabeth Nörenberg, in: HADB, B198, Nr. 27.

1110 «e» handschriftlich eingefügt.
1111 «ben» handschriftlich gestrichen, «t» handschriftlich eingefügt.
1112 Handschriftlich gestrichen.

chen gemacht. Die Lust an der neu gewonnen persönlichen sozialen Stellung stärkt bei den Führern das wirtschaftliche Verantwortungsgefühl, ohne dass sie es im allgemeinen wagen, der Masse gegenüber von den Forderungen und der hetzerischen Kampfesweise früherer Zeiten abzuweichen. Es ist nicht einzusehen, warum nicht eine ähnliche Entwicklung bei den Nazi möglich sein sollte.
Jedenfalls wird es schwer möglich sein den marxistischen bezw. vulgär-sozialistischen Teil ihres Programms zu kritisieren, wenn man nicht die in vielen Punkten ähnlichen Programmpunkte der S.P.D. in die Kritik voll miteinbezieht.
Ihrer Ansicht über die ungenügende Propaganda der Regierung stimme ich voll bei. Leider hat der als «Trommler» für sie in Aussicht genommende [!] Herr Treviranus[1113] auch als solcher ziemlich versagt. Typisch ist die Beibehaltung des sowohl sozialistischen wie zu wirksamer Propaganda völlig unfähigen Reichspressechefs[1114]. Mit der Wissenschaft wird nicht viel aufzustellen sein.
Ich möchte glauben, dass man Brüning[1115] zur Heranziehung wirklich erstklassiger journalistischer und agitatorischer Kräfte in seine Presseabteilung bewegen müsste. Das Geld könnte ihm nötigenfalls von der Wirtschaft zur Verfügung gestellt werden. Um Riesensummen wird es sich kaum handeln. Die Stelle braucht auch nicht offiziell als Regierungsstelle aufzutreten, müsste aber über die Reichspressestelle in engster Fühlung mit der Reichsregierung und über d/siese[1116] mit den hinter ihr stehenden Parteien arbeiten. Sie müsste in geeigneten Fällen den Kanzler und die Minister zu wirksamen [!] Hervortreten veranlassen und dann jedesmal die Aktion in der Presse weiter treiben.
Von den Regierungsparteien ist ein einheitliches Vorgehen bei ihrer gegenseitigen vorläufigen Verhetzung und Depression nicht zu erwarten. Die Volkskonservativen[1117] können nach ihrem M*i*tsserfolg[1118] vorläufig kaum den Mittelpunkt einer solchen Einwirkung bilden. Dagegen könnte durch Zusammensetzung der Presseorganisation aus Journalisten der beteiligten Parteien eine Verbindung mit ihnen und ihrer Presse aufrecht erhalten werden.
Hugenbergs[1119] Presseorganisation ist journalistisch durchaus nicht hervorragend besetzt. Sie zeigt aber, wie man bei zielbewusster und nicht gar zu sehr von Skrupeln gehemmter Agitation selbst eine unmögliche Sache erfolgreich vertreten kann, da sich nicht nur die «rückständige»[1120] Provinz, sondern hunderttausend intelligente Berliner den Ton des Lokalanzeigers und der Nach*t*ausgabe[1121] willig gefallen lassen.
Damit, dass der Reichskanzler und seine Gefährten, bei allen sonstigen Vorzügen, für Agitation weder Lust noch Talent haben, muss man sich abfinden und versu-

---

1113 Gemeint ist Gottfried Treviranus.
1114 Gemeint ist Walter Zechlin.
1115 Gemeint ist Heinrich Brüning.
1116 «s» handschriftlich gestrichen, «d» handschriftlich eingefügt.
1117 Gemeint ist die Konservative Volkspartei.
1118 «u» handschriftlich gestrichen, «i» handschriftlich eingefügt.
1119 Gemeint ist Alfred Hugenberg.
1120 An- und Abführungszeichen handschriftlich eingefügt.
1121 «t» handschriftlich eingefügt.

chen, den Mangel von privater Seite zu ersetzen. Die agitatorische Einsetzung der *früheren*[1122] Regierung[1123] gegen das Young-Volksbegehren[1124], hat, freilich an einem wohl damals überschätzten Objekt, gezeigt, wie weit heute eine Regierung mit rücksichtsloser offizieller Agitation gehen kann. Das Objekt wäre heute bedeutsamer, Brüning hofft aber, wohl zu Unrecht, mit rein sachlicher Arbeit, deren Tempo übrigens wohl etwas *durch*[1125] die Ministerialbürokratie gehemmt wird, genügend Resonanz in der Oeffentlichkeit zu finden, was, den Gegnern, insbesondere den Nazi zugute kommt.

Es würde mich interessieren, gelegentlich zu hören, welche Schritte Herr Luther[1126] und Sie in Aussicht nehmen.

Mit bester Empfehlung
Ihr ergebener
[gez.] Batocki

Georg Solmssen an Adolf von Batocki-Friebe, 05.11.1930[1127]

4n[örenberg]/Z[ingle]r.   5. November 1930.

Sehr verehrte Exzellenz,
Ich bestätige mit verbindlichstem Dank den Empfang Ihrer freundlichen Zeilen vom 1. d[es]. M[ona]ts.[1128], deren Inhalt ich mit grossem Interesse gelesen habe. Ich werde dieselben bei weiteren Unterhaltungen mit Herrn Dr. Luther[1129] verwenden und darf mir vorbehalten, auf die Angelegenheit später zurückzukommen.
Inzwischen verbleibe ich mit verbindlichen Grüssen
Ihr sehr ergebener
[gez.] Solmssen.

S[eine]r. Exzellenz
Herrn Wirkl[icher]. Geheimer Rat Dr. von Batocki,
<u>Wosegau b[ei]/Cranz</u>
(Ostpr[eußen]).

1122 Handschriftlich eingefügt.
1123 Gemeint ist das Kabinett Hermann Müller.
1124 Gemeint ist der gescheiterte, von der nationalistischen Rechten initiierte Volksentscheid vom 22.12.1929 über das «Gesetz gegen die Versklavung des deutschen Volkes». Der Gesetzentwurf sah u. a. vor, die Reparationszahlungen des Young-Planes einzustellen, und bedrohte Amtsträger, die solche Verträge unterzeichnen, mit Zuchthausstrafen. Siehe dazu: Winkler, Weimar 1918–1933, S. 354–356.
1125 Handschriftlich eingefügt.
1126 Gemeint ist Hans Luther.
1127 Presskopie, 1 Blatt, Vorderseite maschinenschriftlich beschrieben, Paraphe von Elisabeth Nörenberg, in: HADB, B198, Nr. 27.
1128 Batocki an Solmssen 1.11.1930, in: HADB, B198, Nr. 27; hier abgedruckt.
1129 Gemeint ist Hans Luther.

Georg Solmssen an Carl Duisberg, 17.12.1930[1130]

17. Dezember 1930

Sehr geehrter Herr Geheimrat!

Mit Vorliegendem gestatte ich mir, Ihnen die sehr ergebene Mitteilung zu machen, dass der Ausschuss des Centralverbands des Deutschen Bank- und Bankiergewerbes mich in seiner gestrigen Sitzung zum Vorsitzenden des Vorstands des genannten Verbands gewählt hat, als Nachfolger des bisherigen langjährigen Verbandsvorsitzenden Herrn Geheimrat Professor Dr. Riesser[1131], welcher von der ordentlichen Generalversammlung zum Immerwährenden Ehrenpräsidenten des Verbands bestellt worden ist. Ich verbinde mit dieser Mitteilung die aufrichtige Hoffnung, dass die Beziehungen zwischen dem Reichsverband der Deutschen Industrie und dem Centralverband des Deutschen Bank- und Bankiersgewerbes, welche sich in langen Jahren gemeinsamer Arbeit so überaus erfreulich und förderlich gestaltet haben, auch künftig vom Geiste einträchtigen Zusammenwirkens zum Wohle der heute schwer um ihre Existenz ringenden deutschen Wirtschaft beseelt sein werden.[1132]
In ausgezeichneter Hochachtung
Ihr sehr ergebener
[gez.] Solmssen.

An den
Präsidenten des Reichsverbands der Deutschen Industrie
Herrn Geh[eimen]. Regierungsrat Dr. h.c. Duisberg
Berlin.

Carl Duisberg an Georg Solmssen, 22.12.1930[1133]

Abschrift.   Leverkusen-I.G.Werk, den 22. Dezember 1930

Sehr geehrter Herr Dr. Solmssen!
Bei meiner Rückkehr nach Leverkusen finde ich Ihr liebenswürdiges Schreiben vom 17. Dezember hier vor. Ich danke Ihnen herzlich für Ihre Mitteilung über

---

1130 Briefpapier «Centralverband des Deutschen Bank- und Bankiergewerbes (E.V.) / Der Vorsitzende des Vorstands / Berlin NW 7, den / Dorotheenstr. 4», 1 Blatt, Vorderseite maschinenschriftlich beschrieben, Eingangsstempel «18. Dez[ember]. 1930», handschriftlicher Vermerk «dankend erwidern u[nd] Freude dar[über] aussprechen[,] dass er Präsid[ent] geworden / Abschrift dieses Schreiben[s] an R[eichs]V[erband]

D[uisberg]», in: Bayer Unternehmensarchiv, Autographen-Sammlung Dr. C. Duisberg.
1131 Gemeint ist Jacob Riesser.
1132 Handschriftlich unterstrichen.
1133 Abschrift, 1 Blatt, Vorderseite maschinenschriftlich beschrieben, ohne eigenhändige Unterschrift, in: Bayer Unternehmensarchiv, Autographen-Sammlung Dr. C. Duisberg.

Ihre Wahl zum Vorsitzenden des Vorstandes des Centralverbandes des Deutschen Bank- und Bankiergewerbes und möchte Ihnen dazu meine herzlichsten Glückwünsche aussprechen. Liegt doch in Ihrer Persönlichkeit die beste Gewähr für die engen und wertvollen Beziehungen zwischen dem Reichsverband der Deutschen Industrie und dem Centralverband des Deutschen Bank- und Bankiergewerbes. Ich bin überzeugt, dass unter Ihrer Führung diese wichtige Zusammenarbeit noch weiter ausgestaltet wird zum Besten der deutschen Wirtschaft und damit unseres Vaterlandes.
Mit den besten Empfehlungen und freundlichen Grüssen bin ich
Ihr
gez. C. Duisberg

Herrn Dr. Solmssen,
Präsident des Centralverbandes des Deutschen Bank-
und Bankiergewerbes (E.V.)
Berlin NW7
Dorotheenstrasse 4

Georg Solmssen an Emil Schniewind, 06.01.1931[1134]

4n[örenberg]   6. Januar 1931

Sehr geehrter Herr Justizrat,
Wie Sie sich denken können, sind mir die Eindrücke, die ich aus den Verhandlungen der letzten Aufsichtsratssitzung der Gebr[üder]. Stollwerck A.G. erhalten habe, noch recht sehr im Kopfe herumgegangen. Meine Ansicht ist, daß wir zu einer sehr energischen reformatio an Haupt und Gliedern werden schreiten müssen, weil wir sonst sehr unliebsamen Ereignissen zusteuern. Ich habe nicht den Eindruck, daß Herr Generalkonsul Stollwerck[1135] die wirtschaftlichen Zusammenhänge innerhalb des Unternehmens genügend übersieht und seiner Stellung als Vorsitzender des Vorstandes noch in ausreichendem Umfange gerecht wird. Der Vorsitzende des Vorstandes hat darüber zu wachen, daß alle Teile des Unternehmens zweckmäßig zusammenarbeiten, ein Ergebnis, das nur erreicht werden kann, wenn der betreffende Vorsitzende nach einem klaren Plane arbeitet und dauernd die Betriebsergebnisse überwacht. Dieses scheint bereits seit langer Zeit nicht mehr der Fall zu sein und ich muß gestehen, daß mir der Hinweis der Opposition auf das Alter des Herrn Generalkonsul Stollwerck und der Tadel des Umstandes, daß er das Unter-

---

1134 Presskopie, 3 Blätter, 3 Vorderseiten maschinenschriftlich beschrieben, in: HADB, P4784, Bl. 197–199.

1135 Gemeint ist Karl Stollwerck.

nehmen von seinem Erholungswohnsitz in Bayern aus leiten will, sehr zu Herzen gegangen ist.

Zu meiner Ueberraschung wurde ich auch von Herrn Dr. Kimmich[1136] darauf aufmerksam gemacht, daß ein Bericht der Rheinisch-Westfälischen «Revision» Treuhand A.G., Köln, vorliege, welcher zeige, daß die Verdienstkraft des Unternehmens außerordentlich zurückgegangen sei. Ich weiß nicht, ob Ihnen dieser Bericht vorgelegt worden ist; ich habe jedenfalls von ihm keine Kenntnis erhalten. Herr von Simson[1137] hat ihn sich kommen lassen und ich habe ihn von diesem erbeten. Nach Durchsicht des Berichts bin ich der Auffassung, daß es die Pflicht des Vorstandes gewesen wäre, wenigstens dem Präsidium, d.h. Ihnen und mir, denselben vorzulegen, weil er erkennen läßt, daß das Unternehmen innerlich krank ist, und mit eiserner Hand eingegriffen werden muß, um ein Débacle zu verhindern. Sie werden aus dem Bericht ersehen, daß wir seit Jahr und Tag in dem Fabrikationsbetrieb überhaupt nichts mehr verdienen. Wenn ich mit dieser Tatsache den Umstand zusammenhalte, daß Herr Generalkonsul Stollwerck in seiner Eigenschaft als Vorsitzender des Vorstandes zugegeben hat, daß z[um]. B[eispiel]. für Reklame, so wie uns in der vorletzten Aufsichtsratsitzung vorgetragen wurde, Beträge verausgabt wurden, die sich um R[eichs]M[ark] 800.000 kürzen lassen, so muß ich gestehen, daß es mir unbegreiflich ist, wie ein solches Verfahren möglich war, und warum nicht längst seitens des Vorstandes ein Plan aufgestellt worden ist, um die mangelnde Rentabilität des Unternehmens zu heben. Diese Dinge gewinnen um so beängstigendere Gestalt, wenn man die Lage der Gebr[üder]. Stollwerck mit der anderer großer Unternehmen der Schokolade-Industrie vergleicht. Ich lege eine Uebersicht bei[1138], die in Tausenden von Mark einen Vergleich zwischen Gebr[üder]. Stollwerck, Sarotti A.G. und Mauxion m.b.H. zieht. Sie werden daraus ersehen, daß der Verdienst in Prozenten des Kapitals bei Sarotti zwischen 8,5% und 8,0% und bei Mauxion zwischen 10,7% und 12,4% liegt, während wir bei Gebr[üder]. Stollwerck im Vorjahr 0,6% und in diesem Jahr 0,0% verzeichnen. Der Prozentsatz des Gewinnes gemessen am Umsatz, lag bei Sarotti zwischen 3,6 und 3,4%, bei Mauxion zwischen 2,3 und 2,7%, während er bei Stollwerck im Vorjahr 0,27% betrug und in diesem Jahr auch 0,0 ist. Bei dem Vergleich der Zahlen ist zu berücksichtigen, daß Sarotti und Mauxion ihr Geschäftsjahr mit dem Kalenderjahr abschließen, so daß ihre Ziffern nicht das erste Halbjahr 1930 umfassen. Ich fürchte, daß wenn die Ziffern des ersten Halbjahrs 1930 hinzugenommen würden, Stollwerck noch schlechter abschließt, als es sich bereits aus diesem Tableau ergibt.

Ich schicke Abschrift dieses Schreibens an Herrn Dr. Kimmich, der, wie ich annehme, bereits mit der Durchführung seiner Untersuchung beschäftigt ist.

1136 Gemeint ist Karl Kimmich.
1137 Gemeint ist Georg von Simson.
1138 Vergleichende Übersicht (in Tausendern), in: HADB, P4784, Bl. 200.

Ich halte es nicht für richtig, daß wir, so wie beabsichtigt, am 30. Januar eine Aufsichtsratsitzung abhalten, weil wie die Konsequenzen, die sich aus diesen Anregungen ergeben, nicht vor dem Betriebsrat besprechen können, sondern schlage vor, daß Sie jetzt bereits formell diese Sitzung absagen, aber gleichzeitig die von der Generalversammlung gewählten Mitglieder des Aufsichtsrats für den genannten Tag um 11 Uhr vormittags zu einer privaten Aussprache einladen.
Mit verbindlichen Grüßen
in steter Wertschätzung
Ihr sehr ergebener
[gez.] Solmssen.

Herrn Justizrat Schniewind,
Köln
Habsburgerring 10.

Centralverband des Deutschen Bank- und Bankiergewerbes (Georg Solmssen und Otto Bernstein) an Heinrich Brüning, 18.03.1931[1139]

Abschrift/W
B/W   Berlin, den 18. März 1931
Tgb.Nr.: 8907 R 19

Hochgeehrter Herr Reichskanzler!
Der Steuerausschuss des Reichstags hat am 12. März d[es]. J[ahres]. Anträgen auf Erhöhung des Einkommensteuerzuschlages von 5 auf 10 % bei Einkommen von mehr als 20 000 M[ark] jährlich und auf Erhöhung der Aufsichtsratssteuer von 10 auf 20 % seine Zustimmung erteilt.
Der Reichsregierung sind die mit der Verwirklichung solcher Steuerpläne verbundenen Gefahren zu sehr bekannt, als dass es hierüber von unserer[1140] oder sonstiger Seite noch längerer Darlegungen bedürfte. Eine der wesentlichsten Ursachen des überhöhten Zinsniveaus in Deutschland liegt in der Abwanderung beweglichen Kapitals nach dem Auslande und zugleich in der Zurückhaltung des Auslands bei Kapitalinvestierungen in Deutschland. Diese für unsere Wirtschaft so unerfreulichen Erscheinungen beruhen aber wiederum auf der Ueberspannung der Sätze der direkten Steuern, noch mehr aber auf der in weiten Kreisen des Inlands und des Auslands nicht ohne Grund bestehenden und leider immer wieder von neuem ge-

---

1139 Hektographie, 4 Blätter, 4 Vorderseiten maschinenschriftlich beschrieben, Paraphe von Eduard Mosler, Stempel mit handschriftlichen Ergänzungen «Anlage zum Brief 19.3.[19]31 / von Centralverb[an]d. / Akte», ohne eigenhändige Unterschrift, in: HADB, P414, Bl. 120–123. Diese Abschrift sandte Otto Bernstein an Eduard Mosler mit Schreiben 19.3.1931, in: HADB, P414, Bl. 119.

1140 Gemeint ist der Centralverband des Deutschen Bank- und Bankiergewerbes.

nährten Vorstellung, dass sich in Deutschland politisch agitatorische Stimmungen und Strömungen eines Einflusses auf die Bemessung und Verteilung der auf Besitz und Einkommen gelegten Steuern erfreuen, der sich jeder Berechnung entzieht.[1141] Die hierin liegende Quelle eines für unsere Wirtschaft und unsere Finanzen gleich verhängnisvollen Misstrauens könnte nur dann zum Versiegen gebracht werden, wenn es gelänge, in allen beteiligten Kreisen die Ueberzeugung zu begründen, dass die Reichsregierung unter keinen Umständen gewillt ist, zum Zwecke einer vorübergehenden Verminderung parlamentarisch taktischer Schwierigkeiten ihre oft bekundete bessere Einsicht derartigen Strömungen und Stimmungen zum Opfer zu bringen. Ein Zurückweichen der Reichsregierung birgt dagegen die Gefahr einer in ihren Auswirkungen weit über den einzelnen Anlass hinausgehenden Vertrauenseinbusse in sich.

Der Umstand, dass bei der Abstimmung über die erwähnten Anträge im Steuerausschuss des Reichstags ein Teil der der Regierung nahestehenden Parteien sich der Stimmabgabe enthalten hat, hat bezüglich der Haltung dieser Parteien bei der entscheidenden Abstimmung im Plenum und bezüglich der künftigen Stellung der Regierung selbst zu diesen Anträgen erhebliche Besorgnisse hervorgerufen. Wie uns bekannt, hat der Reichsverband der Deutschen Industrie sich in diesem Sinne gegenüber Ihnen, sehr geehrter Herr Reichskanzler, sowie gegenüber massgebenden Persönlichkeiten der Volksvertretung bereits geäussert. Wir würden glauben, uns einer Versäumnis der unserem Verband als Sprecher des deutschen Bankgewerbes obliegenden Pflichten schuldig zu machen, wenn wir nicht auch unsererseits zum Ausdruck brächten, dass wir diese Befürchtungen im weitesten Masse teilen, namentlich auch im Interesse der Kapital- und Kreditversorgung der deutschen Wirtschaft.

Wir sind dabei auch nicht der Ansicht, dass es sich bei dem Antrage auf Erhöhung der Aufsichtsratssteuer um eine Angelegenheit von verhältnismässig untergeordneter Bedeutung handele, die den Gegenstand eines Kompromisses mit den hinter dem Antrag stehenden Parteien bilden könnte. Vorweg bemerken wir dabei, dass wir uns zur Vertretung der wirtschaftlichen Belange der von dieser Steuer unmittelbar betroffenen Personen nicht berufen fühlen. Unsere Mitglieder gehören zu einem grossen Teile keinem Aufsichtsrate an und unserem Verbande liegt es satzungsmässig lediglich ob, die gemeinsamen Interessen des gesamten deutschen Bank- und Bankiergewerbes wahrzunehmen. Demnach geht uns nur die grundsätzliche Bedeutung der Frage an, diese ist jedoch in unseren Augen eine ausserordentlich grosse und weittragende. Der Aufsichtsrat der Aktiengesellschaft ist eine gesetzlich vorgeschriebene Einrichtung; dass die Mitglieder eines solchen Kollegiums zur Abgeltung ihrer Tätigkeit und der damit verbundenen Verantwortung eine Vergütung beziehen, ist ebenfalls im Aktienrecht vorgesehen und ist dort Ge-

---

1141 Maschinenschriftliche Unterstreichung.

genstand einer näheren Regelung. Auch der nach eingehenden Vorarbeiten vom Reichsjustizministerium bekanntgegebene Entwurf eines neuen Aktiengesetzes betrachtet nach Prüfung aller auf dem Gebiete der Aktienreform gemachten Vorschläge den Aufsichtsrat nach wie vor als eine notwendige Einrichtung, indem er sich ausdrücklich zu dem «bewährten Grundsatz der Zweiteilung der Verwaltung der Aktiengesellschaft in Vorstand und Aufsichtsrat» bekennt. In einer Krisenzeit, wie der gegenwärtigen, entspricht die Ueberwachung der Geschäftsführung einer Aktiengesellschaft durch den Aufsichtsrat einem gesteigerten Bedürfnis und bestehen andererseits für die Mitglieder eines Aufsichtsrats vermehrte Möglichkeiten eines Praktischwerdens ihrer vermögensrechtlichen Verantwortlichkeit. Unter diesen Umständen fehlt es an einem rechtspolitisch oder steuerpolitisch vertretbaren Grunde, der es rechtfertigen könnte, dass aus der grossen Zahl der Einkommensbezieher gerade diese eine Gruppe herausgegriffen wird, um ihren Angehörigen neben der gewöhnlichen Einkommensteuer eine Sondersteuer von exzeptionellem Ausmass aufzuerlegen. Nur der eine Grund bleibt übrig, dass diese Steuer einen ziffernmässig nicht allzu umfangreichen und deshalb bei politischen Wahlen nicht ins Gewicht fallenden Personenkreis trifft, dessen erhöhte Belastung auf der anderen Seite einem von den Verfechtern des Antrages seit langem genährten Massenvorurteil entgegenkommt. Eine Steuergesetzgebung, die sich von solchen politischen Berechnungen leiten lässt und sich solchen Vorurteilen unterordnet, muss auch anderen, zunächst nicht betroffenen Schichten der Einkommensempfänger die nur allzu berechtigte Sorge einflössen, dass es einer von den bisher massgebenden Geboten steuerlicher Gerechtigkeit losgelösten Finanzgesetzgebung nicht schwer fallen wird, sich bei steigendem Finanzbedarf unter Anwendung ähnlicher Methoden neue Quellen der Sonderbesteuerung auch gegenüber anderen Einkommensgruppen zu erschliessen, also z[um]. B[eispiel]. gegenüber Zinsempfängern mit der Begründung, dass ihrem Einkommen eine Arbeit überhaupt nicht zu Grunde liege. Solche überaus naheliegenden Gedankengänge müssen zu einer neuen und schweren Beeinträchtigung des Vertrauens führen, welches sich gerade in letzter Zeit einigermassen zu festigen begonnen hatte.

Hält man im Gegensatz zur geltenden Aktiengesetzgebung und zum Entwurf des neuen Aktienrechts und im Gegensatz zu der Auffassung sachkundiger Kreise auch ausserhalb des Aktienwesens die von Aufsichtsratsmitgliedern bezogenen Vergütungen für ein Einkommen minder legitimer Art oder glaubt man, dass es sich dabei zum Teil um Entgelte handelt, deren Wert die Leistungen der Empfänger übersteigt, so soll man die behaupteten Missstände einer Prüfung unterziehen und ihnen gegebenenfalls abhelfen, aber diese Aufgabe kann die Steuergesetzgebung nicht übernehmen und darf ihr deshalb auch nicht vorgreifen. Massnahmen der hier vorgeschlagenen Art liegen nicht in der Richtung einer Reform des Aktienwesens, sondern bergen umgekehrt die Gefahr einer Lockerung der im Verkehr bestehenden Auffassung über das Mass der von Mitgliedern des Aufsichtsrats anzuwendenden Sorgfalt in sich; denn sie ermöglichen einer solchen laxeren Auffassung die Berufung darauf, dass die Gesetzgebung bei den Mitgliedern eines Aufsichtsrats normalerweise ein so geringes Mass von Mühewaltung, Arbeit und Sorgfalt voraussetzt, dass die ihnen gewährte Vergütung von ihr von vornherein und grundsätzlich für zu hoch und einer generellen Minderung durch steuerliche Massnahmen für bedürftig erachtet wird.

Dass es bei dem grundsätzlichen Charakter unseres Protests gegen diese Massnahme für uns keinen Unterschied machen kann, ob dieselbe für die Dauer oder nur für vorübergehende Zeit wirksam sein soll, brauchen wir nicht erst hervorzuheben.

Die Stärke der von Ihnen, sehr geehrter Herr Reichskanzler, geleiteten Regierung beruht auf dem Vertrauen, das man bisher ihrem Willen zu sachlicher Lösung sachlicher Aufgaben allgemein entgegenbrachte. Dies vor allem ist der Grund dafür, dass wir vor der unsachlichen Lösung, welche sich in den Beschlüssen des Steuerausschusses des Reichstags verkörpert, so ernst und so nachdrücklich warnen zu müssen glauben.

In grösster Hochachtung
Centralverband des Deutschen Bank- und Bankiergewerbes (E.V.)
gez. Solmssen   gez. Bernstein

Herrn
Reichskanzler Dr. Brüning
<u>Berlin</u>

Georg Solmssen an Robert Pferdmenges, 30.03.1931[1142]

4/Pr[euß]   30. März 1931.

Lieber Herr Pferdmenges,
Ich war am Sonnabend nach zwei Tagen Stubenarrest, die mir vom Arzt aufoktroyiert worden waren, nachdem ich mich seit mehr als einer Woche der Pflege einer mich quälenden Grippe nicht hatte widmen können, noch recht wacklig und wäre, wenn ich die Centralboden-Sitzung[1143] nicht hätte leiten müssen, nicht aus dem Hause gegangen. Es war mir daher leider nicht möglich, Zeit für Sie zu erübrigen, und ich habe mich nach Erledigung der Sitzung sofort wieder zurückgezogen. Es tut mir dies leid, weil Sie mich sprechen wollten und auch ich das Bedürfnis hierzu empfunden habe. Wir müssen also diese Aussprache bis zum nächsten Zusammensein vertagen.

1142 Presskopie, 1 Blatt, Vorderseite maschinenschriftlich beschrieben, Paraphen von Georg Solmssen und Elisabeth Nörenberg, in: HADB, P24001.

1143 Gemeint ist die Aufsichtsratssitzung der Deutschen Centralbodenkredit-AG.

Ich bin gestern tagsüber in Schwanenwerder gewesen und dadurch wieder einigermassen auf die Beine gekommen. Ich hoffe, die restliche Restauration in den Ostertagen zu erzielen.
Mit freundschaftlichen Grüssen
der Ihrige
[gez.] Solmssen.

Herrn Dr. Robert Pferdmenges
m[it]. Br[iefen]. Sal. Oppenheim jr. & Cie.
<u>Köln</u>
Gr. Budengasse 8.

Arthur von Gwinner an Georg Solmssen, 30.03.1931[1144]

den 30. März 1931.

Sehr geehrter Herr Doctor,
Sie haben mir und meiner Frau durch Übersendung Ihrer kleinen Schrift[1145] eine wirkliche Freude bereitet. Ich bin dabei die Erinnerungen zu lesen. Ihre Schrift hat mir aber auch Erinnerungen ins Gedächtnis gerufen, die Sie unterhalten könnten. Wir hatten Ihre Eltern bei gemeinschaftlichen Freunden, ich glaube bei Darmstaedters[1146], kennen gelernt, hatten als junge Leute Ihre Eltern besucht und waren freundlich aufgenommen worden. Dann hatte ich Gelegenheit mich mit jedem Ihrer Eltern einzeln häufig zu unterhalten, aber nie über Klatsch; mit Ihrer verehrten Frau Mutter namentlich über Schopenhauer[1147] und Kant[1148]. Ich erinnere mich einer Gelegenheit, da ich mit Ihrem Vater über Bismarck[1149] sprach, zu dessen begeisterten Anhängern ich gehörte. Ihr Herr Vater meinte: «Jeder Mensch ist ein Saldo; wo große Taten und Verdienste im Credit stehen, lassen auch manche Debetposten noch einen großen Saldo übrig. So steht Bismarck's Konto.» Es muß im Jahre 1888 gewesen sein, als mich Ihr Herr Vater aufforderte Hansemann[1150] aufzusuchen und mich ihm bekannt zu machen. Hansemann wußte offenbar, daß ich kommen würde und empfing mich in seiner Art ganz freundlich. «Na, Sie leben jetzt in Berlin und zahlen Ihre Steuern», waren seine ersten Worte. Dann lieh er

---

1144 Briefpapier «ARTHUR VON GWINNER / BERLIN / CHARLOTTENBURG 2 / SOPHIENSTR. 25», 1 Blatt in der Mitte gefalzt, 3 Seiten maschinenschriftlich beschrieben, Paraphe von Georg Solmssen, in: HADB, NL3/55.
1145 Gemeint ist Georg Solmssen, Gedenkblatt für Adolf und Sara Salomonsohn zum 19. März 1931, o. O. 1931.
1146 Gemeint ist Ludwig Darmstaedter und seine Frau Marie geb. Gumbert. Ihre Schwester Franziska Gumbert war verheiratet mit dem Frankfurter Bankier Georg Speyer. Arthur von Gwinner wiederum war mit dessen Kusine Anna Speyer verheiratet.
1147 Gemeint ist Arthur Schopenhauer.
1148 Gemeint ist Immanuel Kant.
1149 Gemeint ist Otto von Bismarck.
1150 Gemeint ist Adolph von Hansemann.

mir ein Buch über China. – Ich erschien ihm offenbar noch viel zu jung; ich war damals 32.
Und nun wird mir zur Vollendung des 75. Lebensjahres gratuliert. Ich danke auch Ihnen für die wunderschönen griechischen Münzen, mit denen ich zu meinem verblüfften Erstaunen überrascht worden bin. Eher hätte ich an den Einfall der Russen oder Franzosen gedacht. Unser gemeinsames Frühstück war sehr wohlgelungen. Ich habe bedauert, daß Sie nicht dabei sein konnten.
Jetzt will ich auf vierzehn Tage hinaus auf mein Gut in der Altmark.
Mit sehr freundlichen Grüßen von Haus zu Haus bleibe ich
Ihr ergebener
[gez.] A. v. Gwinner

Georg Solmssen an Dietrich Becker, 07.05.1931[1151]

95/Sl   den 7. Mai 1931.

Sehr geehrter Herr Becker!
Ich habe noch den Empfang Ihres Briefes vom 24. April[1152] zu bestätigen, mit welchem Sie mir die provisorischen Bilanzen per 31. Dezember 1930 nebst Anlagen der Gewerkschaften Ewald und König Ludwig übersandten. Aus diesen habe ich mir ein gewisses Bild über die Situation bei beiden Gewerkschaften machen können. Um jedoch zu beurteilen, ob sich eine Anleihe ermöglichen lässt, wäre ich Ihnen noch für baldige Übersendung folgender Daten über beide Zechen dankbar:
1.) Genaue Spezifizierung der Schulden nach Höhe, Laufzeit, Verzinsung und sonstigen Bedingungen. Sind dingliche Belastungen vorhanden und in welcher Höhe?
2.) Sind Aufwertungsschulden am 1. Januar 1932 fällig?
3.) Kurze Beschreibung der neuen Anlagen und Aufstellung ihrer Herstellungskosten. Spezifizierung der noch notwendigen Ausbauten und ihrer Kosten. Auf welche Jahre verteilen sich die letzteren?
4.) Wert des Grundbesitzes. Wert der Anlagen nach Buch-, Herstellungs- und Neubeschaffungswert. In welcher Höhe ist eine hypothekarische Belastung möglich?
5.) Gesamtproduktion der letzten 3 Jahre nach Art, Menge und Wert. Brutto- sowie Nettogewinn der letzten 3 Jahre. Ausbeuten der letzten 3 Jahre. Geschäftentwicklung im laufenden Jahr und Beurteilung der Geschäftsaussichten, wenn die neuen Anlagen vollendet sind.
6.) Ausbringen pro Mann und Schicht. Materialverbrauch pro geförderte Tonne.

1151 Presskopie, 2 Blätter, 2 Vorderseiten maschinenschriftlich beschrieben, Paraphen u. a. von Georg Solmssen und Elisabeth Nörenberg, in: HADB, S313.

1152 Becker an Solmssen 24.4.1931, in: HADB, S313.

Die mir übersandten Anlagen[1153] behalte ich vorläufig noch hier und schicke sie Ihnen später wieder zurück.
In freundschaftlicher Hochachtung
Ihr sehr ergebener
[gez.] Solmssen.

Herrn Direktor Dietrich Becker
m[it]. Br[iefen]. Essener Credit-Anstalt Filiale der
Deutschen Bank und Disconto-Gesellschaft
Essen

Hermann Pünder an Georg Solmssen, 05.06.1931[1154]

Der Staatssekretär   Berlin, den 5. Juni 1931.
in der Reichskanzlei.
Rk.5792.

Dem Centralverband des Deutschen Bank- und Bankiergewerbes danke ich zugleich im Namen des Herrn Reichskanzlers Dr. Brüning[1155] für die gütige Einladung zu der erweiterten Ausschußsitzung des Centralverbandes am Sonnabend, den 27. Juni. Unter Bezugnahme auf die stattgehabte mündliche Besprechung mit Herrn Präsidenten Dr. Solmssen beehre ich mich zu bestätigen, daß der Herr Reichskanzler an der Veranstaltung gern teilnehmen wird. Mir persönlich wird es eine Ehre sein, den Herrn Reichskanzler zu begleiten. Sofern weitere Verabredungen noch erforderlich sein sollten, insbesondere hinsichtlich einer Ansprache des Herrn Reichskanzlers[1156], darf ich fernmündliche Fühlungnahme mit mir ergebenst anheimstellen.
Mit vorzüglicher Hochachtung
ergebenst[1157]
(N[ame].d[es].H[errn].St[aats].S[ekretärs].)
[gez.] Pü[nder]

1.) An
den Centralverband des Deutschen
Bank- und Bankiergewerbes (E.V.)

1153 Handschriftliche Marginalie «bei H. Dr. [Paul] Mojert».
1154 1 Blatt, Vorderseite maschinenschriftlich beschrieben, handschriftlicher Vermerk «H[er]r. Reichskanzler ist bereit eine kurze Rede zu halten. H[er]r. Min[isterial]. Rat Dr. Feßler 15/6 [1931]», in: R43I/646, Bl. 99.
1155 Gemeint ist Heinrich Brüning.
1156 Die Ansprache Brünings ist abgedruckt in: Bericht über die erweiterte Ausschußsitzung des Centralverbands des Deutschen Bank- und Bankiergewerbes zu Berlin am 27. Juni 1931 im Plenarsaale des ehemaligen Herrenhauses zu Berlin, Berlin 1931, S. 5–8.
1157 Handschriftlich eingefügt.

z. H. des Herrn Präsidenten Dr. Solmssen
Berlin NW 7,
Dorotheenstr. 7.

2.) Herrn O[ber].R[egierungs].R[at]. Pukaß[1158] zur gef[äl]l[igen]. Vormerkung.
Ich bitte, wegen einer etwaigen Ansprache, die der Herr Reichskanzler Herrn Dr. Solmssen ziemlich sicher zugesagt hat, alsbald mit Herrn Min[isterial]. Rat Feßler[1159] zu sprechen.

3.) Zum Termin.

Georg Solmssen an Karl Kimmich, 10.06.1931[1160]

4/My   10. Juni 1931
Gebr[üder]. Stollwerck AG

Sehr geehrter Herr Doktor,
Ich sende Ihnen anliegend Kopie eines Briefes[1161], den ich heute an Herrn Justizrat Schniewind[1162] gerichtet habe. Wie Sie daraus ersehen, ist es mir gelungen, Herrn Generalkonsul Stollwerck[1163] dazu zu bringen, den von mir vorgeschlagenen Weg einzuschlagen, und ich glaube, dass bei einigermassen schonsamer Behandlung seiner Person es möglich sein wird, ihn auch für die volle Unterstützung unserer Bestrebungen zu gewinnen. Ich habe ihm gesagt, dass wir nicht Anstand nehmen würden, in der Generalversammlung zum Ausdruck zu bringen, dass das Opfer, dass er mit Rücksicht auf sein hohes Alter in der Form seines Rücktritts bringe, aller Ehren wert sei und als ein Beweis der rein sachlichen Einstellung, die er befolge, begrüsst werden müsse.
Herr Stollwerck legt natürlich grosses Gewicht darauf, in Zukunft nicht vollkommen müssig zu sein und nicht von dem Unternehmen, an dem sein Herz hängt, gänzlich getrennt zu werden. Wie Sie aus meinem Briefe an Herrn Schniewind sehen werden, habe ich die Bildung einer technischen Kommission im Aufsichtsrat vorgeschlagen, innerhalb deren ihm Gelegenheit zur Mitarbeit gegeben wird.
Herr Generalkonsul Stollwerck wies dann darauf hin, dass Sie die Absicht hätten, im August die Aussenbetriebe zu besuchen, und dass ihm sehr schwer fallen würde, bei dieser Gelegenheit nicht dabei zu sein. Ich habe ihm erwidert, dass ich mir nicht denken könnte, dass Sie etwas dagegen hätten, gerade von ihm eingeführt zu werden, denn es sei doch ein üblicher Vorgang, dass der ausscheidende Direktor seinen

---

1158 Gemeint ist Edwin Pukaß.
1159 Gemeint ist Othmar Feßler.
1160 Briefpapier «Dr. GEORG SOLMSSEN / BERLIN W8 / Mauerstraße 35», 2 Blätter, 2 Vorderseiten maschinenschriftlich beschrieben, zweite Seite nummeriert, eigenhändiger Vermerk Solmssens «Durch Eilboten!», in: HADB, P4784, Bl. 446f.
1161 Solmssen an Schniewind 10.6.1931, in: HADB, P4784, Bl. 448–452.
1162 Gemeint ist Emil von Schniewind.
1163 Gemeint ist Karl Stollwerck.

Nachfolger vorstelle und ihm die Kenntnisnahme der Details vermittle. Ich glaube, auch Sie werden hierin keine Schwierigkeiten erblicken.

Wegen des mit Ihnen abzuschliessenden Vertrages und aller sonstigen Einzelheiten werden wir uns leicht verständigen, da auch Herr von Simson[1164] einverstanden ist. Es ist mir nur leider nicht möglich, die Angelegenheit heute zu ordnen, weil ich die Zeit hierfür nicht erübrigen kann. Ich schlage vor, die Festlegung bis nach Ihrer Rückkehr von Ihrem Urlaub zu vertagen, es sei denn, dass Sie nicht bereits am 12. d[es]. M[onats]. Ihren Urlaub antreten. Ich selbst bin in den nächsten Tagen nicht greifbar, weil ich mich für den Bankiertag[1165] vorbereiten muss, da am Montag bereits die vorbereitende Ausschuss-Sitzung tagt, in der das Programm festgelegt werden soll und ich noch alle Hände voll habe, um die dazu erforderlichen Arbeiten zu beenden.

Mit freundlichen Grüssen
in steter Wertschätzung
Ihr sehr ergebener
[gez.] Solmssen.

Herrn Dr. Karl Kimmich,
Filiale
Köln

Georg Solmssen an Konrad Adenauer, 11.06.1931[1166]

4n[örenberg] 11. Juni 1931.

Sehr geehrter Herr Oberbürgermeister,
Anschliessend an meinen gestrigen Brief[1167] sende ich Ihnen beiliegend die von mir in unserer Unterhaltung gleichfalls erwähnte Schrift[1168], welche eine Auseinandersetzung mit dem Programm der nationalsozialistischen Partei enthält.

Mit freundlichen Grüssen
in steter Wertschätzung
Ihr sehr ergebener
[gez.] Solmssen.

Herrn Oberbürgermeister Dr. Adenauer
Köln.

1164 Gemeint ist Georg von Simson.
1165 Gemeint ist die Sitzung des Erweiterten Ausschusses des Centralverbandes des Deutschen Bank- und Bankiergewerbes am 27. Juni 1931, in der Solmssen zu dem Thema referierte: «Die deutsche Kapitalnot und die Wege zu ihrer Überwindung.»

1166 Presskopie, 1 Blatt, 1 Vorderseite maschinenschriftlich beschrieben, Paraphe von Elisabeth Nörenberg, in: RWWA Abt. 39, Nr. 1, Fasz. 8.
1167 Schreiben Solmssens an Adenauer 10.6.1931 ist in der Akte nicht enthalten.
1168 Es ist nicht klar, welche Schrift Solmssen meint, da sie in der Akte nicht enthalten ist.

Georg Solmssen an Paul von Hindenburg, 27.06.1931[1169]

Abschrift/W
Telegramm

Dem Oberhaupt des Reichs, auf welches wiederum, wie oft zuvor in entscheidungsvollen Tagen, die Augen unseres Volks vertrauensvoll gerichtet sind, bittet der Centralverband des Deutschen Bank- und Bankiergewerbes vor Eintritt in die Beratungen seines im ehemaligen Herrenhaus[1170] versammelten grossen Ausschusses[1171] seine tiefe Ehrerbietung zum Ausdruck bringen zu dürfen. Voll festen Glaubens an die Zukunft des deutschen Vaterlandes gelobt das Bankgewerbe in enger Gemeinsamkeit mit den anderen Wirtschaftsständen seine Arbeit vor allem für dieses Ziel einzusetzen.[1172]
Der Vorsitzende des Vorstands
Dr. Solmssen.

Reichspräsident von Hindenburg
Neudeck Ostpr[eußen].

Vorstand der Deutschen Bank und Disconto-Gesellschaft (Georg Solmssen und Theodor Frank) an Heinrich Brüning, 01.08.1931[1173]

4n[örenberg]   1. August 1931.

Hochverehrter Herr Reichskanzler,
Aus einer Unterhaltung, die Herr Prälat Kass [!][1174] heute mit uns geführt hat, haben wir entnommen, daß der Reichsleitung Mitteilungen des Inhaltes zugegangen sind, daß wir Leerverkäufe[1175] in Aktien der Darmstädter und Nationalbank vorge-

---

1169 Hektographie, 1 Blatt, 1 Vorderseite maschinenschriftlich beschrieben, Paraphe von Eduard Mosler, handschriftlicher Vermerk «Anl[age] z[um]. 29.6.[19]31», in: HADB, P414, Bl. 190. Diese Abschrift sandte der Centralverband des Deutschen Bank- und Bankiergewerbes mit Schreiben vom 29.6.1931 an seine Mitglieder des Vorstands und Ausschusses, in: HADB, P414, Bl. 189.
1170 Gemeint ist das Preußische Herrenhaus in der Leipziger Straße in Berlin, von 1920 bis 1933 beherbergte das Gebäude das Ministerium für Volkswohlfahrt und den Preußischen Staatsrat.
1171 Siehe dazu: Bericht über die erweiterte Ausschußsitzung des Centralverbands des Deutschen Bank- und Bankiergewerbes zu Berlin am 27. Juni 1931.

1172 Nach Beendigung der Sitzung ging das Antworttelegramm Hindenburgs an den Centralverband des Deutschen Bank und Bankiergewerbes im Herrenhaus ein, in: HADB, P414, Bl. 190.
1173 Briefpapier «DEUTSCHE BANK UND DISCONTO-GESELLSCHAFT / Vorstand / Berlin, W 8», 4 Blätter, 4 Vorderseiten maschinenschriftlich beschrieben, nummeriert ab der zweiten Seite, Paraphe von Heinrich Brüning, in: BA, R431/646, Bl. 321–324.
1174 Gemeint ist Ludwig Kaas.
1175 Als Leerverkauf wird bezeichnet, wenn der Verkäufer auf fallende Kurse spekuliert und Wertpapiere verkauft, die er zunächst nicht besitzt, um sich später zu einem niedrigeren Kurs einzudecken.

nommen hätten, und daß an diese Behauptung Folgerungen geknüpft werden, die unsere [!] Firma im höchsten Maße abträglich sein müssen. Wir gestatten uns Ihnen, ebenso wie wir dieses Herrn Prälat Kaas gegenüber sofort getan haben, hierdurch mitzuteilen, daß wir seit vielen Monaten aus prinzipiellen Gründen keinerlei Leerverkäufe in Aktien irgendeiner Bank vorgenommen haben. Dementsprechend ist von uns auch kein einziger Leerverkauf in Aktien der Darmstädter und Nationalbank für eigne Rechnung vorgenommen worden. Darüber hinaus haben wir aber auch, als die Beengung der Darmstädter und Nationalbank immer mehr zu Tage trat und die in- und ausländische Spekulation darauf begann, börsenmäßige Orders für Leerverkäufe in Aktien der Darmstädter und Nationalbank zu erteilen und solche Aufträge mit Rücksicht auf den Umfang unseres Geschäftes auch an uns zwangsweise ergehen mußten, an den inbetracht kommenden Tagen alles nur Erdenkliche getan, um die Ausführung solcher Aufträge zu verweigern. Zum Beispiel haben wir, als uns etwa 2 Wochen vor der Zahlungseinstellung der Darmstädter und Nationalbank unsere Filiale Düsseldorf[1176] den Auftrag eines ausländischen Kunden meldete, nominal R[eichs]M[ark] 1.000.000 Aktien der genannten Bank zu verkaufen, und wir dahinter einen Leerverkauf vermuteten, unsere Filiale Düsseldorf strikte angewiesen, die Annahme dieser Order abzulehnen. Als sich der Auftraggeber darauf berief, daß er als regelmäßiger Geschäftskunde der Filiale Düsseldorf ein Anrecht darauf habe, seine Börsenaufträge durch uns ausgeführt zu sehen und ferner erklärte, daß andere Banken ihm solche Aufträge ohne weiteres ausführten, haben wir im Wege der Verständigung unsere Zustimmung dazu erteilt, daß der Auftrag in Höhe von nom[inal]. R[eichs]M[ark] 120.000 ausgeführt wurde.

Ebenso wie in diesem Falle handelt es sich auch bei den übrigen Verkaufsorders gleicher Art, so weit nicht Depotverkäufe oder effektive Stückelieferungsgeschäfte vorlagen, um Orders aus dem Ausland, bei denen nach dem Charakter der inbetracht kommenden Firmen ebenfalls Leerverkäufe zu vermuten waren. In allen Fällen, in denen eine solche Vermutung unsererseits bestand, haben wir die Darmstädter und Nationalbank sofort an der Börse von dem Vorliegen dieser Aufträge in Kenntnis gesetzt und ihr anheim gestellt, die Aufträge selbst für uns auszuführen. Wir glauben daher sagen zu dürfen, daß wir uns, abgesehen von unserer prinzipiellen Ablehnung, Leerverkäufe in Bankaktien für eigne Rechnung vorzunehmen, in den die Darmstädter und Nationalbank betreffenden Fällen, angesichts ihrer immer mehr zu Tage tretenden kritischen Lage, ganz besonderer Sorgfalt und Loyalität befleißigt haben, um auch unsererseits dazu beizutragen, alles zu verhindern, was die Situation des Institutes noch weiter erschweren konnte. Der Gesamtbetrag der von uns für fremde Rechnung verkauften und noch abzuliefernden Aktien der

---

1176 Gemeint ist die Deutsche Bank und Disconto-Gesellschaft Filiale Düsseldorf.

Darmstädter und Nationalbank beläuft sich auf rund nom[inal]. R[eichs]M[ark] 730.000, von denen rund nom[inal]. R[eichs]M[ark] 100.000 effektiv geliefert werden, so daß rund nom[inal]. R[eichs]M[ark] 630.000 noch zu liefern sind. Welcher Teil hiervon als Leerverkäufe erfolgt sind, vermögen wir heute natürlich nicht zu sagen, jedoch sind sämtliche Verkäufe für fremde Rechnung erfolgt.
Dementsprechend hat der Rechtsunterzeichnete, Kommerzienrat Dr. Frank, der das Börsendezernat unserer Bank verwaltet, Herrn Jacob Goldschmidt auf seine, etwa 14 Tage vor der Zahlungseinstellung der Darmstädter und Nationalbank erfolgte Mitteilung, daß man ihm erzählt habe, wir hätten große Leerverkäufe in Aktien der Darmstädter und Nationalbank vorgenommen, die Antwort erteilt, daß dahingehende Behauptungen aus der Luft gegriffen seien und jeder Grundlage entbehren.
Angesichts der Tatsache, daß an der Behauptung, wir hätten Aktien der Darmstädter und Nationalbank in großem Umfange leer verkauft, Vermutungen geknüpft werden, die wir mit unserer kaufmännischen Ehre für unvereinbar halten, sprechen wir die ergebene Bitte aus, uns mit möglichster Beschleunigung die Quellen anzugeben, aus denen die der Reichsleitung zugegangenen, uns beschuldigenden Informationen stammen, damit wir gegen die Urheber der uns verdächtigenden Gerüchte vorgehen, und die Tatsachen in voller Offenheit klarstellen können.
Wir sind bereit, unsere Bücher amtlicher Einsicht zu unterwerfen, um die Richtigkeit unserer Darlegungen auch von neutraler Seite nachprüfen zu lassen.
Indem wir uns zu mündlicher Erörterung der vorstehend behandelten Angelegenheit jederzeit bereit erklären, zeichnen wir
In vorzüglicher Hochachtung
Deutsche Bank und Disconto-Gesellschaft
[gez.] Solmssen. [gez.] Frank

Herrn
Reichskanzler Dr. Brüning,
<u>Berlin W.</u>
Wilhelmstr. 77.

Georg Solmssen an Dietrich Becker, 22.08.1931[1177]

４n[örenberg] 22. August 1931.

Sehr geehrter Herr Becker,
Ich bestätige den Empfang Ihres Schreibens vom 19. d[es]. M[onats].[1178] und bin Ihnen für Ihre Mitteilungen verbunden. Trotz der abweichenden Auffassung des Herrn Bergrat Hollender[1179] stehe ich dessen Ansichten bezüglich der Stickstoff-Anlage sehr skeptisch gegenüber[1180], und zwar aus dem Grunde, weil ich mich des Eindrucks nicht erwehren kann, dass die technische Leitung des Ewald-Konzerns[1181] in ganz unverantwortlich törichter Weise die finanziellen Fragen behandelt hat. Die Auftürmung der Schulden innerhalb des Konzerns ist so ungeheuerlich, und zeigt so geringen Einblick der verantwortlichen Direktion, daß größte Skepsis gegenüber allem, was von dieser Seite vorgebracht wird, durchaus am Platze scheint. Ich sehe offen gestanden überhaupt nicht, wie, wenn nicht eine völlige Wende in der Kohlenwirtschaft eintritt, Ewald aus sich heraus wieder auf die Beine gestellt werden soll und kann nur dringend raten, die Verhältnisse des Unternehmens lediglich von dem Standpunkt unseres Interesses aus zu betrachten, d[as]. h[eißt]. unter Voranstellung der Frage, wie wir das ausgeliehene Geld wieder bekommen sollen. Wie verkehrt Ewald gewirtschaftet hat, ergibt sich am besten aus dem Vergleich seines Vorgehens mit der Deutschen Erdöl-Aktiengesellschaft, die doch als reines Zechenunternehmen genau den gleichen Fragen gegenüberstand, welche an Ewald herangetreten sind. Das Verhalten der Dea beweist, dass eine auf der Höhe der finanziellen Uebersicht stehende technische Leitung sehr wohl in der Lage war, die künftige Entwicklung vorauszusehen und sich darauf einzustellen. Es muss daher mit grösster Skepsis erfüllen, wenn bei Ewald finanziell dauernd das Gegenteil von dem geschehen ist, was richtig gewesen wäre, nämlich keine Schulden zu machen und vor allen Dingen nicht mit kurzfristigen Schulden zu bauen.
Sie werden daher verstehen, dass ich, rückschliessend von dem finanziellen Gebaren der technischen Leitung auch dem technischen Urteil derselben sehr wenig Vertrauen entgegenbringe, weil ich mich der Vermutung nicht entschlagen kann, dass das viele Geld, das dort verausgabt worden ist, keine sachgemässe Verwendung gefunden hat, und weder mit der nötigen Sparsamkeit gewirtschaftet wurde,

---

1177 Presskopie, 4 Blätter, 4 Vorderseiten maschinenschriftlich beschrieben, nummeriert ab der zweiten Seite, Paraphe von Georg Solmssen, handschriftlicher Vermerk «Solmssen», Stempel «Zirkulation erledigt / Generalsekretariat» und Umlaufstempel mit Paraphen der Vorstandsmitglieder, in: HADB, S313.
1178 Siehe Becker an Solmssen 19.8.1931, in: HADB, S313.
1179 Gemeint ist Karl Hollender.
1180 Handschriftlich unterstrichen.
1181 Handschriftlich unterstrichen.

noch technisch immer unbedingt das Richtige erfolgt ist. Es muss doch sehr zu denken geben, wenn ein Unternehmen wie die Ruhr-Chemie[1182] derart abfällig über das ganze Vorgehen auf dem Stickstoffgebiet, wie es von Ewald betrieben worden ist, urteilt. Wir dürfen daher bei Regelung der Verhältnisse des Konzerns nicht dessen Wünsche zur Richtschnur unseres Handelns machen, sondern müssen mit den stärkeren Bataillonen, d[as]. h[eißt]. der Ruhr-Chemie, marschieren, d[as]. h[eißt]. wir dürfen keine Rücksicht auf die technischen Liebhabereien und die Prestige-Sorgen der Direktion von Ewald nehmen. Nach dem, was Herr Dechamps[1183] mitteilte, würde der Vorschlag, den er Ewald zu machen bereit ist, dazu führen, dass die R[eichs]M[ark] 22.000.000,–, die in der Stickstoffanlage von Ewald stecken, wenigstens ihre Zinsen herausarbeiten, wobei die Frage der Aufbringung der Abschreibungen noch zu lösen wäre. Ich bin jedoch der Meinung, daß dieser erste Vorschlag von Herrn Dechamps noch nicht sein letzter ist, und daß man bei geschickter Behandlung der Angelegenheit dahin kommen kann, ihn erheblich zu verbessern. Zu diesem Zweck scheint mir aber unbedingt erforderlich, daß wir uns selbst ein klares Urteil über den Wert und die Chancen der Stickstoffanlage bilden. Auf meine an Herrn Dechamps gerichtete Frage, wer der beste Sachverständige auf diesem Gebiete im Revier sei, nannte er mir Herrn Müller[1184] von der Fried[rich]. Krupp A.G. Ich würde für richtig halten, daß gefordert wird, daß Herr Müller im Auftrage der Bankengläubiger eine eingehende Untersuchung dieser ganzen Abteilung bei Ewald vornimmt und uns einen objektiven Bericht erstattet. Der Grubenvorstand ist nicht in der Lage, sich ohne eine solche Begutachtung eine eigene Meinung zu bilden, da ihm kein Sachverständiger angehört, und zu der Richtigkeit der technischen Ansichten von Ewald auf diesem Gebiete habe ich nach allem, was ich beobachten konnte, wie gesagt, sehr wenig Vertrauen.

Die Angelegenheit ist von so großer Bedeutung für uns, daß ich eine ei[n]gehende Aussprache darüber für unbedingt erforderlich halte. Ich ließ Ihnen bereits durch Herrn Direktor Kaiser[1185] sagen, daß ich Wert darauf lege, daß mein Mitarbeiter, Herr Regierungsrat Dr. Mojert[1186], der sich zurzeit auf Urlaub befindet, daran teilnimmt. Ich habe Herrn Dr. Mojert gebeten, seinen Urlaub so einzurichten, daß er am Dienstag, dem 1. September hier sein kann. Ich würde Sie alsdann bitten, an diesem Tage sich um 12 Uhr zur Erörterung der vorstehend berührten Fragen bei mir einzufinden.

Ich bitte Sie, für diese Besprechung auch das Material der Kohlenwirtschaft von Ewald und der angeschlossenen Unternehmen mitzubringen. Ich sehe, so wie die Dinge sich weiter entwickeln, den Tag kommen, an dem Ewald nicht mehr in der

---

1182 Gemeint ist die Ruhrchemie AG in Sterkrade.
1183 Gemeint ist Gustav Dechamps.
1184 Gemeint ist wahrscheinlich Fritz Müller.
1185 Gemeint ist Hermann Kaiser.
1186 Gemeint ist Paul Mojert.

Lage sein wird, seine Löhne zu zahlen und an uns mit der Bitte herantreten wird, zu diesem Zweck Geld vorzuschießen, was wir aber unbedingt ablehnen müssen.
Mit freundlichen Grüßen
Ihr sehr ergebener
[gez.] Solmssen.

Herrn Direktor Dietrich Becker,
Filiale Essen,
<u>Essen.</u>

Georg Solmssen an Heinrich Trimborn, 12.09.1931[1187]

4/Pr[euß].   12. September 1931.
<u>Vertraulich!</u>

Sehr geehrter Herr Trimborn,
Bei unserer gestrigen Besprechung habe ich wegen der Anwesenheit Ihres Vorstandskollegen Laute[1188] vermieden, Ihnen zu sagen, welchen Eindruck ich angesichts der Darlegungen des Herrn Dr. Kimmich[1189] von der finanziellen Führung der Geschäfte durch Sie habe. Sie werden selbst zugeben müssen, dass bis vor kurzem eine völlige Unübersichtlichkeit über den finanziellen Stand der Gesellschaft[1190] herrschte, und dass der Aufsichtsrat auf Grund Ihrer Berichte noch bis in die jüngste Zeit hinein über die wahre Lage des Unternehmens im unklaren war, ein Zustand, dem erst durch die Delegation eines seiner Mitglieder in den Vorstand abgeholfen werden musste. Sie waren der finanzielle Führer, der diesen vor allem jetzt so wichtigen Teil der Geschäftsleitung übersehen und fest in der Hand halten musste. Herr Generalkonsul Karl Stollwerck verstand von finanziellen Dingen wenig und kümmerte sich mehr um den Fabrikbetrieb, so dass ihm die Schuld für die bisher herrschenden Zustände auf finanziellem Gebiet bei der Gesellschaft nicht zugerechnet werden kann. Die jetzige Lage des Unternehmens ist nicht allein durch die Konjunktur hervorgerufen, sondern eine wesentliche Schuld trägt hieran die Art der bisherigen Geschäftsführung.
Insbesondere fühlt sich der Aufsichtsrat dadurch beschwert, dass die von Ihnen aufgestellte, in den jeweiligen Bilanzsitzungen verlesene Berichterstattung, wie sich nunmehr herausstellt, den Stand der Dinge mit einem Optimismus geschildert hat, der den tatsächlichen Verhältnissen in keiner Weise entsprach. Da nicht anzunehmen ist, dass diese Darstellungen gegen besseres Wissen erfolgt sind, zeigt sich, dass

---

1187 Presskopie, 4 Blätter, 4 Vorderseiten maschinenschriftlich beschrieben, nummeriert ab der zweiten Seite, Briefanlagemarke «DG 3680», in: HADB, P4785, Bl. 122–125.

1188 Gemeint ist Gustav Laute.
1189 Gemeint ist Karl Kimmich.
1190 Gemeint ist die Gebrüder Stollwerck AG.

jede Uebersicht über den Stand des Konzerns bei der Zentrale in Köln gefehlt hat. Wenn Sie bei unserer gestrigen Unterhaltung darauf hinweisen, dass ein Fehlgriff in der Auswahl des zur Reorganisation des Unternehmens herangezogenen Herrn erfolgt und hierdurch die Unübersichtlichkeit der Verhältnisse zu erklären sei, so muss ich darauf aufmerksam machen, dass nichts näher gelegen hätte, als sich des erfahrenen Rates der Vertreter der Banken im Aufsichtsrat zu bedienen, um dem Konzern die nötige innere Ordnung zu geben. Ich fühle mich insbesondere persönlich dadurch verletzt, dass ich als stellvertretender Vorsitzender des Aufsichtsrats und als derjenige, der das Unternehmen in den schwersten Zeiten der Vergangenheit durch eine ganz exorbitante Kreditgewährung seitens meiner Bank[1191] über Wasser gehalten hat, weder von Herrn Generalkonsul Stollwerck noch von Ihnen zur rechten Zeit in der Weise über den wahren Stand der Dinge informiert worden bin, wie ich solches hätte verlangen können.

Ich schreibe Ihnen diese meine Auffassung ganz unverhohlen, weil Sie ein Recht darauf haben, dieselbe zu kennen, und weil ich gerade im jetzigen Zeitpunkt, in dem das Unternehmen vor einer Wendung seines Schicksals steht, ganz klar zum Ausdruck bringen möchte, dass ich unbedingt verlangen muss, dass mit den schönfärberischen Methoden der Vergangenheit gebrochen und der Aufsichtsrat jeweils in vollem Umfange über den Stand der Dinge informiert wird.

Ich möchte ferner nachdrücklich zum Ausdruck bringen, dass ich in keiner Weise dulden werde, dass irgendwelche Streitigkeiten innerhalb des Vorstandes über Ressortfragen aufkommen und etwa den in den Vorstand neu eintretenden Herren irgendwelche Schwierigkeiten in der Erfassung der Gesamtheit der geschäftlichen Vorfälle bereitet werden. Das Vorstandskollegium als Ganzes ist für den Gang des Unternehmens verantwortlich. Da Ihre bisherige Führung der Finanzgeschäfte keine Befriedigung gewährt hat, muss darauf bestanden werden, dass Herr Auel[1192] den massgeblichen Einfluss auf das finanzielle Dezernat für den gesamten Konzern, also nicht nur für die deutschen Betriebe, sondern auch für den Donau-Konzern[1193], erhält. Der Aufsichtsrat kann die Verantwortung für das Unternehmen nur dann tragen, wenn er weiss, dass die Finanzverwaltung über den jeweiligen Stand der Verhältnisse prompt unterrichtet ist und ihm zu den vorbestimmten Terminen die zu seiner Information erforderlichen Daten vorlegt. Eine Zersplitterung der Finanzgeschäfte würde die Erzielung des anzustrebenden Erfolges vereiteln.

Ich bedauere, dass ich Ihnen nicht ersparen konnte, so wie vorstehend geschehen, zu schreiben; ich halte es aber in Ihrem eigenen Interesse für dringend erforderlich, dass Sie sich keinen Illusionen darüber hingeben, dass auf eine gedeihliche Zusammenarbeit für die Zukunft nur dann zu rechnen ist, wenn Sie sich in vollem

---

1191 Gemeint sind die Deutsche Bank und Disconto-Gesellschaft und ihre Vorläuferinstitute Disconto-Gesellschaft und A. Schaaffhausen'scher Bankverein.

1192 Gemeint ist Karl Auel.

1193 Gemeint sind die Tochterunternehmen Gebrüder Stollwerck AG in Preßburg und die Gebrüder Stollwerck AG in Wien.

Umfange aus freien Stücken in den Arbeitsplan, wie er von Herrn Dr. Kimmich aufgestellt worden ist, einfügen. Die Arbeit des Herrn Dr. Kimmich ist dadurch unendlich erschwert worden, dass, anstatt dass die alte Verwaltung ihm von sich aus, aus freien Stücken alles erforderliche Material gebracht hätte, er sich mit der grössten Mühe die zu seiner Urteilsbildung notwendigen Tatsachen und Ziffern hat zusammenstellen müssen.

Ein derartiger passiver Widerstand gegen das Notwendige ist aber auf die Dauer unmöglich und seine Fortsetzung würde uns zwingen, alle Konsequenzen zu ziehen.

Ich begrüsse Sie hochachtungsvoll
als Ihr ergebener
[gez.] Solmssen.

Herrn Direktor Heinrich Trimborn,
Mitglied des Vorstandes der Gebr[üder]. Stollwerck A.G.
Köln

Georg Solmssen an Karl Kimmich, 03.10.1931[1194]

4n[örenberg]   3. Oktober 1931.
Ewald.[1195]

Sehr geehrter Herr Doktor,
Wie ich Ihnen heute bereits telephonisch mitteilte, hatten wir heute den Besuch von Herrn Wilhelm von Waldthausen und Herrn Hollender[1196], um die Angelegenheit Ewald zu besprechen. Ueber die Verhältnisse von Ewald klären Sie die beiliegenden Schriftstücke[1197] auf. Weiteres Material Ihnen durch Herrn Direktor Becker[1198] zugehen zu lassen, war mir leider nicht möglich, weil derselbe heute verreist ist und erst Montag zurückkommt. Ich schicke Abschrift dieses Briefes an Herrn Becker, um ihn zu bitten, Sie nach jeder sonstigen Richtung eingehend zu informieren.

Herr von Waldthausen teilte mit, daß nachdem wir in den vorhergehenden Verhandlungen erklärt hatten, ablehnen zu müssen weitere Kredite zur Verfügung zu stellen, seinerseits Verhandlungen sowohl mit der Reichsbank wie mit der Dresdner Bank eingeleitet worden seien und die Absicht bestehe, diese auch mit der

---

1194 Presskopie, 5 Blätter, 5 Vorderseiten maschinenschriftlich beschrieben, nummeriert ab der zweiten Seite, Stempel «Sekretariat», handschriftliche Weiterleitungsvermerke «H[errn]. Dr. Mojert» mit Paraphe von Paul Mojert und aufgeklebt «H[errn]. Dr. Schlitter» mit Paraphe von Oscar Schlitter, in: HADB, S313.
1195 Gemeint ist die Gewerkschaft Ewald.

1196 Gemeint ist Karl Hollender.
1197 In HADB, S313, befindet sich lediglich ein «Verzeichnis der Anlagen». Daraus geht hervor, dass die Anlage aus insgesamt zehn verschiedenen Dokumenten bestand. Die Anlagen selbst sind nicht in der Akte enthalten.
1198 Gemeint ist Dietrich Becker.

Commerz- und Privatbank zu führen, um durch den Hinzutritt neuer Konsorten den Betrag von R[eichs] M[ark] 15.000.000 bis 20.000.000 flüssig zu machen und mit der Reichsbank eine Verständigung herbeizuführen, welche die Gewährung weiterer Kredite erleichtere. Herr von Waldthausen kam, um uns vor Abschluß dieser Verhandlungen zu fragen, ob wir gegen dieselben etwas einzuwenden hätten. Herr Schlitter[1199] und ich haben Herrn von Waldthausen erklärt, daß wir solche Einwände nicht erhöben, vielmehr der Auffassung seien, daß die erforderlichen neuen Kreditbeträge durch den Hinzutritt neuer Konsorten beschafft werden müßten. Wir seien bereit, wenn auf diese Weise ein genügend starkes Konsortium zustande käme, der Stillhaltung beizutreten, vorausgesetzt, daß die großen Lieferanten ebenfalls zur Stillhaltung bereit seien. Wir müßten aber als Vorbedingung jeder derartigen Mitwirkung fordern, daß eine Klarstellung der Verhältnisse von Ewald durch Sie als unseren Vertrauensmann erfolge zu dem Zwecke, um auf grund ihrer Ermittlungen ein klares Finanzprogramm für die weitere Zukunft aufstellen zu können und sich über die Ertragsmöglichkeiten von Ewald klar zu werden. Wir müßten ferner fordern, daß, wenn das Stillhaltekonsortium zustande komme, wir dessen Führung übernehmen und in unserer Eigenschaft als Führer des Konsortiums sowohl über die weitere Entwicklung des Unternehmens in dem von uns verlangten Umfange regelmäßig unterrichtet würden, als auch die verpflichtende Erklärung erhielten, daß keinerlei Aenderung des Finanzprogramms und der es beeinflussenden Maßnahmen des Unternehmens ohne unsere vorherige Zustimmung erfolgen dürfte. Ich habe ausdrücklich darauf hingewiesen, daß uns nicht damit gedient sei, im Grubenvorstand vertreten zu sein, weil wir im Grubenvorstand überstimmt werden könnten, sondern daß wir qua Konsortialleitung eine Sonderstellung verlangten. Wir würden selbstverständlich die im einzelnen zu treffenden Maßnahmen jeweils mit den übrigen Konsorten abstimmen.
Die Herrn von Waldthausen und Hollender erklärten sich mit diesem Vorgehen durchaus einverstanden und gaben zu erkennen, daß sie diesen Plan auf das wärmste begrüßten.
Nur für Sie bestimmt möchte ich hinzufügen, daß ich den Eindruck habe, daß das Unglück von Ewald durch die Firma Hirschland[1200] verursacht worden ist, die ohne die Fähigkeit zu besitzen, ein Unternehmen industriell zu führen, sich des maßgeblichen Einflusses bei Ewald bemächtigt hatte und diesen Einfluß benutzt hat, um Ewald in sehr schädliche finanzielle Transaktionen zu verwickeln. Sowohl der Erwerb der Gewerkschaft König Ludwig-Kuxe, wie der Langenbrahm-Kuxe, wie der Stickstoffanlage sind auf dieses Konto zu setzen und ich weiß auf dem Wege über Herrn Middendorf[1201], wie schwer Herr Ruschen[1202], der verstorbene Generaldirektor von Ewald unter dem Einfluß von Hirschland gelitten hat. Herr Kurt

---

1199 Gemeint ist Oscar Schlitter.
1200 Gemeint ist das Bankhaus Simon Hirschland in Essen.
1201 Gemeint ist Ernst Middendorf.
1202 Gemeint ist Karl Ruschen.

Hirschland schiebt nunmehr alle Schuld auf den verstorbenen Herrn Ruschen. Die uns heute von Herrn Hollender gegebene Darstellung ließ aber deutlich erkennen, daß, wenn auch Herr Ruschen an vielem mitschuldig ist und den Grubenvorstand nicht zur rechten Zeit maßgeblich informiert hat, doch die Hauptverantwortung auf Hirschland ruht. Ich habe deshalb auch klar zum Ausdruck gebracht, daß wir ablehnen müßten, unser Geld durch Hirschland verwalten zu lassen und uns an der Stillhaltung nicht beteiligen würden, wenn uns nicht auf dem von mir angegebenen Wege die maßgebliche Beeinflussung der finanziellen Verwaltung von Ewald und der mit ihm verbundenen *Zechen zugesichert würde*.[1203]

Herr Hollender macht den Eindruck eines offenen, bestimmten Mannes, der weiß was er will. Ich glaube daher, daß Sie mit ihm unschwer werden zusammen arbeiten können.

Die Angelegenheit eilt, weil am 13. d[es]. M[onats]. verschiedene Beiträge fällig werden. Es wäre daher sehr dankenswert, wenn Sie sich alsbald mit derselben beschäftigen könnten.

Ich selbst trete nunmehr einen längst fälligen Urlaub an, interessiere mich aber für die Angelegenheit lebhaft weiter und werde mich, so weit erforderlich auf dem laufenden halten lassen. Sollten in der Zwischenzeit irgendwelche anderen Fragen zu besprechen sein, so bitte ich, sich mit Herrn Dr. Schlitter in Verbindung zu setzen. Herr Dr. Mojert[1204] hat das Material für mich im einzelnen bearbeitet, so daß auch er Ihnen Auskunft wird geben können.

Sollte es erforderlich sein, daß Sie für die Bearbeitung des dortigen Materials einer Hilfe bedürfen, so würde es sich wohl empfehlen, wenn Sie sich an die Rheinisch-Westfälische Revision Treuhand-Gesellschaft zu diesem Behufe wenden.

Bei den Unterhaltungen, die Hirschland sowohl mit mir wie mit Herrn Schlitter im einzelnen geführt hat, ist nichts herausgekommen, als allgemeine Redensarten. Unser beider Eindruck war, daß das Schicksal von Ewald für die Firma Hirschland von sehr großer Bedeutung ist.

Ich würde Sie bitten, nach Einsichtnahme aller Verhältnisse und Erstattung Ihres Berichtes Ihre Tätigkeit betreffs Ewald damit abzuschließen, daß Sie sowohl die regelmäßige Berichterstattung derselben als auch das Programm aufstellen, nach dem in Zukunft gearbeitet werden soll.

Mit freundlichen Grüßen
Ihr sehr ergebener
[gez.] Solmssen.

Herrn Dr. Kimmich,
Filiale Köln,
<u>Köln.</u>

1203 Handschriftlich eingefügt.
1204 Gemeint ist Paul Mojert.

Vorstand der Deutschen Bank und Disconto-Gesellschaft (Georg Solmssen und Eduard Mosler) an Heinrich Brüning, 08.10.1931[1205]

4n[örenberg] 8. Oktober 1931.

Hochverehrter Herr Reichskanzler,
wir beehren uns, Ihnen beiliegend eine ausführliche Darstellung der Juli-Ereignisse[1206], <u>wie sie sich vom Standpunkt unserer Bank aus betrachtet abgespielt haben</u>[1207], zur geneigten Kenntnisnahme zu überreichen und bemerken, daß der Inhalt dieser Darstellung in der Sitzung des Aufsichtsrats unserer Bank am 3. September mit dem Ergebnis zum Vortrag gebracht worden ist, daß das Plenum des Aufsichtsrats das Verhalten des Vorstandes unserer Bank in den Julitagen in vollem Umfange gebilligt hat.
Mit vorzüglicher Hochachtung
Deutsche Bank und Disconto-Gesellschaft
[gez.] Solmssen. [gez.] Mosler

An den
Reichskanzler Herrn Dr. Brüning,
<u>Berlin W.</u>
Wilhelmstr. 77.

Karl Kimmich an Georg Solmssen, 03.12.1931[1208]

Köln, 3.12.[19]31.

Sehr geehrter Herr Dr. Solmssen!
Als ich dieser Tage die persönlichen Erinnerungen der letzten Jahrzehnte an mir vorüberziehen liess, war es mir klar, dass mein erster Dankbrief Ihnen gelten mußte. Es waren in meinem Leben hauptsächlich zwei Persönlichkeiten, die mich richtunggebend in meinem Werdegang gefördert haben: auf wissenschaftlichem Gebiet Professor Lotz[1209] in München & in meiner Banklaufbahn waren es Sie. Vom ersten Tage an als ich Sie kennen lernte, habe ich bei Ihnen ein Wohlwollen für

---

1205 Briefpapier «DEUTSCHE BANK UND DISCONTO-GESELLSCHAFT / Vorstand / Berlin, W8», 1 Blatt, Vorderseite maschinenschriftlich beschrieben, Eingangsstempel «R[eichs] K[anzlei]. 10762–9. Okt[ober]. 1931», in: BA, R43I/647, Bl. 292.
1206 Denkschrift über die Juli-Ereignisse im Bankgewerbe, 1.10.1931, in: BA, R43I/647, Bl. 293–322. Eine Kopie der Denkschrift zur Bankenkrise 1931 befindet sich auch in: HADB, NL3/63. Gekürzte Fassung bei Gerhard Schulz, Politik und Wirtschaft in der Krise. Quellen zur Ära Brüning, Bd. 1, Düsseldorf 1980, S. 843–854. Zur Bewertung der Denkschrift siehe Feldman, Die Deutsche Bank vom Ersten Weltkrieg bis zur Weltwirtschaftskrise, in: Deutsche Bank 1870–1995, S. 305f.
1207 Handschriftlich vom Empfänger unterstrichen.
1208 1 Blatt in der Mitte gefalzt, 4 Seiten eigenhändig beschrieben, Paraphe von Georg Solmssen, in: HADB, NL3/55.
1209 Gemeint ist Walther Lotz.

meine Person, Verständnis für meine – wohl nicht immer einfache – Eigenart, durchaus sachliche Einstellung zu den Dingen und Gerechtigkeitssinn, sowie vorbildliche Energie & Arbeitswille vorgefunden. Dies gab mir den Ansporn zur Entwicklung meiner Schaffensfreude – aber ohne Ihre persönliche und systematische Förderung hätte ich im Leben nie das erreicht, auf was ich heute zurückblicken darf. Sie haben – und es drängt mich, dies einmal offen auszusprechen – mir in den vielen Jahren unseres Zusammenarbeitens immer wieder sichtbare Beweise dieses Wohlwollens gegeben, so daß ich mich mit Ihnen mehr, als ich es in Worte kleiden kann, innerlich verbunden fühle.

Nehmen Sie, sehr verehrter Herr Doctor, hierfür an meinem 25jährigen Erinnerungstage meinen herzlichsten Dank entgegen.

Vielleicht kann ich einen kleinen Teil dieser Dankesschuld dadurch abtragen, daß ich Ihrem Sohn Harald, den Sie mir für einige Zeit in Obhut gegeben haben, meine Erfahrungen u[nd] Kenntnisse, soweit ich dies eben kann – vermittle.

In dem Wunsche auf ein weiteres verständnisvolles Zusammenarbeiten mit Ihnen und Ihren Collegen im Vorstand der Deutschen Bank & Disconto Gesellschaft[1210] werde ich jetzt den schönen Wein trinken, den die Bank mir freundlicherweise geschickt hat.

Mit freundlichen Grüßen & besten Empfehlungen an Ihre hochverehrte Gattin verbleibe ich Ihr Ihnen stets ergebener
[gez.] Karl Kimmich

Georg Solmssen an Emil Schniewind, 02.03.1932[1211]

4n[örenberg]   2. März 1932
Gebr[üder]. Stollwerck A.G., Köln.

Sehr geehrter Herr Justizrat,
Wie Sie bereits aus den Zeitungen ersehen haben werden, ist die gestrige Generalversammlung trotz anfänglicher Opposition schließlich sehr friedlich verlaufen und es ist mir gelungen, sämtliche Opponenten zur Zurückziehung ihrer Anträge zu bringen, so daß alle Anträge der Verwaltung einstimmig genehmigt werden konnten. Vor der Sitzung des Aufsichtsrats habe ich Herrn Gustav Stollwerck gesagt, daß ein unhaltbarer Zustand sei, daß ein der Direktion der Gesellschaft in Köln unterstellter Herr gleichzeitig als Mitglied des Aufsichtsrats der Gesellschaft dieser Direktion vorgeordnet sei und ich ihn ersuchen müsse, seinen Posten als Mitglied des

---

1210 Von Kimmich handschriftlich unterstrichen.
1211 Presskopie, 6 Blätter, 6 Vorderseiten maschinenschriftlich beschrieben, nummeriert ab der zweiten Seite, Briefanlagemarke «Einlage 231», in: HADB, P4786, Bl. 155–160.

Aufsichtsrats niederzulegen. Wir würden an seiner Stelle den von der Familie Stollwerck präsentierten und deren Aktien vertretenden Herrn Richard Stollwerck in den Aufsichtsrat wählen. Herr Gustav Stollwerck versuchte zunächst, mich dazu zu bewegen, eine Entscheidung noch um ein Jahr hinausschieben zu dürfen, ich habe ihm aber kurz und bündig erklärt, daß davon keine Rede sein könne, worauf er nachgab. Herr Richard Stollwerck ist alsdann in der Generalversammlung zum Mitglied des Aufsichtsrats gewählt worden.

Ich freue mich, daß wir diese Wahl getroffen haben, denn bei den weiteren Beratungen, an denen Herr Richard Stollwerck teilnahm, nahm er sogleich einen sehr verständigen Standpunkt ein, während Herr Gustav Stollwerck stets als stumme Person unseren Beratungen beigewohnt hat.

Ich halte auch für unhaltbar, daß Herr Gustav Stollwerck in Preßburg[1212] auf seinem Posten bleibt. Die Herren des Vorstandes der Gebr[üder]. Stollwerck A.G. in Köln berichten, daß er über die Interna seines Betriebes nicht Bescheid weiß und alle Liebenswürdigkeit seines Wesens über seine vollkommene Unfähigkeit nicht hinwegtäusche. Wir können aber vor den Aktionären nicht verantworten, daß der Name Stollwerck derartige Unfähigkeiten auch in Zukunft deckt.

Im Zusammenhang hiermit steht, daß in einer gestern nachmittag unter meinem Vorsitz abgehaltenen Besprechung, an welcher die Herren Dr. Kimmich[1213], von Simson[1214] und Richard Stollwerck teilnahmen, die Zusammensetzung des Vorstandes erörtert wurde. Die Herren Auel[1215], Junge[1216] und Laute[1217] haben uns, jeder für sich, die außerordentlichen Schwierigkeiten geschildert, welche durch die Zugehörigkeit des Herrn Trimborn[1218] zum Vorstandskollegium dauernd in diesem entstehen und bei aller Kollegialität darauf hingewiesen, daß sein Ausscheiden aus dem Vorstand eine sehr erhebliche Vereinfachung der Geschäfte, sowie eine größere Klarheit und Uebersicht herbeiführen und keinerlei Lücke hinterlassen würde. Wenn ich auch mich selbst bemüht habe, in der Generalversammlung die alte Verwaltung gegenüber den durchaus berechtigten Angriffen der Aktionäre in Schutz zu nehmen, so war doch das Vorbringen der Aktionäre mehr oder weniger eine Gerichtssitzung über den bisherigen Vorstand, insbesondere über Herr Trimborn. Ich hatte daher gehofft, daß er aus sich heraus die Ueberzeugung erlangt haben würde, wie wenig seine Fähigkeiten den Aufgaben gerecht werden können, die der Vorstand nunmehr noch zu lösen hat. Die im Anschluß an die Besprechung mit den Herren Auel, Junge und Laute von den genannten Herren des Aufsichtsrates geführte Unterhaltung mit Herrn Trimborn hat leider ergeben, daß Herr Trimborn sich leider immer noch in dem Wahn befindet, daß er an den Verfehlungen der Vergangenheit schuldlos sei. Ich habe ihm klar zu machen versucht, daß wir volles Ver-

---

1212 Gemeint ist das Tochterunternehmen Gebrüder Stollwerck AG in Preßburg.
1213 Gemeint ist Karl Kimmich.
1214 Gemeint ist Georg von Simson.
1215 Gemeint ist Karl Auel.
1216 Gemeint ist Alfred Junge.
1217 Gemeint ist Gustav Laute.
1218 Gemeint ist Heinrich Trimborn.

ständnis dafür hätten, daß er durch die Umstände auf einen Posten gestellt worden sei, für den seine Vorbildung nicht ausreichte, und daß er unter dem patriarchalischen Druck, den Herr Carl Stollwerck[1219] ausgeübt hätte, nicht zur freien Entfaltung einer selbständigen Persönlichkeit gelangt wäre. Wir müßten aber darauf hinweisen, daß das Debacle der Vergangenheit niemals eingetreten wäre, wenn er in der Lage gewesen wäre, die ihm zugewiesenen Pflichten, die in der Zusammenfassung der Gesamtergebnisse des Konzerns kulminierten, ordnungsmäßig wahrzunehmen. Die Berichterstattung, die an uns ergangen sei, sei vollkommen unklar gewesen und wir könnten ihm nicht verhehlen, daß alle Einrichtungen, die seit Installierung der neuen Direktion getroffen worden sind, ohne jede Mitwirkung von ihm und zum Teil sogar gegen ihn erfolgt seien. Er selbst wäre nie in der Lage gewesen zu erreichen, was heute erreicht ist, daß allmonatlich eine genaue Bilanz des Gesamtkonzerns aufgestellt werden kann, welche den Gang des Geschäftes und die Liquidität des Unternehmens in klarer Weise erkennen läßt. Wir hätten als Aufsichtsrat den Aktionären gegenüber eine schwere Verantwortung übernommen, indem wir, fußend auf dem bisher durchgeführten Reorganisationsplan, der aber noch mannigfacher Ergänzung bedürfe, die bestimmte Erwartung zum Ausdruck gebracht hätten, daß das Unternehmen nunmehr rentabel arbeiten würde. Wir könnten ihm kein Hehl daraus machen, daß nach dem, was seine eigenen Vorstandskollegen uns gesagt hätten, seine weitere Mitarbeit der Erreichung dieses Zieles im Wege stehe. Wir sähen uns daher, so sehr wir menschlich diesen Schritt bedauerten, genötigt, in Erfüllung unserer Pflicht ihn davon in Kenntnis zu setzen, daß wir den mit ihm geschlossenen, bis 1937 laufenden Vertrag nicht aufrecht erhalten könnten. Er habe zu wählen, ob wir auf ihn die Bestimmungen der auf die festen Bezüge bezüglichen Notverordnung anwenden sollten, oder mit ihm eine andere, seine Zukunft in gewisser Weise sicher stellende Regelung treffen sollten. Für den letzteren Fall habe ich mit den anderen Herren des Kollegiums vereinbart, daß der Vertrag bis zum 1.3.1933 mit der Maßgabe bestehen bleibe, daß Herr Trimborn seine Geschäfte möglichst bald abwickele, auf Urlaub gehe und mit dem 30.6.1932 aus dem Vorstand ausscheide. Wir seien bereit, wenn Herr Trimborn auf diesen Vorschlag eingehe, ihm eine Pension von R[eichs]M[ark] 10.000 jährlich unter dem Vorbchalt zu bewilligen, daß die Erfüllung dieser Zusage sich mit den Ergebnissen der weiteren Entwicklung des Unternehmens auch in Zukunft vereinigen lasse und in Wegfall komme, wenn er eine andere Stellung annehme. Es war sehr peinlich Herrn Trimborn, der offenbar in einer völlig falschen Auffassung seiner eigenen Leistungen lebt und sich auch heute nicht darüber klar ist, welches Unglück sein Versagen angerichtet hat, diese Mitteilung zu machen. Er war sehr bestürzt und versuchte, sich in sehr unzureichender Weise zu verteidigen, so daß wir schließlich die Unterhaltung abbrachen und ihn ersuchten, uns in kurzer Frist seine Entscheidung mitzuteilen.

1219 Gemeint ist Karl Stollwerck.

Gleichzeitig haben wir uns darin verständigt, Herrn Carl Stollwerck unter dem gleichen Vorbehalt, daß die Entwicklung der Gebr[üder]. Stollwerck A.G. die Zahlung der betreffenden Summen in Zukunft gestatte, eine Pension von jährlich R[eichs]M[ark] 15.000 zuzubilligen, die im Falle seines Ablebens seiner Frau in Höhe von R[eichs]M[ark] 10.000 zufallen solle. Die Pensionszahlung an die Witwe hört auf, wenn sie sich anderweit verheiratet. Die gestern versammelten Herren des Aufsichtsrats legen das größte Gewicht darauf, daß klar gestellt wird, daß diese Zusagen abhängig von der Entwicklung des Unternehmens sind, so daß wir, wenn dieselbe weiter rückläufig sein sollte, zu geringeren Beträgen greifen müssen.

Ich freue mich, daß ich Ihnen diese recht unangenehmen Verhandlungen abnehmen konnte. Der Aufsichtsrat hat sich nach der Generalversammlung in der Weise konstituiert, daß Sie wiederum zum Vorsitzenden und ich zum stellvertretenden Vorsitzenden gewählt worden sind.

Ich hoffe, daß Sie mit unserem Vorgehen einverstanden sein werden und stehe Ihnen wegen eventueller Wünsche bezüglich weiterer Aufklärung gern zur Verfügung, ebenso wie auch Herr Dr. Kimmich Sie gern über alle Einzelheiten unterrichten wird.

Von den Presseberichten ist der der gestrigen Kölnischen Volkszeitung am vollständigsten.

In der Hoffnung, daß Ihre Genesung rasche Fortschritte macht, bin ich mit freundlichen Grüßen
in steter Wertschätzung
Ihr sehr ergebener
[gez.] Solmssen.

Herrn Justizrat Schniewind,
<u>Köln,</u>
Habsburger Ring 10.

Georg Solmssen an Oscar Schlitter, 07.03.1932[1220]

<u>Herrn Schlitter</u>
Zu dem beiliegend zurückfolgenden Briefe des Herrn Silverberg[1221] vom 5.III.[19]32[1222] ist folgendes zu bemerken.

1220 1 Blatt in der Mitte gefalzt, 4 Seiten eigenhändig beschrieben, handschriftliche Vermerke «Abdruck a[d]/a[cta]», Paraphen von Oscar Schlitter und Wilhelm Heitzeberg, in: HADB, P24012, Bl. 10–11.

1221 Gemeint ist Paul Silverberg.

1222 Paul Silverberg an Oscar Schlitter 5.3.1932, in: HADB, P24012, Bl. 4–9.

1. Was Lanz[1223] und Maffei[1224] betrifft, so hat wie ich hörte, Herr Silverberg bereits in der letzten Sitzung der Kreditkommission[1225] auf das Misliche [!] der Umwandlung der Kredite in Effekten hingewiesen.[1226] Ich theile seine Ansicht, deren Äußerung durch Herrn Silverberg aber insofern zu spät kommt, als er als Mitglied der Kreditkommission bei Zeiten gegen die Gewährung der von ihm jetzt bemängelten beiden Kredite hätte Einspruch erheben müssen. Ob ihre Umwandlung in Effekten vermeidbar war, vermag ich nicht zu übersehen.

2. Was Hapag Lloyd[1227] betrifft, so verstehe ich nicht, weshalb Herr Silverberg, mit dem ich seit Wochen in dieser Angelegenheit in Beziehung stehe, sich ihretwegen an Sie anstatt, wie sich das gehört hätte, an mich wendet, von dem er weiß, daß er der dezernatmäßige Bearbeiter ist.

Die Auffassung des Herrn Silverberg es beständen innerhalb des Kollegiums Meinungsverschiedenheiten in dieser Angelegenheit geht fehl.

Weder Herr Boner[1228] u[nd]. ebenso wenig Graf Roedern[1229] sollen in den Vorstand einer Gesellschaft[1230] eintreten. Davon war nie die Rede.

Herrn Dr. Silverbergs Hinweis, daß die Banken ihre Hapag-Lloyd Kredite nicht in Aktien umwandeln könnten u[nd]. eine dahingehende Forderung der Regierung ablehnen müßten, ist erfolgt, nachdem ich in schärfster Form erklärt hatte, diese Regelung sei unmöglich. Die gleiche Erklärung habe ich Herrn Luther[1231] und Herrn Dietrich[1232] gegenüber abgegeben und werde bei ihr verbleiben. Die Unterstützung dieser Stellungnahme durch Herrn Dr. Silverberg ist sehr willkommen. Sein Brief liest sich aber so, als ob erst sein Eingreifen diesen Gesichtspunkt aufgestellt hätte u[nd]. wir im Begriffe wären, eine heillose Thorheit zu begehen, vor der er uns retten müsse.

Die Frage Schacht[1233] erledigt sich dadurch, daß er wie ich von der Hapag höre, dort nach Kenntnisnahme vom Stand der Dinge Graf Roedern als den geeigneten Vertreter der öffentlichen Interessen bezeichnet hat. Herr Silverberg hätte aber korrekter Weise mich über die Kandidatur Schachts unterrichten müssen.

[gez.] Solmssen 7/3.[19]32.

1223 Gemeint ist die Heinrich Lanz AG in Mannheim.
1224 Gemeint ist die Lokomotivfabrik Krauss & Comp. – J. A. Maffei AG in München.
1225 Gemeint ist die Kreditkommission des Aufsichtsrats der Deutschen Bank und Disconto-Gesellschaft.
1226 Diese Umwandlung der Kredite in Beteiligungen führte dazu, dass die Deutsche Bank noch bei Kriegsende 1945 mit 26% am Kapital von Lanz und mit 38,5% am Kapital von Krauss-Maffei beteiligt war.

1227 Gemeint sind die ab 1930 in Interessen- und Arbeitsgemeinschaft befindlichen Reedereiunternehmen Hamburg-Amerikanische Packetfahrt-Actien-Gesellschaft (HAPAG) in Hamburg und Norddeutscher Lloyd in Bremen.
1228 Gemeint ist Franz Boner.
1229 Gemeint ist Siegfried von Roedern.
1230 Gemeint ist eine zukünftige Uniongesellschaft aus HAPAG und Norddeutschem Lloyd.
1231 Gemeint ist Hans Luther.
1232 Gemeint ist Hermann Dietrich.
1233 Gemeint ist Hjalmar Schacht.

Georg Solmssen an Fritz Thyssen, 07.04.1932[1234]

Abschrift.

Dr. Georg Solmssen

4/Z[ingle]r.

Berlin W.8, 7. April 1932.
Mauerstr. 35

Sehr geehrter Herr Thyssen,
Die gesetzlichen Vorschriften[1235] zwingen die Deutsche Centralbodenkredit Aktiengesellschaft, die Zahl ihrer Aufsichtsratsmitglieder wesentlich zu verkleinern und die Mitglieder des künftigen Plenums aus dem Kreise derjenigen Herren zu nehmen, welche den Geschäften der Gesellschaft besonderes Interesse entgegenbringen. Da Sie selbst nur in wenigen Fällen in der Lage gewesen sind, an den Sitzungen des Aufsichtsrats teilzunehmen, hat der Vorstand mich ersucht, an Sie die Frage zu richten, ob sie auf ein Verbleiben im Aufsichtsrat [!] der Gesellschaft Wert legen. Da ich heute einen kurzen Urlaub antrete, wäre ich Ihnen dankbar, wenn Sie Ihre Antwort Herrn Geheimrat Dr. Fritz Hartmann direkt zugehen ließen.[1236]
In vorzüglicher Hochachtung
Der Vorsitzende des Aufsichtsrats der
Deutschen Centralbodenkredit-Aktiengesellschaft
gez. Solmssen.

Herrn Dr. jur. h.c. Fritz Thyssen,
Mülheim a. d. Ruhr
Grenzstr. Speldorf

Franz von Papen an Georg Solmssen, 28.07.1932[1237]

Der Reichskanzler

RK.6660

Berlin, den *28.* Juli 1932.

Sehr geehrter Herr Dr. Solmssen!
Ich bin Ihnen sehr dankbar für die Übersendung der ausgezeichneten Studie über Lausanne[1238], die Sie im Bank-Archiv veröffentlicht haben. Für besonders wichtig halte ich Ihren Hinweis auf die Entstehungsgeschichte der interalliierten, insbesondere französischen Schulden an die Vereinigten Staaten. Ich habe stets auf dem

---

1234 Durchschlag, 1 Blatt, Vorderseite maschinenschriftlich beschrieben, in: HADB, K5/3224, Bl. 83.
1235 Gemeint ist die Notverordnung des Reichspräsidenten über Aktienrecht, Bankenaufsicht und über eine Steueramnestie, 19.9.1931, RGBl, I, S. 493.
1236 Thyssen antwortete mit Schreiben an Hartmann vom 8.4.1932 und teilte lapidar mit, dass er auf ein Verbleiben im Aufsichtsrat von Centralboden «keinen Wert lege» und dass die Wahl in diesen Aufsichtsrat «nicht auf [seinen] Wunsch» erfolgt sei. Abschrift dieses Schreibens in: HADB, K5/3224, Bl. 84.
1237 Abschrift, 1 Blatt, Vorderseite maschinenschriftlich beschrieben, in: BA, R431/339, Bl. 123.
1238 Georg Solmssen, Lausanne, in: Bank-Archiv, 31. Jg., 1931/32, Nr. 20, S. 389–393; in: BA, R431/339, Bl. 120ff.

Standpunkt gestanden, daß der Charakter dieser Verpflichtungen einen Vergleich mit Deutschlands Tributlasten überhaupt nicht zuläßt und daß daher das Bestehen eines Junctims zwischen Reparationen und interalliierten Schulden von uns nicht anerkannt werden kann.
Mit vorzüglicher Hochachtung
Ihr
sehr ergebener
N[ame]. d[es]. H[errn]. Reichskanzlers
[gez.] P[apen]

An Herrn Dr. Georg Solmssen,
Mitglied des Vorstandes
Der Deutschen Bank und Disconto-Gesellschaft
<u>Berlin W 8</u>
Behrenstraße.

Georg Solmssen an Paul Mojert, 29.07.1932[1239]

29. Juli 1932.

Sehr geehrter Herr Dr. Mojert,
Herr Dr. Kimmich[1240] teilte mir vor Kurzem Abschrift seiner Korrespondenz mit Herrn Dr. Georg Hirschland mit und ich habe ihm empfohlen, zunächst das Einverständnis von Reichsbank und Bankkommissar[1241] mit den sich aus dieser Korrespondenz ergebenden Abänderungen des modifizierten, vorläufig geheim zu behandelnden Planes[1242] herbeizuführen. Wesentlich für alle weiteren Dispositionen ist, zu wissen, welches Ergebnis die Prüfung unserer Beziehungen zu den einzelnen, einer Beeinflußung zugänglichen Gewerken gezeitigt hat. Es wäre mir interessant, hierüber etwas näheres von Ihnen zu erfahren. Ich bin am 15. August wieder im Dienst und möchte erst dann mit dem neuen Plan an die Öffentlichkeit treten.
Zur Wahl[1243] fahre ich an die Grenze, will aber dann noch hier bleiben, da es auch hier endlich Sommer zu werden scheint.
Mit freundlichen Grüßen
Ihr sehr ergebener
[gez.] Solmssen.

1239 Briefpapier «HOTEL WALDHAUS / SILS-MARIA, ENGADINE», 1 Blatt in der Mitte gefalzt, 2 Vorder- und 1 Rückseite eigenhändig beschrieben, handschriftlicher Vermerk «b[eantworte]t. 1.8.[1932] Kr[afft]», Paraphe von Paul Mojert, in: HADB, S318.

1240 Gemeint ist Karl Kimmich.
1241 Gemeint ist Friedrich Ernst.
1242 Gemeint ist der Plan zur Sanierung der Gewerkschaft Ewald.
1243 Gemeint ist die Wahl zum 6. Deutschen Reichstag am 31.7.1932.

Paul Mojert an Georg Solmssen, 01.08.1932[1244]

Dr. Paul Mojert 1. August 1932
K[rafft].

Sehr geehrter Herr Doktor!

Ihr Schreiben vom 29. Juli[1245] wegen Ewald gelangte erst heute in meinen Besitz. In der Anlage finden Sie eine Zusammenstellung der in der letzten Gewerkenversammlung[1246] nicht vertreten gewesenen Kuxe. Wenn man annimmt, dass die von den Familienmitgliedern von Waldthausen[1247], von Born[1248] und Grevel[1249] nicht angemeldeten Kuxe nach Beseitigung von deren stiller Opposition durch den neuen Plan nunmehr vertreten werden, Herr Günther Quandt mit uns geht, und die bei unseren Filialen und den drei anderen Banken[1250] liegenden Kuxe ebenfalls angemeldet werden, und ferner die von den Filialen gemeldete Einwirkungsmöglichkeit auf 152 Kuxe zu unseren Gunsten von Erfolg begleitet ist, so stehen noch 166 Kuxe aus, an die wir entweder nicht heran können oder auf welche eine Einwirkung nicht möglich ist. Die Opposition in der letzten Gewerkenversammlung[1251], die allerdings nur bei der Entlastung des Grubenvorstandes in die Erscheinung trat, besass 733 Kuxe, darunter Thyssen[1252] Stück 267 und Dr. Will[1253], Hamburg Stück 207. Rechnet man damit, dass der Letztere für uns gewonnen wird, so befänden sich immer noch 526 Kuxe in der Opposition. Rechnet man weiter, dass die 166 Kuxe, an die wir nicht herankommen, nicht vertreten werden, so würde man mit Opposition oder Abwesenheit von 692 Kuxen zu rechnen haben. Es würden also günstigstenfalls für uns in der ersten Gewerkenversammlung 2308 Kuxe stimmen, während die ¾ Mehrheit Stück 2250 wäre.

Ich komme also zu dem Ergebnis, dass wir die ¾ Mehrheit unter keinen Umständen in der ersten Gewerkenversammlung haben werden, da die Kuxenbesitzer, welche in der letzten Gewerkenversammlung nicht gegen die Entlastung des Grubenvorstandes stimmten, deshalb durchaus noch nicht für den neuen Plan zu stimmen brauchen. In der nächsten Gewerkenversammlung dürften[1254] deshalb m[eines]. E[rachtens]. unter allen Umständen nicht ¾ der vorhandenen Kuxe vertreten sein.

1244 Briefpapier «BERLIN W 8, DEN / MAUERSTRASSE 35–39», 2 Blätter, 2 Vorderseiten maschinenschriftlich beschrieben, zweite Seite nummeriert, handschriftlicher Vermerk «Anl[age]. repr. z[um]. 15/8.[1932] b[ei]. Fr[äu]l[ein]. Zingler», Stempel «Vorlage», Briefanlagemarke «441», Paraphen von Georg Solmssen und Paul Mojert, in: HADB, S318.
1245 Solmssen an Mojert 29.7.1932, in: HADB, S318; hier abgedruckt.
1246 Fand statt am 11.7.1932.
1247 Gemeint ist die Patrizier- und Industriellenfamilie von Waldthausen aus Essen, hier insbesondere Wilhelm von Waldthausen.
1248 Gemeint ist Theodor von Born.
1249 Gemeint ist Walther Grevel.
1250 Gemeint sind die Bankhäuser Simon Hirschland, Essen, A. Levy, Köln, und Westfalen-Bank AG, Bochum.
1251 Gemeint ist die in Opposition zum Sanierungsplan der Gläubigerbanken stehende Gruppe von Gewerken der Gewerkschaften Ewald und König Ludwig («Schutzvereinigung der Gewerken der Gewerkschaften Ewald und König Ludwig»).
1252 Gemeint ist wahrscheinlich Fritz Thyssen.
1253 Gemeint ist Albert Will.
1254 «t» handschriftlich gestrichen.

Herr Dr. Kimmich[1255] wird am Donnerstag in Berlin sein, um mit dem Bankenkommissar[1256] und Herrn Geheimrat Friedrich[1257] wegen des neuen Planes zu verhandeln. Sonst gibt es geschäftlich nichts Neues von Bedeutung.
Mit dem Wunsche für einen vollen Erfolg Ihrer Kur und verbindlichen Grüssen
Ihr sehr ergebener
[gez.] Mojert

Herrn
Dr. Georg Solmssen
Sils-Maria, Engadine
Hotel Waldhaus

Karl Kimmich an Georg Solmssen, 02.08.1932[1258]

2. August 1932

Betr. Ewald / König Ludwig

Sehr geehrter Herr Doktor,
Gestern war stundenlange Beratung der Kommissions[1259]-Mitglieder, deren negatives Ergebnis Sie aus der anliegenden Notiz[1260] zu ersehen belieben.
Es zeigt sich immer mehr, daß Herr Thyssen[1261] nur darauf ausgeht, das Aktienpaket den Banken wieder zu entreißen. Die Hinweise darauf, daß an den Optionen ein großer Teil der Gewerken garnicht [!] interessiert seien, da sie nicht in der Lage wären, die Aktien zu beziehen, waren ohne jedes Ergebnis. Die Opponenten[1262], welche die kleinen Gewerken vertraten, haben sich offenbar ganz Herrn Dr. Härle[1263] verschrieben. Von Herrn Dr. Will[1264], den ich einige Tage vorher in Bochum sprach, erhoffe ich mehr, obwohl dieser sich auch zu den ihm damals in großen Umrissen vorgetragenen Plänen – offenbar wegen seiner Zusage an Herrn

---

1255 Gemeint ist Karl Kimmich.
1256 Gemeint ist Friedrich Ernst.
1257 Gemeint ist Carl Friedrich.
1258 Briefpapier «DR. KARL KIMMICH / KÖLN, / BÜRO: AN DEN DOMINIKANERN 15–27», 2 Blätter, 2 Vorderseiten maschinenschriftlich beschrieben, zweite Seite nummeriert, handschriftlicher Vermerk «Herrn Dr. Mojert», Paraphen u. a. von Georg Solmssen und Paul Mojert, in: HADB, S318.
1259 Gemeint ist ein aus Vertretern von Gewerken, Grubenvorstand und Gläubigerbanken gebildeter Ausschuss zur Verhandlung von Sanierungskonditionen für die Gewerkschaften Ewald und König Ludwig.
1260 Aktennotiz zur Kommissions-Sitzung Ewald/ König Ludwig am 1.8.1932 im Kaiserhof in Essen, in: HADB, S318.
1261 Gemeint ist Fritz Thyssen.
1262 Gemeint ist die in Opposition zum Sanierungsplan der Gläubigerbanken stehende Gruppe von Gewerken der Gewerkschaften Ewald und König Ludwig («Schutzvereinigung der Gewerken der Gewerkschaften Ewald und König Ludwig»).
1263 Gemeint ist Carl Härle.
1264 Gemeint ist Albert Will.

Dr. Härle – sehr reserviert verhalten hat. Ich gebe aber die Hoffnung nicht auf, daß man Herrn Dr. Will, der ja infolge der großen Verschuldung des Funke'schen Besitzes[1265] gar kein Interesse an den Optionen haben kann, doch noch auf unsere Seite ziehen kann. Offenbar ist Herrn Dr. Will bei der Opposition, die sich sehr rabiat gebärdete, bereits etwas wegen seiner Zuwahl in den Aufsichtsrat von Bergbau A.G. Lothringen verdächtig geworden.

Wenn man auf die Thyssen'schen Forderungen, die vom reinen Machtstandpunkt aus diktiert zu sein scheinen, eingehen würde, so hätte man zu gewärtigen, daß eines Tages die Banken gezwungen würden, die Kredite zu geben und Herr Thyssen mit seinem Anhang die Aktienrechte an der Gesellschaft ausüben würde.

Ich habe dies auch Herrn Wilhelm von Waldthausen, nachdem er seine von mir bereits in der letzten Kommissionssitzung beanstandeten Pläne erneut vorgetragen hat, jetzt deutlich gesagt und ihm in der Sitzung anheimgegeben, seinerseits doch nunmehr die Verhandlungen mit den Banken zu übernehmen. Leider hat, wie mir Herr Dr. Will streng vertraulich unter vier Augen sagte, ein Teil des Grubenvorstandes sich an ihn gewandt, was ja nicht verwunderlich sei, da doch der Grubenvorstand zum großen Teil sich in stiller Opposition zu den Bankvorschlägen befinde.

Ich reise morgen nach Berlin und werde am Donnerstag um 10 Uhr mit Herrn Friedrich[1266] und nachmittags 5 Uhr voraussichtlich mit Herrn Dr. Ernst[1267] Rücksprache insbesondere wegen der Westfalenbank nehmen. Bis dahin hoffe ich noch die mir in Aussicht gestellte definitive Zustimmung von Simon Hirschland[1268] zu Ihrem Vorschlag in Händen zu haben. Gestern habe ich eingehend mit Herrn Harff[1269] wegen des noch abweichenden Standpunktes von Hirschland – die Firma will 2% über Reichsbanksatz auf Konto Finto berechnen – gesprochen.

Persönlich habe ich, wie das ja auch von Ihnen und mir vorausgesehen worden war, den bestimmten Eindruck, daß mit der Opposition nicht zurecht zu kommen sein wird. Ich werde daher übermorgen in Berlin die Zahl der mit der Verwaltung voraussichtlich gehenden Kuxe festzustellen suchen, wobei allerdings zu berücksichtigen ist, daß die Opposition ca. 740 Kuxe[1270] vertreten hat, die jedenfalls auch wieder in der Opposition zu finden sein werden, sodaß damit praktisch eine feste Minorität, die alle Beschlüsse verhindern kann, vorhanden sein wird, sofern es nicht noch gelingt, Herrn Dr. Will auf unsere Seite zu ziehen.

Ich hielt es für richtig, Sie von Vorstehendem zu unterrichten, obwohl es mir lieber

---

1265 Gemeint ist die in der Gelsenkirchener Bergwerks-AG aufgegangene Essener Steinkohlebergwerke AG mit zahlreichen Gewerkschaften-Beteiligungen, u.a. an der Gewerkschaft König Ludwig.
1266 Gemeint ist Carl Friedrich.
1267 Gemeint ist Friedrich Ernst.
1268 Gemeint ist das Bankhaus Simon Hirschland in Essen.
1269 Gemeint ist Gustav Harff.
1270 Handschriftlicher Vermerk Karl Kimmichs: «Anzahl der Oppositionskuxe soll sich seitdem erheblich erhöht haben».

gewesen wäre, Ihren Erholungsurlaub nicht durch solche, zunächst wenig erfreuliche Nachrichten stören zu müssen.
Mit freundlichen Grüßen und besten Erholungswünschen verbleibe ich
Ihr sehr ergebener
[gez.] Kimmich

Herrn Dr. Georg Solmssen
z[ur]. Z[eit]. Sils-Maria
(Engadin)
Hotel Waldhaus

Georg Solmssen an Ewald Hilger, 23.08.1932[1271]

4/Z[ingle]r.   23. August 1932
Sofort abtragen!

Sehr verehrter Herr Geheimrat,
Herr Dr. Kimmich[1272] und Herr Bergrat Hollender[1273] sind heute bei mir in Schwanenwerder zum Abendessen, weil wir noch verschiedene Ewald[1274] betreffende Fragen besprechen wollen. Ich höre, dass auch Sie in Berlin sind und ebenfalls den Wunsch haben, sich mit beiden Herren zu unterhalten. Darf ich mir den Vorschlag erlauben, dass Sie sich unserem Trifolium anschließen und mit uns in Schwanenwerder zu Abend essen? Wir sind allein, da meine Frau verreist ist, und können also den Abend vollkommen den uns interessierenden geschäftlichen Fragen widmen. Ich bitte Sie, mir freundlichst telephonisch unter Jäger 0043 mitzuteilen, ob ich auf Ihre Anwesenheit rechnen kann. Gegebenenfalls werde ich Sie bei der Fahrt hinaus um ungefähr 7.15 Uhr abholen.
Mit hochachtungsvollem Glückauf
Ihr sehr ergebener
[gez.] Solmssen.

Herrn Geh[eimen]. Bergrat Hilger
per]. Adr[esse]. Frau Dr. Seidl[1275],
<u>Berlin – Charlottenburg,</u>
Kaiserdamm 3a.

1271 Presskopie, 1 Blatt, Vorderseite maschinenschriftlich beschrieben, handschriftlicher Vermerk «Anlage an Hilger / Z[um]. Br[ief]. v[om]. 6/9.[1932]», Paraphe von Georg Solmssen, in: HADB, S318.
1272 Gemeint ist Karl Kimmich.
1273 Gemeint ist Karl Hollender.
1274 Gemeint ist die Gewerkschaft Ewald.
1275 Gemeint ist Ewald Hilgers Tochter Elly Seidl, die mit Dr. Erich Seidl, Präsident des Staatlichen Materialprüfungsamtes in Berlin, verheiratet war.

Georg Solmssen an Robert Pferdmenges, 17.09.1932[1276]

4/Pr[euß]   17. September 1932.

Lieber Herr Pferdmenges,
Von Reisen zurückkehrend, finde ich in Gestalt Ihres Namenszuges die Mitteilung, dass Sie hier waren. Ich bedaure sehr, dass ich Ihren Besuch verfehlt habe, um so mehr, als ich mich gern mit Ihnen über den Brief Ihrer Firma an uns vom 7. d[es]. M[onats].[1277] unterhalten hätte. Ich glaube, es ist richtiger, wir behandeln die dort erörterte Angelegenheit mündlich. Die Hauptsache ist, dass das Ziel erreicht wird, zwischen der Deutschen Bank und Disconto-Gesellschaft und der Firma Sal. Oppenheim jr. & Cie. einen Freude machenden Geschäftsverkehr herbeizuführen. Darüber, wie das geschehen kann, müssen wir uns einmal in Ruhe aussprechen.
Inzwischen bin ich mit freundlichen Grüßen
Ihr sehr ergebener
[gez]. Solmssen.

Herrn Dr. Robert Pferdmenges
m[it]. Br[iefen]. Sal. Oppenheim jr. & Cie.
Köln
Gr[oße]. Budengasse 8.

Aktenvermerk Georg Solmssens, 11.10.1932[1278]

4n[örenberg]   11.10.[19]32.
Geheim.
Aktenvermerk.

Gelegentlich eines am 30. September [1932] im Club von Berlin veranstalteten Essens, an dem die Herren von Papen[1279], von Gayl[1280], Warmbold[1281], von Ham-

---

1276 Presskopie, 1 Blatt, Vorderseite maschinenschriftlich beschrieben, Stempel «Zirkuliert bei den ordentlichen Vorstandsmitgliedern» und Umlaufstempel mit Paraphen der Vorstandsmitglieder, Paraphen von Eduard Mosler und Georg Solmssen, in: HADB, P24001.
1277 Sal. Oppenheim, Chefcabinett, an Vorstand der Deutschen Bank und Disconto-Gesellschaft, 7.9.1932, in: HADB, P24001. Darin nimmt Oppenheim zu dem von der Deutschen Bank und Disconto-Gesellschaft beanstandeten Rückgang des wechselseitigen Geschäfts Stellung und schlägt eine persönliche Aussprache in Berlin vor.
1278 Presskopie, 3 Blätter, 3 Vorderseiten maschinenschriftlich beschrieben, nummeriert ab der zweiten Seite, Paraphen von Eduard Mosler und Gustaf Schlieper und Umlaufstempel «Vorstand» mit Paraphen von Alfred Blinzig, Franz Boner, Theodor Frank, Werner Kehl, Gustaf Schlieper und Oscar Wassermann, in: HADB, B207.
1279 Gemeint ist Franz von Papen.
1280 Gemeint ist Wilhelm Freiherr von Gayl.
1281 Gemeint ist Hermann Warmbold.

merstein-Equord[1282], Oberst von Hindenburg[1283], Planck[1284], Marx[1285], von Velsen[1286], Knepper[1287], Fickler[1288], Schmitz[1289], von Flotow[1290], von Harbou[1291] und der Unterzeichnete teilnahmen, wurden die gelegentlich der Reichstagswahl[1292] zu ergreifenden Maßnahmen erörtert. Die Herren von Papen, Planck und von Gayl standen auf dem Standpunkt, daß der kommende Reichstag genau so arbeitsunfähig sein werde wie der letzte, und daß es lediglich darauf ankomme, die Stärkung derjenigen Parteien herbeizuführen, welche als Auffangparteien für die absplitternden Teile der Nationalsozialisten inbetracht kommen, damit der Rückgang der Mandate der Nationalsozialisten den Beweis dafür liefere, daß diese Bewegung ihren Höhepunkt erreicht habe.

Es wurde dementsprechend gebeten, Gelder, welche aus der Wirtschaft für die Wahlen zur Verfügung gestellt würden, nur solchen Parteien zuzuwenden, die als Auffangparteien anzusprechen seien. Im übrigen vertrat Herr Planck die Auffassung, daß die Regierung einen größeren Betrag benötige, um während der Wahl und vor allen Dingen nach der Wahl für ihre Zwecke werben zu können und es demgemäß sehr begrüßt werden würde, wenn diejenigen Wirtschaftskreise, welche die Unterstützung der gegenwärtigen Regierung für erforderlich hielten, nicht alle von ihnen für die Wahl bestimmten Mittel für diesen Zweck verausgabten, sondern die Notwendigkeit im Auge behielten, der Regierung eine gewisse Bewegungsfreiheit für die Zeit nach der Wahl zu ermöglichen. Die durchgreifenden Maßnahmen, um wieder zu geregelten parlamentarischen Verhältnissen zu kommen, könnten erst eingeleitet werden, nachdem die Arbeits*un*fähigkeit[1293] des kommenden Reichstages festgestellt worden sei. Alsdann werde sowohl zur Wahlreform wie zur Reichsreform geschritten werden müssen.

In der Vorstandssitzung vom 3. Oktober [1932] war das Kollegium[1294] prinzipiell darin einig, daß eine Unterstützung der gegenwärtigen Regierung in nennenswertem Umfange wünschenswert sei und auch wir selbst zu diesem Zweck eine größere Summe zur Verfügung stellen sollten.

Nach meiner Rückkehr aus London bat mich Herr Planck gestern vormittag zu sich, um mir zu sagen, daß in Verfolg der am 30. September erörterten Frage der Regierung Beträge zwischen R[eichs]M[ark] *600.000,--*[1295] und R[eichs]M[ark] *700.000,--*[1296] zur Verfügung gestellt worden seien. Er frag*t*e[1297] mich, ob seitens der Banken eine Verstärkung dieser Summe erfolgen könne. Ich habe Herrn Planck, fußend auf den mir von Herrn Bernstein[1298] gemachten Mitteilungen über

---

1282 Gemeint ist Kurt von Hammerstein-Equord.
1283 Gemeint ist Oskar von Hindenburg.
1284 Gemeint ist Erwin Planck.
1285 Gemeint ist wahrscheinlich Paul Marx.
1286 Gemeint ist Otto von Velsen.
1287 Gemeint ist Gustav Knepper.
1288 Gemeint ist Erich Fickler.
1289 Gemeint ist Hermann Schmitz.
1290 Gemeint ist Hans von Flotow.
1291 Gemeint ist Bodo von Harbou.
1292 Gemeint ist die Reichstagswahl vom 6.11.1932.
1293 Handschriftliche Einfügung der Silbe «un».
1294 Gemeint ist der Vorstand der Deutschen Bank und Disconto-Gesellschaft.
1295 Betrag handschriftlich von Solmssen eingefügt.
1296 Betrag handschriftlich von Solmssen eingefügt.
1297 Handschriftliche Einfügung des Buchstabens «t».
1298 Gemeint ist Otto Bernstein.

den Verlauf der Wahlkomitee-Sitzung[1299], gesagt, daß der Betrag, der von dieser Seite für die Regierung zu erwarten sei, sich nur auf zirka R[eichs]M[ark] *20.000,--*[1300] belaufen könne, da der Gesamtbetrag, der von den Banken für die Wahlzwecke bewilligt worden sei, sich auf R[eichs]M[ark] 80.000,--[1301] beschränke. Diese Summe würde auf die Deutsch-Nationalen, die Deutsche Volkspartei und auf das Zentrum in der Art verteilt werden, daß die Zuwendungen sich in der Reihenfolge dieser Aufzählung abstuften. Herr Planck bat zu erwägen, ob der der Regierung direkt zugedachte Teil nicht erhöht werden könne. Ich habe ihm erwidert, daß ein nochmaliges Herantreten an das Banken-Komitee zwecklos sei, daß ich ihm vielmehr empfehle, sich über etwaige weitere Zuwendungen mit den hierfür inbetracht kommenden einzelnen Banken zu verständigen. Ich würde die Angelegenheit in diesem Sinne auch in unserem Vorstandskollegium zur Sprache bringen. Herr Planck dankte hierfür und bat, ihm die Antwort, wenn irgendmöglich, noch am gestrigen Tage, vor seiner Abreise nach München zukommen zu lassen.
Bei der Beratung in der Vorstandssitzung[1302] am Nachmittag des 10. Oktober[1303] [1932] waren die anwesenden Herren darin einige, daß es sich empfehle, der Regierung für die von ihr geplanten Zwecke den Betrag von R[eichs]M[ark] *100.000,--*[1304] zur Verfügung zu stellen. Ich habe Herrn Planck gestern abend hiervon unterrichtet. Er war offenbar sehr erfreut über unsere Hilfe und sprach den besten Dank für dieselbe aus.
Wegen der Ueberweisung des Betrages bitte ich Herrn Dr. Mosler[1305], das Weitere zu veranlassen.[1306]
Berlin, den 11.Oktober 1932
[gez.] Solmssen.[1307]

1299 Gemeint ist eine Sitzung des Centralverbands des Deutschen Bank- und Bankiergewerbes.
1300 Betrag handschriftlich von Solmssen eingefügt.
1301 Betrag handschriftlich von Solmssen eingefügt.
1302 Gemeint ist die Vorstandssitzung der Deutschen Bank und Disconto-Gesellschaft.
1303 «September» handschriftlich von Eduard Mosler zu «Oktober» geändert.
1304 Betrag handschriftlich von Solmssen eingefügt.
1305 Gemeint ist Eduard Mosler.
1306 Am 15.10.1932 übergab Eduard Mosler in der Reichskanzlei 100 000 Reichsmark in bar an Staatssekretär Planck, der den «ganz besonderen Dank» des Reichskanzlers von Papen aussprach und erklärte, «das Geld dürfte er zur Hauptsache den D[eu]t[sch]. Nationalen geben». Siehe Aktenvermerk Mosler an Abshagen 15.10.1932, in: HADB, B207.
1307 Handschriftliche Nachschrift von Solmssen:

«Herr Planck theilte bei der Besprechung am 10. d[es] M[onat]'s mit, daß die Ruhrlade der Deutsch-Nationalen Partei den Betrag von R[eichs]M[ark] 1 000 000.– für Wahlzwecke gegeben habe.» Weiterer handschriftlicher Vermerk von Gustaf Schlieper: «Gelegentlich eines Essens bei Otto Wolff am 6/10 [1932] mit H[errn] Franz] v[on] Papen, [Kurt von] Schleicher zeichneten H[err Otto] Wolff und H[err Friedrich] Flick je M[ark] 100 000 und H[err Heinrich] Bierwes M[ark] 25 000. [gez.] Schlieper». Zu diesem Treffen im Berliner Haus von Otto Wolff siehe Henry A. Turner, Die Großunternehmer und der Aufstieg Hitlers, Berlin 1985, S. 316; Eckart Conze, «Titane der modernen Wirtschaft» Otto Wolff (1881–1940), in: Peter Danylow / Ulich S. Soénius, Otto Wolff. Ein Unternehmen zwischen Wirtschaft und Politik, München 2005, S. 130.

Karl Schwarzkopf an Georg Solmssen, 31.10.1932[1308]

I B 16020/32
Eilt sehr!

31. Oktober 1932.

Unter Bezugnahme auf Ihre kürzlich stattgehabte Besprechung mit dem unterzeichneten Staatssekretär[1309] ersuche ich Sie, sich mit den beiden Konsortien für die kurzfristigen Kredite an die Hamburg-Amerika-Linie und den Norddeutschen Lloyd wegen einer Herabsetzung der Zinssätze in Verbindung zu setzen.
Es wird, wie Ihnen bekannt ist, eine Bereinigung der Bilanzen der beiden großen Schiffahrtsgesellschaften durch Heranziehung ihrer amerikanischen Freigabeansprüche angestrebt. Diese Bestrebungen, die darauf abzielen, die Bilanzen der beiden Gesellschaften insgesamt um eine Kreditorensumme von fast 190 Millionen Mark zu erleichtern, würden dem Reich nicht unerhebliche Opfer auferlegen, andererseits aber den beteiligten Banken sehr wesentlich zugute kommen.
Es ist aber vom Standpunkte des Reichs aus nur dann zu verantworten, eine Bilanzbereinigung der Schiffahrtsgesellschaften in der geschilderten Weise in Aussicht zu nehmen, wenn auch deren Rentabilität gesichert erscheint. Dabei ist nur an eine ganz bescheidene Verzinsung gedacht. An der Herbeiführung einer solchen Rentabilität der Schiffahrtsgesellschaften haben die als Gläubiger beteiligten Banken selbst das allergrößte Interesse, weil sie nur dann ihre Forderungen voll werden realisieren können, wenn die Umwandlung in Aktien und deren Verkauf möglich sind. Diese Möglichkeit wird aber nur bestehen, wenn die Aktien für ein oder zwei Jahre eine gewisse Rente erbracht haben.
Nach den mir gewordenen Mitteilungen sind die Betriebsverluste bei den Reedereien wesentlich zurückgegangen. Sie werden noch weiter zurückgehen, wenn einerseits eine Regelung der amerikanischen Freigabeansprüche erfolgt, andererseits der Verkehr, wie es den Anschein hat, sich wieder etwas günstiger gestaltet. Angesichts der starken in den früheren Jahren vorgenommenen Abschreibungen werden in den nächsten Jahren erhebliche Abschreibungen auf den Schiffspark wohl nicht erforderlich sein.
Unter diesen Umständen werden die Reedereien nach meiner Ansicht in der Lage sein, eine bescheidene Rente abzuwerfen, falls ihnen durch eine Herabsetzung der Bankzinsen die Möglichkeit hierzu gewährt wird. Ich halte eine Herabsetzung der Bankzinsen um ½% für erstrebenswert und für die Banken auch für tragbar. Ich

---

1308 Briefpapier «Der Reichswirtschaftsminister / Berlin W 35, den / Viktoriastraße 34», 2 Blätter, 2 Vorder- und 1 Rückseite maschinenschriftlich beschrieben, nummeriert ab der zweiten Seite, handschriftliche Vermerke « H[err]. v[on]. Falkenhausen» mit Paraphe von Gotthard von Falkenhausen, «b[eantworte]t. 3/11.[1932] N[örenberg]» mit Paraphe von Elisabeth Nörenberg, Paraphen u. a. von Georg Solmssen und Elisabeth Nörenberg, in: HADB, S370.
1309 Gemeint ist Karl Schwarzkopf.

möchte deshalb bitten, auf die Konsortien einzuwirken, daß sie sich mit einer solchen Herabsetzung einverstanden erklären, wobei ich nochmals betonen möchte, daß eine solche Zinsherabsetzung sich für die beteiligten Banken letzten Endes nur als vorteilhaft erweisen wird, indem sie den Schiffahrtsgesellschaften wieder zu einer Rente verhilft und damit die Möglichkeit der weiteren Ausgabe von Aktien eröffnet.[1310]
In Vertretung
[gez.] Schwarzkopf

An
Herrn Direktor Dr. Solmssen,
Deutsche Bank und Diskonto-Gesellschaft, [!]
Berlin.

Georg Solmssen an Karl Schwarzkopf, 03.11.1932[1311]

4n[örenberg] 3. November 1932
Kredit Hapag / Lloyd.

Sehr verehrter Herr Staatssekretär,
Ich bestätige dankend den Empfang Ihrer gefälligen Zuschrift vom 31[.] v[origen]. M[onats].[1312] in obenbezeichneter Angelegenheit und beehre mich, folgendes zu erwidern:
Ich habe grosse Bedenken, eine Stellungnahme der Mitglieder des Konsortiums der Hapag zu der Anregung einer Zinsherabsetzung der gewährten Kredite herbeizuführen und bin überzeugt, dass auch Herr Fürstenberg[1313], den ich zurzeit nicht erreichen kann, der aber Anfang nächster Woche zurückgekehrt sein wird, den gleichen Standpunkt einnehmen wird. Die Mitglieder des Konsortiums für den der Hapag gewährten Kredit haben sich seinerzeit, unter Zurückstellung schwerwiegender Bedenken, zur Verlängerung desselben über den am 31.3.1932 eingetreten gewesenen Fälligkeitstermin unter gleichzeitiger Ermässigung der Zinsen bereit gefunden, um dadurch dazu beizutragen, die Grundlage für die vom Reich im Interesse der Gesamtwirtschaft betriebene Reorganisation der Schiffahrtsgesellschaften zu schaffen. Der Zinssatz für diesen Währungskredit wurde, um der Hapag jede

---

1310 Handschriftliche Marginalie am Ende der dritten Seite «z[ur]. Z[ei]t. werden an Zinsen gerechnet a) für den $ 21 500 000.– Kredit 1 % unter den Sätzen des Valutakreditabk[ommens]: z[ur]. Z[ei]t. 6½ % demnächst voraussichtlich 5 ¾ % b) für den R[eichs]M[ark] 46 000 000.– Kredit jeweiliger Reichsbanksatz + ¼ % je Quartal Provision = z. Zt. 5 % p.a.»

1311 Presskopie, 3 Blätter, 3 Vorderseiten maschinenschriftlich beschrieben, nummeriert ab der zweiten Seite, Paraphen von Georg Solmssen und Elisabeth Nörenberg, in: HADB, S370.
1312 Schwarzkopf an Solmssen 31.10.1932, in: HADB, S370; hier abgedruckt.
1313 Gemeint ist Hans Fürstenberg.

den deutschen Banken von Auslandsseite gewährte Zinserleichterung in vollem Umfange zugute kommen zu lassen, in der Form variabel gestaltet, dass er 1% unter dem von den Mitgliedern der Stillhaltevereinigung für Währungskredite festgelegten Zinssatz liegen soll. Dieser Mindestzinssatz, der ursprünglich 9% betrug, ist infolge der Londoner Vereinbarung auf 7½% ermäßigt worden und wird sich in naher Zukunft voraussichtlich noch weiter, wahrscheinlich auf 6¾% senken. Demzufolge betragen die der Hapag zurzeit belasteten Zinsen 6½% und werden sich gegebenenfalls auf 5¾% mindern. Den Banken stehen aufgrund der Londoner Vereinbarung die entsprechenden Währungskredite in der Regel mit 5% ein, so daß ihnen eine Spanne von ¾% verbleibt, die anerkannter Weise erheblich unter der regulären Spanne liegt, welche die Banken beziehen müssen, um ein ihre Unkosten deckendes Entgelt und ein Aequivalent für die langfristige Festlegung der investierten Beträge, gar nicht zu reden von der Risikoprämie, zu erhalten.

Ich sehe große Schwierigkeiten voraus, wenn nunmehr, nachdem nur wenige Monate seit der Festsetzung dieser Bedingungen verstrichen sind, an denselben gerüttelt wird. Es hat langer Verhandlungen bedurft, die Mitglieder des Konsortiums auf die jetzt geltenden Bedingungen festzulegen, zumal erhebliche Beträge der Beteiligungsquoten an Unterkonsorten abgegeben worden waren, weil den betreffenden Firmen das eigene Engagement zu groß war, und diese Unterkonsorten, ebenso wie auch verschiedene Hauptkonsorten, sich dagegen sträubten, eine Verlängerung des Kredites über den festgesetzten Fälligkeitstag hinaus, und gleichzeitig eine Reduktion der Zinsbedingungen zuzugestehen. Ich sehe voraus, daß, wenn ein Rundschreiben an die Konsorten zwecks Herbeiführung ihrer Einwilligung in die vorgeschlagene Zinsreduktion versandt werden müßte, von den Konsorten eine eingehende Aufklärung über die geplante, mit der ganzen Freigabeaktion zusammenhängende Neuregulierung verlangt würde mit dem Ergebnis, daß schließlich doch nicht die Zustimmung der Beteiligten zu erreichen wäre. Es ist nicht möglich im gegenwärtigen Zeitpunkt zu übersehen, wie sich die Bilanz- und die Rentabilitätsverhältnisse der Schiffahrtsgesellschaften gestalten werden und in welcher Form die Freigabeverständigung zustande kommen wird. Irgendwelche Berechnungen, deren Schlüssigkeit die in Ihrem angedeuteten Vorteile einer Zinsermäßigung für die Kreditgeber zu Tage treten ließe, würden daher gegenwärtig in der Luft schweben. Eine unter diesen Umständen eröffnete Diskussion darüber, welche Wirkung die geplante Regulierung der Freigabeansprüche nach sich ziehen werde, entbehrt deshalb des festen Tatsachen-Untergrundes. Auch fürchte ich, daß es den Freigabeverhandlungen mit der amerikanischen Gegenseite nicht förderlich sein wird, wenn dieses Thema nunmehr in den betroffenen Kreisen unter dem Gesichtspunkt diskutiert wird, daß die Kreditgeber bereits jetzt von Seiten des Reichs aufgefordert werden, neue Opfer zu bringen, obgleich noch gar nicht feststeht, ob und wie die Freigabe-Angelegenheit erledigt werden wird. Es liegt nahe, daß von den beteiligten deutschen Interessenten mit Nachdruck auf die Vorteile hingewiesen wird, wel-

che dem Reich durch Befreiung von der noch 30 Jahre lang laufenden Verpflichtung zufließen, jährlich $ 9.700.000 an die amerikanische Regierung zu zahlen.
Ich habe mir gestattet, vorliegende Darlegungen zu Papier zu bringen, um Ihnen eine Unterlage für unsere heutige Besprechung zu schaffen. Ich werde mich absprachegemäß um 12.45 h bei Ihnen einfinden und begrüße Sie
in vorzüglicher Hochachtung
als Ihr sehr ergebener
[gez.] Solmssen.

Herrn Staatssekretär Dr. Schwarzkopf
Reichswirtschaftsministerium
Berlin W.10
Viktoriastr. 34.

Georg Solmssen an Siegfried von Roedern, 04.11.1932[1314]

4/Z[ingle]r.   4. November 1932

Sehr verehrte Exzellenz,
Ich sende Ihnen beiliegend Kopie eines Briefwechsels, den ich in Sachen Hapag/Lloyd mit Herrn Staatssekretär Dr. Schwarzkopf[1315] geführt habe.
Das Ergebnis der mündlichen Aussprache über die in diesem Schriftwechsel behandelte Angelegenheit war, dass Herr Schwarzkopf erklärte, volles Verständnis für meinen Standpunkt zu besitzen und denselben bei den übrigen Ressorts zu vertreten. Ich habe Herrn Schwarzkopf mündlich im einzelnen erläutert, dass die Regelung der Finanzverhältnisse erst in Angriff genommen werden könne, nachdem die Freigabeangelegenheit erledigt sei.
Mit freundlichen Grüßen
in vorzüglicher Hochachtung
Ihr sehr ergebener
[gez.] Solmssen.

Seiner Exzellenz
Herrn Staatsminister a.D. Graf von Roedern,
Hamburg 1,
Mönckebergstr. 27, II.

1314 Presskopie, 1 Blatt, Vorderseite maschinenschriftlich beschrieben, Paraphen von Georg Solmssen und Elisabeth Nörenberg, in: HADB, S370. Ähnlich lautende Schreiben sandte Solmssen an Hans Fürstenberg und Carl Bergmann, siehe in: HADB, S370.

1315 Gemeint ist Karl Schwarzkopf. Siehe Schwarzkopf an Solmssen 31.10.1932 und Solmssen an Schwarzkopf 3.11.1932, in: HADB, S370; beide Briefe hier abgedruckt.

Georg Solmssen an Ludwig Kastl, 28.11.1932[1316]

4n[örenberg] 28. November 1932

Sehr geehrter Herr Geheimrat,
Ich höre, daß Sie heute nicht in Berlin sind, morgen aber wieder zurückkehren. Ich selbst werde aber morgen und die nächsten Tage nicht hier sein. Ich möchte Sie daher von Folgendem in Kenntnis setzen:
In den letzten Tagen haben zwischen Herrn Dr. Luther[1317], Herr Geheimrat Friedrich[1318] und mir Besprechungen über die Frage der Besetzung der Direktion der Ifi[1319] und Amortisationskasse stattgefunden. Wir waren darin einig, daß nur eine nach jeder Richtung erstklassige Persönlichkeit für diese Stelle inbetracht kommen könne und gefordert werden müsse, daß der betreffende Herr aus der Vergangenheit nicht mit Mißerfolgen belastet sei und jede Gewähr für die erforderliche Sachkenntnis und Erfahrung biete. Ich halte für die geeigneteste Persönlichkeit Herrn Dr. Kimmich[1320], langjähriges Mitglied des Vorstandes des A. Schaaffhausen'schen Bankvereins A.G.. Herr Dr. Kimmich ist seinerzeit bei der Fusion der Deutschen Bank und Disconto-Gesellschaft nicht mit übergetreten, weil er nicht wünschte, nach langer Vorstandstätigkeit Filial-Direktor im Westen zu werden. Er hat seitdem in völlig unabhängiger Weise gelebt. Es sind ihm aber infolge des großen Vertrauens, das er in weiten Kreisen genießt, eine ganze Reihe großer Sanierungen übertragen worden, die er durchweg mit großem Geschick und gutem Erfolge in vollkommen selbständiger Arbeit, und zwar in der Weise erledigt hat, daß die beteiligten industriellen Unternehmungen ihm ihren besonderen Dank für die Art seines Vorgehens aussprachen. So ist z.B. Herr Dr. Kimmich mit der Behandlung der Angelegenheit Ewald[1321], Bergwerksgesellschaft Lothringen, Gebr[üder]. Stollwerck A.G., betraut worden. Er ist ferner seitens Hoesch – Köln-Neuessen A.G. für Bergbau- und Hüttenbetrieb, bei der es sich nicht um Sanierungsarbeiten, sondern um generelle Beratung handelte, gebeten worden, die Interna des Unternehmens durchzuprüfen mit dem Ergebnis, daß das Präsidium des Aufsichtsrats des genannten Unternehmens seine Wahl in dieses Gremium in Vorschlag bringen wird. Herr Dr. Kimmich gehört auch schon seit langer Zeit dem Aufsichtsrat der Deutschen Erdöl-Aktiengesellschaft sowie demjenigen

---

1316 Briefpapier «Dr. GEORG SOLMSSEN / BERLIN W8 / Mauerstraße 35», 3 Blätter, 3 Vorderseiten maschinenschriftlich beschrieben, numeriert ab der zweiten Seite, handschriftlicher Vermerk Solmssens «Streng Vertraulich!», Eingangsstempel des Reichsverbandes der Deutschen Industrie «Nr. 2782 v[om]. 29/11.[19]32», in: BA, N1138/34.
1317 Gemeint ist Hans Luther.
1318 Gemeint ist Carl Friedrich.
1319 Gemeint ist das Industrie Finanzierungs-Institut, das noch vor seiner Gründung am 23.12.1932 in Deutsches Finanzierungsinstitut AG umbenannt wurde.
1320 Gemeint ist Karl Kimmich.
1321 Gemeint ist die Gewerkschaft Ewald.

der Kaliwerke Aschersleben an. Er verfügt über sehr großes konstruktives Geschick und die Fähigkeit, sich in industrielle Fragen hineinzudenken,[1322] und hat sich auf allen Posten, auf die er bisher gestellt wurde, glänzend bewährt. Der Reichsbank ist er aus einer Reihe von Verhandlungen bekannt und wird auch von ihr sehr geschätzt.
Ich bitte Sie, sich über Herrn Dr. Kimmich zu erkundigen, glaube aber, daß wir keine bessere Wahl treffen können, und daß auch alle übrigen Personalfragen, sobald er gewonnen wäre, sehr gut zu regeln wären, weil Herr Dr. Kimmich eine sehr gute Uebersicht über die etwa zur Verfügung stehenden Herren hat und bisher immer verstand, für die Unternehmen, die ihn um seinen Rat angingen, die geeigneten Leute zu finden.
Ich hoffe, daß auch Sie zu dem Ergebnis kommen werden, daß die Wahl von Herrn Dr. Kimmich uns einen großen Schritt vorwärts bringen würde. Selbstverständlich müßte er, so weit er bankliche Beziehungen, wie z. B. seine Zugehörigkeit zu den westlichen Lokalausschüssen meiner Bank, unterhält, diese abbrechen. Ich sehe aber keine Notwendigkeit, daß Herr Dr. Kimmich aus dem Aufsichtsrat solcher Gesellschaften austritt, die für Sanierungen nicht inbetracht kommen, sondern bin der Ansicht, daß grade seine Mitarbeit auf industriellen Gebieten ihm sehr nützlich sein wird, wenn es gilt, für neue Sanierungen die richtigen Wege einzuschlagen.
Mit freundlichen Grüßen
In steter Wertschätzung
Ihr sehr ergebener
[gez.] Solmssen.

Herrn Geheimrat Kastl,
Reichsverband der Deutschen Industrie,
<u>Berlin W.,</u>
Königin Augusta-Straße 28.

1322 Zitiert in Gerald D. Feldman, Thunder From Arosa: Karl Kimmich and the Reconstruction of the Stollwerck Company 1930–1932, in: Business and Economic History, Bd. 26, Nr. 2, 1997, S. 695.

Ludwig Kastl an Georg Solmssen, 29.11.1932[1323]

K/Ke.   29. XI.[193]2.

Sehr verehrter Herr Solmssen!
Auf Ihren Brief vom 28. d[es]. M[onats].[1324] darf ich Ihnen erwidern, daß ich Ihren Ausführungen durchaus beitrete. Ich werde mich für Herrn Dr. Kimmich[1325] einsetzen, bedaure nur sehr, daß ich ihn zur Zeit noch nicht kenne. Auf der anderen Seite habe ich aber über ihn nur Gutes gehört.
Mit freundlichen Grüssen bin ich
Ihr
aufrichtig ergebener
gez. Kastl

An
Herrn Dr. Georg Solmssen,
Berlin W 8.
Mauerstr. 35

Gustav Krupp von Bohlen und Halbach an Georg Solmssen, 23.12.1932[1326]

Berlin, 23. Dezember 1932.
Sehr verehrter Herr Solmssen,
In den letzten Wochen sind mir zu meinem grossen Bedauern mehrfach Nachrichten darüber zugegangen, wie außerordentlich stark die Verstimmung in weiten Kreisen der Industrie gegenüber den Banken ist. Ich habe, wie Sie aus einer früheren Unterhaltung, die im vergangenen Jahr stattfand, wissen, schon mehrfach feststellen müssen, daß sich weite Kreise der Industrie von den leitenden Persönlichkeiten der Banken nicht richtig, teilweise sogar schlecht behandelt fühlen, und ich habe schon vor einem Jahr den Gedanken erwogen, gemeinsam mit Ihnen in dieser m[eines]. E[rachtens]. doch außerordentlich wichtigen Angelegenheit Abhilfe zu schaffen. Industrie und Banken sind nach meinem Dafürhalten in ihren Beziehungen so eng aufeinander angewiesen, und es muß wie kaum irgendwo anders zwischen zwei Berufsverbänden[1327] ein richtiges Vertrauensverhältnis bestehen, wenn

---

1323 Presskopie 1 Blatt, 1 Vorderseite maschinenschriftlich beschrieben, handschriftlicher Vermerk «Ab[gesandt] 29/11.[19]32.», in: BA, N1138/ 34.
1324 Solmssen an Kastl 28.11.1932, in: BA, N1138/ 34; hier abgedruckt.
1325 Gemeint ist Karl Kimmich.
1326 Durchschrift, 4 Blätter, 4 Vorderseiten maschinenschriftlich beschrieben, handschriftlicher Ver-

merk auf der ersten Seite «Entwurf [Ludwig] Kastl v[om]. 23/12.[19]32 = H22IV», gezeichnet mit Stempel «Krupp von Bohlen und Halbach», in: Historisches Archiv Krupp, FAH 4 E 888, Bl. 9–12.
1327 Gemeint sind der Reichsverband der Deutschen Industrie und der Centralverband des Deutschen Bank- und Bankiergewerbes.

ihre gemeinsame Arbeit von Nutzen sein soll. Wenn es im vorigen Jahr hauptsächlich die kleinen und mittleren Firmen gewesen sind, die klagten, so erstreckt sich diese Klage heute in sehr starkem Maße auch auf die Vertreter der großen und ganz großen Firmen.

Man sagte mir, daß die Klagen insbesondere deshalb laut geworden sind, weil bei Sanierungen von einzelnen Firmen die Vertreter der Banken in der Frage, wie diese oder jene Forderung der Industriefirma zu bewerten ist, einen viel strengeren Maßstab anlegen als gegenüber ihren eigenen Forderungen und in weitem Maße Abschreibungen verlangen, die letzten Endes die Sanierung der Unternehmen außerordentlich erschweren. Wir als Vorsitzende der beiden in Betracht kommenden Verbände müssen nach meinem Dafürhalten unsere Aufgabe darin sehen, an der Wiederkehr des gegenseitigen Vertrauens zu arbeiten.

Ich möchte deshalb den Anlaß der bevorstehenden Gründung des Deutschen Finanzierungs-Instituts A.G. und der Tilgungskasse[1328] benutzen, um Sie, Herr Dr. Solmssen, als Vorsitzenden des Centralverbandes des Deutschen Bank- und Bankiergewerbes zu bitten, mit mir gemeinsam bei Beginn des kommenden Jahres überlegen zu wollen, welche konkreten Maßnahmen erforderlich sind, um das gegenseitige Verstehen zwischen den Banken und ihren Kunden wieder in vollem Umfange herzustellen. Die Herren der Geschäftsführung des Reichsverbandes, insbesondere Geheimrat Kastl[1329] und Dr. Herle[1330], werden Ihren Herren in jeder Weise zur Verfügung stehen.

Mit den besten Wünschen für das neue Jahr, das hoffentlich im Ganzen besser als 1932 werden wird,
Ihr aufrichtig ergebener
Krupp von Bohlen und Halbach

Georg Solmssen an Arthur Zarden, 17.01.1933[1331]

89/Pe   17. Januar 1933.
Abtragen!
Schiffahrtskredite

Sehr geehrter Herr Staatssekretär!
In der letzten Besprechung, die wir am 14. d[es]. M[ona]ts. über die Frage der Schiffahrtskredite hatten, sprachen Sie den Wunsch aus, dass die Banken den Schiffahrts-

---

1328 Gemeint ist die Tilgungskasse für gewerbliche Kredite.
1329 Gemeint ist Ludwig Kastl.
1330 Gemeint ist Jakob Herle.
1331 Presskopie, 7 Blätter, 7 Vorderseiten maschinenschriftlich beschrieben, nummeriert ab der zweiten Seite, auf der ersten Seite handschriftlicher Vermerk «Hapag-Lloyd 46 Mill[ionen] Kredit [19]32», Paraphen von Georg Solmssen und Elisabeth Nörenberg, in: HADB, S370. Ähnlich lautende Schreiben an Hans Fürstenberg und Carl Bergmann, siehe in: HADB, S370.

gesellschaften[1332] in irgendeiner Form eine Zinsermässigung zukommen lassen sollten, um dadurch deren noch stark angespannte Kassenverhältnisse zu erleichtern. Die gleiche Anregung hat der Herr Reichsverkehrsminister[1333] an meine Bank[1334] als Führerin des Konsortiums gerichtet, das den unter Reichsgarantie laufenden R[eichs]M[ark] 46 Mill[ionen]. Kredit zur Verfügung gestellt hatte, und in demselben Sinn ist auch Herr Staatssekretär Dr. Schwarzkopf[1335] an mich herangetreten.

Bei meiner Kenntnis der Verhältnisse war ich von vornherein davon überzeugt, dass ein Einwirken auf die Mitglieder des Konsortiums in dem von Ihnen gewünschten Sinn zum Scheitern verurteilt sein musste.

Meine Bank hat pflichtgemäss den Wunsch des Herrn Reichsverkehrsministers wegen des R[eichs]M[ark] 46 Mill[ionen]. Kredits an die Mitglieder dieses Konsortiums weitergegeben, ist aber auf einhellige Ablehnung gestossen und hat in dem im Pressdruck beigefügten Schreiben vom 24. Dezember 1932[1336], auf dessen Inhalt ich hier verweisen darf, die Gründe für diese Ablehnung dargelegt.

Um einen ähnlichen Misserfolg bei den Konsorten des nicht unter Reichsgarantie laufenden Kredits von $ 21 500 000.– zu vermeiden, hielt ich es für richtig, Herrn Staatssekretär Dr. Schwarzkopf auf seine Anregung mit dem gleichfalls im Pressdruck beigefügten Brief vom 5. Januar 1933[1337] zu antworten und ihm von einer Weiterverfolgung der geäusserten Pläne abzuraten. Auch auf die Ausführungen dieses Schreibens möchte ich Bezug nehmen.

Das wesentlichste Bedenken, das für mein Gefühl gegen die erwähnte Zinsermässigung spricht, ist die Tatsache, dass jede Veränderung der getroffenen Vereinbarungen erneute Unruhe in die noch im Werden begriffene Reorganisation der Schiffahrtsgesellschaften hineintragen müsste. Bekanntlich hatte die Reorganisation zur Voraussetzung, dass die alten Kredite langfristig konsolidiert und neue Kredite unter Reichsgarantie gegeben würden. Die hierfür notwendigen Beschlüsse waren nur mit äusserster Mühe zustande zu bringen, da ein grosser Teil der Mitglieder des Kreditkonsortiums der Hamburg-Amerika Linie in eine Prolongation des am 31.3.1932 fällig gewordenen Kredits nicht willigen wollte, umso weniger, als die Zinsen dieses Kredits (zurzeit 5 7/8 %), jeweils um 1 % unter den normalen, innerhalb des Kreises einzelner Stempelvereinsmitglieder[1338] vereinbarten Mindestkonditionen für derartige Kredite lagen.

Auch die Zusammenstellung eines Konsortiums für die Gewährung des neuen Kredits machte erhebliche Schwierigkeiten. Auch hier waren die Bedingungen (jeweiliger Reichsbanksatz zuzügl[ich]. 1 % Kreditprovision p[er].a[nno].) derart we-

---

1332 Gemeint sind die ab 1930 in Interessen- und Arbeitsgemeinschaft befindlichen Reedereiunternehmen HAPAG und Norddeutscher Lloyd.
1333 Gemeint ist Paul Freiherr von Eltz-Rübenach.
1334 Gemeint ist die Deutsche Bank und Disconto-Gesellschaft.
1335 Gemeint ist Karl Schwarzkopf.

1336 Solmssen und von Falkenhausen an von Eltz-Rübenach am 24.12.1932, in: HADB, S370.
1337 Handschriftlicher Registraturhinweis «in Sanier[ung]. Vol. III», jetzt in: HADB, B369, Solmssen an Schwarzkopf 5.1.1933.
1338 Gemeint ist die Stempelvereinigung, eigentlich Vereinigung von Berliner Banken und Bankiers.

nig reizvoll, dass ein grosser Teil der Banken nicht mit Unrecht fürchtete, der für eine derart langfristige Kreditzusage ungewöhnlich niedrige Zinssatz werde ihnen nicht nur keinen Nutzen lassen, sondern sogar im Endergebnis Verluste bringen. Nachdem es nun aber gelungen ist, diese Vereinbarungen gegen alle Schwierigkeiten zustande zu bringen und die Mitglieder beider Konsortien zu verpflichten, ohne Zustimmung der Reichsregierung nicht vor dem 28. Februar 1935 (vorausgesetzt, dass die Reichsbank die gegebene Rediskontzusage soweit verlängert) den Kredit zurückzufordern, würde es mir äusserst bedenklich erscheinen, eine Aenderung dieser Vereinbarungen anzuregen. Dadurch könnte bei den Kreditgebern der Eindruck entstehen, als habe von vornherein die Absicht bestanden, die als einheitliches Ganzes im Reorganisationsplan niedergelegten für die ganze Vertragsdauer geltenden Vereinbarungen im einseitigen Interesse der Schuldner ohne Rücksicht auf die Gläubigerrechte nach kurzer Laufzeit abzuändern. Das Moment der Unruhe und des Misstrauens, das dadurch in die zur Durchführung der Reorganisation zu leistende Arbeit zwangsläufig hineingetragen wird, schädigt für mein Gefühl die Schiffahrtsgesellschaften in einem sehr viel grösseren Masse als eine geringfügige Erleichterung ihrer Zinsverpflichtungen ihnen nutzen könnte. Die Hauptursache der prekären Lage der deutschen Schiffahrt ist doch nicht die Höhe ihrer Verschuldung oder ihrer Zinsverpflichtungen, sondern die Tatsache, dass sie in Wettbewerb treten muss mit hoch subventionierten Reedereien anderer Länder, denen zum Teil auch noch die bestehenden Währungsverhältnisse eine besonders vorteilhafte Position verschaffen. Ich kann auch nicht anerkennen, dass die von dem Reich übernommenen Leistungen und Verpflichtungen diesem einen moralischen Anspruch auf nachträgliche Zugeständnisse der Banken in der Zinsfrage geben. Es ist nicht möglich festzustellen, ob die Leistungen und Opfer, die das Reich übernommen hatte, höher zu veranschlagen sind als die, die die Banken im Interesse der deutschen Schiffahrt auf sich genommen haben, in jedem Fall haben sämtliche Parteien, als sie den Reorganisationsplan genehmigten, Leistungen und Opfer als gleichwertig angesehen und demgemäss Rechte und Verpflichtungen aller Parteien rechtverbindlich festgelegt. Die Banken mussten die den Schiffahrtsgesellschaften kurzfristig gegebenen Kredite auf umsatzlosen Konten langfristig festlegen und überdies für den neuen Kredit die Mittel zur Verfügung stellen. Das Reich übernahm zwar für diese neuen Kredite die Garantie, bedang sich aber dabei aus, dass die reichsgarantierten Kredite – also der erwähnte Konsortialkredit und die von der Reichs-Kredit-Gesellschaft Aktiengesellschaft zur Verfügung gestellten Mittel – aus etwaigen Eingängen aus Freigabeerlösen in erster Linie abgedeckt zu werden hätten. Diese Freigabeerlöse waren ursprünglich zu ganz anderen Zwecken bestimmt, nämlich – zum mindesten bei der Hamburg-Amerika Linie – zur Tilgung des alten Kredits von $ 21 500 000.–. Dieser wurde im März 1928, und zwar für ein Jahr, zunächst in Höhe von $ 10 000 000.– zur Verfügung gestellt, wobei ausdrücklich vereinbart wurde, dass Abdeckung aus den damals in Bälde erwarteten Freigabegeldern zu erfolgen habe. Im April 1929 wurde der Kredit auf $ 15 000 000.– erhöht und gleichzeitig um ein weiteres Jahr, also bis zum 31.3.1930, verlängert. An diesem Termin erfolgte eine Erhöhung auf $ 22 500 000.– wiederum verbunden mit einer Prolongation um ein Jahr, und wiederum wurde ausdrücklich Rückzahlung des Betrages aus Freigabegeldern vereinbart. Am Fälligkeitstermin wurde dann nach Rückführung des Kredits um $ 1 000 000.– eine Prolongation bis Ende März 1932 vereinbart, bei Fälligkeit erfolgte dann die weitere Regelung im Rahmen des Reorganisationsprogramms.

Die Kreditgeber hatten also der Hapag die Möglichkeit zu Investitionen gegeben, die, wie die alljährlichen Geschäftsberichte der Hapag erweisen, in Gestalt von umfangreichen Neu- und Umbauten zur Vervollständigung der Flotte vorgenommen wurden. Es handelte sich dabei nach dem Willen der Parteien um eine Bevorschussung des Anspruchs auf die Freigabegelder, deren formelle Abtretung an die Gläubiger nach amerikanischem Gesetz nicht möglich war. Das Opfer der Kreditgeber besteht mithin nicht nur in der langfristigen Prolongation zu gedrückten Konditionen, sondern darüber hinaus auch in einem Verzicht auf den Zugriff auf die Freigabegelder, mit deren Eingang in irgendeiner Form in absehbarer Zeit wohl gerechnet werden kann.

Bei dem reichsgarantierten Kredit hat das Konsortium die Mittel zu Bedingungen zur Verfügung gestellt, die jeweils um 2 % unter den normalen Sätzen lagen (zurzeit 5 %), es hat auch hier eine langfristige Geldfestlegung vorgenommen, während das Reich zwar für den Kredit bürgte, aber durch das Recht des Zugriffs auf die Freigabeerlöse eine Besserstellung dieses Kredits gegenüber den alten Forderungen der Gläubiger herbeiführte. Die Garantieübernahme bedeutete mithin kein erhebliches Risiko.

In dem Reorganisationsplan[1339] (III,3) war ferner in Aussicht gestellt, dass das Reich in Gestalt von Abwrackgeldern ca. R[eichs]M[ark] 20 000 000.– zur Verfügung stellen sollte, wobei sämtliche Parteien darüber einig waren, dass es sich hier um eine à fonds perdu – Leistung und nicht um Kreditgewährung handeln müsse. Im Rahmen der Abwrackaktion sind bisher den Reedereien einschliesslich der in dem Reorganisationsprogramm der Gross-Schiffahrtsgesellschaften nicht berücksichtigten Trampreedereien[1340] nur R[eichs]M[ark] 12 000 000.– zugesagt worden, die Mittel hierfür hat gleichfalls nicht das Reich zur Verfügung gestellt, sondern sie sind zu niedrigen Sätzen von Bankseite unter Reichsgarantie aufgebracht worden. Darüber hinaus hat das Reich den Empfängern der Abwrackbeihilfe die Verpflichtung auferlegt, im Falle einer Besserung ihres Geschäftsganges die Beträge zurückzuerstatten.

1339 Gemeint ist der 1932 zur Sanierung der Schifffahrtsgesellschaften HAPAG und Norddeutscher Lloyd zwischen Gläubigerbanken, Deutschem Reich und den beiden Schifffahrtsgesellschaften ausgehandelte Reorganisationsplan, der u. a. die Gewährung umfangreicher Kredite vorsah.
1340 Gemeint sind Reedereien, die ihre Schiffe an Dritte vermieten.

Ich habe die vorstehenden Tatsachen nur erwähnt, um die Kreditgeber der Schiffahrtsgesellschaften gegen den Vorwurf in Schutz zu nehmen, sie hätten durch erhebliche Opfer des Reiches ihre Position als Gläubiger verbessert, und ich glaube den Beweis erbracht zu haben, dass ein derartiger Vorwurf ungerechtfertigt wäre. Ich stehe Ihnen gern noch mit weiterem Material zur Verfügung, möchte sie aber nochmals dringend bitten, den Gedanken an eine Aenderung der vereinbarten Bedingungen fallen zu lassen. Wie Ihnen bekannt ist, werden im Februar dieses Jahres noch Verhandlungen mit einzelnen ausländischen Unterbeteiligten an dem vorerwähnten Hapag-Dollarkredit stattfinden müssen, die lediglich unter dem Deutschen Kreditabkommen von 1932[1341] eine Stundung bewilligt, nicht aber dem Reorganisationsplan zugestimmt haben. Die Verhandlungen mit diesen Gläubigern, deren Zinsansprüche sich nach den jeweils für Stillhaltegelder von den Bankenausschüssen vereinbarten Zinssätzen richten und die zurzeit 6% (gegenüber 5 $7/8$% der deutschen Konsorten) betragen, würden unerträglich erschwert werden, wenn auch ihnen besondere Zinsopfer zugemutet würden, während andererseits die deutschen Konsorten aus guten Gründen eine Bevorzugung ausländischer Unterbeteiligter über das bereits vorliegende Mass hinaus ablehnen müssten.

Schliesslich möchte ich nochmals auf den Herrn Staatssekretär Dr. Schwarzkopf gegenüber hervorgehobenen Gesichtspunkt hinweisen, dass die Banken schon nach den geltenden Kreditbedingungen verpflichtet sind, alle Vorteile aus einer etwa eintretenden Senkung des allgemeinen Zinsniveaus den Schiffahrtsgesellschaften zukommen zu lassen. Solange aber den Banken – wie es auf Grund der Londoner Vereinbarungen[1342] der Fall ist, – Währungskassekredite zu 5% einstehen, ist ihnen eine Ermässigung der Zinsen für den Hapag-Dollarkredit zu Lasten der ihnen verbleibenden Zinsspanne von nur $7/8$% unmöglich; das gleiche gilt für den Reichsmarkkredit, bei welchem den Banken eine Zinsspanne von 1% verbleibt.

Ich hoffe, Ihnen im Vorstehenden die für meine Haltung entscheidenden Gesichtspunkte erschöpfend dargestellt zu haben und bin
in vorzüglicher Hochachtung
Ihr sehr ergebener
[gez.] Solmssen.

Herrn
Staatssekretär Dr. Zarden
Reichsfinanzministerium
<u>Berlin W8</u>
Wilhelmstrasse

1341 Gemeint ist das am 23.2.1932 in Kraft getretene Stillhalteabkommen ausländischer Gläubigerbanken zur einjährigen Stundung der Verbindlichkeiten des Deutschen Reiches.

1342 Gemeint sind die Beschlüsse der Konferenz der deutschen Gläubigerländer vom Juli 1931 in London, die u. a. statt der erhofften neuen Kredite für das Deutsche Reich lediglich einen Zahlungsaufschub zum Ergebnis hatten.

Geschäftsinhaber der Berliner Handels-Gesellschaft (Hans Fürstenberg und Wilhelm Koeppel) an Georg Solmssen, 25.01.1933[1343]

Durch Boten! Berlin, den 25. Januar 1933.

Wir bestätigen den Empfang Ihrer beiden Schreiben vom 23. Januar[1344] betreffend Hamburg-Amerika Linie[1345] Konsortialkredit R[eichs]M[ark] 46 000 000.–[1346] und Konsortialkredit $ 21 500 000.–. Wir halten die Erneuerung der Flotte grundsätzlich für notwendig und glauben, daß sie auf die Dauer nicht durch blosse buchmässige Abschreibungen ersetzt werden kann. Andererseits steht fest, dass die Gesellschaft sich in einer ungesicherten Finanzlage befindet, dass sie auch im laufenden Jahre wieder grosse Betriebsverluste haben wird und dass über deren Deckung bisher noch nichts bekannt ist. Unter diesen Umständen scheint uns die Angabe nicht stichhaltig zu sein, dass durch die Rentabilität der Levante-Linie[1347], für die die beiden in Aussicht genommenen neuen Schiffe bestimmt sind, die Neubauten finanziell gesichert sind. Betrachtet man die Hapag-Lloyd-Union[1348] als Ganzes, wozu die bestehende Interessengemeinschaft zwingt, so zeigt sich vielmehr, dass die Neubauten noch zu jener finanziellen Neubelastung hinzutreten werden, die das laufende Jahr ohnehin nach sich ziehen dürfte und über die mit der Regierung wohl mit tunlichster Beschleunigung verhandelt werden muss. Dies umso mehr, als eine Klärung vor Fertigstellung der Etatsarbeiten im Reich erforderlich erscheint. Bevor diese eingetreten ist, scheint es uns nicht zeitgemäß zu sein, über die Frage von Neubauten zu beschliessen, und wir begrüssen daher, dass die Angelegenheit zunächst im Aufsichtsrat beraten werden soll. Da unser linksunterzeichneter Vertreter[1349] im Aufsichtsrat der Hapag-Lloyd-Union verhindert ist, an der Aufsichtsratsberatung teilzunehmen, möchten wir aber bereits auf diesem Wege zum Ausdruck bringen, dass wir als Konsorte unsere Zustimmung nicht geben können, bevor regierungsseitig das übrige Finanzprogramm für 1933 in einer befriedigenden Weise geklärt worden ist. Nicht unerwähnt möchten wir lassen, dass in der letzten Ausschusssitzung mit einer unseres Erachtens durchaus stichhaltigen Begründung darauf hingewiesen worden ist, dass Neubestellungen von Schiffen zwar erforderlich seien, die Aufträge jedoch nur dann erteilt werden könnten, wenn die

---

1343 Briefpapier «Berliner Handels-Gesellschaft / BERLIN W.8, / Behren Strasse 32/33», 2 Blätter, 2 Vorderseiten maschinenschriftlich beschrieben, zweite Seite nummeriert, handschriftliche Vermerke «H[err] v[on] Falkenhausen» und «b[eantworte]t. 27/1.[1933]», Paraphen von Georg Solmssen und Elisabeth Nörenberg, in: HADB, S370.
1344 Solmssen und von Falkenhausen an die Mitglieder des Hapag-Lloyd Bankenkonsortiums 23.1.1933, in: HADB, S370.
1345 Gemeint ist die HAPAG.
1346 Handschriftlich unterstrichen.
1347 Gemeint ist das 1919 von der HAPAG übernommene Reedereiunternehmen Deutsche Levante Linie.
1348 Gemeint sind die Reedereiunternehmen HAPAG und Norddeutscher Lloyd.
1349 Gemeint ist Hans Fürstenberg.

Finanzierung aus Mitteln des Arbeitsbeschaffungsprogramms[1350] gesichert wird.
Wir empfehlen uns Ihnen
hochachtungsvoll
BERLINER HANDELS-GESELLSCHAFT
[gez.] H. Fürstenberg   [gez.] Koeppel

Deutsche Bank und Disconto-Gesellschaft
z[u].H[än]d[e]n. des Herrn Dr. G. Solmssen,
hier W 8,
Mauerstrasse.

Karl Kimmich an Georg Solmssen, 09.02.1933[1351]

Abschrift. Pr[euß].   9.2.[19]33.
Kurhaus Bühlerhöhe im Schwarzwald

Sehr geehrter Herr Dr. Solmssen,
Herr Bürgers[1352] hat mir heute den Durchschlag eines Schreibens an Sie vom 8. d[es]. M[onats].[1353] eingesandt. Aus verschiedenen Redewendungen dieses Briefes ersehe ich doch eine Auffassung, die von der meinigen, insoweit sie die von mir übernommene Aufgabe betrifft, erheblich abweicht. Es ist für mich unmöglich, die Sanierungsaufgabe[1354] erfolgreich durchzuführen, wenn diese Arbeit im Zusammenwirken mit Herrn Bürgers geleistet werden soll und mit ihm die Einzelheiten gewissermassen besprochen werden sollen. Eine ähnliche Interventionsabsicht des Herrn Mosler[1355] von der Dresdner Bank, die er durch einen Dritten nach[1356] der kürzlichen Konsortialsitzung anstrebte, habe ich kurzerhand abgelehnt. Bei diesen Arbeiten sind so unendlich viele Schwierigkeiten zu überwinden, dass man nur weiterkommt, wenn man rein sachlich arbeiten und unbeschwert durch persönliche Rücksichten vorgehen kann. Ich habe daher auch als alleinige Voraussetzung für meinen Auftragsübernahme erbeten, dass Sie mir freie Bahn verschaffen mögen, ohne dass mir Ungelegenheiten mit Herrn Bürgers entstehen. Solche würden bei seiner Einmischung in allerkürzester Zeit nicht zu vermeiden sein, und ich bitte sie daher freundlichst, Herrn Bürgers bei seinem nächsten Dortsein in der kommenden Woche zu sagen, dass er sich auf seine reine Aufsichtsratstätigkeit beschränken möge.

1350 Gemeint ist das im Dezember 1932 angekündigte Sofortprogamm der Regierung Schleicher über 500 Millionen Reichsmark.
1351 Abschrift, 2 Blätter, 2 Vorderseiten maschinenschriftlich beschrieben, zweite Seite nummeriert, in: HADB, P2282, Bl. 7f.
1352 Gemeint ist Robert Bürgers.
1353 Bürgers an Solmssen 8.2.1933, in: HADB, P2282, Bl. 4ff.
1354 Gemeint ist die Sanierung der Portland-Zementwerke Dyckerhoff-Wicking AG.
1355 Gemeint ist Georg Mosler.
1356 Maschinenschriftlich unterstrichen.

Viel richtiger würde es mir trotz der Ausführungen des Herrn Bürgers in seinem Schreiben erscheinen, wenn er sein Mandat demnächst niederlegen würde. Wenn er sich dazu heute nicht entschliessen kann, wird die Auseinandersetzung nur aufgeschoben. Ich ersehe aus dem ganzen Reorganisationsprogramm des Herrn Riepert[1357], dass dasselbe sehr summarisch aufgemacht ist und mit allerlei Hypothesen gearbeitet wird, denen ich – im Gegensatz zu Herrn Bürgers – nicht folgen kann. Voraussichtlich werden Monate intensivster Arbeit nötig sein, um klar nach jeder Richtung sehen zu können und den Banken ein zutreffendes Urteil über den Konzern abzugeben. Wenn man aber an dem Wiederaufbau entscheidend mitgearbeitet hat, dann will man nicht als der «Mohr, der seine Schuldigkeit getan hat» wieder verschwi[n]den; sondern meine einzige[1358] Freude an dieser Art von Tätigkeit besteht darin, mit den in Ordnung gebrachten Unternehmungen verbunden zu bleiben und weiter an deren Wohlergehen mitzuarbeiten. Dann aber kommt der Augenblick, in dem die Frage der Aufsichtsratszugehörigkeit Anlass zu Diskussionen geben kann, und daher erschiene er mir richtiger, diese von vornherein zu vermeiden.

Persönlich kommt für mich noch hinzu, dass ich mich nicht dazu verstehen könnte, Herrn Bürgers, dem die von mir zu bearbeitenden Fragen vollkommen fern liegen, über die Richtigkeit meiner Ansichten und Zweckmässigkeit meiner Massnahmen jeweils aufzuklären. Eine solche Einmischung würde zu Missverständnissen führen, die ich unter allen Umständen vermieden sehen möchte.

Ich wäre Ihnen, sehr geehrter Herr Doktor, verbunden, wenn Sie mir hierher kurz mitteilen würden, ob Sie meine Auffassung teilen, damit ich weiss, ob ich nach Ablauf meines Urlaubs Ende nächster Woche mit meiner Arbeit beginnen kann.
Mit freundlichen Grüssen
Ihr sehr ergebener
gez. Kimmich.

Georg Solmssen an Karl Kimmich, 13.02.1933[1359]

13. Februar 1933.

Sehr geehrter Herr Dr. Kimmich,
Ich erhielt heute Ihren Brief vom 9. [Februar][1360] und kann mich in seiner Beantwortung sehr kurz fassen, weil ich in allen Punkten Ihrer Meinung bin. Ich kenne den Brief des Herrn Bürgers[1361] vom 8. d[es]. M[ona]ts[1362] nicht, weil ich mir nur das Notwendigste nachsenden lasse, um während dieser kurzen Urlaubswoche et-

---

1357 Gemeint ist Hans Riepert.
1358 Maschinenschriftlich unterstrichen.
1359 Briefpapier «GOLF & SPORT-HOTEL CRANS/ SIERRE», 1 Blatt in der Mitte gefalzt, 3 Seiten eigenhändig beschrieben, in: HADB, P2282, Bl. 9f.

1360 Kimmich an Solmssen 9.2.1933, in: HADB, P2282, Bl. 7f.; hier abgedruckt.
1361 Gemeint ist Robert Bürgers.
1362 Bürgers an Solmssen 8.2.1933, in: HADB, P2282, Bl. 4ff.

was Ruhe zu haben. Sollte Herr Bürgers Ihrer Arbeit, so wie ich Sie mir übereinstimmend mit Ihnen denke, Schwierigkeiten in den Weg legen, so werde ich mich nicht lange mit ihrer Beseitigung aufhalten. Unser geldliches Engagement bei Dyckerhoff-Wicking[1363] ist so groß, daß ihm gegenüber alle persönlichen Rücksichten u[nd]. Wünsche in den Hintergrund zu treten haben und nur das sachlich Richtige, und zwar ohne viel Federlesens, geschehen muß. Herr Bürgers wird sich, davon bin ich überzeugt, dieser Auffassung anschließen.
Mit freundlichen Grüßen
Ihr sehr ergebener
[gez.] Solmssen.

Georg Solmssen an Direktion der Gebrüder Stollwerck AG, 21.03.1933[1364]

4/Ske. 21. März 1933

Sehr geehrte Herren!
Ich hatte Gelegenheit, vor einigen Tagen Ihren hiesigen[1365] Laden, Friedrichstrasse 167 zu besuchen. Ich möchte, da sie mit der Einrichtung eines neuen Ladens in der Leipzigerstrasse stark beschäftigt sind, Ihnen nicht vorenthalten, welche Eindrücke ich von Ihrem hiesigen Laden erhalten habe. Die Ausstattung des Aeusseren mit der roten Unterlage der Beschriftung ist so geschmacklos wie nur möglich und fällt derart aus dem Rahmen der in Berlin üblichen Affichierung in guten Gegenden liegender Geschäfte, dass es mir unbegreiflich ist, wie man darauf verfallen konnte, so aus dem Rahmen des Ueblichen zu springen. Noch entsetzter war ich aber, als ich in dem Laden mir die dort ausstehenden Packungen ansah. Ich hatte den Laden besucht, weil ich der Frau des scheidenden amerikanischen Botschafters, Mrs. Sackett[1366], eine kleine Aufmerksamkeit erweisen wollte, und habe die grösste Mühe gehabt, nach langem Suchen endlich eine Schachtel zu finden, die überhaupt für den gedachten Zweck brauchbar war. Ich habe die oktogone, mit Gold verzierte, nach allen Seiten aufklappbare Schachtel gewählt, die sowohl in Braun als auch in Gold, wenn auch in sehr wenig Exemplaren, vorrätig war und nach meiner Auffassung als einziges Objekt für ein an guten Geschmack gewöhntes Publikum in Betracht kommen konnte. Alle übrigen Packungen zeigen in ihrer Aufreihung auf den Regalen derart wenig Sinn für ruhige, einfache, durch ihre Vornehmheit wirkende Aufmachungen, dass ich mir nicht denken kann, dass das verwöhnte Berliner Publikum, das bis in seine auch weniger bemittelten Schichten hinab, wie das

---

1363 Gemeint ist die Portland-Zementwerke Dyckerhoff-Wicking AG.
1364 Presskopie, 3 Blätter, 3 Vorderseiten maschinenschriftlich beschrieben, nummeriert ab der zweiten Seite, in: HADB, P4788, Bl. 43–45.

1365 Gemeint ist Berlin.
1366 Gemeint ist Olive Sackett, geb. Speed.

ganze Auftreten des Volkes zeigt, ausserordentlich feines Empfinden für schön und hässlich besitzt, sich durch derartige Anpreisungen Ihrer Produkte angezogen fühlen kann. Ich verstehe durchaus, wenn man mir sagt, dass derartige Packungen in entlegeneren Teilen der Provinz und auf dem Lande Anklang finden, und es liegt mir nichts ferner zu behaupten, dass man richtiger handeln würde, die etwas greller wirkenden Farben und Bilder auszuschalten. Wenn Sie aber in Berlin und in anderen Gross-Städten verkaufen wollen, so kann ich mir nicht denken, dass nicht aus dem äusseren Gewande Ihrer Artikel auch auf deren Qualität geschlossen wird, und dass sie ins Hintertreffen geraten müssen, wenn sie sich soweit von dem allgemeinen Geschmack entfernen, wie dies jetzt unbedingt der Fall ist. Ausser der von mir gewählten Packung fiel mir als dem hiesigen Geschmack entsprechend nur die eine auf, welche auf etwas gelblichem Papier mit goldener Umrahmung nichts anderes als die Schrift zeigt, und es war gleichsam eine Erlösung, zwischen dem Gewimmel von Farben und Papieren und notabene recht hässlichen und verschnörkelten «Bildern der alten Zeit»[1367] auf eine ruhige und klare Anordnung zu stossen, wie sie die von mir letzt erwähnte Packung aufweist. Ich kann nicht dringend genug empfehlen, dass dieser Angelegenheit die grösste Aufmerksamkeit des Gesamt-Vorstandes geschenkt und alles getan wird, um mit der Entwicklung des Geschmackes unserer Zeit Schritt zu halten.

Da ich bei unserer neulichen Besprechung den Eindruck hatte, als ob Herr Laute[1368] der Ansicht war, dass die Mietung, Einrichtung und Ausstattung des geplanten Ladens in der Leipzigerstrasse eine Angelegenheit sei, die den Aufsichtsrat nicht interessiere, möchte ich mit allem Nachdruck hervorheben, dass dieser *auch hierüber in* ~~allem~~[1369] zu befragen ist und dass ich dringend bitte, in diesem Falle nicht wieder Einzel-Entschlüsse zu fassen, für deren Verfehltheit wir dann büssen müssen. Wenn irgendwelche Zweifel auftreten, wie in diesem Falle zu verfahren ist, so ersuche ich um sofortiges Herantreten an *das Präsidium des* ~~den~~ Aufsichtsrats[1370], damit wir in der Lage sind, mitzusprechen. Es hängt ausserordentlich viel davon ab, dass der Laden in der Leipzigerstrasse dazu beiträgt, die Qualität Stollwercks dem Berliner Publikum gegenüber auf die Stufe zu heben, die ihr zukommt, und ich bitte, diese Angelegenheit als ausserordentlich wichtig zu betrachten.

Hochachtungsvoll
Der Vorsitzende des Aufsichtsrats
[gez.] Solmssen.

Gebr[üder]. Stollwerck A.-G.
Direktion,
Köln.

1367 An- und Abführung handschriftlich eingefügt.
1368 Gemeint ist Gustav Laute.
1369 Eigenhändig von Solmssen gestrichen und hinzugefügt.
1370 Eigenhändig von Solmssen gestrichen und hinzugefügt.

Otto Bernstein an Georg Solmssen, 01.04.1933[1371]

1. April 1933.

Hochgeehrter Herr Dr. Solmssen,
Nachdem ich bereits bei einer unlängst mit Ihnen gehabten Aussprache dem Vorstand des Centralverbands des Deutschen Bank- und Bankiergewerbes mein Geschäftsführeramt zur Verfügung gestellt hatte, wird Sie nach der Entwicklung der letzten Wochen meine heutige Bitte um endgiltige [!] Entlassung aus diesem Amte schwerlich überraschen. Meine Entschließung beruht auf zwei für mich zwingenden Erwägungen: einer sachlichen, daß ich nach Geburt und Abstammung *heute*[1372] ungeeignet bin, die Interessen des Bankgewerbes gegenüber der Oeffentlichkeit und einer Reihe maßgebender behördlicher Stellen mit der erforderlichen Wirksamkeit zu vertreten, und einer persönlichen, daß ich nach mehr als 28jähriger Tätigkeit in der Geschäftsführung des Centralverbands wohl ein Recht zu dem Wunsche habe, daß ich nicht das Objekt einer «Säuberungsaktion» werde, sondern daß sich mein Austritt freiwillig und in Ehren vollzieht.
Der Bitte, die Herren Mitglieder der Verwaltung des Centralverbands von vorstehendem zu benachrichtigen, darf ich die weitere Bitte anschließen, mich so bald als es Ihnen möglich ist, zu einer ergänzenden mündlichen Besprechung empfangen zu wollen. Schon jetzt möchte ich Ihnen jedoch sagen dürfen, wie dankbar ich allezeit der Jahre gedenken werde, in denen es mir vergönnt war, unter Ihrem Vorsitz und Ihrer Leitung die Geschäfte unseres Verbands zu führen, und mit wie aufrichtiger Verehrung ich verbleibe und stets verbleiben werde
Ihr ganz ergebenster
[gez.] Otto Bernstein

An den Präsidenten
des Centralverbands des Deutschen Bank- und Bankiergewerbes
Herrn Dr. Georg Solmssen,
Berlin.

[1371] Briefpapier «Rechtsanwalt Otto Bernstein / Geschäftsführendes Vorstandsmitglied / des Centralverbands des Deutschen / Bank- und Bankiergewerbes / Berlin NW 7, den / Dorotheenstr. 4», 1 Blatt, Vorder- und Rückseite eigenhändig beschrieben, in: HADB, B199, Nr. 48. Eine zeitgenössische maschinenschriftliche Abschrift befindet sich als Presskopie in zweifacher Ausführung in derselben Akte.
[1372] Nachträglich vom Verfasser handschriftlich eingefügt.

Otto Bernstein an Georg Solmssen, 05.04.1933[1373]

5. April 1933.

Hochverehrter Herr Dr. Solmssen!
Ungeachtet des tiefen Eindrucks, den Ihre gestrigen Worte auf mich gemacht haben, und meiner aufrichtigen und herzlichen Dankbarkeit für Ihr mir nach wie vor in unverdientem Maße entgegengebrachtes Vertrauen erscheint mir doch mein aus wohlerwogenen Gründen erklärter Rücktritt und dessen Annahme durch das Präsidium des Centralverbands als eine vollzogene Tatsache, die auch durch eine etwaige Willensänderung meinerseits nicht aus der Welt geschafft werden könnte, und ich möchte und muß den Eindruck mangelnder Ernsthaftigkeit eines Schrittes vermeiden, dessen Gründe sich das Präsidium mindestens zu einem Teil seiner Mitglieder zu eigen gemacht hat. Schon rein formell betrachtet könnte eine Wiederherstellung des früheren Zustandes nur auf Grund einer Wiederwahl erfolgen; ich meinerseits könnte eine solche nur annehmen, wenn sie einstimmig ist und das ausdrückliche[1374] Plazet des Herrn Reichsbankpraesidenten Dr. Schacht[1375] findet. Die letztere Voraussetzung ist für mich deshalb wesentlich, weil nach ausdrücklichen Erklärungen des Herrn Dr. Wagner[1376] auf dem Gebiete des Bankgewerbes die Durchführung des Prinzips der «Gleichschaltung» der wirtschaftlichen Verbände Herrn Dr. Schacht vorbehalten ist. Ich kann und mag mich dem Risiko nicht aussetzen, daß mir über kurz oder lang von dieser Seite oder unter ihrer Mitwirkung der Stuhl vor die Tür gesetzt wird, in welchem Falle ich es aufs bitterste bedauern müßte, den nicht ohne schwere innere Kämpfe gefaßten Entschluß zum freiwilligen Verzicht auf mein Amt wiederaufgegeben zu haben.
Mit der Bitte um gütige Würdigung dieser Zeilen bin ich
in bekannter Verehrung
Ihr ganz ergebenster
[gez.] Bernstein

Georg Solmssen an Friedrich Dreyse, 05.04.1933[1377]

4n[örenberg]

5. April 1933

Sehr verehrter Herr Vice-Präsident,
Bezugnehmend auf meinen gestrigen Besuch und unsere heutige telephonische

---

1373 Briefpapier «Rechtsanwalt Otto Bernstein / Geschäftsführendes Vorstandsmitglied / des Centralverbands des Deutschen / Bank- und Bankiergewerbes / Berlin NW 7, den / Dorotheenstr. 4», 1 Blatt, Vorder- und Rückseite eigenhändig beschrieben, in: HADB, B199, Nr. 48. Eine zeitgenössische maschinenschriftliche Abschrift befindet sich als Presskopie in zweifacher Ausführung in derselben Akte.
1374 Vom Autor handschriftlich unterstrichen.
1375 Gemeint ist Hjalmar Schacht.
1376 Gemeint ist Otto Wagener.
1377 Presskopie, 2 Blätter, 2 Vorderseiten maschinenschriftlich beschrieben, zweite Seite numme-

Unterhaltung beehre ich mich, beiliegend Abschrift der beiden Briefe[1378] zu übersenden, die ich von Herrn Bernstein[1379] in meiner Eigenschaft als Vorsitzender des Vorstandes des Centralverbandes des Deutschen Bank- und Bankiergewerbes erhalten habe.
Ich bin überzeugt, daß es mir gelingen wird, den gesamten Vorstand, der nur mit großem Widerstreben den Gedankengängen des Herrn Bernstein gefolgt ist, sich aber durch seine sehr dezidierte Begründung der Motive, die sein Ausscheiden erforderlich machten, zu einer etwas schwankenden Haltung bestimmen ließ, einmütig zu der Entschließung zu bringen, Herrn Bernstein zu ersuchen sein Amt fortzuführen, wenn gleichzeitig in die Geschäftsführung ein Herr berufen wird, der als Verbindungsglied zwischen den Vertretern der Nationalsozialistischen Partei und dem Centralverband tätig sein kann. Herr Wagner[1380] hat nach dieser Richtung bereits einen Herrn namhaft gemacht, der aber leider nicht zu haben zu sein scheint. Ich bin aber überzeugt, daß es gelingen wird, einen anderen, den Anforderungen entsprechenden Herrn zu finden, der genügend Kenntnis des Bankgeschäfts besitzt und daher in der Lage ist, Herrn Bernstein hilfreich zur Hand zu gehen, um eine Brücke zwischen Vergangenheit und Zukunft zu schlagen. Ich selbst stehe auf dem Standpunkt, daß dies geschehen muß, daß diese Lösung aber außerordentlich erschwert wird, wenn grade jetzt diejenigen Sachverständigen ausgeschaltet werden, welche alle Einzelheiten der Materie beherrschen. Ich könnte mir deshalb denken, daß, wenn der Herr Reichsbankpräsident[1381] dieser Angelegenheit seine Aufmerksamkeit zuwendet und erkennen läßt, daß auch er eine Regelung begrüßen würde, welche die Fortarbeit des Herrn Bernstein ermöglicht und gleichzeitig die Einschaltung eines Herrn der Art, wie ich ihn skizziert habe, vorsieht, es mir gelingen wird, sowohl Herrn Bernstein zum Bleiben zu bewegen, wie auch den einstimmigen Beschluß der Mitglieder des Präsidiums des Centralverbandes des Deutschen Bank- und Bankiergewerbes und seiner weiteren Gremien zu dieser Regelung herbeizuführen.
Ich stehe zur Besprechung der Angelegenheit jederzeit zur Verfügung und begrüße Sie
mit vorzüglicher Hochachtung
als Ihr sehr ergebener
[gez.] Solmssen.

Herrn Vice-Präsident Dreyse,
Reichsbank,
Berlin.

riert, handschriftlicher Vermerk Solmssens «Vertraulich!», in: HADB, B199, Nr. 48.
1378 Bernstein an Solmssen 1.4.1933 und 5.4.1933, in: HADB, B199, Nr. 48; beide Briefe hier abgedruckt.
1379 Gemeint ist Otto Bernstein.
1380 Gemeint ist Otto Wagener.
1381 Gemeint ist Hjalmar Schacht.

Georg Solmssen an Max M. Warburg, 06.04.1933[1382]

Pr[euß]. 6. April 1933

Sehr geehrter Herr[1383] Warburg,
In Verfolg einer heute mit Herrn Reichsbankpräsident Schacht[1384] geführten Aussprache über die künftige Gestaltung des Centralverbandes des Deutschen Bank- und Bankiergewerbes habe ich telegraphisch die Mitglieder unseres Vorstandes auf Sonnabend, den 8. d[es]. M[ona]ts., um 11,30 Uhr und die Mitglieder des Ausschusses des Centralverbandes auf den gleichen Tag um 12 Uhr nach dem Büro des Centralverbandes geladen.
Zwecks Vorbesprechung der in diesen Sitzungen zu behandelnden Fragen bitte ich Sie, sich Freitag, den 7. d[es]. M[ona]ts., um 5 Uhr nachmittags im Centralverband, Dorotheenstrasse 4, einzufinden.
Angesichts der Eilbedürftigkeit der Angelegenheit war es erforderlich, mit derart kurzen Terminen zu operieren.
In vorzüglicher Hochachtung
Der Vorsitzende des Vorstandes
[gez.] Solmssen.

Herrn Max Warburg
Berlin W.35
Tiergartenstr. 2b.

Georg Solmssen an Franz Urbig, 09.04.1933[1385]

9. April 1933

Lieber Herr Urbig,
die Ausstoßung der Juden aus dem Staatsdienst, die nunmehr durch Gesetz[1386] vollzogen ist, drängt die Frage auf, welche weiteren Folgen sich an diese, auch von dem gebildeten Teile des Volkes gleichsam als selbstverständlich hingenommenen Maß-

---

1382 Briefpapier «Centralverband des Deutschen Bank- und Bankiergewerbes (E.V.) / Der Vorsitzende des Vorstands / Berlin NW 7, den / Dorotheenstr. 4», 1 Blatt, Vorderseite maschinenschriftlich beschrieben, Stempel «9. APR[IL]. 1933 02527 / Beant[wortet].», Paraphe u. a. von Rudolph Brinckmann, handschriftlicher Vermerk « … vor 4 Uhr Erich», in: Warburg-Archiv, Centralverband des Deutschen Bank- und Bankiergewerbes, Mappe 33.
1383 Handschriftlich eingefügt «Max».
1384 Gemeint ist Hjalmar Schacht.

1385 Briefpapier «BERLIN N.W. 40 / ALSENSTR. 9», 3 Blätter, 3 Vorder- und 2 Rückseiten eigenhändig beschrieben, nummeriert ab der zweiten Seite, Paraphe von Franz Urbig, in: HADB, P1/14. Dieser Brief ist vollständig zitiert in: Münzel, Die jüdischen Mitglieder der deutschen Wirtschaftselite, S. 439f., in Auszügen zuerst bei James, Die Deutsche Bank 1933–1945, in: Deutsche Bank 1870–1995, S. 337f.
1386 Gemeint ist das Gesetz zur Wiederherstellung des Berufsbeamtentums vom 7.4.1933, Reichsgesetzblatt I (1933), S. 175.

nahmen für die private Wirtschaft knüpfen werden. Ich fürchte, wir stehen erst am Anfange einer Entwicklung, welche zielbewußt, nach wohlangelegtem Plane auf wirtschaftliche und moralische Vernichtung aller in Deutschland lebenden Angehörigen der jüdischen Rasse, und zwar völlig unterschiedslos, gerichtet ist. Die völlige Passivität der nicht zur nationalsozialistischen Partei gehörigen Klassen, der Mangel jeden Solidaritätsgefühls, der auf Seite [!] aller derer zu Tage tritt, die bisher in den fraglichen Berufen mit jüdischen Kollegen Schulter an Schulter gearbeitet haben, der immer deutlicher werdende Drang, aus dem Freiwerden von Posten selbst Nutzen zu ziehen und das Totschweigen der Schmach und des Schadens, die unheilbar allen denen zugefügt werden, die, obgleich schuldlos, von heute auf morgen die Grundlagen ihrer Ehre und Existenz vernichtet sehen – alles dieses zeigt eine so hoffnungslose Lage, daß es verfehlt wäre, den Dingen nicht ohne jeden Beschönigungs-Versuch in's Gesicht zu sehen.

Jedenfalls haben die Betroffenen, da sie scheinbar von Allen, die ihnen beruflich nahe standen, so gut wie verlassen werden, ein Recht, an sich selbst zu denken und sich nicht länger durch Rücksichten auf das Unternehmen, dem sie ihr Leben gewidmet hatten, in ihren Handlungen bestimmen zu lassen, es sei denn, daß dieses Unternehmen ihnen in gleicher Weise die Treue hält, wie es solches von ihnen erwartet. Auch in unserem Kollegenkreise[1387] ist die Frage der Solidarität des Kollegiums erörtert worden. Mein Eindruck war, daß dieser Gedanke, vielleicht in Folge der nicht homogenen Zusammensetzung des Vorstandes auf sehr lauen Widerhall stieß und daß, wenn man sich selbst entschlösse, ihn zu verwirklichen, solche Aktion mehr in Form einer Geste, als zwecks Leistung äußersten Widerstandes erfolgen und daher bald in sich zusammenfallen würde. Ich erkenne an, daß bei den einschlägigen Überlegungen Unterschiede zwischen den auf der Proskriptions-Liste stehenden Vorstands-Mitgliedern gemacht werden. Ich habe aber das Gefühl, daß, wiewohl man mich als Jemanden zu betrachten scheint, dessen Thätigkeit als Aktivum gewertet wird und den man vielleicht als Verkörperer einer nunmehr 70jährigen Tradition[1388] achtet, auch ich fallen gelassen werden würde, sobald von außen in maßgeblicher Weise meine Einbeziehung in die «Säuberungs-Aktion» verlangt wird.

Ich muß baldmöglichst Klarheit darüber erhalten, was werden soll und lehne ab, zu warten, bis man mir den Stuhl vor die Thür setzt, um inzwischen ein geduldetes Dasein als Gekennzeichneter zu führen. Es handelt sich um mein und der Meinigen Schicksal und ich bin zu stolz, seinen Gang irgend einem elenden Zufall zu

---

1387 Gemeint ist der Vorstand der Deutschen Bank und Disconto-Gesellschaft.

1388 Gemeint ist die 70-jährige ununterbrochene Tätigkeit von Solmssens Familie für die Disconto-Gesellschaft bzw. die Deutsche Bank und Disconto-Gesellschaft. Sein Vater Adolph Salomonsohn war 1863 in die Disconto-Gesellschaft eingetreten und gehörte dem Kreis der Geschäftsinhaber bis 1888 an. Im gleichen Jahr wurde Solmssens Cousin Arthur Salomonsohn Syndikus der Disconto-Gesellschaft und blieb Geschäftsinhaber bis zur Fusion 1929.

überlassen. Wenn ich doch gehen soll, dann will ich mir die Freiheit des Handelns in der Wahl des Zeitpunkts und der Form bewahren, nicht aber selbst vertraglich gebunden sein, während die Gegenseite sich vorbehält, vertragliche und moralische Bindungen zu lösen, sobald sie einem dahingehenden Druck ausgesetzt wird. Hierbei verstehe ich unter Lösung der Bindungen viel weniger die materiellen Folgen, als die innere Wirkung des Hinausdrängens aus einer Thätigkeit, die den Lebensinhalt bildet und zu deren Ausübung man sich körperlich fähig und geistig berufen fühlt.

Es ist mir auch unmöglich, die schwere Verantwortung, die mit unserer Amtsausübung verbunden ist, zu tragen und meinen Berufspflichten ordnungsmäßig nachzukommen, während ich von persönlichen Sorgen und Kümmernissen zerwühlt bin. Dieser Zustand ist auf die Dauer unerträglich und drängt nach rascher Klarstellung.

Die Äußerungen des Herrn Dr. Schacht[1389] in unserer gemeinsamen Unterhaltung mit ihm ließen erkennen, daß er eine Änderung in der Zusammensetzung unseres Vorstandes für erforderlich hält, aber der Meinung ist, daß dieselbe nach und nach erfolgen solle. Das würde bedeuten, daß der ungewisse Schwebezustand so lange andauern soll, bis es bequem ist, eine vielleicht bereits beschlossene Umbildung durchzuführen.

Ich möchte nicht Objekt einer solchen Politik werden und bitte Sie daher, in der Ihnen gut scheinenden, meinen Interessen entsprechenden Form, festzustellen, welche Absichten bei den maßgebenden Stellen betreffs meiner Person bestehen.

Seien Sie im voraus für diesen Freundschaftsdienst bedankt und herzlich gegrüßt von
Ihrem
[gez.] Georg Solmssen.

Georg Solmssen an Emil Georg von Stauß, 29.04.1933[1390]

4n[örenberg]   29. April 1933

Lieber Herr von Stauß,

In dankbarer Anerkennung der großen Mühe, die Sie sich in Sachen unseres gemeinschaftlichen Freundes Keup[1391] und damit im Interesse der Deutschen Centralbodenkredit-Aktiengesellschaft in den letzten Wochen gegeben haben, ist von mir heute Ihre Zuwahl in den Aufsichtsrat des genannten Instituts ad personam in Vorschlag gebracht und von der Generalversammlung vollzogen worden.

1389 Gemeint ist Hjalmar Schacht.
1390 Briefpapier «Deutsche Centralbodenkredit-Aktiengesellschaft / Der Vorsitzende des Aufsichtsrats / Berlin W8, / Mauerstraße 35», 1 Blatt, Vorderseite maschinenschriftlich beschrieben,

Stempel «Eingegangen / 29. Apr[il]. 1932 / Beantw[ortet].–», Paraphe von Emil Georg von Stauß, in: HADB, P5421.
1391 Gemeint ist Erich Keup.

Ich begrüße Sie als Kollegen in unserem Kreise und bin in der Hoffnung auf kameradschaftliche Zusammenarbeit
mit freundschaftlichen Grüßen
Ihr sehr ergebener
[gez.] Solmssen.

Herrn Dr. von Stauß,
Berlin,
Mauerstraße 39.

Emil Kirdorf an Georg Solmssen, 08.05.1933[1392]

La Magliasina, 8. Mai 1933.
Magliaso, (Tessin).

Lieber Herr Dr. Solmssen,
Es drängt mich seit langem Ihnen und Ihrer verehrten Gattin die Zusicherung unserer – meiner Gattin[1393] und meiner – aufrichtigen freundschaftlichen Gesinnung und Anhänglichkeit auszusprechen.
In der in der Anlage mit rot bezeichneten Sache hatte ich an eine mir massgebend erscheinende Stelle[1394] geschrieben und auf eine Antwort gewartet, die ich nicht erhalten habe. Daher die Verzögerung meines Schreibens an Sie.
Aus der Anlage ersehen Sie meine Stellungnahme, von der Sie jeden Gebrauch machen können.
Gegen Ende des Monats hoffen wir wieder zu Haus zu sein.
Hoffentlich besuchen Sie und Ihre verehrte Gattin uns dann mal auf Streithof[1395].
Mit freundlichem Gruss
Ihr
Emil Kirdorf.

Anlage:
Peinlich berührt bin ich durch den anliegenden Aufsatz in Ihrer stets so wahren nationalen Zeitung[1396].

1392 Abschrift «Anlage 1) zum T.B. v[om]. 18.5. [19]33 / Briefwechsel Geheimrat Kirdorf / Dr. Solmssen.», 3 Blätter, 3 Vorderseiten maschinenschriftlich beschrieben, nummeriert ab der zweiten Seite, ohne eigenhändige Unterschrift, in: HADB, P1/14.
1393 Gemeint ist Olga Kirdorf, verwitwete Wessel, geb. Gayen.
1394 Der Adressat dieses Schreibens ist nicht bekannt. Es scheint, als ob Kirdorf darüber auch Solmssen im Unklaren gelassen hat.

1395 So nannte Emil Kirdorf sein 1904 erbautes Anwesen in Mülheim an der Ruhr.
1396 Um welche Zeitung es sich handelt, ist nicht zu ermitteln. In Frage kämen die Deutsche Allgemeine Zeitung in Berlin oder die Rheinisch-Westfälische Zeitung in Essen. Vgl. Turner, Die Großunternehmer und der Aufstieg Hitlers, S. 45f., S. 389.

Es ist in meinen Augen ein Verrat an dem besten selbstlosen nationalen Führer, meinem Freunde Hugenberg[1397], dem meine ganze Ergebenheit gilt, weil er keine Partei, sondern eine Volksgemeinschaft will.
Das ist die NSDAP nicht; so sehr ich ihren Führer schätze und verehre und bewundere. Vom ersten Tage unserer Bekanntschaft an ist dies Gefühl entstanden. Ich war der Erste in den industriellen und bürgerlichen Kreisen, der ihn im Anfang seiner Bewegung nach meinen schwachen Kräften zu fördern gesucht hat und das in aller Offenheit bekannte, trotzdem ich wusste, dass ich dadurch einen mir sehr nahe stehenden Freund[1398] jüdischer Rasse schwer verletzte.
Hier in der Ferne habe ich freudig begrüsst und mich wieder als stolzer Deutscher gefühlt, als der Führer, der jetzige hochvermögende Reichskanzler Adolf Hitler sein Ziel erreichte und ein einiges reines nationales Deutschland schuf. Aber der Ehrenschild, den er sich durch seine bewundernswerte Tat erwarb, hat in meinen Augen einen schwer auszulöschenden Flecken bekommen.
Berechtigt und nötig war die Bekämpfung jüdischer Korruption, aber dabei ist unterlassen, die vaterlandsgefährlichere ultramontane Gesellschaft, die an dieser Korruption mindestens in gleichem Masse Schuld ist, in gleicher Weise anzupacken.
Berechtigt war auch der antisemitische Boykott als Abwehr gegen die lügnerische ausländische Greuelhetze, aber ein Verbrechen erachte ich das unmenschliche Übermass der fortgesetzten antisemitischen Hetze. Eine grosse Zahl um Deutschland verdienter Menschen, deren Familien seit Jahrhunderten hier eingebürgert sind, hat man grausamer Weise deklassiert und ihnen den Boden unter den Füssen genommen. Unberührt hat man dagegen die ultramontanen Katholiken gelassen, die willenlos dem deutschfeindlichen Vatikan gehorchen, selbst wenn es sich um die Vernichtung des eigenen Vaterlandes handelt.
Hätte das politisch-national unfähige Bürgertum nur einige Einsicht gehabt, so hätte es durch Stärkung der Deutschnationalen Volkspartei ein Gegengewicht gegen dies Übermass der NSDAP geschaffen. Heute will man diese Partei zerschlagen, die schliesslich der letzte Rettungsanker für ein wirklich gesundes Deutschland ist.
Ich bin, als ich mit 25 Jahren in die Leitung der Gelsenkirchener Bergwerks A.G. berufen wurde, der ich 54 Jahre dienen durfte, zuerst mit den damals führenden Personen der Finanz und Wirtschaft in Fühlung gebracht worden und sind mir dadurch wertvolle Beziehungen verschafft worden, verehrungsvolle Freundschaft aber hat mich nur mit einem Glied dieser Kreise[1399] verbunden, das jüdischer Abstammung war. Noch heute verbindet mich enge Freundschaft mit den noch lebenden Nachkommen dieses Mannes, die ich ob ihrer Gesinnung höher schätze als viele mir bekannte Urarier. Der Dolchstoss, den man diesem wertvollen Menschen versetzt hat, hat auch mich getroffen.

1397 Gemeint ist Alfred Hugenberg.
1398 Gemeint ist Georg Solmssen.
1399 Gemeint ist Adolph Salomonsohn.

Jetzt ist meine Hoffnung dahin, mein Vertrauen, ein neues unbeflecktes stolzes Deutschland noch zu erleben.
Ich gebe anheim, von meinen Ausführungen beliebig Gebrauch zu machen, dann aber unverändert. Sollten Sie sich zu ihrer Veröffentlichung entschliessen, so sehe ich voraus, dass die sich national gebärdende Presse nach dem Muster der kommunistischen Presse, die bei Gelegenheit meiner vergeblichen öffentlichen und beim Reichspräsidenten[1400] vorgebrachten Stellungnahme gegen den Locarnovertrag so schrie, mir zurufen wird: «Die alte Raketenkiste lässt sich auch mal wieder hören.» Die Kiste ist inzwischen noch älter geworden, ich habe nichts dagegen, dass sie bald platzt. Dann hört die Qual auf, «Deutscher» zu sein.
Mit deutschem Gruss
gez. Emil Kirdorf.

Georg Solmssen an Emil Kirdorf, 14.05.1933[1401]

Schwanenwerder, 14. Mai 1933.

Lieber und verehrter Herr Geheimrat,
Ich komme erst am heutigen Sonntag dazu, Ihnen für Ihren Brief vom 8. d[es]. M[onats].[1402] zu danken und Ihnen zu sagen, wie sehr meiner Frau und mir Ihr und Ihrer Gattin[1403] tätiges Mitempfinden wohlgetan hat. Wahrlich, man hat uns ins Herz getroffen! Wir konnten es gar nicht fassen, dass der nationale Aufschwung, auf den wir länger als ein Jahrzehnt gehofft, und den zu fördern wir im Aufbäumen gegen die Deutschland widerfahrene Misshandlung mit aller Macht bestrebt waren, sich gegen die wenden könne, deren Sinnen und Trachten seit Generationen das Wohl des Vaterlandes beherrscht.
Und doch darf man um Deutschlands, um unserer selbst, und um unserer Kinder willen nicht erlahmen, für dieses Deutschland, das uns heute erniedrigt und quält, zu kämpfen. Sonst hätte das Leben keinen Sinn und es gäbe kein Recht mehr auf Erden. Wir wollen und dürfen nicht verzagen!
Ein so verständnisvoller Zuruf, wie ihn Ihr Brief mit seinem Freundschaftsbekenntnis zu meinen Eltern und uns brachte, gibt wieder Mut und Kraft für den schweren und langen Weg, der noch vor uns liegt. Seien Sie dafür von ganzem Herzen bedankt!
Geben Sie uns, bitte, Nachricht, wenn Sie wieder auf dem Streithof[1404] sind; meine Frau und ich kommen sicher dorthin, wenn wir es irgend ermöglichen können. Bis

---

1400 Gemeint ist Paul von Hindenburg.
1401 Abschrift «Anlage 1) zum T.B. v[om]. 18.5. [19]33 / Briefwechsel Geheimrat Kirdorf / Dr. Solmssen.», drittes von 3 Blättern, Vorderseite maschinenschriftlich beschrieben, ohne eigenhändige Unterschrift, in: HADB, P1/14.

1402 Kirdorf an Solmssen am 8.5.1933, in: HADB, P1/14; hier abgedruckt.
1403 Gemeint ist Olga Kirdorf, verwitwete Wessel, geb. Gayen.
1404 So nannte Emil Kirdorf sein 1904 erbautes Anwesen in Mülheim an der Ruhr.

dahin senden wir Ihrer verehrten Gattin und Ihnen herzlichste Grüsse und erbitten deren Weitergabe auch an Herrn und Frau Wessel[1405].
In aufrichtiger Verehrung
Ihr stets ergebener
gez. Georg Solmssen

Georg Solmssen an Paul von Schwabach, 16.05.1933[1406]

4n[örenberg] 16. Mai 1933.

Lieber Herr von Schwabach,
Ich erhielt heute den Besuch von Herrn Geheimrat Dr. Kißler[1407], der mir im Auftrag von drei namentlich nicht genannten Aufsichtsratsmitgliedern, zu denen er nicht gehöre, beibringen wollte, daß es erforderlich sei, der Frage der Neuzusammensetzung des Aufsichtsrats[1408], insbesondere der Neubesetzung des Präsidiums, näherzutreten. Er bitte mich, doch zu erwägen, daß nachdem die Fälle Fraenkel[1409] und Keup[1410] vorgekommen seien, die Konsequenzen nicht vermieden werden könnten. Es sei ebenso, wie wenn bei einem Regiment etwas vorgekommen sei und der Kommandeur daraus seine Folgerungen ziehe. Man denke nicht daran, daß die Herren, welche aus dem Präsidium ausschieden, aus dem Aufsichtsrat ausscheiden sollten, es müßten aber Aenderungen getroffen werden.
Ich habe Herrn Dr. Kißler gesagt, daß ich in keiner Weise bereit sei, auf diese Zumutungen einzugehen. Ich sei der einzige gewesen, der die Angelegenheit Fraenkel überhaupt anzufassen gewagt habe, nachdem ich durch die uns bei der Preußischen Centralbodenkredit AG aufgezwungene Fusion mit der Pfandbriefbank[1411] genötigt gewesen sei, einen Personalvertrag des Herrn Dr. Fraenkel zu übernehmen, der ihm die Doppelstellung in der Pfandbriefbank und bei der Firma Fraenkel & Simon[1412] ausdrücklich verbriefte. Ich hätte vom ersten Tage der Uebernahme des Aufsichtsratsvorsitzes an gegen die Verquickung dieser unvereinbaren Interessen Front gemacht und sei mit Herrn Dr. Fraenkel in sehr unangenehme Auseinandersetzungen wegen seiner mangelhaften administrativen Disziplin geraten, die sich auch darin gezeigt hätte, daß weder er noch Herr Keup unter der früheren

---

1405 Gemeint sind vermutlich einer der Söhne und eine der Schwiegertöchter von Olga Kirdorf, verwitwete Wessel, aus ihrer Ehe mit dem 1915 verstorbenen Carl Ludwig Wessel.
1406 Hektographie, 7 Blätter, 7 Vorderseiten maschinenschriftlich beschrieben, nummeriert ab der zweiten Seite, Paraphe von Emil Georg von Stauß, in: HADB, P5443. Diese Hektographie sandte Solmssen mit Begleitschreiben vom 18.5.1933 an Emil Georg von Stauß, in: HADB, P5443. Dieser Brief ist ausschnittweise zitiert in:

Münzel, Die jüdischen Mitglieder der deutschen Wirtschaftselite, S. 208.
1407 Gemeint ist Hermann Kißler.
1408 Gemeint ist der Aufsichtsrat der Deutschen Centralbodenkredit-AG.
1409 Gemeint ist Max Fraenkel.
1410 Gemeint ist Erich Keup.
1411 Gemeint ist die Preußische Pfandbrief-Bank.
1412 Gemeint ist das Bankhaus Fraenkel & Simon, Berlin und Frankfurt/Oder.

Aufsichtsratsleitung der Pfandbriefbank daran gewöhnt worden seien, sich in elementaren Fragen, wie Urlaubsnahme und Uebernahme von Aufsichtsratsstellen, der Zustimmung des Aufsichtsratsvorsitzenden zu unterwerfen. Ich hätte versucht, auch noch während der Herrschaft von Kreuger[1413] gegen die Majoritätsstellung von Herrn Fraenkel anzugehen, sei aber auf unbesieglichen Widerstand gestoßen, weil der Vertreter von Kreuger, Herr Hallström[1414], gemeinsam mit Herrn Fraenkel bei mir erschienen sei, um mir zu erklären, daß ich, wenn ich Herrn Fraenkel angriffe, der von der Kreuger-Gruppe und Fraenkel & Simon gemeinsam repräsentierten Majorität der Aktionäre in der Generalversammlung gegenüberstehen würde. Es sei sogar so weit gekommen, daß Herr Fraenkel versucht habe mir beizubringen, daß ihm der Platz als Aufsichtsratsvorsitzender gebühre, worauf ich ihm mit der Erklärung gedient hätte, daß wenn er noch ein einziges Mal derartige Wünsche äußere, ich sofort aus dem Aufsichtsrat ausscheiden und meine Bank den Absatz der Pfandbriefe der Deutschen Centralbodenkredit AG einstellen würde. Endlich sei ich es gewesen, der nach dem Zusammenbruch von Kreuger sofort das Erforderliche getan habe, um das Aktienpaket von Kreuger zu zerschlagen und dadurch die Machtstellung, die Herr Fraenkel bis dahin gehabt hätte, vollkommen zu beseitigen. Ich hätte mich allerdings dagegen gewendet, daß unsubstantiierte Behauptungen seitens einiger Mitglieder des Vorstandes aufgestellt wurden, und zwar namentlich von einem derselben, Herrn Dr. Walter Hartmann, der seinerzeit bei der Fusion der Pfandbriefbanken[1415] gar nicht schnell genug zum anderen Lager übergehen konnte und uns dadurch den Kampf um die Unabhängigkeit der Deutschen Centralbodenkredit AG außerordentlich erschwert hätte. Nachdem die Aufsichtsbehörde die Untersuchung der mit dem Eintritt der Pfandbriefbank in die Gemeinschaftsgruppe[1416] verbundenen Fusionsgeschäfte verhängt hatte, hätte ich den Standpunkt vertreten, daß restlose Aufklärung geboten sei und mich darauf verlassen müssen, daß sowohl die Untersuchungen der verschiedenen Treuhandgesellschaften sowie das ausführliche Gutachten von Exzellenz Dernburg[1417] keinerlei Nachweis von irgendwelchen Verfehlungen erbrachten. Diesen Sachverhalt hätte ich dem Aufsichtsrat gegenüber festgestellt und ihm gleichzeitig mitgeteilt, daß ich von Herrn Dr. Fraenkel verlangt und erreicht hätte, daß die Firma Fraenkel & Simon liquidiert würde, keinerlei Bankgeschäfte mehr betreibe und sich auf ihr Getreidegeschäft in Frankfurt a. O. zurückziehe. Ich ließe mich daher nicht herbei zuzulassen, daß mit dem von Herrn Dr. Fischer[1418] bereits geäußerten Gedanken

---

1413 Gemeint ist Ivar Kreuger und sein Firmenkonglomerat.
1414 Gemeint ist Otto Hallström.
1415 Gemeint ist die Fusion der Preußischen Centralbodenkredit AG und der Preußischen Pfandbrief-Bank zur Deutschen Centralbodenkredit AG.

1416 Gemeint ist die Gemeinschaftsgruppe Deutscher Hypothekenbanken.
1417 Gemeint ist Bernhard Dernburg.
1418 Gemeint ist Otto Christian Fischer.

gespielt würde, daß ich als Aufsichtsratsvorsitzender meine Pflichten irgendwie vernachlässigt hätte, und zwar würde ich umso weniger ein derartiges Vorgehen gestatten, als die Mitglieder des Aufsichtsrats, darunter auch Herr Dr. Fischer, reichlich Gelegenheit gehabt hätten, sich zu äußern, wenn sie der Ansicht gewesen wären, daß anders, als ich es getan hätte, verfahren werden konnte. Jetzt nachträglich, nachdem eine staatsanwaltliche Untersuchung gegen die Herren Fraenkel, Dr. Keup und Hallström eingeleitet worden sei, deren Resultat noch nicht feststehe, aber Anlaß zu der Annahme gäbe, daß tatsächlich bei den Transaktionen dienstliche Rechte und privater Vorteil von den Beteiligten vermischt worden sind, sei es billig Vorwürfe zu konstruieren. Es sei aber weder für mich noch für die übrigen Mitglieder des Aufsichtsrats irgendwie möglich gewesen, Feststellungen zu treffen, welche die Klarlegung dieses Sachverhaltes ermöglicht hätten. Denn wenn selbst die Revisions-Gesellschaften nichts finden konnten und es erst der staatsanwaltschaftlichen Beschlagnahme von Akten bedurfte, um Abkommen zwischen Beteiligten zu Tage zu fördern, die niemand kannte, so sei damit der beste Beweis geführt, daß dem Aufsichtsrat und seinem Vorsitzenden keine Vorwürfe gemacht werden können. Hiermit decke sich auch die mir heute zugegangene, in Abschrift beiliegende Erklärung[1419], die mir Herr Ministerialrat Dr. Schniewind[1420] am 13. d[es]. M[onats]. auf grund einer an diesem Tage auf seine Veranlassung erfolgten eingehenden Aussprache zwischen ihm, Herrn Dr. Kayser[1421] und mir übersandt hat und die Herr Dr. Kayser in der nächsten Sitzung des Aufsichtsrats als Ansicht der Aufsichtsbehörde[1422] bekanntgeben wird.

Ich habe Herrn Geheimrat Kißler, der eine Besprechung im kleinen Kreise als neutraler Vermittler anregte und dazu die Herren Dr. Fischer, Geheimrat Frisch[1423], Jeidels[1424], Kämper[1425], Kraemer[1426], von Stauß[1427], Warburg[1428] und mich laden wollte, gebeten, von dieser Absicht Abstand zu nehmen, weil ich Bedenken trüge, daß derartige Dinge in einem willkürlich herausgegriffenen Kreise erörtert würden, und ich außerdem Ihnen als Mitglied des Aufsichtsrats zugesagt hätte, daß vor Ihrer Rückkehr keinerlei Erörterungen in der fraglichen Angelegenheit stattfinden würden. Offen gestanden paßt mir auch nicht, daß sich aus eigner Machtvollkommenheit ein Gremium einsetzt, welches über Mitglieder des Aufsichtsrats zu Gericht sitzen will.

1419 Diese Abschrift der undatierten Erklärung der Aufsichtsbehörde befindet sich im Anschluss an das Schreiben Solmssen an Schwabach vom 16.5.1933, in: HADB, P5443.
1420 Gemeint ist Otto Schniewind.
1421 Gemeint ist Georg Kayser.
1422 Gemeint ist eine in Folge der Bankenkrise 1931 zunächst mit Hilfe von Notverordnungen ins Leben gerufene staatliche Bankenaufsicht, die später durch das Kreditwesengesetz vom 5.12.1934 etabliert wurde.
1423 Gemeint ist Walther Frisch.
1424 Gemeint ist Otto Jeidels.
1425 Gemeint ist Otto Kämper.
1426 Gemeint ist Hans Kraemer.
1427 Gemeint ist Emil Georg von Stauß.
1428 Gemeint ist Max M. Warburg.

Als Herr Kißler darauf anspielte, daß wohl auch aus allgemeinen Gründen eine Gleichschaltung erfolgen müsse, habe ich ihm gesagt, daß diese Gleichschaltung durch meine von den Aktionären akzeptierte Erklärung in der Generalversammlung und die Zuwahl der vorgeschlagenen neuen Aufsichtsratmitglieder ihre Erledigung gefunden hätte. Herr Sobernheim[1429] müsse, nach mir als Aufsichtsratsvorsitzendem offiziell von Herrn Minister Neuhaus[1430] gemachter Mitteilung, sein Amt als Mitglied des Aufsichtsrats und damit des Präsidiums, niederlegen; was Herrn Hallström betrifft, so könnte man nicht, bevor die Anklage gegen ihn erhoben sei, sein Ausscheiden aus dem Aufsichtsrat fordern, sondern ihm nur nahe legen, sein Amt niederzulegen. Wenn er herauf nicht reagiere, so könnten wir nicht aus diesem Grunde eine außerordentliche Generalversammlung einberufen, die ihn abberufe, bevor eine Anklageerhebung gegen ihn erfolgt sei, oder ein richterliches Urteil gegen ihn vorliege.
Im übrigen müsse ich erklären, daß ich es im Interesse Deutschlands für erforderlich halte, daß endlich die an der Spitze der Wirtschaft stehenden Männer den Mut aufbrächten, gegen die gesamte Gleichschaltungsidee, die Deutschland ins Unglück zu stürzen drohe und es international verfehle [!], klar und deutlich anzugehen, und sich nicht von jedem quilibet ex populo, der sich berufen fühle mitzureden, ohne irgendwelche sachliche Berechtigung dazu zu besitzen, ins Bockshorn jagen zu lassen. Wenn die Herren kämpfen wollten, so sei ich bereit, den Kampf aufzunehmen, aber dann in öffentlicher Generalversammlung, bei der ich mich nicht scheuen würde, meine Ansicht klar und deutlich zum Ausdruck zu bringen.
Herr Kißler, der wohl erwartet hatte, daß ich alsbald umfallen würde, war über diese, ihm in sehr ernster und eindringlicher Form klargemachte Meinung ziemlich betroffen und wußte nichts rechtes zu erwidern, als zu beteuern, daß er persönlich nicht im geringsten derartige Gleichschaltungsideen billige, aber man müsse doch bedenken usw. usw.
Ich habe damit geendet, daß ich ihm gesagt habe, daß ich für diese schlaffe Auffassung kein Verständnis besitze, und unabhängig von persönlichen Empfindungen auf dem Standpunkt stände, daß wir um Deutschlands willen endlich den Kampf gegen die eingerissene Gleichmacherei aufnehmen müßten, um die Menschen wieder zur Vernunft zu bringen.
Ich wollte nicht verfehlen, Ihnen hiervon Mitteilung zu machen und bitte Sie mir zu sagen, wann sie ehestens in Berlin eintreffen können, weil ich mit möglichst kurzer Frist eine Aufsichtsratssitzung einberufen will, die auch nötig werden wird, wenn, wie ich befürchte, gegen Herrn Keup die Anklage erhoben werden wird. Herr Keup muß in diesem Falle seine Aemter niederlegen und wir werden uns zu überlegen haben, wie wir den durch sein Ausscheiden verwaisten Posten innerhalb des Vorstandes neu besetzen.

1429 Gemeint ist Curt Sobernheim. 1430 Gemeint ist Albert Neuhaus.

Es tut mir leid, dass ich Ihre Kur mit diesen Ausführungen stören muß. Die Dinge sind aber zu wichtig und auch prinzipiell von zu großer Bedeutung, als daß ich sie Ihnen vorenthalten könnte.
Mit freundlichen Grüßen
Ihr sehr ergebener
[gez.] Solmssen.

Herrn Dr. Paul von Schwabach,
zzt. Hotel Bellevue,
<u>Bad-Gastein.</u>

Georg Solmssen an Gustav Stolper, 19.06.1933[1431]

4/Z[ingle]r. 19. Juni 1933.

Sehr geehrter Herr Doktor,
Ich war in der vergangenen Woche sehr viel unterwegs und muss auch heute wieder verreisen.
Da ich höre, dass Sie während meiner Abwesenheit telefonisch nach mir gefragt haben, beehre ich mich, Ihnen mitzuteilen, dass ich über das von Ihnen mir gegenüber behandelte Thema in unserem Kreise[1432] Rücksprache genommen habe.
Was zunächst Ihr Haus betrifft, so hat Herr Dr. Kimmich[1433] mir mitgeteilt, dass er zu seinem Bedauern nicht darauf reflektieren könne, weil er möglichst nahe dem Zentrum wohnen wolle, um jederzeit, auch bei kürzerer Mittagspause, nach Hause gehen zu können.
Ihr freundliches Anerbieten, eventuell für meine Bank[1434] in den Vereinigten Staaten tätig zu sein, lässt sich leider nicht verwirklichen, weil wir dort bereits eine eigene Vertretung besitzen und dieselbe nach unseren Bedürfnissen geformt haben. Hierbei musste darauf Rücksicht genommen werden, die Kosten dieser Vertretung nicht über ein bestimmtes Mass anschwellen zu lassen, und wir können nicht gut verantworten, nunmehr neben dieser Vertretung Sondermissionen einzurichten, zumal ein akutes Bedürfnis für dieselben nicht vorliegt. Sollte sich hieran etwas in Zukunft ändern, so will ich gern auf die Angelegenheit hier im Hause zurückkommen.

1431 Briefpapier «Dr. GEORG SOLMSSEN / BERLIN W8 / Mauerstraße 35», 2 Blätter, 2 Vorderseiten maschinenschriftlich beschrieben, zweite Seite nummeriert, in: BA, N1186/33.
1432 Gemeint ist der Vorstand der Deutschen Bank und Disconto-Gesellschaft.
1433 Gemeint ist Karl Kimmich.
1434 Gemeint ist die Deutsche Bank und Disconto-Gesellschaft.

Ich bedaure ausserordentlich, Ihnen nicht in der gewünschten Weise dienen zu können; die Verhältnisse sind aber gegenwärtig stärker als der beste Wille.
Sollten Sie Wert darauf legen, Empfehlungen zu erhalten, die Ihnen die Durchführung der von Ihnen verfolgten Absicht erleichtern, so werde ich mich Ihnen hierfür gern zur Verfügung stellen.
Mit freundlichen Grüssen
in steter Wertschätzung
Ihr sehr ergebener
[gez.] Solmssen.

Herrn Dr. Stolper,
Berlin-Dahlem,
Sachsallee 25.

Georg Solmssen an Emil Georg von Stauß, 28.06.1933[1435]

40/Bk
4   den 28. Juni 1933.

Ich bitte, davon Kenntnis zu nehmen, dass Herr Dr. Ing. e.h. Curt Sobernheim durch Schreiben vom 25. Juni 1933[1436] sein Amt als Mitglied des Aufsichtsrats der Deutschen Centralbodenkredit-Aktiengesellschaft niedergelegt hat. Entsprechend einem Wunsche der Commerz- und Privat-Bank A.G., auf deren Vorschlag Herr Dr. Sobernheim seinerzeit dem Aufsichtsrat zugewählt wurde, werde ich, Ihr Einverständnis voraussetzend, bis auf weiteres Herrn Harter[1437], Vorstandsmitglied der Commerz- und Privat-Bank A.G., als Gast zu den Sitzungen des Aufsichtsrats einladen, bis die Möglichkeit einer Zuwahl in den Aufsichtsrat gelegentlich der nächsten Generalversammlung gegeben ist.
Mit vorzüglicher Hochachtung
Der Vorsitzende des Aufsichtsrats
[gez.] Solmssen.

Herrn Emil Georg von Stauss
Berlin-Dahlem
Cecilienallee 14–16.

1435 Hektographie, Briefpapier «Deutsche Centralbodenkredit-Aktiengesellschaft / Der Vorsitzende des Aufsichtsrats / Berlin W8, / Mauerstraße 35», 1 Blatt, Vorderseite maschinenschriftlich beschrieben, Stempel «Eingegangen / 29. Juni 1933 / Beantw[ortet]. –», Paraphe von Emil Georg von Stauß, in: HADB, P5421. Gleiches Schreiben ging auch an die übrigen Mitglieder des Aufsichtsrats der Deutschen Centralbodenkredit-AG.
1436 Dieses Schreiben von Sobernheim an Solmssen ist nicht überliefert.
1437 Gemeint ist Carl Harter.

Georg Solmssen an Karl Kimmich, 16.07.1933[1438]

16. Juli 1933.

Lieber Herr Dr. Kimmich,
Ich bin nach Absolvierung der Zeppelin[1439] Sitzungen in Friedrichshafen mit meiner Frau auf die Wanderschaft gegangen, um endlich etwas Ruhe u[nd]. Erholung zu finden. Bei der Unbestimmtheit der mir hierfür zur Verfügung stehenden Zeit habe ich mich dem Wunsche meines Arztes gefügt, der unbedingt Aufenthalt in großer Höhe forderte. Außerdem soll ich die Bäder in St. Moritz gebrauchen, was ich, da ich meinen Privatwagen mitgenommen habe, von hier aus leicht durchführen kann. Da die Tagesberichte nur innerhalb Deutschlands versandt werden sollen, mache ich mir Sorge, den Gang der Dinge in der Bank nicht ausreichend verfolgen zu können. Ich bitte Sie daher, mir sei es brieflich, oder telephonisch Nachricht zu geben, falls irgendetwas Bedeutsames sich ereignet. Auch Herr Loeb[1440] in Zürich kann derartige Nachrichten an mich übermitteln. Selbstverständlich komme ich zurück, wenn es unbedingt erforderlich ist. Ich hoffe, dieser Fall wird nicht eintreten; denn ich habe ein Ausruhen dringendst nötig.
Ich nehme an, dass Herr Dr. Mosler[1441] seinen Urlaub inzwischen angetreten hat. Lassen Sie sich, bitte, meine Post vorlegen.
Leider ist das Wetter sehr schlecht u[nd]. die Aussichten auf Besserung scheinen gering.
Mit besten Grüßen an Sie u[nd]. die Kollegen
der Ihrige
[gez.] Solmssen.

Karl Kimmich an Georg Solmssen, 18.07.1933[1442]

18. Juli 1933.

Lieber Herr Solmssen!
Ihr freundliches Schreiben von vorgestern[1443] habe ich soeben erhalten und freue mich, daß Sie endlich die so notwendige Erholung sich gönnen.
Ihre Post ist bisher von Herrn Dr. Mosler[1444] geöffnet und, soweit erforderlich, sind

---

1438 Briefpapier «HOTEL WALDHAUS / SILS-MARIA, ENGADINE», 1 Blatt in der Mitte gefalzt, 4 Seiten eigenhändig beschrieben, Umlaufstempel mit Paraphen der Vorstandsmitglieder angeheftet, handschriftlicher Registraturvermerk «Briefw[echsel]. mit A[ufsichts]. R[a]t. u[nd]. Vorst[ands]. Mitgl[iedern].», in: HADB, P24012, Bl. 29.
1439 Gemeint ist die Luftschiffbau Zeppelin GmbH in Friedrichshafen, deren Aufsichtsrat Solmssen angehörte.
1440 Gemeint ist Gustav R. Loeb.
1441 Gemeint ist Eduard Mosler.
1442 Durchschlag, 1 Blatt, Vorderseite maschinenschriftlich beschrieben, in: HADB, P24012, Bl. 30.
1443 Solmssen an Kimmich 16.7.1933, in: HADB, P24012, Bl. 29; hier abgedruckt.
1444 Gemeint ist Eduard Mosler.

Ihnen die Eingänge nachgesandt worden. Da Herr Mosler übermorgen auf Urlaub geht, werde ich das Weitere in diesem Sinne veranlassen.
Glücklicherweise liegen besonders eilige oder wichtige Fragen nicht vor, so daß Sie sich in aller Ruhe weiter dort erholen können.
Herr Wassermann[1445] ist gestern wieder zurückgekehrt und arbeitet wieder.
Auch sonst hat sich in anderen Fragen, die Sie besonders interessieren könnten, meines Erachtens nichts ereignet, was besonders zu melden wäre.
Mit besten Grüßen, auch von den Kollegen, und mit der Bitte um angelegentliche Empfehlung an Ihre Frau Gemahlin verbleibe ich
Ihr Ihnen stets ergebener
g[e]z[eichnet]. Kimmich

Herrn Dr. Georg Solmssen
Sils-Maria (Engadin)
Hotel Waldhaus

Johannes Kiehl an Georg Solmssen, 20.07.1933[1446]

J. Kiehl   20. Juli 1933.

Sehr verehrter Herr Dr. Solmssen!
Ich wollte nicht verfehlen, Ihnen Abschrift eines von Herrn Wentzel[1447], Saarbrücken, an Sie gerichteten Briefes[1448] betreffend die Ueberfremdungsfrage in der Tafelglasindustrie zur Kenntnisnahme zu überreichen.
In Sachen des Gussglas-Syndikats hat Herr Heye[1449] inzwischen geantwortet[1450]. Die Antwort eröffnet wenig hoffnungsvolle Aussichten und verstärkt den Eindruck, dass sich die Verhandlungen bisher ohne wirklichen Fortschritt im Kreise gedreht haben. Wie Herr Heye schreibt, sind sowohl die Quotenfragen noch ungelöst als auch insbesondere die sehr wichtige Frage des Exports. Da er jede merkliche Einschränkung desselben, die bei der schlechten Absatzlage im Inland Betriebseinschränkugen und heute unmögliche Arbeiterentlassungen zur Folge hätte, als unannehmbar bezeichnet, so wird dadurch die breite Kluft auseinandergehender Meinungen beleuchtet. Immerhin ist insofern ein neues Moment aufgetreten, als die für die Glasindustrie gebildete Fachschaft das Problem eines Syndikats aufgegriffen hat; vielleicht kommt man nunmehr unter Druck von oben weiter. Auch Herr Schra-

---

1445 Gemeint ist Oscar Wassermann.
1446 Presskopie, 2 Blätter, 2 Vorderseiten maschinenschriftlich beschrieben, zweite Seite nummeriert, Registraturvermerk «1. Kopie in der Akte / 4B Delog [Deutsche Libbey-Owens-Gesellschaft] Allg[emeines]», in: HADB, S4395.
1447 Gemeint ist Leo Wentzel.

1448 Nicht in HADB, S4395, enthalten.
1449 Gemeint ist Hans Ferdinand Heye.
1450 Gemeint ist die nicht überlieferte Antwort auf Solmssens Schreiben an Heye vom 30.6.1933, in: HADB, S4395, worin sich Solmssen nach Heyes Einschätzung zum Zustandekommen des Gussglas-Syndikats erkundigte.

der[1451], den ich nach Kenntnisnahme des Heye'schen Briefes um seine Ansicht über den jetzigen Stand der Dinge befragte, scheint seine letzte Hoffnung nach Scheitern aller Versuche freier Verständigung auf das Eingreifen anderer Mächte zu setzen.
Indem ich Ihnen nach einer Zeit aufreibender Arbeit und vielfacher Aufregungen volle Erholung herzlich wünsche, bin ich mit besten Grüssen
Ihr sehr ergebener
[gez.] Kiehl

Herrn
Dr. Georg Solmssen,
z[ur]. Z[ei]t. Sils Maria i[m]. Engadin/Schweiz
Hotel Waldhaus.

Georg Solmssen an Emil Kirdorf, 20.07.1933[1452]

Sils Maria 20. Juli 1933

Lieber und verehrter Herr Geheimrath,
zunächst möchte ich, zugleich Namens meiner Frau, unsere bereits telegraphisch ausgesprochenen Glückwünsche zum 70. Geburtstage Ihrer Frau Gemahlin[1453] wiederholen. Wir haben Ihrer Beider am 17. [Juli] in Freundschaft und Anhänglichkeit gedacht. Hoffentlich ist der Plan geglückt, alle Ihre Lieben an dem festlichen Tage auf dem Streithof[1454] zu vereinen und das Haus mit froher Jugend zu bevölkern.
Wir selbst sind vor einigen Tagen hier gelandet, um den dringend benötigten Urlaub in der vom Arzt verordneten Höhe zu verbringen. Erfreulicher Weise sind Regen und Sturm, die uns auf der Fahrt begleiteten, nicht hierher gefolgt und wir lassen uns von der Engadiner Sonne bescheinen.
Alles wäre gut und recht, wenn nicht die Sorgen auch hierher ihren Weg fänden. Ich habe bisher alle gegen mich, teilweise mit den gemeinsten Mitteln, entrierten Angriffe abschlagen können. Hat man doch sogar versucht, meine Stellung an der Spitze der Deutschen Erdoel A.G.[1455] durch die in der Generalversammlung aufgestellte und in die «Wahrheit» lancierte Behauptung zu erschüttern, ich hätte in den Jahren 1924 u[nd]. 1925 (!) falsche Reisespesen liquidiert. Gott sei Dank konnten die Dea an Hand ihrer u[nd]. ich an Hand meiner von der «Revision» Treuhand A.G. geführten Bücher lückenlos beweisen, daß diese Attacke auf Lug u[nd]. Trug

---

1451 Gemeint ist Peter Schrader.
1452 4 Blätter, 4 Vorder- und 3 Rückseiten eigenhändig beschrieben, handschriftlicher Vermerk auf der ersten Seite «Anl[age]. z[um]. 22.7.[19]33», zeitgenössische maschinenschriftliche Abschrift (5 Seiten), mit Paraphe von Gustaf Schlieper, in: HADB, B200, Nr. 67. Dieser Brief ist ausschnittweise zitiert in: Münzel, Die jüdischen Mitglieder der deutschen Wirtschaftselite, S. 196 u. 207.
1453 Gemeint ist Olga Kirdorf, verwitwete Wessel, geb. Gayen.
1454 Gemeint ist Kirdorfs Anwesen in Mülheim an der Ruhr.
1455 Gemeint ist Solmssens Funktion als Vorsitzender des Aufsichtsrats der Deutsche Erdöl-AG.

basiert war. Aber es nimmt doch mit, wahrzunehmen, daß jeder Lump, in diesem Falle sogar ein Mitglied der Familie Poensgen[1456], es unternehmen darf, den vogelfreien Nichtarier in der Öffentlichkeit zu diffamieren. Zu meiner Freude haben sich in diesem Falle alle Aktionäre u[nd]. der gesamte Aufsichtsrath und Vorstand geschlossen hinter mich gestellt. Aber die Zermürbung geht weiter.
Ich gehöre seit einer Reihe von Jahren den Aufsichtsräthen der Hapag u[nd]. des Lloyd[1457] an. Die DD Bank[1458] ist Führerin des Hapag u[nd]. Mitführerin des Lloyd Konsortiums u[nd]. vertritt in beiden sehr große Kredit-Interessen. Die Lage von beiden Schiffahrtsgesellschaften ist außerordentlich schwierig u[nd]. ihr Kapitalmangel durch einen von mir aufgestellten Sanierungsplan überbrückt worden, der von allen behördlichen Stellen, wie Reichsbank, Finanz- u[nd]. Verkehrs-Ministeriums gutgeheißen wurde. Mit Rücksicht auf die regierungsseitige Subvention beider Gesellschaften haben beide Aufsichtsräthe den am 26. Juli abzuhaltenden Generalversammlungen ihre Mandate zur Verfügung gestellt. Hierbei war einverstanden und sowohl von beiden künftigen Aufsichtsraths-Vorsitzenden (Helfferich[1459] für Hapag, Lindemann[1460] für Lloyd), wie von den Senaten von Hamburg u[nd]. Bremen genehmigt, daß ich wiederum als Repräsentant der DD Bank u[nd]. der im Kollegium mit der Materie am besten Vertraute in beide Aufsichtsräte eintreten solle. Gegen Abend telegraphiert mir Dr. Mosler[1461], völlig im Gegensatz zu dieser Abrede sei ein Schreiben des Verkehrsministeriums eingetroffen, das die DD Bank ersucht, ein Mitglied der Bank für die Zuwahl in die Aufsichtsräte zu benennen, das jedoch Arier sein müsse. Meine Kollegen bitten mich, allen meinen Einfluß aufzuwenden, um eine Beseitigung dieser Forderung herbeizuführen, damit ich selbst wieder die fraglichen Posten übernehmen kann. Die Angelegenheit ist von einer über den Einzelfall hinausgehenden Bedeutung.
Ich habe mit Herrn Dr. Schacht[1462] nach seiner Rückkehr aus Amerika[1463] eine eingehende Aussprache gehabt u[nd]. ihn gebeten, mir klipp u[nd]. klar zu sagen, woran ich sei. Es sei für mich unmöglich, die große Verantwortung als Sprecher der Bank u[nd]. das in Folge des Ausscheidens von Herrn Wassermann[1464] mit der Vertretung der Bilanz betraute Mitglied des Kollegiums zu tragen, wenn ich das Gefühl hätte, in meiner Position nicht mehr sicher zu sein. Herr Dr. Schacht erwiderte, ich brauche mir nicht die geringsten Sorgen zu machen. Meine Stellung sei A 1 u[nd]. ich solle keinem Angriffe weichen.
Dementsprechend bin ich verfahren u[nd]. damit bis jetzt, wenn auch nicht immer

---

1456 Gemeint sind wahrscheinlich Ernst und Helmuth Poensgen, die dem Vorstand der Vereinigten Stahlwerke angehörten.
1457 Gemeint ist der Norddeutsche Lloyd.
1458 Gemeint ist die Deutsche Bank und Disconto-Gesellschaft.
1459 Gemeint ist Emil Helfferich.
1460 Gemeint ist Karl Lindemann.
1461 Gemeint ist Eduard Mosler.

1462 Gemeint ist Hjalmar Schacht.
1463 Der neu ernannte Reichsbankpräsident Schacht reiste Ende März 1933 in die USA, um über ein Moratorium über die deutschen Auslandsschulden zu verhandeln. Anfang Mai 1933 führte er in Washington Gespräche mit Außenminister Cordell Hull und Präsident Franklin D. Roosevelt. Siehe Kopper, Hjalmar Schacht, S. 240ff.
1464 Gemeint ist Oscar Wassermann.

ohne Kampf[,] gut durchgekommen. Die Reichsbank hat jedesmal außerordentlich wirksam bekundet, mußte aber hie u[nd]. da erhebliche Schwierigkeiten überwinden. Meine Kollegen werden auch in dem Falle Hapag-Lloyd ihre Intervention erbitten.

Gewissen Andeutungen ist zu entnehmen, daß die diesmalige Ablehnung meiner Person nicht vom Verkehrs-Ministerium als federführender Behörde, sondern von höherer Partei-Stelle ausgeht. Diese Wahrnehmung veranlaßt mich, an Sie so ausführlich zu schreiben u[nd]. Sie zu bitten, Ihren Einfluß bei der Stelle einzusetzen, deren Rat u[nd]. Ansicht nach meinen Beobachtungen in wirtschaftlichen Fragen bei den maßgebenden Partei-Instanzen am willigsten Gehör finden, nämlich bei Herrn Fritz Thyssen. Ich kenne ihn zu wenig, um mich unmittelbar an ihn zu wenden u[nd]. möchte auch nicht den Anschein erwecken, als ob ich als persönlicher Bittsteller erschiene. Dazu bin ich zu stolz u[nd]. darum handelt es sich auch gar nicht. Es geht um viel mehr, nämlich darum, ob der DD Bank die Möglichkeit ordnungsmäßiger Verwaltung erhalten bleiben soll. Wir haben 16000 Beamte zu betreuen. Es ist unmöglich, diesen, besonders in so bewegten Zeiten als Autorität gegenüber zu treten, wenn sie wahrnehmen, daß diese Autorität Seitens der staatlichen Organe durch Deklassierung der Persönlichkeit untergraben wird. Ich überschätze mich wirklich nicht. Ich weiß aber, daß ich für die DD Bank ein Aktivum darstelle u[nd]. daß noch viel zu thun ist, um die klassische Disciplin der Disconto[-]Gesellschaft gegenüber den laxeren Methoden, wie wir sie bei der Leitung der Deutschen Bank vorgefunden haben, mit Erfolg durchzusetzen. Wir sind bemüht, den Nachwuchs für den Vorstand heranzubilden, benötigen aber hierfür Zeit u[nd]. müssen bis dahin auf dem Posten bleiben. Niemand aber kann von mir verlangen, dieser Pflicht zu genügen, wenn ihre Erfüllung für mich mit Demütigungen verbunden ist.

Und noch eins! Ich lehne ab, mich mit dem Judentum als solchem in einen Topf werfen zu lassen. Wenn Herr Thyssen meine Veröffentlichungen kennt, die er meines Wissens regelmäßig erhalten hat, so weiß er, daß ich für das von Herrn Hitler[1465] in so großartiger [Weise] verwirklichte Ziel der nationalen Erhebung seit Jahrzehnten in Wort u[nd]. Schrift ohne Rücksicht auf den Tadel oder Beifall der Machthaber u[nd]. der Menge eingetreten bin u[nd]. der einzige Bankier war, der, leider vergeblich, neue Wege für die Erhaltung der deutschen Landwirtschaft u[nd]. den Wiederaufbau des deutschen Bauerntums gezeigt hat.

Ich bin diese Selbstverteidigung auch meiner Frau u[nd]. deren Familie Aselmeyer schuldig, die ebenso, wie die meinige, Deutschland seit Jahrhunderten gedient u[nd]. die überdies als Auslandsdeutsche all' ihr Hab u[nd]. Gut u[nd]. das Leben des einzigen Sohnes dem Vaterland geopfert hat[1466].

Wenn das alles nicht mehr gilt u[nd]. die eigene u[nd]. die Arbeit von Generatio-

---

1465 Gemeint ist Adolf Hitler.   1466 Die aus Bremen stammende Familie Aselmeyer

nen nicht davor schützt, fortdauernd gequält u[nd]. gedemütigt zu werden, dann bleibt nichts übrig, als die Konsequenzen dieser Thatsache zu ziehen.
Ich mache mir Vorwürfe, Sie mit dieser langen Epistel zu behelligen u[nd]. Ihnen sogar zuzumuthen, ihren Inhalt mit Herrn Fritz Thyssen zu dem Zweck zu erörtern, um seine Intervention herbeizuführen u[nd]. damit den Fall Hapag-Lloyd u[nd]. etwaige weitere Vorkommnisse dieser Art zu regeln. Sie selbst sind aber so eng[1467] mit dem Aufbau der Disconto[-]Gesellschaft, die doch das Lebenswerk auch meiner Familie u[nd]. mein eigenes seit nunmehr 70 Jahren[1468] in sich schließt, so eng für alle Zeit verknüpft, daß ich wage, an Ihre Hilfe zu appelliren und Sie als den einzig Überlebenden aus der Generation der Gründer der Bank zu bitten, Ihre Stimme zu erheben.
Die Grundsätze der Disconto[-]Gesellschaft enthalten Ihr u[nd]. unser stets unerschütterlich gebliebenes wirtschaftliches Glaubensbekenntnis. Stehen Sie uns bei, daß wir diese Grundsätze in der DD Bank verankern können. Wir können dies aber nur dann erreichen, wenn man uns in Ruhe arbeiten läßt u[nd]. uns nicht verwehrt, selbst zu bestimmen, wie die einzelnen, von uns wahrzunehmenden Posten besetzt werden sollen.
Die Angelegenheit eilt, weil die Generalversammlungen von Hapag u[nd]. Lloyd, wie gesagt, bereits am 26. Juli statt finden u[nd]. vorher alles geregelt sein muß. Telegraphische Antwort wäre daher erwünscht.
Ich danke Ihnen im Voraus, zugleich Namens meiner Kollegen, für alles, was Sie zu thun für richtig halten.
Meine Frau u[nd]. ich bitten um angelegentlichste Empfehlung an Ihre verehrte Gattin. Wir beide drücken Ihnen in Treue mit deutschem Gruße die Hand.
Der Ihrige
Georg Solmssen

Herrn
Geheimrath
Emil Kirdorf
Streithof
Mühlheim [!] (Ruhr)

---

war spätestens seit Beginn des 19. Jahrhunderts in Neapel ansässig, wo sie eines der ersten Handelshäuser unterhielt. Im April 1915, kurz vor dem Kriegseintritt Italiens auf Seiten der Entente, verließen die Aselmeyers Italien fluchtartig. Friedrich, genannt Fritz, Aselmeyer, einziger Sohn von Solmssens Schwiegervater Karl Aselmeyer, fiel als deutscher Kriegsteilnehmer an der russischen Front 1917. Siehe Peter Hertner, Ausländisches Kapital und Unterentwicklung:

Die deutschen Investitionen in Süditalien, 1883–1914, in: Annali dell'Istituto italo-germanico in Trento / Jahrbuch des italienisch-deutschen Instituts in Trient, IV 1978, S. 118; Daniela Luigia Caglioti, Vite Parallele. Una minoranza protestante nell'Italia dell'Ottocento, Bologna 2006, S. 48.

1467 Handschriftlich von Solmssen durchgestrichen.
1468 Solmssens Vater Adolph Salomonsohn war 1863 in die Disconto-Gesellschaft eingetreten.

Georg Solmssen an Gustaf Schlieper, 20.07.1933[1469]

20. Juli 1933.

Lieber Herr Schlieper,
Anschließend an meinen gestrigen Brief[1470] an Sie wegen Hapag-Lloyd[1471] habe ich an Herrn Geheimrath Kirdorf[1472] geschrieben und ihn gebeten, via Fritz Thyssen dahin zu wirken, daß uns in diesem und ähnlichen Fällen keine Schwierigkeiten bei der fachlichen Besetzung der von uns wahrzunehmenden Stellen bereitet werden[1473]. Ich habe meine Darlegungen auf die Basis gestellt, daß es zur Erschütterung der Autorität gegenüber der Beamtenschaft führen müsse, wenn diese wahrnimmt, daß von behördlicher Seite bewußt unsachliche Unterschiede zwischen den Mitgliedern des Vorstands gemacht werden. Ob Herr Kirdorf etwas unternehmen kann und will muß abgewartet werden.
Sollten wir nicht zum Ziele gelangen, so kommt m[eines]. E[rachtens]. für die Besetzung des Postens nur Herr Bechtolf[1474] in Betracht. Er kennt die Materie genau und kann ohne Vorbereitung einspringen, hat die erforderliche Personal- u[nd]. Lokal-Kenntnis und verfügt über ausreichende Festigkeit. Die Wahrnehmung des Postens durch ihn hebt die Stellung der Filiale[1475] u[nd]. wir machen dadurch den Anfang, Herrn Bechtolf als eventuellen künftigen Nachwuchs-Kandidaten herauszuheben. Ob die andern Banken Direktoren der Centrale designieren ist bei den Qualitäten des Herrn Bechtolf gleichgültig. Unser Vorgehen würde als Beweis für unsere zielbewußte Dezentralisation dienen.
Für mich selbst ist es keineswegs gleichgültig, wer an meiner Statt designiert wird. Wird ein anderer Kollege präsentiert, so tritt für mich eine außerordentlich peinliche Lage ein, deren Konsequenzen nicht übersehbar sind. Ich bitte dringend, es hierzu nicht kommen zu lassen.[1476]
Mit freundschaftlichen Grüßen
der Ihrige
[gez.] Solmssen.

1469 Briefpapier «Hotel Waldhaus / Sils-Maria, Engadine», 1 Blatt in der Mitte gefalzt, 4 Seiten eigenhändig beschrieben, handschriftlicher Datumsvermerk «22/7 [1933]», Paraphe von Gustaf Schlieper, in: HADB, B200, Nr. 67.
1470 Dieser Brief ist nicht überliefert.
1471 Gemeint ist die Neubesetzung der Aufsichtsräte von HAPAG und des Norddeutschen Lloyd.
1472 Gemeint ist Emil Kirdorf.
1473 Solmssen an Kirdorf 20.7.1933, in: HADB, B200, Nr. 67; hier abgedruckt.
1474 Gemeint ist Erich Bechtolf.
1475 Gemeint ist die Deutsche Bank und Disconto-Gesellschaft Filiale Hamburg.
1476 Handschriftliche Hervorhebung vermutlich von Schlieper am rechten Seitenrand.

Georg Solmssen an Gustaf Schlieper, 22.07.1933[1477]

22. Juli 1933.

Lieber Herr Schlieper,
Bezugnehmend auf unser heutiges Telephongespräch, sende ich Ihnen beiliegend das Konzept meines bereits erwähnten Briefes[1478] an Herrn Geheimrath Kirdorf[1479]. Dieser telephonierte mir, daß er den Brief originaliter an seinen heute Abend zurückkehrenden Nachbar, Herrn Fritz Thyssen, weiter gegeben u[nd]. den Inhalt des Briefes voll indossiert habe. Er werde außerdem versuchen, telegraphisch auf Herrn Hitler[1480] selbst einzuwirken. (Ich bitte Sie, meinen Brief an Herrn Kirdorf abschreiben u[nd]. vervielfältigen u[nd]. ein Exemplar der Abschrift Herrn Dr. Schacht[1481] in meinem Namen zugehen zu lassen. Auch Herrn M[inisterial]. D[irektor]. Ernst[1482] bitte ich ein Exemplar zu senden[1483] u[nd]. mir _zwei_[1484] zuzustellen[1485].)
Ihr heutiges Telegramm habe ich erhalten u[nd]. ihm dankend entnommen, daß entsprechend meinem Vorschlage Herr Bechtolf[1486] an erster Stelle präsentiert wird. Exz[ellenz] Graf Roedern[1487] habe ich telephonisch gebeten, diese Regelung als die sachlich richtigste u[nd]. mich am wenigsten verletzende mit allem Nachdruck zu unterstützen.
Mit freundschaftlichen Grüßen
Der Ihrige
[gez.] Solmssen.

1477 Briefpapier «Hotel Waldhaus / Sils-Maria, Engadine», 1 Blatt in der Mitte gefalzt, 3 Seiten eigenhändig beschrieben, Paraphe von Gustaf Schlieper, handschriftlicher Datumsvermerk «25/7 [1933]» und Umlaufstempel «Vorstand» mit Paraphe von Eduard Mosler, in: HADB, B200, Nr. 67.
1478 Solmssen an Kirdorf 20.7.1933, in: HADB, B200, Nr. 67; hier abgedruckt.
1479 Gemeint ist Emil Kirdorf.
1480 Gemeint ist Adolf Hitler.
1481 Gemeint ist Hjalmar Schacht. Handschriftlicher Vermerk Schliepers: «ist in London».
1482 Gemeint ist Friedrich Ernst.
1483 Handschriftlicher Vermerk Schliepers: «erl[edigt].».
1484 Handschriftlich von Solmssen unterstrichen.
1485 Handschriftlicher Vermerk Schliepers: «erl[edigt].». Klammern vermutlich von Schlieper handschriftlich eingefügt.
1486 Gemeint ist Erich Bechtolf.
1487 Gemeint ist Siegfried Graf von Roedern.

Georg Solmssen an Johannes Kiehl, 23.07.1933[1488]

23. Juli 1933.

Sehr geehrter Herr Dr. Kiehl,
Ich danke Ihnen bestens für Ihre freundlichen Zeilen vom 20. d[es]. M[onat]s[1489] und die Übersendung des Briefes des Herrn Wentzel[1490], dem ich von hier aus geantwortet habe,[1491] daß ich seinem Wunsche entsprechen werde. Die Gußglas-Leute haben es sich selbst zuzuschreiben, wenn Sie nur durch staatlichen Zwang unter einen Hut zu bringen sind.[1492] Diese Regelung wird aber wohl das Ende vom Liede sein.
Die hohe Bergluft hat wieder ihre Schuldigkeit gethan und ich beginne, mich zu erholen. Das Wetter ist uns günstig, und so hoffe ich auf vollen Erfolg der mir verordneten Kur.
Mit verbindlichen Grüßen
Ihr sehr ergebener
[Solmssen]

Fritz Thyssen an Emil Kirdorf, 23.07.1933, mit Weiterleitung Emil Kirdorfs an Georg Solmssen, 24.07.1933[1493]

23.7.[19]33.

Sehr geehrter Herr Kirdorf!
Es thut mir wirklich leid auch dies mal einen ablehnenden Bescheid aus folgendem Grund an geben zu müssen und zwar
1) Auf Wunsch von Herrn Salomonsohn[1494] ohne m[ein]. Zuthun trat ich in den Aufsichtsrat der Deutschen Hypothekenbank ein, sobald Herr Solmssen Vorsitzender wurde, ist mir der Austritt nahegelegt worden

---

1488 Briefpapier «Hotel Waldhaus / Sils-Maria, Engadine», 2 Blätter, 2 Vorderseiten eigenhändig beschrieben, beide Blätter zweifach gelocht, auf der zweiten Seite wurde die Unterschrift abgeschnitten, handschriftlicher Datumsvermerk «31./7.[19]33», Paraphe von Johannes Kiehl, in: HADB, S4395.
1489 Kiehl an Solmssen 20.7.1933, in: HADB, S4395; hier abgedruckt.
1490 Gemeint ist Leo Wentzel. Handschriftlich wahrscheinlich von Kiehl unterstrichen.
1491 Dieser Brief Solmssens an Wentzel ist nicht überliefert.
1492 Gemeint ist die Bildung eines Gussglas-Syndikats.
1493 Briefpapier «HAUS THYSSEN / MÜLHEIM-RUHR-SPELDORF», 1 Blatt in der Mitte gefalzt, 2 Seiten von Fritz Thyssen eigenhändig beschrieben, auf der zweiten Seite handschriftlicher Nachsatz von Emil Kirdorf, handschriftliche Vermerke Solmssens «H[errn] Dr. Kimmich zur Kenntnis» und «Herrn Dr. Abshagen / ich bitte, diesen Brief zu sekretieren u[nd]. mir nach meiner Rückkehr wieder vorzulegen.», Paraphen von Gustaf Schlieper, Eduard Mosler und Karl Kimmich, in: HADB, B200, Nr. 67.
1494 Gemeint ist Arthur Salomonsohn.

2) unter Führung des Herrn Solmssen wollten die Banken *und zwar dieselben; die im Grubenvorstand sitzend, das Unglück verschuldeten*[1495] die Gewerkschaft Ewald nach ihrer Idee, die man zur Genüge kennt, sanieren.
Ich suchte zu intervenieren: Erfolg: kurze Ablehnung wieder durch Herrn Solmssen.
Die Zeiten ändern sich zuweilen, Gott sei Dank, daß ich aber für Herrn S[olmssen]. eintreten soll, daß [!] ist etwas viel von ihm verlangt.
Mit ergebenen und aufrichtigen Grüßen
Stets Ihr
[gez.] Fritz Thyssen

K[urzer]. H[and]. Herrn Dr. Solmssen mit meinem lebhaften Bedauern zur Kenntniß.
Ich habe mich an Hitler[1496] direkt für Sie gewandt, allerdings ohne Hoffnung, da ich bisher auf meine Briefe nie mehr Antwort bekam.
Freundschaftlichst, herzliche Grüße von
Haus zu Haus
Ihr ergebener
[gez.] Kirdorf
24.7.[19]33

Gustaf Schlieper an Friedrich Ernst, 25.07.1933[1497]

[Käthe] L[uch]m[ann]   25. Juli 1933

Sehr geehrter Herr Ministerialdirektor!
Mein zur Zeit in Urlaub befindlicher Kollege Dr. Solmssen hat mich gebeten, Ihnen zur persönlichen Kenntnisnahme beiliegende Abschrift seines Briefes an Herrn Geheimrat Emil Kirdorf vom 20. d[es]. M[onats].[1498] zu übermitteln.
Mit den besten Empfehlungen
Ihr sehr ergebener
[gez.] Schlieper.

1495 Von Fritz Thyssen handschriftlich eingefügt.
1496 Gemeint ist Adolf Hitler.
1497 Briefpapier «BERLIN W 8 / MAUERSTR. 35/ 39», 1 Blatt, Vorderseite maschinenschriftlich beschrieben, handschriftlicher Nachsatz von Gustaf Schlieper, mit Eingangsstempel «R[eichs]. K[ommissar für das]. B[ankgewerbe]. 26. Jul[i]. 1933», in: HADB, B200, Nr. 67.
1498 Solmssen an Kirdorf 20.7.1933, in: HADB, B200, Nr. 67; hier abgedruckt.

Herrn Ministerialdirektor Dr. Ernst
Reichskommissar für das Bankgewerbe
Berlin W.8
Jägerstrasse 21

*Ich habe mir diesen Brief im Einverständnis mit Herrn Solmssen heute von Herrn Ernst originaliter zurückgeben lassen. Er hatte den Brief in einer verschlossenen Mappe und nicht in den Geschäftsgang gegeben, sodaß ihn außer H[errn] Ernst Niemand gesehen hatte.
27/7[1933] Sch[lieper]*

Gustaf Schlieper an Georg Solmssen, 25.07.1933[1499]

[Käthe] L[uch]m[ann]   25. Juli 1933

Lieber Herr Solmssen!
Im Besitz Ihrer gefälligen Zeilen vom 22. d[es]. M[onats].,[1500] sende ich Ihnen zunächst beiliegend zwei Abschriften Ihres Briefes vom 20. d[es]. M[onats]. an Geheimrat Kirdorf[1501] und habe einstweilen ein weiteres Exemplar an Herrn Ernst[1502] gesandt. Herr Dr. Schacht[1503] ist zur Zeit in London.
Im übrigen beziehe ich mich auf beiliegende zwei Depeschen[1504] von heute und bin mit den herzlichsten Wünschen und Grüßen
stets Ihr
[gez.] Sch[lieper]

Herrn Dr. Georg Solmssen
Hotel Waldhaus
Sils Maria (Engadin)

[1499] Durchschlag, 1 Blatt, Vorderseite maschinenschriftlich beschrieben, in: HADB, B200, Nr. 67.
[1500] Solmssen an Schlieper 22.7.1933, in: HADB, B200, Nr. 67; hier abgedruckt.
[1501] Gemeint ist Emil Kirdorf. Solmssen an Kirdorf 20.7.1933, in: HADB, B200, Nr. 67; hier abgedruckt.
[1502] Gemeint ist Friedrich Ernst.
[1503] Gemeint ist Hjalmar Schacht.
[1504] Diese Depeschen sind nicht überliefert.

Georg Solmssen an Fritz Hartmann, 26.07.1933[1505]

26. Juli 1933.

Sehr geehrter Herr Geheimrath.

Ich bestätige den Empfang Ihres Briefes vom 22. d[es]. M[ona]ts.,[1506] in dessen Ergänzung die Mitteilung des Herrn Dr. Benz[1507] einlief, es beständen keine Bedenken, die Angelegenheit der Vertrags-Regelung[1508] bis nach meiner Rückkehr zu verschieben. Es wäre mir sehr erwünscht, wenn dieses geschehen könnte, weil mir die Erledigung jedes Schreibwerks hier sehr erschwert ist und ich meinen dringend benötigten Urlaub nicht noch mehr, als solches bereits täglich geschieht, mit dienstlicher Arbeit belasten möchte. Die sachliche Einigung herbeizuführen, wird ja keine Schwierigkeiten bereiten.

Wie ich erst jetzt erfahre, hat es Herr Fritz Thyssen, übrigens ebenso wie seiner Zeit die Herren Cuno[1509] und Fürst Bismarck[1510] sehr übel genommen, daß er aus dem Aufsichtsrath von Centralboden[1511] austreten musste, bzw. beim Rücktritt des Gesamt-Aufsichtsraths nicht wiedergewählt wurde.[1512] Er nimmt anscheinend an, daß ich der Initiator dieser Aktion gewesen sei. Mir war dieselbe höchst unsympathisch und ich sah mich in der Zwangslage, daß der Vorstand die Neu-Zusammensetzung des Aufsichtsraths aus sachlich durchaus berechtigten Gründen forderte und mit Rücksicht auf die Begrenzung der Höchstzahl der Aufsichtsräte das Ausscheiden derjenigen Herren für erforderlich erklärte, welche weder für den Absatz von Pfandbriefen, noch für die Behandlung der Fragen des Immobiliar-Kraches der Bank zur Seite zu stehen in der Lage waren.

Das ist meine Erinnerung an den Hergang. Es fehlt mir aber die Akten-Kenntnis, welche mir ermöglicht, Herrn Thyssen darüber aufzuklären, daß ich weder das fragliche Vorgehen veranlaßt habe, noch im Stande war, es zu verhindern. Darf ich Sie bitten, mir zu schreiben, wie die fragliche Angelegenheit sich abgespielt hat u[nd]. Ihrem Briefe eine Kopie desselben beizulegen, die ich eventuell an Herrn Thyssen weitergeben kann? Mit bestem Dank im Voraus u[nd]. freundlichen Grüßen

Ihr sehr ergebener
[gez.] Solmssen.

1505 Briefpapier «HOTEL WALDHAUS / SILS-MARIA, ENGADINE», 1 Blatt in der Mitte gefalzt, 4 Seiten eigenhändig beschrieben, handschriftliche Vermerke «1) Beantwortet l[au]t. Anlage / 2) z[u]. d[en]. A[kten]. F[ritz]. Hartmann», in: HADB, K5/3224, Bl. 78.
1506 Dieser Brief Hartmanns an Solmssen ist nicht überliefert.
1507 Gemeint ist Ottomar Benz, die erwähnte Mitteilung ist nicht überliefert.
1508 Gemeint ist die Regelung der Verträge des Vorstands der Deutschen Centralbodenkredit-AG.
1509 Gemeint ist Wilhelm Cuno.
1510 Gemeint ist Otto Fürst von Bismarck.
1511 Gemeint ist die Deutsche Centralbodenkredit AG.
1512 Gemeint ist die Verkleinerung des Aufsichtsrats der Deutschen Centralbodenkredit AG im Jahr 1932 aufgrund der Notverordnung 19.9.1931.

Gustaf Schlieper an Georg Solmssen, 27.07.1933[1513]

bezugnehmend gestriges Telefongespräch mache nochmals aufmerksam dass Blinzig[1514] Sache sehr ernst nimmt weil es sich hier nicht mehr um interne Angelegenheit handelt sondern Brief durch Kirdorf[1515] zur Kenntnis von Dritten[1516] gebracht ist stop anrate daher beabsichtigten neuen Brief an Kirdorf sehr deutlich zu fassen und mir Kopie zu schicken stop um hier Sache beizulegen wird es notwendig sein dass Kirdorf auch Thyssen[1517] informiert und Brief von Thyssen zurückverlangt was meines Erachtens auch insofern motivierbar weil Anlass zu dem Brief durch Wahl Bechtolfs[1518] inzwischen erledigt stop habe mir von Ernst[1519] den Brief originaliter zurückgeben lassen Gruss
Schlieper

Dr[.] Georg Solmssen
Hotel Waldhaus
Silsmaria Engadin

Georg Solmssen an Gustaf Schlieper, 27.07.1933[1520]

Persönlich!

27. Juli 1933.

Lieber Herr Schlieper,
Ich verstehe die Aufregung des Herrn Blinzig[1521] nicht. Ich habe den Brief an Herrn Kirdorf[1522] nochmals aufmerksam durchgelesen u[nd]. kann beim besten Willen in dem Ausdruck «laxere Methoden» keinen Angriff erblicken. Der Ausdruck ist doch, gemessen an dem was wir seit Jahr u[nd]. Tag an schlimmsten Verfehlungen haben über uns ergehen lassen müssen u[nd]. auszubaden hatten, weil immer wieder vertuscht werden sollte, völlig harmlos. Thatsächlich haben Herren wie Kirdorf, G. v. Langen[1523], Lammers[1524] u[nd]. viele Andere sich in den härtesten Ausdrücken darüber geäußert, daß sie einer Verwaltung angehörten, die ihnen Jahr für Jahr derartige unliebsame Überraschungen auftische.

1513 «Telegramm-Durchschlag für die Abteilung / bzw. Registratur», 1 Blatt, Vorderseite maschinenschriftlich beschrieben, handschriftlich datiert «27.7.[19]33», ohne eigenhändige Unterschrift, in: HADB, B200, Nr. 67.
1514 Gemeint ist Alfred Blinzig.
1515 Gemeint ist Emil Kirdorf.
1516 Gemeint ist Fritz Thyssen.
1517 Gemeint ist Fritz Thyssen.
1518 Gemeint ist Erich Bechtolf.
1519 Gemeint ist Friedrich Ernst.

1520 Briefpapier «HOTEL WALDHAUS / SILSMARIA, ENGADINE», 1 Blatt in der Mitte gefalzt, 4 Seiten eigenhändig beschrieben, in: HADB, B200, Nr. 67.
1521 Gemeint ist Alfred Blinzig.
1522 Gemeint ist Emil Kirdorf; Solmssen an Kirdorf 20.7.1933, in: HADB, B200, Nr. 67; hier abgedruckt.
1523 Gemeint ist Gottlieb von Langen.
1524 Gemeint ist Clemens Lammers.

Middendorf[1525] hat nach dem letzten Vortrage des Herrn Wassermann[1526] sich geweigert, an den gemeinsamen Ehren theil zu nehmen, weil ihn die Tonart anwidere, in der über diese Verfehlungen berichtet wurde. Also worauf gründet sich diese plötzliche Zimperlichkeit? Sie ist das Falscheste, was die Herren der Deutschen Bank proklamieren können. Je nachdrücklicher sie selbst bekennen, daß hier Systemfehler vorliegen, desto eher wird das Renommee der Bank wieder hergestellt werden, das jetzt in weiten Kreisen stark lädiert ist.

Daß Herr Kirdorf den Brief an Herrn Thyssen[1527] weiter geben würde, konnte ich nicht voraussehen. Ich habe ihm nunmehr entsprechend geschrieben. Abschrift des Briefes liegt bei.[1528]

Ebenso lege ich das Original des Thyssen'schen Briefes an Herrn Kirdorf bei.[1529] Ich werde, falls letzterer keine Bedenken hat, darauf nach meiner Rückkehr antworten. Herr Thyssen irrt, wenn er annimmt, sein Aufsichtsrats-Mandat bei Centralboden sei auf meine Veranlaßung in Fortfall gekommen. Ebenso schief ist seine Darstellung der Angelegenheit Ewald[1530].

Herrn Blinzig habe ich auch noch geschrieben[1531], um sein erregtes Gemüth zu besänftigen. Diese Erregung zeigt mir, daß wir all' dem gegenüber, was man uns seit der Fusion zu ertragen zugemutet hat, viel zu liebenswürdig gewesen sind. Was für Töne hätten die Herren angeschlagen, wenn die Dinge umgekehrt gelegen hätten! Aber ich will mich nicht weiter ärgern. Das ist keine Urlaubsbeschäftigung. Ihnen selbst danke ich nochmals herzlichst für alle Mühe, der Sie sich unterzogen haben.

Freundschaftlichst
der Ihrige
[gez.] Solmssen.

Georg Solmssen an Emil Kirdorf, 27.07.1933[1532]

Sils Maria 27. Juli 1933.

Lieber u[nd]. verehrter Herr Geheimrat.

Haben Sie herzlichen Dank für Ihre freundliche u[nd]. nachdrückliche Bemühung in Sachen Hapag u[nd]. Lloyd[1533]. Wie Sie inzwischen aus den Zeitungen ersehen

---

1525 Gemeint ist Ernst Middendorf.
1526 Gemeint ist Oscar Wassermann.
1527 Gemeint ist Fritz Thyssen.
1528 Solmssen an Kirdorf 27.7.1933, in: HADB, B200, Nr. 67; hier abgedruckt.
1529 Thyssen an Kirdorf 23.7.1933, in: HADB, B200, Nr. 67; hier abgedruckt.
1530 Gemeint ist die Gewerkschaft Ewald.
1531 Brief Solmssens an Blinzig vom 27.7.1933 ist nicht überliefert.

1532 Abschrift, 2 Blätter, 3 Seiten handschriftlich beschrieben vermutlich von Etta Solmssen, Paraphe von Gustaf Schlieper, nicht eigenhändig gezeichnet, in: HADB, B200, Nr. 67.
1533 Gemeint ist Solmssens Berücksichtigung bei der Neubesetzung der Aufsichtsräte von HAPAG und des Norddeutschen Lloyd.

haben werden, ist es bei der Anordnung geblieben, daß ich als Nichtarier nicht weiter in den Aufsichtsrat beider Gesellschaften gewählt werden dürfe. Meine Kollegen haben sich bis zuletzt bemüht, meine Wiederwahl herbeizuführen. Da sich diese als unmöglich erwies, ist entsprechend meinem Vorschlage einer meiner Mitarbeiter in den Schiffahrtsangelegenheiten der Direktor unserer Hamburger Filiale Hamburg [!][1534] an meiner Stelle präsentiert u[nd]. Dank dem Entgegenkommen der Berliner Stellen u[nd]. der Hansestädte acceptiert worden.

Der Inhalt des Briefes des Herrn Fritz Thyssen[1535] hat mich sehr überrascht. Es handelte sich doch nicht darum, für mich einen persönlichen Vorteil zu erlangen, sondern zu verhindern, daß meiner Bank auf Grund politischer Erwägungen Schwierigkeiten bereitet wurden, das nach ihrer u[nd]. der Ansicht der beteiligten Fachkreise Richtige zu thun u[nd]. jetzt keinen Personenwechsel in der Aufsichtsrats-Vertretung eintreten zu lassen.

Herr Thyssen begründet seine Ablehnung einer Intervention mit geschäftlichen Gegensätzen, die sich zwischen uns aufgethan hätten. Er geht sowohl im Falle Centralboden, wie Ewald[1536] von misverständlichen [!] Annahmen aus, sie aufzuklären ich mir angelegen sein lassen werde, sobald ich nach Berlin zurückgekehrt bin. Ich nehme an, daß kein Bedenken besteht, daß ich als dann auf den Inhalt des Briefes des Herrn Thyssen, soweit er die erwähnten geschäftlichen Divergenzen betrifft unmittelbar eingehe u[nd]. glaube bestimmt, Herrn Thyssen von der Unbegründetheit seiner Vorwürfe überzeugen zu können.

Nun habe ich noch eine Bitte. Ich habe mich, entsprechend Ihrer Zugehörigkeit zum Verwaltungskörper unserer Bank in meinem Briefe an Sie sehr offen über deren Interna geäußert, ohne darmit [!] zu rechnen, daß dieser Brief originaliter an Herrn Thyssen weitergegeben werden würde. Nachdem dieses in bester Absicht geschehen ist, wäre ich Ihnen dankbar, wenn Sie sich meinen Brief von Herrn Thyssen zurückgeben ließen, damit keine Misdeutungen [!] entstehen. Sie werden Herrn Thyssen gegenüber die Bitte um Rückgabe ja unschwer mit dem Hinweis begründen können, daß die Angelegenheit, durch das Ergebnis der Generalversammlungen von Hapag u[nd]. Lloyd am 26. d[es]. M[onats]. erledigt worden sei u[nd]. sie Ihr Material wieder beisammen haben möchten. Daß bei Ihnen die Erörterung unserer Interna sekretiert ist, weiß ich.

Und nun lassen Sie sich nochmals die Hand drücken für Ihr auch bei diesem Anlaß bekundetes manhaftes [!] Eintreten für das, was Sie für wahr u[nd]. richtig halten. Ich wünsche von Herzen, daß Ihre Stimme an den entscheidenden Stellen Gehör finde, damit es gelingt, die nationale Bewegung, die wir so lange ersehnt haben, von Übertreibungen frei zu halten, die ihr auf die Dauer schädlich werden müssen.

1534 Gemeint ist Erich Bechtolf, Direktor der Deutsche Bank und Disconto-Gesellschaft Filiale Hamburg.

1535 Thyssen an Kirdorf 23.7.1933, in: HADB, B200, Nr. 67; hier abgedruckt.

1536 Gemeint ist die Gewerkschaft Ewald.

Ihrer Frau Gemahlin danken meine Frau u[nd]. ich vielmals für Ihren freundlichen Gruß u[nd]. die wohlgelungene Photographie. Wir bitten ihr bestens empfohlen zu werden.
In steter Verehrung
der Ihrige
G[eorg]. S[olmssen].

Alfred Blinzig an Georg Solmssen, 31.07.1933[1537]

Berlin, 31. Juli 1933.

Lieber Herr Dr. Solmssen!
Ich danke Ihnen vielmals für Ihr ausführliches Schreiben vom 27. Juli[1538], das mich heute erreicht hat, und habe gern daraus ersehen, dass Sie Herrn Kirdorf[1539] gebeten haben, das bewusste Schreiben[1540] von Herrn Thyssen[1541] zurückzuverlangen. Von Herrn Schlieper[1542] habe ich gehört, dass er von Herrn Ernst[1543] das Schreiben sich hat bereits zurückgeben lassen, und dass Herrn Schacht[1544], der verreist war, der Brief nicht zugegangen ist. Da wir wohl annehmen können, dass sowohl Kirdorf wie Ernst die Discretion wahren, so können wir dann hoffen, dass keine weiteren Unannehmlichkeiten entstehen, wenn auch Thyssen Dritten gegenüber von Ihrer Einstellung gegenüber der alten Deutschen Bank, wie er sie mit Recht oder Unrecht aus Ihrem Brief lesen könnte, nicht spricht. Geschieht es aber doch, und kommen die Aeusserungen Ihres Briefes zur Kenntnis etwa von Filialdirektoren oder anderen alten Mitarbeitern aus dem Kreis der früheren Deutschen Bank, so ist eine grosse Erregung unter diesen Herren unausbleiblich. Wie Ihre Worte wirken, und zwar nicht nur auf mich, habe ich an dem Eindruck gesehen, den sie auf die Herren Wintermantel[1545] und DR. [!] Abshagen[1546], bis zu denen der Brief im Zirkulationsweg gekommen ist, gemacht haben. Herr Schlieper hat inzwischen, im Einverständnis mit mir, den Brief aus der Zirkulation zurückgenommen, um nicht noch weitere Erregung hervorzurufen, woran niemand ein Interesse haben kann. Den Herren Wintermantel und Dr. Abshagen habe ich beruhigend zugesprochen, und so können wir hoffen, dass die Sache nach Ihrer Rückkehr zwischen uns in Ruhe besprochen werden kann, wenn sie nur nicht von aussen aufgerührt wird, was wir leider nicht mehr in der Hand haben.

1537 Durchschlag, 2 Blätter, 2 Vorderseiten maschinenschriftlich beschrieben, zweite Seite nummeriert, handschriftliche Vermerke «Herrn Schlieper» und «Abdruck», Paraphe von Gustaf Schlieper, in: HADB, B200, Nr. 67.
1538 Brief Solmssens an Blinzig vom 27.7.1933 ist nicht überliefert.
1539 Gemeint ist Emil Kirdorf.
1540 Solmssen an Kirdorf 20.7.1933, in: HADB, B200, Nr. 67; hier abgedruckt.
1541 Gemeint ist Fritz Thyssen.
1542 Gemeint ist Gustaf Schlieper.
1543 Gemeint ist Friedrich Ernst.
1544 Gemeint ist Hjalmar Schacht.
1545 Gemeint ist Fritz Wintermantel.
1546 Gemeint ist Otto Abshagen.

Was mich an Ihrem Schreiben am allermeisten bedrückt, – ich reite nicht auf einzelnen Worten herum –, das ist zu sehen, wie hier, 4 Jahre nach der Fusion[1547], noch das eine gegen das andere Institut ausgespielt wird. Wo soll das hinführen, wenn sich die andere Seite zu entsprechenden Repliquen hinreissen liesse, was doch eventuell gar nicht ausbleiben kann! Schon mehrmals ist mir bei alten Deutsche Bank Leuten die Empfindung einer nicht ganz objektiven Einstellung ihnen gegenüber seitens des einen oder anderen der von der Disco[nto-Gesellschaft] gekommenen Herren begegnet. Wo das aber geschehen ist, sei es hier im Haus, oder bei Filialen, so bin ich solchen Anschauungen stets mit allergrößtem Nachdruck entgegengetreten, denn nichts kann dem Institut mehr schaden, als wenn im eigenen Haus ein Hie Welf – Hie Waiblingen aufkommt. Ich möchte die gleiche Stellung künftig mit dergleichen Ueberzeugung und mit demselben Nachdruck, wie ich es bisher getan habe, vertreten können.

Ich glaube, lieber Herr Dr. Solmssen, Sie kennen meine Einstellung Ihnen gegenüber, und den Wert, den *ich*[1548] Ihrer Mitarbeit für die Bank beimesse, zu genau, um nicht zu empfinden, inwelchem [!] Sinn diese Zeilen geschrieben sind. Dass ich die seelische Bedrückung, die Ihnen diese Zeiten bringen, tief mitempfinde, wissen Sie.

Bemerken möchte ich noch, dass ich langsam und schwerfällig als Anfänger diesen Brief zu Hause auf der Schreibmaschine herunterklappere, weil ich ihn auch nicht einem Sekretär anvertrauen wollte.

Mög es Ihnen gelingen, sich von schweren Gedanken frei zu machen und die herrliche Gottesnatur, in der Sie sich dort befinden, in vollen Zügen zu geniessen!

Mit collegialem und freundschaftlichem Gruss

Der Ihrige

[gez.] Blinzig

Johannes Kiehl an Georg Solmssen, 31.07.1933[1549]

J. Kiehl   31. Juli 1933.

Sehr verehrter Herr Dr. Solmssen!

Den Empfang Ihres geehrten Schreibens vom 23. d[es]. M[ona]ts.[1550] dankend bestätigend, kann ich Ihnen berichten, dass es nach einer Mitteilung von Herrn Schrader[1551] nun doch den Anschein hat, als ob das Gussglassyndikat[1552] alsbald zu-

---

1547 Gemeint ist die Fusion der Deutschen Bank mit der Disconto-Gesellschaft.
1548 Handschriftlich von Blinzig eingefügt.
1549 Briefpapier «BERLIN W 8, DEN / MAUERSTRASSE 35–39», 1 Blatt, Vorderseite maschinenschriftlich beschrieben, zweifach gelocht, Stempel «Kop[iert].», handschriftlicher Vermerk «erl[edigt]», Paraphe von Solmssen, in: HADB, S4395.
1550 Solmssen an Kiehl 23.7.1933, in: HADB, S4395; hier abgedruckt.
1551 Gemeint ist Peter Schrader.
1552 Handschriftlich unterstrichen.

stande kommen wird. Es hat eine Sitzung im Reichswirtschaftsministerium stattgefunden, wo die Firma Heye[1553] unter mehr oder weniger sanftem Druck glatt nachgegeben haben soll. Die Aussichten werden also nunmehr optimistisch betrachtet. Ueberhaupt gewinnt man den Eindruck, als ob die erhöhte Gewalt des Staates sich in der Ueberwindung widerstrebender Einzelinteressen praktisch bewährt. So höre ich gerade von Schultheiss[1554], dass das Hefesyndikat, dessen Zustandebringen bisher ebenfalls eine Sisyphusarbeit war, in kurzem perfekt sein wird. Für Schultheiss, das über RM 10.000.000.– Aktien der Nordhefe[1555] besitzt, ein Ergebnis von erheblicher Bedeutung.

Ich freue mich, aus Ihren Zeilen entnehmen zu dürfen, dass die hohe Bergluft wieder ihre Schuldigkeit tut, und Sie mit Ihrer Erholung zufrieden sind.
Mit verbindlichen Grüßen
Ihr sehr ergebener
[gez.] Kiehl

Herrn Dr. G. Solmssen,
Sils-Maria/Engadin
Hotel Waldhaus.

Fritz Hartmann an Georg Solmssen, 01.08.1933[1556]

3/Hi   den 1. August 1933.

Sehr geehrter Herr Dr. Solmssen,
Mit verbindlichstem Dank bestätige ich den Empfang Ihres freundlichen Schreibens vom 26. v[origen]. M[ona]ts.[1557]
Ich möchte vermeiden, daß Ihr Urlaub durch die Regelung der Vertragsangelegenheit des Vorstands[1558] beeinträchtigt wird, und glaube es durchaus verantworten zu können, wenn ich Sie bitte, erst nach Ihrer Rückkehr auf die Angelegenheit zurückzukommen. Zu beachten bleibt auch noch, daß Sie vor endgültiger Vertragsvollziehung mit den Herren Brink[1559] und Dr. Unger[1560] wohl Rücksprache zu nehmen wünschen.

1553 Gemeint sind die Gerresheimer Glashüttenwerke vorm. Ferd. Heye.
1554 Gemeint ist die Schultheiss-Patzenhofer Brauerei AG.
1555 Gemeint ist die Norddeutsche Hefeindustrie AG.
1556 Durchschlag, 3 Blätter, 3 Vorderseiten maschinenschriftlich beschrieben, nummeriert ab dem dritten Blatt, auf der ersten Seite handschriftliche Vermerke «1)» und «z[u]. d[en] A[kten]. F[ritz] H[artmann]», auf der dritten Seite handschriftlicher Vermerk «2.) z[u]. 4.IV.[19]34 not.

V[erordnung].» und Stempel «Akten vorgelegt / 9.4.[19]34. / Gen[eral]. Akt[en]. Registratur», auf der Rückseite des dritten Blatts Posteinlieferungsschein 1.8.1933, in: HADB, K5/3224, Bl. 79–81.
1557 Solmssen an Hartmann 26.7.1933, in: HADB, K5/3224, Bl. 78; hier abgedruckt.
1558 Gemeint ist der Vorstand der Deutschen Centralbodenkredit-AG.
1559 Gemeint ist Eugen Brink.
1560 Gemeint ist Max Unger.

Da Sie über den Hergang anläßlich der Neubildung des Aufsichtsrats der Centralboden im Jahre 1932 auf Grund der Notverordnung vom 19.9.1931 unterrichtet zu werden wünschen, gebe ich hiermit eine knappe Darstellung der mir erinnerlichen Vorgänge:

Ende 1931 bestand der Aufsichtsrat der Centralboden aus 40[1561] Herren. Im Kreise des Vorstandes herrschte die Meinung, daß von der gesetzlichen Höchstmöglichkeit, volle 30 Herren zu belassen, nicht Gebrauch gemacht werden solle, sondern daß man auf etwa 20 Aufsichtsratsmitglieder, zuzüglich der beiden Betriebsratsvertreter auf 22, abkommen müsse. Es war der Wunsch damals maßgeblicher Aktionäre, daß hauptsächlich Herren gewählt wurden, die den Absatz von Pfandbriefen fördern konnten, oder auf den Spezialgebieten des Immobiliarkredits und der Landwirtschaft tätig waren. Aus diesem Grunde ist ein großer Teil des Aufsichtsrats mit Vertretern der Kreditbanken besetzt worden, ein anderer mit Persönlichkeiten, die dem Immobiliarwesen und der Landwirtschaft nahestehen. Bei einigen Herren kam die Wiederwahl nicht in Frage, weil sie mehr als 20 Aufsichtsratsstellen bekleideten. Beim Fürsten Otto von Bismarck schien uns seine Eigenschaft als Staatsbeamter für eine Wiederwahl hindernd, Herr Dr. Cuno[1562] war durch die Verschiedenartigkeit seiner Interessen und den Kampf um die Subventionierung seines Betriebes[1563] anderweit in Anspruch genommen.

Besondere Überlegung galt der Frage, ob Herr Dr. Fritz Thyssen gebeten werden sollte, unter allen Umständen auch dem neuen Aufsichtsrat anzugehören. An sich bestand sowohl bei den Banken der Gemeinschaftsgruppe als auch bei der Centralboden die Übung, sich der Beleihung industrieller Werke – also dem besonderen Interessenkreis von Herrn Dr. Thyssen – zu versagen. Trotzdem hatte schon die alte Preußische Centralbodenkredit-A.G. Herrn Dr. Thyssen in ihren Aufsichtsrat gewählt, und Sie erinnern sich wohl, daß Sie bei den Besprechungen den Gesichtspunkt hervorgehoben haben, daß es nützlich sei, einen Vertreter der westlichen Industrie im Aufsichtsrat der Centralboden zu wissen. Auch mir, der ich die umfassenden Kenntnisse des Herrn Dr. Thyssen in allen Dingen des Wirtschaftslebens in meiner Eigenschaft als Mitglied des Zentralausschusses der Reichsbank kennenzulernen Gelegenheit hatte, erschien die weitere Zugehörigkeit des Herrn Dr. Thyssen zu unserem Aufsichtsrat besonders wertvoll. Wir hatten jedoch Zweifel, ob Herr Dr. Thyssen seinerseits ein Interesse daran hatte, dem Aufsichtsrat der Centralboden weiterhin anzugehören, da er seit seinem Eintritt in den Aufsichtsrat der damaligen Preußischen Centralbodenkredit-A.G., d[as]. h[eißt]. seit der außerordentlichen Generalversammlung vom 29.11.1926 bis zur Aufsichtsratssitzung der Deutschen Centralbodenkredit-A.G. am 5.4.1932 nur an 6 Aufsichtsratssitzungen bei insgesamt 26 Sitzungen teilgenommen hat. (Eine Aufstellung

---

1561 Maschinenschriftlich unterstrichen.
1562 Gemeint ist Wilhelm Cuno.
1563 Gemeint ist die HAPAG.

über die Sitzungen, in denen Herr Dr. Thyssen anwesend war, füge ich bei.)[1564]
Hinzukommt, daß damals eine schriftliche Berichterstattung an den Aufsichtsrat im allgemeinen nicht üblich war, sodaß wir uns des Eindrucks nicht erwehren konnten, daß Herr Dr. Thyssen über den Werdegang unserer Gesellschaft nicht unterrichtet sein konnte.
Aus diesem Grunde baten wir Sie, an Herrn Dr. Thyssen nicht etwa wie an andere Aufsichtsratmitglieder die Bitte zu richten, sein Amt zur Verfügung zu stellen, sondern ihn anzufragen, ob er seinerseits Wert auf Zugehörigkeit zum Aufsichtsrat der Centralboden lege. Auf das abschriftlich beigefügte Schreiben vom 7.4.1932[1565] hat dann Herr Dr. Thyssen mit dem abschriftlich anliegenden Brief vom 8.4.1932[1566] an mich geantwortet, daß er keinen Wert auf das Verbleiben in unserem Aufsichtsrat lege, und betont, daß er seinerseits niemals den Wunsch geäußert habe, dem Aufsichtsrat unserer Bank anzugehören. Die August Thyssen-Hütte Gewerkschaft hat mit dem abschriftlich anliegenden Schreiben vom 15.4.1932[1567] weiterhin die Niederlegung des Mandats mit Rücksicht auf die Notverordnung vom 19.9.1931 begründet.
Hiernach ist es für uns unmöglich, Herrn Dr. Thyssen erneut zu bitten, die Beziehungen zwischen ihm und unserer Bank nicht abreißen zu lassen. Seine Wiederwahl ist demgemäß 1932 auch nicht erfolgt.
Daß diese Niederlegung des Mandats für uns als Bank ein großer Schaden ist, liegt auf der Hand. Ein so bedeutender moderner Wirtschaftler wie Herr Dr. Thyssen würde uns auch außerhalb des eigentlichen Aufgabenkreises unserer Bank wertvollste Dienste leisten können. Durch die jetzt gesetzlich festgelegte vierteljährliche Benachrichtigung des Aufsichtsrats würde er selbst dann im lebenden Geschäft bleiben, wenn er an den Aufsichtsratssitzungen nicht teilnimmt. Es ist also außerordentlich ärgerlich, daß wir ihn verloren haben, und man sollte nichts unversucht lassen, ihn wieder für uns zu gewinnen. Wenn Sie daher die Möglichkeit haben sollten, an ihn heranzukommen, würde ich bitten – und ich weiß mich darin eins mit dem gesamten Vorstand –, ihn mit Rücksicht darauf, daß wir Wert darauf legen müßten, durch einen so hervorragenden Führer der Industrie in Westdeutschland vertreten zu sein, zu veranlassen, eine auf ihn entfallene Wahl anläßlich der <u>nächsten Generalversammlung</u>[1568] trotz seiner bisherigen Bedenken doch noch anzunehmen. Sie werden ihn gewiß überzeugen können, daß sein damaliger Entschluß si-

---

[1564] Anwesenheitsverzeichnis des Herrn Dr. jur. Fritz Thyssen, Mülheim-Ruhr, in den Generalversammlungen und Aussichtsratssitzungen der Preußischen Centralbodenkredit-AG, der Preußischen Central-Bodenkredit- und Pfandbriefbank AG und der Deutschen Centralbodenkredit-AG 1926–1932, in: HADB, K5/3224, Bl. 82 und Rückseite.

[1565] Solmssen an Thyssen 7.4.1932, in: HADB, K5/3224, Bl. 83; hier abgedruckt.

[1566] Thyssen an Hartmann 8.4.1932, in: HADB, K5/3224, Bl. 84.

[1567] August Thyssen-Hütte an Deutsche Centralbodenkredit-AG 15.4.1932, in: HADB, K5/3224, Bl. 85.

[1568] Handschriftlich unterstrichen.

cher nicht im Interesse unseres Instituts, aber vielleicht auch nicht im Interesse der deutschen Wirtschaft liegt.
Ich wünsche Ihnen weiter gute Erholung von Ihrem anstrengenden Berliner Geschäft und erwidere Ihre freundlichen Grüße ebenso herzlich als
Ihr sehr ergebener
[gez.] F[ritz]. H[artman]n 1/8 [19]33

Herrn
Dr. jur. Georg Solmssen,
z[ur].Z[ei]t. Sils-Maria / Engadin.
Hotel Waldhaus.

Georg Solmssen an Hans Ferdinand Heye, 14.08.1933[1569]

4/Z[ingle]r.   14. August 1933.

Sehr geehrter Herr Heye,
Vom Urlaub zurückgekehrt, habe ich Ihre freundlichen Zeilen vom 10. Juli[1570] erhalten und bin Ihnen für Ihre Mitteilungen wegen der schwebenden Verhandlungen zwecks Herbeiführung einer Verständigung innerhalb der Gussglasindustrie sehr verbunden.
Ich nehme an, dass sich das Bild inzwischen dadurch geändert hat, dass von Regierungsseite Einfluss auf diese Verhandlungen genommen worden ist. Jedenfalls wäre es sehr zu begrüssen, wenn dieselben zu einer Verständigung führen sollten. Ich selbst wäre Ihnen dankbar, wenn Sie mir über den Verlauf der Verhandlungen Mitteilung zukommen liessen. Ich stehe Ihnen selbstverständlich mit meinem Rat für die von Ihnen zu treffende Entschliessung gern zur Verfügung, kann denselben aber nicht gut erteilen, ohne zu übersehen, welche Faktoren in die Rechnung einzustellen sind.
Was die Frage betrifft, ob es empfehlenswert sei, für den Fall, dass die Verständigung über die Quoten jetzt auf Schwierigkeiten stösst, sich den Zukauf von Quoten offen zu halten, so würde ich generell unbedingt der Ansicht sein, dass das Bestehen eines Syndikats erheblich vorteilhafter ist als der Kampf aller gegen alle, und man deshalb richtiger handelt, selbst wenn die Quote, die man heute erlangen kann, nicht voll befriedigend ist, sich lieber mit einer kleineren Quote zugunsten des Zustandekommens des Syndikats zu begnügen und sich den Weg für deren spä-

---

1569 Presskopie, 2 Blätter, 2 Vorderseiten maschinenschriftlich beschrieben, zweite Seite nummeriert, handschriftlicher Vermerk «H[errn] D[r.] Kiehl», Paraphen von Solmssen und Kiehl, in: HADB, S4395.

1570 Dieses Schreiben Heyes an Solmssen vom 10.7.1933 ist nicht überliefert.

tere Vergrösserung offen zu halten. Ich sollte meinen, dass die grössere Ausnutzung des Werkes sich doch auf der Unkostenseite so erheblich bemerkbar macht, dass hierin bereits ein gewisser Vorteil liegt, auch wenn die zukünftige Preisgestaltung heute noch ganz unklar ist.
Sollte Sie Ihr Weg nach Berlin führen, so würde ich mich sehr freuen, Sie zu sehen.
Mit verbindlichen Grüssen
Ihr sehr ergebener
[gez.] Solmssen.

Herrn Hans Ferdinand Heye
Den Haag
Parkstraat 30.

Aktenvermerk Georg Solmssens, 21.10.1933[1571]

4/Z[ingle]r.
Aktennotiz.
Kloster Maria Laach.

Herr Bindschedler[1572] sprach mich in Paris auf die Angelegenheit Kloster Maria Laach[1573] an und erklärte auf meine erstaunte Frage, was er mit derselben zu tun habe, dass diese Divergenz mehr Staub aufwirbele, als wir vielleicht ahnten. Die gesamten Benediktiner seien in Aufruhr, weil das Gerücht ausgestreut würde, dass wir durch Deckung des strafwürdigen Verhaltens des entlassenen Direktors Dr. Brüning[1574] das Kloster Maria Laach zum Erliegen brächten.
Ich habe Herrn Bindschedler kurz den juristischen Sachverhalt dargelegt und ihn gebeten, derartigen Gerüchten entgegen zu treten. Der Umstand, dass die Interessenten in dieser Weise gegen uns Stimmung machen, zeigt, wie vorsichtig unsererseits die Angelegenheit behandelt werden muss.
Berlin, den 21. Oktober 1933.
[gez.] Solmssen.

1571 Hektographie, 1 Blatt, Vorderseite maschinenschriftlich beschrieben, Umlaufstempel mit Paraphen der Vorstandsmitglieder, Stempel «Zirkuliert bei den ordentlichen Vorstandsmitgliedern.», handschriftliche Vermerke «21.10.[19]33» und «H[err] v[on] Simon / H[err] v[on] Rauschenplat / haben Kopien», in: HADB, B221.

1572 Gemeint ist Rudolf Bindschedler.

1573 Das Kloster Maria Laach gehörte zu den Geschädigten der Finanzspekulationen des Direktors der Kölner Filiale der Deutschen Bank und Disconto-Gesellschaft Anton Paul Brüning, in die auch Ludwig Kaas und Konrad Adenauer verwickelt waren, vgl. Hans-Peter Schwarz, Adenauer. Der Aufstieg: 1876–1952, Stuttgart 1986, S. 340.

1574 Gemeint ist Anton Paul Brüning.

Georg Solmssen an Eduard Mosler, 28.10.1933[1575]

28. Oktober 1933.

Lieber Herr Mosler,
In Folge Ihrer mich stark irritierenden Äußerung, Herrn Voeglers[1576] gestrige Mittheilung an Herrn Urbig[1577] wegen der Besetzung des Stahlvereins-Postens[1578] lasse die Annahme zu, daß die Ablehnung meiner Präsentation halb auf die nichtarier Eigenschaft und halb auf persönliche Abneigung gegen mich zurückzuführen sei, habe ich Herrn Urbig, ohne ihm zunächst etwas von Ihrer Version zu sagen, um Mittheilung des Hergangs gebeten. Diese lautete dahin, Herr Voegler habe ihm erklärt, seine Bemühung gegen das Arier Prinzip anzugehen, sei auch was mich betreffe, zu seinem Bedauern vergeblich gewesen. Er bleibe auch weiterhin bemüht, zweifele aber Angesichts der Einstellung höheren Orts am Erfolg.
Ich habe hierauf Herrn Urbig Ihren mir von Ihnen heute übermittelten Eindruck vom Inhalt der fraglichen Unterredung geschildert. Herr Urbig erwiderte, daß er nicht verstehe, wie Sie aus seinen Worten den wiedergegebenen Schluß hätten ziehen können und daß er unter diesen Umständen bedauere, nicht – wie solches wohl auch richtiger gewesen wäre – mich als den Betroffenen zuerst von dem Gespräch unterrichtet zu haben.
Da ich die Annahme, daß ein so maßgebender Mann wie Herr Voegler meiner Wiederwahl aus mich betreffenden persönlichen Gründen Widerstand entgegen setze, als in höchstem Maße kränkend und schädigend empfinde und befürchten muß, daß eine etwaige Weitergabe Ihrer Vermutung in dieser Richtung fortwirken würde, halte ich es für geboten, Sie von der Grundlosigkeit derselben sofort zu unterrichten u[nd]. Sie zu bitten, falls Sie Ihre Version bereits Anderen mitgetheilt haben, auch an diese Stellen alsbald Korrektur eintreten zu lassen.
Dankbar wäre ich Ihnen, wenn Sie mich wissen ließen, ob und welche mir nicht bekannte Thatsachen vorliegen, welche Sie zu der von Ihnen mir gegenüber vertretenen Deutung veranlaßt haben.
Freundschaftlichst
der Ihrige
[gez.] Solmssen.

1575 Briefpapier «SCHWANENWERDER / BERLIN-WANNSEE», 1 Blatt, Vorder- und Rückseite eigenhändig beschrieben, in: HADB, B200, Nr. 67.
1576 Gemeint ist Albert Vögler.
1577 Gemeint ist Franz Urbig.
1578 Gemeint ist Solmssens Aufsichtsratsmandat bei den Vereinigten Stahlwerken.

Henry Oswalt an Georg Solmssen, 20.12.1933[1579]

Abschrift. Bk.

Geh. Justizrat Dr. Oswalt   Frankfurt a.M., den 20. Dezember 1933.
                                           Leerbachstr. 23

Sehr geehrter Herr Doktor!
Mit Rücksicht auf mein hohes Alter trete ich mit Ende dieses Monats aus dem Aufsichtsrat der Frankfurter Hypothekenbank, aus dem Aufsichtsrat der Deutschen Hypothekenbank in Meiningen und aus dem Gemeinschaftsrat aus.
Mit vorzüglicher Hochachtung
gez. Dr. Oswalt

Herrn
Dr. Georg Solmssen,
Vorsitzender des Präsidiums des Gemeinschaftsrates der Gemeinschaftsgruppe Deutscher Hypothekenbanken
<u>Berlin W 8</u>
Mauerstrasse 35.

Georg Solmssen an Henry Oswalt, 23.12.1933[1580]

40/Bk   den 23. Dezember 1933.
4

Sehr verehrter Herr Geheimrat!
Aus Ihrem sehr gefälligen Schreiben vom 20. Dezember 1933[1581] habe ich zu meinem Bedauern ersehen, dass Sie mit Ende dieses Monats aus dem Aufsichtsrat der Frankfurter Hypothekenbank, aus dem Aufsichtsrat der Deutschen Hypothekenbank in Meiningen und aus dem Gemeinschaftsrat ausscheiden wollen. Wenn ich auch durchaus die Gründe würdige, die sie zu diesem Entschluss bewegen, so fühle ich mich doch verpflichtet, Ihnen im Namen des Gemeinschaftsrats mein herzliches Bedauern zum Ausdruck zu bringen, dass Sie sich nunmehr von der aktiven Tätigkeit in der Verwaltung der in der Gemeinschaftsgruppe vereinigten Banken zurückziehen wollen. Die ausserordentlichen Verdienste, die Sie sich um die Geschicke der Frankfurter Hypothekenbank und um den Zusammenschluss der heute die Gemeinschaftsgruppe bildenden Banken erworben haben, ebenso wie Ihre von

---

1579 Hektographie, 1 Blatt, Vorderseite maschinenschriftlich beschrieben, Stempel «kop[iert].» und Briefanlagemarke, ohne eigenhändige Unterschrift, in: HADB, K5/3137, Bl. 174.
1580 Presskopie, 2 Blätter, 2 Vorderseiten maschinenschriftlich beschrieben, zweite Seite nummeriert, in: HADB, K5/3137, Bl. 176–177.
1581 Oswalt an Solmssen 20.12.1933, in: HADB, K5/3137, Bl.174; hier abgedruckt.

einem grossen Interesse und einem starken Verantwortlichkeitsgefühl getragene Mitarbeit in der Gemeinschaftsgruppe verpflichten alle, die die Freude hatte[n], mit Ihnen tätig sein zu dürfen, zu dauerndem Dank. Ihren hochgeschätzten Rat werden wir im Kreise des Gemeinschaftsrates sehr vermissen, und ich kann nur die Bitte aussprechen, dass Sie mit der gleichen inneren Anteilnahme an der Entwicklung der Gemeinschaftsgruppe dieser wie bisher auch weiterhin verbunden bleiben mögen.
Mit vorzüglicher Hochachtung
Der Vorsitzende des Präsidiums des Gemeinschaftsrats
[gez.] Solmssen.

Herrn
Geh[eimer]. Justizrat Dr. Oswalt
Frankfurt a.M.
Leerbachstr.23

Georg Solmssen an Franz Urbig, 29.12.1933[1582]

29. Dez[ember]. 1933.

Lieber Herr Urbig,
Eine mich an das Haus und eigentlich auch an das Bett fesselnde Erkältung hindert mich, Ihnen, wie ich gewollt hätte, mündlich zum neuen Jahre Glück zu wünschen. Ich thue dieses hiermit schriftlich und kündige Ihnen gleichzeitig den Eingang eines für Sie bestimmten Exemplars meiner gesammelten Vorträge und Aufsätze an, die demnächst im Verlage von Duncker & Humblot erscheinen werden.[1583] Der Zeitpunkt hierfür steht noch nicht fest und wird im Einvernehmen mit mir bestimmt werden[1584], der Verleger will aber nicht lange zögern und ich theile diese Auffassung, weil es zu sehr meiner Natur wider strebt, sich kampflos abschlachten zu lassen und so zu thun, als ob gar nichts passiert wäre. Sie kennen meine Auffassung über die Indolenz des deutschen Bürgertums, dessen Mehrheit seit Jahrzehnten stets versagt hat, wenn Charakter am Platze gewesen wäre.
Fürchten Sie aber nicht, daß der Inhalt meiner Verlegungen aggressiv wäre. Er ver-

---

1582 Briefpapier «BERLIN N.W.40 / ALSENSTR. 9», 1 Blatt in der Mitte gefalzt, 4 Seiten eigenhändig beschrieben, handschriftlicher Vermerk «b[eantworte]t. 2/1.[1934] [Minna] Ni[etardt]», Paraphe von Franz Urbig, in: HADB, P1/14.
1583 Georg Solmssen, Beiträge zur Deutschen Politik und Wirtschaft 1900–1933. Gesammelte Aufsätze und Vorträge, Bd. I: Politik, Bd. II: Wirtschaft, München, Leipzig 1934.

1584 Ernst Enno Russell, den Solmssen ebenfalls über seine Veröffentlichungspläne informierte, riet dringend dazu, diese Veröffentlichung erst nach Solmssens Ausscheiden aus dem aktiven Dienst vorzunehmen. Außerdem empfahl Russell einige Änderungen und Kürzungen. Siehe Aktenvermerk Russells 5.1.1934, in: HADB, P1/14.

sucht, soweit er im Vorwort und Einleitung enthalten ist, die Brücke zwischen der Vergangenheit und Gegenwart zu schlagen und den Auftakt für eine gerechtere Behandlung der Rassenfrage zu liefern. Dieses zu thun, scheint mir dringend von Nöten, weil die Beteiligten nicht wissen, wie sie von dem *Tiger*[1585], auf dem sie sitzen, ohne Schädigung der Staatsautorität herunter kommen sollen.
Außerdem habe ich versucht, in diesen Abschnitten der alten Disconto[-]Gesellschaft ein Denkmal zu setzen. Vielleicht, daß es mir gelingt, damit dem deutschen Bankwesen als solchem zu nützen. Endlich war es mir selbst Bedürfnis, gegenüber persönlichen schmerzlichen Enttäuschungen, die mir die letzten Monate auch von Seiten solcher gebracht haben, die ich stets als solidarische Mitkämpfer betrachtet hatte und betrachtet haben würde, wenn ihr eigenes Haus in Brand gesteckt worden wäre, in eine mir liebe, und ich darf wohl sagen bessere Vergangenheit zu flüchten. Die Vorträge selbst sind, teilweise unter Kürzungen, so wie sie gehalten wurden, abgedruckt worden. Duncker & Humblot versprechen sich von ihrer Zusammenstellung Erfolg, weil sie einen Beitrag zum Verständnis der Gegenwart liefern. Ich wage nicht zu entscheiden, ob das richtig gesehen ist und unterwerfe mich dem Urteil der auf diesem Gebiete Sachverständigen.
Mein Ziel ist erreicht, wenn die Öffentlichkeit sich bewußt wird, daß es auch Nichtarier giebt, die Tag und Nacht keinen anderen Gedanken kannten, als Deutschland und versucht haben diesem Gedanken zu dienen und ihm dienen wollen, obgleich man ihnen täglich, ohne daß irgendwelcher Widerspruch laut wird, das primitivste Daseinsrecht zertrümmert.
Und nun lassen Sie sich die Hand auf ein besseres Jahr 1934 für uns alle schütteln!
Mit freundlichen Grüßen der Ihrige
[gez.] Solmssen.

Franz Urbig an Georg Solmssen, 02.01.1934[1586]

3/[Minna] Ni[etardt]. 2. Januar 1934

Lieber Herr Dr. Solmssen!
Ich hatte gehofft, Sie heute in der Bank zu sehen. Da diese Hoffnung sich leider nicht erfüllte, möchte ich Ihnen auf diesem Wege herzlich danken für Ihre freundlichen Wünsche zum Jahreswechsel und diese Wünsche meinerseits für Sie und die Ihrigen aufrichtig erwidern. Meine Hoffnungen auf die Güte des Jahres 1934 sind allerdings nicht überschwänglich [!]. Wir werden noch manches durchzumachen haben.

1585 Wort unleserlich.

1586 Durchschrift, 1 Blatt, Vorderseite maschinenschriftlich beschrieben, in: HADB, P1/14.

Die Bücher, deren Empfang Sie mir ankündigten[1587], sind noch am Sonnabend eingetroffen, und ich konnte deshalb die beiden verflossenen Tage schon benutzen, einen Einblick darin zu tun, namentlich aber die von Ihnen neu geschriebene Einleitung zu lesen.[1588] Dass Ihnen vor der eigenen Kurage [!] nie bange war, weiss ich, und ich kann es deshalb begreifen, dass Sie den Schritt in die Oeffentlichkeit getan haben, denn man kriecht nicht ins Mauseloch, wenn man es nicht nötig hat. Aber hierüber und sonstiges darf ich mir einem mündlichen Gedankenaustausch vorbehalten, sobald Sie wieder in der Bank sind.
Mit herzlichen Grüssen
Ihr aufrichtig ergebener
[gez.] U[rbig]

Herrn Dr. Georg Solmssen
BERLIN N.W.40
Alsenstrasse 9

Georg Solmssen an Franz Urbig, 10.01.1934[1589]

10. Januar 1934.

Sehr verehrter Herr Urbig,
Da ich am 7. August 1934 das 65. Lebensjahr vollenden werde, bitte ich Sie, entsprechend der zwischen den Mitgliedern des Vorstandes der Deutschen Bank und Disconto[-]Gesellschaft getroffenen, vom Aufsichtsrat genehmigten Vereinbarung eine Entscheidung der zuständigen Instanzen betreffs der Folgen der Erreichung der Altersgrenze für mich herbeizuführen. <u>Wird mein Ausscheiden gewünscht</u>[1590], so bitte ich, meine Thätigkeit als Mitglied des Vorstands bereits mit der den Abschluß des Geschäftsjahres 1933 genehmigenden Generalversammlung beenden zu dürfen, so daß deren Datum an Stelle des nächsten vertraglichen Kündigungs-Termins zu treten hätte. Die Bekanntgabe meines demnächstigen Ausscheidens würde sowohl innerhalb, wie außerhalb des Hauses zu gegebener Zeit im Einvernehmen mit mir zu erfolgen haben.
Wie Sie wissen, bin ich erst nach schweren inneren Kämpfen dem Gedanken näher getreten, einer Arbeit entsagen zu sollen, die mein Sein seit mehr als drei Dezennien erfüllt hat und der ich mich sowohl auf Grund der durch sie erworbenen Er-

---

1587 Solmssen an Urbig 29.12.1933, in: HADB, P1/14; hier abgedruckt.
1588 Gemeint ist: Solmssen, Beiträge zur Deutschen Politik und Wirtschaft 1900–1933, S. XVII–XIV.
1589 Briefpapier «BERLIN N.W.40 / ALSENSTR. 9», 1 Blatt in der Mitte gefalzt, 4 Seiten eigenhändig beschrieben, handschriftliche Vermerke Urbigs «Erh[alten]. 10.1.[19]34» und «Gefl[issentlich]: zu Brief Ru[ssell] U[rbig].», Paraphen von Franz Urbig und Ernst Enno Russell, in: HADB, P1/14.
1590 Handschriftlich unterstrichen von Ernst Enno Russell.

fahrungen, wie körperlich und geistig gewachsen fühle. Es liegt mir deshalb daran, für den Fall meines Ausscheidens bereits jetzt volle Klarheit über mein künftiges Verhältnis zur Deutschen Bank und Disconto[-]Gesellschaft zu erhalten. Insbesondere möchte ich wissen, ob ich ihr als Mitglied des Aufsichtsrats und seines engeren Ausschusses, sowie der Lokalausschüsse der von mir so lange betreuten Bezirke, oder der eventuell an ihre Stelle tretenden ähnlichen Einrichtungen angehören soll.

Die Regelung meiner künftigen Beziehungen zur Bank wird mir Maßstab des Widerhalls meiner eigenen bisherigen Verbundenheit mit ihr sein.
In vorzüglicher Hochachtung
der Ihrige
[gez.] Georg Solmssen.

An den Vorsitzenden des Aufsichtsrats der
Deutschen Bank und Disconto[-]Gesellschaft
Herrn
Franz Urbig.
Berlin.

Ernst Enno Russell an Georg Solmssen, 20.01.1934[1591]

Hohenborn, Post Zierenberg, 20.1.[19]34.

Lieber Georg,
Auf Deine beiden Briefe vom 3. und 5. d[es]. M[onats].[1592] bin ich noch nicht zurückgekommen, weil inzwischen auch Deine freundliche Buchsendung[1593] eintraf. Laß Dir zunächst hierfür freundlichst und von Herzen danken. Es ist in der Tat höchst interessant, die beiden Bände[1594] durchzublättern und sich dabei zu vergegenwärtigen, was wir alles in diesen Jahren durchlebt haben und über uns haben ergehen lassen müssen. Wenn wir sehen, daß wir trotz alledem am Leben geblieben sind, als Volk und Staat, so verstärkt sich einem das Gefühl und die Überzeugung, daß wir, daß Deutschland noch kein corpus vile[1595] ist. Wo in dem Buch noch hie und da eine bessernde, glättende Hand tätig werden sollte, – d[as]. h[eißt]. meines «unmaßgeblichens [!] Dafürhaltens» –, habe ich Dir schon mündlich gesagt, für

---

1591 Durchschrift, 2 Blätter, 2 Vorderseiten maschinenschriftlich beschrieben, Paraphe von Franz Urbig in: HADB, P1/14.
1592 Beide Schreiben Solmssens sind nicht überliefert.
1593 Handschriftlich überschrieben, ursprünglich maschinenschriftlich «Briefsendung».
1594 Gemeint ist: Solmssen, Beiträge zur Deutschen Politik und Wirtschaft 1900–1933.
1595 Lateinische Floskel für «wertloser Körper», der ausdrückt, dass ein Gegenstand oder ein Lebewesen so minderwertig behandelt wird, dass er als Versuchsobjekt Verwendung findet.

heute will ich daher nur kurz hinzufügen, daß es in der Einleitung auf Seite 26 nicht Boett<u>ch</u>er, sondern Boettger[1596] heißen muß, ni fallor[1597].

Was nun die oben erwähnten beiden Briefe anlangt, so muß ich gestehen, daß ich am 3. d[es]. M[onats]. Dein Haus nicht mit dem Gefühl verließ, Dir einen <u>Vorschlag</u> hinterlassen zu haben, sondern die seit längerer Zeit sich unerfreulich hinziehende und das Verhältnis zwischen Dir und den Kollegen vergiftende Frage – abgesehen von der Deinerseits vorbehaltenen Frage der Nachprüfung der vertraglichen Bestimmungen über die Dauer der materiellen Bezüge – endgültig im allgemeinen Einverständnis geregelt zu sehen. Und insofern fühle ich mich etwas gegenüber Herrn Urbig[1598] blamiert, dem ich gleich nach meinem Besuch bei Dir in diesem Sinne mündlich berichtete. Aber in der Sache selbst stehe ich Deinem Wunsch, Dein zukünftiges Verhältnis zur Bank geregelt zu sehen, also jetzt bereits bindende Absprachen zu treffen, soweit dies überhaupt möglich ist, durchaus verständnisvoll gegenüber und bin auch bereit, dafür einzutreten. Nur muß[1599] ich leider die mir mitgeteilte Urbigsche Ansicht teilen, daß es schwierig, ja kaum möglich ist, eine solche Absprache bereits in der bevorstehenden G[eneral].V[ersammlung]. zu verwirklichen. Die Rückwirkung auf andere Personen würde ich nicht so sehr scheuen; denn die Frage der Rekonstruktion unseres Aufsichtsrats wird m[eines]. E[rachtens]. in diesem Frühjahr ohnehin akut, sie läßt sich nicht länger hinausschieben, wenn wir Eingriffen von außen vorbeugen wollen und da muß dann in persönlicher Hinsicht so vorgegangen werden, wie es die Interessen der Bank erfordern; Gefühle persönlicher Freundschaft und Rücksichtnahme können bei der zu treffenden Auswahl nicht das entscheidende sein. Aber nach meiner Meinung würde eine Decharge-Erteilung in jetzigen Zeiten für einen noch nicht abgerechneten Teil des Geschäftsjahres eine Vergewaltigung des bestehenden Rechtszustandes sein. Das geht m[eines]. E[rachtens]. nicht! Dann hättest Du zum 31.12.[1933] ausscheiden müssen.

In der übernächsten Woche gedenke ich wieder in Berlin zu sein, dann können wir uns hierüber noch mal unterhalten.

Herzlichen Gruß in Treuen

Dein

[gez.] E[nno] R[us]s[ell]

1596 Gemeint ist Paul Boettger.
1597 Lateinisch für «Wenn ich mich nicht irre.»
1598 Gemeint ist Franz Urbig.
1599 Handschriftlich ergänzt.

Aktenvermerk Georg Solmssens, 24.01.1934[1600]

4/Pr[euß] 24.1.[19]34.
Geheim!
T.B.
Aktenvermerk.
Betr.: Otto Wolff.

Herr Rudolf Siedersleben erschien heute, um sich in seiner neuen Eigenschaft als einer der Generalbevollmächtigten der Firma Otto Wolff vorzustellen. Er teilte mit, dass er für die Zeit seiner Tätigkeit bei der Firma Otto Wolff aus seinem Dienstverhältnis als Mitglied des Direktoriums der Deutschen Zentralgenossenschaftskasse beurlaubt sei. Er sprach die dringende Bitte aus, dafür zu sorgen, dass nicht, wie dies bereits von aussen geschehen sei, er als eine Art Reichskommissar bei der Firma Otto Wolff betrachtet werde. Seine Aufgabe sei, im Einvernehmen mit dem Reichswirtschaftsministerium an der Geschäftsführung der Firma, insbesondere der Regelung ihrer Finanzen, teilzunehmen und durch die ihm zur Verfügung stehenden amtlichen Beziehungen die Gewissheit zu geben, dass die Geschäfte der Firma, vor allem auch nach steuerlicher Seite, vollkommen korrekt geführt würden. Er zweifle nicht, dass dieses auch in der Vergangenheit der Fall gewesen sei, man sei sich aber in den beteiligten Ministerien darüber klar, dass, nachdem insbesondere die Steuerbehörde auf Grund von Meinungsverschiedenheiten mit der Firma Otto Wolff bei ihr gewisse aufsehenerregende Erhebungen angestellt hätte, alles geschehen müsse, um zu verhüten, dass das Vertrauen in die Firma erschüttert werde. Dementsprechend soll sein Eintritt als Generalbevollmächtigter nach aussen bagatellisiert werden, um jede Störung des standings der Firma zu vermeiden. Man sei sich über die grossen kaufmännischen und industriellen Qualitäten des Herrn Otto Wolff klar. Wenn derselbe in letzter Zeit politischen Angriffen ausgesetzt gewesen sei, so hänge dies damit zusammen, dass manche Formen seiner Lebensführung, die auch auf seine Unterorgane abgefärbt hätten, mit dem Geist der jetzigen Zeit nicht vereinbar seien, sodass aus der Vergangenheit Schlüsse gezogen würden, die heute nicht mehr unbedingt zuzutreffen brauchten.

Ich habe Herrn Siedersleben für seine Mitteilungen gedankt und darauf hingewiesen, dass die Deutsche Bank und Disconto-Gesellschaft sich nach wie vor als die der Firma am nächsten stehende Bank betrachte und ihr im Rahmen des banklich Zulässigen auch weiter gern zur Verfügung stehen werde. Herr Siedersleben erklärte,

---

1600 2 Blätter, 2 Vorderseiten maschinenschriftlich beschrieben, zweite Seite nummeriert, Stempel «Für Zirkulation erledigt / Generalsekretariat», handschriftlich ergänzt mit «25/1.[19]34», in: HADB, B199, Nr. 45.

dass er auch seinerseits diese Verbindung nach Möglichkeit pflegen wolle. Er sei sich darüber klar, dass die anderen beteiligten Firmen weniger als wir imstande sein würden, die Bedürfnisse der Firma Otto Wolff zu befriedigen.
Im Verlauf der Unterhaltung liess Herr Siedersleben die Bemerkung fallen, dass er den Eindruck habe, als ob die einzelnen mit der Firma Otto Wolff arbeitenden Firmen jede für sich sehr stark bestrebt gewesen sei, Sicherheiten für die gewährten Kredite zu erhalten, und dass durch den Wunsch, dieser Forderung zu genügen, die Geschäftsführung der Firma sich schwierig gestaltet habe. Ich habe erwidert, dass die Sicherheiten, welche uns gegeben werden, gemessen an dem Umfang der von uns gewährten Kredite, jedenfalls nicht zu gross seien und wir im Hinblick auf die weitgehende Unterstützung, die wir der Firma in der Vergangenheit gewährt hätten, einen Anspruch zu besitzen glaubten, durch sie keinerlei Einbusse irgendwelcher Art zu erleiden.
Berlin, 24. Januar 1934.
[gez.] Solmssen.

Georg Solmssen an Rudolf Bindschedler, 29.01.1934[1601]

4n[örenberg] 29. Januar 1934

Sehr geehrter Herr Bindschedler,
Sie haben mich seinerzeit auf die Divergenzen angesprochen, welche zwischen meiner Bank und dem Kloster Maria Laach schwebten. Ich nehme daher an, daß es Sie interessieren wird zu hören, daß dieser Streitfall durch einen schiedsrichterlichen Vergleich beigelegt worden ist, nachdem der Schiedsrichter den Tatbestand aufgeklärt hatte. Es bedurfte dieses Verfahrens, weil sowohl das Kloster Maria Laach wie wir selbst Opfer der betrügerischen Handlungen des Direktors Brüning[1602] unserer Filiale Köln[1603] geworden waren. Derselbe hatte es verstanden, auch die maßgebendsten Personen der Kirche wie der Zentrumspartei bis hinauf zu dem damaligen Reichskanzler Dr. Brüning[1604] und dem Vorsitzenden der Partei, Prälat Kaas[1605], in den Bann seiner Manipulationen zu ziehen, so daß er lange Zeit hindurch in weiten Kreisen sowohl der Wirtschaft wie der Politik größtes Vertrauen genoß und dadurch in die Lage gesetzt wurde, dasselbe in gradezu [!] unerhörter Weise zu mißbrauchen. Da der Inkulpat seit längerer Zeit inhaftiert ist und sein Wort nicht mehr ins Gewicht fällt, war es nicht leicht, den Tatbestand nach allen Richtungen zu klären und es bedurfte der schiedsrichterlichen Austra-

---

1601 Presskopie, 2 Blätter, 2 Vorderseiten maschinenschriftlich beschrieben, zweite Seite nummeriert, Paraphen von Elisabeth Nörenberg und Georg Solmssen, in: HADB, B221.
1602 Gemeint ist Anton Paul Brüning.
1603 Gemeint ist die Deutsche Bank und Discontogesellschaft Filiale Köln.
1604 Gemeint ist Heinrich Brüning.
1605 Gemeint ist Ludwig Kaas.

gung der entstandenen Meinungsverschiedenheiten, um jede der Parteien in den Stand zu setzen, die mit der endgültigen Regelung verbundene Verantwortung zu tragen.
Ich freue mich, daß diese Angelegenheit nunmehr aus der Welt geschafft ist und bin mit verbindlichen Grüßen
in steter Wertschätzung
Ihr sehr ergebener
[gez.] Solmssen.

Herrn Dr. Bindschedler,
Schweizerische Kreditanstalt,
Zürich.

Georg Solmssen an Carl Härle, 31.01.1934[1606]

4/Pr[euß]/Z[ingle]r. 31. Januar 1934.

Sehr geehrter Herr Härle,
Ich bestätige dankend den Empfang Ihres Briefes vom 27. d[es]. M[onats].[1607], dem ich die Kopie Ihres Schreibens vom gleichen Tage an Herrn Polzin[1608] entnommen habe.
Ihre diesem mitgeteilte Ansicht über die Behandlung des Streits mit dem Kloster Maria Laach zieht wie ein nachhallender Donner durch die friedliche Stimmung, die durch den Vergleich hergestellt worden ist. Der auf Grund der Feststellungen des Herrn Präsident von Staff[1609] geschlossene Schiedsvergleich gibt uns die Rückendeckung, die wir als Verwalter fremden Vermögens benötigten, um der von Ihnen vertretenen Forderung des Klosters Maria Laach, so wie geschehen, entsprechen zu können. Angesichts der Tatsache, dass die Vertreter des Klosters Maria Laach, ebenso wie wir selbst, Opfer eines abgefeimten Betrügers[1610] geworden waren und die beiderseitigen Meinungen über den von ihm geschaffenen Tatbestand auseinandergingen, waren wir gehalten, dessen objektive Klarstellung herbeizuführen. Die Herren Dr. Simon[1611] und von Rauschenplat[1612] mussten hierbei im Einvernehmen mit dem Vorstand der Bank zwecks Wahrnehmung der ihnen an-

---

1606 Presskopie, 2 Blätter, 2 Vorderseiten maschinenschriftlich beschrieben, zweite Seite nummeriert, Stempel «Zirkuliert bei den ordentlichen Vorstandsmitgliedern.», handschriftliche Vermerke «H[errn] Dr. Kimmich» und «H[errn] Dr. Simon / H[errn] v[on]. Rauschenplat / Sonderkopie», Paraphen von Alfred Blinzig, Karl Kimmich, Gustaf Schlieper und Georg Solmssen, in: HADB, B221.

1607 Härle an Solmssen 27.1.1934, in: HADB, B221.
1608 Härle an Walter Polzin 27.1.1934, in: HADB, B221.
1609 Gemeint ist Adolph von Staff.
1610 Gemeint ist Anton Paul Brüning.
1611 Gemeint ist Hans-Alfons Simon.
1612 Gemeint ist Henning von Rauschenplat.

vertrauten Interessen den Zusammenhängen der bedauerlichen Vorkommnisse bis zum Letzten nachgehen. Deshalb darf ihnen niemand gram sein, ebenso wie wir Ihnen nicht nachtragen, dass Sie uns während des Kampfes scharf zu Leibe gegangen sind.

Um so mehr begrüssen wir es deshalb, dass diese leidige Angelegenheit nunmehr als endgültig erledigt betrachtet werden kann.

In vorzüglicher Hochachtung
Ihr ergebener
[gez.] Solmssen.

Herrn Dr. jur. Carl Härle,
<u>Mülheim-Ruhr,</u>
Schliessfach 386.

Carl Härle an Georg Solmssen, 05.02.1934[1613]

5.II.[19]34

Sehr geehrter Herr Dr. Solmssen!

Ihr freundliches Schreiben vom 31.1.[1614] wird mir nach hier[1615] nachgesandt, wo ich mich einige Tage zur Erholung aufhalte. Da ich aus Ihren Zeilen entnehmen muß, daß Sie über die Prozeßentwicklung eine ganz falsche Auffassung haben, halte ich es im ureigensten Interesse der Deutschen Bank & Diskontogesellschaft [!] für notwendig, Ihnen <u>meine</u>[1616] Auffassung klipp & klar darzulegen. Ihre Herren Dr. Simon[1617] & von Rauschenplat[1618] haben <u>nicht</u> die Zusammenhänge aufgeklärt, trotzdem sie das ganze Material durch die Prüfung der gerichtlichen Sachverständigen & derjenigen der Deutschen Bank kannten. <u>Ich</u> habe mir mit viel Mühe die Gutachten verschafft & <u>nachgewiesen,</u> daß eine ganze Anzahl Behauptungen Ihrer Juristen in der Klagebeantwortung <u>falsch</u> waren. Nach meiner Überzeugung waren die Behauptungen wissentlich falsche. Sollte das ja nicht stimmen, so war das Verhalten Ihrer Juristen so überaus leichtsinnig, daß die Direktion der D-D-Bank[1619] m[eines].E[rachtens]. allen Grund hat, intern die Angelegenheit nicht auf sich

---

1613 Briefpapier «SPORT- & FAMILIENHOTEL / NATIONAL DAVOS / Davos-Platz», 1 Blatt, Vorder- und Rückseite eigenhändig beschrieben, Stempel «Kopie gesandt an» mit handschriftlichem Vermerk «H[err]. Dr. Kimmich. 14/2.[19]34 Z[ingle]r.», handschriftlicher Vermerk Solmssens «H[errn] Dr. Kimmich» und «beantw[ortet] 21/2 [1934]», Paraphe von Georg Solmssen, in: HADB, B221.

1614 Solmssen an Härle 31.1.1934, in: HADB, B221; hier abgedruckt.
1615 Gemeint ist Davos.
1616 Diese und alle folgenden Unterstreichungen handschriftlich von Carl Härle.
1617 Gemeint ist Hans-Alfons Simon.
1618 Gemeint ist Henning von Rauschenplat.
1619 Gemeint ist die Deutsche Bank und Disconto-Gesellschaft.

beruhen zu lassen. Das Vorgehen Ihrer Juristen gegen den Hochwürdigsten Herrn Abt von Maria Laach[1620] in der Klagebeantwortung war des Vertreters einer deutschen Großbank direkt unwürdig. Mit solchem Vorgehen nützt man seiner Firma nicht, sondern schädigt sie maßlos.
Daß das Konto Aenny Neuerburg ein aufgelegtes Schwindelkonto war, wußten Ihre Juristen. Das bedarf wirklich keines Nachweises mehr.
Wenn ich die D-D-Bank als solche hätte schädigen wollen, so hätte ich nur den Schadensersatzprozeß durchzuführen brauchen. Herr Bindschedler[1621], den ich vergangenen Dienstag traf, sagte mir, er habe vor einiger Zeit auch Ihnen dargelegt, daß der Prozeß von der D-D-Bank nicht hätte geführt werden sollen.
Schließlich noch die Versuche, durch Reichskanzler Brüning[1622] einen Druck auf den Hochwürdigsten Herrn Abt auszuüben!! Herr Dr. Solmssen, so was darf einfach bei einer Großbank nicht vorkommen!
Ich wäre Ihnen dankbar, wenn Sie mir den Empfang dieses Briefes nach Mülheim bestätigen wollten, wo ich anfangs nächster Woche wieder sein werde.
Mit verbindlichster Begrüßung
[gez.] Härle

Georg Solmssen an Carl Härle, 21.02.1934[1623]

Pr[euß]. 21. Februar 1934.

Sehr geehrter Herr Dr. Härle,
Ich kann erst heute den Empfang Ihrer Briefe an mich vom 5.[1624] und 13. d[es]. M[onats].[1625] bestätigen, weil ich das Ergebnis der in Verfolg Ihres letzten Briefes an mich in Köln vorgenommenen Feststellungen abwarten musste.
Herr Rechtsanwalt Bodenheim[1626] hat auf an ihn gerichtete schriftliche Anfrage unserer Filiale Köln, von wem er über das Ergebnis des Schiedsverfahrens in Sachen Maria Laach unterrichtet worden sei, wie folgt geantwortet:
«Ich weiss bestimmt, dass der betreffende Herr Ihrer Bank in keiner Weise nahesteht; ob derselbe ein Konto bei Ihnen unterhält, weiss ich nicht. Er hat mit Bankangelegenheiten bestimmt nicht das allergeringste zu tun, sondern übt einen Beruf aus, der dem Berufe eines Bankmannes völlig fremd ist.»[1627]

1620 Gemeint ist Ildefons Herwegen.
1621 Gemeint ist Rudolf Bindschedler.
1622 Gemeint ist Heinrich Brüning.
1623 Presskopie, 1 Blatt, Vorderseite maschinenschriftlich beschrieben, Stempel «Zirkuliert bei den ordentlichen Vorstandsmitgliedern.», Umlaufstempel mit Paraphen der Vorstandsmitglieder, in: HADB, B221.
1624 Härle an Solmssen vom 5.2.1934, in: HADB, B221; hier abgedruckt.
1625 Härle an Solmssen vom 13.2.1934, in: HADB, B221.
1626 Gemeint ist Heinrich Bodenheim.
1627 Härle hatte in seinem Schreiben vom 13.2.1934 behauptet, Bodenheim sei durch einen der Deutschen Bank und Disconto-Gesellschaft «nahestehenden Herrn» über den Schiedsspruch informiert worden.

Auf Herrn Reichskanzler Brüning[1628] ist von uns in keiner Weise in dem in Ihrem Briefe an mich vom 5. d[es]. M[onats]. angenommenen Sinne eingewirkt worden.
Mit vorzüglicher Hochachtung
[gez.] Solmssen.

Herrn Dr. jur. Carl Härle
Mülheim – Ruhr
Schliessfach 386.

Karl Kimmich an Georg Solmssen, 22.02.1934[1629]

Bühlerhöhe 22.2.[19]34

Lieber Herr Solmssen!
Soeben erhalte ich Ihr Schreiben vom 21c[u]r[rentis] & Abschrift Ihres Briefes an Dr. Härle[1630].
Nun weiß ich gar nicht, was ich machen soll. Ich wollte ihm einen sehr deutlichen Brief schreiben, kann dies aber unmöglich, da Sie in Ihrem Schreiben an ihn auf seine schweren Vorwürfe, zu denen ich[1631] ja nicht Stellung nehmen kann, überhaupt nicht eingehen.
Meine Rolle in der Maria Laach-Sache beschränkte sich, wie Ihnen bekannt, auf die Herbeiführung des Schiedsvergleichs – und zwar auf Ihren und & Herrn Simons'[1632] Wunsch. Den Vorwurf, daß Härle nach Lage der Dinge einen solchen Vergleich gar nicht hätte schließen dürfen, bin ich bereit, ihm in jeder Form zu machen. Damit ist aber doch nicht ausgeräumt, daß H[ärle]. die Ehre unserer Herren & das Verhalten der Bank in einer fast unglaublichen Weise angegriffen hat. Soll das unbeantwortet bleiben? Da ich, wie Sie wissen, in der materiellen Frage nur oberflächlich orientiert bin, kann ich unmöglich zu diesen Vorwürfen ihm gegenüber Stellung nehmen.
M[eines]. E[rachtens]. kann aber die Bank als solche diese Beschimpfungen nicht hinnehmen. Bei der Veranlagung von Härle würde dieser ein solches Verhalten nur als Schwäche auslegen & weiter wühlen.
Es kommt nun auf die paar Tage auch nicht mehr an & ich werde daher von Berlin aus – am Montag morgen bin ich im Buro [!] – schreiben.
Mit freundlichen Grüßen
Ihr sehr ergebener
[gez.] Kimmich

1628 Gemeint ist Heinrich Brüning.
1629 2 Blätter, 2 Vorder- und 1 Rückseite eigenhändig beschrieben, handschriftlicher Vermerk Solmssens «H[er]r[n]. Mosler zur Kenntnis.» und handschriftlicher Vermerk «erhalten am 27.2.[19]34 M[osler]», Paraphen von Solmssen und Elisabeth Nörenberg, in: HADB, B221.
1630 Solmssen an Carl Härle 21.2.1934, in: HADB, B221; hier abgedruckt.
1631 Handschriftlich unterstrichen von Karl Kimmich.
1632 Gemeint ist Hans-Alfons Simon.

Georg Solmssen an Franz Urbig, 01.03.1934[1633]

1. März 1934.

Lieber Herr Urbig,
Die Sitzungen des engeren Ausschusses und des Aufsichtsrats[1634] sollen auf den 22. d[es]. M[ona]ts., die der Filialdirektoren und des Hauptausschusses auf den 23. d[es]. M[onat]s. einberufen werden. Ich habe mich zu diesen Daten nicht geäußert, glaube aber im Sinne unserer bisherigen Unterhaltungen zu handeln, wenn ich an beiden Tagen nicht in Berlin bin. Es trifft sich auch, daß für den 22. d[es]. M[onat]s. seit längerer Zeit und vielem Hin- und Her-Schreiben in Brüssel Delog[1635] und Dahlbusch[1636] Sitzungen anberaumt worden sind, deren einer ich vorsitzen muß und die sich nicht mehr verlegen läßt. Ich betrachte das als eine günstige Schicksalsfügung; denn ich möchte nicht Objekt der Betrachtung sein, wenn mein Abbau[1637] verkündet wird.
Über das Ergebnis der gestrigen Aussprache mit den Herren Schlieper[1638] und Mosler[1639] habe ich Herrn Dr. Russell[1640] schriftlich berichtet.[1641]
Ich selbst fahre heute Abend zur Sitzung Interboden[1642] nach Basel und will anschließend versuchen, mich acht Tage lang etwas zu erholen.
Mit freundlichen Grüßen
Der Ihrige
[gez.] Solmssen.

Georg Solmssen an Franz Urbig, 21.03.1934[1643]

21. März 1934.

Sehr geehrter Herr Urbig,
Ich fasse den Inhalt der heute mit Ihnen, Herrn Dr. Russell[1644], Herrn Dr. Mosler[1645] und Herrn Schlieper[1646] geführten Besprechung wie folgt zusammen:

1633 Briefpapier «Dr. GEORG SOLMSSEN / BERLIN W8 / MAUERSTRAßE 35», 1 Blatt in der Mitte gefalzt, 2 Seiten eigenhändig beschrieben, Paraphe von Ernst Enno Russell in: HADB, P1/14.
1634 Gemeint ist der Aufsichtsrat der Deutschen Bank und Disconto-Gesellschaft.
1635 Gemeint ist die Deutsche Libbey-Owens-Gesellschaft für maschinelle Glaserstellung.
1636 Gemeint ist die Bergwerks-Gesellschaft Dahlbusch.
1637 Handschriftlich unterstrichen von Ernst Enno Russell.
1638 Gemeint ist Gustaf Schlieper.

1639 Gemeint ist Eduard Mosler.
1640 Gemeint ist Ernst Enno Russell.
1641 Dieses Schreiben Solmssens an Russell ist nicht überliefert.
1642 Gemeint ist die Internationale Bodenkreditbank.
1643 Briefpapier «BERLIN N.W.40 / ALSENSTR. 9», 2 Blätter, 2 Vorderseiten und 1 Rückseite eigenhändig beschrieben, handschriftlicher Vermerk Urbigs «erh[alten] 22.3.[19]34», Paraphen von Franz Urbig, Ernst Enno Russell und Gustaf Schlieper, in: HADB, P1/14.
1644 Gemeint ist Ernst Enno Russell.
1645 Gemeint ist Eduard Mosler.
1646 Gemeint ist Gustaf Schlieper.

1. Zu der morgigen Sitzung des Aufsichtsrats der Deutschen Bank und Disconto[-]Gesellschaft werden Sie bekannt geben:
In Folge der in diesem Jahre bereits eingetretenen, beziehungsweise noch eintretenden Erreichung der Altersgrenze von 65 Jahren scheiden die Herren Blinzig[1647] und Solmssen im Laufe des Jahres 1934 aus dem Vorstand.
2. Ein Zeitpunkt für das Ausscheiden wird hierbei nicht genannt.
3. Wie die von Ihnen seiner Zeit nach Festsetzung der 65jährigen Altersgrenze gefertigte Niederschrift ergiebt, hat mein Ausscheiden absprachegemäß am 31. Dezember 1934 zu erfolgen. Ich bin bereit, mich bereits früher im Einverständnis mit den Kollegen von den Geschäften der Bank zurückzuziehen und auf die Bearbeitung der von mir verwalteten Aufsichtsratsstellen zu beschränken.
Ein formelles Ausscheiden zu einem früheren Termine als Herr Blinzig lehne ich ab. Seine und meine Löschung im Handelsregister haben gleichzeitig zu erfolgen.[1648]
4. Gemäß § 4 meines Vertrages vom 30. November 1929 laufen meine Bezüge bis zum 30. Juni 1935.
5. Alle jetzt amtierenden Mitglieder des Vorstandes der DD[-]Bank[1649] mit alleiniger Ausnahme des Herrn Blinzig haben sich den Herren Dr. Mosler und Schlieper gegenüber damit einverstanden erklärt, dafür einzutreten, daß ich der Generalversammlung der DD-Bank, welcher der Abschluß für das Jahr 1934 vorgelegt werden wird, zur Wahl in ihren Aufsichtsrat vorgeschlagen und gegebenen Falls in dessen engeren Ausschuß delegiert werde. Diese Zusage ist geheim zu behandeln.
6. Die DD[-]Bank wird dafür eintreten, daß während des Jahres 1934 keine Änderung in meinen Aufsichtsratsstellen eintritt, es sei denn, daß außerhalb der Macht der Bank liegende Umstände dieses erforderlich machen. Diese Zusage bezweckt, die von allen Teilen beabsichtigte Kontinuität meiner Bethätigung innerhalb der Wirtschaft auch nach meiner Zurückziehung aus dem Betriebe nach Möglichkeit zu gewährleisten. Die weitere Regelung meiner Aufsichtsratsstellen im Einklang mit den Interessen der Bank bleibt vorbehalten.
Ich bitte, mir Ihr und der heute bei der Besprechung anwesend gewesenen Herren Einverständnis mit dem Inhalt dieser Niederschrift zu bestätigen.[1650]
Freundschaftlichst
der Ihrige
[gez.] Solmssen.

Herrn Franz Urbig
Vorsitzender des Aufsichtsrats der
Deutschen Bank u[nd]. Disconto[-]Gesellschaft

1647 Gemeint ist Alfred Blinzig.
1648 Anstreichung am linken Rand von Ernst Enno Russell.
1649 Gemeint ist die Deutsche Bank und Disconto-Gesellschaft.
1650 In kurzen handschriftlichen Notizen nahmen

Georg Solmssen an Oscar Wassermann, 06.04.1934[1651]

Z[ingle]r. Abschrift.
4/Pr[euß].   6. April 1934.

Lieber Herr Wassermann,
Die Verhandlungen zwischen dem Vorstand der Deutschen Centralbodenkredit-Aktiengesellschaft und der Aufsichtsbehörde sind soweit gediehen, dass die künftige Zusammensetzung des Aufsichtsrats der Bank in die Wege geleitet werden kann. Sie sagten mir, als Sie sich nach der Bilanz-Aufsichtsratssitzung von mir verabschiedeten, dass Sie mit der Tatsache rechneten, nicht zur Wiederwahl vorgeschlagen zu werden. Ich äusserte meine Ansicht dahin, dass ich diesem Gedankengang noch nicht ohne weiteres folgen könne, habe aber inzwischen auf Grund meiner Verhandlungen mit den in Betracht kommenden Instanzen feststellen müssen, dass Ihre Voraussicht zutreffend war. Ich brauche Ihnen nicht zu sagen, wie sehr ich bedaure, persönlich, als Vorsitzender des Aufsichtsrats der Bank, genötigt zu sein, die Erklärung der Niederlegung Ihres Amtes als Mitglied des Aufsichtsrats von Ihnen entgegennehmen zu müssen, ohne darauf, so wie ich gewünscht hätte, die Antwort erteilen zu können, dass Ihre Wiederwahl in Vorschlag gebracht werden würde. Ich muss mich aber den nicht zu ändernden Verhältnissen fügen und meines Amtes walten, ohne in der Lage zu sein, persönlichen Gefühlen folgen zu dürfen. Ich bedaure dieses Ergebnis umsomehr, weil ich versucht habe, Ihre Zugehörigkeit ad personam zu erreichen, jedoch diesen Vorschlag ebenfalls nicht zur Annahme bringen konnte, weil der Vorstand der Deutschen Centralbodenkredit-Aktiengesellschaft angesichts der Rivalität zwischen den einzelnen Banken um die

einzelne Vorstandsmitglieder dazu Stellung. Gustaf Schlieper schrieb: «Unter heutigen Verhältnissen sind alle solchen Zusagen davon abhängig, daß wir in der Lage sind, sie durchzusetzen, was allerdings unsere aufrichtige u[nd] ernste Absicht ist.» Eduard Mosler hielt auf dem gleichen Zettel fest: «Die Besprechung hat den von Herrn Dr. Solmssen gekennzeichneten Inhalt gehabt. Die Behandlung der Aufsichtsratsstellen kann nur nach den jeweiligen Interessen der Bank erfolgen, insbes[ondere]. muß Herr Kimmich baldigst den einen oder anderen Vorsitz übernehmen. Die Zusage der Wahl in den Aufsichtsrat der Bank ist an die Voraussetzung der Möglichkeit der jeweil[igen]. Lage u[nd]. nach Maßgabe der jeweil[igen]. Bank-Interessen geknüpft. Diese zu ermessen ist allein der Vorstand der Bank berufen. Herr Rösler hat m[eines]. W[issens]. noch nicht gesprochen. Schriftliche Erklärungen können keinesfalls erfolgen, weil alles sub clausula rebus sic stantibus [dt. etwa: Bestimmung der gleich bleibenden Umstände] steht. Herr Blinzig will erst zum 31.XII.[19]34 ausscheiden.» Undatiert, in:

HADB, P1/14. Ein von Franz Urbig entworfenes Antwortschreiben, wonach Solmssens Ausscheiden zusammen mit Alfred Blinzig zum Jahresende 1934 erfolgen sollte und Solmssens Wahl in den Aufsichtsrat im folgenden Jahr unter den Vorbehalt gestellt wurde, «dass sich gegenüber den heutigen Verhältnissen nichts ändert», wurde schließlich wegen «grundsätzliche[r] Bedenken» nicht abgesandt. Siehe Entwurf Urbig an Solmssen März 1934 und Aktenvermerk Urbigs 3.4.1934, in: HADB, P1/14.

1651 Hektographie, 2 Blätter, 2 Vorderseiten maschinenschriftlich beschrieben, zweite Seite nummeriert, ohne eigenhändige Unterschrift, in: HADB, K5/3224, Bl. 111f. Neben dieser in Solmssens Büro angefertigten Abschrift befindet sich eine weitere Abschrift dieses Schreibens in: HADB, K5/3224, Bl. 107f., die Oscar Wassermann anfertigen ließ und mit Schreiben vom 9.4.1934 Ernst Karding vom Vorstand der Deutsche Centralbodenkredit-AG übersandte, in: HADB, K5/3224, Bl. 106.

Zahl der ihnen zukommenden Plätze bei Ihrem Verbleiben im Aufsichtsrat Schwierigkeiten befürchtete, denen er im gegenwärtigen Augenblick umsomehr aus dem Wege gehen möchte, als er die Forderung stellen muss, dass auch andere Herren, die bisher aktive Vorstandsmitglieder anderer Banken waren, nicht persönlich in dem Aufsichtsrat verbleiben.

Ich bitte Sie, diese Mitteilungen nur als für Sie bestimmt zu betrachten. Sie erfolgen, weil ich mich verpflichtet fühle, Sie über die Zusammenhänge aufzuklären.
Mit verbindlichen Grüssen
in steter Wertschätzung
Ihr sehr ergebener
gez. Solmssen.

Herrn Oscar Wassermann,
Berlin W,
Rauchstr. 14.

Oscar Wassermann an Georg Solmssen, 07.04.1934[1652]

Abschrift

Berlin W.35, den 7. April 1934

Lieber Herr Dr. Solmssen,

Aus Ihrem freundlichen Briefe von gestern[1653] nehme ich zur Kenntnis, dass ich mit Ablauf der Generalversammlung aus dem Aufsichtsrate der Deutschen Centralbodenkredit-Aktiengesellschaft ausscheide. Ich hatte damit gerechnet, da ich die Zweckmässigkeit einsehe, die Zahl der nichtarischen Aufsichtsrats-Mitglieder auf ein Minimum zu verringern. Immerhin hätte ich es bedauert, dem Kollegium aus Gründen, deren Zweckmässigkeit ich anerkenne, deren Richtigkeit ich aber bestreite, nicht mehr angehören zu können. Die Aufklärung, dass der Vorstand aus Bequemlichkeitsgründen mein Verbleiben nicht wünscht, macht mir den Abschied sehr leicht. Ich danke Ihnen aufrichtig, dass Sie mir reinen Wein eingeschenkt haben, es bereichert meine Menschenkenntnis.

Da die Herren doch genau wissen, dass ich bis 1930[1654] Vorsitzender der Gemeinschaftsgruppe gewesen bin und diese Stellung freiwillig[1655] niedergelegt habe, um

---

1652 Durchschlag, 1 Blatt, Vorderseite maschinenschriftlich beschrieben, ohne eigenhändige Unterschrift, in: HADB, K5/3224, Bl. 109.
1653 Solmssen an Wassermann 6.4.1934, in: HADB, K5/3224, Bl. 111f.; hier abgedruckt.
1654 Handschriftlich geändert von «1931» in «1930».
1655 Maschinenschriftlich unterstrichen.

bei der Fusion[1656], über die sich doch gerade die D.C.A.[1657] nicht beklagen kann, ihr[1658], da sie den klaren Vorsitz im Vorstande nicht holen konnte, den klaren Vorsitz im Aufsichtsrate bezw. Präsidium der Gruppe zu verschaffen, kann ich ihr Verhalten mir gegenüber nur als grobe Undankbarkeit und Unanständigkeit bezeichnen, die das Tischtuch zwischen der D.C.A. und mir vollständig durchtrennt.
Ich habe von unserem Briefwechsel Herrn Dr. Karding[1659] Kenntnis gegeben, bitte Sie aber, mich auch vom Schweigegebot Unbeteiligten gegenüber zu entbinden.
Mit freundlichen Grüssen
Ihr ergebener
gez. O[scar]. Wassermann

Georg Solmssen an Oscar Wassermann, 09.04.1934[1660]

4/Z[ingle]r.   9. April 1934.

Lieber Herr Wassermann,
Ich bestätige den Empfang Ihres Briefes vom 7. d[es]. M[ona]ts.[1661] in Sachen Deutsche Centralbodenkredit-Aktiengesellschaft und bedauere auf das lebhafteste, dass Sie der Angelegenheit die aus Ihrem Schreiben ersichtliche Wendung gegeben haben. Sie tun den Herren des Vorstandes der Deutschen Centralbodenkredit-Aktiengesellschaft mit Ihrem harten Urteil unrecht. Ich habe aus den Verhandlungen, die ich mit Herrn Oesterlink[1662] als dem Vorsitzenden des Vorstandes und der Gemeinschaftsdirektion zu führen hatte, die Ueberzeugung gewonnen, dass er und seine Kollegen sich tatsächlich in einer Zwangslage befinden, die sie nötigt, so wie geschehen vorzugehen, und bitte Sie daher, von der Auffassung Abstand zu nehmen, als ob eine Missachtung Ihrer persönlichen Vergangenheit vorläge. Das Gegenteil ist der Fall, und die von Ihnen den Herren des Vorstandes gegenüber gebrauchten harten Ausdrücke sind daher nicht berechtigt.
Da ich aus Ihrem Briefe ersehe, dass Sie Herrn Dr. Karding[1663] von unserem Schriftwechsel bereits Kenntnis gegeben haben, wird sich nicht verhindern lassen, dass auch der Vorstand der Deutschen Centralbodenkredit-Aktiengesellschaft zu dem Inhalt Ihres Schreibens an mich Stellung nimmt. Ich hoffe zu erreichen, dass ein Ausgleich der Meinungsverschiedenheiten erfolgt, und behalte mir vor, auf die

---

1656 Gemeint ist die 1930 in drei Schritten vollzogene Fusion von Preußischer Pfandbrief-Bank, Deutscher Grundcredit-Bank und Schlesischer Boden-Credit-Actien-Bank mit der Preußischen Centralbodenkredit-AG zur neuen Deutschen Centralbodenkredit-AG.
1657 Gemeint ist die Deutsche Centralbodenkredit-AG.
1658 Maschinenschriftlich unterstrichen.
1659 Gemeint ist Ernst Karding.
1660 Presskopie, 2 Blätter, 2 Vorderseiten maschinenschriftlich beschrieben, zweite Seite nummeriert, in: HADB, K5/3224, Bl. 113f.
1661 Wassermann an Solmssen, in: HADB, K5/3224, Bl. 109; hier abgedruckt.
1662 Gemeint ist Hans Oesterlink.
1663 Gemeint ist Ernst Karding.

Angelegenheit zurückzukommen, sobald ich von einer kurzen Reise, die ich heute antreten muss, zurückgekehrt sein werde.
Mit freundlichen Grüßen
Ihr ergebener
[gez.] Solmssen.

Herrn Oscar Wassermann,
Berlin W 35,
Rauchstr. 14.

Georg Solmssen an Hans Oesterlink, 09.04.1934[1664]

4/Z[ingle]r.   9. April 1934.
Abtragen!

Sehr geehrter Herr Oesterlink,
Bezugnehmend auf unser heutiges Telefongespräch sende ich Ihnen beiliegend Kopie des Briefes, den ich am 6. d[es]. M[ona]ts.[1665] an Herrn Wassermann[1666] gerichtet habe. Er hat mir darauf sehr erregt geantwortet und auch mitgeteilt, dass er Abschrift seiner Antwort an Herrn Dr. Karding[1667] geschickt habe. Da dies bisher nicht geschehen ist und ich lieber sehen würde, wenn das sehr starke Ausdrücke enthaltende Schreiben des Herrn Wassermann nicht zu Ihrer und Ihrer Herren Kollegen Kenntnis käme, möchte ich vorläufig darauf verzichten, Ihnen Abschrift dieses Briefes zuzustellen, und beschränke mich darauf, Ihnen Kopie meines heutigen Schreibens an Herrn Wassermann beizulegen. Ich behalte mir vor, nach meiner Rückkehr auf die Angelegenheit zurückzukommen, und bitte, die Antwort des Vorstandes, falls eine solche überhaupt ergehen soll, bis dahin zurückzustellen.[1668]
In steter Wertschätzung
Ihr sehr ergebener
[gez.] Solmssen.

Herrn Regierungsrat Oesterlink,
Berlin NW 7,
Unter den Linden 48/51.

1664 Briefpapier «Deutsche Centralbodenkredit-Aktiengesellschaft / Der Vorsitzende des Aufsichtsrats / Berlin W 8 / Mauerstraße 35», 1 Blatt, Vorderseite maschinenschriftlich beschrieben, Briefanlagemarke 368 und 369, Paraphen der Vorstandsmitglieder der Deutschen Centralbodenkredit-AG, in: HADB, K5/3224, Bl. 110.

1665 Solmssen an Wassermann 6.4.1934, in: HADB, K5/3224, Bl. 111f.; hier abgedruckt.
1666 Gemeint ist Oscar Wassermann.
1667 Gemeint ist Ernst Karding.
1668 Ein mit Solmssen abgestimmtes Antwortschreiben sandte Karding am 14.4.1934 an Wassermann (in: HADB, K5/3224, Bl.127f.), worin er

Aktenvermerk Ernst Kardings, 17.04.1934[1669]

5/Bz.
Vermerk

Ich habe den Brief an Herrn Wassermann[1670] am 14.4.[1671] abgesandt, nachdem ich die letzte Fassung mit Herrn Dr. Friedenthal[1672] besprochen und danach insbesondere den letzten Satz neu gefasst hatte. Am 16.4. rief Dr. Solmssen an und erklärte, dass er die Fassung im allgemeinen durchaus für richtig halte, aber auf Seite 3 in der Fassung
«Männer, die noch als aktive Vorstandsmitglieder tätig sind»,
das Wort «noch» für nicht glücklich halte. Herr Wassermann werde den Brief sehr genau studieren und aus diesem Worte schliessen, dass darin eine Spitze gar nicht gegen ihn, sondern gegen Solmssen gerichtet sei. Ich habe zunächst gesagt, dass mir nicht bewusst sei, das Wort «noch» hier gebraucht zu haben; habe dann später nochmals angerufen und im Beisein von Oesterlink[1673] und Klamroth[1674] erklärt, dass das Wort «noch» schon im ersten Entwurf gestanden habe und von mir offenbar im Zusammenhang mit dem im ersten Entwurf voraufgegangenen [!] Hinweis auf den Grundsatz gebraucht sei, dass nur aktive Vorstandsmitglieder in den Aufsichtsrat[1675] gehen sollten. Herr Solmssen wies dabei daraufhin [!], dass er ja 65 Jahre alt sei und im Laufe des Jahres bei der Deutschen Bank und Disconto-Gesellschaft aus dem Vorstand ausscheiden würde. Ich habe erklärt, dass wir für diesen Fall auch ihm gegenüber die Bitte aussprechen müssten, dem Grundsatz, dass nur aktive Vorstandsmitglieder für uns in Frage kommen, Rechnung zu tragen.
17.4.[19]34
[gez.] Karding

Georg Solmssen an Franz Urbig, 22.05.1934[1676]

22. Mai 1934.

Sehr geehrter Herr Urbig,
Da der Vorsitzende des Aufsichtsrats der Deutschen Bank und Disconto[-]Gesell-

---

den Vorwurf der «groben Undankbarkeit und Unanständigkeit» energisch zurückwies. Ein weiterer Schlagabtausch, den Solmssen mitverfolgte, ging einher, bis Wassermann die Korrespondenz am 28.4.1934 abbrach, in: HADB, K5/3224, Bl.132f., 136f., Bl. 139.
1669 1 Blatt, Vorderseite maschinenschriftlich beschrieben, handschriftlicher Vermerk «z[u]d[en] A[kten]», Paraphen der Vorstandsmitglieder der Deutschen Centralbodenkredit-AG, in: HADB, K5/3224, Bl. 130.

1670 Gemeint ist Oscar Wassermann.
1671 Karding an Wassermann 14.4.1934, in: HADB, K5/3224, Bl. 123ff.
1672 Gemeint ist Ernst Friedenthal.
1673 Gemeint ist Hans Oesterlink.
1674 Gemeint ist Walter Klamroth.
1675 Gemeint ist der Aufsichtsrat der Deutschen Centralbodenkredit-AG.
1676 Briefpapier «Dr. GEORG SOLMSSEN / SCHWANENWERDER / BERLIN-WANNSEE», 1 Blatt in der Mitte gefalzt, 3 Seiten eigen-

schaft, Herr Schlitter[1677], durch Krankheit an der Ausübung seines Amtes verhindert ist, richte ich an Sie als seinen Stellvertreter die Bitte, sich mit meinem Austritt aus dem Vorstande der Bank zum 31. Mai 1934 einverstanden zu erklären. Die neuerdings immer stärker hervortretende, keinerlei Widerspruch findende Tendenz unterschiedsloser bürgerlicher Diffamierung und wirtschaftlicher Vernichtung aller sogenannten Nichtarier verwundet mich seelisch zu tief, als daß ich noch die innere Ruhe aufzubringen vermöchte, um der einem Mitgliede des Vorstandes der Bank obliegenden Verantwortung freudig und in dem für eine gedeihliche Thätigkeit erforderlichen Umfange gerecht werden zu können. Ich muß deshalb meine Ihnen durch meinen Brief vom 21. März 1934[1678] mitgeteilte Absicht aufgeben, erst am 31. Dezember 1934 auch formell aus dem Kollegium auszuscheiden. Ich bitte Sie, diesen Brief zur Kenntnis der Mitglieder des Vorstandes und des Aufsichtsrats der Bank zu bringen.
In vorzüglicher Hochachtung
[gez.] Solmssen.

An den stellvertretenden
Vorsitzenden des Aufsichtsrats der Deutschen Bank
und Disconto[-]Gesellschaft.
Herrn
Franz Urbig.

Franz Urbig an Georg Solmssen, 24.05.1934[1679]

3/[Minna] Ni[etardt].   den 24. Mai 1934.

Sehr geehrter Herr Doktor!
In Ihrer gefälligen Zuschrift vom 22. d[es]. M[ona]ts.[1680] sprechen Sie den Wunsch aus, in Abänderung des zwischen uns zuletzt vereinbarten Programms aus Ihrer Stellung als Mitglied des Vorstandes der Bank schon mit Ende dieses Monats auszuscheiden. In einer eingehenden, gestern mit Ihnen geführten Unterhaltung habe ich mich den Gründen nicht verschliessen können, welche, zu einem erheblichen Teile auf psychologischem Gebiete liegend, Ihren Entschluss gezeigt haben, und

händig beschrieben, Eingangsvermerk Urbigs «Er[halten]. 23.5.[19]34.», Paraphen u. a. von Franz Urbig, Ernst Enno Russell, Eduard Mosler, Gustaf Schlieper und Fritz Wintermantel, in: HADB, P1/14, maschinenschriftliche Abschrift in: HADB, P1/15.
1677 Gemeint ist Oscar Schlitter.
1678 Solmssen an Urbig 21.3.1934, in: HADB, P1/14; hier abgedruckt.

1679 Durchschrift, 2 Blätter, 2 Seiten maschinenschriftlich beschrieben, zweite Seite nummeriert, auf der ersten Seite Umlaufstempel des Vorstands mit Paraphen, in: HADB, P1/14.
1680 Solmssen an Urbig 22.5.1934, in: HADB, P1/14; hier abgedruckt.

welche den Versuch, Sie zu einem Festhalten an dem bisherigen Programm zu bestimmen, ergebnislos machen mussten.
Es bleibt mir unter diesen Umständen nur übrig, von Ihrem Entschluss mit dem Bedauern Kenntnis zu nehmen, welches die Beendigung einer jahrzehntelangen Weggenossenschaft auslöst. Mit diesem Bedauern verbinde ich den stark empfundenen Dank für die Hingabe, mit der Sie allezeit an den Aufgaben der Bank sowohl als auch an den allgemeineren Problemen des Bankgewerbes mitgearbeitet haben. Ihr Ausscheiden aus der aktiven Mitwirkung im Dienste des Instituts wird, so hoffe ich, die Verbundenheit nicht lösen, in deren Aufrechterhaltung nicht nur die den Zeitlauf überdauernde Anerkennung einer verdienstvollen Tätigkeit, sondern zugleich auch das Gefühl des persönlichen Zusammenhanges zum Ausdruck kommt. Ich nehme an, dass Sie den Zeitpunkt der Bekanntgabe Ihres Ausscheidens mit den Herren des Vorstandes vereinbaren werden, und schlage Ihnen vor, dass Sie ab 1. Januar 1935 in den Bezug des Ruhegehaltes eintreten, dass also Ihre Bezüge als Mitglied des Vorstandes mit dem 31. Dezember d[es]. J[ahres]. endigen.
In hochachtungsvoller Begrüssung
Der Vorsitzende des Aufsichtsrats
gez: Fr[anz] Urbig

Herrn Dr. Georg Solmssen
BERLIN

Georg Solmssen an Franz Urbig, 08.08.1934[1681]

8. August 1934.

Lieber Herr Urbig!
Empfangen Sie meinen herzlichen Dank für Ihr freundliches briefliches Gedenken und Sie, liebe Frau Urbig[1682], dafür, daß Sie sich heute persönlich mit so schönen Gaben eingefunden haben.[1683] Es hat meiner Frau und mir sehr leid gethan, daß wir nicht zu Hause waren, als Sie kamen.
Ihr mitfühlendes Verständnis für das, was uns bewegt, entspricht der Verbundenheit, die uns alte Disconto-Gesellen umschließt und so freue ich mich, Ihrer Beider Bild gerade von dem Tage Ihres 50jährigen Dienst-Jubiläums zu besitzen.[1684] Das schöne Farren[1685] soll als Gruß Ihres Gartens in Schwanenwerder heimisch werden.

1681 Briefpapier «Dr. GEORG SOLMSSEN / SCHWANENWERDER / BERLIN-WANNSEE», 1 Blatt in der Mitte gefalzt, 3 Seiten eigenhändig beschrieben, Paraphe von Franz Urbig, in: HADB, P1/14.
1682 Gemeint ist Dorothea Urbig.
1683 Anlass war der 65. Geburtstag Solmssens am 7.8.1934.
1684 Franz Urbig war am 15.7.1884 in die Disconto-Gesellschaft eingetreten.
1685 Veraltet für Farn.

Die mir aufgezwungene Untätigkeit läßt sich schlecht mit den schweren Sorgen um die Zukunft des Vaterlandes vereinen. Es will mir nicht in den Sinn, zur Zeit der größten Not die Aktivität mit passiver Beschaulichkeit vertauschen und bei Seite stehen zu sollen, wenn das Ganze in Gefahr ist. Darum betrachte ich diese Periode als Intermezzo, bestimmt, der Vorbereitung für neues Wirken zu dienen. Bereit sein ist Alles!
In freundschaftlicher Gesinnung mit vielen Grüßen an Ihre Gattin und Sie der Ihrige
[gez.] Georg Solmssen.

Georg Solmssen an Franz Urbig, 17.09.1934[1686]

17. Sept[ember]. 1934.

Lieber Herr Urbig,
Wie ich höre, tritt der Aufsichtsrat der DD-Bank am 19. d[es]. M[ona]ts zusammen. Da dieses die erste Sitzung des Gremiums seit meinem Austritt aus dem Vorstande ist, bitte ich Sie, ebenso wie Sie dieses in der ersten Sitzung des engeren Ausschusses nach meinem Ausscheiden gethan haben, auch in der Plenar-Sitzung den Brief zur Vorlesung zu bringen[1687], durch den ich Sie um vorzeitige Enthebung von meinem Amte gebeten habe.[1688] Es liegt mir daran, daß alle Mitglieder des Aufsichtsrats die Gründe meines damaligen Antrages kennen.
Ich hatte in Basel und hier geschäftliche Angelegenheiten zu erledigen und fahre von hier im Auto mit meiner Frau nach Arosa, wo wir zunächst Standquartier nehmen wollen, wenn das Wetter so gut bleibt wie es gegenwärtig ist.
Mit freundschaftlichen Grüßen der Ihrige
[gez.] Solmssen.
Meine Frau grüßt herzlich, ich bitte, Ihrer Gattin vielmals empfohlen zu werden.

1686 Briefpapier «Hotel / Waldhaus Dolder / Zürich», 1 Blatt in der Mitte gefalzt, 3 Seiten eigenhändig beschrieben, Paraphe von Franz Urbig, in: HADB, P1/14.

1687 Handschriftlicher Vermerk Urbigs: «Nein! Das tue ich nicht. U[rbig]».

1688 Solmssen an Urbig 22.5.1934, in: HADB, P1/14; hier abgedruckt.

Oscar Schlitter an Georg Solmssen, 19.12.1934[1689]

den 19. Dezember 1934.

Sehr geehrter Herr Dr. Solmssen!
Der Ordnung halber teile ich Ihnen mit, dass Sie den getroffenen Vereinbarungen entsprechend nach Beendigung des Laufes der bisherigen Bezüge mit dem 1. Januar 1935 in den Genuß des Ruhegehalts von R[eichs]M[ark] 24.000.– jährlich treten, das Ihnen in der üblichen Weise in vierteljährlichen Teilbeträgen auf Ihrem Konto bei der Oberbuchhalterei vergütet werden wird.
Mit verbindlichsten Grüßen
Ihr Ihnen stets sehr ergebener
[gez.] Schlitter

Herrn
Dr. Georg Solmssen,
Berlin.

Georg Solmssen an Oscar Schlitter, 31.12.1934[1690]

Z[ingle]r.   31. Dezember 1934.

Sehr geehrter Herr Dr. Schlitter,
Von Reisen zurückkehrend, fand ich Ihre gefällige Zuschrift vom 19. v[origen]. M[ona]ts. [!][1691], betreffend die mir vom 1. Januar 1935 an zustehende Pension, vor und nahm dankend hiervon Kenntnis.
Mit verbindlichsten Grüssen
in steter Wertschätzung
Ihr sehr ergebener
[gez.] Solmssen.

An den
Vorsitzenden des Aufsichtsrats der
Deutschen Bank und Disconto-Gesellschaft
Herrn Dr. h. c. Oscar Schlitter,
Im Hause.

1689 Presskopie, 1 Blatt, 1 Vorderseite maschinenschriftlich beschrieben, in: HADB, P1/14.
1690 Briefpapier «Dr. GEORG SOLMSSEN / Berlin W8 / Mauerstraße 35», 1 Blatt, 1 Vorderseite maschinenschriftlich beschrieben, Paraphe von Oscar Schlitter, in: HADB, P1/14.
1691 Schlitter an Solmssen 19.12.1934; hier abgedruckt.

Georg Solmssen an Johanna Duisberg, 22.03.1935[1692]

22. März 1935.

Sehr geehrte gnädige Frau,
Empfangen Sie die Versicherung meiner und meiner Frau herzlicher Anteilnahme anläßlich des Hinscheidens Ihres von uns hochverehrten Herrn Gemahls.[1693] Wir gedenken dankbar des Reichtums seines Wesens, den er der Umwelt so gebefreudig mitzuteilen wußte, indem er sie an dem Glück seines stets sprudelnden Schaffens Teil nehmen ließ[,] und trauern mit Ihnen um das Ende dieses inhaltsvollen Lebens, das so Vielen viel gegeben hat.
In aufrichtiger Ergebenheit
[gez.] Georg Solmssen.

Georg Solmssen an Karl Kimmich, 21.04.1935[1694]

Grand Hotel.   21. April 1935.
Neapel.

Lieber Herr Dr. Kimmich.
Ich erhalte heute von Herrn Loewe[1695] den Vorschlag, als Nachfolger des Herrn Sommerfeldt[1696] Herrn Dr. Geibel[1697] zum Mitglied des Vorstandes der Gesfürel[1698] zu ernennen. Dr. Geibel ist seit 1908 bei der Schlesischen Elektrizitäts- und Gas-A.G. tätig und langjähriger Direktor derselben. Er besitzt nach Herrn Loewes Mitteilung sowohl sachlich wie persönlich alle Eigenschaften, um den vakanten Posten auszufüllen. Sein einziger Nachteil sei, dass er bereits 57 Jahre alt ist. Herr Loewe legt aber grösseren Wert darauf, sofort eine, für die nächsten Jahre ausreichende und Ruhe gewährleistende Regelung zu finden, als die Angelegenheit in der Schwebe zu lassen. Ich habe Herrn Loewe gebeten, kein Definitivum zu veranlassen, bevor ich Herrn Geibel kennen gelernt habe, was frühestens am 6. Mai in München erfolgen kann. Meine Bitte an Sie geht dahin, umgehend in informierten Kreisen und besonders in Schlesien Erkundigungen über Herr Geibel einzuziehen und mir deren Ergebnis mitzuteilen.
Herr Loewe bringt gleichzeitig die Zuwahl des Herrn F.[1699] in den Aufsichtsrat in Vorschlag, der, wie ich aus einer Mitteilung der Bewag[1700] ersehe, inzwischen in

---

1692 Briefpapier «Dr. GEORG SOLMSSEN / BERLIN N.W.40 / ALSENSTR. 9», 1 Blatt, 1 Vorderseite eigenhändig beschrieben, in: HADB, P1/14.
1693 Gemeint ist Carl Duisberg, der am 19.3.1935 in Leverkusen verstarb.
1694 1 Blatt, Vorderseite maschinenschriftlich beschrieben, handschriftlicher Datumsvermerk «23/4. [1935]», Paraphe von Karl Kimmich, in: HADB, P3455, Bl. 22.
1695 Gemeint ist Erich Loewe.
1696 Gemeint ist Erik Sommerfeldt.
1697 Gemeint ist Carl Geibel.
1698 Gemeint ist die Gesellschaft für elektrische Unternehmungen – Ludwig Loewe & Co. AG.
1699 Gemeint ist Robert Frank.
1700 Gemeint ist die Berliner Kraft- und Licht-AG.

deren Arbeitsausschuss eingetreten ist. Sie wollten so freundlich sein, diese Angelegenheit mit Herrn Bücher[1701] zu besprechen. Teilen Sie mir bitte das Ergebnis dieser Unterhaltung mit.
Als ich abreiste, war Herr Loewe der Ansicht, dass der Ersatz des Herrn Sommerfeldt gar keine Eile habe und polemisierte stark gegen die Zuwahl des Herrn F[rank]. Jetzt scheint er in beiden Punkten anderer Ansicht geworden zu sein. Hätte er diese bereits vor meiner Abfahrt vertreten, so würde ich nicht abgereist sein, ohne beide Angelegenheiten vorher geregelt zu haben.
Mit freundlichen Grüssen
Ihr sehr ergebener
[gez.] Solmssen.

Karl Kimmich an Georg Solmssen, 23.04.1935[1702]

23. April 1935.

Lieber Herr Solmssen!
Ich habe heute ausgiebig mit Herrn Bücher[1703] von der A.E.G. gesprochen. Herr Heineman[1704] will auf Herrn Frank[1705], soweit Herr Bücher orientiert ist, nicht verzichten und Herr Bücher will diesen Wunsch des Herrn Heineman trotz meiner wiederholten Hinweise erfüllen. Der letzte Grund liegt anscheinend darin, dass die A.E.G. grosse Aufträge von Sofina[1706] dauernd erhält, und man deshalb glaubt, Anregungen, die von Herrn Heineman mit solchem Nachdruck vorgebracht werden, (Frank liegt persönlich H[eineman]. sehr), folgen zu müssen. Dagegen hat Herr Bücher gar keinen Zweifel darüber gelassen, dass irgendein Mandat für Herrn Frank nicht in Frage kommt, ebenso dass er initiativ in keiner Weise in die Geschäftsführung eingreift oder gar später in den Vorstand übertritt. Nach dieser Richtung will Herr Bücher Herrn Heineman unzweideutig seine Meinung auch schriftlich äussern.
Herr Frank soll lediglich als Zubringer, d[as]. h[eißt]. als Informationsquelle benutzt werden und da ihm eine gewisse Geschicklichkeit auf diesem Gebiet nicht abzusprechen ist, so glaube ich, dass es richtig ist, unter der Voraussetzung, dass seine Hinzuziehung in dieser Weise eingeschränkt wird, unsere Bedenken fallen zu lassen.
Wegen des Herrn Dr. Geibel[1707] sprach mich Herr Bücher auch an. Ich habe ihm erklärt, dass ich diesen Herrn nicht kenne und auch er wusste anscheinend über

---

1701 Gemeint ist Hermann Bücher.
1702 Presskopie, 2 Blätter, 2 Vorderseiten maschinenschriftlich beschrieben, zweite Seite nummeriert, in: HADB, P3455, Bl. 23f.
1703 Gemeint ist Hermann Bücher.
1704 Gemeint ist Dannie Heineman.
1705 Gemeint ist Robert Frank.
1706 Gemeint ist die Société Financière de Transports et d'Enterprises Industrielles (Sofina) S.A.
1707 Gemeint ist Carl Geibel.

seine Qualitäten mehr vom Hörensagen als aus eigener Anschauung Bescheid. Ich werde mich informieren und lasse Ihnen weitere Nachrichten zukommen.
Mit freundlichen Grüssen und Empfehlungen, auch an Ihre verehrte Frau Gemahlin, und den besten Wünschen für eine angenehme Reise bin ich
Ihr
[gez.] Kimmich

Herrn Dr. jur Georg Solmssen
Grand Hotel
<u>Neapel</u>
Via Caracciolo

Georg Solmssen an Karl Kimmich, 26.04.1935[1708]

26. April 1935.

Lieber Herr Dr. Kimmich,
Ich danke Ihnen bestens für Ihren heute erhaltenen Brief vom 23. d[es]. M[ona]ts.[1709] und Ihre Bemühung in Sachen Gesfürel.[1710]
In Sachen Fr.[1711] gehe ich mit Ihnen einig. Es ist anzunehmen, daß die Herren H.[1712] und B.[1713] sich ihm gegenüber bereits so stark engagiert haben, daß die Ablehnung ihrer Wünsche ohne starke Verstimmung nicht angängig ist. Es muß nun dafür gesorgt werden, daß F[rank]. die Mitgliedschaft im Aufsichtsrat nicht als Sprungbrett für die Aufnahme in die Direktion benutzt. Ich hoffe H[ineman] in Barcelona am 4. Mai zu sehen und werde in diesem Sinne mit ihm sprechen.
Für Ihre freundlichen Wünsche für unsere Reise danke ich bestens; sie ist sehr erholsam und ablenkend, wenn das Wetter auch mehr nordisch, als südlich ist.
Mit den besten Grüßen, auch von meiner Frau und unserer Beider Bitte um Empfehlung an Ihre Frau Gemahlin[1714] [.]
Ihr sehr ergebener
[gez.] Solmssen.
Herr Dr. Mattes[1715] hat mir wegen des Herrn Dr. Gleim[1716] geschrieben. Die Korrespondenz wird Ihnen vorgelegt.

1708 Briefpapier «GRAND HOTEL / NAPOLI», 1 Blatt in der Mitte und seitlich gefalzt, 2 Seiten eigenhändig beschrieben, Paraphe von Karl Kimmich, in: HADB, P3455, Bl. 32.
1709 Kimmich an Solmssen 23.4.1935, in: HADB, P3455, Bl. 23f.
1710 Gemeint ist die Gesellschaft für elektrische Unternehmungen – Ludwig Loewe & Co. AG.
1711 Gemeint ist Robert Frank.
1712 Gemeint ist Dannie Heineman.
1713 Gemeint ist Hermann Bücher.
1714 Gemeint ist Elisabeth Kimmich.
1715 Gemeint ist Karl Mattes.
1716 Gemeint ist wahrscheinlich Wilhelm Gleim.

Georg Solmssen an Karl Kimmich, 31.04.1935[1717]

31[!]. April [19]35.

Lieber Herr Dr. Kimmich,
Ich danke Ihnen für Ihren Brief vom 26. d[es]. M[ona]ts.[1718] und die darin gesandten Auskünfte über Herrn Dr. G.[1719] Nach ihrem Inhalt wird gegen seine Berufung[1720] nichts einzuwenden sein. Ich habe die definitive Entscheidung von einer Rücksprache abhängig gemacht, die ich am 6. Mai mit Herrn Geibel in München haben will und ersuche Herrn Loewe[1721], den Aufsichtsrats-Ausschuß in meinem Auftrage zu einer der Generalversammlung am 9. Mai unmittelbar vorausgehenden Sitzung zwecks Beschlußfassung einzuberufen.
Mit freundlichen Grüßen
Ihr sehr ergebener
[gez.] Solmssen.

Georg Solmssen an Karl Kimmich, 06.06.1935[1722]

Z[ingle]r.   6. Juni 1935.

Lieber Herr Dr. Kimmich,
Ich konnte Sie vor Ihrer Abreise nach Bochum nicht erreichen und musste mich daher darauf beschränken, Ihnen durch Fräulein Lietz[1723] auf deren Anfrage mitzuteilen, dass ich bäte, Herrn Lüpke[1724] bei Ihrer Anwesenheit in Bochum nicht auf die bewusste Angelegenheit anzusprechen.
Herr Loewe[1725] hat mir den Wunsch vorgetragen, zunächst von einer Neubesetzung des S.'schen[1726] Postens abzusehen, um sich vor der Gefahr zu schützen, übereilt eine Entscheidung treffen zu müssen, bevor die Personalverhältnisse bei der Gesfürel[1727] selbst mehr geklärt sind. Um diese Klärung herbeizuführen, hat er eine neue Verteilung der Dezernate vorgenommen, welche so beschaffen ist, dass Herr

---

1717 Briefpapier «EDEN HOTEL-ROME / 49, Via Ludovisi», 1 Blatt, Vorder- und Rückseite eigenhändig beschrieben, Paraphe von Karl Kimmich, in: HADB, P3455, Bl. 34.
1718 Kimmich an Solmssen 26.4.1935, in: HADB, P3455, Bl. 30–31. Darin übermittelte Kimmich eine ausführliche Auskunft über Carl Geibel, die er vom Direktor der Breslauer Filiale der Deutschen Bank und Disconto-Gesellschaft Walter May und Otto Berve von den Gräflich Schaffgotsch'schen Werken eingeholt hatte.
1719 Gemeint ist Carl Geibel.
1720 Gemeint ist Berufung in den Vorstand der Gesellschaft für elektrische Unternehmungen – Ludwig Loewe & Co. AG.
1721 Gemeint ist Erich Loewe.
1722 Briefpapier «Dr. GEORG SOLMSSEN / BERLIN W8 / Mauerstraße 35», 3 Blätter, 3 Vorderseiten maschinenschriftlich beschrieben, nummeriert ab der zweiten Seite, Paraphe von Karl Kimmich, in: HADB, P3455, Bl. 38ff.
1723 Gemeint ist Charlotte Lietz.
1724 Gemeint ist wahrscheinlich Adolf Lüpke.
1725 Gemeint ist Erich Loewe.
1726 Gemeint ist Erik Sommerfeldt.
1727 Gemeint ist die Gesellschaft für elektronische Unternehmungen – Ludwig Loewe & Co. AG.

Dr. L.[1728] nicht ohne weiteres die früheren Amtsgeschäfte des Herrn S[ommerfeldt]. übernimmt, sondern auch andere Vorstandsmitglieder zu ihrer Bearbeitung zugezogen werden. So hat er selbst das Dezernat Schlesien übernommen und Herrn L[ühr]. keinen Zweifel darüber gelassen, dass er nunmehr sich energisch einarbeiten und beweisen müsse, dass er auch eine rein sachliche Tätigkeit entfalten könne. Herr Loewe hält es nicht für ganz ausgeschlossen, dass Herr L[ühr]., dessen gegenwärtigen politischen Einfluss er gering einschätzt, im Bewusstsein seiner bisherigen Unzulänglichkeit sich viel gefügiger als bisher zeigen und mit grösserer Energie seine beruflichen Pflichten erfüllen werde. Meine Frage, ob in dieser Regelung nicht die Gefahr liege, dass Herr L[ühr]. falsche Massnahmen ergreifen werde, wurde von Herrn Loewe mit der Versicherung verneint, dass er alle Massnahmen getroffen habe, um Herrn L[ühr]., wie er es nannte, jederzeit überhören zu können und ihn dadurch zu zwingen, zu den einschlägigen Problemen persönlich Stellung zu nehmen. Er schätzt die Fachkenntnisse des Herrn L[ühr]. nicht so gering ein wie wir und vertritt den Standpunkt, dass Herr L[ühr]. durch die politische Bedeutung, die ihm zeitweise zu Kopf gestiegen sei, aus der ruhigen Bahn seiner Entwicklung, wie sie sich in der Vergangenheit bei der Gesfürel abgespielt habe, durch zu schnelles Avancement herausgeworfen worden sei.

Ich habe nunmehr den Arbeitsausschuss des Aufsichtsrats der Gesfürel auf den 14. d[es]. M[onat]ts. einberufen, um ihm die Tatsache mitzuteilen, dass Herr Dr. Geibel[1729] definitiv auf den Posten als Mitglied des Vorstandes der Gesfürel verzichtet habe, und um die neue Geschäftsverteilung kursorisch zur Kenntnis der Mitglieder zu bringen, sowie die noch schwebende materielle Regelung betreffend Herrn S[ommerfeldt]. und Herrn Wendel[1730] zu erledigen. Der ursprünglich auch von Herrn Loewe begünstigte Plan, neben Herrn L[ühr]. Herrn Hellmich[1731], Mitglied des Vorstandes der Elektricitätswerk Südwest A.G., zum stellvertretenden Vorstandsmitgliede der Gesfürel zu ernennen, ist entsprechend meinem Wunsche definitiv fallen gelassen worden.

Unter diesen Umständen wäre es nicht richtig, sich jetzt bereits mit der Frage der Gewinnung eines Nachfolgers des Herrn S[ommerfeldt]. intensiver zu beschäftigen.

Mit freundlichen Grüssen und besten Wünschen für die Pfingstfeiertage
Ihr ergebener
[gez.] Solmssen.

Herrn Dr. Kimmich,
<u>Im Hause.</u>

1728 Gemeint ist Wilhelm Lühr.
1729 Gemeint ist Carl Geibel.
1730 Gemeint ist Hans Wendel.
1731 Gemeint ist Hermann Hellmich.

Georg Solmssen an Otto Abshagen, 17.08.1935[1732]

Carezza al Lago, Grand Hotel   17. Aug[ust]. 1935.

Sehr geehrter Herr Dr. Abshagen,
Ich bitte Sie, den beiliegenden Brief[1733] an Herrn Dr. F. Gebhardt[1734] (früher Generaldirektor von Henschel[1735]) weiter zu leiten. Der Genannte hat, wie er mir schrieb, Ende Juli seine Rückreise von Kanada nach Deutschland angetreten und wollte mich Mitte August in Berlin aufsuchen. Ich kenne seine deutsche Adresse nicht. Falls Herr Dr. Gebhardt sich nicht zur Zeit in Berlin aufhält, wäre der Brief an ihn nach seinem Wohnsitz in Baden[1736] zu senden.
Wir haben nach schöner Fahrt hier wechselndes Wetter angetroffen und hoffen auf mehr Sonnenschein.
Ich danke Ihnen im Voraus für Ihre Bemühung und bin
mit freundlichen Grüßen
Ihr sehr ergebener
[gez.] Solmssen.
Die beiliegende Anweisung bitte ich ebenfalls weiter zu geben.[1737]

Otto Abshagen an Georg Solmssen, 20.08.1935[1738]

                                                 20. August 1935

Sehr verehrter Herr Dr. Solmssen!
Ihre freundlichen Zeilen vom 17. August d[e]s. J[ahre]s.[1739] erhalte ich soeben. Der Brief an Herrn Dr. F. Gebhardt[1740] ist nach dem hiesigen «Kaiserhof»[1741] weitergeleitet worden, wo, wie ich habe feststellen lassen, der Adressat z[ur]. Z[ei]t. weilt.
Auch die weiter übersandte Anweisung ist wunschgemäss erledigt worden.
Hier ist seit einigen Tagen ein milder, höchst angenehmer Hochsommer eingetreten; ich hoffe, dass auch Sie und die sehr verehrten Ihrigen von ähnlichem Wetter

---

1732 1 Blatt in der Mitte gefalzt, 3 Seiten eigenhändig beschrieben, Eingangsstempel «GENERALSEKRETARIAT / Eing[ang]. 20. AUG[UST]. 1935 / Beantw[ortet]. 20.8.[19]35», in: HADB, P2, Bl. 2f.
1733 Die Korrespondenz zwischen Solmssen und Gebhardt ist nicht überliefert.
1734 Gemeint ist Fritz Gebhardt.
1735 Gemeint ist die Henschel & Sohn AG.
1736 Gemeint ist Baden-Baden.
1737 Der Inhalt der Anweisung ist nicht bekannt. Handschriftlicher Vermerk «geschehen».
1738 Presskopie, 1 Blatt, Vorderseite maschinenschriftlich beschrieben, in: HADB, P2, Bl. 4.
1739 Solmssen an Abshagen 17.8.1935, in: HADB, P2, Bl. 2ff; hier abgedruckt.
1740 Gemeint ist Fritz Gebhardt.
1741 Gemeint ist das Hotel Kaiserhof am Wilhelmplatz in Berlin.

begünstigt werden, um ohne Beeinträchtigung die Schönheiten der Dolomiten geniessen zu können.
Mit verbindlichsten Empfehlungen und Grüssen
Ihr sehr ergebener
[gez.] Abshagen

Herrn
Dr. Georg Solmssen,
Carezza al Lago (Italien)
Grand Hôtel

Georg Solmssen an Franz Urbig, 17.09.1935[1742]

17. September 1935

Lieber Herr Urbig,
Ihre gestrige Bemerkung, Sie verständen nicht, warum ich Deutschland nicht verließe, hat mich sehr betroffen. So zu handeln, hieße das Feld räumen zu Gefallen derer, gegenüber deren tätigem oder tatenlosem Verhalten unsere Gegenwart zum lebenden Vorwurf wird.
Meine Frau, unsere Kinder und ich sind deutsch. Unser in Generationen erworbenes und bewahrtes Deutschtum kann und darf uns Niemand nehmen. Es persönlich aufgeben zu müssen, würde mein Herz vollends zerreißen. Habe ich doch erfahren, was es bedeutet entwurzelt zu werden, als ich meiner und damit der Fortsetzung der Arbeit meiner Familie entsagen mußte und mit Mühe erreicht wurde, mir einen gewissen, meiner Vergangenheit nicht entsprechenden Zusammenhang mit meinem Lebenswerk zu erhalten.[1743]
Seitdem hat sich staatliche Demütigung an Demütigung gereiht. Auf die Versagung der militärischen Waffenehre[1744] ist gestern die Aberkennung der bürgerlichen Ehre[1745], die Kennzeichnung unserer Ehe als Rassenschande und meine Brandmarkung als sexueller Wüstling gefolgt, vor dem das s[o]. g[enannte]. arische Hauspersonal geschützt werden müsse.[1746]

1742 Briefpapier «DR GEORG SOLMSSEN / SCHWANENWERDER / BERLIN-WANNSEE», 1 Blatt in der Mitte gefalzt, 4 Seiten eigenhändig beschrieben, in: HADB, NL3/53.
1743 Gemeint ist seine 1935 erfolgte Wahl in den Aufsichtsrat der Deutschen Bank und Disconto-Gesellschaft.
1744 Nach §15 des Wehrgesetzes vom 21.5.1935, mit dem die allgemeine Wehrpflicht wieder eingeführt wurde, war die «arische Abstammung eine Voraussetzung für den aktiven Wehrdienst», RGBl. I. S. 609.
1745 Gemeint sind die Bestimmungen des Reichsbürgergesetzes vom 15.9.1935, RGBl. I. S. 1146.
1746 Gesetz zum Schutze des deutschen Blutes und der deutschen Ehre vom 15.9.1935, RGBl. I. S. 1146.

Aber trotzdem; mit der Aufgabe des Vorstandes und der Arbeit für seine Zukunft würde ich das Letzte verlieren, was mich aufrecht hält. Wir tragen bereits schwer genug daran, daß unsere Söhne hier beruflich verfehlt [!] sind.
So bin ich durch und durch waidwund und wenig geeignet, unser Unglück spazieren zu tragen. Dieses diene als Erklärung für die meinen Besuch vergeblich Erwartenden und zugleich als Begründung meiner an Sie und die Herren des Vorstandes gerichtete Bitte, mein Fehlen bei den der Sitzung des Aufsichtsrats der Bank am 19. d[es]. M[onat]s. folgenden Ehren zu entschuldigen. Ich hatte bereits zugesagt, brächte es aber nach dem gestern über uns Verhängten nicht fertig, unter nicht betroffenen Fröhlichen den Fröhlichen zu spielen.
Freundschaftlichst
der Ihre
[gez.] Solmssen.

Vorstand der Deutschen Bank und Disconto-Gesellschaft (Eduard Mosler und Hans Rummel) an Georg Solmssen, 14.10.1935[1747]

6/P[undt].   14. Oktober 1935.

Aus Anlass eines Einzelfalles und zur Vermeidung künftiger Missverständnisse gestatten wir uns darauf hinzuweisen, dass, wie in den übrigen gleichliegenden Fällen, auch in Ihrem Falle bei Ihrem Ableben die Pension Ihrer überlebenden Ehegattin die Hälfte des von Ihnen zuletzt bezogenen Ruhegehaltes beträgt.
Wir bitten, hiervon Kenntnis zu nehmen.
In freundschaftlicher Hochschätzung
DEUTSCHE BANK UND DISCONTO-GESELLSCHAFT
[gez.] Mosler   [gez.] Rummel

Herrn Dr. Georg Solmssen
Berlin W.8.

[1747] Presskopie, 1 Blatt, Vorderseite maschinenschriftlich beschrieben, in: HADB, P1/14.

Hans von Seeckt an Georg Solmssen, 27.10.1935[1748]

den 27.10.[19]35

Sehr verehrter Herr Dr. Solmssen

Für die freundliche Widmung Ihres Werkes[1749] sage ich Ihnen herzlichen Dank. Es erinnert mich beim ersten Durchblättern Ihrer Persönlichkeit und der mir von Ihnen erwiesenen freundlichen Gesinnung. Eine hohe Freude wird es mir sein, mich wie früher in Ihre Gedankengänge zu vertiefen und aus ihnen zu lernen. Ihre traditionsgebundene Hingabe an die Entwicklung der deutschen Wirtschaft, Ihre Einsicht, in die Gesetze der Entwicklung, die trotz allem Wechsel der Erscheinungsformen doch bestehen bleiben, machen mir Ihre Ausführungen immer wieder wertvoll. Sie haben auf Ihrem Gebiet so viel Auf und Ab, so viel Blühen, Früchte tragen und Absterben erlebt, daß Sie wie ich auf dem meinigen wissend geworden sind um die Dinge, die kamen, kommen mußten und wieder kommen werden, weil auf allen Gebieten die unerbittliche Logik natürlicher Entwicklung stärker ist als die Menschen.

In aufrichtiger Hochachtung und Wertschätzung

Ihr

ergebener

[gez.] Seeckt

Georg Solmssen an Carl Goetz, 11.02.1936[1750]

Z[ingle]r.   11. Februar 1936.

Sehr geehrter Herr Goetz,

Ich trete dieser Tage eine geschäftliche Reise nach der Südafrikanischen Union an, von der ich erst Mitte Mai zurückgekehrt sein werde. Ich habe mit Herrn Loewe[1751] die für die Bilanz der Gesellschaft für elektrische Unternehmungen – Ludw. Loewe & Co. A.G. in Betracht kommenden wesentlichen Gesichtspunkte besprochen und bin mit ihm über die Aufmachung der Bilanz in den Grundzügen einig. Die Details der Bilanz können erst in meiner Abwesenheit aufgestellt werden, und auch die Bilanzsitzung des Aufsichtsrats wird während derselben stattfinden müs-

---

1748 Fotokopie, Briefkopf «GENERAL VON SEECKT / BERLIN W 35 / LICHTENSTEINALLEE 2a», 2 Blätter, 2 Vorderseiten eigenhändig beschrieben, in: HADB, P1/14. Diese Fotokopie sandte Solmssen gemeinsam mit anderen Dokumenten am 19.7.1941 (in: HADB, P1/15; hier abgedruckt) zur Unterstützung seiner Pensionsansprüche gegenüber der Schiedsstelle beim Reichsverwaltungsgericht an den Vorstand der Deutschen Bank.

1749 Gemeint ist Solmssen, Beiträge zur Deutschen Politik und Wirtschaft 1900–1933.

1750 Presskopie, 1 Blatt, Vorderseite maschinenschriftlich beschrieben, handschriftlicher Vermerk «Anlage z[um]. Br[ie]f. 11.2.[19]36», in: HADB, P3455, Bl. 55.

1751 Gemeint ist Erich Loewe.

sen. Ich bitte Sie, dieselbe freundlichst zu leiten und zu den der Sitzung vorangehenden Beratungen mit dem Vorstande der Gesellschaft für elektrische Unternehmungen – Ludw. Loewe & Co. A.G. Herrn Dr. Kimmich[1752] als Vertreter der DD-Bank[1753] und Mitglied des engeren Ausschusses informell zuzuziehen, sodass auch meine Bank über die zu fassenden Entschlüsse gleichzeitig unterrichtet wird. Ihnen im voraus für Ihre Bemühungen verbindlichst dankend, bin ich mit freundlichen Grüssen
in steter Wertschätzung
Ihr sehr ergebener
[gez.] Solmssen

Herrn Carl Goetz,
Mitglied des Vorstandes der Dresdner Bank,
Berlin W8.

Georg Solmssen an Otto Abshagen, 15.02.1936[1754]

Off Southampton.   15. Febr[uar]. 1936.

Sehr geehrter Herr Dr. Abshagen,
Ich möchte die letzte europaeische Postgelegenheit nicht versäumen, ohne Ihnen für die freundliche Bereitwilligkeit zu danken, die Erledigung meiner Post in die Hand zu nehmen. Nach Ankunft in Capetown ist meine dortige Adresse Thos. Cook & Sons 30. Strandstreet für Briefe u[nd]. für Telegramme Coupon for Solmssen. Bei Wechsel des Aufenthalts werde ich die Post von dort weiter dirigieren lassen.
Alles was Mills College betrifft, bitte ich sogleich an Frl. Tinka Strauss[1755], Drygalskistr. 4 Berlin-Grunewald zu dirigieren. Die Adressatin ist dieser Tage nach Lenzerheide Villa Carlotta gereist, voraussichtlich für mehrere Wochen. Ich bitte daher vorher in der Wohnung G. S. 3834 telephonisch anzufragen, wo sie postalisch am ehesten erreichbar ist. Alle Vermögensangelegenheiten bekommt Herr Brehm[1756] von der Revision Treuhand A.G.
Fräulein Zingler[1757] hat unter Einrechnung einer Vorjahrs[-]Urlaubs[-]Saldos um 4 Wochen Urlaub gebeten, den sie wirklich verdient hat. Sie wird auch nach ihrer

---

1752 Gemeint ist Karl Kimmich.
1753 Gemeint ist die Deutsche Bank und Disconto-Gesellschaft.
1754 Briefpapier «WOERMANN-LINIE / HAMBURG», 1 Blatt in der Mitte gefalzt, 4 Seiten eigenhändig beschrieben, Eingangsstempel «GENERALSEKRETARIAT / Eing[ang]. 17.

FEB[RUAR]. 1936», «17» handschriftlich geändert in «18» / Beantw[ortet]. ./.», in: HADB, P2, Bl. 5f.
1755 Tinka Dorothea Strauss heiratete am 25.7.1936 Georg Solmssens Sohn Ulrich.
1756 Gemeint ist Max Brehm.
1757 Gemeint ist Elisabeth Zingler.

Rückkehr für mich viel zu thun haben, so daß ich kaum glaube, daß sie für anderweite Beschäftigung frei zu machen ist.
Bis hierher war unsere Fahrt sehr ruhig. Das Schiff ist klein u[nd]. wird wohl schaukeln, wenn es bläst.
Mit freundlichen Grüßen
Ihr sehr ergebener
[gez.] Solmssen.
Die Luftpost verläßt London jeden Mittwoch.

Georg Solmssen an Franz Urbig, 22.03.1936[1758]

22. März 1936.

Lieber Herr Urbig,
Mein Fehlen in der Aufsichtsrats-Sitzung und der Generalversammlung der DD-Bank[1759] werden Sie entschuldigen.
Herr Dr. Mosler[1760] sagte mir bei meiner Abreise auf meine Anfrage, daß die mir bei meinem Ausscheiden aus dem Vorstande gegebene Zusage meiner Wahl in den engeren Ausschuß des Aufsichtsrats voraussichtlich auch jetzt noch nicht werde eingelöst werden können. Meine Antwort war und ist, daß ich diesen, auf den seinerzeitigen Verhandlungen mit Ihnen und den Herren Dr. Russell[1761], Dr. Mosler und Schlieper[1762] gegründeten und durch meine Vergangenheit berechtigten Anspruch[1763] nach wie vor aufrecht erhalte und seine baldige Erfüllung erwarte. Dieses um so mehr, weil Herr Dr. Mosler mich seiner Zeit, als der gleichzeitige Eintritt in Plenum und Ausschuß als nicht durchführbar bezeichnet wurde, darauf hinwies, die Wahl könne jederzeit durch Kooptation statt finden.[1764] Ich muß immer wieder an diese Zusammenhänge erinnern, weil ich die im Laufe der Zeit immer stärker werdende Entfremdung vom inneren Ergehen der Bank schmerzlich empfinde.

1758 Briefpapier «AIR MAIL / MOUNT NELSON HOTEL / CAPE TOWN», 3 Blätter, 3 Vorderseiten eigenhändig beschrieben, nummeriert ab der zweiten Seite, handschriftlicher Eingangsvermerk Urbigs «Er[halten]. 3.4.[19]36», Paraphen von Franz Urbig, Ernst Enno Russell, Gustaf Schlieper und Eduard Mosler, in: HADB, P1/14.
1759 Gemeint ist die Generalversammlung der Deutschen Bank und Disconto-Gesellschaft vom 8.4.1936.
1760 Gemeint ist Eduard Mosler.
1761 Gemeint ist Ernst Enno Russell.
1762 Gemeint ist Gustaf Schlieper.
1763 Handschriftlich unterstrichen von Franz Urbig.

1764 Mosler reagierte auf diese Vorhaltung am 3.4.1936, dem Tag des Eintreffens des Schreibens in Berlin, mit einer kurzen handschriftlichen Notiz an Urbig und Schlieper: «ich habe Herrn Dr. Solmssen niemals eine Zusage oder ein Versprechen gegeben, konnte dies ja auch garnicht [!]; ich habe lediglich gesagt, daß ich hoffte, daß die Wahl sich ermöglichen lassen werde und diese Unverbindlichkeit mehrfach betont. Dies zur Klarstellung!» Schlieper ergänzte: «Eine bedingungslose Zusage ist Herrn Dr. Solmssen bestimmt nicht gemacht worden und daher auch ein Anspruch nicht entstanden», in: HADB, P1/14.

In angenehmem Gegensatze zu den Demütigungen und Verunglimpfungen der Heimath [!] stand die überaus herzliche Aufnahme, die uns hier von allen Kreisen, sowohl von privater, wie amtlicher deutscher und inländischer Seite zu Teil geworden ist. Ich glaube, der deutschen Sache gerade in diesen Tagen einiges haben nützen zu können, besonders durch mehrmalige eingehende Aussprache mit General Smuts.[1765]

Die meine geschäftlichen Zwecke vorbereitenden Besuche bei den hiesigen Ministern und Regierungs-Stellen sind beendet und wir fliegen morgen nach Johannesburg. Wir scheiden ungern von diesem gesegnetem Erdenfleck und seinen liebenswürdigen Bewohnern, die sich – Deutsche, Engländer und Afrikaner – wetteifernd bemühten, uns jeden der hier verlebten 14 Tage zu verschönen.

Mit besten Grüßen an Sie und die ehemaligen Kollegen der Ihrige

[gez.] Solmssen.

Aktenvermerk Georg Solmssens, 21.07.1936[1766]

Z[ingle]r.   21.7.[19]36.
Aktennotiz.
Gesfürel / AEG.[1767]

Herr Geheimrat Bücher[1768] teilte mir heute mit, Herr Reichswirtschaftsminister a.D. Dr. Schmitt[1769] fordere als künftiger Vorsitzender des Aufsichtsrats der AEG, dass ausser Herrn Erich Loewe kein Nichtarier diesem Gremium angehöre. Dementsprechend erbitte er mein Einverständnis damit, dass meine Wiederwahl unterbleibe.

Ich habe diese Forderung abgelehnt und meine Stellungnahme wie folgt begründet.

Das an mich gestellte Verlangen enthalte einen Bruch, der zwischen dem Vorstand der Gesfürel und dem Vorstand der AEG getroffenen Absprachen, sowie der mir und Herrn Loewe gemachten Zusagen und sei mit der Entwicklung der Transaktion Gesfürel / AEG nicht vereinbar. Diese stelle das Ergebnis der von mir als Vorsitzendem des Aufsichtsrats der Gesfürel und Mitglied des Aufsichtsrats der AEG

1765 Gemeint ist Jan Christian Smuts.
1766 Presskopie, 5 Blätter, 5 Vorderseiten maschinenschriftlich beschrieben, nummeriert ab der zweiten Seite, handschriftlicher Vermerk «Anlage», in: HADB, P3455, Bl. 133–137. Diese Zusammenfassung seiner Unterredung mit Hermann Bücher sandte Solmssen mit Schreiben vom 22.7.1936 an Reichsbank-Vizepräsident Friedrich Dreyse mit der Bitte um Weiterleitung an Hjalmar Schacht, siehe in: HADB, P3455, Bl. 132.
1767 Gemeint sind die Gesellschaft für elektrische Unternehmungen – Ludwig Loewe Co. AG und die Allgemeine Elektricitäts-Gesellschaft.
1768 Gemeint ist Hermann Bücher.
1769 Gemeint ist Kurt Schmitt.

mit Herrn Loewe als Vorsitzendem des Gesfürel-Vorstandes bereits seit Monaten gepflogenen Ueberlegungen dar, wie unter Wahrnehmung der Interessen der Gesfürel die sonst aussichtslose finanzielle Reorganisation der AEG durchgeführt werden könne. Herr Bücher habe, als ich ihm im Februar den jetzt zur Verwirklichung kommenden Plan in grossen Zügen darlegte, unter lebhaften Dankesbezeugungen erklärt, derselbe werde von ihm als die einzige Möglichkeit betrachtet, die AEG zu rekonstruieren. Dementsprechend sei von Herrn Bücher die Berechtigung der von mir gestellten Forderung anerkannt worden, dass die DD-Bank[1770] als Trägerin des Aufsichtsrats-Vorsitzes der Gesfürel und Führerin ihres Finanz-Konsortiums bei Zustandekommen der Transaktion in eine führende Stellung bei der AEG einrücke. Wir seien des weiteren darin einig gewesen, dass das sachlich Richtige sein würde, wenn ein Personalaustausch der beiden Unternehmungen durch Eintritt des Herrn Geheimrat Bücher in den Vorstand der Gesfürel und des Herrn Loewe in den Vorstand der AEG erfolge. Mein Verbleiben im Aufsichtsrate der AEG sollte dadurch akzentuiert werden, dass ich, der ich diesem nur als Person angehöre und deshalb beim Ausscheiden aus dem aktiven Dienst der DD-Bank aus dem Ausschuss des Aufsichtsrats ausgetreten war, wieder Mitglied desselben würde.

Nach Rückkehr von meiner Dienstreise nach der Südafrikanischen Union hätte ich eine insofern veränderte Situation vorgefunden, als von politischen Stellen verlangt worden war, dass Herr Loewe nicht in den Vorstand der AEG eintrete.

Um der dadurch entstandenen Schwierigkeiten Herr zu werden, hätten wir gemeinsam mit den Herren Dr. Kimmich[1771] und Loewe am 2. d[es]. M[ona]ts. den Reichsbankpräsidenten und Reichswirtschaftsminister Herrn Dr. Schacht[1772] aufgesucht und das in unserm Briefe an ihn von diesem Tage aufgestellte Programm für die verwaltungsmässige Gestaltung der AEG vorgetragen. Herr Dr. Schacht habe sowohl mündlich, wie durch seinen Brief vom 3. d[es]. M[ona]ts. die ihm dargelegten Pläne für zweckmässig und sich mit ihnen sowohl als Reichswirtschaftsminister wie Reichsbankpräsident einverstanden erklärt. Der am 3. d[es]. M[ona]ts. einberufen gewesene Ausschuss des Aufsichtsrats der Gesfürel habe dieses Programm ebenfalls genehmigt mit der einzigen Aenderung, dass vereinbart wurde, dass Herr Geheimrat Bücher im Aufsichtsrat der Gesfürel verbleibe und von diesem in deren Vorstand delegiert werde.

Diese Festlegungen seien bindend, und ich müsse es als eine Zumutung bezeichnen, dass nunmehr verlangt werde, dass ich als einer der Schöpfer der jetzt zur Verwirklichung kommenden Idee aus Gründen, die mit der sachlichen Erledigung der Angelegenheit nicht das geringste zu tun hätten, ausgeschifft werden solle. Es sei mir unverständlich, dass Herr Bücher nach allem, was vorhergegangen und dem Dank, den er mir für die im Interesse der AEG unternommenen Massnahmen

---

1770 Gemeint ist die Deutsche Bank und Disconto-Gesellschaft.
1771 Gemeint ist Karl Kimmich.
1772 Gemeint ist Hjalmar Schacht.

schulde, sich dazu habe hergeben können, ein Ansinnen wie das in Rede stehende an mich weiterzugeben.
Hiervon abgesehen, hielte ich aber auch aus wohlverstandenem deutschen Interesse eine mit der amtlichen Interpretation der Nürnberger Gesetze in striktem Widerspruch stehende Massnahme der Art, wie sie hier geplant werde, für ausserordentlich schädlich. Ich hätte gelegentlich meiner im Auftrage der Edeleanu-G.m.b.H. unternommenen Reise nach der Südafrikanischen Union feststellen können, welche Möglichkeiten dort für die Ausweitung des deutschen Exportes *im Austausch gegen Rohstoffe*[1773] beständen, wenn auf die Empfindungen der Welt ausserhalb Deutschlands in der Nichtarier-Frage Rücksicht genommen würde. Es sei mir mit grosser Mühe gelungen, und zwar im ausdrücklichen Einvernehmen mit dem deutschen Gesandten, Herrn Wiehl[1774], allmählich auf Grund meiner persönlichen Beziehungen zu den massgebenden Kreisen der südafrikanischen Bergwerks-Industrie Bresche in die ursprüngliche völlige Ablehnung eines Zusammengehens mit Deutschland auf industriellem Gebiete zu legen. Das von mir verfolgte Ziel, eine Mitarbeit der deutschen Industrie an der gerade jetzt wieder im Gange befindlichen, in der Niederbringung von 36 neuen Schächten zutage tretenden Kapazitätserweiterung der Goldbergwerke in methodischer Weise herbeizuführen, habe den vollen Beifall des Gesandten der Südafrikanischen Union in Berlin, Herrn Dr. Gie[1775], gefunden. Derselbe habe sich auf meine Veranlassung mit dem High Commissioner der Südafrikanischen Union, Mr. te Water[1776], in London in Verbindung gesetzt und ihm meine Pläne dargelegt. Die Antwort des Herrn te Water laute dahin, dass er gern bereit sei, auf den vorgeschlagenen Boden zu treten, und eine Aussprache wünsche. Bevor dieselbe erfolgen könne, müsse ich die Angelegenheit Herrn Dr. Schacht vortragen und ihm meinen die Verhältnisse schildernden Bericht vorlegen. Ich könne aber bereits jetzt sagen, dass es zwecklos sei, diese Pläne weiter zu verfolgen, wenn fortgefahren werde, Unternehmungen, die wie die AEG schwer um den Export rängen, der Mitarbeit der bisher um ihr Wohl besorgten Nichtarier zu berauben.
Im übrigen sehe ich voraus, dass auch Herr Loewe in eine unhaltbare Stellung gelange, wenn seitens der massgebenden Persönlichkeiten des zukünftigen Aufsichtsrats der AEG eine Haltung eingenommen werde, welche deutlich erkennen lasse, dass er nur geduldet werde, weil man zurzeit nicht glaube, ihn entbehren zu können.
Wenn ich resumiere, so sei das Resultat meiner Arbeit im Interesse der Transaktion Gesfürel / AEG, dass ich, womit ich einverstanden sei, den Vorsitz des Aufsichtsrats der Gesfürel an Herrn Dr. Kimmich als zukünftiges Mitglied des Präsidiums des Aufsichtsrats der AEG abgebe und nun zum Dank für meine Arbeit von der AEG

1773 Handschriftlich eingefügt.
1774 Gemeint ist Emil Wiehl.
1775 Gemeint ist Stefanus Francois Nandé Gie.
1776 Gemeint ist Charles Theodore Te Water.

den Stuhl vor die Tür gesetzt bekomme. Man dürfe sich daher nicht wundern, wenn ich einem derartigen Vorgehen auf Grund der Anschauungen, in denen ich gross geworden sei, völlig verständnislos gegenüberstehe.
Berlin, 21. Juli 1936.
[gez.] Solmssen.

Georg Solmssen an Aufsichtsratsausschuss der Gesellschaft für elektrische Unternehmungen – Ludwig Loewe & Co. AG, 17.08.1936[1777]

Gesellschaft für elektrische Unternehmungen – Ludw. Loewe & Co. A.G.
Der Aufsichtsrat.
Berlin, 17. August 1936.

An die Herren Mitglieder des Aufsichtsrats-Ausschusses der Gesellschaft für elektrische Unternehmungen – Ludw. Loewe & Co. A.G.

Sehr geehrte Herren,
Ich nehme auf die in der Sitzung des Aufsichtsrates vom 5. Juni d[es]. J[ahre]s. von mir abgegebene Erklärung Bezug, laut der ich mir vorbehielt, nach Durchführung der unter meiner Mitwirkung beschlossenen Interessenahme unserer Gesellschaft an der AEG[1778] zu Gunsten des Herrn Dr. Kimmich[1779] als künftigem Mitgliede des Präsidiums der AEG vom Vorsitz unseres Aufsichtsrates unter Beibehaltung meiner Zugehörigkeit zu dessen engerem Ausschuss zurückzutreten. In der Annahme, dass die ausserordentliche Generalversammlung der AEG am 21. d[es]. M[ona]ts. die entsprechenden Anträge ihrer Verwaltung genehmigen wird, schlage ich hierdurch die Wahl des Herrn Dr. Kimmich zum Vorsitzenden unseres Aufsichtsrates mit Wirkung vom 21. d[es]. M[ona]ts. vor.
Ich nehme Ihre Zustimmung zu dieser Wahl und zu meinem Verbleiben im engeren Ausschuss des Aufsichtsrates an, falls ich nicht bis zum 23. d[es]. M[ona]ts. eine entgegengesetzte Aeusserung erhalte.
Gleichzeitig beehre ich mich, Ihnen mitzuteilen, dass die in der Sitzung des Ausschusses des Aufsichtsrates vom 3. v[origen]. M[ona]ts. bekannt gegebenen Vorschläge für die Vertretung der Gesfürel[1780] im Aufsichtsrat der AEG auf Verlangen seines künftigen Vorsitzenden, Herrn Reichsminister a.D. Dr. Schmitt[1781], abgeän-

---

1777 Hektographie, 2 Blätter, 2 Vorderseiten maschinenschriftlich beschrieben, zweite Seite nummeriert, Paraphe von Karl Kimmich, in: HADB, P3455, Bl. 152f.
1778 Gemeint ist die Allgemeine Electricitäts-Gesellschaft.
1779 Gemeint ist Karl Kimmich.
1780 Gemeint ist die Gesellschaft für elektrische Unternehmungen – Ludwig Loewe & Co. AG.
1781 Gemeint ist Kurt Schmitt.

dert worden sind, sodass an meiner Stelle Herr Vielmetter[1782] für die Wahl in den Aufsichtsrat der AEG präsentiert wird.
Mit deutschem Gruss
Der Vorsitzende des Aufsichtsrats
[gez.] Solmssen.

Herrn Dr. Karl Kimmich,
Im Hause.

David H. Loch an Georg Solmssen, 16.11.1936[1783]

16th November, 1936.

Dear Dr. Solmssen,
As I think you are aware, Dr. Toynbee[1784] suggested recently to the Committee which controls the meetings at the Royal Institute of International Affairs that you might be invited to speak here about possible ways in which Germany might be enabled to utilise her industrial resources outside her own frontiers. Dr. Toynbee cited as an instance of what he had in mind the conclusion reached by you as a result of your recent investigations in South Africa.
My Committee have carefully considered this proposal but came to the conclusion that to deal solely with the South African aspect of the question would be somewhat too specific. On the other hand, if you felt inclined to expand the subject so as to treat it from the general point of view, and in such a way that it might be covered by some title such as «A Plan for German Industrial Expansion», they felt that to have an address from you on these lines would be very interesting and useful.
I am therefore now writing on behalf of the Meetings Committee to say how very much they hope that you will accept an invitation to address a meeting on this subject, and to say how very greatly appreciated it would be if you could do so. As we understand from your recent letter to Dr. Toynbee[1785] that you wish for some little time to prepare your subject, we would propose as a date for this meeting Thursday, December 17th. In as much as we understand that you are proposing to come to London in the course of the next few weeks we hope that this date will suit you. The meeting will begin at 8.30 p.m.

1782 Gemeint ist Johannes Vielmetter.
1783 Fotokopie, Briefkopf «THE ROYAL INSTITUTE OF INTERNATIONAL AFFAIRS / CHATHAM HOUSE / ST. JAMES'S SQUARE / LONDON, S.W.1.», 2 Blätter, 2 Vorderseiten maschinenschriftlich beschrieben, zweite Seite nummeriert, in: HADB, B202, Nr. 116.
1784 Gemeint ist Arnold J. Toynbee.
1785 Das Schreiben Solmssens an Toynbee ist nicht überliefert.

You are I am sure already aware of the aims and purpose of Chatham House, but in order that you may acquaint yourself with the conditions in which our meetings are held I enclose a paper setting them forth.[1786] From this you will see that the proceedings are private, that there is no Press reporting and that the report which we ourselves make is only made available for consultation or published in «International Affairs», the journal of the Institute[1787] (should the Editorial Board so desire) with the direct assent of the speaker. Members and the guests whom they are allowed to bring to meetings must alike be British subjects.

As I am now preparing our programme of meetings for the week in question I should be very grateful if you would be so good as to let me know as soon as possible whether, as we so much hope, you can accept this invitation.[1788]

Yours very truly,
[gez.] David H. Loch
David H. Loch
Secretary
Meetings Department.

Dr. Georg Solmssen,
Mauerstrasse 35,
Berlin W.8.
Germany.

Hjalmar Schacht an Georg Solmssen, 02.01.1937[1789]

Abschrift.   Berlin, den 2. Januar 1937.
Reichsbankpräsident
Dr. Hjalmar Schacht

Sehr geehrter Herr Dr. Solmssen,
Sie übersandten mir vor Weihnachten eine Niederschrift Ihres Vortrags[1790], den Sie am 17. v[origen]. M[ona]ts. über das Thema «A Plan for German Industrial Expansion» in London gehalten haben. Da ich bisher noch nicht dazu gekommen bin,

---

1786 Royal Institute of International Affairs, Conditions Governing Meetings, in: HADB, B202, Nr. 116.

1787 Georg Solmssen, A Plan for German Industrial Expansion. Address delivered at the Royal Institute of International Affairs on the 17th December, 1936, in: International Affairs, 16. Jg., Nr. 2, 1937, S. 221–239; Hektografie des Manuskripts «A Plan for German Industrial Expansion»,

Lecture delivered by Dr. Georg Solmssen on December 17th. 1936 in The Royal Institute of International Affairs, Chatham House, London, in: HADB, B202, Nr. 116.

1788 Das Antwortschreiben, das Solmssen wahrscheinlich versandte, ist nicht überliefert.

1789 Abschrift, 1 Blatt, Vorderseite maschinenschriftlich beschrieben, in: HADB, B202, Nr. 116.

1790 A Plan for German Industrial Expansion, Lecture

Ihre Ausführungen durchzusehen, danke ich Ihnen einstweilen hiermit für die Uebersendung. Ich begrüsse es jedenfalls, dass Sie sich für solche Vorträge zur Verfügung stellen.
Mit freundlicher Begrüssung und
Heil Hitler
sig. Hyalmar [!] Schacht.

Herrn Dr. Georg Solmssen,
Berlin W.8.
Mauerstrasse 35.

Aktenvermerk Georg Solmssens, 14.01.1937[1791]

Aktennotiz.

Die Verfolgung der in meinem Bericht über die Beteiligung Deutschlands an der Industriellen Entwicklung der Südafrikanischen Union erörterten Ideen hat zu Verhandlungen über dieselben mit dem Gesandten der Union, Excellenz Gie[1792], dem Handelsrat der Union für Europa, Herrn Bosman[1793], und dem High Commissioner der Union in London, Excellenz Te Water[1794] geführt. Die erste Aussprache mit letzterem fand gelegentlich seiner Anwesenheit zu den Olympischen Spielen in Berlin im Hause von Excellenz Gie im Beisein von Herrn Dr. Schacht[1795] statt. Sie hatte das Ergebnis, dass Mr. Te Water mir nahelegte, den von mir entwickelten Plan in London weiter zu behandeln. Ich habe dies im Herbst des Jahres 1936 gelegentlich eines Besuches in London getan und Sir Edmund Davis und Sir Henry Strakosch in längeren Aussprachen über meine Auffassung informiert. Beide Herren erkannten prinzipiell die Richtigkeit meiner Darlegungen an, äusserten aber Zweifel, ob es bei der eigenartigen Mentalität der englischen Industriellen gelingen werde, sie zu einer weitsichtigeren Behandlung der deutschen Frage zu veranlassen. Auch der frühere englische Schatzsekretär, Mr. Horne[1796], mit dem ich Sir Henry Strakosch bekannt machte, sprach sich im gleichen Sinne aus. Bei weiteren Versuchen, Boden für meine Pläne zu gewinnen, fand ich lebhaftes Interesse für dieselben in den dem Royal Institute of International Affairs nahestehenden Kreisen, insbesondere bei Prof. Toynbee[1797], der aufgrund seiner persönlichen Kenntnis Deutschlands grösseres Verständnis für meine Absichten zeigte als solches bei nur

---

delivered by Dr. Georg Solmssen on December 17th. 1936 in The Royal Institute of International Affairs, Chatham House, London, in: HADB, B202, Nr. 116.
1791 Durchschrift, 4 Blätter, 4 Vorderseiten maschinenschriftlich beschrieben, nummeriert ab der zweiten Seite, in: HADB, B202, Nr. 116.

1792 Gemeint ist Stefanus Francois Naudé Gie.
1793 Gemeint ist Aleidus Gerard Bosman.
1794 Gemeint ist Charles Theodore Te Water.
1795 Gemeint ist Hjalmar Schacht.
1796 Gemeint ist Robert Stevenson Horne.
1797 Gemeint ist Arnold J. Toynbee.

englisch eingestellten Beteiligten gefunden worden war. Prof. Toynbee vertrat den Standpunkt, dass die Angelegenheit für die weitere Entwicklung der Beziehungen zwischen England und Deutschland von solcher Wichtigkeit werden könne, dass er sich für verpflichtet hielt, die Aufmerksamkeit der Leiter des Royal Institute auf die von mir angeschnittenen Fragen zu lenken und um Prüfung meiner Argumente zu bitten. Diese Bemühungen führten zu der anliegend fotokopierten Einladung des Meetings Committee des Royal Institute vom 16. November v[origen]. J[ahre]s.,[1798] dort am 17. Dezember 1936 über das von mir verfolgte Thema zu sprechen, mich dabei jedoch nicht nur auf die Frage des Ausbaus der wirtschaftlichen Beziehungen Deutschlands zur Union von Südafrika zu beschränken, sondern das Thema unter dem Titel «A plan for German industrial expansion» zu behandeln.

Angesichts der Tatsache[,] dass das Royal Institute of International Affairs unter dem Patronat des Königs von England steht und zu seinem Präsidenten und Vice-Präsidenten ausser dem Premier-Minister Mr. Stanley Baldwin, Mr. R. MacDonald[1799], Sir Austin Chamberlain[1800] und Mr. David Lloyd George, der Vice-König von Indien und alle Premier-Minister der Dominion gehören, hielt ich diese Einladung für bedeutsam genug, um ihr Folge zu geben. Ich tat dies nachdem das Auswärtige Amt, das Reichsbankpräsidium und das Reichswirtschaftsministerium ihre Zustimmung erteilt und darüber hinaus den Wunsch ausgesprochen hatten, dass ich mich für den fraglichen Vortrag zur Verfügung stelle.

Vom Auswärtigen Amt wurde die Angelegenheit durch die im Auftrag von Herrn Ministerialdirektor Ritter[1801] handelnden Herren Geheimrat Rueter[1802] und Gesandtschaftsrat Knoll[1803] behandelt, die mir beide nach Mitteilung der von mir beabsichtigten Vortragsdisposition Material aus ihren Akten für den Inhalt des Vortrags zur Verfügung stellten. Herr Dr. Schacht, den ich kurz vor meiner Abreise nach London sprach, erklärte, dass es grosses Gewicht darauf lege, dass der Vortrag gehalten würde und wies mich insbesondere darauf hin, auch die Kolonialfrage zu behandeln.

In London suchte ich Herrn Minister Woermann[1804] auf der Deutschen Botschaft auf, legte ihm in grossen Zügen die von mir beabsichtigten Ausführungen dar und erhielt auch von ihm die Erklärung, dass die Haltung des Vortrags erwünscht sei. Der Text des von mir am 17. Dezember 1936 im Chatham House vor dem Royal Institute unter dem Präsidium von Prof. Toynbee gehaltenen Vortrages liegt bei.[1805] Das Auditorium umfasste mehrere hundert Zuhörer, von denen sich eine grössere

---

1798 Loch an Solmssen 16.11.1936, in: HADB, B202, Nr. 116; hier abgedruckt.
1799 Gemeint ist Ramsay MacDonald.
1800 Gemeint ist Austen Chamberlain.
1801 Gemeint ist Karl Ritter.
1802 Gemeint ist Ernst Rüter.
1803 Gemeint ist Karl Knoll.
1804 Gemeint ist Ernst Woermann.
1805 A Plan for German Industrial Expansion, Lecture delivered by Dr. Georg Solmssen on December 17th. 1936 in The Royal Institute of International Affairs, Chatham House, London, in: HADB, B202, Nr. 116.

Anzahl am Schluss des Vortrages an der Diskussion beteiligten [!]. In dieser wurden mehrfach politische Gesichtspunkte aufgeworfen, wie z. B. die Frage welche Gewähr dafür bestehe, dass Deutschland seine Rohstoff-Bezüge nicht nur zur Aufrüstung verwende, welche Kolonien Deutschland zurückzuerhalten wünsche, u.s.w. Ich habe jedes Abschweifen auf das politische Gebiet abgelehnt und mich darauf beschränkt zu sagen, dass die Aufrüstung Deutschlands die notwendige Folge der Nichtinnehaltung der Praeambel des Vertrages von Versailles gewesen sei, durch welche sich die Gegenkontrahenten desselben verpflichtet hätten, auf die Abrüstung Deutschlands die eigene Abrüstung folgen zu lassen. Da diese Zusage gebrochen worden sei[,] habe Deutschland das Recht und die Pflicht gehabt, wieder aufzurüsten, um nicht als einziges abgerüstetes Land inmitten bis an die Zähne gerüsteter ehemaliger Gegner dazustehen.

Mein Eindruck war[,] dass meine Ausführungen für viele der Zuhörer ihnen bis dahin nicht bekannt gewesene Gesichtspunkte brachten. Ich entnehme dieses auch dem Umstand, dass nach neuerdings mir vom Publication Department des Royal Institute zugegangener Mitteilung der Editorial Board desselben beabsichtigt, meinen Vortrag in der März-Nummer des Publikationsorganes des Royal Institute, das unter dem Titel «International Affairs» erscheint, zum Abdruck zu bringen.[1806]

Die Satzungen des Royal Institute schreiben vor, dass alle Verhandlungen desselben streng vertraulich sind, keine Presse-Vertreter zugelasen werden dürfen und der Inhalt des Publikationsorgans nur ohne Nennung des Autors der betr[effenden]. Publikation und ohne Hinweis darauf verwendet werden darf, dass der Gegenstand derselben in einer Sitzung des Royal Institute behandelt worden ist. Im Einklang mit diesen strikten Bestimmungen steht auch die Vorschrift, dass nur die britische Nationalität besitzende Personen Mitglieder des Royal Institute sein dürfen und als Gäste nur solche einzuführen erlaubt ist. Die Zahl der Mitglieder des Royal Institute beträgt etwa 3000; ihre Liste ist nur den Mitgliedern zugänglich.

Prof. Toynbee erklärte mir nach Schluss des Vortrages und der Diskussion[,] dass er überzeugt sei, dass die Behandlung des Themas die Wirkung haben werde, dass die für die weitere Entwicklung massgebenden Kreise den von mir aufgeworfenen Fragen grösseres Interesse entgegenbringen würden als solches bisher der Fall gewesen sei.

Ich habe den Text des Vortrages u. a. Herrn Dr. Schacht, Herrn Bosman und Herrn Minister Woermann zugehen lassen. Abschriften ihrer Antworten liegen bei.[1807]

1806 Siehe Solmssen, A Plan for German Industrial Expansion, in: International Affairs, 1937, S. 221–239.

1807 Schacht an Solmssen 2.1.1937, Bosman an Solmssen 4.1.1937, Woermann an Solmssen 6.1.1937, in: HADB, B202, Nr. 116; nur das erste Schreiben ist hier abgedruckt.

Die Aktualität des von mir behandelten Themas tritt in der soeben erschienenen Südafrika-Nummer der Europäischen Revue vom Dezember 1936[1808], die unter einem Vorwort von dem Präsidenten der Union, Dr. Herzog[1809], erschienen ist, deutlich zutage.
14.1.[19]37.
[gez.] Solmssen.

Max M. Warburg an Georg Solmssen, 13.03.1937[1810]

M[ax]: [Martha] B[eyer] am 13. März 1937.
N[icht]. d[urch]. d[as]. S[ekretariat].

Betr. Deutsch-Atlantische Telegraphengesellschaft.

Lieber Doktor,
Ich komme zurück auf unsere gestrige telephonische Unterhaltung und erkläre Ihnen, dass ich persönlich bereit bin, mein Amt als Aufsichtsrat[1811] niederzulegen, da ich einer Tradition unserer Firma[1812] entsprechend, sobald man das 70. Lebensjahr überschritten hat, meine Aufsichtsratsstellen ganz oder doch möglichst alle niederlege. Ich nehme an, dass nicht besonders in den Zeitungen erwähnt zu werden braucht, dass ich aus dem Aufsichtsrat austrete, sondern dass in taktvoller Weise bei irgendeiner Gelegenheit, sei es bei der nächsten Generalversammlung oder sonstwie, mein Rücktritt erfolgt, indem anstatt meiner ein anderer Herr in Vertretung unserer Firma gewählt wird, und zwar schlägt meine Firma Herrn Rechtsanwalt Dr. Kurt Sieveking vor, der einer der Rechtsberater in unserer Firma ist. Falls Sie Wert auf Titel legen, könnte er auch als Syndikus bezeichnet werden.
Ich brauche Ihnen nicht mitzuteilen, welche klaren Rechte meine Firma auf diesen Aufsichtsratsposten hat. Durch mein Ausscheiden können wir aber wohl nicht beanspruchen, als stellvertretender Vorsitzender zu fungieren. Ich zweifle nicht daran, dass es Ihrer Geschicklichkeit gelingen wird, zunächst Herrn Dr. Sieveking in den Aufsichtsrat wählen zu lassen und, sollte später eine Reduzierung des Aufsichtsrats stattfinden, dafür zu sorgen, dass auf jeden Fall unsere Firma von dieser Reduzierung nicht betroffen wird.

1808 Die Union von Südafrika. In: Europäische Revue. 12 Jg., Dezember 1936, Heft 12b, S. 1009–1091.
1809 Gemeint ist Barry Hertzog.
1810 Presskopie, 2 Blätter, 2 Seiten maschinenschriftlich beschrieben, zweite Seite nummeriert, Paraphe von Rudolph Brinckmann, in: Warburg-Archiv, Mappe «Nicht durch das Sekretariat».
1811 Gemeint ist der Aufsichtsrat der Deutsch-Atlantischen Telegraphengesellschaft.
1812 Gemeint ist das Bankhaus M. M. Warburg & Co.

Ich danke Ihnen verbindlich für Wahrung unserer Interessen.
Mit aufrichtigem Gruss
ganz der Ihre
[gez.] Max M. Warburg

Einliegend historisches Material.[1813]

Herrn Dr. jur. Gerog [!] Solmssen,
Deutsche Bank und Disconto-Gesellschaft,
Berlin W.8.

Georg Solmssen an Max M. Warburg, 15.03.1937[1814]

Z[ingle]r.   15. März 1937.

Betr.: Deutsch-Atlantische Telegraphengesellschaft.

Lieber Herr Warburg,
Ich danke Ihnen für Ihren freundlichen Brief vom 13. d[es]. M[onats].[1815], von dessen Inhalt nebst Anlage ich mit grossem Interesse Kenntnis genommen habe. Ihr Vorschlag, anlässlich Ihres aus Altersrücksichten erfolgenden Rücktritts aus dem Aufsichtsrate der Dat[1816] Herrn Dr. Kurt Sieveking als Vertreter Ihrer Firma[1817] in der auf den 8. April anberaumten Generalversammlung zu präsentieren, stellt eine sehr glückliche Lösung dar und entspricht meinem Wunsche, dafür zu sorgen, dass den am Aufbau der Dat beteiligten Firmen ihre Mandate im Aufsichtsrate dauernd erhalten bleiben.
Herr Dr. Paul v[on]. Schwabach wird ähnlich wie Sie verfahren und an seiner Stelle seinen Sohn, Herrn Paul Julius v[on]. Schwabach, zur Präsentation bringen. Da dieser Reichsbürger ist, dürften sich seiner Wahl keine Hindernisse in den Weg stellen.
Was mich selbst betrifft, so habe ich in der Aufsichtsratsitzung [!] vom 12. d[es]. M[ona]ts. mitgeteilt, dass ich bäte, von meiner Wiederwahl als Vorsitzender des Aufsichtsrats in der der Generalversammlung folgenden Aufsichtsratsitzung [!] Ab-

---

1813 Handschriftlich ergänzt.
1814 Briefpapier «Dr. GEORG SOLMSSEN / BERLIN W8 / Mauerstrasse 35», 2 Blätter, 2 Vorderseiten maschinenschriftlich beschrieben, zweite Seite nummeriert, Stempel «PRIVAT ARCHIV E[ingang] 16. März 1937», Paraphe von Ernst Spiegelberg, in: Warburg-Archiv, Mappe «Nicht durch das Sekretariat».

1815 Warburg an Solmssen u.a. 13.3.1937, in: Warburg-Archiv, Mappe «Nicht durch das Sekretariat»; hier abgedruckt.
1816 Gemeint ist die Deutsch-Atlantische Telegraphengesellschaft.
1817 Gemeint ist das Bankhaus M. M. Warburg & Co.

stand zu nehmen, weil ich Wert darauf lege, dass ein aktives Mitglied des Vorstandes der DD-Bank[1818] diesen Posten in Zukunft wahrnimmt. Ich habe dementsprechend gebeten, Herrn Dr. Sippell[1819] an meiner Stelle zum Vorsitzenden zu wählen. Wegen meines Verbleibens im Aufsichtsrat schweben Verhandlungen, deren Ausgang ich mit Gelassenheit abwarte.[1820]

Ihnen selbst möchte ich persönlich anlässlich der Niederlegung Ihres Postens als Aufsichtsratsmitglied der Dat verbindlichst für die Unterstützung danken, die Sie mir beim Aufbau des Unternehmens haben zuteilwerden lassen. Es war seinerzeit eine schwere Arbeit, die mit so vielen Grössen beschwerte Gleichung zu lösen, aber es ist ja schliesslich dank der sachverständigen Tüchtigkeit und staatsmännischen Einsicht des diese Dinge seinerzeit behandelnden Herrn Staatssekretär Bredow[1821] gelungen, allen Parteien gerecht zu werden und eine Regelung zu treffen, welche sich auf die Dauer durchaus bewährt hat und auch in Zukunft hoffentlich weiter bewähren wird.

Mit freundschaftlichen Grüssen
der Ihrige
[gez.] Solmssen

Herrn Max Warburg
i[n]. F[irm]a. M. M. Warburg & Co.,
Hamburg1.
Ferdinandstr. 75.

Georg Solmssen an Otto Abshagen, 29.08.1937[1822]

29. August 1937.

Sehr geehrter Herr Dr. Abshagen,
Meine Gedanken sind in diesen Tagen mehr in Berlin, als hier[1823] gewesen. Der Tod des Herrn Schlieper[1824] ist mir sehr nahe gegangen. Die Trauer-Nachricht hat die Pforte zur Vergangenheit, die ich mühsam verschlossen hatte, jäh wieder aufgerissen und die Erinnerung an Vieles wachgerufen, was unwiderbringlich [!] dahin

---

1818 Gemeint ist die Deutsche Bank und Disconto-Gesellschaft.
1819 Gemeint ist Karl Ernst Sippell.
1820 Max M. Warburg hatte zunächst vermutet, dass Solmssen für sich selbst «die weitere Zugehörigkeit zum Aufsichtsrat» erreicht habe, während er ihn und Paul von Schwabach opfere. Siehe Max M. Warburg an Heinrich Albert 13.3.1937, in: Warburg-Archiv, Mappe «Nicht durch das Sekretariat».

1821 Gemeint ist Hans Bredow.
1822 Briefpapier «GRAND HOTEL QUELLENHOF / RAGAZ», 5 Blätter, 10 Seiten eigenhändig beschrieben, Eingangsstempel «GENERALSEKRETARIAT / Eing[ang]. 30 AUG[UST]. 1937 / Beantw[ortet]. 11.9.[19]37», in: HADB, P2, Bl. 11–15.
1823 Gemeint ist Bad Ragaz im Kanton St. Gallen.
1824 Gustaf Schlieper starb am 24.8.1937 im Schlosshotel Bühlerhöhe bei Baden-Baden.

ist. Die Bank hat eine in ihrer Art einzigartige Persönlichkeit verloren, die ihr eine nicht zu ersetzende Verbindung mit dem Auslande gewährleistete.

Leider muß ich mich dem Arzte fügen, der eine Unterbrechung der hiesigen Kur verbietet und kann deshalb nicht zum Begräbnis und der Trauer-Feierlichkeit nach Berlin kommen.[1825] Ich hoffe, zur Aufsichtsrats-Sitzung am 8. September frei gelassen zu werden.

Ich habe Sie um Verschiedenes zu bitten.

Von meinem Freund Mr. McGuire[1826] in Washington (dem bekannten Verfasser des seiner Zeit zum Dawes-Plan erschienen Buches Germany's Capacity to pay[1827], das das Zahlenwerk des Reparations-System's ad absurdum führte), wird mir der Besuch des Deputy Comptroller of the Currency of the U.S., the Honorable William Prentiss Jr. für e[twa]. Ende August angekündigt. Ich habe Fräulein Zingler[1828] gebeten, mir seine weiteren Dispositionen mitzuteilen. Es ist aber vielleicht gut, wenn auch die Bank sich seiner in meiner Abwesenheit annimmt. Gewöhnlich kommen die amerikanischen Herren ja nur auf flying visits und verschwinden so rasch, wie sie erschienen sind. Ich werde ihn daher wahrscheinlich verpassen.

Beiliegenden, von mir verfaßten Aufsatz bitte ich bei den Herren des Vorstandes und A[ufsichts-].R[ats].[-]Präsidiums kursieren zu lassen.[1829] Er ist auf Aufforderung der Société Belge d'Etudes et d'Expansion, einer unter der Patronage des belgischen Königs stehenden Institution[,] geschrieben worden und soll in dem international *in 10000 Exemplaren*[1830] verbreiteten Bulletin périodique im Oktober erscheinen.[1831] Ich habe mich vor Acceptierung der Einladung bei Herrn Dreyse[1832] vergewissert, daß die Annahme desselben gebilligt wird.

Ich habe leider versäumt, mich als Mitglied des jetzt in Berlin tagenden internationalen Milch-Kongresses[1833] anzumelden. Die dort behandelten Fragen interessieren mich lebhaft im Anschluß an meine früheren Studien auf diesem Gebiete und Möglichkeiten, die ich zum Nutzen der deutschen einschlägigen Apparatur-Industrie in der Schweiz kommen sehe. Wie ich aus Berlin höre, werden die Drucksachen des Kongresses und der Veröffentlichungen über seine Verhandlungen nur an Kongreß-Mitglieder abgegeben. Meine Bitte an Sie geht dahin, mir des gesamte

---

1825 Die Trauerfeier für Gustaf Schlieper fand am 1.9.1937 in Räumen der Bank in Berlin statt. Trauerredner waren Franz Urbig und Eduard Mosler. Siehe Deutsche Bank und Disconto-Gesellschaft (Hrsg.), Gustaf Schlieper zum Gedächtnis, Berlin 1937.
1826 Gemeint ist Constantine E. McGuire.
1827 Harold G. Moulton/Constantine E. McGuire, Germany's Capacity to Pay, New York 1923.
1828 Gemeint ist Elisabeth Zingler.
1829 Solmssens Manuskript mit dem Titel «Possibilités de coopération économique internationale», worin er sich um für internationale wirtschaftliche Zusammenarbeit unter Einbeziehung Deutschlands und die Rückgabe von Kolonien an Deutschland aussprach, ließ Abshagen am 1.9.1937 im gewünschten Kreis kursieren, siehe in: HADB, P2, Bl. 16–24.
1830 Handschriftlich von Solmssen eingefügt.
1831 Georg Solmssen, Possibilités de coopération économique internationale, in: Bulletin Périodique de la Société Belge d'Études et d'Expansion, Nr. 107, Oktober 1937, S. 438–443.
1832 Gemeint ist Friedrich Dreyse.
1833 Gemeint ist der 11. Milchwirtschaftliche Weltkongress vom 22. bis 28.8.1937 in Berlin.

Material eventuell durch Vermittlung des Herrn Ministerialdirektor Moritz[1834], der sich meiner Vorarbeiten bezüglich des Molkereiwesens und der Standardisierung wohl noch erinnern dürfte, möglichst komplett zu verschaffen. Gegebenen Falls bitte ich dasselbe bis zum Abruf dort zu behalten.

In der Hoffnung, Ihnen keine zu große Mühe zu verursachen bin ich mit bestem Danke im Voraus und freundlichen Grüßen
Ihr sehr ergebener
[gez.] Solmssen.

Georg Solmssen an Hermann J. Abs, 09.09.1937[1835]

9. September 1937.

Sehr geehrter Herr Dr. Abs,
Leider hat mich das Gebot des Arztes, die Wirkungen einer Ragazer[1836] Kur hier[1837] auslaufen zu lassen, verhindert, an der gestrigen Aufsichtsrats-Sitzung der DD-Bank[1838] Teil zu nehmen. Ich freue mich, daß Sie sich entschlossen haben, dem an Sie ergangenen Rufe zu folgen. Es wartet Ihrer ein in seiner Vielseitigkeit und Fernwirkung fascinierendes Arbeitsfeld mit unendlichen Möglichkeiten der Betätigung auf geschäftlichem Gebiete und zum Wohle der Gesamtheit.

Für die Veteranen des Instituts ist es ein befriedigendes Gefühl, das von ihnen selbst dereinst verwaltete Amt auf Männer übergehen zu sehen, die in der Vollkraft der Jahre stehen und nach Vorbildung und Art jede Gewähr für Fortführung der bewährten Tradition bieten.

Indem ich Ihnen zu Ihrem neuen Beginnen ein herzliches Glückauf zurufe, grüße ich Sie, zugleich Namens meiner Frau, bestens und bitte, Ihrer Gattin[1839] empfohlen zu werden
als ihr ergebener
[gez.] Georg Solmssen.

1834 Gemeint ist Alfons Moritz.
1835 Briefpapier «PARK-HOTEL WALDHAUS / FLIMS-WALDHAUS», 1 Blatt in der Mitte gefalzt, 4 Seiten eigenhändig beschrieben, Paraphe von Hermann J. Abs mit Datumsvermerk «27/9 [1937]», in: HADB, V1/2420.
1836 Gemeint ist Bad Ragaz im Kanton St. Gallen.
1837 Gemeint ist Flims im Kanton Graubünden.
1838 Gemeint ist die Deutsche Bank und Disconto-Gesellschaft.
1839 Gemeint ist Inez Abs.

Otto Abshagen an Georg Solmssen, 11.09.1937[1840]

K[akuschk]y   11. September 1937.

Sehr geehrter Herr Dr. Solmssen!

Ihre freundlichen Zeilen vom 29. August d[es]. J[ahres].[1841] habe ich seinerzeit richtig erhalten. Der Verlust des Herrn Schlieper[1842] hat uns alle hier im Hause schwer betroffen und herzlich betrübt, obwohl nach der Entwicklung der letzten Wochen und Monate die Trauerkunde keine Überraschung mehr bedeutete. Die Gesundheit des Herrn Schlieper war doch schon seit langem so erschüttert, daß der Körper dem Vordringen des Leidens keinen genügenden Widerstand mehr entgegensetzen konnte.

Die Trauerfeier in Geltow[1843] und die Gedenkfeier hier im Hause[1844] (Deutscher Saal) sind überaus würdig und unter sehr großer Beteiligung aus allen Kreisen der Bankwelt, der Wirtschaft, der Behörden und der ausländischen Vertretungen verlaufen. Ferner ist eine Fülle von Beileidskundgebungen aus der ganzen Welt eingetroffen. Die von Ihnen ausgesprochenen Wünsche habe ich im Rahmen des Möglichen erfüllt.

Mr. Prentiss[1845] ist bisher noch nicht in die Erscheinung getreten; von seinem möglichen Kommen sind die Herren des Hauses, die daran interessiert sein könnten, unterrichtet worden.

Den Aufsatz für die Zeitschrift der Société Belge d'Etudes et d'Expansion[1846] habe ich in dem von Ihnen bezeichneten Kreise in Umlauf gesetzt.

Die Beschaffung des Materials über den Internationalen Milchkongreß[1847] habe ich in die Wege geleitet; Dr. Moritz[1848] war zunächst infolge dienstlicher Beanspruchung hier und außerhalb schwer zu haben; ich habe ihn dann auf einem gemeinschaftlichen Abendspaziergang – wir sind in Lichterfelde Nachbarn – in Ihrem Sinne angesprochen und am nächsten Morgen die Zusage erhalten, daß sein Referent mir sobald wie möglich das Material zustellen werde. Eingegangen ist bisher noch nichts. Dr. M[oritz]. selbst ist auf Urlaub gegangen; ich werde aber die Angelegenheit im Auge behalten und im Laufe nächster Woche im Reichsernährungsministerium anfragen, ob das Material nunmehr vollständig vorliege. Ich hatte gehofft, ~~Ihnen~~[1849] den Eingang dieser Schriftstücke mit der Beantwortung Ihrer

---

1840 Presskopie, 2 Blätter, 2 Vorderseiten maschinenschriftlich beschrieben, zweite Seite nummeriert, in: HADB, P2, Bl. 26f.
1841 Solmssen an Abshagen 29.8.1937, in: HADB, P2, Bl. 11–15; hier abgedruckt.
1842 Gemeint ist Gustaf Schlieper.
1843 Gemeint ist Geltow am Schwielowsee bei Potsdam.
1844 Gemeint ist die Zentrale der Deutschen Bank und Disconto-Gesellschaft in der Mauerstraße in Berlin.
1845 Gemeint ist William Prentiss Jr.
1846 Gemeint ist Solmssens Manuskript mit dem Titel «Possiblités de coopération économique internationale», in: HADB, P2, Bl. 16–24.
1847 Gemeint ist der 11. Milchwirtschaftliche Weltkongress vom 22. bis 28.8.1937 in Berlin.
1848 Gemeint ist Alfons Moritz.
1849 Maschinenschriftlich durchgestrichen.

freundlichen Zeilen verbinden zu können, will aber nun diesen Brief nicht länger anstehen lassen.
Hoffentlich sind Ihnen Aufenthalt und Kur in Ragaz recht gut bekommen und haben Sie am Züricher See eine angenehme und befriedigende Nachkur.
Mit angelegentlichen Empfehlungen und Grüßen
Ihr sehr ergebener
gez Abshagen

Herrn
Dr. Georg Solmssen
z[ur]. Z[ei]t. Zürich 8
Hotel Bellerive au Lac.

Georg Solmssen an Otto Abshagen, 13.09.1937[1850]

13. Sept[ember]. 1937.

Sehr geehrter Herr Dr. Abshagen,
Ich danke Ihnen verbindlichst für Ihren freundlichen Brief vom 11. d[es]. M[o]nat]s[1851] und Ihre Bemühungen zwecks Beschaffung des Milchkongreß-Materials[1852]. Es wird mich sehr interessieren, von seinem Inhalt nach meiner Rückkehr Kenntnis zu nehmen. Der Wettersturz hat uns vorzeitig aus Flims[1853] vertrieben. Der Schneefall hat in diesem Jahr einen Monat früher als sonst eingesetzt.
Mit freundlichen Grüßen
Ihr sehr ergebener
[gez.] Solmssen.

1850 Briefpapier «HOTEL BELLERIVE / AU LAC / ZURICH», 1 Blatt, Vorder- und Rückseite eigenhändig beschrieben, Eingangsstempel «GENERALSEKRETARIAT / 14. SEP[TEMBER]. 1937», in: HADB, P2, Bl. 28.
1851 Abshagen an Solmssen 11.9.1937, in: HADB, P2, Bl. 26f.; hier abgedruckt.

1852 Gemeint ist der 11. Milchwirtschaftliche Weltkongress vom 22. bis 28.8.1937 in Berlin.
1853 Gemeint ist Flims im Kanton Graubünden.

Franz Urbig an Georg Solmssen, 13.09.1937[1854]

3/Ni[etardt]. 13. September [19]37

Lieber Herr Dr. Solmssen!

Haben Sie besten Dank für Ihre freundlichen Zeilen vom 9. d[es]. M[ona]ts.[1855] Sie können sich denken, dass die vorgeschlagene Streichung der drei Worte «und Disconto-Gesellschaft»[1856] auch bei mir eine Gemütsbewegung ausgelöst hat, denn das Jahr übt eine heiligende Kraft. Ich hatte aber zu wählen zwischen meinen persönlichen Empfindungen und meiner Verpflichtung als Vorsitzender des Aufsichtsrates, der zu einer objektiven Stellungnahme schreiten muss, wenn er einem einmütigen Vorschlage aller Mitglieder des Vorstandes gegenübersteht. Schliesslich hat der Vorstand die Interessen des Institutes in erster Reihe verantwortlich zu vertreten, und ich muss Ihnen gestehen, dass ich für meine Person die Aufrechterhaltung des Doppelnamens immer nur als eine Episode von kürzerer oder längerer Dauer angesehen habe, wobei mir allerdings mindestens zehn Jahre vorschwebten. Bei den englischen Banken, die ja eine grosse Fusions-Aera hinter sich haben, ist die Entwicklung bezüglich der Firmenbezeichnung nicht anders gewesen.

In vielleicht hohem Grade hat ein technisches Moment dazu beigetragen, den Vorschlag des Zurückgehens auf die abgekürzte Firma schon jetzt zu machen. Die Notwendigkeit, einen Umdruck der Briefbogen und einer Reihe anderer Formulare vorzunehmen, steht vor der Türe, wennschon eine gewisse Zeit gelassen wird, die alten Formulare, soweit als möglich aufzubrauchen. Gelegentlich dieses Umdruckes aber erschien den Herren die Anwendung der kürzeren Firma nützlicher. Ausser Dr. Russell[1857], dem die Sache begreiflicherweise sehr nahe geht, hat kein Mitglied des Arbeitsausschusses oder des Aufsichtsrates[1858] eine von der Durchführung des gemachten Vorschlages abratende Haltung eingenommen, und in der Generalversammlung[1859] wird sich sicherlich nicht eine einzige Stimme dagegen erheben.

Herrn Abs[1860] habe ich bisher nur ganz flüchtig gesehen, da er erst am Freitag früh aus Paris zurückgekommen war, wo er sich wegen seines Austritts aus der alten Firma mit den Herren Schickler[1861] zu besprechen hatte, deren Kapitalbeteiligung bei Delbrück Schickler & Co. wohl noch immer eine erhebliche Rolle spielt.

1854 Briefpapier «FRANZ URBIG / BERLIN W 8, DEN / MAUERSTR. 35/39», 2 Blätter, Vorderseiten maschinenschriftlich beschrieben, zweite Seite nummeriert, handschriftlicher Vermerk «erl[edigt] 2/10.[1937]», Paraphe von Georg Solmssen, in: HADB, NL3/53.
1855 Handschriftlich unterstrichen. Dieses Schreiben ist nicht überliefert.
1856 Gemeint ist die Änderung der Firma «Deutsche Bank und Disconto-Gesellschaft» zu «Deutsche Bank».
1857 Gemeint ist Ernst Enno Russell.
1858 Der Aufsichtsrat stimmte in seiner Sitzung vom 8.9.1937 der Änderung zu.
1859 Die außerordentliche Hauptversammlung, die die Änderung beschloss, fand am 6.10.1937 statt.
1860 Gemeint ist Hermann J. Abs.
1861 Gemeint sind die Mitglieder der Familie Pourtalès-Schickler, die auf ihren Schlössern in Frankreich lebten.

Allerdings können schon mit Rücksicht auf die bei uns herrschenden Devisenbestimmungen die Herren Schickler kaum daran denken, jetzt diese Kapitalbeteiligung aus irgendeinem Grunde ganz oder teilweise zurückzuziehen. Der erste Eindruck, den ich von Herrn Abs empfangen habe, war ein recht guter, und ich hoffe, dass er sich in der vorbehaltenen näheren Unterhaltung vertiefen wird.
Mit besten Grüssen
Ihr ergebener
[gez.] F[ranz] Urbig

Herrn Dr. Georg Solmssen
Flims-Waldhaus
Schweiz
Parkhotel Waldhaus

Hermann J. Abs an Georg Solmssen, 27.09.1937[1862]

Abschrift.
m. p.
Hermann J. Abs   Berlin W 9., den 27.9.1937

Sehr geehrter Herr Dr. Solmssen,
eine schwere Angina, von der ich eben erst wieder genese, hinderte mich leider, Ihnen früher auf Ihren freundlichen Brief vom 9ten September[1863] zu antworten und Ihnen für Ihre Glückwünsche zu danken. Ich unterschätze nicht die Grösse und Schwierigkeiten der mir bevorstehenden Aufgaben und bin mir der Verantwortung vollauf bewusst, eine so glänzend bewährte Tradition von Männern, die schon abtraten, mitfortzusetzen. Ich bringe die Bereitschaft mit, meine ganze Kraft einzusetzen.
Ich hoffe, dass Ihnen Ihre Kur gut bekommen ist und schliesse mit der Bitte, mich ihrer Gattin freundlichst zu empfehlen, Ihre Kinder zu grüssen und bleobe [!] mit herzlichen Grüssen auch von meiner Frau[1864]
Ihr Ihnen sehr ergebener
Hermann J. Abs

1862 Durchschlag, 1 Blatt, 1 Vorderseite maschinenschriftlich beschrieben, ohne eigenhändige Unterschrift, in: HADB, V1/2420.

1863 Solmssen an Abs 9.9.1937, in: HADB, V1/2420; hier abgedruckt.
1864 Gemeint ist Inez Abs.

Georg Solmssen an Franz Urbig, 02.10.1937[1865]

2. Oktober 1937.

Lieber Herr Urbig,
Leider kann kann [!] ich meine Absicht, am 6. d[es]. M[onat]'s. zur ausserordentlichen Generalversammlung der Bank[1866] in Berlin zu sein, nicht ausführen, weil ich durch unaufschiebbar gewordene, die Zukunft unserer Kinder betreffende Angelegenheiten hier festgehalten bin. Da die Generalversammlung doch nur eine Formalität darstellt, hoffe ich auf Verständnis[,] wenn ich ihr4etwegen [!] mein Hiersein nicht unterbreche. Ich bitte Sie, mein Fehlen bei den Herren des Aufsichtsrates und des Vorstandes zu entschuldigen.
Den mir gesandten Aktenvermerk[1867] schicke ich beiliegend zurück und verbinde damit den Dank für Ihren freundlichen Brief vom 13. September[1868]. Der Vergleich mit den englischen Banken scheint mir nicht ganz zutreffend zu sein. Sie haben als unter einander sehr gleichartige reine Depositenbanken ihren Namen mit keinem wirtschaftlichen Aufbauwerk von Bedeutung verknüpft, wie dieses jedes der als DD Bank[1869] vereinigten Institute in reichem Massen[1870] getan hat. Ich glaube nicht, dass es englischer, so stark traditionsgebundener Anschauung entspräche, eine Firma, wie z.B. die Cunard & White Star Line[1871], die eine zweifache, gleichwertige Ueberlieferung verkörpert, auf einen ihrer Bestandteile zu reduzieren. Indessen, das sind persönliche Ansichten eines aus versunkener Vergangenheit subjektiv stark Beteiligten. Ihre Mitteilung, Sie hätten von vornherein nur mit etwa zehnjähriger Dauer des Doppelnamens gerechnet, zeigt mir, dass ich mich bei meiner Forderung seiner Festsetzung als Vorbedingung der Fusion in einer Illusion bewegt habe. Seit ich erfahren [habe,] dass der stolze Name der Disconto[-]Gesellschaft getilgt wird, geht mir der Spruch von Claudius[1872] auf den Tod seines Vaters nicht aus dem Sinn:
Sie haben einen braven Mann begraben, mir war er mehr![1873]
In der Hoffnung, Sie in nicht allzu ferner Zeit nach Erledigung meiner hiesigen Obliegenheiten in bestem Wohlsein anzutreffen, bin ich mit freundlichen Grüssen
Ihr ergebener
Solmssen.

1865 Abschrift, 1 Blatt, Vorderseite maschinenschriftlich beschrieben, ohne eigenhändige Unterschrift, in: HADB, NL3/53.
1866 Gemeint ist die außerordentliche Hauptversammlung der Deutschen Bank und Disconto-Gesellschaft vom 6.10.1937 zur Änderung der Firma.
1867 Dieser Vermerk ist nicht überliefert.
1868 Urbig an Solmssen 13.9.1937, in: HADB, NL3/53; hier abgedruckt.
1869 Gemeint ist die Deutsche Bank und Disconto-Gesellschaft.
1870 Maschinenschriftlich durchgestrichen.
1871 Gemeint sind die 1935 fusionierten Reedereien Cunard Line und White Star.
1872 Gemeint ist Matthias Claudius.
1873 Aus dem Gedicht «Bei dem Grabe meines Vaters». Der Schluss des Gedichtes lautet korrekt: «sie haben / Einen guten Mann begraben, / Und mir war er mehr.»

Georg Solmssen an Franz Urbig, 19.02.1938[1874]

Dr. G. SOLMSSEN   19. Februar 1938.

Lieber Herr Urbig,
Wie mir Fräulein Zingler[1875] mitteilt, haben Sie nach dem Datum meiner Rückkehr gefragt, weil Sie mich sprechen wollten. Ich kann dieses noch nicht mit Bestimmtheit angeben, weil ich hier noch durch die Regelung der Fragen in Anspruch genommen bin, die mit der demnächst bevorstehenden Uebersiedelung unserer zweiten Sohnes, Dr. Ulrich Solmssen und seiner Familie nach den Vereinigten Staaten zusammenhängen. Der Genannte ist, wie Sie vielleicht wissen, seit 3 Jahren erster Assistent des Prof. Karrer[1876] an der Universität Zürich und hat die Freude gehabt, dass sein Herr und Meister vor wenigen Monaten den Nobelpreis für Chemie erhielt[1877]. Prof. Karrer hat eine grosse Zahl seiner Veröffentlichungen gemeinsam mit meinem Sohn publiziert, sodass ein Abglanz seines Ruhmes auch auf diesen fällt. Da die bereits längst überschrittene Frist, während der ein Ausländer hier ausnahmsweise in staatlicher Stellung angestellt sein kann, anfangs [!] März [1938] ihr Ende erreicht, muss mein Sohn sich nach einem neuen Tätigkeitsfelde ausserhalb der Schweiz umsehen. Die hier geltenden fremdenpolizeilichen Bestimmungen machen seine weitere Anstellung in schweizerischen Diensten unmöglich. Durch Vermittlung von Prof. Karrer haben sich für meinen Sohn Chancen in den Vereinigten Staaten ergeben, die ihm gestatten, alsbald seine Frau[1878] und sein Kind[1879] dorthin mitzunehmen. Die Durchführung der mit der Uebersiedelung zusammenhängenden Massnahmen wäre sehr einfach, wenn mein Sohn und seine Frau ihre in Deutschland zu regelnden Angelegenheit[en] dort selbst ordnen könnten. Leider stösst dies auf Schwierigkeiten, weil sie gewärtigen müssen, als Nichtarier, die ausgewandert sind, entweder nicht nach Deutschland hereingelassen zu werden, oder an der Ausreise nach den Vereinigten Staaten verhindert zu werden, weil sie Gefahr laufen, dass ihnen in Deutschland der Pass abgenommen wird. Selbst der Besitz eines deutschen Schiffsbillets für die Ueberfahrt scheint hiergegen keinen Schutz zu gewähren. Da das junge Paar möglichst viel seiner noch in Deutschland befindlichen Sachen und Vermögensteile mitnehmen bezw. verwerten will, entstehen durch diese Bewegungsunfreiheit und die

---

1874 Briefpapier «HOTEL BELLERIVE / AU LAC / ZURICH»,1 Blatt in der Mitte gefalzt, zweieinhalb Seiten maschinenschriftlich und eineinhalb Seiten eigenhändig beschrieben, handschriftliche Vermerke Urbigs «Er[halten] U[rbig] 21.2.[19]38» und «b[eantwortet] 21/2 [19]38», Paraphen von Ernst Enno Russell, Otto Abshagen, Oscar Schlitter und Franz Urbig, in: HADB, P1/14.

1875 Gemeint ist Elisabeth Zingler.
1876 Gemeint ist Paul Karrer.
1877 Den Nobelpreis für Chemie 1937 erhielt Karrer gemeinsam mit Walter Norman Haworth.
1878 Gemeint ist Kate (Tinka) Dorothea Solmssen, geb. Strauss.
1879 Gemeint ist Juliane Solmssen.

Unsicherheit der zu erwartenden Massnahmen erhebliche Komplikationen, deren Erledigung ich mich widmen muss, weil mein Sohn durch seinen Dienst vom frühen Morgen bis zum späten Abend in Anspruch genommen ist, und alles zu dem von amerikanischer Seite festgesetzten Termin in Reih und Glied gebracht werden muss.
Angesichts der bevorstehenden langen Trennung und der durch die Passfrage eventuell bedingten Unsicherheiten, sich in absehbarer Zeit wiederzusehen, wollen meine Frau und ich das jetzige Zusammensein mit unsern hiesigen Kindern möglichst lange ausdehnen, sodass ich mir wengen[1880] meines Rückkehrtermins freie Hand wahren muss und denselben noch nicht mit Bestimmtheit fixieren kann.
Mit freundlichen Grüssen
Ihr sehr ergebener
[gez.] Solmssen.

[Handschriftliche Nachschrift Solmssens]
Soeben erhalte ich eine Verfügung, wonach unser altes Familienhaus Alsenstraße 9, in dem wir seit 65 Jahren wohnen, bis zum 1. Oktober 1938 zu räumen ist.[1881] Dadurch sind der Zeit unseres Fortbleibens Grenzen gesetzt. In Folge der Dienstboten-Vorschriften[1882] können wir Schwanenwerder aus Mangel an Personal nur vorübergehend bewirtschaften und müssen uns also demnächst eine andere Berliner Unterkunft suchen. Wir hatten geglaubt, aus beiden uns sehr an's Herz gewachsenen Häusern nicht lebend herausgehen zu müssen.
Wie mir Frl. Zingler schreibt, hat sich Ihre Frau Gemahlin gewundert, daß unsere Wohnung Alsenstraße 9 «dicht verschlossen» sei. Unser Diener und unsere Köchin wohnen dort, ebenso unser Portier. Nur die Rouleaux der Vorder Zimmer [!] sind weisungsgemäß heruntergelassen. Wir sind seit 14 Tagen hier[1883] und mußten ziemlich abrupt abreisen, weil es der hochbetagten Mutter meiner Frau[1884] in Karlsruhe recht schlecht ging und hier schwerwiegende Entschlüsse betreffs der Zukunft

---

1880 Maschinenschriftlich verbessert.
1881 Mit dem Abriss des Alsenviertels im Spreebogen und der Umleitung der Spree wurde 1939 begonnen, um für die von Albert Speer geplante Große Halle der «Welthauptstadt Germania» Platz zu schaffen.
1882 Ausgehend vom «Gesetz zum Schutz des deutschen Blutes und der deutschen Ehre» vom 15.9.1935 (RGBl. I, S. 1146f., § 3), das Juden die Beschäftigung von «weiblichen Staatsangehörigen deutschen […] Blutes unter 45 Jahren» verbot, wurden weitere Bestimmungen auf dem Verordnungswege erlassen. In der Ersten Verordnung vom 14.11.1935 zu dem genannten Gesetz (RGBl. I, S. 1334ff.) wurden als «jüdische Haushalte» solche definiert, zu denen «ein jüdischer Mann (über 16 Jahre)» gehörte». Weibliche Staatsangehörige, die bei Erlass des Gesetzes in einem jüdischen Haushalt beschäftigt waren, durften weiterbeschäftigt werden, wenn sie am 31.12.1935 mindestens 35 Jahre alt waren.
1883 Gemeint ist Zürich.
1884 Gemeint ist Anna Aselmeyer, geb. von Bose.

unseres Sohnes alsbald zu treffen waren. Dieses zur Nachricht, damit keine falschen Gerüchte entstehen.
Besten Gruß
der Ihrige
[gez.] S[olmssen].

Herrn Franz Urbig,
Deutsche Bank,
Berlin.

Franz Urbig an Georg Solmssen, 21.02.1938[1885]

Berlin, 21. Febr[uar]. 1938

Lieber Herr Dr. Solmssen!
Haben Sie schönen Dank für Ihren freundlichen Brief vom 19. d[ieses]. M[onats].[1886] und lassen Sie mich mit diesem Dank die Hoffnung verbinden, dass Ihre Bemühungen, für Ihren Sohn[1887] in Amerika etwas passendes zu finden, erfolgreich sein mögen.
Von dem Werdegang Ihres Hauses in der Alsenstrasse hörte ich vor einiger Zeit. Ihre Gefühle kann ich begreifen. Hoffentlich ist der materielle Schaden erträglich. Frau von Groeben[1888] soll ja, wie mir Schwabach[1889] sagte, schlecht abschneiden.
Da, wie Sie sagen, Ihre Abwesenheit von hier doch noch etwas länger dauern wird, so muss ich Ihnen – was ich gern mündlich getan hätte – auf diesem Wege davon Mittheilung machen, dass der Vorstand mir gesagt hat, es sei leider nicht möglich, Ihre Wiederwahl in den Aufsichtsrat der Bank vorzuschlagen. Die Erneuerung des Aufsichtsrates hat, wie Sie wissen, in der nächsten General[-]Versammlung[1890] zu erfolgen.
Wie peinlich es mir ist, Ihnen von dieser Sachlage Kenntniss zu geben, brauche ich Ihnen nicht zu sagen, aber neben anderen hat namentlich der Fall Jeidels[1891] auch mir bewiesen, dass unter den gegenwärtigen Verhältnissen gewisse Entschliessungen unvermeidbar sind, so hart sie auch sein mögen.

1885 Original, 1 Blatt, in der Mitte gefalzt, 3 Seiten eigenhändig beschrieben, in: HADB, NL3/53. Identische Presskopie mit Paraphen von Ernst Enno Russell, Otto Abshagen und Oscar Schlitter, in: HADB, P1/14.
1886 Solmssen an Urbig 19.2.1938, in: HADB, P1/14; hier abgedruckt.
1887 Gemeint ist Ulrich Solmssen.
1888 Gemeint ist Luise Gräfin von der Gröben, die ein Haus in der Alsenstraße 6a besaß.
1889 Gemeint ist Paul von Schwabach.
1890 Gemeint ist die Hauptversammlung der Deutschen Bank vom 6.4.1938.
1891 Gemeint ist Otto Jeidels, der im März 1938 aus der Berliner Handels-Gesellschaft, zu deren Geschäftsinhabern er fast 20 Jahre gezählt hatte, ausscheiden musste.

Ich bin vor wenigen Tagen unterrichtet worden und als meine Pflicht betrachte ich es, Sie sogleich von den Vorgängen in Kenntniss zu setzen, weil Sie mir sonst den Vorwurf machen könnten, ich hätte Ihnen keine Gelegenheit gegeben, einen eigenen, den Ereignissen vorgreifenden Entschluss zu fassen.
Mit besten Grüssen
Ihr ergebener
[gez.] Fr.[anz] Urbig

Georg Solmssen an Franz Urbig, 07.03.1938[1892]

z[ur].Z[ei]t. Zürich, Utoquai 47.   7. März 1938

Lieber Herr Urbig,
Ich verstehe, dass es Ihnen peinlich war, Ihren Brief vom 21. Februar[1893] zu schreiben. Mir hat sein Inhalt sehr weh getan; setzt er doch den unrühmlichen Schluss[s]trich unter die eigene und die 75 jährige Lebensarbeit meiner Familie, deren Repräsentanten in drei Generationen ihre ganze Kraft und ihr volles Herz dem Werk gewidmet haben, das jetzt den letzten Zusammenhang mit ihnen tilgt, als wären sie nie gewesen. Die Wahrung des Andenkens an Adolf und Arthur Salomonsohn und der eigenen Würde verbieten mir, Ihrer Anregung zu entsprechen, «einen eigenen, den Ereignissen vorgreifenden Entschluss zu fassen». Sie gleicht dem Revolver, der dem unter Anklage stehenden Offizier gereicht wird, weil sein Prozess das Regiment kompromittieren würde. Befolgte ich Ihren Hinweis, so würde die Initiative mit der Wirkung verschoben, die den Tatsachen nicht entsprechende Version zu gestatten, ich sei «auf meinen Wunsch» ausgeschieden mit allen sich daraus ergebenden Möglichkeiten einer meinem guten Ruf abträglichen Deutung dieses Schritts.
Höhere, über mein eigenes Das[e]in hinausreichende Gesichtspunkte verpflichten mich, dem entgegenzutreten. Wer mich wegen meiner Abstammung aus seinen Reihen stösst, soll mutig bekennen, dass die seit dem Jahre 1863 von den jetzt Verfehmten [!] geleistete Mitarbeit beim Aufbau der Firma zur einzigartigen Geschäftsaristokratie und Weltgeltung von ihm jetzt als «untragbar» empfunden wird und für den Wechsel seiner Gesinnung eintreten. Ich zweifle nicht, dass für diesen gewichtige Gründe vorliegen; warum also der Wunsch, sie zu bemänteln?

1892 Briefpapier «Dr. GEORG SOLMSSEN / BERLIN W8 / Mauerstraße 35», 2 Blätter, 2 Vorderseiten maschinenschriftlich beschrieben, handschriftliche Vermerke «Er[halten] U[rbig] 9.3.[19]38» und «b[eantwortet]. 11/3 [19]38», Paraphen von Franz Urbig und Ernst Enno Russell, in: HADB, P1/14. Abschrift in: HADB, NL3/53. Dieser Brief und Urbigs vorausgegangenes Schreiben sind ausschnittweise zitiert in: Münzel, Die jüdischen Mitglieder der deutschen Wirtschaftselite, S. 208.

1893 Urbig an Solmssen 21.2.1938, in: HADB, NL3/53; hier abgedruckt.

An unserem Hause Alsenstrasse 9, das so viele schöne Erinngerungen [!] birgt, wird ausser den Affektionswerten[1894] ein erheblicher Teil unseres Vermögens eingebüsst werden. Aber was verschlägt das? Wem die Ehre konfisciert wurde, den lassen materielle Konfiskationen kalt. Es gibt wichtigeres zu bedenken.
Mit freundlichen Grüssen
Ihr ergebener
[gez.] Solmssen.[1895]

Herrn Franz Urbig,
Mauerstrasse 35,
Berlin.

Franz Urbig an Georg Solmssen, 11.03.1938[1896]

3/Ni[etardt]. 11. März 1938

Lieber Herr Dr. Solmssen!
Es wäre seltsam, wenn ich kein Verständnis hätte für die psychologischen Beweggründe, welche Ihnen Ihre Stellungnahme vorgeschrieben haben. Und so können Sie mir glauben, dass ich nicht die geringste Freude empfinde über die Durchführung einer Massnahme, welche einen der Reste geschriebener Gesetze darstellt, die im Gegensatz stehen zu der Toleranz, die Ihrem Herrn Vater als Begleiterscheinung der kulturellen Entwicklung in Deutschland eines Tages vorschwebte.[1897]
Die von Ihnen hervorgehobene Geschäfts-Aristokratie hat vom Jahre 1918 ab auch in unseren Kreisen manches verlieren müssen, und wir waren oftmals gezwungen, etwas zu tun, was nach Ansicht Anderer dem Staate frommte, unserer persönlichen Auffassung aber widersprach.[1898] Und so ist es auch heute. Die persönlichen Empfindungen, mögen sie sein wie sie wollen, werden überschattet von Notwendigkeiten, denen man sich nicht entziehen kann. Mit Ihrer persönlichen Ehre, die schliesslich zu einem wesentlichen Teile ein inneres Gut ist und bleibt, das wir voll zu würdigen wissen, hat der jetzige Vorgang, dessen Kenntnis ich Ihnen nicht vorenthalten durfte, nichts mehr zu tun. Aus einer Reihe ähnlicher Fälle, die sich jetzt

---

1894 Veraltet für Liebhaberwerte.
1895 Dem Brief ist ein handschriftlicher Vermerk von Eduard Mosler angeheftet: «H[err] Urbig / alle Vorstandsmitglieder haben den Brief gelesen. / 11.3.[19]38», mit Paraphen von Oscar Schlitter, Otto Abshagen und Eduard Mosler.
1896 Durchschrift, 2 Blätter, 2 Vorderseiten maschinenschriftlich beschrieben, zweite Seite nummeriert, Paraphen aller Vorstandsmitglieder (Hermann J. Abs, Karl Kimmich, Eduard Mosler, Oswald Rösler, Hans Rummel, Karl Ernst Sippell, Oscar Schlitter und Fritz Wintermantel), des stellvertretenden Aufsichtsratsvorsitzenden Oscar Schlitter, des Aufsitzratsvorsitzenden Enno Russell und des Leiters des Generalsekretariats Otto Abshagen, in: HADB, P1/14.
1897 Zum Eintreten Adolph Salomonsohns für Toleranz und gegen Antisemitismus siehe Solmssen, Gedenkblatt für Adolf und Sara Salomonsohn.
1898 Zur Interpretation dieses Satzes siehe Feldman, Politische Kultur und Wirtschaft in der Weimarer Zeit, S. 17.

auf der ganzen Linie vollziehen und in denen die von mir angedeutete vorgreifende Entschliessung gefasst worden ist, werden Sie erkennen, dass ich mit dieser meiner Auffassung nicht allein stehe.

Ihnen alles Gute wünschend,
bin ich
mit besten Grüssen
Ihr ergebener
gez: Fr[anz]. Urbig[1899]

Karl Kimmich an Georg Solmssen, 06.05.1938[1900]

6. Mai 1938.

Sehr geehrter Herr Dr. Solmssen!
Einliegend übersende ich Ihnen Abschrift eines mir von Herrn Ullner[1901] zugegangenen Schreibens, aus dem Sie die Auffassung des Vorstandes der Dea[1902] in der mit Ihnen bereits telephonisch erörterten Aufsichtsrats-Angelegenheit zu ersehen belieben. Herr Ullner hatte es seinerzeit übernommen, auch mit den Herren von Schwabach[1903] und Springer[1904] zu sprechen, und beide Herren haben ihm – Herr von Schwabach ausserdem noch in einem besonderen Schreiben an mich – ihr Mandat zur Verfügung gestellt.

Die Gründe sind Ihnen ja hinlänglich bekannt, und ich kann es nur bedauern, dass ich diejenige Stelle bin, die bei Ihren in noch viel grösserem Masse als bei den beiden anderen Herren bestehenden Verdiensten um die Gesellschaft in der Vergangenheit Ihnen die Bitte nahelegen muss, auf Ihre Wiederwahl in den Aufsichtsrat zu verzichten.

Bei einem telephonischen Anruf heute hat Herr Ullner mich noch gebeten, Ihnen mitzuteilen, dass Sie auch auf eine Wiederwahl bei den Tochtergesellschaften der Dea[1905], wo es sich um dasselbe Problem handelt, verzichten möchten.

Ferner hat gestern eine Besprechung mit dem Vorstand der Gesfürel[1906] stattgefunden, in der die gleiche Aufsichtsratsfrage von Seiten des Vorstands aufgeworfen worden ist mit dem Hinzufügen, dass die Gesellschaft das ihr zugedachte Gau-Dip-

---

1899 Dem Brief ist ein handschriftlicher Vermerk von Franz Urbig angeheftet: «Haben Sie gegen die Absendung dieses Briefes irgend welche Bedenken? Urbig». Handschriftlicher Zusatz von Eduard Mosler: «Keine Bedenken! M[osler]». Handschriftlicher Zusatz: «Der Brief ist am 11.3.[19]38 abgesandt».
1900 Presskopie, 2 Blätter, 2 Vorderseiten maschinenschriftlich beschrieben, zweite Seite nummeriert, in: HADB, P3456, Bl. 19f.

1901 Gemeint ist Richard F. Ullner.
1902 Gemeint ist die Deutsche Erdöl-AG.
1903 Gemeint ist Paul von Schwabach.
1904 Gemeint ist Ernst Springer.
1905 Gemeint sind die Deutsche Petroleum AG und die Edeleanu GmbH.
1906 Gemeint ist die Gesellschaft für elektrische Unternehmungen – Ludwig Loewe & Co. AG. Handschriftlich unterstrichen.

lom[1907] wegen der Zugehörigkeit von nichtarischen Herren zu ihrem Aufsichtsrat nicht hätte erhalten können. Ich kann also auch hier, da die Interessen der Gesellschaft obenanstehen, nicht anders, als Sie um die gleiche Stellungnahme wie bei der Dea zu bitten, und wäre Ihnen verbunden, wenn Sie mir Ihre weiteren Mitteilungen für die Aufsichtsratssitzungen, deren Termine Ihnen ja bekannt sind, zugehen lassen würden.
Mit verbindlichen Grüssen
Ihr sehr ergebener
[gez.] Kimmich

Herrn Dr. Georg Solmssen
Arn-Horgen
Arnhof Kanton Zürich

Georg Solmssen an Karl Kimmich, 11.05.1938[1908]

Dr. GEORG SOLMSSEN,   Arn-Horgen (Kanton Zürich)
11. Mai 1938.

Sehr geehrter Herr Dr. Kimmich,
Ich bitte mein Fehlen an den auf den 19. d[e]s. [Monats] einberufenen Sitzungen des Aufsichtsrats-Ausschusses und des Aufsichtsrats[1909] zu entschuldigen und habe Ihrem Briefe vom 6. d[e]s. [Monats][1910] entnommen, dass meine Wiederwahl bei der durch das Einführungsgesetz zur Aktienrechtsnovelle[1911] vorgeschriebenen Neuformierung des Aufsichtsrats nicht erfolgen wird.
Mit deutschem Gruss
Ihr ergebener
[gez.] Solmssen.

An den Vorsitzenden des Aufsichtsrats der Gesellschaft für elektrische Unternehmungen [–] Ludwig Loewe & Co., Aktiengesellschaft,
Herrn Dr. Kimmich,
Berlin.

1907 Im Rahmen des seit 1936 von der Deutschen Arbeitsfront (DAF) durchgeführten «Leistungskampfs der deutschen Betriebe» erhielten die nach den Kriterien der DAF in ihren Bemühungen um «Bestgestaltung» der Arbeitsplätze und -bedingungen regional besten Firmen ein «Gaudiplom für hervorragende Leistungen», das zur Teilnahme am Wettbewerb auf Reichsebene berechtigte. Siehe Wolfgang Benz/Hermann Graml/Hermann Weiß (Hrsg.), Enzyklopädie des Nationalsozialismus, Stuttgart 1997, S. 567.

1908 1 Blatt, 1 Vorderseite maschinenschriftlich beschrieben, Paraphe von Karl Kimmich, in: HADB, P3456, Bl. 24.

1909 Gemeint ist die Gesellschaft für elektrische Unternehmungen – Ludwig Loewe & Co. AG.

1910 Kimmich an Solmssen 6.5.1938, in: HADB, P3456, Bl. 19f.; hier abgedruckt.

1911 Gemeint ist das Aktiengesetz von 1937 (RGBl. I

Georg Solmssen an Hermann J. Abs, 12.05.1938[1912]

Dr. GEORG SOLMSSEN,   Arn-Horgen (Kanton Zürich)
12. Mai 1938.

Sehr geehrter Herr Doktor,
Ich bestätige dankend den Empfang Ihres freundlichen Briefes vom 10. d[e]s. [Monats][1913] betr[effend]. DAHLBUSCH[1914], den ich erhielt, nachdem ich bereits Herrn Baron Janssen[1915] mitgeteilt hatte, dass ich sein Angebot, den Platz bei der DELOG[1916] beizubehalten, nicht annehmen könne, weil derselbe nicht mir sondern der Deutschen Bank gehöre. Da ich morgen nicht in Aachen sein werde und Herrn Baron Janssen gebeten habe, mein Fehlen zu entschuldigen, muss ich es den beteiligten Gruppen überlassen, wie sie diese Angelegenheit regeln wollen.
Wie ich Ihnen bereits bei unserem Zusammensein am 3. d[e]s. [Monats] in Zürich sagte[,] hat es mich sehr gekränkt, dass der Vorstand der Deutschen Bank weder in der Angelegenheit DAHLBUSCH noch bei der Neuordnung der Vertretung der Bank bei der Chade[1917] es für angebracht hielt, mich über seine Absichten zu informieren. Dadurch ist und musste bei den bei beiden Unternehmungen beteiligten ausländischen Gruppen der Eindruck entstehen, dass meine Vergangenheit bei der Bank nicht mehr zähle.
Ihnen selbst bin ich für das Verständnis, das Sie meinen Empfindungen entgegenbrachten, sehr verpflichtet.
Mit verbindlichen Grüssen
Ihr sehr ergebener
[gez.] Solmssen.

Herrn Dr. Hermann J. Abs,
p.adr. Deutsche Bank,
Berlin.

S. 107), das mit dem Einführungsgesetz vom 30.1.1937 (RGBl. I S. 166) am 1.10.1937 in Kraft trat. Das Gesetz beschränkte u. a. die Zahl der Aufsichtsratsmandate einer Person auf zehn (zuvor 20) und die Höchstzahl der Mitglieder eines Aufsichtsrats auf 20 (zuvor 30).
1912 1 Blatt, 1 Vorderseite maschinenschriftlich beschrieben, Stempel «Eingegangen 13 MAI 1938 / Beantwortet 14.5. [1938] L[uch]m[ann]», Umlaufstempel des Vorstands mit Paraphen von Karl Kimmich, Eduard Mosler, Oswald Rösler, Hans Rummel, Karl Ernst Sippell und Fritz Wintermantel, Paraphe von Hermann J. Abs, in: HADB, P732, Bl. 7.

1913 Abs an Solmssen 10.5.1938, in: HADB, P732, Bl. 6. Handschriftlich unterstrichen.
1914 Gemeint ist die Bergwerksgesellschaft Dahlbusch. Handschriftlich von Abs unterstrichen.
1915 Gemeint ist Emmanuel Janssen.
1916 Gemeint ist die Deutsche Libbey-Owens Gesellschaft für maschinelle Glasherstellung, deren Aufsichtsrat Solmssen angehörte.
1917 Gemeint ist die Compañia Hispano-Americana de Electricidad.

Georg Solmssen an Vorstand der Deutschen Bank, 09.06.1938[1918]

Dr. GEORG SOLMSSEN

Streng vertraulich

Arn-Horgen (Kanton Zürich)
9. Juni 1938.[1919]

Sehr geehrte Herren!
Zur Erläuterung des für mich und meine Frau notwendig gewordenen Entschlusses, aus Deutschland auszuwandern und in Zukunft unseren alleinigen Wohnsitz in der Schweiz zu nehmen, sende ich Ihnen beiliegend Abschrift eines von mir an Herrn Vicepräsident Dreyse[1920] gerichteten Schreibens[1921]. Da sich in Folge der unerwarteten, während meines hiesigen Aufenthaltes ergangenen Versagung der Aufrechterhaltung meines Auslandsvisums meine Rückkehr nach Berlin bis zur Klärung der Sachlage verzögern wird, bitte ich Sie, sich damit einverstanden zu erklären, dass Fräulein Zingler[1922] bis dahin meine Angelegenheiten wie bisher betreut. Ihre alsbaldige Zurückziehung würde erhebliche Schädigung für mich im Gefolge haben.
Mit deutschem Gruss
[gez.] Solmssen.

An den Vorstand der
Deutschen Bank, Berlin.

Georg Solmssen an Friedrich Dreyse, 09.06.1938[1923]

Abschrift.
Dr. G. Solmssen

Arn-Horgen
Kanton-Zürich, den 9. Juni 1938

Sehr verehrter Herr Vicepräsident!
Leider hat sich meine Ihnen und Herrn Reichsbankdirektor Wilhelm[1924] gehenüber [!] ausgesprochene Befürchtung, der mir und meiner Frau durch die Verfü-

---

1918 1 Blatt, Vorderseite maschinenschriftlich beschrieben, Stempel «Zum Umlauf / im Original», Eingangsstempel «Vorstand (Kanzlei) / 11. JUN[I]. [19]38 / BEANTWORTET: 15.6.[19] 38», Umlaufstempel mit Paraphen der Vorstandsmitglieder Hermann J. Abs, Karl Kimmich, Eduard Mosler, Oswald Rösler, Hans Rummel, Karl Ernst Sippell, Fritz Wintermantel, handschriftlicher Umlaufvermerk «Herrn Dr. Mosler, Herrn Urbig, Herrn Dr. Russell und Herrn Dr. Schlitter» mit deren Paraphen, Paraphen von Karl Kimmich und Otto Abshagen, in: HADB, P1/14.

1919 Die «9» wurde handschriftlich ergänzt.
1920 Gemeint ist Friedrich Dreyse.
1921 Solmssen an Dreyse 9.6.1938, in: HADB, P1/14; hier abgedruckt.
1922 Gemeint ist Elisabeth Zingler.
1923 Durchschlag, 3 Blätter, 3 Vorderseiten maschinenschriftlich beschrieben, ab der zweiten Seite nummeriert, ohne eigenhändige Unterschrift, in: HADB, P1/14. Dieser Brief ist ausschnittsweise zitiert in: Münzel, Die jüdischen Mitglieder der deutschen Wirtschaftselite, S. 275.
1924 Gemeint ist Friedrich Wilhelm.

gung der Reichsstelle für Devisenbewirtschaftung vom 7. August 1934 zugebilligte doppelte Wohnsitz werde durch die polizeiliche Versagung meines Auslandsvisums illusorisch werden, als begründet erwiesen. Seit längerer Zeit schweben mit dem für uns zuständigen Polizeiamt Nikolassee bezw. dem ihm vorgeordneten Polizeiamt Steglitz-Zehlendorf Verhandlungen wegen der Belassung meines Auslandsvisums, welches das erstgenannte Amt bereits im Februar dieses Jahres streichen wollte. Die endgültige Entscheidung wurde von dem Ergebnis weiterer Erhebungen abhängig gemacht. Im Verlauf derselben habe ich auf Verlangen des Polizeiamts Steglitz-Zehlendorf die Industrie- und Handelskammer zu Berlin mit dem abschriftlich beiliegenden Brief vom 27. April 1938[1925] um Befürwortung meines Antrages wegen Aufrechterhaltung des Auslandsvisums gebeten und dieses Gesuch mit dem durch die Bescheinigung des Schweizer Gesandten in Berlin erhärteten Hinweis auf unseren doppelten Wohnsitz begründet. Meine Annahme, dass die für die Erteilung des doppelten Wohnsitzrechts zuständigen Behörden allein über dessen Bestand zu befinden hätten und dasselbe nicht durch administrative Massnahmen anderer Dienststellen zu Nichts [!] gemacht werden könne, ist mithin überholt, wie der in Abschrift beiliegende, mir dieser Tage von meinem Bevollmächtigten, Herrn Rechtsanwalt Dr. F. Koppe[1926], übermittelte Brief des Polizeiamts Steglitz-Zehlendorf vom 27. Mai 1938[1927] zeigt. Der doppelte Wohnsitz als solcher gibt mir danach kein Anrecht auf das Auslandsvisum. Damit ist die Institution des doppkten [!] Wohnsitzes und uns[er] auf ihr beruhender Rechtszustand illusorisch geworden.
Meine Frau und ich haben bisher alles, was über uns in den letzten fünf Leidesjahren verhängt wurde, ertragen, ohne dem Gedanken der Emigrierung näher zu treten, weil wir sie nicht mit der Tradition unserer Vorfahren und unserem Verhältnis zu unserem Vaterlande vereinen konnten, das ich in der Vorrede meiner «Beiträge zur deutschen Politik und Wirtschaft 1900–1933» mit den Worten gekennzeichnet habe: «Ich lasse Dich nicht, Du segnest mich denn!»[1928]
Durch die Versagung meines Auslandsvisums vor die Notwendigkeit gestellt, zwischen dem Wohnsitz im In- und Ausland zu wählen, müssen wir uns für letzteren entscheiden. Wenn wir dieses blutenden Herzens tun, so machen wir uns keiner Fahnenflucht schuldig; wir wandern nicht aus, sondern wir werden ausgewandert. Meine Existenz ist in Deutschland während der letzten fünf Jahre staatsbürgerlich, beruflich und gesellschaftlich ausgetilgt worden. Meiner Frau ist trotz allem, was die Familie Aselmeyer während mehr als hundert Jahren für Deutschland

1925 Dieses Schreiben ist nicht überliefert.
1926 Gemeint ist Fritz Koppe.
1927 Dieses Schreiben ist nicht überliefert.
1928 Solmssen, Beiträge zur Deutschen Politik und Wirtschaft, Bd. 1, S. XV. Mit diesem Zitat aus dem 1. Buch Mose, Kapitel 32, Vers 27, unterstrich Solmssen seine Haltung, dass derjenige, der sich als Deutscher fühle, «auch in dieser Periode schwerster, unverdienter Prüfung daran festhalten» müsse, «daß das Ganze höher stehe als der einzelne».

getan und erlitten hat, das gleiche Schicksal widerfahren. Die Erschütterung unseres Doppelwohnsitzes zwingt uns, das Vaterland zu verlassen, weil die Grenze erreicht ist, die menschliches und göttliches Recht trennt. Der Zusammenhang mit unseren Kindern ist das Letzte, was uns geblieben ist. Ihr sie einst in Deutschland vereinendes glückliches Elternhaus ist ihnen dort verschlossen. Unsere Söhne haben ihre Existenz ausserhalb Deutschlands suchen müssen und dadurch die Möglichkeit der Einreise nach Deutschland verloren. Die Aufgabe unseres eigenen Auslands[-]Domizils würde in Folge der Versagung meines Auslandsvisums die Trennung von unseren Kindern auf Nimmerwiedersehen nach sich ziehen. Es bleibt uns also keine Wahl, als au[s]serhalb Deutschlands unser Leben zu vollenden.

Hinzu kommt, dass wir, gestützt auf die uns fristlos und unbedingt erteilte Berechtigung und gleichzeitig auferlegte Verpflichtung, neben dem deutschen Wohnsitz einen solchen im Ausland zu begründen, dort Bindungen eingegangen sind, die wir erfüllen müssen, wenn wir nicht wortbrüchig werden wollen. Die Eidgenössischen und Kantonalen Behörden der Schweiz haben uns nicht nur das Aufenthaltsrecht, sondern auch in Anerkennung meiner agrarpolitischen, wissenschaftlichen Forschungsarbeit das landwirtschaftliche Arbeitsrecht als ausnahmsweise Vergünstigung für so lange Frist eingeräumt, dass nach deren Ablauf automatisch die dauernde Arbeitserlaubnis gewährt werden kann. Daraufhin haben wir ein bäuerliches Heimwesen erworben, uns für seine nach den von mir vertretenen Ideen geplante Betriebsführung die Beratung der zuständigen ländlichen Berufsvertretungen gesichert und die zur Verwirklichung unserer Ansichten erforderlichen Beträge investiert. Die Aufgabe dieses neuen Arbeitsfeldes würde uns dem berechtigten Vorwurf aussetzen, das Vertrauem [!] der schweizer Stellen getäuscht zu haben, die uns ermöglichten, anstelle des in Deutschland über uns verhängten Abbaus unseres Daseins dessen Wiederaufbau im Ausland treten zu lassen.

Ich weiss, dass Sie dem entscheidungsschweren Schritt zu dem meine Frau und ich sich [!] gezwungen sehen, wohlwollendes Verständnis entgegenbringen.

Im Anschluss an die Aufgabe unseres inländischen Wohnsitzes haben wir unseren Freistellungsbescheid vom 7. Aug[ust]. 1934 an das Reichswirtschaftsministerium zurückgegeben. Nach der Meinung unserer Rechtsberater können wir darauf rechnen, dass die Möglichkeit über unser ausländisches Vermögen frei zu verfügen dadurch nicht berührt wird. Abschrift des in diesem Zusammenhang an das Reichswirtschaftsministerium gerichteten Schreibens[1929] lege ich zu Ihrer Kenntnisnahme bei.

Die mir von dem Finanzamt Zehlendorf mit M[ar]k. 634.00.-- [!] angegebene Kapitalfluchtsteuer wird gezahlt werden, sobald die Genehmigung zu den hier-

---

1929 Dieses Schreiben ist nicht überliefert.

für notwendigen Verfügungen über mein und meiner Frau Konto und Depot erteilt ist.
Das gegen mich von der Zollfahndungsstelle Berlin auf Grund völlig haltloser Anzeigen eingeleitete Verfahren dürfte, nachdem ich alle an mich gestellten Fragen erschöpfend beantwortet habe, nunmehr zum Abschluss gelangt und die Angelegenheit an die Reichsstelle für Devisenbewirtschaftung weiter geleitet sein.
Meine Bitte an Sie geht dahin, mit Rücksicht auf unsere Ihnen bekannte Vergangenheit, Ihren Einfluss bei dem Reichswirtschaftsministerium dahin geltend zu machen, dass uns der Übergang in die neue Periode unseres Daseins in Formen und unter Bedingungen ermöglicht wird, die unseren Leistungen und dem Umstande Rechnung tragen, dass wir unserem Patriotismus zu Liebe schwere seelische und materielle Opfer auf uns genommen haben.
Mit deutschem Gruss
mit vorzüglicher Hochachtung
Ihr sehr ergebener
gez. Dr. Solmssen

Herrn
Vicepräsident Dreyse, Reichsbank, Berlin.

Vorstand der Deutschen Bank (Eduard Mosler und Karl Ernst Sippell) an Georg Solmssen, 15.06.1938[1930]

[Erna] H[aake]. 15. Juni 1938.

Sehr geehrter Herr Dr. Solmssen!
Ihr gefälliges Schreiben vom 9. Juni d[es]. J[ahres].[1931] ist uns zugegangen. Wir haben von Ihrem Entschlusse, aus Deutschland auszuwandern und in Zukunft Ihren alleinigen Wohnsitz in der Schweiz zu nehmen und von der Begründung dieses Entschlusses, die wir dem uns abschriftlich übermittelten Briefe an Herrn Vicepräsident Dreyse[1932] entnommen haben, mit Anteilnahme und Bewegung Kenntnis genommen.
Ihrem Wunsche entsprechend haben wir keine Einwendungen dagegen, dass Fräulein Zingler[1933] für die Uebergangszeit die Bearbeitung Ihrer Angelegenheiten in der bisherigen Weise fortsetzt. Der Ordnung halber müssen wir den Vorbehalt hin-

---

1930 Presskopie, 1 Blatt, 1 Vorderseite maschinenschriftlich beschrieben, in: HADB, P1/14.
1931 Solmssen an den Vorstand der Deutschen Bank 9.6.1938, in: HADB, P1/14; hier abgedruckt.
1932 Gemeint ist Friedrich Dreyse, Solmssen an Dreyse 9.6.1938, in: HADB, P1/14; hier abgedruckt.
1933 Gemeint ist Elisabeth Zingler.

zufügen, dass dies gilt, solange nicht geschäftliche Notwendigkeiten uns nötigen, anderweitig über die Arbeitskraft von Fräulein Zingler zu verfügen.
Mit deutschem Gruss
DEUTSCHE BANK
[gez.] Mosler   [gez.] Sippell

Herrn
Dr. Georg Solmssen,
Arn-Horgen,
(Kanton Zürich)

Deutsche Bank, Berlin, Generalsekretariat (Eduard Mosler und Otto Abshagen) an Georg Solmssen, 17.08.1938[1934]

K[akuschk]y   17. August 1938.

Sehr geehrter Herr Dr. Solmssen,
in Beantwortung Ihres gefälligen Schreibens vom 13. d[es]. M[onats].[1935] teilen wir Ihnen wunschgemäß folgendes mit:
Ihnen steht auf Lebenszeit ein jährliches Ruhegehalt von R[eichs]M[ark] 24.000 zu, zahlbar in vierteljährlichen Teilbeträgen. Im Falle Ihres Ablebens hat Ihre überlebende Ehegattin ein Ruhegehalt in Höhe der Hälfte des von Ihnen bezogenen Betrages zu beanspruchen.
Mit Deutschem Gruß!
DEUTSCHE BANK
[gez.] Mosler   [gez.] Abshagen

Herrn
Dr. Georg Solmssen,
Arn-Horgen (Schweiz)

[1934] Durchschlag, 1 Blatt, 1 Vorderseite maschinenschriftlich beschrieben, in: HADB, P1/14.
[1935] Solmssen an Deutsche Bank, Rechtsabteilung 13.8.1938, in: HADB, P1/14.

Georg Solmssen an Vorstand der Deutschen Bank, 05.10.1938[1936]

Dr. Georg Solmssen   Arn-Horgen
                                                        5. Oktober 1938

Sehr geehrte Herren,
Sie waren so freundlich zu gestatten, dass Fräulein Zingler[1937] auch nach meiner erzwungenen Auswanderung zu meiner Verfügung blieb, um mir die Abwicklung meiner geschäftlichen und häuslichen Angelegenheiten zu erleichtern. Diese Hülfe ist für mich umso wertvoller, weil es infolge von Passchwierigkeiten, die noch nicht behoben sind, meiner Frau und mir nicht möglich ist, die Auflösung unserer Haushaltungen persönlich an Ort und Stelle durchzuführen. Ausserdem hat die Verzögerung der Entscheidung des R[eichs]W[irtschafts]M[inisterium] über die Modalitäten unserer finanziellen Loslösung eine sehr weitschichtige Korrespondenz erforderlich gemacht und derart nachteilige Wirkungen für die Verwaltung unseres Vermögens gehabt, dass die Mitarbeit einer mit den Détails unserer Angelegenheiten vertrauten Sekretärin[1938] unentbehrlich war. Wie mir mitgeteilt wird, hat das R[eichs]W[irtschafts]M[inisterium] nunmehr seine Entscheidung hinsichtlich der uns über die Kapitalfluchtsteuer hinaus auferlegten, sehr erheblichen Zahlungen gefällt, und wir erwarten täglich den uns von der Devisenstelle Berlin zukommensollenden [!] Bescheid. Voraussichtlich wird zur Bestreitung der geforderten weitern [!] Zahlungen der beschleunigte Verkauf unserer Häuser Alsenstrasse 9 und Schwanenwerder, Inselstrasse 24, erforderlich werden. Ich brauche Ihnen nicht zu sagen, welche unendliche Mühe es macht, alle diese Dinge par distance durchzuführen und welche Werte und Imponderabilien durch den Zwang zerstört werden, unser Hab und Gut und unsere internsten Dinge durch Fremde für die Ueberführung hierher bezw. für die Verschleuderung an Dritte vorbereiten zu lassen. Hinzu kommt, dass der Transfer von Mobiliar und Hausrat an die Vorbedingung der Erfüllung endloser umständlicher Formalitäten geknüpft ist, die in unserer uns aufgedrungenen Abwesenheit nur von unbedingt zuverlässigen Vertrauenspersonen erledigt werden können. Wir haben uns damit abgefunden, diese Zerstörung unserer Vergangenheit über uns ergehen zu lassen, es fällt uns aber schwer, uns an den Gedanken zu gewöhnen, dass uns völlig Fernstehende bei der Durchführung der unvermeidlichen Massnahmen Einblick in unser früheres häusliches Leben gewinnen sollen, ohne dass wir in der Lage wären, hierbei irgendwie dirigierend einzugreifen. An unsere Verwandten könnten wir nicht mit der Bitte um Hülfeleistung appellieren, weil die gesamte jüngere Generation Deutschland

---

1936 2 Blätter, 2 Vorderseiten maschinenschriftlich beschrieben, zweite Seite nummeriert, Eingangsstempel «Vorstand (Kanzlei) / 6. OKT[OBER]. [19]38 / Beantwortet: 10.10.[19]38», handschriftliche Vermerke «Hat Herrn Dr. Abshagen vorgelegen.», «Herrn Dr. Mosler» und «Herrn Dr. v[on]. Halt» mit den Paraphen Eduard Moslers und Karl Ritter von Halts, in: HADB, P2/Z97.

1937 Gemeint ist Elisabeth Zingler, handschriftlich unterstrichen.

1938 Handschriftlich unterstrichen.

entweder bereits verlassen hat, oder im Begriffe ist, dieses zu tun und mit schwersten Sorgen um die eigene Existenz belastet ist und die Mitglieder der ältern [!] Generation, soweit sie noch in Deutschland wohnen, so krank und leidend sind, dass wir ihnen nicht zumuten können, sich uns zu widmen. Ich hoffe, dass es nur noch verhältnismässig kurze Zeit dauern wird, bis wir auch über diesen Berg sind, kämen aber in grosse Bedrängnis, wenn Fräulein Zingler[1939] uns jetzt ihre Hülfe versagen müsste. Wie sie mir schreibt, gewärtigt sie nunmehr nach ihrer Rückkehr vom Urlaub von der Personalabteilung der Bank darüber befragt zu werden, was sie jetzt tue und ob sie für mich noch tätig zu sein brauche. Sie selbst wird diese Frage nur innerhalb gewisser Grenzen beantworten können, und ich habe deshalb Ihnen den Sachverhalt vorliegend geschildert, damit Sie zu übersehen vermögen, ob und in welcher Weise die Hülfe von Fräulein Zingler mir bis zur Durchführung der schwebenden Angelegenheiten erhalten bleiben kann. Selbstverständlich möchte ich nicht, dass ihr aus der Fortsetzung ihrer Tätigkeit für mich ein Schade[n] in ihrem beruflichen Fortkommen erwächst. Fräulein Zingler ist ein selten tüchtiger und zuverlässiger Mensch und verdient es, in ihrem Fortkommen dafür belohnt zu werden, dass sie den ihr übertragenen Pflichtenkreis stets mit vollster Hingabe erfüllt hat. Sie ist eine vorzügliche Sekretärin und ist unter meiner Anleitung zu einer perfekten Stenographin und Maschinenschreiberin, auch nach englischem und französischem Diktat, geworden. Die von ihr geführte Registratur war stets in musterhafter Ordnung. Sie hat sich neuerdings in die für uns durch unsere Auswanderung in Betracht kommenden devisenrechtlichen Bestimmungen gut eingearbeitet. Ich glaube daher sagen zu dürfen, dass sie in der Lage ist, der Leitung der Bank in ähnlicher Weise wie sie solches für mich länger als ein Jahrzehnt getan hat, wertvolle und nicht von Jedem zu erfüllende Dienste zu leisten. Es dürfte deshalb auch im Interesse der Bank liegen, ihr später Posten anzuvertrauen, die ihrem Können entsprechen. Vorstehende Ausführungen werden genügen, um zu verhüten, dass eine nur schematische Regelung Platz greift, und ich bitte Sie, diese wie solches bisher geschehen ist, unter Würdigung der mich betreffenden besondern Umstände herbeizuführen. Sollten Sie es für richtig halten, dass ich der Deutschen Bank ein Entgelt für die Ueberlassung von Fräulein Zingler während der noch erforderlichen Zeitspanne zahle, so bin ich hierzu selbstverständlich bereit.
Mit deutschem Gruss,
[gez.] Solmssen.

Deutsche Bank
Vorstand
Mauerstrasse 36
Berlin.

1939 Handschriftlich unterstrichen.

Vorstand der Deutschen Bank (Eduard Mosler und Karl Ritter von Halt) an Georg Solmssen, 10.10.1938[1940]

10. Oktober 1938.

Sehr geehrter Herr Dr. Solmssen!
Wir bestätigen dankend den Empfang Ihrer Zeilen vom 5. Oktober[1941], worin Sie uns schildern, inwieweit Sie Ihre frühere Sekretärin Fräulein E[lisabeth] Zingler bei der Durchführung der von Ihnen erwähnten Angelegenheiten noch zu unterstützen haben wird. Es bedarf nicht der Frage, ob Ihnen die Genannte bis zur Erledigung ihrer Aufgaben überlassen bleiben könnte; sie steht Ihnen selbstverständlich auch weiterhin zur Verfügung. Auch sie selbst besitzt volles Verständnis dafür, dass nur sie als einzige in die Dinge eingearbeitete Hilfe bis zu ihrer Liquidierung in Betracht kommen kann. Die Befürchtung, dass sich für sie aus der Erledigung der sich unter Umständen noch etwas hinziehenden Abwicklungsarbeiten gewisse Nachteile ergeben könnten, braucht Fräulein Zingler indes nicht zu hegen. An der Bezahlung ihrer Bezüge durch uns soll sich bis dahin nichts ändern.
Mit den besten Grüssen
DEUTSCHE BANK
[gez.] Mosler   [gez.] Halt

Herrn
Dr. Georg Solmssen,
Arn-Horgen / Schweiz.

1940 Durchschlag, 1 Blatt, 1 Vorderseite maschinenschriftlich beschrieben, handschriftliche Vermerke «Hat Herrn Dr. Abshagen vorgelegen.» und «zu Zingler», in: HADB, P2/Z97.

1941 Solmssen an den Vorstand der Deutschen Bank 5.10.1938, in: HADB, P2/Z97; hier abgedruckt.

Georg Solmssen an Vorstand der Deutschen Bank, 17.11.1938[1942]

17. November 1938.

Sehr geehrte Herren,
Ich bitte Sie mir mitzuteilen, auf welcher Basis Sie bereit wären, die mir und meiner Frau von der Deutschen Bank zu zahlende Pension pauschaliter abzugelten. Ich wäre Ihnen für eine rasche Beantwortung dieser Frage sehr verbunden.
Mit deutschem Gruss!
[gez.] Solmssen.[1943]

An die Deutsche Bank,
Vorstand,
Mauerstr. 35/39,
Berlin.

Vorstand der Deutschen Bank (Hans Rummel und Eduard Mosler) an Georg Solmssen, 21.11.1938[1944]

21. November 1938.

Sehr geehrter Herr Dr. Solmssen!
Wir können Ihnen zu unserem Bedauern einen Vorschlag gemäss Ihrem Schreiben vom 17. November 1938[1945] nicht machen. Auch andere, ganz ähnlich liegende Anfragen haben wir in gleicher Weise beantworten müssen. Es sind gesetzliche Massnahmen angekündigt, vor deren Bekanntgabe wir Entschliessungen der von Ihnen vorgeschlagenen Art nicht treffen können.
Mit verbindlichen Grüssen
DEUTSCHE BANK
[Paraphe von Rummel] gez. Mosler

Herrn Dr. Georg Solmssen
Arnhof, Arn-Horgen
Kanton Zürich (Schweiz)

1942 Briefpapier «DR. GEORG SOLMSSEN / ARNHOF / HORGEN (K[AN]T[ON]. ZÜRICH)», 1 Blatt, Vorderseite maschinenschriftlich beschrieben, Eingangsstempel «D.B. Direktion (Kanzlei) / 19. NOV[EMBER]. 1938 / Beantwortet 21.11.[19]38», handschriftlicher Weiterleitungsvermerk «Herrn Dr. Mosler.» mit Paraphe Eduard Moslers, in: HADB, P1/14.

1943 Handschriftliche Nachschrift Solmssens: «Ich bin am 7. August 1869, meine Frau ist am 4. März 1884 geboren. Die Dauer meiner aktiven Dienstzeit betrug 34 Jahre.»

1944 Durchschlag, 1 Blatt, Vorderseite maschinenschriftlich beschrieben, in: HADB, P1/14.

1945 Solmssen an den Vorstand der Deutschen Bank 17.11.1938, in: HADB, P1/14; hier abgedruckt.

Georg Solmssen an Vorstand der Deutschen Bank, 23.11.1938[1946]

Den 23. November 1938

Sehr geehrte Herren,
Ich bestätige dankend den Empfang Ihres gefälligen Schreibens vom 21. d[es]. M[ona]ts.[1947] wegen Abgeltung meines Pensions-Anspruches. Wie mir der die Vertretung meiner Interessen wahrnehmende Herr Dr. Koch[1948] mitteilte und Herr Dr. Sembritzki[1949] im Einzelnen erläuterte, sind Sie bereit mir zwecks Flüssigmachung der im Kreditwege zur Zeit nicht beschaffbaren von mir an die Golddiskontbank[1950] zu zahlenden R[eichs]M[ark] 300 000, aus meinem und meiner Frau, dortigen Depot, Effekten abzunehmen, über deren Auswahl ich mich mit Herrn Dr. Sembritzki verständigt habe.[1951] Auf diesem Wege sollen R[eichs]M[ark] 200 000 gedeckt werden, während von den restlichen R[eichs]M[ark] 100 000 ein Betrag von ca. R[eichs]M[ark] 40 000 durch mir zustehende Tantieme Forderungen und der Rest durch Bevorschussung meiner Pension belegt werden soll.
Ich bin mit dieser Regelung einverstanden und bitte die Bevorschussung der Pension unter möglichster Schonung der Effekten vorzunehmen. Letztere sind, da ihre Erträgnisse als transferberechtigt anerkannt worden sind, für mich unter den gegenwärtigen Umständen besonders wertvoll.
Für Ihre eingehende Bemühung in dieser Angelegenheit bin ich Ihnen sehr verbunden.
Mit deutschem Gruss
[gez.] Solmssen.

Deutsche Bank,
Vorstand.

1946 Briefpapier «DR. GEORG SOLMSSEN / ARNHOF / HORGEN (K[AN]T[ON]. ZÜRICH)», 1 Blatt, Vorderseite maschinenschriftlich beschrieben, Eingangsstempel «D.B. Direktion (Kanzlei) / 24. NOV[EMBER]. 1938», Paraphe von Otto Abshagen, in: HADB, P 1/14.
1947 Rummel und Mosler an Solmssen 21.11.1938, in: HADB, P1/14; hier abgedruckt.
1948 Gemeint ist vermutlich Hans Koch.
1949 Gemeint ist Arnold Sembritzki.
1950 Gemeint ist die Deutsche Golddiskontbank, die in den Enteignungsprozess der auswandernden Juden einbezogen war. Emigranten konnten ihr in Deutschland gesperrtes Vermögen ins Ausland transferieren, indem sie ihre Auswanderersperrguthaben gegen Devisen an die Deutsche Golddiskontbank verkauften. Der Umtauschkurs verschlechterte sich zu Ungunsten der Auswanderer ständig. Mitte 1938 betrug er nur noch 12%. Siehe Dieter Ziegler, Die Dresdner Bank und die deutschen Juden, München 2006, S. 340.
1951 Die Deutsche Bank hatte bei der Wirtschaftsgruppe Privates Bankgewerbe um die Erlaubnis nachgesucht, Wertpapiere aus Solmssens Depot verkaufen zu dürfen, die mangels Dringlichkeit verwehrt wurde. Stattdessen übernahm die Deutsche Bank auf Veranlassung der Reichsbank die Effekten selbst. Siehe Wirtschaftsgruppe Privates Bankgewerbe an Deutsche Bank 23.11.1938 und handschriftlicher Vermerk Sembritzkis 24.11.1938, in: HADB, P1/14.

Hermann J. Abs an Georg Solmssen, 07.02.1939[1952]

epr   7. Februar 1939.

Sehr geehrter Herr Doktor,
Im Besitz Ihrer Zeilen vom 2. d[es]. M[onats].[1953] habe ich durch Rückfrage bei den Aschaffenburger Zellstoffwerken festgestellt, dass die Gesellschaft nicht beabsichtigt, ein Haus für eines ihrer Vorstandsmitglieder zu erwerben. Herr Bracht[1954] (Vorstandsmitglied von Aschaffenburg[1955]) möchte vielmehr nach Möglichkeit ein kleineres Haus mieten und nur, wenn es nicht anders geht, ein solches Objekt erwerben. Die Besitzung Ihrer Frau Gemahlin in Schwanenwerder[1956] wäre für die Zwecke des Herrn Bracht auf jeden Fall zu gross. Ich bedaure, Ihnen in dieser Angelegenheit keinen besseren Bescheid geben zu können.
Falls ich von anderen geeigneten Kauf-Interessenten hören sollte, darf ich mir erlauben, diese – Ihr Einverständnis voraussetzend – an Herrn Brehm[1957] von der «Revision» Treuhand A.G. zu verweisen.
Mit freundlichen Grüssen
[gez.] Ihr sehr ergebener
Hermann J. Abs.

Herrn Dr. Georg Solmssen
Horgen – Arnhof
Kanton Zürich.

Georg Solmssen an Vorstand der Deutschen Bank, 09.02.1939[1958]

9. Februar 1939.

Sehr geehrte Herren,
Die Abwicklung der mich und meine Frau betreffenden deutschen Angelegenheiten ist soweit durchgeführt, dass ich in Zukunft die Hilfe von Fräulein Zing-

---

1952 Presskopie, 1 Blatt, Vorderseite maschinenschriftlich beschrieben, in: HADB, P24138.
1953 Handschriftlich unterstrichen. Das Schreiben Solmssen an Abs vom 2.2.1939 war, wie der handschriftliche Randvermerk «G[eneral]. S[ekretariat]. nicht erh[alten]. / P[ehlemann]. 17/2. [19]39» zeigt, nicht in der vorgesehenen Akte abgelegt worden und ist nicht überliefert.
1954 Gemeint ist Robert Wilhelm Bracht.
1955 Gemeint ist die Aschaffenburger Zellstoffwerke AG.
1956 Gemeint ist das Grundstück Inselstraße 24 auf Schwanenwerder, das Solmssen 1936 seiner Frau übertragen hatte. Nachdem alle Verkaufsversuche gescheitert waren, ging das Anwesen im März 1939 für nur 25.000 Schweizer Franken an Hitlers Leibarzt Theodor Morell. Siehe Janin Reif, Horst Schumacher und Lothar Uebel, Schwanenwerder. Ein Inselparadies, Berlin 2000.
1957 Gemeint ist Max Brehm.
1958 Briefpapier «DR. GEORG SOLMSSEN / ARNHOF / HORGEN (K[AN]T[ON]. ZÜRICH)», 1 Blatt, Vorderseite maschinenschriftlich beschrieben, Eingangsstempel «Vorstand (Kanzlei) / 10.FEB[RUAR].[19]39», handschriftliche Weiterleitungsvermerke «z[ur]. K[ennt-

ler[1959] hierfür werde entbehren können. Die weitere Bearbeitung derselben erfolgt durch die «Revision» Treuhand A.G., auf die Fräulein Zingler die noch zu erledigenden Agenda [!] jetzt überführen wird. Sobald dies erfolgt ist, wird Fräulein Zingler daher für andere Tätigkeit frei.
Ich spreche Ihnen meinen verbindlichsten Dank dafür aus, dass Sie ihr gestattet haben, sich bis jetzt meinen Angelegenheiten so wie bisher zu widmen und mir ihre bewährte Kraft zur Verfügung zu stellen. Es würde mich freuen, wenn Fräulein Zingler entsprechend ihrem besonderen Können und ihrer grossen Pflichttreue nach Beendigung ihrer Arbeit für mich eine adaequate Tätigkeit finden würde. Ich halte sie für besonders begabt, die Sekretärin eines leitenden Herrn zu sein, der deutsche und fremdsprachliche Korrespondenz zu erledigen hat und von seiner Mitarbeiterin Verständnis für die Behandlung auch schwieriger Fragen erwartet. Fräulein Zingler hat in den zehn Jahren, in denen sie meine Sekretärin war, mich in ihrer Arbeit stets nach jeder Richtung zufriedengestellt, und ich trenne mich daher sehr ungern von ihr.[1960]
Mit deutschem Gruss
[gez.] Solmssen.

Deutsche Bank
– Vorstand –
Berlin W 8,
Mauerstrasse.

Vorstand der Deutschen Bank (Karl Kimmich und Eduard Mosler) an Georg Solmssen, 21.03.1939[1961]

[Erna] H[aake]. 21. März 1939.
Sehr geehrter Herr Dr. Solmssen!
Wir danken Ihnen für Ihr Schreiben vom 9. März 1939[1962] mit dem Bericht der Internationalen Bodenkreditbank Basel über das Geschäftsjahr 1938 nebst Anlagen und Ihren Darlegungen. Die Generalversammlung der Internationalen Bodenkreditbank wird am 27. März 1939 unter der im endgültigen Bericht vorgesehenen Umgestaltung des Verwaltungsrats stattfinden.

nis]. / Herrn Dr. Mosler / Herrn Dr. v[on]. Halt. / [Richard] Bürkle» mit Paraphen Eduard Moslers und Karl Ritter von Halts, Paraphe von Otto Abshagen, in: HADB, P2/Z97.
1959 Gemeint ist Elisabeth Zingler. Handschriftlich unterstrichen.
1960 Vom gleichen Datum, 9.2.1939, stammt ein

Zeugnis, das Solmssen für Elisabeth Zingler ausstellte, in: HADB, P2/Z97.
1961 Presskopie, 1 Blatt, Vorderseite maschinenschriftlich beschrieben, in: HADB, P6176, Bl. 3.
1962 Solmssens Schreiben vom 9.3.1939 ist nicht überliefert.

Wir bitten Sie, dafür einzutreten, dass der von Ihnen besetzte Platz auf Herrn Alfred Kurzmeyer[1963], Direktor der Deutschen Bank, Berlin, übergeht, und nehmen an, dass Sie von dort aus an den Präsidenten der Internationalen Bodenkreditbank, Herrn Dr. Rudolf Miescher, Basel, und ferner an Herrn Dr. Rudolf Speich, Generaldirektor des Schweizerischen Bankvereins, Basel, der die geschäftliche Bearbeitung der Internationalen Bodenkreditbank führt, von sich aus herantreten werden. Sollten Sie wünschen, dass wir von hier aus initiativ diese Vorschläge machen, so bitten wir um Ihre gefällige Nachricht.
Wir danken Ihnen im voraus für den Schritt, den Sie zur Erfüllung unseres Wunsches tun werden, und verbleiben
mit deutschem Grusse
DEUTSCHE BANK
[gez.] Kimmich [gez.] Mosler

Herrn Dr. Georg Solmssen
Arnhof,
Horgen, (Kanton Zürich)
Schweiz!

Vorstand der Deutschen Bank (Karl Kimmich und Eduard Mosler) an Georg Solmssen, 25.03.1939[1964]

25. März 1939.

Sehr geehrter Herr Dr. Solmssen!
Wir bestätigen den Empfang Ihrer Zuschrift vom 23. März 1939[1965] und haben Ihnen darauf heute laut beiliegender Bestätigung drahtlich die Bitte zugehen lassen, Ihre Mandatsniederlegung schon für die bevorstehende Generalversammlung der Internationalen Bodenkreditbank am 27. März 1939 auszusprechen.
Wenngleich die Wahrnehmung der hiesigen Interessen in der Internationalen Bodenkreditbank durch den von hier aus bestellten Vertreter, dessen Posten Sie eingenommen haben, zurzeit nicht im Vordergrunde steht, und bisher auch nichts Dringendes zu veranlassen sein wird, so müssen wir doch, zumal auch die Dresdner Bank einen hiesigen aktiv tätigen Herrn als Vertreter vor kurzem neu bestellt hat, Wert darauf legen, dass auch unser Vertreter im Verwaltungsrat aktiv im Berliner Geschäft steht. Wir würdigen Ihre Beweggründe und Ihre Darlegungen, glauben aber, nach Lage der Verhältnisse doch Gewicht darauf legen zu müssen,

---

1963 Handschriftlich unterstrichen.
1964 Presskopie, 2 Blätter, 2 Vorderseiten maschinenschriftlich beschrieben, zweite Seite nummeriert, in: HADB, P6176, Bl. 7f.

1965 Solmssens Schreiben vom 23.3.1939 ist nicht überliefert.

sobald als irgend möglich, d[as]. h[eißt]. also bereits in der Generalversammlung vom 27. März 1939, unsere Vertretung durch einen hiesigen aktiven Herrn wahrnehmen zu lassen. Wir zweifeln auch nicht, dass die Schweizer Herren, wie wir in einer Unterhaltung mit Generaldirektor Dr. Speich[1966] bei seinem neulichen Besuche in Berlin, in der auch dieser Punkt berührt worden ist, feststellen konnten, mit dem von uns vorgeschlagenen Wechsel einverstanden sind und ihm Verständnis entgegenbringen.
Mit verbindlichen Grüssen
ergebenst
DEUTSCHE BANK
[gez.] Kimmich [gez.] Mosler

Herrn
Dr. Georg Solmssen
Arnhof, Horgen
Kanton Zürich (Schweiz)

Karl Kimmich an Georg Solmssen, 07.08.1939[1967]

Herrn Dr. Kimmich
Entwurf.   7.8.1939.

Zur Vollendung Ihres siebzigsten Lebensjahres grüsse ich Sie lieber[1968] Herr Dr[.] Solmssen im Gedenken an die Jahrzehnte unserer gemeinsamen Arbeit mit herzlichsten Glückwünschen
Karl Kimmich

Doktor Georg Solmssen
Horgen Kanton Zürich
Arnhof

1966 Gemeint ist Rudolf Speich.
1967 Telegramm-Entwurf, 1 Blatt, Vorderseite maschinenschriftlich beschrieben, Stempel «Volkswirtschaftl[iche]. Abt[eilung].», handschriftlicher Vermerk «aufgegeben 7./8.[19]39 10.40

[U]h[r] R[eichs]M[ark] 4,50», ohne eigenhändige Unterschrift, in: HADB, B202, Nr. 116.
1968 Handschriftlich korrigiert in «verehrter».

Georg Solmssen an Karl Kimmich, 11.08.1939[1969]

11. August 1939.

Sehr geehrter Herr Dr. Kimmich,
Ich danke Ihnen bestens für Ihr freundliches Gedenken meines 70. Geburtstages und einer im Strome der Geschehnisse untergegangenen Vergangenheit.
Mit allen guten Wünschen für den Erfolg Ihrer schweren und verantwortungsvollen Arbeit und verbindlichen Grüßen
Ihr ergebener
[gez.] Solmssen.

Georg Solmssen an Hermann J. Abs, 09.01.1940[1970]

9. Januar 1940.

Sehr geehrter Herr Abs,
Gestatten Sie mir, Sie mit einer persönlichen Angelegenheit zu behelligen. Die am 2. Januar [1940] fällig gewesene Rate meiner Pension ist mir bisher nicht gut gebracht worden. Ich wäre dankbar, wenn Sie die Freundlichkeit hätten, feststellen zu lassen, welches der Grund dieser Unterlassung [!] ist. Das Ausbleiben der Zahlung setzt mich in Verlegenheit, weil der erwartete Betrag mit zur Deckung dort bestehender Verpflichtungen dient, deren Erfüllung behördlich genehmigt worden ist.
Ich benutze die Gelegenheit, um Ihnen für Sie und die Ihrigen meine besten Jahreswünsche zu senden und bin mit freundlichen Grüssen
Ihr sehr ergebener
[gez.] Solmssen.[1971]

1969 Briefpapier «DR. GEORG SOLMSSEN / ARNHOF / ARN-HORGEN (K[AN]T[ON]. ZÜRICH)», 1 Blatt in der Mitte gefalzt, Vorderseite eigenhändig beschrieben, mit angeheftetem Umlaufstempel mit Paraphen der Vorstandsmitglieder der Deutschen Bank, in: HADB, B202, Nr. 116.
1970 Briefpapier «DR. GEORG SOLMSSEN / ARNHOF / HORGEN (K[AN]T[ON]. ZÜRICH)», 1 Blatt, Vorderseite maschinenschriftlich beschrieben, handschriftlicher Vermerk «17/1. [1940] [Anna] W[en]d[or]f.», Paraphen von Hermann J. Abs und Hans Rummel, in: HADB, P1/14.
1971 Ein maschinenschriftlicher Vermerk von Erhard Ulbricht, Leiter der Oberbuchhalterei der Deutschen Bank, an Abs vom 17.1.1940 ist dem Schreiben unmittelbar angefügt: «Auf unseren Antrag zur Zahlung der am 2.1.1940 fälligen Pensionsrate für das 1. Vierteljahr 1940 auf Sonderkonto Ri IV/61 vom 6.12.1939 erhielten wir vom Oberfinanzpräsidenten Berlin (Devisenstelle) am 21.12.1939 die Nachricht, daß unser Antrag an den Herrn Reichswirtschaftsminister [Walther Funk] zur Entscheidung weitergeleitet worden ist. Hierzu wurde uns noch mitgeteilt, daß die Angelegenheit mit tunlichster Beschleunigung behandelt wird und es zwecklos und unerwünscht sei, bei dem Herrn Reichswirtschaftsminister oder dem Herrn Oberfinanzpräsidenten Rückfrage zu halten. Den Bevollmächtigten des Herrn Dr. Solmssen, Herrn [Max] Brehm, bei der ‹Revision› Treuhand A.G. haben wir sofort nach Erhalt des Bescheides fernmündlich unterrichtet.»

Hermann J. Abs an Georg Solmssen, 17.01.1940[1972]

[Anna] W[en]d[or]f. 17. Januar 1940.

Sehr geehrter Herr Dr. Solmssen,
Ich nehme Bezug auf Ihre Zeilen vom 9. d[es]. M[ona]ts.[1973] und unsere telephonische Unterhaltung und bitte Sie, überzeugt zu sein, dass wir alles tun werden, um für prompte Ueberweisung der Ihnen zukommenden Pensionszahlungen zu sorgen. Das nimmt jedoch nicht weg, dass wir mit Rücksicht auf Ihre devisenrechtliche Ausländereigenschaft eine devisenrechtliche Genehmigung haben müssen, die wir bereits Anfang Dezember v[origen]. J[ahre]s. für die am 2. Januar [1940] fällige Pensionsrate beantragt haben. Die Entscheidung steht noch aus, und es ist uns gleichzeitig gesagt worden, dass die Angelegenheit mit tunlichster Beschleunigung behandelt wird, eine Rückfrage jedoch zwecklos und unerwünscht sei. Wir sind in der Angelegenheit selbst mit Herrn Brehm[1974] von der «Revision» Treuhand A.G. in Verbindung und hoffen, Ihnen bald die erteilte Genehmigung mitteilen zu können.
Mit freundlichen Grüssen
[gez.] I[hr]. s[ehr]. e[rgebener] A[bs]

Herrn
Dr. Georg Solmssen,
Horgen, K[an]t[on]. Zürich.
Arnhof.

Georg Solmssen an Hermann J. Abs, 23.01.1940[1975]

23. Januar 1940.

Sehr geehrter Herr Abs,
Ich danke Ihnen verbindlichst für Ihre freundliche Mittheilung vom 17. d[es]. M[onat]'s.[1976] und die Zusage, wegen Überweisung der fälligen Pension weiter bemüht zu bleiben. Hoffentlich haben die von Ihnen unternommenen Schritte bald den gewünschten Erfolg. Eine weitere Verzögerung der Zahlung würde mich in ziemliche Verlegenheit bringen, weil ein wesentlicher Theil der Pension für ver-

---

1972 Durchschlag, 1 Blatt, Vorderseite maschinenschriftlich beschrieben, in: HADB, P1/14.
1973 Solmssen an Abs 9.1.1940, in: HADB, P1/14; hier abgedruckt.
1974 Gemeint ist Max Brehm.
1975 Briefpapier «DR. GEORG SOLMSSEN / ARNHOF / HORGEN (K[ANT[ON]. ZÜ-RICH)», 1 Blatt, Vorderseite maschinenschriftlich beschrieben, handschriftlicher Vermerk «b[eantworte]t. 30/1.[1940]», Paraphe von Hermann J. Abs, in: HADB, P1/14.
1976 Abs an Solmssen 17.1.1940, in: HADB, P1/14; hier abgedruckt.

briefte und behördlich genehmigte Unterstützungen an solcher Hilfe sehr Bedürftige, wie z. B. meine hochbetagten Schwiegereltern[1977], gebraucht wird, da sie durch Krieg und Inflation als Auslandsdeutsche alles verloren haben. Die unerwartete und durch nichts gerechtfertigte, auch in keiner Weise vorher angekündigte Verzögerung der Auszahlung der Pension schafft daher Komplikationen, die für alle Betroffenen von weittragenden Folgen sind. Meine Frau reist am 29. d[es]. M[onat]'s[.] zu ihren Eltern, Herrn und Frau Aselmeyer nach Herrenalb[1978], Haus Caroline und ist dort für ihr etwa zu sendende Nachrichten während der kommenden Woche erreichbar.[1979] Ich sende Ihnen diesen Brief eingeschrieben, weil dadurch anscheinend die Beförderung beschleunigt wird.
Mit freundlichen Grüssen
Ihr sehr ergebener
[gez.] Solmssen.

Georg Solmssen an Hermann J. Abs, 28.02.1940[1980]

28. Februar 1940.

Sehr geehrter Herr Abs,
Es sind nunmehr zwei Monate seit Fälligkeit der am 1. Januar d[es]. J[ahre]s. zahlbar gewesenen Rate meiner Pension vergangen, ohne dass diese Angelegenheit einen Schritt weiter gekommen wäre. Der diesbezügliche Antrag der Deutschen Bank ist ordnungsmässig am 11. Dezember 1939 an die Devisen-Stelle gerichtet worden, aber bisher unbeantwortet geblieben. Die Fortdauer dieses Schwebezustandes, der die Erfüllung von Verpflichtungen verhindert, die auf Grund der mir zugesagten Leistungen eingegangen wurden, hat für mich und die von mir abhängigen Familien-Angehörigen schweren Schaden zur Folge. Da der Deutschen Bank auf ihre Anfrage, wie Sie am 17. Januar 1940 schrieben[1981], beschleunigte Erledigung der Angelegenheit zugesagt wurde, bitte ich Sie sehr noch einmal zu versuchen die zur Auszahlung erforderliche Genehmigung herbeizuführen; dies um so mehr, als der April[-]Termin heranrückt und doch seinetwegen auch an die Devisen[-]Stelle herangetreten werden muss.
Frau Minderop[1982] reist heute nach Köln zurück. Wir waren noch des Oefteren mit

---

1977 Gemeint sind Carl und Anna Aselmeyer.
1978 Gemeint ist Herrenalb im Schwarzwald.
1979 Abs schrieb am 30.1.1940 an Etta Solmssen nach Herrenalb, um ihr mitzuteilen, dass hinsichtlich der Überweisung der Pension noch kein Fortschritt erreicht wurde, in: HADB, P1/14.
1980 Briefpapier «DR. GEORG SOLMSSEN / ARNHOF / HORGEN (K[AN]T[ON]. ZÜRICH)», 1 Blatt, Vorderseite maschinenschriftlich beschrieben, handschriftlicher Vermerk «b[eantworte]t. 21/3.[1940] K[akuschk]y», Paraphe von Hermann J. Abs, in: HADB, P1/14.
1981 Abs an Solmssen 17.1.1940, in: HADB, P1/14; hier abgedruckt.
1982 Gemeint ist Emilie Minderop, geb. Roeder.

ihr und Ihrer Frau Schwiegermutter[1983] zusammen und haben uns jedesmal an der Frische und geistigen Beweglichkeit der alten Dame gefreut.
Mit besten Grüssen
Ihr ergebener
[gez.] Solmssen.

Herrn Abs,
c/o Deutsche Bank,
Mauerstr. 35/39,
Berlin W.8.

Hermann J. Abs an Georg Solmssen, 21.03.1940[1984]

K[akuschk]y   21. März 1940

Sehr geehrter Herr Dr. Solmssen,
Ihr gefälliges Schreiben vom 28. Februar[1985] hat mir Veranlassung gegeben, der von Ihnen berührten Angelegenheit noch einmal eingehend nachzugehen.
Wie Ihnen bekannt sein dürfte, sind wir seinerzeit ausdrücklich aufgefordert worden, jede Erinnerung zu unterlassen, da die Angelegenheit mit der möglichen Beschleunigung bearbeitet werden würde und jede Sondernachfrage von uns lediglich Verzögerungen zur Folge haben könne.[1986]
Unabhängig hiervon hat in einem ganz gleichliegenden Falle der hiesige Bevollmächtigte des jetzt im Auslande wohnhaften Beteiligten von sich aus Vorstellungen bei der zuständigen Stelle erhoben, weil ganz dringliche Umstände, die im einzelnen dargelegt wurden, für eine unverzügliche Regelung sprachen. Dieser Antrag hat aber, obwohl mehr als 2 Wochen vergangen sind, bisher einen Erfolg nicht gehabt.
Wir haben außerdem versucht, schon vor Eingang Ihres gefälligen Schreibens an mich die Sache dadurch zu fördern, daß wir den Antrag hinsichtlich der am 1. April d[es]. J[ahres]. fällig werdenden Rate besonders rechtzeitig bei der Devisenstelle eingereicht haben, sowohl für Sie als auch für die anderen Beteiligten in gleicher Lage. Wir haben diesen Antrag von der Devisenstelle umgehend zurückerhalten mit dem Ersuchen, diesen und etwaige weitere künftige Anträge zurückzustellen, bis über den Antrag hinsichtlich der Rate vom 1. Januar d[es]. J[ahres]. von der damit befaßten amtlichen Stelle entschieden worden sei.

1983 Gemeint ist Doris Schnitzler, geb. Minderop.
1984 Presskopie, 2 Blätter, 2 Vorderseiten maschinenschriftlich beschrieben, zweite Seite nummeriert, Paraphe von Hermann J. Abs, in: HADB, P1/14.

1985 Solmssen an Abs 28.2.1940, in: HADB, P1/14; hier abgedruckt.
1986 Vgl. Abs an Solmssen 17.1.1940, in: HADB, P1/14; hier abgedruckt.

Bei dem geschilderten Sachverhalt kann ich zu meinem lebhaften Bedauern keine Möglichkeit entdecken, in der Sache erneut etwas zu tun, soviel Verständnis ich auch dafür habe, daß Ihnen an einer möglichst baldigen Regelung gelegen sein muß.
Mit verbindlichsten Grüßen
Ihr ergebener
[gez.] A[bs]

Herrn
Dr. Georg Solmssen
Arnhof,
Horgen (K[an]t[on]. Zürich)

Georg Solmssen an Hermann J. Abs, 29.03.1940[1987]

29. März 1940.

Sehr geehrter Herr Abs,
Ich bestätige den Empfang Ihrer freundlichen Zeilen vom 21. d[es]. M[onat]'s.[1988] und bin Ihnen für Ihre Mühewaltung in meiner Pensions[-]Angelegenheit sehr verbunden. Mir fehlt jeder Schlüssel für den plötzlichen und unmotivierten Eingriff in bestehende Abmachungen und wohlerworbene Rechte. Ich verstehe auch nicht die nunmehr bereits über ein Vierteljahr anstehende Verzögerung der Beantwortung der dortseits gestellten Anträge, Da [!] Ihr Institut alles gethan hat, um eine Klärung und Erledigung der Angelegenheit im Sinne der getroffenen Vereinbarungen herbeizuführen, muss abgewartet werden, was nunmehr geschieht. Ich bin überzeugt, dass die Deutsche Bank nichts unversäumt lassen wird, um die ihr anvertrauten Interessen zu schützen. Ich wäre Ihnen sehr dankbar, wenn Sie mich über die weitere Entwicklung auf dem Laufenden halten würden.
Mit verbindlichsten Grüssen
Ihr ergebener
[gez.] Solmssen.

Herrn
Abs.
Mitglied des Vorstandes der Deutschen Bank.
Berlin.

1987 Briefpapier «DR. GEORG SOLMSSEN / ARNHOF / HORGEN (K[AN]T[ON]. ZÜRICH)», 1 Blatt, 1 Vorderseite maschinenschriftlich beschrieben, handschriftlicher Vermerk «Herrn v[on]. Halt vorlegen», Paraphe von Hermann J. Abs, in: HADB, P1/14.
1988 Abs an Solmssen 21.3.1940, in: HADB, P1/14; hier abgedruckt.

Deutsche Bank, Berlin, Oberbuchhalterei (Hermann J. Abs und Theodor Arnold) an Georg Solmssen, 22.04.1940[1989]

A[rnol]d/M. 22. April 1940

Im Anschluß an unser Schreiben vom 13.3.1940[1990] teilen wir Ihnen mit, daß wir auf unsere erneute Rückfrage am 15.4.1940 folgenden schriftlichen Bescheid der zuständigen Behörde erhielten:
«In den Pensionsangelegenheiten für Dr. Georg Solmssen ist die vorgesehene gesetzliche Regelung abzuwarten und weitere Anträge bis dahin zurückzustellen.»
Wir bitten Sie, hiervon Kenntnis zu nehmen.
DEUTSCHE BANK
[gez.] Abs[1991] [gez.] p[er]p[rocur]a Arnold

Herrn
Dr. Georg Solmssen
Arnhof
Horgen (K[an]t[on]. Zürich)

Georg Solmssen an Vorstand der Deutschen Bank, 19.07.1941[1992]

19. Juli 1941.

Sehr geehrte Herren,
Herr Brehm[1993] von der «Revision» Treuhand A.G. hat mir Abschrift eines ihm von der Schiedsstelle beim Reichsverwaltungs[-]Gericht (Reichswirtschaftsgericht) zugegangenen Briefes vom 11. d[es]. M[onat]'s.[1994] gesandt, in dem er um postwendende Mitteilung ersucht wird, ob er Vollmacht besitze, mich in dem betreffs meiner Ruhegehalts-Ansprüche anhängigen Verfahren zu vertreten. Bejahenden Falls werde er Gelegenheit zur Sachäusserung erhalten. Da mir von dem Schweben eines gerichtlichen Verfahrens in dieser Angelegenheit nichts bekannt

---

1989 Briefpapier «DEUTSCHE BANK / Oberbuchhalterei / Berlin W 8.», Presskopie, 1 Blatt, 1 Vorderseite maschinenschriftlich beschrieben, in: HADB, P1/14.
1990 Ulbricht und Arnold an Solmssen 13.3.1940, in: HADB, P1/14. Aus dem Schreiben geht hervor, dass noch keine Genehmigung zur Pensionsauszahlung vorliegt.
1991 Handschriftliche Ergänzung von Hermann J. Abs: «Es ist auch den Unterzeichneten nicht gelungen, einen anderen Bescheid zu erhalten.»

1992 Briefpapier «DR. GEORG SOLMSSEN / ARNHOF / HORGEN (K[AN]T[ON]. ZÜRICH)», 3 Blätter, 3 Vorderseiten maschinenschriftlich beschrieben, Eingangsstempel «Vorstand (Kanzlei) / 24. Jul[i]. [19]41», handschriftlicher Vermerk «b[eantwortet] 5/8 [1941] Sim[on]», Paraphen von Karl Kimmich und Wilhelm Heitzeberg, in: HADB, P1/15.
1993 Gemeint ist Max Brehm.
1994 Diese Abschrift ist nicht überliefert.

war, hatte ich bisher keinen Anlass gehabt, Vollmacht zur Vertretung meiner diesbezüglichen Interessen zu erteilen, zumal ich diese durch Sie bestens gewahrt wusste. Ich bitte Sie, Zweck und Inhalt des eingeleiteten Verfahrens aufzuklären. Seine rechtliche Grundlage ist mir völlig unerfindlich, da zwischen der Deutschen Bank und mir keine Meinungsverschiedenheit hinsichtlich meines, in 37 jähriger Arbeit erworbenen Ruhegehalts-Anspruchs besteht. Derselbe ist, entsprechend den getroffenen vertraglichen Abmachungen, anlässlich meines Ausscheidens aus dem Vorstande der Deutschen Bank von deren damaligem Aufsichtsrats[-]Vorsitzenden, Herrn Schlitter[1995] durch Brief vom 19. Dezember 1934[1996] mir gegenüber festgestellt und, hiermit übereinstimmend, mir von Ihnen durch Brief vom 17. August 1938[1997] bestätigt worden.

Um nicht Gefahr zu laufen, dass in Folge mangelnder Vertretung unserer Rechte ein Versäumnisurteil gegen uns ergehe habe ich und ebenso meine Frau, der nach meinem Ableben vertraglich die Hälfte meines Ruhegehalts zusteht, <u>Herrn Brehm</u>[1998] sofort nach Empfang seines oben erwähnten Briefes telegraphisch Vollmacht zu unserer Vertretung erteilt und diese brieflich bestätigt. Herr Brehm ist von mir ersucht worden, sich alle zur Ausübung seines Mandats erforderlichen Daten von Ihnen geben zu lassen. Meine Bitte an Sie geht dahin, ihm dieselben zur Verfügung zu stellen und für die Wahrung meiner Interessen nachdrücklich einzutreten. Da die Angelegenheit zum Ressort des Reichswirtschafts[-]Ministeriums gehört, empfiehlt es sich vielleicht, zur Beleuchtung meines öffentlichen Wirkens auf den aus der Feder des jetzigen Reichswirtschafts[-]Ministers Herrn Funk[1999] als damaligem Leiter der Handels[-]Abteilung der Berliner Börsen[-]Zeitung stammenden, in ihrer Nummer 117 vom 11. März 1930 erschienene Leitartikel hinzuweisen, der unter dem Titel «Dr. Solmssen über die Gefahren des Bolschewismus, die Notwendigkeit internationaler Zusammenarbeit» den Inhalt eines von mir am 5. Februar 1930 auf Einladung der Deutschen Handelskammer in der Schweiz in Zürich gehaltenen Vortrages über «die Entwicklungstendenzen und weltwirtschaftlichen Aufgaben der deutschen Grossbanken»[2000] als «besonders aktuell und beachtenswert» bezeichnete und meine Darlegungen ausführlich und zustimmend wiedergab.

Die seit dem 1. Januar 1940 plötzlich und ohne Begründung erfolgte Versagung der Genehmigung zur Überweisung der fälligen Pensionsraten auf mein Konto hat mich sehr benachteiligt, weil ich mit Fug und Recht meine Dispositionen auf den Eingang diser [!] bis zu diesem Termin anstandslos erfolgten Zahlungen abge-

---

1995 Gemeint ist Oscar Schlitter.
1996 Schlitter an Solmssen 19.12.1934, in: HADB, P1/14; hier abgedruckt.
1997 Mosler und Abshagen an Solmssen 17.8.1938, in: HADB, P1/14; hier abgedruckt.
1998 Handschriftlich von Karl Kimmich unterstrichen.

1999 Gemeint ist Walther Funk.
2000 Solmssen, Entwicklungstendenzen und weltwirtschaftliche Aufgaben der deutschen Großbanken. Vortrag, gehalten in Zürich am 5. Februar 1930.

stellt hatte und in Folge ihres unerwarteten Ausbleibens auf Schwierigkeiten stiess, die von mir eingegangenen Verpflichtungen pünktlich zu erfüllen. Hiervon abgesehen, bin ich auf den mir Seitens der Schweizerischen Verrechnungsstelle zugebilligten Transfer der Pension in Höhe des im Rahmen des deutsch schweizerischen Clearing Verkehrs zulässigen Ausmasses zur Deckung meiner hiesigen Bedürfnisse angewiesen. Ganz besonders beunruhigt mich in diesem Zusammenhange, dass die meiner Frau, auch nach meinem Ableben vertraglich zustehende Versorgung in Höhe der Hälfte meines Ruhegehalts nun in Frage gestellt scheint. Nach allem, was die Familie Aselmeyer[2001] für Deutschland seit Generationen gethan, gelitten und geopfert hat[,] muss gegen dieses Verfahren protestiert werden.
Ich bitte Sie, sich dieser Argumente nach Ihrem Gutdünken zu bedienen und mir zu sagen, obauch [!] bezüglich der Ruhegehälter anderer ehemaliger Kollegen, wie der Herren Dr. v[on]. Stauss[2002] und Dr. Russell[2003] und der Witwen von solchen wie Frau Schlitter[2004] und Frau Mosler[2005] Verfahren eingeleitet worden sind. Da die Ansprüche aller Beteiligten auf gleicher Rechtsgrundlage beruhen und niemals der Erfolg meiner beruflichen Thätigkeit bezweifelt, sondern mir stets Anerkennung bezüglich derselben zu Theil geworden ist, kann doch keine Differenzierung bezüglich der Erfüllung dieser Ansprüche Platz greifen.
In voraus für Ihre Bemühung dankend, zeichne ich
hochachtungsvoll
[gez.] Solmssen.[2006]

An
die Deutsche Bank.
Vorstand.
Berlin.

2001 Gemeint ist die Familie von Solmssens Ehefrau Etta Aselmeyer.
2002 Gemeint ist Emil Georg von Stauß.
2003 Gemeint ist Ernst Enno Russell.
2004 Gemeint ist Anna Schlitter, geb. Bandhauer.
2005 Gemeint ist Else Mosler, geb. Rhein.
2006 Handschriftliche Nachschrift von Solmssen: «Die aus der Anlage ersichtliche Kritik meines öffentlichen Wirkens dürfte Ihren Bemühungen förderlich sein.» Solmssen übersandte eine Informationsbroschüre zur 1935 erschienenen zweiten Auflage seiner «Beiträge zur Deutschen Politik und Wirtschaft», die eine Zusammenfassung der Besprechungen enthielten, den oben erwähnten Artikel in der Berliner Börsen-Zeitung (beide in HADB, P1/15) und zwei Briefe von Hans von Seeckt 2.5.1929 und 27.10.1935, in: HADB, P1/14; beide hier abgedruckt.

Deutsche Bank, Berlin, Rechtsabteilung (Karl Ernst Sippell und Erich Kraetke) an Georg Solmssen, 05.08.1941[2007]

K[raetke]/Sch. 19.7.[1941]   5. August 1941.

Auf Ihre gef[ä]l[lige]. Zuschrift vom 19. v[origen]. M[ona]ts.[2008] erwidern wir unter Bezugnahme auf das Schreiben der Oberbuchhalterei vom 22. April 1940[2009], dass das vor der Schiedsstelle beim Reichsverwaltungsgericht (Reichswirtschaftsgericht) schwebende Verfahren vor[2010] dem Reichswirtschaftsministerium auf Grund der Verordnung über die Nachprüfung von Entjudungsgeschäften vom 10. Juni 1940 (RGBl. I S. 891)[2011] und der Durchführungsverordnung vom 14. November 1940 (RGBl. I S. 1520) anhängig gemacht worden ist. Abdruck der beiden Reichsgesetzblätter fügen wir bei.

Mit Ihrem Bevollmächtigten, Herrn Max Brehm, sind wir in ständiger Verbindung und werden ihm alle gewünschten Unterlagen zur Verfügung stellen. Durchschlag seiner Eingabe an die Schiedsstelle vom 4. August [1940] liegt uns vor.
DEUTSCHE BANK
[gez.] Sippell   [gez.] Kraetke

Herrn
Dr. Georg Solmssen
Arnhof
Horgen (K[an]t[on]. Zürich)
SCHWEIZ.

2007 Presskopie, 1 Blatt, 1 Vorderseite maschinenschriftlich beschrieben, maschinenschriftlicher Vermerk «4fach kopieren / 3 Kopien fürs Büro / 1 Kopie an H[err]n. M[ax]. Brehm, Berlin W.8.», in: HADB, P1/15.
2008 Solmssen an den Vorstand der Deutschen Bank 19.7.1941, in: HADB, P1/15; hier abgedruckt.
2009 Abs und Arnold an Solmssen 22.4.1940, in: HADB, P1/14; hier abgedruckt.
2010 Handschriftlich unterstrichen und am linken Rand zu «von» verbessert.
2011 In § 2 der Verordnung heißt es: «Ist ein Jude, der als leitender Angestellter in einem Wirtschaftsunternehmen tätig war, vor Inkrafttreten der Verordnung zur Ausschaltung der Juden aus dem deutschen Wirtschaftsleben vom 12. November 1938 (Reichsgesetzbl. I S. 1580) aus dieser Stellung ausgeschieden, so kann auf Antrag des Schuldners oder des Reichswirtschaftsministers eine verbindliche Regelung der aus dem Dienstverhältnis herrührenden vermögensrechtlichen Ansprüche durch Entscheidung einer Schiedsstelle erfolgen.» Entstand dem Schuldner durch die Entscheidung der Schiedsstelle ein erheblicher Vorteil, konnte die Schiedsstelle dem Schuldner eine Ausgleichszahlung zugunsten des Reichs auferlegen.

Georg Solmssen an Max Brehm, 11.08.1941[2012]

Abschrift!
Dr. Georg Solmssen   Arnhof, 11. August 1941
                                                      Horgen (K[AN]T[ON]. Zürich)

Sehr geehrter Herr Brehm,
Ich bestätige dankend den Empfang Ihrer Briefe vom 4. und 5. d[es]. M[onats].[2013] in der Ruhegehalts-Angelegenheit und bin mit allen von Ihnen getroffenen Massnahmen einverstanden. Meine Frau hat sich mit Herrn Keding[2014] in Verbindung gesetzt und sieht dessen Mitteilungen mit Interesse entgegen.[2015] Ich bin Ihnen für Ihre Bemühungen sehr verbunden und erhielt heute auch von der Deutschen Bank die Bestätigung, dass sie Ihnen alle von Ihnen gewünschten Auskünfte zur Verfügung stellen und mit Ihnen in Verbindung bleiben werde. Sollte noch weiteres Material[2016], wie z.B. Briefe der Herren Geheimrat E. Kirdorf[2017] und Reichsminister Dr. Schacht[2018] oder anderer massgebender Persönlichkeiten nützlich sein, so bitte ich[,] mich zu benachrichtigen. Herr Kirdorf hat meinetwegen sowohl an den Führer und Reichskanzler, wie an den Reichsfeldmarschall Herrn Göring[2019] geschrieben und Herr Dr. Schacht hat auf seine Bitte diese Briefe weitergeleitet.
Mit verbindlichen Grüssen
Ihr sehr ergebener
gez. Solmssen.

Herrn
Max Brehm,
p[er].A[dresse]. «Revision» Treuhand A.G.
Berlin.

2012 Abschrift, 1 Blatt, Vorderseite maschinenschriftlich beschrieben, ohne eigenhändige Unterschrift, in: HADB, P1/15.
2013 Diese Schreiben sind nicht überliefert.
2014 Gemeint ist Wilhelm Keding, der von Max Brehm mit einer Untervollmacht versehen wurde, um die Pensionsansprüche des Ehepaares Solmssen bei der Schiedsstelle beim Reichsverwaltungsgericht zu vertreten.
2015 Das Schreiben von Etta Solmssen an Keding vom 4.8.1941 ist nicht überliefert, aber eine Abschrift von Kedings Antwortschreiben vom 11.8.1941 liegt vor in: HADB, P1/15. Darin macht Keding deutlich, dass seiner Ansicht nach «die Aussichten für Aufrechterhaltung auch nur eines Teiles der Ansprüche [Georg Solmssens] gleich null» seien. Allerdings betrachtete er die Pensionsansprüche von Etta Solmssen – nach dem Tod ihres Mannes für weiterhin gültig, da sie «Arierin» sei.
2016 Die Anlage des Schriftsatzes der Züricher Rechtsanwälte Dr. W. Keller-Staub und Dr. E. Wehrli vom 29.9.1941, in: HADB, P1/15, enthält eine Auflistung von 24 Schreiben, die dem Schriftsatz beigefügt wurden, aber weder im Original noch in Kopie überliefert sind.
2017 Gemeint ist Emil Kirdorf.
2018 Gemeint ist Hjalmar Schacht.
2019 Gemeint ist Hermann Göring.

Georg Solmssen an Vorstand der Deutschen Bank, 02.10.1941[2020]

2. Oktober 1941.

Sehr geehrte Herren,
In Sachen des schwebenden Verfahrens betreffs meiner und meiner Frau Ruhegelds[-]Ansprüche übersende ich Ihnen beiliegend Abdruck des in dieser Angelegenheit von meinem und meiner Frau Bevollmächtigten, Herrn Rechtsanwalt Dr. Keller-Staub[2021], Zürich, der Schiedsstelle beim Reichsverwaltungs[-]Gericht überreichten Schriftsatzes nebst dazu gehörigem Exposee.[2022]
Hochachtungsvoll
[gez.] Solmssen.

Deutsche Bank.
Vorstand.
Berlin.

Georg Solmssen an Wilhelm Röpke, 28.01.1942[2023]

Dr. Georg Solmssen.   Horgen, 28. Januar 1942.

Sehr geehrter Herr Professor Roepke,
Der Inhalt des von Ihnen am 21. d[e]s. M[ona]ts. in der Zürcher Volkswirtschaftlichen Gesellschaft gehaltenen Vortrages hat mich lebhaft beschäftigt. Ich habe gezögert, nach Ihnen das Wort zu ergreifen, weil die Fülle der von Ihnen vorgebrachten, wohl vorbereiteten Argumente Sichtung erforderte und das behandelte Thema zu weitreichend war, um es während der bis zur Verdunkelung und dem sie erfahrungsgemäss auslösenden Heimwärtsdrang verbliebenen kurzen Zeit, entsprechend seiner Bedeutung, erörtern zu können.

2020 Briefpapier «DR. GEORG SOLMSSEN / ARNHOF / HORGEN (K[AN]T[ON]. ZÜRICH)», 1 Blatt, 1 Vorderseite maschinenschriftlich beschrieben, Eingangsstempel «Vorstand (Kanzlei) / 6. Okt[ober]. [19]41», handschriftlicher Vermerk «b[eantworte]t. 7.10. [1941]» und «Herrn R[echts].A[nwalt]. Heitzeberg» mit dessen Paraphe, in: HADB, P1/15. Der Vorstand der Deutschen Bank bestätigte Solmssen den Eingang dieses Schreibens und des Schriftsatzes am 7.10.1941, dann brach die Korrespondenz ab und wurde erst nach Ende der NS-Herrschaft wieder aufgenommen.
2021 Gemeint ist Walter Keller-Staub.
2022 Mit dem 14 Seiten umfassenden Schriftsatz vom 29.9.1941, der durch zahlreiche Dokumente ergänzt wurde, und der 22-seitigen Begründung, in der Solmssens berufliches und gesellschaftliches Wirken detailliert dargelegt wurde, sollte erreicht werden, das volle Ruhegehalt weiter von der Deutschen Bank an Solmssen zu zahlen oder alternativ seiner Frau in voller Höhe und nach seinem Ableben zu 50% zu übertragen. Als letzte in Betracht kommende Alternative wurde vorgeschlagen, 50% der Ansprüche seiner Frau und die restlichen 50% seiner Schwiegermutter, Anna Aselmeyer, zu übertragen. Die Entscheidung der Schiedsstelle wurde schließlich am 23.2.1942 auf Antrag des Reichswirtschaftsministeriums ausgesetzt, ohne dass es zu einer Wiederaufnahme der Pensionszahlungen kam, siehe in: HADB, P1/15.
2023 Durchschrift, 18 Blätter, 18 Vorderseiten maschinenschriftlich beschrieben, nummeriert ab der zweiten Seite, in: HADB, NL3/49.

Nachdem nunmehr die Wiedergabe Ihrer Darlegungen in der Neuen Zürcher Zeitung vom 25. d[e]s. M[ona]ts. ihr nochmaliges Ueberdenken ermöglicht hat, möchte ich wenigstens brieflich zu ihnen Stellung nehmen. Ich tue dieses, weil zwischen Ihrer Auffassung der Motive wirtschaftlichen Handelns und der meinigen ein Widerspruch klafft, dessen Ursache vielleicht darin liegt, dass Sie die Probleme mehr von wissenschaftlichen, d[as]. h[eißt]. von objektiven, aus der Gesamtheit ihrer Wirkungen abgeleiteten Gesichtspunkten betrachten, während ich als Praktiker, der sich ein Menschenalter hindurch in den heterogensten Regionen wirtschaftlicher Produktion national und international tummeln musste, meinem, auf persönlichen Erfahrungen und Beobachtungen beruhenden subjektiven Empfinden folge und von ihm aus der Zwangsläufigkeit zwischen Ursachen und Wirkungen auf die Spur zu kommen versuche.

Mein hauptsächlichster Einwand gegen Ihre Deduktion richtet sich gegen die von Ihnen behauptete Disharmonie zwischen dem einzelnen Produzenten-Interesse und dem Gesamt-Interesse. Sie folgern aus der Annahme dieses Widerstreites ein dem Konsumenten entgegengesetztes Interesse des Produzenten an einem für ihn möglichst günstigen und für den Konsumenten möglichst ungünstigen Tauschverhältnis mit der Wirkung, «dass das Interesse des jeweiligen Produzenten auf eine möglichste Knappheit der Gesamtmenge der von ihm produzierten Ware, das der Konsumenten aber auf den grösstmöglichen Ueberfluss an diesem Produkt gerichtet ist.» Ihrer Charakterisierung des Standpunktes des Konsumenten stimme ich zu, derjenigen des Produzenten muss ich widersprechen.

Jahrzehntelang produktive Arbeit hat mich gelehrt, dass dem Kapitalismus, d[as] h[eißt]. jedem Wirtschaftssystem, das aus Naturprodukten oder Naturkräften mittels menschlicher Arbeit neue Produkte zur Entstehung bringt, deren Wert den Marktpreis seiner Komponenten übersteigt, das also einen wirtschaftlichen Mehrwert mit dem Ergebnis eines Ertrages der menschlichen Arbeit erzeugt, als hauptsächliches Agens der prometheische Gedanke des schöpferischen Erfolges inne wohnt. Die Freude an der Produktion ist die Triebkraft, ohne welche es auf die Dauer[2024] kein Gelingen gibt. Sie wurzelt in den menschlichen Grundeigenschaften: dem Selbsterhaltungs- und dem Fortpflanzungstriebe, deren Aequivalent die Notwendigkeiten der Vorratshaltung der Ertragswirtschaft bilden. Dem Schaffensdrang als dem Motor der produktiven Tätigkeit entspricht der Drang und der Zwang, die Ergebnisse derselben möglichst grossen, sich stets erweiternden Konsumenten-Kreisen zuzuführen. Nur das Streben, den Absatz zu vergrössern gibt Gewähr für die Behauptung des Marktes, der Versuch, ihn künstlich durch Produktions-Einschränkung zwecks Preissteigerung des Produktes zu verknappen, führt dazu, dass der Konsument sich anderen Erzeugnissen zuwendet, welche geeignet sind, das ihm Vorenthaltene zu ersetzen.

2024 Maschinenschriftlich unterstrichen.

Niemand wird bestreiten, dass es immer wieder Ausnahmen von der vorstehend aufgestellten Regel gegeben hat und geben wird. Kurzsichtige Wissenschaftler verstossen gegen das ihnen innewohnende prometheische Erbe genau so, wie Andere sich auf anderen Gebieten gegen die, wahres Menschentum kennzeichnenden Merkmale versündigen. Ebenso wenig wie diese Ausnahmen als Regel menschlicher Eigenschaften gelten können, dürfen gegen die Gesetze erfolgreicher produktiver Tätigkeit verstossende Vorkommnisse als Kriterium der wirtschaftlichen Triebkräfte verallgemeinert und zur Grundlage zu erstrebender Regelungen erhoben werde, welche solche Fehlgriffe verhindern sollen.

Die praktische Entwicklung zeigt, dass nicht die Anschauung der Baumwollfarmer, deren dem Kapselwurm gesetztes Denkmal Sie als Beispiel geldlicher Gewissens-Verhärtung anführten, den Gang der wirtschaftlichen Entwicklung bestimmt, sondern auch unter der Herrschaft des verpönten Liberalismus die Erkenntnis regiert, dass Schaffensfreude und Verantwortungsgefühl gegenüber der Allgemeinheit Hand in Hand gehen müssen, wenn die produktive Arbeit auf die Dauer Erfolg bringen soll. Wäre es anders, so hätte der Gedanke des Dienstes am Kunden nicht den Siegeslauf antreten können, der ihm beschieden gewesen ist.

Ich will versuchen, diese Behauptungen durch einige der Praxis entnommene Beispiel zu begründen.

Der von Ihnen citierte Satz: «In Geldsachen hört die Gemütlichkeit auf»[2025] stammt, wie ich Ihnen bereits anschliessend an Ihren Vortrag sagte, von David Hansemann. Die Triebfedern des Handelns dieses bedeutenden Vertreters des Liberalismus sind mir besonders geläufig, weil er der Begründer der Disconto[-]Gesellschaft ist, deren Leitung mein Vater während 50 Jahren und ich selbst während 37 Jahren angehört haben. Der Gedanke, den David Hansemann verfolgte, als er nach Niederlegung der Aemter als Preussischer Finanzminister und später als Präsident der Preussischen Staatsbank gegen heftigsten Widerstände in Deutschland erstmalig eine dem Gemeinwohl dienende bankliche Institution in's Leben rief, war, wie Walther Däbritz in seinem bei Duncker & Humblot erschienenen Buche «Gründung und Anfänge der Disconto-Gesellschaft, ein Beitrag zur Bank- und Wirtschaftsgeschichte Deutschlands in den Jahren 1850–1875»[2026] hervorhebt, «Ausfluss des gemeinnützigen Weseneinschlages, das jenseits von Geldverdienen und persönlichem Erfolg das eigene Schaffen zugleich im Sinne eines der Gesamtheit dienenden Fortschritts empfindet». Aus dieser Gesinnung heraus unternahm David Hansemann den Ver-

---

2025 Das vollständige Zitat lautet: «Bei Geldfragen hört die Gemüthlichkeit auf, da muß blos der Verstand uns leiten.» Der Satz fiel in einem Redebeitrag David Hansemanns in der Debatte des Preußischen Landtags vom 8.6.1847 über die Finanzierung der preußischen Ostbahn aus Staatsmitteln. Eduard Bleich (Hrsg.), Der Erste Vereinigte Landtag in Berlin 1847. Dritter Theil. Verhandlungen nach den stenographischen Berichten, Berlin 1847, S. 1507.

2026 Walther Däbritz, Gründung und Anfänge der Disconto-Gesellschaft Berlin. Ein Beitrag zur Bank- und Wirtschaftsgeschichte Deutschlands in den Jahren 1850 bis 1875, München, Leipzig 1931.

such, auf privatwirtschaftlichem Wegen den Hemmnissen entgegenzutreten, welche sich dem Aufstiege kapitalschwacher Existenzen in den Weg stellten. Da, um mit seinen Worten zu reden, in Deutschland in der Mitte des vorigen Jahrhunderts «der solide kleinere Gewerbetreibende den Personalkredit viel schwerer und teurer findet, als der grössere, mitunter auch gar nicht», bezeichnet er es als zu erstrebenden «grossen Fortschritt, wenn man diesem Uebelstande abhelfen und hierdurch das Emporkommen des kleineren Gewerbestandes befördern könnte, nicht im Wege der öffentlichen Wohltätigkeit, die in der Regel den strebenden Menschen eher beugt, als hebt, sondern vermittels einer guten geschäftlichen Einrichtung».
Dieser Idee entsprang die im Jahre 1851 erfolgte Gründung der Disconto[-]Gesellschaft als einer Vereinigung zweier Gruppen von Mitgliedern: der Geschäftsinhaber und der stillen Teilhaber. Sie war «eine Association zahlreicher Personen, die sämtlich für die Verpflichtungen und Verluste des Unternehmens verantwortlich sind, jedoch dergestalt, dass diese Verantwortlichkeit bei den stillen Teilhabern nicht solidarisch ist, nur bis zur Höhe ihrer Einlage geht und nicht von dritten Personen, sondern nur von den Geschäftsinhabern in Anspruch genommen werden kann. Diese selbst haften jedem Dritten unbeschränkt und solidarisch.»
Die stille Teilhaberschaft gewährte Anrecht auf Gewährung von Kredit in Wechselform.
David Hansemann wurde der erste und zunächst einzige Geschäftsinhaber der Disconto[-]Gesellschaft. Er hatte daher allen Anlass, den Satz zu prägen: «In Geldsachen hört die Gemütlichkeit auf». War es doch fremder Leute Geld, für das er restlos mit Namen und Vermögen einzustehen hatte. Sein citiertes Dictum verliert im Lichte dieser Entwicklung die Härte, welche ihm inne zu wohnen scheint, wenn es aus deren Zusammenhang gerissen wird.
Die Errichtung der Disconto[-]Gesellschaft wirkte sich bahnbrechend für die Entwicklung des deutschen Bankwesens aus. Wenn sich ihre Form auch mit der Umgestaltung der gesetzlichen Grundlagen änderte, bildete doch die auf der unbeschränkten persönlichen Haftung ihrer Leiter beruhende, sich auch in dem später angenommenen Gewande der Kommanditgesellschaft auf Aktien wiederholende Eigenart das Fundament ihres Wesens. Hieran änderte sich auch nichts, als die Inflation die Umformung zur Aktiengesellschaft erzwang. Die dem Institut innewohnende, im Wechsel der Generationen aufrechterhaltene Tradition seiner Gründungs-Principien war stark genug, um sich immer wieder durchzusetzen und erhalten zu bleiben, als das Tätigkeitsfeld nicht mehr Deutschland allein, sondern die Welt geworden war. Auch als der Betrieb ins Riesenhafte gestiegen war, wurde mit Erfolg verhütet, es zu einem unüberbrückbaren Abstand zwischen Firma und Kundschaft kommen zu lassen, sondern alles daran gesetzt, die menschlichen Beziehungen zwischen Beiden, ebenso wie zwischen Leitung und Gefolgschaft, aufrecht zu erhalten. Gleichviel ob es sich um die Pflege des kommerziellen Bank- und Kreditwesens, um öffentliche Anleihen, um den Aufbau nationaler Industrieen [!], um

die Wahrnehmung wirtschaftlicher Interessen verschiedenster Art in allen Kontinenten, um Förderung der Landwirtschaft oder koloniale Wirksamkeit in fernen Weltteilen handelte – der Dienst am Kunden und zu Gunsten der Allgemeinheit blieb die Richtschnur, der trotz allen politischen und wirtschaftlichen Aufs und Abs zu folgen, Gebot war. Man blieb den Grundsätzen treu, die David Hansemann in der Generalversammlung des Jahres 1856 in die Worte zusammengefasst hatte: «Die Disconto[-]Gesellschaft verdankt ihr Dasein und ihre Entwicklung keiner vorübergehenden Stimmung, sondern einem bleibenden Interesse. Wir haschen nicht nach Erfolgen für den Moment und wir dürfen uns neben der Erfahrung auf die patriotische Seite unserer Geschäftsführung berufen, indem wir das angesammelte Kapital für die vaterländische Produktion und überhaupt zur Förderung solcher Erwerbszweige verwenden, die unseren Mitbürgern mittelbar oder unmittelbar zugute kommen».[2027]

Diese vielleicht altväterlich klingenden Grundsätze sind von dem Institute nie verlassen worden. Seine Geschichte, wie sie in der vorerwähnten Däbritz'schen Darstellung, sowie ferner in der im Jahre 1900 anlässlich des 50jährigen Jubiläums von aktiven und inaktiven Mitgliedern des Geschäftsinhaber-Kollegiums verfassten Denkschrift[2028] und in meinen im Jahre 1933 bei Duncker & Humblot erschienenen «Beiträgen zur deutschen Politik und Wirtschaft 1900–1933»[2029] zu Tage tritt, legt hiervon vielfältig Zeugnis ab. Nichts hat der Leitung je ferner gelegen, als in dem Widerstreit zu den Interessen der Konsumenten der verschiedenartigen Erzeugnisse, welche ihrer Initiative und Mitarbeit ihr Dasein verdankten, den Vorteil des produzierenden Unternehmens zu sehen. Wir haben dem Gebote gelebt, dass ebenso wichtig, wie die Zufriedenstellung der gewonnenen Kundschaft, die Gewinnung der noch nicht gewonnenen und das Studium der Gründe ihres Fehlen sei. Die organisatorische Arbeit war dementsprechend dem Ziele gewidmet, die Qualität des dem Konsumenten gebotenen Erzeugnisses zu verbessern, die Herstellungskosten zu verbilligen und den Verkaufspreis zu senken. Dieses Verfahren, das sich mutatis mutandis auf alle Produkte menschlichen Fleisses anwenden lässt, wurde als verlässlichster Weg zum Erfolge erprobt und seine Vervollkommnung immer wieder neuen Ueberlegungen unterzogen.

Wohl hatten wir mit Konkurrenzen zu kämpfen, deren Vorgehen von der Sucht momentanen Erfolges diktiert war und alle Merkmale der von Ihnen gegeisselten Interessen-Uebertreibung zeigte. Auf die Dauer haben diese Formen des Wirtschaftsbetriebes den Kürzeren gezogen. Sie schossen in's Kraut, als innen– und aussenpolitische Wirrnis allen möglichen Filibustier-Existenzen den Weg zur Macht geöffnet hatte und konnten Augenblicks-Erfolge verzeichnen. Blickt man jedoch

---

[2027] Disconto-Gesellschaft in Berlin. Außergewöhnliche General-Versammlung am 13. November 1856, o. S. [S. 3].
[2028] Disconto-Gesellschaft (Hrsg.), Die Disconto-Gesellschaft 1851–1901. Denkschrift zum 50jährigen Jubiläum, Berlin 1901.
[2029] Solmssen, Beiträge zur Deutschen Politik und Wirtschaft 1900–1933.

heute auf dieses Treiben zurück, so darf man feststellen, dass bis zu dem neuen politischen Umbruch die dem Wirtschaftsleben immanente Logik unter den Gebilden jener Schein-Prosperität gewaltig aufgeräumt hat und die von ihnen angewandten Methoden sich nicht als beständig erwiesen haben.

Aus diesen Beobachtungen und der sie ermöglichenden Uebersicht über einen umfangreichen Sektor der nationalen und internationalen Wirtschaft während eines Menschenalters wage ich den Schluss zu ziehen, dass trotz aller Vermassung von Wirtschaft und Politik gewisse Grundeigenschaften der menschlichen Natur sich immer wieder als ausschlaggebend für die definitive Entwicklung ergeben werden und es nur des immer wiederholten Apells an sie bedarf, um ein williges Echo zu finden.

Wir haben gelernt und erprobt, dass Voraussetzung nachhaltigen, auf Dauer abgestellten wirtschaftlichen Erfolges die Steuerung der Produktion von der Absatzseite her ist. Es kommt in erster Linie nicht darauf an, zu produzieren, sondern darauf das Produzierte stetig in steigendem Umfange zu verkaufen. Seine Majestät, der Kunde muss Objekt der auf Ertrag und Bestand abgestellten Wirtschaft sein. Da die Bedürfnisfähigkeit und der Umfang des Konsumentenkreises, international gesehen, unbeschränkt steigerungsfähig ist, liegt in dessen Förderung, nicht aber in seiner Hemmung das Geheimnis der produktiven Rente, welche Vorbedingung für vorwärts schreitende Entwicklung ist.

Zum Beweis der Richtigkeit dieser Auffassung möchte ich noch zwei der Praxis entnommene Beispiele anführen: das deutsche Kohlen-Syndikat und das Unternehmen von Henry Ford.

Mit dem Begründer der Kohlen-Syndikate, Emil Kirdorf, haben mein Vater und ich auf Grund jahrzehntealter Familienfreundschaft immer wieder Gedanken über die letzten Ziele wirtschaftlichen Handelns ausgetauscht und ich glaube, mir ein Urteil über die letzten Beweggründe des Schaffens dieses von kleinsten Anfängen zu der einzigartigen Position des Gewissens der rheinisch-westfälischen Industrie aufgestiegenen Mannes erlauben zu dürfen.

In der auf Veranlassung der Gelsenkirchener Bergwerks-Aktien-Gesellschaft zum 80. Geburtstage Kirdorfs von Dr. F. A. Freundt[2030] verfassten Denkschrift[2031] wird in plastischer Weise das Zusammenwirken der Faktoren geschildert, welche die Bildung des Kohlen-Syndikats als Regler des Absatzes erforderlich machten, um den Bestand der technischen Fortentwicklung, sowie die Aufrechterhaltung und Steigerung der Beschäftigung der Arbeiterschaft bei wachsenden Löhnen zu gewährleisten. Immer wieder wurde nach Wegen gesucht, um eine gewisse Stabilität des Absatzes herbeizuführen und diesen von den masslosen Preisschwankungen zu befreien, welche den Kauf der benötigten Kohlemengen für die Konsumenten

---

[2030] Gemeint ist Friedrich Arthur Freundt.
[2031] F.A. Freundt, Kapital und Arbeit. Gelsenkirchener Bergwerks-Aktien-Gesellschaft 1873–1927, Düsseldorf 1927.

zu einer Spekulation machten, und den Produzenten jede sichere Kalkulations-Grundlage für den technischen Betrieb nahmen. Das Heilmittel wurde im Zusammenschluss der Produzenten zu gemeinsamem Absatze zwecks Steigerung desselben im In- und Auslande gefunden, jedoch stets nachdrücklich betont, dass die sich daraus ergebende Monopolstellung nicht dahin sich auswirken dürfe, den Preis des Produktes gegenüber seinen Herstellungspreisen unbillig zu steigern. Von Professor Schmoller[2032] im Jahre 1905 zur Teilnahme an der Generalversammlung des Vereins für Sozialpolitik eingeladen, äusserte sich Kirdorf hierüber wie folgt:
«Es ist leicht, Kritik zu üben und angebliche oder tatsächliche Missstände hervorzuheben; aber es ist ausserordentlich schwer, ihnen rechtzeitig vorzubeugen und den Weg zu gehen, der eben allen[2033] Interessen entspricht. Wird aus den Schattenseiten der Syndikate nicht eigentlich immer ein Schreckgespenst gemacht? Sind es vielfach nicht bloss Schlagworte? Eine gewisse Monopolstellung ist notwendig, sonst erfüllt das Syndikat seinen Zweck nicht, den Preis zu regeln. Ein Privatmonopol wird, wenn es missbraucht wird, nie von langer Dauer sein. Das trägt von selbst sein Heilmittel in sich. Die Herrschaft über die Preisbildung wird vielfach überschätzt und die Gefahr wir grösser geschildert, als sie tatsächlich ist; denn man schädigt sonst die eigenen Interessen. Für die Kohle kann die Preisvorschrift des Syndikats nur für einen ganz bestimmten Bezirk, für das sogenannte natürliche Absatzgebiet wirksam sein. Sowie die Preisstellung ungesund wird und nicht den allgemeinen wirtschaftlichen Verhältnissen, namentlich auch gegenüber dem Auslande entspricht, verengt sich dieser Kreis und die Peripherie, an der sofort der Kampf mit der ausländischen Erzeugung beginnt, rückt näher. Man muss allen Gebilden, die aus einer gewissen wirtschaftlichen Notwendigkeit entstanden sind, eine gewisse Zeit zu ihrer Entwicklung lassen.
Selbst ein zehnjähriger Zeitraum, wie ihn das Kohlensyndikat durchgemacht hat, bietet noch immer nicht die genügende Erfahrung, um nun stets und für alles die richtige Form zu finden. Man muss prüfen[,] wo der wirtschaftliche Vorteil für das Ganze liegt.[2034] Die grossen Schwankungen, die es früher gab, sind vermieden worden und die gleichmässigere Preislage ist fast genau im gleichen Verhältnis den Arbeitern zu Gute gekommen».[2035]
Der so sprach durfte den Anspruch erheben, dass seinem guten Willen, das allgemeine Beste zu wollen[,] geglaubt wurde; denn die Unantastbarkeit seiner Persönlichkeit wurde trotz mancher Intransigenz seines Standpunktes auch während der Zeit heftigster sozialer Kämpfe und ebenso in der Periode der Anhäufung erraffter Vermögen während der Inflationszeit von keiner Seite jemals bestritten. Man

---

2032 Gemeint ist Gustav von Schmoller.
2033 Maschinenschriftlich unterstrichen.
2034 Maschinenschriftlich unterstrichen.
2035 Verhandlungen des Vereins für Socialpolitik über die finanzielle Behandlung der Binnenwasserstraßen, über das Arbeitsverhältnis in den privaten Riesenbetrieben und das Verhältnis der Kartelle zum Staate. Verhandlungen der Generalversammlung in Mannheim, 25., 26., 27. und 28. September 1905, in: Schriften des Vereins für Socialpolitik, Bd. 116, Leipzig 1906, S. 272ff.

glaubte ihm, als er am Abend seines Lebens das Bekenntnis ablegte, dass die Gesunderhaltung der Industrie und das Allgemeinwohl Ziel seines Handels gewesen sei und er[2036] durch sein Vorbild vermieden habe, die Preispolitik des Syndikats anrüchig zu machen.
Das Zeugnis dieses Kaufmannes und Industriellen über die Methodik der Preisgestaltung für einen der grössten und wichtigsten Bedarfsartikel kann deshalb wohl als massgeblich für die diesem wirtschaftlichen Vorgange innewohnende Gesetzmässigkeit angesprochen werden.
Noch schärfer ist sie von Henry Ford, einem der erfolgreichsten Schöpfer neuer Werte und neuen Absatzes herausgearbeitet worden. Seine unter dem Titel «My life and work» im Jahre 1922 veröffentlichte Selbstbiographie[2037] gewährt aufschlussreichen Einblick, wie Erkenntnis vorhandener Bedürfnisse *und*[2038] technische Fähigkeit, ihnen gerecht zu werden trotz Ausserachtlassung der sich aus den Absatzmöglichkeiten ergebenden geldlichen Vorteile zu dem Erfolge führen können, die Qualität des Produkts immer besser, seinen Konsumentenkreis immer grösser zu gestalten und gleichzeitig den Lohn der auf die Herstellung verwandten Arbeit fortdauernd zu steigern.
Ford äussert sich über die von ihm beim Aufbau seines Unternehmens befolgten Grundsätze wie folgt:
«Business on a money-making basis is most insecure. It is the function of business to produce for consumption and not for money or speculation. Producing for consumption implies, that the quality of the article produced will be high and that the price will be low and that the article will be one which serves the people and not merely the producer.
Being ready for money is the surest way not to get it, but when one serves for the sake of service, than money takes abundantly care of itself. Money comes naturally as the result of service.
I have striven towards manufacturing with a minimum of waste, both of materials and of human effort and then towards distribution at a minimum of profit, depending for the total profit upon the volume of distribution. In the process of manufacturing I want to distribute the maximum of wage, that is the maximum of buying power.
The principles of my service are these:
1. An absence of fear of the future and of veneration for the past. One who fears the future, who fears failure limits his activities. Failure is only the opportunity more intelligently to begin again. There is no disgrace in honest failure; there is disgrace in fearing to fail. What is past is useful only as it suggests ways and means for progress.

2036 Handschriftlich ergänzt.
2037 Henry Ford, My Life and Work, Garden City, New York, 1922.
2038 Handschriftlich ergänzt.

2. A disregard of competition. Whoever does a thing best ought to be one to do it. It is criminal to try to get business away from another man – criminal because one is then trying to lower for personal gain the condition of one fellow man – to rule by force instead of by intelligence.
3. The putting of service before profit. Without a profit business cannot extend. There is nothing inherently wrong about making a profit. Well conducted business enterprise cannot fail to return a profit, but profit must and inevita[b]ly will come as a reward for good service. It cannot be the basis – it must be the result of service.
4. Manufacturing is not buying low and selling high. It is the process of buying materials fairly and, with the smallest addition of cost, transforming those materials into a consumable product. Gambling, speculating, and sharp dealing, tend only to clog this progression.[»]
Die Preispolitik, die sich auf diesen Grundsätzen aufbaute, charakterisiert Ford wie folgt:
[«]Instead of giving attention to competitors or to demand, our prices are based on an estimate of what the largest possible number of people will want to pay, or can pay, for what we have to sell[.]
Our policy is to reduce the price, extend operations and improve the article. You will notice that the reduction of price comes first. We have never considered any costs as fixed. Therefore we first reduce the price to a point where we believe more sales will result. Then we go ahead and try to make the price. We do not bother about the costs. The new price forces the costs down. Although one may calculate what a cost is, and of course all of our costs are carefully calculated, no one knows, what a cost ought to[2039] be. One of the ways of discovering what a cost ought to be is to name a price so low as to force everybody in the place to the highest point of efficiency. The low price makes everybody dig for profits. We make more discoveries concerning manufacturing and selling under this forced method than by any method of leisurely investigation.
The payment of high wages fortunately contributes to the low costs, because the men become steadily more efficient on account of being relived of outside worries. The payment of five dollars a day for an eight-[h]our day was one of the finest cost-cutting moves ever made, and the six dollar day wage is cheaper than the five. How far this will go, we do not know.[»]
Dank Anwendung dieser Methoden konnte der Preis des touring-car von $ 950.– im Jahre 1909 auf $ 355 im Jahre 1920 gesenkt und in der gleichen Zeit die Jahresproduktion von 18.664 Wagen auf 1.250.000 erhöht werden.
Ich bitte um Nachsicht, wenn ich die Ihnen wahrscheinlich bekannten Darlegungen Ford's so ausführlich wiedergegeben habe. Sie waren mir inhaltlich aus früherer Lektüre seines Buches noch in Erinnerung, kaptivierten mich jedoch beim

---

2039 Handschriftlich ergänzt.

jetzigen Nachlesen desselben wiederum so stark, dass ich mich nicht enthalten konnte, sie wörtlich zu Gunsten meiner Argumentation anzuführen. Die Tat-[s]ache, dass ein so nüchterner Techniker, Rechner und Denker, wie Ford, innerhalb der sehr materiell eingestellten amerikanischen Umgebung auf Grund seiner Beobachtung der Triebfedern wirtschaftlichen Handelns zu gleichen Ergebnissen gelangt, wie der grosse Kreis europäischer Praktiker, deren Lebensarbeit zu verfolgen mir vergönnt war, bestärkt mich in der Auffassung, dass der Widerstreit der Interessen zwischen Produzent und Konsument immer wieder durch das bessere Ich, das der Mehrzahl der Beteiligten innewohnt, überwunden werden wird. Auch sind die wirtschaftlichen Erfolge solcher Politik, wie das Ford'sche Beispiel zeigt, zu handgreiflich, um nicht immer von Neuem zur Nachahmung zu reizen.
Die von Ford mit soviel Nachdruck und Erfolg verfochtene Harmonie der Interessen von Erzeugung und Absatz ist kein singuläres Betrachtungs-Ergebnis eines sich auch sonst durch Einmaligkeit auszeichnenden Originals. Ford folgte mit seiner Leugnung des Widerstreites der beiden Endfaktoren wirtschaftlichen Schaffens Gedankengängen, die längst auch in anderen Branchen die Gestaltung der Beziehungen zwischen Produzenten und Konsumenten massgeblich beeinflusst haben. Die wissenschaftliche Erfassung der Notwendigkeit, in Produktion und Absatz eine Einheit zu sehen, hat zu rasch vorwärts schreitendem Ausbau der Absatzlehre geführt. Besonders auf dem Gebiete der Landwirtschaft sind dadurch so weitausgreifende internationale Wirkunden [!] erzielt worden, dass man den Ländern, welche versäumen, sich die Ergebnisse dieser Forschung nutzbar zu machen, die Ueberflügelung ihrer agrarischen Entwicklung prophezeien kann.
In den Vereinigten Staaten hat das Problem des «marketing of agricultural products» sowohl sorgfältige theoretische Durchleuchtung, wie weitgehende praktische Behandlung erfahren, deren Ergebnisse wiederum auf die wissenschaftliche Untersuchung der Zusammenhänge zwischen Produktion und Absatz zurückstrahlten. Diese Wechselwirkung wurde durch den Umstand begünstigt, dass die Inhaber amerikanischer Agrar-Lehrstühle nicht selten diese zeitweise mit dem Direktorium privater Ertrags-Unternehmungen ihrer Spezial-Branche vertauschen, um nach einigen Jahren kaufmännischer Arbeit wieder zu ihrer wissenschaftlichen Tätigkeit zurückzukehren. Die auf meine Veranlassung im Jahre 1928 zum Studium der Erzeugungs- und Absatzverhältnisse der deutschen Vieh- und Milchwirtschaft berufene achtköpfige amerikanische Studien-Kommission, welche unter Führung von Professor G. F. Warren[2039a] von der Cornell University binnen eines Vierteljahres die ihr gestellte Aufgabe mit durchschlagender Wirkung für die Gestaltung der deutschen Milchindustrie löste, bot in ihrer Arbeitsweise ein eindrucksvolles Beispiel der sich aus der Verbindung von wissenschaftlicher Forschung und praktischer Wirtschafts-Erfahrung ergebenden Möglichkeiten. Auch die Vor-

---

2039a Gemeint ist George F. Warren

schläge dieser Kommission gingen davon aus, dass die Produktion von der Absatzseite her zu steuern sei.

Sie sagen hierüber: (Parey's Verlag 1929)[2040]
«Einige unserer Vorschläge beruhen auf wissenschaftlich endgültig festgelegten Grundsätzen, deren Geltung von Landesgrenzen völlig unabhängig ist; andere beruhen auf solchen volkswirtschaftlicher und kaufmännischer Natur. Die praktische erwerbsmässige Wirtschaftsführung stellt letzten Endes immer ein Kompromiss dar zwischen dem, was privatwirtschaftlich erstrebenswert und dem was volkswirtschaftlich richtig ist. Da zwar nicht die Gesetze der Volkswirtschaft, wohl aber Zielstreben und Einstellung des Einzelnen wandlungsfähig sind, so passen sich letztere in der Regel allmählich dem an, was volkswirtschaftlich das Beste ist.
....
Die Entwicklung der die ganze Welt umspannenden schnellen Nachrichten- und Verkehrsmöglichkeiten bewirkt, dass die Märkte eines jeden Landes sehr rasch auf die Produktionsbedingungen entlegener landwirtschaftlicher Gebiete reagieren. Wenn auch die Konkurrenz der landwirtschaftlichen Interessen der verschiedenen Länder noch so sehr betont wird, so gibt es doch ein Gebiet, auf dem die Interessen aller[2041] Landwirte die gleichen sind: die Interessen aller Landwirte der Welt werden gefördert, wenn den Verbrauchern bessere Qualitäten der landwirtschaftlichen Erzeugnisse geliefert werden. Die steigende Kaufkraft, die sich für den Einzelnen daraus ergibt, dass die auf ihn entfallende Produktionsmenge wächst, wird zum Ankauf neuer Dinge und besserer Waren verwendet. Die Industrie ist darauf bedacht, den aus dieser Tendenz fliessenden Vorteil wahrzunehmen. Die Landwirtschaft als Ganzes muss das Gleiche tun, um sich einen Teil dieser neuen Kaufkraft zu sichern. Der einzige Weg, dieses Ziel zu erreichen, ist Verbesserung der Qualität, entsprechend der Umstellung der Nachfrage von minderwertigen auf solche nach höherwertigen Lebensmitteln. Vom nationalen Gesichtspunkt aus ist es wünschenswert, dass ein Teil der dauernd steigenden Kaufkraft für die Beschaffung gesünderer und besserer Nahrungsmittel Verwendung findet und auf diese Weise Volksgesundheit und Volkswohlfahrt gefördert werden».

Die sich auf diesen Grundsätzen aufbauenden Untersuchungen und Vorschläge der Kommission haben in dem deutschen Milchgesetz vom 31. Juli 1930 ihren Niederschlag gefunden. Sie entsprechen den Richtlinien, welche die amerikanische Agrarwissenschaft seit Jahrzehnten mit dem Ziele verfolgt, den Produzenten dazu zu erziehen, in dem Konsumenten nicht seinen Gegner, sondern den Repräsentanten einer *von*[2042] seiner eigenen Tätigkeit unlösbaren Funktion zu sehen und zu erkennen, dass er sein eigenes Interesse fördert, wenn er demjenigen des Konsumenten

---

2040 Solmssen, Die Erzeugungs- und Absatzverhältnisse der deutschen Vieh- und Milchwirtschaft, Berlin 1929.

2041 Maschinenschriftlich unterstrichen.
2042 Handschriftlich «mit» in «von» geändert.

dient. So finden sich in den Lehrbüchern immer wieder Sätze wie: «Marketing is a part of production» (L. D. H. Weld, The marketing of farm products, 1924)[2043]. «Production consists of the rendering of all those essential services on the part of farmers and of middlemen, which actually bring into use the goods and services required to satisfy the wants of consumers» (Th. Macklin, Efficient Marketing for agriculture, 1924)[2044].

Aus dieser Betrachtungsweise ist eine weit verästelte Forschung und Wissenschaft entstanden, deren praktische Anwendung längst nicht mehr auf die Vereinigten Staaten beschränkt ist, sondern Allgemeingut aller vorgeschrittenen Agrarländer geworden ist. Die einstige Kapselwurm-Verehrung der Baumwoll-Farmer steht daher in starkem Kontrast zu den jetzt massgeblichen Anschauungen. Ihr Inhalt tritt plastisch in der von Professor James E. Boyle (Marketing of agricultural products, 1925)[2045] citierten Mahnung zu Tage, die der Obstfarmer J. E. Bergthold am 2. Oktober 1923 in seinem auf der Fruit growers' Convention in Auburn, Cal[ifornia]. gehaltenen Vortrage an seine Berufsgenossen mit folgenden Worten richtete:

«The growth and permanent prosperity of your industry depend entirely upon your pleasing the ultimate consumer as to quality, price and service. The success of the industry is measured altogether by the degree to which you induce the North American people to consume your product aside from the possibilities of the development of your export trade. I repeat therefore, as growers and marketers of California fruit, we should lose sight of every other consideration excepting to please the ultimate consumer».

Als letzte Glieder der Kette, welche die Interessen der agrarischen Produzenten an diejenigen ihrer Konsumenten schmiedet, haben sich im Sinne der Tendenz, den durch die Arbeitsteilung entstehenden Reibungen zu begegnen, die Standardisierung der Produktion, die Zusammenfassung gleichartiger Erzeugnisse, die Zurückweisung solcher, welche die Gradierungsvorschriften nicht erfüllen mit entsprechender Einwirkung auf die Produktionsmethoden, der kooperative Absatz der Produkte und die Belieferung des Konsumenten mit einer fungiblen, entsprechend ihrer amtlich kontrollierten Güte preismässig abgestuften Ware entwickelt. Ich glaube man darf aus diesem sich zusehends stärker durchsetzenden Aufbau des wesentlichsten Zweiges wirtschaftlicher Bestätigung den Glauben schöpfen, dass sich bereits gewisse hoffnungsreiche Voraussetzungen für die Neuordnung der Wirtschaft nach dem Kriege entwickelt haben. Ist doch das komplizierte System des marketing, so wie es vorstehend in seinen Umrissen für den landwirtschaftlichen Sektor skizziert wurde, keine durch Diktat wandelbarer staatlicher Gewalten befohlene Konstruktion, sondern eine der vernunftgemässen Reaktion der beteilig-

---

2043 Louis Dwight Harvell Weld, The marketing of farm products, New York 1916.
2044 Theodore Macklin, Efficient marketing for agriculture, New York 1924.
2045 James E. Boyle, Marketing of agricultural products, New York 1925.

ten Produzenten- und Konsumenten-Kreise auf die moderne technische Entwicklung entsprungene Regelung, die das Gesetz ihres Werdens in sich trägt.
Sicherlich trägt die Gefahr der Konkurrenz dazu bei, die Vorherrschaft rein geldlicher und egoistischer Motive zu bändigen. Ich glaube aber, man sollte ihre Wirkung nicht überschätzen. Nach meiner Erfahrung findet jedes gute menschliche Arbeits-Produkt, das ein wirklich vorhandenes Bedürfnis befriedigt, ein so weites, sich stetig vergrösserndes Absatzfeld, dass es sich gegen gleichzeitige Versorgung desselben durch gleichgerichtete Bestrebungen nicht zu verteidigen braucht. Ich habe bereits oben Ford's generelle Einstellung zur Konkurrenz wieder gegeben. Er kommt an anderer Stelle seines Buches, bei der Schilderung des Werdeganges seines Betriebes auf dieses Problem in detaillierterer Form zurück, indem er die Ablehnung monopolistischer Versuche seiner Branchekollegen wie folgt begründet:
«I found that competition was supposed to be a menace and that a good manager circumvented his competitors by getting a monopoly through artificial means. The idea was, that there were only a certain number of people, who could buy and that it was necessary to get their trade ahead of someone else. Many automobile manufacturers entered into an association under the Selden patent just so that it might be legally possible to control the price and the output of automobiles. They had the ridiculous idea, that more profit can be had + doing less work, than more. The plan is a very antiquated one. I could not see then and am still unable to see, that there is not always enough for the man who does his work; time spent in fighting competition is wasted; it had better been spent in doing work. There are always enough people ready and anxious to buy, provided you supply what they want and at the proper price – and this applies to personal services as well as to goods.»
Nach meinen Erfahrungen liegt das Korrektiv für vorkommende Ueberspannungen der Profitgier zu einem wesentlichen Teile in den Grenzen, die jedem menschlichen Können gezogen sind. Grosse Unternehmungen lassen sich nur schrittweise aufbauen und müssen organisch von innen heraus wachsen. Ihr Erfolg und Bestand hängen davon ab, ob es gelingt, sie so zu konstruieren, dass die Leitung dem Umfange des Betriebes auch nach Fortfall seiner mit ihm gross gewordenen Schöpfer gerecht zu werden vermag. Das wird nur gelingen, wenn die tragenden Gedanken des Werks letzten Endes so unkompliziert sind, dass sie mit den menschlichen Eigenschaften in Einklang stehen, welche dem wirtschaftlichen Handeln des Einzelnen den ihn vorwärts treibenden Impuls geben. Die Lösung dieser Aufgabe ist schwer und so sorgt die natürliche Auslese des surviving of the fittest dafür, dass auch die wirtschaftlichen Bäume nicht in den Himmel wachsen und nur diejenigen Unternehmungen von Bestand sind, deren geistige Kraft die dem dauernden Wechsel der Umwelt entsprechende stetige innere Erneuerung gewährleistet.
Wie vorstehende Darlegungen zeigen, huldige ich trotz meiner 73 Jahre immer noch in jugendlichem Optimismus, aus in der Praxis gewonnener innerer Ueberzeugung, dem wirtschaftlichen Liberalismus, an dessen ethischen Inhalt allerdings

hohe Anforderungen gestellt werden müssen, wenn er seine Aufgaben erfüllen soll. Ungeachtet aller Wirrnisse der Gegenwart glaube ich daran, dass die überwiegend guten Grundzüge menschlichen Wesens uns das Recht geben, auch weiterhin in ihrer zielbewussten Pflege das beste Remedium gegen Auswüchse zu erblicken, wie sie in den letzten Dezennien so stark Ueberhand genommen haben. Ich sehe deren Ursache weniger in dem Versagen der nationalen wirtschaftlichen Konceptionen, als in der Tatsache, dass die Regelung der internationalen politischen und wirtschaftlichen Beziehungen mit den gewaltigen Umwälzungen nicht Schritt halten konnte, welche die Fortschritte der Technik als schaffender und zerstörender Kraft im Gefolge hatten. Die dadurch hervorgerufenen Spannungen waren zu tiefgreifend und entluden sich zu schnell, als dass der traditionsgebundene Konservatismus alteingewurzelter internationaler Tatbestände in der Lage gewesen wäre, sich rechtzeitig und freiwillig zu den ihrem Tempo entsprechenden und nicht mehr abweisbaren Korrekturen bisheriger Gegebenheiten zu bequemen. So wird nunmehr mit den Waffen ausgefochten, was Vernunft hätte regeln können. Die Zukunft der nationalen Wirtschaften hängt davon ab, ob es gelingen wird, die übernationalen Beziehungen entsprechend der durch die Technik herbeigeführten Verflüssigung bisheriger nationaler Grenzen in Formen zu bringen, welche Konflikte, wie den jetzt zum Austrag kommenden verhüten. Hoffen wir, dass es gelinge, dereinst dieses Ziel zu erreichen.

Möge der Schweiz beschieden sein, im Kampfe der Meinungen um den Weg zu diesem Ziele die ihr nach ihrer Eigenart zukommende Rolle als internationale Clearingstelle für den Austausch der Ansichten der nationalen Vertreter von Wissenschaft und Praxis zu spielen. Hierfür sich einzusetzen, ist des Schweisses der Edlen wert.

Nun ist, wie ich zu meinem Schrecken sehe, aus dem Briefe, den ich Ihnen schreiben wollte, eine Abhandlung geworden. Sie werden rufen: «In die Ecke, Besen! Besen! Seids gewesen!»[2046]

Aber Sie haben es sich selbst zuzuschreiben, wenn der alte Besen durch die Zauberkraft Ihrer, Vergangenheit, Gegenwart und und [!] Zukunft beschwörenden geist- und temperamentvollen Ausführungen so stark berührt worden ist, dass er die Wasser seiner von Ihnen angeregten Ueberlegungen in so vollem Schwalle über Sie ergossen hat. Jedenfalls sehen Sie, dass wir noch über mancherlei zu diskutieren haben werden.

Mit freundlichen Grüssen
Ihr ergebener
gez. Georg Solmssen.

Herrn Prof. Dr. W. Roepke,
Genf.

2046 Johann Wolfgang von Goethe, Zauberlehrling,
   Vers 93–95.

Georg Solmssen an Eduard Fueter, 05.02.1942[2047]

5. Februar 1942.

Sehr geehrter Herr Dr. Fueter,
Haben Sie besten Dank für die beiden mir gesandten Zeitungs[-]Artikel, die ich wieder beilege. Den Bericht über den von Herrn Professor Röpke[2048] in Basel gehaltenen Vortrag hatte ich bereits in den Basler Nachrichten gelesen. So sehr ich mit seinem Inhalte übereinstimme, so wenig konnte ich das mit dem des hier am 21. v[origen]. M[onat]'s. in der Volkswirtschaftlichen Gesellschaft[2049] von Herrn Röpke gehaltenen tun. Ich fand ihn sehr theoretisch und vorbei zielend. Da keine Diskussion angebracht schien und tatsächlich die Hörer vielfach über das Gehörte etwas verduzt [!] waren, habe ich mich nicht enthalten können, Herrn Röpke den aus der Anlage ersichtlichen Brief[2050] zu schreiben. Ich bitte, ihn vertraulich zu behandeln und mir zurück zu senden.
Die drei mir geliehenen Drucksachen folgen in Kürze. Hoffentlich können wir unsere neuliche Unterhaltung demnächst einmal bei uns fortsetzen. Der Schnee ist zwar hoch, aber die Wege sind gut gebahnt und die Fahrt vom Bahnhofe zu uns offen.
Mit verbindlichen Grüssen an Ihre verehrte Gattin und Sie
Ihr ergebener
[gez.] Solmssen.

Herrn
Dr. E[duard]. Fueter.
Wädeswil.

Georg Solmssen an Eduard Fueter, 07.05.1942[2051]

7. Mai 1942.

Sehr geehrter Herr Dr. Fueter,
Meine Frau dankt Ihrer Gattin bestens für die Märkli und ich tue das Gleiche für die Rücksendung des Manuscripts[2052] nebst Röpkebrief[2053], sowie für das Bulletin

---

2047 Briefpapier «DR. GEORG SOLMSSEN / ARNHOF / HORGEN (K[AN]T[ON]. ZÜRICH)», 1 Blatt, Vorderseite maschinenschriftlich beschrieben, in: ETH, Nachlass Eduard Fueter, Hs 1227:11215.
2048 Gemeint ist Wilhelm Röpke.
2049 Gemeint ist die Zürcher Volkswirtschaftliche Gesellschaft.
2050 Solmssen an Röpke 28.1.1942, in: HADB, NL3/49; hier abgedruckt.
2051 Briefpapier «DR. GEORG SOLMSSEN / ARNHOF / HORGEN (K[AN]T[ON]. ZÜRICH)», 1 Blatt, Vorderseite maschinenschriftlich beschrieben, in: ETH, Nachlass Eduard Fueter, Hs 1227:11217.
2052 Gemeint ist Solmssens Aufsatz «Kant und die Gegenwart».
2053 Solmssen an Röpke 28.1.1942, in: HADB, NL3/49; hier abgedruckt.

du F.E.S.E.[2054] und die Nummern der Hochschulzeitung. Letztere werde ich benutzen, um mit Hilfe meiner Professoren-Neffen einen Propaganda[-]Versuch in [den] U.S.A. zu machen.[2055] Einem derselben, der gra[de] an das Trinity College in Hartford, Conn[ecticut]., berufen worden ist, um dort über Geopolitik zu lesen, habe ich bereits geschrieben. Ganz besonders hat meine Frau und mich Ihrer Gattin und Ihre Widmung der Geschichte der exakten Wissenschaften in der Schweiz, 1680–1780,[2056] erfreut, deren Lektüre uns mit dem Geistesleben Ihres Vaterlandes in neuen interessanten Kontakt bringen wird. Ich beglückwünsche Sie zu der nicht alltäglichen Verbindung der Kenntnis exakter Wissenschaft und des Studiums ihrer Auswirkung auf die nationalen und socialen Zusammenhänge. In eigener beruflicher Tätigkeit habe ich die Durchflechtung von Wirtschaft und Technik immer wieder beobachten können. In den beiliegenden «Beiträgen»[2057], die ich Ihre Gattin und Sie als Zeichen freundschaftlicher Verbundenheit anzunehmen bitte, finden Sie verschiedentliche Schilderungen der Bewältigung einschneidender technischer Probleme und der dadurch erfolgten Anbahnung neuer Entwicklungen. Diese bankliche Tätigkeit könnte als Paradigma dafür dienen, wie eine richtig geleitete B.I.Z.[2058] zu wirken im Stande gewesen wäre und wie sie hoffentlich in Zukunft zu wirken berufen sein wird. Einige Gedanken hierüber sind in dem ebenfalls beiliegenden Vortrage enthalten, den ich im Dezember 1936 auf Einladung des Royal Institute of International Affairs in London hielt[2059], der aber in Folge der Verbohrtheit der City leider ohne Wirkung blieb.
Auch wir Arnhöfer haben das Zusammensein mit den nachbarlichen Neugütlern sehr genossen und hoffen auf Wiederholung in nicht zu seltenen Zwischenräumen. Sie wissen, bei uns ist stets offenes Haus. Wir kommen ebenso gern zu Ihnen, sobald meine Frau wieder bewegungsfähiger sein wird.
Mit besten Grüssen für Ihre Gattin und Sie von meiner Frau, unserer Tochter[2060] und mir
der Ihrige
[gez.] Georg Solmssen.

2054 Gemeint ist das Bulletin du Fonds Européen de Secours aux Etudiants.
2055 Gemeint sind Kurt und Max Solmssen.
2056 Eduard Fueter, Geschichte der exakten Wissenschaften in der schweizerischen Aufklärung (1680–1780), Aarau, Leipzig, 1941.
2057 Solmssen, Beiträge zur Deutschen Politik und Wirtschaft 1900–1933.
2058 Gemeint ist die Bank für Internationalen Zahlungsausgleich.
2059 Solmssen, A Plan for German Industrial Expansion, in: International Affairs, 1937, S. 221–239.
2060 Gemeint ist Lily Pfister, geb. Solmssen.

Eduard Fueter an Georg Solmssen, 20.05.1942[2061]

Neugut, Wädenswil, den 20. Mai 1942.

Lieber Herr Dr. Solmssen!

Verzeihen Sie bitte, wenn ich Ihnen, auch im Namen meiner Frau, erst heute für Ihre freundliche Gabe Ihrer Aufsätze und Vorträge «Beiträge zur Deutschen Politik und Wirtschaft» 1900–1933[2062] herzlich danke. Bevor ich mich bei Ihnen bedankte, wünschte ich, wenigstens einen Teil Ihrer Aufsätze zu lesen, was nicht umgehend geschehen konnte.

Es ist ein ungemein wichtiges und verantwortungsvolles Stück deutscher Geschichte gewesen, an dem Sie leitend und betrachtend teilnahmen. Ausser als Mensch habe ich natürlich auch als Historiker Ihre Abhandlungen mit steigendem Interesse gelesen: auch in der heutigen Perspektive fesselt Ihr Schar[f]blick und Ihre klare, dokumentierte Art, die Probleme aufzugreifen und womöglich praktische Lösungen vorzuschlagen. Natürlich mutet mich als Schweizer auch manches fremd an. So werden Sie wohl heute mit mir einig gehen, wenn ich die Gegensätze zwischen England und Deutschland noch tiefer als in den von Ihnen dargelegten wirtschaftlichen Gegensätzen, so sehr sie tatsächlich vorhanden waren, suche bei der Betrachtung der Ursachen des Weltkrieges 1914–1918; ebenso wenig überzeugt mich die «Dolchstosslegende». Nach vier Jahren hervorragender militärischer und z[um]. T[eil]. selbst wirtschaftlicher Leistungen, konnte es wohl vielen Deutschen scheinen, dass das Nachgeben der inner[e]n Front die entscheidende Verantwortung für die Niederlage 1918 sei. Aber dieses Nachgeben war doch nur die Folge einer unrichtigen geistigen Einstellung der deutschen Politik und einer absoluten Uebermüdung des deutschen Volkes. Die deutsche Sozialdemokratie war eine Folge und keine Ursache. Im Grunde war der Ausgang des letzten Weltkrieges durch die Tatsache bestimmt, dass das deutsche Nationalinteresse gegen die Nationalinteressen der meisten übrigen Nationen verstiess und dass im Kampfe um die Selbsterhaltung der Nationen die deutsche Nation unterlag. Obwohl ich leider überzeugt bin, dass auch bei einem möglichen ungünstigen Kriegsausgang deutscherseits im neuen Weltkriege sich ungefähr die gleichen Phasen wie nach 1918 wiederholen werden und wiederum eine Dolchstosslegende auftreten wird, – aus[s]er dem wirtschaftlichen Zusammenbruch – , so ist es doch die Pflicht eines objektiven Historikers, hier das Richtige festzuhalten. Schon um der möglichen Neuordnung Europas willen.

2061 Durchschrift, 2 Blätter, 2 Vorderseiten maschinenschriftlich beschrieben, zweite Seite nummeriert, ohne Unterschrift, in: ETH, Nachlass Eduard Fueter, Hs 1227:11218.

2062 Solmssen, Beiträge zur Deutschen Politik und Wirtschaft 1900–1933.

Im deutschen Geschehen ist wohl eine der Grundtatsachen, dass seit einem Jahrtausend der Traum eines starken, deutschen Reiches im universalsten Sinne geträumt wird und dass er die befeuerndste Kraft vieler der edelsten Deutschen darstellte. Je nach den geschichtlichen Voraussetzungen waren die vorgestellten Grenzen dieses Reiches verschieden; im 17. J[ahr]h[undert]. wäre man zufrieden gewesen mit einigen mittel[-]deutschen und österreichischen Kernlanden; seit dem 19. J[ahr]h[undert]. geisterten die Grenzen des deutschen Sprachraumes in den deutschen Seelen; heute ist es in manchen Herzen Europa, vergrössert um die als Kolonien oder «sonstwie» gedachten übrigen Kontinente. Da Idee und Macht, Idealismus und Berechnung gleicherweise an solchen Vorstellungen teilhaben, natürlich individuell ganz verschieden, sind alle diese Vorstellungen fliessend. Aus solchen Plänen würde ich zunächst Deutschland keinen Vorwurf machen, obgleich sie ständig die mir am Herzen liegenden rot-weissen Grenzpfähle geistig einreissen und tatsächlich einzureissen drohen. Aber die genau gleiche Vorstellung, nur auf andern historischen Hintergründen und mit andern Motiven, vornehmlich aus der religiösen Tradition, lauert als Gespenst in manchen andern Nationen, zumal den Angelsachsen (ausser den modernen Amerikanern, die ihren Imperialismus teilweise wirtschaftlich bis in unbequeme Massstäbe realisieren konnten), jetzt aber in allererster Linie bei den Japanern. Daraus ergeben sich dann notwendigerweise furchtbare Konflikte. Da sie so eng mit tiefen geistigen und idealen Beweggründen verknüpft sind, erschüttern sie auch innerlich eine Nation wie keine anderen Ereignisse.
Von diesen fundamentalen Tatsachen muss jede geistige Kraft in Europa ausgehen. Die praktische Verwirklichung muss dann etwa so geschehen, wie Bismarck[2063] für Deutschland gehandelt hat: aus eigenem Anteil an den Sehnsüchten eines Volkes das Mögliche und das Unmögliche abgrenzen, und dieses dann machtmässig sichern. Was hier national geleistet wird, muss – was natürlich viel schwieriger ist – übernational geleistet werden.
Auf Ihre übrigen Aufsätze und Vorträge lässt sich vielleicht einmal mündlich eingehen. Mögen Sie aus diesen wenigen Zeilen wenigstens sehen, dass Ihre Bände mich lebhaft interessierten.
Mit den freundlichsten Grüssen von Haus zu Haus,
Ihr

2063 Gemeint ist Otto von Bismarck.

Georg Solmssen an Eduard Fueter, 10.08.1944[2064]

10. Aug[ust]. 1944.

Sehr geehrter Herr Dr Fueter,
Haben Sie besten Dank für Ihren Brief vom 8. d[es]. M[onat]'s[2065] und die darin von Ihrer Frau Gemahlin und Ihnen ausgesprochenen freundlichen Glückwünsche zu meinem 75. Geburtstage. Das von Ihnen so reichlich gespendete Lob meiner noch nicht eingetretenen Vergreisung soll mich anfeuern, ihr auch fernerhin nicht zu verfallen. Die beste Abwehr dagegen wird aktive Mitarbeit an der Lösung der aktuellen Probleme sein. Dass man ihrer Entwicklung gezwungenermassen mehr oder weniger müssig zusehen muss, ist eine Eigentümlichkeit der Gegenwart. Erfreulicher Weise [!] hat der Horgener Gemeinderat gestern, ebenso wie bereits früher der Kanton[2066], zu unserer Einbürgerung positiv Stellung genommen, so dass, wenn die Bundesbehörde entsprechend entscheidet, die hiesige Gemeindeversammlung in absehbarer Zeit das erlösende Wort sprechen könnte. Durch die amtliche Anerkennung als Bürger des Landes, dem wir gesinnungsmässig seit Langem angehören, würde hoffentlich manche Schranke fallen, die dem Streben, sich nützlich zu machen, bisher hindernd im Wege stand.
Mit freundschaftlichen Grüssen von meiner Frau und mir an Ihre Gattin und Sie der Ihrige
[gez.] Georg Solmssen.

Georg Solmssen an Robert Faesi, 01.01.1945[2067]

1. Januar 1945.

Sehr geehrter Herr Professor Faesi,
Noch ganz im Banne der Lektüre Ihrer glänzenden Zergliederung der Berührungspunkte und Gegensätze von Dichtung und Geschichte, danken meine Frau und ich Ihnen herzlich für diese schöne Neujahrsgabe und die sie begleitenden Zukunfts-Wünsche. Sie wissen, dass wir die gleichen für Sie und die Ihrigen hegen. Es ist ein Genuss, an Ihrer Hand durch die literarischen und historischen Gefilde zu wandern. Der Einblick, den Sie dabei in die Werkstatt des die geschichtliche Vergangenheit zum Leben weckenden Romanciers gestatten, wird die uns noch bevorstehende Lektüre Ihrer «Stadt der Freiheit»[2068] besonders reizvoll gestalten.

2064 Briefpapier «DR. GEORG SOLMSSEN / ARNHOF / HORGEN (K[AN]T[ON]. ZÜRICH)», 1 Blatt, Vorder- und Rückseite eigenhändig beschrieben, in: ETH, Nachlass Eduard Fueter, Hs 1227:11220.
2065 Dieses Schreiben ist nicht überliefert.
2066 Gemeint ist der Kanton Zürich.

2067 Briefpapier «DR. GEORG SOLMSSEN / ARNHOF / HORGEN (K[AN]T[ON]. ZÜRICH)», 1 Blatt, Vorder- und Rückseite eigenhändig beschrieben, in: ZBZ, Nachlass R. Faesi 253.14, Solmssen, Georg.
2068 Robert Faesi, Stadt der Freiheit, Zürich 1944.

Anlässlich Ihrer abwägenden Bewertung der Darstellungsart bekannter Geschichtsforscher möchte ich Ihre Aufmerksamkeit auf die Eyck'sche Bismarck Biographie[2069] lenken. Der Autor hat vorzüglich verstanden, sich auf Grund sorgfältiger Quellen-Studien in das Wesen der komplizierten Persönlichkeit seines Helden hinein zu fühlen, so dass sich sein Buch, trotz aller, jeder Sensations-Hascherei à la Emil Ludwig abholden Genauigkeit, wie ein Roman liest. Man erlebt besonders im 3. Bande des Werkes die sehr menschlichen Trieb-Kräfte mit, die den genialen Politiker sein Handwerk treiben liessen, dessen Folgen wir büssen. Mit besten Grüssen von meiner Frau und mir an Ihre verehrte Gattin und Sie der Ihrige [gez.] Georg Solmssen.

Georg Solmssen an Hermann J. Abs, 12.10.1945[2070]

12. Oktober 1945.

Sehr geehrter Herr Abs,
Ich benutze die Gelegenheit, brieflich mit Ihnen in Verbindung zu treten, um Ihnen gute Wünsche für das Gelingen der Ihnen obliegenden schweren Pflichten zu wünschen. Es würde mich freuen, näheres über meine früheren Kollegen zu erfahren. Wenn diese auch seit meinem erzwungenen Ausscheiden aus der Bank jeder Berührung mit mir aus dem Wege gegangen sind und sich dadurch, in Gegensatz zu vielen anderen früheren Freunden gesetzt haben, ist das Gefühl früherer enger Verbundenheit in mir doch nicht erloschen und ich nehme nach wie vor an ihrem persönlichen Schicksal Anteil. Sie würden mich daher zu Dank verpflichten, wenn Sie mich, sobald Korrespondenz möglich ist, wissen liessen[,] was aus meinen früheren Socien in der Geschäftsinhaberschaft der Disconto[-]Gesellsc[h]aft und Genossen im Vorstande der Deutschen Bank geworden ist.
Gleichzeitig bitte ich Sie, mir in Anknüpfung an de[s]wegen früher mit Ihnen gepflogene Korrespondenz über die weitere Behandlung meiner Pensions-Ansprüche Auskunft zu geben. Die Deutsche Bank hat die Verpflichtung, mir gemäss der mit dem Vorsitzenden ihres Aufsicht[s]rats[2071] getroffenen, sowohl von diesem, wie von ihr selbst am 19. März 1934[2072] und 14. Oktober 1935[2073] bestätigten Abma-

---

2069 Erich Eyck, Bismarck. Leben und Werk, 3 Bde., Erlenbach-Zürich 1941–1944.
2070 Briefpapier «DR. GEORG SOLMSSEN / ARNHOF / HORGEN (K[AN]T[ON]. ZÜRICH)», 1 Blatt, Vorderseite maschinenschriftlich beschrieben, handschriftlicher Vermerk von Abs «[Franz] Urbig † Sept[ember]. [19]'44. / [Ernst Enno] Russel[l] – Hohenborn / [Theodor] Frank – / [Franz] Boner † / [Karl] Kimmich † 10.9.[19]45. / [Alfred] Blinzig † / [Johannes] Kiehl †», handschriftlicher Vermerk «b[eant-worte]t 13.11.[19]45 / [Käthe] Lu[chmann].», in: HADB, P1/15.
2071 Gemeint ist Oscar Schlitter.
2072 Gemeint ist wahrscheinlich das Schreiben Schlitter an Solmssen 19.12.1934, in: HADB, P1/14; hier abgedruckt, worin die am 1.1.1935 beginnenden Pensionszahlungen bestätigt wurden.
2073 Mosler und Rummel an Solmssen 14.10.1935, in: HADB, P1/14; hier abgedruckt.

chung eine in Vierteljahres[-]Raten fällige Jahres[-]Pension von R[eichs].M[ark]. 24 000,- zu zahlen, die nach meinem Tode in Höhe von jährlich R[eichs].M[ark]. 12 000,- auf meine überlebende Witwe übergeht. Die Schweizerische Verrechnungs[-]Stelle hat durch Verfügung vom 27. März 1939 genehmigt, dass hiervon monatlich Fr[anken]. 400 transferiert werden. Der Deutschen Bank ist sowohl dieser Transfer, wie die Genehmigung, die fälligen Raten auf Auswanderer[-]Sperr-Mark[-]Konto zu zahlen[,] Seitens [!] der Devisenstelle seit dem 2. Oktober 1939 verweigert worden. Inzwischen ist mein betreffendes Konto als Vorzugs[-]Konto anerkannt worden, aber trotzdem keine Zahlung der Pension auf dasselbe erfolgt. Die seitdem aufgelaufene Pensions[-]Forderung beträgt R[eichs].M[ark]. 150 000,- plus Verzugs[-]Zinsen zuzüglich des Schadens, den ich durch die verweigerte Transferierung von monatlich je Fr[anken]. 400,- erlitten habe. Ich nehme an, dass meine s[o]. g[enannten]. arischen Kollegen ihre Pensionen regelmässig bezogen haben und nehme meine vertraglichen Rechte auch abgesehen hiervon in Anspruch.

Das auf Grund der Verordnung vom 11. Juni 1944[2074] über die Nachprüfung von Entjudungs[-]Geschäften vor dem Schiedsgericht am Reichs-Verwaltungs[-]Gericht wegen meiner Pensions[-]Ansprüche eröffnete Verfahren ist in Folge meines, durch Herrn Rechtsanwalt Dr. W. Keller-Staub[2075], Zürich, vertretenen Einspruchs durch Verfügung des Reichs[-]Wirtschafts[-]Ministers vom 13. Februar 1942[2076] eingestellt worden. Es ist also keine Aberkennung der Pension erfolgt.

Ich bitte Sie, mir die Stellungnahme der Deutschen Bank hierzu mitzuteilen.
Mit freundlichen Grüssen
Ihr ergebener
[gez.] Solmssen.

Herrn
Hermann J. Abs.
Deutsche Bank.
Hamburg.

2074 Solmssen irrt sich im Datum dieser Verordnung (RGBl. 1940 I S.891), daher wurde das korrekte Datum «10. Juni 1940» von den Empfängern handschriftlich darübergeschrieben.
2075 Gemeint ist Walter Keller-Staub.
2076 Solmssen irrt sich wiederum im Datum. Die Mitteilung der Schiedsstelle des Reichsverwaltungsgerichts an die Deutsche Bank, dass das Verfahren «einstweilen ausgesetzt» sei (HADB, P1/15), datiert vom 23.2.1942, was die Empfänger des Briefes, denen offenbar Solmssens Personalakten zur Verfügung standen, handschriftlich vermerkt haben.

Hermann J. Abs an Georg Solmssen 13.11.1945[2077]

Hermann J. Abs
(24) Hamburg 39 Hamburg, den 13. November 1945
Leinpfad 73 /Gu.

Sehr geehrter Herr Solmssen,
ich erhielt Ihr Schreiben vom 12. Oktober 1945[2078] und diktiere meine Antwort ohne wissen zu können, ob und wann diese Zeilen Sie erreichen. Ihre guten Wünsche für das Gelingen der mir obliegenden schweren Pflichten haben mich sehr gefreut, ersehe ich doch aus Ihren Wünschen ein Vertrauen, das für den Erfolg aller Bemühungen die erste Grundlage der Voraussetzung ist.
Von Ihren früheren Socien in der Geschäftsinhaberschaft der Disconto-Gesellschaft wird Ihnen soviel bekannt sein, dass Bohner[2079] vor Jahren und Urbig[2080] im September 1944 gestorben sind. Russell[2081] lebt auf seinem Gut Hohenborn b[ei]/Kassel, ist aber in den letzten Jahren recht alt und kränklich geworden. Von Frank[2082], den ich zuletzt vor Ausbruch des Krieges in Brüssel traf, habe ich seit dieser Zeit nichts mehr gehört. Von Ihren alten Kollegen im Vorstand der Deutschen Bank starb Kiehl[2083] im Mai 1944. In jüngster Zeit ist nun Kimmich[2084] am 10. September d[es]. J[ahres]. einem plötzlichen Gehirnschlag in Berlin erlegen, und im Oktober wurde Blinzig[2085] von seinem schweren Leiden durch den Tod erlöst. Sippel[2086] ist im Mai bei dem Einmarsch der Russen von diesen erschossen worden. Rösler[2087] wie auch v[on]. Halt[2088] und Frowein[2089] sind seit sechs Monaten von den [R]ussen verhaftet, von diesen fehlt jede Nachricht, von jenem sind sie allzu spärlich. In Berlin ist Wintermantel[2090] noch als einziger tätig, während Rummel[2091] in der amerikanischen Zone und wir, Bechtolf[2092], Plassmann[2093] und ich, hier in Hamburg immer noch auf unsere Entsuspendierung warten.
Was die Frage Ihrer Pensionsansprüche angeht, so brauchen Sie keinem Zweifel zu unterziehen, dass die Deutsche Bank diese Ihnen gegenüber anerkennt. Ich habe den Stand der Dinge, wie sie sich hier in Hamburg feststellen lassen, durch einen Herrn der Bank geprüft. Danach sind vom Jahre 1940 ab die Gutschriften seitens

---

2077 Durchschrift, 3 Blätter, 3 Vorderseiten maschinenschriftlich beschrieben, nummeriert ab der zweiten Seite, Paraphe von Hermann J. Abs, in: HADB, P1/15.
2078 Solmssen an Abs 12.10.1945, in: HADB, P1/15; hier abgedruckt.
2079 Gemeint ist Franz Boner.
2080 Gemeint ist Franz Urbig.
2081 Gemeint ist Ernst Enno Russell.
2082 Gemeint ist Theodor Frank.
2083 Gemeint ist Johannes Kiehl.
2084 Gemeint ist Karl Kimmich.
2085 Gemeint ist Alfred Blinzig.
2086 Gemeint ist Karl Ernst Sippell.
2087 Gemeint ist Oswald Rösler.
2088 Gemeint ist Karl Ritter von Halt.
2089 Gemeint ist Robert Frowein.
2090 Gemeint ist Fritz Wintermantel.
2091 Gemeint ist Hans Rummel.
2092 Gemeint ist Erich Bechtolf.
2093 Gemeint ist Clemens Plassmann.

der Devisenstelle nicht mehr genehmigt und gleichzeitig die Anweisung erteilt worden, die vorgesehene gesetzliche Regelung abzuwarten und weitere Anträge zurückzustellen. Nachdem die schweizerische Verrechnungsstelle Anfang 1939 anerkannt hat, dass monatlich sfrs. 400,-- über das Clearing zu Lasten des schweizerischen Verrechnungskontos ausgezahlt werden könnten, sind vom Jahre 1940 ab die entsprechenden Anträge der Bank seitens der Devisenstelle abgelehnt worden. Unter dem 10.6.1940 erging die Verordnung über die Nachprüfung von Entjudungsgeschäften[2094], die die gesetzliche Regelung darstellte, auf die die Devisenstelle in Ihrem letzten Bescheid hingewiesen hatte. Auf Grund dieser Verordnung wurde auf Antrag des Reichswirtschaftsministers ein Verfahren vor der Schiedsstelle des Reichsverwaltungsgerichtes eröffnet, in dem über die teilweise oder volle Berechtigung des Pensionsanspruches entschieden werden sollte. Das Verfahren endete mit einem Bescheid der Schiedsstelle vom 23. Februar 1942[2095], wonach es <u>einstweilen ausgesetzt</u>[2096] wurde, nachdem der Reichswirtschaftsminister dies mit Schreiben vom 17. Februar 1942 beantragt hatte.

Ihre Pensionsforderungen können seitens der Bank nur in Reichsmark auf ein im Inlande zu führendes Konto gutgeschrieben werden, nachdem eine Genehmigung seitens der Reichsbank mit Rücksicht auf die alten deutschen Devisengesetze und eine Genehmigung der Militärregierung auf Grund des Ihnen sicherlich bekannten Gesetzes Nr. 53[2097] eingeholt und erteilt ist. Die Deutsche Bank wird sich Ihnen gegenüber nicht darauf berufen, dass Erfüllungsort ihrer Verpflichtung Berlin sei, wo durch die Massnahmen der für dort zuständigen Besatzungsbehörden alle Auszahlungen und Gutschriften unmöglich sind. Meines Erachtens kann die Deutsche Bank nicht dafür haftbar gemacht werden, dass die Transferierung der Ihnen seitens der schweizerischen Verrechnungsstelle zugesagten monatlichen Beträge von je sfrs. 400,-- nicht erfolgt ist, da dafür der Deutschen Bank die zur Zahlung notwendige Voraussetzung, nämlich die Genehmigung der Devisenstelle, fehlte, und ich glaube auch nicht, dass die Deutsche Bank Ihnen gegenüber im Verzuge ist. Ich bitte Sie, überzeugt zu sein, dass die Deutsche Bank gern alles tut, um Ihnen zu Ihrem Recht und Geld zu verhelfen. Ich bitte Sie mich wissen zu lassen, ob die Deutsche Bank die zur Gutschrift in R[eichs]M[ark] auf ein inländisches Sperrkonto, u[nter]. a[nderem]. auch gesperrt nach Gesetz Nr. 52 der Militärregierung[2098], notwendigen Anträge stellen soll.

2094 RGBl. 1940 I S. 891.
2095 Siehe in: HADB, P1/15.
2096 Maschinenschriftlich unterstrichen.
2097 Gesetz Nr. 53 der Militärregierung – Deutschland, betreffend Devisenbewirtschaftung, ohne Datum, verkündet am 18.9.1944.

2098 Gesetz Nr. 52 der Militärregierung – Deutschland, betreffend Sperre und Beaufsichtigung von Vermögen, ohne Datum, verkündet am 18.9.1944, teilweise erst am 14.7.1945 in Kraft getreten.

Ich hoffe, dass Sie diese Zeilen gut erreichen. – Es wird Sie noch interessieren, dass unser gemeinsamer Freund Jessen[2099] in Berlin geblieben ist und sich auch frei, wenn auch in dem Ihnen sicherlich bekannten sehr verkleinerten Rahmen, betätigen darf.
Ich bleibe mit besten Grüssen von Haus zu Haus
stets Ihr sehr ergebener
[gez.] Abs.

Herrn
Dr. Georg Solmssen
Arnhof
Horgen (K[an]t[on]. Zürich)
Schweiz

Georg Solmssen an Jakob Job, 25.02.1946[2100]

Horgen, 25. Febr[uar]. 1946

Sehr geehrter Herr Dr. Job,
Haben Sie vielen herzlichen Dank für Ihre gestrigen Zeilen und für Ihre liebenswürdige Rotari-Intervention. Der Knoten im Taschentuche hat also seine Pflicht gethan! Ich bin lebenslängliches «Altmitglied» des Berliner Clubs[2101] gewesen, also an sich nicht klassifikations-bedürftig. So hoffe ich, doch noch eines Tages auch hier als eintritts-würdig befunden zu werden. Mit besten Grüssen, auch von meiner Frau der Ihrige
[gez.] Georg Solmssen.

Aktenvermerk Georg Solmssens, 05.10.1946[2102]

Abschrift[2103]   Arnhof   5. Oktober 1946
Dr. Georg Solmssen   Horgen (K[an]t[on]. Zürich)

Dr. Enno Russell ist mir seit seiner Kindheit wohlbekannt. Sein Vater Emil Russell und mein Vater Adolf Salomonsohn waren jahrzehntelang als Geschäftsinhaber der

---

2099 Gemeint ist Fritz Jessen.
2100 1 Blatt, Vorder- und Rückseite eigenhändig beschrieben, in: ZBZ, Nachlass J. Job 40.67, Solmssen, Georg u. Etta 1941–1952.
2101 Gemeint ist der Club von Berlin.
2102 1 Blatt, Vorderseite maschinenschriftlich beschrieben, in: Familienarchiv Russell, Hohenborn.
2103 Beglaubigung der Abschrift durch Stempel und Unterschrift des Bürgermeisters der Gemeinde Laar, Kreis Wolfhagen, 19.2.1947.

Disconto[-]Gesellschaft, Berlin, in enger Kollegialität mit einander [v]erbunden. Aus der gemeinsamen Arbeit und Übereinstimmung von Charakter und Gesinnung entstand zwischen Beiden eine zuverlässige Freundschaft, welche sich auf ihre Familien übertrug und von Enno Russell und mir von Jugend an fortgesetzt wurde. Als Nachfolger unserer Väter in der Leitung der Disconto[-]Gesellschaft haben wir als deren Beamte, Geschäftsinhaber und Mitglieder ihres Aufsichtsrats 36 Jahre lang in enger Verbundenheit gearbeitet. Ich kann aus voller Überzeugung dafür einstehen, daß Dr. Enno Russell, entsprechend seiner Erziehung und Veranlagung dem Nationalsozialismus von Anfang an oppositionell gegenüber stand, weil er dessen Verlogenheit und Verbrechertum aus innerster Seele verabscheute und daß er ihm, soweit solches [i]nmitten einer durch die vermeintlichen Erfolge des Hitlertums völlig verblendeten Volksgemeinschaft möglich war, Widerstand zu leisten bemüht gewesen ist. Ich halte es daher für ausgeschlossen, daß Dr. Enno Russell jemals in die Partei eingetreten ist[,] gleichviel welche Nachteile ihm aus der Ablehnung dahingehender Aufforderungen erwuchsen.

Ich selbst habe im Jahr 1934 meine[n] Wohnsitz nach der Schweiz verlegt und bin 1938 definitiv dorthin ausgewandert. Ich habe, ebenso wie meine Frau[2104] und unsere Tochter Lily[2105][,] im Jahre 1939 aus eigener Initiative der deutschen Nationalität entsagt und bin mit meiner Frau im Jahre 1945 nach Ablauf der gesetzlichen Präklusivfristen durch Eidgenössische, Kantonale und Gemeindebehördliche Verfügung Schweizer Bürger geworden. Unsere beiden, in den Vereinigten Staaten lebenden Söhne Harold und Ulrich Solmssen sind amerikanische Bürger. Der erstgenannte hat drei Jahre hindurch der amerikanischen Armee angehört. Unsere Tochter Lily ist mit dem schweizer Bürger Dr. Fritz Pfister verheiratet.

gez. Georg Solmssen

Beglaubigung:
Wir bez[e]ugen hiermit die Ächtheit [!] der umstehenden in meiner Gegenwart beigesetzten Unterschrift des uns bekannten Herrn Dr. Georg Solmssen, wohnhaft in Arnhof bei Horgen (Zürich), also in der Gemeinde Horgen.
Frcs. 2,– Kontr.Nr. 223
Horgen den 5. Oktober 1946
Notariat Horgen
gez. E. Meister, Notar.

2104 Gemeint ist Etta Solmssen.
2105 Gemeint ist Lily Pfister, geb. Solmssen.

Georg Solmssen an Hans Nabholz, 02.03.1947[2106]

2. März 1947.

Sehr geehrter Herr Professor,
Bezugnehmend auf unser heutiges Telephon Gespräch, sende ich Ihnen beiliegend das Manuskript meines Referats über Eme[r]y Reves' «The Anatomy of Peace»[2107]. Angesichts des Interesses, das dieses Buch verdientermassen findet, halte ich für richtig, seinen Inhalt weiteren Kreisen zu vermitteln und würde mich freuen, wenn meine Besprechung in den Schweizer Monatsheften oder der Neuen Schweizer Rundschau Aufnahme fände.[2108] Da das Thema jetzt aktuell ist und eine deutsche Übersetzung des Buchs demnächst im Europa Verlage erscheint[2109], wäre baldige Aufnahme erwünscht.
Ich lege ferner den Brief Ihres Herrn Vetters über seine Behandlung durch Dr. Abrahamovicz[2110] bei. Meine Frau und ich stehen zu weiterer Auskunft gern zur Verfügung.
Endlich schicke ich Ihnen mit der Bitte um Rückgabe den Prospekt des von Dr. Pfister[2111] gemeinsam mit Mingazzini[2112] jetzt publicierten Werkes über «Surrentum»[2113], das in der Reihe des von der Unione Academia Nazionale herausgegebenen archäologischen Sammelwerkes erschienen ist.
Mit besten Grüssen an Ihre verehrte Gattin und Sie und alle guten Wünsche
der Ihrige
[gez.] Solmssen.

Georg Solmssen an Hans Nabholz, 10.03.1947[2114]

10. März 1947.

Sehr verehrter Herr Professor,
Haben Sie vielen herzlichen Dank für Ihre Bemühung wegen meines Referats über das Buch von Reves[2115]. Seinen Leitartikel in der N[euen] Z[ürcher] Z[eitung] vom 8. d[es]. M[onat]'s haben Sie sicher gelesen. Da das Thema aktuell ist, würde

---

2106 Briefpapier «DR. GEORG SOLMSSEN / ARNHOF / ARN-HORGEN (K[AN]T[ON]. ZÜRICH)», 1 Blatt, Vorder- und Rückseite eigenhändig beschrieben, in: ZBZ, Nachlass Hans Nabholz 18.42, Dr. Georg Solmssen 1947–1956.
2107 Emery Reves, The Anatomy of Peace, New York, London 1945.
2108 Eine Rezension Solmssens konnte in den genannten Zeitschriften nicht nachgewiesen werden.
2109 Emery Reves, Die Anatomie des Friedens, Zürich 1947.
2110 Person ist nicht eindeutig identifizierbar.
2111 Gemeint ist Federico (Fritz) Pfister, Solmssens Schwiegersohn.
2112 Gemeint ist Paolino Mingazzini.
2113 Paolino Mingazzini/Federico Pfister, Forma Italiae, Latium et Campania – Bd. II, Surrentum, Florenz 1946.
2114 Briefpapier «DR. GEORG SOLMSSEN / ARNHOF / ARN-HORGEN (K[AN]T[ON]. ZÜRICH)», 1 Blatt, Vorder- und Rückseite eigenhändig beschrieben, in: ZBZ, Nachlass Hans Nabholz 18.42, Dr. Georg Solmssen 1947–1956.
2115 Reves, Anatomy of Peace, 1945.

ich mich freuen, wenn ich zur Verbreitung der Reves'schen Auffassung beitragen könnte. Am Honorar für den Aufsatz liegt mir nichts. Es können nicht genug Menschen auf den Zusammenhang von Politik und Wirtschaft und die Notwendigkeit hingewiesen werden, auch die aussenpolitischen Fragen von diesem Gesichtswinkel zu betrachten. Sollte es erforderlich sein, das Referat zu kürzen, so bin ich dazu bereit. Ich warte nunmehr ab, ob und was ich von Herrn Dr. Meier[2116] höre.

Wir werden nun am 23. März auf 2–3 Wochen nach Rom fahren, um die Umgebung, in der unsere Tochter[2117] lebt durch persönlichen Kontakt kennen zu lernen. Wir reisen also dem Frühling entgegen und hoffen ihn im Geburtslande meiner Frau bereits anzutreffen. Unsere Tage bis dahin sind ziemlich besetzt; wenn irgend möglich, lässt sich aber doch vielleicht noch ein Rendezvous mit Ihnen und Ihrer verehrten Gattin arrangieren.

Mit der Bitte, mich dieser zu empfehlen sende ich meiner Frau und meine besten Grüsse an Sie Beide als

der Ihrige

[gez.] Solmssen.

Deutsche Bank, Berlin, Rechtsabteilung (Hermann Kaiser und Hermann Herold) an Georg Solmssen, 18.04.1947[2118]

Rechts-Abteilung[2119] 22.3.1947   18. April 1947.
Dr. H[erold] /Ws

Sehr geehrter Herr Dr. Solmssen!
Auf Ihr an den mitunterzeichneten Dr. Herold gerichtetes Schreiben vom 22. März 1947[2120] teilen wir Ihnen bezüglich Ihrer Konten und Depots sowie derjenigen Ihrer Gattin folgendes mit:
Wie Ihnen bekannt sein wird, ist der Geschäftsbetrieb der hiesigen[2121] Banken auf Grund behördlicher bzw. militärischer Anordnung geschlossen mit der Massgabe, dass wir b[is]. a[uf]. w[eiteres]. irgendeine bankgeschäftliche Tätigkeit nicht vornehmen dürfen, sondern uns lediglich auf eine Auskunftserteilung beschränken müssen.[2122]
Demgemäss sind die Konten und Depots sämtlicher Bankkunden gesperrt, so dass irgendeine Verfügung darüber nicht möglich ist.

2116 Gemeint ist Dr. Walther Meier.
2117 Gemeint ist Lily Pfister, geb. Solmssen.
2118 Durchschrift, 1 Blatt, Vorderseite maschinenschriftlich beschrieben, maschinenschriftlicher Vermerk «Eingangsbrief an Herrn Dr. Herold persönlich gerichtet und in dessen Akten. 18.4.[19]47» mit Paraphe «Ws», zusätzlich gezeichnet mit Paraphen von Kaiser und Herold, in: HADB, DB(alt)/580.

2119 Gemeint ist die Rechtsabteilung der «ruhenden» Deutschen Bank in Berlin.
2120 Das Schreiben Solmssen an Herold vom 22.3. 1947 ist nicht überliefert.
2121 Gemeint ist Berlin.
2122 Gemeint sind die Anordnungen zur Neuorganisation des Berliner Bankwesens vom 5.6.1945, in: Verordnungsblatt der Stadt Berlin, Nr. 1, 1.7. 1945 und der Befehl Nr. 1 des Interalliierten Mi-

Soweit wir haben feststellen können, werden Ihre Konten und Depots sowie diejenigen Ihrer Gattin hier noch geführt. Jedoch können wir bezüglich des Schicksals der Wertpapiere zur Zeit keine sichere Feststellung treffen. Sobald dies der Fall ist, sind wir gern bereit, Ihnen weitere Auskunft zu erteilen.
Freundschaftlichst
DEUTSCHE BANK
gez. Kaiser   gez. Herold

Herrn
Dr. Georg Solmssen
Horgen (K[an]t[on]. Zürich)
Arnhof

Georg Solmssen an Deutsche Bank, Berlin, Rechtsabteilung, 01.05.1947[2123]

1. Mai 1947.
Sehr geehrte Herren,
Ich bestätige dankend den Empfang Ihres Briefes vom 18. v[origen]. M[onat]'s.[2124] und bin Ihnen für die darin erteilte Auskunft verbunden. Ich bitte Sie, meine und meiner Frau Interessen zu wahren, sobald Ihrer Bank möglich sein wird, sich in diesem Sinne zu betätigen[2125]. Da ich die Nummernverzeichnisse der Wertpapiere besitze, die in meinem und im Depot meiner Frau bei Ihnen lagen, wird es möglich sein, die uns auf Grund derselben und in unserer Eigenschaft als durch den Naziterror Verjagten zustehenden Rechte auszuüben, sobald ein geregelter Geschäftsverkehr mit dort[2126] wieder herbeigeführt sein wird[2127]. Inzwischen hat die Fides Treuhandvereinigung, Zürich, die uns als Schweizer Bürgern zustehenden Wiedergutmachungs[-]Ansprüche bei den hierfür zuständigen Stellen als unsere Bevollmächtigte angemeldet. Ich bitte Sie hiervon Kenntnis zu nehmen.
Freundschaftlichst
[gez.] Solmssen.

Deutsche Bank.
Rechtsabteilung
Berlin.
Ihr Zeichen Dr. H[erold]./Ws.

litärkommandatur der Stadt Berlin vom 11.7. 1945, in: Verordnungsblatt der Stadt Berlin, Nr. 4, 20.8.1945.
2123 Briefpapier «DR. GEORG SOLMSSEN / ARNHOF / HORGEN (K[AN]T[ON]. ZÜRICH)», 1 Blatt, 1 Vorderseite maschinenschriftlich beschrieben, Eingangsstempel «14.

Mai 1947», Paraphen u. a. von Hermann Kaiser und Hermann Herold, in: HADB, DB(alt)/580.
2124 Kaiser und Herold an Solmssen 18.4.1947, in: HADB, DB(alt)/580; hier abgedruckt.
2125 Handschriftlich vom Empfänger unterstrichen.
2126 Gemeint ist Berlin.
2127 Handschriftlich vom Empfänger unterstrichen.

Georg Solmssen an Deutsche Bank, Berlin, Rechtsabteilung, 01.05.1947[2128]

1. Mai 1947.

Im Anschluss an mein heutiges Schreiben[2129] an Sie wegen meiner und meiner Frau Konten und Depots bei Ihnen bitte ich davon Kenntnis zu nehmen, dass meine Unterschrift nicht mehr *Solmssen*.[2130] sondern *Solmssen*.[2131] lautet. Die Unterschrift meiner Frau ist unverändert geblieben.
Freundschaftlichst
[gez.] Solmssen.

Deutsche Bank.
Rechtsabteilung.
Berlin.

Georg Solmssen an Joachim Kessler, 14.01.1950[2132]

Abschrift/ W.
Dr. Georg Solmssen
Arnhof ob Horgen
z[ur].Z[ei]t. Zürich, Plattenstr. 68   14. Januar 1950.

Sehr geehrter Herr Dr. Kessler,
ich komme auf die in Ihrem Briefe an mich vom August v[origen]. J[ahre]'s[2133] behandelte Frage der Regelung der der Deutschen Bank vertragsmäßig obliegenden Pensionsverpflichtungen zurück. Wie ich zuverlässig höre, zahlt die Deutsche Bank bezw. ihre Nachfolgerin in Frankfurt a[m].M[ain]. ehemaligen Beamten[2134]

2128 Briefpapier «DR. GEORG SOLMSSEN / ARNHOF / HORGEN (K[AN]T[ON]. ZÜRICH)», 1 Blatt, 1 Vorderseite maschinenschriftlich beschrieben, Eingangsstempel «14. Mai 1947», Paraphen u. a. von Hermann Kaiser und Hermann Herold, in: HADB, DB(alt)/580. Siehe Abbildung dieses Schreibens S. 64.
2129 Solmssen an Deutsche Bank, Berlin, Rechtsabteilung, 1.5.1947, in: HADB, DB(alt)/580; hier abgedruckt.
2130 Bisherige Unterschrift in deutscher Schreibschrift.
2131 Neue Unterschrift ist in lateinischer Schreibschrift.
2132 Abschrift, 1 Blatt, Vorderseite maschinenschriftlich beschrieben, ohne eigenhändige Unterschrift, in: HADB, P1/15.

2133 Kessler an Solmssen August 1949, in: HADB, P1/15. Kessler erklärt darin die Auswirkung der Dezentralisierung der drei Großbanken, Deutsche Bank, Dresdner Bank und Commerzbank, die auf Grund des «Dezentralisierungsgesetzes» der Besatzungsmächte vollzogen wurde, und weist Solmssen darauf hin, dass die Filialen der Deutschen Bank in Westdeutschland nur dann verpflichtet sind, einen Gläubiger auszubezahlen, wenn dessen Forderungen «entweder von Anfang an gegen diese westliche Niederlassung begründet waren oder nachträglich [...] rechtzeitig auf diese übertragen worden sind».
2134 Handschriftlich unterstrichen, Ausrufezeichen am Rand.

der früheren Filiale daselbst mit Rückwirkung vom 1. Januar 1948 monatlich fällig werdende Pensions-Beträge. Solche Zahlungen können doch nur auf Grund von Verpflichtungen erfolgen, welche durch Vertrag mit der Deutschen Bank als solcher entstanden sind, während sie sich ursprünglich nicht gegen deren Filiale als solche richteten.[2135] Ich schließe daraus, daß die Deutsche Bank begonnen hat, diese Angelegenheit zu regeln. Ich weiss, daß, wie Ihrem vorerwähnten Briefe zu entnehmen, deduciert wird, daß die Filialen oder deren Nachfolger nicht durch die Verpflichtungen ihrer früheren Centrale gebunden seien. Ich hoffe aber zuversichtlich, daß dieser, wohlerworbene Rechte einfach annullierende Standpunkt durch entsprechende Maßnahmen aller, ehemals den Verwaltungskörper der Deutschen Bank bildenden Firmen[2136] modificiert wird. Anderenfalls würden sich die Beteiligten mit den Verfügungen identificieren, welche die um ihre Pension gebrachten Beteiligten zur Auswanderung zwangen, während die durch die sie verfehmenden [!] Verfügungen nicht betroffenen Kollegen der Vertriebenen sich des Vollgenusses ihrer Rechte erfreuten. Auf die Dauer muß gegen dieses Mißverhältnis unbedingt Remedur geschaffen werden, indem die Deutsche Bank und alle Nachfolgeinstitute bei den Alliierten vorstellig werden, um zu erreichen, daß ihnen ermöglicht werde, ihren Verpflichtungen besonders gegen diejenigen ihrer Beamten nachzukommen, die zur Aufgabe ihrer Stellungen gezwungen worden sind.
Ihren Nachrichten gern entgegensehend, bin ich mit freundlichen Grüßen
Ihr sehr ergebener
gez. Solmssen.

Herrn
Dr. J. Kessler
Georgsplatz 20
Hannover.

2135 Ausrufezeichen am Rand.
2136 Handschrift unterstrichen und handschriftliche Randnotiz «Herren?».

Direktion der Rheinisch-Westfälischen Bank (Clemens Plassmann und Fritz Wintermantel) an Georg Solmssen, 24.01.1950[2137]

Abschrift
H/A   24. Januar 1950

Sehr geehrter Herr Dr. Solmssen!
Herr Dr. Kessler[2138] übermittelte uns Abschrift Ihres Schreibens vom 14. Januar[2139], zu dem wir wie folgt Stellung nehmen:
Nach § 6 Abs[atz]. 1 Ziff[er]. 1 der 35. Durchführungsverordnung zum Umstellungsgesetz[2140] können Geldinstitute im Währungsgebiet, zu denen gemäss §§ 12, 1 dieser Verordnung auch die Deutsche Bank gehört, wegen ihrer Verbindlichkeiten in Anspruch genommen werden, soweit die Verbindlichkeiten im Geschäftsbetrieb einer Haupt- oder Zweigniederlassung begründet worden sind, die vor dem 21. Juni 1948 im Währungsgebiet eingetragen oder errichtet wurde. Eine Ausnahme besteht für Verbindlichkeiten gegenüber Personen, deren Wohnsitz, dauernder Aufenthalt, Sitz etc. sich am 21.6.1948 im Ausland befunden hat. (§ 6 Abs[atz]. 1 Ziffer 3 a der Verordnung). Nach § 6 Absatz 2 kann aber, soweit dem Geldinstitut keine Mittel als Gegenwert zugeflossen sind, was für diese Pensionsverpflichtungen zutrifft, das Geldinstitut wegen der Verbindlichkeiten im Währungsgebiet nur in Höhe des Teilbetrages in Anspruch genommen werden, der dem Verhältnis entspricht, in dem nach dem letzten Jahresabschluss vor dem 9. Mai 1945 die Vermögenswerte im Währungsgebiet zum Gesamtvermögen des Geldinstituts standen. Die Verordnung trifft dann noch nähere Bestimmungen, welche Vermögenswerte bei diesem Vermögensvergleich, der der Bestätigung der Bankaufsichtsbehörde bedarf, zu berücksichtigen sind und welche nicht. Da jedoch die «Nachfolgeinstitute» der Grossbanken wegen Fehlens der entsprechenden gesetzlichen Bestimmungen noch nicht in der Lage sind, eine ordnungsgemässe Umstellungsrechnung zu erstellen, kann zur Zeit noch nicht festgestellt werden, in welchem Ausmass eine Haftung der Nachfolgeinstitute für die Pensionsverpflichtungen der Deutschen Bank Berlin besteht.
Sie weisen in Ihrem Schreiben darauf hin, dass die Hessische Bank in Frankfurt a[m]. M[ain]. an ehemalige Beamte der Deutschen Bank Filiale Frankfurt a[m]. M[ain]. Pensionsbeträge zahlt und dass diese Zahlungen nur auf Grund von Verpflichtungen erfolgen könnten, welche durch Vertrag mit der Deutschen Bank als

---

2137 Durchschrift, 1 Blatt, Vorder- und Rückseite maschinenschriftlich beschrieben, in: HADB, P1/15. Abschrift in: HADB, V1/3966.
2138 Gemeint ist Joachim Kessler.
2139 Solmssen an Kessler 14.1.1950, in: HADB, P1/15; hier abgedruckt.

2140 Verordnung Nr. 35 zum Umstellungsgesetz (Verordnung über Geldinstitute mit Sitz oder Niederlassungen außerhalb des Währungsgebiets) vom 15.8.1949, in: Amtsblatt der Alliierten Hohen Kommission 1950, S. 154.

solcher entstanden seien, während sie sich ursprünglich nicht gegen Filialen als solche richteten. Dazu bemerken wir, dass an Pensionäre westlicher Filialen im Ausland Zahlungen auf Sperrkonto erfolgen, wenn diese die Zahlungen auf Sperrkonto an Erfüllungs Statt annehmen. Diese Pensionsverpflichtungen sind im Geschäftsbetrieb der Filialen im Währungsgebiet begründet, sodass die Deutsche Bank im Währungsgebiet dafür gemäss der umseitig citierten Bestimmung des § 6 Abs[atz]. 1 Ziff[er]. 1 der 35. Durchführungsverordnung zum Umstellungsgesetz haftet.
Wir bedauern daher, zur Zeit noch nichts wegen der Pensionszahlungen an Sie unternehmen zu können. Wir werden Sie aber über die weitere Entwicklung auf dem laufenden halten und Sie insbesondere unterrichten, sobald die Deutsche Bank im Währungsgebiet zu einer Zahlung an Sie auf Sperrkonto berechtigt ist.
In vorzüglicher Hochachtung!
RHEINISCH-WESTFÄLISCHE BANK
[gez. mit Paraphen] Plassmann   Wintermantel

Herrn
Dr. Georg Solmssen
Arnhof ob Horgen (Schweiz)

Georg Solmssen an Eduard Fueter, 14.03.1952[2141]

14. März 1952.

Sehr geehrter Herr Dr Fueter,
Die soeben erhaltene Nachricht vom Herkommen unseres Sohnes Ulrich[2142] aus New York und seines bevorstehenden Eintreffens hier macht es mir leider unmöglich, so, wie beabsichtigt, bei Ihrem heutigen Vortrage in der Antiquarischen Gesellschaft[2143] zugegen zu sein. Ich hätte Ihnen gern gelauscht und bitte Sie, mein Fehlen freundlichst zu entschuldigen. Anderseits können Sie sich denken, dass das unerwartete Wiedersehen mit einem unserer fernen Kinder meine Frau und mich sehr erfüllt. Wir grüssen Ihre Gattin und Sie herzlichst.
Der Ihrige
[gez.] Solmssen.

2141 Briefpapier «DR. GEORG SOLMSSEN / ARNHOF OB HORGEN», 1 Blatt, Vorder- und Rückseite eigenhändig beschrieben, in: ETH, Nachlass Eduard Fueter, Hs 1227:11224.

2142 Gemeint ist Ulrich Solmssen.

2143 Gemeint ist die Antiquarische Gesellschaft in Zürich.

Aktenvermerk Georg Solmssens, 07.10.1952[2144]

Ich erhielt am 27. September 1952 den durch Rechtsanwalt Dr. Michaelis[2145], Stockholm, angesagten Besuch des von ihm begleiteten Syndikus des Hamburger Senats Dr. Drexelius[2146]. Die Herren erklärten, gekommen zu sein, um meine Ansicht über den Streit zu hören, der zwischen dem Senat von Hamburg und Dr. H. Schacht[2147] wegen dessen dortiger Zulassung zum Betriebe einer von ihm gemeinsam mit dem Reichsbankdirektor a. D. Dr. Ludwig[2148], Stockholm, zu gründenden Bankfirma schwebt. Aus den mir vorgelegten Schriftstücken, bestehend in der Klagebeantwortung des Senats vom 30. August 1952 und dem Beschlusse des Landesverwaltungs-Gerichts Hamburg vom 10. September 1952, war zu ersehen, dass die das Begehren des Dr. Schacht auf Zulassung ablehnende Verfügung des Senats vom 25. Juli 1952 und dessen dieselbe bestätigender Einspruchsbescheid vom 14. August 1952 durch den vorerwähnten Beschluss aufgehoben und der Senat für verpflichtet erklärt worden ist, die Zulassung gemäß § 4 des Gesetzes über das Kreditwesen vom 25. September 1939 zu gestatten.

Dr. Drexelius erklärte, der Senat beabsichtige, gegen dieses Urteil Berufung einzulegen. Er selber sei beauftragt, zu versuchen, den Sachverhalt durch Erörterung des Streitfalles mit Personen zu klären, die, wie ich, in der für die Beurteilung des öffentlichen Wirkens Dr. Schacht's massgeblichen Zeit in Deutschland an leitender wirtschaftlicher Stelle gestanden hätten. Der die Zulassung ablehnende Bescheid gründe sich darauf, dass Dr. Schacht durch seine Kreditpolitik wesentlich zur Herbeiführung der nationalsozialistischen Gewaltherrschaft beigetragen und sich führend an deren, mit dem katastrophalen Ruin der deutschen Währung und Wirtschaft endenden Finanzpolitik beteiligt habe. Die Vergangenheit Dr. Schacht's beweise, dass ihm die im Gesetz über das Kreditwesen für die Zulassung zum Betriebe eines Bankgeschäfts geforderten Eigenschaften abgingen. Als solche betrachte der Senat ausser der kaufmännischen Ehrbarkeit des Petenten eine ihm zuzubilligende Vertrauenswürdigkeit, auf Grund deren angenommen werden dürfe, seine bankliche Betätigung werde die Rechte Anderer nicht gefährden. Den Beweis des Mangels dieser Vertrauenswürdigkeit sieht der Senat bei Dr. Schacht in seinem, durch keine moralischen Bedenken gehinderten, auf Ehrgeiz und Machtstreben beruhenden Schwenken von der demokratischen Partei zur Harzburger Front, seiner Hitler durch Brief an diesen vom 29. August 1932 gegebenen Zu-

---

2144 Durchschrift, 10 Blätter, 10 Vorderseiten maschinenschriftlich beschrieben, nummeriert ab der zweiten Seite, in: HADB, NL3/47. An wen Solmssen diesen Aktenvermerk weiterreichte, ist nicht bekannt. Die Akte enthält außerdem eine undatierte, nur fragmentarisch erhaltene handschriftliche Notiz Solmssens zu den Anfängen Hjalmar Schachts bei der Dresdner Bank und zum Führungspersonal dieser Bank.
2145 Gemeint ist wahrscheinlich Wilhelm Michaeli.
2146 Gemeint ist Wilhelm Drexelius.
2147 Gemeint ist Hjalmar Schacht.
2148 Gemeint ist Waldemar Ludwig.

sicherung «er könne auf ihn, auch wenn er in die Regierung eintreten sollte, als zuverlässigen Helfer zählen», seiner als Beamter der deutschen Besatzungsbehörde in Belgien zu Gunsten der Dresdner Bank ausgeübten Tätigkeit, seiner Schaffung der Mefo-Wechsel, seiner Behandlung der Auslandsschulden und seiner nicht aufgeklärten Beteiligung an der Affaire des Devisenschiebers Litwin[2149], in dessen Unternehmen[2150] er Aufsichtsrats-Vorsitzender gewesen sei.[2151]
Gebeten, mich zu äussern, habe ich ersucht, mich nicht in den Streit der Parteien hineinzuziehen. Ich sei unter dieser Voraussetzung bereit, zur Aufklärung des Tatbestandes beizutragen, indem ich auf Grund eigener Beobachtungen und Erfahrungen zu dem Verhalten Dr. Schacht's in der Judenfrage Stellung nehme, deren Behandlung durch das Nazi-Regime das moralische Ansehen Deutschlands in der Welt auf die Dauer von Generationen zerstört hat.
Als Hitler zur Macht kam, ahnten die deutschen sog[enannten]. Nichtarier nicht, welches Unheil über sie hereinbrechen sollte. Die hemmungslosen antisemitischen Tiraden des «Führers» und seine und seiner Genossen rassenpolitische Auslassungen zeugten von solcher Unbildung und fanatischer Amoral, dass an die Möglichkeit einer Verwirklichung der darin proklamierten Ideen zu glauben als Beleidigung Deutschlands empfunden worden wäre. Die weitere Entwicklung strafte diesen Standpunkt Lügen.
Als am 1. April 1933 die auf Weckung niedrigster Instinkte abgestellte Inscenierung der ersten progromartigen [!] Ausschreitungen erfolgte, zeigte sich, dass weiten Kreisen der Bevölkerung, zumal ihren leitenden Schichten das automatisch einsetzende Gefühl für Recht und Unrecht, Anstand und Würde abhanden gekommen war. Nur in Folge dieses Mankos war es möglich, dass dem militanten Antisemitismus der Weg zu völliger Entrechtung der sog[egnannten]. Nichtarier freigegeben wurde, die schliesslich mit der Umbringung von 6.000.000 derselben endete.
Wohl haben manche Deutsche sich bemüht, den Verfolgten beizustehen und abgelehnt, sich an ihrer Ausplünderung zu bereichern oder – jedoch dieses nur sehr selten – die durch ihre Verfolgung frei gewordenen Stellungen zu ergattern. Die grosse Mehrzahl des Volkes beteiligte sich mindestens passiv durch Duldung der Geschehnisse, indem sie sich hinter angeblicher Unkenntnis der sich grossen Teils vor ihren Augen abspielenden Vorgänge verschanzte. Es war ein trauriges Schauspiel, wahrzunehmen, wie sich, zumal intellektuelle und wirtschaftliche Kreise beeilten, nichtarische berufliche, gesellige und verwandtschaftliche Bindungen, auch wenn diese seit Dezennien die Lebensgrundlage der gegenseitigen Beziehungen gebildet hatten, von heute auf morgen zu lösen oder zu verleugnen.

2149 Gemeint ist Paul Litwin.
2150 Gemeint ist die Deutsche Evaporator-AG.
2151 Siehe dazu Hans W. Gatzke, Stresemann und Litwin, in: Vierteljahrshefte für Zeitgeschichte, 1957, H.1, S. 76–90.

Dr. Schacht's Mitwirkung an und Einstellung zu dieser Entwicklung ergibt sich aus den seiner «Abrechnung mit Hitler»[2152] entnehmbaren Daten und Tatsachen.

Als Dr. Schacht im Jahre 1930 Hitler und Göring[2153] kennen lernte, erfuhr er, dass ihr Parteiprogramm die Erklärung der deutschen Juden zu Ausländern in sich schloss. Er sah hierin zwar eine «Ueberspitzung der Judenfrage» (Abrechnung S. 6 Spalte 2), fand sich aber völlig bedenkenlos mit der Ungeheuerlichkeit ab, durch einen Federstrich unschuldigen Menschen, die, ebenso wie ihre Vorfahren, seit Generationen in ihrem Vaterlande wurzelten, von denen Viele in ihm zu höchsten Ehren aufgestiegen waren, für seine Verteidigung geblutet und ihm das Leben ihrer Väter, Gatten und Söhne geopfert hatten, wie Verbrecher der bürgerlichen Rechte zu berauben und aus dem Staatsverbande auszustossen. Es klingt cynisch, wenn Dr. Schacht am angeführten Orte erklärt, es habe ihn «beruhigt», dass den Ausgebürgerten nicht verwehrt werden sollte, ebenso wie Ausländer, in Deutschland Geschäfte zu betreiben und es zeugt von rein opportunistisch skrupelloser Gesinnung, wenn er als «Demokrat» in dieser willkürlichen Entrechtung Ungezählter kein Hindernis sah, sich Hitler zur Verfügung zu stellen. Die wüsten antisemitischen Ausfälle Hitlers in seinem «Mein Kampf», welche in hemmungsloser Propaganda der Aufpeitschung des Judenhasses dienten, tut Dr. Schacht mit der Bemerkung ab, das Buch sei keine offizielle Kundgebung der Partei gewesen (a.a.O. Seite 6 Spalte 2). Er will dadurch glauben machen, dass er aus den nationalsozialistischen Zielsetzungen und ihrer Begründung durch Hitler keinen Schluss auf Art und Umfang ihrer späteren Realisierung hätte ziehen können. Damit stellt er sich ein geistiges Armutszeugnis aus, das seinem Intellekt nicht gerecht wird. Stand er doch seit Bildung der Harzburger Front in stetem Kontakt mit den nationalsozialistischen Führern, ging später in ihrem Hauptquartier in Berlin ein und aus und hatte also ausreichend Gelegenheit, sich ein Urteil über das wahre Wesen sowohl Hitlers, wie Görings, Goebbels'[2154] und Streichers[2155] zu bilden.

Dass er dieses getan hat, beweisen seine abfälligen Bemerkungen über die abstossende Primitivität dieser Leute (a.a.O. Seite 16 Spalte 1) und die Behauptung, er sei in die Hitler Regierung «bewusst als ihr Gegner eingetreten, so weit sie zu ungerechten und gewalttätigen Massnahmen neigte» (a.a.O. Seite 13 Spalte 2). Er empfand mithin die Ausbürgerung der sog[enannten]. Nichtarier als «gerecht» und den gegen sie am 1. April 1933 angezettelten Progrom [!] mit den widerwärtigen Folgen dieser ersten öffentlichen Degradierung nicht als «gewalttätig»!

Der einzige Schritt, der Dr. Schacht's politischer und beruflicher Vergangenheit würdig gewesen wäre, nämlich sofort bei den ersten auf die Strasse getragenen antisemitischen Excessen des Nazi-Regimes Hitler sein Amt vor die Füsse zu werfen

---

2152 Hjalmar Schacht, Abrechnung mit Hitler, Hamburg, Stuttgart 1948.
2153 Gemeint ist Hermann Göring.
2154 Gemeint ist Joseph Goebbels.
2155 Gemeint ist Julius Streicher.

und durch Flucht in die Oeffentlichkeit eine klare Scheidung der Geister herbeizuführen, wurde von ihm nicht getan.

Diesem negativen Verhalten entsprach seine bedenkenlose Acceptierung der Ausbürgerung der sog[enannten]. Nichtarier. Um sich von der dadurch begründeten Mitschuld an allem, was sich aus diesem Auftakte der Rechtsbrüche ergab, zu entlasten, versuchte er, die Notwendigkeit der Ausbürgerung damit zu begründen, dass er erklärt, «Kultur» dürfe, weil in der Religion wurzelnd, nicht Nichtchristen ausgeliefert werden (a.a.O. Seite 16 Spalte 1). Die Fadenscheinigkeit dieser verschwommenen Deduktion wird dadurch bewiesen, dass die Ausbürgerung und alle sonstigen antisemitischen Massnahmen des Nazi-Regimes auf der Rassentheorie beruhten und also auch die christlichen sog[enannten]. Nichtarier trafen.

Der Wahrheit ins Gesicht schlägt Dr. Schacht's Behauptung, den Juden sei, so lange er das Wirtschaftsministerium geleitet hatte, also bis zum Herbst 1937 «auf wirtschaftlichem Gebiete <u>nichts</u>[2156] geschehen» (a.a.O. Seite 24 Spalte 1).

Will Dr. Schacht wirklich glauben machen, es sei ihm unbekannt, dass in Auswirkung der am 1. April 1933 in Gang gesetzten antisemitischen Massnahmen und unter dem Drucke des Nationalsozialismus, beginnend im Jahre 1934 und seitdem fortlaufend stärker werdend die Parole siegte, dass die sog[enannten]. Nichtarier in der Wirtschaft «untragbar» seien, und dadurch Unzählige zum Ausscheiden aus Betrieben und Firmen gezwungen und lediglich wegen ihrer Rassenzugehörigkeit oder nichtarischen Versipptheit von heute auf morgen um Stellung und Brot gebracht wurden? Jeder[,] der damals in der deutschen Wirtschaft tätig war, hat diese schamlose Tragödie sich in rasch steigendem Masse in ganz Deutschland abspielen sehen, bezw. wenn er selber zu den Verfolgten gehörte, am eigenen Leibe erfahren.

Wenn Dr. Schacht durch Hinweis auf einzelne von ihm zu Gunsten von sog[enannten]. Nichtariern erfolgte *Ein*griffe[2157] den Beweis für die Richtigkeit seiner Behauptung liefern will, dass er ihre Stellung innerhalb der deutschen Wirtschaft verteidigt habe, vergisst er, dass er selbst durch seine Billigung der Ausbürgerungs-Bestimmung des nationalsozialistischen Parteiprogramms die wirtschaftliche Entwurzelung der Betroffenen fundiert hat. Seine Behauptung, die sog[enannten]. Nichtarier hätten, auch wenn sie zu Ausländern erklärt wurden, ebenso wie diese sich in Deutschland wirtschaftlich betätigen dürfen, ist der unzureichende Versuch einer Verdunkelung des wirklichen Sachverhalts. Es ist wohl als Ausnahme vorgekommen, dass vereinzelte Ausländer in der deutschen Wirtschaft tätig waren. Als Regel war es nicht möglich, als Ausländer eine Anstellung zu erlangen, oder eine verantwortliche Tätigkeit auszuüben. Mir ist in meiner beinahe vier Jahrzehnte umfassenden Praxis an der Spitze der Disconto-Gesellschaft und später der Deut-

---

2156 Maschinenschriftlich unterstrichen.

2157 Ursprünglich «Angriffe»; von Solmssen handschriftlich geändert.

schen Bank und des dort und als Vorsitzender und Mitglied der Aufsichtsräte einer grossen Zahl wichtigster industrieller und kaufmännischer Unternehmungen gewonnenen Ueberblicks über die deutsche Wirtschaft kein einziger Ausländer begegnet, der innerhalb ihrer massgeblich tätig gewesen wäre. Ich würde auch abgelehnt haben, einem Ausländer irgend welche in Betracht kommende wirtschaftliche Funktionen einzuräumen. Nur bei Aktiengesellschaften, die auf Grund entsprechender Kapitalbeteiligung des Auslandes gemeinsam mit Ausländern zu verwalten waren, wurde diesen eine Vertretung im Aufsichtsrat bewilligt.

Dr. Schacht hatte[,] bevor er sich Hitler zur Verfügung stellte, lange genug innerhalb der deutschen Wirtschaft gearbeitet, um diesen Sachverhalt aus eigener Wissenschaft zu kennen. Er betrog sich also selber, wenn er bei Kenntnisnahme des Ausbürgerungs-Programmpunktes des Nationalsozialismus sich *damit*[2158] «beruhigte», dass die zu Ausländern gemachten sog[enannten]. Nichtarier durch diese Degradierung nicht an Fortführung ihrer wirtschaftlichen Existenz Schaden leiden würden. Hat sich Dr. Schacht auch nicht klar gemacht, dass zwischen wirklichen Ausländern und den zu Quasi-Ausländern gewordenen sog[enannten]. Nichtariern der wesentliche Unterschied bestand, dass erstere unter dem Schutze ihrer Auslands-Staatsangehörigkeit mit allen sich aus dieser ergebenden Regelungen standen, während die ausgebürgerten, ehemals deutschen sog[enannten]. Nichtarier vaterlandslos und vogelfrei wurden? Die weitere Entwicklung ist denn auch konsequenterweise diesen Weg gegangen.

Was Dr. Schacht anführt, um zu beweisen, dass er kein «Antisemit» sei und versucht habe, in Einzelfällen verfolgten sog[enannten]. Nichtariern beizustehen, und die Anwendung der Nürnberger Gesetze auf sog[enannte]. Mischlinge zu bremsen, hat mit der Grundfrage seines Verhaltens in dem entscheidenden Augenblicke seines Anschlusses an den Nationalsozialismus und seines Verbleibens im Amt während der späteren antisemitischen Excesse desselben nichts zu tun. Er kann sich von der Mitschuld an der Acceptierung des Ausbürgerungs-Programms und den sich aus dessen Verwirklichung zwangsläufig ergebenden Folgen um so weniger freisprechen, weil seine Position sich von derjenigen seiner übrigen Minister-Kollegen wesentlich unterschied. Dank seiner auch international bedeutsamen Stellung als Präsident des Reichsbank-Direktoriums und der ihm durch diese zur Verfügung stehenden Beziehungen zum Auslande hätte eine von ihm auf Grund der Vorkommnisse des 1. April 1933 erfolgte ostentative Abkehr von Hitler wie ein Alarmruf gewirkt und im In- und Auslande weiteste Folgen gehabt. Eine solche mutige, das Gewissen des Volkes aufrüttelnde Tat lag Dr. Schacht fern. Er blieb genau so, wie die deswegen von ihm getadelten Generäle im Amt, um nach seinen eigenen Worten «so viel wie möglich zu retten» und lehnte, als er im Jahre 1937 das Reichs-

---

2158 Ursprünglich «dann»; von Solmssen handschriftlich geändert.

wirtschafts-Ministerium niederlegte, «natürlich» die Forderung Hitler's nicht ab, Minister ohne Portefeuille zu bleiben. Ein Gesuch, aus dieser Stellung entlassen zu werden, hat er erst 1942 eingereicht.

Dass es möglich war, sich vom Nationalsozialismus ostentativ loszusagen, als man dessen Massnahmen vor dem eigenen Gewissen nicht mehr verantworten konnte, bewies der dem Kabinet[t] als Reichspost-Minister angehörende katholische Herr, dessen Name mir entfallen ist[2159], indem er, als Hitler jedem einzelnen der versammelten Minister das goldene Partei-Abzeichen übergab, das, wie alle anderen, auch Dr. Schacht entgegen nahm, als einziger der Versammlung dem Führer ins Gesicht sagte, er müsse diese Dekoration ablehnen, weil deren Annahme seine Billigung der Kirchen-Politik des Führers dokumentieren würde. Am nächsten Tage war dieser Minister entlassen. Der Versuch Dr. Schacht's, es so darzustellen, als ob es unmöglich gewesen wäre, Hitler's Genehmigung zum Ausscheiden aus dem Minister-Kollegium herbeizuführen, wird durch den vorstehend geschilderten Vorfall ad absurdum geführt.

Trotz aller angeblich von Anfang an gehegten inneren Gegnerschaft gegen die Ungerechtigkeiten und Gewalttätigkeiten des Nazi-Regime und trotz dessen von ihm angeblich als baare [!] Münze acceptierten Auslegung des Ausbürgerungs-Programms als Belassung der sog[enannten]. Nichtarier im Bereiche der deutschen Wirtschaft und trotz der bereits widerlegten Behauptung Dr. Schacht's, dass während der Zeit seiner Verwaltung des Reichswirtschafts-Ministeriums keine Beeinträchtigung der wirtschaftlichen Beteiligung der sog[enannten]. Nichtarier erfolgt sei, hat er selbst durch persönliches Eingreifen mit Hand angelegt, um diese unmöglich zu machen.

So hat er mich als damaligen Präsidenten des Centralverbandes der Banken und Bankiers[2160] in seiner Eigenschaft als Reichsbank-Präsident im Jahre 1934 gezwungen, dieses Amt niederzulegen, weil ich auf diesem als sog[enannter]. Nichtarier «untragbar» sei. Er tat dieses, obwohl er mich als Patrioten kannte und noch im Jahre 1928 auf dem in Köln abgehaltenen deutschen Bankiertage, auf dem ich ein neues, später zur Verwirklichung gekommenes Agrarprogramm entwickelt hatte[2161], den «grössten Dank» für meine Richtung weisenden Darlegungen ausgesprochen und die Bereitschaft der Reichsbank erklärt hatte, auf dem von mir gewiesenen Wege «in nachdrücklichster Weise mitzuarbeiten»[2162].

Diese durch Dr. Schacht als Reichsbank-Präsident herbeigeführte Ausstossung aus der Stellung an der Spitze der Vertretung der Banken und Bankiers Deutschlands,

---

2159 Gemeint ist Paul Freiherr Eltz von Rübenach.
2160 Gemeint ist der Centralverband des Deutschen Bank- und Bankiergewerbes.
2161 Georg Solmssen, Die Lage der Landwirtschaft und ihre Bedeutung für das Bankgewerbe, in: Verhandlungen des VII. Allgemeinen Deutschen Bankiertages zu Köln am Rhein am 9., 10. und 11. September 1928, Berlin, Leipzig 1928, S. 205–272.
2162 Siehe Schachts Kommentar zur Rede Solmssens in Verhandlungen des VII. Allgemeinen Deutschen Bankiertages, S. 294ff.

die ich als Nachfolger des Begründers dieser Organisation, Geheimrat Dr. Riesser[2163], mit Ehren verwaltet hatte, war das Signal für meine Beseitigung als Mitglied des Direktoriums der Deutschen Bank und Disconto[-]Gesellschaft, sowie aus sämtlichen Stellungen in den Aufsichtsräten massgebendster Aktiengesellschaften, in deren meisten ich das Amt als Vorsitzender bekleidete und unter denen solche waren, die ich in dieser Eigenschaft aus kleinsten Anfängen zu grösster Blüte geführt hatte.

Wenn Dr. Schacht trotz seines Verhaltens in dieser Angelegenheit, die nur ein Beispiel für unzählige andere, in seine ministerielle Amtszeit fallende ähnliche «Gleichschaltungen» bildet, glauben machen will, er habe dafür gesorgt, dass der wirtschaftlichen Betätigung der sog[enannten]. Nichtarier keine Hemmnisse bereitet wurden, so steht diese Darstellung mit der Wirklichkeit der damaligen Vorgänge in unvereinbarem Widerspruch.

Den Leser der «Abrechnung mit Hitler» stösst besonders ab, dass der Verfasser offenbar unberührt davon ist, welche seelischen Leiden die von ihm mitgemachte Ausbürgerungs-Politik über die sog[enannten]. Nichtarier bringen musste und gebracht hat. Er tut so, als ob diesen Deutschen nur daran gelegen hätte, «in Deutschland Geschäfte zu betreiben» (a.a.O. Seite 6 Spalte 2). Dass diese Menschen mit wenigen Ausnahmen mit allen Fasern ihres Herzens an dem angestammten Vaterlande hingen, ihre Ausbürgerung sie daher entwurzeln, ihrer Existenz-Grundlage berauben und zur Auswanderung zwingen musste, soweit ihnen solche überhaupt ermöglicht wurde, hat Dr. Schacht offenbar weder empfunden, noch durchgedacht. Er war und blieb «beruhigt» über das Schicksal der Millionen von Gekennzeichneten und verharrte im Amt auch nachdem seine ursprüngliche optimistische Interpretation des fraglichen Programm-Punktes der Partei durch seine Mitwirkung bei dessen Verwirklichung als völlig verfehlt erwiesen war.

Dass in Deutschland, ebenso wie dieses in anderen Ländern der Fall ist, ein latenter sich wesentlich auf gesellschaftlichem Gebiete dokumentierender Antisemitismus bestand, spricht Dr. Schacht von seiner Mitschuld an der kriminellen Ausartung desselben nicht frei. Es ist für jeden, der mitangesehen und erlebt hat, in welchen moralischen Abgrund die Duldung der Anfachung und Hochpeitschung der antisemitischen Ausartungen Deutschland geführt hat, ohne jeden Belang, ob Dr. Schacht in Nürnberg[2164] als frei von Antisemitismus erklärt wurde, oder sich von Speer[2165] bescheinigen liess, dass er diesem nicht gehuldigt habe. Worauf es allein ankommt, ist die Beantwortung der Frage, ob und in wie weit Dr. Schacht auf der politischen Bühne, auf die er sich gedrängt hatte, um Hitler und seine Partei in den Sattel zu heben, diejenige Charakterstärke bewiesen hat, die von ihm erwartet

---

2163 Gemeint ist Jacob Riesser.
2164 Gemeint ist der Nürnberger Prozess gegen die Hauptkriegsverbrecher.

2165 Gemeint ist Albert Speer.

wurde, und deren Quintessenz gewesen wäre, seine eigene Vergangenheit nicht zu verleugnen. Dr. Schacht hat das ihm von weiten Kreisen seiner Berufsgenossen diesbezüglich entgegen gebrachte Vertrauen gröblich enttäuscht.
Horgen, 7. Oktober 1952[2166]
[gez.] Solmssen.

Georg Solmssen an Oswald Rösler, 19.12.1953[2167]

den 19. Dezember 1953

Sehr geehrter Herr Rösler:
Ich danke Ihnen bestens für Ihren Brief vom 17. d[e]s. M[ona]ts.[2168], den ich mit großem Interesse gelesen habe, und für Ihre Nachforschungen nach dem Verbleibe der in meinem Brief vom 24. vorigen M[ona]ts.[2169] erwähnten Bilder.
Was den die allgemeinen Fragen betreffenden Inhalt Ihres Briefes betrifft, so ist es schwer sie im Korrespondenzwege zu klären. Ich wünschte, wir könnten uns darüber einmal in Ruhe hier in der freien schweizer Luft aussprechen. Wenn Sie sagen, dass Sie immer wieder auf die Schwierigkeit stiessen, Ausländern klar zu machen, unter welchem Druck die Menschen standen, welche das Gewaltregime in Deutschland erlebt haben, so könnte ich Ihnen vielleicht die Gedankengänge des Auslands an Hand verbürgter Tatsachen näher bringen. Wenn heute noch das Misstrauen des Auslandes gegenüber der deutschen Entwicklung so gross ist, so beruht dieses im Wesentlichen darauf, dass man nicht begreift, dass die führenden Schichten, insbesondere der Wirtschaft, gegenüber den <u>ersten Ausartungen</u>[2170] des Nazismus, insbesondere auf dem Gebiete des Antisemitismus, im Grossen und Ganzen sofort zu Kreuze krochen und vergangene Bindungen rücksichtslos verleugneten. An dieses erste Nachgeben haben sich alsdann andere auf anderen Gebieten angeschlossen, die schliesslich zum Ruin des Landes geführt haben. Der Niederschlag dieser Beobachtung ist der im Ausland bestehende Zweifel ob bei Wiederkehr eines neuen Hitler sich nicht dasselbe grosso modo ereignen würde, was bereits einmal zur Überraschung und zum Entsetzen der Kulturwelt in Deutschland möglich war. Jedenfalls wird es Generationen dauern, bis das Geschehene wirklich vergessen sein wird.
In wohltätigem Gegensatz zu der Weichheit der wirtschaftlichen Kreise stand der Mut vieler Vertreter der Wissenschaft. Zur gleichen Zeit, als ich von meinen ehe-

---

2166 Handschriftlich von Georg Solmssen.
2167 Briefpapier «DR. GEORG SOLMSSEN / ARNHOF OB HORGEN», 2 Blätter, 2 Vorderseiten maschinenschriftlich beschrieben, zweite Seite nummeriert, handschriftlicher Weiterleitungsvermerk «Herr Dr. Schmidt», Paraphen von Oswald Rösler und Ernst Wilhelm Schmidt, in: HADB, ZA47/439. Dieser Brief ist zitiert in: Münzel, Die jüdischen Mitglieder der deutschen Wirtschaftselite, S. 309.
2168 Dieses Schreiben ist nicht überliefert.
2169 Dieses Schreiben ist nicht überliefert.
2170 Handschriftliche Unterstreichung und Randnotiz Oswald Röslers «Frühjahr 1933».

maligen Kollegen[2171] verleugnet wurde, haben mir persönlich garnicht [!] bekannte Professoren der Agrarpolitik sich rückhaltslos in der Öffentlichkeit für mich eingesetzt und sich geweigert, dem an sie gestellten Ansinnen der Nazi[-]Behörden zu entsprechen, das Gesagte zu ändern oder zurückzunehmen. Den Betreffenden hat dieser Mut nicht geschadet, sondern ihr internationales Ansehen erhöht.

Ich glaube daher, dass auch Herr Urbig[2172] seinem Namen besser gedient haben würde, wenn er sich geweigert hätte, die Festschrift, deren Publikation ja keine Notwendigkeit war, in der Form erscheinen zu lassen, die sie unter seiner Mitarbeit erhalten hat.[2173]

Unser gegenseitiges Wissen vom Wesen des anderen gibt mir das Recht, mich mit dieser Offenheit zu äussern. Ich gebe die Hoffnung nicht auf, dass wir die einschlägigen Fragen noch einmal werden mündlich erörtern können.

Meine Frau und ich danken Ihnen bestens für Ihre freundlichen Wünsche zum Weihnachtsfest und die angekündigte Kunstgabe Ihrer Bank[2174] und senden Ihnen und den Ihrigen alle guten Wünsche zum Jahreswechsel.

Mit freundlichen Grüssen
der Ihrige
[gez.] Solmssen.

Herrn
Oswald Rösler
Königsallee 45
Düsseldorf

Georg Solmssen an Oswald Rösler, 19.12.1953[2175]

den 19. Dezember 1953

Sehr geehrter Herr Rösler,
Wie ich erst nach Absendung meines heutigen Briefes an Sie[2176] bemerke, lag Ihrem Briefe vom 17. d[es]. M[onat]'s[2177] an mich nicht die Abschrift meines Briefs an Herrn Max Warburg in New York vom 25. November 1934[2178] bei, die ich Ihnen

---

2171 Handschriftlich unterstrichen.
2172 Gemeint ist Franz Urbig.
2173 Gemeint ist die zum 75. Geburtstag von Franz Urbig im Auftrag der Deutschen Bank erschienene Schrift: Maximilian Müller-Jabusch, Franz Urbig. Zum 23. Januar 1939, Berlin 1939.
2174 Handschriftliche Unterstreichung und Randnotiz Oswald Röslers «Ist diese abgesendet?» sowie «Ja! 17/12.[19]53».
2175 Briefpapier «DR. GEORG SOLMSSEN / ARNHOF OB HORGEN», 1 Blatt, Vorderseite maschinenschriftlich beschrieben, handschriftliche Vermerke «Herr Dr. Schmidt» und «b[eantwortet]. 23./12.[19]53», Paraphen von Ernst Wilhelm Schmidt und Oswald Rösler, in: HADB, ZA47/439.
2176 Solmssen an Rösler 19.12.1953, in: HADB, ZA47/439; hier abgedruckt.
2177 Dieses Schreiben ist nicht überliefert.
2178 Dieses Schreiben ist weder im Historischen Archiv der Deutschen Bank noch im Warburg-Archiv auffindbar.

am 30. v[origen]. M[onat]'s²¹⁷⁹ mit der Bitte um Rücksendung zugehen liess. Da ich auf Drängen vieler Freunde mit der Abfassung eines «dritten» Bandes meiner «Beiträge zur deutschen Politik & Wirtschaft, 1900–1933»²¹⁸⁰ beschäftigt bin, dessen Inhalt die Darstellung der anschliessenden Erlebnisse und Beobachtungen bilden soll, sind die in diese Periode fallenden Korrespondenzen für mich wertvoll, so dass ich sie ungern entbehre.
In der Hoffnung, Sie durch diese Bitte nicht zu bemühen, bin ich
mit freundlichen Grüssen
Ihr sehr erg[e]bener
[gez.] Solmssen.

Herrn
Oswald Rösler.
Königsallee 45.
Düsseldorf.

Oswald Rösler an Georg Solmssen, 28.12.1953²¹⁸¹

7/Z   28. Dezember 1953.

Sehr geehrter Herr Dr. Solmssen!
Ich schicke Ihnen beiliegend Abschrift einer Aktennotiz sowie meines Briefes an Herrn Dr. Pferdmenges²¹⁸² betreffend die Vorgänge um die Bankenkrise von 1931²¹⁸³.
Für den Fall, dass es möglich sein sollte, mit Herrn Dr. Brüning²¹⁸⁴ eine Zusammenkunft zu vereinbaren, würde es für mich sehr wertvoll sein, Ihre Ansicht in der

---

2179 Dieses Schreiben ist nicht überliefert.
2180 Ein dritter Band seiner «Beiträge zur Deutschen Politik und Wirtschaft 1900–1933» wurde nie veröffentlicht, ein Manuskript ist nicht bekannt.
2181 Durchschrift, 1 Blatt, Vorderseite maschinenschriftlich beschrieben, gezeichnet mit Stempel «Rösler», in: HADB, ZA47/27.
2182 Gemeint ist Robert Pferdmenges.
2183 Rösler an Pferdmenges 28.12.1953, in: HADB, ZA47/27. Röslers Interesse für die Bankenkrise vom Juli 1931 wurde ausgelöst durch die Ankündigung des früheren Reichskanzlers Brüning, seine Memoiren zu veröffentlichen. Da Brüning unter dem Einfluss von Jakob Goldschmidt stand, wurde befürchtet, dass die Rolle der Deutschen Bank und Disconto-Gesellschaft wenig schmeichelhaft dargestellt und ihr Mitschuld am Zusammenbruch der Danatbank gegeben werde. Neben Solmssen bat Rösler auch Pferdmenges eine Zusammenkunft mit Brüning herbei zu führen. Siehe dazu: Gerald D. Feldman, «Die Deutsche Bank 1870–1995» – Prototyp einer Unternehmensgeschichte. Vortrag vor der Historischen Gesellschaft der Deutschen Bank am 10. März 1995, in: Historische Gesellschaft der Deutschen Bank e.V. (Hrsg.), 125 Jahre. Die Deutsche Bank 1870–1995, Frankfurt am Main 1995, S. 40f.
2184 Gemeint ist Heinrich Brüning.

Angelegenheit zu hören, da Sie selbst an der Besprechung in der Reichskanzlei[2185] teilgenommen haben.
Mit besten Grüssen und allen guten Wünschen für das Neue Jahr bin ich
Ihr sehr ergebener
Rösler

Herrn
Dr. Georg Solmssen
Arn-Horgen am Zürichsee
Arnhof.

2 Anl[agen].

Georg Solmssen an Oswald Rösler, 07.01.1954[2186]

7. Januar 1954.

Sehr geehrter Herr Rösler,
In Beantwortung Ihres Briefes vom 28. v[origen]. M[onat]'s[2187], erwidere ich Ihre freundlichen Jahreswünsche bestens.
Beiliegend erhalten Sie die erbetene Darstellung der die Zahlungseinstellung der Danat-Bank[2188] betreffenden Vorgänge und des vergeblichen Versuchs der Deutschen Bank & Disconto[-]Gesellschaft, die Angelegenheit im Stillen zu regeln.[2189]
Der in der Niederschrift erwähnte Abdruck der am 27. Juni 1931 in Berlin geführ-

---

2185 Gemeint ist die Sitzung des Reichskabinetts am 12.7.1931, zu der Vertreter der Großbanken zugezogen wurden. Von Seiten der Deutschen Bank und Disconto-Gesellschaft nahmen neben Solmssen Eduard Mosler und Oscar Wassermann teil. Siehe «Akten der Reichskanzlei. Weimarer Republik» online, Die Kabinette Brüning I/II, Bd.2, Dokument Nr. 379, Ministerbesprechung 12.7.1931, Lage der Danatbank: www.bundesarchiv.de/aktenreichskanzlei/1919–1933/0011/bru/bru2p/kap1_1/kap2_127/para3_1.html (letzter Aufruf 27.10.2010).
2186 Briefpapier «DR. GEORG SOLMSSEN / ARNHOF OB HORGEN», 1 Blatt, Vorderseite maschinenschriftlich beschrieben, handschriftliche Vermerke «hat H[errn]. Rösler vorgelegen», «b[eantwortet] 25/1.[19]54», «Herrn Dr. Schmidt» und «Bankenkrise», Paraphen von Hans Janberg und Ernst Wilhelm Schmidt, in: HADB, ZA47/27.
2187 Rösler an Solmssen 28.12.1953, in: HADB, ZA47/27; hier abgedruckt.

2188 Gemeint ist die Darmstädter und Nationalbank.
2189 Solmssens ausführliche Schilderung der Juli-Ereignisse von 1931 datiert vom 6.1.1954, in: HADB, NL3/54. Den Vorwurf, die Deutsche Bank und Disconto-Gesellschaft «sei ‹aus Konkurrenz-Gründen› der Danatbank nicht beigesprungen und habe dadurch die Verschärfung der Krise verursacht», wies er zurück. Obwohl Solmssen Jakob Goldschmidts spekulative Geschäftspolitik verurteilte, wollte er dessen Absturz nicht als Hauptursache der deutschen Wirtschafts- und Bankenkrise gelten lassen. Für ihn war dafür die Politik der Alliierten gegenüber Deutschland maßgeblich verantwortlich. Veröffentlicht als «Bericht über die Bankenkrise von Georg Solmssen» in Manfred Pohl, Zwei Dokumente zur Bankenkrise des Jahres 1931, in: Bankhistorisches Archiv, 7. Jg., 1981, Heft 1, S. 52–55.

ten Verhandlungen des Erweiterten [!] Ausschusses des Centralverbandes des Deutschen Bank- und Bankierg[e]werebes [!] geht Ihnen als Drucksache[2190] gesondert zu.
Mit freundlichen Grüssen
Ihr sehr ergebener
[gez.] Solmssen.

Herrn
Oswald Rösler.
Düsseldorf.

Oswald Rösler an Georg Solmssen, 25.01.1954[2191]

25.1.1954

Sehr geehrter Herr Dr Solmssen,
die etwas verspätete Bestätigung des Eingangs Ihres Briefes vom 7. d[es]. M[onats].[2192] und der beigefügten Anlagen bitte ich Sie freundlichst zu entschuldigen. Ich bin Ihnen besonderen Dank dafür schuldig, dass Sie sich die Mühe gemacht haben, noch einmal in einer Niederschrift[2193] die Vorgänge der kritischen Tage der Bankenkrise von 1931 zu schildern. Ihre Darstellung ist mir deshalb umso wertvoller, weil Sie als einer der unmittelbar an den entscheidenden Besprechungen Beteiligten alles das bestätigen, was ich über die tatsächlichen Vorgänge jener Tage im Gedächtnis habe. Sie bestätigen zugleich auch die Darstellung, wie sie in der Ihnen wahrscheinlich auch bekannten Broschüre von Dr Priester (damals Mitglied der Wirtschaftsredaktion des «Berliner Tageblatt») «Das Geheimnis des 13. Juli»[2194] enthalten ist. Priester hat damals das Material aus der Deutschen Bank über Herrn Müller-Jabusch[2195] zugeleitet erhalten. Es wurde schon damals für notwendig gehalten, in dieser Form etwas gegen die «Dolchstosslegende» zu unternehmen, deren Tendenz dahin ging, die Deutsche Bank hätte mit Freuden die Gelegenheit benutzt, ihren Konkurrenten Jakob Goldschmidt loszuwerden.
Wie völlig anders die Dinge in Wirklichkeit lagen, kommt in Ihrer Niederschrift mit aller wünschenswerten Deutlichkeit zum Ausdruck. Ich nehme an, dass Sie

---

2190 Bericht über die erweiterte Ausschußsitzung des Centralverbands des Deutschen Bank- und Bankiergewerbes zu Berlin am 27. Juni 1931.
2191 Durchschrift, 2 Blätter, 2 Vorderseiten maschinenschriftlich beschrieben, zweite Seite nummeriert, auf der zweiten Seite Paraphe von Ernst Wilhelm Schmidt, in: HADB, ZA47/27.
2192 Solmssen an Rösler 7.1.1954, in: HADB, ZA47/27; hier abgedruckt.
2193 Solmssen über die Bankenkrise 1931 6.1.1954, in: HADB, NL3/54; abgedruckt in: Pohl, Zwei Dokumente zur Bankenkrise des Jahres 1931, in: Bankhistorisches Archiv, 1981, Heft 1, S. 52–55.
2194 Hans E. Priester, Das Geheimnis des 13. Juli. Ein Tatsachenbericht von der Bankenkrise, Berlin 1932.
2195 Gemeint ist Maximilian Müller-Jabusch.

damit einverstanden sind, dass wir auch diese Niederschrift in einer Besprechung mit Herrn Dr Brüning[2196] verwenden.

Auch den von Ihnen übersandten Bericht über die Ausschußsitzung des Centralverbandes vom 27.6.1931[2197] habe ich mit grosser Aufmerksamkeit wiedergelesen. Sie schreiben nichts davon, ob Sie diesen Bericht wie auch die Broschüre mit Ihrem Vortrag vor dem Royal Institute of International Affairs vom 17.12.1936[2198] zurückgesandt haben möchten. Da die Druckschriften hier nicht vorhanden sind, würde ich sie gern für unser Archiv zurückbehalten; andernfalls geben Sie mir bitte eine kurze Nachricht.

Mit nochmaligem Dank und freundlichen Grüssen
Ihr sehr ergebener
[gez.] O[swald].R[ösler].

Herrn Dr Georg Solmssen,
Arnhof ob Horgen bei Zürich,
Schweiz

Georg Solmssen an Oswald Rösler, 29.01.1954[2199]

29. Januar 1954

Sehr geehrter Herr Rösler,
Ich bestätige dankend den Empfang Ihres Briefes vom 25. d[es]. M[onat]'s[2200], dem ich gern entnahm, dass Ihre E[r]innerung an den Hergang der Bankenkrise des Jahres 1931 sich mit der meinigen deckt und durch die Priester'sche Brochure «Das Geheimnis des 13. Juli»[2201] bestätigt wird. Da ich letztere nicht kenne, wäre ich für deren Besorgung auf meine Kosten und, wenn sie nicht mehr erhältlich ist, dafür verbunden, dass mir das dortige Exemplar zur Einsicht gesandt würde. Ihr Inhalt interessiert mich, weil ich einen «dritten» Band meiner «Beiträge zur deutschen Politik und Wirtschaft, 1900–1933»[2202] vorbereite. Abges[e]hen von dem Wunsche, das seitdem Erfahrene und Erlebte fest zu halten, erachte ich für geboten, zu versuchen, der in's Kraut geschossenen Legendenbildung entgegen zu treten, mittels

---

2196 Gemeint ist Heinrich Brüning.
2197 Bericht über die erweiterte Ausschußsitzung des Centralverbands des Deutschen Bank- und Bankiergewerbes zu Berlin am 27. Juni 1931.
2198 Solmssen, A Plan for German Industrial Expansion, in: International Affairs, 1937, S. 221–239.
2199 Briefpapier «DR. GEORG SOLMSSEN / ARNHOF OB HORGEN», 1 Blatt, Vorder- und Rückseite maschinenschriftlich beschrieben, auf der Vorderseite handschriftliche Vermerke «eingeg[angen]. 1/2. [1954]» und «b[eantwortet]

16./2. 1954«, auf der Rückseite handschriftlicher Vermerk «Broschüren an H[errn]. Dr. Panten gegeben. 26/2/[19]54», Paraphen von Oswald Rösler und Ernst Wilhelm Schmidt, in: HADB, ZA47/27.
2200 Rösler an Solmssen 25.1.1954, hier abgedruckt.
2201 Priester, Das Geheimnis des 13. Juli.
2202 Ein dritter Band seiner «Beiträge zur Deutschen Politik und Wirtschaft 1900–1933» wurde nie veröffentlicht, ein Manuskript ist nicht bekannt.

deren sich am Unglücke Deutschlands massgebend Beteiligte von ihrer Mitschuld an dem von ihnen mit Angerichteten rein zu waschen versuchen. An der Spitze dieser marschiert Dr. Schacht, mit dessen «Abrechnung mit Hitler»[2203] ich mich bereits auf Ersuchen des Hamburger Senats gutachtlich zu beschäftigen hatte.[2204] Der Inhalt dieser Schrift steht auf gleich frivoler Stufe, wie die Autobiographie.[2205]
Ich bin gern damit einverstanden, dass Sie meine Niederschrift über die Bankenkrise[2206] bei Besprechungen mit Herrn Dr. Brüning[2207] verwenden. Ich schätze diesen hoch, hatte aber bei den fraglichen Verhandlungen den Eindruck, dass ihm eine gewisse wirtschaftliche Erfahrung abging, so dass er auf die damaligen Vorgänge anders reagierte, als solches ein auf diesem Gebiete versierter Praktiker getan haben würde.
Die Ihnen am 7. d[es]. M[onat]'s gesandten Druckschriften[2208] bitte ich in die Bibliothek Ihrer Bank zu übernehmen. Es freut mich, dass ihr Inhalt Sie interessiert hat. Ich habe den Eindruck, dass die jetzige Kapitalnot Deutschlands, mutatis mutandis, der in der Ausschusssitzung des Centralverbandes[2209] vom 27. Juni 1931 behandelten Situation ähnelt. Laut dem Wirtschaftsberichte Ihrer Bank für Januar steigen die kurzfristigen Kredite ständig. Ob und wie weit darin solche ausländischer Herkunft enthalten sind und in welchem Umfange ausländisches Kapital sich bereits an deutschen Unternehmungen beteiligt hat, ist daraus nicht ersichtlich. Nach meinen eigenen Erfahrungen und Beobachtungen hängt der Erfolg solcher Beteiligungen in erster Linie von der Gestaltung der persönlichen Beziehungen der Vertreter des aus- und des inländischen Kapitals ab. So wäre die erste, nach dem ersten Weltkriege überhaupt zu Stande gekommene amerikanische Obligationen-Anleihe, welche Averell Harriman durch seine Bank der Deutsch[-]Atlantischen Telegraphen[-]Gesellschaft gewährte, nie zu Stande gekommen und ihre Zusage nicht durch den Ruhreinbruch hindurch unverbrüchlich aufrecht erhalten worden, wenn es mir nicht gelungen gewesen wäre, ein persönliches Vertrauens[-]Verhältnis zu Averell Harriman und seinem Mitarbeiter Irving Rossi herbei zu führen.
Ich lasse Ihnen für die Bibliothek Ihrer Bank eine Darstellung des Herganges dieser Transaktion[2210] zugehen und füge ihr zwei, die juristische Seite amerikanischer Be-

---

2203 Hjalmar Schacht, Abrechnung mit Hitler, Hamburg, Stuttgart 1948.
2204 Diese Beurteilung Schachts findet sich in dem Aktenvermerk Solmssens 7.10.1952, in: HADB, NL3/47, hier abgedruckt.
2205 Hjalmar Schacht, 76 Jahre meines Lebens, Bad Wörishofen 1953.
2206 Solmssen über die Bankenkrise 1931, 6.1.1954, in: HADB, NL3/54; abgedruckt in: Pohl, Zwei Dokumente zur Bankenkrise des Jahres 1931, in: Bankhistorisches Archiv, 1981, Heft 1, S. 52–55.
2207 Gemeint ist Heinrich Brüning.
2208 Es handelte sich um den Bericht über die erweiterte Ausschußsitzung des Centralverbands des Deutschen Bank- und Bankiergewerbes zu Berlin am 27. Juni 1931 und Solmssen, A Plan for German Industrial Expansion, in: International Affairs, 1937, S. 221–239.
2209 Gemeint ist der Centralverband des Deutschen Bank- und Bankiergewerbes.
2210 Deutsch-Atlantische Telegraphengesellschaft (Hrsg.), Ansprachen, Tischreden und Telegrammwechsel bei der Eröffnung der direkten Kabellinie Emden-Azoren-New York am 4. März 1927.

teiligung an deutschen Unternehmungen beleuchtende Vorträge bei, die ich 1925 und 1928[2211] vor der Juristischen Gesellschaft in Berlin[2212] und auf dem Deutschen Juristentage in Köln[2213] gehalten habe.

Aus mir vorliegenden Berichten über sich bereits jetzt wieder zeigende Divergenzen zwischen Vertretern amerikanischer Eigentümer deutscher Aktien[-]Gesellschaften, die ersteren schon in der Vorkriegszeit gehörten, ist zu ersehen, von wie verschiedenen Gesichtspunkten aus beide Teile an die Aufgabe erspriesslicher Cooperation herantreten können, weil beiden Teilen die Kenntnis gewisser grundlagender [!] Anschauungen der Gegenseite und der Rechtsbegriffe, auf denen diese fussen, abgeht. Vielleicht können daher die seiner Zeit von mir versuchten Aufklärungen auch jetzt noch nützlich sein.

Mit freundlichen Grüssen

Ihr sehr ergebener

[gez.] Solmssen.

Herrn
O[swald]. Rösler.
Düsseldorf.

Oswald Rösler an Georg Solmssen, 16.02.1954[2214]

16.2.1954

Sehr geehrter Herr Dr Solmssen,

von einem 14-tägigen Erholungsurlaub zurückkehrend, finde ich Ihre freundlichen Zeilen vom 29. Januar[2215] vor. Ob es zu dem beabsichtigten Gespräch mit Herrn Dr Brüning[2216] in absehbarer Zeit kommen wird, steht im Augenblick noch nicht fest. Jedenfalls bin ich jetzt mit Material für eine solche Besprechung reichlich ausgerüstet und kann Herrn Brüning sachlich korrigieren, wenn sich die Notwendigkeit dazu ergibt. Dabei werde ich dann auch von Ihrer Niederschrift über die Bankenkrise[2217] Gebrauch machen.

2211 Das Referat auf dem 34. Deutschen Juristentag in Köln hielt Solmssen am 13.9.1926. Er verwechselte das Jahr wahrscheinlich deshalb, weil 1928 eine zweite Auflage der Druckfassung seines Vortrags erschien, die er Rösler sandte.

2212 Georg Solmssen, Die Beschaffung von Krediten im Auslande. Vortrag, gehalten in der Juristischen Gesellschaft zu Berlin am 14. März 1925, Berlin, Leipzig 1925.

2213 Georg Solmssen, Probleme des Aktienrechts unter besonderer Berücksichtigung ihrer Entwicklung in den Vereinigten Staaten von Amerika, Berlin, Leipzig, 2. Aufl., 1928.

2214 Durchschrift, 1 Blatt, Vorderseite maschinenschriftlich beschrieben, Paraphe von Ernst Wilhelm Schmidt, in: HADB, ZA47/27.

2215 Solmssen an Rösler 29.1.1954, in: HADB, ZA47/27.

2216 Gemeint ist Heinrich Brüning.

2217 Solmssen über die Bankenkrise 1931, 6.1.1954, in: HADB, NL3/54; abgedruckt in: Pohl, Zwei Dokumente zur Bankenkrise des Jahres 1931, in: Bankhistorisches Archiv, 1981, Heft 1, S. 52–55.

Für die mit Ihrem Brief übersandten Druckschriften[2218] danke ich Ihnen bestens. Sie werden eine willkommene Ergänzung unserer durch die Kriegsauswirkungen leider so stark dezimierten Archivbestände sein.
Mit besonderem Interesse habe ich gelesen, dass Sie bei der Vorbereitung für einen dritten Band Ihrer «Beiträge zur deutschen Politik und Wirtschaft»[2219] sind. Die Priester'sche Broschüre über das Geheimnis des 13. Juli[2220] besitzen wir hier selber nicht und hatten sie uns nur aus Berlin ausgeliehen, mussten sie aber zurücksenden. Sollte sich ein Exemplar auftreiben lassen, will ich gern veranlassen, dass es Ihnen gesandt wird.
Mit freundlichen Grüssen
Ihr sehr ergebener
[gez.] R[ösler].

Herrn Dr Georg Solmssen,
<u>Arnhof ob Horgen</u>
bei Zürich, Schweiz

Georg Solmssen an Oswald Rösler, 04.03.1954[2221]

4. März 1954.

Sehr geehrter Herr Rösler,
Ich bestätige dankend den Empfang Ihres Briefes vom 25. v[origen]. M[onat]'s nebst Anlagen[2222] und sende Ihnen die Priester'sche Broschüre[2223] beiliegend zurück. Der Verfasser dramatisiert die sich um den Zusammenbruch der Danatbank[2224] gruppierenden Vorgänge, weil er, wie so viele deutsche Wirtschafts-Führer dem Charme von Jacob Goldschmidt[2225] verfallen war und, geblendet durch seinen Aufstieg, nicht gemerkt hatte, dass er wohl ein geschickter Börsen-Spekulant, aber alles andere, als Jemand war, der die Qualitäten besass, die für den Leiter einer öffentlichen Bank unerlässlich sind. Auch Wassermann[2226] liess sich durch die Primadonnen-Alluren von Goldschmidt blenden und so erklärt es sich wohl, dass

---

2218 Es handelt sich um Solmssens Vorträge «Die Beschaffung von Krediten im Auslande» und «Probleme des Aktienrechts unter besonderer Berücksichtigung ihrer Entwicklung in den Vereinigten Staaten von Amerika».
2219 Solmssen, Beiträge zur Deutschen Politik und Wirtschaft 1900–1933.
2220 Priester, Das Geheimnis des 13. Juli.
2221 Briefpapier «DR. GEORG SOLMSSEN / ARNHOF OB HORGEN», 1 Blatt, Vorder- und Rückseite maschinenschriftlich beschrieben, handschriftlicher Weiterleitungsvermerk «Herr Dr Schmidt» mit Paraphe von Ernst Wilhelm Schmidt, handschriftliche Vermerke «ist dieses Exemplar frei?» und «Bankexemplar in Volksw[irtschaftlicher]. Abt[eilung].», Paraphe von Oswald Rösler, in: HADB, ZA47/27. Zitiert in Münzel, Die jüdischen Mitglieder der deutschen Wirtschaftselite, S. 99.
2222 Dieses Schreiben ist nicht überliefert.
2223 Priester, Das Geheimnis des 13. Juli.
2224 Gemeint ist die Darmstädter und Nationalbank.
2225 Seine Ansichten zu Jakob Goldschmidt schrieb Solmssen auch in einer undatierten, neunseitigen, handschriftlichen Notiz nieder, deren Grundaussagen mit denen dieses Briefes übereinstimmen und die wahrscheinlich etwa zur gleichen Zeit verfasst wurde. Siehe in: HADB, NL3/47.
2226 Gemeint ist Oscar Wassermann.

er seinen Kollegen nichts von den vielen, von Priester geschilderten Versuchen erzählte, einen modus vivendi zu finden, der den Zusammenbruch der Danatbank verhinderte. Er wusste, dass wir alle davon überzeugt waren, dass sich hinter der administrativen Unordnung, welche bei ihr herrschte, der diktatorischen Gewalt, die Goldschmidt in der Leitung ausübte und dem unklaren Zusammenhange mit der Firma Schwarz & Goldschmidt viel mehr verbarg, als eine nur vorübergehende Liquiditätsklemme. Daher bestand ich auf Einlegung von Bankfeiertagen, um, wenn überhaupt Hilfe gewährt werden sollte, vorher Zeit zu gewinnen, um sich in grossen Zügen über den wahren Stand der Dinge zu informieren. Ich habe Goldschmidt stets als einen, sich dessen gar nicht bewussten Repräsentanten der Dekadenz der wirtschaftlichen Moral betrachtet, welche den Boden für die politische Dekadenz des dritten [!] Reiches ebnete und Korruptions-Erscheinungen zeitigte, wie sie mir schliesslich bei der Gemeinschafts-Gruppe deutscher Hypotheken Banken entgegen traten.[2227] Jedenfalls beharre ich trotz einiger Abweichungen von der Pri[e]ster'schen Darstellung auf der Richtigkeit meiner Ihnen gesandten Schilderung der fraglichen Vorgänge.

Ich nahm von Ihrer Beantwortung der von Herrn Professor Dr. Schubotz[2228] gestellten Fragen mit Dank Kenntnis und werde diesem entsprechemd [!] schreiben, sowie empfehlen, sich eventuell wegen Durchführung der von ihm erwogenen Transaktionen an Ihre Bank zu wenden.

Mit freundlichen Grüssen
Ihr sehr ergebener
[gez.] Solmssen.

Herrn
Oswald Rösler.
Düsseldorf.

Georg Solmssen an Oswald Rösler, 29.04.1954[2229]

29. April 1954.

Sehr geehrter Herr Rösler,
Ich bestätige den Empfang Ihres Briefs vom 20. d[es]. M[onat]'s nebst Anlagen[2230] und danke verbindlichst für die Uebersendung der Urbig-Festschrift[2231] in ihrer

---

2227 Handschriftliche Randnotiz «1929».
2228 Gemeint ist möglicherweise Hermann Schubotz.
2229 Briefpapier «DR. GEORG SOLMSSEN / ARNHOF OB HORGEN», 1 Blatt, Vorderseite maschinenschriftlich beschrieben, handschriftlicher Weiterleitungsvermerk «Herr Dr. Schmidt» mit Paraphe von Ernst Wilhelm Schmidt, in: HADB, ZA47/439.
2230 Dieses Schreiben ist nicht überliefert.
2231 Maximilian Müller-Jabusch, Franz Urbig. Überarbeiteter und ergänzter Neudruck der Erstauflage von 1939, Berlin 1954.

erweiterten Form. Die darin enthaltenen Korrekturen früherer Auslassungen werden, so weit sie zur Kenntnis weiterer Kreise kommen, als Zeichen zwischenzeitlich in Deutschland eingetretener Wandlung begrüsst werden. Auch wird der Nachruf, welcher der Disconto[-]Gesellschaft auf Seite 191 gewidmet ist, die ehemaligen Angehörigen derselben erfreuen.

Nicht zutrifft, wenn dort gesagt wird, die Doppelfirma sei bei der Fusion nur «zunächst» angenommen worden, man sei sich jedoch klar gewesen, dass der Name nach angemessener Zeit gekürzt werden würde. Die Idee, solche «Kürzung» durch Fortlassung des Namens des gkeichberechtigten [!] Fusions-Partners mit der sich daraus ergebenden Prädominanz der eigenen Firma durchzuführen, hat wohl, wie der in meinem Briefe an Sie vom 30. November v[origen]. J[ahre]'s[2232] auf Seite 3 erwähnte merkwürdige Prozess zeigte, in einigen Köpfen auf der Deutschen Bank-Seite gespukt, wurde aber von allen damaligen Geschäftsinhabern der Disconto[-]Gesellschaft als undiskutierbar zurückgewi[e]sen. Dieses geschah sowohl aus Pietät gegen die eigene, acht Jahrzehnte umfassende, rühmliche Tradition, wie auch deshalb, weil unsere Firma sls [!] solche das Program[m] absoluter Integrität verkörperete [!], dessen Durchsetzung ja auch später die Ueberwindung der in meinem vorerwähnten Briefe auf Seite 4 genannten shortcomings erzwang.

Bei der Lektüre der in der Festschrift enthaltenen, notwendiger Weise lückenhaften Schilderung des von der Disconto[-]Gesellschaft ausgeübten Einflusses auf die wirtschaftliche Entwicklung Deutschlands wurde mir das Manko bewusst, das durch die Unterlassung der Fortführung des von Dr. Walt[h]er Däberitz [!] verfassten Buches entstanden ist, welches er unter dem Titel «Die Gründung und die Anfänge der Disconto[-]Gesellschaft» auf Veranlassung und mit Hilfe der Bank im Jahre 1931 im Verlage von Duncker & Humblot erscheinen liess.[2233] Zwar existiert die zur Feier des 50 jährigen Jubiläums der Disconto[-]Gesellschaft von Dr. Bergengrün[2234] verfasste Denkschrift über die Zeit bis 1901[2235], zu deren Inhalt mein Vater[2236] und Emil Russell wesentlich beigetragen haben, sowie die von Hermann Münch im Jahre 1932 publicierte Biographie von Adolf [!] Hansemann[2237], welche die Entwicklung bis zu dessen Tode im Jahre 1903 schildert. Es fehlt aber eine, die Gesamt[-]Tätigkeit der Bank, bis zu ihrer Fusion mit der Deutschen Bank fortführende, einheitliche Darstellung. Eine solche wäre wertvoll, weil sie die klassischen Regeln des Bankbetriebes und die Teilnahme einer Grossbank am Aufbau der heimischen Industrie zeigen würde. Dadurch würde für das Ausland der Beweis

---

2232 Dieses Schreiben ist nicht überliefert.
2233 Däbritz, Gründung und Anfänge der Disconto-Gesellschaft.
2234 Gemeint ist Alexander Bergengrün.
2235 Die Disconto-Gesellschaft 1851–1901, Berlin 1901.

2236 Gemeint ist Adolph Salomonsohn.
2237 Hermann Münch, Adolph von Hansemann, Berlin 1932.

erbracht, dass bezüglich der Tätigkeit der deutschen Grossbanken jenseits der Grenzen vielfach irrige Vorstellungen bestanden und für Deutschland selbst ein Beitrag geliefert, um den Widersinn der Primadonna-Alluren zu zeigen, welche dereinst von Vielen bewundert wurden und mit an dem Zusammenbruche auf politischem und wirtschaftlichen [!] Gebiete Schuld waren.
Mit freundlichen Grüssen
Ihr sehr ergebener
[gez.] Solmssen.

Herrn
Oswald Rösler.
Düsseldorf.

Georg Solmssen an Erich Bechtolf, 11.08.1954[2238]

11. Aug[ust]. 1954.

Sehr geehrter Herr Bechtolf,
Es war sehr freundlich von Ihnen, mir zur Vollendung des 85. Lebensjahres Ihre Glückwünsche zu telegraphieren. Ich danke Ihnen dafür, auch als Zeichen Ihres Gedenkens an unsere dereinstige gemeinsame Arbeit, deren ich mich gern erinnere. In der Hoffnung, dass sich unsere Wege wieder einmal kreuzen werden, grüsse ich Sie bestens
als Ihr sehr ergebener
[gez.] Georg Solmssen.

Georg Solmssen an Oswald Rösler, 06.11.1954[2239]

6. November 1954.

Sehr geehrter Herr Räsler [!],
Wie mir Herr Dr. Doerner[2240] kürzlich in Lugano erzählte, hat er im Oktober den früheren Reichslanzler [!] Dr. Brüning[2241] in Köln besucht. Dieser habe ihm Aus-

---

2238 Briefpapier «DR. GEORG SOLMSSEN / ARNHOF OB HORGEN», 1 Blatt, Vorderseite eigenhändig beschrieben, handschriftliche Vermerke «W[ieder]V[orlage] nächste Reise Süd 15/3 8/9», «eing[egangen]. 14.8.[19]54» und «Kanton Zürich», Paraphe von Erich Bechtolf, in: HADB, V3/195.

2239 Briefpapier «DR. GEORG SOLMSSEN / ARNHOF OB HORGEN», 1 Blatt, Vordersei-

te maschinenschriftlich beschrieben, handschriftlicher Vermerk «b[eantwortet] 22/11.[19]54», handschriftlicher Weiterleitungsvermerk «Herr Dr Schmidt» mit Paraphe von Ernst Wilhelm Schmidt, Paraphe von Oswald Rösler, in: HADB, ZA47/27.

2240 Gemeint ist Max Dörner.

2241 Gemeint ist Heinrich Brüning.

schnitte seiner, im Entstehen begriffenen Memoiren vorgelesen. Darin werde bei Schilderung des Bankenkrachs des Jahres 1931 Jacob Goldschmidt in den Himmel gehoben und sein Sturz als das Werk konkurrierender Interessen gekennzeichnet. Auch sonst vertrete Brüning sehr einseitige Ansichten. Ich teile Ihnen dieses im Hinblick auf unsere frühere einschlägige Korrespondenz mit und gebe zur Erwägung, was geschehen könne, umbei [!] Zeiten dieser Verzerrung der tatsächlichen Vorgänge wirksam entgegen zu treten. Wenn Brüning's Stern auch verblasst ist, wird seine Stimme doch wegen seiner einstigen hohen Stellung und mit Rücksicht auf seine persönliche Integrität von weiten Kreisen beachtet werden. Die sich daraus ergebenden Schlüsse auf die Geschäfts-Handhabung der von der damaligen Krise nicht betroffenen Institute würde deren Ruf auch jetzt noch beeinträchtigen können.

Hiesige Zeitungen brachten Auszüge aus dem Jahresberichte der an die Stelle des früheren Centralverbandes des deutschen Bank- und Bankier[-]Gewerbes getretenen Institution. Als früherer Präsident des ersteren würde mich dessen Inhalt interessieren und ich wäre Ihnen für Uebersendung eines Exemplares dieses Berichtes dankbar. Die Berichte des Centralverbandes haben wohl mit demjenigen für 1937/38 ihr Ende gefunden. Auf dem Bankiertage des Jahres 1938 hat der damalige Vorsitzende Reinhart[2242] eine Art Ueberblick über die Tätigkeit des Centralverbandes seit seiner Entstehung gegeben[2243], ohne allerdings dessen Gründer Riesser[2244] und mich als seinen Nachfolger zu erwähnen[2245]. Er hat nur ganze Sätze meiner Kundgebungen und Veröffentlichungen ohne Autornennung citiert. Auch der um den Centralverband hochverdiente Dr. Bernstein[2246] wird von ihm tot geschwiegen. Das Schicksal des letzteren interessiert mich sehr und ich wäre für diesbezügliche Mitteilungen verbunden.

Mit freundlichen Grüssen
Ihr sehr ergebener
[gez.] Solmssen.

Herrn
O[swald]. Rösler.
Düsseldorf.

2242 Gemeint ist Friedrich Reinhart.
2243 Friedrich Reinhart, Eröffnungsansprache, in: Allgemeiner Deutscher Bankiertag 1938 am 10. und 11. Mai 1938 in der Kroll-Oper zu Berlin. Ansprachen, Vorträge und Teilnehmer, Berlin 1938, S. 7–17.

2244 Gemeint ist Jacob Riesser.
2245 Handschriftlich unterstrichen.
2246 Gemeint ist Otto Bernstein.

Oswald Rösler an Georg Solmssen, 22.11.1954[2247]

22.11.1954

Sehr geehrter Herr Dr Solmssen,
auf Ihren Brief vom 6. d[es]. M[onats].[2248] habe ich an Herrn Abs[2249] laut Anlage geschrieben. Wie Sie daraus ersehen können, scheint es sehr schwierig zu sein, an Herrn Brüning[2250] heranzukommen und ihn zu einer Korrektur seiner einseitigen Auffassungen zu bestimmen. Jedenfalls wird Herr Dr Pferdmenges[2251] noch einmal einen Versuch unternehmen. Ihre Ansicht, dass eine schiefe Darstellung aus der Brüning'schen Feder für uns heute noch eine gewisse abträgliche Wirkung haben würde, kann ich nur bestätigen.
Ihren Wunsch, ein Exemplar des Jahresberichts des Bundesverbandes des privaten Bankgewerbes e.V., Köln, zu erhalten, habe ich an die Geschäftsleitung des Verbandes[2252] weitergegeben. Der Bericht wird Ihnen aus Köln direkt zugestellt werden.
Am Schluss Ihres Briefes fragen Sie nach dem Schicksal des um den früheren Centralverband hochverdienten Dr Bernstein[2253]. Leider muss ich Ihnen mitteilen, dass Dr Bernstein das gleiche Ende gefunden hat wie so viele seiner Schicksalsgenossen. Er ist m[eines]. W[issens]. im Jahre 1944 verschollen. Sie werden es mir erlassen, noch einmal meinem Abscheu über jene Vorgänge Ausdruck zu geben.
Mit freundlichen Grüßen
Ihr sehr ergebener
[gez.] O[swald].R[ösler].

Herrn Dr Georg Solmssen,
Arnhof ob Horgen
bei Zürich, Schweiz

2247 Durchschrift, 1 Blatt, Vorderseite maschinenschriftlich beschrieben, Paraphe von Ernst Wilhelm Schmidt, in: HADB, ZA47/27.
2248 Solmssen an Rösler 6.11.1954, in: HADB, ZA47/27; hier abgedruckt.
2249 Gemeint ist Hermann J. Abs.
2250 Gemeint ist Heinrich Brüning.
2251 Gemeint ist Robert Pferdmenges.
2252 Handschriftlich unterstrichen und handschriftlicher Vermerk «H[errn]. Dr [Günther] Dermitzel tel[efonisch] angesagt» mit Paraphe von Ernst Wilhelm Schmidt.
2253 Gemeint ist Otto Bernstein.

Georg Solmssen an Oswald Rösler, 24.11.1954[2254]

24. November 1954.

Sehr geehrter Herr Roesler,
Ich danke Ihnen bestens für Ihren Brief vom 22. d[es]. M[onat]'s.[2255] Angesichts der aus den verschiedenen Mitteilungen ersichtlichen Einstellung des Herrn Brüning[2256], halte ich es für so gut wie aussichtslos, ihn von der Irrigkeit seiner Auf-[f]assung von den Gründen der Bankenkrise des Jahres 1931 zu überzeugen. Auch Herr Dr. Doerner[2257] hatte den Eindruck, dass Brüning mit vorgefasster Meinung an die Darstellung der damaligen Ereignisse herangetreten ist und keine Berichtigung derselben hören will. Ich selbst erinnere mich, dass Brüning, als ich ihn nach seiner Entlassung im Hedwigs Krankenhause[2258], wo er Zuflucht gefunden hatte, besuchte, abfällige Aeusserungen über Wassermann's[2259] Schuld an Goldschmidts[2260] Sturz machte und mein Gegenargument, dass grade dieser nur mit Mühe verhindert worden sei, Goldschmidt in den Vorstand der Deutschen Bank einzugliedern, nicht hören wollte. Auch das Verhalten Brünings in den Erörterungen jener Tage liess Verständnis für den Zusammenhang der Dinge vermissen. Ich glaube daher, dass man sich darauf vorbereiten sollte, alsbald bei Erscheinen der Memoiren[2261], ihrem eventuellen abwegigen diesbezüglichen Inhalt mit einer authentischen Darstellung der Hergänge zu begegnen. Je objektiver diese ist, desto wirksamer wird sie sein. Wie bereits früher gesagt, könnte ich mir denken, dass eine aus der Feder des Herrn Professor Dr. Däbritz[2262] stammende Untersuchung diesem Zwecke dienen würde. Herr Dr. Doerner hat wohl aus eigener Anschauung den weitesten Einblick in die Zustände bei der Danatbank[2263] gehabt und wäre in der Lage, Tatsachen mitzuteilen, welche zeigen, dass Goldschmidt zwar ein geschickter Börsianer, aber alles andre, als ein vernatwortungs bewusster [!] Bankdirektor war. Er und seine Kollegen spekulierten, sowohl für sich, wie für Andere. Letzterem verdankte Goldschmidt auch die Gefolgschaft massgebender industrieller Kreise, die durch Dick und Dünn zu ihm hielten und sich von seinem Charme blenden liessen.
Die Wirtschafts-Geschichte der Zeit vom ersten Weltkri[e]ge bis zum Zusammenbruche Hitlers muss noch geschrieben werden, um zu verhüten, dass das damalige

---

2254 Briefpapier «DR. GEORG SOLMSSEN / ARNHOF OB HORGEN», 2 Blätter, 2 Vorderseiten maschinenschriftlich beschrieben, zweite Seite nummeriert, handschriftlicher Weiterleitungsvermerk «Herr Dr Schmidt», handschriftlicher Vermerk «b[eantwortet] 9./12.[19]54», Paraphe von Oswald Rösler, in: HADB, ZA47/27.
2255 Rösler an Solmssen 22.11.1954, in: HADB, ZA47/27; hier abgedruckt.
2256 Gemeint ist Heinrich Brüning.
2257 Gemeint ist Max Dörner.
2258 Gemeint ist das katholische St. Hedwig-Krankenhaus in Berlin, wo Brüning nach seinem Rücktritt am 30.5.1932 Zimmer zur Verfügung gestellt worden waren.
2259 Gemeint ist Oscar Wassermann.
2260 Gemeint ist Jakob Goldschmidt.
2261 Gemeint sind die geplanten Memoiren Heinrich Brünings.
2262 Gemeint ist Walther Däbritz.
2263 Gemeint ist die Darmstädter und Nationalbank.

Absinken der geschäftlichen Moral sich ungehindert wiederhole. Was ich selbst bei Uebernahme des Scha[a]ffhausenschen Bankvereins an Unmoralitäten dieser Art aufdecken musste und später im Zuge der Entwicklung der Inflation im Rheinlande erlebte, bewies, dass grosse industrielle Tüchtigkeit Hand in Hand mit merkwürdigen Auffassungen über die der Allgemeinheit gegenüber geschuldete Beachtung der in deren Interesse erlassenen Vorschriften gehen könne. Der sich in diesem Verhalten offenbarenden wirtschaftlichen Charakterlosigkeit entsprach die politische, die unter Führung von Fritz Thyssen Hitler im Industrieclub[2264] zujubelte.[2265] Es handelt sich also bei der Befassung mit der Schilderung jener Zeit um mehr, als um einen Streit darüber, welche einzelnen Persönlichkeiten damals falsch oder richtig verführen. Worum es geht, ist der Nachweis, dass die Aufgabe fundamentaler Grundsätze der Bankenführung und die dadurch begünstigte Förderung des Mis[s]brauchs der Gesamtwirtschaft zwecks eigener Bereicherung der Verwalter fremden Eigentums mit daran Schuld ist, dass es kommen konnte, wie es gekommen ist und wieder kommen könnte, wenn nicht energisch jeder Entstellung der wirklichen Hergänge entgegen getreten wird. Solches ist um so wichtiger, weil zu erwarten ist, dass die von Herrn Brüning stammenden Memoiren, die sicher wertvolle geschichtliche Aufschlüsse bringen werden, wegen der Integrität ihres Verfassers weite, auch internationale Beachtung finden werden. Dass derselbe auf bankwirtschaftlichem Gebiete absoluter Laie war, wissen die Leser des Buches nicht, wenn ihnen nicht der Nachweis hierfür alsbald nachdrücklich vor Augen gehalten wird. Darum glaube ich, dass es richtig wäre, die Vorbereitungen hierfür bei Zeiten zu beginnen und Herrn Brüning, wenn er sich nicht belehren lässt, zu sagen, dass von denselben Gebrauch gemacht werden würde.

Ihre Mitteilung über das vermutliche Ende des Herrn Dr. Bernstein[2266] ist mir nahe gegangen, weil ich diesen treuen, sachkundigen und nie versagenden Mitarbeiter meiner Präsidialführung des Centralverbandes[2267] auch menschlich ungemein hoch schätzte. Wäre es nicht richtig, wenn nachträglich der feigen Namensunterdrückung, wie sie Herr Reinhart[2268] in seinem Arbeitsberichte 1937–1938 übte[2269], Seitens der Nachfolge-Institution des Centralverbandes dadurch entgegen getreten würde, dass diese bei sich bietender Gelegenheit würdigt, was Bernstein von der Gründung des Centralverbandes an in uneigennütziger Arbeit für dessen Aufbau

---

2264 Gemeint ist der Industrie-Club Düsseldorf.
2265 Gemeint ist die Hitler Rede am 26.1.1932 im Düsseldorfer Park-Hotel, zu der etwa 650 Mitglieder des Industrie-Clubs kamen und an deren Ende Fritz Thyssen den Toast «Heil, Herr Hitler» ausgesprochen habe. Siehe dazu Volker Ackermann, Treffpunkt der Eliten. Die Geschichte des Industrie-Clubs Düsseldorf, Düsseldorf 2006, S. 120–139.
2266 Gemeint ist Otto Bernstein. Handschriftliche Unterstreichung und handschriftlicher Vermerk «mit Dr [Günther] Dermitzel bespr[ochen]. 25/11.[1954] / [Paraphe Ernst Wilhelm Schmidt] / wird geschehen!».
2267 Gemeint ist der Centralverband des Deutschen Bank- und Bankiergewerbes.
2268 Gemeint ist Friedrich Reinhart.
2269 Reinhart, Eröffnungsansprache, in: Allgemeiner Deutscher Bankiertag 1938, Berlin 1938, S. 7–17.

und Gedeihen gethan hat. Er hat diese auch noch in einem Hinterstübchen des Büreaus fortgesetzt, als seine, ihrer Aufgabe zunächst kaum gewachsenen Nachfolger im Amte ihn aus diesem verdrängt hatten.
Mit freundlichen Grüssen
Ihr sehr ergebener
[gez.] Solmssen.

Herrn
Oswald Roesler.
Rheinisch Westfälische Bank
Düsseldorf.

Oswald Rösler an Georg Solmssen, 09.12.1954[2270]

9.12.1954

Sehr geehrter Herr Dr Solmssen,
besten Dank für Ihre freundlichen Zeilen vom 24.11.1954[2271]. Auch ich befürchte, wie ich es schon in einem früheren Brief Ihnen zum Ausdruck gebracht hatte, dass Herr Brüning[2272] sich als unbelehrbar erweisen wird und wir infolgedessen uns darauf einstellen müssen, nach Erscheinen der Memoiren eine berichtigende Darstellung in zweckentsprechender Form zu geben. Es liegt uns hierzu vor allem bereits die Broschüre von Dr Hans E. Priester «Das Geheimnis des 13. Juli»[2273] vor, die seinerzeit sozusagen im Auftrage der Deutschen Bank und fussend auf dem damals von uns dem Verfasser zur Verfügung gestellten Material erschienen ist.
Wie mir bekannt ist, hat Ihnen inzwischen auf unsere Veranlassung Herr Dr Dermitzel[2274] geschrieben, dass auf dem ersten wieder abzuhaltenden Bankiertag vor der Öffentlichkeit über die Tätigkeit des alten Centralverbandes[2275] und die um seine Entwicklung verdienten Persönlichkeiten berichtet werden wird.[2276]
Mit freundlichen Grüssen
Ihr sehr ergebener
[gez.] O[swald].R[ösler].

Herrn Dr Georg Solmssen,
<u>Arnhof ob Horgen</u>
bei Zürich, Schweiz

2270 Durchschrift, 1 Blatt, Vorderseite maschinenschriftlich beschrieben, Paraphe von Ernst Wilhelm Schmidt, in: HADB, ZA47/27.
2271 Solmssen an Rösler 24.11.1954, in: HADB, ZA47/27; hier abgedruckt.
2272 Gemeint ist Heinrich Brüning.

2273 Priester, Das Geheimnis des 13. Juli.
2274 Gemeint ist Günther Dermitzel.
2275 Centralverband des Deutschen Bank- und Bankiergewerbes.
2276 Der erste Deutsche Bankiertag der Nachkriegszeit fand am 9. und 10.10.1958 in Köln statt. Der

Georg Solmssen an Oswald Rösler, 08.01.1955[2277]

8.1.[19]55

Sehr geehrter Herr Rösler,
Es wird Sie interessieren, dass ich Gelegenheit nehmen konnte, den früheren Vorsitzenden der konservativen[2278] Partei Herrn Schmidt-Hannover[2279], Westerland, Sylt, der mit Herrn Brüning[2280] von altersher nahe befreundet ist, darauf hinzuweisen, dass dieser im Sinne hat, in seinen Memoiren eine Darstellung der Bankkrise des Jahres 1931 zu geben, der von Fachkreisen widersprochen werden würde.[2281] Herr Schmidt-Hannover hatte sich an mich mit der Bitte gewandt, sich in von ihm beabsichtigten Publikationen auf meine «Beiträge zur deutschen Politik und Wirtschaft, 1900–1933»[2282], beziehen und darsus [!] citieren zu dürfen. Daraus ergab sich längere Korrespondenz[2283], in deren Verlauf auch die Rede auf die damaligen, von mir in dem Ihnen übersandten Schriftstücke[2284] geschilderten Vorgänge kam, dessen Inhalt Herrn Schmidt[-]Hannover sehr interessierte. Er bat sich dasselbe aus und will es bei einer bevorstehenden Zusammenkubft [!] mit Herrn Brüning im Sinne unserer Wünsche verwenden. Ich habe Herrn Schmidt darauf hingewiesen, dass Herr Brüning nach meinen Beobachtungen allen bankgeschäftlichen Fragen fremd gegenüberstand und in seiner Gradheit auch leicht das Opfer falscher Beurteilung von ihn mis[s]brauchenden Personen wurde. Ich brauchte in dieser Hinsicht nur an sein blindes Vertrauen in den von der Deutschen Bank übernommenen Fi[li]alleiter von Köln Brüning[2285] zu erinnern, dessen hinterhaltigem [!] Wesen ich von Anfang an mis[s]traute, dessen Entlarvung als gemeiner Betrüger mir aber grosse Mühe machte, weil sowohl Schlitter[2286], wie Kehl[2287] ihre schützende Hand

---

Vorsitzende des Bundesverbands des privaten Bankgewerbes Robert Pferdmenges erwähnte allerdings in seiner Eröffnungsrede weder Jacob Riesser noch Georg Solmssen noch Otto Bernstein mit einem Wort. Stattdessen schlug er vor, «den Berliner Bankiertag von 1938 nicht mit[zu]zählen», da «man es nicht mehr wagen konnte, in offener und ehrlicher Aussprache auf die Gefahren der wirtschaftlichen und politischen Entwicklung hinzuweisen». Siehe Verhandlungen des IX. Deutschen Bankiertages zu Köln am Rhein am 9. und 10. Oktober 1958, Frankfurt am Main 1959, S. 7–22.

2277 Briefpapier «DR. GEORG SOLMSSEN / ARNHOF OB HORGEN», 1 Blatt, Vorder- und Rückseite maschinenschriftlich beschrieben, handschriftliche Vermerke «eing[egangen]» 11.1.[19]55», «b[eantwortet] 21./1.[19]55» und «Herrn [Franz Heinrich] Ulrich Nordd[eutsche] B[an]k w[e]g[en] Auskunft Edeleanu G.m.b.H. gschr[ieben]». 11.1.[19]55», handschriftlicher Weiterleitungsvermerk «Herrn Dr. Schmidt», Paraphe von Oswald Rösler, in: HADB, ZA47/27.

2278 Handschriftliche Randnotiz von Ernst Wilhelm Schmidt «Deutsch-Nationale Volksp[artei]. / Nachfolger [Alfred] Hugenberg».
2279 Gemeint ist Otto Schmidt-Hannover.
2280 Gemeint ist Heinrich Brüning.
2281 Die handschriftliche Randnotiz «Abs» weist auf das Schreiben von Oswald Rösler an Hermann J. Abs vom 21.1.1955, in: HADB, ZA47/27, hin, womit er über Solmssens Initiative bei Otto Schmidt-Hannover in Sachen Brüning'sche Lebenserinnerungen informiert wurde.
2282 Solmssen, Beiträge zur Deutschen Politik und Wirtschaft 1900–1933.
2283 Diese Korrespondenz ist mit Ausnahme des hier angedruckten Schreibens Schmidt-Hannover an Solmssen vom 25.5.1955 (in: HADB, ZA47/27) nicht überliefert.
2284 Solmssen über die Bankenkrise von 1931, 6.1.1954, in: HADB, NL3/54.
2285 Gemeint ist Anton Brüning.
2286 Gemeint ist Oscar Schlitter.
2287 Gemeint ist Werner Kehl.

über ihn hielten und seine Vertrautheit mit dem Reichskanzler, der bei ihm abstieg und bei dem er jederzeit Zutritt hatte, ihm eine Gloriole gab. Auch Kehl musste ja bald darauf in Folge seiner Verstrickung in die Affaire Schäfer[2288] gehen. Ich werde Sie unterrichten, ob und eventuell was Herr Schmidt[-]Hannover zu Stande bringt. Ueber diesen kann Ihnen Herr Oesterling[2289] Auskunft geben. Hiesige Bankkreise bezeichnen ihn als unbedingt vertrauenswürdig.
Ich benutze die Gelegenheit, um Sie zu bitten, mir Auskunft über die Edeleanu G.m.b.H. zu erteilen. Ich sah eine Anzeige derselben kürzlich in einer deutschen Fachzeitschrift, aus der zu ersehen war, dass dieses Unternehmen noch existiert und tätig ist. Es wurde vor ca. einem halben Jahrhundert von mir in's Leben gerufen und in jahrzehntelanger Arbeit zum Träger der die Petroleumraffinerie revolutionierenden chemischen Erfindungen des Herrn Dr. Edeleanu[2290] gemacht, deren Ergebnisse in die grossindustrielle Praxis zu überführen mir gelang. Als ich vertrieben[2291] wurde, gehörte das Unternehmen der Deutschen Erdöl A.G.[2292], an die es noch während meiner Aktivität verkauft worden war. Seitdem habe ich nichts mehr von demselben gehört und glaubte es längst vergangen, zumal die Patente, auf welche alle bedeutenden internationalen Petroleumgesellschaften Lizenzen von uns genommen hatten, schon lange verfallen sein dürften. Dr. Edeleanu ist schon lange tot und mein Name ist den jetzigen Leitern der Gesellschaft wahrscheinlich Hecuba[2293]. On revient toujours à ses premiers amours und so würde es mich sehr interessieren zu hören, wer die Gesellschaft jetzt leitet und welches ihr Arbeitsfeld ist und welche Entwicklung sie genommen hat.
Ich wäre Ihnen sehr verbunden, wenn Sie die Freundlichkeit hätten, mir diese Kenntnis zu vermitteln.
Mit freundlichen Grüssen
Ihr sehr ergbener [!]
[gez.] Solmssen.

Herrn
O[swald]. Roesler
Rheinisch Westfälische Bank
Düsseldorf

2288 Gemeint ist Wilhelm Schaefer, Direktor der Filiale Düsseldorf der Deutschen Bank und Disconto-Gesellschaft, der Beträge in Millionenhöhe veruntreut hatte, was Kehl – zu dessen Zuständigkeit der Filialbereich Düsseldorf gehörte – 1932 zum Rückzug aus dem Vorstand der Deutschen Bank veranlasste.
2289 Gemeint ist wahrscheinlich Hans Oesterlink.
2290 Gemeint ist Lazar Edeleanu, handschriftlich unterstrichen.
2291 Handschriftlich unterstrichen.
2292 Handschriftlich unterstrichen.
2293 «Jemandem Hekuba sein» bildungssprachlich in der Bedeutung von «gleichgültig, ohne Interesse für jemanden sein». Vgl. Rudolf Köster, Eigennamen im deutschen Wortschatz. Ein Lexikon, Berlin 2003, S. 68.

Otto Schmidt-Hannover an Georg Solmssen, 25.05.1955[2294]

Abschrift.   Westerland, den 25. Mai 1955

Sehr verehrter Herr Solmssen!

Ich habe in den letzten Wochen so in Arbeit gesteckt und war so von Papier überschüttet, dass ich nicht mehr weiss, ob ich Ihnen schon für Ihre freundlichen Zeilen aus Sorrent gedankt habe.[2295] Ich fand Ihren Brief im letzten April-Drittel bei meiner Rückkehr aus Hannover hier vor. In Hannover traf ich Brüning[2296] und fuhr mit ihm und Treviranus[2297] nach seinem Urlaubsheim in den Weser-Bergen.

Ich habe ihm Ihren Druckbericht über die Herrenhaus-Sitzung vom 27.6.1931[2298] übergeben und auch Ihre Denkschrift zur Bankenfrage[2299] mit ihm besprochen. Er wird auch die erstere inzwischen studiert haben.

Für Sie persönlich trat bei ihm eine grosse Hochschätzung zutage. Ihrem Kollegen Wassermann[2300] gegenüber war er – vertraulich gesprochen – weniger positiv eingestellt. Ich glaube nicht, dass sein Buch[2301] schon in diesem Jahr herauskommt. Er will Ende Juli in die Staaten gehen, ist also an seinem 70. Geburtstage im November nicht hier. Aus unserer, durch andere Besuche und Störungen häufig unterbrochenen Besprechung über die Bankenkrise gebe ich Ihnen aus dem Gedächtnis folgende Erinnerungsbruchstücke:

Von dem Abzug der kurzfristigen Guthaben waren alle Banken betroffen, vielleicht mit Ausnahme der Reichs-Kredit-Gesellschaft und der Berliner Handelsgesellschaft. So wurden sie fast automatisch in die Krise hereingezogen. Bereits lange vor Ausbruch der Krise lagen Berichte der Generalkonsuln aus Basel, Zürich, Paris, Antwerpen vor, dass an den dortigen Börsen aus deutschen Grossbankkreisen stammende Gerüchte verzeichnet wurden, wonach die Danatbank[2302] ernstlich gefährdet sei.

Die Reichsbank[2303], nicht die Reichsregierung wäre verantwortlich dafür gewesen, rechtzeitige Massnahmen zu treffen. Der Staatssekretär v. Bülow[2304] war in den Tagen vor und während der Krise jede halbe Stunde zur Unterrichtung bei Brüning. «Solmssen hat sich in jeder Beziehung verantwortungsvoll benommen.» Zu Ihren Aufzeichnungen über die Sitzung in der Reichskanzlei meinte Brüning, er glaube,

---

2294 Abschrift, 2 Blätter, 2 Vorderseiten maschinenschriftlich beschrieben, zweite Seite nummeriert, handschriftlicher Vermerk «betr. Brüning», ohne eigenhändige Unterschrift, in: HADB, ZA47/27.
2295 Dieses Schreiben Solmssens an Schmidt-Hannover ist nicht überliefert.
2296 Gemeint ist Heinrich Brüning.
2297 Gemeint ist Gottfried Treviranus.
2298 Gemeint ist der Bericht über die Erweiterte Ausschußsitzung des Centralverbands des Deutschen Bank- und Bankiergewerbes zu Berlin am 27. Juni 1931.
2299 Solmssen über die Bankenkrise von 1931, 6.1.1954, in: HADB, NL3/54.
2300 Gemeint ist Oscar Wassermann.
2301 Gemeint sind Brünings Memoiren, die tatsächlich erst nach seinem Tod 1970 erschienen.
2302 Gemeint ist die Darmstädter und Nationalbank.
2303 Maschinenschriftlich unterstrichen.
2304 Gemeint ist Bernhard von Bülow.

dass es sich hier um eine Verwechslung handele. Die Reichskanzlei sei nicht offen und für Ungeladene nicht zugängig gewesen.[2305] Er verstände diese Schilderung nicht. Ich brachte ihm Ihre Schilderung, dass Ihre Bemühungen, der Danatbank beizuspringen, lediglich durch die Weigerung Dr. Luthers[2306] vereitelt seien, die Hilfe der Reichsbank mittels Diskontierung der von Ihnen zu übernehmenden Danat-Wechsel, wenn nötig, zur Verfügung zu stellen, habe ich mehrfach und besonders nachdrücklich zum Ausdruck gebracht. [!] Ich glaube, dass Br[üning]. diese Auffassung auch teilte.

Über Jakob Goldschmidt urteilte er positiver, als es in Ihrer Denkschrift geschieht. Wir wurden bei der Behandlung dieses Personal-Problems (sie fand schon auf dem Hinwege im Auto statt, und ich wollte diese Frage später bei der Gesamtbesprechung nicht nochmals anschneiden) mehrfach unterbrochen.

Er wird bei seiner vorsichtig korrekten Art das Besprochene aber sicher richtig und überlegend werten.

Er stellte mir in Aussicht, dass er vor seiner Abreise nach USA wahrscheinlich noch auf ein paar Tage zu mir nach Westerland käme. Ich werde dann auf diese erste Besprechung über die behandelten Fragen nochmals zurückkommen.

gez. Schmidt/Hannover

Herrn Dr Georg Solmssen,
<u>Arnhof ob Horgen.</u>

Georg Solmssen an Oswald Rösler, 31.05.1955[2307]

31. Mai 1955.

Sehr geehrter Herr Rösler,
Bezugnehmend auf unsere frühere Korrespondenz wegen der Behandlung der seinerzeitigen Bankenkrisis durch Herrn Brüning[2308] in seinen, im Entstehen begriffenen Memoiren, sende ich Ihnen beiliegend, mit der <u>Bitte um Rückgabe</u>[2309] und

---

2305 Solmssen hatte in seinen Aufzeichnungen zur Bankenkrise vom 6.1.1954 ausgeführt: «Zu unserem Erstaunen erschienen ausser den Vertretern der Banken und verschiedener Aemter bei diesem Anlasse auch Officiere und Leute, die in dem Gremium überhaupt nichts zu suchen hatten. So beggenete mir ein Beamter der Wirtschafts-Abteilung unserer Bank, der, in Knickerbockern von einem Ausfluge kommend, sich beim Passieren der hell erleuchteten Reichskanzlei den in diese strömenden Besuchern angeschlossen hatte, ohne ein Hindernis zu finden.», in: HADB, NL3/54.
2306 Gemeint ist Hans Luther.

2307 Briefpapier «DR. GEORG SOLMSSEN / ARNHOF OB HORGEN», 1 Blatt, Vorderseite maschinenschriftlich beschrieben, handschriftliche Vermerke «b[eantwortet] 27/6. [19]55» und «circ[uliert]», Umlaufstempel für den Vorstand der Rheinisch-Westfälischen Bank mit Paraphen von Hans Janberg, Clemens Plassmann, Jean-Baptist Rath, Fritz Gröning, in: HADB, ZA47/27.
2308 Gemeint ist Heinrich Brüning.
2309 Handschriftlich unterstrichen und handschriftliche Randnotiz «erl[edigt] 27/6.[19]55 siehe w/ 25.5.[19]55».

streng vertrauliche Behandlung[2310] den Bericht des Herrn Schmidt-Hannover[2311] vom 25. d[es]. M[onat]'s[2312] über seine, auf mein Ersuchen mit Herrn Brüning diesbezüglich geführten Gespräche. Danach ist anzunehmen, dass Herr Brüning den Hergang der Dinge sachgemäss darstellen wird.

In der Schweiz wird jetzt von sachverständiger Seite intensivere Untersuchung der hier gefundenen Erdölspuren gefordert. Ist die Deutsche Erdöl A.G. hieran interessiert? Obgleich ich 25 Jahre Vorsitzer ihres Aufsichtsrats war und die von mir vor ca 50 Jahren inaugurierte, ursprünglich der Disconto[-]Gesellschaft gehörende, später auf die Dea übergegangene Edeleanu G.m.b.H. unter meiner Führung international anerkannte Bedeutung erlangt hatte, habe ich seit meiner Vertreibung jede Fühlung mit beiden Unternehmungen verloren und schliesse daraus, dass ich dort vergessen bin. Um so mehr freute ich mich, dass der jetzige Botschafter Deutschlands bei den U.S.A., Herr Dr. Krekeler[2313], der dereinst dem Stabe der Edeleanu G.m.b.H. angehört hat, mir durch meine Söhne bestellen liess, dass er sich gern der gemeinsamen Arbeit erinnere.

Ich erwarte demnächst deutsche Entschädigungs[-]Zahlungen und wäre für Mitteilung geeigneter dortiger Anlage-Werte dankbar.[2314]

Mit freundlichen Grüssen
der Ihrige
[gez.] Solmssen.

Herrn
O[swald]. Rösler.
Rheinisch Westfälische Bank
Düsseldorf.

Oswald Rösler an Georg Solmssen, 27.06.1955[2315]

27.6.1955

Sehr geehrter Herr Dr Solmssen,
ich habe Ihnen noch für Ihren Brief vom 31. Mai[2316] zu danken, dessen Anlage[2317] ich hiermit zurückreiche. Der Inhalt des Briefes des Herrn Schmidt-Han-

---

2310 Handschriftlich unterstrichen und handschriftliche Randnotiz «bitte Anlage nicht abzeichnen» mit Paraphe von Oswald Rösler,
2311 Gemeint ist Otto Schmidt-Hannover.
2312 Schmidt-Hannover an Solmssen 25.5.1955, in: HADB, ZA47/27; hier abgedruckt.
2313 Gemeint ist Heinz Krekeler.
2314 Handschriftliche Notiz «wird von Herrn Adam erl[edigt]. 4/6.[1955]» mit Paraphe von Ernst Wilhelm Schmidt.

2315 Durchschrift, 1 Blatt, Vorderseite maschinenschriftlich beschrieben, Paraphe von Ernst Wilhelm Schmidt, in: HADB, ZA47/27.
2316 Solmssen an Rösler 31.5.1955, in: HADB, ZA47/27; hier abgedruckt.
2317 Schmidt-Hannover an Solmssen 25.5.1955, in: HADB, ZA47/27; hier abgedruckt.

nover[2318] ist für uns insofern erfreulich, als wir hiernach doch wohl mit unliebsamen Überraschungen bei der Veröffentlichung der Brüning'schen[2319] Lebenserinnerungen nicht zu rechnen brauchen. Wir möchten vielmehr jetzt annehmen, dass Brüning den Verlauf der Ereignisse vom Juli 1931 sachgemäss darstellen wird. Ihre Bitte nach Informationen über hiesige geeignete Anlagewerte hatte ich seinerzeit an das Börsenbüro weitergegeben und darf annehmen, dass Sie eine sachgemässe Information erhalten haben.
Mit freundlichen Grüssen
stets Ihr
[gez.] O[swald]. Rösler

Herrn Dr Georg Solmssen,
Arnhof ob Horgen
bei Zürich
Schweiz

Georg Solmssen an Oswald Rösler, 17.09.1955[2320]

Z/Abschrift
Dr. Georg Solmssen   Arnhof ob Horgen, 17. September 1955.

Sehr geehrter Herr Rösler,
Wie ich einem mir vor kurzem zugegangenen Briefe des Herrn F. H. Ulrich[2321], Vorsitzer des Aufsichtsrats der Deutschen Erdöl A.G., entnahm, verdanke ich die von ihm empfangene Information über den gegenwärtigen Stand dieses Unternehmens Ihrer Anregung. Ich bin Ihnen für diese verbunden und lege Durchschlag meiner Herrn Ulrich erteilten Antwort bei.[2322]
Der darin enthaltene Hinweis auf den in weitem Umfange empfundenen Mangel moralischer Wiedergutmachung des den durch Hitler aus ihrer deutschen Wirtschaftstätigkeit Verstossenen angetanen Unrechts soll die Aufmerksamkeit auf die Folgen dieses negativen Verhaltens lenken. Es trägt dazu bei, das Misstrauen des Auslandes in eine wirkliche Läuterung der massgebenden Wirtschaftskreise von den ihnen aufgedrungenen und mehr oder weniger willig befolgten Nazidoktrinen.
Die Berechtigung dieser Bezweifelung wirklich durchgreifender Einkehr wird durch die einleitenden Ausführungen des nunmehr erschienenen vorzüglichen

---

2318 Gemeint ist Otto Schmidt-Hannover.
2319 Gemeint ist Heinrich Brüning.
2320 Abschrift, 4 Blätter, 4 Vorderseiten maschinenschriftlich beschrieben, nummeriert ab der zweiten Seite, ohne eigenhändige Unterschrift, in: HADB, ZA4/204.

2321 Gemeint ist Franz Heinrich Ulrich; sein Schreiben an Solmssen ist nicht überliefert.
2322 Dieses Schreiben an Ulrich ist nicht überliefert.

Kommentars von Becker, Huber, Küster zum Bundes-Entschädigungs-Gesetz[2323] vom 15. September 1955 bestätigt. Das bisher in Gesetzgebung und Rechtsprechung wahrzunehmende generelle Versagen durchgreifender rechtlicher Wiedergutmachung wird darin mit folgenden beherzigenswerten Worten gegeisselt, denen das biblische Motto «Stellet das Recht her im Tor»[2324] vorangestellt ist:
«Die in diesem Gesetz geregelten Verbindlichkeiten haften an dem Staatsnamen Deutschlands. Es ist nicht möglich, diesen fortzuführen, ohne sich zu diesen Verbindlichkeiten zu bekennen. Es geht nicht an, unsere Haftung für diese Ansprüche zu diskutieren, die ihren Rechtsgrund in dem vorsätzlichen, von der Staatsführung selbst begangenen Amtsunrecht der Verfolgung haben. Es soll Deutsche und Deutschland weiter geben.» ....
«Es bedarf nicht der Prüfung, ob die privaten Organe des Terrors gern oder ungern den Vollzug übernahmen, ob aus Angst oder Liebedienerei, ob im Wahn oder trotz kalter Erkenntnis, ob aus Beutegier oder Lust des Mitmachens, alles dies bringt zur Stunde der Finsternis der Gruppenverruf von höchster Stelle mühelos zustande, und er schaltet zugleich den staatlichen Rechtsschutzapparat so um, von der Polizei, die die Arme verschränkt, bis zu den Gerichten, denen es nie gehörte Gründe des Recht- und Unrechtgebens eingibt, so dass sich jene ganze psychische Unterwelt mit untrüglichem Instinkt zu dem neuen geschalteten Stand der Dinge orientiert.» ....
«Diese Hergänge haben freilich die Zeitgenossen von Anfang an nach Kräften aus dem Bewusstsein verdrängt, und die Nachfahren haben es schwer, sich ein Bild zu machen. Es wird darum auch bei der gewissenhaftesten Handhabung des Gesetzes das bittere Empfinden der Opfer nicht versiegen, das Entscheidende des ihnen Widerfahrenen werde nicht gesehen.»
Dass dieser eindringliche Appell von sachverständiger Seite für nötig gefunden wurde, zeigt erfreuliche Erkenntnis der nachteiligen Wirkungen, welche die schleppende, restringierende und immer wieder nach negativen Gründen suchende Handhabung des an sich höchst mangelhaften Wiedergutmachungs-Gesetzes für das Ansehen Deutschlands in der Welt im Gefolge hat.
Ebenso schädliche Folgerungen werden an die Wahrnehmung geknüpft, dass die Wirtschaftskreise mehr oder weniger versäumen, der moralischen Pflicht zu genügen, aus eigener Initiative etwelchen Kontakt mit den willkürlich aus ihren Reihen Vertriebenen in einer deren früheren Stellungen und Leistungen gerechtwerdenden Weise wiederherzustellen. Die Namen der Betreffenden scheinen ihren «Nachfahren» mehr oder weniger Hecuba[2325] zu sein und in der Tradition der Un-

---

2323 Ingeborg Becker/Harald Huber/Otto Küster, Bundesentschädigungsgesetz. Kommentar, Berlin, Frankfurt am Main 1955.
2324 Altes Testament, Amos Kapitel 5, Vers 15.
2325 «Jemandem Hecuba sein» bildungssprachlich in der Bedeutung von «gleichgültig, ohne Interesse für jemanden sein». Vgl. Köster, Eigennamen im deutschen Wortschatz, S. 68.

ternehmungen keinen Platz mehr zu besitzen. Das von mir in meinem Briefe an Herrn Ulrich gekennzeichnete Verhalten der Dea und der Edeleanu G.m.b.H. mir gegenüber liefert ein bezeichnendes Beispiel dieses Versagens. Es entspringt wohl nicht bösem Willen und erklärt sich aus der Unvertrautheit der jetzigen Leiter der Unternehmen mit deren Vorgeschichte, welche die Basis ihrer eigenen Stellung bildet. Das ändert aber nichts an der Tatsache, dass die Betroffenen sich ebenso vergessen fühlen, als hätten sie niemals gelebt und ihr Herz in das von ihnen Geschaffene gelegt. Im Auslande wirkt diese Ausmerzung der Erinnerung an die Vertriebenen und Umgebrachten als Zeichen immer noch vorhandener geistiger Nazihörigkeit.

Ich darf diese herbe Kritik Ihnen gegenüber offen aussprechen, weil gerade Sie als einziger überlebender aktiver Kollege der früheren Leiter der Deutschen Bank & Disconto-Gesellschaft und der beiden unter dieser Firma fusionierten Institute immer wieder bestrebt gewesen sind, das Andenken an die Vergangenheit und damit auch an die Opfer des Nazismus zu pflegen. Nach meinen Beobachtungen stehen Sie aber mit diesem dankenswerten Verhalten ziemlich allein auf weiter Flur. Der wirtschaftlichen Allgemeinheit geht der unwiederstehliche [!] impetus jedenfalls ab, das von ihr unter Nazidruck mitbegangene Unrecht zu redressieren. In welcher Form solches zu geschehen hätte, hängt von den Besonderheiten jedes einzelnen Falles ab. Moralische Verpflichtungen lassen sich nicht codificieren. Ihre Erfüllung lässt sich aber auch nicht auf Flaschen ziehen und verliert in immer stärker werdender Potenz an Wert, je länger sie hinausgeschoben wird, und je mehr sie erst auf Mahnung erfolgt.

So habe ich nicht verstanden, dass die als Nachfolgeorganisation des Centralverbandes deutscher Banken und Bankiers fungierende Vereinigung der Banken[2326] nicht bei ihrem ersten Zusammentreten im Jahre 1954 spontan vor Beginn ihrer Arbeit des um das Werden und die Bedeutung der Organisation von deren Begründung an hochverdienten, als Geschäftsführer und Präsidialmitglied nie rastenden Herrn Bernstein[2327] gedacht hat, für den sich keine Hand gerührt hatte, als er dem Vergasungstode verfiel. Die mir von Herrn Dr. Dermitzel[2328] auf meinen bereits im Vorjahre gemachten diesbezüglichen Hinweis gegebene Antwort,[2329] dieses Gedenken solle bei dem Zusammentritt des ersten Bankiertages erfolgen, der frühestens im Jahre 1956 stattfinden könnte, liess mir weitere Diskussion dieser Frage zwecklos erscheinen.

Ebenso wie diese[s] Versäumnis wirkte, von aussen gesehen, als Symptom mangelnder energischer Abkehr von den Nazigepflogenheiten die Tatsache, dass bei

---

2326 Gemeint ist der Bundesverband des privaten Bankgewerbes.
2327 Gemeint ist Otto Bernstein.
2328 Gemeint ist Günther Dermitzel.

2329 Korrespondenz zwischen Solmssen und Dermitzel ist im Archiv des Bundesverbandes deutscher Banken laut Mitteilung vom 21.12.2010 nicht überliefert, in: HADB SG1/77.

Zusammentritt der Nachfolgeorganisation des Centralverbandes niemand die von Reinhart[2330] als Präsident des Bankiertages des Jahres 1938 unter «lebhaftem allseitigen Beifall»[2331] der Hunderte zählenden Versammlung begangenen zahlreichen Plagiate totgeschwiegener Autoren monierte, deren Arbeiten zu rühmen er nicht unterlassen konnte.

Die den Zeitungen zu entnehmende Nachricht der in absehbarer Zeit zu erwartenden Vereinigung der Nachfolgebanken[2332] der Deutschen Bank & Disconto-Gesellschaft, hat mich, wie Sie sich denken können, freudig bewegt. In diese Empfindung mischt sich freilich die Wehmut darüber, dass die von mir bei den Fusionsverhandlungen als unerlässliche und richtunggebende Bedingung geforderte und durchgesetzte Doppelfirma, die nach meinem Ausscheiden aus dem Vorstande und Aufsichtsrat aus mir unfasslichen Gründen aufgegeben worden war, von dem wiedererstandenen Gesamtinstitut anscheinend nicht wieder angenommen werden soll. Die Doppelfirma, an deren Abkürzung DDBank sich die Öffentlichkeit sehr bald gewöhnt hatte, repräsentierte die Anerkennung der völligen Gleichwertigkeit der fusionierten Institute. Was die Deutsche Bank an grösserem Geschäftsumfange voraus hatte, wurde durch die Güte des laufenden Verkehrs der Disconto-Gesellschaft und besonders durch deren festgefügte Organisation, ihre absolute innere Intaktheit und ihr traditionell aristokratisches Gefüge voll aufgewogen. Wie schwer diese Qualität ins Gewicht fiel, zeigte sich, als es galt, die sachlichen und personellen Manki der Deutschen Bank zu überwinden, die Schlag auf Schlag nach der Fusion zutage traten und in ihrer sich drängenden Aufeinanderfolge das Renommee der Bank ungemein belasteten. Ich brauche nur an die Osthandels-Gesellschaft[2333] des Herrn Bonn[2334], deren Verluste seinen Austritt erzwangen, an das nur mit Verlusten für die Bank auflösbar gewordene Spekulationskonto «der unbekannte Soldat" des Herrn Wassermann[2335], an dem dieser viele Geschäftsfreunde beteiligt hatte, an die Untaten von Schäfer[2336] und Brüning[2337] und das diese verhüllen wollende clair obscure des Herrn Kehl[2338], das diesen aus dem Vorstande trieb, und an die Verfehlungen der drei Direktoren der von der Deutschen Bank betreuten Gemeinschaft deutscher Hypothekenbanken, von denen einer durch Selbstmord, einer durch Flucht ins Ausland und einer im Gefängnis endete, zu erinnern, um in das Gedächtnis der jetzt Lebenden zurückzurufen, welche Unterschiede zwischen den beiderseitigen Auffassungen bezüglich der von Verwaltern fremden Geldes zu fordernden Gesinnung auszugleichen waren. Da Schäfer, Brüning und Kehl in mein Ressort fielen und ich als Vorsitzender des Aufsichtsrats der

---

2330 Gemeint ist Friedrich Reinhart.
2331 Reinhart, Eröffnungsansprache, in: Allgemeiner Deutscher Bankiertag, Berlin 1938, S. 7–17, hier S. 17.
2332 Diese und alle folgenden Unterstreichungen handschriftlich.

2333 Gemeint ist die Aktiengesellschaft für Osthandel.
2334 Gemeint ist Paul Bonn.
2335 Gemeint ist Oscar Wassermann.
2336 Gemeint ist Wilhelm Schaefer.
2337 Gemeint ist Anton Paul Brüning.
2338 Gemeint ist Werner Kehl.

Centralbodenkredit A.G.[2339] und der Gemeinschaftsgruppe den Stoss aufzufangen hatte, der den Pfandbrief-Kredit zu erschüttern drohte, und als bereits Verfehmter [!] mit Hilfe der Regierungsstellen die entsprechende im Stillen zu leistende Arbeit zu verrichten hatte, weiss ich, was für die Deutsche Bank auf dem Spiele gestanden hätte, wenn sie allein geblieben wäre und der Schutz der Doppelfirma der Aussenwelt nicht Gewähr für Überwindung dieser unliebsamen Vorkommnisse geboten hätte.

Diese Reminiscenz an Geschehenes soll in keiner Weise die Bedeutung der Deutschen Bank für den deutschen Wirtschaftskörper bemäkeln. Ihre Leistungen waren auf finanziellem Gebiete denjenigen der Disconto-Gesellschaft ebenbürtig und im Umfange des laufenden Geschäfts überlegen. Die Disconto-Gesellschaft brachte in die gemeinsame Firma ausser der hohen Qualität der letzteren Sparte ihre althergebrachten, sich mit denen der Deutschen Bank glücklich ergänzenden industriellen Beziehungen im In- und Auslande und eine traditionelle Intaktheit ihrer Organisation, welche Vorkommnisse wie die vorerwähnten unmöglich machte.

Die Fusion der beiden Banken auf paritätischer, in der Bewertung ihrer Aktienanteile und ihrer gemeinsamen Firma anerkannten Grundlage entsprach daher den tatsächlichen Verhältnissen. Auf Seite der Freunde der Deutschen Bank wurde dieses ungern anerkannt. Dieses trat in dem bald nach der Fusion von einem Aktionär der Deutschen Bank angestrengten merkwürdigen Prozesse zutage, der die Ausmerzung der Disconto-Gesellschaft aus der gemeinsamen Firma begehrte. Die Klage wurde plötzlich zurückgezogen, als den Urhebern derselben die Nachforschungen nach dem eigentlichen Initiator unangenehm wurden.

Als letztüberlebender ehemaliger Geschäftsinhaber der Disconto-Gesellschaft, der seine berufliche Erziehung noch von dem Begründer ihres Rufes, Adolf von Hansemann, und von dessen ältestem Kollegen, meinem Vater Adolf Salomonsohn, erhielt und für seine Fortbildung deren Nachfolgern dauernd verpflichtet bleibt, gestatte ich mir angesichts der bevorstehenden Wiedervereinigung der Nachfolgebanken zu einem sie umfassenden Institute die Frage aufzuwerfen, ob nicht dieser Wendepunkt in der Geschichte der Bank Anlass werden sollte, die anscheinend der Abkürzungsmanie zum Opfer gefallene Doppelfirma wieder entstehen zu lassen, deren wohlüberlegte Fassung die Parität der von ihr repräsentierten Banken dokumentierte.

Ich betrachte <u>diese Anregung als meine Pflicht</u>, weil ich es als ein den vor der Änderung der Fusionsfirma verstorbenen Geschäftsinhabern der Disconto-Gesellschaft angetanes Unrecht empfinde, dass der durch ihre Vorgänger und sie zu hohem Ansehen im In- und Auslande gebrachte und zum Begriffe unerschütterlicher Integrität gewordene Firmenname nach dem Tode und dem Ausscheiden derjenigen getilgt wurde, die seine Beibehaltung als richtungsweisende Grundbedingung

---

2339 Gemeint ist die Deutsche Centralbodenkredit-AG.

der von ihnen beschlossenen Fusion mit der Deutschen Bank durchgesetzt hatten. Die spätere Beibehaltung nur des Namens der Letzteren musste in der Öffentlichkeit dahin gedeutet werden, dass sich bei der weiteren Zusammenarbeit mangelnde personelle und sachliche Gleichwertigkeit der Disconto-Gesellschaft herausgestellt habe.

Der Versuch, diesen Eindruck durch Massnahmen, wie die Bebilderung der Aktien der Banken mit den Portraits von David Hansemann und Georg von Siemens zu verwischen, trägt der Tatsache nicht Rechnung, dass nur ein beschränkter Personenkreis, und auch dieser nur beruflich, die Aktien zu Gesicht bekommt. Der Aussenwelt bleibt dieser Pietätsbeweis unbekannt.

Für die Wiederaufnahme der Fusionsfirma spricht auch der Umstand, dass der aus der Deutschen Bank hervorgegangene und diese Herkunft stets sehr betonende von Stauss[2340] sich bei dem Erscheinen Hitler's auf der politischen Bühne in unbesonnener Weise mit fliegenden Fahnen dem Naziregime anschloss und sich, entsprechend seinem stark ausgeprägtem Geltungsbedürfnis, dafür mit Naziehrungen überschütten liess. Dieses dem Namen der Deutschen Bank anhaftende Verhalten eines massgeblichen Vertreters des Instituts ist im Auslande stark kritisiert worden und noch nicht vergessen. Die Wiederaufnahme der Fusionsfirma würde die Rückkehr zu dem von den Geschäftsinhabern der Disconto-Gesellschaft stets befolgten Prinzipe der Fernhaltung von politischen Extremen dokumentieren und als Anknüpfung an eine erprobte Tradition gewertet werden.

Verzeihen Sie bitte die Länge dieses Briefes. Aber wes das Herz voll ist, geht der Mund über.

Mit besten Grüssen
der Ihrige
gez. Solmssen.

Herrn
Oswald Rösler
Rheinisch-Westfälische Bank
Düsseldorf.

2340 Gemeint ist Emil Georg von Stauß.

Georg Solmssen an Robert Faesi, 28.11.1955[2341]

28. Nov[ember]. 1955.

Verehrte Freunde,
Im Laufe der gestrigen angeregten Unterhaltung an Ihrem gastlichen Tische streifte das Gespräch über das Problem der schwarzen Rasse auch dasjenige der Juden, jedoch nur so kurz, dass ich mich dazu nicht äussern konnte.
Um etwaigen Folgerungen dieser Unterlassung vorzubeugen, sende ich Ihnen beiliegenden Abdruck eines, vor 24 Jahren von mir für unsere Familien-Angehörigen verfassten, der Erinnerung an meine Eltern gewidmeten Gedenkblattes.[2342] Sie Beide kennen meine Frau und mich lange genug, um zu wissen, dass dieses nicht aus Aufdringlichkeit geschieht. Ich halte mich aber für gebunden, Ihr uns seit unserem Hiersein stets bezeugtes Interesse an unserem Ergehen durch Offenheit über meine eigene Vergangenheit zu erwidern.
Mit besten Grüssen von meiner Frau und mir
der Ihrige
[gez.] Georg Solmssen.

Oswald Rösler an Georg Solmssen, 30.11.1955[2343]

<u>Z/Abschrift</u>　　　　　　　　　　　　　Düsseldorf, 30. November 1955.

Sehr geehrter Herr Dr. Solmssen!
Ich bin Mitte vorigen Monats von einem längeren Urlaub zurückgekehrt und sehe mich erst heute imstande, Ihren ausführlichen Brief vom 17. September[2344] zu beantworten, da ich in etwas turbulente Wochen hineingekommen bin, die mir eine gedankliche Vertiefung in Ihren Brief nicht gestatteten.
Ich darf meine Antwort auf zwei wesentliche Punkte beschränken, da ich glaube, dass hierdurch die Vorgänge, die sich um die Änderung des Firmennamens abgespielt haben, ebenso aber auch die Möglichkeit der materiellen – besonders aber der moralischen – Wiedergutmachung etwas geklärt werden dürften.
Der im Jahre 1929 anlässlich der Vereinigung der Disconto-Gesellschaft und der Deutschen Bank angenommene Name «Deutsche Bank und Disconto-Gesellschaft» wurde aufgrund des Beschlusses einer im Jahre 1937 abgehaltenen ausserordentlichen Hauptversammlung geändert. Dieser Antrag wurde in den vorhergehenden

---

2341 Briefpapier «DR. GEORG SOLMSSEN / ARNHOF OB HORGEN», 1 Blatt, Vorder- und Rückseite eigenhändig beschrieben, in: ZBZ, Nachlass R. Faesi 253.14, Solmssen, Georg.
2342 Solmssen, Gedenkblatt für Adolf und Sara Salomonsohn.
2343 Abschrift, 3 Blätter, 3 Vorderseiten maschinenschriftlich beschrieben, nummeriert ab der zweiten Seite, ohne eigenhändige Unterschrift, in: HADB, ZA4/204.
2344 Solmssen an Rösler 17.9.1955, in: HADB, ZA4/204; hier abgedruckt.

Vorstandssitzungen ebenso wie in den Sitzungen des Aufsichtsratsausschusses wiederholt besprochen. Vorstand bezw. Aufsichtsratspräsidium waren zur damaligen Zeit wie folgt besetzt:

Vorstand:	Dr. Mosler[2345]	Wintermantel[2346]
	Schlieper[2347] (+ 24.8.[19]37)	Rummel[2348]
	Dr. Kimmich[2349]	
	Dr. Sippell[2350]	
	Rösler[2351]	
Aufsichtsrat:	Urbig[2352]	Dr. Schlitter[2353]
	Dr. Russell[2354]	

In der entscheidenden und abschliessenden Besprechung richtete Herr Urbig an jedes der obengenannten Mitglieder einzeln die Frage nach seiner Stellungnahme zu dem vorliegenden Antrag, dessen Notwendigkeit nur von Herrn Dr. Russell unter heftigster Opposition abgelehnt wurde, so dass auch Herr Urbig als Vorsitzer des Aufsichtsrats sich der Meinung der übrigen Anwesenden anschloss, indem er anerkannte, dass in der Kürzung des Namens ein Vorteil zu erblicken sei. Ich sehe in meiner Erinnerung den Abschluss dieser Sitzung vor mir, als Herr Urbig das Schlusswort einleitete mit dem Satz: «Sie werden sich denken können, dass der Name «Disconto-Gesellschaft» in meinem Herzen eine tiefe Resonanz hat, dass ich mich aber der Erkenntnis nicht verschliessen kann, dass ... [!]

Zwischen den Jahren 1929 und 1937 war es nicht gelungen, einen neuen Kurznamen «Dede-Bank» in den geschäftlichen Verkehr einzuführen, nicht zuletzt auch durch das Widerstreben der Nachbarbanken, die aus guten Gründen darauf hinsteuerten, einen Namen «Dedi-Bank» zu popularisieren. Der im Jahre 1938 veröffentlichte Geschäftsbericht für 1937 nimmt zur Firmenänderung wie folgt Stellung: «Die ausserordentliche Hauptversammlung vom 6. Oktober 1937 hat die Wiederherstellung der Firma DEUTSCHE BANK beschlossen. Der im Jahre 1929 aus der Zusammenlegung der beiden Banken gebildete Name DEUTSCHE BANK UND DISCONTO-GESELSCHAFT hat die Überleitung und Erhaltung der in beiden Banken ruhenden Werte gewährleistet. Nach völliger Durchführung dieser Aufgabe war die Kürzung des für den geschäftlichen Gebrauch zu langen Firmennamens angezeigt. Der Fortbestand der in beiden Namen sich verkörpernden Überlieferungen wird in alle Zukunft gewahrt bleiben.»

Bemerkenswert an diesen Vorgängen ist, dass von den an den Vorbesprechungen beteiligten 11 Vorstands- und Aufsichtsratsmitgliedern, die auf den Gang der Entwicklung den massgebenden Einfluss hatten, nur 3 der Deutschen Bank entstammten, während die übrigen 8 aus der Disconto-Gesellschaft kamen.

2345 Gemeint ist Eduard Mosler.
2346 Gemeint ist Fritz Wintermantel.
2347 Gemeint ist Gustaf Schlieper.
2348 Gemeint ist Hans Rummel.
2349 Gemeint ist Karl Kimmich.
2350 Gemeint ist Karl Ernst Sippell.
2351 Gemeint ist Oswald Rösler.
2352 Gemeint ist Franz Urbig.
2353 Gemeint ist Oscar Schlitter.
2354 Gemeint ist Ernst Enno Russell.

Auch die Wiedervereinigung der Nachfolgeinstitute wird die Wiederherstellung des Namens «Deutsche Bank und Disconto-Gesellschaft» nicht in ihr Programm einbeziehen können, weil die Zeit und ihre Ereignisse einen so breiten Graben zwischen 1929 und 1955 gelegt haben, dass, nachdem ich selbst der einzige der noch aus der Disconto-Gesellschaft bezw. aus dem 1. Vorstand stammenden amtierenden Mitglieder des Vorstandes bin und alle übrigen Kollegen aus dem vereinigten Institut hervorgegangen sind, keine Aussicht dafür besteht, dass der Vorschlag einer neuen Namensänderung – weder in den zuständigen Gremien noch in der Hauptversammlung – Zustimmung finden könnte. Der Aktionär ist sich des Wertes des Namens «Deutsche Bank» sehr bewusst, und gerade die Jahre seit 1948 haben uns dies so stark empfinden lassen, dass es aussichtslos wäre, restaurative Neigungen verwirklichen zu wollen. Umso stärker lebt die Erinnerung an die Disconto-Gesellschaft im Hause, und ich glaube, dass gerade die Gründung des David-Hansemann-Hauses als ein sichtbarer Beweis meiner Aussage gewertet werden darf, da in diesem Hause die Tradition der Disconto-Gesellschaft eine sichere Grundlage findet, die es an die jungen in- und ausländischen Nachwuchskräfte, die bei ihm Fortbildung suchen, weitergibt.

Damit komme ich zu dem 2. Punkt Ihres Briefes bezw. meiner Stellungnahme zu der materiellen und moralischen Restitution. Auch wenn es manchmal scheint, als ob das Bekenntnis zur Wiedergutmachung nicht einen überzeugenden Ausdruck der inneren Verpflichtung erkennen lasse, so darf daraus kein verallgemeinernder Schluss gefolgert werden. Dieser Eindruck mag zuweilen dadurch hervorgerufen worden sein, dass, soweit Bund und Länder an der Wiedergutmachung beteiligt sind, das Verfahren umständlich und bürokratisch ist, so wie die Dinge, die mit Behörden behandelt werden müssen, nicht nur in Deutschland langsamer laufen. Dagegen ist mir kein Fall bekannt, dass seriöse Personen oder Firmen die Erfüllung einer rechtlichen oder moralischen Verpflichtung abgelehnt hätten. Die Restitutionsgerichte, die in einer Anzahl von Fällen beansprucht wurden, haben den Benachteiligten stets einen weitgehenden Schutz ihrer Rechte gewährt.

Weit schwieriger ist die Möglichkeit einer moralischen Wiedergutmachung wobei ich annehme, dass Sie diese auf die Wiederherstellung früherer Ehren- und Aufsichtsratsämter bezogen zu sehen wünschen. Die Zusammensetzung dieser Gremien hat sich durch Tod, Diffamierung, Entflechtung und Erreichung der Altersgrenze so stark verändert, dass sich kaum noch jemand aus der früheren Zeit in ihnen wiederfindet. Die damals vorhandene Kontinuität ist völlig unterbrochen, und die heutigen jüngeren Regenten grösserer Gesellschaften haben fast keine Beziehungen zu den vor 1930 liegenden Jahrzehnten, so dass ihnen das Gefühl einer Bindung an die damaligen Personenkreise, die sie gar nicht oder nur oberflächlich kennen gelernt haben, fehlt und dadurch auch jede Anregung zu einer moralischen Wiedergutmachung untergegangen ist. Ich frage mich aber, ob überhaupt eine moralische Wiedergutmachung erfolgen kann, da von denen, die früher entspre-

chende Ämter innegehabt haben, fast keiner nach Deutschland zurückgekehrt ist und die betreffenden Gremien selbst durch die Ansprüche der Gewerkschaften und der Arbeitnehmer so verändert worden sind, dass der verbleibende Spielraum nicht ausreicht, um die durch ihre Erfahrungen wirklich wertvollen Persönlichkeiten für eine Gesellschaft zu gewinnen. Man darf nicht den Menschen die Schuld dafür geben, die Entwicklung ist stärker als die gute Absicht, und sie schreibt uns ein Tempo vor, das alles Denken auf die Gegenwart konzentriert und die Vergangenheit umso schneller der Vergessenheit überliefert. So tief bedauerlich diese Feststellung ist, ich kann sie nicht übergehen, wenn ich Ihren Brief ehrlich beantworten will, und ich hoffe, dass Sie mir Ihre gute Meinung weiter erhalten, auch wenn Sie diese Zeilen etwas enttäuschen sollten.
Mit besten Empfehlungen und Grüssen bin ich
Ihr sehr ergebener
gez. Rösler

Herrn
Dr. Georg Solmssen
Arnhof ob Horgen

Robert Faesi an Georg Solmssen, 23.12.1955[2355]

Zollikon, 23.12.[19]55

Verehrter, lieber Herr Dr. Solmssen
Haben Sie schönsten Dank für die Erinnerungsschrift an Ihre Eltern[2356], die das Doppelportrait ebenso pietätvoll wie charakteristisch ausmalt und mein lebhaftes Interesse gefunden hat. Das gilt auch von Ihrer persönlichen Lösung der mit Ihrer Herkunft verbundenen Probleme. Es ist wohl zugleich schade aber begreiflich, dass diese im persönlichen Gespräch nicht völlig unbefangen aufgegriffen wurden, zwischen uns wenigstens wäre ja keine Hemmung nötig. Wir freuen uns, dass Sie die Schweiz so schätzen lernten und hoffen, dass Sie sich nach wie vor in ihr zuhause fühlen und Ihnen und den Ihren noch manche ruhigen und glücklichen Jahre auf Ihrem schönen Sitz bevorstehen. Und für 1956 mag Ihnen auch ein Abstecher nach Rom bevorstehen.
Ihnen und Ihrer lieben Frau unsere freundschaftlichen Wünsche
Ihr
[gez.] Robert Faesi

2355 1 Blatt, Vorderseite eigenhändig beschrieben, in: ZBZ, Nachlass R. Faesi 253.14, Solmssen, Georg.

2356 Solmssen, Gedenkblatt für Adolf und Sara Salomonsohn.

Vorstand der Deutschen Bank AG West (Clemens Plassmann und Oswald Rösler) an Georg Solmssen, 18.06.1956[2357]

den 18. Juni 1956

Sehr geehrter Herr Dr. Solmssen!
Als das für die Deutsche Bank in Pensionsangelegenheiten federführende Nachfolgeinstitut bitten wir Sie freundlichst, davon Kenntnis zu nehmen, daß wir in Anbetracht der – wie wir glauben, nicht nur vorübergehend – gebesserten Ertragslage mit Wirkung vom 1. Januar 1956 an eine Neuregelung Ihrer Pension vorgenommen haben. Danach wird von Beginn dieses Jahres an Ihre Pension DM 50.000.–p[er].a[nno].[2358] – zahlbar in 12 Monatsraten – betragen. Die sich durch die Erhöhung ergebende Nachzahlung wir Ihnen im Laufe dieses Monats zugehen.
Wir grüßen Sie
freundschaftlich
DEUTSCHE BANK AG WEST
[gez.] Plassmann   [gez.] Rösler

Herrn
Dr. Georg Solmssen
Arnhof ob Horgen
Schweiz

Georg Solmssen an Vorstand der Deutschen Bank AG West, 23.06.1956[2359]

den 23. Juni 1956

Sehr geehrte Herren:
Ihrem Briefe vom 18. d[e]s. M[ona]ts.[2360] habe ich mit Freude entnommen, dass die Dauer versprechende Zunahme des Ertrages Ihrer Bank Sie veranlasst hat, mich an dieser Entwicklung durch Erhöhung meiner Pension von DM 24.000.– p[er].a[nno]. auf DM 50.000.– p[er].a[nno]. mit Wirkung vom 1. Januar 1956 teilnehmen zu lassen.

2357 Durchschrift, 1 Blatt, Vorderseite maschinenschriftlich beschrieben, Paraphe von Hans Janberg, in: HADB, P1/14.
2358 Maschinenschriftlich unterstrichen.
2359 Briefpapier «DR. GEORG SOLMSSEN / ARNHOF OB HORGEN», 1 Blatt, Vorderseite maschinenschriftlich beschrieben, Umlaufstempel «Herrn Dr Janberg», «Herrn Dr Plassmann» und «Herrn Rösler» mit Paraphen, in: HADB, P1/14.
2360 Plassmann und Rösler an Solmssen 18.6.1956, in: HADB, P1/14; hier abgedruckt.

Ich werte diese grosszügige Regelung als Zeichen der Anerkennung meiner mehr als vier Jahrzehnte umfassenden engen Verbundenheit mit einem Ihrer Mutter-Institute sehr hoch und danke Ihnen für diesen Beweis der Erinnerung an eine gemeinsam erlebte Vergangenheit.

Da ich Anfang März einen Schlaganfall erlitten habe, dessen Konsequenzen noch nicht völlig überwunden sind, hat mir die Ihrem Briefe zu entnehmende Gesinnung in dieser für mich schweren Zeit besonders wohl getan.

Ich nehme an, dass, abgesehen von der Erhöhung des Betrages, die betreffs meiner Pension getroffenen Vereinbarungen gemäss Schreiben des damaligen Vorsitzenden Ihres Aufsichtsrats, Herrn Dr. Schlitter[2361], vom 19. Dezember 1934[2362] und Brief der Deutschen Bank vom 17. August 1938[2363] unverändert bleiben, so dass, im Falle meines Ablebens, meine Frau bei ihren Lebzeiten die Hälfte des erhöhten Pensionsbetrages erhält.[2364] – Die für den Transfer der jeweiligen Beträge gegebenenfalls notwendigen behördlichen Genehmigungen bitte ich Sie dort einzuholen.
Freundschaftlichst
[gez.] Solmssen.

An den Vorstand
Deutsche Bank A.G. West
Königsallee
Düsseldorf

Georg Solmssen an Hans Nabholz, 03.09.1956[2365]

3. September 1956.

Lieber, sehr geehrter Herr Professor
Wir haben längere Zeit nichts von einander gehört und möchten nicht, wie beabsichtigt für längere Zeit nach Lugano übersiedeln, ohne wenigstens einen Gruss mit Ihrer Gattin und Ihnen getauscht zu haben.
Unser Sommer war sehr besetzt durch die Besuche unserer Söhne[2366] aus America und unserer Tochter[2367] aus Rom[,] die hierher kamen, weil ich Anfang März einen Schlaganfall erlitt, an dessen lähmenden Folgen ich seitdem laboriere. Ich bin im-

---

2361 Gemeint ist Oscar Schlitter.
2362 Schlitter an Solmssen 19.12.1934, in: HADB, P1/14; hier abgedruckt.
2363 Mosler und Abshagen an Solmssen 17.8.1938, in: HADB, P1/14; hier abgedruckt.
2364 Handschriftliche Randnotizen «richtig bitte bestätigen» und «erl[edigt]. 26/6.[1956]», siehe Schreiben Deutsche Bank AG West an Solmssen 26.6.1956, in: HADB, P1/14.

2365 Briefpapier «DR. GEORG SOLMSSEN / ARNHOF OB HORGEN», 1 Blatt, Vorder- und Rückseite eigenhändig beschrieben, in: ZBZ, Nachlass Hans Nabholz 18.42, Dr. Georg Solmssen 1947–1956.
2366 Gemeint sind Harold und Ulrich Solmssen.
2367 Gemeint ist Lily Pfister, geb. Solmssen.

mer noch zur Bettruhe verurteilt und muss die nicht absehbare Dauer meiner Reconvalescenz mit Geduld tragen. Der Aufent[h]alt im Tessin im Sanatorium Hotel San Rocco soll uns vor der winterlichen Isoliertheit des Arnhofs bewahren und uns Beiden Erholung bringen. Die Kumulierung meiner Pflege mit der erfreulichen Anwesenheit unserer Kinder hat meine Frau stark belastet, so dass auch ihr der Aufent[h]alt im Süden und die Befreiung von Haushaltspflichten wohl tun wird. Auch ich erhoffe davon für mich Förderung meiner Reconvalescenz, die wohl noch lange Zeit zur Wiedererlangung eines erträg-[lichen]. [Zustands] benötigen wird. Wir wollten nicht abreisen, ohne Ihnen und Ihrer Gattin die Gründe der Unterbrechung des Kontaktes mit Ihnen mitzuteilen und hoffen, dass Sie unser durch meine Erkrankung aufgenötigtes Schweigen zu [!] erklären.
Wir hoffen, dass es Ihnen selbst gut geht und dass Ihrer Gattin Leiden sich nicht verschlimmert hat.
Mit besten Grüssen von uns Beiden und unserer noch hier weilenden Tochter an Sie und Ihre verehrte Gattin und allen guten Wünschen für diese und Sie gedenken wir Ihrer Beiden in Treue und erhoffen ein Wiedersehen nach unserer Rückkehr auf den Arnhof.
Der Ihrige
[gez.] Solmssen.

Georg Solmssen an Oswald Rösler, 09.11.1956[2368]

Lugano San Rocco   9. Nov[ember]. 1956.

Sehr geehrter Herr Rösler,
Ich hatte hier öfter den Besuch von Herrn Dr. Doerner[2369], dessen schönes Heim in Locarno, Orselina liegt. Bei unseren Unterhaltungen über gemeinsam erlebte vergangene Zeiten kam das Gespräch auch auf die Bankenkrisis des Jahres 1931; vor und während deren Verlauf Herr Dr. Doerner gewisser Massen auf beiderseitige Probe der Direktion der Danatbank[2370] attachiert war. Nachdem Herr Dr. Doerner meine, Ihnen seiner Zeit gesandte Niederschrift vom 6. Januar 1954[2371] über die sich um den Zusammenbruch der Danatbank gruppierenden Vorgänge gelesen hatte, erzählte er mir, die Situation derselben sei in Folge der leichtfertigen Geschäftsführung von Jacob Goldschmidt schon viel früher katastrophal gewesen. Es sei aber dem Genannten gelungen, den früheren Reichskanzler Herrn

---

2368 3 Blätter, 3 Vorderseiten eigenhändig beschrieben, nummeriert ab der zweiten Seite, handschriftlicher Vermerk «circ[uliert]», in: HADB, ZA47/27.
2369 Gemeint ist Max Doerner.
2370 Gemeint ist die Darmstädter und Nationalbank.

2371 Solmssen über die Bankenkrise 1931, 6.1.1954, in: HADB, NL3/54; abgedruckt in: Pohl, Zwei Dokumente zur Bankenkrise des Jahres 1931, in: Bankhistorisches Archiv, 1981, Heft 1, S. 52–55.

Dr. Brüning[2372] davon zu überzeugen, dass die Zahlungseinstellung der Danatbank durch das Verhalten der DDBank[2373] und insbesondere des Herrn Wassermann[2374] herbeigeführt worden sei. Herr Dr. Brüning, in dessen Memoiren er mehrfach während deren Niederschrift Einblick bekommen habe, als er bei einem Bekannten von ihm in der Schweiz wohnte, habe sich von Goldschmid[t] beschwatzen lassen, dessen Angaben für bare Münze genommen, so dass eine, die Deutsche Bank schädigende Darstellung entstanden sei. Da diese Angaben sich mit den Ihrigen deckten, in deren Verfolg ich Ihnen seiner Zeit meine Niederschrift vom 6. Januar 1954 sandte, erbat und erhielt ich von Herrn Dr. Doerner die beiliegende Darstellung seiner eigenen Erlebnisse bei der Danatbank neben den Photokopien der einschlägigen Zusammenstellungen.[2375] Herr Dr. Doerner hat mich ermächtigt, Ihnen dieses Material zur beliebigen Verwendung und besonders als Waffe gegen eine, die Deutsche Bank schädigende Darstellung des Sachverhalts in den Brüning'schen Memoiren zu verwenden. Ich halte mich für verpflichtet, Ihnen gegenüber von dieser Ermächtigung Gebrauch zu machen, weil ich Herrn Dr. Doerner, den ich selber aus seiner Position als Vorsteher einer Depositenkasse des A. Schaaf[f]hausen'schen Bankvereins zum Mitglied seines Vorstandes habe avancieren lassen[,] als Träger eines seltenen Zahlengedächtnisses kenne.

Herr Dr. Doerner hat während der nächsten 14 Tage in Westdeutschland zu tun. Er wird versuchen, bei Ihnen vorzusprechen, und steht für weitere, diese Angelegenheit betreffende Auskünfte gern zur Verfügung.

Herrn Dr. Plassmann[2376] bitte ich zu sagen, dass ich mich über seinen Brief an mich vom 9. Oktober d[ieses].J[ahre]'s sehr gefreut habe. Inzwischen wird meine Antwort auf denselben ihn erreicht haben.[2377]

Da mir hier keine Vervielfältigungs-Möglichkeit zur Verfügung steht, wäre ich Ihnen sehr verbunden, wenn Sie mir eine Abschrift dieses Briefes[2378] zugehen liessen. Im Voraus für diese Bemühung dankend, grüsse ich Sie und Ihre Herren Kollegen als Ihr sehr ergebener

[gez.] Solmssen.

2372 Gemeint ist Heinrich Brüning.
2373 Gemeint ist die Deutsche Bank und Disconto-Gesellschaft.
2374 Gemeint ist Oscar Wassermann.
2375 Das Original der Niederschrift Doerners vom 6.11.1956 mit zwei Anlagen (Schuldenaufstellungen der Norddeutschen Wollkämmerei und Kammgarnspinnerei), in: HADB, NL3/54; Fotokopie u.a. in: HADB, ZA47/27; abgedruckt ohne Anlagen in Pohl, Zwei Dokumente zur Bankenkrise des Jahres 1931, in: Bankhistorisches Archiv, 1981, Heft 1, S. 55–61. Doerner behandelt den Zusammenbruch der Norddeutschen Wollkämmerei und Kammgarnspinnerei, deren größter Gläubiger die Darmstädter und Nationalbank war.
2376 Gemeint ist Clemens Plassmann, handschriftlich unterstrichen.
2377 Beide Schreiben sind nicht überliefert.
2378 Eine Abschrift dieses Schreibens zirkulierte im Vorstand der Deutsche Bank AG West, in: HADB, ZA47/27. Handschriftlich unterstrichen.

Oswald Rösler an Georg Solmssen, 20.11.1956[2379]

20.11.1956

Sehr geehrter Herr Dr Solmssen,
für Ihren Brief vom 9. d[es]. M[onats].[2380] habe ich Ihnen bestens zu danken, ebenso für die Zustellung der Niederschrift des Herrn Dr Doerner[2381] vom 6. November d[es]. J[ahres].[2382] Diese sehr plastische Darstellung hat auch bei mir alle jenen deprimierenden Erinnerungen noch einmal wieder lebendig werden lassen, die sich an die Vorgänge des Jahres 1931 knüpfen.

In den grossen und grundlegenden Zügen ist uns ja der Ablauf jener Ereignisse bekannt, aber es ist wirklich erschütternd, aus einer solchen Darstellung im einzelnen bestätigt zu erhalten, wie sehr das totale Versagen des damaligen Hauptakteurs Goldschmidt[2383] – ganz abgesehen von den Betrügereien des Herrn Lahusen[2384] – zu dem Zustandekommen der Katastrophe beigetragen hat. Es steht ausser Frage, dass ein Mann wie Jakob Goldschmidt nach seiner ganzen Wesensart niemals in die Leitung einer grossen Depositenbank hätte berufen werden dürfen. Er war ein ausgesprochener Börsianer, der nur die Haussetendenz kannte und der von dem eigentlichen Wesen und den Aufgaben einer grossen Kredit- und Depositenbank wie auch von der hohen Verantwortlichkeit ihrer Geschäftsführung keinen Hauch verspürt hatte.

Ich habe mir bemerkt, dass Herr Dr Doerner uns ermächtigt hat, sein Material zur beliebigen Verwendung und unter Umständen auch als Waffe gegen eine die Deutsche Bank schädigende Darstellung des Sachverhalts einzusetzen. Herr Dr Doerner hat inzwischen am 13. d[es]. M[onats]. auch bei uns in Düsseldorf vorgesprochen, und zwar bei meinem Kollegen Rath[2385]. Ich selbst konnte ihn leider nicht empfangen, da ich seit einiger Zeit an einer hartnäckigen Gürtelrose leide, die mich zwingt[,] das Bett zu hüten.

Wir haben über die Frage der Brüning'schen[2386] Memoiren schon des öfteren miteinander korrespondiert. Eine Zeit lang sah es so aus, als ob es zu einer solchen Veröffentlichung nicht kommen würde. Nunmehr aber scheint es ja so zu sein, dass wir nicht nur mit ihr, sondern auch mit einer für die Deutsche Bank ungünstigen Darstellung jener Vorgänge rechnen müssen. Ich erinnere mich noch eines Schreibens von Ihnen aus dem Mai v[origen]. J[ahre]s.[2387], worin Sie mir von einem Brief Kenntnis gaben, den der ehemalige deutschnationale Abgeordnete Schmidt-Hannover an Sie geschrieben hatte[2388]. Der letztere gab damals nach einer ausführlichen

---

2379 Durchschrift, 3 Blätter, 3 Vorderseiten maschinenschriftlich beschrieben, nummeriert ab der zweiten Seite, Paraphen u. a. von Hans Janberg und Clemens Plassmann, in: HADB, ZA47/27.
2380 Solmssen an Rösler 9.11.1956, in: HADB, ZA47/27; hier abgedruckt.
2381 Gemeint ist Max Doerner.
2382 Niederschrift Doerners 6.11.1956 in: HADB, NL3/54; Fotokopie u. a. in: HADB, ZA47/27; abgedruckt in Pohl, Zwei Dokumente zur Bankenkrise des Jahres 1931, in: Bankhistorisches Archiv, 1981, Heft 1, S. 55–61.
2383 Gemeint ist Jakob Goldschmidt.
2384 Gemeint ist Georg Carl Lahusen.
2385 Gemeint ist Jean-Baptist Rath.
2386 Gemeint ist Heinrich Brüning.
2387 Solmssen an Rösler 31.5.1955, in: HADB, ZA 47/27; hier abgedruckt.

Unterhaltung mit Brüning seiner Meinung dahin Ausdruck, dass dieser bei seiner korrekten Art das Besprochene sicher richtig und überlegend werten werde.
Leider ist nach Ihren Mitteilungen damit zu rechnen, dass dem nicht so sein wird. Wir haben alle ein großes Interesse daran, dass die Brüning'schen Memoiren, die sicher von vielen Menschen in der Welt mit Aufmerksamkeit gelesen werden, eine wahrheitsgemässe und dem wirklichen Verlauf der Ereignisse entsprechende Darstellung enthalten. Ich möchte daher doch die Frage an Sie richten, ob Sie es für möglich halten, Herrn Doerner zu veranlassen, dass er Brüning in letzter Stunde eine nochmalige Überprüfung der betreffenden Abschnitte seines Buches nahelegt. Das gleiche würde für Schmidt-Hannover gelten. Solchen neutralen Experten würde es wohl am ehesten noch möglich sein, eine Klarstellung herbeizuführen, viel eher als irgend welchen Bankiers, bei denen Dr Brüning immer nur Voreingenommenheit vermutet. Ich erinnere mich in diesem Zusammenhang daran, dass Ende 1954 der Versuch, eine gemeinsame Aussprache mit Dr Brüning herbeizuführen, für die auch ich mich zur Verfügung gestellt hatte, scheiterte. Herr Pferdmenges[2389] schrieb mir damals, dass sein Vorschlag an Brüning, einmal in einem kleinen Kreise zusammen mit Herrn Abs[2390] und mir die Angelegenheit zu besprechen, auf völlige Ablehnung gestossen sei. Jedenfalls war für mich damit die Möglichkeit, mich in die Sache einzuschalten, abgeschnitten.
Leider gewinnt es immer mehr den Anschein, dass Herr Dr Doerner recht hat, wenn er am Schluss seiner Niederschrift vom 6. November davon spricht, dass Brüning offenbar von Goldschmidt bei den häufigen Zusammenkünften becirct worden sei. So hat er denn schliesslich optima fide geglaubt, Dinge miterlebt zu haben, die in Wirklichkeit sich niemals ereignet haben.
Ich könnte mir, wie gesagt, vielleicht von einer Einwirkung von seiten Dr Doerner oder Schmidt-Hannover im letzten Augenblick noch etwas erhoffen. Herr Brüning müsste darauf hingewiesen werden, dass man ihn vor einer Veröffentlichung bewahren wolle, die von den Beteiligten nicht unwidersprochen hingenommen würde und dass dieser Widerspruch nur den Wert des Buches und den Eindruck der absoluten Objektivität des Verfassers beeinträchtigen würde.
Mit den besten Wünschen für Ihre Gesundheit und freundlichen Grüssen bin ich Ihr stets ergebener
[gez.] O[swald]. Rösler

P.S. Zur evtl. Weiterverwendung lege ich auch eine Kopie dieses Briefes bei.

Herrn Dr Georg Solmssen,
Lugano,
Klinik San Rocco

2388 Gemeint ist Otto Schmidt-Hannover und dessen Schreiben an Solmssen 25.5.1955, in: HADB, ZA47/27; hier abgedruckt.

2389 Gemeint ist Robert Pferdmenges.
2390 Gemeint ist Hermann J. Abs.

Georg Solmssen an Oswald Rösler, 30.12.1956[2391]

Lugano, San Rocco, 30. Dezember 1956

Lieber Herr Rösler,
Sie haben mir mit Ihrem Brief vom 27.12.1956[2392] eine sehr große Freude gemacht, der ich leider nicht durch eigene Niederschrift Ausdruck geben kann, da es mir gegenwärtig gesundheitlich sehr schlecht geht.
Ihre Mitteilungen interessieren mich natürlich sehr und beweisen, daß die Vernunft der Dinge stets größer ist als die Torheiten der Menschen, besonders wenn diese von Leidenschaften veranlaßt werden. Das sinnlose Zerreißen der im langsamen Aufbau gebildeten deutschen Großunternehmungen durch die Alliierten mußte ja eines Tages sich als widersinnig erweisen, weil dieser Zusammenschluß nicht irgendwelchen persönlichen Machtbegierden, sondern der Logik der Tatsachen entsprungen war. Es ist daher kein volkswirtschaftliches Ruhmesblatt für die Alliierten, nunmehr den Wiederzusammenschluß der Deutschen-Bank-Institute als unabänderliche Tatsache hinnehmen zu müssen und damit anzuerkennen, daß dieses Gebilde kein Phantasiegewächs, sondern den Notwendigkeiten der Verkehrsbedürfnisse entsprungen war.
Daß Sie diese ganze Entwicklung an maßgebender Stelle mitbestimmend erleben durften, ist ein großes persönliches Glück, und ich freue mich, daß Ihre in dieser langen Zeit gewonnene Erfahrung nun weiter im Gesamtgebilde in beratender Stellung erhalten bleibt.
Herr Dr Plassmann[2393] hat mir die große Freude gemacht, mitzuteilen, daß ein Zimmer des von ihm gegründeten David Hansemann Hauses in Düsseldorf meinem Namen tragen soll.[2394] Ich beabsichtige, diesem Zimmer die Jubiläumsadressen zu dedizieren, die meinem Vater nach 25- und 50jährigem Dienst als Geschäftsinhaber der Disconto-Gesellschaft und Mitglied des Aufsichtsrats[2395] gewidmet waren, und ebenso die Adressen, die mir nach 25jähriger Zugehörigkeit zur Disconto-Gesellschaft[2396] zuteil wurden.

2391 Abgedruckt in Ernst Wilhelm Schmidt, Männer der Deutschen Bank und der Disconto-Gesellschaft, Düsseldorf 1957, S. 144. Das Original dieses Schreibens ist nicht überliefert.
2392 Dieses Schreiben ist nicht überliefert.
2393 Gemeint ist Clemens Plassmann.
2394 Das 1954 eröffnete David Hansemann Haus in Düsseldorf war die zentrale Fortbildungsstätte der Deutschen Bank-Gruppe. Die Zimmer in den beiden oberen Stockwerken des Hauses dienten zur Unterbringung der Lehrgangsteilnehmer. Die Räume wurden mit den Namen von ehemaligen Vorstandsmitgliedern der Deutschen Bank und Geschäftsinhabern der Disconto-Gesellschaft bezeichnet. Vgl. David Hansemann Haus der Deutschen Bank Aktiengesellschaft, Düsseldorf, o.O., o.J. [1957].
2395 Gratulationsurkunde des Aufsichtsrats und der Geschäftsinhaber der Disconto-Gesellschaft zum 25jährigen Jubiläum und zum Ausscheiden von Adolph Salomonsohn als Geschäftsinhaber der Disconto-Gesellschaft, Berlin, den 1. Juli 1888; Gratulationsurkunde der Angestellten der Disconto-Gesellschaft zum 25jährigen Jubiläum und zum Ausscheiden von Adolph Salomonsohn als Geschäftsinhaber der Disconto-Gesellschaft, Berlin, den 1. Juli 1888; Gratulationsurkunde der Geschäftsinhaber der Disconto-Gesellschaft zum 50jährigen Zugehörigkeit von Adolph Salomonsohn zur Disconto-Gesellschaft, Berlin, den 1. Juli 1913, heute in: HADB, NL3/86–88.
2396 25jähriges Jubiläum des Herrn Dr. Georg Solmssen, heute in: HADB, NL3/2.

Ihrem Aufstieg in der Bank behilflich gewesen zu sein, war nicht schwierig, weil Ihre klare Konzeption der geschäftlichen Gegebenheiten und Ihre großen Kenntnisse des laufenden Geschäfts Sie prädestinierten, an der Führung Teil zu nehmen. Daß Sie mir während unserer langen Zusammenarbeit Ihre Freundschaft stets bewahrt haben, werde ich Ihnen nie vergessen und danke Ihnen dafür von Herzen. Selbst am Rande des Lebens stehend, wünsche ich Ihnen einen friedlichen, gesundheitlich intakten Lebensabend...

Ich bitte Sie, die ehemaligen Kollegen herzlichst von mir zu grüßen und der freundschaftlichen Verbundenheit gewiß zu sein

Ihres sehr ergebenen

gez. Georg Solmssen

III. Anhang

Vita Georg Solmssens

7.8.1869	Georg Adolf Salomonsohn wird in Berlin als Sohn des Adolph Salomonsohn (1831–1919), Geschäftsinhaber der Disconto-Gesellschaft, und der Sara Salomonsohn geb. Rinkel (1851–1929) geboren
ca. 1880–1889	Besuch des Friedrich-Werderschen Gymnasiums in Berlin
ca. 1890–1897	Studium der Rechtswissenschaften in Straßburg, Freiburg i. Br., Leipzig und Berlin
ca. 1898	Gerichtsassessor in Frankfurt/Oder
1898–1899	USA-Aufenthalt im Auftrag des preußischen Justizministeriums zum Studium des dortigen gesetzlichen Schutzes der Baugläubiger
1900	Eintritt in die Disconto-Gesellschaft
	Promotion zum Dr. jur. mit einer Arbeit zum gesetzlichen Schutz der Baugläubiger in den USA
	Konvertierung zum Protestantismus
	Änderung des Familiennamens zu Solmssen
1904	Ernennung zum Direktor der Disconto-Gesellschaft
30.5.1907	Heirat mit Giulietta (Etta) Aselmeyer (1884–1971), Tochter des Karl Aselmeyer (1858–1940), Unternehmer in Neapel, und der Anna Aselmeyer geb. von Bose (1858–1943)
1908	Geburt des Sohnes Harald (später Harold) Solmssen (1908–2006)
1909	Geburt des Sohnes Ulrich Solmssen (1909–2002)
1911	Berufung zum Geschäftsinhaber der Disconto-Gesellschaft
1912	Geburt der Tochter Lily Solmssen (1912–1980)
1914–1924	Vorstandsvorsitzender des A. Schaaffhausen'schen Bankvereins
1922/24	USA-Reisen
1929	Ernennung zum rumänischen Generalkonsul

1929–1933	Mitglied des Vorstands der Deutschen Bank und Disconto-Gesellschaft
1930–1933	Vorsitzender des Centralverbandes des Deutschen Bank- und Bankiergewerbes
1933–1934	Vorstandssprecher der Deutschen Bank und Disconto-Gesellschaft
1934	Veröffentlichung des zweibändigen Werks «Beiträge zur Deutschen Politik und Wirtschaft 1900–1933»
1934	Genehmigung des doppelten Wohnsitzes in Berlin und der Schweiz durch die Reichsstelle für Devisenbewirtschaftung
1935–1938	Mitglied des Aufsichtsrats der Deutschen Bank und Disconto-Gesellschaft (ab 1938 der Deutschen Bank)
1936	Südafrika-Reise
	Erwerb eines landwirtschaftlichen Anwesens in Horgen am Zürichsee
1938	Entschluss zur Auswanderung aus Deutschland
1939	Einbürgerung in Liechtenstein
1944	Einbürgerung in der Schweiz
10.1.1957	Georg Solmssen stirbt in Lugano (Schweiz)

Verzeichnis der Aufsichtsratsmandate Georg Solmssens in deutschen Aktiengesellschaften

Adler Kaliwerke AG, Oberröblingen a. See: 1916–1931 Vorsitzender
Allgemeine Boden-AG, Berlin: ca. 1917–1931 Vorsitzender
Allgemeine Elektricitäts-Gesellschaft AG, Berlin: 1931–1936 Mitglied
Bamag-Meguin AG, Berlin: 1925–1931 Mitglied
Bergmann-Elektricitäts-Werke AG, Berlin: 1916–1931 Mitglied
Bergwerks-Gesellschaft Dahlbusch, Gelsenkirchen-Rotthausen: 1927–1933 Mitglied, 1934 stellv. Vorsitzender, 1935–1937 Vorsitzender
Berlin-Anhaltische Maschinenbau AG, Berlin: 1920–1924 Mitglied
Berliner Kraft- und Licht-AG, Berlin: 1932 und 1935 Mitglied
Berlin-Karlsruher Industrie-Werke AG, Berlin (bis 1922 Deutsche Waffen- und Muni-tionsfabrik): 1920–1927 Mitglied
Braunkohlen-Industrie AG, Zukunft, Weisweiler: ca. 1920–1926 Vorsitzender, 1927 stellv. Vorsitzender, 1928–1932 Mitglied
Chemische Fabriken Kunheim AG, Grube Ilse: 1925 Mitglied
Compañia Hispano-Americana de Electricidad S.A., Madrid / Barcelona: 1935–1942 Mitglied des Verwaltungsrats
Consolidirte Alkaliwerke, Westeregeln: 1930–1933 stellv. Vorsitzender, 1934–1938 Mitglied
Deutsch-Atlantische Telegraphengesellschaft, Berlin: ca. 1917–1920 Mitglied, 1921–1936 Vorsitzender, 1937 Mitglied
Deutsche Bank und Disconto-Gesellschaft (seit Oktober 1937 Deutsche Bank), Berlin: 1935–1938 Mitglied
Deutsche Centralbodenkredit-AG, Berlin: 1931–1935 Vorsitzender, 1936–1937 Mitglied
Deutsche Erdöl-AG, Berlin: 1912–1919 stellv. Vorsitzender, 1920–1935 Vorsitzender, 1936–1937 stellv. Vorsitzender
Deutsche Grundcredit-Bank, Gotha: 1912–1916 Mitglied, 1917–1929 stellv. Vorsitzender
Deutsche Hypothekenbank, Meiningen: 1931 Mitglied
Deutsche Libbey-Owens-Gesellschaft für maschinelle Glasherstellung AG, Gelsenkirchen-Rotthausen: 1927–1937 Mitglied
Deutsche Luft Hansa Aktiengesellschaft, Berlin: 1926–1927 Mitglied, 1928–1931 stellv. Vorsitzender
Deutsche Luftschiffahrts-AG, Frankfurt am Main / Friedrichshafen: 1922–1931 Mitglied
Deutsche Mineralöl-Industrie AG, Köln / Wietze: 1912–1919 Mitglied, 1920–1923 stellv. Vorsitzender
Deutsche Petroleum-AG, Berlin: 1925–1932 Mitglied, 1934–1937 stellv. Vorsitzender
Deutsche Schachtbau AG, Nordhausen: 1922–1931 und 1935–1937 Mitglied
Deutsche Treuhand Gesellschaft, AG: 1930–1931 Mitglied
Deutscher Aero-Lloyd AG, Berlin: 1923–1931 stellv. Vorsitzender
Deutsch-Niederländische Telegraphengesellschaft AG, Köln: ca. 1917–1920 Mitglied, 1921–1925 stellv. Vorsitzender, 1926 Vorsitzender
Deutsch-Südamerikanische Telegraphen-Gesellschaft AG, Köln: ca. 1917–1922 Vorsitzender
Duxer Kohlenverein, Großzössen: 1919/20 Mitglied, 1923–1925 Vorsitzender, 1926–1931 stellv. Vorsitzender
Elektricitätswerk Südwest AG, Berlin-Schöneberg: 1930–1936 Mitglied
Façoneisen-Walzwerk L. Mannstaedt & Co. AG, Troisdorf: ca. 1915–1923 Mitglied

Felten & Guilleaume Carlswerk AG, Köln-Mülheim: ca. 1917–1936 Mitglied
Gebrüder Stollwerck AG, Köln: ca. 1917–1932 stellv. Vorsitzender, 1933–1934 Vorsitzender, 1935–1936 stellv. Vorsitzender
Gesellschaft für elektrische Unternehmungen AG, Berlin: 1915–1929 Mitglied
Gesellschaft für elektrische Unternehmungen – Ludwig Loewe & Co. AG, Berlin: 1930–1935 Vorsitzender, 1936–1937 Mitglied
Gesellschaft Urania, Berlin: 1930–1931 Mitglied
Hamburg-Amerikanische Packetfahrt-AG (HAPAG), Hamburg: 1931–1933 Mitglied
Hoesch-Köln Neuessen Aktiengesellschaft für Bergbau und Hüttenbetrieb, Dortmund: 1931 Mitglied, 1932 stellv. Vorsitzender, 1933 Vorsitzender, 1935–1936 Mitglied
Kaliwerke Adolfs Glück AG, Lindwedel b. Hope: 1916–1931 Vorsitzender
Kaliwerke Aschersleben, Aschersleben: 1925–1929 Mitglied, 1930–1933 Vorsitzender, 1934–1938 Mitglied
Kaliwerke Salzdetfurth Aktiengesellschaft, Bad Salzdetfurth: 1930–1933 Vorsitzender, 1934–1937 Mitglied
Klöckner-Werke AG, Rauxel: 1921–1932 stellv. Vorsitzender
Kohlenveredlung AG, Berlin: 1930–1931 Mitglied
Köln-Neuessener Bergwerksverein, Essen: 1920–1930 Mitglied
Ludwig Loewe AG & Co., Berlin: 1925–1929 Mitglied
Lothringer Hütten- und Bergwerks-Verein AG, Rauxel: 1918–1922 stellv. Vorsitzender
Lothringer Hüttenverein Aumetz-Friede, Kneuttingen: ca. 1914–1917 stellv. Vorsitzender des Verwaltungsrats
Magdeburger Bergwerks AG, Magdeburg: 1925–1927 Mitglied, 1928–1931 und 1934–1936 stellv. Vorsitzender
Milchhof AG, Kiel: 1928–1929 Mitglied
Neue Deutsche Kabelgesellschaft AG, Hamburg: 1920–1922 Mitglied, 1923–1924 stellv. Vorsitzender

Norddeutsche Seekabelwerke AG, Nordenham: ca. 1917–1931 Mitglied
Norddeutscher Lloyd, Bremen: 1932 Mitglied
Nordstern Lebensversicherungsbank AG, Berlin (bis 1928 Allba-Nordstern Lebensversicherungs-AG zu Berlin): 1927–1932 Mitglied
Nordstern Transport-Versicherungs-AG, Berlin-Schöneberg: 1922–1927 Mitglied
Nordstern und Vaterländische Allgemeine Versicherungs-Aktiengesellschaft, Berlin: 1928–1931 Mitglied
Orenstein & Koppel AG, Berlin: 1915–1931 Mitglied
Osteuropäische Telegraphengesellschaft AG, Köln: ca. 1917–1922 Mitglied
Phönix AG für Bergbau und Hüttenbetrieb, Düsseldorf: ca. 1918/19 Mitglied, ca. 1920–1924 stellv. Vorsitzender, ca. 1925–1931 Mitglied
Preußische Central-Bodenkredit-AG, Berlin: 1922–1930 Mitglied des Verwaltungsrats
vom Rath, Schoeller & Skene, Klettendorf bei Breslau: 1930–1932 Mitglied
Revision Treuhand AG, Berlin: 1926–1931 Vorsitzender
Rheinisch-Westfälische Boden-Credit-Bank, Köln: 1922–1930 Mitglied
Rheinisch-Westfälische Olex-AG, Köln: 1923–1925 Vorsitzender
Rheinisch-Westfälische Revision-Treuhand AG, Köln: 1920–1925 Vorsitzender, 1926–1931 Mitglied
Rhenania-Kunheim Verein Chemischer Fabriken AG, Berlin: 1926–1928 stellv. Vorsitzender
Rhenania Verein Chemischer Fabriken AG, Köln: 1921–1924 Mitglied, 1925 stellv. Vorsitzender
Rositzer Braunkohlenwerke AG, Rositz: 1916–1919 Mitglied, ca. 1920–1927 stellv. Vorsitzender
Carl Rübsam Wachswarenfabrik AG, Fulda: ca. 1924–1927 Mitglied
A. Schaaffhausen'scher Bankverein AG, Köln: 1924–1929 stellv. Vorsitzender
Schantung-Eisenbahn-Gesellschaft AG, Berlin: 1912–1928 Mitglied, 1929–1930 stellv. Vorsitzender

Schlesische Dampfer-Compagnie / Berliner Lloyd AG, Hamburg: ca. 1917–1931 Mitglied
Schwelwerke Minna-Anna AG, Berlin (seit 1931 Kohlenveredlung und Schwelwerke AG): 1930–1931 Mitglied
Stollwerckhaus AG, Köln: ca. 1918–1931 Mitglied
Tiefbau- und Kälteindustrie AG vorm. Gebhard & König, Nordhausen: 1920–1932 Vorsitzender, 1935–1937 Mitglied
Vereinigte Stahlwerke AG, Düsseldorf: 1930–1933 Mitglied
Vereinigte Stahlwerke van der Zypen & Wissener Eisenhütten AG, Köln-Deutz: ca. 1914–1932 Mitglied
Zugtelefonie AG, Berlin: 1926–1930 Vorsitzender

Verzeichnis der Schriften Georg Solmssens

Der gesetzliche Schutz der Baugläubiger in den Vereinigten Staaten von Nordamerika. Ein Beitrag zu den Entwürfen eines Reichsgesetzes betreffend die Sicherung der Bauforderungen und eines Preußischen Ausführungsgesetzes, Berlin: Carl Heymann. 1900.

Baugläubigerfrage. Referat von Gerichtsassessor a.D. Dr. Georg Solmssen, in: Der Schutz der Baugläubiger von dem Deutschen Juristentage. Abdruck der dem XXVI. Deutschen Juristentage erstatteten Gutachten und des stenographischen Berichts der Verhandlungen vom 10. und 12, September 1902, Berlin: Guttenberg. 1903, S. 99–130.

Das Verhältnis zwischen Industrieunternehmungen und Banken, in: Stahl und Eisen. Zeitschrift für das deutsche Eisenhüttenwesen, 36. Jg., 1916. Nr. 41, S. 981–984.

England und wir! Vortrag, gehalten im Verein der Industriellen des Regierungsbezirks Köln a. Rhein am 13. November 1916, Köln: Kölner Verlagsanstalt. 1916.

England und wir! Vortrag, gehalten im Verein der Industriellen des Regierungsbezirks Köln a. Rhein am 13. November 1916, Bonn: Marcus & Weber. 2. Aufl. 1916.

Material zur Beurteilung der wirtschaftlichen Wirkungen der Absperrung des linken Rheinufers, Köln: Dumont-Schauberg. 1919.

Deutschlands Lage im Rückblick und Ausblick. Ein Mahnruf an das deutsche Bürgertum. Gehalten am 22. November 1919 im Industrie-Club Düsseldorf, Berlin: Engelmann. 1920.

Korruption, in: Vossische Zeitung v. 6.2.1920.

Das deutsche Finanzwesen nach Beendigung des Weltkrieges, Berlin: Engelmann, 1921. Sonderdruck aus dem Protokoll der Verhandlung der V. Allgemeinen Deutschen Bankiertages zu Berlin am 25., 26. und 27. Oktober 1920.

Georg Solmssen, Otto Wiedfeldt, Abraham Frowein: Die Wirkungen des Londoner Ultimatums in wirtschaftlicher, finanzieller und steuerlicher Hinsicht. Veröffentlichungen des Reichsverbandes der Deutschen Industrie, H. 16, Berlin: Siegismund. 1921.

Privatwirtschaft und Gemeinwirtschaft, ihre Gegensätze und ihre Grenzen. Vortrag, gehalten von Dr. Georg Solmssen Geschäftsinhaber der Disconto-Gesellschaft vor den Richtern und Staatsanwälten des Kammergerichtsbezirks am 17. März 1922, Berlin: Engelmann. 1922.

Politische Gesundung als Voraussetzung des wirtschaftlichen Wiederaufbaus. Vortrag, gehalten auf der wissenschaftlichen Woche der Tausendjahrfeier der Stadt Goslar am 18. September 1922, Berlin: Engelmann. 1922.

Die Mitwirkung der Disconto-Gesellschaft an der Entwicklung der Erdöl-Industrie. Vortrag gehalten in der Kameradschaftlichen Vereinigung der Disconto-Gesellschaft am 12. November 1923, o.O.: Selbstverlag. [1923].

Inhalt und Tragweite der von den Sachverständigen der Reparations-Kommission erstatteten Gutachten. Referat erstattet dem Vorstand und Ausschuss des Centralverbands des deutschen Bank- und Bankiergewerbes am 10. Mai 1924. Berlin, Leipzig: de Gruyter. 1924. [auch englisch: The Contents and Consequences of the Reports of the Experts to the Reparation Commission. Berlin, Leipzig: de Gruyter. 1924] [auch Sonderbeilage zum Bank-Archiv 23. Jg., 1923/24, Nr. 16, 19. Mai 1924]

Die Beschaffung von Krediten im Auslande. Vortrag, gehalten in der Juristischen Gesellschaft zu Berlin am 14. März 1925, in: Bank-Archiv 24. Jg., 1924/25, Nr. 12, 15. März 1925, S. 233–242.

Die Beschaffung von Krediten im Auslande. Vortrag, gehalten in der Juristischen Gesellschaft zu Berlin am 14. März 1925, Berlin und Leipzig: de Gruyter. 1925.

[Beitrag in:] Verhandlungen des 34. Deutschen Juristentages 1926, Sitzungsprotokoll der 4. Abteilung für Wirtschafts- und Steuerrecht, Bd. 2, S. 679ff.

Finanzwirtschaft gegen Parteiwirtschaft! Vortrag gehalten vor dem Eisen- und Stahlwaren-Industriebund in Elberfeld am 19. November 1925, Berlin, Leipzig: de Gruyter. 1926.

Probleme des Aktienrechts unter besonderer Berücksichtigung ihrer Entwicklung in den Vereinigten Staaten von Amerika, in: Bank-Archiv, 26. Jg., 1926/27, Nr. 1, S. 21–52.

Probleme des Aktienrechts unter besonderer Berücksichtigung ihrer Entwicklung in den Vereinigten Staaten von Amerika, Berlin, Leipzig: de Gruyter. 1926.

Georg Solmssen, Paul Silverberg, Christian Eckert: Wie schaffen wir dem deutschen Volke Arbeit und Brot? Drei Vorträge gehalten in Köln am 1. März 1926 anläßlich der Generalversammlung der Vereinigung von Banken und Bankiers in Rheinland und Westfalen e.V., Berlin und Leipzig: de Gruyter. 1926.

Ansprache des Vorsitzenden des Aufsichtsrats der Deutsch-Atlantischen Telegraphengesellschaft, in: Deutsch-Atlantische Telegraphengesellschaft (Hrsg.): Ansprachen, Tischreden und Telegrammwechsel bei der Eröffnung der direkten Kabellinie Emden-Azoren-New York am 4. März 1927, o.O.: o.V. 1927, S. 3–11.

Tischrede des Herrn Dr. Solmssen bei Beginn des Festmahls, in: Deutsch-Atlantische Telegraphengesellschaft (Hrsg.): Ansprachen, Tischreden und Telegrammwechsel bei der Eröffnung der direkten Kabellinie Emden-Azoren-New York am 4. März 1927, o.O.: o.V. 1927, S. 23.

Die Lage der Landwirtschaft und ihre Bedeutung für das Bankgewerbe, in: Verhandlungen des VII. Allgemeinen Deutschen Bankiertages zu Köln am Rhein am 9., 10. und 11. September 1928, Berlin und Leipzig: de Gruyter. 1928, S. 205–272.

Die Lage der Landwirtschaft und ihre Bedeutung für das Bankgewerbe, Berlin: Parey. 1928.

Probleme des Aktienrechts unter besonderer Berücksichtigung ihrer Entwicklung in den Vereinigten Staaten von Amerika, Berlin und Leipzig: de Gruyter. 2. Aufl. 1928.

Aktienrecht, in: Handwörterbuch der Staatswissenschaften. Vierte Auflage. Ergänzungsband. Herausgegeben von Ludwig Elster und Adolf Weber, Jena: Gustav Fischer. 1929.

Reformbestrebungen zum Aktienrecht, in: Viktor Ring / Herbert Schachian (Hrsg.), Die Praxis der Aktiengesellschaft, Berlin, Leipzig: Verlag für Börsen- und Finanzliteratur. 1929, S. 679ff.

Die Erzeugungs- und Absatzverhältnisse der deutschen Vieh- und Milchwirtschaft. Bericht einer amerikanischen Studien-Kommission, erstattet auf Veranlassung deutscher Landwirte, Industrieller und Banken. Berlin: Parey. 1929.

Young-Plan und Agrarpolitik. Referat auf der Tagung des Deutschen Landwirtschaftsrates in Münster in Westfalen am 18. September 1929, in: Der Ring, 29. September 1929, H. 39, S. 743–755.

Youngplan und Agrarpolitik, Berlin: Parey. 1929.

Entwicklungstendenzen und weltwirtschaftliche Aufgaben der deutschen Großbanken. Vortrag, gehalten in Zürich am 5. Februar 1930 auf Einladung der Deutschen Handelskammer in der Schweiz, in: Monatshefte für die Beamten der Deutschen Bank und Disconto-Gesellschaft, 1930, Februarheft, S. 17–26.

Entwicklungstendenzen und weltwirtschaftliche Aufgaben der deutschen Großbanken. Vortrag, gehalten in Zürich am 5. Februar 1930 auf Einladung der Deutschen Handelskammer in der Schweiz, Berlin: Liebheit & Thiesen. 1930.

Die Aufgaben des Reichsbankpräsidenten. Ein Rundfunkvortrag, in: Monatshefte

für die Beamten der Deutschen Bank und
Disconto-Gesellschaft, 1930, Aprilheft,
S. 57–61.

The Situation of German Banking, in: The
Banker, May 1930, S. 205–211.

Entwurf eines Reichsgesetzes zur Regelung
des Lagerhauswesens für landwirtschaftliche Erzeugnisse nebst Begründung und
Normativbestimmung, Berlin: Parey.
1930.

Kritische Betrachtungen zum Entwurf eines
Gesetzes über die Deutsche Golddiskont-
bank, in: Bank-Archiv, 29. Jg., 1929/30,
Nr. 21, S. 415–421.

Ansprache des Vorsitzenden des Centralverbandes des Deutschen Bank- und Bankiergewerbes Dr. Georg Solmssen bei Übernahme dieses Amtes in der 30. ordentlichen
Generalversammlung des Verbandes am
16. Dezember 1930, Berlin: A. W. Hayn's
Erben. 1930.

Gedenkblatt für Adolf und Sara Salomonsohn
zum 19. März 1931, o.O. 1931.

Die deutsche Kapitalnot und die Wege zu
ihrer Überwindung. Ansprache des Vorsitzenden des Centralverbandes des Deutschen Bank- und Bankiergewerbes in der
Sitzung des Erweiterten Ausschusses des
Verbandes am 27. Juni 1931, Berlin: Stilke.
1931.

Solmssen über die Geldkrise [Rundfunk-
Ansprache v. 17.7.1931], in: Berliner
Börsen-Courier, v. 18.7.1931.

Wie bringen wir den deutschen Zahlungsverkehr wieder in Ordnung? [Rundfunk-
Ansprache v. 17.7.1931], in: Handelsbeilage
der Berliner Börsen-Zeitung, Nr. 329,
v. 18.7.1931.

Wie bringen wir den deutschen Zahlungsverkehr wieder in Ordnung? [Rundfunk-
Ansprache v. 17.7.1931, Auszug], in:
Deutsche Sparkassen-Zeitung, Nr. 85,
v. 21.7.1931.

Wirtschaftsfragen der Gegenwart, in: Berliner
Börsen-Courier v. 18.1.1932.

Lausanne, in: Monatshefte für die Beamten
der Deutschen Bank und Disconto-Gesellschaft 1932, Sept.-Okt.-Heft, S. 73–77.

Lausanne, in: Bank-Archiv, 31. Jg., 1931/32,
Nr. 20, S. 389–393.

Lausanne, in: Berliner Börsen-Courier, v.
20.7.1932.

Gedächtnisworte bei der Bestattung des
Ehrenpräsidenten des Centralverbands des
Deutschen Bank- und Bankiergewerbes,
Geh. Justizrat Professor Dr. Riesser, am
9. Mai 1932, in: Bank-Archiv 31. Jg.,
1931/32, Nr. 16, S. 311–312.

Verfälschter Kapitalismus. Kann die Planwirtschaft aus der Krise führen, in: Berliner
Börsen-Courier, Nr. 553, v. 26.11. 1932.

Die Zukunft des Kapitalismus. Ein Vortrag
von Dr. Georg Solmssen, in: Deutsche Allgemeine Zeitung, Nr. 555, v. 26.11. 1932.

Die Zukunft des Kapitalismus. in: Monatshefte für die Beamten der Deutschen Bank
und Disconto-Gesellschaft, 1932, Nov.-
Dez.-Heft, S. 89–93.

Die Zukunft des Kapitalismus. Vortrag gehalten im Institut für Wirtschaftswissenschaft der Universität Frankfurt am Main am
25. November 1932, Berlin: Stilke. 1933.
35 S.

Apologie des Bankgewerbes. Eine Rede
Solmssens von dem «Centralverband», in:
Berliner Tageblatt, v. 18.12.1932.

Die Generalversammlung der DD-Bank, in:
Monatshefte für die Beamten der Deutschen
Bank und Disconto-Gesellschaft, 1933,
Mai-Juni-Heft, S. 33–35.

Beiträge zur Deutschen Politik und Wirtschaft
1900–1933. Gesammelte Aufsätze und Vorträge. 2 Bde., München, Leipzig: Duncker
& Humblot. 1934. (Zweite, unveränderte
Aufl. 1935)

A Plan for German Industrial Expansion.
Address delivered at the Royal Institute of
International Affairs on the 17th December,
1936, in: International Affairs, 16. Jg., Nr. 2,
1937, S. 221–239.

Possibilités de coopération économique
internationale, in: Bulletin Périodique de
la Société Belge d'Études et d'Expansion,
Nr. 107, Oktober 1937, S. 438–443.

[Beitrag in]: VIIIe Congrès international des
sciences historiques. Actes du Congrès.
Hrsg.: International Committee of Historical Sciences, Zurich 1938, Band 3, S. 340
[= Bulletin of the International Committee
of Historical Sciences, Band 11].

Massnahmen zur Förderung der Schweizer Nahrungsfreiheit. Horgen: Selbstverlag. 1941.

Strukturwandlungen der Landwirtschaft, in: Neue Zürcher Zeitung v. 7.12.1944 – 9.12.1944 (4 Folgen). [auch: Sonderdruck der NZZ]

The International Bank for Reconstruction and Development «Wiederaufbaubank» im Lichte der amerikanischen Entwicklung. Vortrag, gehalten am 12. Juni 1945 im Schweizerischen Institut für Auslandsforschung, in: Schweizerische Zeitschrift für Volkswirtschaft und Statistik, 81. Jg., H. 5, 1945, S. 551–569.

Bankprobleme in der russischen Zone Deutschlands, in: Neue Zürcher Zeitung, v. 29.1.1946.

Europäische Wiederaufbauprobleme der Vereinigten Staaten. Vortrag, gehalten am 27. Februar 1946 [unveröffentlichtes Manuskript].

Volkswirtschaftliche Probleme der Landwirtschaft, in: Wirtschaft und Recht. Zeitschrift für Wirtschaftspolitik und Wirtschaftsrecht mit Einschluß des Sozial- und Arbeitsrechtes. 3. Jg., 1951, H. 3, S. 161–181.

Die Standardisierung als Grundlage der Milchwirtschaft; in: Wirtschaft und Recht. Zeitschrift für Wirtschaftspolitik und Wirtschaftsrecht mit Einschluß des Sozial- und Arbeitsrechtes. 4. Jg., 1952, H. 2, S. 91–104.

Bericht über die Bankenkrise [v. 6.1.1954], in: Manfred Pohl, Zwei Dokumente zur Bankenkrise des Jahres 1931, in: Bankhistorisches Archiv, 7. Jg., 1981, Heft 1, S. 52–55.

Literaturverzeichnis

D'Abernon, Viscount, Ein Botschafter der Zeitwende, 3 Bde., Leipzig o. J. [1929].

Abraham, David, The Collapse of the Weimar Republic. Political Economy and Crisis, Princeton 1981.

Ackermann, Volker, Treffpunkt der Eliten. Die Geschichte des Industrie-Clubs Düsseldorf, Düsseldorf 2006.

Allgemeiner Deutscher Bankiertag 1938 am 10. und 11. Mai 1938 in der Kroll-Oper zu Berlin. Ansprachen, Vorträge und Teilnehmer, Berlin 1938.

Asks Currency Aid at World Parley. Dr. Solmssen, German Banker, Wants Economic Conference to Act to the End Disparities, in: New York Times v. 12.2.1933.

Auswärtiges Amt, Historischer Dienst (Hrsg.), Biographisches Handbuch des deutschen Auswärtigen Dienstes 1871–1945, bislang 3 Bde. (A-R), Paderborn, München, Wien, Zürich 2000–2008.

Bähr, Johannes, Die Dresdner Bank in der Wirtschaft des Dritten Reiches (= Die Dresdner Bank im Dritten Reich, Bd. 1), München 2006.

Baehring, Bernd, Hundert Jahre Centralboden. Eine Hypothekenbank im Wandel der Zeiten 1870–1970, Frankfurt am Main 1970.

Barkai, Avraham, Oscar Wassermann und die Deutsche Bank. Bankier in schwieriger Zeit, München 2005.

Becker, Ingeborg / Huber, Harald / Küster, Otto, Bundesentschädigungsgesetz. Kommentar, Berlin, Frankfurt am Main 1955.

Bedürftig, Friedemann, Lexikon Drittes Reich, München 1997.

Benz, Wolfgang / Graml, Hermann, Biographisches Lexikon zur Weimarer Republik, München 1988.

Benz, Wolfgang / Graml, Hermann / Weiß, Hermann (Hrsg.), Enzyklopädie des Nationalsozialismus, Stuttgart 1997.

Berdrow, Wilhelm (Hrsg.), Alfred Krupps Briefe 1826–1887. Im Auftrage der Familie und der Firma Krupp, Berlin 1928.

Bericht über die erweiterte Ausschußsitzung des Centralverbands des Deutschen Bank- und Bankiergewerbes zu Berlin am 27. Juni 1931 im Plenarsaale des ehemaligen Herrenhauses zu Berlin, Berlin 1931.

Biographisches Handbuch der deutschsprachigen Emigration nach 1933. Band I: Politik, Wirtschaft, Öffentliches Leben, München, New York, London, Paris 1980.

Bleich, Eduard (Hrsg.), Der Erste Vereinigte Landtag in Berlin 1847, Dritter Theil, Verhandlungen nach den stenographischen Berichten, Berlin 1847.

Böhme, Helmut, Emil Kirdorf. Überlegungen zu einer Unternehmerbiographie (Teil I u. II), in: Tradition. Zeitschrift für Firmengeschichte und Unternehmerbiographie, 1968, H. 6, S. 282–300, und 1969, H. 1, S. 21–48.

Böhme, Ute, Die Enteignung von Großbetrieben und der Aufbau einer sozialistischen Planwirtschaft in der Sowjetischen Besatzungszone von 1914 bis 1949 am Beispiel der Firma Siemens, Diss. Erlangen-Nürnberg 2006.

Born, Karl Erich, Die deutsche Bankenkrise 1931. Finanzen und Politik, München 1967.

Boyle, James E., Marketing of agricultural products, New York 1925.

Broz, Lawrence, International Origins of the Federal Reserve System, Ithaca, New York 1997.

Brüning, Heinrich, Memoiren 1918–1934, Stuttgart 1970.

Caglioti, Daniela Luigia, Vite Parallele. Una minoranza protestante nell'Italia dell'Ottocento, Bologna 2006.

Chernow, Ron, Die Warburgs. Odyssee einer Familie, Berlin 1994.

Conze, Eckart (u. a.), Das Amt und die Vergangenheit. Deutsche Diplomaten im Dritten Reich und in der Bundesrepublik, München 2010.

Däbritz, Walther, Gründung und Anfänge der Disconto-Gesellschaft Berlin. Ein Beitrag zur Bank- und Wirtschaftsgeschichte Deutschlands in den Jahren 1850 bis 1875, München, Leipzig 1931.

Danylow, Peter / Soénius, Ulrich S., Otto Wolff. Ein Unternehmen zwischen Wirtschaft und Politik, München 2005.

David Hansemann Haus der Deutschen Bank Aktiengesellschaft, Düsseldorf, o.O., o.J. [1957].

DD-Bank.– Ausscheiden Solmssens, in: Frankfurter Zeitung Nr. 298/9, v. 15.6.1934.

Dean, Martin, Robbing the Jews. The Confiscation of Jewish Property in the Holocaust, 1933–45, New York 2008.

Degener, Hermann A. L. (Hrsg.), Unsere Zeitgenossen – Wer ist's? VIII. Ausg., Berlin 1922.

Denslow, W. R. / Truman, Harry S., 10,000 Famous Freemasons, Part I from A–J, Bd. 1, 1957.

Deutsch-Atlantische Telegraphengesellschaft (Hrsg.), Ansprachen, Tischreden und Telegrammwechsel bei der Eröffnung der direkten Kabellinie Emden-Azoren-New York am 4. März 1927, o.O. 1927.

Deutsche Bank und Disconto-Gesellschaft (Hrsg.), Gustaf Schlieper zum Gedächtnis, Berlin 1937.

Deutsche Wirtschaftsführer. Dr. Georg Solmssen, in: Die Wirtschaft. Wochenschrift für Industrie, Handel und Landwirtschaft, 11. Jg., Nr. 20, v. 16.3.1929.

Disconto-Gesellschaft (Hrsg.), Die Disconto-Gesellschaft 1851–1901. Denkschrift zum 50jährigen Jubiläum, Berlin 1901.

Dormann, Michael, Eduard Arnhold (1849–1925). Eine biographische Studie zu Unternehmer- und Mäzenatentum im Deutschen Kaiserreich, Berlin 2002.

Dr. Georg Solmssen. Geschäftsinhaber der Direction der Disconto-Gesellschaft, in: Berliner Börsen-Zeitung v. 3.1.1925.

Dr. Georg Solmssen, in: Deutsche Allgemeine Zeitung, Nr. 4, v. 4.1.1925.

Dr. Georg Solmssen †, in: Neue Zürcher Zeitung v. 18.1.1957.

Dr. Solmssen über die Gefahren des Bolschewismus. Die Notwendigkeit internationaler Zusammenarbeit, in: Berliner Börsen-Zeitung, Nr. 117, v. 11.3.1930.

Enzensberger, Hans Magnus, Hammerstein oder der Eigensinn. Eine deutsche Geschichte, Frankfurt am Main 2008.

European Association for Banking History (Hrsg.), Handbook on the History of European Banks, Aldershot, Brookfield 1994.

Eyck, Erich, Bismarck. Leben und Werk, 3 Bde., Erlenbach-Zürich 1941–1944.

Faesi, Robert, Stadt der Freiheit, Zürich 1944.

Feder, Ernst, Heute sprach ich mit ... Tagebücher eines Berliner Publizisten, Stuttgart 1931.

Feder, Gottfried, Das Programm der N.S.D.A.P. und seine weltanschaulichen Grundgedanken, München 1927.

Feldman, Gerald D., Die Allianz und die deutsche Versicherungswirtschaft 1933–1945, München 2001.

Feldman, Gerald D., Die Deutsche Bank vom Ersten Weltkrieg bis zur Weltwirtschaftskrise 1914–1933, in: Die Deutsche Bank 1870–1995, München 1995, S. 137–314.

Feldman, Gerald D., «Die Deutsche Bank 1870–1995» – Prototyp einer Unternehmensgeschichte. Vortrag vor der Historischen Gesellschaft der Deutschen Bank am 10. März 1995, in: Historische Gesellschaft der Deutschen Bank e.V. (Hrsg.), 125 Jahre. Die Deutsche Bank 1870–1995, Frankfurt am Main 1995, S. 33–44.

Feldman, Gerald D., Jakob Goldschmidt an Georg Solmssen [1955], in: Michael Brenner (Hrsg.), Wenn Du geschrieben hättest, Josephus. Ungeschriebene Briefe der jüdischen Geschichte, München 2005, S. 144–149.

Feldman, Gerald D., Jakob Goldschmidt, the History of the Banking Crisis of 1931, and the Problem of Freedom of Manoeuvre in the Weimar Economy, in Christoph Buchheim / Michael Hutter / Harold James (Hrsg.), Zerrissene Zwischenkriegszeit: Wirtschaftshistorische Beiträge, Baden-Baden 1994, S. 307–328.

Feldman, Gerald D., Politische Kultur und Wirtschaft in der Weimarer Zeit: Unternehmer auf dem Weg in die Katastrophe, in: Zeitschrift für Unternehmensgeschichte, 43. Jg., 1998, H. 1, S. 3–18.

Feldman, Gerald D., Thunder From Arosa: Karl Kimmich and the Reconstruction of the Stollwerck Company 1930–1932, in: Business and Economic History, Bd. 26, Nr. 2, 1997, S. 686–695.

Ferguson, Niall, Paper and iron: Hamburg business and German politics in the era of inflation, 1897–1927, Cambridge (England), New York 1995.

Fischer-Defoy, Christine, Schwanenwerder im Nationalsozialismus. Ein Inselrundgang, in: Aktives Museum, Mitgliederrundbrief Nr. 62, Januar 2010, S. 4–11.

Ford, Henry, My Life and Work, Garden City (New York) 1922.

Frei, Norbert (u. a.), Flick. Der Konzern. Die Familie. Die Macht, München 2009.

Freundt, F. A., Kapital und Arbeit. Gelsenkirchener Bergwerks-Aktien-Gesellschaft 1873–1927, Düsseldorf 1927.

Die Friedensbedingungen der Alliierten und Assoziierten Regierungen mit Einleitung, Anhang und Sachregister, Berlin 1919.

Friedländer, Saul, Das Dritte Reich und die Juden, Bd. 1, Die Jahre der Verfolgung 1933–1939, München 1998.

Fürstenberg, Carl, Die Lebensgeschichte eines deutschen Bankiers 1870–1914, Berlin 1931.

Fueter, Eduard, Geschichte der exakten Wissenschaften in der schweizerischen Aufklärung (1680–1780), Aarau, Leipzig 1941.

Gall, Lothar, Der Bankier Hermann Josef Abs. Eine Biographie, München 2004.

Gatzke, Hans W., Stresemann und Litwin, in: Vierteljahrshefte für Zeitgeschichte, 1957, H. 1, S. 76–90.

Gehlen, Boris, Paul Silverberg (1876–1959). Ein Unternehmer (= Vierteljahrschrift für Sozial- und Wirtschaftsgeschichte Beiheft 194), Stuttgart 2007.

Generalversammlung und Geschäftsbericht des Centralverbands des Deutschen Bank- und Bankiergewerbes, in: Bank-Archiv, 30. Jg., 1930/31, Nr. 6, S. 104–119.

Grote, Gustav, Heinrich Albert von Bary 1847–1929, in: Wuppertaler Biographien, Beiträge zur Geschichte und Heimatkunde des Wuppertals, Bd. 6, Wuppertal 1961, S. 6–13.

Habel, Walter (Hrsg.), Wer ist wer? Das deutsche who's who. XII. Ausgabe von Degeners Wer ist's?, Berlin 1955.

Hamburger, Ernest, Juden im öffentlichen Leben Deutschlands: Regierungsmitglieder, Beamte und Parlamentarier in der monarchischen Zeit, 1848–1918 (= Schriftenreihe wissenschaftlicher Abhandlungen des Leo-Baeck-Instituts, Bd. 19), Tübingen 1968.

Handbuch der Deutschen Aktien-Gesellschaften, Ausgaben 1907/1908 – 1944, Berlin 1907–1945.

Hatke, Brigitte, Hugo Stinnes und die drei deutsch-belgischen Gesellschaften von 1916. Der Versuch der wirtschaftlichen Durchdringung Belgiens im Ersten Weltkrieg durch die Industrie-, Boden und Verkehrsgesellschaft 1916 m.b.H. (= Zeitschrift für Unternehmensgeschichte, Beiheft 56), Stuttgart 1990.

Hayes, Peter, State Policy and Corporate Involvement in the Holocaust, in Michael Berenbaum / Abraham J. Peck (Hrsg.), The Holocaust in History: The Known, the Unknown, the Disputed, and the Reexamined, Indianapolis 1998, S. 197–218.

Heimerzheim, Peter, Karl Ritter von Halt – Leben zwischen Sport und Politik, Sankt Augustin 1999.

Herrmann, Walther, Walther Däbritz zum Gedächtnis, in: Tradition, H. 5, 1963, S. 233–238.

Hertner, Peter, Ausländisches Kapital und Unterentwicklung: Die deutschen Investitionen in Süditalien, 1883–1914, in: Annali dell'Istituto italo-germanico in Trento / Jahrbuch des italienisch-deutschen Instituts in Trient, IV 1978, S. 113–160.

Hildebrand, Klaus, Erich Eyck, in: Hans-Ulrich Wehler (Hrsg.), Deutsche Historiker, Göttingen 1973, S. 206ff.

Historische Kommission bei der Bayerischen Akademie der Wissenschaften (Hrsg.), Neue Deutsche Biographie, bislang 24 Bde. (A-Sta), München 1953–2010.

Hörnig, Herbert, Brüning. Kanzler in der Krise der Republik, Paderborn 2000.
HSBC Trinkaus (Hrsg.), Den Werten verpflichtet. 225 Jahre HSBC Trinkaus 1785–2010, Köln 2010.
50 Jahre Ilse Bergbau-AG, Berlin 1938.
100 Jahre OSRAM – Licht hat einen Namen, München 2006.
James, Harold, Die Deutsche Bank 1933–1945, in: Die Deutsche Bank 1870–1995, München 1995, S. 315–408.
James, Harold, Die Deutsche Bank im Dritten Reich, 2. Aufl., München 2009.
James, Harold, Deutschland in der Weltwirtschaftskrise 1924–1936, Stuttgart 1988.
James, Harold, Verbandspolitik im Nationalsozialismus. Von der Interessenvertretung zur Wirtschaftsgruppe: Der Centralverband des Deutschen Bank- und Bankiergewerbes 1932–1945, München 2001.
Jöhr, Walter A., Schweizerische Kreditanstalt 1856–1956, Zürich 1956.
Keynes, John Maynard, The Economic Consequences of the Peace, London 1919.
Keynes, John Maynard, Die wirtschaftlichen Folgen des Friedensvertrages, München, Leipzig 1920.
Klee, Ernst, Das Personenlexikon zum Dritten Reich. Wer war was vor und nach 1945, 2. Aufl., Frankfurt am Main 2005.
Kleßmann, Eckart, M. M. Warburg & Co. Die Geschichte eines Bankhauses, Hamburg 1998.
Kliemann, Horst G. / Taylor, Stephen S. (Hrsg.), Who's who in Germany, München 1956.
Klötzer, Wolfgang (Hrsg.), Frankfurter Biographie. Personengeschichtliches Lexikon, 2 Bde., 1994 und 1996.
Knetsch, Stefanie, Das konzerneigene Bankinstitut der Metallgesellschaft im Zeitraum von 1906 bis 1928, Stuttgart 1998.
Kobrak, Christopher, Die Deutsche Bank und die USA. Geschäft und Politik von 1870 bis heute, München 2008.
Köhler, Henning, Adenauer. Eine politische Biographie, Berlin 1994.
Köster, Rudolf, Eigennamen im deutschen Wortschatz. Ein Lexikon, Berlin 2003.

Kopper, Christopher, Hjalmar Schacht. Aufstieg und Fall von Hitlers mächtigstem Bankier, München 2006.
Krause, Detlef, Garn, Geld und Wechsel. 250 Jahre von der Heydt-Kersten & Söhne, Wuppertal 2004.
Kruk, Max, Bankiers in ihrer Zeit. Die Männer von B. Simons & Co. (= Schriftenreihe des Instituts für bankhistorische Forschung. Bd. 13), Frankfurt am Main 1989.
Kuske, Bruno, 100 Jahre Stollwerck, Köln 1939.
Leitende Männer der Wirtschaft und der zugehörigen Verwaltung. Ein wirtschaftliches «Who is who?» Nachschlagewerk über Vorstandsmitglieder, Aufsichtsräte usw. 1951, Heppenheim 1951.
Lengemann, Jochen, MdL Hessen 1808–1996, Marburg 1996.
Linne, Karsten, Afrika als «wirtschaftlicher Ergänzungsraum»: Kurt Weigelt und die kolonialwirtschaftlichen Planungen im «Dritten Reich», in: Jahrbuch für Wirtschaftsgeschichte 2006/2, Berlin 2006, S. 144ff.
Lochner, Louis P., Hermann Bücher, in: Tycoons and Tyrant – German Industry from Hitler to Adenauer, Chicago 1954, S. 64–69.
Lüke, Rolf E., Berliner Handels-Gesellschaft in einem Jahrhundert deutscher Wirtschaft 1856–1956, Berlin 1956.
Lussy, Hanspeter / López, Rodrigo, Liechtensteinische Finanzbeziehungen zur Zeit des Nationalsozialismus, 2 Bde., Vaduz, Zürich 2005.
Luther, Hans, Vor dem Abgrund 1930–1933. Reichsbankpräsident in Krisenzeiten, Berlin 1964.
Macklin, Theodore, Efficient marketing for agriculture, New York 1924.
Mangel an Würde, in: Jüdische Rundschau, 35. Jg., Nr. 100, v. 19.12.1930.
Martin, Rudolf, Jahrbuch des Vermögens und Einkommens der Millionäre in Preußen, 2 Teile, Berlin 1912.
Matschoß, Conrad (Hrsg.), Werner Siemens. Ein kurzgefaßtes Lebensbild nebst einer Auswahl seiner Briefe, 2 Bde., Berlin 1916.

Merkenich, Stephanie, Grüne Front gegen Weimar. Reichs-Landbund und agrarischer Lobbyismus 1918–1933, Düsseldorf 1998.

Meyer, Fritjof, Mein Fall Georg Solmssen: Warum ich dem Bankier nach dem Krieg eine Entschädigung verweigerte – und es heute bereue, in: Die Zeit, 20.11.2010.

Mingazzini, Paolino / Pfister, Federico, Forma Italiae, Latium et Campania – Bd. II, Surrentum, Florenz 1946.

Morsey, Rudolf, Zur Entstehung, Authentizität und Kritik von Brünings Memoiren 1918–1934, Opladen 1975.

Mosse, Werner E., Jews in the German economy: the German-Jewish economic élite 1820–1935, Oxford 1987.

Mosse, Werner E. / Paucker, Arnold (Hrsg.), Entscheidungsjahr 1932. Zur Judenfrage in der Endphase der Weimarer Republik, 2. Aufl. (= Schriftenreihe wissenschaftlicher Abhandlungen des Leo-Baeck-Instituts, Bd. 13), Tübingen 1966.

Mosse, Werner E. / Pohl, Hans (Hrsg.), Jüdische Unternehmer in Deutschland im 19. und 20. Jahrhundert (= Zeitschrift für Unternehmensgeschichte, Beiheft 64), Stuttgart 1992.

Mossner, Julius (Hrsg.), Adreßbuch der Direktoren und Aufsichtsräte, Jge. 1928, 1935 und 1938.

Moulton, Harold G. / McGuire, Constantine E., Germany's Capacity to Pay, New York 1923.

Müller-Jabusch, Maximilian, Franz Urbig. Zum 23. Januar 1939, Berlin 1939.

Müller-Jabusch, Maximilian, Franz Urbig. Überarbeiteter und ergänzter Neudruck der Erstauflage von 1939, Berlin 1954.

Müller-Jabusch, Maximilian, Oscar Schlitter. Überarbeiteter und ergänzter Neudruck der Erstauflage von 1938, Berlin 1955.

Münch, Hermann, Adolph von Hansemann, Berlin 1932.

Münzel, Martin, Die jüdischen Mitglieder der deutschen Wirtschaftselite 1927–1955. Verdrängung – Emigration – Rückkehr, Paderborn 2006.

Patch Jr., William L., Heinrich Brüning and the Dissolution of the Weimar Republic, Cambridge 1998.

Petzinna, Berthold, Erziehung zum deutschen Lebensstil. Ursprung und Entwicklung des jungkonservativen «Ring»-Kreises 1918–1933, Berlin 2000.

Pfister, Andrea U., Federico Pfister (1898–1975) Umanista, pensatore, artist. Note biografiche, in: Gianna A. Mina, Federico Pfister/de Pistoris (1898–1975) Futuriats e intereettuale tra Svizzera e Italia. Museo Vincenzo Vela, Ligornetto 2010, S. 12–24 [auch deutscher Sonderdruck dieses Beitrags].

Pinner, Felix, Deutsche Wirtschaftsführer, Berlin 1925.

Pogge von Strandmann, Hartmut, Unternehmenspolitik und Unternehmensführung. Der Dialog zwischen Aufsichtsrat und Vorstand bei Mannesmann 1900–1919, Düsseldorf, Wien 1978.

Pohl, Hans (Hrsg.), Deutsche Bankiers des 20. Jahrhunderts, Stuttgart 2008.

Pohl, Manfred (Hrsg.), Hermann J. Abs. Eine Bildbiographie, 2. Aufl., Mainz 1992.

Pohl, Manfred, Die Geschichte der Knorr-Bremse AG, München 2005.

Pohl, Manfred, Konzentration im deutschen Bankwesen (1848–1980) (= Schriftenreihe des Instituts für bankhistorische Forschung Bd. 4), Frankfurt am Main 1982.

Pohl, Manfred, Zwei Dokumente zur Bankenkrise des Jahres 1931, in: Bankhistorisches Archiv, 7. Jg., 1981, H. 1, S. 52–61.

Portrait eines Bankdirektors. Zu einem Buch von Georg Solmssen, in: Deutsche Zukunft, Wirtschaftsspiegel v. 16.12.1934.

Priester, Hans E., Das Geheimnis des 13. Juli. Ein Tatsachenbericht von der Bankenkrise, Berlin 1932.

Pudor, Fritz, Lebensbilder aus dem Rheinisch-Westfälischen Industriegebiet, Düsseldorf 1960.

Pünder, Hermann, Politik in der Reichskanzlei. Aufzeichnungen aus den Jahren 1929–1932 (= Schriftenreihe der Vierteljahrshefte für Zeitgeschichte, Nr. 3), Stuttgart 1961.

Pulzer, Peter, Jews and the German state: the political history of a minority, 1848–1933, Oxford 1992.

Ranieri, Liane, Dannie Heineman, Patron de la SOFINA: Un destin singulier, 1872–1962, Brüssel 2005.

Rasch, Manfred / Feldman, Gerald D. (Hrsg.), August Thyssen und Hugo Stinnes. Ein Briefwechsel 1898–1922 (= Schriftenreihe zur Zeitschrift für Unternehmensgeschichte, Bd. 10), München 2003.

Reichshandbuch der Deutschen Gesellschaft, Das Handbuch der Persönlichkeiten in Wort und Bild, 2 Bde., Berlin 1930 und 1931.

Reif, Janin / Schumacher, Horst / Uebel, Lothar, Schwanenwerder. Ein Inselparadies, Berlin 2000.

Renkhoff, Otto, Nassauische Biographie, Wiesbaden 1992.

Reves, Emery, Die Anatomie des Friedens, Zürich 1947.

Reves, Emery, The Anatomy of Peace, New York, London 1945.

Rosenbaum, Eduard / Sherman, A. J., M. M. Warburg & Co., 1798–1938, merchant bankers of Hamburg, London 1979.

Says Reparations Keep Mark Down. Berlin Banker Here on Business Declares Germany Struggles in Quicksand. Dr. Solmssen Tells of Conditions and of Hope Placed in This Country, in: New York Times v. 25.10.1922.

A. Schaaffhausen'scher Bankverein A.-G. (Hrsg.), A. Schaaffhausen'scher Bankverein A.-G. Köln 1848–1928. Den Freunden unseres Instituts anlässlich der Internationalen Presseausstellung Köln 1928 überreicht, Köln 1928.

Schacht, Hjalmar, Abrechnung mit Hitler, Hamburg, Stuttgart 1948.

Schacht, Hjalmar, Memorandum zum Youngplan, Berlin 1929.

Schacht, Hjalmar, 76 Jahre meines Lebens, Bad Wörishofen 1953.

Schmidt, Ernst Wilhelm, Männer der Deutschen Bank und der Disconto-Gesellschaft, Düsseldorf 1957.

Schmidt, Paul C. W. (Hrsg.), Wer leitet? Die Männer der Wirtschaft und der einschlägigen Verwaltung 1940, Berlin 1940.

Schoeps, Manfred, Der Deutsche Herrenklub. Ein Beitrag zur Geschichte des Jungkonservativismus in der Weimarer Republik, Diss. phil. Erlangen–Nürnberg 1974.

Schötz, Hans-Otto, Der Kampf um die Mark 1923/24. Die deutsche Währungsstabilisierung unter dem Einfluß der nationalen Interessen Frankreichs, Großbritanniens und der USA (= Veröffentlichungen der Historischen Kommission zu Berlin, Bd. 68), Berlin, New York 1987.

Schubert, Ernst, Aus der Geschichte der evangelischen Gemeinde deutscher Sprache in Neapel. Zu ihrem 100jährigen Jubiläum 1926, Neapel 1926.

Schumacher, Martin / Lübbe, Katharina / Schröder, Wilhelm Heinz, M.d.R. Die Reichstagsabgeordneten der Weimarer Republik in der Zeit des Nationalsozialismus, 3. Aufl., Düsseldorf 1994.

Schulz, Gerhard, Politik und Wirtschaft in der Krise. Quellen zur Ära Brüning, 2 Bde., Düsseldorf 1980.

Schwarz, Hans-Peter, Adenauer. Der Aufstieg: 1876–1952, Stuttgart 1986.

1862–1912–1962 – Schweizerische Bankgesellschaft, Zürich 1962.

Seidenzahl, Fritz, 100 Jahre Deutsche Bank 1870–1970. Im Auftrage des Vorstandes der Deutschen Bank Aktiengesellschaft, Frankfurt am Main 1970.

Smelser, Ronald / Syring, Enrico / Zitelmann, Rainer (Hrsg.), Die braune Elite 2. 21 weitere biographische Skizzen, 2. Aufl., Darmstadt 1999.

Soénius, Ulrich S. / Wilhelm, Jürgen (Hrsg.), Kölner Personenlexikon, Köln 2008.

Solmssen, Arthur R.G., Berliner Reigen, Frankfurt am Main 1986.

Solmssen als neuer Sprecher der DD-Bank, in: Frankfurter Zeitung v. 1.6.1933.

Solmssen statt Rießer. Neuer Kurs im Banken-Verband?, in: Vossische Zeitung v. 17.12.1930.

Sommerfeldt, Martin H., Ich war dabei. Die Verschwörung der Dämonen 1933–1939, Darmstadt 1949.

Spuler, Bertold, Minister-Ploetz – Regenten und Regierungen der Welt, Teil 2, Bd. 4, Neueste Zeit 1917/18–1964, Würzburg 1964.

Stadler, Peter, Robert Faesi (1883–1972) und Jakob Bührer (1882–1975), Kulturpolitisches Doppelprofil zweier literarischer Zeitgenossen, Zürich 1995.

Stanton, Bernard, George F. Warren. Farm Economist, Ithaca, New York 2008.

Theresienstädter Gedenkbuch. Die Opfer der Judentransporte aus Deutschland nach Theresienstadt 1942–1945, Prag, Berlin 2000.

Tirpitz, Alfred von, Erinnerungen, Leipzig 1919.

Turner, Henry A., Die Großunternehmer und der Aufstieg Hitlers, Berlin 1985.

Ulrich, Keith, Aufstieg und Fall der Privatbankiers: Die wirtschaftliche Bedeutung von 1918 bis 1938, Frankfurt am Main 1998.

Die Union von Südafrika, in: Europäische Revue, 12. Jg., Dezember 1936, H. 12b, S. 1009–1091.

Das verfemte Finanzkapital, in: Der Ring, 3. Jg., 1930, H. 43, S. 741f.

Die Verfolgung und Ermordung der europäischen Juden durch das nationalsozialistische Deutschland 1933–1945, Bd. 1, Wolf Gruner (Bearbeiter), Deutsches Reich 1933–1937, München 2008.

Verhandlungen des Vereins für Socialpolitik über die finanzielle Behandlung der Binnenwasserstraßen, über das Arbeitsverhältnis in den privaten Riesenbetrieben und das Verhältnis der Kartelle zum Staate. Verhandlungen der Generalversammlung in Mannheim, 25., 26., 27. und 28. September 1905, in: Schriften des Vereins für Socialpolitik, Bd. 116, Leipzig 1906, S. 272ff.

Verhandlungen des VII. Allgemeinen Deutschen Bankiertages zu Köln am Rhein am 9., 10. und 11. September 1928, Berlin, Leipzig 1928.

Verhandlungen des IX. Deutschen Bankiertages zu Köln am Rhein am 9. und 10. Oktober 1958, Frankfurt am Main 1959.

Volkmann, Peer Oliver, Heinrich Brüning (1885–1970). Nationalist ohne Heimat, Düsseldorf 2007.

Weld, Louis Dwight Harvell, The marketing of farm products, New York 1916.

Wenzel, Georg, Lebensgänge deutscher Wirtschaftspersönlichkeiten. Ein Nachschlagebuch über 3000 Wirtschaftspersönlichkeiten unserer Zeit, Hamburg, Berlin, Leipzig 1929.

Wessel, Horst A., Kontinuität im Wandel. 100 Jahre Mannesmann 1890–1990, Düsseldorf 1990.

Williams, Nancy A. (Hrsg.), Arkansas Biography: A Collection of Notable Lives, Fayetteville 2000.

Williamson, John G., Karl Helfferich 1872–1924. Economist, Financier, Politician, Princeton, New Jersey 1971.

Winkler, Heinrich August, Weimar 1918–1933. Die Geschichte der ersten deutschen Demokratie, München 1993.

Zentner Christian / Bedürftig Friedemann (Hrsg.), Das große Lexikon des Dritten Reiches, München 1985.

Ziegler, Dieter, Die Dresdner Bank und die deutschen Juden (= Die Dresdner Bank im Dritten Reich, Bd. 2), München 2006.

Zielenziger, Kurt, Juden in der Wirtschaft, Berlin 1930.

Verzeichnis der Archive

Archiv der Berlin-Brandenburgischen Akademie der Wissenschaften, Berlin (BBAW)

PAW/II/XI
    Zentralregistratur Stiftungen Adolph Salomonsohn-Stiftung

Bayer Unternehmensarchiv

Autographen-Sammlung Carl Duisberg

Bundesarchiv, Abteilung Berlin (BA)

R43I   Reichskanzlei («Neue Reichskanzlei»)
R904   Waffenstillstandskommission
R4701 Reichspostministerium

Bundesarchiv, Abteilung Koblenz (BA)

N1138 Nachlass Ludwig Kastl
N1186 Nachlass Gustav Stolper

ETH-Bibliothek, Eidgenössische Technische Hochschule Zürich

Hs 1227 Nachlass Eduard Fueter

Hausarchiv Sal. Oppenheim jr. & Cie., Köln (HBO)

P, R   Büro Robert Pferdmenges

Historisches Archiv der Deutschen Bank, Frankfurt am Main (HADB)

B   Deutsche Bank Zentrale Berlin
DB (alt) Deutsche Bank (Altbank)
K1   Norddeutsche Bank, Hamburg
K2   A. Schaaffhausen'scher Bankverein, Köln
K5   Deutsche Centralbodenkredit-AG, Berlin
NL3   Nachlass Georg Solmssen
P   Deutsche Bank Zentrale Berlin (als Mikrofiche-Bestand auch im Bundesarchiv, Abteilung Berlin, R8119F)
P1   Personalakten Deutsche Bank, Mitglieder des Vorstands und Direktoren
P2   Personalakten Deutsche Bank Zentrale Berlin
S   Deutsche Bank Zentrale Berlin, Sekretariat
SG   Sammlungsgut Personal
V1   Büro Hermann J. Abs
V3   Büro Erich Bechtolf
ZA4   Deutsche Bank Zentrale Frankfurt am Main, Generalsekretariat
ZA47   Deutsche Bank Zentrale Düsseldorf, Vorstandssekretariat

Historisches Archiv Krupp, Essen

FAH   Familienarchiv Hügel

Rheinisch-Westfälisches Wirtschaftsarchiv, Köln (RWWA)

Abt. 39 Nachlass Dr. Georg Solmssen

Warburg-Archiv, Hamburg

Zentralbibliothek Zürich

Nachlass Hans Nabholz
Nachlass Jakob Job
Nachlass Robert Faesi

Abkürzungsverzeichnis

AEG	Allgemeine Elektricitäts-Gesellschaft
AR	Aufsichtsrat
BA	Bundesarchiv
BBAW	Berlin-Brandenburgische Akademie der Wissenschaften
bezw.	beziehungsweise
Centralverband	Centralverband des Deutschen Bank- und Bankiergewerbes
Danatbank	Darmstädter und Nationalbank
DDP	Deutsche Demokratische Partei
DEA	Deutsche Erdöl-AG
Diss.	Dissertation
DMI	Deutsche Mineralöl-Industrie-AG
Ebd.	Ebenda
FAH	Familienarchiv Hügel
HADB	Historisches Archiv der Deutschen Bank
HBO	Hausarchiv des Bankhauses Sal. Oppenheim jr. & Cie.
MdB	Mitglied des Bundestags
MdL	Mitglied des Landtags
MdR	Mitglied des Reichstags
n. e.	nicht ermittelt
NDB	Neue Deutsche Biographie
NRW	Nordrhein-Westfalen
Reichshandbuch	Reichshandbuch der Deutschen Gesellschaft
RWWA	Stiftung Rheinisch-Westfälisches Wirtschaftsarchiv zu Köln
stv.	stellvertretender/stellvertretendes
Wenzel	Lebensgänge deutscher Wirtschaftspersönlichkeiten
Wer ist's?	Unsere Zeitgenossen – Wer ist's?
Wer leitet?	Wer leitet? Die Männer der Wirtschaft und der einschlägigen Verwaltung
z. B.	zum Beispiel

Personenverzeichnis

Abs, Hermann J. (15.10.1901 – 5.2.1994)
Bankier; Sohn von → Josef Abs; 1929 Eintritt, 1935 Teilhaber → Delbrück, Schickler & Co.; 1938–1945 Vorstandsmitglied → Deutsche Bank; 1948–1952 stv. Vorsitzender Verwaltungsrat Kreditanstalt für Wiederaufbau und in deren Vorstand delegiert; 1951–1953 Leitung deutsche Delegation Londoner Verhandlungen zur Regelung der deutschen Auslandsschulden; 1952–1957 Vorstandssprecher Süddeutsche Bank AG; 1957–1967 Vorstandssprecher, 1967–1976 AR-Vorsitzender, 1976–1994 Ehrenvorsitzender → Deutsche Bank AG.
Quelle: Lothar Gall, Der Bankier Hermann Josef Abs. Eine Biographie, München 2004
Seite: 7, 38, 64, 438, 441f., 451, 462, 466–471, 495–499, 528, 532, 552

Abs, Inez, geb. Schnitzler
(24.2.1908 – 12.5.1991)
Stammt aus einer alten Kölner Kaufmanns- und Bankierfamilie; Vater Otto Schnitzler, Mutter → Doris Schnitzler, geb. Minderop; verh. mit → Hermann J. Abs seit 1928.
Quelle: Familienartikel «Schnitzler» in: NDB, Bd. 23, S. 332f.
Seite: 438, 442

Abs, Josef (6.12.1862 – 23.5.1943)
Dr. jur.; Rechtsanwalt; Vater von → Hermann J. Abs; Vorstandsmitglied Hubertus Braunkohlengesellschaft; Mitgründer → Deutsch-Holländische Bank.
Quelle: Wenzel, Sp. 2
Seite: 166f.

Abshagen, Otto (4.6.1883 – 21.10.1940)
Dr. jur.; Bankdirektor; 1905 Referendar; 1910 Gerichtsassessor und Rechtsanwalt; 1918 Justitiar; 1922 stv. Direktor, 1927 stv. Vorstandsmitglied, 1929–1940 Leiter Generalsekretariat → Deutsche Bank

Quelle: Wenzel, Sp. 3
Seite: 335, 376, 383, 419f., 423, 436–440, 456

Adenauer, Konrad (5.1.1876 – 19.4.1967)
Politiker; 1917–1933 und 1945 Oberbürgermeister von Köln; 1946 Vorsitzender CDU (britische Zone, ab 1950 auf Bundesebene); 1949–1963 Bundeskanzler; 1927–1931 AR-Mitglied → Deutsche Bank bzw. → Deutsche Bank und Disconto-Gesellschaft.
Quelle: Hans-Peter Schwarz, Adenauer. Der Aufstieg 1876–1952, Stuttgart 1986; Henning Köhler, Adenauer. Eine politische Biographie, Berlin 1994
Seite: 118f., 152f., 173f., 310, 389

Albert, Heinrich Friedrich
(12.2.1874 – 1.11.1960)
Diplomat, Politiker, Industrieller, Rechtsanwalt; 1914–1917 Handelsattaché in den USA; 1918–1919 Präsident Reichsamt zur Verwertung der nach der Demobilisierung freigewordenen Heeresgüter; 1919–1921 Chef Reichskanzlei als Staatssekretär; 1922–1923 Reichsschatzminister und Reichsminister für Wiederaufbau; 1924–1932 Wirtschaftsanwalt spezialisiert auf die USA; 1932–1933 Generaldirektor → Norddeutscher Lloyd, 1937–1945 AR-Vorsitzender deutsche Ford Motor Company; AR-Mitglied → Deutsch-Atlantische Telegraphengesellschaft AG.
Quelle: Reichshandbuch, Bd. 1, S. 13
Seite: 172, 436

Alvensleben-Neugattersleben, Hans Bodo Graf von (18.10.1882 – 3.10.1961)
Gutsbesitzer; Jurastudium; landwirtschaftliche Ausbildung; 1910–1914 Unternehmer in Kanada; 1914 Rückkehr nach Deutschland und Kriegsdienst; 1918/19 Arbeiter- und Soldatenrat; 1919 Pächter, 1929–1945 Gutsbesitzer Neugattersleben; div. Positionen in Wirtschaft, Politik und Gesellschaft; 1922 Mitglied

DNVP; 1924 Mitgründer und Präsident
→ Deutscher Herrenklub (ab 1933 Deutscher Klub).
Quelle: http://www.familie-von-alvensleben.de/index.php?option=com_content&task=view&id=186&Itemid=220 (letzter Aufruf: 10.3.2011)
Seite: 270

Arendt, Otto (1873 oder 1874 – n. e.)
Oberpostrat; reiste 1922 als technischer Sachverständiger für Telegraphenkabel in die USA; AR-Mitglied → Deutsch-Atlantische Telegraphengesellschaft.
Quelle: Adreßbuch der Direktoren und Aufsichtsräte 1935, Bd. 1, S. 25; http://hotel432.server4you.de/passagierlisten/listenphp?ArchivIdent=AIII15–17.01.1922_N&abreisehafen=Bremen&ankunftshafen=New%20York&lang=de (letzter Aufruf: 11.2.2011)
Seite: 171f.

Arnold, Theodor (4.12.1887 – 30.4.1947)
Bankangestellter; 1910 Eintritt, 1924–1945 Oberbuchhalterei → Deutsche Bank Zentrale Berlin.
Quelle: HADB, P2/A149
Seite: 471

Arnhold, Eduard (10.6.1849 – 10.8.1925)
Unternehmer und Kunstmäzen; 1882 Übernahme Firma Caesar Wollheim; 1889–1902 Mitglied der Ältesten der Kaufmannschaft von Berlin; 1913 Berufung ins Preußische Herrenhaus; 1913 Stifter Villa Massimo in Rom als Kulturinstitut; 1919 Sachverständiger Friedensverhandlungen in Versailles.
Quelle: Michael Dorrmann, Eduard Arnhold (1849–1925), Eine biographische Studie zu Unternehmer- und Mäzenatentum im Deutschen Kaiserreich, Berlin 2002
Seite: 134

Aselmeyer (Familie)
Bremer Familie; 1809 Übersiedlung Friedrich Julius Aselmeyers nach Neapel; Inhaber eines Handelshauses; 1870 Übernahme Konsulat für Bayern, später Honorarkonsulat für das Deutsche Reich; ab 1854 Engagement in schweizerischer Baumwollindustrie in Campania.

Quelle: Peter Hertner, Ausländisches Kapital und Unterentwicklung: Die deutschen Investitionen in Süditalien, 1883–1914, in: Annali dell'istituto italo-germanico in Trento / Jahrbuch des italienisch-deutschen Instituts in Trient, IV 1978, S. 113ff.; Daniela Luigia Caglioti, Vite Parallele – Una minoranza protestante nell'Italia dell'Ottocento, Bologna 2006
Seite: 16f., 372f., 453f., 473

Aselmeyer, Anna, geb. von Bose (1858 – 1943)
1883 Heirat mit → Karl Aselmeyer; Tochter → Giulietta (gen. Etta) Aselmeyer, verh. Solmssen; Sohn → Friedrich (gen. Fritz) Aselmeyer.
Seite: 121, 372f., 445, 468, 476

Aselmeyer, Fritz (1886 – 1917)
Kriegsteilnehmer als Leutnant der Sächsischen Gardereiter, 1917 in Rumänien gefallen; Vater → Karl Aselmeyer, Mutter → Anna Aselmeyer.
Seite: 372f.

Aselmeyer, Karl (23.3.1858 – 1940)
Konsul, Kaufmann; 1903–1915 Leiter Fa. Aselmeyer & Co. in Neapel; verlässt im April 1915 Italien; Kriegsteilnahme als Reserveoffizier Königshusaren-Regiment in Bonn; verh. mit → Anna Aselmeyer, geb. von Bose, Tochter → Giulietta (gen. Etta) Aselmeyer, verh. Solmssen, Sohn → Friedrich (gen.) Fritz Aselmeyer.
Seite: 16f., 121, 372f., 468

Auel, Carl
1931 Vorstandsmitglied → Gebrüder Stollwerck AG.
Quelle: Bruno Kuske, 100 Jahre Stollwerck-Geschichte 1839–1939, Köln 1939, S. 126ff.
Seite: 317, 323

Bagehot, Walter (3.2.1826 – 24.3.1877)
Britischer Ökonom und Publizist.
Seite: 37

Bail, Ernst (15.7.1871 – 1951)
Staatsbeamter; 1920–1929 Ministerialdirektor Preußisches Ministerium für Handel und Gewerbe; Geh. Oberregierungsrat.
Quelle: Wenzel, Sp. 83
Seite: 151, 281f.

Baldwin, Stanley (3.8.1867 – 14.12.1947)
Britischer Politiker; seit 1908 Unterhausabgeordneter (Tories); 1916 parlamentarischer Staatssekretär; 1917 stv. Schatzkanzler; 1921 Handelsminister; 1922 Schatzkanzler; 1923–1929 und 1935–1937 Premierminister; 1937 geadelt als 1. Earl Baldwin of Bewdley; Mitglied → Royal Institute of International Affairs.
Seite: 432

Bamberger, Franz (26.8.1855 – 27.8.1926)
Dr. jur.; Bankier, Politiker; nach Studium Eintritt in das von seinem Großvater August Bamberger gegründete Bankhaus Bamberger & Co. in Mainz; 1911 Übernahme durch die → Disconto-Gesellschaft; AR-Mitglied Disconto-Gesellschaft. 1905 Mitglied; 1908 Präsident Mainzer Handelskammer; 1911 und 1918 Mitglied erste Kammer Landstände des Großherzogtums Hessen; 1911 Ernennung zum Geh. Kommerzienrat.
Quelle: Ernest Hamburger, Juden im öffentlichen Leben Deutschlands: Regierungsmitglieder, Beamte und Parlamentarier in der monarchischen Zeit, 1848–1918 (= Schriftenreihe wissenschaftlicher Abhandlungen des Leo-Baeck-Instituts, Bd. 19), Tübingen 1968, S. 384; Jochen Lengemann, MdL Hessen 1808–1996, Marburg 1996, S. 60
Seite: 163

Barton, Thomas Harry (20.9.1881– 24.12.1860)
US-Ölmagnat und Philanthrop; 1924–1929 Präsident Natural Gas and Fuel Corporation, Arkansas; 1929–1955 Präsident Lion Oil Company; 1955–1959 AR-Mitglied Monsanto Chemical Corporation.
Quelle: Nancy A. Williams (Hrsg.), Arkansas Biography: A Collection of Notable Lives, Fayetteville, 2000
Seite: 267

Bary, Heinrich Albert von (26.3.1847 – 14.12.1929)
Bankier; Gründer → Bankhaus H. Albert de Bary &. Co. in Antwerpen (kommanditistische Beteiligung → Disconto-Gesellschaft ab 1887); 1919 Gründung → Handel Maatschappij H. Albert de Bary & Co. in Amsterdam unter Beteiligung des Konzerns Disconto-Gesellschaft; 1914–1929 AR-Mitglied Disconto-Gesellschaft.
Quelle: Gustav Grote, Heinrich Albert von Bary 1847–1929, in: Wuppertaler Biographien, Beiträge zur Geschichte und Heimatkunde des Wuppertals, Bd. 6, Wuppertal 1961, S. 6–13
Seite: 98

Batocki-Friebe, Adolf von (31.7.1868 – 22.5.1944)
Staatswissenschaftler, Verwaltungsbeamter, Politiker; 1900 Landrat Landkreis Königsberg; 1907 Präsident Landwirtschaftskammer für die Provinz Ostpreußen; 1914–1916 und 1918–1919 Oberpräsident Provinz Ostpreußen; 1916–1917 Präsident Kriegsernährungsamt; ab 1921 Reichskommissar für Wiederaufbau der zerstörten Gebiete; 1928 Kurator Univ. Königsberg; 1932 öffentlicher Einsatz für die Wiederwahl von Paul von Hindenburg als Reichspräsident.
Quelle: NDB, Bd. 1, S. 627f.
Seite: 293–298

Bechtolf, Erich (8.4.1891 – 30.10.1969)
Bankdirektor; 1922 Eintritt → Deutsche Bank Filiale Elberfeld als Syndikus und Leiter Rechtsabteilung, 1924 stv. Direktor Filiale Hamm, 1928 Abteilungsdirektor im Sekretariat der Zentrale, 1932–1940 Direktor Filiale Hamburg, 1941–1945 Vorstandsmitglied, 1952–1957 Vorstandsmitglied Norddeutsche Bank AG, 1957–1959 Vorstandsmitglied → Deutsche Bank AG, 1960–1967 AR-Vorsitzender.
Quelle: HADB, SG18/9
Seite: 374f., 380, 382, 497, 526

Becker, Carl Heinrich (12.4.1876 – 10.2.1933)
Islamwissenschaftler; 1925–1930 preußischer Kultusminister.
Quelle: NDB, Bd. 1, S. 711
Seite: 250

Becker, Dietrich (1.6.1877 – 19.12.1939)
Bankdirektor; 1903 Eintritt → Essener Credit-Anstalt, 1905–1925 Vorstand; 1925–1935

Direktor → Deutsche Bank Filiale Essen; Ausschussmitglied → Centralverband.
Quelle: Reichshandbuch, Bd. 1, S. 84, HADB, SG18/1
Seite: 307f., 314ff., 318

Bendix, Albert (12.8.1879 – 15.5.1940)
Bankier; Direktor und bis 1932 Geschäftsinhaber → Barmer Bank-Verein Hinsberg, Fischer & Comp.; AR-Vorsitzender Kölner Kassenverein und Gebrüder Alsfeld AG; AR-Mandate verschiedener rheinischer Aktiengesellschaften; Vorstandsmitglied Kölner Börse; ab 1920 stv. Vorsitzender des Vorstands → Vereinigung von Banken und Bankiers in Rheinland und Westfalen; 1933–1939 Vorstandsvorsitzender Synagogengemeinde Köln.
Quelle: Reichshandbuch, Bd. 1, S. 102, Die Verfolgung und Ermordung der europäischen Juden durch das nationalsozialistische Deutschland 1933–1945, Bd. 1, Wolf Gruner (Bearbeiter), Deutsches Reich 1933–1937, München 2008, S. 729
Seite: 148f., 162f., 165ff., 173f., 176f.

Benz, Ottomar (7.6.1880 – 20.1.1960)
Dr. jur.; Verwaltungsbeamter in Thüringen; 1921–1926 Vorstandsmitglied → Bank für Thüringen; 1926–1929 Direktor → Disconto-Gesellschaft Zentrale Berlin, 1929–1945 Direktor → Deutsche Bank (und Disconto-Gesellschaft) Zentrale Berlin; 1945–1955 Vorstandsmitglied → Deutsche Centralbodenkredit-AG.
Quelle: HADB, P2/B306
Seite: 379

Bergengrün, Alexander (1859 – 20.1.1927)
Archivar → Disconto-Gesellschaft; 1901 Verfasser von «Disconto-Gesellschaft 1851–1901» und einer David Hansemann-Biographie.
Seite: 525

Berger, Erich Heinrich von (5.8.1879 – nach 1955)
Bankdirektor; Prokurist und Direktor → Disconto-Gesellschaft in Berlin.
Seite: 99f., 111ff., 166

Bergmann, Carl (20.4.1874 – 26.9.1935)
Bankdirektor, Politiker; 1911–1918 stv. Vorstandsmitglied, 1921–1930 AR-Mitglied → Deutsche Bank; 1919–1921 Staatssekretär im Reichsfinanzministerium; 1924 Mitglied Verwaltungsrat Deutsche Reichsbahn-Gesellschaft; 1932–1935 Vorstandsmitglied, 1935 AR-Mitglied → Dresdner Bank.
Quelle: Wenzel, Sp. 165; Reichshandbuch, Bd. 1, S. 8
Seite: 256, 339, 343

Bernstein, Otto (7.5.1877 – 9.2.1943)
Rechtsanwalt, Verbandspolitiker; 1905 Geschäftsleitung, seit 1925 stv. Vorsitzender des AR Berliner Börsen-Courier AG; 1925–1933 geschäftsführendes Vorstandsmitglied → Centralverband; 1942 Deportation nach Theresienstadt.
Quelle: Reichshandbuch, Bd. 1, S. 121; Harold James, Verbandspolitik im Nationalsozialismus. Von der Interessenvertretung zur Wirtschaftsgruppe: Der Centralverband des Deutschen Bank- und Bankiergewerbes 1932–1945, München, Zürich 2001
Seite: 35, 40ff., 67, 290, 302–305, 334f., 353ff., 527f., 530ff., 539

Bernstorff, Johann Heinrich Graf von (14.11.1862 – 6.10.1939)
Diplomat; 1889 Eintritt in diplomatischen Dienst, Attaché in Konstantinopel, Belgrad und Dresden; 1896 Legationssekretär in St. Petersburg; 1898 Legationsrat in München; 1903 Botschaftsrat in London; 1906 Generalkonsul in Kairo; 1908 Botschafter in Washington; 1917 nach Kriegseintritt der USA Botschafter in Konstantinopel; 1919 Ablehnung Nachfolger von Außenminister Graf Brockdorff-Rantzau zu werden, Ausscheiden aus dem diplomatischen Dienst; 1921–1928 MdR (DDP); 1918 Mitbegründer, 1921 Präsident Deutsche Liga für den Völkerbund; 1926–1931 Abrüstungskonferenz für internationale Verständigung, Vertretung Deutschlands als Delegierter; 1932 Übersiedlung in die Schweiz.
Quelle: NDB, Bd. 2, S. 141f.; Biographisches Handbuch des deutschen Auswärtigen Dienstes 1871–1945, Bd. 1, Paderborn 2000, S. 131f.
Seite: 133f.

Beukenberg, Heinrich Wilhelm
(10.11.1858 – 15.7.1923)
Montanindustrieller; 1903 erster technischer Direktor und Vorstandsmitglied Dortmund-Gronau-Enscheder Eisenbahn; 1905 Vorstandsvorsitzender Hoerder Bergwerks- und Hüttenverein, 1906 dessen gemeinsame Leitung mit der fusionierten → Phoenix AG für Bergbau und Hüttenbetrieb; Vorsitzender Verein deutscher Eisen- und Stahlindustrieller; 1919 Sachverständiger Friedensverhandlungen in Versailles.
Quelle: NDB, Bd. 2, S. 196
Seite: 123, 134

Bierwes, Heinrich (11.8.1867 – 2.1.1949)
Industrieller; 1920–1934 Vorstandsvorsitzender Mannesmannröhren-Werke; 1922–1937 AR-Mitglied → Deutsche Bank.
Quelle: Reichshandbuch Bd. 1, S. 137f.; Horst A. Wessel, Kontinuität im Wandel. 100 Jahre Mannesmann 1890–1990, Düsseldorf 1990
Seite: 335

Bindschedler, Rudolf Gottfried
(9.7.1883 – 1947)
Dr. jur.; Schweizer Bankier; 1919–1936 Generaldirektor Schweizerische Kreditanstalt; Verwaltungsratspräsident Elektro-Watt; AR-Mitglied → Gesellschaft für elektrische Unternehmungen – Ludwig Loewe & Co. AG.
Quelle: Adreßbuch der Direktoren und Aufsichtsräte 1935, Bd. 1, S. 111; Walter A. Jöhr, Schweizerische Kreditanstalt 1856–1956, Zürich 1956
Seite: 389, 398f., 401

Bismarck, Otto Fürst von
(1.4.1815 – 30.6.1898)
Diplomat und Politiker; 1862–1890 Ministerpräsident von Preußen; 1871–1890 Kanzler des Deutschen Reiches.
Quelle: NDB, Bd. 2, S. 268–277
Seite: 21, 306, 493, 495

Bismarck, Otto Fürst von
(25.9.1897 – 24.12.1975)
Politiker, Diplomat, Enkel des Reichskanzlers → Otto von Bismarck; 1924–1928 MdR (DNVP); 1927 Eintritt Auswärtiges Amt, 1927–1928 Gesandtschaft Stockholm, 1928–1936 Botschaft London, 1940–1943 Botschaft Rom (Quirinal); 1953–1965 MdB (CDU); AR-Mitglied → Preußische Central-Bodenkredit-AG.
Quelle: Martin Schumacher, Katharina Lübbe, Wilhelm Heinz Schröder, M.d.R. Die Reichstagsabgeordneten der Weimarer Republik in der Zeit des Nationalsozialismus. 3. Aufl. Düsseldorf 1994; Biographisches Handbuch des deutschen Auswärtigen Dienstes 1871–1945, Bd. 1, Paderborn 2000, S. 166f.
Seite: 379, 386

Blinzig, Alfred (16.1.1869 – 4.10.1945)
Bankdirektor; 1884–1892 Württembergische Vereinsbank; 1892–1894 Banque de Bruxelles; 1894–1895 → Deutsche Bank London Agency, 1899 Eintritt Sekretariat Zentrale Berlin, 1920–1934 Vorstandsmitglied.
Quelle: HADB, SG1/11
Seite: 44f., 237, 380f., 383f., 404f., 495, 497

Bodenheim, Heinrich
Dr. jur.; Rechtsanwalt, Konkursverwalter Görres-Gesellschaft.
Quelle: HADB, B221
Seite: 401

Bodenheimer, Siegmund
(22.11.1874 – 7.2.1966)
Bankier; Persönlich haftender Gesellschafter → Darmstädter und Nationalbank.
Quelle: Reichshandbuch, Bd. 1, S. 162; Wenzel, Sp. 226
Seite: 278f.

Boettger, Paul (7.8.1874 – n. e.)
Bankdirektor; 1883 Prokurist, später Direktor → Disconto-Gesellschaft.
Quelle: Disconto-Gesellschaft 1851–1901, S. 267; Wenzel, Sp. 246
Seite: 396

Boner, Franz A. (14.8.1868 – 5.7.1941)
Dr. jur.; 1907 Eintritt, 1922 Geschäftsinhaber → Disconto-Gesellschaft; 1929–1932 Vorstandsmitglied, 1932–1933 AR-Mitglied → Deutsche Bank und Disconto-Gesellschaft.

Quelle: Reichshandbuch, Bd. 1, S. 176;
E. W. Schmidt, Männer der Deutschen Bank
und Disconto-Gesellschaft, S. 74f.
Seite: 224ff., 326, 495, 497

Bonn, Paul Bernhard (10.5.1882 – n. e.)
Dr. jur.; Bankdirektor; 1909 Eintritt → Deutsche Bank Filiale Frankfurt, 1911 Prokurist, 1914 stellvertretender Direktor, 1917–1918 Filiale Sofia, 1919 Zentrale Berlin, 1928–1930 Vorstandsmitglied, 1930 Entlassung aus dem Vorstand wegen verlustreicher Beteiligung an der → Aktiengesellschaft für Osthandel.
Quelle: Reichshandbuch, Bd. 1, S. 178;
HADB SG 18/8
Seite: 540

Bosch, Carl (17.8.1874 – 26.4.1940)
Dr. phil.; Chemiker, Industrieller; 1899 Eintritt, 1919–1925 Vorstandsvorsitzender → BASF; 1919 Sachverständiger Friedensverhandlungen in Versailles; 1925–1935 Vorstandsvorsitzender, 1935–1940 Vorsitzender AR und Verwaltungsrat → I. G. Farbenindustrie; 1931 Chemie-Nobelpreis.
Quelle: NDB, Bd. 2, S. 478f.
Seite: 126f., 134

Bosman, Aleidus Gerard
(10.1.1871 – 24.10.1958)
Handelsrat in der Gesandtschaft der Südafrikanischen Union.
Seite: 431, 433

Boyden, Roland William
(18.10.1863 – 25.10.1931)
Rechtsanwalt, Bankier; 1915 Präsident Beverley Savings Bank; 1920–1923 inoffizielles Mitglied Alliierte Kommission für Reparationsansprüche.
Quelle: http://www.bundesarchiv.de/akten-reichskanzlei/1919–1933/0010/adr/adrag/kap1_2/para2_257.html (letzter Aufruf 2.12.2010)
Seite: 204

Bracht, Robert Wilhelm (13.12.1891 – n. e.)
Unternehmer; 1926 Kaufmännischer Direktor und Vorstandsmitglied → Aktiengesellschaft für Zellstoff- und Papierfabrikation.

Quelle: Reichshandbuch, Bd. 1, S. 193
Seite: 462

Brauns, Heinrich (3.1.1868 – 19.10.1939)
Dr. rer. pol.; Sozialpolitiker; 1905 Direktor Zentralstelle des Volksvereins für das katholische Deutschland in Mönchengladbach; 1920–1930 MdR (Zentrum), 1920–1928 Reichsarbeitsminister.
Quelle: NDB, Bd. 2, S. 560f.
Seite: 207

Bredow, Hans (26.11.1879 – 9.1.1959)
Dr.-Ing.; Staatssekretär, Rundfunkkommissar; 1903 Eintritt → AEG; 1908 kaufmännischer Direktor → Gesellschaft für drahtlose Telegraphie (Telefunken); 1919 Ministerialdirektor der neu eingerichteten Funkabteilung, → Reichspostministerium; 1921 Staatssekretär; 1926 Rundfunkkommissar des Reichspostministers, Leitung Verwaltungsrat der neu gegründeten Reichs-Rundfunk-Gesellschaft; nach 1945 kurze Zeit Regierungspräsident von Wiesbaden.
Quelle: Biographisches Lexikon zur Weimarer Republik, S. 42f.; Reichshandbuch, Bd. 1, S. 208
Seite: 171, 185–189, 234f., 290, 436

Brehm, Max
Stv. Direktor → Revision Treuhand AG.
Quelle: Adreßbuch der Direktoren und Aufsichtsräte 1938, Bd. 1, S. 189
Seite: 423, 462, 466f., 471f., 474f.

Brink, Eugen
Rechtsanwalt, Bankdirektor; bis 1927 Geschäftsführer → Centralverband; 1927–1935 Vorstandsmitglied → Frankfurter Hypothekenbank; Vorstandsmitglied → Deutsche Centralbodenkredit-AG.
Quelle: Wenzel, S. 307
Seite: 385

Brockdorff-Rantzau, Ulrich Graf
(29.5.1869 – 8.9.1928)
Dr. jur.; Diplomat und Politiker; 1894 Eintritt Diplomatischer Dienst, 1918 Staatssekretär des Äußeren, 1919 Reichsaußenminister, 1919 Leiter deutsche Delegation Pariser Friedens-

konferenz, 1922–1928 Botschafter in Moskau.
Quelle: NDB, Bd. 2, S. 620f.; Biographisches
Handbuch des deutschen Auswärtigen Diens-
tes 1871–1945, Bd. 1, Paderborn 2000, S. 291f.
Seite: 125, 128, 134

Brüning, Anton Paul
(12.8.1881 – 21.12.1944 [ungesichert])
Dr. jur.; Bankdirektor; 1907 Eintritt
→ Bergisch Märkische Bank, (1914 Über-
nahme durch → Deutsche Bank), 1928–1933
Direktor Deutsche Bank Filiale Köln, 1933
wegen Veruntreuung entlassen.
Quelle: HADB, P3/B882
Seite: 27, 389, 398f., 540

Brüning, Heinrich (26.11.1885 – 30.3.1970)
Dr. rer. pol.; Politiker, Politikwissenschaftler;
1924–1933 MdR (Zentrum); 1928–1930
Mitglied des Preußischen Abgeordneten-
hauses; 1930–1932 Reichskanzler; 1934 Emigration in die USA; 1937–1951 Professor für
Politische Wissenschaften, Harvard Univ.;
1951–1955 Professor für Politische Wissenschaften, Univ. Köln; 1955 Rückkehr in die
USA.
Quelle: Herbert Hömig, Brüning. Kanzler
in der Krise der Republik, Paderborn 2000;
Peer Oliver Volkmann, Heinrich Brüning
(1885–1970). Nationalist ohne Heimat,
Düsseldorf 2007
Seite: 27, 34–39, 65f., 297f., 302–305, 308f.,
311ff., 321, 398, 401f., 517, 520ff., 526–537,
549–552

Brugger, Philipp
(28.5.1864 od. 1865 – 16.12.1943)
Verwaltungsbeamter, Politiker; 1919–1921
Regierungspräsident Köln; 1921–1932 Staatssekretär im Reichsinnenministerium, Abt.
für die besetzten rheinischen Gebiete.
Quelle: http://www.bundesarchiv.de/akten-
reichskanzlei/1919–1933/0000/adr/adrag/
kap1_2/para2_337.html (letzter Aufruf
2.12.2010)
Seite: 155

Bücher, Hermann (28.8.1882 – 14.7.1951)
Dr. phil.; Diplomat, Industrieller; 1906–1914
Diplomat im Kolonialdienst; 1914– 1918 Berater türkisches Landwirtschaftsministerium;
1919 Auswärtiges Amt; 1921 vortragender
Rat im wirtschaftspolitischen Staatssekretariat;
1921–1925 geschäftsführendes Präsidialmit-
glied des → Reichsverbandes der Deutschen
Industrie; 1925– 1928 volkswirtschaftlicher
Berater → I.G. Farbenindustrie AG; seit 1928
Mitglied des → AEG-Direktoriums, 1931–
1947 Vorstandsvorsitzender AEG; 1942 Rüs-
tungsrat, AR-Mitglied → Gesellschaft für elek-
trische Unternehmungen – Ludwig Loewe &
Co. AG; 1948 Mitglied des deutschen IG-
Farben-Entflechtungsausschusses.
Quelle: Biographisches Lexikon zur Weimarer
Republik, S. 49f.; Louis P. Lochner, Hermann
Bücher, in: Tycoons and Tyrant – German In-
dustry from Hitler to Adenauer, Chicago 1954,
S. 64–69; Biographisches Handbuch des deut-
schen Auswärtigen Dienstes 1871–1945, Bd. 1,
Paderborn 2000, S. 320f.
Seite: 46, 255f., 271, 415f., 425ff.

Bülow, Bernhard von (19.6.1885 – 21.6.1936)
Dr. jur.; Diplomat und Politiker; Neffe des
Reichskanzlers Bernhard von Bülow; 1911
Eintritt Auswärtiges Amt; Teilnahme an den
Friedensverhandlungen von Brest-Litowsk
und Versailles; 1919–1923 freier Publizist;
ab 1923 Leiter Völkerbundreferat, 1930–1936
Staatssekretär Auswärtiges Amt.
Quelle: NDB, Bd. 2, S. 732f.; Biographisches
Handbuch des deutschen Auswärtigen
Dienstes 1871–1945, Bd. 1, Paderborn 2000,
S. 327f.
Seite: 534

Bürgers, Robert (18.6.1877 – 30.10.1944)
Verwaltungsbeamter, Bankdirektor, Politiker;
1907 Regierungsassessor, Landratsamt
Schlawe, Bezirk Köslin; 1913–1919 Landrat
Recklinghausen; 1919–1920 Vortragender
Rat, Preußisches Finanzministerium;
1920–1929 Vorstandsmitglied → A. Schaaff-
hausen'scher Bankverein; 1929–1931 Direktor
→ Deutsche Bank und Disconto-Gesellschaft
Filiale Köln; stv. AR-Vorsitzender → Portland-
Zementwerke Dyckerhoff-Wicking;
1930–1932 MdR (Zentrum); Geh. Finanzrat.
Quelle: Reichshandbuch, Bd. 1, S. 246
Seite: 57f., 200f., 205–209, 252f., 349ff.

Büsing, Hans (11.2.1880 – 20.7.1941)
Dr. jur.; Diplomat; 1910 Eintritt Auswärtiges Amt, ab 1911 diverse Konsularposten, 1919 Mitglied Deutsche Waffenstillstandskommission in Spa, 1923–1932 Generalkonsul in Australien, 1932–1934 Botschafter in Finnland, 1936–1941 Botschafter in Paraguay.
Quelle: Reichshandbuch, Bd. 1, S. 251; Biographisches Handbuch des deutschen Auswärtigen Dienstes 1871–1945, Bd. 1, Paderborn 2000, S. 342f.
Seite: 134f.

Carlton, Newcomb (19.2.1869 – 12.3.1953)
Unternehmer; 1914–1933 Präsident → Western Union Telegraph Company.
Quelle: W. R. Denslow, Harry S. Truman, 10,000 Famous Freemasons Part I from A–J, Bd. 1, 1957, S. 183
Seite: 185

Chamberlain, Austen (16.10.1863 – 17.3.1937)
Britischer Politiker; ab 1892 Unterhausabgeordneter (Liberal Unionists, später Tories); 1900–1903 Finanzsekretär Schatzamt; 1903–1905 Schatzkanzler; 1915–1917 Staatssekretär für Indien; 1918 Mitglied Kriegskabinett; 1919–1921 Finanzminister; 1924–1929 Außenminister; 1925 Teilnehmer Konferenz von Locarno, Friedensnobelpreis; Mitglied → Royal Institute of International Affairs.
Seite: 432

Claudius, Matthias (15.8.1740 – 21.1.1815)
Dichter.
Quelle: NDB, Bd. 3, S. 266f.
Seite: 443

Clemen, Paul (31.10.1866 – 8.7.1947)
Prof. Dr. phil; Kunsthistoriker; seit 1893 Provinzialkonservator Rheinprovinz; 1902–1936 Professor in Bonn; während des Ersten Weltkrieges Organisator des Kunstschutzes.
Quelle: NDB, Bd. 3, S. 281
Seite: 122

Cuno, Wilhelm (2.7.1876 – 3.1.1933)
Dr. jur; Politiker, Generaldirektor; 1918–1922 und 1926–1933 Generaldirektor → HAPAG; 1922–1923 Reichskanzler.
Quelle: NDB, Bd. 3, S.438f.
Seite: 270, 272, 379, 386

Däbritz, Walther (21.12.1881– 26.7.1963)
Dr. phil. Dr. jur.; Wirtschaftswissenschaftler, Unternehmenshistoriker; 1906–1911 → Essener Credit-Anstalt; 1912–1925 Dozent für Volkswirtschaft, Essen; 1925–1945 Direktor Verwaltungs- und Wirtschaftsakademie in Essen.
Quelle: Walther Herrmann, Walther Däbritz zum Gedächtnis, in: Tradition, H. 5, 1963, S. 233–238
Seite: 478, 480, 525, 529

Dapper(-Saalfels), Carl Franz von (16.11.1863 – 29.6.1937)
Dr. med.; königlich bayerischer Hofrat, großherzoglich oldenburgischer Geh. Medizinalrat und königlich preußischer Professor; Betreiber eines Sanatoriums in Bad Kissingen.
Quelle: Genealogisches Handbuch des Adels, Adelslexikon Bd. 2, S. 422, Bd. 58 d. Gesamtreihe, Limburg 1974
Seite: 245

Darmstaedter, Ludwig (9.8.1846 – 18.10.1927)
Prof. Dr. phil.; Chemiker, Sammler, Mäzen; Teilhaber Jaffé & Darmstaedter in Berlin, 1900 umgewandelt in Vereinigte Chemische Werke AG.
Quelle: NDB, Bd. 3, S. 516f.
Seite: 306

Davis, Edmund Sir (1862 – 20.2.1939)
Unternehmer, Kunstsammler, aus Australien stammend; Kunststudium in Paris; ab 1888 Aufbau diverser Unternehmungen (Straußenfedern, Guano, Chrom) in Südafrika, Asien und Ozeanien.
Quelle: http://www.chilham-castle.co.uk/history.aspx?id=8 (letzter Aufruf: 13.9.2011)
Seite: 431

Dechamps, Gustav Leonard Joseph (20.1.1878 – 16.7.1942)
Dr. jur.; Rechtsanwalt, Industrieller; Justitiar Spaeter-Konzern und Rombacher Hütten-

werke; 1926 Generaldirektor Concordia Bergbau-Aktiengesellschaft, Oberhausen (früher: Rombacher Hüttenwerke); stv. AR-Vorsitzender Aachen-Leipziger Versicherungs-AG.
Quelle: NDB, Bd. 3, S. 540
Seite: 315

Denison-Pender, Sir John
(10.10.1855 – 6.3.1929)
Unternehmer; 1881 Eintritt Geschäftsleitung → Eastern Telegraph Company, 1893–1917 Managing Director, 1917–1929 Chairman.
Quelle: Nachruf in: The Times v. 7.3.1929
Seite: 185

Dermitzel, Günther (11.10.1896 – 4.3.1963)
Dr. jur.; 1951–1962 Hauptgeschäftsführer → Bundesverband des privaten Bankgewerbes; Vorstand Liquidations-Casse in Hamburg; Vorstand Norddeutscher Kassenverein AG, Hamburg.
Quelle: Leitende Männer der Wirtschaft 1951
Seite: 528, 530f., 539

Dernburg, Bernhard (17.7.1865 – 14.10.1937)
Politiker und Bankdirektor; 1889–1901 Direktor Deutsche Treuhandgesellschaft; 1901 Direktor → Bank für Handel und Industrie in Berlin; 1907 erster Staatssekretär des neugebildeten Reichskolonialamtes; 1919 Reichsfinanzminister und Vizekanzler im Kabinett Scheidemann, 1920–1930 MdR (DDP); AR-Mitglied Deutsch-Asiatische Bank; Wirklicher Geh. Rat.
Quelle: Reichshandbuch, Bd. 1, S. 311; NDB, Bd. 3, S. 607f.
Seite: 134, 363

Deussen, Friedrich Wilhelm
(5.3.1842 – 8.1.1930)
Unternehmer; Besitzer F. W. Deussen Samtfabrik, Krefeld.
Quelle: Wenzel, Sp. 443
Seite: 163

Diederichs, Ernst (2.3.1856 – 12.10.1938)
Militäringenieur, Unternehmer; 1899–1926 Direktor → Norddeutsche Seekabelwerke AG.
Quelle: NDB, Bd. 3, S. 334
Seite: 183

Dietrich, Hermann Robert
(14.12.1879 – 6.3.1954)
Verwaltungsbeamter, Politiker; 1914–1918 Oberbürgermeister Konstanz; 1910– 1921 Mitglied des Badischen Landtags; 1919 Mitglied Weimarer Nationalversammlung; 1919–1933 MdR (DDP/Deutsche Staatspartei); 1928–1930 Reichsminister für Ernährung und Landwirtschaft; 1930–1932 Reichsfinanzminister und Vizekanzler; 1945 Mitbegründer FDP.
Quelle: NDB, Bd. 3, S. 698
Seite: 326

Dörner, Max (14.12.1884 – 10.7.1959)
Dr. rer. pol.; Bankdirektor; 1909–1914 und 1919–1929 → A. Schaaff-hausen'scher Bankverein, Köln; 1914–1918 während des Ersten Weltkriegs in Belgien; 1929–1931 → Danatbank, Berlin, Überprüfung der rheinischen, später der westdeutschen Filialen; 1931 Direktor → Dresdner Bank Filiale Köln; Übersiedlung in die Schweiz.
Quelle: Max Friedrich August Dörner (1884–1959) Bankier und Mäzen, Orselina TI, Dokumente (Wissenschaftshist. Slg. d. ETH-Bibl.), Zürich 1992; HADB, K2/P/64
Seite: 105, 249, 258f., 526, 529

Dreisbach, Heinrich (23.11.1865 – n. e.)
Ingenieur, Postrat; ab 1914 Direktor → Deutsch-Atlantische Telegraphengesellschaft.
Quelle: Reichshandbuch, Bd. 1, S. 345
Seite: 174, 176, 183–186

Drexelius, Wilhelm (31.7.1906 – 22.3.1974)
Dr. jur.; Rechtsanwalt, Politiker; ab 1933 Kanzlei in Hamburg, Verteidigung politisch Verfolgter; 1946 Senatssyndikus Hamburg; 1961–1974 Abgeordneter Hamburgische Bürgerschaft (SPD), 1961–1970 Senator, 1966– 1970 Zweiter Bürgermeister.
Quelle: http://de.wikipedia.org/wiki/Wilhelm_Drexelius (letzter Aufruf: 28.1.2011)
Seite: 508

Dreyse, Friedrich (12.11.1874 – 1943)
Reichsbankbeamter; 1899 Eintritt → Reichsbank, 1921 Direktor und Referent des

Direktoriums, 1926–1939 Vizepräsident; stv. AR-Vorsitzender → Deutsche Golddiskontbank; Kommissar der Reichsbank bei der Deutschen Rentenbank; 1940–1943 stv. AR-Vorsitzender → Dresdner Bank.
Quelle: Wenzel, S. 483
Seite: 40f., 283, 285ff., 354f., 425, 437, 452–455

Duisberg, Carl (29.9.1861 – 19.3.1935)
Prof. Dr. phil.; Chemiker, Industrieller; 1883 Eintritt Friedrich Bayer & Co., 1899 Direktor, 1900 Vorstandsmitglied, 1912–1925 Generaldirektor; 1925–1935 AR-Vorsitzender → I.G. Farbenindustrie AG; 1925–1931 Vorsitzender → Reichsverband der Deutschen Industrie.
Quelle: NDB, Bd. 4, S. 181f.
Seite: 67, 163, 281, 299f., 414

Duisberg, Johanna, geb. Seebohm
(1864 – 1945)
Nichte des Vorstandsvorsitzenden → Farbenfabrik Friedrich Bayer & Co., Carl Rumpff; verh. 1888 mit → Carl Duisberg.
Quelle: NDB, Bd. 4, S. 181f.
Seite: 414

Eckert, Christian (16.3.1874 – 27.6.1952)
Dr. jur., Dr. phil.; Nationalökonom und Politiker; erster Rektor der 1919 wiedergegründeten Univ. Köln.
Quelle: NDB, Bd. 4, S. 290f.
Seite: 153, 155, 157f.

Edeleanu, Lazar (13.9.1861 – 7.4.1941)
Dr. phil.; Rumänischer Chemiker; 1910 Gründer «Allgemeine Gesellschaft für Chemische Industrie», 1930 umbenannt in → Edeleanu GmbH.
Quelle: Lazăr Edeleanu Editura Stiinţ ificăş i enciclopedică Bucureşti, 1982
Seite: 533

Eltz-Rübenach, Paul Freiherr von
(9.2.1875 – 25.8.1943)
Eisenbahnexperte, Politiker; Reichsverkehrs- und Reichspostminister 1932–1937.
Quelle: NDB, Bd. 4, S. 470
Seite: 344

Ernst, Friedrich (9.6.1889 – 28.11.1960)
Dr. jur.; Ministerialbeamter; 1919 Eintritt Preußisches Ministerium für Handel und Gewerbe; 1931 Reichskommissar für das Bankgewerbe; 1935 Reichskommissar für das Kreditwesen, 1940 Reichskommissar für die Behandlung feindlichen Vermögens; 1941 Persönlich haftender Gesellschafter → Delbrück, Schickler & Co.; 1944 im Zusammenhang mit dem Attentat vom 20. Juli verhaftet; 1948 Leitung Berliner Währungskommission; 1949 Verwaltungsratsvorsitzender Berliner Zentralbank; 1952–1958 Präsident Forschungsbeirat für Fragen der Wiedervereinigung Deutschlands.
Quelle: http://www.bundesarchiv.de/akten-reichskanzlei/1919–1933/0011/adr/adrag/kap1_5/para2_66.html (letzter Aufruf: 2.12.2010)
Seite: 328, 330f., 375, 377f., 380, 383

Ernst, Rudolf (1865 – 1956)
Dr.; Bankier; 1912–1941 Präsident Schweizerische Bankgesellschaft, 1941–1956 Ehrenpräsident; Verwaltungsratsvorsitzender → Internationale Petroleum-Union.
Quelle: 1862–1912–1962 – Schweizerische Bankgesellschaft, Zürich 1962
Seite: 209

Erzberger, Matthias
(20.9.1875 – 26.8.1921)
Politiker; 1903–1918 MdR (Zentrum); 1918 Staatssekretär, Leiter Waffenstillstandskommission; 1919–1920 Vizekanzler und Reichsfinanzminister; 1921 ermordet.
Quelle: NDB, Bd. 4, S. 638ff.
Seite: 20, 117f., 120, 122–125, 128f.

Escherich, Georg (4.1.1870 – 26.8.1941)
Dr. rer. pol.; Forstmann, Politiker; Organisator des militärischen Selbstschutzes in Bayern während der Münchner Räterepublik; Gründer Organisation Escherich (Orgesch) als reichsweite Selbstschutzorganisation; 1921–1931 Vertreter Bayerische Staatsforstverwaltung in der Reichsforstwirtschaft; 1929–1933 Führer «Bayerischer Heimatschutz».
Quelle: NDB, Bd. 4, S. 648f.
Seite: 33, 268f., 271

Eyck, Erich (7.12.1878 – 23.6.1964)
Dr. phil.; Jurist, Historiker; emigrierte 1937 nach Großbritannien; Verfasser einer dreibändigen 1941–1944 in der Schweiz erschienenen Bismarck-Biographie.
Quelle: Klaus Hildebrand, Erich Eyck, in: Hans-Ulrich Wehler (Hrsg.), Deutsche Historiker, Göttingen 1973, S. 206ff.
Seite: 495

Faesi, Robert (10.4.1883 – 18.9.1972)
Prof. Dr. phil.; Schweizer Germanist und Schriftsteller; 1922–1953 Professor für neuere deutsche und schweizerische Quellengeschichte an der Univ. Zürich.
Quelle: Peter Stadler, Robert Faesi (1883–1972) und Jakob Bührer (1882–1975). Kulturpolitisches Doppelprofil zweier literarischer Zeitgenossen, Zürich 1995
Seite: 68, 494f., 543, 546

Fedde, Paul (18.12.1879 – 1.8.1939)
Bankdirektor; 1919–1927 stv. Direktor → A. Schaaffhausen'scher Bankverein; 1929 Vorstand → Revision Treuhand AG; 1930– 1939 Deutsche Treuhand-Gesellschaft.
Quelle: HADB, P2/F47
Seite: 208, 238

Feder, Gottfried (27.1.1883 – 24.9.1941)
Prof.; Bauingenieur; Wirtschaftstheoretiker; Mitbegründer NSDAP; 1924–1936 MdR (NSDAP); ab 1927 u. a. Herausgeber Schriftenreihe «Nationalsozialistische Bibliothek»; 1933 Staatssekretär im Reichswirtschaftsministerium; 1934 Reichskommissar für das Siedlungswesen; ab 1936 Lehrstuhl Technische Hochschule Berlin.
Quelle: NDB, Bd. 5, S. 42
Seite: 292

Feßler, Othmar (18.5.1888 – n. e.)
Dr. jur.; Ministerialbeamter; 1926–1933 Ministerialrat Reichskanzlei; 1933–1939 Reichsverkehrsministerium, zuletzt Reichsministerium für Bewaffnung und Kriegsproduktion; 1945 Gründungsmitglied Berlin-Brandenburger CDU.
Quelle: http://www.bundesarchiv.de/akten-reichskanzlei/1919–1933/0000/adr/adrag/kap1_6/para2_40.html (letzter Aufruf: 2.12.2010)
Seite: 308f.

Fickler, Erich (3.12.1874 – 13.5.1935)
Montanindustrieller; 1905 Eintritt, 1924 Vorstandsvorsitzender Harpener Bergbau AG; AR-Vorsitzender Rheinisch-Westfälisches-Kohlen-Syndikat; Mitglied Ruhrlade.
Quelle: NDB, Bd. 5; S. 135f.
Seite: 334

Fischer, Otto Christian
(16.1.1882 – 18.9.1953)
Dr. jur., Dr. phil.; Bankdirektor, Verbandspolitiker; 1923 Vorstand → Commerz- und Privat-Bank; 1925 Vorstand → Reichs-Kredit-Gesellschaft AG; div. AR-Mandate, u. a. → Deutsche Centralbodenkredit-AG; 1933 Nachfolger Georg Solmssens als Vorsitzender → Centralverband; 1934 Leiter Reichsgruppe Banken.
Quelle: Reichshandbuch, Bd. 1, S. 447f.; HADB, V1/2046
Seite: 42, 363f.

Flach, Hans (13.1.1877 – nach 1941)
Ministerialbeamter; 1912 kgl. preuß. Regierungsassessor; 1914 Geh. Regierungsrat Reichsamt des Innern; 1918 Geh. Oberregierungsrat und Vortragender Rat Reichswirtschaftsamt; 1922–1933 Ministerialrat und -dirigent Reichswirtschaftsministerium; 1933 Teilnahme an deutsch-sowjetischen Wirtschaftsverhandlungen; um 1941 Präsident Deutsch-Iranische Handelskammer Berlin.
Quelle: http://www.bundesarchiv.de/akten-reichskanzlei/1919–1933/0001/adr/adrag/kap1_6/para2_73.html (letzter Aufruf: 2.12.2010)
Seite: 123, 126f.

Flick, Friedrich (10.7.1883 – 20.7.1972)
Industrieller; 1929 Vereinigung der Flick-Unternehmen in der Mitteldeutschen Stahlwerke AG; Mehrheitsbeteiligung → Gelsenkirchener Bergwerks-AG und süddeutsche Maxhütte; während der «Arisierung» deutscher Unternehmen Ausbau zum Flick-Konzern;

1937 Entstehung Düsseldorfer Holdinggesellschaft Friedrich Flick KG; 1938 Wehrwirtschaftsführer; 1947 Verurteilung Nürnberger Prozess; 1951 Haftentlassung, Wiederaufbau Flick-Konzern.
Quelle: Norbert Frei (u. a.), Flick. Der Konzern. Die Familie. Die Macht, München 2009
Seite: 335

Foch, Ferdinand (2.10.1851 – 20.3.1929)
Militär; 1917 Chef französischer Generalstab; 1918 Beförderung zum Marschall und Kommando über die gesamte Westfront, im November 1918 Chef französische Waffenstillstanddelegation.
Quelle: http://www.dhm.de/lemo/html/biografien/FochFerdinand/index.html (letzter Aufruf: 2.12.2010)
Seite: 129, 164

Foster, William Trufant
(18.1.1879 – 8.10.1950)
Prof. Dr. phil.; amerikanischer Ökonom; 1920–1950 Direktor Pollak Foundation for Economic Research.
Quelle: Alan H. Gleason, Foster and Catchings: A Reappraisal, Journal of Political Economy, April 1959
Seite: 203

Fraenkel, Max Günther (1.10.1887 – n. e.)
Dr. jur.; Landgerichtsrat a.D., Bankdirektor; Vorstandsmitglied → Deutsche Centralbodenkredit-AG, Berlin; 1934 Emigration nach Paris.
Quelle: HADB, K5/3537
Seite: 362ff.

Frahm, Karl (20.1.1880 – 5.8.1955)
Bankdirektor; Vorstandsmitglied → Bankverein für Schleswig-Holstein; Ausschussmitglied Centralverband; Ausschussmitglied Reichsverband der Bankleitungen.
Quelle: Wenzel, Sp. 637f.
Seite: 270

Frank, Robert (26.4.1879 – 1961)
Ingenieur; 1927 Generaldirektor und Vorstandsmitglied Preußische Elektrizitäts-AG, Berlin; 1935 AR-Mitglied → Gesellschaft für elektrische Unternehmungen AG.
Quelle: Reichshandbuch, Bd. 1, S. 469
Seite: 414ff.

Frank, Theodor (10.4.1871– 28.10.1953)
Bankier; 1904 Eintritt → Süddeutsche Disconto-Gesellschaft; 1922–1929 Geschäftsinhaber → Disconto-Gesellschaft; 1929–1933 Vorstandsmitglied → Deutsche Bank und Disconto-Gesellschaft, 1933 Ausscheiden aus dem Vorstand wegen jüdischer Herkunft; bis 1936 stv. Vorsitzender Beirat Berlin-Brandenburg Deutsche Bank und Disconto-Gesellschaft; bis 1938 Aufgabe AR-Mandate; Emigration nach Belgien, später Frankreich.
Quelle: E.W. Schmidt, Männer der Deutschen Bank und Disconto-Gesellschaft, Düsseldorf 1957, S. 72f.; HADB, SG18/1
Seite: 230, 262, 278, 311ff., 495, 497

Frear, James Archibald
(24.10.1861 – 28.5.1939)
Jurist, Politiker; 1913–1935 US-Kongressabgeordneter (Republikaner) für den Bundesstaat Wisconsin.
Quelle: http://bioguide.congress.gov/scripts/biodisplay.pl?index=F000355 (letzter Aufruf: 2.12.2010)
Seite: 204

Frese, Arnold
Dr. jur.; Bankdirektor, Oberlandesgerichtsrat; 1920–1923 Vorstandsmitglied → A. Schaaffhausen'scher Bankverein.
Seite: 179f.

Friedenthal, Ernst (17.11.1887 – 3.12.1982)
Dr. jur.; Bankdirektor; 1926 stv. Vorstandsmitglied Norddeutsche Grundkreditbank Weimar; 1929 stv. Vorstandsmitglied → Preußische Central-Bodenkredit-AG; 1930–1938 stv. Vorstandsmitglied → Deutsche Centralbodenkredit-AG; 1938 Ausscheiden wegen jüdischer Herkunft; 1948–1966 Vorstandsmitglied Deutsche Centralbodenkredit-AG.
Quelle: HADB, P5447
Seite: 409

Friedrich, Carl (28.1.1873 – 1936)
Dr. jur.; Direktoriumsmitglied → Reichsbank;

Vorstandsmitglied → Deutsche Golddiskontbank AG; Geh. Finanzrat.
Quelle: Reichshandbuch, Bd. 1, S. 491
Seite: 330f., 340

Frisch, Walther (15.7.1879 – 6.2.1966)
Dr. jur.; Dr. phil.; 1919 Friedensstelle Auswärtiges Amt; 1919–1933 Vorstandsmitglied → Dresdner Bank; 1933–1938 Teilhaber Bankgeschäft Gebrüder Arnold; 1937–1944 Geschäftsführer → Hardy & Co.; 1945–1956 Oberbürgermeister Lindau; AR-Vorsitzender Preußische Pfandbrief-Bank; stv. Vorstandsvorsitzender → Centralverband; Geh. Legationsrat.
Quelle: Johannes Bähr, Die Dresdner Bank in der Wirtschaft des Dritten Reiches, München 2006, S. 603; Biographisches Handbuch des deutschen Auswärtigen Dienstes 1871–1945, Bd. 1, Paderborn 2000, S. 619f.
Seite: 35, 364

Frowein, Abraham (19.9.1878 – 12.7.1957)
Seidenfabrikant; 1901 Teilhaber Firma Abraham & Gebrüder Frowein, Elberfeld; Mitglied → Reichswirtschaftsrat; stv. Vorsitzender → Reichsverband der Deutschen Industrie; Mitglied und Ehrenpräsident Verwaltungsrat internationale Handelskammer.
Quelle: Reichshandbuch, Bd. 1, S. 501
Seite: 281

Frowein, Robert (4.1.1893 – 22.12.1958)
Dr. jur.; Bankdirektor; 1919 Eintritt → Deutsche Bank, 1933 Leitung Filiale Saarbrücken, 1938 Leitung Filiale Frankfurt am Main, 1943–1945 Vorstandsmitglied; 1945–1948 sowjetische Internierung; 1952–1957 Vorstandsmitglied Süddeutsche Bank AG; 1957–1958 Vorstandsmitglied → Deutsche Bank AG.
Quelle: HADB, SG1/26b
Seite: 497

Fueter, Eduard (16.5.1908 – 19.3.1970)
Dr. phil.; Schweizer Historiker; 1936–1970 Redakteur Schweizerische Hochschulzeitung; 1940–1946 Leiter Zentralstelle für Hochschulwesen; 1940–1947 Sekretär Vereinigung schweizerischer Hochschuldozenten; 1944–1947 Direktor Schweizerisches Institut für Auslandforschung; 1958–1966 Delegierter der Schweiz im Komitee für wissenschaftliche Forschung der OECD.
Quelle: Historisches Lexikon der Schweiz: http://www.hls-dhs-dss.ch/textes/d/D27037.php (letzter Aufruf: 13.9.2011)
Seite: 68, 490–494, 507

Fuhrmann, (Johann) Daniel
(21.10.1839 – 17.1.1911)
Wollhändler; 1870–1911 Inhaber → Fuhrmann & Co. in Antwerpen.
Quelle: Walter Peltzer, Johann Daniel Fuhrmann und Johann geb. Burg zu Lennep und ihre Nachkommen, 1927
Seite: 93

Fuhrmann, Heinrich (26.11.1864 – 6.6.1915)
Wollhändler; Vater → Daniel Fuhrmann; 1889 Gründer von H. Fuhrmann & Co. in Buenos Aires als Zweiggeschäft von → Fuhrmann & Co. in Antwerpen, 1911–1918 Fuhrmann & Co. Antwerpen.
Seite: 93

Fuhrmann, Laura, geb. Hardt
(11.7.1840 – 7.7.1920)
1861 Heirat mit → Daniel Fuhrmann.
Seite: 93

Fuhrmann, Peter (8.3.1849 – nach 1927)
Wollhändler; Bruder von → Daniel Fuhrmann; 1872–1918 Inhaber → Fuhrmann & Co. in Antwerpen.
Seite: 93

Fuhrmann, Richard (9.11.1870 – nach 1927)
Wollhändler; Vater: → Daniel Fuhrmann; 1895–1897 H. Fuhrmann & Co. in Buenos Aires; 1897–1918 → Fuhrmann & Co. in Antwerpen.
Seite: 93

Fürstenberg, Hans (20.1.1890 – 3.4.1982)
Bankier; 1919–1936 Geschäftsinhaber → Berliner Handels-Gesellschaft.
Quelle: Reichshandbuch, Bd. 1, S. 512; Rolf E. Lüke, Berliner Handels-Gesellschaft in einem Jahrhundert deutscher Wirtschaft 1856–1956, Berlin 1956.
Seite: 337, 339, 343, 348f.

Funk, Walther (18.8.1890 – 31.5.1960)
Journalist, Politiker; 1922–1930 Chefredakteur «Berliner Börsen-Zeitung»; Wirtschaftsberater Adolf Hitlers; 1933 Pressechef Reichsregierung; 1938–1945 Reichswirtschaftsminister; Generalbevollmächtigter für die Kriegswirtschaft; 1939 Reichsbankpräsident; 1946 im Nürnberger Prozess verurteilt; 1957 Haftentlassung.
Quelle: Friedemann Bedürftig, Lexikon Drittes Reich, München 1997
Seite: 49, 466, 472

Gahlen, Hermann Friedrich
(23.5.1883 – n. e.)
Dr. jur.; Bankdirektor; 1920 Syndikus, 1922 Direktor → A. Schaaff-hausen'scher Bankverein Filiale Bonn; 1924 Direktor → Essener Credit-Anstalt Filiale Köln; 1925 Übertritt zur → Deutschen Bank Filiale Köln; 1928 Direktor → Darmstädter- und Nationalbank Filiale Essen; Syndikus → Vereinigung der Banken und Bankiers in Rheinland und Westfalen.
Quelle: Wenzel, S. 691
Seite: 165, 173f., 177

Gayl, Wilhelm Freiherr von
(4.2.1879 – 7.11.1945)
Ministerialbeamter; 1910–1932 Direktor Ostpreußische Landgesellschaft in Königsberg; 1916–1918 Chef Abteilung für Politik und innere Verwaltung beim Oberbefehlshaber Ost; 1919 Vertreter Ostpreußens bei den Friedensverhandlungen in Versailles; 1921–1933 Mitglied des Preußischen Staatsrats; 1921–1933 Bevollmächtigter Provinz Ostpreußen zum Reichsrat; 1932 Reichsinnenminister im Kabinett Papen.
Quelle: Reichshandbuch, S. 522; http://www.bundesarchiv.de/aktenreichskanzlei/1919–1933/0001/adr/adrag/kap1_7/para2_23.html (letzter Aufruf: 2.12.2010)
Seite: 333f.

Gebhardt, Fritz
(20.7.1892 – 12.11.1935)
Dr. rer. pol.; Direktor; 1928–1930 Vorstandsmitglied Motoren-Werke Mannheim AG, vorm. Benz; 1931 Vorstandsmitglied → Henschel & Sohn AG; 1935 in New York von seiner Geliebten Vera Stretz ermordet.
Quelle: Reichshandbuch, S. 523f.; http://law.jrank.org/pages/2948/Vera-Stretz-Trial-1936.html (letzter Aufruf: 2.12.2010)
Seite: 419

Geibel, Carl (1877/78 – n. e.)
Dr.-Ing.; 1908 Eintritt → Schlesische Elektricitäts- und Gas-AG, später dort Vorstandsmitglied.
Quelle: Wer leitet? 1940, S. 246
Seite: 414f., 417f.

Gie, Stefanus Francois Naudé
(13.7.1884 – 10.4.1945)
Dr.; Gesandter Südafrikanische Union in Berlin; Schriftsteller.
Quelle: http://biblio-archive.unog.ch/Dateien/1/D7027.pdf (letzter Aufruf: 2.12.2010)
Seite: 427, 431

Glasenapp, Otto von (30.9.1853 – 3.3.1928)
Dr. jur.; Währungsexperte; 1882 Reichsschatzamt; 1896 Direktorium Reichsbank; 1907–1924 Vizepräsident Reichsbank; 1917 Wirklicher Geh. Rat.
Quelle: NDB, Bd. 6, S. 428.
Seite: 192

Gleim, Wilhelm
Dr.; Kaufmann; Vorstandsmitglied Fritz Klindworth AG für flüssige Brennstoffe, Breslau.
Quelle: HADB, P3455
Seite: 416

Goebbels, Joseph (29.10.1897 – 1.5.1945)
Dr. phil.; NS-Politiker; 1926–1945 Gauleiter Berlin; 1933–1945 Reichsminister für Volksaufklärung und Propaganda.
Quelle: NDB, Bd. 6, S. 500–503
Seite: 49, 510

Göring, Hermann (12.1.1893 – 15.10.1946)
NS-Politiker; 1932–1945 Reichstagspräsident; 1933–1945 Preußischer Ministerpräsident; 1935–1945 Oberbefehlshaber Luftwaffe; 1946 im Nürnberger Prozess zum Tode verurteilt, Selbstmord.
Quelle: NDB, Bd. 6, S. 525ff.
Seite: 41, 475, 510

Goetz, Carl Friedrich (12.6.1885 – 26.8.1965)
Bankdirektor; ab 1920 → Commerz- und Privat-Bank; 1922–1928 stv., 1928–1931 ordentliches Vorstandsmitglied; 1931 Vorstandsmitglied → Dresdner Bank, 1933–1936 Vorstandsvorsitzender, 1936–1945 und 1957–1965 AR-Vorsitzender; AR-Vorsitzender u. a. → AEG und Deutsch-Südamerikanische Bank; 1946–1947 amerikanische Internierung; 1952–1957 AR-Vorsitzender Rhein-Ruhr Bank.
Quelle: Johannes Bähr, Die Dresdner Bank in der Wirtschaft des Dritten Reiches, München 2006, S. 603f.
Seite: 37, 422f.

Goldschmidt, Ernst (24.7.1881 – 1934)
Dr. jur.; Rechtsanwalt, Bankier; 1909 Eintritt, 1914 Chefkabinett → Disconto-Gesellschaft; 1916 Mitglied Bankabteilung beim Generalgouvernement in Brüssel; ab 1920 Mitinhaber Bank E. L. Friedmann & Co.
Quelle: Reichshandbuch, Bd. 1, S. 564f.
Seite: 105f., 109

Goldschmidt, Jakob
(31.12.1882 – 23.9.1955)
Bankier; 1910–1918 Mitbegründer und Teilhaber Bankhaus Schwarz, Goldschmidt & Co., Berlin; 1918–1922 Vorstandsmitglied Nationalbank für Deutschland; 1922–1931 persönlich haftender Gesellschafter → Darmstädter und Nationalbank, 1931 mitverantwortlich gemacht für deren Insolvenz; 1933 Emigration in die Schweiz, 1936 in die USA.
Quelle: Johannes Bähr, Die Dresdner Bank in der Wirtschaft des Dritten Reiches, München 2006, S. 604
Seite: 28–31, 36f., 41, 49f., 68, 235f., 276f., 313, 517ff., 523f., 527, 529, 535, 549–552

Gontard, Paul Theodor Eduard von
(4.11.1868 – 21.12.1941)
Dr. Ing.; Unternehmer, Gutsherr; 1905–1928 Generaldirektor Deutsche Waffen- und Munitionsfabriken AG (ab 1923 → Berlin-Karlsruher Industrie-Werke); anhaltischer und kgl. preußischer Geh. Oberbaurat.
Quelle: Reichshandbuch, S. 570f.; NDB, Bd. 6, S. 643
Seite: 242f.

Greenwood, Powys
Journalist; Verfasser eines kritischen Artikels im Journal of Commerce 1930 zur Fusion → Deutsche Bank und Disconto-Gesellschaft.
Quelle: Die Deutsche Bank 1870–1995, S. 271
Seite: 276

Grevel, Walther (12.12.1876 – n. e.)
Bankdirektor, Unternehmer; 1908–1921 Direktor Creditbank in Recklinghausen; Mitinhaber F. W. Rötgers, Sprengstoffhandel; Grubenvorstand → Gewerkschaft Ewald und → Gewerkschaft König Ludwig.
Quelle: Reichshandbuch, Bd. 1, S. 589f.
Seite: 329

Gröben, Luise Gräfin von der, geb. von Eschwege
(17.9.1847 – 17.11.1941)
Nachbarin Solmssens in der Alsenstraße; verheiratet in zweiter Ehe mit Günther Graf von der Gröben (1832–1900); unterhielt nach dem Ersten Weltkrieg einen bekannten Salon in Berlin.
Quelle: NDB, Bd. 7, S. 105; Wer ist's?, S. 521
Seite: 446

Gündell, Günther von
(29.5.1894 – 15.6.1961)
Dr. jur.; Direktor; Vorstand Elektrizitätsgesellschaft Mitteldeutschland.
Quelle: Wer leitet? 1940, S. 284
Seite: 288f.

Günkel, Karl (8.12.1883 – 23.10.1973)
Bankdirektor; 1903 Eintritt → Deutsche Bank Zentrale Berlin, 1929–1931 Büro Rummel, 1924 stv. Direktor, 1938 Direktor, 1957 pensioniert.
Quelle: HADB, P1/19
Seite: 59

Guérard, Franz von (22.12.1867 – 26.7.1951)
1919–1933 Präsident Reichsbahndirektion Köln.
Quelle: http://www.archive.nrw.de/LAV_NRW/jsp/bestand.jsp?archivNr=185&tektId=1885 (letzter Aufruf: 2.12.2010)
Seite: 200

Guilleaume, Arnold von
(13.7.1868 – 21.5.1939)
Unternehmer; Mitinhaber → Felten &
Guilleaume Carlswerk AG; 1915–1921 stv.
Vorsitzender Handelskammer Köln.
Quelle: Kölner Personen Lexikon, S. 206
Seite: 119f.

Guilleaume, Max von (16.2.1866 – 15.6.1932)
Unternehmer; Mitinhaber → Felten &
Guilleaume Carlswerk AG.
Quelle: Kölner Personen Lexikon, S. 205
Seite: 119f.

Guilleaume, Theodor Freiherr von
(17.7.1861 – 27.12.1933)
Unternehmer; Mitinhaber → Felten &
Guilleaume Carlswerk AG.
Quelle: Kölner Personen Lexikon, S. 205
Seite: 119f.

Gutmann, Herbert
(15.10.1879 – 22.12.1942)
Bankdirektor; Sohn des → Dresdner Bank-
Gründers Eugen Gutmann, ab 1903 in div.
Positionen Dresdner Bank, 1910–1931 Vor-
stand Dresdner Bank; 1906 Mitbegründer
Deutsche Orientbank; 1939 Emigration nach
Großbritannien.
Quelle: Johannes Bähr, Die Dresdner Bank in
der Wirtschaft des Dritten Reiches, München
2006, S. 604
Seite: 278–281

Gwinner, Arthur von (6.4.1856 – 29.12.1931)
Bankier; 1889–1894 Inhaber des Bankhauses
Arthur Gwinner & Co.; 1894–1919 Vorstand
→ Deutsche Bank (1910–1919 Vorstandsspre-
cher), 1923–1931 stv. AR-Vorsitzender;
1909–1918 Mitglied Preußisches Herrenhaus.
Quelle: NDB, Bd. 7, S. 361
Seite: 7, 237, 306f.

Härle, Carl (26.8.1879 – 26.8.1950)
Dr. jur.; Industrieller; ab 1911 Vorstandsmitglied → Thyssen & Co. AG; Mitglied Grubenvorstand → August Thyssen-Hütte Gewerkschaft.
Quelle: NDB, Bd. 7, S. 450
Seite: 330f., 399–402

Hagen, Louis (15.5.1855 – 1.10.1932)
Bankier; 1873–1922 Inhaber des Bankhauses
→ A. Levy, Köln; 1922–1932 Mitinhaber
→ Sal. Oppenheim jr. & Cie.; 1912–1915 stv.,
1915–1932 Präsident Handelskammer Köln.
Quelle: NDB, Bd. 7, S. 479f.
Seite: 29, 97, 111, 119ff., 128, 148ff., 155,
157, 180ff., 195, 220, 231ff., 235ff.

Hallström, Otto
Bankdirektor; Vorstandsmitglied Deutsche
Unionbank A.G; AR-Mitglied Norddeut-
schen Zündholz-A.G und → Deutsche Cen-
tralbodenkredit-AG.
Quelle: Adreßbuch der Direktoren und Auf-
sichtsräte 1928, Bd. 1, S. 623
Seite: 363ff.

Halt, Karl Ritter von (2.6.1891 – 5.8.1964)
Dr. rer. pol.; Bankdirektor, Sportfunktionär;
1908 Lehre → Deutsche Bank Filiale Mün-
chen; 1923–1935 Personalchef Bankhaus
H. Aufhäuser, München; 1935 Direktor
Deutsche Bank Zentrale Berlin, 1938–1945
Vorstandsmitglied; 1945–1950 Internierung
im Lager Buchenwald; 1952–1957 AR-
Mitglied Süddeutsche Bank; 1911–1921
fünfmal deutscher Meister im Zehnkampf;
1929 Aufnahme ins IOC; 1936 Präsident
Organisationskomitee Olympische Winter-
spiele; 1951–1961 NOK-Präsident.
Quelle: Peter Heimerzheim, Karl Ritter von
Halt – Leben zwischen Sport und Politik,
Sankt Augustin 1999; HADB, SG1/34a
Seite: 459, 497

Hamm, Eduard (16.10.1879 – 23.9.1944)
Politiker; 1919 MdR (DDP); 1923–1925
Reichswirtschaftsminister; 1925–1933 Ge-
schäftsführendes Präsidialmitglied → Deutscher
Industrie- und Handelstag.
Quelle: NDB, Bd. 7, S. 586f.
Seite: 256, 291

Hammerschlag, Max
Direktor → Deutsch-Holländische Bank AG,
Köln.
Quelle: Adreßbuch von Köln und Umgebung
1922, II, S. 26
Seite: 166f.

Hammerschmidt, Wilhelm
(13.4.1883 – 2.8.1924)
Dr. rer. pol.; Nationalökonom; Inhaber des Bankhauses → B. Simons & Co., Düsseldorf.
Quelle: Max Kruk, Bankiers in ihrer Zeit. Die Männer von B. Simons & Co. (= Schriftenreihe des Instituts für bankhistorische Forschung. Bd. 13), Frankfurt am Main 1989, S. 206
Seite: 201

Hammerstein-Equord, Kurt von
(26.9.1878 – 24.4.1943)
Militär; deutscher Heeresoffizier; 1930–1933 Chef Heeresleitung; 1934 Ausscheiden aus der Reichswehr im Rang eines Generaloberst; im weiteren Kreis des militärischen Widerstands gegen Adolf Hitler; Ehrenritter des Johanniterordens.
Quelle: Reichshandbuch, Bd. 1, S. 649f.; Hans Magnus Enzensberger, Hammerstein oder der Eigensinn. Eine deutsche Geschichte, Frankfurt am Main 2008
Seite: 333f.

Haniel von Haimhausen, Edgar von
(12.8.1870 – 14.1.1935)
Dr. jur.; Diplomat; 1900 Eintritt Auswärtiges Amt, Attaché an verschiedenen Auslandsmissionen, 1911–1917 Botschaftsrat in Washington, 1917 Referent im Auswärtigen Amt, 1918 Mitglied Waffenstillstandskommission in Spa und 1919 Generalsekretär deutsche Friedensdelegation in Versailles, zugleich Ernennung zum Staatssekretär im Auswärtigen Amt; 1922–1931 Gesandter und Vertreter der Reichsregierung in München.
Quelle: Reichshandbuch, Bd. 1, S. 652f.; Biographisches Handbuch des deutschen Auswärtigen Dienstes 1871–1945, Bd. 2, Paderborn 2005, S. 194f.
Seite: 122

Hansemann, Adolph von (27.7.1826 – 9.12.1903)
Bankier; Sohn von → David Hansemann; 1857–1903 Geschäftsinhaber → Disconto-Gesellschaft; während des Deutsch-Französischen Krieges 1870/71 Finanzberater preußische Regierung; seit 1873 AR-Vorsitzender → Gelsenkirchener Bergwerks-AG; seit 1899 AR-Vorsitzender Schantung-Eisenbahn-Gesellschaft; 1872 nobilitiert.
Quelle: NDB, Bd. 7, S. 625f; HADB, SG1/34b
Seite: 16, 56f., 306f., 525, 541

Hansemann, David (12.7.1790 – 4.8.1864)
Bankier, Kaufmann, Politiker; Vater von → Adolph von Hansemann; 1835–1843 Präsident Rheinische Eisenbahngesellschaft; 1845 Mitglied Rheinischer Provinziallandtag; 1847 Abgeordneter Vereinigter Landtag in Berlin; 1848 Preußischer Finanzminister; nach Rücktritt Leitung Preußische Bank; 1851 Gründer und (bis 1864) Geschäftsinhaber → Disconto-Gesellschaft.
Quelle: NDB, Bd. 7, S. 626–629; HADB, SG1/35
Seite: 12f., 16, 478ff., 542

Harbou, Bodo von (7.4.1887 – 22.12.1943, [nach anderen Angaben 29.7.1944])
Militär, Verbandsfunktionär; 1917–1919 Major Operationsabteilung des Chefs des Generalstabs des Heeres; 1918 Mitglied Friedenskommission; Geschäftsführer Deutsches Stickstoffsyndikat; im Reichstagswahlkampf November 1932 Spendenorganisator für die Reichsregierung; nach 1939 Oberst im Generalstab; im weiteren Kreis des militärischen Widerstands gegen Adolf Hitler; Selbstmord.
Quelle: http://www.bundesarchiv.de/akten-reichskanzlei/1919–1933/0011/adr/adrhl/kap1_1/para2_72.html (letzter Aufruf: 2.12.2010)
Seite: 334

Hardt, Engelbert
Unternehmer; Seniorchef Hardt & Co., Berlin; stv. AR-Vorsitzender → Disconto-Gesellschaft.
Quelle: Rudolf Martin, Jahrbuch des Vermögens und Einkommens der Millionäre in Preußen. 2. Teil, Berlin 1912, S. 289ff.
Seite: 93

Harff, Gustav (26.3.1887 – 10.3.1953)
Bankier; 1918 Eintritt, 1921 Mitinhaber des Bankhauses → Simon Hirschland; Kgl. Belgischer Konsul.
Quelle: Reichshandbuch, Bd. 1, S. 658f.
Seite: 331

Harms, Bernhard (30.3.1876 – 21.9.1939)
Prof. Dr. sc. pol.; Nationalökonom; 1901 Promotion; 1903 Habilitation; 1908 Professur Univ. Kiel (Forschungsschwerpunkt internationale Wirtschaftsbeziehungen, Versuch der Entwicklung einer «Weltwirtschaftslehre»); 1911 Gründer und (bis 1933) Direktor Institut für Weltwirtschaft und Seeverkehr in Kiel; 1913 Begründer der Zeitschrift «Weltwirtschaftliches Archiv».
Quelle: Reichshandbuch, Bd. 1, S. 660; NDB, Bd. 7, S. 682f.
Seite: 32, 292f.

Harriman, William Averell
(15.11.1891 – 26.7.1986)
US-Politiker, Bankier; Inhaber des Bankhauses → W. A. Harriman and Company; 1943–1946 Botschafter; 1946 Handelsminister; 1954–1958 Gouverneur von New York; 1961–1963 Staatssekretär.
Quelle: Who's Who in American Politics: a Biographical Directory of United States Political Leaders 1967; http://www.nndb.com/people/175/000044043/ (letzter Aufruf: 2.12. 2010)
Seite: 25, 257, 259ff., 263–268, 283, 521

Harter, Carl (30.1.1868 – 29.1.1944)
Bankdirektor; 1904 Vorstandsmitglied, 1926–1936 Vorstandssprecher → Commerz- und Privat-Bank; div. AR-Mandate.
Quelle: Reichshandbuch, Bd. 1, S. 662; Historisches Archiv Commerzbank, S1/Harter, Carl
Seite: 367

Hartmann, Fritz (9.11.1874 – 25.2.1934)
Direktor; 1911–1930 Vorstandsmitglied → Deutsche Hypothekenbank; 1921–1930 Vorsitzender Direktorium → Gemeinschaftsgruppe Deutscher Hypothekenbanken; Vorstandsmitglied div. Terraingesellschaften und AR-Mitglied div. der → Deutschen Bank nahestehenden Gesellschaften; Geh. Finanzrat.
Quelle: Reichshandbuch, Bd. 1, S. 664; Oliver Redenius, Strukturwandel und Konzentrationsprozesse im deutschen Hypothekenbankwesen, Frankfurt am Main 2009, S. 128
Seite: 327, 379, 385–388

Hartmann, Walter (28.2.1881 – n. e.)
Dr. jur.; Bankdirektor; bis 1928 Syndikus → Disconto-Gesellschaft; ab 1929 Präsident → Preußische Central-Bodenkredit-AG, später auch → Preußische Central-Bodenkredit- u. Pfandbriefbank AG.
Quelle: Reichshandbuch, Bd. 1, S. 667
Seite: 363

Hasslacher, Johann Jakob
(2.12.1869 – 18.7.1940)
Dr. jur.; Stahlindustrieller, Politiker; 1896 Justitiar, 1899 Vorstandsmitglied → Gelsenkirchener Bergwerks-AG; 1910–1936 Generaldirektor → Rheinische Stahlwerke; 1921–1930 stv. Mitglied Preußischer Staatsrat; 1928–1930 MdR (DNVP); seit 1922 Präsidialmitglied → Reichsverband der Deutschen Industrie.
Quelle: Reichshandbuch, Bd. 1, S. 672
Seite: 123

Hatzfeldt-Wildenburg, Hermann Fürst von
(30.6.1867 – 10.6.1941)
Militär, Diplomat; 1894 Eintritt Auswärtiges Amt, 1895–1901 Legationssekretär; 1902–1906 Tätigkeit im Afrikahandel; 1906 Wiedereintritt Auswärtiges Amt, 1907 Botschaftsrat in Washington, 1909–1914 Generalkonsul und außerordentlicher Gesandter in Kairo; 1914–1918 beim Generalgouvernement in Berlin; 1921–1923 Reichskommissar für die besetzten rheinischen Gebiete.
Quelle: Meyers Lexikon Bd. 5, 1926, Sp.1180f.; Biographisches Handbuch des deutschen Auswärtigen Dienstes 1871–1945, Bd. 2, Paderborn 2005, S. 210f.
Seite: 195

Havenstein, Rudolf
(10.3.1857 – 20.11.1923)
Justiz- und Bankbeamter; 1876 Eintritt in preußischen Justizdienst; 1890–1900 Preußisches Finanzministerium; 1900–1908 Präsident → Preußische Staatsbank; 1908–1923 Präsident → Reichsbank.
Quelle: NDB, Bd. 8, S. 137
Seite: 192–197

Hegener, Theodor M.
Dr. jur.; Rechtsanwalt; 1914 Direktor
→ Crédit Anversois; 1917–1918 AR-Mitglied
Tiefbau- und Kälteindustrie AG.
Seite: 93, 108

Heimann, Albert (1855 – 7.6.1919)
Kommerzienrat; AR-Mitglied → A. Schaaffhausen'scher Bankverein.
Seite: 88

Heimann, Max (23.11.1872 – n. e.)
Dr. jur.; Rechtsanwalt; 1920 Oberlandesgericht Köln.
Quelle: Wer ist's?, S. 313
Seite: 141f.

Heineman, Dannie (1872 – 1962)
Elektroingenieur, Unternehmer; Delegierter Verwaltungsrat → Société Financière de Transports et d'Entreprises Industrielles (Sofina); AR-Mitglied → Gesellschaft für elektrische Unternehmungen – Ludwig Loewe & Co. AG, Berlin.
Quelle: Liane Ranieri, Dannie Heineman, Patron de la SOFINA: Un destin singulier, 1872–1962, Brüssel 2005
Seite: 415f.

Heinrichs, Kurt (13.12.1894 – 18.2.1971)
Dr. jur.; Verwaltungsbeamter; 1927 Regierungsrat in Kassel; 1933–1941 kommissarischer Verwalter und Landrat im Kreis Einbeck; 1941–1945 Ministerialrat Reichsministerium des Innern; 1952–1957 Regierungsvizepräsident Osnabrück; 1957–1959 Regierungspräsident Aurich.
Quelle: http://de.wikipedia.org/wiki/Kurt_Heinrichs (letzter Aufruf: 3.1.2011)
Seite: 288f.

Heinsch, Alfred
Bankier; persönlich haftender Gesellschafter
→ Philipp Elimeyer, Dresden.
Quelle: Adreßbuch der Direktoren und Aufsichtsräte, 1928, Bd. 1, S. 675
Seite: 214ff.

Helfferich, Emil (17.1.1878 – 22.5.1972)
Südostasienkaufmann, Schriftsteller, Kunstsammler; Bruder von → Karl Helfferich; 1909 Generaldirektor Straits-und-Sunda-Syndikat; im November 1932 Mitunterzeichner einer Eingabe von Industriellen mit der Aufforderung, → Adolf Hitler zum Reichskanzler zu ernennen; Gründungsmitglied des Keppler-Kreises (später Freundeskreis Heinrich Himmler); 1933 AR-Vorsitzender → HAPAG; 1933–1934 Staatsrat und Mitglied Hamburgischer Senat; 1934 Leiter Abteilung Außenhandel innerhalb der Reichsgruppe Handel; 1935 Präsidiumsmitglied Aufklärungsausschuß Hamburg-Bremen; 1939 AR-Vorsitzender Deutsch-Amerikanische Petroleum-Gesellschaft (ESSO) in Hamburg.
Quelle: Wer leitet? 1940, S. 330; Emil Helfferich, Ein Leben, Bd. 1–5, Hamburg/Jever 1948–1965
Seite: 371

Helfferich, Karl (22.7.1872 – 23.4.1924)
Prof. Dr. rer. pol.; Nationalökonom, Bankdirektor, Politiker; Bruder von → Emil Helfferich; 1906 Direktor Anatolische Eisenbahngesellschaft; 1908–1915 Vorstandsmitglied → Deutsche Bank; ab 1910 Mitglied Zentralausschuß → Reichsbank; 1915–1916 Staatssekretär Reichsschatzamt; 1916–1917 Reichsinnenminister und Vizekanzler; 1918 Gesandter in Moskau; 1920–1924 MdR (DNVP).
Quelle: NDB, Bd. 8, S. 470ff.; John G. Williamson, Karl Helfferich 1872 – 1924 Economist, Financier, Politician, Princeton/New Jersey 1971
Seite: 85f., 91f.

Heller, Julius (1866 – 1929)
Bankier; persönlich haftender Gesellschafter
→ Philipp Elimeyer, Dresden.
Quelle: Adreßbuch der Direktoren und Aufsichtsräte, 1928, Bd. 1, S. 680
Seite: 215

Hellmich, Hermann (12.12.1889 – 1956)
Oberingenieur; Vorstandsmitglied → Elektricitätswerk Südwest AG, Berlin.
Quelle: Adreßbuch der Direktoren und Aufsichtsräte, 1935, Bd. 1, S. 549
Seite: 418

Herberg, Carl von der (9.3.1862 – 25.6.1926)
Unternehmer; 1889 Eintritt, 1921–1926
Generaldirektor → Felten & Guilleaume Carlswerk AG; gleichzeitig Direktor Kabelwerke Wilhelminenhof.
Quelle: Ulrich S. Soénius / Jürgen Wilhelm (Hrsg.), Kölner Personenlexikon, Köln 2008, S. 231
Seite: 183

Herle, Jakob (25.6.1885 – 8.9.1957)
Dr. rer. pol.; Verbandsgeschäftsführer Industrieller; 1919–1934 Hauptgeschäftsführer → Reichsverband der Deutschen Industrie.
Quelle: Reichshandbuch, Bd. 1, S. 723; NDB, Bd. 8, S. 625
Seite: 343

Herold, Hermann (2.3.1890 – 9.1.1967)
Dr. jur.; Banksyndikus; 1917–1946 → Deutsche Bank Zentrale Berlin (zuletzt stellv. Chef-Syndikus), 1948 Wiedereintritt; 1951–1957 Berater → Rheinisch-Westfälische Bank, Düsseldorf.
Quelle: HADB, P2/H469
Seite: 502f.

Hertzog, Barry (3.4.1866 – 21.11.1942)
Südafrikanischer Jurist, Militär und Politiker; 1892–1895 Anwalt in Pretoria; 1895 Richter in Bloemfontein; im Burenkrieg 1899–1902 stv. Kommandant Streitkräfte Oranje-Freistaat; 1910–1912 Justizminister, 1924–1939 Premierminister Südafrikanische Union.
Quelle: Bertold Spuler, Minister-Ploetz – Regenten und Regierungen der Welt. Teil 2, Bd. 4. Neueste Zeit 1917/18–1964, Würzburg 1964, S. 550
Seite: 434

Herwegen, Ildefons (27.11.1874 – 2.9.1946)
Abt von Kloster Maria Laach 1913–1946; gewährte 1933 → Konrad Adenauer Zuflucht in Maria Laach.
Quelle: NDB, Bd. 8, S. 723
Seite: 401

Heye, Hans Ferdinand (30.12.1897 – n. e.)
Fabrikant, Glasindustrieller, Konsul; ab 1921 Vorstandsmitglied → Gerresheimer Glashüttenwerke AG.
Quelle: Reichshandbuch, Bd. 1, S. 747
Seite: 369f., 388f.

Hilger, Ewald (13.7.1859 – 20.8.1934)
Bergwerkdirektor; Bergbau-Studium in Lausanne, Straßburg und Berlin; 1882 Bergreferendar; 1887 Bergassessor; 1889 Berginspektor; 1891 Bergrat Kgl. Bergwerksdirektion; 1894–1896 Bergwerksdirektor, Chef Bergwerksinspektion; 1896 Oberbergrat; 1900 Geh. Bergrat, Präsident Kgl. Bergwerksdirektion Saarbrücken; 1905–1923 Generaldirektor Vereinigte Königs- und Laurahütte; 1906–1922 Vorsitzender östliche Gruppe des Vereins Deutscher Eisen- und Stahlindustrieller; ab 1924 Vorstandsvorsitzender Knappschafts-Berufsgenossenschaft für das Deutsche Reich; seit 1928 Vorsitzender Fachgruppe Bergbau im → Reichsverband der Deutschen Industrie.
Quelle: Reichshandbuch, Bd. 1, 756f.; NDB, Bd. 9, S. 143
Seite: 332

Hindenburg, Paul von (2.10.1847 – 2.8.1934)
Militär und Politiker; Vater von → Oskar von Hindenburg; 1916–1919 Chef Oberste Heeresleitung; 1925–1934 Reichspräsident.
Quelle: NDB, Bd. 9, S. 178–182
Seite: 39, 275, 311, 361

Hindenburg, Oskar von
(31.1.1883 – 12.2.1960)
Militär; Sohn von → Paul von Hindenburg; ab 1903 Militärlaufbahn; 1934 Verabschiedung im Rang eines Generalmajors; 1938–1945 Reaktivierung; 1933 Einflussnahme auf seinen Vater im Zusammenhang mit der Ernennung Hitlers zum Reichskanzler.
Quelle: Christian Zentner und Friedemann Bedürftig (Hrsg.), Das große Lexikon des Dritten Reiches, München 1985
Seite: 334

Hinsberg, Theodor (25.5.1859 – 21.8.1934)
Bankier; 1889–1926 persönlich haftender Gesellschafter → Barmer Bank-Verein Hinsberg, Fischer & Comp.; 1912–1928 persönlich

haftender Gesellschafter Heydt-Kersten & Söhne.
Quelle: Wenzel, Sp. 964f.; Detlef Krause, Garn, Geld und Wechsel. 250 Jahre von der Heydt-Kersten & Söhne, Wuppertal 2004
Seite: 148

Hirschland, Georg (16.7.1885 – 14.3.1942)
Dr. jur.; Bankier; Bruder von → Kurt Hirschland; Banklehre → Barmer Bank-Verein Hinsberg, Fischer & Comp.; weitere Ausbildung in Berlin, London, New York; 1912 Teilhaber → Simon Hirschland; 1938 nach deren Zwangsliquidation Emigration nach New York, dort bis zu seinem Tod Präsident Hanseatic Corporation; stv. AR-Vorsitzender Gewerkschaft Neu-Staßfurt II, Staßfurt und Westdeutsche Terrain- und Baubank AG.
Quelle: Reichshandbuch, Bd. 1, S. 768; NDB, Bd. 9, S. 228f.
Seite: 328

Hirschland, Kurt (14.5.1882 – 2.1.1957)
Bankier; Bruder von → Georg Hirschland; Banklehre; 1905 Eintritt in väterliche Firma → Simon Hirschland, 1908–1934 Mitinhaber, 1934 Ausscheiden aus der Geschäftsführung; Mitglied Zentralausschuss Reichsbank; mehrere AR-Mandate im Bergbau und Hüttenwesen.
Quelle: Reichshandbuch, Bd. 1, S. 768; Biographisches Handbuch der deutschsprachigen Emigration nach 1933, Bd. 1, München 1980, S. 303
Seite: 319f.

Hitler, Adolf (20.4.1889 – 30.4.1945)
Nationalsozialistischer Politiker; 1933–1945 Reichskanzler.
Quelle: NDB, Bd. 9, S. 251–266
Seite: 11, 31ff., 38f., 42, 46, 49ff., 360, 372, 375, 377, 462, 475, 508–515, 529f., 537, 542

Hofmann, Fritz (2.11.1866 – 29.10.1956)
Dr. phil; Chemiker; ab 1918 Leiter Kohlenforschungsinstitut Kaiser-Wilhelm-Gesellschaft Breslau.
Quelle: NDB, Bd. 9, S. 452f.
Seite: 162f.

Holland, Ernest O. (4.2.1874 – 11.1.1950)
Dr. phil.; amerikanischer Ökonom; 1916–1944 Präsident Washington State University.
Quelle: http://president.wsu.edu/office/university-governance/past-presidents/holland.html (letzter Aufruf: 11.1.2011)
Seite: 203f.

Hollender, Karl (1874 – 1954)
Generaldirektor; Verwaltungsmitglied → Gewerkschaft König Ludwig; Bergrat.
Quelle: Wenzel, Sp. 1002; Fritz Pudor, Lebensbilder aus dem Rheinisch-Westfälischen Industriegebiet, Düsseldorf 1960
Seite: 314, 318ff., 332

Hompel, Rudolf ten (10.2.1878 – 3.9.1948)
Industrieller und Politiker; ab 1915 Generaldirektor Wicking'sche Portland Cement und Wasserkalkwerke, Recklinghausen; Präsidiumsmitglied → Reichsverband der Deutschen Industrie; 1920–1928 MdR (Zentrum).
Quelle: NDB, Bd. 9, S. 594f.
Seite: 207

Horne, Sir Robert Stevenson (28.2.1871 – 3.9.1940)
Schottischer Unternehmer, Anwalt und Politiker (Unionisten); 1910–1937 Member of Parliament; im 2. Kabinett → Lloyd George 1919–1920 Arbeitsminister, 1920–1921 Handelsminister, 1921–1922 Schatzkanzler; 1921–1924 Rektor Universität Abderdeen; Direktor Suez Canal Company; Chairman Great Western Railway Company.
Quelle: Bertold Spuler, Minister-Ploetz, Regenten und Regierungen der Welt. Teil 2, Bd. 4. Neueste Zeit 1917/18–1964, Würzburg 1964, S. 253ff.
Seite: 431

Hugenberg, Alfred (19.6.1865 – 12.3.1951)
Dr. rer. pol.; Wirtschaftsführer, Politiker; ab 1916 Aufbau Hugenberg-Konzern (Medienkonglomerat aus Verlagen, Nachrichtendiensten, Werbeagenturen, Korrespondenzdiensten, zahlreichen Zeitungsbeteiligungen und Filmgesellschaften, u. a. Ufa); 1918 Beitritt DNVP; 1919 Vertreter DNVP in Nationalver-

sammlung; 1928 Parteivorsitzender DNVP; 1920–1945 MdR (bis 1933 DNVP, ab 1933 als Gast der NSDAP); 1933 Reichsminister für Wirtschaft, Landwirtschaft und Ernährung im Kabinett Hitler; Juni 1933 Rücktritt von allen Partei- und Ministerämtern; 1933–1944 unter Druck schrittweiser Verkauf des Medienkonzerns; 1946–1951 britische Internierung.
Quelle: Reichshandbuch, Bd. 1, S. 814; NDB, Bd. 10, S. 10–13
Seite: 8, 270, 289, 297, 360, 532

Hummel, Hermann (22.6.1876 – 25.7.1952) Politiker und Wirtschaftsfunktionär; 1919–1922 Minister für Kultus und Staatspräsident Baden; 1924–1930 MdR (DDP); AR-Mitglied → I.G. Farbenindustrie AG und Horchwerke AG; 1939 Emigration in die USA.
Quelle: Reichshandbuch, Bd. 1, S. 817; http://www.bundesarchiv.de/aktenreichskanzlei/1919–1933/0011/adr/adrhl/kap1_1/para2_360.html (letzter Aufruf: 11.1.2011)
Seite: 256

Israel, Hugo (6.1.1885 – 21.9.1948) Dr. jur.; Rechtsanwalt; spätestens 1908 Eintritt → Dresdner Bank, ab 1924 Chefsyndikus, 1931 Generalbevollmächtigter; 1940 Emigration in die USA.
Quelle: Johannes Bähr, Die Dresdner Bank in der Wirtschaft des Dritten Reiches, München 2006, S. 606
Seite: 283f.

Jacob, Ernst
Bankkommissar; 1915–1918 Bankabteilung Generalgouvernement Belgien.
Quelle: Bundesarchiv, Militärarchiv Freiburg, RH 18/2097, Aktenverzeichnis des Generalkommissars für die Banken in Belgien (Bankabteilung)
Seite: 106–110

Jadot, Jean (2.8.1862 – 1.3.1932) Belgischer Ingenieur und Unternehmer; 1913–1932 Gouverneur → Société Générale de Belgique.
Quelle: http://nl.wikipedia.org/wiki/Jean_Jadot_(industrieel) (letzter Aufruf: 11.1.2011)
Seite: 109f.

Janssen, Emmanuel (19.3.1907 – 11.6.1985) Baron; Belgischer Politiker; u. a. Präsident → Deutsche Libbey-Owens Gesellschaft für maschinelle Glasherstellung (Delog), Gelsenkirchen; Gründer Union Chemique Belge (UCB).
Quelle: http://www.didier-reynders.be/personnalites/J/janssen_d.php (letzter Aufruf: 12.1. 2011)
Seite: 451

Jeidels, Otto (13.3.1882 – 16.6.1947) Dr. phil.; Bankier; 1905 Promotion; diverse Stellungen bei britischen und US-amerikanischen Tochtergesellschaften der Metallgesellschaft; 1909 Eintritt → Berliner Handels-Gesellschaft, 1918–1938 Geschäftsinhaber; 1939 Emigration in die USA; Teilhaber Bankhaus Lazard Frères & Co.; 1943 Vizepräsident Bank of America National Trust & Savings Association.
Quelle: Reichshandbuch, Bd. 1, S. 847; Rolf E. Lüke, Berliner Handels-Gesellschaft in einem Jahrhundert deutscher Wirtschaft, Berlin 1956, S. 254
Seite: 278, 364, 446

Jessen, Fritz (21.8.1886 – 30.7.1951) Dr. jur.; Bankier, Finanzvorstand; 1925–1929 Geschäftsinhaber → Norddeutsche Bank; 1929–1931 Direktor → Deutsche Bank und Disconto-Gesellschaft Filiale Hamburg; 1932–1937 stv., 1937–1949 Vorstandsmitglied → Siemens & Halske.
Quelle: Reichshandbuch, Bd. 1, S. 849; Ute Böhme, Die Enteignung von Großbetrieben und der Aufbau einer sozialistischen Planwirtschaft in der Sowjetischen Besatzungszone von 1914 bis 1949 am Beispiel der Firma Siemens, Diss. Erlangen-Nürnberg, 2006, S. 309.
Seite: 241f., 499

Job, Jakob (14.12.1891 – 30.4.1973) Dr. phil.; Sprachpädagoge, Schriftsteller; 1923–1927 Direktor Schweizerschule in Neapel; 1928–1929 Sprachlehrer in Zürich, 1930 Leiter Auslandschweizersekretariat in Bern, 1931–1956 Direktor und Programmleiter Radio-Genossenschaft

in Zürich; schriftstellerische Tätigkeit.
Quelle: Kosch, Deutsches Literatur-Lexikon,
Bd. 8, S. 82f.
Seite: 68, 499

Jötten, Wilhelm (7.10.1860 – 23.1.1937)
Bankdirektor; 1881 Eintritt, 1896–1924
Vorstandsmitglied → Essener Credit-Anstalt.
Quelle: Reichshandbuch, Bd. 1, S. 855
Seite: 114

Jordan, Carl (15.2.1860 – 15.1.1940)
Unternehmer; 1896 kaufmännischer Direktor, 1901 Vorstand, 1920 Generaldirektor
Baumwollspinnerei Kolbermoor AG; Vorsitzender Arbeitsausschuß deutsche Baumwollspinnerverbände; Geh. Kommerzienrat.
Quelle: Reichshandbuch: Bd. 1, S. 853
Seite: 282

Junge, Alfred (n. e. – 1938 od. 1939)
Unternehmer; 1902 Eintritt, 1931–1936 stv.,
1936–1938 Vorstandsmitglied → Gebrüder
Stollwerck AG.
Quelle: Bruno Kuske, 100 Jahre Stollwerck,
Köln 1939, S. 126
Seite: 323

Jutzi, Wilhelm
Journalist; Leiter Handelsteil Kölnische
Zeitung; später Pressechef → I.G. Farbenindustrie AG.
Quelle: Adreßbuch Köln; Auskunft RWWA
Seite: 94

Kaas, Ludwig (23.5.1881 – 15.4.1952)
Prof. Dr. phil., theol., jur.; Theologe, Politiker; 1920–1933 MdR (Zentrum); 1928–1933
Vorsitzender Zentrumspartei; 1926–1930
Delegierter beim Völkerbund.
Quelle: Reichshandbuch, Bd. 1, S. 867; NDB,
Bd. 10, S. 713f.
Seite: 311f., 389, 398

Kämper, Otto (4.7.1882 – 6.1.1962)
Dr. jur.; Bankdirektor; 1921–1922 Vorstand
Gemeinnützige AG für Angestellten-Heimstätten (Gagfah); 1925 Vorstand Deutsche
Bau- und Bodenbank AG; AR-Mitglied
→ Reichs-Kredit-Gesellschaft, → Deutsche

Centralbodenkredit-AG, → Dresdner Bank.
Quelle: Reichshandbuch, Bd. 1, S. 877f
Seite: 364

Kaiser, Hermann (19.10.1880 – 8.9.1959)
1929–1945 Direktor → Deutsche Bank
(und Disconto-Gesellschaft) Filialbüro Zentrale Berlin, 1948–1957 Direktor → Rheinisch-Westfälische Bank.
Quelle: HADB, P2/K867 und P2/K868
Seite: 315, 502f.

Kant, Immanuel (22.4.1724 – 12.2.1804)
Philosoph.
Quelle: NDB; Bd. 11, S. 110–125
Seite: 306

Kantorowicz, Franz-Hartwig
(19.12.1872 – 1954)
Dr. phil.; Fabrikdirektor; 1902 Mitinhaber
Hartwig Kantorowicz (Spirituosenfabrik und
-handel) in Posen (1920 verlegt nach Berlin-Charlottenburg, 1927 Zusammenschluß zur
Hartwig Kantorowicz – C.A.F. Kahlbaum
AG); Vorsitzender Schutzverband Deutsche
Spirituosenindustrie.
Quelle: Reichshandbuch, Bd. 1, S. 880
Seite: 281

Karding, Ernst (6.6.1879 – 12.8.1964)
Dr. jur.; Verwaltungsbeamter, Bankdirektor,
Verbandsfunktionär; 1921 Stadt-kämmerer
Berlin; 1926 Vorstand → Preußische Central-Bodenkredit-AG, ab 1930 → Deutsche
Centralbodenkredit-AG; Mitglied im Ausschuß → Centralverband.
Quelle: Reichshandbuch, Bd. 1, S. 883
Seite: 405, 407ff.

Karrer, Paul (21.4.1889 – 18.6.1971)
Prof. Dr. phil.; Chemiker; 1918–1958 Professor für organische Chemie Univ. Zürich;
1950/51 Rektor Univ. Zürich; 1937 Nobelpreis für Chemie.
Quelle: NDB, Bd. 11, S. 297ff.
Seite: 444

Kastl, Ludwig (17.9.1878 – 19.5.1969)
Verwaltungsbeamter, Verbandsgeschäftsführer; 1906 Eintritt Kolonialabteilung Aus-

wärtiges Amt; 1915–1920 Kommissar und
Leiter Zivilverwaltung Deutsch-Südwestafrika; ab 1921 Ministerialrat Reichsfinanzministerium, Hauptreferent für Reparationsangelegenheiten; 1925–1933 Geschäftsführendes
Präsidialmitglied → Reichsverband der Deutschen Industrie; 1927 Mitglied Ständige
Mandatskommission des Völkerbundes; 1929
ordentliches Mitglied Reparations-Sachverständigen-Konferenz in Paris; 1946–1947 Präsident Bayerischer Wirtschaftsrat; 1952 Delegationsmitglied Londoner Schuldenkonferenz.
Quelle: NDB, Bd. 11, S. 323
Seite: 66, 255f., 340–343

Kayser, Georg (5.6.1881 – n. e.)
Dr.; Verwaltungsbeamter; Ministerialrat Preußisches Finanzministerium; Mitglied staatliche Aufsicht → Deutsche Centralbodenkredit-AG.
Quelle: Wer leitet? 1940, S. 420
Seite: 364

Keding, Wilhelm (ca. 1888 – 24.4.1961)
Ministerialrat.
Quelle: HADB, P1/15
Seite: 475

Kehl, Werner (27.3.1887 – 4.1.1943)
Dr. jur.; Bankdirektor, Industrieller; 1919
Eintritt → Deutsche Bank Filiale Düsseldorf,
1922 Direktor, 1926 stv., 1928 ordentliches
Vorstandsmitglied, 1932 Rückzug aus dem
Vorstand wegen Veruntreuungen des Düsseldorfer Filialdirektors → Wilhelm Schaefer;
1939 Generaldirektor Vereinigte Glaswerke
Aachen (Gruppe St. Gobain).
Quelle: Reichshandbuch, Bd. 1, S. 898,
HADB, SG1/42
Seite: 237, 532f., 540f.

Keller-Staub, Walter (1895 – n. e.)
Dr. jur.; Rechtsanwalt in Zürich; Gründer
Crastis AG Zürich; Verbindungsmann der
deutschen Wirtschaft und des NS-Staats in
der Schweiz.
Quelle: Johannes Bähr, Die Dresdner Bank in
der Wirtschaft des Dritten Reichs, München
2006, S. 444
Seite: 475f., 496

Kempner, Paul H. (30.12.1889 – 12.4.1956)
Dr. jur.; Bankier; 1912–1918 Staatsdienst;
1919 Eintritt, 1922–1932 Mitinhaber
→ Mendelssohn & Co.; 1931–1932 Generalkonsul und dt. Mitglied Finanzausschuss des
Völkerbunds; Ausschussmitglied → Centralverband; 1939 Emigration in die USA.
Quelle: Reichshandbuch, Bd. 1, S. 908; http://
www.bundesarchiv.de/aktenreichskanzlei/1919–1933/0001/adr/adrhl/kap1_4/
para2_75.html (letzter Aufruf: 13.1.2011)
Seite: 291

Kessler, Joachim (11.3.1891 – 2.11.1951)
Dr.; Bankdirektor; 1928–1929 stv. Direktor
→ Disconto-Gesellschaft in Berlin, ab 1929
→ Deutsche Bank und Disconto-Gesellschaft,
1946–1948 Führungsstab Hamburg → Deutsche Bank; 1948–1951 Direktor Nordwestbank Hannover.
Quelle: HADB/Sammlungsgut Personal
Seite: 283f., 504ff.

Keup, Erich Wilhelm Ferdinand
(19.11.1885 – 16.2.1973)
Dr. rer. pol.; Direktor; 1913–1925 Geschäftsführer Gesellschaft zur Förderung der inneren
Kolonisation; 1922–1926 Direktor Roggen-Renten-Bank; 1926 Vorstand → Preußische
Pfand-Brief-Bank bzw. ab 1930 → Deutsche
Centralbodenkredit-AG; 1933 Emigration
nach Frankreich; 1941 Rückkehr nach
Deutschland als Wirtschaftsberater; nach 1945
zahlreiche Mandate in Siedlungsgesellschaften
und Wirtschaftsunternehmen.
Quelle: Reichshandbuch, Bd. 1, S. 914; http://
www.bundesarchiv.de/aktenreichskanzlei/
1919–1933/0020/adr/adrhl/kap1_4/
para2_95.html (letzter Aufruf: 13.1.2011)
Seite: 358, 362–365

Kiehl, Johannes (16.9.1880 – 20.5.1944)
Jurist, Bankdirektor; 1906 Eintritt
→ Deutsche Bank (Sekretariat), 1914–1925
stv. Direktor, 1926–1929 stv. Vorstand,
1929–1937 Direktor → Deutsche Bank und
Disconto-Gesellschaft, 1938–1944 Vorstand
Deutsche Bank.
Quelle: HADB, SG1/43
Seite: 369f., 376, 384f., 495, 497

Kimmich, Elisabeth, geb. Koch
(9.9.1880 – 23.3.1953)
Ehefrau von → Karl Kimmich.
Seite: 416

Kimmich, Karl (14.9.1880 – 10.9.1945)
Dr. rer. pol.; Bankdirektor; 1906 Eintritt
→ A. Schaaffhausen'scher Bankverein,
1919–1921 stv. Vorstandsmitglied, 1921–1929
Vorstandsmitglied; 1929–1933 diverse Firmensanierungen; 1933 Vorstand → Deutsche
Bank und Disconto-Gesellschaft, 1940–1942
Vorstandssprecher → Deutsche Bank,
1942–1945 AR-Vorsitzender.
Quelle: Reichshandbuch, Bd. 1, S. 922;
HADB, SG1/44
Seite: 27, 31, 62f., 131f., 171f., 174–186, 210,
234, 242, 252, 262f., 301, 309f., 316, 318–325,
328, 330ff., 340ff., 349ff., 366, 368f., 402, 405,
414–418, 423, 426–429, 449f., 463–466, 495,
497, 544

King, William Henry
(3.6.1863 – 27.11.1949)
Amerikanischer Richter und Politiker, 1917–
1941 US-Senator von Utah.
Seite: 204

Kirdorf, Emil (8.4.1847 – 13.7.1938)
Industrieller; 1873–1926 Direktor und Vorstand → Gelsenkirchener Bergwerks-AG;
1920 Vorsitzender Siemens-Rheinelbe-Schuckert-Union; 1926 Rückzug nach Umgestaltung des Konzerns zur → Vereinigte Stahlwerke AG; 1927 politischer Wechsel von
DNVP zu NSDAP; wichtige Rolle bei der
Vermittlung zwischen Wirtschaft und Nationalsozialisten in den späten 1920er Jahren;
Mitglied Hauptausschuss → Deutsche Bank
und Disconto-Gesellschaft.
Quelle: Reichshandbuch, Bd. 1, S. 926f.,
NDB, Bd. 11, S. 666ff.
Seite: 14, 27, 42, 66f., 359–362, 370–378,
380–383, 475, 481f.

Kirdorf, Olga, verwitwete Wessel, geb. Gayen
(17.7.1863 – 22.7.1953)
Zweite Ehefrau von → Emil Kirdorf (seit 1923).
Seite: 359, 361f., 370

Kisskalt, Wilhelm (21.8.1873 – 14.2.1958)
Jurist, Direktor; 1909 Vorstand, 1922–1937
Generaldirektor, 1938–1950 AR → Münchener Rückversicherungs-Gesellschaft AG;
1922–1945 AR Allianz; Geh. Justizrat.
Quelle: Reichshandbuch, Bd. 1, S. 931;
Gerald D. Feldman, Die Allianz und die deutsche Versicherungswirtschaft 1933–1945,
München 2001, S. 343
Seite: 256

Kißler (auch Kissler), Franz Hermann
(7.11.1882 – 4.12.1953)
Dr. jur.; Bankdirektor; ab 1923 Vorstand
Deutsche Rentenbank, AR-Mandat
→ Deutsche Centralbodenkredit-AG;
1946–1949 Custodian Deutsche Rentenbank,
Deutsche Rentenbank-Kreditanstalt,
→ Deutsche Zentralgenossenschaftskasse in
der Britischen Zone; 1949–1953 Vorstandsmitglied Landwirtschaftliche Rentenbank;
Geh. Finanzrat.
Quelle: Reichshandbuch, Bd. 1, S. 931; http://
www.bundesarchiv.de/cocoon/barch/
0001/z/z1960a/kap1_11/para2_62.html
(letzter Aufruf: 14.1.2011)
Seite: 362, 364f.

Klamroth, Walter (14.4.1873 – n. e.)
Jurist, Bankdirektor; 1900–1904 Justizdienst;
1904 Eintritt, später Vorstand Preußische
Boden-Credit-Actien Bank; 1921 Mitglied
Gemeinschaftsdirektion → Gemeinschaftsgruppe Deutscher Hypothekenbanken;
Schwiegersohn von Carl Klönne (Vorstandsmitglied → Deutsche Bank).
Quelle: Reichshandbuch, Bd. 1, S. 934
Seite: 409

Klöckner, Florian (4.10.1868 – 10.5.1947)
Industrieller, Politiker; Bruder von
→ Peter Klöckner; 1906–1917 Teilhaber
Klöckner & Co., ab 1940 AR-Vorsitzender
Klöckner-Humboldt-Deutz; 1920– 1933
MdR (Zentrum), zeitweilig stv. Vorsitzender
Zentrumspartei.
Quelle: Reichshandbuch, Bd. 1, S. 949;
NDB, Bd. 12, S. 105
Seite: 207

Klöckner, Peter (9.11.1863 – 5.10.1940)
Industrieller; ab 1908 Aufbau div. Hüttenbetriebe zur späteren → Klöckner Werke AG; ab 1923 AR-Vorsitzender Klöckner Werke AG (ab 1930 Klöckner-Humboldt-Deutz); AR-Mitglied → A. Schaaffhausen'scher Bankverein.
Quelle: Reichshandbuch, Bd. 1, S. 949; NDB, Bd. 12, S. 105ff.
Seite: 88, 190, 231ff.

Knepper, Gustav (25.3.1870 – 19.10.1951)
Industrieller; 1905 Betriebsdirektor Stinnes-Kohlegruben; 1926 Leiter Bergbaubereich → Vereinigte Stahlwerke AG; 1934 Vorstandsvorsitzender, 1942 AR-Vorsitzender → Gelsenkirchener Bergwerks-AG.
Quelle: Reichshandbuch, Bd. 1, S. 955f.; NDB, Bd. 12, S. 177f.
Seite: 334

Knoll, Karl (31.10.1894 – 20. 5.1970)
Dr. jur.; Diplomat; 1922 Eintritt Auswärtiges Amt, 1925 Vizekonsul Generalkonsulat Kobe, 1927 Legationssekretär Generalkonsulat Peking, 1927–1934 Vizekonsul Botschaft Tokio, 1934–1937 Auswärtiges Amt (u. a. handelspolitische Abteilung), 1937–1938 Handelsvertretung Xinjing, 1943–1944 Diplomat in Paris; 1944–1945 Tätigkeit für → Otto Wolff KG; 1945–1946 Magistrat Berlin; 1947–1948 Redakteur Bauernverlag Ostberlin; 1949–1951 Redakteur Berliner Rundfunk, später Deutschlandsender.
Quelle: Biographisches Handbuch des deutschen Auswärtigen Dienstes 1871–1945, Bd. 2, Paderborn 2005, S. 565f.
Seite: 432

Koch, Hans (16.8.1893 – 24.4.1945)
Dr. jur.; Rechtsanwalt und Notar in Berlin Nikolassee; im Widerstand gegen den Nationalsozialismus; bei Kriegsende erschossen.
Quelle: http://www.ostdeutsche-biographie. de/kochha93.htm (letzter Aufruf: 14.1.2011)
Seite: 461

Koehn, Adolf (um 1875 – 1940)
Bankdirektor; 1900 Eintritt, 1908 stv., 1916 Vorstandsmitglied Deutsch-Asiatische Bank;

1931–1933 Leiter Vertretung New York → Deutsche Bank.
Quelle: HADB, A1027
Seite: 180, 186

Koenigs, Franz (3.9.1881 – 6.5.1941)
Bankier; Direktor Rhodius-Koenigs Handel Maatschappij, Amsterdam; Teilhaber Firma Delbrück von der Heydt & Co., Köln; Teilhaber und persönlich haftender Gesellschafter Bankhaus → Delbrück, Schickler & Co., Berlin; zahlreiche AR-Mandate, vor allem in der Montanindustrie; 1939 Annahme der niederländischen Staatsbürgerschaft; bedeutende Kunstsammlung Alter Meister.
Quelle: Wenzel, Sp. 1204; http://www.libfl. ru/restitution/conf/koenigs.html (letzter Aufruf: 14.1.2011)
Seite: 97

Koeppel, Wilhelm (30.6.1890 – 1.6.1944)
Dr. jur.; Bankdirektor; 1919–1922 → Disconto-Gesellschaft; 1922–1932 Chef-Syndikus, 1932–1944 Geschäftsinhaber → Berliner Handels-Gesellschaft; ständiger Autor Zeitschrift Bank-Archiv.
Quelle: Reichshandbuch, Bd. 1, S. 972; Bankwirtschaft Jg. 1944, Nr. 12, S. 241 (Nachruf)
Seite: 348f.

Köttgen, Carl (29.8.1871 – 12.12.1951)
Unternehmer; 1905 Vorstandsmitglied Siemens-Schuckertwerke GmbH; 1907 Managing Director Siemens Brothers Dynamo-Works, London u. Stafford; 1920 Direktoriumsvorsitzender Siemens-Schuckertwerke GmbH; ab 1931 Vorsitzender Reichskuratorium für Wirtschaftlichkeit; Engagement in der Rationalisierungsbewegung.
Quelle: Reichshandbuch, Bd. 1, S. 1000; NDB, Bd. 12, S. 413f.
Seite: 256

Koppe, Fritz (13.9.1884 – n. e.)
Dr. jur.; Rechtsanwalt; Syndikus → Schultheiss-Patzenhofer Brauerei; Herausgeber Deutsche Steuer-Zeitung.
Quelle: Reichshandbuch, Bd. 1, S. 990
Seite: 453

Kraemer, Hans (22.4.1870 – 24.11.1938)
Industrieller; 1899 Gründung Rotophot-Gesellschaft für graphische Industrie; 1911 Leiter Tiefdruck-Syndikat, 1919 Gründer und Präsidiumsmitglied → Reichsverband der Deutschen Industrie; Mitglied → Reichswirtschaftsrat, AR u. a. Deutsche Zündwarenmonopol-Gesellschaft in Berlin, → Reichs-Kredit-Gesellschaft, → Deutsche Centralbodenkredit-AG; bis 1938 Rückzug aus allen Ämtern wegen jüdischer Abstammung.
Quelle: Reichshandbuch; Bd. 1, S. 1002f.; Detlef Krenz, Die Rotophot-Gesellschaften und die Kunst der Polygraphie, Internetveröffentlichung: http://www.postkartenarchiv.de/die-rotophot-gesellschaften.html (letzter Aufruf: 14.1.2011)
Seite: 364

Kraetke, Erich (6.8.1886 – 31.3.1961)
Bankangestellter; ab 1919 → Deutsche Bank Zentrale Berlin Rechtsabteilung.
Quelle: HADB, P2/K820
Seite: 474

Krekeler, Heinz (20.7.1906 – 5.8.2003)
Dr. phil.; Chemiker, Diplomat; 1934–1945 Chemiker → I.G. Farbenindustrie AG; 1945/46 Mitgründer FDP; 1947–1950 MdL NRW (FDP); 1953–1958 deutscher Botschafter in den USA; 1958–1964 Mitglied EURATOM-Kommission der Europäischen Witschaftsgemeinschaft in Brüssel.
Quelle: http://www.landtag.nrw.de/portal/WWW/Webmaster/GB_I/I.1/Abgeordnete/Ehemalige_Abgeordnete/details.jsp?k=00571 (letzter Aufruf: 14.1.2011)
Seite: 536

Kreuger, Ivar (2.3.1880 – 12.3.1932)
Schwedischer Unternehmer; Gründer Svenska Tändsticks AB; in den 1920er und frühen 1930er Jahren zentrale Figur im europäischen Zündwarenmonopol; Kontrolle über eine Vielzahl weiterer Industrieunternehmen; 1932 Zusammenbruch des Firmenimperiums.
Quelle: Eckhardt Wanner, Aufstieg und Fall des Ivar Kreuger, in: Die Bank 11/2009
Seite: 363

Kribben, Wilhelm
Bankdirektor; 1911–1914 stv. Direktor → Disconto-Gesellschaft Filiale Saarbrücken, Direktor Filiale Antwerpen.
Quelle: Deutsches Bankier-Buch 1914, S. 877
Seite: 92

Kritzler, Ernst (1874 – n. e.)
Bankier; ab 1917 Teilhaber → S. Bleichröder; AR-Mitglied → Gesellschaft für elektrische Unternehmungen AG.
Quelle: Reichshandbuch, Bd. 1, S. 1019
Seite: 278f.

Kruckow, August (25.12.1874 – 23.9.1939)
Verwaltungsbeamter, Postdirektor; Tätigkeit in der Reichstelegraphenverwaltung; 1927 Präsident Reichspostzentralamt; 1929 Ministerialdirektor, 1933 Staatssekretär → Reichspostministerium.
Quelle: http://www.bundesarchiv.de/akten-reichskanzlei/1919–1933/0000/adr/adrhl/kap1_4/para2_275.html (letzter Aufruf: 17.1.2011)
Seite: 290

Krupp von Bohlen und Halbach, Gustav (7.8.1870 – 16.1.1950)
Dr. jur.; Stahlindustrieller; 1906 Heirat mit Bertha Krupp; 1906 AR-Mitglied, 1909–1943 AR-Vorsitzender → Fried. Krupp AG, 1931–1934 Präsident → Reichsverband der Deutschen Industrie.
Quelle: NDB, Bd. 13, S. 138–143
Seite: 67, 199, 342f.

Kühnemann, Curt
Dr. jur.; Fabrikbesitzer; 1913–1930 AR-Mitglied → Ilse Bergbau-AG.
Quelle: 50 Jahre Ilse Bergbau-AG, Berlin 1938, S. 198
Seite: 222

Kurzmeyer, Alfred (2.9.1880 – 18.7.1968)
Bankdirektor (Schweizer); 1910–1939 → Mendelssohn & Co.; 1939–1945 Direktor → Deutsche Bank mit Generalvollmacht; ab 1939 AR-Mitglied → Internationale Bodenkreditbank Basel.

Quelle: Harold James, Die Deutsche Bank im Dritten Reich, 2. Aufl. München 2009, S. 172–177.
Seite: 46f., 464

Kutscher, Wilhelm (26.12.1876 – 13.6.1962)
Dr. jur.; Preuß. Staatsrat, 1923–1932 Vorstand → Deutscher Landwirtschaftsrat; AR-Mitglied Deutsche Rentenbank.
Quelle: Reichshandbuch, Bd. 1, S. 1051
Seite: 256

Ladd, Edwin Freemont (13.12.1859 – 22.6.1925)
Prof.; Chemiker; 1921–1925 US-Senator von North Dakota.
Quelle: Biographical directory of the American Congress 1774–1949
Seite: 204

Lahusen, Georg Carl (17.7.1888 – 1973)
Unternehmer; 1921–1931 Vorstandsvorsitzender und Generaldirektor → Norddeutsche Wollkämmerei & Kammgarnspinnerei; Geschäftsführer Hamburger Wollkämmerei GmbH; 1931 Präsident IHK Bremen; nach Zusammenbruch der Nordwolle 1933 angeklagt und verurteilt wegen Bilanzverschleierung.
Quelle: http://www-user.uni-bremen. de/~bremhist/LahusenFamilie.html; http:// www.bundesarchiv.de/aktenreichskanzlei/1919–1933/0000/adr/adrhl/kap1_5/ para2_7.html (letzter Aufruf: 17.1.2011)
Seite: 551

Lammers, Clemens
(16.9.1882 – 25.4.1957)
Wirtschaftsberater, Verbandsfunktionär; 1922 Präsidiumsmitglied und Vorstand → Reichsverband der Deutschen Industrie; 1924–1929 MdR (Zentrum); 1927 AR-Mitglied → Disconto-Gesellschaft, 1929–1931 → Deutsche Bank und Disconto-Gesellschaft.
Quelle: Reichshandbuch, Bd. 2, S. 1059f.; http://www.zeit.de/1957/18/Clemens-Lammers (letzter Aufruf: 17.1.2011)
Seite: 281, 380

Langen, Gottlieb von
(25.10.1858 – 20.3.1940)
Industrieller; ab 1886 Mitinhaber → Pfeifer & Langen, Köln; 1913–1929 AR-Vorsitzender → A. Schaaffhausen'scher Bankverein; 1929–1931 AR-Mitglied → Deutsche Bank und Disconto-Gesellschaft; 1907 nobilitiert.
Quelle: Reichshandbuch, Bd. 2, S. 1074; NDB, Bd. 13, S. 571
Seite: 149f., 156, 380

Laute, Gustav (14.9.1876 – n. e.)
Unternehmer; 1902 Eintritt, 1922 stv. Vorstandsmitglied, 1931 Vorstandsmitglied → Gebrüder Stollwerck AG.
Quelle: Reichshandbuch, Bd. 2, S. 1081; Bruno Kuske, 100 Jahre Stollwerck, Köln 1939, S. 126
Seite: 316, 323f., 352

Le Roy, Jakob Johan (10.8.1868 – 13.7.1949)
Hauptmann Kgl. Niederländisch-Indische Armee; Direktor der 1904 gegründeten Deutsch-Niederländischen Telegraphengesellschaft in Köln.
Seite: 116, 174, 176ff., 185

Liebieg, Theodor von (15.6.1872 – 24.5.1939)
Baron; Textilindustrieller, Fabrikant; stv. AR-Vorsitzender → Deutsche Erdöl-AG.
Quelle: http://cs.wikipedia.org/wiki/Theodor_von_Liebieg (letzter Aufruf: 19.1.2011)
Seite: 114f., 159–162

Lietz, Charlotte (12.11.1880 – 19.2.1965)
Bankangestellte, Sekretärin; 1911–1929 → Disconto-Gesellschaft, 1929–1945 → Deutsche Bank (und Disconto-Gesellschaft) Büro Theodor Frank, später → Karl Kimmich.
Quelle: HADB, P2/L496
Seite: 417

Lindemann, Karl (1.5.1881 – 4.7.1965)
Kaufmann; 1908 Eintritt, 1913 Teilhaber, 1920 Mitinhaber Melchers & Co., Bremen; 1933 AR-Vorsitzender → Norddeutscher Lloyd; Bremischer Staatsrat; 1944–1945 Präsident Reichswirtschaftskammer.
Quelle: Reichshandbuch, Bd. 1, S. 1126; http://de.wikipedia.org/wiki/Karl_Lindemann (letzter Aufruf: 19.1.2011)
Seite: 371

Litwin, Paul (10.10.1866 – n. e.)
Industrieller; geb. in Russland, seit 1909 in Deutschland; 1916 preußische Staatsbürgerschaft; Vorstandsvorsitzender, später AR-Vorsitzender → Deutsche Evaporator-AG; 1923 wegen Verstößen gegen die Devisenverordnung verhaftet, kam nach Intervention von → Hjalmar Schacht wieder frei, das Verfahren wurde eingestellt.
Quelle: Hans W. Gatzke, Stresemann und Litwin, in: Vierteljahrshefte für Zeitgeschichte, 1957, H.1, S. 76–90; Wenzel, Sp. 1371
Seite: 509

Lloyd George, David (17.1.1863 – 26.3.1945)
Britischer Politiker; 1890 Wahl ins Unterhaus (Liberale); 1905–1908 Handelsminister; 1908–1915 Schatzkanzler; 1915–1916 Munitions- und Kriegsminister; 1916–1922 Premierminister; 1919 vermittelnde Position auf der Pariser Friedenskonferenz; 1929 Ende politischer Laufbahn; 1945 Ernennung 1. Earl of Dwyfor.
Quelle: http://www.dhm.de/lemo/html/biografien/GeorgeDavidLloyd/index.html (letzter Aufruf: 7.4.2011)
Seite: 432

Loch, David H.
Secretary Meetings Department → Royal Institute of International Affairs.
Seite: 429f., 432

Loeb, Gustav R.
Bankrepräsentant; 1927–1934 Offizieller Konzernvertreter → Disconto-Gesellschaft bzw. → Deutsche Bank und Disconto-Gesellschaft in der Schweiz.
Quelle: HADB, F2/1602
Seite: 276, 368

Loewe, Erich (11.10.1890 – n. e.)
Ingenieur, Direktor; 1925–1929 Vorstandsmitglied → Ludwig Loewe & Co. AG; danach bis 1937 Vorstandsmitglied → Gesellschaft für elektrische Unternehmungen; 1933 Vorstandsmitglied, 1936–1938 AR-Mitglied → AEG; Emigration.
Quelle: Wenzel, Sp. 1376; Peter Hayes, State Policy and Corporate Involvement in the Holocaust, in Michael Berenbaum / Abraham J. Peck (Hrsg.), The Holocaust in History: The Known, the Unknown, the Disputed, and the Re-examined, Indianapolis 1998, S. 201
Seite: 414f., 417f., 422, 425ff.

Lotz, Walther (21.3.1865 – 13.12.1941)
Prof. Dr. rer. pol.; Nationalökonom; 1893–1935 Professor für Finanzwissenschaft, Statistik und Volkswirtschaftslehre in München.
Quelle: NDB, Bd. 15, S. 252
Seite: 321

Lovejoy, John (18.7.1889 – 1.11.1968)
Amerikan. Ölproduzent; Direktor → Petroleum Bond and Share Corporation.
Quelle: New York Times v. 11.11.1968
Seite: 257, 259f., 267f., 283

Luchmann, Käthe (16.12.1890 – 5.11.1980)
Bankangestellte, Sekretärin; 1910–1915 Crucible Steel Co. of America GmbH, Berlin; 1915 Eintritt → Disconto-Gesellschaft, Büro Schlieper (ab 1929 → Deutsche Bank und Disconto-Gesellschaft); 1938–1945 → Deutsche Bank Büro Abs.
Quelle: HADB, P2/L253
Seite: 165

Ludwig, Emil (25.1.1881 – 17.9.1948)
Deutscher Schriftsteller jüdischer Abstammung; zahlreiche belletristisch-historische Biografien bedeutender Persönlichkeiten.
Quelle: NDB, Bd. 15, S. 426f.
Seite: 495

Ludwig, Waldemar (13.3.1900 – n. e.)
Dr.; Reichsbankdirektor; 1920 Eintritt Reichsbank, 1934 Reichsbankrat, 1935 Volkswirtschaftliche und statistische Abt. Reichshauptbank; spätestens 1941 Reichsbankdirektor; 1952 Mitbegründer Bankhaus Schacht & Co., seit 1963 Ludwig & Co.
Quelle: Auskunft Historisches Archiv der Bundesbank v. 28.1.2011
Seite: 508

Lübsen, Georg (24.10.1880 – 21.10.1959)
Bergbaudirektor; Vorstandsmitglied → Gutehoffnungshütte; Vorstandsmitglied Rheinisch-Westfälisches Kohlen-Syndikat; 1919 Sachverständiger Friedensverhandlungen in Versailles.
Quelle: http://www.bundesarchiv.de/aktenreichskanzlei/1919–1933/0020/adr/adrhl/kap1_5/para2_211.html (letzter Aufruf: 20.1.2011)
Seite: 134

Lühr, Wilhelm
Dr.-Ing.; Vorstands- und AR-Mitglied → Gesellschaft für elektrische Unternehmungen – Ludwig Loewe & Co. AG.
Quelle: Adreßbuch der Direktoren und Aufsichtsräte, 1935, Bd. 1, S. 891
Seite: 418

Lüpke, Adolf
Dr.; stv. Vorstandsmitglied → Deutsche Revisions- und Treuhand AG; Direktor Gesellschaft für Getreidehandel AG.
Quelle: Adreßbuch der Direktoren und Aufsichtsräte 1928, Bd. 1, S. 1108 und 1935, Bd. 1, S. 891.
Seite: 417

Luther, Hans (10.3.1879 – 11.5.1962)
Dr. jur.; Politiker; 1913 geschäftsführendes Vorstandsmitglied Deutscher und Preußischer Städtetag; 1918–1922 Oberbürgermeister Essen; 1922 Reichsernährungs- und Landwirtschaftsminister; 1923 Reichsfinanzminister; 1925–1926 Reichskanzler; 1927 Beitritt Deutsche Volkspartei; 1930–1933 Reichsbankpräsident; 1933–1937 Botschafter in den USA; 1952–1955 Vorsitzender Sachverständigenausschuss für die Neugliederung der Bundesrepublik.
Quelle: NDB, Bd. 15, S. 544–547
Seite: 32ff., 37f., 202, 283–286, 292–295, 298, 326, 340, 535

MacDonald, Ramsay (12.10.1866 – 9.11.1937)
Britischer Politiker; 1906 Unterhausabgeordneter; 1911–1914 und 1922–1931 Vorsitzender Labour-Partei; 1914 Gegner eines britischen Kriegseintritts; 1924 erster Premierminister eines Labour-geführten Kabinetts;
1929–1935 wiederum Premierminister; 1931 Ausschluss aus der Labour-Partei nach Koalition mit konservativem Bündnis; 1935–1937 Lord President of the Council.
Quelle: http://en.wikipedia.org/wiki/Ramsay_MacDonald (letzter Aufruf: 7.4.2011)
Seite: 432

Mallinckrodt, Wilhelm von (3.5.1864 – 20.6.1930)
Inhaber Firma W. Mallinckrodt & Co., Antwerpen, nach 1918 aufgelöst; AR-Mitglied → Banque Centrale Anversoise; AR-Mitglied → Dresdner Bank.
Quelle: Wenzel, Sp. 1415
Seite: 93

Marx, Paul (30.4.1888 – 4.7.1952)
Bankier; Sohn von → Wilhelm Marx; 1922–1932 Geschäftsinhaber → Barmer Bank-Verein Hinsberg, Fischer & Comp.; 1932–1945 Vorstandsmitglied Commerzbank und 1948–1952 des nordrhein-westfälischen Nachfolgeinstituts Bankverein Westdeutschland.
Quelle: NDB, Bd. 16, S. 321
Seite: 145f., 334

Marx, Wilhelm (29.12.1851 – 30.7.1924)
Kommunalpolitiker; Vater von → Paul Marx; 1899–1910 Oberbürgermeister Düsseldorf.
Quelle: NDB, Bd. 16, S. 320f.
Seite: 145ff.

Mathies, Hermann (10.8.1852 – 21.9.1927)
Ingenieur und Unternehmer; 1902 bis 1910 Generaldirektor Union AG für Bergbau, Eisen- und Stahl-Industrie; 1911 AR-Mitglied → Gelsenkirchener Bergwerks-AG; Geh. Baurat.
Quelle: http://de.wikipedia.org/wiki/Hermann_Mathies (letzer Aufruf: 20.1.2011)
Seite: 133

Mattes, Karl (29.3.1867 – n.e.)
Dr. jur.; Rechtsanwalt, Unternehmer; 1919 Vorstandsmitglied Elektrizitäts-Versorgung Württemberg AG; AR-Mitglied → Gesellschaft für elektrische Unternehmungen – Ludwig Loewe & Co. AG.
Quelle: Reichshandbuch, Bd. 2, S. 1205f.
Seite: 416

McGuire, Constantine
(4.4.1890 – 22.10.1965)
Dr. phil.; Internationaler Finanzberater; Initiator katholische Georgetown School of Foreign Service.
Quelle: http://www.tboyle.net/University/ SFS_Founding.html (letzter Aufruf: 20.1.2011)
Seite: 437

McKittrick, Thomas Harrington Sterling
(14.3.1889 – 21.1.1970)
Amerikan. Anwalt und Bankier; 1931–1939 Mitglied German Credits Arbitration Committee; 1939–1946 Präsident → Bank für Internationalen Zahlungsausgleich.
Quelle: http://www.library.hbs.edu/hc/sfa/ McKittrickThomas.htm (letzter Aufruf: 15.9.2011)
Seite: 283

Meier, Walther (1898 – 1982)
Dr. phil.; Verleger; 1933–1955 Herausgeber der Neuen Folge der Neuen Schweizer Rundschau und seit 1944 der Manesse-Bibliothek der Weltliteratur.
Quelle: Max Rychner, Bei mir laufen Fäden zusammen, Göttingen 1998, S. 395
Seite: 502

Melchior, Carl (13.10.1871 – 30.12.1933)
Dr. jur; Bankier, Finanzfachmann; 1902 Syndikus, 1911 Generalbevollmächtigter, 1917 Teilhaber, → M. M. Warburg & Co.; 1918 Mitglied Waffenstillstandskommission; Vorsitzender Finanzausschuss deutsche Waffenstillstandsdelegation; 1919 bevollmächtigter deutscher Delegierter bei Friedensverhandlungen von Versailles; Berater deutsche Delegation bei div. Reparationskonferenzen; deutsches Mitglied, 1930 Vorsitzender Finanzausschuss Völkerbund; 1929–1930 Sachverständiger Haager Reparationskonferenzen; 1930–1933 stv. Verwaltungsratsvorsitzender → Bank für Internationalen Zahlungsausgleich; Mitglied Deutsche Demokratische Partei.
Quelle: NDB, Bd. 17, S. 11f.
Seite: 24, 130f.

Michaeli, Wilhelm (10.3.1889 – n. e.)
Dr. jur.; 1919–1933 Rechtsanwalt in Berlin; 1933 Emigration nach Schweden; 1945 Direktor schwedische Einwanderungsbehörde; 1952 Leiter United Restitution Organization für Skandinavien.
Quelle: AJR Information, Bd. 14, Nr. 4, April 1959, S. 6
Seite: 508

Michalowsky, Carl (1.9.1862 – 26.5.1941)
Jurist, Bankdirektor; 1900 Eintritt Sekretariat → Deutsche Bank, 1905 stv., 1908–1927 Vorstandsmitglied, 1927–1933 AR-Mitglied.
Quelle: HADB, SG1/63
Seite: 237

Middendorf, Ernst (8.7.1874 – 31.12.1933)
Unternehmer; Vorstandsvorsitzender → Deutsche Erdöl-AG; AR-Vorsitzender → Deutsche Petroleum AG und → OLEX Deutsche Petroleum-Verkaufs-Gesellschaft; 1923–1929 AR-Mitglied → Disconto-Gesellschaft, 1929–1931→ Deutsche Bank und Disconto-Gesellschaft.
Quelle: Reichshandbuch, Bd. 2, S. 1251f.; HADB, Sammlungsgut Personal
Seite: 259, 283, 319, 381

Miescher, Rudolf (17.3.1880 – 31.7.1945)
Dr. jur.; Militär, Politiker; 1914–1930 Mitglied baselstädtischer Regierungsrat, Konservative Bürger- und Gewerbepartei (LDP); 1934–1941 Oberstkorpskommandant Basel; Präsident → Internationale Bodenkreditbank.
Quelle: http://www.hls-dhs-dss.ch/textes/ d/D4609.php (letzter Aufruf: 13.9.2011)
Seite: 464

Millington-Herrmann, Paul
(10.11.1858 – 24.5.1935)
Bankdirektor; 1899–1911 stv. Vorstandsmitglied, 1911–1928 Vorstandsmitglied, 1928–1932 AR-Mitglied → Deutsche Bank.
Quelle: HADB, SG1/64
Seite: 237

Mingazzini, Paolino (4.1.1895 – 4.3.1977)
Prof.; italienischer Archäologe.

Quelle: Dizionario Biografico Degli Italiani, Bd. 74, Rom 2010, Sp. 610–612
Seite: 501

Minderop, Emilie, geb. Roeder
(18.3.1856 – 12.2.1941)
Großmutter mütterlicherseits von → Inez Abs, geb. Schnitzler.
Seite: 468f.

Mojert, Paul (23.4.1886 – 9.6.1967)
Dr. jur., Dr. rer. pol.; Bankdirektor; 1923–1945 Direktor → Deutsche Bank Zentrale Berlin; div. AR-Mandate.
Quelle: Adreßbuch der Direktoren und Aufsichtsräte 1935, Bd. 1, S. 978; HADB, P2/M344
Seite: 315, 320, 328ff.

Momm, Wilhelm (27.8.1865 –14.11.1935)
Dr. jur.; Verwaltungsbeamter; 1918 Regierungspräsident Trier, 1919–1922 Wiesbaden, 1924–1930 Potsdam.
Quelle: Otto Renkhoff, Nassauische Biographie, Wiesbaden 1992
Seite: 273f.

Moritz, Alfons (11.5.1887 – n. e.)
Dr. jur; 1932 Oberregierungsrat Reichsministerium für Ernährung und Landwirtschaft.
Seite: 438f.

Mosler, Eduard (25.7.1873 – 22.8.1939)
Dr. jur.; Bankier; ab 1900 Syndikus, 1904–1911 Geschäftsinhaber → Berliner Handels-Gesellschaft, 1911–1929 Geschäftsinhaber → Disconto-Gesellschaft, 1929–1939 Vorstandsmitglied (1934–1939 Vorstandssprecher) → Deutsche Bank und Disconto-Gesellschaft, 1939 AR-Vorsitzender → Deutsche Bank; Vorsitzender Reichsverband der Bankleitungen; Ausschussmitglied → Centralverband.
Quelle: NDB, Bd. 18, S. 212f.
Seite: 23, 85, 99f., 112f., 173, 289, 302, 321, 335, 368f., 371, 390, 402–405, 421, 424, 437, 448f., 455ff., 459f., 463ff., 518, 544

Mosler, Else, geb. Rhein (1896 – 1955)
Ehefrau von → Eduard Mosler.
Seite: 473

Mosler, Georg (30.4.1872 – n. e.)
Bankier; Inhaber von Japhet & Co; 1917 Inhaber der Bankfirma Joseph Stern; 1917–1921 stv. Direktor, 1921–1925 stv. Vorstandsmitglied, 1925–1931 Vorstandsmitglied → Dresdner Bank, nach 1933 Emigration in die Schweiz.
Quelle: Reichshandbuch, Bd. 2, S. 1272; Auskunft Historisches Archiv der Dresdner Bank v. 8.4.2011
Seite: 349

Müller, Fritz (3.5.1894 – 30.5.1947)
Dr.-Ing.; Bergwerksdirektor; 1926 Eintritt → Fried. Krupp AG, 1929 Leiter Abteilung Kokereien und Nebenerzeugnisse, 1938 stv. Direktor, 1943 Vorstandsmitglied.
Quelle: Nekrologe aus dem rheinisch-westfälischen Industriegebiet, Jg. 1939/51, S. 147.
Seite: 315

Müller, Hermann (18.5.1876 – 20.3.1931)
Politiker; 1919–1929 SPD-Parteivorsitzender; 1919–1920 Reichsaußenminister; 1928–1930 Reichskanzler.
Quelle: NDB, Bd. 18, S. 410–414
Seite: 274, 298

Müller-Jabusch, Maximilian
(14.12.1889 – 3.1.1961)
Journalist; Schriftsteller; Bankangestellter; 1923–1927 Redakteur «Berliner Tageblatt»; 1927–1940 Pressechef → Deutsche Bank; ab 1946 Mitherausgeber, Chefredakteur «Der Abend».
Quelle: NDB, Bd. 18, S. 501f.
Seite: 516, 519

Nabholz, Hans (12.6.1874 – 5.5.1961)
Prof. Dr. phil.; Historiker; 1924–1945 Professur für Verfassungs- und Wirtschaftsgeschichte Univ. Zürich; 1928 Präsident Allgemeine Geschichtsforschenden Gesellschaft der Schweiz; 1947 Präsident Internationaler Verband für Geschichtswissenschaften.
Quelle: NDB, Bd. 18, S. 678f.
Seite: 68, 501f., 548f.

Nathan, Henry (8.3.1862 – 9.11.1932)
Bankdirektor; 1895 Eintritt, 1897 stv. Direk-

tor, 1903–1931 Vorstandsmitglied (1920–1931 Vorstandsvorsitzender) → Dresdner Bank; div. AR-Mandate.
Quelle: NDB, Bd. 18, S. 745f.
Seite: 95, 281, 283, 285ff.

Neuhaus, Albert (9.7.1873 – 29.4.1948)
Dr. jur.; Verwaltungsbeamter, Politiker; 1903–1920 Staatsdienst; 1925–1926 Reichswirtschaftsminister; 1909 Regierungsrat; 1910 Oberregierungsrat und Vortragender Rat; 1914 Geh. Oberregierungsrat; 1918 Ministerialdirektor und Wirklicher Geh. Oberregierungsrat; Mitglied DNVP.
Quelle: http://www.bundesarchiv.de/aktenreichskanzlei/1919–1933/0020/adr/adrmr/kap1_2/para2_29.html (letzter Aufruf: 24.1.2011)
Seite: 365

Nietardt, Minna (17.9.1884 – 26.1.1962)
Bankangestellte, Sekretärin; 1910 Sekretärin Chef-Cabinett → Disconto-Gesellschaft, 1920 Konsortial-Büro, 1927–1929 Direktionsbüro, 1929–1931 Filialbüro → Deutsche Bank und Disconto-Gesellschaft, 1931–1945 Sekretariate von → Franz Urbig und → Ernst Enno Russell.
Quelle: HADB, P2/N221
Seite: 392f., 410, 441, 448

Nöllenburg, Rudolf (25.12.1874 – 23.7.1922)
Unternehmer; 1899–1921 Vorstandsmitglied → Deutsche Tiefbohr-AG und der 1911 daraus hervorgegangenen → Deutsche Erdöl-AG.
Quelle: NDB, Bd. 19, S. 314f.
Seite: 20, 86, 95, 113

Nörenberg, Elisabeth (3.3.1874 – 2.10.1974)
Bankangestellte, Sekretärin; 1916 Vorstandssekretärin → A. Schaaffhausen'scher Bankverein Büro Solmssen, 1925–1929 → Disconto-Gesellschaft Büro Solmssen, 1929–1934 → Deutsche Bank und Disconto-Gesellschaft Büro Solmssen.
Quelle: HADB, P2/N124
Seite: 57f., 165f., 209

Oesterlink, Hans (14.5.1892 – 25.12.1972)
Bankdirektor; 1921–1957 Vorstandsmitglied, 1957–1966 AR-Mitglied → Deutsche Centralbodenkredit-AG; bis 1939 Vorsitzender Direktorium → Gemeinschaftsgruppe Deutscher Hypothekenbanken; 1934–1941 AR-Mitglied, 1942–1945 stv. AR-Vorsitzender → Deutsche Bank; 1952 Leitung der Ausgründungsversammlung zur Gründung der drei Nachfolgeinstitute der Deutschen Bank; 1952 stv. AR-Vorsitzender, 1953–1957 AR-Vorsitzender → Rheinisch-Westfälische Bank AG.
Quelle: HADB, SG18/5
Seite: 407ff., 533

Oliven, Oskar (1.4.1870 – 13.1.1939)
Dr. Ing.; Unternehmer; 1904–1929 Vorstandsmitglied → Ludwig Loewe & Co. AG; 1910 Vorstandsmitglied, 1923–1929 Generaldirektor → Gesellschaft für elektrische Unternehmungen AG, 1929–1934 Vorstandsmitglied, 1934–1937 AR-Mitglied → Gesellschaft für elektrische Unternehmungen – Ludwig Loewe & Co. AG; 1938 Emigration.
Quelle: Wenzel, Sp. 1640; http://de.wikipedia.org/wiki/Oskar_Oliven (letzter Aufruf: 13.9.2011)
Seite: 278–281

Oppenheim, Simon Alfred Freiherr von (26.6.1864 – 15.2.1932)
Bankier; seit 1893 Gesellschafter → Sal. Oppenheim jr. & Cie., AR-Mitglied → A. Schaaffhausen'scher Bankverein.
Quelle: Kölner Personenlexikon, S. 405.
Seite: 150, 237

Oppenheim, Hermann (12.1.1887 – 24.2.1954)
Bankdirektor; bis 1925 stv. Direktor → A. Schaaffhausen'scher Bankverein; 1925–1934 Direktor → Deutsche Bank Filiale Nürnberg.
Quelle: HADB, K2/P/2630
Seite: 153–158

Orth, Johannes (14.1.1847 – 13.1.1923)
Prof. Dr. med.; Mediziner; 1878–1902 Professor für Pathologie und pathologische Anatomie Univ. Göttingen; 1902–1917 Professor für Pathologie und pathologische Anatomie Univ. Berlin; Geh. Medizinalrat.
Quelle: NDB, Bd. 19, S. 600
Seite: 250f.

Oswalt, Henry (20.3.1849 – 18.1.1934)
Dr. jur.; Handelsrechtler; seit 1877 Rechtsanwalt in Frankfurt am Main; bis 1933 AR-Mitglied → Frankfurter Hypothekenbank, → Deutsche Hypothekenbank, Gemeinschaftsrat → Gemeinschaftsgruppe Deutsche Hypothekenbanken.
Quelle: Wenzel, Sp. 1655; Wolfgang Klötzer (Hrsg.), Frankfurter Biographie, Bd. 2, Frankfurt am Main 1996, S. 113
Seite: 391f.

Owen, Robert Latham (3.2.1856 – 19.7.1947)
Amerikan. Rechtsanwalt, Bankier und Politiker; 1890 Mitbegründer First National Bank of Muskogee; 1907–1925 Senator (Demokraten) von Oklahoma.
Quelle: http://bioguide.congress.gov/scripts/biodisplay.pl?index=O000153 (letzter Aufruf: 24.1.2011)
Seite: 204

Paderstein, Adolf (n. e. – 1923 oder 1924)
Bankier, persönlich haftender Gesellschafter → Philipp Elimeyer, Dresden.
Seite: 98f., 215

Papen, Franz von (29.10.1879 – 2.5.1969)
Politiker; 1921–1932 Mitglied Preußisches Abgeordnetenhaus (Zentrum); 1932 Reichskanzler; 1933–1934 Vizekanzler; 1939–1944 deutscher Botschafter in der Türkei; 1946 Freispruch im Nürnberger Prozess.
Quelle: NDB, Bd. 20, S. 46ff.
Seite: 327f., 333ff.

Parcus, Carl Johann (30.12.1849 – 15.3.1922)
Bankdirektor; 1881–1909 Vorstandsmitglied, 1909–1922 AR-Mitglied → Bank für Handel und Industrie; 1897–1918 Präsident Handelskammer Darmstadt.
Quelle: Wer ist's?, 192, S. 1151
Seite: 93

Pfeiffer, Karl Ludwig
(5.9.1874 – 14.6.1952)
Bankier; 1899–1929 Teilhaber Bankhaus → L. Pfeiffer in Kassel; Hauptausschussmitglied Industrie- und Handelstag, Berlin; 1930–1934 Direktor → Deutsche Bank und Disconto-Gesellschaft Filiale Kassel; 1921 Vorsitzender Industrie- und Handelskammer Kassel.
Quelle: Reichshandbuch, Bd. 2, S. 1404; HADB, P2/P230
Seite: 165, 288ff.

Pferdmenges, Robert (27.3.1880 – 18.9.1962)
Bankier; 1902 Eintritt, 1914–1916 Leiter → Disconto-Gesellschaft Filiale Antwerpen; 1916 A. Schaaffhausen'scher Bankverein, dort von 1919–1929 Vorstandsvorsitzender; 1931–1954 persönlich haftender Gesellschafter → Sal. Oppenheim jr. & Cie., (1938–1947 als Robert Pferdmenges & Co. geführt); 1929 Mitwirken an der Fusion → Deutsche Bank und Disconto-Gesellschaft, dort 1929–1931 AR-Mitglied; 1931–1936 stv. AR-Vorsitzender → Dresdner Bank; 1945 Mitbegründer CDU; 1950–1962 MdB (CDU); 1951–1960 Präsident Bundesverband des privaten Bankgewerbes.
Quelle: NDB, Bd. 20, S. 331f.
Seite: 22, 26f., 57, 60ff., 92, 147, 154f., 192–195, 200–209, 211–216, 220–239, 244–247, 252ff., 305f., 333, 517, 528, 532, 552

Pfister, Federico (Fritz)
(14.8.1898 – 11.10.1975)
Dr. phil.; Schweizer Kunsthistoriker, Archäologe, Maler; verh. mit → Lily Solmssen; Sohn von Enrico Pfister; Mitinhaber Textilfirma Aselmeyer, Pfister & Co. in Neapel; nach frühem Tod der Eltern wird → Karl Aselmeyer Vormund; 1920er Jahre künstlerische Tätigkeit im Umfeld des Futurismus; 1930er Jahre archäologische Studien, 1941 Dissertation; 1945–1971 Generalsekretär Associazione Internazionale di Archeologia Classica; zahlreiche Übersetzungen kunsthistorischer Schriften aus dem Deutschen ins Italienische.
Quelle: Andrea U. Pfister, Federico Pfister (1898–1975). Umanista, pensatore, artista. Note biografiche, in: Gianna A. Mina, Federico Pfister/de Pistoris (1898–1975). Futurista e intellettuale tra Svizzera e Italia. Museo Vincenzo Vela, Ligornetto 2010, S. 12–24. [auch deutscher Sonderdruck dieses Beitrags]
Seite: 61, 500f.

Pfister, Lily, geb. Solmssen
(12.6.1912 – 19.9.1980)
Tochter von → Georg und → Etta Solmssen; 1946 verh. mit → Fritz Pfister; 1939 liechtensteinische Staatsbürgerin.
Seite: 491, 500, 502, 548f.

Philips, Bruno (25.5.1872 – n. e.)
Bankdirektor; 1902–1917 Vorstandsmitglied Rheinisch-Westfälische Disconto-Gesellschaft; 1917–1932 Mitleiter → Dresdner Bank Filiale Köln; Vorstandsmitglied → Vereinigung von Banken und Bankiers in Rheinland und Westfalen E.V.; AR-Vorsitzender Arienheller Sprudel und Kohlensäure AG und Glashütte vorm. Gebr. Siegwart & Co. AG.
Quelle: Deutsches Bankier-Buch, Jge.1909, 1920; Auskunft Historisches Archiv der Dresdner Bank v. 1.2.2011
Seite: 147f.

Piel, Jean
Bankdirektor; spätestens 1920–1929 Direktor → A. Schaaffhausen'scher Bankverein Filiale Viersen, 1929–1930 Direktor → Deutsche Bank und Disconto-Gesellschaft Filiale Viersen.
Seite: 248

Planck, Erwin (12.3.1893 – 23.1.1945)
Militär, Verwaltungsbeamter; Sohn von → Max Planck; 1919 Mitarbeiter im Reichswehrministerium; 1924 Verbindungsoffizier in der Reichskanzlei; 1926 Regierungsrat; 1929 Oberregierungsrat; 1932–1933 Staatssekretär in den Kabinetten Papen und Schleicher; 1933 Entlassung auf eigenen Antrag; 1937–1940 Direktor → Otto Wolff KG; im Widerstand gegen den Nationalsozialismus; hingerichtet.
Quelle: NDB, Bd. 20, S. 500f.
Seite: 334f.

Planck, Max (23.4.1858 – 4.10.1947)
Prof. Dr. phil.; Physiker; Vater von → Erwin Planck; Begründer der Quantenphysik; 1892 Lehrstuhl für theoretische Physik Univ. Berlin; ab 1912 ständiger Sekretär → Preußische Akademie der Wissenschaften in der Physikalisch-Mathematischen Klasse; 1918 Nobelpreis für Physik; 1930–1937 Präsident Kaiser-Wilhelm-Gesellschaft.
Quelle: NDB, Bd. 20, S. 497–500
Seite: 250f.

Plassmann, Clemens (2.2.1894 – 26.4.1970)
Dr. jur., Dr. rer. pol.; Bankdirektor; 1918–1919 Tätigkeit im Preußischen Kriegsministerium; 1921–1927 Dortmunder Bankverein; 1927–1932 → Barmer Bank-Verein Hinsberg, Fischer & Comp., 1932 → Commerz- und Privat-Bank; 1932–1940 Vorstandsmitglied Rudolf Karstadt AG; 1940–1945 Vorstandsmitglied → Deutsche Bank, Berlin, 1945–1948 Führungsstab Hamburg Deutsche Bank, 1948–1952 Rheinisch Westfälische Bank, 1952–1956 Vorstandsmitglied → Rheinisch-Westfälische Bank AG Düsseldorf, 1957–1960 Vorstandsmitglied, 1960–1967 stv. AR-Vorsitzender → Deutsche Bank AG.
Quelle: NDB, Bd. 20, S. 506f.
Seite: 497, 506f., 547, 550, 553

Pobell, Alexander
Direktor → Krefelder Stahlwerke AG (ab 1927 Deutsche Edelstahlwerke).
Seite: 226

Poensgen, Ernst (19.9.1871 – 22.7.1949)
Stahlindustrieller; 1925 stv., 1935–1943 Vorsitzender → Vereinigte Stahlwerke.
Quelle: NDB, Bd. 20, S. 569f.
Seite: 42, 371

Poensgen, Helmuth (6.4.1887 – 22.3.1945)
Stahlindustrieller; 1926–1945 Vorstandsmitglied → Vereinigte Stahlwerke.
Quelle: Reichshandbuch, Bd. 2, S. 1426
Seite: 42, 371

Polzin, Walter (n. e. – 3.11.1937)
Dr. jur.; 1904 Eintritt → Deutsche Bank, 1929–1933 Chef-Syndikus → Deutsche Bank und Disconto-Gesellschaft, 1934 ausgeschieden wegen Devisenvergehen.
Quelle: HADB, B217
Seite: 399

Pourtàles-Schickler (Familie)
1919 erlosch mit dem Tod von Arthur
Schickler (1828–1919) die männliche Linie
Schickler. Arthurs Tochter Marguerite
(1870–1956) heiratete 1890 Hubertus Graf
Pourtalès (1863–1949). Aus dieser Ehe
stammten Max Arthur Hubert (1893–1935)
und Jeanne (1897–1984).
Quelle: NDB, Bd. 22, S. 731f. (Familienartikel
Schickler)
Seite: 441f.

Prentiss Jr., William
Amerikanischer Bankier; 1938 Chief National
Bank; 1936–1938 Deputy Comptroller of the
Currency of the United States.
Quelle: http://www.old-picture.com/american-legacy/009/Prentiss-National-Examiner-William.htm (letzter Aufruf: 25.2.2011)
Seite: 437, 439

Preuß, Käthe (9.5.1901 – n. e.)
Bankangestellte, Sekretärin; 1923 Eintritt
→ Disconto-Gesellschaft, Damensekretariat
Chef-Kabinett, 1929–1934 Direktionssekretärin → Deutsche Bank und Disconto-Gesellschaft Sekretariat Georg Solmssen, 1934–
1942 → Deutsche Bank Sekretariat Karl
Kimmich, 1943–1945 Sekretariat → Erich
Bechtolf; 1945 Stab für Verwaltungs- und
Abwicklungsarbeiten.
Quelle: HADB, P2/P381
Seite: 58f.

Priester, Hans Erich (3.5.1901 – n. e.)
Journalist; um 1931 Mitglied Wirtschaftsredaktion »Berliner Tageblatt«; 1936 Emigration in die Niederlande.
Quelle: Werner E. Mosse / Arnold Paucker
(Hrsg.), Entscheidungsjahr 1932. Zur Judenfrage in der Endphase der Weimarer Republik,
2. Aufl. (= Schriftenreihe wissenschaftlicher
Abhandlungen des Leo-Baeck-Instituts,
Bd. 13), Tübingen 1966, S. 61.
Seite: 519f., 523f., 531

Pünder, Hermann (1.4.1888 – 3.10.1976)
Dr. jur.; Regierungsbeamter; Politiker;
1921–1925 Leitung Ministerbüro Reichsfinanzministerium; 1926–1932 Staatssekretär
Reichskanzlei; 1932–1933 Regierungspräsident Münster; 1944 Verhaftung wegen
Verbindungen zum Widerstand; 1945–1949
Oberbürgermeister Köln; 1948–1949 Oberdirektor Vereinigtes Wirtschaftsgebiet der
Bizone; 1949–1957 MdB (CDU).
Quelle: NDB, Bd. 20, S. 762f.
Seite: 38, 308f.

Pukaß, Edwin (23.5.1877 – nach 1942)
Regierungsbeamter; 1922 Regierungsrat, 1927
Oberregierungsrat, 1932–1933 Ministerialrat.
Quelle: http://www.bundesarchiv.de/aktenreichskanzlei/1919–1933/0020/adr/adrmr/
kap1_4/para2_155.html (letzter Aufruf:
26.1.2011)
Seite: 309

Pupin, Mihajlo Idvorski
(9.10.1858 – 12.3.1935)
Prof. Dr.; amerikanischer Physiker serbischer
Abstammung; 1894 Erfinder der Pupinspule
(Grundlage für Ferngespräche); 1901–1931
Professur Columbia Univ. New York.
Quelle: Österreichisches Biographisches Lexikon 1815–1950. Bd. 8, Wien 1983, S. 336f.
Seite: 172

Quandt, Günther (28.7.1881– 30.12.1954)
Industrieller; ab 1919 Erwerb diverser Industriebeteiligungen insbesondere in der Kali- und
Rüstungsindustrie; 1937 Wehrwirtschaftsführer; Mitglied div. AR und Grubenvorstände;
bedeutende Rolle in der deutschen Wirtschaft
zur Zeit der Weimarer Republik, des Nationalsozialismus und der frühen Bundesrepublik.
Quelle: NDB, Bd. 21, S. 34f.
Seite: 329

Rath, Jean-Baptist (10.4.1891 – 25.10.1965)
Bankdirektor; 1919 Eintritt → Deutsche Bank,
1922 Direktor Filiale Bad Godesberg, 1925
Filiale Düren, 1930 Filiale Münster,
1932–1948 Filiale Köln, 1943 Direktor mit
Generalvollmacht; 1948 Direktoriumsmitglied
→ Rheinisch-Westfälische Bank; 1952 Vorstandsmitglied → Rheinisch-Westfälische Bank
AG; 1957–1958 Vorstandsmitglied → Deutsche
Bank AG; zahlreiche AR-Mandate und
-Vorsitze in rheinischen Aktiengesellschaften;

Vorsitzender → Vereinigung von Banken
und Bankiers im Rheinland und Westfalen.
Quelle: HADB, SG 18/9 u. 11
Seite: 551

Rath, Paul vom
AR-Mitglied → Deutsche Erdöl-AG.
Quelle: Handbuch der Deutschen Aktiengesellschaften 1915/16, I, S. 956
Seite: 94

Rathenau, Walther (29.9.1867 – 24.6.1922)
Dr. phil.; Unternehmer, Politiker; Sohn
von Emil Rathenau; 1899 Vorstand → AEG;
1902–1907 Geschäftsinhaber → Berliner Handels-Gesellschaft; 1914–1915 Leitung Kriegsrohstoffversorgung im Kriegsministerium;
1915 Präsident bzw. AR-Vorsitzender AEG;
1918 Mitgründer DDP; 1919 Sachverständiger
Verhandlungen zum Versailler Vertrag; 1921
Minister für den Wiederaufbau; 1922 Reichsaußenminister; ermordet von Mitgliedern der
rechtsradikalen «Organisation Consul».
Quelle: NDB, Bd. 21, S. 174ff.
Seite: 7, 23ff., 60, 167–170

Rauschenplat, Henning von
(22.1.1890 – 8.6.1960)
Bankangestellter; 1920–1925 → Deutsche
Bank Zentrale Berlin, 1925–1929 Filiale
Erfurt, 1929–1945 Rechtsabteilung Zentrale
Berlin, 1952–1956 Süddeutsche Bank AG
Frankfurt am Main.
Quelle: HADB, P3/R529
Seite: 399f.

Reichert, Julius Heinrich «Hans» von
(14.7.1873 – 26.7.1958)
Oberstleutnant a.D.; 1929 vermutlich
Leiter des Münchner Büros der Organisation
Escherich.
Quelle: http://gw1.geneanet.org/index.php3?
b=hierl&lang=de;pz=alexander;nz=possenbacher;ocz=0;p=julius+heinrich+hans;n=
v.+reichert (letzter Aufruf: 27.1.2011)
Seite: 271

Reinhart, Friedrich (23.2.1871 – 3.10.1943)
Bankdirektor; 1910 Vorstandsmitglied
→ Mitteldeutsche Creditbank; 1929–1934

Vorstandsmitglied, 1934 AR-Vorsitzender
→ Commerz- und Privat-Bank; 1934 Präsident Berliner Börse und Wirtschaftsgruppe
Privates Bankgewerbe; 1935 Präsident Berliner
Industrie- und Handelskammer Berlin; ab
1938 Wehrwirtschaftsführer; Mitglied Zentralausschuss Reichsbank; Mitglied Freundeskreis
Reichsführer SS.
Quelle: NDB, Bd. 21, S. 366
Seite: 527, 530, 540

Riesser, Jacob (17.11.1853 – 6.5.1932)
Prof. Dr. jur.; Bankdirektor, Finanzwissenschaftler; 1888–1904 Vorstandsmitglied
→ Bank für Handel und Industrie; 1901 Gründer und Präsident → Centralverband, seit 1930
Ehrenpräsident; 1902–1928 Vizepräsident
Handelskammer Berlin; 1905 Professur für
Handels- und Finanzwissenschaft; seit 1903
Mitglied Zentralvorstand Nationalliberale
Partei, später DVP; 1916–1928 MdR.
Quelle: NDB, Bd. 21, S. 609f.
Seite: 30f., 299, 514, 527, 532

Rieth, Kurt (28.3.1881 – nach 1954)
Dr.; deutscher Diplomat; ab 1914 deutsche
Zivilverwaltung in Belgien, 1915–1918
Politische Abteilung Generalgouverneur für
Belgien; 1920 bevollmächtigter Vertreter
Reichsregierung in Darmstadt; 1922–1924
Botschaft Rom (Quirinal), 1924–1931 Botschaftsrat in Paris; 1931–1934 Gesandter in
Wien, 1942–1943 kommissarische Leitung
Generalkonsulat Tanger.
Quelle: Time v. 6.6.1941; http://www.bundesarchiv.de/aktenreichskanzlei/1919–1933/
0020/adr/adrmr/kap1_6/para2_113.html
(letzter Aufruf: 27.1.2011); Biographisches
Handbuch des deutschen Auswärtigen Dienstes 1871–1945, Bd. 3, Paderborn 2008,
S. 673f.
Seite: 89

Ritter, Karl (5.6.1883 – 31.7.1968)
Dr. jur.; Diplomat; 1907 Eintritt in den
bayerischen Staatsdienst; 1911 Reichskolonialdienst; 1917 Reichskolonialamt; 1918 Regierungsrat Reichswirtschaftsamt; 1919 Referent
Reichsfinanzministerium; 1922 Wechsel ins
Auswärtige Amt, 1922–1937 Leiter Referate

Wirtschaft und Reparationen, zuletzt Handelspolitische Abteilung, 1937–1938 Botschafter in Rio de Janeiro, 1938 Vorsitzender Unterausschuss B Internationale Kommission zur Abtretung des sudetendeutschen Gebiets, 1939–1945 Leitung aller mit dem Wirtschaftskrieg zusammenhängenden Aufgaben im Auswärtigen Amt, 1940–1945 Verbindungsmann Auswärtiges Amt beim Oberkommando der Wehrmacht; 1949 Verurteilung im Nürnberger Wilhelmstraßenprozess, im gleichen Jahr Haftentlassung.
Quelle: Eckart Conze (u. a.), Das Amt und die Vergangenheit. Deutsche Diplomaten im Dritten Reich und in der Bundesrepublik, München 2010; Biographisches Handbuch des deutschen Auswärtigen Dienstes 1871–1945, Bd. 3, Paderborn 2008, S. 684f.
Seite: 432

Roedern, Siegfried Graf von (27.7.1870 – 13.4.1954)
Finanzpolitiker; 1911 Oberpräsidialrat und stv. Oberpräsident Provinz Brandenburg; 1914 Staatssekretär und Leiter Innenabteilung Ministerium für Elsaß-Lothringen; 1916–1918 Nachfolger von → Karl Helfferich im Reichsschatzamt und preußischer Staatsminister; 1932 Reichskommissar → Hapag-Lloyd-Union; 1933 Niederlegung der Mehrzahl seiner Ämter.
Quelle: NDB, Bd. 21, S. 710
Seite: 326, 339, 375

Röpke, Wilhelm (10.10.1899 – 12.2.1966)
Prof. Dr. rer. pol.; Wirtschaftswissenschaftler, Kultursoziologe; 1921 Professor in Jena, 1928 Graz, 1929 Marburg; 1933 Emigration in die Türkei; 1937–1966 Professor am Institut Hautes Etudes Internationales in Genf.
Quelle: NDB, Bd. 21, S. 734f.
Seite: 476–490

Rösler, Oswald (6.5.1887 – 23.5.1961)
Bankdirektor; 1907 → Barmer Bank-Verein Hinsberg, Fischer & Comp.; 1908 Eintritt, 1921 Direktor → Disconto-Gesellschaft, 1929 stv. Vorstandsmitglied, 1933 Vorstandsmitglied → Deutsche Bank und Disconto-Gesellschaft, 1942–1945 Vorstandssprecher → Deutsche Bank; 1944 nach dem Attentat vom 20. Juli kurzzeitig inhaftiert; 1945 Tätigkeit in der Zentrale der Deutschen Bank unter sowjetischer Aufsicht; 1945–1950 sowjetische Internierung im ehemaligen Konzentrationslager Buchenwald; 1950 Geschäftsleitung, 1952–1956 Vorstand → Rheinisch-Westfälische Bank AG; 1957 AR-Vorsitzender, 1960 Ehrenvorsitzender → Deutsche Bank AG; 1951 Vorstandsmitglied → Bundesverband des privaten Bankgewerbes.
Quelle: NDB, Bd. 21, S. 743f.
Seite: 27, 49f., 65, 405, 497, 515–533, 535–547, 549–554

Rohrbach, Paul (29.6.1869 – 19.7.1956)
Dr. phil.; Theologe, Kolonialbeamter, Publizist; 1903–1906 Ansiedlungskommissar Deutsch-Südwestafrika; ab 1906 Dozent für Kolonialwirtschaft, Handelshochschule Berlin; 1914 Mitgründer Deutsch-Armenische Gesellschaft; 1914–1918 Mitarbeiter Reichsmarineamt und Auswärtiges Amt; 1920–1926 DDP; 1930 Konservative Volkspartei; 1927–1929 geschäftsführendes Präsidialmitglied Akademie zur wissenschaftlichen Erforschung und Pflege des Deutschtums.
Quelle: Josef Anker, Paul Rohrbach, in: Biographisch-Bibliographisches Kirchenlexikon, Bd. 8, 1994, Sp. 592–608
Seite: 255f.

Rosenberger, Heinz (14.9.1871 – n. e.)
Fabrikant; Fabrikbesitz der Firmen Franz Rosenberger jr., Otto F. Hüesker und Schlesische Türkischroth-Färberei, Oberlangen-Bielau (Schlesien); stv. Vorsitzender Industrie- und Handelskammer Schweidnitz; Vorsitzender Verband Schlesischer Baumwollspinner; Vorsitzender Verband Deutscher Buntwebereien und verwandter Betriebe.
Quelle: Wenzel, Sp. 1863
Seite: 281

Rubner, Max (2.6.1854 – 27.4.1932)
Prof. Dr. phil.; Mediziner; 1885 Lehrstuhl für Hygiene und Staatsarzneikunde Univ. Marburg; 1891 als Nachfolger von Robert Koch Lehrstuhl für Hygiene Univ. Berlin; 1909 Lehrstuhl für Physiologie Univ. Berlin;

1910–1911 Rektor Univ. Berlin; 1913–1926 Leitung Kaiser Wilhelm Institut für Arbeitsphysiologie; 1906 Mitglied → Preußische Akademie der Wissenschaften (dort ab 1928 Vertreter im Kuratorium → Adolf und Sara Salomonsohn – Georg Solmssen-Stiftung).
Quelle: NDB, Bd. 22, S. 158f.
Seite: 251

Rüter, Ernst (17.1.1885 – 26.11.1954)
Jurist, Diplomat; 1914 Eintritt Auswärtiges Amt, 1918 Gesandtschaften Stockholm und Helsinki, 1919 Legationssekretär, 1920 Abteilung Personal und Verwaltung, 1921–1926 Konsul Kapstadt und Pretoria, 1926–1934 Gesandtschaftsrat Botschaft London, 1935 Vortragender Legationsrat Auswärtiges Amt, 1936–1941 Leiter handelspolitische (ab 1938 wirtschaftspolitische) Abteilung Referat Großbritannien, Dominien und brit. Besitzungen außer Kanada; 1937 Eintritt NSDAP; 1943–1945 Generalkonsul Bern; 1945–1946 Internierung Schweiz; 1948 Justitiar R. & G. Schmöle Metallwerke.
Quelle: Biographisches Handbuch des deutschen Auswärtigen Dienstes 1871–1945, Bd. 3, Paderborn 2008, S. 743f.
Seite: 432

Rummel, Hans (9.3.1882 – 20.8.1964)
Bankdirektor; 1905–1918 Bayerische Staatsbank; 1918–1921 Bayerische Disconto- und Wechselbank; 1921 Eintritt → Deutsche Bank, 1928 Leiter Organisations-Abteilung Zentrale Berlin, 1929 technische Durchführung Fusion → Deutsche Bank und Disconto-Gesellschaft, 1930 stv. Vorstandsmitglied, 1933–1945 Vorstandsmitglied; 1952–1957 stv. AR-Vorsitzender Süddeutsche Bank AG.
Quelle: NDB, Bd. 22, S. 249f.
Seite: 421, 460, 497, 544

Ruschen, Karl (6.3.1870 – 1931)
Bergwerksdirektor; 1901 Direktor, 1915 Generaldirektor → Gewerkschaft Ewald; Bergassessor.
Quelle: Reichshandbuch, Bd. 2, S. 1586
Seite: 319f.

Russell, Emil (27.7.1835 – 23.10.1907)
Jurist; Bankier; Vater von → Ernst Enno Russell; 1861–1872 Bürgermeister Papenburg; 1872 Syndikus, 1876–1900 Geschäftsinhaber → Disconto-Gesellschaft; Mitglied Centralverband deutscher Industrieller.
Quelle: NDB, Bd. 22, S. 298f.
Seite: 499f., 525

Russell, Ernst Enno (25.5.1869 – 23.9.1949)
Dr. jur.; Bankier; ab 1892 Banklehre → Norddeutsche Bank; 1893–1895 Weltreise zur Abrundung der Ausbildung; 1895 Eintritt, 1899 stv. Direktor, 1902–1929 Geschäftsinhaber → Disconto-Gesellschaft, 1929–1941 stv. AR-Vorsitzender → Deutsche Bank (und Disconto-Gesellschaft).
Quelle: NDB, Bd. 22, S. 299f.
Seite: 64, 392, 394ff., 403f., 424, 441, 473, 497, 499f., 544

Sackett, Olive, geb. Speed
(10.9.1869 – 19.12.1948)
seit 1898 Frau des US-Botschafters in Berlin (1930–1933) Frederic M. Sackett jr.
Quelle: Reichshandbuch, Bd. 2, S. 2124
Seite: 351

Salomonsohn, Adolph
(19.3.1831 – 4.1.1919)
Bankier; Vater von Georg Solmssen; 1863 Eintritt, 1866 Prokura, 1869–1888 Geschäftsinhaber, 1888–1919 AR-Mitglied → Disconto-Gesellschaft; Gründer und erster Leiter → Stempelvereinigung; 1905 Gründung Adolph Salomonsohn-Stiftung, ab 1928 → Adolf und Sara Salomonsohn – Georg Solmssen-Stiftung.
Quelle: NDB, Bd. 22, S. 394f.
Seite: 7, 12–16, 21, 48, 60, 66, 124, 250f., 306, 357, 360, 373, 447f., 478, 481, 499f., 525, 541, 543, 546, 553

Salomonsohn, Alma, geb. Barschall, verw. Warburg, ab 1944 Solmssen (1872 – 1961)
Ehefrau von Arthur Salomonsohn; 1937 Emigration in die USA.
Quelle: NDB, Bd. 22, S. 395f.; Christine Fischer-Defoy, Schwanenwerder im Nationalsozialismus. Ein Inselrundgang, in: Aktives

Museum, Mitgliederrundbrief Nr. 62, Januar 2010. S. 4–11.
Seite: 87

Salomonsohn, Arthur (3.4.1859 – 15.6.1930)
Dr. jur.; Bankier; Vetter von Georg Solmssen; 1888 Eintritt, 1893 Prokura, 1895–1929 Geschäftsinhaber → Disconto-Gesellschaft; 1902 Geschäftsinhaber → Norddeutschen Bank; Mitbegründer → Centralverband; 1929–1930 AR-Mitglied → Deutsche Bank und Disconto-Gesellschaft.
Quelle: NDB, Bd. 22, S. 395f.
Seite: 7, 14ff., 23, 26, 31, 33, 48f., 59f., 85ff., 111, 147ff., 211, 223, 245, 279, 357, 376, 447

Sattler, Friedrich
Bankangestellter; Sekretär Georg Solmssens.
Seite: 238

Schacht, Hjalmar (22.1.1877 – 3.6.1970)
Dr. phil.; Reichsbankpräsident, Politiker; 1908–1915 stv. Direktor → Dresdner Bank; 1916 Direktor Nationalbank für Deutschland; 1918 Mitbegründer DDP; 1923–1930 und 1933–1939 Reichsbankpräsident; 1934–1937 Reichswirtschaftsminister; 1944 Internierung wegen loser Kontakte zu konservativen Widerstandskreisen; 1946 im Nürnberger Kriegsverbrecherprozess freigesprochen, von den deutschen Behörden aber bis 1948 inhaftiert; danach als Wirtschafts- und Finanzberater tätig; 1953 Gründung der Außenhandelsbank Schacht & Co.
Quelle: NDB, Bd. 22, S. 489f.; Reichshandbuch, Bd. 2, S. 1605
Seite: 40ff., 46, 49, 60, 92, 274f., 326, 354ff., 358, 371, 375, 378, 383, 425ff., 430–433, 475, 508–515, 521

Schaefer, Wilhelm (1.1.1882 – n. e.)
Bankdirektor; 1905 Eintritt → Deutsche Bank, 1919–1920 stv. Direktor, 1921–1931 Direktor Filiale Düsseldorf, 1932 Entlassung nach Veruntreuungen, die zum Rückzug von → Werner Kehl aus dem Vorstand der Deutschen Bank führte.
Quelle: Wenzel, Sp. 1924; HADB, Sammlungsgut Personal
Seite: 533, 540f.

Schickler
→ Pourtàles-Schickler
Seite: 441f.

Schiff, Martin (3.1.1869 – 1930)
Bankdirektor, Wirtschaftsführer; 1908–1914 Direktor Nationalbank für Deutschland; Vorstand Berliner Fondsbörse.
Quelle: Wenzel, Sp. 1949f.
Seite: 95, 97

Schinckel, Max von
(26.10.1849 – 11.11.1938)
Bankier; 1872 Direktor → Norddeutsche Bank, 1895 Geschäftsinhaber Norddeutsche Bank und → Disconto-Gesellschaft, 1919–1929 AR-Vorsitzender Disconto-Gesellschaft und Norddeutsche Bank; 1929–1933 AR-Ehrenpräsident → Deutsche Bank und Disconto-Gesellschaft; Vorstandsmitglied → Centralverband; 1917 nobilitiert.
Quelle: NDB, Bd. 22, S. 784f.; Reichshandbuch, Bd. 2, S. 1633
Seite: 87, 154, 157, 238, 272f.

Schleicher, Kurt von (7.4.1882 – 30.6.1934)
Militär, Politiker; 1918 Leiter Dienststelle für innen- und militärpolitische Aufgaben; 1926 Chef Wehrmachtsabteilung im Reichswehrministerium, 1929 Leiter Ministeramt im Reichswehrministerium; 1932 Reichswehrminister; 1932–1933 Reichskanzler; 1934 Ermordung im Zuge der Niederschlagung des sogenannten Röhm-Putsch.
Quelle: NDB, Bd. 23, S. 50f.
Seite: 335, 349

Schlieper, Gustaf (28.2.1880 – 24.8.1937)
Bankier; Lehre im Bankhaus Georg Fromberg & Co.; 1902 Eintritt → Disconto-Gesellschaft Zentrale Berlin, 1905 Prokura, ab 1908 Direktor Filiale Frankfurt, 1914 Geschäftsinhaber Disconto-Gesellschaft; 1929–1937 Vorstandsmitglied → Deutsche Bank und Disconto-Gesellschaft, Leitung Auslandsgeschäft der vereinigten Bank.
Quelle: NDB, Bd. 23, S. 87
Seite: 335, 374f., 377f., 380f., 383, 403ff., 424, 436–439, 544

Schlitter, Anna, geb. Bandhauer
(1877 – 1.9.1957)
Ehefrau von → Oscar Schlitter.
Quelle: NDB, Bd. 23, S. 94
Seite: 473

Schlitter, Oscar (10.1.1868 – 30.11.1939)
Bankdirektor; 1887–1894 und 1908–1912
→ Bergisch Märkische Bank; 1894– 1906
→ Essener Credit-Anstalt; 1906–1908 stv.
Vorstandsmitglied → Deutsche Bank, 1912–
1932 Vorstandsmitglied, 1932–1933 stv. AR-
Vorsitzender → Deutsche Bank und Disconto-
Gesellschaft, 1933–1939 AR-Vorsitzender
Deutsche Bank (und Disconto-Gesellschaft).
Quelle: NDB, Bd. 23, S. 94; http://www.
bankgeschichte.de/index_02_03.html
(letzter Aufruf: 21.1.2011)
Seite: 23, 26ff., 49, 57, 63, 113f., 148, 190f.,
230, 235ff., 276f., 319f., 325f., 409f., 413,
472, 495, 532f., 544, 548

Schlüpmann, Hermann (29.8.1872 – 15.2.1949)
Geschäftsführer; stv. Direktoriumsvorsitzender
→ Osram GmbH KG.
Quelle: Reichshandbuch, Bd. 2, S. 1645;
100 Jahre Osram – Licht hat einen Namen,
München 2006, S. 106
Seite: 255f.

Schmidt, Erhard (9.7.1889 – 10.5.1977)
Dr., Bankdirektor; 1913 Eintritt → Disconto-
Gesellschaft, 1914–1929 stv. Direktor
→ A. Schaaffhausen'scher Bankverein;
1929–1933 → Deutsche Bank und Disconto-
Gesellschaft Filiale Köln, 1933–1945
→ Deutsche Bank (und Disconto-Gesellschaft)
Zentrale Berlin.
Quelle: HADB, Sammlungsgut Personal
Seite: 242, 258f.

Schmidt-Hannover, Otto
(27.1.1888 – 24.3.1971)
Offizier, Politiker; 1924–1933 MdR (DNVP);
letzter Fraktionsvorsitzender DNVP.
Quelle: http://www.bundesarchiv.de/akten-
reichskanzlei/1919–1933/0000/adr/adrsz/
kap1_1/para2_136.html (letzter Aufruf:
21.1.2011)
Seite: 66, 532–537, 551f.

Schmitt, Kurt (7.10.1886 – 2.11.1950)
Dr. jur.; Versicherungsunternehmer, Politiker;
1913 Allianz Versicherungs-AG, 1916 Generaldirektion, 1921 Vorstandsvorsitzender und
Generaldirektor; 1926–1928 und 1931–1933
Mitglied → vorläufiger Reichswirtschaftsrat;
1933 Beitritt zu NSDAP und SS; 1933–1935
Reichswirtschaftsminister; 1935 SS-Brigade-
führer und Mitglied Freundeskreis Reichsführer SS; 1935 AR-Vorsitzender → AEG;
1938–1945 Vorstandsvorsitzender → Münchener Rückversicherung.
Quelle: Reichshandbuch, Bd. 2, S. 1669;
NDB, Bd. 23, S. 238f.
Seite: 46, 425, 428f.

Schmitz, Hermann (1.1.1881 – 8.10.1960)
Industrieller; 1906 Eintritt in die Berg- und
Metallbank, 1916 Vorstandsmitglied; 1915
Kriegsrohstoffabteilung Preuß. Kriegsministe-
rium; 1919–1925 Vorstandsmitglied → Badi-
sche Anilin- und Sodafabrik; 1925–1935
Vorstandsmitglied, 1935–1945 Vorstandsvor-
sitzender → I.G. Farbenindustrie AG;
1929–1931 und 1934–1945 AR-Mitglied
→ Deutsche Bank (und Disconto-Gesellschaft);
1933–1945 MdR.
Quelle: Reichshandbuch, Bd. 2, S. 1671f.;
NDB, Bd. 23, S. 252
Seite: 334

Schmoller, Gustav von
(28.6.1838 – 27.6.1917)
Prof. Dr.; Ökonom; 1890–1917 Vorstand
→ Verein für Socialpolitik; 1887 Mitglied
→ Preußische Akademie der Wissenschaften.
Quelle: NDB, Bd. 23, S. 260f.
Seite: 482

Schniewind, Emil (1852 – 1949)
Justizrat; 1898 alleiniger Anwalt der Stadt
Köln; AR-Vorsitzender → Gebrüder Stoll-
werck AG; 1925 Mitbegründer → I.G. Farben-
industrie AG.
Quelle: NDB, Bd. 23, S. 324
Seite: 300ff., 309, 322–325

Schniewind, Otto (15.8.1887 – 26.2.1970)
Dr. jur.; Ministerialbeamter, Bankdirektor;
1922–1925 Chefkabinett → Disconto-Gesell-

schaft; 1925 Preuß. Handelsministerium;
1933–1935 Staatskommissar Berliner Börse;
1935–1937 Ministerialdirektor Reichswirtschaftsministerium; 1937–1938 Mitglied
Direktorium → Reichsbank; 1944 verhaftet;
1948–1958 Verwaltungsratsvorsitzender
Kreditanstalt für Wiederaufbau.
Quelle: NDB, Bd. 23, S. 324f.; http://www.
bundesarchiv.de/aktenreichskanzlei/1919–
1933/0000/adr/adrsz/kap1_1/para2_176.html
(letzter Aufruf: 21.1.2011)
Seite: 364

Schnitzler, Doris, geb. Minderop
(13.4.1887 – 18.2.1953)
Mutter von → Inez Abs.
Quelle: Manfred Pohl (Hrsg.), Hermann J. Abs.
Eine Bildbiographie, 2. Aufl., Mainz 1992
Seite: 469

Scholz, Ernst (3.5.1874 – 26.6.1932)
Dr. jur.; Politiker; 1912 Oberbürgermeister
Kassel; 1913 Oberbürgermeister Berlin-Char-
lottenburg; 1920–1921 Reichswirtschafts-
minister; 1921 MdR (DVP), 1923 Fraktions-
vorsitzender; Vorsitzender Deutscher
Sparkassen- und Giroverband.
Quelle: Reichshandbuch, Bd. 2, S. 1692f.;
NDB, Bd. 23, S. 456
Seite: 164

Schopenhauer, Arthur
(22.2.1788 – 21.9.1860)
Philosoph.
Quelle: NDB, Bd. 23, S. 471f.
Seite: 306

Schott, Stefan
Dr.; Bankdirektor; 1929 erster Vorstands-
beamter Reichsbankhauptstelle Stuttgart.
Quelle: Wenzel, Sp. 2037
Seite: 192

Schrader, Peter (n. e. – 1939)
Ingenieur; Generaldirektor AG der Spiegel-
manufakturen und chemischen Fabriken von
St. Gobain, Chauny und Cirey, Glaswerke,
Stolberg.
Quelle: Wenzel, Sp. 2039
Seite: 369f., 384

Schroeder, Johan B. (15.2.1858 – n. e.)
Kaufmann, Bankdirektor; Direktor → Nord-
deutsche Bank; Direktor → Disconto-Gesell-
schaft Filiale London.
Quelle: Reichshandbuch, Bd. 2, S. 1712
Seite: 92

Schubert, Carl von (15.10.1882 – 1.6.1947)
Diplomat; 1906 Eintritt Auswärtiges Amt,
1912 zweiter Sekretär Botschaft in London,
1920 Leitung Englandabteilung, 1921 Ministerialdirektor, 1924 Staatssekretär.
Quelle: NDB, Bd. 23, S. 617f.
Seite: 201f.

Schubotz, Hermann (25.5.1881 – 7.11.1955)
Prof., Dr. phil. nat.; Zoologe; 1907–1908
und 1910–1911 Afrika-Expeditionen; 1921–
1925 Deutsche Gesandtschaft Stockholm;
1926–1933 geschäftsführender Direktor
Deutsche Welle.
Quelle: Reichshandbuch, Bd. 2, S. 1714;
http://www.abi68.org/hermann-schubotz-
andere.htm (letzter Aufruf: 21.1.2011)
Seite: 524

Schütz, Wilhelm (15.12.1889 – 14.2.1972)
Dr.; Rechtsanwalt; stv. Syndikus → Disconto-
Gesellschaft; 1912 Prokura.
Quelle: Wenzel, Sp. 2063, HADB, P2/S322
Seite: 165

Schwabach, Paul von (6.5.1867 – 17.11.1938)
Dr. phil.; Bankier; Inhaber → S. Bleichröder;
u. a. AR-Mitglied → Deutsche Erdöl-AG;
1907 nobilitiert.
Quelle: Reichshandbuch, Bd. 2, S. 1737;
NDB, Bd. 23, S. 776f.
Seite: 85f., 362–366, 435f., 446, 449

Schwabach, Paul Julius von
(1902 – 1.12.1937)
Bankier; Vater → Paul von Schwabach;
Teilhaber → S. Bleichröder, Berlin; div. AR-
Mandate; Selbstmord.
Quelle: NDB, Bd. 23, S. 776f.; Monika
Schmidt, Die «Arisierung» des Berliner Zoolo-
gischen Gartens, in: Jahrbuch für Antisemitis-
musforschung, 12. Jg., 2003, S. 211–229
Seite: 435

Schwarzkopf, Karl
(21.5.1884 – 31.10.1954)
Dr. jur.; Staatssekretär; 1921–1924 Generalsekretär → vorläufiger Reichswirtschaftsrat; 1924–1939 und 1946–1950 Generaldirektor Landeskreditkasse Kassel; 1932–1933 Staatssekretär Reichswirtschaftsministerium; 1934–1935 und 1947–1951 Vorsitzender Arbeitsgemeinschaft Deutscher Sparkassen- und Girozentralen.
Quelle: http://www.bundesarchiv.de/akten-reichskanzlei/1919–1933/0000/adr/adrsz/kap1_1/para2_278.html (letzter Aufruf: 21.2.2011)
Seite: 336–339, 344, 347

Seeckt, Hans von (22.4.1866 – 27.12.1936)
Militär; 1920 Chef Heeresleitung; 1930–1932 MdR (DVP); 1933–1935 Militärberater von Chiang Kai-shek in China.
Quelle: NDB, Bd. 24, S. 139f.
Seite: 261f., 422, 473

Seligmann, Paul (18.8.1875 – n. e.)
Dr. jur.; Bankier; Inhaber Bankhaus → Leopold Seligmann, Köln; AR-Mitglied → Deutsch-Atlantische Telegraphengesellschaft und → Osteuropäische Telegraphengesellschaft; Geh. Kommerzienrat.
Quelle: Reichshandbuch, Bd. 2, S. 1766
Seite: 228f.

Sembritzki, Arnold
(12.11.1907 – 20.7.1941)
Dr.; Bankdirektor; 1935 Eintritt → Deutsche Bank, 1936–1939 Zentrale Berlin Rechts-Abteilung, 1939–1941 Zentrale Berlin Sekretariat.
Quelle: HADB, P2/S1020
Seite: 461

Sidley, William P. (30.1.1868 – n. e.)
Wirtschaftsanwalt; 1891 Einstieg in eine Chicagoer Anwaltskanzlei; später Partner bei Sidley, Austin, Burgees & Smith; Vice-President und General-Counsel → Western Electric Company Chicago.
Quelle: Who's Who in America, Volume 27, 1952–1953 Two Years, Chicago 1953, S. 2216; http://www.fundinguniverse.com/company-histories/Sidley-Austin-Brown-amp;-Wood-Company-History.html (letzter Aufruf: 25.1.2011)
Seite: 198–201

Siedersleben, Rudolf (20.6.1894 – 25.7.1946)
Unternehmer; 1920 Prokurist, später Direktor Deutsche Waren-Verkehrs-Aktiengesellschaft; 1928–1933 Preuß. Zentralgenossenschaftskasse; 1934 Generalbevollmächtigter → Otto Wolff KG, 1936 Teilhaber, 1940 Unternehmensleitung; 1939 bulgarischer Generalkonsul in Köln.
Quelle: Kölner Personenlexikon, S. 502f.
Seite: 397f.

Sieveking, Kurt (21.12.1897 – 16.3.1986)
Dr. jur.; 1936 Syndikus → M. M. Warburg & Co.; Gesandter in Schweden; 1953–1957 Erster Bürgermeister Hamburg.
Quelle: Eckart Kleßmann, M. M. Warburg & Co. Die Geschichte eines Bankhauses, Hamburg 1998, S. 103
Seite: 434f.

Silverberg, Paul (5.5.1876 – 5.10.1959)
Dr. jur.; Industrieller; 1903 Generaldirektor Fortuna AG für Braunkohlebergbau und Brikettfabrikation (Rheinbraun); 1914 AR-Vorsitzender Rheinisches Braunkohlen-Syndikat; 1926 AR-Vorsitzender Rheinbraun; 1927 stv. Vorsitzender → Reichsverband der Deutschen Industrie; 1932 Vorsitzender → Deutscher Industrie- und Handelstag; 1933 Emigration in die Schweiz.
Quelle: Reichshandbuch, Bd. 2, S. 1784f.; NDB, Bd. 24, S. 414f.
Seite: 66, 163, 229, 256, 325f.

Simon, Hans-Alfons (17.8.1888 – 1.10.1946)
Dr. jur.; 1919–1929 Rechtsabteilung → Disconto-Gesellschaft, 1928–1945 Chef-Syndikus → Deutsche Bank.
Quelle: HADB, P1/23
Seite: 399f., 402

Simson, Georg von (15.8.1869 – 4.2.1939)
Bankier; 1921–1928 Geschäftsinhaber → Darmstädter und Nationalbank; Mitglied Zentralausschuss Reichsbank.

Quelle: Wenzel, Sp. 2150; Stefanie Knetsch, Das konzerneigene Bankinstitut der Metallgesellschaft im Zeitraum von 1906 bis 1928, Stuttgart 1998, S. 204
Seite: 301, 310, 323

Sintenis, Gustav (15.3.1879 – 3.3.1931)
Dr. jur.; Bankier; 1907 Eintritt → Berliner Handels-Gesellschaft, 1918 Geschäftsinhaber.
Quelle: Reichshandbuch, Bd. 2, S. 1792; Zum Gedächtnis von Gustav Sintenis und Heinrich Dove, in: Bank-Archiv, 30. Jg., 1931, S. 251f.
Seite: 278f.

Sippell, Karl Ernst (4.2.1889 – 2.5.1945)
Dr. jur.; Bankdirektor; 1918 Eintritt Chefkabinett → Disconto-Gesellschaft, 1929 stv. Vorstandsmitglied → Deutsche Bank und Disconto-Gesellschaft, 1932–1933 Direktor Filiale Frankfurt am Main, 1933–1945 Vorstandsmitglied.
Quelle: http://www.bankgeschichte.de/index_02_03.html (letzter Aufruf: 21.1.2011)
Seite: 436, 455f., 474, 497, 544

Smuts, Jan Christian
(24.5.1870 – 11.9.1950)
General, Politiker; 1910 Innenminister Südafrikanische Union; 1914–1918 Befehlshaber der südafrikanischen Streitkräfte gegen die deutschen Kolonialschutztruppen; 1917 Mitglied des britischen Kriegskabinetts; 1919 Vertreter Südafrikanische Union auf der Pariser Friedenskonferenz; 1919–1924 und 1933–1939 Justizminister; 1939–1948 Ministerpräsident Südafrikanische Union; 1945 Mitbegründer Vereinte Nationen.
Quelle: http://www.bundesarchiv.de/akten-reichskanzlei/1919–1933/0000/adr/adrsz/kap1_1/para2_374.html (letzter Aufruf: 21.1.2011)
Seite: 46, 425

Sobernheim, Curt (10.1.1871 – 24.6.1940)
Bankdirektor; 1896 Direktor Breslauer Disconto-Bank; 1902 stv. Direktor Nationalbank für Deutschland; 1911–1932 Vorstandsmitglied → Commerz- und Privat-Bank; 1936 Emigration nach Frankreich; 1940 Gestapo-Inhaftierung, Tod im Militärgefängnis Cherche-Midi.
Quelle: Reichshandbuch, Bd. 2, S. 1795; Detlef Krause, Curt Joseph Sobernheim, in: Deutsche Bankiers des 20. Jahrhunderts, Stuttgart 2008, S. 387ff.
Seite: 95f., 365, 367

Sobernheim, Walter (24.4.1869 – 1945)
Dr. jur.; Generaldirektor; seit 1897 spanischer Konsul; 1910 preußischer Kommerzienrat; 1907 Generaldirektor AG Friedrichshöhe, vorm. Patzenhofer, Berlin; 1920 Generaldirektor → Schultheiss-Patzenhofer Brauerei AG; 1933 Emigration.
Quelle: Wenzel, Sp. 2158; Christine Fischer-Defoy, Schwanenwerder im Nationalsozialismus. Ein Inselrundgang, in: Aktives Museum, Mitgliederrundbrief Nr. 62, Januar 2010, S. 4–11
Seite: 282

Solmssen, Giulietta, gen. Etta, geb. → *Aselmeyer*
(4.3.1884 – 7.11.1971)
Seit 1907 verh. mit Georg Solmssen.
Quelle: NDB, Bd. 24, S. 557f.; Auskunft Lily Solmssen Moureaux
Seite: 16f., 30, 45, 49, 60, 166, 277, 332, 361, 368ff., 372f., 381, 383, 411f., 414, 416, 420, 438, 445, 452–455, 457, 460ff., 468, 472f., 475f., 490f., 494f., 499–504, 507, 516, 543, 546, 548f.

Solmssen, Harald (später Harold) K.
(14.9.1908 – 1.9.2006)
Finanzexperte; Sohn von Georg Solmssen; zuletzt bei der AIG Insurance in den USA.
Quelle: NDB, Bd. 24, S. 557f.; Auskunft Lily Solmssen Moureaux
Seite: 17, 48, 60f., 322, 421, 454, 500, 536, 548

Solmssen, Kate Dorothea → *Strauss*

Solmssen, Kurt (1905 – 1989)
Unternehmensberater in Philadelphia; Sohn von → Arthur Salomonsohn.
Quelle: NDB, Bd. 22, S. 395f.
Seite: 49, 491

Solmssen, Max (1908 – 1999)
Industrieller in Summit, New Jersey;
Sohn von → Arthur Salomonsohn.
Quelle: NDB, Bd. 22, S. 395f.
Seite: 49, 491

Solmssen, Ulrich Volkmar
(26.10.1909 – 9.6.2002)
Dr. phil.; Chemiker; Sohn von Georg Solmssen; 1932 Austauschstudent am Massachusetts Institute of Technology; 1935–1938 Assistent bei Prof. → Karrer, Zürich; 1938 Emigration in die USA; 1941 amerikanischer Staatsbürger; 1938–1946 Senior Research Chemist Hoffman-LaRoche; 1946–1949 stv. Direktor der Forschungsabt, 1949–1955 Verwaltungsdirektor, 1956–1962 wissenschaftlicher Direktor, 1962–1965 Vizepräsident Warner Lambert Institute of Therapeutic Re-search, ab 1967 Präsident der Warner Lambert Tochter Nepera Chemical Co.
Quelle: Biographisches Handbuch der deutschsprachigen Emigration nach 1933, Bd. 1, München 1980, S. 710; NDB, Bd. 24, S. 557f.
Seite: 17, 48, 421, 423, 444ff., 454, 500, 507, 536, 548

Sommerfeldt, Erik
(11.2.1882 – 23.12.1969)
Dipl.-Ing.; Ingenieur, Direktor; 1923–1935 Vorstandsmitglied → Gesellschaft für elektrische Unternehmungen – Ludwig Loewe & Co. AG.
Quelle: Wenzel, Sp. 2166
Seite: 414f., 417

Sommerlatte, Walter
(1.2.1878 – 30.9.1959)
Bankdirektor; Direktor → Disconto-Gesellschaft Filiale Koblenz.
Quelle: Adreßbuch der Direktoren und Aufsichtsräte 1928, Bd. 1, S. 1744; HADB, P8/S14
Seite: 229

Speich, Rudolf (15.11.1890 – 12.8.1961)
Dr. oec. publ.; 1920 Eintritt, 1932 Generaldirektor, 1944 Verwaltungsratspräsident Schweizerischer Bankverein; Mitglied Basler und Schweizerische Handelskammer.
Quelle: http://www.hls-dhs-dss.ch/textes/d/ D30088.php (letzter Aufruf: 24.1.2011)
Seite: 464f.

Springer, Ernst (24.9.1860 – 2.6.1944)
Dr. jur.; 1900–1911 Generalbevollmächtigter → S. Bleichröder; 1913–1935 ehrenamtliches Mitglied Reichschuldenverwaltung; AR-Mitglied → Deutsche Erdöl-AG; Geh. Oberfinanzrat; 1944 Deportation nach Theresienstadt.
Quelle: Wenzel, Sp. 2178; Theresienstädter Gedenkbuch, Die Opfer der Judentransporte aus Deutschland nach Theresienstadt 1942–1945, Prag und Berlin 2000, S. 208
Seite: 449

Staff, Adolph von (1.10.1854 – n. e.)
Dr. jur.; 1921–1922 Präsident Berliner Kammergericht.
Quelle: http://www.bundesarchiv.de/akten-reichskanzlei/1919–1933/0000/adr/adrsz/ kap 1_1/para2_419.html (letzter Aufruf: 25.1.2011)
Seite: 399

Starck, Karl von (27.9.1867 – 22.8.1937)
Verwaltungsbeamter; 1917–1919 Regierungspräsident Köln; 1919–1921 Reichs- und Staatskommissar für die besetzten rheinischen Gebiete.
Quelle: Kölner Personenlexikon, S. 515
Seite: 135f., 151f.

Stauß, Emil Georg von
(6.10.1877 – 12.12.1942)
Bankdirektor; 1898 Eintritt → Deutsche Bank, Sekretär von Georg von Siemens; vorübergehende Leitung Europäische Petroleum-Union; 1915 Vorstandsmitglied Deutsche Bank, 1932 Rückzug aus dem Vorstand wegen des Skandals um die → Schultheiss-Patzenhofer Brauerei, 1932–1942 AR-Mitglied Deutsche Bank; 1934–1942 Vizepräsident Reichstag; div. AR-Vorsitze, u. a. BMW, Daimler-Benz, Lufthansa, Ufa; 1916 nobilitiert.
Quelle: Wenzel, Sp. 2194; http://www.bankgeschichte.de/index_02_03.html (letzter Aufruf: 25.1.2011)
Seite: 20, 27, 40, 159ff., 237f., 253, 358f., 362, 364, 367, 473, 542

Stein, Johann Heinrich von
(13.6.1869 – 9.5.1951)
Bankier; Mitinhaber Bankhaus → J. H. Stein,
Köln; 1901 Konsul von Belgien; 1925–1933
Mitglied im Zentralausschuss Reichsbank.
Quelle: Kölner Personenlexikon, S. 521f.
Seite: 21, 136–141, 154–158, 162, 173

Steinthal, Max (24.12.1850 – 8.12.1940)
Bankdirektor; 1872 Direktor A. Paderstein'scher Bankverein; 1873–1905 Vorstandsmitglied → Deutsche Bank, 1905–1935 AR-Mitglied, 1923–1932 AR-Vorsitzender, 1935 Ausscheiden wegen jüdischer Herkunft; 1896–1936 AR-Vorsitzender Mannesmannröhren-Werke.
Quelle: Wenzel, Sp. 2207; http://www.bankgeschichte.de/index_02_03.html (letzter Aufruf: 24.1.2011)
Seite: 237

Steuer, Lothar (31.12.1893 – 20.5.1957)
Politiker; 1924–1934 Stadtverordneter und Stadtrat in Kassel; 1925–1933 Mitglied Preußischer Landtag; 1933–1938 MdR (Hospitant NSDAP); 1950–1957 MdL NRW (FDP).
Quelle: http://www.landtag.nrw.de/portal/WWW/Webmaster/GB_I/I.1/Abgeordnete/Ehemalige_Abgeordnete/details.jsp?k=00870 (letzter Aufruf: 24.1.2011)
Seite: 289

Stingl, Karl (29.7.1864 – 9.11.1936)
Politiker; 1922–1923 und 1925–1927 Reichspostminister.
Quelle: Wenzel, Sp. 2221; http://www.bundesarchiv.de/aktenreichskanzlei/1919–1933/0000/adr/adrsz/kap1_1/para2_484.html (letzter Aufruf: 25.1.2011)
Seite: 186

Stinnes, Hugo (12.2.1870 – 10.4.1924)
Industrieller; 1898 Mitgründer, 1902 AR-Vorsitzender → Rheinisch-Westfälische Elektrizitätswerk AG; Aufbau einer führenden Stellung in der deutschen Montanindustrie; Geschäftsführer Stinnes-Konzern; während des Ersten Weltkriegs bedeutender Kriegslieferant; 1920–1924 MdR (DVP); 1922–1923 Gegner der Währungsstabilisierung während der Hyperinflation («Inflationskönig»); nach dem Tod rascher Zerfall des Stinnes-Konzerns.
Quelle: Gerald D. Feldman, Hugo Stinnes – Biographie eines Industriellen, München 1998
Seite: 163, 219f.

Stockhammern, Franz von
(13.7.1873 – 26.2.1930)
Diplomat, Ministerialbeamter; 1907–1914 Legationsrat bayer. Ministerium des Äußeren; 1914–1917 diplomatische Mission in der Schweiz; 1919 bayer. Ministerialrat Waffenstillstandskommission Berlin; 1919–1926 Generalkommissar und Ministerialdirektor Reichsfinanzministerium.
Quelle: http://www.bundesarchiv.de/aktenreichskanzlei/1919–1933/0011/adr/adrsz/kap1_1/para2_489.html (letzter Aufruf: 24.1.2011)
Seite: 117f., 125

Stoecker, Otto (13.6.1869 – n. e.)
Postrat; Vorstandsmitglied und Direktor → Deutsch-Atlantische Telegraphengesellschaft.
Quelle: Wenzel, Sp. 2226; Adreßbuch der Direktoren und Aufsichtsräte 1938, Bd. 1, S. 1696
Seite: 174ff., 180, 183

Stollwerck, Gustav (7.5.1872 – 13.11.1951)
Unternehmer; Leiter Zweigstelle Preßburg → Gebrüder Stollwerck AG; AR-Mitglied Stollwerckhaus AG.
Quelle: Adreßbuch der Direktoren und Aufsichtsräte 1935, Bd. 1, S. 1700; http://de.wikipedia.org/wiki/Franz_Stollwerck (letzter Aufruf: 25.1.2011)
Seite: 322f.

Stollwerck, Karl (6.11.1859 – 3.10.1932)
Unternehmer; Generaldirektor → Gebrüder Stollwerck AG.
Quelle: Reichshandbuch, Bd. 2, S. 1860f.; Kölner Personenlexikon, S. 529
Seite: 262f., 300f., 309, 316f., 324f.

Stollwerck, Ludwig (22.1.1857 – 12.3.1922)
Unternehmer; ab 1883 Vorstandsmitglied
→ Gebrüder Stollwerck AG.
Quelle: Kölner Personenlexikon, S. 528f.
Seite: 143

Stollwerck, Richard (1888 – 1954)
Unternehmer; Filialdirektor → Hamburg-Amerika Linie; AR-Mitglied → Gebrüder Stollwerck AG.
Quelle: Adreßbuch der Direktoren und Aufsichtsräte 1935, Bd. 1, S. 1700
Seite: 323

Stolper, Gustav (25.7.1888 – 27.12.1947)
Dr. jur.; Wirtschaftspublizist, Politiker, Wirtschaftsberater; 1930–1932 MdR (DStP); 1933 Emigration in die USA; bis 1939 Beratertätigkeit für europäische Bankhäuser; ab 1943 Berater der Stadt New York.
Quelle: http://www.bundesarchiv.de/aktenreichskanzlei/1919-1933/0000/adr/adrsz/kap1_1/para2_500.html (letzter Aufruf: 25.1.2011)
Seite: 66, 366f.

Strack, Otto (28.3.1869 – 1940)
Dr. jur.; Rechtsanwalt, Bankier; Teilhaber Delbrück von der Heydt & Co., Köln, 1919–1940 Geschäftsführer.
Quelle: Wenzel, Sp. 2234f.; European Association for Banking History (Hrsg.), Handbook on the History of European Banks, Aldershot, Brookfield 1994, S. 380ff.
Seite: 96

Strakosch, Henry Sir
(10.5.1871 – 30.10.1943)
Bankier, Unternehmer; aus österreichischer Industriellenfamilie jüdischer Herkunft; Tätigkeit für Anglo-Österreichische Bank, 1890er Jahre Übersiedlung nach Südafrika; 1907 britische Staatsbürgerschaft; 1920 Verfasser des South African Currency and Banking Act; ab 1924 AR-Vorsitzender Union Corporation (südafrikanische Bergbaugesellschaft); 1925–1926 Angehöriger Royal Commission on Indian Currency and Finance; 1929–1943 Chairman «The Economist»; Berater des britischen Indienministers und der südafrikanischen Regierung.
Quelle: http://de.wikipedia.org/wiki/Henry_Strakosch (letzter Aufruf: 25.3.2011)
Seite: 431

Strandes, Justus (4.2.1859 – 16.7.1930)
Kaufmann; 1879 Kaufmann für Hansing & Co., Ostafrika; 1890 Hansing & Co., Hamburg, 1896 Mitinhaber; 1910–1911 Vizepräsident Handelskammer Hamburg; 1911–1925 Mitglied Hamburger Senat; 1914–1915 Zivilgouverneur Antwerpen; ab 1925 Hamburgischer außerordentlicher Gesandter und bevollmächtigter Minister, Berlin.
Quelle: Wenzel, Sp. 2235; http://www.bundesarchiv.de/aktenreichskanzlei/1919-1933/0000/adr/adrsz/kap1_1/para2_509.html (letzter Aufruf: 24.1.2011)
Seite: 93

Strauss, Kate Dorothea, gen. Tinka, verh. Solmssen (26.10.1911 – 2005)
Seit 1936 verh. mit → Ulrich Solmssen.
Quelle: Auskunft Lily Solmssen Moureaux v. 20.2.2011
Seite: 423, 444f.

Stumpf, Hans
1914 → Disconto-Gesellschaft Filiale Antwerpen.
Quelle: HADB, K1/778
Seite: 88, 92

Südekum, Albert (15.1.1871 – 18.2.1944)
Dr. phil.; Journalist, Politiker; 1895 Redakteur Vorwärts; 1896–1898 Leipziger Volkszeitung; 1898–1900 Fränkische Tagespost; 1900–1903 Leiter Sächsische Arbeiterzeitung Dresden; 1900–1918 MdR (SPD).
Quelle: Wenzel, Sp. 2253f.
Seite: 134

Szilasi, Bela (26.8.1877 – n. e.)
Direktor; 1904–1905 Banque Générale Roumaine; 1912–1920 Geschäftsführer → «Austria» Petroleumindustrie AG; seit 1915 Direktor → Deutsche Erdöl-AG.
Quelle: Wenzel, Sp. 2258
Seite: 144f.

Talbot, Georg (16.2.1864 – 6.8.1948)
Fabrikant; Mitglied → Vereinigung von Banken und Bankiers in Rheinland und Westfalen E.V.; Mitglied Hauptausschuss → Deutscher Industrie- und Handelstag.
Quelle: Wenzel, Sp. 2260
Seite: 163

Thyssen, Fritz (9.11.1873 – 8.2.1951)
Industrieller; 1898 Eintritt, 1926 Nachfolger seines Vaters August im Thyssen-Konzern; Präsidiumsmitglied → Reichsverband der Deutschen Industrie; 1931 Beitritt NSDAP; 1933 Mitglied Generalrat der Wirtschaft, preußischer Staatsrat und AR-Vorsitzender Bank für Industrieobligationen; 1933 MdR; 1934 AR-Vorsitzender → August Thyssen-Hütte AG; 1939 Emigration in die Schweiz, später nach Frankreich; Beschlagnahme der Industrieanlagen, Ausbürgerung; 1940 Verhaftung durch Vichy-Regierung, Auslieferung nach Deutschland; bis Kriegsende gemeinsam mit seiner Frau in verschiedenen Konzentrationslagern; 1950 Rückerstattung seines von den Nationalsozialisten beschlagnahmten Vermögens.
Quelle: http://www.dhm.de/lemo/html/biografien/ThyssenFritz/index.html (letzter Aufruf: 26.1.2011)
Seite: 42, 50, 327, 329ff., 372–377, 379–383, 386f., 530

Tirpitz, Alfred von (19.3.1849 – 6.3.1930)
Militär, Politiker; Begründer der deutschen Hochseeflotte; 1898 Preuß. Staatsminister; 1908–1918 Mitglied des Preuß. Herrenhauses; 1911 Großadmiral; 1924– 1928 MdR (DNVP); 1900 nobilitiert.
Quelle: http://www.dhm.de/lemo/html/biografien/TirpitzAlfred/index.html (letzter Aufruf: 26.1.2011)
Seite: 141f.

Toepffer, Hellmut (1.9.1876 – n. e.)
Dr. phil.; Fabrikant, Politiker; 1900 Eintritt Portland-Cement-Fabrik «Stern» Toepffer, Grawitz & Co., Stettin, später dort Geschäftsführer; 1919 Unterstaatssekretär Auswärtiges Amt (Wirtschaftspolitik).

Quelle: Reichshandbuch, Bd. 2, S. 1916; http://www.bundesarchiv.de/aktenreichskanzlei/1919–1933/0000/adr/adrsz/kap1_2/para2_81.html (letzter Aufruf: 26.1.2011)
Seite: 134

Toynbee, Arnold J. (14.4.1889 – 22.10.1975)
Prof. Dr.; britischer Kulturtheoretiker, Geschichtsphilosoph; im Ersten Weltkrieg Berater War Propaganda Bureau; 1919 Teilnehmer Friedenskonferenz von Versailles; 1919–1924 Lehrstuhl am King's College London; 1925–1955 Lehrstuhl für internationale Geschichte an der London School of Economics and Political Science; 1925–1965 Direktor → Royal Institute of International Affairs, 1934– 1961 zwölfbändiges Hauptwerk «A Study of History».
Quelle: William H. McNeill, Arnold J. Toynbee: A Life. Oxford 1989
Seite: 429, 431ff.

Treviranus, Gottfried (20.3.1891 – 7.6.1971)
Kapitänleutnant, Politiker; 1924–1932 MdR (bis 1929 DNVP); 1930 Reichsminister für die besetzten Gebiete; 1931/32 Reichsverkehrsminister; 1934 Emigration; 1949 Rückkehr nach Deutschland.
Quelle: Reichshandbuch, Bd. 2, S. 1921; http://www.bundesarchiv.de/aktenreichskanzlei/1919–1933/0000/adr/adrsz/kap1_2/para2_95.html (letzter Aufruf: 26.1.2011)
Seite: 297, 534

Trimborn, Heinrich (16.12.1863 – 14.10.1944)
Vorstandsmitglied → Gebrüder Stollwerck AG.
Quelle: Adreßbuch der Direktoren und Aufsichtsräte 1928, Bd. 1, S. 1867
Seite: 31, 262f., 316ff., 323f.

Ulbricht, Erhard (11.5.1893 – 29.1.1975)
Bankdirektor; 1913–1929 → Disconto-Gesellschaft Zentrale Berlin, 1929–1945 → Deutsche Bank (und Disconto-Gesellschaft) Zentrale Berlin, 1948–1957 → Rheinisch-Westfälische Bank, 1957–1958 → Deutsche Bank AG.
Quelle: HADB, P2/U2
Seite: 466, 471

Ullner, Richard F. (17.10.1875 – n. e.)
Direktor; 1907 Direktor → Disconto-Gesellschaft; 1918 Direktor, später Vorstandsmitglied, → Deutsche Erdöl-AG; 1936–1941 AR-Mitglied → Deutsche Bank.
Quelle: Wenzel, Sp. 2318; HADB, Sammlungsgut Personal
Seite: 95ff., 115f., 449

Ulrich, Carl
Bankdirektor; bis 1922 stv. Direktor
→ Bank für Handel und Industrie Filiale München; 1922–1932 stv. Direktor → Darmstädter und Nationalbank Filiale München.
Quelle: Deutsches Bankier-Buch, Berlin 1914, S. 751; Deutsches Bankier-Buch, Berlin 1920, S. 922; Nachtrag zum Deutschen Bankier-Buch, Berlin 1924, S. 364, Auskunft Historisches Archiv Commerzbank v. 28.1.2011
Seite: 269, 271

Ulrich, Franz Heinrich (6.7.1910 – 16.3.1987)
Bankdirektor; 1936 Eintritt → Deutsche Bank und Disconto-Gesellschaft Zentrale Berlin; seit 1937 Mitglied NSDAP, bis 1939 Mitglied SS; nach Kriegsverwundung Rückkehr in die Bank, 1941–1945 → Deutsche Bank Abteilungsdirektor Zentrale Berlin (Assistent von → Hermann J. Abs); 1945–1947 englische Internierung; 1948–1951 → Rheinisch-Westfälische Bank Filialdirektor Wuppertal; 1952–1957 Vorstandsmitglied Norddeutsche Bank AG; 1957–1976 Vorstandsmitglied → Deutsche Bank AG (1967–1976 Vorstandssprecher), 1976–1984 AR-Vorsitzender.
Quelle: HADB, SG1/81/1+2
Seite: 532, 537ff.

Unger, Max
Dr., Vorstandsmitglied → Deutsche Centralbodenkredit-AG.
Quelle: Handbuch der deutschen Aktiengesellschaften 1933, Bd. 1, S. 1290
Seite: 385

Urbig, Dorothea, geb. Seebeck
(10.9.1881 – 22.7.1968)
Ehefrau von → Franz Urbig.
Quelle: HADB, SG1/82/1
Seite: 411f.

Urbig, Franz (23.1.1864 – 28.9.1944)
Bankier; 1884 Eintritt → Disconto-Gesellschaft; 1895 Leiter Filiale Tientsin Deutsch-Asiatische Bank, 1896 Vorstandsmitglied, 1898 Leiter Filiale Hongkong; 1900 stv. Direktor Filiale London Disconto-Gesellschaft, 1902–1929 Geschäftsinhaber; 1919 Finanzsachverständiger Versailler Vertrag; 1923 Vorsitzender Währungsausschuss → Centralverband; 1924 Generalrat → Deutsche Reichsbank; 1930–1942 AR-Vorsitzender → Deutsche Bank (und Disconto-Gesellschaft), 1942–1944 AR-Ehrenvorsitzender Deutsche Bank.
Quelle: Maximilian Müller-Jabusch, Franz Urbig. Überarbeiteter und ergänzter Neudruck der Erstauflage von 1939, Berlin 1954
Seite: 11, 43ff., 47f., 53f., 60, 134, 149f., 154, 157, 165, 244f., 356ff., 390, 392–396, 403ff., 409–412, 420f., 424f., 437, 441–449, 495, 497, 516, 524, 544

Velsen, Otto von (19.9.1869 – 5.3.1945)
Oberbergrat, Generaldirektor; seit 1917 Generaldirektor Bergwerksgesellschaft Hibernia; 1926 Generaldirektor Bergwerks-AG Recklinghausen; Vorsitzender Reichskohlenrat; Mitglied Hauptausschuss → Reichsverband der Deutschen Industrie.
Quelle: Wenzel, Sp. 2332f.
Seite: 334

Vielmetter, Johannes Philipp (1859 – 6.5.1944)
Unternehmer; 1907 kaufmännischer Direktor Knorr-Bremse GmbH, 1911–1943 Vorstandsmitglied Knorr-Bremse AG; AR-Mitglied → AEG.
Quelle: Reichshandbuch, Bd. 2, S. 1946; Wer leitet? 1940, S. 922; Manfred Pohl, Die Geschichte der Knorr-Bremse AG, München 2005, S. 37f.
Seite: 429

Vincent, Maurice
1917 Börsenagent in Belgien.
Quelle: HADB, K2/1495
Seite: 105f., 112

Vögler, Albert (8.2.1877 – 14.4.1945)
Industrieller, Politiker; 1915–1926 General-

direktor Deutsch-Luxemburgische Bergwerks- und Hütten-AG; 1926 Mitbegründer und Generaldirektor → Vereinigte Stahlwerke AG; 1933 MdR; 1934 Reichsbevollmächtigter für die Verstaatlichung der rheinisch-wesfälischen Kohlegruben; 1945 Selbstmord.
Quelle: Wenzel, Sp. 2340f.; http://www.bundesarchiv.de/aktenreichskanzlei/1919–1933/0000/adr/adrsz/kap1_4/para2_31.html (letzter Aufruf: 26.1.2011)
Seite: 123, 219, 390

Wagener, Otto (29.4.1888 – 9.8.1971)
Militär, Politiker; 1929–1930 Stabschef SA; 1931–1932 Leiter wirtschaftspolitische Abteilung NSDAP; April 1933 Reichskommissar für die Wirtschaft; Juni 1933 Entlassung, Enthebung sämtlicher Partei- und Regierungsämter.
Quelle: Henry A. Turner, Otto Wagener – Der vergessene Vertraute Hitlers, in: Ronald Smelser, Enrico Syring, Rainer Zitelmann (Hrsg.), Die braune Elite 2. 21 weitere biographische Skizzen, 2. Aufl., Darmstadt 1999, S. 243–253.
Seite: 40, 354f.

Wagner, Karl Willy (22.2.1883 – 4.9.1953)
Prof. Dr. phil.; Nachrichtentechniker; Leitung Telegraphen-Versuchsamt; 1923 Präsident → Telegraphentechnisches Reichsamt; ab 1930 Direktor Heinrich-Hertz-Institut.
Quelle: Reichshandbuch, Bd. 2, S. 1970
Seite: 171f., 185f.

Waldthausen, Wilhelm von
(3.1.1873 – 22.2.1946)
Dr. jur.; Bankdirektor, Politiker; 1905 Vorstandsmitglied → Essener Credit-Anstalt; 1921 Vorstandsvorsitzender Essener Börse; 1921–1933 Mitglied Preuß. Landtag; 1922 AR-Vorsitzender Essener Credit-Anstalt; 1925 AR-Mitglied → Deutsche Bank; Mitglied Grubenvorstand → Gewerkschaft Ewald.
Quelle: Reichshandbuch, Bd. 2, S. 1978; http://www.bundesarchiv.de/aktenreichskanzlei/1919–1933/00a/adr/adrsz/kap1_5/para2_23.html (letzter Aufruf: 27.1.2011)
Seite: 318f., 329, 331

Waller, Hermann (4.1.1873 – 3.3.1922)
Bankier; 1901–1905 Vorstandsmitglied Badische Bank Mannheim; 1905 Eintritt → Disconto-Gesellschaft Zentrale Berlin, 1911–1922 Geschäftsinhaber.
Quelle: http://www.bankgeschichte.de/index_02_03.html (letzter Aufruf: 27.1.2011)
Seite: 114, 165

Warburg, Max M. (5.6.1867 – 26.12.1946)
Bankier; 1892 Prokurist; 1893 Teilhaber → M. M. Warburg & Co.; 1918 finanzpolitischer Berater des Reichskanzlers Max von Baden; 1919 Teilnahme Versailler Friedensverhandlungen; 1924 Generalrat → Reichsbank; ab 1933 Engagement für Palästina-Treuhand Gesellschaft (Paltreu); 1938 Emigration nach New York.
Quelle: Wenzel, Sp. 2390f.; Wolfgang Benz, Hermann Graml, Biographisches Lexikon zur Weimarer Republik, München 1988, S. 353f.
Seite: 18, 24, 33ff., 134, 180ff., 232f., 239ff., 269f., 272f., 356, 364, 434ff., 516

Warburg, Paul M. (10.8.1868 – 24.1.1932)
Bankier; 1895 Teilhaber → M. M. Warburg & Co.; 1902 Teilhaber Bankhaus Kuhn, Loeb & Co. New York; 1911 Einbürgerung USA; 1921 Chairman → International Acceptance Bank of New York; 1929–1932 nach Übernahme durch die Bank of Manhattan Chairman des vereinten Instituts.
Quelle: http://en.wikipedia.org/wiki/Paul_Warburg (letzter Aufruf: 27.1.2011)
Seite: 18, 203f.

Warmbold, Hermann
(21.4.1876 – 11.3.1976)
Prof. Dr. phil.; Politiker, Agrarwissenschaftler; 1922–1931 Vorstandsmitglied → Badische Anilin- und Sodafabrik; 1931–1933 Reichswirtschaftsminister, mit Unterbrechung 1932; nach 1945 in Chile.
Quelle: http://www.bundesarchiv.de/aktenreichskanzlei/1919–1933/00a/adr/adrsz/kap1_5/para2_41.html (letzter Aufruf: 27.1.2011)
Seite: 333

Warren, George F. (16.2.1874 – 25.5.1938)
Prof. Dr., Ökonom, ab 1907 Professor für Agrarökonomie Cornell University; ökonomischer Berater von Präsident Franklin D. Roosevelt.
Quelle: The New York Times, 25. Mai 1938, S. 23
Seite: 25, 485

Wassermann, Oscar (4.4.1869 – 8.9.1934)
Bankier; Tätigkeit im Bankhaus A. E. Wassermann Bamberg, später Berlin; 1912 Vorstandsmitglied → Deutsche Bank, 1923–1933 Vorstandssprecher, 1929 maßgeblicher Einfluss auf die Fusion → Deutsche Bank und Disconto-Gesellschaft; Mitglied Generalrat → Reichsbank; stv. Vorstandsvorsitzender → Centralverband; Tätigkeit in zahlreichen jüdischen Organisationen; 1933–1934 Verdrängung aus allen Ämtern.
Quelle: Avraham Barkai, Oscar Wasserman und die Deutsche Bank – Bankier in schwieriger Zeit, München 2005
Seite: 7, 23, 36f., 40, 45, 49, 66, 134, 173, 193, 276f., 291, 369, 371, 381, 405–409, 518, 523, 529, 534, 540, 550

Te Water, Charles Theodore
(4.2.1887 – 6.6.1964)
Diplomat, Politiker, Anwalt; 1924–1929 Parlamentsmitglied Südafrikanische Union; 1929–1939 High Commissioner Südafrikas in London.
Quelle: Jean van der Poel (Hrsg.), Selections from the Smuts Papers, Bd. 7, August 1945 – October 1950, New York 2007, S. 444
Seite: 427, 431

Weigelt, Kurt (4.6.1884 – 5.8.1968)
Dr. jur.; Bankdirektor; 1913 Eintritt → Deutsche Bank; 1918 Vorstandsmitglied → Deutsche Petroleum AG, Berlin; 1922 Direktor, 1927–1929 stv. Vorstandsmitglied Deutsche Bank, 1930–1945 Direktor (ab 1934 mit Generalvollmacht) Deutsche Bank und (Disconto-Gesellschaft); 1933 Mitglied Kolonialpolitisches Amt der NSDAP.
Quelle: Karsten Linne, Afrika als «wirtschaftlicher Ergänzungsraum»: Kurt Weigelt und die kolonialwirtschaftlichen Planungen im «Dritten Reich», in: Jahrbuch für Wirtschaftsgeschichte 2006/2, Berlin 2006, S. 144ff.
Seite: 210f.

Weißel, Wilhelm (29.11.1871 – n. e.)
Bankdirektor; 1905–1906 Direktor Banque d'Orient, Athen; 1906–1908 stv. Direktor → Disconto-Gesellschaft, Berlin; 1908–1914 Direktor → Magdeburger Bankverein; 1914–1919 Vorstandsmitglied → A. Schaaffhausen'scher Bankverein; 1920–1933 Vorstandsmitglied → Allgemeine Deutsche Credit-Anstalt; Vorstandsmitglied → Centralverband; Königlich Spanischer Vizekonsul.
Quelle: Wenzel, Sp. 2422
Seite: 131, 165

Wendel, Hans (28.6.1887 – n. e.)
Dr. jur.; Direktor; Mitglied Vorstand → Gesellschaft für elektrische Unternehmungen – Ludwig Loewe & Co. AG.
Quelle: Adreßbuch der Direktoren und Aufsichtsräte 1938, Bd. 1, S. 1860
Seite: 418

Wentzel, Leo
Glashüttenbesitzer; Teilhaber und Geschäftsführer Vereinigte Vopelius'sche und Wentzel'sche Glashütten GmbH; Mitglied Hauptausschuss Verband der Glasindustriellen Deutschlands e.V.; Bezirksbeirat Saarbrücken → Deutsche Bank.
Quelle: Wenzel, Sp. 2430
Seite: 369, 376

Wiedenfeld, Kurt (30.9.1871 – 26.12.1955)
Prof. Dr. jur.; Ministerialdirektor; während des Ersten Weltkriegs Mitglied Wissenschaftliche Kommission Preuß. Kriegsministerium und wirtschaftlicher Generalreferent Kriegsrohstoffabteilung; 1918–1922 Ministerialdirektor Auswärtiges Amt, 1921–1922 Vertreter Deutsches Reich in Russland; 1923–1926 Professor der Nationalökonomie Univ. Leipzig.
Quelle: Reichshandbuch, Bd. 2, S. 2028; http://www.catalogus-professorum-halensis.de/wiedenfeldkurt.html (letzter Aufruf: 27.1.2011)
Seite: 120

Wiehl, Emil (22.2.1886 – 9.11.1960)
Diplomat; 1920 Eintritt Auswärtiges Amt,
1933 Generalkonsul und Geschäftsträger in
Pretoria (Südafrika), 1937–1944 Ministerialdirektor und Leiter Handelspolitische Abteilung Auswärtiges Amt.
Quelle: http://www.bundesarchiv.de/akten-
reichskanzlei/1919–1933/00a/adr/adrsz/
kap1_5/para2_126.html (letzter Aufruf:
27.1.2011)
Seite: 46, 427

Wilhelm, Friedrich (22.2.1889 – n. e.)
Bankdirektor; Direktor → Reichsbank;
Mitglied Vorstand Konversionskasse für deut-
sche Auslandsschulden; stv. AR-Vorsitzender
Deutsche Verrechnungskasse; AR-Mitglied
→ Deutsche Golddiskontbank.
Quelle: Wer leitet? 1940, S. 975
Seite: 452f.

Wilkins, Sir George Hubert
(31.10.1888 – 30.11.1958)
australischer Polarforscher, Pilot, Soldat,
Geograf und Fotograf; 1928 Flug mit Carl Ben
Eielson über den Arktischen Ozean nach
Spitzbergen.
Quelle: http://www.adb.online.anu.edu.au/
biogs/A120549b.htm (letzter Aufruf: 27.1.
2011)
Seite: 253

Will, Albert
Dr. jur.; versch. AR-Mandate und Mitglied
von Grubenvorständen.
Quelle: Adreßbuch der Direktoren und Auf-
sichtsräte 1935, Bd. 1, S. 1636
Seite: 329ff.

Willink, Hermann (25.11.1879 – 12.8.1965)
Bankier; 1919 Direktor → Norddeutsche
Bank, 1926–1929 Geschäftsinhaber und per-
sönlich haftender Gesellschafter; 1929–1945
Direktor → Deutsche Bank (und Disconto-
Gesellschaft) Filiale Hamburg; AR-Mitglied
→ Deutsch-Atlantische Telegraphengesell-
schaft; 1948–1953 Vorstandsmitglied → Ver-
einsbank in Hamburg AG.
Quelle: Walter Matthies, Vereinsbank in
Hamburg. Biographie der Aufsichtsrats- und
Vorstandsmitglieder seit der Gründung der
Bank im Jahre 1856, Hamburg 1970, S. 303
Seite: 234f., 241f.

Wilmowsky, Thilo (auch Tilo) Freiherr von
(3.3.1878 – 28.1.1966)
Verwaltungsjurist, Industrieller; verh. mit Bar-
bara Krupp; 1910 AR-Mitglied, 1918–1943
stv. AR-Vorsitzender → Fried. Krupp AG;
1915–1918 Leiter Zivilkanzlei beim Generalgouverneur in Belgien; 1920–1933 Vorsitzender Landbund Provinz Sachsen; 1922–1933
Vizepräsident Landwirtschaftskammer Provinz
Sachsen; 1922–1923 Präsident Reichskuratorium für Technik in der Landwirtschaft;
1925–1935 Vorsitzender Wirtschaftsverband
Mitteldeutschland; 1925–1930 Vorsitzender
DNVP-Fraktion im Provinzial-Landtag der
Provinz Sachsen; 1931–1944 Vorsitzender
Mitteleuropäischer Wirtschaftstag; nach dem
20.7.1944 bis Kriegende interniert.
Quelle: Lothar Gall (Hrsg.), Krupp im
20. Jahrhundert, Berlin 2002; http://www.
bundesarchiv.de/aktenreichskanzlei/
1919–1933/0020/adr/adrsz/kap1_5/
para2_149.html (letzter Aufruf: 10.3.2011)
Seite: 270

Wilson, Woodrow (28.12.1856 – 3.2.1924)
Dr.; Politiker; 1912–1921 US-Präsident; 1918
Teilnahme an der Pariser Friedenskonferenz,
Befürwortung des Völkerbunds; 1919 Werbe-
reise für den Völkerbund.
Quelle: http://www.dhm.de/lemo/html/
biografien/WilsonWoodrow/index.html
(letzter Aufruf: 28.1.2011)
Seite: 21, 122

Windheim, Ludwig von
(27.6.1857 – 15.1.1935)
Polizeipräsident, Politiker; 1895–1903 Polizei-
präsident in Stettin und Berlin.
Quelle: http://www.verwaltungsgeschichte.
de/vipw.html#windheim_hubert_1857
(letzter Aufruf: 28.1.2011)
Seite: 85

Winterfeldt, Detlof von (28.5.1867 – 3.7.1940)
Militär; 1901–1905 Militärattaché in Brüssel;
1909–1914 Militärattaché in Paris; 1917–1918

Vertreter Oberste Heeresleitung beim Reichskanzler, Berlin; 1918 Chef deutsche Waffenstillstandskommission in Spa.
Quelle: Wenzel, Sp. 2477
Seite: 120, 129f.

Wintermantel, Fritz (26.4.1882 – 25.7.1953)
Bankdirektor; 1902 Eintritt → Deutsche Bank, 1917 Abteilungsdirektor, 1927 stv. Vorstandsmitglied, 1933–1945 Vorstandsmitglied, 1946 Führungsstab Hamburg; 1948–1952 Geschäftsleitung → Rheinisch-Westfälische Bank Düsseldorf; 1952–1953 AR-Vorsitzender Rheinisch-Westfälische Bank AG.
Quelle: http://www.bankgeschichte.de/ index_02_03.html (letzter Aufruf: 28.1.2011)
Seite: 383, 497, 506f., 544

Wissell, Rudolf (8.3.1869 – 13.12.1962)
Politiker; 1908–1919 Leitung Zentralarbeitersekretariat und Sozialpolitische Abteilung, Generalkommission Gewerkschaften Berlin; 1916–1929 Redakteur einer Gewerkschaftszeitung; 1919 Reichswirtschaftsminister; Mitglied Nationalversammlung; ab 1920 MdR (SPD); 1920 Vorstand sozialpolitische Abteilung Allgemeiner Deutscher Gewerkschaftsbund; 1928–1930 Reichsarbeitsminister; 1933 kurzzeitig verhaftet; 1945–1954 Landesverband Berliner SPD.
Quelle: Wolfgang Benz / Hermann Graml, Biographisches Lexikon zur Weimarer Republik, München 1988, S. 369f.
Seite: 134

Woermann, Ernst (30.3.1888 – 5.7.1979)
Dr. jur; Diplomat; 1919 Eintritt Auswärtiges Amt; 1920 Mitglied deutsche Friedensdelegation in Paris; 1925 Gesandtschaft in Wien, 1929 Legationsrat, 1936 Gesandter in London; 1937 NSDAP-Mitglied; 1938 Unterstaatssekretär und Leiter Politische Abteilung Auswärtiges Amt, 1943–1945 Botschafter in Nanking bei nationalchinesischer Regierung; 1947 Verurteilung im Nürnberger Wilhelmstraßenprozess; 1950 Haftentlassung.
Quelle: Ernst Klee, Das Personenlexikon zum Dritten Reich. Wer war was vor und nach 1945, 2. Aufl., Frankfurt a. M. 2005, S. 684.; Eckart Conze (u. a.), Das Amt und die Vergangenheit. Deutsche Diplomaten im Dritten Reich und in der Bundesrepublik, München 2010
Seite: 432f.

Wolff, Otto (8.4.1881 – 22.1.1940)
Industrieller; 1904–1940 Gründer und Leiter → Otto Wolff KG; stv. AR-Vorsitzender → Phönix AG für Bergbau- und Hüttenbetrieb und Vereinigte Stahlwerke van der Zypen, Wissener Eisenhütten; AR-Mitglied → Deutsche Bank.
Quelle: Wenzel, Sp. 2948; Wolfgang Benz, Hermann Graml, Biographisches Lexikon zur Weimarer Republik, München 1988, S. 372
Seite: 120, 218ff., 335, 397f.

Wuppermann, Carl (11.3.1880 – 26.11.1973)
Dr. jur.; Bankier; 1922–1945 Direktor → Deutsche Bank Filiale Düsseldorf; gleichzeitig 1922–1934 Mitinhaber Bankhaus C. G. Trinkaus Düsseldorf.
Quelle: Wenzel, Sp. 2512; HSBC Trinkaus (Hrsg.), Den Werten verpflichtet. 225 Jahre HSBC Trinkaus 1785–2010, Köln 2010, S. 100
Seite: 201, 237

Zapf, Georg (18.3.1867 – 3.8.1943)
Unternehmer; 1906 Vorstandsmitglied → Felten & Guilleaume Carlswerk; ab 1921 Generaldirektor.
Quelle. Wenzel, Sp. 2521
Seite: 183f., 197f., 220

Zarden, Arthur (8.4.1875 – 18.1.1944)
Dr. jur.; Staatssekretär; 1920 Ministerialdirektor Reichsfinanzministerium; 1932–1933 Staatssekretär Reichsfinanzministerium; Selbstmord in Haft.
Quelle: http://www.bundesarchiv.de/aktenreichskanzlei/1919–1933/0000/adr/adrsz/ kap1_7/para2_8.html (letzter Aufruf: 28.1.2011)
Seite: 343–347

Zechlin, Walter (25.11.1879 – 24.1.1962)
Dr. jur.; Diplomat; Leiter Presseabteilung Auswärtiges Amt; 1926–1932 Pressechef

Reichsregierung und Ministerialdirektor Reichskanzlei; 1932 Gesandter in Mexiko; 1939–1941 deutsche Botschaft Madrid.
Quelle: http://www.bundesarchiv.de/akten-reichskanzlei/1919–1933/0000/adr/adrsz/kap1_7/para2_14.html (letzter Aufruf: 28.1.2011)
Seite: 297

Zeitz, Hermann (18.2.1870 – 23.9.1933) Bankdirektor; 1929 Direktor → Deutsche Bank und Disconto-Gesellschaft Zentrale Berlin.
Quelle: HADB, Sammlungsgut Personal
Seite: 114ff.

Zimmermann, Arthur (5.10.1864 – 6.6.1940) Jurist, Diplomat; 1907 Geh. Legationsrat Auswärtiges Amt, 1910 Dirigent politische Abteilung, 1911 Unterstaatssekretär, 1916–1917 Staatssekretär.
Quelle: http://www.bundesarchiv.de/akten-reichskanzlei/1919–1933/0000/adr/adrsz/kap1_7/para2_32.html (letzter Aufruf: 28.1.2011)
Seite: 85ff.

Zingler, Elisabeth (17.9.1893 – 17.4.1969) Sekretärin; ab 1921 → Disconto-Gesellschaft; 1929–1939 → Deutsche Bank (Disconto-Gesellschaft) Sekretariat Solmssen; nach Solmssens Ausscheiden Erledigung seiner Haushaltsauflösung in Berlin; bis 1945 Sekretariatstätigkeit → Deutsche Bank.
Quelle: HADB, P2/Z97; HADB, P1/14
Seite: 58, 291, 423f., 437, 444f., 452, 455–459, 462f.

Verzeichnis der Firmen und Institutionen

AEG → Allgemeine Elektricitäts-Gesellschaft

Aktiengesellschaft für Osthandel, Berlin
Gegründet 1920 als Kaukasische Handels- und Industrie-AG, 1925 umbenannt in AG für Osthandel, 1930 erneute Namensänderung in Ost- und Uebersee-Produkte AG.
Seite: 540

Aktiengesellschaft für Zellstoff- und Papierfabrikation → Aschaffenburger Zellstoffwerke AG

Allgemeine Deutsche Credit-Anstalt AG, Leipzig
Seite: 98, 103

Allgemeine Elektricitäts-Gesellschaft AG, Berlin
Seite: 46, 170, 271, 277, 415, 425–429

Anglo-Persian Oil Company, London
Gegründet 1909, Ölförderunternehmen, ab 1935 Anglo-Iranian Oil Company (AIOC), ab 1954 British Petrol Company (BP).
Seite: 261, 263f.

Antiquarische Gesellschaft in Zürich
Gegründet 1832, Kantonaler Verein für Geschichte und Altertumskunde.
Seite: 507

Aschaffenburger Zellstoffwerke AG, Aschaffenburg
Gegründet 1872 als Aktien-Gesellschaft für Maschinenpapier-Fabrikation, 1917 Änderung der Firma in Aktiengesellschaft für Zellstoff- und Papierfabrikation, seit 1936 Aschaffenburger Zellstoffwerke.
Seite: 462

Astra Romana Societate anonima, Bukarest
Gegründet 1910, Erdöl-Industrie.
Seite: 62, 97, 108, 111

«Austria» Petroleumindustrie AG, Wien
Seite: 144f.

Badische Anilin- und Sodafabrik, Ludwigshafen
Seite: 126

Bank für Handel und Industrie, Berlin und Darmstadt (Darmstädter Bank)
Gegründet 1853, 1922 Fusion mit der Nationalbank für Deutschland zur → Darmstädter und Nationalbank.
Seite: 26, 30, 93

Bank für Thüringen AG, Meiningen
Gegründet 1742, hervorgegangen aus dem privaten Bankhaus B. M. Strupp AG, 1905 in Bank für Thüringen AG umgewandelt.
Seite: 103

Bankhaus H. Albert de Bary & Co.
→ Handelmaatschappij H. Albert de Bary & Co.

Bankverein für Schleswig-Holstein AG, Neumünster
Seite: 270

Banque Centrale Anversoise, Antwerpen
Seite: 92

Banque Populaire de Louvain → Volksbank van Leuven

Barmer Bank-Verein Hinsberg, Fischer & Comp., Barmen (seit 1930 Wuppertal)
Seite: 103, 145f., 177

BASF → Badische Anilin- und Sodafabrik, Ludwigshafen

Bayerische Disconto- und Wechselbank AG, Nürnberg
Gegründet 1905 als Tochtergesellschaft der

→ Disconto-Gesellschaft und der → Bayerischen Hypotheken- und Wechselbank.
Seite: 103

Bayerische Hypotheken- und Wechselbank AG, München
Seite: 103

Bayerische Vereinsbank AG, München und Nürnberg
Seite: 232

Bergbau-AG Lothringen, Hannover
Gegründet 1857, 1928 Verkauf von Kuxen der → Gewerkschaft König Ludwig an die → Gewerkschaft Ewald.
Seite: 331

Bergisch Märkische Bank, Elberfeld
Gegründet 1871, 1914 Übernahme durch die → Deutsche Bank.
Seite: 100, 230f.

Bergmann-Elektricitäts-Werke AG, Berlin
Seite: 23

Bergwerks-Gesellschaft Dahlbusch AG, Gelsenkirchen-Rotthausen
Gegründet 1873, entstanden aus Belgisch-Rheinische Gesellschaft der Kohlenbergwerke a. d. Ruhr in Düsseldorf.
Seite: 23, 63, 403, 501

Bergwerksgesellschaft Trier mbH, Hamm
Seite: 23

Berlin-Karlsruher Industrie-Werke AG, Berlin
Gegründet 1889 als Deutsche Metallpatronenfabrik, ab 1897 Deutsche Waffen- und Munitionsfabriken AG, ab 1922 Berlin-Karlsruher Industrie-Werke AG, mehrheitlich beteiligt an der → Dürener Metallwerke AG.
Seite: 23, 242f.

Berliner Handels-Gesellschaft, Berlin
Seite: 175, 279, 348f., 446, 534

Berliner Kraft- und Licht-AG, Berlin
Seite: 279, 281, 414

Bewag → Berliner Kraft- und Licht-AG

S. Bleichröder, Berlin
Gegründet 1803, Bankhaus, 1931 wird das Bankhaus Gebr. Arnold, Gegründet 1864, Teilhaber, 1937 eröffnet Arnhold and S. Bleichroeder, Inc. in New York, 1937/38 werden die Bankhäuser S. Bleichröder und Gebr. Arnold von der → Dresdner Bank, bzw. von → Hardy & Co. übernommen, die Liquidation erfolgt 1939.
Seite: 85, 101, 279

Buderus'sche Eisenwerke AG, Wetzlar
Gegründet 1884 in Lollar, 1896 Umzug nach Wetzlar.
Seite: 292

Bundesverband des privaten Bankgewerbes e.V., Köln
Gegründet 1951, Vorgänger 1901 bis 1945 → Centralverband des deutschen Bank- und Bankiergewerbes (1968 umbenannt in Bundesverband deutscher Banken).
Seite: 67, 528, 532, 539

Caja de Credito Hipotecario, Santiago di Chile
Seite: 107f.

Centralverband des Deutschen Bank- und Bankiergewerbes, Berlin
Seite: 7, 30–42, 58, 68f., 148, 151, 202, 289, 292, 295, 299–305, 308, 310f., 335, 342f., 353–356, 519ff., 527f., 530f., 534, 539f.

Chade → Compañia Hispano-Americana de Electricidad

Charbonnages André-Dumont sous Asch S.A., As
Gegründet 1907, Kohlenbergwerksgesellschaft in Campine im Nordosten Belgiens.
Seite: 106–111

Charbonnages de Beeringen → Société anonyme Charbonnages de Beeringen

Club von Berlin, Berlin
Seite: 33, 333, 499

Commercial Cable Company, Hazel Hill
Seite: 171f., 180–183, 210

Commerz- und Disconto-Bank AG, Berlin
Gegründet 1870 in Hamburg, seit 1905
Hauptsitz in Berlin, 1920 Umbenennung in
Commerz- und Privat-Bank AG, 1940 Umbenennung in Commerzbank AG.
Seite: 96, 319, 367, 504

Commerz- und Privat-Bank AG, Hamburg-Berlin → Commerz- und Disconto-Bank

*Compagnie Commerciale Belge anciennement
H. Albert de Bary & Co.* Société Anonyme,
Antwerpen
Seite: 93

*Compañia Hispano-Americana de Electricidad
S.A.*, Madrid/Barcelona
Seite: 451

Thos. Cook & Sons, Kapstadt
Seite: 423

Crédit Anversois, Antwerpen
Seite: 93

Cunard Line → Cunard-White Star Ltd.

Cunard-White Star Ltd., Southampton/
Santa Clarita
Hervorgegangen 1934/35 aus der Fusion der
Cunard Line, gegründet 1883, und der White
Star Line, gegründet 1863.
Seite: 443

Danatbank → Darmstädter und Nationalbank

Darmstädter Bank → Bank für Handel und
Industrie

Darmstädter und Nationalbank KG a. Akt.,
Berlin (Danatbank)
1922 durch Fusion der → Bank für Handel
und Industrie (Darmstädter Bank) mit der
Nationalbank für Deutschland entstandenes
Bankhaus, 1931 im Zuge der Bankenkrise
durch die → Dresdner Bank übernommen.
Seite: 8, 26, 28ff., 36f., 68, 95, 97, 222,
235f., 258, 279, 311ff., 519f., 523f., 529,
534f., 549f.

DEA → Deutsche Erdöl-AG

Delbrück Schickler & Co., Berlin
Seite: 441f.

Deutsch-Atlantische Telegraphengesellschaft AG,
Köln
Seite: 23, 25, 57, 63, 131f., 171, 174–178,
180ff., 185, 188ff., 210, 234, 239ff., 287, 290,
234f., 521

Deutsch-Holländische Bank AG, Köln
Gegründet 1920 u. a. von → Josef Abs insbesondere zur Ausübung des Bankgeschäfts mit
den Niederlanden.
Seite: 166

Deutsch-Südamerikanische Telegraphengesellschaft AG, Köln
Seite: 131f., 171, 174

Deutsche Bank, Berlin
Gegründet 1870, 1929 Fusion mit der
→ Disconto-Gesellschaft zu → Deutsche Bank
und Disconto-Gesellschaft.
Seite: 7f., 20, 23, 26–29, 37, 39, 46–51, 53,
57, 59–68, 86f., 91f., 94, 100, 104, 111,
147, 159ff., 173, 190f., 194, 201, 211, 216,
222, 228–231, 235–239, 245, 261, 278, 326,
372, 381, 383f., 400, 422, 441, 446, 451f.,
455–461, 463–466, 468–476, 495–498, 501–
507, 516, 519, 525, 529, 531ff., 540–544,
548, 550f., 553

Deutsche Bank AG, Frankfurt am Main
1957 entstanden durch Zusammenschluss der
Deutsche Bank AG West, der → Norddeutsche
Bank AG und der Süddeutsche Bank AG.
Seite: 547f., 550

Deutsche Bank und Disconto-Gesellschaft,
Berlin
1929 entstanden aus der Fusion der → Deutschen Bank mit der → Disconto-Gesellschaft,
1937 Umbenennung in Deutsche Bank.
Seite: 8, 11, 36f., 39, 41, 44f., 53f., 58, 60,

65f., 276, 278ff., 284, 287, 289, 308, 311ff., 317, 321f., 326, 328, 333ff., 337, 340, 344, 349, 357, 366, 371, 374, 382, 389, 394f., 397f., 400f., 403f., 409f., 413, 417, 420f., 423f., 426, 435–439, 441, 443, 514, 517f., 539f., 543ff., 550

Deutsche Centralbodenkredit-AG, Berlin
Hervorgegangen 1930 aus der Fusion der → Preußischen Central-Bodenkredit-AG und der → Preußischen Pfand-Brief-Bank zur → Preußischen Central-Bodenkredit- u. Pfandbriefbank AG, im selben Jahr Umbenennung in Deutsche Centralbodenkredit-AG.
Seite: 45, 63, 67, 285, 305, 327, 358, 362f., 367, 379, 385ff., 405–409, 541

Deutsche Erdöl-AG, Berlin
Gegründet 1899 als Deutsche Tiefbohr-Aktiengesellschaft (DTA) in Berlin, 1900 Verlegung des Hauptsitzes nach Nordhausen, ab 1907 wieder in Berlin ansässig, 1911 Umbenennung der Gesellschaft in die Deutsche Erdöl-AG (DEA).
Seite: 20, 23, 48, 62f., 94–97, 99–105, 111, 113ff., 144, 160, 210, 257, 259ff., 263f., 314, 340, 370, 449f., 533, 536f., 539

Deutsche Evaporator-AG, Berlin
Gegründet 1857, bis 1917 als Lüneburger Eisenwerk firmierend, um 1917 Eintritt von → Paul Letwin in den Vorstand, bis 1923 → Hjalmar Schacht Vorsitzender des Aufsichtsrats.
Seite: 509

Deutsche Golddiskontbank AG, Berlin
Gegründet 1924 von der → Deutschen Reichsbank zur Außenhandelsfinanzierung.
Seite: 225, 461

Deutsche Grundcredit-Bank AG, Gotha
Gegründet 1867, 1930 Übernahme durch die → Preußische Central-Bodenkredit- u. Pfandbriefbank AG.
Seite: 283–286

Deutsche Hypothekenbank AG, Meiningen
Seite: 376, 391

Deutsche Levante Linie, Hamburg
Gegründet 1889, Reedereiunternehmen, 1919 von der → Hamburg-Amerikanische Packetfahrt-Actien-Gesellschaft übernommen, 1935 Neugründung unter dem Namen Deutsche Levante-Linie AG.
Seite: 348

Deutsche Libbey-Owens-Gesellschaft für maschinelle Glasherstellung AG (DELOG), Gelsenkirchen-Rotthausen
Seite: 23, 269, 403, 451

Deutsche Luft Hansa AG, Berlin
Seite: 23

Deutsche Luftschiffahrts-AG, Frankfurt am Main/Friedrichshafen
Seite: 23

Deutsche Mineralöl-Industrie AG, Wietze
Gegründet 1906, bis 1910 Hauptsitz in Köln.
Seite: 62, 95ff.

Deutsche Petroleum AG, Berlin-Schöneberg
Seite: 20, 23, 95, 111, 263–267, 449

Deutsche Reichsbahn, Berlin
Seite: 200

Deutsche Reichspost, Berlin
Seite: 23, 57, 66, 131, 171, 178, 180, 184, 186ff., 234, 287, 290f.

Deutsche Wollenwaren-Manufaktur AG, Grünberg
Gegründet 1884 als Englische Wollenwaren-Manufactur vorm. Oldroyd & Blakeley, umbenannt 1914.
Seite: 285

Deutsche Zentralgenossenschaftskasse AG, Berlin
Gegründet 1895 als Preußische Zentral-Genossenschaftskasse (Preußenkasse), 1932 umbenannt in Deutsche Zentralgenossenschaftskasse.
Seite: 397

Deutscher Herrenklub
Gegründet 1924 als Vereinigung von Persönlichkeiten aus Wirtschaft, Politik, Geistesleben, Verwaltung und Militär zum Austausch politischer Ideen.
Seite: 269f., 272

Deutscher Industrie- und Handelstag
Gegründet 1861, bis 1918 Allgemeiner Deutscher Handelstag.
Seite: 38, 281

Deutscher Landwirtschaftsrat, Berlin
Seite: 269, 275, 281

Deutsches Finanzierungsinstitut AG (Finag), Berlin
Gegründet 1932, während der Vorverhandlungen zur Gründung unter dem Namen Industrie-Finanzierungs-Institut, bzw. als Industrie Finanzierungs AG (Ifi) bekannt, die Umbenennung erfolgt im Dezember 1932.
Seite: 340, 343

Disconto-Gesellschaft, Berlin
Gegründet 1851, 1929 Fusion mit der → Deutschen Bank zu → Deutsche Bank und Disconto-Gesellschaft.
Seite: 7f., 12–16, 20, 22f., 26ff., 39, 44, 47, 49f., 53f., 56f., 59–66, 86, 88, 91ff., 95f., 99–105, 108, 111–115, 118, 131f., 144, 149f., 153, 156, 159ff., 163f., 173, 175f., 178f., 181, 188f., 191, 199, 203ff., 209ff., 213f., 216f., 219–227, 229, 231, 233, 235ff., 239f., 242, 244–248, 250ff., 261, 279, 357, 372f., 384, 393, 411, 443, 478ff., 495, 497, 500, 511, 525, 536, 540–545, 553

Dresdner Bank, Berlin
Seite: 37, 91ff., 95, 101, 176, 225, 229, 237, 278–281, 283ff., 318, 349, 423, 464, 504, 508f.

Dürener Metallwerke AG, Düren
Gegründet 1900 durch Übernahme der Dürener Metallwerke Hupertz & Harkort GmbH.
Seite: 242f.

Düsseldorfer Eisen- und Draht-Industrie AG, Düsseldorf
Gegründet 1873, Betrieb von Stahl-, Eisen- und Drehwalzwerken, seit 1912 in Interessengemeinschaft mit dem → Lothringer Hüttenverein Aumetz-Friede, 1922 Fusion mit der → Lothringer Hütten- und Bergwerks-Verein AG.
Seite: 191

Duncker & Humblot, Berlin
Seite: 43, 392f., 478, 480, 525

Eastern Telegraph Company Ltd., London
Seite: 180

Edeleanu GmbH, Berlin
Gegründet 1910 unter dem Namen Allgemeine Gesellschaft für Chemische Industrie, 1930 Umbenennung in Edeleanu GmbH, 1937 folgt die Übernahme durch die → Deutsche Erdöl-AG.
Seite: 427, 449, 532f., 536, 539

Elektricitätswerk Südwest AG, Berlin
Gegründet 1899, Mehrheitseigner → Gesellschaft für elektrische Unternehmungen – Ludwig Loewe & Co. AG.
Seite: 278–281, 418

Elektro-Zweckverband Mitteldeutschland, Kassel
Seite: 288

Philipp Elimeyer KG, Dresden
Gegründet 1829, Bankhaus, Kommanditist → A. Schaaffhausen'scher Bankverein.
Seite: 98, 212–215

Eschweiler Bergwerks-Verein AG, Kohlscheid
Seite: 220, 222f.

Essener Credit-Anstalt AG, Essen
Gegründet 1871, 1925 Übernahme durch die → Deutsche Bank.
Seite: 94, 100, 114, 148, 231, 308

Façoneisen-Walzwerk L. Mannstaedt & Co. AG, Troisdorf
Gegründet 1897, Verarbeitung von Eisen, Stahl und anderen Metallen, 1923 Übernahme durch die → Lothringer Hütten- und Berg-

werks-Verein AG, im gleichen Jahr Umbenennung derselben in → Klöckner-Werke AG.
Seite: 191

Farbenfabriken vorm. Friedr. Bayer & Co., Leverkusen (Bayer AG)
Seite: 262

Felten & Guilleaume Carlswerk AG, Köln-Mülheim
Seite: 23, 66, 165, 180, 182f., 185f., 197, 222f.

Fides Treuhandvereinigung, Zürich
Gegründet 1910 als Zürcher Treuhand-Vereinigung, ab 1912 Fides Treuhandvereinigung.
Seite: 503

Fraenkel & Simon, Berlin und Frankfurt/Oder
Gegründet 1876, Bankhaus.
Seite: 362f.

Frankfurter Hypothekenbank AG, Frankfurt am Main
Seite: 391

Friedrich-List Gesellschaft, Essen/Düsseldorf
Seite: 293

de Fries & Cie. AG, Düsseldorf
Gegründet 1899, Ankauf, Verkauf und Herstellung von Maschinen aller Art.
Seite: 219

Fritz von Friedländer-Fuld-Kohlenforschungsinstitut der Kaiser-Wilhelm Gesellschaft, Breslau
Seite: 162

Fuhrmann & Co., Antwerpen
Seite: 93

Gebrüder Stollwerck AG, Köln
Gegründet 1902, Vertrieb und Fabrikation von Schokoladen-, Zucker- und Fruchtwaren.
Seite: 23, 62, 239, 262, 300f., 309, 316ff., 322f., 325, 340, 351f.

Gelsenkirchener Bergwerks-AG, Gelsenkirchen
Gegründet 1873, Mitglied der → Rhein-Elbe-Union GmbH.
Seite: 14, 265, 331, 360, 481

Gemeinschaftsgruppe Deutscher Hypothekenbanken, Meiningen
Seite: 363, 386, 391f., 406

Georgs-Marien-Bergwerks- und Hütten-Verein AG, Osnabrück
Gegründet 1856, seit 1920 in Interessengemeinschaft mit → Lothringer Hütten- und Bergwerks-Verein AG, 1923 Zusammenschluss der Lothringer Hütte und der Georgs-Marien-Bergwerks- und Hütten-Verein AG zu → Klöckner-Werke AG.
Seite: 191

Gerresheimer Glashüttenwerke vorm. Ferd. Heye AG, Düsseldorf
Gegründet 1888 in Gerresheim, ab 1919 in Reisholz, ab 1921 Hauptsitz in Düsseldorf.
Seite: 385

Gesamtverband der christlichen Gewerkschaften Deutschlands, Berlin
Seite: 282

Gesellschaft für elektrische Unternehmungen – Ludwig Loewe & Co. AG, Berlin
Gegründet 1894 als Gesellschaft für elektrische Unternehmungen, 1929 Fusion mit → Ludwig Loewe & Co.
Seite: 23, 36, 46, 48, 63, 165, 243, 278–281, 285, 414, 416ff., 422f., 425–428, 449f.

Gesfürel → Gesellschaft für elektrische Unternehmungen – Ludwig Loewe & Co. AG

Gewerkschaft Ewald, Herten
Gegründet 1872, Steinkohlebergwerk, 1929 Bildung einer Verkaufsvereinigung mit der → Gewerkschaft König Ludwig, 1935 Fusion zur Bergbau AG Ewald-König Ludwig.
Seite: 63, 307, 314f., 318f., 328ff., 332, 340, 377, 381f.

Gewerkschaft König Ludwig, Recklinghausen
Gegründet 1872, Steinkohlebergwerk, 1929

Bildung einer Verkaufsvereinigung mit der
→ Gewerkschaft Ewald, 1935 Fusion zur Bergbau AG Ewald-König Ludwig.
Seite: 307, 319, 329ff.

Gewerkschaft Langenbrahm, Essen
Gegründet 1772, Steinkohlebergwerk.
Seite: 319

Grüne Front
Gegründet 1929, reichsweiter landwirtschaftlicher Spitzenverband mit strikt agrarprotektionistischer Ausrichtung.
Seite: 282

Gutehoffnungshütte Aktienverein für Bergbau und Hüttenbetrieb, Nürnberg/Oberhausen
Seite: 270

Hamburg-Amerika Linie → Hamburg-Amerikanische Packetfahrt-Actien-Gesellschaft

Hamburg-Amerikanische Packetfahrt-Actien-Gesellschaft, Hamburg
Gegründet 1847, Reederei, seit 1930 in Interessen- und Arbeitsgemeinschaft mit der
→ Norddeutschen Lloyd in Bremen.
Seite: 29, 42, 66, 326, 336–339, 343–348, 371–374, 381f., 386

Hamburger Nationalclub von 1919, Hamburg
Seite: 270, 272

Handelmaatschappij H. Albert de Bary & Co., Amsterdam
Gegründet 1919 unter dem Namen Handelmaatschappij H. Albert de Bary, Michelis & Co., bereits 1920 umbenannt in Handelmaatschappij H. Albert de Bary & Co., Bankhaus, seit 1920 mehrheitlich im Besitz der
→ Disconto-Gesellschaft.
Seite: 182

HAPAG → Hamburg-Amerikanische Packetfahrt-Actien-Gesellschaft

Hardy & Co., Berlin
Gegründet 1881, Bankhaus.
Seite: 101

W. A. Harriman and Company
Gegründet 1922, 1927 umbenannt in Harriman Brothers & Company, 1931 erfolgte eine erneute Namensänderung in Brown Brothers Harriman & Company, amerikan. Investment- und Bankenfirma.
Seite: 25, 181f., 188f., 260, 265f., 268

Hasper Eisen- und Stahlwerk AG, Haspe
Gegründet 1894, ab 1920 Interessengemeinschaft mit → Lothringer Hütten- und Bergwerks-Verein AG.
Seite: 191

Henkell & Co., Wiesbaden
Gegründet 1832, Sektkellerei.
Seite: 226

Henschel & Sohn AG, Kassel
Gegründet 1810 als Gießereibetrieb, seit 1928 Aktiengesellschaft.
Seite: 419

W. C. Heraeus GmbH, Hanau
Gegründet 1851, metallische Apparate für die chemische Industrie.
Seite: 185

Simon Hirschland, Essen
Gegründet 1841, Privatbankhaus.
Seite: 232, 319f., 329, 331

Eisen- und Stahlwerk Hoesch AG, Dortmund
Seite: 63, 265, 340

I. G. Farbenindustrie AG, Frankfurt am Main
Gegründet 1925 durch Zusammenschluss der
→ Farbenfabriken vorm. Friedr. Bayer & Co., der → Badischen Anilin- und Sodafabrik, der Agfa, der Farbwerke Hoechst, der Chemischen Fabrik Griesheim Elektron und Weiler-ter-Meer; Auflösung nach 1945.
Seite: 299

Ilse Bergbau-AG, Senftenberg/Lausitz
Seite: 220ff.

Industrie Finanzierungs AG → Deutsches Finanzierungsinstitut AG

Industrie-Club, Düsseldorf
Seite: 50, 62, 136, 141, 143, 162f., 530

International Acceptance Bank of New York
Seite: 18, 204

Internationale Bodenkreditbank, Basel
Seite: 46, 403, 463f.

Internationale Bohrgesellschaft AG, Erkelenz (seit 1917 Köln)
Gegründet 1895, finanziert durch den
→ A. Schaaffhausen'scher Bankverein in Straßburg, 1897 Umzug nach Erkelenz.
Seite: 62, 107, 110, 219

Internationale Petroleum-Union, Zürich und Berlin
Seite: 209

Internationale Rumeensche Petroleum Maatschappij, Amsterdam
Seite: 112

Jenni & Co., Brüssel
Bankhaus, Kommandite der → Volksbank van Leuven.
Seite: 106f., 109f.

Kaliwerke Aschersleben, Aschersleben
Seite: 23, 241

Klöckner-Werke AG, Rauxel
Gegründet 1917, bis 1923 → Lothringer Hütten- und Bergwerks-Verein AG.
Seite: 227, 231ff.

Köln-Neuessener Bergwerksverein, Essen
Seite: 23, 150

Krefelder Stahlwerke AG, Krefeld-Fischeln
Seite: 226f., 230

Fried. Krupp AG, Essen
Seite: 315

E. Ladenburg, Mannheim
Gegründet 1785 unter dem Namen

W. H. Ladenburg & Söhne, Bankhaus, 1848 umbenannt in E. Ladenburg.
Seite: 103

Heinrich Lanz AG, Mannheim
Gegründet 1925 in Fortführung der J. P. Lanz & Co., Maschinen- und Lokomotivbau, 1931 Übertragung der Aktienmajorität auf eine der
→ Deutschen Bank und Disconto-Gesellschaft nahestehende Gesellschaft.
Seite: 326

Laupenmühlen & Co., Essen
Gegründet 1896, Bankhaus.
Seite: 100

A. Levy, Köln
Bankhaus.
Seite: 103, 105, 121, 226, 232, 329

Liebieg-Gruppe
Bestehend aus Baron Theodor von Liebieg, Reichenberg/Böhmen, und den Firmen Bauer, Marchal & Co., Paris, und Georges Clairin & Co. KGaA, Lille.
Seite: 159f.

Ludwig Loewe AG & Co., Berlin
Gegründet 1869, Herstellung von Werkzeugmaschinen und Werkzeugen, mehrheitlich beteiligt an → Berlin-Karlsruher Industrie-Werke AG und Gesellschaft für elektrische Unternehmungen AG, 1929 Fusion mit der Gesellschaft für elektrische Unternehmungen AG zur → Gesellschaft für elektrische Unternehmungen – Ludwig Loewe & Co. AG.
Seite: 23, 46, 243

Lokomotivfabrik Krauss & Comp. – J. A. Maffei AG, München
Gegründet 1931 durch Zusammenschluss der Lokomotivfabrik Krauss & Comp., München, gegründet 1866, und der J. A. Maffei AG, München, gegründet 1836.
Seite: 326

Lothringer Hütten- und Bergwerks-Verein AG, Rauxel → Lothringer Hüttenverein Aumetz-Friede

Lothringer Hüttenverein Aumetz-Friede,
Kneuttingen
Seite: 88, 107, 109, 154, 165, 190f.

Luftschiffbau Zeppelin GmbH, Friedrichs-
hafen
Seite: 23, 368

Magdeburger Bankverein AG, Magdeburg
Seite: 103

Magdeburger Bergwerks AG, Magdeburg
Seite: 23

Mauxion mbH, Berlin
Gegründet 1855, Schokoladenfabrik.
Seite: 301

Meininger Hypothekenbank AG, Meiningen
Gegründet 1862, Bankhaus.
Seite: 285

Mendelssohn & Co., Berlin
Gegründet 1795, Privatbankhaus,
1939 von der → Deutschen Bank übernommen.
Seite: 225, 291

Mills College, Oakland (Kalifornien)
Seite: 423

Mitteldeutsche Creditbank AG, Frankfurt
am Main
Seite: 222

Münchener Rückversicherungs-Gesellschaft AG,
München
Seite: 256

Nationalbank für Deutschland → Darmstädter
und Nationalbank

Neue Deutsche Kabelgesellschaft AG,
Hamburg
Gegründet 1922 u. a. von → M. M. Warburg & Co. und von → A. Schaaffhausen'scher
Bankverein, 1925 Übernahme durch die
→ Deutsch-Atlantische Telegraphengeselschaft.
Seite: 171f., 240f.

Norddeutsche Bank, Hamburg
Gegründet 1856, 1895 Fusion mit der
→ Disconto-Gesellschaft.
Seite: 91, 223, 235, 240ff., 287

Norddeutsche Hefeindustrie AG, Berlin
Seite: 385

Norddeutsche Seekabelwerke AG,
Nordenham
Seite: 23, 183

Norddeutsche Wollkämmerei & Kammgarnspinnerei AG, Bremen
Seite: 550

Norddeutscher Lloyd AG, Bremen
Gegründet 1857, Reederei, seit 1930 in Interessen- und Arbeitsgemeinschaft → Hamburg-Amerika Linie mit der → Hamburg-Amerikanische Packetfahrt-Actien-Gesellschaft.
Seite: 29, 66, 326, 336f., 339, 343f., 346, 348, 371–374, 381f., 432

OLEX Deutsche Petroleum-Verkaufsgesellschaft mbH, Berlin
Seite: 263

Sal. Oppenheim jr. & Cie., Köln
Gegründet 1789 in Bonn, Bankhaus, ab 1798
befindet sich der Hauptsitz in Köln, 1904 Änderung der Rechtsform in eine KG unter Beteiligung der → Disconto-Gesellschaft, zwischen 1938–1947 werden die Geschäfte unter
dem Namen Pferdmenges & Co. geführt.
Seite: 61, 103, 105, 149, 232, 306, 333

Orenstein & Koppel AG, Berlin
Gegründet 1897, Maschinen- und Eisenbahnbau.
Seite: 23, 280

Osram GmbH KG, Berlin
Gegründet 1919, Fabrikation und Handel mit
Glühlampen, hervorgegangen aus der Deutschen Gasglühlicht AG, 1920 Beitritt der
→ AEG und → Siemens & Halske.
Seite: 255

Osteuropäische Telegraphengesellschaft AG,
Köln
Gegründet 1899 in Berlin, zwischen 1904 und 1906 Verlagerung des Hauptsitzes nach Köln, 1922 mit der →Deutsch-Atlantischen Telegraphengesellschaft verschmolzen.
Seite: 171, 175

Petroleum Bond and Share Corporation,
New York
Investitionen in Projekte zur Erdölgewinnung, Direktoren u. a. →Averell Harriman und →John Lovejoy.
Seite: 257, 260

Pfeifer & Langen AG, Köln
Gegründet 1870, Zuckerindustrie.
Seite: 238

L. Pfeiffer, Kassel
Gegründet 1848, Bankhaus, 1930 von der →Deutschen Bank und Disconto-Gesellschaft übernommen und als deren Kasseler bzw. Fuldaer Filiale weitergeführt.
Seite: 289

Phönix AG für Bergbau und Hüttenbetrieb,
Düsseldorf
Seite: 23, 265

Portland-Zementwerke Dyckerhoff-Wicking AG, Mainz-Kastel
Gegründet 1890 als Wicking'sche Portland-Cement und Wasserkalkwerke AG; 1931 Änderung der Firma und Verlegung des Sitzes von Münster nach Mainz-Kastel.
Seite: 349, 351

Preußische Akademie der Wissenschaften, Berlin
Seite: 250f.

Preußische Central-Bodenkredit-AG, Berlin
Gegründet 1870, 1930 aufgegangen in der →Preußische Central-Bodenkredit- u. Pfandbriefbank AG.
Seite: 23, 362f., 386f., 407

Preußische Central-Bodenkredit- u. Pfandbriefbank AG, Berlin →Deutsche Centralbodenkredit-AG

Preußische Pfandbrief-Bank, Berlin
Gegründet 1862, 1930 aufgegangen in der →Preußischen Central-Bodenkredit- u. Pfandbriefbank AG.
Seite: 285, 362f., 407

Preußische Staatsbank (Seehandlung),
Berlin
Seite: 225, 478

Reichs-Kredit-Gesellschaft AG, Berlin
Gegründet 1919 als Reichs-Kredit- und Kontroll-Stelle GmbH, ab 1922 Reichs-Kredit-GmbH, 1924 Umwandlung in eine AG.
Seite: 42, 232, 245, 534

Reichsbank →Deutsche Reichsbank

Reichspost →Deutsche Reichspost

Reichsverband der Deutschen Industrie, Berlin
Gegründet 1919, Spitzenverband und Dachorganisation der industriellen Unternehmerverbände in der Weimarer Republik.
Seite: 38ff., 66f., 255, 281, 299f., 303, 340–343

Reichswirtschaftsrat, vorläufiger
Gegründet 1920, bestehend aus hochrangigen Mitgliedern von berufsständischen Interessenvertretungen und Fachverbänden mit dem Ziel der Erarbeitung sozial- und wirtschaftspolitischer Gesetzesentwürfe, 1934 aufgelöst.
Seite: 396

Revision Treuhand AG, Berlin
Gegründet 1905, Wirtschaftsprüfungsgesellschaft.
Seite: 23, 98, 370, 423, 462f., 466f., 471, 475

Rhein-Elbe-Union GmbH
Gegründet 1920 von →Hugo Stinnes und →Albert Vögler, Montankonzern, bestehend aus →Gelsenkirchener Bergwerks-AG, Deutsch-Luxemburgische Bergwerks- und Hütten-AG, Bochumer Verein für Bergbau- und Gußstahlfabrikation und Siemens-Rheinische Schuckert-Union GmbH.
Seite: 219

Rheinisch-Westfälische Bank, Düsseldorf
1948–1952 Teilinstitut der → Deutschen Bank
in NRW.
Seite: 65, 506f.

Rheinisch-Westfälische Bank AG, Düsseldorf
1952 aus der Deutschen Bank (Altbank) ausgegründete Nachfolgebank; 1956 Umbenennung in Deutsche Bank AG West, 1957 Zusammenschluss mit der Süddeutsche Bank AG und der → Norddeutsche Bank AG zur → Deutsche Bank AG.
Seite: 531, 533, 535f., 542

Rheinisch-Westfälische Boden-Credit-Bank,
Köln
Seite: 23

Rheinisch-Westfälische Revision-Treuhand AG,
Köln
Seite: 23, 301, 320

Rheinisch-Westfälisches Elektrizitäts-Werk AG,
Essen
Seite: 113

Rheinische Bank AG, Essen
Gegründet 1897, entstanden aus dem Bankhaus Gustav Hanau, gegründet 1833, unter dem Namen Rheinische Bank vorm. Gust. Hanau in Mülheim a. d. R., 1900 Umbenennung in Rheinische Bank und Verlegung des Hauptsitzes nach Essen, 1915 aufgegangen in der → Disconto-Gesellschaft.
Seite: 100f., 114

Rheinische Creditbank AG, Mannheim
Gegründet 1870, 1929 Übernahme durch die
→ Deutsche Bank und Disconto-Gesellschaft.
Seite: 287

Rheinische Kohlensäure-Industrie GmbH, Hönningen (seit 1950 Bad Hönningen)
Seite: 112

Rheinische Stahlwerke AG, Essen
Seite: 265

Rhenania-Kunheim Verein Chemischer Fabriken AG → Rhenania, Verein Chemischer Fabriken

Rhenania, Verein Chemischer Fabriken AG,
Aachen
Gegründet 1855, 1920 Fusion von Chemische Fabrik Rhenania, Aachen, und Verein Chemischer Fabriken, Mannheim, zu Rhenania, Verein Chemischer Fabriken AG, Aachen, mit Zweigniederlassung Mannheim, 1925 Eingliederung der Chemischen Fabriken Kunheim & Co. AG, und Verlagerung des Firmensitzes nach Berlin.
Seite: 165, 211, 222

Royal Institute of International Affairs, London
Seite: 46, 429–433, 491, 520

Ruhrchemie AG, Sterkrade
Gegründet 1927 als Kohlechemie AG, 1928 umbenannt in Ruhrchemie AG.
Seite: 315

S. A. Charbonnage d'Helchteren-Zolder, Brüssel
Seite: 107, 110f.

S. A. des Charbonnages d'Hensies-Pommeroeul,
Hensies
Seite: 106

Sächsische Revisions- und Treuhandgesellschaft AG, Leipzig
Seite: 99

Adolf und Sara Salomonsohn – Georg Solmssen-Stiftung Stiftung an der → Preußischen Akademie der Wissenschaften
Seite: 250f., 274

Sarotti-AG, Berlin
Seite: 301

A. Schaaffhausen'scher Bankverein AG, Köln und Berlin
Gegründet 1791 als Handelshaus Abraham Schaaffhausen in Köln, 1848 Umwandlung in die Aktiengesellschaft A. Schaaffhausen'schen Bankverein zu Köln, 1914 Teil des Konzerns der → Disconto-Gesellschaft, 1929 Verschmelzung mit der → Deutsche Bank und Disconto-Gesellschaft.
Seite: 20, 22, 26, 57–63, 88, 91, 93–100, 102, 104, 106, 109–115, 119, 126, 130ff., 141,

146f., 154, 156, 174ff., 178–181, 183, 190f., 194f., 198–203, 205f., 210–214, 216–224, 226–231, 233f., 238f., 242f., 245–249, 251–254, 258f., 263, 278, 287, 317, 340

Schlesische Elektricitäts- und Gas-AG, Breslau
Seite: 414

Schultheiss-Patzenhofer Brauerei AG, Berlin
Seite: 385

Schwarz, Goldschmidt & Co., Berlin
Gegründet 1910, Bankhaus, kommanditiert v. d. Nationalbank für Deutschland.
Seite: 524

Seehandlung → Preußische Staatsbank, Berlin

Leopold Seligmann, Köln
Gegründet 1811 in Koblenz, Bankhaus.
Seite: 175, 227ff.

Siemens & Halske AG, Berlin
Gegründet 1897, Herstellung von Fernsprecheinrichtungen, Signalanlagen und elektrischen Apparaten verschiedener Art.
Seite: 277

B. Simons & Co., Düsseldorf
Gegründet 1881, Bankhaus.
Seite: 201

Société anonyme Charbonnages de Beeringen
Gegründet 1907, eines von sieben Kohlebergwerken in der Campine im Nordosten Belgiens.
Seite: 109f.

Société anonyme John Cockerill, Seraing
Gegründet 1817 unter dem Namen John Cockerill & Cie., 1842 Umbenennung in Société anonyme pour l'Exploitation des Etablissements John Cockerill (Société anonyme John Cockerill).
Seite: 90

Société Belge d'Etudes et d'Expansion, Brüssel
Seite: 437, 439

Société Cockerill → Société anonyme John Cockerill

Société de Recherches et d'Exploitation Eelen-Asch
Seite: 105, 107

Société Financière de Transports et d'Enterprises Industrielles S.A., Brüssel
Seite: 415

Société Générale de Belgique, Brüssel
Seite: 107–110

Sofina → Société Financière de Transports et d'Enterprises Industrielles S.A.

Stahl & Federer, Stuttgart
Gegründet um 1839, Bankhaus, 1919 Übernahme durch die → Disconto-Gesellschaft.
Seite: 103

«Steaua Romana» AG für Petroleumindustrie, Bukarest
Seite: 111

J. H. Stein KG, Köln
Gegründet 1790 als OHG, Bankhaus, 1904 Umwandlung zur KG.
Seite: 155, 157f.

Stempelvereinigung → Vereinigung von Berliner Banken und Bankiers

Stollwerck → Gebrüder Stollwerck AG

Süddeutsche Disconto-Gesellschaft AG, Mannheim
Gegründet 1905 durch die → Disconto-Gesellschaft, 1929 Verschmelzung mit der → Deutsche Bank und Disconto-Gesellschaft.
Seite: 103, 287

Telefunken Gesellschaft für drahtlose Telegraphie mbH, Berlin
Gegründet 1903 als Gesellschaft für drahtlose Telegraphie mbH, System Telefunken, als ein Gemeinschaftsunternehmen der → Allgemeinen Elektricitäts-Gesellschaft

und der → Siemens & Halske AG, 1923 Umbenennung in Telefunken Gesellschaft für drahtlose Telegraphie mbH.
Seite: 235

Telegraphentechnisches Reichsamt, Berlin
Gegründet 1920 als Unterbehörde des → Reichspostministeriums, 1928 umbenannt in Reichspostzentralamt.
Seite: 185

August Thyssen-Hütte, Gewerkschaft, Mülheim-Ruhr
Seite: 387

Tilgungskasse für gewerbliche Kredite, Berlin
Gegründet 1932, während der Vorverhandlung zur Gründung bekannt unter dem Namen Amortisationskasse (Amo, bzw. Amok), Umbenennung Ende 1932.
Seite: 343

Titan Anversois SA, Hoboken lez-Anvers
Seite: 98

Transradio AG für drahtlosen Überseeverkehr, Berlin
Gegründet 1918 als Drahtloser Übersee-Verkehr AG, 1923 Änderung des Namens in Transradio AG für drahtlosen Überseeverkehr, 1931 Übernahme durch die → Deutsche Reichspost.
Seite: 57, 287, 290f.

«Union» Internationale Petroleum-Maatschappij, Den Haag
Gegründet 1920.
Seite: 159ff.

Verband Rheinischer Industrieller, Köln
Seite: 192

Verein der Industriellen des Regierungsbezirks Köln e. V.
Seite: 19, 174, 200

Verein für Socialpolitik
Gegründet 1873, 1936 Selbstauflösung, 1948 Wiedergründung.
Seite: 276, 482

Vereinigte Köln-Rottweiler Pulverfabriken AG, Köln
Seite: 99

Vereinigte Stahlwerke AG, Düsseldorf.
Seite: 29, 66, 371, 390

Vereinigung von Banken und Bankiers in Rheinland und Westfalen e.V., Köln
Gegründet 1907 unter Führung des → A. Schaaffhausen'schen Bankvereins in Köln, 1911 eingetragener Verein mit dem Namen Vereinigung von Banken und Bankiers in Rheinland und Westfalen.
Seite: 23, 61, 147ff., 151–156, 158, 162f., 165f., 173f., 177, 194f.

Vereinigung von Berliner Banken und Bankiers, Berlin
Gegründet 1883 von zwölf Berliner Banken unter Führung der → Disconto-Gesellschaft und deren Geschäftsinhaber → Adolph Salomonsohn, kurz Stempelvereinigung genannt, 1900 umbenannt in Vereinigung von Berliner Banken und Bankiers.
Seite: 66, 344

Vereinsbank in Hamburg AG, Hamburg
Seite: 103

Verlag Volk und Reich GmbH, Berlin
Seite: 273f.

Volksbank van Leuven, Leuven
Seite: 106f., 109

Volkswirtschaftlicher Aufklärungsdienst
Gegründet 1930, Initiative zur Promotion deutscher Produkte, ebenso wie der Ständige Werbeausschuss des → Deutschen Landwirtschaftsrates.
Seite: 281f.

M. M. Warburg & Co., Hamburg
Gegründet 1798, Bankhaus.
Seite: 18, 67, 175, 232f., 270, 434ff.

Western Electric Company, Chicago
Gegründet 1869 als Gray & Barton in Cleveland, kurz darauf erfolgt der Umzug nach

Chicago, 1872 umbenannt in Western Electric Manufacturing Co., ab 1881 Tochterunternehmen von American Bell Telephsone Co. (später AT&T), daraufhin umbenannt in Western Electric Company.
Seite: 186, 198

Western Union Telegraph Company, Rochester
Gegründet 1851 unter dem Namen New York and Mississippi Valley Printing Telegraph Company, 1856 Umbenennung in Western Union.
Seite: 25, 171f., 181f., 185, 210

Westfalen-Bank AG, Bochum
Seite: 329

White Star → Cunard-White Star Ltd.

Otto Wolff KG, Köln
Gegründet 1904, Stahl- und Eisenhandel.
Seite: 397f.

Zürcher Volkswirtschaftliche Gesellschaft, Zürich
Seite: 476, 490

Bildnachweis

bpk Bildagentur für Kunst, Kultur und Geschichte
    18
Historisches Archiv der Deutschen Bank, Frankfurt am Main
    10, 12–15, 22, 24, 26, 44, 50, 51, 58, 64
Landesarchiv Berlin
    28
Andrea U. Pfister, Zürich
    16, 69
Ullstein Bild
    35

Danksagung

Unser herzlicher Dank gilt den Mitarbeiterinnen und Mitarbeitern folgender Archive, Bibliotheken und anderer Institutionen sowie Privatpersonen für ihre großzügige Unterstützung:

Archiv der Berlin-Brandenburgischen Akademie der Wissenschaften, Berlin
PD Dr. Johannes Bähr, Berlin
Bundesarchiv, Berlin, Freiburg i. Br. und Koblenz
Nadja Burkart, Offenbach
Dr. Dirk Franke, Bundesverband deutscher Banken, Berlin
Reinhard Frost, Historisches Institut der Deutschen Bank, Frankfurt am Main
Dr. Boris Gehlen, Institut für Geschichtswissenschaft, Universität Bonn
Maya Gradenwitz, Frankfurt am Main
Dr. Andreas Graul, Historisches Archiv der Commerzbank, Frankfurt am Main
Benjamin Haas, Freiburg i. Br.
Dorothea Hauser, Stiftung Warburg Archiv, Hamburg
Rolf Herget, Historisches Archiv der Deutschen Bundesbank, Frankfurt am Main
Prof. Dr. Peter Hertner, Europäisches Hochschulinstitut, Florenz
Dr. Christian Hillen, Stiftung Rheinisch-Westfälisches Wirtschaftsarchiv, Köln
Michael Jurk, Eugen-Gutmann-Gesellschaft e.V., Frankfurt am Main
Dr. Delef Krause, Historisches Archiv der Commerzbank, Frankfurt am Main
Lars Köhler, Bundesverband deutscher Banken, Berlin
Dr. Martin Kröger, Politisches Archiv des Auswärtigen Amts
Manuela Lange, Bundesarchiv, Koblenz
Stefan Liboschik, Bundesverband deutscher Banken, Berlin
Melanie List
Thorsten Maentel, Frankfurt am Main
Dr. Gianna A. Mina, Museo Vincenzo Vela
Diana Natermann, Frankfurt am Main
Gudrun Neumann, Montanhistorisches Dokumentationszentrum, Deutsches Bergbau-Museum, Bochum

Verica Petricevic, Historisches Institut der Deutschen Bank, Frankfurt am Main

Andrea U. Pfister, Zürich

Hans-Hermann Pogarell, Bayer Business Services, Corporate History & Archives, Leverkusen (Bayer Unternehmensarchiv)

Matthias Richter, Leipzig

Philipp Victor Russell, Hohenborn

Dr. Andrea Schneider, Gesellschaft für Unternehmensgeschichte e.V., Frankfurt am Main

Dr. Ulrich S. Soénius, Stiftung Rheinisch-Westfälisches Wirtschaftsarchiv, Köln

Lily Solmssen Moureaux, New Rochelle, New York

PD Dr. Ralf Stremmel, Alfried Krupp von Bohlen und Halbach-Stiftung, Historisches Archiv Krupp, Essen

Gabriele Teichmann, Hausarchiv Sal. Oppenheim jr. & Cie., Köln

Catherine Tenney, Maine

Silke Wapenhensch, Göllheim

Astrid Wolff, Berlin

Marion Wullschleger, ETH-Bibliothek, Eidgenössische Technische Hochschule Zürich

Zentralbibliothek Zürich

Dominik Zier, Hausarchiv Sal. Oppenheim jr. & Cie., Köln